有效适应估价需求变化

2022 中国房地产估价年会论文集

中国房地产估价师与房地产经纪人学会　主编

中国城市出版社

图书在版编目（CIP）数据

有效适应估价需求变化：2022中国房地产估价年会论文集/中国房地产估价师与房地产经纪人学会主编.—北京：中国城市出版社，2023.11
ISBN 978-7-5074-3650-1

Ⅰ.①有… Ⅱ.①中… Ⅲ.①房地产价格—估价—中国—文集 Ⅳ.①F299.233.5-53

中国国家版本馆CIP数据核字（2023）第211501号

责任编辑：陈夕涛　徐昌强
责任校对：姜小莲

有效适应估价需求变化
2022中国房地产估价年会论文集
中国房地产估价师与房地产经纪人学会　主编

*

中国城市出版社出版、发行（北京海淀三里河路9号）
各地新华书店、建筑书店经销
逸品书装设计制版
建工社（河北）印刷有限公司印刷

*

开本：787毫米×1092毫米　1/16　印张：63¼　字数：1655千字
2023年11月第一版　　2023年11月第一次印刷
定价：188.00元
ISBN 978-7-5074-3650-1
（904667）

版权所有　翻印必究
如有内容及印装质量问题，请联系本社读者服务中心退换
电话：（010）58337283　QQ：2885381756
（地址：北京海淀三里河路9号中国建筑工业出版社604室　邮政编码：100037）

序

　　房地产估价行业是房地产业和现代服务业的重要组成部分，在解决房地产市场失灵，保障房地产交易公平，维护房地产市场秩序，保护房地产交易者合法权益和公共利益，防范房地产相关金融风险，化解有关矛盾纠纷，以及促进房地产资源合理配置、有效利用、保值增值等方面，发挥着积极而独特的作用。

　　当前，我国经济从高速增长阶段转向高质量发展阶段，城市开发建设方式从大规模增量建设为主转变为存量提质改造为主，房地产估价行业发展环境发生较大变化。党的二十大再次明确"坚持房子是用来住的、不是用来炒的定位，加快建立多主体供给、多渠道保障、租购并举的住房制度"，并在城乡融合发展、城市更新等领域做出了系列重大决策部署，强调要建成现代化经济体系，形成新的发展格局，实现高质量发展。这不仅给房地产估价行业提出了新的需要和要求，也带来了新的发展机遇。

　　为引导广大房地产估价机构更好地适应估价需要和要求的变化，把握房地产市场和房地产业转型升级蕴藏的发展机遇，积极拓展发展空间，推动行业高质量发展，中国房地产估价师与房地产经纪人学会（以下简称"中房学"）于2022年12月2日以线上方式举办了主题为"有效适应估价需求变化"的2022中国房地产估价年会，并开展了征文活动，得到了广大房地产估价机构、房地产估价师和专家学者的积极响应，共收到论文420余篇，中房学按照与本次年会主题的紧密程度、实际指导意义、研究的前瞻性和引领性、启发思考、涉及问题的深度等标准，从中遴选出较好的文章汇编成本论文集，并公开出版。

　　本论文集分为当前估价行业面临的挑战及有效应对，新形势下估价行业发展新机遇，新兴估价业务类型与估价实践，传统估价业务深化与拓展，估价风险防范、人才培养、内控制度建设等，估价行业未来创新发展、其他7个部分，全面、系统、详实地向大家展示了房地产估价机构、房地产估价师及有关专家学者对当下房地产估价行业的思考与认识，以及对行业未来发展的积极探索与展望，具有较强的实际指导意义与应用价值。

　　今后，中国房地产估价年会还将长久办下去，中房学也将始终不忘服务行业、奉献社会的初心，与估价业者一起，为推动房地产估价行业持续健康发展贡献更多的智慧和力量！

中国房地产估价师与房地产经纪人学会
2023年8月

目　录

第一部分　当前估价行业面临的挑战及有效应对

房地产估价要适应环境变化守正创新发展 ································ 柴　强 / 002
浅谈估价机构在轨道交通开发前期成本预算项目中面临的机遇与挑战
·· 杨　斌　石超毅　茅燕峰 / 007
城市开发建设新方式对房地产估价机构业务的影响及对策 ········· 刘　伟　郝俊英 / 013
后疫情时代估价行业突围之路的思考 ·· 韩艳丽 / 018
房地产估价机构如何更好适应经济发展方式及城市开发建设方式转变带来的估价
　　需求变化 ·· 王晓飞　刘丽佳　田宜晨 / 026
突破现实困境　重塑行业价值
　　——全国统一大市场背景下估价行业发展新思考 ············ 王　霞　王利凯 / 030
高质量发展阶段房地产评估面临的挑战与机遇 ······················ 薛　江　魏劲松 / 035
稳步化"被动"为"主动"　积极应对估价需求变化 ······ 梁振康　吕　佳　陈智滔 / 040
内外循环理论下中小房地产估价机构生存法则浅析 ·················· 石　丹　王　波 / 045
新形势下房地产估价机构如何调整发展方式实现自主创新 ········· 杨侠威　王　鹏 / 050
新形势下房地产估价机构的需求变化及有效应对 ······························ 毛胜波 / 054
新的经济发展方式及城市开发建设方式带来的估价需求变化及有效应对
··· 姚文波　陶　兰 / 059
新形势下房地产估价机构的短板与瓶颈及如何补足与突破 ··· 丁春荣　郑延涛　李燕红 / 064
论我国房地产估价机构的发展困境与发展路径 ································ 吕月婷 / 067
紧跟形势，蝶变重生
　　——再议新经济形势下估价行业的发展和应对 ··············· 陈瑞连　李宇明 / 071
我国绿色建筑发展中房地产估价业务面临的挑战及对策 ············ 郝俊英　郭朝英 / 076

第二部分　新形势下估价行业发展新机遇

守正出新　适应未来　切实提升房地产估价市场服务能力……………………丁金礼 / 082
把握时代发展主命脉　拓展估价业务新领域………………………徐进亮　毛胜波 / 088
适应新的估价需求　融合各类财产评估……………张弘武　张　帆　高藕叶　宋红剑 / 095
新形势下估价机构开展全流程咨询顾问业务的机遇
　　——以深圳存量土地二次开发项目为例………………陈嘉禧　宋星慧　李涛杰 / 100
ESG 在房地产评估中的应用思考……………………………………………………韩　晶 / 106
论房地产估价在"建设统一大市场"经济发展格局中的"高标准联通"作用
　　——《关于加快建设全国统一大市场的意见》对房地产估价行业发展的启示…辛彦波 / 113
资产运营管理，唤醒房地产估价存量市场新活力……………………………………郭佳伟 / 119
房地产估价应对社会经济发展变化中的需求和机遇…………………………………王梦江 / 124
浅谈"互联 E 时代"背景下房地产信息化服务探索…………杨　斌　傅诗峰　石超毅 / 129
新时代房地产估价行业的发展路径探析………………………时富生　吴怀琴　夏利国 / 136
基于党的二十大视角浅谈房地产估价行业发展………………甘立彩　赵克会　丁洪富 / 142
新形势下房地产估价机构建设新要求…………………………………………………陈爱兰 / 147
浅谈新形势下房地产估价发展的新契机………………………………………………任春波 / 152
后疫情时代房地产估价行业的变与不变
　　——基于波特五力模型分析……………………………………………………陆艳倩 / 156
基于绿色转型背景下房地产评估业务的发展与建议…………………………成骊舟　郑沃林 / 160
踏雪寻梅　砥砺前行
　　——新形势下估价机构可持续发展的探索与思考………杨丽艳　肖林芳　田　慧 / 165
房地产运营管理中蕴藏的估价机遇……………………………………汪秋艳　周桂香 / 170
为"保交楼"服务的房地产估价业务浅析……………………………………………孙五八 / 174
估价人员应对经济社会发展新形势的探讨……………………………………………范　春 / 180
新形势下房地产咨询业务的实践与探索
　　——以深圳市为例………………………………………………………张启旺　田　慧 / 186
房地产估价与共享经济的融合发展探析………………………………………………胡警卫 / 191
城市更新中的估价服务…………………………………………………………………陆　叶 / 196
绿色低碳可持续发展在不动产估价中的应用与启示…………………………李蕴华　孙芊羽 / 203
关于城市更新工作的一些思考…………………………………吴　培　伍艳平　黄　峰 / 207

目 录

第三部分 新兴估价业务类型与估价实践

人流量动线法用于机场航站楼内商业租金评估的研究 …………… 周家宇 汪 灝 / 214

保障性租赁住房租金评估监测与定价调价机制的实践探索

　　——以上海市为例 …………… 顾弟根 邵晓春 杨 斌 贾明宝 / 225

香港城市更新中评估咨询实践对评估机构服务拓展的启示 …………… 臧曼君 王 卓 / 232

助力集体经营性建设用地流转，推动首都特色乡村振兴 …………… 高喜善 陈洁琼 / 239

保障性质的共有产权住房定价分析 …………… 易成栋 赵鹏泽 陈敬安 / 246

日本REITs底层资产价值评估探讨与方法应用 …………… 臧曼君 胡永强 李 娜 / 252

国有企业盘活存量资产中的估价服务及实践分享

　　——以"宝X"钢铁集团为例 …………… 贾书佩 邱 丽 王洪秀 / 258

估价对象租金内涵设定及可比租赁实例建立比较基础探讨 …………… 秦光斌 / 263

保障性租赁住房公募REITs估价实践 …………… 刘 言 张秀娟 胡 峰 / 268

产权类基础设施REITs底层资产价值评估浅析

　　——基于对已发行基础设施REITs项目的研究分析 …………… 李年宝 周 翔 / 274

城市更新项目前期收益分析的探索与实现

　　——以某城市更新项目为例 …………… 简浩标 何翠群 刘 沈 / 281

上海城市更新中历史保护建筑估价相关问题研究 …………… 李建中 韩艳丽 侯纯涛 / 290

房地产估价实务在城市更新中的技术要点分析

　　——以珠海市为例 …………… 高海燕 / 298

征拆全链条服务在助力城市更新中的积极作用 …………… 王陆浩 / 303

浅析成本法在经开区城市更新中的应用 …………… 王 凯 王 鑫 高棱岳 陈晓秋 / 309

"看不见的手"还是"看得见的手"？

　　——城市更新政策比较研究以及对西安市城市更新政策的建议 …………… 程永杰 顾莹苗 / 315

盘活存量资产背景下老旧小区改造估价服务与实践问题探究

　　…………… 汪银云 王 琼 汪学锋 / 324

房地产投资信托基金及证券化融资中的估价服务和实践分享 …………… 魏世超 龚 萍 / 330

基础设施公募REITs资产评估对比分析 …………… 胡永强 曹亚琨 / 335

浅析保障性租赁住房公募REITs评估 …………… 曹亚琨 孙 绮 张 勇 / 344

资产证券化融资中的估价服务及实践分享 …………… 黄荣真 张景成 / 353

浅析保障性租赁住房建设与运营中房地产估价机构的参与方式 …………… 郝俊英 韩 雪 / 356

房地产资产管理的估价服务及实践分享 …………… 吴春元 / 360

上海市历史建筑评估中关键问题探究

　　——从"张园"旧改评估实践出发 …………… 施 平 / 367

城市更新补缴地价测算对合作双方利益影响实践分享
　　——以深圳市为例 ································· 谭　杰　顾文怡 / 372
探索北京市老旧小区改造城市更新中的估价需求 ··············· 陈丽名　姚　琳 / 377
城市更新涉及的存量资产估价服务技术思路探讨 ········ 王俊科　陆　昕　吴丽娟 / 382
城市更新中的估价服务及实践分享
　　——以东莞为例 ························· 陈伟恒　蒋　敏　孔嘉诚　卢智均 / 388
浅析绿色改造对老旧小区房地产价值评估影响
　　——以北京为例 ··································· 厉亚楠　杜雪玲 / 395
"十四五"时期房地产租赁估价业务的要求与实践探索 ······ 张媛君　张英飞　蒋骏文 / 401
浅谈如何做好房地产租赁市场中的估价服务 ······························ 邓浩林 / 408
评估机构在住房租赁行为活动中所能提供的技术支撑及实践分享 ·············· 梁田胜 / 412
绿色和可持续发展中的估价服务 ······················· 田宜晨　刘丽佳　蔡庄宝 / 417
关于国有企业存量用地盘活处置的策略研究 ······························ 刘　攀 / 420
估价机构如何为"烂尾楼"纾困盘活提供专业服务 ··············· 韩宣伟　蒋文军 / 424
浅谈烂尾楼评估的难点及解决方案 ······································ 龙　洋 / 430
房地产开发企业破产重整涉及的房地产估价服务及实践分享 ······· 林富波　林六森 / 435
在建工程不良资产处置与资产盘活的估价与实践 ·························· 王建新 / 440
资产管理公司业务类型及房地产估价服务路径 ··················· 曲晓璐　李丹丹 / 445
浅谈评估咨询机构在老旧小区改造中的作用 ······························ 李年宝 / 450
盘活存量资产中的估价服务及实践分享 ··············· 廖海燕　王佳弋　李　欢 / 455
浅谈中心城区老旧厂房转型方案优选 ···································· 宋莉娟 / 459
面对新兴业务房地产估价工作应实时创新
　　——比较法评估光伏发电项目涉及屋面租赁价值时比较因素的选取 ········ 巩永帅 / 464
土地收储补偿咨询业务探讨
　　——以上海市某历史风貌保护区项目为例 ············ 刘广宜　朱　越　谢　娜 / 468
面向租赁市场　深化房地产租赁估价技术思路 ··················· 曾　琼　李　娜 / 472

第四部分　传统估价业务深化与拓展

估价实务量化分析运用示例 ·· 虞达锋 / 478
公共服务设施可及性评价在房地产估价中的应用 ·························· 张露沁 / 491
涉执房地产司法处置评估中执行估价程序及界定估价对象方面若干问题及建议
　　··· 王洪明　王丽莉 / 500
数据钻取法在房地产批量评估中的应用浅析
　　——以写字楼楼层因子分析为例 ······················· 许　军　詹振华 / 506

目 录

成本法下房地产企业股权转让估价技术要点浅析 …… 何 哲 刘洪帅 初永强 宫祥运 / 514
破产企业房地产估价业务类型及评估思路探讨 …………… 阮宗斌 骆晓红 曾 斐 / 519
浅谈标准模型估价模式对实现国资保值增值的意义
　　——以上海市商铺租赁调研数据为例 ……………………… 孙 翔 白亦函 / 525
地下空间基准地价制订问题探讨 ……………… 唐百楷 李 冰 冯连涛 宋必胜 / 533
房地产价值分配评估初探 ………………………………………………… 崔永强 / 539
新经济形势下银行抵押估价业务的变化与延伸 …………………………… 刘 婷 / 544
浅谈房地产司法评估的实地查勘要点 …………………………………… 宋莉娟 / 550
拓展房地产纠纷及损害类评估业务的思考 ………… 吴岳东 刘昌松 侯 云 / 555
上海市垂直盾构（VSM）地下停车库地价评估的探索与思考 …… 刘广宜 吴宁远 / 561
不良资产收购中的房地产估价业务解析 …………………………………… 彭 杰 / 569
不良资产收购处置活动中的房地产估价 …………………………………… 赵 华 / 573
金融不良资产中抵押房产可回收金额价值分析及实践总结
　　………………………………… 初永强 刘洪帅 丁 宁 何 哲 宫祥运 / 578
不良资产处置中的估价服务及实践分享 …………… 李红艳 阮宗斌 张聃聃 / 583
不良资产处置中的房地产估价服务 ………………………………… 黄亚锋 郭浩 / 588
房地产破产处置中涉及的评估及其延伸业务的探讨与实践 … 余秀梅 吴 军 朱永飞 / 592
政府回收幼儿园的评估经验分享 ……………………………… 陈文升 何遵龙 / 598
国土空间规划与房地产估价 …………………………………… 王艳艳 牛丽波 / 602
房地产企业并购重组与估价服务 ……………………………… 刘辰翔 王小方 / 607
浅谈抵押物价值重估 ……………………………………………………… 程 媚 / 612
涉诉房地产追溯性评估相关问题的探讨 ……………………… 刘晨光 胡碧畴 / 618
深圳市利益统筹项目集体资产评估服务及实践分享 ………… 程鹏飞 隗晶月 / 622
房地产估价机构助力国有商业银行物理网点房地产优化配置的探析
　　…………………………………………………… 谢建云 高向阳 宋世杰 / 626
谈实景三维技术在房地产评估工作中的应用及展望 …… 马万智 杨健青 李 洁 / 631
房地产估价机构如何做好房地产投资项目尽职调查 …………………… 姚 宇 / 635
商住比对综合用地地价评估的影响分析 ……………………… 胡明日 马轩然 / 640
国有土地上改变用途的工业房屋如何确定评估价值 …………… 亓 琳 史新泉 / 644
土地价值评估涉及农村集体经营性建设用地流转政策研究
　　………………………………… 王悦颖 王 旭 曹兴平 刘宏伟 沈玉琦 / 650
商业房地产土地使用权续期不同楼层补缴地价款的评估方法探讨
　　……………………………………………………… 罗 慧 刘仙招 刘 杨 / 657
房地产估价实地查勘环节存在的问题及防范措施 …………… 罗 琳 陆 碧 谢仲芳 / 662
浅谈估价中查勘的重要性 ……………………………… 张业城 郑延涛 李燕红 / 667

第五部分 估价风险防范、人才培养、内控制度建设等

基于 SMART 原则的房地产估价专业人才创新培养 ········· 石 丹 / 672
估价需求变化挑战中如何防范评估执业刑事风险 ····· 赵 华 王 军 周大芳 曹正军 / 680
新形势下房地产估价师提高执业能力防范风险的若干思考 ········· 杨海娟 王世春 / 685
邻避项目征地社会稳定风险评估实践分析 ··········· 胡新良 郭 毅 / 690
刍议职业道德视域下的估价人才队伍建设 ················· 谢红峰 / 696
浅析评估公司的业务定位与人才建设关系 ········· 贺叶飞 宁学丽 易 琼 / 702
Web3.0 时代房地产估价人力资源管理研究
  ············ 许 诺 吴怀琴 张月涛 时富生 佘振坤 / 709
性格测评让估价人才的招聘更精准化
  ——以笔者所在 A 评估公司的运用为例 ··············· 沈丽丽 / 714
浅谈房地产估价行业品牌与管理的研究 ··················· 陈晓航 / 724
探讨司法评估中的隐形风险，从多方面适应高质量发展需求 ······ 冯兴红 岳连红 / 729
房地产估价在国有企业经营风险防范中的作用研究与实践 ··· 张会刚 徐艳红 杜杭杭 / 733
古建筑用地估价技术的探讨及技术风险防范 ········· 刘 军 张业城 丁春荣 / 737
房地产估价助力社会风险的化解
  ——以 A 市 X 菜市场改造导致房屋受损赔偿评估为例 ······· 汪姜峰 李得茂 / 741
浅谈房地产估价在防范化解房地产市场及相关社会风险中的应用展望 ····· 李相庚 / 746
浅析如何防范房地产征拆估价的社会风险 ········· 徐 燕 朱 江 刘同愿 / 750
浅析土地征收社会稳定风险评估中的问题及对策 ··············· 冯丽呐 / 755
基于"两师整合"背景下房地产评估行业人才培养现状及对策 ········· 李梦琪 / 758
新形势下房地产评估人才全生命周期培养体系实践 ·········· 刘小方 胡 晓 / 762
新经济形势下，房地产估价师如何提升自身价值 ··············· 张雪峰 / 767

第六部分 估价行业未来创新发展

培育专精特新估价机构，赋能行业高质量发展 ············ 宋星慧 卢乂容 / 774
估价机构数字资产的体系构建与价值挖掘
  ——以估价机构征拆咨询顾问服务领域数字资产为例 ········ 童款强 吴 青 / 780
估价行业助力城市资产运营管理水平提升
  ——以服务房地产租赁市场高质量发展为例 ········ 常忠文 李 涛 王 玉 / 786
建立房地产自动估价模型标准，促进行业健康有序发展 ············ 林 晓 / 793

数字经济背景下房地产估价行业数字化转型路径研究
　　　　　………………… 夏利国　吴怀琴　张　勇　郑　云　徐小红 / 798
房地产企业破产重整中估价机构的业务创新 ……………… 肖　莉　陈光军 / 803
房地产估价机构数字化转型探讨 …………………………………… 杨　诺 / 808
房地产估价的行业分工和机构组织结构形式的探讨 ……… 刘　健　陆艳倩 / 812
关于建设"房地产估价行业专业知识库"的思考与建议 … 许　军　黄海生　冯　智 / 817
建立"技术+"大中台，助力估价机构高质量发展
　　　　　……………………………… 胡　晓　金艳芳　朱　玲　刘小方 / 824
灵活运用传统评估方法以适应估价业务多元化发展的趋势 ………… 管豆豆 / 828
浅谈城市更新新格局下的房地产估价机构新征程 ………… 黄远忠　孙梦璐 / 833
借鉴工程全过程咨询模式探讨房地产估价行业的新发展 …… 罗　琳　李　红 / 837

第七部分　其　他

租赁住房租金区位因素的咨询研究
　　——以上海市主城区为例 ………… 肖历一　胡新良　黄　海　秦　超 / 842
关于深圳市土地整备利益统筹项目经济平衡测算的探讨 …… 刘　武　刘柏平　陈国庆 / 851
浅谈限价商品房转共有产权住房相关政策要点及评估应用 … 周晋梅　程红娟　薛　颢 / 856
收益法在房地产评估中的应用分析 ………………………………… 张　啸 / 863
关于多主体集体资产评估思路的探讨 ……………………… 李　婷　李华勇 / 868
房地产评估中比较法的完善研究 …………………………… 李新兰　丁淑英 / 872
浅谈各不良债权分析方法在金融不良债权处置过程中的适用条件 …… 佘仕海 / 880
房地产司法评估报告存在的问题及对策 …………………… 袁瑞英　郝俊英 / 886
关于涉执房地产估价中承租人权益的处理 ………………………… 秦连善 / 890
关于实施市场调节价格情形下房地产评估执业收费标准制定的思考 … 张玉兴　李　浩 / 897
土地增值税计税价格评估的法律规制研究 ………………… 黄建文　施天珠 / 905
剩余法中管理费用确定方法的探讨 ………… 唐百楷　李　冰　伊进龙　张晶晶 / 913
存量与增量并存市场下的房地产发展探析 ………… 郭　琼　陈张宇　马春辉 / 920
层次分析法在估价方法选择与权重确定中的应用 ………………… 段庆国 / 925
房屋征收中涉及的苗木价值估价 …………………………… 黄艺颖　方　坤 / 935
论商业服务房地产产权持有人与经营者的相互成就 ……………… 成宗勖 / 938
园区资产增值与园区运营的关联性分析 …………………… 黄丽云　陈碧红 / 941
大数据分析疫情对房地产市场价格的影响 …… 李奕萱　李金龙　宋雨伦　闫　龙 / 946
房地产投后监管实践中的重点与细节 ……………………… 高晥翀　张明飞 / 953
武汉市房地产泡沫测度与预警研究 ………………………………… 李嘉成 / 958

集中式租赁住房地块出让后的效应研究
——基于上海相关分析模型的初探 ………………………………………… 苏　颖 / 966
租赁住房需求变化分析及政策建议 …………………………………… 王　泽　李　欣 / 971
如何赋能城中村改租赁住房？
——探索多主体参与模式下的整体运营管理方案 ………………… 王晓春 / 976
租购并举时代住房租赁服务创新分析 ………………………… 臧兴华　蔡莹莹 / 982
住房租赁不同模式分类、利弊分析、发展趋势及前景分析 …… 麦丽娴　杨运超　李晓东 / 986
住房租金监测及租赁价格指数研究
——以上海市市场化租赁住房为例 ……………………… 杨　斌　孙　雯　仇轶祺 / 992

后　记 ……………………………………………………………………………… 997

第一部分

当前估价行业面临的挑战及有效应对

房地产估价要适应环境变化守正创新发展

中国房地产估价师与房地产经纪人学会会长　柴　强

摘　要：近年来，房地产估价外部环境发生了重大变化，房地产估价行业发展面临着严峻形势。本文基于外部环境变化对房地产估价需求及行业产生的深刻影响，提出房地产估价业务未来的发展方向、房地产估价机构的核心竞争力及未来发展方向选择。

关键词：房地产估价；估价需求；估价业务转型；核心竞争力

一、当前房地产估价面临的严峻形势

2000年脱钩改制走向市场以来，房地产估价机构还没有遇到像现在这样的普遍性困难。据了解，2022年仅有为数不多的估价机构的日子比较好过。这些机构大致可分为三类：一是在业内外知名度高、口碑较好的机构，能从事高端金融和资本市场估价业务，如房地产（或不动产）投资信托基金（REITs）估价业务。二是在当地综合实力强的大型机构，能从事与房地产估价相关的综合性专业服务及有关咨询业务，如城市更新、盘活存量资产相关业务。三是较早深耕、专精于某个估价专业领域的机构，能从事诸如房地产损害赔偿、不良资产处置、历史建筑等类估价业务。针对当前面临房地产抵押估价、房屋征收估价、房地产税收估价等传统估价业务大幅萎缩的严峻形势，中房学2022年估价年会选定的主题是"有效适应估价需求变化"，希望广大房地产估价专业人士特别是估价机构负责人一起交流探讨有关经验做法，努力渡过难关，谋划长期可持续发展。

二、房地产估价外部环境的重大变化

近年来的百年未有之大变局，以及纷繁复杂的国际国内形势，是我们从未见过的，也未曾想到过，将来还不知道会怎样发展演变。但是不管怎样，估价机构还要生存发展下去。只要我们认清房地产估价未来发展大趋势，转变有关思想观念，既要有危机感又要坚定信心，既要保持定力又要积极应变，尽早做好有关准备，未来估计不会再差到哪里去，而且要争取活得好一些。

就房地产估价行业来看，主要是估价机构生存发展的外部环境较快地发生了重大变化，而估价机构因"安于现状""路径依赖"，有关思想观念、知识更新、人才培养、内部治理等方面还没有及时跟进和转变过来。外部环境的重大变化突出表现在两个方面：一是我国经济增长模式发生了根本性转变，由高速增长、追求规模阶段进入高质量发展、追求效益阶段。二是我国房地产市场和房地产业转型升级，由房地产开发建设、"大拆大建"阶段进入房地产投资、运营管理和证券化阶段，简要地说，就是从开发建设阶段转向投资运营和证券化阶段。

因此，估价机构下一步如何生存发展，需要基于以上两个重大变化来思考和应对。由于外部环境我们左右不了，而且这种变化是大势所趋，因此我们就要像生物适应环境那样，去随着环境的变化而演进。如果不能有效适应环境变化，就会因"自然选择""适者生存"法则而被淘汰。

三、外部环境变化对房地产估价的影响

（一）对专业估价服务的需求增加

外部环境变化对房地产估价的影响，总的来说，是带来了估价业务来源、估价需求和要求的重大变化。

我认为，未来仍然是"估价无处不在"，因为各行各业都要生存发展，而且总的来看也过了粗放式发展阶段，相应地都要高质量发展、科学决策、精细管理，进而更加需要专业估价服务，更加需要估价专业帮助，估价的积极作用将更大。同时，人们对房地产估价的需求将不断升级，越来越多样化、个性化、精细化、高端化，将更分散、更多，且要求更高。

（二）未来估价业务特点与估价需求创造

一是未来的估价业务，一方面是数量较少的大而难的项目，比如房地产（或不动产）投资信托基金、城市更新和老旧小区改造，另一方面是数量众多的小而专的项目，比如房地产，包括二手房交易当事人、房地产经纪人员所需要的估价。

二是更多的估价业务，不仅是满足办理有关手续、履行有关程序的"法定评估"需要，更是给人们带来好处（或利益）、减少损失、防范化解风险的"自愿评估"需要，是"真刀真枪"的估价，不再是"装模作样"的估价。可能像过去房地产抵押、房屋征收那样单一"洪流"式的估价业务不再有了，而是大量像"小溪流"那样的估价业务，不要看不起这些小的估价业务，它们汇集起来也会形成像长江、黄河那样的滔滔水流，就像到长江、黄河的源头看到的那样，水流很小甚至看不出来，但在上游的水流就比较大了。

三是从长期来看，是估价供给创造估价需求。也就是要通过估价创新，向估价消费者提供高质量的估价服务，出具针对性强、内容丰富、高质量的估价报告，启迪消费者，让消费者知道还有这么好的估价服务和估价报告。因此，房地产估价也要"供给侧结构性改革"，要着力通过估价为人们带来好处、减少损失、防范化解风险，不断发掘、激活和引导新的估价需求。

四、房地产估价业务的未来发展方向

（一）要从"单一"到"并举"，从粗略到精细

主要包括下列11个"+"。

一是"估价+咨询"。在做好估价业务的同时，要努力做好有关咨询业务，不断向房地产咨询业务拓展。早在1995年，建设部、人事部印发《房地产估价师执业资格制度暂行规定》就明确"房地产估价师的作业范围包括房地产估价、房地产咨询以及与房地产估价有关的其他业务"。房地产咨询业务是对客户的有关房地产问题作出解释、说明，提出建议和解决方案，并帮助落实解决方案。

二是"法定评估+自愿评估"。在做好法定评估业务的同时，要努力做好自愿评估业务。

法定评估业务虽然越多越好,但不能对其过于依赖,要更加重视并开拓人们自觉自愿需要的估价业务。从长远来看,自愿评估需求更多,市场空间更广阔,业务更具持续性、稳定性和成长性。

三是"鉴证性估价+咨询性估价"。鉴证性估价一般是估价报告或估价结果供委托人给第三方使用或说服第三方,起着价值价格证明作用的估价。咨询性估价一般是估价报告或估价结果仅供委托人自己使用,为其作出有关决策或判断提供参考依据的估价,如为委托人出售房地产确定要价、购买房地产确定出价服务的估价。

四是"价值评估+租金评估"。房地产价格或价值评估是广义的,还包括房地产租金评估。近年来租金评估业务增长很快。

五是"价值评估+价值分配+价值提升+价值损失评估"。价值评估业务是估价基本业务,即直接评估房地产价值价格的业务。价值分配、价值提升、价值损失评估业务是估价延伸业务,是在房地产价值价格评估基础上的扩展。价值分配业务较多,主要是将房地产的价值价格在该房地产各组成部分、不同用途、各权利人或利益相关者之间进行分配或分摊。价值提升业务主要是积极主动改变房地产价值价格影响因素带来的房地产价值增加(增值)或价格上升(溢价)评估。价值损失评估业务主要是房地产价值价格影响因素消极被动改变造成的房地产价值减损(减值)或价格下降(减价)评估。

六是"现时性估价+回顾性估价+预测性估价"。这是从价值时点进行区分的估价。价值时点不一定都是现在。价值时点为过去的回顾性估价会越来越多,价值时点为未来的预测性估价也会增加,人们将更加关注未来的价值价格、租金变化趋势和变化状况。

七是"服务于机构(ToB)+服务于个人(ToC)"。目前估价主要服务于机构(单位),市场规模有限,要想方设法拓展到服务于成千上万的个人,如服务于房地产经纪人员、交易当事人的居民,帮助他们合理确定挂牌价、交易价格,引导房地产经纪人员利用专业估价意见为交易当事人提供价格咨询服务。

八是"住宅估价+非住宅房地产估价"。目前,估价机构的估价业务主要为住宅估价业务。随着房地产市场转型升级,非住宅房地产投资、运营管理和证券化增多,非住宅房地产估价业务也会随之增加。在做好住宅估价业务的同时,要努力做好非住宅特别是基础设施、产业园区、仓储物流、数据中心等房地产估价业务。

九是"增量房地产估价+存量房地产估价"。目前,过于依赖增量房地产估价,大量存量房地产估价有待拓展,如城市更新、老旧小区改造、盘活存量资产等。

十是"交易估价+运营管理估价"。运营管理估价业务慢慢也会多起来,如投资购买房地产再出租运营管理、房地产(或不动产)投资信托基金等。

十一是"城市房地产估价+农村房地产估价"。目前的估价基本上是城市房地产估价。乡村振兴、宅基地制度改革、集体经营性建设用地入市、土地经营权流转等会越来越多,相应的估价业务也不可忽视。

(二)当前估价业务转型值得重点关注的方面

主要包括下列4个方面。

一是城市更新改造。要根据国家政策导向和未来发展趋势,尽快将城市更新、城镇老旧小区改造相关估价和咨询业务开展起来。

二是盘活存量资产。主要是盘活闲置和低效利用的土地、房屋等房地产,可以与城市更新结合在一起,相关估价和咨询业务很多。

三是不良资产处置。包括金融机构的房地产抵押类不良资产处置，房地产开发企业的未开发土地回购、房地产项目并购、剩余货值估算等。对不良资产处置购买人来说，要特别注意避免陷阱，因为有的不良资产是真便宜，有的是假便宜，因此购买人还需要估价机构提供有关尽职调查、购买分析等专业服务，以防范损失。

四是保障性住房。包括公租房、保障性租赁住房、共有产权住房，涉及的估价及相关咨询业务有租金、售价的确定与调整及涨幅限制等，许多地方出台的有关法规和政策文件要求有相应的估价服务。比如保障性租赁住房租金应不高于同地段同品质市场租赁住房租金，这就需要评估同地段同品质市场租赁住房租金。在确定共有产权住房售价或个人产权份额时，需要先评估同地段同品质商品住房市场价格，即共有产权住房售价＝同地段同品质商品住房市场价格×个人产权份额，或者个人产权份额＝共有产权住房售价/同地段同品质商品住房市场价格。

五、房地产估价机构的未来核心竞争力

估价机构要努力寻找、培育并逐渐突显自己的正确核心竞争力。汇总起来，主要有下列10个选择，其中有些是要努力做到的，有些是要恰当利用的，而有些是要抛弃的，甚至是要共同抵制的。

一是学习型机构。党的二十大报告提出"建设全民终身学习的学习型社会、学习型大国"。房地产估价属于专业服务，估价机构更要建立机构内部业务学习机制，建设全员特别是全体估价师终身学习的学习型机构。

二是人才。没有人才，即使有新兴业务也没有人做或做不好，估价机构发展会进入"恶性循环"。估价机构要吸引、培养、留住估价人才，特别是要注重培养青年估价人才，给他们希望。党的二十大报告提出"努力培养造就更多大师"。房地产估价行业也要努力培养造就"估价大师"。我们将研究并在条件成熟时评选"估价大师"。

三是数据。估价既需要专业知识，也需要实践经验，更需要数据。随着大数据时代到来和数字经济发展，数据成为继土地、劳动力、资本、技术之后新的重要生产要素，人们也要求房地产估价及其背后有大量数据支持和分析。估价机构和估价师要持之以恒地搜集有关数据，包括市场数据、成交实例、租金实例、收益实例、成本实例等，从主要依靠经验估价转向主要依靠数据估价。

四是品牌。估价机构可以从提升自己的口碑、知名度、职业道德开始，逐步树立自己的品牌。

五是资质。狭义的是资质等级，广义的还包括资信等级。目前，估价机构较看重资质等级。将来资质等级会逐渐淡化，资信等级会逐渐强化。

六是行业排名。估价机构在估价行业中的排名，在一定程度上可反映估价机构的综合实力等情况。中房学将不断优化排名指标和相关权重。

七是过往业绩。客户往往对同类业绩有一定要求，不愿意自己当试验品。因此，估价机构要重视业绩尤其是同类业绩的积累。

八是关系。关系只是敲门砖，如果仅仅依靠关系，长期依赖关系，而不能提供优质服务，是不能长久持续发展的。因此，要"关系＋优质服务"：关系→新客户→老客户→新客户→长期客户→终身客户。

九是低价。恶性压价低收费，等同于"集体自杀"，并且是违法的。如《资产评估法》明确规定评估机构不得以恶性压价等不正当手段招揽业务。近几年来，房地产抵押估价业务收入显著下降，主要是恶性压价低收费造成的。

十是回扣。回扣也是违法行为，风险很大。

六、房地产估价机构未来发展方向选择

关于估价机构的未来发展方向，从专业服务能力的培育来看，主要有两个选择：一是综合性发展，适合少数大机构；二是"专精特新"发展，适合广大中小机构，如果将相应的专精特新业务跨地区（如跨市、跨省）以至向全国发展，也能做强做大。

"人无远虑，必有近忧"。希望估价机构负责人不仅要忙于当下的生存，更要经常腾出一点时间思考未来的发展，时常反复叩问自己"估价最不可替代的价值在哪里"。

最后，再强调或提几点希望：一是坚定发展信心。房地产估价行业是一个永久的、社会必要的行业，长期来看还有很大的发展空间，前景广阔。二是坚持守正创新。在做好现有估价业务的同时，要与时俱进、不断开拓创新。三是坚持专业主义。要专业专注于估价主营业务，再拓展到有关咨询业务。四是坚持长期主义。估价机构做强做大，不是一日之功，而是一个长期努力、逐渐累积的过程。只要从现在开始坚持不懈提供高质量的估价服务，估价及有关咨询业务将会源源不断，估价机构就能生存发展，估价行业就会生生不息。

作者联系方式
姓名：柴　强
单位：中国房地产估价师与房地产经纪人学会
地址：北京市海淀区首体南路 9 号主语国际 7 号楼 11 层

浅谈估价机构在轨道交通开发前期成本预算项目中面临的机遇与挑战

杨 斌　石超毅　茅燕峰

摘　要：为推动长三角更高质量一体化发展，服务全国发展大局，共建"轨道上的长三角"，加快建设多网融合、高效便捷的现代轨道交通运输体系，上海市的轨道交通项目开发建设可谓如火如荼，估价机构凭借着自身的专业知识积累以及在大数据方面的技术能力提升，已经逐渐从项目建设实施阶段鉴证性估价延伸到项目开发前期的咨询顾问服务，为政府落实财政预算计划、有效控制成本、把控风险、实现经济宏观调控提供专业咨询性建议。本文以上海市轨道交通19号线（浦东段）的前期成本预算项目为例，浅谈估价机构在轨道交通开发前期成本预算项目中面临的机遇与挑战。

关键词：轨道交通开发；前期成本预算；咨询顾问服务

一、前言

"十四五"时期，是我国开启全面建设社会主义现代化国家新征程、向第二个百年奋斗目标进军的第一个五年，也是上海在新的起点上全面深化"五个中心"建设、加快建设具有世界影响力的社会主义现代化国际大都市的关键五年。

轨道交通对上海的城镇体系功能提升至关重要，以上海市规划建设的轨道交通19号线为例，工程跨越闵行、徐汇、浦东新区、虹口、宝山等行政区，是一条贯穿中心城中央活动区的南北向径向市区线，将闵行的吴泾、浦江镇，浦东新区三林南、前滩、后滩，虹口凉城，宝山区吴淞、新杨行等潜力发展地区与世博、陆家嘴、北外滩等成熟发展地区相串联。但"工程跨度大""施工期长""开挖难度高""投入成本多"等因素注定修建轨道交通是一项大工程，轨道交通开发的施工用地多为零星地块，整体呈"线性"分布，且跨越多个行政区域，涉及多类用地，其开发成本需要通过专业的力量进行合理预算。估价机构通过近二十年来参与轨道交通项目建设实施阶段中所涉及的各类补偿估价业务，积累了相当丰富的数据与经验，已完全具备在轨道交通建设项目开发前期扮演咨询顾问的能力，同时，估价机构除了可以提供沿线各站点征地补偿和临时借地费用的前期预算、后续开发方案比选以及盈亏平衡分析等咨询服务，还可以通过自身打造的数据平台为轨道交通项目开发部门提供信息化、数据化的服务。这对评估行业而言，是一个顺应时代发展和政策方向的机遇。

二、轨道交通开发前期成本预算的难点

本文以上海市轨道交通19号线（浦东段）前期成本预算项目为例，罗列了估价机构在

此类项目中遇到的挑战,并通过分析归纳总结了相应的解决方案。

(一)资料完整度欠缺

在项目可行性研究阶段,通常尚未进行官方的摸底调查,开发单位和政府部门能提供的数据材料较为有限,而前期成本预算中对于居民户数、建筑面积、补偿方案及操作口径等关键性基础数据尤为依赖,对估价机构资料搜集、归纳总结的要求较高。

1. 区分施工用地类别。轨道交通开发项目的施工用地分为永久征地和临时用地两大类,永久征地需根据相关的法律法规文件进行补偿,临时用地在施工借地期间向土地使用权人支付借地费用,在施工期结束时需归还土地使用权。解决方案主要是通过委托方提供的红线范围CAD工程图纸,在图纸上对各类施工用地进行标记测量并与设计单位和开发部门沟通确认建设方案和测量数据。

2. 区分征地权属性质和土地用途。轨道交通线路跨度大,国有建设用地和集体土地都会涉及,国有土地按照用途分类为商品住房用地、租赁住房用地、商服用地、工业用地、公共管理与公共服务用地等,按照规划利用现状分为有建筑物地块和空地,其中空地需要区分是否带建筑开发体量。集体土地按照利用主体大致分为宅基地、耕地、林地、村企业用地等。不同的用地性质对应不同的补偿方案及操作口径。估价机构在此阶段需要通过地籍图、土地权属调查报告书及其他相关资料来判断施工用地中涉及的征地权属性质,而空地的规划条件则需要通过查阅规划和自然资源局及其他官方网站公布的控详规图来获取相关信息。

(二)摸底调查任务重

轨道交通的开发建设往往会对施工范围内的建筑物、绿化及附属设施造成不利影响,除了需要对其权属性质、用途、类型、建筑面积等基础数据进行摸底调查,涉及居民征收补偿的站点还需要调查居民户数、房屋类型等基础数据。此外,估价机构要根据有限的资料判断施工用地边界处的建筑物能否在施工状态下正常使用或施工结束后恢复使用,并将分析结论与委托方及时沟通。

摸底调查任务主要采用"内业为主、外业为辅"的方法。"外业"是指估价机构组建若干小组,每个小组负责若干个站点的实地查勘及记录工作,利用无人机等科技手段保留影像资料及平面图,最后进行汇总统计。勘查内容包括但不限于:①检查核对施工用地的范围(界址、四至)、坐落(街路巷名称、住宅区或楼宇名称以及门牌号、户型、房型、居民户数等)、用途、规模等基本情况;②观察记录用地范围内所涉及建筑物的建筑结构、设施设备、装饰装修、新旧程度(包括工程质量、维护状况等)、宗地形状、地形地貌以及附属物情况;③观察站点位置、交通、配套设施等区位状况;④调查搜集周边同类房地产的租售行情等。"内业"则是依据CAD工程图纸,在底图上测量建筑面积数据,并结合公司的信息化数据平台对外业查勘内容进行基础数据完善和校验,通过查阅一网通办等官方平台确认建筑物的权属状况(图1)。

(三)涉及的专业知识多

轨道交通开发前期成本中涉及的专业有国有土地上的房屋征收补偿、集体土地征收补偿、园林绿化搬迁补偿,临时借地补偿,道路补偿,桥梁、隧道通道拔桩、立桩等。笔者对轨道交通开发前期补偿成本构成进行总结整理(图2):

1. 永久征地补偿

永久征地补偿根据土地权属性质的不同又分为国有土地上的房屋征收补偿和集体土地征收补偿。征地补偿成本的估算同样适用于《房地产估价规范》GB/T 50291—2015中针对估价

图 1　百盛评估公司的信息化数据平台简图

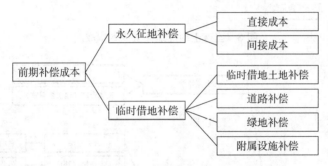

图 2　前期补偿成本构成

方法选用的规定。

国有土地上房屋征收补偿成本的构成如图 3 所示，重点内容如下：

1）土地（空地）补偿。对于收回国有土地中涉及地上无建筑物的土地难以采用房地合估的方式进行估算，需要单独测算土地市场价值，此时需要区分该土地是否带开发体量，带开发体量的空地可按照其所在宗地整体开发体量根据土地面积分摊来估算市场价值，不带开发体量的空地可按照周边同用途土地市场价值考虑适当打折系数来测算。

2）房地产市场价值补偿。对于居住房地产市场价格的测算，依据《上海市房屋管理局关于印发〈上海市国有土地上房屋征收评估技术规范〉的通知》（沪房规范〔2018〕6 号），站点周边通常存在于价值时点之前 6 个月内同品质、同类型的住宅成交实例，因此优先采用比较法估算。对于非居住房地产市场价格的估算，优先采用比较法、收益法估算。

集体土地征地补偿成本的构成如图 4 所示，重点内容如下：

1）土地补偿。集体土地补偿根据站点所在的镇域，依据《关于印发〈上海市征收集体土地补偿标准（2020）〉的通知》（沪规划资源规〔2020〕20 号）中对应区域的补偿标准确定，以征收集体土地面积为基数；集体资产（地上附着物）补偿费根据上海市现行法律法规标准及站点周边区域近期实行的征收补偿方案估算，以集体土地中非耕地面积为基数；涉及征

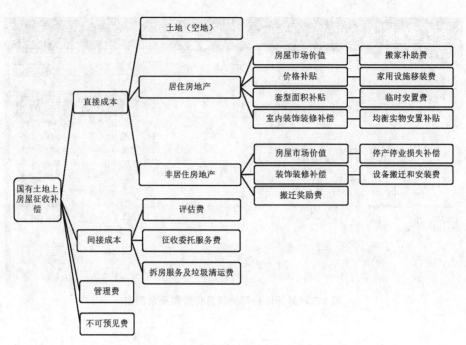

图 3　国有土地征地补偿成本构成图

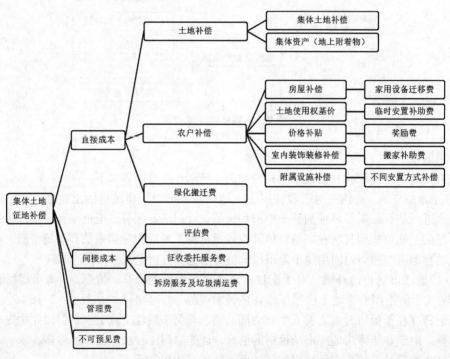

图 4　集体土地征地补偿成本构成图

收耕地的项目，还需要考虑耕地占用税、耕地开垦费、青苗补偿费、劳动力安置补助费等费用，同时注意各项费用的计算基数。

2) 农户补偿。征收集体土地房屋补偿建安重置价评估是指采用现有建筑材料和建筑技术，按价值时点的价格水平，重新建造与被拆除房屋具有同等功能效用的全新状态的房屋的正常价格，结合成新，得到房屋补偿价格；土地使用权基价、价格补贴系数及其他补贴、奖励费和间接成本根据站点周边区域近期实行的征收补偿方案及平均补偿水平进行估算。

2. 借地补偿

借地补偿包括临时借地土地补偿、道路补偿、绿地补偿和附属设施补偿。临时借地土地补偿根据《关于印发〈上海市征收集体土地补偿标准（2020）〉的通知》（沪规划资源规〔2020〕20号）确定，道路补偿、绿地补偿和附属设施补偿根据站点周边区域近期实行的补偿方案进行估算。

涉及行道树补偿的，依据《上海市物价局 上海市财政局关于调整本市部分绿化行政事业性收费标准的通知》（沪价费〔2006〕27号），根据实地查勘统计的行道树品种及胸径估算补偿金额。

施工期间还会对临时借地范围周边的商业、办公等非居住房地产造成经营性损失，从理论上说，可以参考周边同类型物业的客观租金和借地范围内商业、办公的经营状况，按照可能的施工年期，根据收益法公式测算其经营性损失补偿费用。但实际发生的损失往往与预期存在较大偏差，这与谈判双方的期望值、信息掌握程度等主观因素有较大关联，且在轨道交通站点建成之后，可能对经营性物业产生一定的积极效益，这些都难以准确估量。

（四）项目时间紧、对评估人员的沟通能力要求高。

在项目可行性研究阶段，各个工作内容是环环相扣的，前期成本预算影响了轨道交通建设的方案选择、后续开发的规划参数设定、财政预算审批，对估价机构的工作有较高的工作时效要求，而且轨道交通开发建设项目一般涉及多个行政区域、街道，需要估价机构与多方部门和管理单位沟通、对接多个政府部门，实时跟进项目进度，对评估人员的沟通能力要求高。

三、前期成本预算项目的总结与思考

我国的房地产估价行业经过几十年的发展，虽日渐成熟，但随着社会的发展和科学技术的进步，房地产估价行业仍需适应新形势，不断改革和创新，不断发展才能跟上时代的步伐，提升房地产估价行业的社会地位。

（一）新形势下的业务开展离不开大数据信息化的建设以及高科技手段的运用

在整个前期成本预算中，居民房地产补偿费用往往占据着较高的比重，因而居民户数、建筑面积等基础数据的准确性就变得尤为重要。在数据应用成为常态化、成熟化的当下，估价机构通过借助无人机以及自身数据积累打造的数据平台成为高效高质量完成业务的强有力保障。另外，前期成本预算项目、区片地价评估、多宗物业批量价值评估等项目中，需要估价机构对相关的制图、识图软件有一定的了解。当前房地产估价行业信息化趋势的大背景下，无人机参与实地查勘与测量、移动端实地查勘与记录、数据可视化技术、多媒体技术与图像识别技术都需要被及时引进和应用。

（二）评估成果提交方式要满足当下新趋势，保持多样性和创新性

轨道交通开发前期成本预算涉及的项目繁多，现如今估价机构一般通过Excel表格的数据透视功能将项目整体各项费用组成情况提炼并制成较为直观的图表，再通过Word文档详尽地披露项目的基础数据、估算依据、估算过程说明及结果、后续开发方案比选、盈亏平衡分析等工作成果。但这种汇报形式较为平常，当下委托方对"咨询"业务的要求越来越高，在汇报环节估价机构可以借助 ArcGIS、PPT、BI 等工具进行更为直观的可视化成果汇报。

（三）发挥"懂理论、懂政策、懂市场，会测算、会写作"等专业优势，更多地从事相关咨询顾问业务

未来的估价行业不仅仅是房地产估价，更多的是房地产估价与咨询顾问服务并存的发展方向，我们需要在这样的机遇与挑战中，努力探索并延伸服务范围，更好地适应经济发展及城市开发建设方式带来的估价需求新变化。

参考文献：

[1] 李文. 改善房屋征收前期调查工作模式的思考 [J]. 活力，2012（23）：79.

[2] 孙玉明. 房屋征收工作中存在的问题及解决措施探讨 [J]. 房地产导刊，2014（25）：433，446.

[3] 韩艳丽. 轨道交通站点前期成本估算与方案比选要点浅析 [J]. 中国房地产估价与经纪，2015（4）：45-49.

[4] 赵文平. 新形势下房屋征收前期调查工作模式研究 [J]. 经济视野，2020（6）：143.

[5] 中国房地产估价师与房地产经纪人学会. 房地产估价理论与方法 [M]. 北京：中国建筑工业出版社，2007.

作者联系方式

姓　　名：杨　斌　石超毅　茅燕峰

单　　位：上海百盛房地产估价有限责任公司

地　　址：上海市浦东新区民生路 600 号船研大厦 8 楼（邮编：200135）

邮　　箱：bin.yang@shbrea.com；chaoyi.shi@shbrea.com；yanfeng.mao@shbrea.com

注册号：杨　斌（3119960042）；石超毅（3120130024）

城市开发建设新方式对房地产估价机构业务的影响及对策

刘 伟 郝俊英

摘 要：随着我国城市开发建设由增量建设转向了存量挖潜，城市开发建设采用城市有机更新、多渠道筹集资金、维护城市历史以及应用绿色建筑等新方式，房地产估价机构的业务受到了巨大影响：各类更新项目为估价机构提供了差异化业务，存量资产融资需要估价机构对资产价值进行评估，城市历史维护需要估价机构提供特色服务，低碳发展也对估价机构提出了更高要求。因此，房地产估价机构需要进一步保证评估质量、吸纳培养人才、有效利用新技术、采用传统业务与新业务互补等方式来适应城市开发建设的新需求。

关键词：房地产估价机构；城市开发建设方式；估价业务；影响；对策

一、城市开发建设的新方式

（一）城市建设，从大拆大建到精雕细琢

2021年8月，住房和城乡建设部发布了《住房和城乡建设部关于在实施城市更新行动中防止大拆大建问题的通知》（以下简称"通知"），该通知表明城市在新一轮的开发建设过程中，要以"留改拆"并举的方式而不是大规模拆除与增建的形式来焕发城市活力，坚持以保留利用为主。各地政府积极响应这一底线的划定，杜绝运动式的城市更新，脚踏实地，对症下药，稳妥推进改造提升。

（二）资金筹措，从孤掌难鸣到通力合作

城市建设改造的最大瓶颈便是资金缺乏，地方政府的支持力度毕竟是有限的，短时间内所需要的大量改造投入与长期的运营收入难以平衡，造成了政府的入不敷出，财政上捉襟见肘。因此在新一轮的存量有机更新中，政府不再一个人唱独角戏，而是统筹各方力量，有效协调各类资源，将传统房地产开发式转变为轻资产运营式，形成一种政府引导、市场运作、公众参与的可持续模式，鼓励社会各方共同出资参与城市的微改造。

（三）城市历史，从一扫而空到应保尽保

历史建筑以及老城区在每一座城市往往占据着重要地位，它们不仅在现实中占据着城市的核心区位，而且在人们心中也留存着浓厚记忆，往往蕴含着巨大的经济价值与浓郁的城市特色。长期以来，对老旧房屋通常执行彻底拆除重建的政策，对妨碍了城市规划发展的历史建筑也会有保护力度不够的问题，造成了拥有以上房屋权属或者居住其附近的居民对于财产处置的滞后，他们不敢再花费多余资金修缮老房屋，也不再拿到住房市场上进行老房子的交

易，房屋的质量急剧下滑，城市的历史气息奄奄。随着"应留尽留，全力保持城市记忆"基调的确立，城市历史文化的保护与传承日趋重要，各地探索旧城改造新模式，完善老城保护标准，健全监督与问责机制，尊重历史、尊重文化，延续城市特有的格局与肌理。

（四）城市建筑，从破坏环境到绿色低碳

在绿色可持续发展理念的带动下，绿色低碳技术在房地产行业的应用日渐广泛，绿色因素与房地产业深度融合，绿色建筑、超低能耗建筑已越来越多。根据住房和城乡建设部的数据，截至2020年底，全国已建成的绿色建筑面积超过了66亿平方米，累计建成的节能建筑面积超过了238亿平方米，节能建筑占城镇民用建筑的比例超过63%，全国城镇对既有居住建筑完成节能改造面积超15亿平方米；截至2021年底，我国已建设完成的超低、近零能耗建筑面积超过了1000万平方米。这减少了对环境的污染，为人们提供了更加健康且舒心的居住环境，对于经济和城市建设的发展也带来了极强的推动力。

二、城市开发建设新方式对估价机构业务的影响

（一）不同类型的存量有机更新项目为估价机构提供了差异化的业务

存量有机更新的模式按照改造程度不同可以分为3种类型，房地产估价机构可以在不同类型下深挖业务。

第一种是综合整治类，这种方式改造力度相对较小，改造内容主要是对房屋及周边环境进行修缮、更新、完善功能等，例如加装电梯、更换下水管道和窗户等。估价机构的参与主要是由个人或集体代表委托，做一些装修及设施设备咨询估价、项目的可行性评估。对于可能产生分歧的项目，如加装电梯，低中高层住户受益程度明显不同，政府和集体代表的工作也许就很难取得进展。为了调和政府、集体代表、不同业主之间的分歧，估价机构可以作为专业的第三方机构接受各方委托，提供方案设计、成本评估、费用分担以及受损补偿评估等服务。

第二种是改建加建类，改造内容主要是对建筑物进行局部的改建、加建、扩建、部分拆除以及调整功能，如商业旧改项目和公厕提升项目。针对不同主体的需求，房地产估价机构可以积极参与或提供相应服务。例如政府可能委托机构进行不动产测绘，估价机构要高质量地完成对存量房地产的调查并构建好基础数据库；投资企业可能委托机构进行项目可行性研究、解读相关政策、编制项目建议书、项目申请报告等工程咨询服务；而产权人的委托一般是对房地产租赁价格的评估、资产的转让和作价出资以及手续文件的审批代办等。

第三种是拆除重建类，即将原有的不动产进行拆除并按照新的规划进行重新建设，如旧村改造项目。首先，估价机构可以帮助政府进行社会稳定性风险评估以及经济可行性分析，协助政府平衡开发商与业主的经济利益，加速项目推进。其次，可以接受来自开发商的委托，进行项目的可行性分析，对于一些操盘经验少的开发商，可以接受他们的聘请，作为全程顾问协助他们高效合法地完成项目建设。第三是业主对于估价机构需求，主要是提供补偿标准的咨询以及对城市更新相关政策的解读等，避免他们因市场信息闭塞和专业性弱而遭受不必要的损失。

存量更新中业务繁多，所涉及的主体也颇多，对于估价机构的要求是坚持独立客观公正，要积极融入城市开发建设的新方式，宣传估价机构在改造过程中的重要作用，为改造过程中不同的利益主体排忧解难。

(二)存量资产融资离不开估价机构对资产价值的评估

目前,企业和公众逐渐成为存量资产资金筹措的主力军,政府的财政负担得以部分释放,资金支持开始走向社会化,估价机构在这个大趋势下也可以大显身手。

首先,估价机构凭借自身的专业性和丰富经验,可以协助政府合理评估融资规模,筛选稳定且优质的社会资本,并对不同的项目方案进行比选,对项目开展情况进行评估考核,以保障改造项目的顺利完成。

其次,面对REITs、CMBS、ABS等新型融资方式不断融入存量资产的开发运营,房地产估价机构的业务领域得到了扩展,可以针对不同方式展开相关服务。REITs模式是一种通过发行收益凭证汇集资金,然后将资金交给专门的投资机构进行不动产投资经营管理,并将收益按比例分配给投资者的融资方式,对于投资者而言,不动产的风险状况和市场潜力至关重要,因此需要估价机构提供资产的状况评价以减少风险,提供市场调研以判断项目潜力,并通过收益法进行价值评估。CMBS是商业房地产融资的一种方式,债券银行通过将原有商业抵押贷款作为资本来发行债券,其发行价格由项目评级决定,而项目评级与资产的估值又关系密切,所以估价机构对资产估值的合理性举足轻重,关系到是否能成功发行,估价机构应选择和确定合适的参数用收益法进行评估。ABS模式是以项目资产的预期现金流为保证来筹集资金,在这种模式中,估价机构可以接受市场调查、项目分析以及现金流监管控制等委托业务。

存量项目所涉及的价值量大,利益方众多,因此估价机构要完善评估方法,丰富评估体系,优化评估流程,从多个角度科学谨慎评估,提供更好的服务。

(三)城市历史维护需要估价机构提供特色估价服务

历史建筑和老城区的房屋具有极高的历史价值、经济价值、科学价值和艺术价值,饱含着一座城市的百年沧桑,同时也展示着这座城市的繁荣兴旺。在调和城市更新改造和这些"老建筑"的矛盾中,估价机构不可或缺,任重而道远。"老建筑"的价值究竟多大,其重建或重置成本以及修缮改建费用到底需要多少,相关责任人破坏或未能合理保护"老建筑"造成的损失如何测量,估价机构都可以参与进来。而如何在评估中将"老建筑"的多元价值恰当测量出来,对于估价机构也是一个挑战。

由于这些"老建筑"特殊性较强,价值构成多样,对估价师的专业水平和综合能力提出了极高要求,评估时需要尽可能全面考虑影响"老建筑"的价值影响因素,综合选择合适的估价方法,避免低估或不科学合理的评估;随着我国老城区房屋交易数量的增多,将市场比较法作为主要方法会比较适当,但各个房屋有其特殊价值,这样在资产状况系数修正时要充分考虑;评估可以营利的"老建筑",运用收益法会更加准确合理,其收益可以按照建筑的收入确定,收益时长因建筑寿命长且保养好的特点,可以考虑按照无限年期计算,收益率则要看具体的市场环境做调整;对于待修缮"老建筑"价值的确定,则可以考虑运用假设开发法,将修缮完成后的价值减去修缮成本来得到。

(四)城市低碳发展对估价机构提出了更高的要求

生态环境保护与城市建设改造是相辅相成的,在高质量发展背景下,绿色建筑如雨后春笋般涌现。相较于普通建筑,绿色建筑成本投入更多,租金和销售价格更高,市场吸引力更强,维护成本更低。因此,估价机构可以从以下三个方面探寻绿色建筑的相关业务。第一,针对绿色建筑的成本,房地产估价机构可以结合绿色建筑的技术规范和标准,分析测算,将绿色因素合理分配到项目的材料费用、间接费用以及人工费用,帮助开发企业寻找到效益和成本的均衡点，节省一定成本，保障其经济收益。第二，接受绿色建筑的价值价格评估的委托，运用多种方法进行科学评估。在运用收益法进行评估时，绿色建筑的运营成本低，市场需求高，因此其租金收入可以相对于市场水平更高；在运用成本法时，要注意目前市场上每个绿色建筑的材料和技术千差万别，相关成本资料的获取对评估结果的精确性至关重要。第三，绿色建筑后期维护成本低是建立在维护次数相对较少的基础上的，单次维护成本相对于普通建筑更高，维护不及时还会影响运行效率，而绿色建筑具有一定的外部性，在业主、物业公司、开发商和政府之间谁来承担维护成本，仍不明确，估价公司作为第三方机构可以通过出具各方受益报告作为参考，推动问题的解决。

三、城市开发建设新方式下估价机构的应对之策

（一）保证评估质量

城市的开发建设正变得高质量，估价机构的评估更要保证高质量，只有这样，整个房地产估价行业才能在新形势下培育出可持续发展的大环境。在估价工作中，估价机构最重要的便是严守估价准则，独立、客观地开展相关业务，严控估价报告的质量，告别"报告靠模版，业务靠关系"的现象，不断提升自身的能力与水平。坚持自身在城市更新改造工作中第三方的立场，抵制为了拉业务而迎合客户任何需求的行为，拒绝行业内的恶性竞争，自觉维护行业的生存环境，打造出机构自身的品牌。

（二）人才吸纳与培养

城市更新改造业务繁多，估价机构若想要获取更多业务，还需要将不同专业背景的人才融入自身队伍。除了过去拥有扎实知识和丰富经验的房地产估价人员，还需要具备历史、环境、法律、心理等各个专业的复合型人才。因此，估价机构一方面需要提升自身的社会知名度，加强宣传与引导，吸引人才的进入。另一方面也要求机构能够保证完善的薪酬机制、晋升机制和培训机制，保证人才的稳定性及知识的不断更新。

（三）有效利用新技术

能否有效发挥自媒体平台与大数据的优势，已成为估价机构在城市开发建设新方式下的新命题、新考验。通过数据库的搭建，估价机构可以高效简洁地整理、存储、提取与利用数据，把城市改造业务中估价对象实物状况、权益状况、区位状况方面的具体信息与数据库中过去的相似案例进行匹配，来获取估价对象的价值信息，更好更快地满足客户的需求。想要在新一轮的城市改造中挖掘更多需求，拓宽业务，估价机构可通过自媒体平台的方式来宣传自身的作用，获取大批流量用户，然后从这些用户里挖掘潜藏的需求，以破解当前估价机构传统业务萎缩、新业务获取难的困境。

（四）传统业务与新业务互补

尽管城市建设的新方式给估价机构的业务内容和评估方法带来了诸多新变化，但新业务和传统业务对于估价机构而言并非是此消彼长，估价机构需要抓住传统业务与新业务之间的联系与区别，实现传统业务与新业务的互补。城市开发建设的新方式其实就是对不适应现代社会生活的建筑物进行合理的改建，估价机构同样可以对传统业务的数据经验进行微调整，以适应新业务的需要。同时，新业务所积累的新经验、新技术和数据信息，也可以运用到传统业务中，通过二者的相互促进，才能实现估价机构在城市更新改造中转型升级。

四、结语

城市开发建设方式的转变，给估价行业发出转型创新的信号。估价机构要在新的形势下适应新的要求，深挖新的需求，重塑机构，自我革新，抓住机遇，实现蜕变。

参考文献：

[1] 杨扬."存量时代"的中国房地产市场发展 [J]. 中国市场.2022（15）：85-87.

[2] 王文. 住建部：转变城市开发建设方式 [N]. 中国建材报.2021.

[3] 刘玉，王玉梅. 收益法对历史性建筑评估初探 [J]. 经济师.2017（5）：29-30，34.

[4] 李张怡，刘金硕."双碳"目标下绿色建筑发展和对策研究 [J]. 西南金融.2021（10）：55-66.

[5] 尹耀武. 大数据对房地产估价行业带来的改变及展望 [J]. 现代企业文化.2022（7）：35-37.

作者联系方式

姓　　名：刘　伟　郝俊英

单　　位：山西财经大学公共管理学院

地　　址：山西省太原市小店区坞城路 140 号

邮　　箱：1359828549@qq.com；120986897@qq.com

注册号：郝俊英（1420030042）

后疫情时代估价行业突围之路的思考

韩艳丽

摘　要：本文通过采用 PEST 分析后疫情时代行业外部环境，结合估价机构的困局探索新型业务的突围路径，最后引入以平衡计分卡为基础的估价企业战略地图的构想，提出对目标进行细化及量化，对关键绩效指标加以考核、激励的建议，为房地产估价机构洞察大势、蜕茧成蝶而抛砖引玉。

关键词：后疫情；价值重塑；PEST；新型业务；战略地图

一、引言

新型冠状病毒肆虐，不仅导致很多人失去了生命，还将世界拖进了罕见的"大封锁"态势，全球经济活动被迫按下暂停键。从最初的"大疫不过三年"到如今的"疫情可能会长期存在"，居民消费习惯变得愈发谨慎，房地产市场投资的意愿不断被削弱。

严峻的市场环境导致原来不可胜数的房产公司"大鱼吃小鱼"，不断地洗牌与淘汰，向头部集中。而身处"地产大流感"中的估价机构也正面临着传统业务领域不断萎缩、盈利空间减少、核心竞争力不强等一系列问题。除了发出"活下去"的悲鸣，也许我们更应该痛下决心、更新"药方"。如何洞察大势，让估价价值重塑、蜕茧成蝶，从困境中突围，构建适宜公司发展的战略地图值得每一个估价人深思。

二、通过 PEST 分析估价机构的外部宏观环境

PEST 分析（Politics、Economy、Society、Technology）是对企业所处行业的宏观环境进行分析的模型，通过分析政治、经济、社会、技术四个方面的外部宏观环境，把握行业的现状和发展趋势[1]。

（一）政治环境因素

1. 房住不炒，未来房地产行业发展的总基调

房价的上涨易造成挤压效应，使得实体产业的投资缩水。政府工作报告多次重提"房住不炒"，强化政府主体责任，加快建立多主体供给、多渠道保障、租购并举的住房制度[2]，让住房回归居住属性是大势所趋。目前国内商品房市场出现下行，行业风险持续释放，从趋势来看，预计会有更多的城市出台稳定楼市的全面性政策。

2. 房地产去金融化，防范金融风险降杠杆

"房地产是周期之母""十次危机九次地产"，金融问题已是房地产的核心问题。过往高杠杆、高周转、高负债的发展模式，在"三道红线"的政策管控下难以为继。去杠杆、去负

债,再加上疫情等自然性外部因素对市场的冲击,房地产企业流动性问题(以下简称"房企")凸显。虽然这些问题对行业的影响是阶段性的,但金融性外部冲击往往持久性更加深远。不断完善房地产金融调控政策,推进房地产信托投资基金REITs的发展,鼓励房企盘活存量,改善资产负债结构,是未来一段时间内调控的主方向。

3.土地供应"两集中",从供给端限制房价

2021年,自然资源部实施住宅供地"两集中"的新政策,22个重点城市对居住用地进行集中公告、集中供应。通过大幅增加住宅供应量的方式,摁住"面粉"价格,让"面包"——房价难以脱缰。

4.房地产估价、执业监管等相关法律法规逐步完善,但对违纪违规等行为更多的是针对估价人员,对企业尚缺乏强有力的措施。

(二)经济环境因素

受疫情冲击,经济增速放缓,中国房地产市场区域化差异愈发明显。长期来看,住房市场未来的潜能主要在结构性潜力上,尤其是都市圈、城市群、核心城市、产业导入城市等人口集中流入地区的新市民刚需、部分改善需求、旧改重置需求的潜力,相关保障性住房需求要弥补的缺口还很大,保障住房建设明年会继续加大力度推进[3]。

房企违约风险升高。部分房企被整合、向头部集中,部分房企消亡,部分房企转战细分市场,如代建、物业、金融不动产托管以及文旅、养老、产业研发等经营类房产投资。

房贷仍是家庭主要负债。受疫情影响,居民还贷能力不足,消费能力偏弱。一些人转向租房市场,原来"有钱就买,没钱才租""以房为家"的心理逐渐转成"现金为王"的观望心理。人们未必痴迷于房子本身,却渴望基于房子建立起的稳定生活,因此可以预见长租公寓将成为一线城市、产业导入城市的新契机。

此外,随着中国产业化的不断完善,以及新基建的持续大力投入,以"物""数据""产业园"等新兴物业投资形成新的赛道。

(三)社会环境因素

人口增长率下降,人口负增长时代快速逼近。上海等一线大城市人口老龄化正在加速。人口净流出,加速中小城市房地产泡沫破灭。此外,就业形势的内卷化,也导致吸引人口流入难度提高。

(四)技术环境因素

我国的房地产估价理论和估价技术很多是从国外引进的,在"嫁接"本土的时候,难免有些"水土不服"。而曾经的估价机构钱太好赚,导致行业内真正潜下心研究技术理论的主动性不高,觉得按照既定的"模板"报告套路即可,创新动力不足。

随着外部环境的变化,估价技术中大数据分析、AI的运用是大势所趋。网络时代人人手机不离手,诸多销售行业升级了现有销售方式,通过各种宣传渠道,有的估价机构建立网上询价系统,成为新的拓客渠道,通过保证优质售后服务,渐渐建立品牌效应,为企业长远发展奠定良好的信誉基础。部分大型房地产估价机构还建立了自己的数据库、自动估价系统,但由于信息采集渠道不同,导致同一标的不同系统分析的价格存在一定偏差。

三、估价机构的困局

目前,传统业务萎缩、行业低价竞争愈演愈烈、评估行业进入风险高发期、客户需求发

生变化成为估价机构业务困局构成的四个主要原因。

房地产估价机构的三大传统业务：抵押、司法、征收评估。伴随着金融政策收紧、房地产市场降温，抵押类业务量明显下降。"互联网+"时代，部分金融机构甚至不再需要抵押报告。为了入围金融机构名单，部分业务单一的估价机构，以"自杀式"的低折扣获得业务竞标资格，恶性循环；而最高法对确定财产处置参考价的方式新增"当事人议价""定向询价""网络询价"三种方式之后[4]，司法类业务也逐步走向萎缩；城市更新时代，从"拆改留"过渡到"留改拆"，"大拆大建"的城市建设思路已然成为过去式，随之而来的是征收业务也将不断缩减。

后疫情时代，大城市中的一级资质估价机构尚且感觉到了生存与发展的压力，中小城市中的低资质估价机构更是举步维艰。部分估价机构开始通过增加业务总量和压缩业务成本来维护机构利润，但同时也导致抵御风险的能力较弱；部分估价机构通过异地执业设置分支机构或与当地低资质估价机构"抱团取暖"联合的方式，扩大业务数量，但同时也导致运营链条拉长，质量监管困难，风险加大。

大数据的发展，交易信息公开透明，房地产经纪公司可以提供更加准确的交易信息，客户不再依赖估价结构，而以往客户的需求挖掘太少，估价过程中渗透的人文关怀不足，报告后续缺少跟踪，单一关注业务等也造成客户延续度不高。

四、估价行业的突围路径

后疫情时代，外部环境在变，趋势在变，市场在变，估价机构的"目标客户"发生变化，客户的需求也发生变化，因此估价人的思维方式也应思变求新。如果说以往的市场充斥着大众化的"预制菜"报告，那么现在客户更需要的是应客户所需定制的"私房菜"报告。面对困局，估价机构应如何突围呢？

（一）"房住不炒"，业务拓展向租赁市场、保障性住房倾斜

存量房时代，无论是政府指定机构的保障类住房市场租金评估，抑或是国企机关房产市场租金评估、长租公寓租金评估等等，租赁需求会迅速崛起。租金评估业务仅仅是租赁市场服务链上的一环，运营类资产中的金融化投、融、管、退全流程服务才是将租赁过程中零散的节点串联，达到项目的全生命周期风险管理，租赁市场"蓝海"业务可期。

另一方面，我国在积极推进房地产信托投资基金 REITs 的发展，目前已经有一些头部综合集团型估价机构参与到"类 REITs"项目中的评估咨询服务。虽然首批公募 REITs 的底层资产并不包括租赁住房，但可以预见未来住房租赁 REITs 必将使住房租赁企业"轻装上阵"，低金融杠杆、可持续发展的商业闭环模式势必对中国住房市场完成结构性重塑。住房租赁 REITs 发行的关键点是项目成熟（运营年限 ≥ 3 年），运营主体合格，现金流稳定，且净现金流分派率不低于 4%。同时 REITs 执行长期投资策略，这其中既有前期的投资决策分析，又有后续的动态跟踪评估业务。

（二）扩大业务关联面，将"纵向"参与度变"深"，将"横向"业务面变"宽"

随着客户需求的变化，产业升级转型、加装电梯、损害赔偿、《中华人民共和国民法典》新设居住权价值评估、集体建设用地入市"补地价"、纪检监察机关委托的涉案评估、军队合作建房利益分配评估、国有企业房地产数字化、物业费评估等业务不断涌现。估价公司应紧紧围绕价值评估的核心，将估价的价值重塑，扩大业务关联面，可以最大限度地达到业务

多元化发展。

1. 未来实体产业转型培育新的经济增长点和竞争力是国家的大政方针

以"麦肯锡"式估价在产业转型项目中的服务为例[5]，以往产业升级转型项目中，估价机构更多的是参与传统的存量补地价或扩大用地补地价的土地评估业务；事实上估价机构可以纵向参与得更深，如根据上海市的有关规定[6]：零星工业用地自行开发的，应向政府无偿提供不少于10%比例的建设用地用于公益性设施、公共绿地等建设，或无偿提供不少于15%的地上经营性物业产权给区县政府相关部门。估价机构可以依据政策体系按照不同转型方案给出专业意见，以及奖励政策上的争取空间，并结合投资主体的实际情况进行方案比选（小尺度城市更新项目）（图1）。

 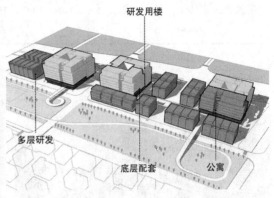

图1 保集e智谷创新产业转型项目

进一步地，在各种城市更新项目中助力解决环节上的瓶颈问题，如对容积率奖励幅度、与奖励挂钩的公共要素清单、容积率转移等奖励机制进行技术手段支持。此外，前置过程中的"社会稳定风险评估""城中村改造项目资金平衡""顶层征收补偿方案设计"，项目过程中的进度督导服务，全过程跟踪审计等新型项目均是依托传统评估项目的纵向延伸。

2. 加装电梯项目前期成本评估

近年来，上海在加装电梯制度方面进行了有益探索[7]。作为民心工程，对老旧小区及其居民来讲，加装电梯"梯"升幸福感，是提高出行便捷度以及升级老旧小区居住品质的重要手段。

项目成功的关键在于过程中构建有效的沟通平台。秉承"谁受益、谁出资"的原则，受益多，分摊费用多，估价机构可以协助政府部门，一方面，对于涉及价格、前期费用，利用专业优势设身处地为居民算好"经济账"，根据电梯加装后房价增值变化合理地进行楼层费用分摊（表1）；另一方面，积极听取群众的意见建议，针对复杂矛盾的情况，协调多部门进行"会诊"，从而推进项目顺利实施。

3. 一些偶然性的业务需求如损害赔偿评估业务也在不断增加

在上海疫情封控期间，政府向社会面紧急租借了商业、办公房地产，改造成临时方舱医院使用。租用过程中对原始装修进行加装改建，如作为病区需加装电源插座、洗漱池，延长水管，改建医护人员穿衣区、污废收集区、消杀区等。后续临时方舱关闭后，除租金评估外，对于造成损坏的装饰装修和设备赔偿金额也要进行评估（图2）。

估价业务如果向纵深方向发展，往往带有明显的咨询顾问色彩，而且是客户主动需求，并非法律法规上的强制性鉴定估价，客户支付意愿强烈，对专业素养要求更高，只要能切实

表1 老旧小区多层住宅加装电梯业主出资指导区间

加装电梯入户方式	多层住宅楼型	出资指导区间						
		1楼	2楼	3楼	4楼	5楼	6楼	7楼
平层入户	7层楼型	0	4%～6%	8%～10%	13%～15%	18%～20%	23%～25%	28%～30%
	6层楼型	0	6%～8%	12%～14%	19%～21%	26%～28%	32%～34%	
	5层楼型	0	9%～11%	19%～21%	29%～31%	39%～41%		
	4层楼型	0	16%～18%	32%～34%	49%～51%			
错层入户	7层楼型	0	2%～4%	7%～9%	13%～15%	18%～20%	24%～26%	30%～32%
	6层楼型	0	3%～5%	11%～13%	19%～21%	27%～29%	35%～37%	
	5层楼型	0	5%～7%	18%～20%	30%～32%	43%～45%		

图2 上海市长宁区某临时方舱医院关舱后装修及设备损坏赔偿项目

解决客户的痛点问题，往往收益可观。

（三）跨行业边界，涉足相邻行业的细分赛道

当下的外部环境，一些跨界的竞争者开始涌入，试图触碰原来的行业蛋糕，打破固有的生态环境，那么我们估价机构是否也应该转换思路，跨行业边界，如果在既有赛道上难以"弯道超车"，我们是否可以尝试在相邻行业的细分赛道上"换道超车"呢？

1.以土地征收成片开发方案为例，新修订的《中华人民共和国土地管理法》首次以列举、概括的方式界定了属于公共利益土地征收的六种情形，主要涉及军事外交、国防安全、社会大众生态文明建设等，其中第五种情形规定符合一定前提条件下经批准的成片开发建设需要用地的，可以依法进行土地征收。而后，为了明确"成片开发"的内涵、程序等事项，自然资源部经反复论证后出台了《土地征收成片开发标准（试行）》。土地成片开发方案的编制可以委托第三方进行，其作为新型业务应运而生。我们知道，征收是估价机构的传统业务领域，但是开发方案又是规划类企业擅长的范畴，目前这类业务也是大型估价机构、规划设计院涉足较多。在编制的过程中，需将估价人的审慎与规划人的情怀结合，估价人看规划，容易对规划蓝图产生误解，需要转变固化的思维方式（图3）。

2.越来越多的调研类项目（如土地财政对地方产业结构升级的影响；政府部门绩效评价；城市光谱计划等城市评价体系）也为估价机构打开另一扇窗。近年来大数据和开放数据

图3 上海市宝山区某产城融合示范区现状及成片开发规划对比图

所形成的新数据环境日趋完善，数据本身不再如以往统计年鉴中的数据那般冰冷和遥不可及，而是能够触及城市中鲜活的人、生动的日常和充满生机活力的空间与设施。原来由高校、研究院、咨询机构负责的调研类项目估价机构也可以参与，通过采集数据、样本选择，设计计量模型，分样本回归，进而得到结论或者排序供委托方决策参考。

（四）内部管理上，构建估价机构的战略地图

一般地，企业的生命周期分为四个阶段[8]：初创期、成长期、成熟期和衰退期。初创期的估价机构规模小，重点在争取评估业务、培养组织；成长期的估价机构发展方向基本明确，在抓市场的同时，建立机构目标、实现管理规范；成熟期的估价机构无论是业务还是规模基本稳定，机构重点在于建立自上而下的标准体系；衰退期的机构管理主要在于改革，尽量避免动荡与损失，实现转型创新。

没有战略的企业，整个组织就是没有灵魂的"流浪汉"。好战略塑造好组织，清晰的好战略，可以让组织"力出一孔"。战略地图是以四个维度目标（财务维度、客户维度、内部运营维度、学习成长维度）为核心，通过分析这四个维度的相互关系而绘制的企业战略因果关系图[9]。战略地图各维度的目标需要转化为平衡计分卡的指标、目标值和关键工作任务，从而使战略落地，将目标转变为可操作的战略管理绩效评价体系[10]。

首先进行外部环境分析，然后利用SWOT分析企业的优势（技术优势、人才优势、业务优势）、劣势（如管理制度是否健全、执行力度是否落实到位、自我品牌的个性化特点是否突出、客户是否有强烈的品牌认可度），企业的机会、威胁（国际品牌、同行业竞争对手、跨界的竞争对手），根据企业的愿景目标（如某范围内某业务领域第一公司），确定公司在技术、客户、市场需要重点关注的地方。

财务维度上，是选择低成本战略还是选择收入增长战略？低成本战略也不是一味地低折扣，而是改善成本结构，根据项目特点获得成本优势。收入增长战略是通过开拓市场，增加客户来源，获得收入增长优势；客户维度上，估价机构除了资质的提升，还应注重品牌特色、核心竞争力、形象定位，树立品牌战略和诚信建设战略；内部流程维度上，通过运营管理活动来支持完成战略目标，规划运营战略和创新战略，提高竞争优势；学习成长维度上需要建立人才战略和组织战略。估价机构是智力密集型行业，对人才的专业性要求很高。组织战略涉及股权组织机构、人员组织层次、利益分配机制等等（图4）。

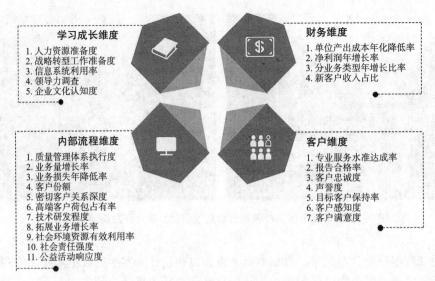

图 4　四大维度细化的衡量目标

进一步地,根据上述的四大维度相应目标作为控制标准,并设定相应的绩效报酬制度。

奖金 = 财务维度奖金系数 × 财务维度综合得分 × 权重 1+ 客户维度奖金系数 × 客户维度综合得分 × 权重 2+ 内部流程维度奖金系数 × 内部流程维度综合得分 × 权重 3+ 学习成长维度奖金系数 × 学习成长维度综合得分 × 权重 4

其中,权重 1+ 权重 2+ 权重 3+ 权重 4=100%,根据部门不同设置权重不同。

估价机构宜根据自身定位、人力、财力、物力、资源与信息,确定具体指标及量化考核标准、权重,设计薪酬体系及激励机制。

五、结论

估价机构的企业战略地图不应飘在空中,而应是能落地操作的指引。致力于想打造什么样的企业是机构的美好愿景,发展蓝图需要细化进而量化为不同的目标值。笔者认为:

(1)简单的"顺手"报告不能提高企业的核心竞争力,凡是不能给客户带来价值的报告,做多了无异于企业的"慢性自杀"。后疫情时代,依托传统估价服务,估价机构需要思考如何与客户维系好关系,让各个看似孤立的估价咨询行为产生关联,通过延链、固链、强链打造估价咨询服务的全产业链;

(2)在市场定位上,传统估价业务已是竞争激烈的"红海"市场,是远离"红海"挺进"蓝海",还是打造专业线、边缘线的"两栖"企业,均需要企业找准定位细"剥葱",提前布局,避免单一化运营风险;

(3)估价机构跨界业务的难点在于操作经验不足、专业人才匮乏、技术力量薄弱。企业可以借势合作资源,实现优势互补,有效地降低风险和成本,优化资本结构;实力雄厚的公司可以审时度势,对内部人才进行专业知识扩展提升,必要时引进外部跨界人才。通过专业领域融合发展,提高行业核心竞争力,包括市场资源、人才储备、质量管理体系以及品牌影响力;

(4)战略实施过程中企业内部、外部环境条件难免会发生变化,战略导向在实施过程中,公司高管应适度控制,不断完善,围绕总体目标的变动,当某些关键变量变化超出范围，需动态调整应变方案，做好准备；

（5）监管部门需强化估价行业的引导力度，完善准入和退出机制，减少"僵尸"企业的数量；估价机构需强化内部管控力度，将信息披露制度、监督管理制度、连带责任追究制度、风险管理制度等融入企业内部管理制度体系中。

"沉舟侧畔千帆过，病树前头万木春"，后疫情时代面对困局，估价机构需要寻求新的发展动能，构建符合自身定位的企业战略地图。行业的美好，值得每一个从业者为之努力！

参考文献：

[1] 杨博. 兰州市房地产市场现状研究及发展预测——基于PEST分析[J]. 当代经济，2022，39（1）：50-61.

[2] 彭旭辉，倪鹏飞，徐海东. 外部冲击下的中国房地产市场发展格局演变及启示[J]. 当代经济管理，2022（6）：8-15.

[3] 最高人民法院. 最高人民法院关于人民法院确定财产处置参考价若干问题的规定[EB/OL]. [2018-08-28]. https://www.court.gov.cn/fabu/xiangqing/114831.html.

[4] 韩艳丽. 城市更新视角下的房地产估价服务[C]//2019中国房地产估价年会论文集. 北京：中国房地产估价师与房地产经纪人学会，2019.

[5] 上海市人民政府办公厅. 市政府办公厅转发市规划国土资源局制订的《关于本市盘活存量工业用地的实施办法》的通知[EB/OL].[2016-04-08]. https://www.shanghai.gov.cn/nw39370/20200821/0001-39370_47119.html.

[6] 上海市住房和城乡建设管理委员会，上海市房屋管理局，上海市规划资源局，等. 关于加强既有多层住宅加装电梯管理的指导意见[EB/OL].[2021-08-12]. https://www.shanghai.gov.cn/nw18454/20210915/9d0383a4595b440f95500f03d1761d33.html.

[7] 王进朝，张永仙. 企业生命周期、内部控制质量与财务风险[J]. 会计之友，2020（19）：87-94.

[8] KAPLAN R S, NORTON D P. The Balanced Scorecard: Measures that Drive Performance[J]. Harvard Business Review，1992，70（1）：71-79.

[9] KAPLAN R S, NORTON D P. Strategy Maps: Converting Intangible Assets into Tangible Outcomes[J]. Academy of Management Executive，2004，47（2）：23-30.

作者联系方式

姓　　名：韩艳丽

单　　位：上海房地产估价师事务所有限公司

地　　址：上海市浦东新区南泉北路201号1005室

邮　　编：200120

邮　　箱：48490388@qq.com

房地产估价师注册号：3120060030

土地估价师资格证书号：2006310014

房地产估价机构如何更好适应经济发展方式及城市开发建设方式转变带来的估价需求变化

王晓飞　刘丽佳　田宜晨

摘　要：研究房地产估价机构在现在的经济发展方式及城市开发建设方式下，带来的估价需求变化以及如何调整和创新发展方式；估价机构要适应近年的经济发展方式和城市开发建设方式，在此基础上探索新的业务渠道，以便于更好地服务于经济建设及城市开发建设。本文针对当前房地产估价机构面临的经济形势，简要分析了当前经济发展方式及城市开发建设方式，指出了其给房地产估价行业带来的估价需求变化。

关键字：房地产估价机构；经济发展方式；城市开发建设方式；估价需求；发展方式

一、前言

房地产评估是房地产行业的重要组成部分，目前房地产估价行业运行情况已经逐渐进入良性循环的轨道。但目前房地产估价机构大部分仍处于同质化竞争，局限在传统业务领域提供服务。然而我国的经济发展模式及城市开发建设方式一直在转型升级中，估价机构如何适应经济发展模式的转变，如何更好地适应城市开发建设方式带来的估价需求变化，成为估价机构行业可持续发展的关键。估价机构只有顺势而为，及时调整和创新服务模式、业务渠道，为市场和客户提供有价值、高质量的产品和服务，迅速提高自己的市场竞争力，才能在市场竞争中立足。

二、房地产估价行业现状

房地产估价面临传统评估业务下滑的窘境，如何实现从单一估价业务向综合型咨询业务的转型，如何把房地产估价自己的专业优势在综合型业务中发挥出来，是估价行业需要解决的问题。

随着国家经济高质量发展战略的提出，对我国各行各业都提出了更高的要求。房地产估价行业也不例外，必须积极改变现有发展模式，特别是根据高质量发展的新需要，利用行业的专业优势"融合新技术、搭建新平台、服务个性化"，构建估价供给新模式，积极参与房地产市场监控、社会治理、环境保护、国土空间规划、城市更新、乡村振兴、项目咨询、智慧城市、智慧社区、监察审计、企业投资、家庭理财等工作，树立行业形象，提高社会地位，改变估价服务供给结构，引导社会对估价的需求。

城市化发展的大潮中，征收、棚改与城市更新提供的市场空间非常巨大，给房地产估价带来了非常大的契机。房地产估价如能做好自身、完善自我，在助推城市更新的过程发挥重要作用，为客户提供更高质量的服务，方能获得市场认可，才会获得更大的生存空间。

三、经济发展方式带来的估价业务机会

估价机构传统业务渠道主要在金融机构、司法机关、征收部门等领域，也就是提供三大传统服务：抵押评估、司法评估、征收评估，这三大传统业务至今仍然是估价机构的核心业务。但估价机构在新时代面临新的挑战，要认真分析新时代经济发展的规律，研究国家的发展战略、产业政策，创新拓展业务渠道，方可持续稳定发展。

1. 服务于基础设施建设，开展投资估算咨询等业务

估价机构要充分挖掘人才优势，在投资估算咨询领域开展业务。国家近几年对基础设施的投入逐年增加，高速公路、高铁、机场、港口码头、水利设施等领域投资量巨大；我们在为项目提供传统的抵押估价、征收估价时，应关注项目的投资估算咨询业务，往往项目融资评估、征收估价都是在项目的前期，作为估价机构在这些项目中先期已经为项目提供过估价服务，只需将业务的渠道进一步延伸，即可比较顺利地拿到投资估算、咨询类的业务。

2. 服务于乡村振兴，开展农村要素资源估价咨询服务

目前乡村振兴领域涉及的估价咨询服务点多面广，市场前景广阔，估价机构可以参与到各个地区的乡村振兴战略规划编制中，提供规划编制及评审服务，开展农房经营权评估、宅基地流转评估、农村资产作价入股评估、集体土地及房地产价值评估、特色小镇建设的咨询服务等等。

3. 由传统服务向创新服务转变

估价机构应立足专业本质，创新服务方式，为客户提供更高效快捷的服务。信息化时代，估价机构要利用好互联网工具，在大数据处理、自动估价等领域做出新的探索，寻找既能体现专业能力又能提升服务效率的好模式服务于客户。我司目前已有自己的自动估价服务系统、金融自动风险监测系统等，为银行等金融机构提供估价数据化服务，这是一种很好的创新方向。

四、城市开发建设方式带来的估价业务机会

（一）旧城改造带来新的业务发展机会

从城市更新主导人的角度出发，通常我们发现旧城改造项目会遇到一些问题，比如如何实现城市土地资产效益的最大化、不同类型的旧城旧村改造模式的选择，如何做到政府、开发商、被拆迁人三者的利益平衡等等，而如何解决这些问题，恰恰给房地产估价机构提供了新的业务发展机会，尤其是旧城改造市场。

（二）不同模式下的参与主体带来的业务机会

由于城市更新中不同的利益主体有着各自的诉求，必须请独立的第三方机构来对各方的诉求进行客观的评价，达到平衡各方利益的目的，这就为房地产估价机构带来了众多的业务机会。

1. 政府部门主体

（1）规划发展定位带来的业务机会

由政府主导的旧城改造和城市更新项目，一般规模较大，涉及范围覆盖城市的某个片区，无论政府的角色只是参与前期的规划制定，还是参与土地征收乃至全程开发，政府都希望通过合理的规划定位，提升区域价值和形象，这就需要对该区域的城市功能，产业发展等做出详细研究，从而为估价机构这样的市场研究机构带来业务机会。这些业务并非传统的房产估价，而是基于估价相关理论知识开展的高端咨询服务。

（2）改造策略建议带来的业务机会

对于大规模的旧城改造或城市更新，往往由政府牵头组织，但此类项目的利益主体较多，各自的诉求不一，改造实施的难度大，涉及的资金量多。因此，政府必须先考虑采用何种改造策略，如土地的征收补偿、公建配套设施的建设及土地征收之后的出让价格等问题，这便为估价机构带来业务机会。

其主要的服务内容为测算评估土地征收补偿的成本、公建配套等基础设施的建设费用，以及未来土地出让价格，综合分析后为政府部门提出合适的改造策略，这其中也包括地块改造的先后顺序的选择。此类服务项目依托的基础还是传统评估服务内容，如房产价值评估、土地价值评估等。

（3）政府优惠政策建议带来的业务机会

由政府负责土地征收整备以及基础设施建设的旧改项目，由于投入的资金量大，如果后期土地出让收入不能抵消投入的成本，将对政府造成财政压力。在测算出具体的资金缺口后，估价机构可进一步根据当地的旧改政策，为政府机构制定向上级政府争取的优惠政策建议，以弥补资金的不足。

制定这些优惠政策建议时，估价机构应当对当地最新的旧改政策仔细研究。目前各地为了鼓励旧改项目推进，省级、地市级都会出台相应的优惠政策，如何使旧改项目能够充分利用这些优惠政策，或者在此基础上做出突破，均是估价机构可以拓展的新服务。

2. 开发商

（1）估价机构可提供投资风险分析、投资决策建议

开发商主导的旧改和城市更新项目，一般由开发商负责土地拆迁补偿，原居民的安置、旧改城市更新项目往往周期长，蕴含的风险较大，对于追求利润和规避风险的开发商，自然要求对旧改项目的投资风险和投资收益做详细评估，以便做出正确的决策。

此类服务项目基于传统的项目投资分析评估，需要考虑旧改过程的各类因素，以及改造开发的一级（土地使用权转让）和二级（房地产开发）收益。

（2）估价机构可提供原居民、被拆迁人改造意愿征集，赔偿方案设置

作为旧改项目参与主体之一的原居民、被拆迁人，是利益诉求最多、最广泛的群体，但是他们的诉求在以往的旧改项目中往往得不到很好的满足，随着国内土地房屋征收相关法律法规的不断完善，此类群体的诉求日益得到重视。开发商主导的旧改项目，由于没有强力的行政手段推动，只能在满足被拆迁人意愿的基础上进行。被拆迁人数量多，利益诉求多样的特性使得很多开发商无法应对庞大的意愿征集的工作量，从而使得这部分业务被外包，为估价机构带来业务机会。因此，前期的意愿征集和补偿方案的设计，也是评估机构在旧改项目中应该重视的业务来源。

（3）规划方案的评估调整

以开发商主导的旧改项目，原有规划方案制定时可能并没有充分考虑旧改项目的不确定性和投入的成本等因素，造成若按原方案建设，开发商会出现亏损的现象，因此开发商必须对项目规划方案重新做评估，而调整需要依据，也需要第三方独立机构做出客观的评估。

这就要求估价机构可以准确评估旧改项目所投入的各项成本以及项目改造开发后可以产生的收益，判断项目开发利润是否落在可以接受的区间。

五、结语

本文梳理了目前存在于经济发展方式及城市开发建设方式转变带来的估价业务机会。由于参与主体需求的多样性，业务机会不仅仅局限于以上探讨的范围。由于发展方式的复杂性，以及涉及主体众多，诉求不一，必将产生多种的矛盾，而矛盾的解决正是估价机构业务产生的来源。从上文的分析我们可以看出，其实服务于经济发展方式及城市开发建设方式的内容，大多属于房产评估范畴，如：房地产市场分析、政策研究、土地评估、经济测算评价等，估价师只要掌握好这些基本的服务，再结合项目的属性，加以一定的组合变化，便能挖掘出众多的业务来源。可以说，我国经济发展方式及城市开发建设方式的转变，必将为估价机构提供广阔的发展空间，作为估价师，应该把握市场需求，提供解决实际问题的服务。

作者联系方式

姓　　名：王晓飞　刘丽佳　田宜晨
单　　位：深圳市国策房地产土地资产评估有限公司
地　　址：北京市朝阳区东四环中路62号远洋国际中心D座2705、2706室
邮　　箱：1169934741@qq.com；769599287@qq.com；354364323@qq.com
注册号：刘丽佳（3720130016）；田宜晨（1120180044）

突破现实困境　重塑行业价值
——全国统一大市场背景下估价行业发展新思考

王　霞　王利凯

摘　要：2022年3月25日，《中共中央　国务院关于加快建设全国统一大市场的意见》（以下简称《意见》）发布，《意见》坚持问题导向、立破并举，从强化市场基础制度、推进市场联通、打造统一的要素市场等多方面，要求加快建设高效规范、公平竞争、充分开放的全国统一大市场，全面推动我国市场由大到强转变。加快全国统一大市场建设背景下，估价行业如何借势赋能，突破发展困境，重塑行业价值，值得行业从业人员深思。本文从认识全国统一大市场的科学内涵入手，就全国统一大市场建设对估价行业发展的影响，以及估价行业在此大背景下谋定发展，谈一点个人看法，抛砖引玉，希冀更多业内人士持续发声，共同为行业高质量发展建言献策。

关键词：全国统一大市场；突破困境；创新赋能；估价行业发展

2022年7月，《最高人民法院关于为加快建设全国统一大市场提供司法服务和保障的意见》（以下简称《意见》）发布，这是人民法院为贯彻落实依法支持保障全国统一大市场建设的重要制度支撑，同时也标志着国家为加快建设全国统一大市场，构建以国内大循环为主体、国内国际双循环相互促进的新发展格局按下了"快进键"。可预见的是，未来一系列为加快全国统一大市场建设的服务保障措施将会陆续落地，这是构建中国经济发展新格局的基础支撑和内在要求，也间接影响着估价行业未来的发展方向。

一、领悟：全国统一大市场的科学内涵

（一）建设全国统一大市场的背景

当前，中美贸易摩擦、新冠疫情和俄乌冲突从根本上改变了世界贸易格局，经济全球化趋势受到巨大的冲击。我国外贸由于依存度较高，不可避免地受到较大影响，而提高国内居民的消费水平，扩大国内市场，就成为加快我国经济发展、抵御国际冲击的不二选择。基于此，我国"十四五"规划提出构建"以国内大循环为主体，国内国际双循环相互促进的新发展格局"。《意见》再次从全局和战略高度，对筑牢构建新发展格局的基础支撑作出部署，成为加快建设全国统一大市场的行动纲领。

（二）正确认识全国统一大市场的科学内涵

1. 破除制约发展的各种壁垒和矛盾

尽管改革开放以来，特别是党的十八大以来，我国统一市场建设取得了长足发展和明

显成效，但从现实来看，建设全国统一大市场目前还存在三个关系的制约：①我国拥有超大规模和整体市场的明显优势，但在市场基础制度规则，市场平台设施、要素和资源市场等维度上有所不足，大市场难以进化为强市场。②重点领域和关键环节存在不正当干预、隐形壁垒门槛等突出问题，影响国内国际双循环畅通。③地方保护和区域壁垒制约区域市场一体化建设。

2. 促进双循环新发展格局尽快形成

在当下经济增长和财政收入因疫情而大幅受挫的背景下，构建新发展格局的关键在建设全国统一大市场，这不仅符合经济社会实际，也有利于复工复产、激发企业活力、助力经济循环。首先，建设全国统一大市场不能把眼光局限在国内，需要胸怀两个大局，利用好两个市场两种资源，秉承开放思维，从市场规则、基础设施等方面加强与全球市场联通。其次，建设全国统一大市场不是不顾区域差异、忽视经济规律在所有领域搞"一刀切"，而是要允许各地发挥比较优势，开展差异化竞争。第三，全国统一大市场的建设不是"一蹴而就"，是一个循序渐进的过程。

二、洞察：建设全国统一大市场对估价行业的影响

随着互联网、大数据、人工智能等现代信息技术的快速发展，估价行业面临挑战，传统估价业务日渐萎缩，新兴业务尚在培育期，执业成本增高但评估收费却大幅降低，估价行业亟须通过转型升级走出低谷。借建设全国统一大市场的契机，估价行业要紧跟国家发展战略，及时调整发展方向，加快推进行业转型升级，探寻高质量发展之路径。

建设全国统一大市场对估价行业的影响可以从以下几方面理解：

（一）完善制度，明确职责

古语"没有规矩，不成方圆"充分说明了完善统一规则的重要性。国家之所以建设全国统一大市场，其初衷是立足内需，畅通循环；其抓手是立破并举，完善制度；其目的是建设有效市场，有为政府；其途径是系统协同，稳妥推进。《意见》仅是提纲挈领的战略布局，其后发布的各种配套制度，则提供了保障《意见》有效落实下去的强有力支撑。《意见》提到的统一的产权保护制度、统一的市场准入制度、统一的公平竞争制度、统一的社会信用制度，也将通过市场主体，不断推进市场向规范化迈进，而一个规范的市场，带给估价行业的则是清晰正确的制度指引和合法有序的规范执业，促使估价行业继续保持其客观性、公正性和独立性的立业之本，充分展现中介服务的独特职能。

（二）消除壁垒，释放供给

建设全国统一大市场的初衷是破除制约经济发展的各种壁垒和矛盾，虽然我国多年来一直致力于消除地方壁垒、疏通经济循环、优化资源配置，但不可否认的是，诸如不正当干预、隐形壁垒门槛等突出问题仍然存在。《意见》旨在通过突破供给约束堵点，努力形成供需互促、产销并进、畅通高效的国内大循环，扩大市场规模容量，不断培育发展强大国内市场，保持和增强对全球企业、资源的强大吸引力。而一个消除了壁垒，更加市场化、法治化的市场，对于市场中的各类主体而言显而易见是公平的，也更有利于其自身健康发展。就估价行业来说，全国统一大市场建成后，以往跨区域执业时遭受的不公平竞争等歧视性壁垒将逐步消除，行业内低价竞争问题将逐步得以解决。特别是加大对市场违规行为的监管措施，势必促使市场更加公平，而只有在一个统一的大市场上，市场主体遵循市场规律，寻找并匹

配合适且高效的估价服务机构，才能释放更多供给信息，推动估价行业健康发展。

（三）畅通信息，激发需求

统一大市场，关键在于保障信息畅通，而信息通畅则源于数据共通，通过数据共享、技术共享、人才共享、知识共享、利益共享，建立统一的大数据库和标准，推动数据资源有效利用。《意见》要求发挥市场的规模效应和集聚效应，降低制度性交易成本。信息的公开既为估价机构带来机遇，同时也带来挑战。一方面，信息公开让估价机构相互之间的竞争透明化、公开化，有利于委托人做出选择；另一方面，信息公开也使得估价机构的原有定位发生变化，如在征收评估中，如何平衡与协调被拆迁人和拆迁人之间围绕拆迁补偿产生的利益纠纷问题。

建设全国统一大市场，首先要解决要素和资源市场的信息交互渠道不通问题，通过统一产权交易信息发布机制，优化行业公告公示等重要信息发布渠道，推动各领域市场公共信息互通共享，实现全国产权交易市场联通。全国产权交易市场平台的建立，意味着传统的估价业务需求会因市场更加透明而抑制或消失，但同时，全国统一的大市场也会促使许多行业发展模式发生变化，这给估价行业带来更多的发展机遇，从而激发新的估价需求。

（四）行业重塑，提升价值

全国统一大市场的建立，还可以从估价师个人、估价机构和行业协会三个层面进行解读：第一，对估价师个人来说，全国统一大市场降低了全国不同地区市场进入门槛和商品服务的流通成本，有利于人力资源价值的开发利用，各个专业性强的细分领域就业机会显著增加，更多的就业渠道和专业的就业岗位推动具有高附加值的估价从业人群收入进一步增长。第二，对于估价机构来说，流通成本低、市场统一、市场规模足够大的市场一旦建成，执业范围将会拓展至全国乃至海外，而对于目前大多数还致力于在小区域艰难度日的机构来说，可能会倒逼估价机构未来运营模式出现两极分化，一部分综合能力强的估价机构在深耕区域市场的同时，利用其竞争优势业务做基础，在全国范围内攻城略地，抢占市场份额。还有一部分则会选择缩小规模，降低成本，采取合并或重组方式抱团取暖。第三，对于估价行业协会来说，市场放开、鱼龙混杂，仅靠机构及从业人员自律，恐难实现行业规范自净之局面，面对新变化，行业监管工作更要适时进行创新，以便在全国统一大市场中更加高效地为客户提供服务，重塑行业价值。

三、探索：全国统一大市场建设背景下估价行业新路径

在建设全国统一大市场的目标和远景下，估价行业应当找准定位，明确市场责任和分工，借助科技创新，深入挖掘传统业务，积极拓展新兴业务，充分利用中介服务优势，参与全国统一大市场建设，推动全国统一大市场的加快形成。

（一）明确定位，选准方向

俗语说得好，"没有金刚钻不揽瓷器活"，只有自己具备实时应对市场的能力，才能在全国统一大市场的内循环中赢得一席之地。对于估价行业来说，随着政策加持助力数字经济快速发展，房地产市场信息不透明、不对称问题产生的所谓红利在逐步消失，估价需求空间进一步被积压。在此背景下，估价行业更应笃定心气，站在全国统一大市场的高点明确定位，与市场主体并肩，通过建设有效市场、有为政府，以服务实体经济为优先发力方向，完善内循环服务体系，抱着认真做好自己事的心态，推动行业实现高质量发展。

(二)研判市场,扩大需求

对于传统估价业务来说,市场的统一,意味着准入限制条款的减少,公平竞争正常化,信息共享渠道畅通,信息易获取且高效,估价需求将向价值优化方向转移,数据信息资源整合引致的供给价值成为衡量估价机构转型升级之路上的试金石。譬如,金融机构、法院、政府部门及企事业单位或个人委托的评估业务,现在可以通过大数据平台而不需要借助评估获取其价值量。再如,最高人民法院颁布的《最高人民法院关于为加快建设全国统一大市场提供司法服务和保障的意见》,也将降低司法鉴定评估业务量,如个人或企业资产转让、出租、抵押等纠纷,银行不良资产处置,企业和个人破产立法及破产资产处置,这些以往需要评估的资产可能在降低当事人成本与房地产市场信息共享的条件下自行处理,而非对外委托评估。

估价行业也可以在以下业务领域进行尝试和探索:一是借鉴 ESG 实质性分析的思路,合理计量房地产提升 ESG 绩效带来的估值影响;二是把握可持续发展新机遇,实现房地产估价传统业务的转型升级,深入探索节能低碳建筑价值评估、建筑物"碳价值"评估、绿色金融领域评估等新估价业务方向;三是构建包含建筑室内环境和建筑室外环境的绿色建筑评价指标,并积极探索其对房地产价格或价值的影响;四是充分利用房地产估价行业在经济测算、市场调研、投资项目可行性分析等方面具有的专业优势,在城镇老旧小区改造过程中提供估价服务、咨询服务和政策研究;五是开展权、量、质、价的动态监测等基础性工作,为公共性、准公共性、经营性等不同类别的生态产品价值实现提供针对性的专业服务。

(三)创新赋能,做大做强

《意见》鼓励交易平台与金融机构、中介机构合作,依法发展涵盖产权界定、价格评估、担保、保险等业务的综合服务体系。估价行业在建设全国统一大市场中充分发挥中介服务职能,通过业务模式创新,与交易平台及金融机构、法院、税收、政府产权登记等业务往来机构合作,建立链式综合服务体系。建设全国统一大市场的过程,也是估价机构危中求机、数字赋能、提升行业价值的涅槃之路,更是一次行业重拾信心的契机。同时,我们更要清醒地认识到,全国统一大市场的建立,意味着估价行业涉足的范围更宽泛,水深则鱼聚,估价机构须找准自身功能定位,实现品牌化发展,通过输出技术、服务和管理,做大做强企业规模,争取更大市场份额。

在此过程中,估价机构根据自身资源和目标市场特点条件,以"全链条多维度多元化"思维拓展政策咨询、可行性研究、方案设计、测绘、融资、企业增信、资产处置等领域,打造"评估为中心"的产业链平台。在业务范围上,根据自身情况而定,宜大则大、宜小则小,可以多元化发展,也可以深度挖掘某一个环节的业务机会。在技术上,估价机构不宜求全责备,可以根据具体业务需要灵活设定,重要的是要能够有效控制执业风险,不一定需要通过高代价引进现代科技手段。

尽管目前估价行业面临诸多困难,但从长远来看,《意见》带给估价行业的将是正面效应,且随着各项保障措施不断落地,前行危机并存,退后无路可逃。在全国统一大市场加快建设大背景下,临变转型升级,适时弯道超车,不失为一种策略,创新赋能,提升行业核心竞争力,择机权变,聚力行业新航向,重塑行业新价值!

作者联系方式

姓　名：王　霞
单　位：河南鸿业房地产评估有限公司
地　址：河南省洛阳市洛龙区开元大道 224 号瑞博大厦 605 室
邮　箱：2770374238@qq.com
注册号：1120100002

姓　名：王利凯
单　位：河南凯业房地产估价咨询有限公司
地　址：河南省郑州市郑东新区金水东路绿地原盛国际一号楼 B 座 8 楼
注册号：4119980043

高质量发展阶段房地产评估面临的挑战与机遇

薛 江　魏劲松

摘　要： 在当前房地产发展处于下行的大环境下，房地产估价行业的传统业务大幅萎缩，房地产评估机构面临生存和行业竞争双重挑战，同时新领域、新业务、新技术的迅速成长，给房地产估价行业带来了良好的发展机遇。本文深入分析了当前房地产估价市场现状和困境，阐述了高质量发展下房地产评估的特征和要求，进一步探索出房地产行业高质量发展的方向和路径。

关键词： 高质量发展；挑战与机遇；房地产估价

2022年10月，举世瞩目的党的二十大胜利召开。会议高屋建瓴指出，我国房地产发展的中心任务是加快建立多主体供给、多渠道保障、租购并举的住房制度。11月13日，《中国人民银行　中国银行保险监督管理委员会关于做好当前金融支持房地产市场平稳健康发展工作的通知》发布，从多个层面出台了促进我国房地产市场平稳健康发展的政策措施。

在我国全面开启高质量发展的新征程中，房地产评估行业将与中国房地产业一样，面临新形势，房地产市场供给侧结构性改革已渐近尾声；进入新发展格局，房产的金融属性逐步褪去，优质房企稳定增长与问题房企有序出清将同步进行。相应的，房地产评估机构亦是如此，最终实现整体房地产市场的高质量发展。

一、当前房地产估价市场现状及主要矛盾

（一）传统业务进一步萎缩，新业务开拓举步维艰

征收评估、抵押估价、司法鉴定、土地出让、咨询顾问等是房地产估价行业的传统业务，其中抵押估价、司法鉴定、征收评估三大业务更是占比60%以上。根据国家统计局数据显示，2022年前三季度全国土地购置面积同比下降53%，新开工面积同比下降38%，房屋竣工面积同比下跌19.9%，商品房销售面积同比下跌22.2%，房地产交易量等前端市场的大幅下滑，导致房产征收评估等中后端服务的业务量同步大幅萎缩；同样，伴随着国家房地产业的降温和相应金融政策的收紧，房地产抵押类估价业务量也出现明显下降。以武汉为例，2022年1～9月，武汉市二手存量房成交64496套，成交面积644.79万平方米，同比2021年存量房成交84238套，成交面积816.79万平方米，成交面积减少21.06%；其中，存量住房成交60719套，成交面积590.24万平方米，同比2021年存量住房成交80097套，成交面积771.5万平方米，成交面积减少23.49%。房地产估价机构在抵押类业务大幅度下滑的同时，由于银行贷款额度不足，也导致了抵押类业务回款周期延长、利润率明显下降等负面效应。面对新领域、新业务，大多数房地产评估机构涉入时间短、涉及面窄、技术上缺

乏系统的行业指导和规范，没有完整的知识体系，研发成果进展缓慢。

（二）行业竞争进一步加剧，生态建设任重道远

近年来，伴随房地产市场的繁荣和我国教育事业的发展，房地产估价执业人员和评估机构数量大幅度增加。据房地产估价信用档案系统数据显示：截至2020年，我国取得房地产估价师执业资格证的房地产估价师人数已从2016年的42003人增长到2020年的71368人，增长69.91%，年均增长13.98%。2020年，房地产估价机构数量为5566家，其中一级机构826家，而2016年一级机构仅485家，5年间，全国一级房地产估价机构数量增加了70.31%。

形成鲜明对比的是，2020年全国一级房地产估价机构平均营业收入仅为1966万元，同比下降3.5%。房地产估价机构数量、从业人数的快速增加，房地产估价行业平均营业收入却同比下降、行业总收入增速放缓的低迷情况下，必然会加剧估价行业之间的激烈竞争。评估机构之间为了获得评估业务，有的大打价格战，搞低价竞争；有时采取不正当、不光明的手段，私自串标、贿赂获标，游走在法律法规的边缘；有的刻意减少评估程序和流程，降低评估质量；这些无公平、无原则、无底线的恶性竞争，进一步恶化了行业生存土壤，行业生态建设任重道远。

（三）行业发展进一步规范，执业风险无处不在

房地产估价行业伴随我国房产市场化的进程，历经四十余年不断发展与完善，特别是随着《房地产估价机构管理办法》《中华人民共和国资产评估法》《注册房地产估价师管理办法》《房地产估价规范》GB/T 50291—2015等法律法规和标准的相继发布实施，估价行业不断向有法可依、有规可循的方向发展。在当前房地产发展处于下行的大环境下，房地产估价机构服务的大多市场主体，如房产开发商、银行、地方政府等，在生存压力和行业竞争双重挤压下，表现出较大差异的心理选择，行为规范和结果呈现愈加不可预测和不可监控，使他们处于风险高发期，房地产估价机构也相应成为被重点核查对象，执业的被动风险随时而至；加之房地产市场数据越来越透明和公开化、行业竞争加剧等因素，部分房地产评估机构或个人出于私心或利益至上，可能主动选择突破法律法规的边界，双重因素的叠加，使得房地产评估行业执业风险无处不在，导致近些年来，房地产估价机构和估价执业人员被追责判刑的案件屡有发生。

（四）客户需求进一步提高，服务边界无限延伸

房地产评估业务围绕服务客户展开，以满足客户正当需求为目的，是遵循市场规律的重要内容。一方面在房地产交易信息越来越公开透明的当下，客户对估价机构一些传统的如政策咨询、信息参考等低端估价业务需求正在逐渐降低，相反对一些专业性较强、技术含量高、新生的业务需求量增大，服务的个性化、区域化、小量化特征明显。另一方面在房地产价值下行和评估业务大幅下滑的现在，需要争抢客户资源，获得难得的评估业务。有的客户认为奇货可居，在正常需求之上，提出系列不合理的需求；有的不按照市场规律定房产价格，按照理想价位定房产价格，评估机构只能负责程序合法和结果合法；有的要求评估机构打探或泄漏部分敏感地段房产信息，以达到谋取私利的目的；有的要求评估机构配合篡改数据、时间、地点等一些关键信息，如此等等。与此同时，一些客户完全脱离评估业务服务范围，比如还有提供车辆、报销个人发票、公司走账、代为签字跑腿等一些离奇的需求。

（五）技术创新进一步融合，服务成本同步飙升

房地产估价行业作为一种知识密集型服务产业，不仅体现在从业人员的专业性和知识

性，更多的是要使用运用专业工具和理论，开展有技术含量的工作。一方面，随着社会的发展与进步，房地产的发展也更多地拥抱科技发展，拥有科技元素。如装配式建筑作为房地产业一种标准化设计、工厂化生产、装配化施工的智能化房屋建筑模式，在国家和地方各级政府的大力推动下取得了快速发展。2022年，武汉市发布了《武汉市2022年发展装配式建筑工作要点》，明确指出全市新建装配式建筑面积占新建建筑面积的比例不低于40%且不小于1660万平方米，其中新建装配式民用建筑面积不小于1200万平方米；新建工业建筑和城市道路人行道、管网、高架路桥、综合管廊等市政基础设施应用装配式建造方式面积不小于360万平方米；新建地铁隧道围护结构应用装配式建造方式面积不小于100万平方米。装配式建筑的发展在推动节能减排战略在房地产建造上践行落实的同时，由于与传统建筑方式不同，造成了对房屋价值的影响。房地产评估机构如何结合装配式建筑的工期、质量、成本、后期维护等方面特点，及时准确修正估价参数的方向及幅度，面临不小的技术挑战。

另一方面，以大数据、云计算、智能终端等为代表的信息技术广泛运用，以卫星遥感、无人机为代表的现代测量测绘工具应用，都给评估机构开展评估业务带来革命性的变革，这也要求评估机构加大专业设备投入、加大人力资本投入，服务成本必然同步飙升。

二、高质量发展下房地产评估的基本特征和要求

质量是一个度量物体惯性大小的物理名词，被引入社会发展领域后，成为衡量事物发展快慢、高低、优劣的标尺。高质量发展成为时代的选择，也成为中国各行各业发展的标准。

（一）高质量发展是中国进入新时代的必然选择

随着社会的不断进步和人民生活水平的不断提高，特别是党的十八大以来，中国社会进入新时代，我国发展的环境、条件、目标和人民群众的要求等都发生了新的变化，社会主要矛盾转变为人民日益增长的美好生活需要和不平衡不充分的发展之间的矛盾。我国社会发展整体进入发展动力转向创新驱动、发展方式转向高质量发展新阶段。为适应我国高质量发展趋势的新要求，房地产评估业就需要提供更为高效的服务方式和更为科学的服务模式，以顺应社会高质量发展潮流新选择。

（二）高质量发展是房地产评估业的内在需求

近年来，房地产业坚持房子是用来住的、不是用来炒的定位，逐步脱"虚"就"实"，逐步远离金融属性，回归居住属性，快速构建房地产市场高质量发展的长效机制。房地产评估业以服务房地产健康发展为根本，需要在自身发展上，确定高质量发展理念，采用规范先进的评估流程，使用高标准的评估设备和人才，提供高质量评估报告和产品，促进自身评估机构和人员的高质量发展。以高质量的服务和声誉赢得市场，获得客户认可，最终促进行业健康快速发展。

（三）高质量发展是房地产评估业的本质特征

新时期的房地产评估业，面临着外部环境剧烈变化和内在秩序变革的双重压力，传统业务下滑和新业务成长交织并存，业务模式和新技术交相运用，业务融合和区域融合交叉驱动，都对房地产评估业的服务理念、方式、方法、组织和制度等提出了高质量发展的新要求。因此，房地产评估业要理清思路，顺应时代发展要求，积极发挥房地产评估业在交叉房地产业务、人才培养、新技术运用和新法律法规中的动态适应能力，不断开创房地产评估业

高质量发展新局面。

三、房地产估价行业高质量发展的路径探索

（一）深耕传统领域，奋力拓展新业务空间

面对新严峻形势，评估机构要主动出击，不断深耕传统业务。在征收评估、抵押估价、司法鉴定、土地出让等房地产估价行业的传统业务上，多想办法、多谋思路、多方联系，不断提升技术服务水平，提高服务质量，不失位、不缺位，深耕自己立身立足的服务领域；同时，奋力拼搏，不断拓展新业务领域和新业务空间，积极向咨询顾问、土地评估、资产评估、工程造价、房地产保险等关联行业产业延伸，甚至在地域空间上，随着房地产市场的区域转移，及时跟进服务，推动房地产估价行业和估价机构走向健康的可持续性发展道路。

（二）多方齐发力，营造高质量发展良好氛围

房地产估价机构要践行高质量发展思想，从自身做起，杜绝低质低价行为，不搞行业恶意竞争、低价竞争、违法违规竞争，坚决走优质优价的高质量服务之路；房地产估价行业主管部门应加强行业规范统一和审查监管，规范评估机构的评估流程和评估报告，统一评估人员执业资格和标准，合理控制区域估价机构数量，及时通报、严格查处低价竞争和各种恶性竞争行为，从制度建设上杜绝行业不良竞争行为。房地产估价行业协会要主动承担行业准则规范和桥梁沟通作用，协调制定各级估价机构的估价收费标准，提倡"控价格，竞质量"的管理运行机制，不定期举办行业技能大赛和优秀评估机构评比，共同营造良性竞争的行业发展环境。

（三）培养专业人才队伍，多方位提高服务质量

房地产估价行业作为知识密集型、服务个性化的产业，其高质量发展严重依赖高质量的人才支撑。要树立人才是第一资源的思维，大力培养引进各类评估人才，以人才的高质量发展引领企业的新征程。当前，随着房地产信息数据库的建立和公开，各种围绕房地产整个生命周期的服务需求日益增多，对评估人员的专业素质和综合素质都提出了很高的要求，房产交易、房产投资、房产抵押、房产置业等各种房产评估要求，可能交叉出现或一站式需求，都需要评估人员创新估价方法和技术路线，给客户创造最大的价值。这些都需要评估机构加大专业人员的引进，及时参加各类技术培训和业务学习，创新设计评估方法和路线，多方位提升服务质量。

（四）规范内外部管理，提升风险防范能力

在房地产行业下行的当前，房地产企业暴雷不断、负面消息很多。作为服务房地产发展的房地产估价机构要认清紧张形势，加强内外部规范管理，列出自己的风险节点清单，不断提升风险防范能力。坚决杜绝为获得客户资源，采取围标串标、贿赂获标行为；逐一杜绝为满足客户不正当需求，搞迎合估价、凑值评估、套模板评估等不合理合法评估行为，加强评估人员职业道德教育，增强执业风险意识；房地产估价行业协会及监管部门要加强行业法制教育和培训，严控评估机构资质等级和信用等级，不断在规范管理中提供精细化的针对性服务。

（五）倡导技术创新，不断提升行业技术水平

科学技术的进步对人类的影响是无处不在的，对行业的发展有时甚至是颠覆性。房地产评估机构作为一种提供智力服务产品的机构，其先进性、科学性是其服务与产品的本质特征。

房地产估价机构一是要积极参与、深入研究各类行业技术规范，不断提升估价执业质量；二是要及时关注房地产行业的技术变革和技术创新，如装配式建筑发展对房地产发展的影响，对房地产价值估价的影响等，及时跟进行业变化和行业影响；三是顺应大数据时代下房地产业的数据透明和开放，进一步研究和采取措施适用大数据条件下评估行业发展的新趋势、新方向；四是广泛运用现代信息技术，如移动互联、云计算、物联网等，适应评估业务从传统信息评估向智能化、全景化、实时化过渡。

参考文献：

[1] 刘俊.大数据对房地产估价行业的发展影响研究[J].知识经济，2022（1）：21-22.

[2] 周志刚.深圳城市更新中的房地产估价探讨[J].现代经济信息，2022（2）：164-166.

[3] 冯春晓.装配式建筑发展对房地产估价的影响[J].中国房地产，2022（13）：57-62.

[4] 中国房地产报编辑部.9月楼市继续下滑，房价已持续13个月下跌[N].中国房地产报，2022-10-24.

[5] 孔媛.探究房地产估价行业面临的机遇与挑战[J].品牌研究，2021（20）：165-167，215.

[6] 中国房地产估价师与房地产经纪人学会.房地产蓝皮书：中国房地产发展报告（2021）[M].北京：社会科学文献出版社，2021.

[7] 简晖.房地产司法拍卖估价中的风险防范[J].中国市场，2021（12）：65-66.

[8] 曾顶成，李元福.房地产估价行业的发展现状趋势分析[J].中国房地产业，2020（2）：156.

[9] 罗海浩.试论房地产评估行业的现状问题与对策[J].中国市场，2020（30）：78-79

[10] 李君成，邱斐，李彤皓.浅析资产估价行业发展现状与对策[J].中国商论，2020（8）：232-233.

[11] 黄金.城市更新中的高质量估价服务[J].房地产导刊，2020（29）：27-28.

[12] 黄晓红.房地产估价机构防范风险策略探讨[J].纳税，2019（10）：172-174.

[13] 吴玲，何灵.房地产评估业风险形成机制及防范分析[J].现代商贸工业，2018（30）：137-138.

作者联系方式

姓　名：薛　江　魏劲松

单　位：武汉博兴房屋土地评估有限责任公司

地　址：湖北省武汉市武昌区和平大道积玉桥万达SOHO写字楼11号楼22层

邮　箱：838580553@qq.com；1377896077@qq.com

注册号：薛　江（4220030045）；魏劲松（4220040010）

稳步化"被动"为"主动"
积极应对估价需求变化

梁振康　吕　佳　陈智滔

摘　要：在新冠疫情反复和俄乌冲突持续恶化下，全球经济不可避免地受到影响；目前国内经济增长预期不足，行业市场需求疲弱，估价机构生存空间被不断压缩。估价机构要想扭转如此境况，在逆境中发展，就要认清估价行业形势，稳步地化被动为主动，积极地应对估价需求变化。既要扎稳传统估价业务，保质量、提效率、降成本；又要扩大估价业务领域，增加估价业务多元化；两手抓，两手都要硬。

关键词：被动需求；主动需求；估价需求变化

2022年开年至今，新冠疫情反复加上俄乌冲突持续恶化，导致全球经济局势不稳。国际形势动荡，政治环境复杂，能源成本加剧，我国经济不可避免地受到影响；在众多不利因素下，经济增长动能减弱，大部分行业市场需求疲弱，居民消费意愿大幅下降，尤其是房地产市场。房地产业在我国经济中占据重要地位，房地产市场持续低迷，房地产估价需求相应减少，政策及金融方面虽有利好，市场预期和信心仍未有效扭转。此外，随着抵押估价业务、课税估价业务需求的减少，以传统估价业务为主的估价机构，越发地觉得业务减少，业务难做。传统的估价业务，收费不断地在降，成本不停地在涨，结款时间还逐渐地延长，使得估价机构生存空间被不断压缩。估价机构要想扭转如此境况，在逆境中发展，就要稳步地化被动为主动，积极地应对估价需求变化。

一、认清估价行业形势，适应估价需求变化

经济不断发展，社会不断进步，房地产估价需求也在不断变化。传统的估价业务需求，从本质上来看，属于被动需求。随着国家机构的精简，行政许可的取消，行业准入的放开，法规业务变得越来越少，也就是被动需求变得越来越少。如此结果，可以说是合情合理，也符合市场的实际情况。然而，被动需求减少，并不意味着市场需求减少，只是需求发生变化，由被动需求逐渐转化为主动需求。房地产业在经济中的重要性不言而喻，其随着经济体量的增大，估价需求也将随之增多。因此，估价机构要想长远发展，既要承接好被动需求式的传统业务，更要开拓出主动需求式的新型估价业务。

被动需求式的传统估价业务，要抓业务质量的保证，抓业务效率的提高，抓业务成本的下降；主动需求式的新型估价业务，要抓业务领域的拓展，业务需求的深挖，业务形式的多样化。传统估价业务是基础，新型估价业务是提升，两者是共存的；因而全然摒弃传统估价业务，一味只做新型估价业务的方式并不可取；传统估价业务与新型估价业务，被动需求与

主动需求，两手都要抓，两手都要硬。

二、扎稳传统估价业务，保质量、提效率、降成本

传统的房地产估价业务，如银行抵押、交易课税、司法鉴定等类型，如今业务量急剧萎缩，效益大幅降低、回款周期逐渐变长。我们要认清，这些都是很多行业随着社会发展进步到相当程度而必然出现的结果，是不可逆的。但是这类传统的房地产估价业务，尽管是被动式的需求，需求不断减少，却也不会全然地消失，依然会存在，也许存在方式会改变。因为未来的社会发展，银行还是要贷款，抵押估价还是存在；人民群众还是要交易房地产，交易课税还是存在；争议纠纷还是会出现，司法鉴定就还是存在。

面对这些传统的估价业务，我们就要与时俱进，利用科学技术的进步，利用生产工具的优化，利用业务流程的精简，来促使业务质量的保证，业务效率的提升，业务成本的降低，扎稳基础业务。

（一）推广自动估价系统应用

2022年6月，国务院发布《国务院关于加强数字政府建设的指导意见》（国发〔2022〕14号），明确数字政府的建设是适应新一轮科技革命和产业变革趋势的必然要求。同样，估价行业中数字化估价系统的应用也是大势所趋。自动估价系统的应用，可以贯穿整个估价业务流程，将工作效率大大提高，有利于人力资源的高效利用。大型估价机构，很多也已经开发出自己的估价系统并投入使用。然而，中小型的估价机构，却是没有足够的技术能力和资金实力去开发出属于自身的全套估价系统。面对这种情况，中小型估价机构假如各自为政，孤军奋战，很难与大型估价机构竞争；假若他们可以团结合作，资源整合，可以发挥出更大的效能，开辟出新的路径，或自主合作研发，或寻求成熟的自动估价系统合作……

在自动估价系统的应用中，可以由行业协会牵头，发布自动估价系统建设指导意见，制定出估价系统的统一基础标准，包括数据采集的基础标准，估价模型、算法标准，参数因素选取标准等，统一估价系统的体系结构基础，统一估价系统的接口设计，统一可扩展机制设定。自动估价系统不仅可帮助估价业务的完成，更有助于估价数据的积累；通过估价大数据的整理分析，又可以反哺估价业务的产出；良好的自动估价系统生态体系，可以说是房地产估价行业持续发展的重要基础。

（二）推广字符识别技术应用

字符识别技术，即用字符识别软件将字符形状翻译成计算机文字，用以代替人工输入。此类技术目前已经日益成熟，很多的软件都开发出此功能。在房地产估价行业中，房地产信息的录入是基础环节，房地产权证的格式相对固定，内容简单，信息量小，尤其是遇到批量物业估价，或者采集大量基础数据，推广字符识别技术的应用，既可以提高基础信息录入效率，降低估价人员工作强度，又可以减小出错率，缩短审核时间，进而提高房地产估价作业效率，优化估价作业。

（三）推广无人机应用

无人机，是无人驾驶飞行器的统称。随着科技的日渐发展，无人机的使用成本已经大大降低，其也早已悄无声息地渗透在我们的日常生活中，如农业植保、生态监测、遥感测绘、管道巡查等。房地产估价业务实际开展中，时常会遇到特殊的估价项目，无人机往往可以帮助我们估价人员，越过空间障碍，高质、高效地完成作业。譬如遇到规模庞大的估价对

象、密集的建筑群，以普通的视角勘察无法知晓估价对象的整体情况，无法表现出估价对象的整体规模；更有可能遇到干扰阻挠，如在开展法院委托涉及纠纷的估价业务时，估价对象实际控制人不配合，导致无法进入勘察等。诸如此类的状况下，推广无人机应用，可以越过地面的障碍，用空中角度进行全方位勘察，会取得更优质的勘查记录与效果。无人机从空中拍摄，可以记录估价对象的整体、周边交通路况、环境情况、配套设施状况等，将其直观呈现，提高估价作业质量。

除此以外，还可以推广地理信息系统技术、区块链技术应用等。科学技术不断进步，生产工具不断优化，进步与优化没有特定的模式与标准，传统也并不意味着一成不变；估价机构只要与时俱进，就可以将传统业务基础扎稳，在传统业务的基础上开拓新式估价业务。

三、扩大估价业务领域，促进估价业务多元化

社会经济发展到一定程度，习惯与需求必然产生相应变化。新型估价业务，属于主动需求式业务，向可能会有新的需求产生方向开拓，才能挖掘、创造、培育出新的估价需求。

（一）开拓不良资产领域

如今受疫情反复，能源危机影响，经济增长动力弱，市场需求疲弱，企业营收不可避免地出现下滑。如此情况下，银行等金融机构的不良数据或加速上升，不良资产处置需求将会加大。不良资产评估涉及实物类、股权类、债权类资产，往往较为复杂，对评估专业人员要求较高。对不良资产进行估值，只是处置中的一个简单环节；整个处置过程，往往需要多方协作，譬如涉及尽职调查、资产证券化、债务重组、谈判协助、税务处理等，这些都是主动需求，都可以衍生出估价业务。

尽职调查是指在中介机构的参与下，对拟出售或收购的不良资产，收集、梳理相关档案资料，寻找资产对象的风险点及价值点，并最终形成调查报告。

不良资产背后往往是隐含了相当的债务，估价人员可以通过前期的尽职调查，对资产项目的实物状况、权益状况、合法性、后续建设流程、再开发投资额估算、变现渠道和现金流量等多方面进行梳理，为债权人、债务人双方提出依托对应不良资产项目进行的债务重组方案、实施方案和监控方案。

不良资产的处置，不论是打包处理还是拆分处理，价值额往往都是不小的，一旦涉及权属变更，往往会牵涉到税务问题。而不良资产中，房地产占比较重，房地产估价人员往往可以结合市场调查情况，计算出涉税金额，并给出合适的税务处理建议。

（二）开拓城市更新领域

我国房地产市场随着经济发展，正逐步由增量市场向存量市场演变，城市更新类业务可以说是对存量房地产市场业务的高度概括。不论是拆旧建新，还是活化改造；不论大面积规划重建，还是小范围微型改造；不论是政府主导推行，还是企业居民自行改造；其改造过程始终是伴随着估价需求，除了常规的征收补偿评估，还有改造政策研究、改造奖励申请、拆赔模式研究、改造可行性研究、现状摸底调查、产权调查确认、改造意愿征集、征收补偿费用预算、社会稳定风险评估、征收补偿谈判顾问等。

城市更新领域作为存量房地产市场中的重要环节，里面包含了众多房地产估价的主动需求，多样化的估价需求，更会衍生出多样化的估价业务。要想大力开拓城市更新类的估价业务，在运用房地产估价专业知识的同时，往往也会涉及土地规划、城市规划、法律、税务等

领域的知识，要求估价人员技术能力高、沟通能力强、处事严谨，能结合居民实际情况，同时多元化的人才队伍以及跨领域作业是必不可少的。

（三）开拓资产证券化领域

资产证券化，是指以基础资产所产生的现金流作为偿付支持，通过结构整合等方式进行信用增级，在此基础上发行资产支持证券的业务活动。简单地讲，就是通过出售基础资产的未来现金流进行现在的融资。

房地产资本市场类估价业务，离不开房地产资产证券化。我国房地产市场正向存量市场演变，增量市场中通过简单买卖房产的获利模式将逐渐不适用，通过组合投资，专业机构的运营能力，更可能获得稳定收益。房地产存量市场中，随着人们意识形态的变化，租赁市场很快将迎来快速发展，以租代售、租售同权、长期租赁，其稳定的租金收益正属于资产证券化基础资产的范畴，现金流是企业运营的血液，利用稳定的租金收益进行证券化再融资，可以进一步提高资金利用率，加速企业运营发展，推动资本市场良性循环。除了租金收益，还有债权收益、项目收益等，任何房地产项目经组合优化后，只要可以在未来产生相对稳定现金流的，理论上都可以作为基础资产进行证券化融资，都存在证券化的估价需求。

（四）开拓绩效评价领域

财政绩效评价也称政府支出绩效评价，是指运用一定的评价方法、量化指标及评价标准，对政府部门为实现其职能所确定的绩效目标的实现程度，以及为实现这一目标所安排预算的执行结果进行的综合性评价。

近年来，我国政府为了提升预算管理水平，增强项目单位资金支出责任，优化公共资源配置，节约公共支出成本，促进财政资金的合理配置和提高公共产品的服务质量，不断加大对财政预算支出等方面的绩效考核力度。对于房地产估价机构来说，对财政绩效进行科学、严谨、合理的评价，执业能力是绰绰有余的。制定科学、合理、严谨的评价标准体系，按绩效目标、绩效指标，对项目进行评价，组织专家进行评审，并最终形成评价报告，这对房地产估价机构来说，是个新的业务领域，也是个新的业务增长点。

除上述以外，还可以加强对养老地产、旅游地产、全流程咨询等业务领域的开拓深挖。受疫情管控，旅游地产遭受巨大冲击，其运营模式必然遭受改变。随着人口生育率持续走低和人均寿命普遍延长，人口老龄化越发明显，养老地产未来将不断涌现，但其运营模式尚未成熟。房地产项目，作业时间长，涉及环节及领域众多，从项目立项、投资开发、工程建设、销售运营到售后管理等，每一个环节都可能出现咨询类估价需求，可能涉及政策解读、市场调研、工程造价、营销策划、会计财务、交易谈判等方面。估价机构只要以房地产估价为基础，综合相关行业有效信息，提供与房地产项目相关的全方位、全流程综合服务，必将更好地开拓、深挖咨询类的新型估价业务，带来新的业务增长点……

开拓新型的估价业务，除了要开发新的业务领域，深挖原有市场外，更要形成业务形式的多元化、多样化，不能只局限于报告业务。因为被动需求的形式是固定的，而主动需求却是不可预测的；一切存在的房地产估价需求，均可以衍生出新型估价业务。在经济增长疲弱的当下，房地产业仍然举足轻重，房地产估价同样不可忽视。因此我们要认清估价行业形势，积极应对估价需求的变化，扎稳传统估价业务，大力开拓新型估价业务，化被动为主动！

参考文献：

[1] 中国银行研究院. 中国银行中国经济金融展望报告.[EB/OL].（2022-09-28）[2022-11-23]. https://www.boc.cn/fimarkets/summarize/.

[2] 国务院. 国务院关于加强数字政府建设的指导意见.[EB/OL].（2022-06-23）[2022-11-23]. http://www.gov.cn/zhengce/content/2022-06/23/content_5697299.htm.

[3] 国策机构. 估价如何服务于不良资产处置 [EB/OL].（2021-01-05）/[2022-11-23].http://www.guocedc.com/Industry/15615.html.

作者联系方式

姓　名：梁振康　吕　佳

单　位：鹏翔房地产土地资产评估有限公司中山分公司

地　址：广东省中山市石岐区悦来中路 12 号 5 层（8 卡）

邮　箱：397356732@qq.com；365341074@qq.com

注册号：梁振康（4420170176）

姓　名：陈智滔

单　位：深圳市国策房地产土地估价有限公司中山分公司

地　址：广东省中山市东区博爱五路 21 号大东裕商业大厦一期 1307、1308 室

邮　箱：377506673@qq.com

内外循环理论下中小房地产估价机构生存法则浅析

石 丹 王 波

摘 要：房地产估价行业的可持续发展离不开房地产估价机构自身的企业发展，某一企业的发展以生存为基础，并与发展相辅相成。在完全竞争的良性市场模式下，需不同标准层级的企业去支撑和满足市场的多样化需求，因而中小房地产估价机构不仅要在激烈的市场竞争中生存下来，更要谋求发展。本文将基于内外循环理论，结合市场环境与企业内部实际情况，提出通过充分发挥内外循环协调互补的效应，使得中小房地产估价机构在内外循环正面效应最大化和负面效应最小化的共同作用下获得生存与可持续发展。

关键词：内外循环理论；中小房地产估价机构；生存法则

一、内涵界定及基础理论

（一）中小房地产估价机构

根据《关于印发中小企业划型标准规定的通知》（工信部联企业〔2011〕300号）可知，中型、小型和微型企业划分标准由国务院负责，中小企业促进工作综合管理的部门会同国务院有关部门，按照行业门类、大类、中类和组合类别，依据从业人员、营业收入、资产总额等指标或替代指标，结合行业特点制定划分标准，报国务院批准。

根据《中华人民共和国中小企业促进法》可知，中小企业是在中华人民共和国境内依法设立的，人员规模、经营规模相对较小的企业，包括中型、小型和微型的企业。

依据中小企业的上述内涵特征可知，在房地产市场发展中的中介服务企业之一——房地产估价机构的中小类型就是在我国境内依法设立的，人员规模、经营规模相对较小的中小微房地产估价企业。具体来讲，人员和经营的规模都与业务量相匹配，而业务量的多少首先取决于机构注册地或经营地的城市性质及规模这一客观条件，当然主要受制于市场行情及企业自身核心竞争力，故而人员和经营规模相对较小的机构一般估价服务类型较为单一，以房地产抵押估价或地方政府征收评估等项目为主，对房地产损害赔偿、租赁经营、资产管理、证券化、城市更新改造、存量房地产盘活以及历史建筑经济价值评估、集体建设用地入市、国有资产管理与处置等新型房地产估价服务和咨询顾问服务较少甚至完全没有。

（二）基础理论

笔者主要基于内外循环理论展开相应的探讨与分析。内外循环理论是于开放的系统内建立一种机制，将系统内外两个循环相统一，并建立动态协调互补机制。具体来讲，就是当外部环境较好时，以外循环带动内循环，进而推动系统的发展；当内部环境较好时，通过政策调整，避免和减少外循环造成的损失，以内循环带动系统的发展；当内外部环境都良好时，可以充分发挥两者的协调优势，达到事半功倍的效果；当内外部环境都不理想时，两者协调互补以减少损失。

若将中小房地产估价机构作为一个开放的系统，机构内部循环和外部市场循环的协调互补机制有助于中小房地产估价机构有效发挥比较优势，逐步优化内部运行效益，减少市场环境的负面影响，保证机构自身的生存，促进机构和行业可持续发展的实现。房地产估价机构要在房地产市场的大环境中得以生存并谋求发展，必须运用 SWOT 工具对企业内部的优势劣势和外部市场环境的机遇挑战等做好充分的研究与预判，进而及时采取措施让企业能够在市场环境良好时得到最大化的发展，或者让企业能够在市场环境不乐观时将损失降到最低而得以保存基本的生存能力。

二、中小房地产估价机构的现状分析

纵观我国中小房地产估价机构运行与发展的实际情况，主要存在以下问题：

（一）内部运行机制不系统

1. 发展战略与长远规划意识较薄弱。当前多数中小房地产估价机构趋利性较强，更多的是追求眼前的经济效益最大化，绞尽脑汁尽可能地承接更多的估价业务，甚至有些采取迎合高估或低估要求、给予回扣、恶意压低收费等不正当竞争方式获取业务。殊不知企业在成立初期与发展过程中，都有必要结合市场行情做好发展规划，明确定位企业未来的发展战略，明确是采取稳健型还是拓展型的企业发展战略，做好企业的中长期发展规划或及时地调整好企业的短期发展规划，才能保证企业的生存并谋得更好的发展。

2. 企业文化创建太过形式不重内容。从宏观层面来看，很少有企业明确构建了价值理念，也不太注重员工的职业素质培养与团队协作意识的锻炼，更没有形成业内家喻户晓、颇具特色的优良传统等。从中观层面来看，多数企业领导与员工或员工之间关系较为和谐融洽，但多居于表面，不似真心朋友一般的真心相待，为人处世中难以设身处地地为对方考虑；多数企业上班时间相对自由，考勤制度设置灵活，但实际休息时间确实不多，缺少合理的调补休假；多数企业虽然会组织聚会或文娱等团建活动和学习交流等培训会议，但是对团队协作群体意识增强和业务能力技术水平提升以及员工使命感、荣誉感、成就感、归属感提升等没有太大促进意义。从微观层面来看，多数企业都会注重工作场所的装修档次及办公空间需求，但很少会照顾到员工舒适放松的个人感受，也很少会关注估价作业所需工具用料的质量等。

3. 企业组织架构简易且协调不机动。多数中小房地产估价机构组织架构简单，甚至难以明确职能部门及其员工责、权、利，这也让企业内部难以实现高效的组织协调工作。比如决策管理层可能也是业务拓展人员，往往较容易被利益驱使而枉顾企业管理制度，做出不利于企业长远发展的决策或选择；技术服务层在执行估价作业活动的过程中，可能会与决策层目标建议相悖（如迎合高评或低评要求、恶意降低收费等），也可能会与同事之间无法统一协作估价项目（如为赶进度单独挑灯夜战，甚至多日或长期连轴转工），也可能无故不被兑现前期待遇承诺而失去使命感和责任感，也可能因缺乏考证及新技术学习的平台或机会在空闲时间而不思进取导致企业难以做到更专更精；综合保障层可能未能及时做好后勤服务工作以保障企业高效有序的日常运转，也可能未能及时提出优化企业日常管理制度的建议，也可能未能落实员工的基本社会保障制度等。

4. 核心人才常流失且缺相应责任感。人才作为估价专业服务质量的关键，也是估价机构生产与发展的核心要素，故人才这一核心的引进、培养、发展和不流失至关重要，尤其是核心人才，他们是机构的第一生产力。但多数机构不仅人才流动较大，而且核心人才流失常有发生。一般来讲，人才流动是正常现象，也是多数人才职业发展的必然过程，但人才培养需要耗费巨大的代价。对于估价机构而言，尤其是中小企业，虽然在一般人才引进上没有太大的困难，但优秀人才引进需要较大的成本，再加上必要的人才培养支出，一旦流失则须再次引进，这一进一出需要更大的代价，故而需要加强人才的储备、留住人才，并培养其责任意识，当然还需要逐步建立企业自身与员工的社会责任感。

（二）外部抗风险能力较差

1. 不可抗力一旦发生可能面临倒闭。当前，受疫情这一无法预见的不可抗力因素的影响，中小估价机构赖以生存的传统业务、抵押估价业务严重萎缩，特别是内陆省份的一些机构的估价业务与去年相比，因线上评估平台和贷款需求减少等实际情况，可能下降一半以上，甚至更多；还有一些中小估价机构直接被这次疫情带来的冲击和挑战给"清退"了。

2. 市场发展环境波动可能面临洗牌。当市场经济大环境发生波动时，正如当前传统估价业务大幅缩减、收费普遍降低、业务来源渠道发生变化的大环境下，估价机构生存空间变小、生存压力变大，与此同时，不正当竞争可能也无法杜绝，特别是靠抵押估价生存、同质化经营较严重的一些中小机构，甚至会加剧竞争程度。故为了生存则可能需要追加投资重新洗牌。

3. 行业高质量发展变革应对自如难。面对日益复杂的国际国内形势以及我国转向高质量发展阶段的新要求，我国房地产估价行业面临着新的挑战与机遇。对于中小房地产估价机构而言，尤其是业务单一、同质化经营的，估价专业服务水平有限，难以顺利承接房地产资产管理、房地产证券化、城市更新改造、存量房地产盘活以及历史建筑经济价值评估、集体建设用地入市、国有资产管理与处置等新型房地产估价和咨询顾问服务性业务。

三、中小房地产估价机构的内外循环协调互补策略

根据内外循环理论作用机理以及我国中小房地产估价机构发展现状分析，为中小房地产估价机构生存法则提供参考，现提出以下几点内外循环协调互补策略：

（一）发展战略与规划上，明确定位发展目标并落到实处

无论是新近成立还是已开业一定年限的中小企业，首先都必须具备战略规划意识，在了解房地产市场行情及估价行业发展特性的基础上，明确企业发展模式是采取稳健型还是拓展型战略。若采取稳健型发展战略，则需要结合估价市场需求明确两三个主营估价服务产品类型，制定相关事业规划和配套制度，并在实践中逐步提升专业服务水平，逐步塑造企业形象、打造企业品牌，构建浓厚炽热的、富有归属感的企业文化环境，以有效控制外部市场波动等因素导致的经营风险而保证基本的生存与发展能力；若采取拓展型发展战略，则在如前所述策略的基础上，还需要致力于开发新业务市场或者开展联合经营等战略模式，以便在着力夯实主营业务服务能力的同时，还能开拓新的市场（如开设分公司）和新的产品（如房地产资产管理等新兴的新型估价业务），或者与合适的企业采取兼并、合并或参股等方式开展合作经营等，秉持"不把鸡蛋放在一个篮子里"的原则，及时洞察外部市场环境变化，充分发挥企业内部优势，充分利用内外循环协调互动空间，采取积极向上的态度促进企业长远

发展。

（二）业务承揽与拓展上，充分发挥企业优势并适时调整

在企业发展战略与长远规划的基础上，中小房地产估价机构应尽可能通过合法合规的渠道和正当竞争的方式获取估价业务，或者通过企业提供客观、公平、公正的专业服务这一价值理念的构建，自发地吸引企事业单位等团体组织和社会公众的主动业务委托。当然，对于一些随机抽签方式决定承接业务单位的项目而言，则必须要密切关注、抓住机会，积极地按要求参与。对于业务拓展，切忌被商业运营模式所误导，正所谓"一口吃不成胖子，一步跨不到天边"，一方面，需要考虑主营估价业务的专业服务水平是否还有待提高，是否能够适应市场更快更高的新要求，是否还能够保证企业的照常运转；另一方面，要考虑企业自身现有的优势条件是否足以支撑业务的进一步拓展，新拓展的业务类型是否有合适的人才队伍建设、是否符合市场的实际需要、是否属于短暂性需求产品、是否需要考虑与其他企业间的合作以降低经营风险等。在市场对主营业务容量不变且有未来空间的前提下，只有把服务水平做到极致的专业，才能百分百地保证企业持续生存，若市场容量缩减或未来有新的发展动向，则必须且有能力拓展新型的专业估价服务才能保障生存和发展。换言之，估价机构必须要充分发挥良性的内部循环机制，结合外部环境及时作出适当调整。

（三）人才引进与培养上，不断完善激励制度并个性培养

在人才引进方面，除了考虑学历、社会实践经历、相关工作经验及资格证书等情况外，还需要重点考察应聘人员的个人素养，比如是否有相关志愿者服务经验或者丰富的社团组织活动等，或者通过相关的面试环节，从侧面了解其为人品质；还需要关注其自学能力，是否有意愿提升学历，是否有阅读习惯，是否时常关注行业市场动态，是否有积累案例基础信息的常规习惯，是否熟悉某一估价原理实际应用等；同时，也需要根据市场行情变化以及企业内部组织架构提前补充相关人员，以便做好必要的人才储备。在人才培养方面，首要的是培养员工的主人翁意识，让员工富有对企业的归属感与强烈的责任感，能够做到尽职尽责，甚至在合法的前提下自主自愿地为企业生存与发展倾其所有。而这就必须以企业人性化的价值理念、亲切的人文关怀及激励性的机制为基础，比如人才引进时约定的薪酬待遇因人而异且应具有明确的增长弹性空间，同时还必须能够得到如实兑现，一旦有较大出入则不利于留住专业人才，毕竟人才培养也需要较大的代价。人才培养也应完善相应的配套制度与奖励激励机制，不仅要通过表彰奖励等方式鼓励专业人员做好本职工作与专业技能提升或业务开发拓展，同时还需要按照企业运行要求完善组织结构，并针对不同员工开展个性化的定制培养，以高效提升专业服务质量，从而增强企业内部的核心竞争力。

（四）专业服务与咨询上，与时俱进适应市场并全面关怀

除了在人才这一核心生产力上的关注外，还应重点关注的是企业内部核心竞争力——估价专业的咨询能力与服务水平。也就是说，在发展战略、业务拓展和人才培养都得以建设与发展的基础上，还需要加强企业的内核力，大力提升外部市场所需的估价业务类型的专业服务能力。在具体的估价作业活动中，无论是估价技术路线中的哪个估价环节都应该被认真且专业地对待，必须坚持实事求是、诚实守信、客观公正的基本原则，严格遵照行业准则和执业操守开展作业，严守职业道德底线。并应为估价专业人员持续性地提供专业技能培训与学习交流平台，为某一（些）主营估价业务水平或资格证书考试通过率的提升创造条件。与此同时，还可以考虑设置专人专岗，在对新进员工进行轮岗作业后，及时做好综合考察与评价以便安排更加合适的工作岗位，像信息管理员、个贷评估员、征收评估员、咨询服务员、

各级审核员、综合服务员等,而且还有必要考虑设置研究技术员等岗位,不仅需要培养基本的职业技能与职业素养,还应该在一定程度上注重专业人员的科研能力和创新意识,更需要顺应市场发展趋势的新方向与新要求,保持与时俱进的发展理念,充分发挥企业内部优势架构组织机构、开拓业务领域、完善专业技能。对于新兴业务类型、新型信息技术、新式估价理论等新知识新内容,需要在一定程度上具有敏锐的洞察力和前瞻力,尤其是拓展型发展战略类企业,必须充分利用内外循环协调互补空间,做到与时俱进,及时地调整短期建设规划目标,并进一步优化和完善相应的配套制度建设,以便保证中小性质房地产估价机构在正面效应最大化和负面效应最小化的共同作用下得以正常运营,否则很容易在过分专注商业盈利的经营模式下被市场顺势清退。

四、结语

通过融入内外循环理论,结合中小房地产估价机构的发展现状,深入研究中小房地产估价内外循环协调互补机制,既可丰富房地产估价理论体系,进一步提升中小房地产估价机构和专业人员的专业服务质量,又能指导中小房地产估价机构具体的运行方式和实践作业活动,有效规避中小房地产估价机构的经营风险,也能有效提升房地产估价机构和估价人员的社会责任感,从而推进中小房地产估价机构的有序生存与可持续发展。

参考文献:

[1] 汪灏. 浅析中小型房地产估价机构如何培养并留住人才 [M]// 估价业务深化与拓展之路:2020 中国房地产估价年会论文集,北京:中国城市出版社,2020.

[2] 王建新. 新形势下中小房地产估价机构生存与发展问题的思考 [M]// 估价业务深化与拓展之路:2020 中国房地产估价年会论文集. 北京:中国城市出版社,2020.

[3] 崔永强. 论房地产估价机构的社会责任 [M]// 估价业务深化与拓展之路:2020 中国房地产估价年会论文集,北京:中国城市出版社,2020.

作者联系方式

姓　名:石　丹
单　位:共青科技职业学院;福建中诚信德房地产评估有限公司
地　址:江西省九江市共青城市共青科技职业学院高新校区
邮　箱:641225546@qq.com

姓　名:王　波
单　位:江西天平房地产资产评估咨询有限公司
地　址:江西省南昌市红谷滩区世贸路 942 号远帆大厦 A 座 1011-1012 室
邮　箱:499031924@qq.com

新形势下房地产估价机构如何调整发展方式实现自主创新

杨侠威　王　鹏

摘　要：大数据的发展促使房地产估价机构转型升级，疫情的到来更是加速了这一进程，房地产市场由开发建设为主转向资产运营管理为主，多重影响下，房地产估价行业正面临前所未有之变革，这对估价行业来说是历史性的。如何调整和创新发展方式是所有房地产估价机构面临的难题，单一模式已经不适合高速发展的市场经济，房地产估价机构要朝多元化发展已成趋势，咨询类业务市场目前并不充分，需要房地产估价机构去深挖细掘，也是创新的一个重要方向。打造品牌业务、形成品牌效应是未来房地产估价行业的核心竞争力。房地产估价机构在立足传统业务的基础上，发展延伸服务，适当扩张服务领域，吸纳高端人才、加强人才培养，才能提高自身的自主创新能力。

关键词：多元化；咨询类业务；专长业务；延伸服务

一、当前房地产估价行业所面临的形势

（一）大数据对房地产估价行业的影响

大数据的飞速发展，使各行各业都受到了不同程度的影响，作为以数据为支撑的房地产估价行业，所受影响颇为剧烈。尤其是传统抵押业务，受到了很大的冲击，以银行为主体的金融机构先后引进大数据应用平台，对传统的房地产抵押业务依赖度逐渐降低，收费方式变成了银行付费，评估费用大幅下降，极大压缩了原先的行业利润。以传统抵押业务为主的中小企业生存面临着极大的挑战，转型升级迫在眉睫。

（二）疫情对房地产估价行业的影响

2020年新冠疫情席卷全球以来，全球经济都处于低迷状态，我国疫情虽然有效地得到了控制，但是国民经济依然受到了很大的影响。不仅房地产估价行业，所有的行业都受到了不同程度的影响。疫情期间，为了业务能够正常的运行，金融机构推出了线上服务平台，增加了客户办理业务的便捷度，减少了对房地产估价机构的依赖度。而这些线上服务平台的上线，对于金融行业来说是积极性的，不会因为疫情结束而消失。这些线上服务平台已经对接了房地产大数据，直接就可以线上查询到甚至给出相应价格，对房地产估价机构不再过度依赖，从而加速了房地产估价行业的变革。另一方面，疫情期间勘察现场，估价师不能够到现场进行实地勘察，只能通过相关软件进行线上勘察，对于估价机构来说虽然减少了成本，却增加了执业风险。所以说，这种勘察方式是不是可以常规化，如何规避风险，成了房地产估价机构当前要面临的问题。

(三)房地产业变革对房地产估价行业的影响

习近平总书记在党的第十九大报告中提出"房子是用来住的,不是用来炒的",要求回归住房居住属性,为当时火热的楼市降了降温,全国各地相继出台政策稳定房价。对房地产开发企业而言,房地产业的发展已经达到了瓶颈期,而我国的城市化率已经达到了60%左右,房地产已经出现了泡沫,预示着房地产业开始走下坡路,这其中较为明显的就是房地产业的龙头企业万达集团,从2017年就已经开始抛售旗下的持有房地产,特别是在疫情的形势下,去地产化程度越来越高。疫情的冲击加剧了房地产业的萎缩,房价下行趋势越来越明显,房地产企业通过降价打折回笼资金成为缓解资金压力的主要途径。房地产开发企业的下行,预示了房地产业开始走向萎缩,房地产市场由开发建设为主转向资产运营管理为主,所以说房地产估价机构也应该适当减少对传统抵押业务的依赖,积极开拓新型业务并调整业务类型以适应未来要面对的挑战。

二、房地产估价机构如何调整发展方式

(一)房地产估价业务多元化发展

"不要把鸡蛋放到同一个篮子里"的商业思维大家都知道,房地产估价行业同样适合。大数据时代的到来,对传统抵押业务的冲击,使得很多的以传统抵押业务为主体的中小房地产估价机构处境堪忧,甚至一些机构已经退出了房地产估价这个行业,这对我们是一个警示,我们要把自己的业务面拓宽,往多元化发展。在这一点笔者认为我们可以向腾讯学习,大家都知道腾讯有很多产品,其中有些产品一直是亏钱的,但是没关系,这些产品总有一款是盈利的,它就用这款盈利的产品去养着那些不盈利的产品,腾讯最厉害的就是,当这款产品不行了之后,总会有一些原先不盈利的产品出彩,来代替原来的盈利产品,各个业务互相关联、互相提携,这样就形成了一个良性循环,不至于出现当一个产品不行的时候,整个企业就垮掉的局面。多元化发展对房地产估价机构而言,是百利而无一害,既拓展了业务范围,也能够从容应对各种风险。

(二)重心向咨询类业务转移

大数据的普及压缩了传统抵押业务的利润,这些利润甚至不足以支撑房地产估价机构可持续发展,这个时候我们急切地想要突破现阶段的瓶颈,咨询类业务就是房地产估价行业实现自我突破的一个方向。房地产估价是专业性的,房地产估价行业属于服务行业,过去我们服务对象一直侧重于金融机构,而忽略了一般客户对估价专业的需求,比如房地产租赁市场评估、房地产开发项目可行性研究、房地产市场调研、项目资金平衡方案等。现在很多的投资者开始朝多元化发展,进入房地产领域后急需全过程的项目咨询服务,这些都是一些尚未开发完全的潜在市场主体,笔者认为当前房地产估价机构在面临大数据、疫情、房地产业萎缩的这些外部压力下,想要突破自身瓶颈,这是一个很好的切入点。房地产估价机构应该利用自身的专业性去为更广泛的主体服务,当然估价机构也应该完善自身,做好专业知识培训,为客户提供高质量的服务。

(三)打造品牌业务

发展品牌业务,打造特色领域,是目前房地产估价机构的短板,也是房地产估价机构想要长远立足和谋求深层次发展的首要目标。所谓的品牌业务是指在某一估价领域或在行业中处于顶端层次的专长业务,当然这是以客户满意度为判断标准的。比如某一项业务,某估

价机构已经做到了行业标杆，当客户需要这项服务的时候，首先想到的就是这家房地产估价机构，这才是真正形成了品牌效应。打造品牌业务，是当前房地产估价机构现阶段的发展目标，是形成核心竞争力的关键，也是如今形势下房地产估价机构调整发展方式的重中之重。那么如何打造品牌业务呢？笔者认为可以从两方面入手，一是对现有业务中的某项业务精耕细作，潜心专研做到能够达到的极致，在市场上形成良好的口碑，在行业中处于领先地位。二是开发新型业务，并且能够打开市场，因为从未出现过，所以一出现就会处于领先地位，相对而言，这种方式更容易打造品牌业务。

三、房地产估价机构如何实现自主创新

（一）传统业务延伸服务

房地产估价机构在做好传统业务的同时，还有必要对原有业务内容进行进一步的拓展，可根据金融机构的实际需求，利用大数据的便捷性和自身的专业性为金融机构提供增值服务，比如贷后房地产动态监测估值、不良资产处置、批量复估等，加强与金融机构的沟通与联系，寻找新的业务拓展点。在旧的基础上想要创新难度很大，我们可以从服务和细节方面入手，把服务做到极致，把细节做得更完美。另一方面，金融机构普遍都打造开发了属于自身的金融平台，我们可以利用自身累积数据和经验沉淀与金融机构平台数据共享，从而实现共赢的局面。所以房地产估价机构既应该夯实传统业务，又要跳出原先的固有思维，去开拓更细致的延伸服务。

（二）服务领域适当向外扩张

房地产估价行业发展到现阶段，已经到了阶段性的瓶颈期，把服务领域适当向外扩张，未尝不是一个很好的选择。服务业发展到现阶段，客户追求更完美的服务体验，不懂行的客户更倾向于完整的全程服务，"一站式"服务成了客户的迫切需求，那么，我们是不是可以给客户提供一些除了估价以外的服务呢？笔者认为我们的服务可以从客户有意向开始介入，随着客户的业务进度完成而完结，就拿抵押业务来说吧，如果我们从客户有意向抵押贷款开始介入，到最后抵押业务办理成功全程的服务，肯定能给客户完美的贷款体验，同时也能提高我们的收益。虽然有些"跨界"嫌疑，但未尝不是一个可以尝试的方向。

（三）吸纳高端人才、加强人才培养

颠覆一个行业的永远是行业之外的事物，在这个大数据泛滥的时代，我们还需要多方面的高端人才，举个例子，由于目前房地产估价师的门槛并不高，很多估价师对高等数学都只是略知一二甚至不懂，更不要说利用高等数学来突破目前的理论桎梏，利用高等数学来使我们的估价结果更加合理和具有说服力。所以说估价行业要突破现阶段的瓶颈，需要引入高端人才来进行课题研究。很多房地产估价机构没有属于自己的精通计算机的高端人才，经验丰富的估价师空有经验，却运用不到目前的这些服务软件上面，虽然我们可以暂时和外界的专业人员通过暂时合作来沟通解决，但是很多东西是需要大量并且反复实验的，需要两种或多种思想碰撞来实现的，在这个大数据高速发展的时代，信息化手段是影响估价行业发展的桎梏。房地产估价机构可以培养现有人才，往多方面发展，才能实现估价业务和服务的创新。

四、结语

房地产估价行业面对大数据、疫情、房地产业萎缩的冲击,既是挑战,也是机遇,调整和创新发展方式才能立于不败之地。房地产估价机构要朝多元化发展,并且把重心向咨询类业务倾斜,打造专长业务,形成核心竞争力。同时在做好传统业务的同时,细挖延伸服务,服务领域适当向外扩张,吸纳高端人才,并且加强内部人才培养,才能形成良好的自主创新能力,为迎接未来的挑战打好坚实的基础。

作者联系方式

姓　名:杨侠威　王　鹏
单　位:河南天健房地产土地资产评估有限公司
地　址:河南省郑州市金水区姚砦路 133 号 9 号楼 12 层 1201 号
邮　箱:1059382494@qq.com
注册号:杨侠威(4120190092);王　鹏(4120060046)

新形势下房地产估价机构的需求变化及有效应对

毛胜波

摘　要：经济发展与城市开发建设带来了新的估价需求和质量要求，房地产估价机构应该认真分析行业发展形势与自身业务特点，把握发展机遇，实现转型升级，为估价行业高质量发展做出贡献。

关键词：经济发展；城市开发建设；估价；业务

随着政府改革的不断深化，我国的经济发展方式以及城市开发建设方式均发生了明显转变。目前经济增长的方式已由不可持续性向可持续性转变；由粗放型向集约型转变；由出口拉动向出口、消费、投资协调发展转变等。党的二十大报告中指出，过去的十年，中国城镇化经历了一个快速发展的时期，城镇化率提高了11.6%，达到了64.7%。在经济和城市开发建设转向集约型发展过程中，社会对房地产估价行业产生了新的服务需求和更高的质量要求，为房地产估价机构的发展带来了新的机遇和挑战。

一、房地产估价行业发展现状

（一）房地产估价行业发展历程

1978年，伴随着改革开放，现代房地产估价活动开始兴起。从1993年开始，我国借鉴美国等市场经济发达国家和地区的经验，建立了房地产估价师执业资格制度。1994年颁布的《中华人民共和国城市房地产管理法》从法律层面明确了房地产估价的地位。2016年颁布的《中华人民共和国资产评估法》对包括房地产估价在内的各类资产评估的基本原则、专业人员、机构、程序、行业协会、监督管理、法律责任等作了全面规定，房地产估价行业制度不断在完善。房地产估价行业随着房地产行业的发展而蓬勃发展，业务量、机构规模、专家人数、技术水平等都不断提高，在行业发展中扮演着越来越重要的角色。

（二）房地产估价业务现状

传统的估价业务主要有房地产抵押估价、司法鉴定、征收业务等。现阶段，伴随着技术手段升级、大数据应用以及房地产行业政策的诸多调整，房地产估价业务也相应地出现了很大的变化。互联网技术在评估行业的应用，使得传统的个贷抵押业务通过自动估价系统即可批量完成，并且近年各城市普通二手房交易量有所下降，均使得抵押业务量不断萎缩；司法鉴定评估也在大数据技术的帮助下，开启了网络询价方式，以及《最高人民法院关于人民法院确定财产处置参考价若干问题的规定》（法释〔2018〕15号）将委托评估作为当事人议价、定向询价、网络询价解决不了后的最后一种定价方式，这导致传统的司法鉴定业务也急速减少；随着城市棚改的逐渐退出，传统征收业务也日渐乏力。抵押、司法鉴定以及征收业务的减少，使得大量的中小机构无新增业务来源，面临无事可做的局面。

针对传统业务量的萎缩，各估价机构已陆续走上探索转型之路，改变以往依赖单一业务的模式，力图扩大业务来源，提高机构抗风险能力。部分机构采取一体化策略，收购或兼并同类业务的机构以开展那些与机构当前业务相竞争或相互补充的业务，例如，目前各估价机构普遍开展的资产评估业务，将业务范围由传统的不动产评估扩展至动产评估业务，扩大了业务范畴，提高了竞争优势。另外，相当一部分机构采取多样化策略，选择了兼容与房地产更加紧密的房地产经纪业务，比如，一手房权证代理业务、二手房交易过户等，这都为估价机构转变经营思路提供了很好的借鉴。无论是选择知识密集型还是劳动密集型业务，在转型过程中，都不可避免地会面临管理成本增加、协调关系复杂、服务质量难以保证等问题。如何能在传统估价业务之外，提供高质量、高端化的服务是升级转型必由之路。

二、经济发展新形势下的估价需求

（一）经济发展总体趋势

当前我国经济由高速增长进入中高速增长阶段，但我国经济发展长期向好的基本面没有改变，党的二十大报告把高质量发展作为全面建设社会主义现代化国家的首要任务。经济发展模式转变必然会带来房地产行业的改变，房地产业的转型，也会促进整个社会经济发展方式的转变，与其他经济参与者形成交互作用。房地产估价行业作为产业链的重要一环，近年来由此所产生的行业变化愈发明显。

经济增长带动了科技创新，科技创新带来技术进步。房地产估价行业在新阶段市场需求不断提高，科技发展对估价行业的技术进步和创新起到了积极的促进作用。并且随着经济的发展，原有的经济政策无法解决新形势下出现的新问题，尤其对于当下正处于调整期的房地产行业而言，金融政策的发展创新将更好发挥其支持房地产市场的作用。而在广大的农村地区，通过土地政策的调整和创新，将对当地的经济发展和土地利用产生深刻的影响。

（二）经济发展新形势下的估价业务升级

1. 经济发展新形势下科技进步带动估价业务升级

21世纪以来，互联网技术得到了充分的发展和应用，人们生活的方方面面都离不开互联网技术的应用，其中，大数据处理和信息管理系统在房地产估价行业有着巨大的应用潜力。国内部分房地产估价机构经历了多年数据收集积累，完成了各自的数据平台建设，建立了自有的数据信息管理系统，特别是在传统银行个贷抵押业务板块，不仅仅能批量评估，提高工作效率，还能够为金融机构提供批量贷后押品监管服务，实现了业务模式的全新转变。另外，信息管理系统也在地区国有资产管理平台得到了一定的应用，依托房地产估价机构的专业基础，各机构逐步建立了自己的软件开发团队，或借助外部资源，全面参与国资平台的资产管理业务。

2. 新经济形势下政策推进带来的估价新机遇

在追求高质量发展的新形势下，原有政策调整，市场发育开始趋于成熟，房地产行业衍生出新的增长点，潜力巨大。

首先，2020年，公募REITs试点工作在基础设施领域展开，正式进入到基金公开发售阶段，监管机构在正式实施操作之前，发布了相应的政策指引，未来住宅、商场、酒店等房地产项目，将会成为REITs试点后的发展方向，此类不动产项目在基金招募阶段，需对其进行不动产价值鉴定,这将成为估价机构新的业务增长点。

其次,2019 年,新修订的《中华人民共和国土地管理法》出台,许多集体经营性建设用地可在符合规划、依法登记,并经本集体经济组织三分之二以上成员或者村民代表同意的条件下,通过出让、出租等方式交由集体经济组织以外的单位或者个人直接使用。同时使用者取得集体经营性建设用地使用权后还可以转让、互换或者抵押。允许集体土地入市后,集体土地涉及的出让、出租、转让、互换、出资、抵押将会是新的评估需求点。

三、城市开发建设方式转变过程中的估价需求

(一)新型城镇化背景下的城市开发建设方式的转变

从 1949 年新中国成立以来,我国的城镇化从起步发展、波动发展、停滞发展再到高速发展,以及 1992 年至今的平稳发展阶段,已经有了七十多年的发展历史。随着城镇化的逐渐完善,我国的城市开发建设方式也在悄然发生转变。

在传统的城镇化背景下,各城市不断开拓城市边缘土地,大规模增建建筑,满足城市建筑存量的扩充以支撑不断增加的城镇化人口。这些城市建筑随着时代的发展和进步"由新变旧",国家也提出了"改变城市开发建设方式"。2021 年 8 月,住房和城乡建设部就《关于在实施城市更新行动中防止大拆大建问题的通知(征求意见稿)》公开征求意见,提出"转变城市开发建设方式,坚持'留改拆'并举、以保留利用提升为主,严管大拆大建"。同年 10 月,中共中央办公厅、国务院办公厅印发《关于推动城乡建设绿色发展的意见》,提出"推进城市更新行动、乡村建设行动,加快转变城乡建设方式,促进经济社会发展全面绿色转型,为全面建设社会主义现代化国家奠定坚实基础"。由此可见,城市开发建设的方式已经逐步转向"城市更新改造"以及"城市绿色发展生态建设"。

(二)城市开发建设方式转变衍生的新型估价业务

随着城市开发建设方式向"城市更新改造"以及"城市绿色发展生态建设"转变,衍生出了新型的估价业务。

1."城市更新改造"中的估价业务需求

从参与"城市更新改造"方向来看,无论是政府方、业主方还是更新改造实施单位都对第三方机构专业服务有需求。

在改造前期,政府需要对城市更新改造需求进行全面摸排,以便于制定改造方案,从改造方式方向、改造范围、建设投资额度等进行调研测算来避免改造的盲目性;在改造中期,首先需要专业机构作为信息的联络点,对政府方、业主方以及改造实施单位的信息进行整合。在近期,一份《开发商/投资商在苏州城市更新工作中"痛点""难点"与"需求"调研》结果显示,近 90% 参与改造单位认为城市更新项目的信息获取渠道不透明、项目产权不清晰等问题需要专业的机构来提供咨询服务,这也就说明了估价机构在信息沟通方面的重要性。并且从业主方角度,需要第三方机构的中立立场,保障改造自上而下、自下而上相结合,不断进行需求的交流与沟通,才能使得改造更有效率开展;在改造后期,需要对改造案例进行全面的整合分析。目前多个城市均在进行城市更新改造样本点的建立健全,房地产估价单位作为专业的咨询机构,有能力在后期的样本点评估中提供专业的咨询服务,从多维度来参与并且综合评估分析城市更新改造样本点的质量,参与样本点案例选取工作。

2. "城市绿色发展生态建设"相关的价值评估需求

从参与"城市绿色发展生态建设"方向来看，房地产评估机构可参与到"自然资源领域生态产品价值评估"中。2021年，自然资源部在全国多地启动了自然资源领域生态产品价值实现机制试点工作，也加快推动建立健全生态产品价值实现机制。作为概念前期，目前生态产品价值评估体系还在初步探索中，房地产评估机构可积极学习探索自然资源领域生态产品价值评估，参与到新兴体系的评估工作中。

四、估价机构应如何应对需求变化

（一）传统业务升级及从业人员素质提升

传统业务量下滑不可逆转，但传统业务的客户需求依然存在。金融机构的押品需要价值评估；司法机关的拍卖一直在上新；城市棚改接近尾声，但城市需要发展，城镇化继续深化。原来估价机构习以为常的业务在缩减，但金融机构的贷后押品监管依然需要专业的价值鉴定服务。法院在处置不动产的过程中，除了不动产价值评估以外，在拍卖成交以后，依然需要专业的机构能够协助完成权属转移。城镇化速度减缓，大规模的征地拆迁业务减少，但城市建成区需要更新改造，需要进行社会稳定风险评估。以上种种，都是传统业务的延展，都是各估价机构可以拓展和开发的业务点。

传统业务在不断萎缩，并且一些中小机构估价人员职业技能单一，对于复杂的项目或者需要综合能力很强的项目处理能力较弱，所以无论是房地产估价机构还是从业人员，都应该摒弃原有的观念，转变思路，积极探索多元化发展方式。估价机构应做好知识和数据储备，不间断地形成规模化数据库，经筛选处理后，方便调阅使用，以期更好地为新的市场需求提供服务。估价人员应该多了解与房地产估价相关的知识，丰富自己的见识，提高自己的专业水平。

（二）积极拓展经济发展及城市开发建设方式变化带来的新兴业务

目前，在经济发达地区的估价行业已经率先谋求转型，在全国深化"放管服"改革的大潮下，很多机构已从单一的房地产估价转向多元化发展，如资产评估、土地规划、测绘等相关行业。

在经济发展的新形势下，科技进步以及互联网技术的发展带动了行业走向智能化；金融手段的应用也给行业带来了新的发展机遇；乡村振兴方面带来的政策变化也对评估行业提出了新的需求；政府陆续提出新型城镇化和生态文明建设等发展要点，多方位提升国民生活水平，使得城市更新和生态价值研究等概念被进一步强调，带动未来相关房地产咨询业务量的增加……咨询类业务是对房地产市场的全面把握，结合客户的具体需求，提供多样化的服务，由于该类业务涉及范围比较广泛，这就需要各机构在该领域争取一席之地的同时，升级服务范围，增加机构资质内容，扩大人才队伍，尤其是复合型人才队伍建设。

五、结语

社会在发展，科技在进步，唯有不断创新与变革，才是亘古不变的真理。我们应该紧紧跟随时代的步伐，实事求是地面对发展中存在的问题，不断发展创新，提升综合竞争实力，更好地服务社会，促进行业健康发展。

作者联系方式

姓　　名：毛胜波
单　　位：苏州天元土地房地产评估有限公司
地　　址：江苏省苏州市沧浪区十全街 747 号
邮　　箱：312025531@qq.com
注册号：3220210040

新的经济发展方式及城市开发建设方式带来的估价需求变化及有效应对

姚文波　陶　兰

摘　要：当前，我国经济由高速增长阶段转向高质量发展阶段转变，城市开发建设由增量向存量转换，带来了估价需求、业务类型、业务渠道、作业方式、质量要求等的重大变化。转型之际，房地产估价机构在金融、城市更新、保障性住房等领域都存在机会，但同时也面临诸多问题，房地产估价机构如何更好适应经济发展方式及城市开发建设方式带来的估价需求变化，需要估价机构和行业协会的共同努力。

关键词：高质量发展；房地产估价；专业化；转型；问题；应对措施

一、引言

2021年8月，《住房和城乡建设部关于在实施城市更新行动中防止大拆大建问题的通知》发布，提出积极稳妥实施城市更新行动，防止大拆大建问题；实施城市更新行动要顺应城市发展规律，以内涵集约、绿色低碳发展为路径，转变城市开发建设方式，坚持"留改拆"并举、以保留利用提升为主，加强修缮改造，补齐城市短板，注重提升功能，增强城市活力。房地产市场由增量开发向存量改造转换。

党的二十大报告指出"高质量发展是全面建设社会主义现代化国家的首要任务"；房地产发展的中心任务是，坚持房子是用来住的、不是用来炒的定位，加快建立多主体供给、多渠道保障、租购并举的住房制度。

新的目标下，房地产行业新发展模式已经到来。新的发展模式，将进一步强化"房住不炒"，回归住房"民生"定位；摒弃高周转高负债模式，更加注重产品与服务品质；保障房体系建设将得到加强，逐步形成与商品房体系并重的局面；坚持租购并举，保障租房群体享有公共服务的权利；坚持盘活存量，健全配套服务。

面对房地产市场发展的新形势，房地产估价机构如何更好适应经济发展方式及城市开发建设方式带来的估价需求变化，需要估价机构和行业协会的共同努力。

二、新的经济发展方式及城市开发建设方式下的市场机会

（一）金融业务领域

传统业务流程由抵押贷前的线下评估，向贷前、贷中、贷后、处置全流程、线上线下结合、跨区域的评估综合服务扩展；资金主体由银行向非银行金融机构延伸；融资方式由借贷间接融资向股权、债券、证券等直接融资转移；项目模式由投资开发向投资、运营、管理转

变；需求由单一抵押评估向投、融、管、退全流程咨询服务发展。房地产估价机构可提供从市场调研、施工监督、造价审计、资金监管等全流程服务。

（二）城市更新领域

城市更新项目改造前需要调研勘察、策划论证，包括资产梳理、产业选择、产业导入、投融资模式研究、退出方式选择等多个方面；改造后运营管理阶段，不仅关注产业资源导入、物业"静态价值"提升，更注重"现金流分析"。涉及老旧厂房、低效产业园区、低效楼宇等产业类项目提质增效的咨询顾问服务包括：改造前期顾问咨询方案、改造策划定位、成本匡算及投资收益测算等。涉及老旧小区改造、危旧楼房改建、简易楼腾退等居住类城市更新项目的咨询顾问服务内容包括：政策宣讲、居民意见征求、入户登记、实施方案、可行性研究方案、搬迁补偿方案设计、征收拆迁全过程管理、征收拆迁评估、退租补偿评估、社会稳定风险评估、物业费水平评估等。涉及区域综合性城市更新项目咨询顾问服务内容包括：区域现状调查、区域更新方案、更新路径方式研究等。

（三）保障性住房领域

在保障性住房领域，涉及公租房、保障性租赁住房、共有产权房等各类保障房的租金、售价等确定，以及经营方案的设计、资产证券化，房地产估价机构可提供专业的咨询服务。这些新型业务要求更高，开展难度更大，需要探索，需要增加高素质人才，既是机遇也是挑战。

三、房地产估价行业和机构目前存在的主要问题

（一）风险意识不够，估价机构和估价人员风险频发

随着市场环境的变化，市场潜在风险加剧，估价业务的风险不断加大，但估价行业内部仍存在风险意识不够的问题，导致估价机构和估价人员风险频发，一些估价机构因估价程序、报告质量存在问题而被追究法律责任，甚至承担刑事责任。通过中国裁判文书网调研统计，搜索到37条和估价相关的案子，涉及业务类的案件29件、财税类2件、公司治理类6件。其中，风险事件主要是发生在征收拆迁中，虚构估价对象、受贿、帮助被征收人骗取拆迁款，是追究刑事责任的主要原因。

（二）市场选聘机制不健全，估价机构之间无序竞争

目前，行业内多数估价机构仍以抵押估价、征收估价、司法鉴定三大传统业务为主，同质化竞争激烈。司法鉴定业务多采用法院摇号方式来选聘估价机构，征收估价及抵押估价业务虽然均制定了相关选定办法或入围库，但市场选聘机制相对粗放，评价标准高低不同，例如在评价机构实力时多只以机构排名衡量，未在执业质量、细分市场的专业程度方面进行综合评价标准制定，不能很好地起到筛选作用；同时低价中标普遍存在，一些评估机构为取得评估业务，采用不正当的竞争手段，竞相压价，形成恶性竞争，损害行业健康、良性发展。

（三）信息化程度不够

根据《房地产估价规范》GB/T 50291—2015，比较法选取的可比实例应从交易实例中选取，交易数据的真实性、有效性直接影响比较法的应用，进而影响估价结果的准确性。而实际估价中，非住宅交易案例较难通过公开渠道进行收集，而估价机构间的数据库建设参差不齐，且对于单一估价机构来说，非住宅交易实例收集相对有限。如何对交易实例信息进行资源整合，实现区域内交易实例信息共享是一个亟须解决的问题。

(四)深入分析不足,估价专业性有待加强

与其他相关行业相比,估价行业的优势在于具有一套完整的理论体系。但目前由于深入分析不足,还有很多实际问题运用现有理论与沉淀无法很好解决。

估价行业未来的行业价值在于,通过收集丰富的估价相关信息并对其进行深入分析,形成一套能够准确模拟房地产价格形成的机制和过程的知识体系,达到比当事人还了解自己的房地产的程度,提出令当事人折服的专业意见,目前估价机构普遍缺乏对价格形成机制的综合提炼沉淀,专业性有待进一步加强。

(五)专业人才储备有待加强

由于估价机构利润持续下降、估价师薪酬竞争力不足,同时风险责任增加,使得估价行业对于高端人才的吸引力下降,相较其他行业、平台缺乏竞争力。与此同时,估价机构从事的各类创新业务,对服务效率、专业高度、技术精度等方面都有更高的要求,特别需要高端人才在传统估价的基础上突破创新、开拓新赛道,这对人才要求较高,但房地产估价行业人才普遍在传统业务深耕多年,对于新业务人才储备不足,某种程度上成为制约估价行业打开新局面的瓶颈。

四、新形势下的应对措施

(一)估价机构层面的应对措施

1. 落实估价师负责制,适时引入合伙人制度

房地产估价行业属于中介服务行业,在业务提供过程中,其质量与房地产估价师的个人职业道德、工作态度、执业能力有较大的关联性。换言之,客户的满意度在很大程度上是建立在房地产估价师的个人服务水平之上的。根据《房地产估价规范》GB/T 50291—2015,房地产估价项目的项目负责人应为注册房地产估价师,落实估价师负责制,避免项目负责人虚化,有助于估价程序规范化,同时可以有效保障报告质量,降低潜在风险。

随着估价师负责制的落地强化,承认房地产估价师的人力资本,合伙人制度也是必然发展趋势,合伙人制度能够从根本上改变估价机构的公司治理模式,提高权责匹配度。在引入合伙人制度时,应该关注到合伙人承担无限连带责任的风险,需配套制定相应的内部管理制度及激励措施,从而有助于专业人才的储备。

2. 用信息技术武装估价

(1)智能估价方面

新时期,数字化、大数据、人工智能等新一轮科技革命也延伸到估价领域,助力估价技术高质量发展。部分机构积极顺应形势,开展大数据、云计算等信息库建设和服务,探索行业发展新模式,并在信息化、数字化建设管理方面取得了一定的成效。目前,房地产信息数据库的基础数据、价格数据的建设已经具备一定规模,而空间的GIS数据、结合房地产主体和人的数据尚有待探索和研究。

(2)智能管理服务方面

大数据同样应用在项目智能管理服务方面,例如,首佳顾问"云简拆"征拆综合治理平台,通过便捷、智能、精准的流程管控、可视化管理、数字画像、云计算等科技手段,为征收拆迁项目的高质量发展提供了系统性保障。

3. 拓宽业务边界，从估价到咨询、服务多元化发展

根据房地产估价行业发展报告，2018年至2021年，咨询顾问业务占比由10.1%增长至17.7%，整体呈平稳增长态势。从当前来看，既有在城市更新、租赁住房开发建设、集体土地流转等领域进行综合咨询顾问业务延伸的机构，也有向全程征拆顾问服务、投后管理服务等服务类业务积极探索的机构，这些都在一定程度上起到了良好的示范效果，也是估价机构未来变革的方向。

（二）行业协会层面的应对措施

1. 建立行业道德准则

职业道德意识淡薄是职业道德风险产生的主要原因，而《中华人民共和国资产评估法》第十三条评估专业人员应当履行的义务中，也把"诚实守信，依法独立、客观、公正从事业务"作为首要义务。因此，建立行业道德准则，可以在行业内部提升估价人员和估价机构的职业道德风险意识，也能指导从业人员独立、客观、公正地开展工作，有助于维护和提高估价行业信誉，促进估价行业有序发展。

2. 加强行业自律管理

美国、英国等在行业自律管理方面积累了丰富的经验，我国资产评估业也将行业自律管理作为其发展方向。行业自律管理有利于行业业务水平提高，并发挥着政府监管所不可替代的作用。借鉴国外或其他行业体系成功经验，加强估价行业自律管理，有助于估价行业的健康可持续发展。在具体的举措方面，比如进一步建立健全行业诚信自律机制，不断完善行业自律规约；对于估价机构及从业人员违反行业自律规约造成负面影响的，及时进行批评教育并采取相应处理措施等。

3. 推广估价机构及估价师信用评价体系

面对估价机构间无序竞争、风险频发的行业现状，不仅要建立估价机构的信用评价体系，也要建立针对估价师的信用评价体系，这既是规范评估行业市场行为的一种积极的手段，也是引导估价师的勤勉执业的方式，更是评估评价企业建立"品牌"、体现特色、实现品牌化高质量发展的一个新的需求和趋势。在国外，其房地产评估信用体系相对完善，比如美国、英国等国家，其房地产估价信用体系构建过程中主要倾向于估价的技术路线的研究，此外，更加侧重于估价实践的效率和公平。

对比国外，我国房地产信用评价体系还在探索发展阶段，但也有一些借鉴经验。如2006年，中国土地估价师协会为加强土地评估机构诚信建设，形成有效的行业自律机制，提高土地估价行业社会信誉，印发了《土地评估机构资信评级办法》并施行至今，开启了评估行业信用评价体系的先河。

4. 区域信息共享，完善相关技术标准，提升估价行业专业性

针对行业内信息化程度不够的问题，行业协会应该对区域内的交易实例信息进行资源整合，建立信息共享平台，实现区域内交易实例信息共享。针对估价行业内深入分析不足，估价专业性有待加强的问题，行业协会应该定期开展房地产估价交流和教育活动，就行业共性难题，及时探讨分析解决，不断完善相关技术标准，提升估价行业专业性。

5. 拆迁评估报告实行备案制度

资产评估法明确了评估的保存期限，且明确规定属于法定评估业务的，保存期限不少于30年。征收拆迁工作作为法定评估业务，涉及民生，影响面大，规范拆迁评估体系，且在目前估价机构和估价人员风险频发的背景下，建立拆迁评估报告备案制至关重要。目前，中国土地估价师协会已实行土地估价报告备案制，成功经验可以借鉴。

五、结语

总之，大转型时期，估价机构应该客观面对行业问题，及时调整发展思路，落实估价师负责制，加强内部治理和激励，用信息技术武装估价，拓宽业务边界，多元化发展，这样才能与时俱进，真正发挥估价机构对经济发展的作用。

同时，估价行业协会应建立行业道德准则，加强行业自律管理，推广估价机构及估价师信用评价体系，采取合理措施提高失信行为经济成本，并向社会公开披露，接受社会监督，提高行业的社会公信力。在本专业精细化的同时拓宽专业范围，执业培训及后续教育中加大相关专业技术与实践结合的内容，有助于从业人员及机构在社会经济活动中扩大参与范围及深度，提升行业的影响力。

参考文献：

[1] 中国社会科学院国家未来城市实验室，中国房地产估价师与房地产经纪人学会.房地产蓝皮书：中国房地产发展报告No.19（2022）[M].北京：社会科学文献出版社，2022.

[2] 张雪龙，聂庆玲，邱斐，等.深入挖掘估价相关信息，努力提升估价工作专业性[J].中国房地产估价与经纪.2018（2）：58-63.

作者联系方式

姓　　名：姚文波　陶　兰

单　　位：北京首佳房地产评估有限公司

地　　址：北京市海淀区紫竹院路116号嘉豪国际中心B座7层

邮　　箱：taolan@shoujia.cn

注 册 号：姚文波（1120110040）；陶　兰（1120110036）

新形势下房地产估价机构的短板与瓶颈及如何补足与突破

丁春荣　郑延涛　李燕红

摘　要：随着我国在21世纪初将房地产行业列入了国家支柱产业，给房地产估价行业带来快速发展的时机和机遇，在高速发展的阶段，房地产估价机构数量激增、行业竞争激烈，但随着人工智能的时代的来临，以及国家战略再次转移，激化了传统估价业务生存与发展矛盾。在新形势下如何找到估价机构的突破点，是房地产估价机构当前面临的难题和挑战。

关键词：估价机构现状；短板瓶颈；突破

一、新形势下房地产估价行业的现状

我国房地产估价行业开始于20世纪90年代初期。虽然起步较晚，但随着经济的高速发展，我国房地产估价机构已达六千余家。然而，因区域经济发展不平衡，目前，全国各地的房产估价机构，除了个别规模较大、发展规范的估价机构之外，绝大部分估价机构的信息化水平都比较低，作业方式和管理水平严重滞后于互联网时代信息技术的发展，缺乏房地产估价标准数据，不能和外部进行数据交换，估价行业的信誉面临行业外部的质疑。这一现状，极大地降低了估价机构的公信力，威胁到了估价行业的生存。

二、目前房地产估价机构的短板和瓶颈

（一）传统业务的"萎缩"，大量简单的估值服务由电脑代替人脑

随着大数据"互联网+"在各个领域的渗透和应用，目前市场中主流的大数据在评估行业中的应用主要有以下几个方面：自动估价系统、云查勘软件、CAS询价平台、估价宝OA系统。各种大数据的应用，实现了自动估价、批量估价，自动出具正式预估及报告等，数据更精准、信息更完善。这些在基础环节估价工作的应用，逐步实现了无纸化的操作，极大地提高了房地产估价机构的工作效率。随着各数据应用平台占据市场份额越来越大，也极大地冲击着房地产评估机构和基层人员，要求他们向信息化迈进。

（二）估价模式的改变，降低了收费

近年来，随着我国实行稳健的货币政策，各大银行机构采用其独立的评估系统。个贷业务及部分对公业务由线下转向线上，评估费用由传统的客户付费转为银行付费。各行业激烈的竞争导致评估费用收费极大减少。在同等评估服务的情况下，评估费用的降低，可能也影响了估价人员的积极性。

（三）估价机构信息化技术的落后

信息时代的今天，估价行业也在不断的变革，在未来将通过云计算等技术实现对海量市场交易等数据进行总体、全方位处理分析。估价师也可以从机械重复的作业方式中解放，转向新型综合咨询业务。但是，由于估价机构的对信息化不够重视、资金投入不到位、信息处理系统只是单一的购买平台服务，并没有形成适合评估机构适用的系统和基础数据。数据量和信息量受限，并受数据分析工具功能等条件限制，估价工作只能从总体数据中进行抽样分析。公司技术底层数据的缺失，数据库的缺失限制了企业接受较为严谨的估值服务可能性。

（四）估价专业人才受上游产业的挤压、流失

同属于房地产中介服务行业的房地产评估与房地产经纪，业务往来密切，房地产经纪促成房地产成交依赖于房地产估价，而房地产估价理论技术基础又来源于房地产经纪积累的数据。然而行业现状却是双方缺少沟通，在各自领域发展。房地产经纪占据了大部分评估费用，压缩了估价机构的评估费用。部分业务银行付费，降低了估价机构的收入，估价专业人才受到排挤、人员流失，也导致评估行业的受尊重度和被认同感随之减少。

三、估价机构如何补足短板与突破瓶颈

（一）以估价为基础，拓展多元业务领域

房地产的估价业务主要有土地使用权出让价格评估、房地产转让、房地产租赁、房地产抵押、房地产保险估价、房地产课税估价、征地和房屋征收拆迁补偿估价、房地产分割合并、纠纷估价、拍卖底价评估、企业各种经济活动中涉及的房地产估价以及其他目的的房地产估价等。

估价行业发展至今，常规业务的发展已经非常成熟。我们仍然要立足于传统的估价，提高估价的时效性和批量化质量。同时，客户始终是经济的核心，想要开拓新的服务，需要深入了解客户的需求，尽可能形成长期合作关系。由单一的、简单的评估服务，走向全面顾问服务，拓展多元业务领域。如投资顾问、资产价值咨询顾问等，挖掘需求，引导客户实现需求。这种通过供给咨询服务进而实现引导需求的方式，需要评估机构的评估人员相对专业，能够精准地挖掘需求并实现高质量专业服务。

（二）构建公司信息化数据库，估价机构及行业的品牌建设

房地产市场近些年来变化幅度大，房地产价格一路高歌猛进，估价师在收集数据、现场勘察的时候难以保证数据信息的及时性和准确性。不能准确地确定市场收益率，评估数据结果容错率增大，因此，需要我们构建适合本评估公司的数据系统以及平台，及时、准确、高效地反映房地产市场状况，为估价人员分析房地产市场环境，为把握房地产市场趋势提供信息支撑，同时也有利于估价机构及行业的品牌建设。构建公司信息化数据库是形成公司品牌建设的重要基础，公司品牌形象的树立有利于吸引更多的客户。

（三）培养专业估价人员，提高评估人员职业道德意识

房地产估价行业属于专业化中介服务行业，估价机构应提高自身的专业化服务水平，提高外界对房地产行业的认知，这样才能够持续发展下去。估价机构应提高估价从业人员的专业能力，具体可通过聘请专业能力强、经验丰富的房地产估价优秀人才；定期给估价专业人员做专业知识培训、技术考核；组建项目讨论组；与本地高校搭建学习交流平台；定期组织技术骨干行业讨论交流，向更前沿的同行学习等。只有从业人员的专业能力提高了，估价机

构的专业化服务水平才能够整体体现出来，在竞争激烈的环境中才能展现出自身的优势。评估人员需要具备良好的职业道德修养，要有自律意识，从而提供更专业的服务。

（四）构建健全的法律法规，建立风险管理机制，强化评估质量控制

房地产估价相关部门完善法律法规是规范房地产评估重要方法之一，对评估机构及评估人员形成约束性作用，尤其需要加强对新兴业务的法律约束，保障房地产评估行为合规合法。同时，评估机构应建立有效的内部风险管理机制，在开展评估业务前期需要加强对客户的选择和评估，及时与客户沟通评估工作，做到充分理解和分析评估目的、对象等，从而确保信息的真实性。在评估工作进行过程中，一是建立一个科学合理的内部控制计划和实施程序；二是做好风险监管，通过建立风险责任制、评估报告审查制度、风险监督奖惩制度等，增强估价师的风险意识，及时发现、反馈、规避风险；三是，做好工作反馈，对各类业务项目进行监督并定期检查复核，一旦发现项目存在问题，应及时分析解决问题。这些手段能使评估机构在发生争议或纠纷时处于有利地位，能有效控制和防范评估风险的发生。

（五）提高估价专业人员的收入及尊重感、归属感

提高估价专业人员的行业尊重感和归属感，需要估价机构能够坚持客观独立的原则，不能一味地、毫无原则迁就委托方的意愿。估价专业人员应该通过专业的理论知识和实践经验说服委托方，以达到效用最大化。长此以往，笔者相信，估价专业人员的受尊重感和归属感会得到相当大的提高。各估价机构也应该制定适当的激励机制，给予估价师与其对公司贡献相匹配的待遇，提高工资薪酬，这样才能维持一个高水平的、稳定的估价师团队，对树立公司品牌形象也有积极作用。

四、结语

新形势下机遇与挑战并存，我们需要顺应时代的改变，脱离困境。抓住大数据信息时代的脉搏，立足传统业务的基础上，向多元业务领域发展。建立健全法律法规和规章制度，适当全面提高估价从业人员的专业技术水平，增强估价人员的归属感，形成一支专业的、高效的估价人员团队，树立估价公司品牌形象和知名度，从而达到房地产估价行业的可持续发展。

参考文献：

[1] 崔太平. 传统房地产评估行业未来发展趋势探讨[J]. 行政事业资产与财务，2013（9）：70-71.

[2] 杜长平，杜一衡. 创新融合，开放发展——新形势下房地产估价机构的高质量服务[M]// 中国房地产估价师与房地产经纪人学会会议论文集. 北京：中国城市出版社，2018.

作者联系方式

姓　　名：丁春荣　郑延涛　李燕红

单　　位：深圳市世鹏资产评估房地产土地估价顾问有限公司

地　　址：广东省深圳市福田区车公庙天安数码城泰然五路天济大厦AB座5A

邮　　箱：sp22211203@163.com

注册号：丁春荣（4420150010）；郑延涛（4420170049）

论我国房地产估价机构的发展困境与发展路径

吕月婷

摘　要：在过去 10 年里，中国房产评估业发展迅速，房地产评估师和评估人员数量都有了很大的提高。但是，随着近几年国家"房住不炒"政策的实施，楼市的增长速度开始减缓。由于受到 2020 年的疫情冲击，楼市出现了下跌趋势，但是在国家的积极控制之下，楼市已经逐步恢复了稳定。同时，我国房产评估业和评估公司面临着一个发展的难题，评估公司经营业绩下降，经营费用上升，造成了行业的盈利下降。本文从房地产评估的历史和发展状况入手，对当前房地产评估机构所面对的困难进行了剖析，并对今后的发展道路进行了探索，以期为我国的房地产业的可持续发展提出一些建议。

关键词：疫情；房地产估价；行业发展

一、房地产估价行业的发展历程及现状

改革开放以后，随着我国经济体制的不断发展，我国的房地产业从 1993 年起出现了第一批房产估价师和房产评估人员；20 世纪 90 年代中期，随着我国住宅体制的变革，房地产评估业迎来了首个蓬勃发展的春天。进入 21 世纪以来，随着国民经济的快速发展，房地产业在人们的生活中占有越来越大的比重。而在这一过程中，我国的不动产评估体系也日趋健全，并逐步走上了轨道，对整个产业的发展起到了举足轻重的作用。

根据不动产评估资信系统发布的资料，截至 2021 年底，全国共有 72060 名房产评估人员获得执业资格证书，其中 67894 名注册房产估价师，从 2016 到 2020 年一直呈持续上升趋势；平均每年有 13.8% 的增长。截至 2021 年底，我国房地产估价机构数量为 5750 家，其中一级机构 952 家，占比 16.6%；一级机构分支机构 1062 家，占比 18.5%，2016 至 2021 年的 5 年内，全国一级房地产估价机构数量由 485 家上升至 826 家，增加 96.29%。

2021 年开始，由于国家出台了楼市调控措施，导致了金融企业贷款利息上涨、贷款额度不足、贷款周期长等问题。广东省深圳市、四川省成都市、陕西省西安市等楼市热点地区纷纷出台了新的限购政策，并公布了新的房屋销售参考价格。但随着楼市持续低迷、土地一级交易的低迷以及开发商拖欠贷款等问题越来越突出，对我国房地产的发展产生了许多不确定的影响。与楼市有着紧密联系的房产评估业也将面对新的市场经济环境，评估人员迫切需要从目前的发展难题中寻找新的突破口。

二、现阶段房地产估价机构面临的发展困境

（一）传统业务进一步萎缩

抵押评估、司法鉴定、征收评估是我国不动产评估领域的三大主要经营活动。根据《不动产资产评估资料库》发布的资料，2018—2020 年度，三大传统不动产评估业务的评估值仍维持在 60% 以上，其中 2019 年，国内一级、二级房产评估师的评估量约为 56.3%，2020 年，评估量约为 50% 左右。当前，随着我国楼市调控措施的出台，评估公司按揭评估业务呈现大幅下滑趋势。

（二）行业不良竞争加剧

近年来，随着评估师人数的迅速增长，评估业的平均经营收益逐年递减。根据数据显示，2019 年，国内房地产评估公司的平均营业收入为 1966 万，较上年同期下滑 3.5%。当前，随着我国房地产业整体收入增长缓慢，评估公司的迅速增多，势必会导致评估业内各个中介组织之间的激烈竞争。由于房产评估工作大多依赖于评估人员，所以，从根本上说，房产评估是一种智力密集的行业。在这样的条件下，业内各种组织之间的竞争，首先是围绕着定价，以低的成本赢得投标的资质，以较低的折扣进入银行；在目前的产业中已是家常便饭。

（三）估价行业已进入风险高发期

作为房地产的一种衍生品，随着我国房地产业的健康、有序发展，房地产市场的信息日益透明、公开。而在评估业，由于评估机构间的恶性竞争，导致了评估公司在评估过程中往往会出现"死亡"和"即时死亡"的矛盾。另外，目前房地产市场的调控政策、财政政策、税收政策对房地产市场的影响较大；由于社会、国际、市场主体等因素的不确定，使评估机构所服务的客户（银行、开发商等）处在高风险时期，因此，评估机构成了重点核查的对象。

（四）客户需求演变

在房地产评估中，传统的评估业务是以房产的价值为中心，在房产交易价格不明朗的背景下，通过对房产评估的专业理论和实际工作经验来探讨房产的价值，从而为顾客理解房产的价值提供依据；减少客户对房屋买卖的定价风险。但是，随着我国房地产业的不断发展，以及利用大数据技术进行房地产交易，使得房产交易的信息更加公开化、透明化。基于大数据构建的网上咨询系统可以为用户提供更为有效的评估咨询，而房产中介能够给委托人更精确的市场交易数据，使得委托人对评估公司的传统评估业务的依赖度正在逐步下降。

三、房地产估价机构的发展路径

（一）寻求业务创新，拓展服务范围

在评估业传统业务规模不断缩小的今天，评估机构必须积极寻找新的市场。评估行业协会和主管部门要支持评估机构实施集团经营战略，发展房地产评估、土地评估、房地产测绘、房地产经纪、工程造价、工程管理。提高对房地产评估机构的经营支持，加强对市场风险的抗灾能力，提高评估行业的专业水平，为房地产评估提供更好的顾问服务。另外，随着楼市热度较高的城市逐渐冷却，以及限购政策的不断完善，市场消费者很有可能会将目光投向周围的城市，从而提升周围城市的楼市活力。因此，评估机构必须关注市场主体的迁移，

使其更好地为邻近的房地产市场提供有序的服务。

（二）遏制不良竞争，引领持续发展

房地产评估行业内存在的恶性竞争，特别是基于价值评估的商业竞争，需要对此加以控制。房地产评估行业协会和监管部门要强化对评估行业的监督和监督，对各地区评估机构进行合理的控制，并对各级评估机构进行的评估业务收费实行"控价、争质量"的管理机制。严厉打击"低市值高估值""高市值低估值"等恶性竞争，从源头上消除不良竞争。在保证所有评估单位的合理收益和市场份额的前提下，促进评估行业和评估机构的健康、可持续发展。

（三）严控估价品质，推动高质量发展

目前，我国的评估机构评估工作中存在的问题，其根源在于不良的竞争环境、评估人员的专业素质和职业操守。迎合估价、凑估值、套模板等"高效"的估价活动，使现行估价在法律规定的前提下演化成一种程序与格式。为此，房地产评估行业协会和相关管理部门要严格审核评估质量关，严格控制评级和信誉评级，并在各地区、各级别房地产评估机构中，通过对评估报告的抽查，采取最终淘汰制度，打破以往的只增不减的做法；推动各级评估单位之间的交流，对各级评估单位的数目进行严格的管制，使评估报告的品质成为评估单位的首要目标，推动评估单位的自我审核，严格审核评估报告的质量关。估价单位和评估从业单位要强化专业伦理的宣传，提高自身的风险防范能力，坚持独立、客观、公正的估价准则，努力为评估业的发展奠定基础。

在这一过程中，也要注重市场需求，提供多样化服务。由于房产交易的公开和大数据的运用，顾客对传统评估服务的要求变化并不会彻底消失。目前，房屋租赁等大型房产的估价存在困难，还需要的房产中介作为其工作重要的保障。而在当前的阶段，房产评估人员要充分意识到，单靠房屋的市场价值是很难让顾客满意的。房产评估人员要把自己的业务与物业的全过程结合起来，构建物业管理信息库，为网上的询价提供有效的咨询，积极推动房地产的稳定和信息披露。然后，根据物业的价值，运用自己的专业技术，对房产的信息和数据进行及时、高效地整合；为客户提供房地产交易、投资、置业顾问等全方位的咨询，可有效的减少客户房地产交易风险，提高客户的投资回报，使客户的财产增值。同时，随着市场主体的变化，评估机构和专业技术工作者必须在现有评估技术和评估手段的前提下，不断探索适应市场需求的评估技术。在处理评估目标变更及难以评估的情况下，充分保证评估结论的科学化。

四、结语

现阶段，我国的房产评估业和评估公司面临着一个发展的难题，评估公司经营业绩下降，经营费用上升，造成了行业的盈利下降。在这种情况下，评估公司的经营人要准确地处理整个行业盈利下滑的态势，不能以压低价格或抬高价格为目的扩大经营范围，谋取不合理的利益。在保证评估工作的同时，规范评估行业的发展，促进评估企业的良性发展；提高业内技术人才的素质，促进技术标准的更新换代，满足不断发展的顾客需要，维持房产评估业的基本稳定；构建一个绿色、健康、可持续的房地产评估产业发展的良好生态。

参考文献：

[1] 中国社会科学院国家未来城市实验室，中国房地产估价师与房地产经纪人学会. 房地产蓝皮书：中国房地产发展报告 NO.18（2021）[M]. 北京：社会科学文献出版社，2021：215-231.

[2] 吴玲，何灵. 房地产评估业风险形成机制及防范分析 [J]. 现代商贸工业，2018（30）：137-138.

[3] 王世华，蒋丽. 工程造价在房地产评估中的运用分析 [J]. 房地产世界，2020（20）：27-28.

[4] 罗海浩. 试论房地产评估行业的现状问题与对策 [J]. 中国市场，2020（30）：78-79.

作者联系方式

姓　　名：吕月婷

单　　位：永业行土地房地产资产评估有限公司

地　　址：湖北省武汉市武昌区徐家棚三角路村福星惠誉水岸国际 6 号地块 1 栋 20-23 层

邮　　箱：www.realhom.com

紧跟形势，蝶变重生

——再议新经济形势下估价行业的发展和应对

陈瑞连　李宇明

摘　要： 党的二十大报告提出，高质量发展是我们现在以及未来制定经济政策、落实宏观调控的基本要求。我们一定要深刻理解，全面领会，切实贯彻，这既对我国经济发展提出了新目标，也为房地产估价行业的健康持续发展提供了新机遇。在此新经济形势下，需要房地产估价行业紧跟形势，抢抓机遇，及时转型，实现估价行业的蝶变重生。

关键词： 二十大；新形势；估价行业；发展；应对

一、房地产估价行业发展现状

我国现代房地产估价行业始于1994年7月5日公布的《中华人民共和国城市房地产管理法》，该法明确赋予了房地产估价的法律地位。经过将近30年的发展，至今我国已有6.29万人获得房地产估价师执业资格，房地产估价机构达4000余家，从业人员30余万人，传统与新型估价业务正在不断深入和革新。随着估价行业的不断发展，估价机构的服务能力及专业水平不断提升。党的二十大报告提到，建设现代化经济体系，加快现代服务业发展势在必行，这意味着我国经济发展进入了以服务业为主的阶段，从高速发展转入高质量发展阶段。党的二十大报告指出，要加强社会保障制度建设部分，始终坚持"房住不炒"的定位，我国的房地产估价行业仍将保持持续发展。传统的房地产抵押评估、房屋征收评估、司法裁决等估价业务经过多年的发展和调整，由量转质，评估技术得到不断的改进和更新，仍将持续地服务于社会。同时，随着互联网技术和信息技术的飞速发展及大数据的广泛应用，以网络为载体的房地产估价应运而生，引领估价领域进入新模式。随着经济社会的发展，新经济、新体制、新制度、新思维不断对评估行业提出更新、更大的需求，房地产咨询、顾问、泛评估业务应运而生。由此可见，评估行业蕴藏着巨大的发展空间。

以我司为例，经过多年的发展和转型，在坚守传统估价业务的同时，已深度介入和开展咨询顾问型服务，从无到有，从有到优，不断探索，为项目立项、规划、开发、销售、运营、退出等提供全流程咨询服务，其中不乏传统评估业务，更有大量的新、特、难新型业务，包括项目可行性研究、社会稳定风险评估、项目投资分析、项目全流程顾问、征拆谈判、不动产登记服务等，打造出具有地方特色的顾问型服务标杆品牌。

二、新经济形势下房地产估价行业面临的机遇

（一）"一带一路"新机遇

党的二十大报告关于推进高水平对外开放时指出，推动共建"一带一路"高质量发展。"一带一路"建设为中国评估服务拓展海外市场架起了新桥梁，促进了我国企业对国际市场的参与，使资源配置全球化，从而促进经济运营效率的提升。随着"一带一路"倡议深入实施，国内评估机构将迎来重大机遇。在这个进程中，海外并购交易将会更加频繁，融资租赁业务、基础设施建设融资等，均要求评估公司进行相关市场研究、项目分析、规划建议和估价业务的支持，深入推进我国现代高端服务"走出去"。

房地产估价行业是专业服务行业，具有专业性强、国际化程度高、评估标的资产价值大和资金密集等特点。随着国内房地产业的快速发展和全球经济一体化进程的加快，房地产估价行业面临机遇的同时也面临巨大挑战，特别是在"一带一路"倡议实施后，对估价行业提出更新、更高的要求。

（二）绿色经济战略下城市房地产转型产生的评估需求

党的二十大报告要求：推动绿色发展，促进人与自然和谐共生。"高周转、高杠杆、高负债"粗放式开发不仅浪费自然资源和社会资源，还加大经济转型升级难度、阻碍国家高质量发展和共同富裕的实现。新需求、新业务源自城市房地产市场的转型升级。除了传统租金、征收评估业务，未来绿色经济将为房地产估价行业带来更广阔的业务空间，如房地产项目节能评估、项目绿色运营可行性评估、住房租赁企业融资发展中的估价业务以及新建、改建租赁住房中的估价业务、租赁住房运营管理中的估价业务、保障性住房租赁中的估价业务、住房租赁市场监测调控和管理中的租赁业务等。

（三）乡村振兴战略下的评估需求

党的十九大报告指出，农业、农村、农民问题是关系国计民生的根本性问题，必须始终把解决好"三农"问题作为全党工作的重中之重，实施乡村振兴战略。由于宅基地制度是乡村振兴战略的重要制度支撑，因此在"三块地"改革中相对滞后且影响重大的宅基地制度改革，成为现阶段土地制度改革领域的主要工作之一。"积极开展土地承包权有偿退出、土地经营权抵押贷款、土地经营权入股农业产业化经营等试点"，还要"研究健全农村土地经营权流转、抵押贷款和农村土地承包权退出等方面的具体办法"。中国人民银行会同相关部门联合印发《农村承包土地的经营权抵押贷款试点暂行办法》，从贷款用途、抵押物认定、风险防控等多方面厘清底线。此外，还规定了抵押人可以选择以自己名义办理抵押手续，并可向人民法院提起诉讼，但必须满足一定条件才能取得法院支持。土地经营权抵押贷款、抵押物处置问题是这一改革能否成功的关键所在，而且试点应既考虑到维护农民承包权，又考虑到金融机构依法处分抵押物，需要各个试点在估价实践中做更多创新与探索。

同时，随着农村土地承包经营权确权工作的落实，"三权分置"逐步有效实施，农村农用地流转机制逐步完善、市场也越来越活跃，促进了农业用地资源优化配置、进一步提高农业劳动生产效率、逐步实现农业生产适度规模化。但在农用地流转中流转价格不规范等问题极易出现不合理交易现象，也严重侵害了流转农用地农民的合法权益。要确保农民在农用地流转过程中的合法权益得到有效保障，流转价格的确定就显得尤为重要。因此，引入专业评估机构为农用地流转提供专业意见是一种必然趋势。

(四)后疫情时代促进评估工作改进

疫情防控常态化对于评估工作提出挑战,如何进行异地查勘,如何利用大数据及智能化手段的优势,利用远程技术实现远程作业成为各机构差异化竞争的体现,因此,智慧远程估价将成为未来发展方向之一。

三、新经济形势下估价行业的应对策略

(一)对外:提升客户关系与管理

房地产估价要从做业务转移到做客户,做好客户关系管理。客户包括直接客户和间接客户,间接客户某种意义上就是业务中介,直接客户才是我们提供服务的真正客户。个人客户的单个资产数量不多,但客户基数大;各级政府拥有大量的资产或者管理大量的公共资产,政府资产中少部分可以进入市场,政府投资的公共资产在形成过程中存在交易行为,如土地征收与整备、土地出让与转让、基础设施与公共配套投资、棚户区改造、旧住宅区改造之前期服务及其他财政资金投放项目等,这些是我们服务的范围。

企业是评估机构服务的主要对象,在城市化进程中,集体股份公司是最大受益者,其资产规模非常可观,需要评估的集体股份公司资产交易场景包括土地整备利益统筹之补偿、城市更新合作开发分成、资产经营与出租、合法外资产入账等;国有企业是最近的热点服务对象,需要评估的国有企业资产交易场景包括项目投资、长期投资、股权交易、资产买卖或出租、财务报告调整等。

(二)对内:提升服务的专业能力

提升估价专业能力包含3个层次的内容:专业技术能力、项目管理能力和沟通能力。估价专业技术是专业能力的核心,要求估价专业人员具备广博的专业基础理论知识和专业技术知识,洞悉估价行业的发展现状和方向,估价技术能力除了熟知相关的估价规范、法律、估价技术外,还包括市场调查研究能力、项目经济测算能力、大数据应用和建模能力、政策研判能力等,同时还需具备独立承担重要研究课题、主持和组织重大技术、管理项目的能力,能解决本专业领域的关键技术、管理问题。

估价项目管理能力要求估价专业人员具备极强的组织能力和执行能力,组织能力包括计划安排能力、任务分配能力、团队管理能力和分析判断能力。就评估项目而言,项目就是估价和服务,做项目是专业能力的集中体现。

沟通能力包含表达能力、倾听能力和设计能力。沟通能力看起来是外在的东西,而实际上是个人素质的重要体现,它关系着一个人的知识是否全面和表达能力是否到位。因此,除了平常估价工作中的沟通外,随着业务的不断扩宽和拓展,常常需要估价专业人员对所评估的项目进行分析、演示、释疑,且在项目完成后进行必要的复盘和拓展延伸;其次对项目过程中产生的问题和客户反馈进行多次修正和模拟,建立系统完善的评估体系和模型,达到完善评估产品的目的。

(三)从估价到咨询,拓宽泛评估业务范围

从评估到咨询,我们要服务增量市场,更要服务好存量市场。早期评估行业从银行抵押贷款评估起步,逐步扩大到司法鉴证、征收补偿、咨询顾问等领域,未来我们要做的是进入更多的细分市场领域。各行各业都有很多咨询服务机构,我们评估行业和咨询服务的方向应该从资产运行中寻找机会,我们应该做客户资产价值的管理者,帮助客户在资产交易的公

正性、效率性和资产保值增值上做文章。估价的咨询性服务包括城市更新项目前期研判和落地的深入分析、房地产项目前期策略服务、城市更新土地整备利益统筹中的各种方案、全程技术服务、贷后监管服务、不良资产处置服务、资产运营管理服务等。从以上业务品类中发现，凡资产交易都需要服务。资产交易牵涉到多个利益方，还原每个交易场景，交易中相对弱势的利益方一般需要第三方服务增强他们的利益保障，这就是我们的机会，在推广各个行业服务中，我们不难找到服务的对象与项目。总而言之，估价是我们行业的基础，咨询为行业的发展带来巨大市场机会，做客户资产价值管理者是评估行业的定位。

（四）整合估价机构信息，建立评估数据库

估价数据特别是真实交易数据采集较为困难，我们通过在估价机构间建立一个全方面估价信息数据库，分享房地产行业相关数据和信息。随着互联网技术的不断发展，数据越来越多，也越来越难管理和分析利用，当前要面对的首要问题，并不是缺乏海量数据，而是怎样把资料整理分类。估价机构想要快速有效地处理这些数据并做出正确的估价，就必须对其进行筛选和甄别。如何对海量数据进行筛选甄别，是估价机构在建立数据库时首先要解决的问题。在构建估价信息系统之前，首先应对估价信息数据库有一定了解和认识，以便为系统建设做好准备工作，在估价信息数据库的构建中，安排专业数据分析人员对数据信息进行整理和归类，根据不同地区和不同性质对估价报告进行合理的划分，为估价师后期使用提供便利。同时，还应根据估价报告中的各类信息特点来构建相应的数据模型，使之能够满足估价行业对于各种估价信息的要求。估价信息数据库中包含了价格信息、交易信息、信用信息等大量的估价相关信息，在估价信息数据库日益发达的今天，怎样充分地利用这一信息库，正是我们研究的重点。同时，通过数据库的管理，还能为其他估价业务提供服务。我国的一些大型估价公司都拥有了自己的数据系统，这些数据系统包括大量的历史估价信息，各估价机构可选择经验丰富的估价师，在数据信息库上对其潜在价值进行分析，充分利用大数据所提供的机遇，推动其发展。建立信息数据库，对估价机构来说，是一个机会，对大型估价机构来说，则是推动其持续成长的契机。

四、结语

党的二十大为今后房地产业加速转型升级释放出一个重大信号，基于此，房地产估价机构可在相关的领域，如棚户区改造、城市更新改造、开征房地产税、共有产权住房建设这样一个新的更为广阔的领域着手。同时，随着"一带一路"的深入发展，乡村振兴概念的提出，推进绿色经济战略下衍生出无限的估价可能。因此，房地产估价行业需要紧跟形势，紧抓机遇，顺势而为，开创估价行业发展新势头。

参考文献：

[1] 肖艳. 房地产估价中的建筑物地价分摊方法研究——评《房地产估价教程（第3版）》[J]. 工业建筑，2020（7）：1-2.

[2] 何元斌，刘宇辉，张椰. 新建商品住宅估价影响因素研究——以深圳市为例[J]. 价格理论与实践，2021（6）：157-160.

[3] 刘智敏. 房地产估价机构精细化管理探索[J]. 上海商业，2020（6）：100-102.

[4] 左文进，刘丽君. 基于用户感知价值的大数据资产估价方法研究[J]. 情报理论与实践，2021

（1）：71-77.

[5] 天津市房地产估价师协会：凝心聚力服务发展 [J]. 建筑，2022（19）：78.

作者联系方式

姓　　名：陈瑞连　李宇明

单　　位：广东公评房地产与土地估价有限公司

地　　址：广东省珠海市香洲区吉大九洲大道中 2089 号温莎国际大厦十七层

邮　　箱：gongping3230788@126.com

注 册 号：李宇明（4419980107）

我国绿色建筑发展中房地产估价业务面临的挑战及对策

郝俊英　郭朝英

摘　要：随着绿色建筑发展的步伐不断加快，未来房地产的估价对象中的绿色建筑会不断增加，房地产估价业务也会面临多方面的挑战：绿色建筑价值类型的多样性打破了传统建筑的估值边界、绿色建筑价值评估所需资料的丰富性对资料搜集提出了新要求、绿色技术和材料的差异性加大了绿色建筑价值评估的难度。因此，估价机构需要尽快培养适应绿色建筑价值评估需要的估价团队，估价行业需要搭建绿色建筑价值评估所需的信息平台，同时需要尽快修订和完善相关操作规范和标准，以便在应对新挑战的同时为"双碳"目标的实现尽自己的责任。

关键词：绿色建筑；估价业务；挑战；对策

一、引言

早在 20 世纪 80 年代，我国就开始通过出台一系列建筑节能、节地等方面的标准和文件进行绿色建筑的引导工作。2006 年，我国第一版《绿色建筑评价标准》GB/T 50378—2006 出台；2008 年开始正式采用该标准进行绿色建筑认证，标志着我国绿色建筑发展有了实质性的进展，随后我国的绿色建筑建设进入快速发展的通道，不仅各项政策法规和标准不断完善，而且绿色建筑认证数量也快速增加；到 2021 年，全国获得绿色标识的建筑项目累计达到 2.5 万个，绿色建筑面积累计达到 85.91 亿平方米，当年城镇新建绿色建筑面积占比达到了 84%。2022 年 3 月，住房和城乡建设部印发的《"十四五"建筑节能与绿色建筑发展规划》明确要求，到 2025 年城镇新建建筑全面建成绿色建筑，既有建筑节能改造面积要达到 3.5 亿平方米以上。由此可见，未来房地产估价对象中的绿色建筑会不断增加。

2019 年，我国出台了第三版《绿色建筑评价标准》GB/T 50378—2019，其中对绿色建筑的定义不仅延续了原有"四节一环保"以及"低碳"的环境保护要求，而且将"提供健康、适用、高效的使用空间，最大限度实现人与自然和谐共生的高质量建筑"作为其目标。可见，绿色建筑与满足基本居住功能的传统建筑存在着较大的差异，估价机构在进行各项业务的过程中不仅需要转换思维，而且需要掌握大量关于绿色建筑的相关知识，重新界定绿色建筑的价值，应对新技术和新材料等带来的各种挑战。

二、绿色建筑发展中估价业务面临的挑战

（一）价值类型的多样性打破了传统建筑的估值边界

依据《绿色建筑评价标准》GB/T 50378—2019，绿色建筑的评价指标分为"安全耐久、健康舒适、生活便利、资源节约、环境宜居"五个方面。显然，绿色建筑不仅具有较高的环境保护价值，而且具有较高的社会价值。事实上，绿色建筑最基本的出发点就是保护环境，从我国最初的"四节一环保"绿色建筑评价标准，到获得美国LEED认证的绿色建筑能够比非绿色建筑在能耗和用水量方面分别降低25%和11%的实践结果，都表明了绿色建筑的环境保护价值。

在降低水耗、能耗和碳排放量的同时，绿色建筑还将健康舒适等人居健康条件的改善作为其最终的衡量标准，事实也证明，由于绿色建筑能够更好地满足人类所需要的合适的温度、湿度、采光、声环境和空气质量等需求，因此，在绿色建筑中工作和生活能够改善人们的健康状况，充分体现了绿色建筑的社会价值。

与此同时，虽然绿色建筑的建造成本增加，但能源节约等原因使其使用成本降低，在绿色技术和材料逐步成熟的情况下，绿色建筑经济价值的独特性也得以体现。

因此，相对于传统的建筑物估值，绿色建筑的价值评估不能局限于其经济价值，而是需要综合考量其环境保护价值、社会价值以及经济方面的增值效应，也就是说，绿色建筑价值和价格评估所需要考虑的影响因素更加复杂多样，不仅对估价机构的人力资源队伍有了更高的要求，也对估价行业的相关规范和标准提出了更高的要求。

（二）价值评估所需资料的丰富性对资料搜集提出了新要求

依据《房地产估价规范》GB/T 50291—2015的要求，估价所需资料主要包括估价对象状况相关资料，估价对象及同类房地产的交易、收益、成本等资料，估价对象所在地区房地产价值价格影响因素的资料，对房地产价值价格有普遍影响的资料。

关于估价对象状况的相关资料，一般来源于估价委托方，传统建筑所需的估价对象状况一般可以从房屋的产权证书、图纸等基本的材料中获取，对绿色建筑而言，还需要根据绿色建筑的标识证书确定绿色建筑的星级，并进一步对照《绿色建筑评价标准》GB/T 50378—2019以及不同用途的绿色建筑评价标准和其他相关的设计规范等资料，来确定其由于采用绿色建筑技术和绿色建材形成的墙体保温、采光通风等多方面的信息。

类似房地产的交易信息主要是指用于市场比较法的案例交易信息，一般来源于行业或机构的数据库。现阶段我国绿色建筑交易量还很小，而且由于现有估价规范没有要求在估价过程中考虑建筑价格的节能减排等"绿色"影响因素和居住舒适健康的宜居健康因素，寻找到高度"类似房地产"几乎是不可能的，需要估价团队依据绿色建筑的特点增加"绿色状况调整"并逐步形成交易案例库。

类似房地产的收益信息主要用于收益法，重点是经营收入和运营费用的信息。实践证明，由于绿色建筑的低能耗和高舒适性，使得其经营收入一般高于传统建筑，而运营费用一般低于传统建筑。例如，戴德梁行对上海甲级写字楼纯收益的统计中，浦东新区绿色和非绿色甲级写字楼的租金分别为9.5元和8元；世邦魏理仕对我国4个一线城市和成都市获得LEED认证的甲级写字楼的统计数据也显示，该类写字楼的平均租金较非LEED认证的甲级写字楼溢价在1.5%~25.7%。与此同时，世界绿色委员会报告显示，由于能源等成本的降

低，使得新建绿色建筑可以节约大约15%的运营成本。因此，估价对象为绿色建筑时，需要考虑其租金和运营成本变化所带来的收益变化程度，也就意味着需要通过调查数据充分了解租户愿意为其绿色"身份"支付的租金，也需要通过其节能技术和材料的使用信息，测算出可以在多大程度上降低运营成本。

（三）绿色技术和材料的差异性加大了估价的难度

虽然绿色建筑的评价有统一标准，但其关注的是五类评价指标的"效果"，即便达到了同样的效果，在某一方面的得分相同，甚至最终获得同等星级的标识认证，其采用的技术和材料也具有较大的差异性。例如，在《绿色建筑评价标准》GB/T 50378—2019 中"资源节约"部分的评分项 7.2.4 条中第 1 项评分规则是："围护结构热工性能比国家现行相关建筑节能设计标准规定的提高幅度达到 5%，得 5 分……"，如果不同建筑物同时达到这一标准，但围护结构可以采用外墙保温隔热系统、门窗控制系统或屋顶保温隔热系统，而其中的"外墙保温隔热系统"又可以使用 EPS 板或 XPS 板、硬泡聚氨酯、岩棉板或保温装饰板等材料，同样，能够达到类似节能效果的供暖系统，也可以采用风能、太阳能或地热系统。使用技术和材料不同的直接结果就是建造过程中的增量成本和使用过程中的维护等运营成本会有较大的差异，而租金和售价则会因使用者对技术和材料的偏好而产生差异。作为普通的估价师，很难对这些新技术和新材料有足够的了解，如果采用收益法或成本法对绿色建筑进行价值的评估，就会因相关参数确定的依据不足导致估价结果的可靠性受到质疑。

三、适应绿色建筑价值评估需求的对策

（一）培养适应绿色建筑价值评估需要的估价团队

由以上的分析可知，绿色建筑的价值评估对估价师队伍的知识结构提出了更高的要求，不仅需要估价师具备环境、经济、健康等方面的知识，而且需要扎实地掌握各类绿色建筑评价标准，专业团队中需要吸纳熟悉绿色建筑技术和材料的专业人员，如果吸纳专职人员有一定困难，至少需要聘用兼职的专业顾问。建议国家和各省级的继续教育尽快安排相关的培训课程，有需要的估价机构也可以开展内部培训，同时尽快组建相应的团队，以做好充分的准备应对绿色建筑评估的需求。

（二）搭建绿色建筑价值评估所需的信息平台

为了满足绿色建筑价值评估所需资料的搜集，估价行业需要搭建相关的信息平台。平台数据库模块的设置应当从估价所需资料的角度出发，借助已有绿色建筑相关网站的数据库信息，形成涵盖现阶段主流绿色建筑技术和材料的增量成本和基本维护成本的信息库并定期更新；依托并延续戴德梁行、世邦魏理仕等机构的统计信息，形成相应的租金和售价数据库。鉴于该项工作需要投入的人力、物力和财力都比较大，建议行业学会组织具有一定基础和迫切需求的机构参与投资和建设，其他机构需要使用相关信息时支付适当的费用以保证平台的持续运行。

（三）尽快修订和完善相关操作规范和标准

现有估价规范和标准，对估价中涉及的各项工作的规定，仅限于传统的估价对象，基本上没有考虑"绿色"因素对房地产价值的影响，适时修订并发布相关评估指南、指导意见和技术规范势在必行。新的规范应当将建筑物"绿色"因素融入估价对象、估价程序、技术路线中，要求绿色建筑评估中搜集绿色建筑认证书、建筑使用说明书、绿色建筑使用的技术和

材料类型等资料，要求绿色建筑评估应当建立在各类绿色建筑评价标准的基础上，综合考虑并采用适当的方法量化绿色建筑的生态环境价值、经济价值和社会价值。

四、结语

随着绿色建筑建设步伐的加快，绿色建筑价值评估的相关业务会成为估价机构业务的重要组成部分，机构和行业需要尽早做好各项准备，在迎接新业务，应对新挑战的同时为"双碳"目标的实现尽自己的责任。

参考文献：

[1] 李张怡，刘金硕."双碳"目标下绿色建筑发展和对策研究[J].西南金融，2021（10）：55-66.

[2] 丁金礼.改变传统估价模式助推绿色建筑发展积极发挥房地产估价在应对气候变化中的作用[J].中国房地产估价与经纪，2021（6）：4-10.

[3] 王霞，张红娜.基于现金流视角的绿色建筑经济价值分析[J].中国房地产估价与经纪，2021（6）：32-36.

[4] 辛彦波.关于绿色建筑的发展引发对高质量评估的需求及如何做好绿色评估的管窥[J].中国房地产估价与经纪，2021（6）：37-41.

[5] 人社部中国就业培训技术指导中心，绿色建筑工程师专业能力培训用书编委会.绿色建筑基础理论[M].北京：中国建筑工业出版社，2015.

作者联系方式

姓　　名：郝俊英　郭朝英

单　　位：山西财经大学公共管理学院

地　　址：山西省太原市坞城路140号

邮　　箱：120986897@qq.com；1906516225@qq.com

注册号：郝俊英（1420030042）

第二部分

新形势下估价行业发展新机遇

守正出新　适应未来
切实提升房地产估价市场服务能力

丁金礼

摘　要：近年来，房地产市场发展趋缓的走势越来越明显，房地产估价行业随之出现传统业务萎缩、生存困难的局面，行业为此进行了有益的研讨、分析，提出了转型升级、创新发展的思路。应当看到，估价机构在转型时期感触至深的仍是行业的阵痛，并由此产生了困惑、彷徨心态，影响了估价行业持续发展。面对不可逆转的行业形势，估价机构和估价师不能就形势发展再一味地研判讨论，需要守正出新、务实执业，提升估价市场服务能力才是永恒的主题。

关键词：守正出新；适应未来；提升；估价市场；服务能力

房地产市场快速发展时期的估价主要是服务经济建设，偏重于程序性、政策性估价需求，且部分业务因政策改变被取消，一些需求被平台系统取代；未来房地产估价的作用主要是解决与房地产相关的矛盾纠纷，偏重于技术性、市场性服务，逐步回归房地产估价应有的专业属性，是未来估价行业长久的发展方向。

一、房地产估价市场的发展历程及局限性

（一）伴随改革而生，发展过程留存商业思维

据有关考证，我国早在3000多年前的周朝就有房地产估价的思想萌芽，2500年前就有农地价值计算和收益分配使用的文献记载。但真正称得上房地产估价的，起步于20世纪80年代后期，即在改革开放之后，随着城镇国有土地有偿使用制度的实施、房屋商品化的推进，房地产估价活动应运而生。当时的房地产估价活动由政府部门成立的机构垄断执业，并未形成房地产估价市场，真正的房地产估价市场形成于2000年全国经济鉴证类社会中介机构脱钩改制之后。当时，以经济建设为中心的思想已经在社会牢固树立，估价业务收入毫无悬念地被关注，社会相继成立估价机构参与市场竞争，但执业目标和业务来源也常常围绕经济建设这个中心，逐步使估价机构产生了更多的经济思维。

2018年前后，因估价机构数量增加，竞争加剧，部分机构采取进一步的商业竞争措施，其他机构无奈跟进，客观上损害了行业利益，压缩了行业的生存空间。2020年至今，因疫情及宏观经济形势影响，部分机构生存困难，又不得不采取惯用的经济手段承揽业务，传统业务收费再次降低，使更多的机构感到压力。可以说，追求经济效益是机构最原始、最主要的动力，也是机构生存发展的基本条件。但是，在承揽业务、执业过程中过多地加入经济考量，降低了估价专业服务的本质和属性，最终危害行业的持续健康发展。

（二）楼市长盛不衰，估价机构危机意识淡化

房地产估价市场快速发展的 20 年，也是房地产楼市长盛不衰的 20 年。从早期的课税价值评估为主、抵押估价萌发，到后期的抵押估价、房屋征收估价、司法鉴定估价涌现，大量的估价业务催生了大批的估价机构。同时，房地产价格一直处于上升趋势，一些高估带来风险很快被上涨的房价所淹没。估价机构渐渐淡忘了风险，淡化了危机意识，主要考虑如何做更多的业务，抢占更多的市场份额。当房地产市场出现困境之后，大部分估价机构不能适应。

这几年，除了一些综合实力强的机构外，大部分估价机构基本处于无奈的焦虑之中，虽有危机意识，但缺乏有效的应对措施，这也是长期"安乐"带来的后遗症。

（三）专业技能不一，粗放经营具有生存土壤

一些大型估价机构专业水平较高，能始终引领行业的发展方向。但相当一部分机构特别是一些中小机构，专业估价服务水平滞后，缺乏必要的专业技能，长期从事一般性传统业务，专业技术上满足报告套版等格式化要求，不能客观、规范地分析确定估价数据，疏于参数的合理选取，无法有效解决估价疑难问题。这些机构过去之所以能够生存，甚至业绩不断提升，源于该阶段市场处于不规范但发展迅猛时期，比较适宜粗放型经营模式，专业服务被曲解为适应市场所有的需求，估价职业操守在激烈的市场竞争中被漠视、淡化，甚至被认为影响估价业绩。

（四）积累正反经验，成为未来规范发展基础

房地产估价经历二十多年的发展历程，行业队伍从小到大、从弱变强，估价理论方法从简到全、从浅入深，房地产估价行业为社会经济发展做出了巨大的贡献。尽管存在不少问题，比如执业欠规范、服务不到位、创新缺动力、市场难适应等，过往的教训值得认真总结思考；但同时行业也积累了积极、宝贵的经验，目前的估价业务类型基本能够满足需求，为今后规范发展奠定了牢固的基础。

二、房地产估价市场未来变化的特点

房地产估价市场是房地产宏观市场的一部分，房地产市场快速迅猛发展是建立在城镇建设发展历史欠账和改革开放背景下的，当供需到达基本平衡之后，市场必然降温并走向趋缓态势。目前房地产市场的状况只是因疫情影响早一点凸显而已。房地产估价市场未来会发生以下五个方面的变化趋势：

（一）市场严重萎缩，难以支撑所有机构生存

现有的房地产估价机构，从成立背景上分析，大致可以分为三类：脱钩改制成立的机构、房地产市场蓬勃发展催生的机构、其他相关专业机构兼营的机构，虽各有不同的来历，但大多缘于房地产市场迅猛发展带来大量估价活动的支撑。当房地产市场火爆发展期结束，估价机构依赖的传统业务就会趋减，疫情及宏观经济形势又加速房地产市场疲软态势，估价机构原有的传统业务急剧减少、实际收费标准逐步降低，但机构数量、规模依旧存在。因估价市场蛋糕变小，僧多粥少，同质化竞争将更加激烈，无疑会进一步降低收费标准，最终导致部分机构难以维持，市场淘汰的规律开始显现。

（二）重视估价质量，粗放型执业难长久立足

房地产估价市场快速发展的同时，房价持续走高，且违规估价查处机制不健全，使粗放型执业有了生存空间，甚至被不少机构效仿。今后，房地产市场不可能再出现价格持续上涨的趋势，违规违法估价的追责体系基本完善，人们依法维权的意识不断提高，将迫使估价机构重视执业质量。当前，已经出现因房屋征收估价、涉执房地产处置评估执业质量瑕疵被刑罚、支付评审费、不采信估价报告等案例。机构和估价师已经意识到估价质量的重要性，粗放型执业难以持久，但部分机构主观上没有转变观念，客观上缺乏技术人才，至今无实质性转变措施。

（三）经营模式改变，部分机构需要快速适应

过去甚至现在，多数机构的传统业务主要靠营销人员承揽，并根据业绩提成，估价专业人员往往处于被动地位，估价的专业性不能得到有效体现，特别是同质化竞争激烈的估价项目更是要凭公关取得。这种经营模式带来的危害很大：一是存在极大的财务风险；二是潜在公关风险极大；三是淡化、降低机构的专业能力。同时，相关部门因营商环境改善、廉政措施落实等原因，往往采取公开、随机的方式选择估价机构，房地产估价业务取得方式正在改变。但不少机构还是习惯采用过去的经营模式，其中部分机构处于无奈，单靠执业水平、创新能力不足以生存。可以预测，这些机构如果不能适应靠专业服务生存的经营理念，将很难持续发展。

（四）估价风险增加，机构应有危机处理机制

房地产估价风险主要来源于估价技术瑕疵、与部分当事人串通、业务取得方式三个方面，风险暴露的起因一般是报告涉及的经济活动或相关人员出现问题。因多数估价机构不重视研究分析房地产市场状况，现实中估价对象的估价信息往往不完整，相当一部分机构存在估价技术瑕疵隐患；粗放经营型的机构还存在与部分当事人串通、业务取得方式方面的风险。估价机构不是资本型、技术型生产企业，一旦出现社会负面影响，入围名单被除名、合作关系被终止，机构将难以生存。因此，估价机构的抗风险能力是比较脆弱的。随着估价追责机制的完善，理论上每个机构都不同程度地存在估价风险。未来，除主动积极预防风险外，还应建立危机处理机制，包括规范估价档案资料管理、危机事件沟通解释、与行业组织反映联系、通过司法途径解决纠纷等。

（五）需求产生业务，不断提升市场服务能力

今后，程序性估价会越来越少，大部分业务将来源于市场需求。估价市场需求一般有五个特征：一是重视估价产品的实用性。包括从估价程序、估价范围、测算过程、估价假设、估价结果、报告提示等方面规范执业，能真正适应估价目的对应的经济活动。二是价格弹性不一。估价不仅要解决现实问题，还要求费用尽可能降低，同质化严重的估价项目因提供服务者众多，一般收费会较低；差异化大的创新项目因提供服务者少，一般收费会较高。三是供求关系相对固定。估价业务一般有"入围"的条件限制，估价机构与委托人之间有相对固定的关系，比如抵押估价需要得到金融机构认可，涉执处置司法评估需要进入人民法院名册系统。四是波动需求较大。估价需求具有一定的阶段性特点，随着经济形势、房地产政策变化，估价需求会出现明显的波动性。五是创新可以增加需求。因社会进步及人们法律意识增强，会出现一些潜在需求，但需要通过估价创新才能变为有效需求，成为现实中的估价业务。房地产估价机构和估价师应快速适应未来估价市场的变化，如果仍然沿用过去的思维模式，被市场淘汰只是时间问题。

三、提升房地产估价市场服务能力的要求

房地产估价市场未来的发展趋势是规范可持续，具体表现为：一是服务规范化，包括程序和技术上的要求；二是服务及时可持续，始终能够满足估价市场新的需求。对估价的要求分三个层次：一是传统估价业务执业规范，报告实用性强；二是新兴估价业务精准有效，报告引导性强；三是潜在估价项目探索研究科学，报告创新性强。

（一）传统业务规范，报告实际使用效果良好

传统估价业务是每一个机构都会做的估价项目，地域分布广泛，包括房地产抵押、税收、转让估价及房屋征收评估、涉执房地产司法处置评估等，有的估价业务已存在二十年，但估价水平参差不齐，真正规范执业的只是其中的一部分。估价实务中，部分机构和估价师专业服务能力有限，不能满足规范估价的要求，估价技术思路存在瑕疵，估价假设和限制条件撰写缺乏针对性，估价基础数据不准确、不全面，估价参数取值不合理、无依据。未来，不规范估价的市场会越来越狭小，可能因公关能力或迎合需求暂时生存，但无法适应逐步规范的估价市场。提升房地产估价市场服务能力的基本要求是传统估价业务规范，估价报告能准确、合理解决实际估价需求，使用效果良好，报告技术水平能达到相应专业评审的要求。

（二）新兴业务精准，能够引导行业持续发展

新兴估价业务是部分机构可以做的估价项目，且地域分布不均衡，包括传统业务的延伸拓展、相关估价需求的探索挖掘等，比如房地产价值分配、土地使用权期限届满不续期建筑物补偿价值评估、历史建筑估价、保障性租赁住房租金评估等。这些业务一般由综合研究能力较强的机构承担，估价成果不仅能满足新的市场需求，而且可以引导行业持续健康发展。随着新兴估价项目技术的完善和推广，它将成为传统估价项目，由此拓宽了房地产估价市场。但是，这类估价因存在有益创新，不是传统"规矩"的报告，在技术评审中不占优势，评审依据中缺乏标准，部分评审专家可能认知有限，往往会被"低评"，需要行业制定相应规则对新兴业务予以鼓励、保护。同时，因机构之间存在竞争，有时甚至是激烈竞争，已从事新兴估价业务的机构一般会采取适当的技术保护措施，客观上会延长市场推广周期。

（三）估价创新科学，不断输入市场服务活力

创新估价项目一般由潜在市场需求经不断研发而形成估价产品，这类市场需求开始数量少且专业机构不能提供相应的估价服务，无法形成有效需求，更不能成为估价业务。当创新能力强的机构有针对性地科学研发，解决估价量化技术难题，估价创新能够满足潜在市场需求时，创新估价就会逐渐被社会认可并形成创新业务。从某种意义上说，除了政策性因素以外，未来的新增估价业务是创新创出来的，它可以不断为市场输入服务活力，有利于解决房地产经济纠纷，促进社会经济和谐、有序发展。随着创新估价技术的完善和推广，房地产估价市场服务领域将进一步拓宽。当然，这类估价产品更不是目前的传统"规矩"报告，在技术评审中会处于两难境地：如果提供技术报告无疑会泄漏技术机密，在估价创新成果无法获得保护的前提下，很容易被套取滥用甚至影响创新项目的专业影响力；如果不提供技术报告将无法评审，且部分评审专家可能还未接触到此类创新项目，评审效果一般不会好。

四、估价市场创新的分类及应注意的问题

房地产估价服务创新的目标，是为市场及时提供合格的估价产品。因机构之间综合执业能力存在差异，或者说实力不同，各机构需要创新的内容不完全一致。估价市场创新包括经营思路转变革新、基本技能完善更新、估价参数确定创新、估价业务研究创新。

（一）估价市场创新的分类

1. 经营思路转变革新

房地产估价市场快速发展时期，相当一部分机构采取商业经营模式，即由营销人员公关获取业务，估价专业人员出具报告。这种模式适应过去粗放经营时代，但存在很大弊端。未来估价市场逐步趋向专业服务质量及能力，商业经营模式将无法适应。这部分机构需要转变经营理念，革新执业思路，以专业服务赢得市场，并逐步缩减营销人员。

2. 基本技能完善更新

应当看到，部分机构的执业能力尚不能达到《房地产估价规范》GB/T 50291—2015 的要求，可以说存在极大的估价技术风险。主要表现在三个方面：一是估价人员执业水平有限，不能熟练运用常用估价方法进行传统项目估价；二是机构缺乏估价基础数据资料，无法满足估价测算及各类分析的需要；三是机构未建立基本估价参数体系，使估价测算过程缺乏数据来源、依据。因此，这类机构要有危机感，尽快在现有基础上补短板、培训专业人才、搜集、补充基础数据资料，建立传统估价项目应有的基本参数体系。比如选用比较法评估成套住宅时需要的楼层差价系数、面积规模价格调整系数、建成年份与住宅价格的对应调整系数等，这些估价参数对机构而言属于技术秘密，只有机构自己分析研究才能获得，除非购买有偿技术服务。

3. 估价参数确定创新

估价参数确定始终是机构的主要技术难题，不同估价对象及估价方法适用的估价参数也不相同，而且随着估价技术的进步及房地产市场状况的变化，参数需要调整。估价参数一般有两种：一是从房地产市场资料中分析确定；二是通过建立数学模型并进行市场验证的方法取得。机构应在遵循《房地产估价规范》GB/T 50291—2015 的前提下，不断通过市场资料分析测算建立完整的估价参数体系，这对机构来说是一个不断创新的过程。

4. 估价业务项目创新

未来，机构有真正竞争力的业务是创新项目。创新业务超出传统房地产估价范围，其研究创新有相当的难度，不仅需要创新人有高超的综合创新能力，还要求创新项目具有实用性，能解决估价市场新的需求，得到行业组织或司法机关、社会认可，取得社会效益及经济效益。这类估价业务一般基于特殊估价需求而产生，因不是常规估价项目，其估价思路、估价方法都需要研究创新，比如房地产特殊损害赔偿估价、特殊房地产估价等。

（二）估价创新应注意的问题

1. 创新要重视估价依据和实用性

当前，估价实务中存在的突出问题，是对估价依据的理解和落实不到位、估价报告的实用性不强，具体表现：一是估价依据大多停留在报告格式上，估价范围及房地产状况确定、计算过程中数据来源等依据被忽视、省略；二是估价结果价值内涵不清晰、特别提示不准确，影响报告的具体使用。这些问题如果惯性带入创新项目，将严重影响创新估价的研发

及推广，因为创新估价一般服务于民间纠纷、司法活动及政府特殊需要，报告是否会被当事人、人民法院采信或者被审计通过都是值得高度关注的。在某种意义上说，估价依据和报告的实用性决定了创新估价能否成功。估价依据除了格式上的要求外，更应在确定估价范围、房地产状况及计算过程中相关数据及参数时准确运用。报告的实用性方面，应重点厘清估价结果的价值内涵及报告特别提示，判断标准是正常理智的非专业人士可以理解估价结果的价值含义并知晓报告如何使用。

2. 行业组织采取有效措施鼓励创新

行业应鼓励估价师个人及机构研发创新，尽可能保护创新人员的知识产权。具体做好三点：一是要在估价师个人名誉方面给予褒奖，个人单独创新、所在机构受益的，允许在机构综合能力评分时以个人名义申报、所在机构得分；二是在机构综合能力、服务水平评定等方面给予赋分奖励和其他支持；三是创新报告抽查评分中指定有创新能力的专家进行评审，防止因随机抽调专家知识有限而低评有益创新的报告，最好回避抽查此类报告，保护估价创新成果。这些措施可以引导更多的估价师和机构研发创新，最终促进行业服务能力的不断提升。

五、结语

房地产估价已经伴随蓬勃发展的房地产市场走过了辉煌二十年，又在宏观经济及疫情的影响下经历了几年反思、探索。大家已经清醒地认识到估价行业不会再有昔日的市场背景，未来房地产估价必然要回归专业服务属性。如何规范地搞好市场服务，是我们每一个机构和估价师需要考虑的现实问题。总结过去，适应未来，恪守正道，推陈出新，不断提升市场服务能力，是我们今后的努力方向，也是行业不变的奋斗目标。

作者联系方式

姓　　名：丁金礼
单　　位：河南宏基房地产评估测绘有限公司
地　　址：河南省南阳市两相路与明山路口福成商务楼 5F
邮　　编：473000
邮　　箱：nydjl@163.com
注册号：4119960016

把握时代发展主命脉　拓展估价业务新领域

徐进亮　毛胜波

摘　要：近年来，抵押、征收、司法鉴定等传统估价业务呈现明显下降趋势；同时贷后监管、自然资源新业务、征收管理延伸服务、国资平台服务等新兴咨询业务不断涌现，也给估价机构带来了新的机遇。估价机构应认真研究国家政策，把握时代发展命脉，在城市更新、乡村振兴、生态建设、资源整合、信息数据化等领域发挥专业优势，推动传统估价业务向新型咨询业务转变；加强专业人员培育与内部管理建设，推动机构的转型升级与发展。

关键词：估价；新时代；新领域；业务

一、把握时代发展主命脉

（一）传统估价业务呈现疲软

传统估价领域主要包括土地出让、金融服务、征收、司法、资产评估等业务类型。新时代背景下，专业信息垄断逐渐被打破，传统业务资源和机构准入门槛的变化，导致行业竞争加剧。银行、法院开始控制入围机构数量；传统抵押类业务转为批量评估或线上询价；国土部门传统评估市场化运作，费用降低；征收业务竞争增加、风险增大等。这些业务均具备"舒适区"特性，产品竞争力弱，业务不断萎缩或集中于少数实力较强的机构。这种浅层竞争也在一定程度上限制了估价专业人员技术水平、业务能力以及综合素质的提升，进而导致在新的市场形势下，机构传统业务壁垒被打破，业务范围和规模逐渐缩小，甚至完全被取代，给估价机构带来了较大的生存和发展危机。

一些估价机构清晰认识到了市场的变化，并在努力尝试和探索新的发展之路，通过转型逐渐向其他业务领域延伸。在此过程中，需要估价机构熟悉新时代行业发展趋势，把握发展机遇，在提升专业的基础上，深入研究，拓宽估价业务新领域，以此推动机构的可持续、高质量发展。

（二）新时代的政策指导方向

根据《中华人民共和国国民经济和社会发展第十四个五年规划和2035年远景目标纲要》，应重点从城市更新、乡村振兴、生态建设、资源整合和信息数据化五个方面进行新业务研究与探索。

1. 城市更新。2019年12月，中央经济工作会议首次强调了城市更新。2021年也是我国"十四五"的开局之年，城市更新首次写进了政府工作报告，加之近两年国家层面政策文件的密集出台，标志着我国的城市发展模式进入了新阶段。实施城市更新行动，优化城市空间结构，提高城市品质，需要积极转变城市发展方式。

2. 乡村振兴。乡村振兴是习近平总书记在党的十九大、党的二十大报告中提出的重大战略之一，是治国安邦之本。乡村振兴是要让小村落、小市镇等特定的区划单位实现兴旺，构建起现代化的精细产业形态。乡村振兴具体包括产业振兴、人才振兴、文化振兴、生态振兴、组织振兴五个方面的全面振兴。

3. 生态建设。生态建设是习近平总书记关于"绿水青山就是金山银山"的重要抓手，是生态文明建设的基础。特别是近两年强调的"双碳"理念。生态建设咨询业务范围很广，包括环境影响评价、环保设施运营管理、环境风险评估、环境保护技术咨询服务、能源管理与节能减排、循环经济建设与改造、生态修复工程等。目前与房地产估价咨询相关的生态咨询业务主要是生态产品价值实现领域。生态产品价值实现是将生态产品所具有的生态价值、经济价值和社会价值通过生态保护补偿、生态权益交易等手段进行体现，建立生态环境保护者受益、使用者付费、破坏者赔偿的利益导向机制。

4. 资源整合。2022年4月，《中共中央 国务院关于加快建设全国统一大市场的意见》发布实施。强调了从土地和劳动力、资本、技术和数据、能源、生态环境五个方面入手打造统一的要素和资源市场，相对而言，自然资源整合是与房地产估价咨询最为密切的相关领域。

5. 信息数据化。2022年8月，中央网络安全和信息化委员会印发《"十四五"国家信息化规划》，对"十四五"时期信息化发展作出部署安排。信息数据化是指以信息整合为载体，促使其通过一种方式被识别、获取、利用，最终达到数据的有效应用，并产生价值的过程。

二、城市更新领域的业务分析

（一）市场诉求

2021年8月，住房和城乡建设部颁布的"限拆令"明确老城区更新单元（片区）或项目内拆除建筑面积不应大于现状总建筑面积的20%。城市更新方式主要包括"留、改、拆、租"，城市更新的方式将彻底改变，"留改"方式越来越加重，"拆"的方式将逐步被弱化。

城市更新服务的需求方有政府部门、国资平台和社会企业等。政府部门是城市更新的管理部门，负责制定政策、确定规划等；地方国资平台是城市更新的主要资金投入方，也是存量资产提供者；社会企业是城市更新的市场资本投资者与运营管理者。

（二）业务分析

城市更新涉及与估价机构相关的业务主要包括尽职调查服务、政策咨询服务、产权交易服务、策划咨询服务、规划设计服务、评估审计服务、财税服务以及信息数据化服务等。

1. 尽职调查服务。在城市更新项目实施前，对拟更新范围内的居民、房屋、土地等进行信息统计和摸底调查，为政策研究和方案制定等前期活动提供基础信息。

2. 政策咨询服务。包括政策咨询、宣导以及相关课题研究服务等。

3. 产权交易服务。国资平台、国资委、街道等拥有大量低效利用的物业，在产权交易过程当中可以为其提供交易服务、产权代办服务、产权证书注销等服务。对所有被拆迁人、被统租对象，可提供补偿谈判咨询服务。

4. 策划咨询服务。包括谈判方案制定、项目前期咨询、可行性研究、项目市场分析与定位、项目经济评价、市场调查与分析、方案研究与咨询服务、全过程咨询服务、城市更新意愿征集等。

5. 规划设计服务。包括专项规划审批、历史文化名城保护规划（方案）编制等。一般估价机构不具备规划设计资质，通常由规划院开展，有条件的估价机构可以参与。

6. 评估审计服务。包括社会稳定风险评估、拆迁评估、装修评估、租金评估、不动产测绘、征拆督导服务、征收过程跟踪审计等。

7. 财税服务。主要提供税收方面的专业咨询、专业测算，帮助企业合理缴税和减税。该业务目前税务筹划公司参与较多。

8. 信息数据化服务。通过系统平台将信息数据化整合展示，达到城市管理、数据存储和使用的要求。

（三）专业要求

城市更新业务涉及的业务点较多、专业领域较广，要求估价专业人员具有较强的综合能力及专业知识储备。例如评估审计服务，需要财务审计分析；历史地段改造需要古建筑相关专业知识；策划咨询需要市场信息数据以及市情分析能力；产权交易服务需要对地方国有资产管理政策进行系统研究等。

三、乡村振兴领域的业务分析

（一）市场诉求

乡村振兴需要加强乡村基础设施建设，改善人居环境；推动"三农"工作进入到乡村振兴、脱贫攻坚的新业务阶段，促进地区经济的发展。对此估价行业也需要将乡村地区的业务纳入到自身的经营范围中，根据地方具体情况分析和拓展业务。一方面需要明确政策导向，加强政策研究，促使估价机构业务向市场方向转变；另一方面，需要机构创新业务参与方式，将乡村振兴作为重要的业务板块科学研究，有效发挥估价机构的专业优势。

乡村振兴的主要服务对象包括乡村振兴局、农业农村部门及自然资源部门的规划、用途管制、开发利用和耕地保护相关科室。

（二）业务分析

乡村振兴涉及与估价机构相关的业务主要包括村镇规划、方案编制、全域土地综合整治、集体建设用地入市评估等业务内容。

1. 村镇规划。村镇规划是村镇建设的依据，是为乡村振兴绘制的底图。包括确定村镇建设的发展方向和规模、合理组织村镇各建设项目的用地与布局、妥善安排建设项目等。

2. 方案编制。乡村振兴实践中常见的方案编制范围包括城乡建设用地增减挂钩方案编制、耕地进出平衡方案编制等业务。

3. 全域土地综合整治。全域土地综合整治是在一定的区域内，按照国土空间总体规划确定的目标和用途，以土地整理、复垦、开发和城乡建设用地增减挂钩为平台，推动田、水、路、林、村综合整治，改善农村生产、生活条件和生态环境，促进农业规模经营、人口集中居住、产业集聚发展，推进城乡一体化进程的一项系统工程。包括确定农用地整理、建设用地整治和乡村生态保护修复，优化生产、生活、生态空间格局，促进耕地保护和土地节约集约利用等。

4. 集体建设用地入市评估。2022年1月，《中共中央 国务院关于做好2022年全面推进乡村振兴重点工作的意见》提出稳妥有序推进农村集体经营性建设用地入市，将成为近阶段乡村振兴工作的重要构成部分。估价机构可以提供政策研究、咨询、评估等专业服务。

5. 相关咨询服务。在乡村振兴工作中，为政府、投资方提供的政策咨询，为投资方提供的项目报批服务等。

（三）专业要求

乡村振兴需要较为系统专业的服务，对机构资质以及专业人员能力均有一定要求。除传统估价资质外，机构需要具有国土空间规划资质、测绘资质等资质，估价专业人员需要具有土地工程、测绘、国土空间规划方面的专业知识。同时相关咨询服务需要机构有一定专业研究能力，配备有一定数量的中、高级工程师。

四、生态建设领域的业务分析

（一）市场诉求

2021年4月，中共中央办公厅、国务院办公厅联合印发了《关于建立健全生态产品价值实现机制的意见》（以下简称《意见》）。《意见》要求加快推动建立健全生态产品价值实现机制，走出一条生态优先、绿色发展的新路子，是贯彻落实习近平生态文明思想的重要举措。《意见》提到两个时间节点，即到2025年，生态产品价值实现的制度框架初步形成；到2035年，完善的生态产品价值实现机制全面建立。因此，未来十年，是生态产品价值实现工作的重要阶段。估价机构在新时代背景下需要不断拓宽业务方向，响应生态环境保护与绿色发展的战略理念，全面关注生态建设政策体系的梳理研究，提供相关专业服务。

生态产品价值实现服务的需求方有发展和改革委、自然资源部门（规划）、统计部门、生态环保部门、水务管理部门、农业农村部门等，个别地区也有金融机构参与。

（二）业务分析

生态建设与估价机构相关的业务主要包括生态产品价值实现所涉及的生态调查与评价、政策研究、生态补偿价值核算等服务。

1. 生态调查与评价。生态调查与评价主要是摸清生态资源的权、量、质、价等信息。"权"指产权、位置，可提供产权调查、确权和定位等服务；"量"指数量规模，可提供调查技术、数据库构建、信息勘察软件（平台）等服务；"质"指质量，等级差异，可提供对象的分类分级以及评价技术体系研究等服务；"价"指经济价值，可提供经济价值核算与经济价值评价技术体系服务。

2. 政策研究。生态建设属于比较新的领域，目前处于试点阶段，因此，政策研究是生态建设的关键。实践中，估价机构可以提供生态补偿机制研究、生态赔偿机制研究、生态权益指标交易机制研究、生态产品发展规划研究、用地金融支持政策的研究等服务。

3. 生态补偿赔偿、生态产品交易价值核算。生态补偿即政府通过财政转移支付，目前补偿标准核算需要提供专业参考。生态赔偿即对破坏生态行为进行处罚性赔偿，赔偿标准计算需要技术支持。生态权益指标交易包括水权资源交易、森林/草原资源产权交易、碳汇产品开发及交易等，交易过程需要价格评估。绿色金融与交易机制结合，如何汇算需要技术支持等。

4. 动态监测。一方面可为政府部门提供信息数据化服务，实现生态产品的"一张图"管理；另一方面可为政府部门提供持续的生态产品类型与价值的动态监测服务，定期更新与评价。

（三）专业要求

生态建设是一项全方位的系统工程，目前，对该业务点并没有明确的资质和专业要求。尚处于试点阶段，需要进行大量的政策研究、专业探索等，因此，需要具备生态保护与建设、产业规划、自然资源、财经等专业的技术人员储备。

五、资源整合领域的业务分析

（一）市场诉求

业务主要对口自然资源部门的不同科室，如开发利用、国土空间规划、耕地保护利用、村镇规划等。如何将自然资源进行整合，如何把低效变高效，需要科学制定发展规划，整合规划、测绘、评价、报批等一系列专业服务来推进。

（二）业务分析

自然资源整合新的业务包括资源调查与评价，国土空间规划"一张图"建设，存量建设用地流转、报批、优化与盘活等业务。

1.资源调查与评价。对环境中能够直接被人类利用，并带来物质财富的资源进行清查核实与质量、价值的评价。包括位置空间调查、权利核查、数质量调查以及经济核算、价值评估等。

2.国土空间规划"一张图"建设。是以一张底图为基础，涵盖国土空间规划"五级三类"规划体系成果，形成可层层叠加打开的"一张图"，为统一国土空间用途管制、实施建设项目规划许可、强化规划实施监督提供依据和支撑。

3.存量建设用地优化与盘活。包括优化产业用地供应，如标准地供应、建立工业企业产出效益评价机制等；通过市场化方法盘活存量用地，如城镇低效用地再开发等；建立城乡统一的建设用地市场，推动集体建设用地入市等。

4.林草地（森林）资源资产调查与评估。包括林木、林地、草地、森林、林草景观及与林草资源相关的其他资产的调查、评价与评估工作。

（三）专业要求

资源整合需要理论政策、技术人才的全面支持，具体在自然资源领域，需要规划、测绘、报批、整治以及软件开发等相关专业的技术人员。

六、信息数据化在新业务的应用

（一）市场诉求

当前正处于数据信息时代，发展数字经济也是当前国家的主要战略。通过数据信息激发各领域专业活力，提高业务效率和生产经营管理质量，也可成为估价机构的主要战略资产。估价机构需要通过信息数据化建设帮助客户提升业务运营水平，解决数据处理问题，挖掘各种有价值的数据信息，并推动信息数据化的有效应用。专业信息数据化咨询服务需求方主要包括政府各职能部门、银行金融机构、法院、企业单位（特别是地方国资平台）、开发投资商、估价机构自身等。

（二）应用分析

能发挥估价专业水平的对外信息数据化服务主要包括：

1. 银行批量评估。通过信息数据化建设，为金融机构提供线上评估（询价）、批量快速评估、押品复评等服务。

2. 涉税系统及基价评估。税务机关运用数据信息比对分析的方法，对纳税人和扣缴义务人纳税申报的真实性、准确性进行分析，从而做出定性、定量判断，并采取进一步征管措施的管理行为，也是税务机关对纳税人履行纳税义务情况进行事中税务管理、提供纳税服务的重要方式。估价机构通过信息数据化建设，为税务部门提供房地产涉税系统或房地产税基评估等服务。

3. 司法拍卖案例系统。通过技术手段，收集整理司法拍卖案例，为金融机构、融资平台、开发商、司法部门等提供信息数据服务。

4. 三维倾斜建模技术在资产管理中的应用。通过倾斜影像，可以从多个角度对地物进行观察，和传统的影像相比，对地物的实际情况能够更真实地予以反映。三维倾斜建模技术能更加直观、真实地展示资产的相关情况，越来越多地受到关注。

5. 国资平台存量资产管理系统。国资平台指国有资产管理平台，主要包括市区级国资委或三级直属的国有集团公司。国资平台通常拥有大量下属公司，人员复杂、股权复杂。拥有大量的土地房地产等固定资产，产权复杂、来源复杂。房地产估价能帮助国资部门厘清产权、确定租金、评估资产价值等，通过资产管理系统，在明晰产权关系的基础上，根据国资平台的实际情况以及改革的途径、方式和步骤，依据相应的资产及财务管理制度，能切实做好集团与下属公司的国有资产的清查、处置、运营和监管等工作，对国资部门的资产管理起到了非常重要的作用。

（三）专业要求

信息数据化虽然以"数据"为产品，实际上是"工具"的应用，无资质上的硬性要求，但要求估价机构要有"数据产品"收集建设的实力，同时也需要具有"工具"软件系统研发的能力。

七、结语

众所周知，传统估价业务竞争越来越内卷化，而新型估价咨询业务也在不断涌现。我们要深刻认识到，"价"的报告成果时代已经过去，"估"的专业咨询思维才是估价机构转型发展的方向。

第一，估价机构应认真把握时代新机遇，抓住发展主命脉，沉下心做深层次研究与探索，因地制宜确定适合本机构发展方向的新业务，拓宽业务渠道，主动适应咨询服务高质量发展的新要求。

第二，估价机构应结合自身的实际情况，合理利用自身资源，在人才队伍建设上提前做好规划，持续学习教育，提升专业水平，鼓励从专业估价向综合咨询转型，加强专业人员的培育。

第三，适应形势，在机构内部管理上做好布局。完善机构内部制度建设，引入信息化管理手段，优化收益成本分配方式，通过不断进行思想创新、技术创新、服务创新，推动内外服务水平的升级，实现机构的可持续发展。

作者联系方式

姓　名：徐进亮　毛胜波
单　位：苏州天元土地房地产评估有限公司
地　址：江苏省苏州市姑苏区十全街 747 号
邮　箱：xjl@tybdc.cn；maoshengbo.123@163.com
注册号：徐进亮（3220000210）；毛胜波（3220210040）

适应新的估价需求　融合各类财产评估

张弘武　张　帆　高藕叶　宋红剑

摘　要： 在资产运营、国企混改和PPP项目（政府和社会资本合作）的财产价值评估需求中，委托人往往都是想用一份报告评估出自己所拥有的各类财产总值。房地产无疑是占比最大的财产，但房地产估价师却无缘此类业务。本文就这一问题的成因和破解的办法进行分析和探讨。

关键词： 估价；新需求；融合各类财产

最近几年，国家对房地产发展方向进行了调整，同时又因为疫情的影响，传统的房地产估价需求逐渐减少，房地产估价业务量出现滑坡。与此同时，又有一些新的估价需求不断涌现。但因种种客观原因以及估价机构主观不能适应需求的变化，使一些本该属于房地产估价师的业务失之交臂。为此，本文就房地产估价行业如何应对需求变化，进而扩大机构估价业务进行分析和探讨。

一、估价市场需求的变化

改革开放以后，因社会经济发展的需要产生了房地产估价需求，同时又催生了房地产估价行业。伴随着经济形势的变化，房地产估价需求主体、估价目的和估价对象也在不断改变。房地产估价的供给主体——估价机构和估价师也应顺应社会发展的变化，适应新的估价需求。

最先产生估价需求的主体是政府相关管理部门。其估价目的是为了收缴交易税费的税基评估，还有就是房改售房定价。后来估价目的增加了拆迁（征收）、抵押和司法鉴定，需求主体也由政府相关管理部门扩展到了企业法人和自然人。这些需求的变化，估价机构和估价师已经逐渐适应。随着经济的发展现在又增加了一些新的内容，如：资产运营、国企混改和PPP项目（政府和社会资本合作）等。在这些经济活动中，估价的需求主体主要是大型企业集团和政府，他们不仅需要标的物的价值，更需要经营策划方案。面对需求的改变，那些熟悉需求主体的面孔变得陌生，原来掌握的专业技术知识和能力已不适用，大多数机构面对这些新业务望而却步。

随着估价业务类型的改变，估价对象的体量和类别也出现了很大变化，由单宗房地产变成了多宗财产包，财产的类别也由单纯的房屋和土地，增加了构筑物、植被、设施设备、某些特许经营权和其他无形财产，有些估价对象属于房地产有些确实超出房地产范围。但对于需求主体来讲，不希望拿着若干报告的估价结果自己去累加，往往是想用一份估价报告涵盖所有财产，知道总的财产价值。这些需求的变化涉及不同类别评估师的评估范围，融合多类财产的评估报告究竟由哪类评估师出具，是本文探讨的主要问题。

二、估价机构在面对新需求存在的问题

估价需求的增加是件好事，不但业务种类拓宽而且还都是一些"大单"。评估额度至少过亿甚至超过百亿，评估费每单也多达几十万最多可超过百万，但因存在各种问题估价机构只能望洋兴叹。

（一）估价机构不适应新的竞争模式

长期以来大多数估价机构都是从事抵押、征收和司法鉴定等传统业务，有固定的业务渠道和相对稳定的客户群，也深谙维护客户的手段。但现在新增的业务都是新的需求主体，这些评估业务绝大多数都是一次性，而且委托的决策者位高权重很难维护。用传统的客户维护方式难以奏效，但又不具备这类需求的市场竞争能力，因此很难拿到这些大单。

（二）不掌握相应的专业技术

房地产估价师非常熟悉传统业务评估，通常都是由估价机构开发一个模板，估价师稍微改动一下有关信息就可出报告。但估价模板不适用这些新增的估价需求，许多估价师对于资产运营、混改和PPP评估了解不深不敢承接。另外传统估价业务，估价对象大多是单宗房地产。虽然征收评估会有多宗房地产评估，但都是相互毗连而且位置、环境和权益雷同可以批量评估的房地产。现在这些估价新需求的财产包，许多都是不同位置、不同用途、不同权属和不同实物状况的房地产。有些估价对象里面有一些构筑物，由于构筑物没有产权证，估价师也不敢纳入估价范围而被当事人质疑。有时估价对象中夹杂着一些特许经营权、无形财产和设施设备，房地产估价师不知如何处理望而却步。而且有的委托人不但想知道财产的价值，还需要代为制定运营方案，则更使房地产估价师不敢问津。

三、问题破解思路

（一）深入研究和宣传相关法规

按照《中华人民共和国资产评估法》第二十八条规定，"评估机构开展法定评估业务，应当指定至少两名相应专业类别的评估师承办，评估报告应当由至少两名承办该项业务的评估师签名并加盖评估机构印章"。全国人大常委会法工委等编写的《中华人民共和国资产评估法释义》对该法条的解释是"目前我国评估师划分为资产评估、房地产估价、土地估价、矿业权估价、旧机动车鉴定估价、保险公估等六个专业类别。取得相应专业类别评估师资格，可以以该类别名义开展评估业务"；"例如：承办房地产类法定评估业务，必须指定至少两名房地产评估师承办。不符合这一要求的，评估机构属于'指定不符合本法规定的人员从事评估业务'"。据此可知，必须是房地产估价师承办房地产估价业务，否则就违反了《中华人民共和国资产评估法》，应当受到法律制裁。

委托单位的领导对有关法规并不十分熟悉。因此，房地产估价师应该深入学习和理解相关法规，增强自信心，理直气壮地向潜在的委托人宣传和讲解相关法规，使之了解关键的法条和违法后果。

（二）融合多类财产一起评估

1. 房地产估价师可以从事多类财产评估

如果委托人就想用一份报告包括各类财产的价值，那么究竟用哪个类别的评估师才是合法的评估，答案是"房地产估价师"。以上所说是估价需求中，估价对象都包含了房地产而且占比非常大。按照《国家职业资格目录》的规定，各类别评估师中，只有房地产估价师属于行政"准入类"，从业资格是强制性的。如果其他类别的评估师甩开房地产估价师，自己去评估房地产是不合法的，但这种情况并不少见。在房地产估价过程中，有时也会夹杂着一些无形资产和设施设备，而房地产估价师则往往是弃而不估。除房地产估价师以外其他评估师都不是准入类，资格证不是从事该项工作的强制性要求，只要有需求无证从业并不违法。在房地产估价中，包括了其他类财产的价值其实并未违法。所以如果委托人要求出具一份融合各类财产的估价报告，在不同类别的评估师中只有房地产估价师签署才最合法，关键要处理好一些细节问题。

2. 房地产估价范围应该包括无形财产和设施设备

许多房地产估价师只要遇到无形财产和设施设备的评估，一般都不敢承接而直接推给资产评估师。其实许多无形财产都是附着在房地产之上的，如：土地使用权、加油站和停车位的特许经营权等。这些权益是房地产的组成部分之一，应由房地产估价师评估。

对于设施设备，大多房地产估价师只估实物中的空调、电梯、采暖设备以及给排水管道等，对于工厂的机器设备从来不敢染指。其实工厂里绝大多数生产设备也是房地产的组成之一。房地产中包括土地、建筑物、构筑物、附着物和定着物，其中定着物的是指结合在土地或建筑物上不可分离的部分，从而成为土地或建筑物的从物。定着物与土地或建筑物通常在物理上是不可分离的，有时即使是可以分离，但分离是不经济的，或者使土地、建筑物的价值明显受到损害，如会破坏土地、建筑物的功能或使用价值，使土地、建筑物的经济价值明显减损。从这个意义上讲，工厂里机器设备都应属于房地产中的"定着物"。因为所有生产线上机器设备，都固定在厂房的地基基础之上。大多数的生产厂房，是根据机器设备的安装和运行条件的需要而建造，有的是先安装机器设备后建造厂房。如果想移动机器设备就要拆除建筑物，绝对会影响土地和建筑物的使用功能和价值。因此，工厂的机器设备和土地、建筑物相互依存，应该在房地产估价师评估范围之内。当然也有的估价师，由于不了解机器设备的价值而不敢评估，其实可以请"专业帮助"，资产评估师也都是请相关专业的"工程师"确定机器设备的价值。

3. 调整评估报告名称

由于行政管理的需要，我国曾经出现过多类评估师，后经国家几次调整现在依然存在着房地产、资产和矿业权评估等类别。评估师的专业类别是按估价对象的类别划分的，估价报告的名称也是以估价对象的类别命名。随着评估需求的变化，估价对象也不是单一类别而是融合了多类财产。前文所说的各项新需求，绝大多数估价对象是房地产或者是以房地产为主兼有少量其他财产的综合评估。委托人所需要知道的是，企业所拥有的各类财产总值。此时，对于估价对象完全可以归为房地产（包括前文所说的无形财产和设施设备）的评估，依旧采用房地产估价报告。但对于附带其他类别财产的估价对象，如果仍然称之为《房地产估价报告》，可能不符合委托人的"口味"。为此建议：此时该报告可以命名为《某财产估价报告》，当然报告的内容也应相应调整。

（三）调整思路补充完善技术标准

房地产估价行业比较保守，在各行业竞争中一直处于守势，以为守住自己的"一亩三分地"就可以解决温饱。殊不知想守是守不住的，问题是其他行业早已跨界经营，而且是稳扎稳打做了充分的铺垫。

《中华人民共和国资产评估法》规定："本法所称资产评估（以下称评估），是指评估机构及其评估专业人员根据委托对不动产、动产、无形资产、企业价值、资产损失或者其他经济权益进行评定、估算，并出具评估报告的专业服务行为。"有些人认为这是资产评估师的业务范围，其实这是在偷换概念或者是对法律的曲解。这里所说的"资产评估"，是房地产、矿业权和资产等多类别评估师评估范围的集合。《中华人民共和国资产评估法》立法本意是，对于不同类别估价对象的评估应由"相应专业类别的评估师承办"，不动产必须由房地产估价师评估。由于房地产估价师属于准入类，所以在前文所介绍的《中华人民共和国资产评估法释义》中特意强调"承办房地产类法定评估业务，必须指定至少两名房地产评估师承办"。而且"不符合这一要求的，评估机构属于'指定不符合本法规定的人员从事评估业务'"。但资产估价行业不顾法律规定，堂而皇之地出台了《资产评估准则——不动产》，而且肆无忌惮地承揽房地产估价业务。

前文所说新的估价需求中，财产包里 90% 以上都是房地产，一些家具、汽车和办公用品等动产占比微乎其微。但因资产评估的评估准则中包括了不动产，估价对象中又有一些动产，资产评估师以小博大反而拿走这些大单。在这种形势下，也不必去和其他行业打笔墨官司和口水仗，而是要调整思路对执业所需的技术标准进行补充和完善，引导房地产估价师弹性处理估价范围。法无禁止即可为，除房地产估价师以外所有的评估师都不是准入类，任何人评估非房地产类资产价值都不违法。所以，房地产估价师在评估房地产估价时，附带部分动产无可厚非。

当然补充技术标准是一项大工程不可能一蹴而就，可以先做一些课题进行研究探讨逐步形成标准。完善技术标准只能改善执业环境，要想在市场竞争中立于不败之地，房地产估价师还要提高自己的执业能力，为委托人提供优质的服务。以上只是一管之见仅供参考。

参考文献：

[1] 中国房地产估价师与房地产经纪人学会.房地产估价原理与方法（2021）[M].北京：中国建筑工业出版社，2021.

[2] 袁杰，李承，魏莉华，等.中华人民共和国资产评估法释义[M].北京：中国民主法制出版社，2016.

作者联系方式

姓　　名：张弘武

单　　位：天津国土资源和房屋职业学院

地　　址：天津市大港区学苑路 600 号

邮　　箱：qfpx203@sina.com

姓　　名：张　帆

单　　位：天津市住房保障服务中心

地　　址：天津市和平区西康路 48 号
邮　　箱：blacksnowner@sina.com

姓　　名：高藕叶　宋红剑
单　　位：天津博成房地产土地资产评估有限公司
地　　址：天津市河西区中海财富中心 22 楼
邮　　箱：sdz2001@sina.com
注册号：高藕叶（1220040028）；宋红剑（1220100013）

新形势下估价机构开展全流程咨询顾问业务的机遇
——以深圳存量土地二次开发项目为例

陈嘉禧　宋星慧　李涛杰

摘　要：为贯彻落实"双区建设"，深圳计划在"十四五"时期实施不少于95平方公里规模的城市更新和土地整备项目，并进一步探索更新与整备模式多元融合实施路径；现阶段，深圳存量土地开发模式也逐渐由市场化的"城市更新"模式向政府主导快速攻坚的"利益统筹"及"更新与整备有机融合"的模式转变。新形势下，大量存量开发项目在实际推进过程中对估价及拆迁专业咨询顾问服务产生需求，而估价机构则凭借自身专业背景形成行业品牌优势，业务链也逐渐由传统内业评估延展到项目全流程咨询顾问服务。

关键词：新形势；深圳存量土地二次开发；估价机构；需求变化；发展机遇

"十四五"新时期，深圳确立建设"粤港澳大湾区"和"中国特色社会主义先行示范区"的战略目标，进一步加大片区统筹开发并推进存量土地二次开发，助力旧改高质量发展，迈向新发展周期。

在深圳"双区驱动"背景下，估价机构通过深度介入"光明科学城""38、39区棚改"等试点示范项目，不断拓展服务领域、延伸服务链，为越来越多的存量开发项目提供全流程咨询顾问服务。

一、深圳存量土地开发路径概述

深圳经济特区自1980年正式成立以来，不断推进城市现代化建设，新增建设用地逐渐减少，土地供应不足与城市快速发展之间的矛盾日益突出；在这种形势下，存量土地改造再开发便成为深圳城市建设的另一个重要路径。现阶段深圳存量土地开发主要包括城市更新、土地整备、棚户区改造等路径。存量土地开发流程如图1所示。

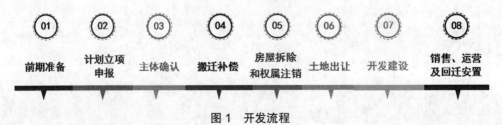

图1　开发流程

（一）城市更新

城市更新模式在过去20年里对化解城市土地短缺、完善公共基础设施、改善城市界面形象等方面起到重要作用，深圳城市更新各阶段主要特征如下表所示（表1）：

深圳城市更新各阶段主要特征　　　　表1

时期	2009年以前	2009年—2015年	2016年—2019年	2019年以后
阶段政策	《深圳市城中村（旧村）改造暂行规定》《深圳市人民政府关于工业区升级改造的若干意见》等	《深圳市城市更新办法》《深圳市城市更新办法实施细则》等	《深圳市人民政府关于施行城市更新工作改革的决定》《关于加强和改进城市更新实施工作的暂行措施》等	《关于深入推进城市更新工作促进城市高质量发展的若干措施》《深圳经济特区城市更新条例》等
阶段特征	主要以原特区旧城区和城中村改造为主，主要以业主自改、政府扶持城中村改造模式为主	城市更新快速发展，鼓励市场化自主盘活，系统性政策体系的颁布标志着深圳逐步向存量开发模式迈进	配套政策体系不断更新，放管结合，强区放权，全面推进全市城市更新	防止大拆大建，"留改拆"并举，引导有机更新，管控增强；更新从高速发展阶段向提质增效阶段转变

（二）土地整备

土地整备是政府落实大规模公益项目的有力抓手，政府通过收回土地使用权、房屋征收、利益统筹等多种方式进行土地储备及前期开发。利益统筹是深圳政府目前主推的开发路径（表2）。

深圳土地整备各阶段主要特征　　　　表2

时期	2011年以前	2011年—2015年	2016年—2021年	2022年以后
阶段政策	《深圳市土地储备管理办法》《深圳市公共基础设施建设项目房屋拆迁管理办法》等	《深圳市人民政府关于推进土地整备工作的若干意见》《深圳市土地整备利益统筹试点项目管理办法（试行）》	《深圳市土地整备利益统筹项目管理办法》	《深圳市土地整备利益统筹办法（征求意见稿）》
阶段特征	主要以实现公共利益的房屋征收及征转地历史遗留问题处理的传统土地整备为主	以整村统筹试点为主，村民和开发主体效益不高，市场不积极	门槛更低，政府主导，大兵团推进，呈现连片规模化统筹改造趋势	扩大适用范围，提高项目经济效益与市场积极性，鼓励利益统筹项目实施

（三）棚户区改造

棚改主要针对国有出让用地上的老旧住宅小区，以建设公共住房为主要目的，打破居住项目拆迁难僵局（表3）。

深圳棚户区改造各阶段主要特征　　　　表 3

时期	2018 年以前	2018 年—2022 年	2022 年以后
阶段政策	《深圳市 2017 年改革计划》	《深圳市人民政府关于加强棚户区改造工作的实施意见》	《关于进一步加大居住用地供应的若干措施(征求意见稿)》
阶段特征	全国推行棚改，深圳为解决罗湖"二线插花地"难题，首创"政府主导＋国企服务＋公共住房建设"模式	政府加强棚改工作实施，各区出台实施办法及细则，采取政府主导模式	鼓励旧住宅区成片统筹改造，政府主导原则，公开挂牌选择市场主体

二、服务产品体系

根据存量土地二次开发项目的开发流程，估价机构可以在前期研究、拆迁谈判、用地出让、项目建设、后期物业运营等阶段介入，提供单项专业服务或进行全程咨询顾问及项目管理服务。下面以利益统筹项目为例列举估价机构可提供的服务产品(图2)。

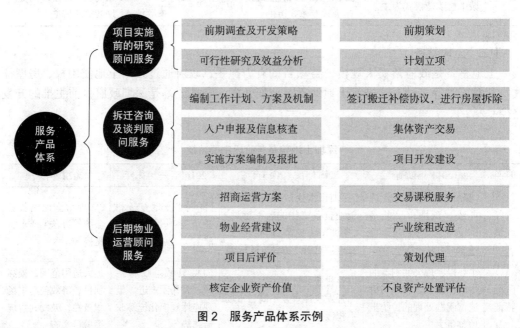

图 2　服务产品体系示例

（一）项目实施前的研究顾问服务

1. 前期调查及开发策略

对项目范围内的人、地、房等权属信息进行前期摸底及意愿调查，收集相关资料输出项目台账，并对项目范围、实施模式、实施路径、实施时序等内容提出前期开发建议及机会研究。

2. 前期策划

根据项目区位及开发条件，进行相应的前期定位、策划、产业研究等专项顾问服务。

3. 可行性研究及效益分析

从政策、实施条件、市场、财务可行性、风险防范等方面展开项目的开发可行性研究，并对项目在设定开发条件下的项目价值及开发效益进行研判估值。

4. 计划立项

协助委托方代拟项目立项申请书、项目范围图、"三会"决议等立项材料，并报有关职能部门审查。

（二）拆迁咨询及谈判顾问服务

1. 编制相关工作计划、方案及机制

（1）梳理前期调查信息，建立项目信息档案库，为后续项目实施提供系统性数据平台；

（2）根据项目人员安排及时间需求，制定总体工作计划、计划分解及任务清单，并结合后续实际实施情况动态调整，推进计划有效落实；

（3）组织编制现场指挥部工作方案、各阶段工作手册、宣传方案、信息异议及疑难个案处理方案等各类文件；另外也可以根据委托方需求，编制经费保障方案、租户及企业搬迁安置方案、回迁安置方案、征拆系统操作手册、集体资产处置推进计划等相关文件；

（4）根据前期调查及可行性研究成果，对项目存在的重难点问题进行针对性分析，同时结合后续申报及核查情况进行动态调整，形成专题汇报材料及合理可行的项目补偿安置方案；

（5）建立信息报送机制、服务机构任务派单机制、工作例会机制、项目进度管理及进度排名考核等工作机制，安排专人跟进督办，并根据项目实施情况做好各阶段的培训、宣讲、指导和监管工作。

2. 入户申报及信息核查

（1）协助去函相关部门核查项目土地权属、房屋产权登记信息、行政处罚等情况；

（2）开展详细的入户调查工作，同步协调好现场测绘及评估单位进行查勘及清点工作，动态更新项目资料，开展项目权属申报及信息核查工作；

（3）协助开展权属信息公示及解疑工作；

（4）协助编制权属信息核查结果确认表并完善签批流程；

（5）协助处理权属信息异议。

3. 实施方案编制及报批

由评估机构出具土地整备实施方案的货币补偿方案及"算大账"评估报告，全流程服务机构协助街道与股份公司签订补偿协议书，并在相关节点申请资金拨付。另外也可以根据街道需求，结合项目规划方案审批进度，同步编制完整的项目实施方案并报上级部门审议。

4. 签订搬迁补偿协议，进行房屋拆除

（1）全流程服务机构协助工作组开展谈判工作，厘清项目利益关系，公布补偿方案并提供补偿及外卖地分成建议；

（2）督办评估机构出具分户评估补偿方案表及分户评估报告；

（3）协助搬迁人与被搬迁人签订搬迁补偿协议；

（4）协助开展清租与交房工作；

（5）协助进行产权注销、土地清理移交工作，并在相关节点申请支付补偿款；

（6）另外，第三方估价机构也可承接被搬迁人或利害关系人委托的咨询评估业务，合理客观地测算被搬迁人的补偿要价或项目转让对价。

5. 集体资产交易

留用土地出让后，股份公司可选择自主开发或根据集体资产交易管理规定引入市场主体合作开发。在此阶段，估价机构可承接股份公司集体资产评估或全流程服务，编制可行性研究报告及集体资产价值评估报告、起草项目招商方案、协助组织股份公司召开三会、协助项目通过集体资产监管及上平台交易。

6. 项目开发建设

估价机构可提供项目投融资可行性研究及抵押评估、客户调研及产品研究、建设成本核查、资金监管、投后管理等专业服务。

（三）后期物业运营顾问服务

估价机构可提供项目招商运营方案、物业经营建议、项目后评价、交易课税服务、产业统租改造、策划代理、核定企业资产价值、不良资产处置评估等专业服务。

三、开展全流程咨询顾问业务的对策

现阶段存量开发项目有着大量的专业服务需求，而估价机构却由于不重视潜在市场、同质化服务严重、缺乏系统工作指引、人员能力及经验不足等问题，导致业务零散，无法规模化、系统化开展全流程咨询顾问工作。针对上述情形，建议估价机构未来从以下五个方面着手，实施相关应对策略：

（一）重视市场研究、挖掘业务机会、积极延伸服务链条

传统估价机构主要以单项节点性评估为主，全流程业务极少；因此首先要重视业务拓展和管理，进行潜在客户及市场研究，梳理业务分布情况及项目需求，针对政府、开发商、股份公司、国企、央企等重点客户，挖掘业务潜在机会点。

同时，估价机构要有立足于专业，但不局限于技术服务的思维意识，主动延伸服务链条，从项目前期一直跟进至项目后期结束或者从某一个节点介入后继续延展后续咨询顾问业务，深度介入项目完整生命周期。

（二）完善机构资质、树立品牌优势、增强核心竞争力

全流程咨询顾问项目涉及勘察设计、工程咨询、招标代理、评估顾问等多种行业，估价机构介入相关工作需要取得相应的公司资质及等级或与其他服务机构达成长期合作协议，组建项目合伙服务团队，做好分工协作及合作互补。

估价机构要重视服务项目宣传，树立品牌认知度，提供高质量、个性化的全流程咨询顾问服务。要打造品牌效益必须要重视服务质量，只有针对项目进行差异化服务，提供高质量服务，才能增强估价机构的核心竞争力，建立好口碑。例如，深圳不同地区项目的服务侧重点和需求不一定一致，像龙华主推大兵团推进，更侧重拆迁算细账服务；而宝安则相对更注重前期算总账效益。

（三）规范工作流程、统一工作标准、加强风险防控

目前全流程服务项目还未有工作规范指引文件出台，主要工作流程还是以参照征收体系为主。但在拆迁谈判实操中，由于历史遗留情况复杂、市场化拆迁补偿差异、人员素质参差等多种原因，导致很多征收原则及要求无法按预设流程实现。因此，估价机构在进行项目全流程管理时，应按项目情况及各阶段工作特点，制定统一标准及操作手册，明确工作职责、工作流程及工作要求，规范工作表单和作业标准，针对特殊个案做好研究及对策分享，做好阶段性培训，提高服务意识及工作质量，严格把控风险。

（四）组建多元化人才队伍、培养复合型人才

全流程服务项目周期长、综合性强、服务对象多且情况复杂，对工作人员的专业性要

求高，需要有丰富的项目实践经验才能解决各种突发问题。因此，估价机构应积极吸纳各行各业的专业人才，建设多元化人才团队。同时，估价机构也应充分利用估价技术人员思维严谨、对价格敏感等优势，结合实操项目经验培训，开展内部复合型人才培养工作，在估价专业基础上进一步提高技术人员的综合素养。

（五）建立体系化信息平台，重视项目成果管理

全流程服务项目通过介入项目全生命周期，获取了服务项目完整的资料及工作推进经验；估价机构应充分利用全流程服务项目资源，重视项目成果管理，从政策、工作方案、拆迁市场数据、估价方法运用要点等方面，建立体系化的知识库及项目信息平台，形成庞大的项目动态管理与信息系统。

四、总结

深圳通过存量土地二次开发路径，释放了大量居住及产业空间，提高城市面貌，为全面建设社会主义现代化国家作出新探索。新形势下，估价机构应主动适应估价专业需求变革，为项目全生命周期提供高质量的第三方全流程咨询顾问服务，主动延伸业务链，深入拆迁谈判顾问实践，介入项目后期物业运营服务，积极拓展业务领域，迎接市场机遇和挑战。

参考文献：

[1] 胡蓉，赵中爱，梁高靠. 新形势下房地产咨询顾问业务发展新思路 [J]. 住宅与房地产，2019（27）：5.

[2] 马佰林. 经济新常态下房地产估价机构的短板及补足路径分析 [J]. 营销界，2021（9）：157-158.

[3] 赵欣. 我国城镇化与城市更新 [J]. 现代管理科学，2019（2）：58-60.

作者联系方式

姓　　名：陈嘉禧　宋星慧　李涛杰

单　　位：深圳市英联资产评估土地房地产估价顾问有限公司

地　　址：广东省深圳市福田区博园商务大厦8楼

邮　　箱：chenzcpgs@163.com

注册号：宋星慧（4419960024）；李涛杰（4420040088）

ESG 在房地产评估中的应用思考

韩 晶

摘 要：ESG 发展到今天不仅仅是一种披露要求、评价体系和工具，已逐渐发展成为包括了投资与管理实践相结合的生态闭环，已发展成为一种理念。本文从 ESG 的起源讲起，结合各种披露准则要求以及"红皮书"的有关 ESG 的内容进行思考和分析，对国内的房地产估价提出可借鉴的意义。

关键词：ESG；RICS；房地产估价

一、ESG 的发展背景

ESG 是英文 Environmental（环境）、Social（社会）和 Governance（公司治理）的缩写，是一种关注企业环境、社会、治理绩效而非财务绩效的投资理念和企业评价标准。基于 ESG 评价，投资者可以通过观测企业 ESG 绩效、评估其投资行为和企业（投资对象）在促进经济可持续发展、履行社会责任等方面的贡献[①]。ESG 发展到今天不仅仅是一种披露要求、评价体系和工具，已逐渐发展成为包括了投资与管理实践相结合的生态闭环，已发展成为一种理念。

（一）全球 ESG 发展历程

ESG 的概念产生于投资领域，后来随着投资的延展、政策的出台，发展到了披露要求，从而通过披露和投资逐渐影响到企业实践。总结来看，与 ESG 相关的政策主要为（表1）：

与 ESG 相关的主要政策   表1

年份	重要事件
2004	UNGC 在《Who Cares Wins》报告中首次提出 ESG 理念
	UNEP FI 发布《The Materiality of Social, Environmental and Corporate Governance Issues to Equity Pricing》报告并阐述 ESG 重要性
2005	UNEP FI 和 Freshfields 联合出版的《A Legal Framework for the Integration of Environmental, Social and Governance Issues into Institutional Investment》正式提出 ESG 投资的定义
	欧盟建立世界第一个国际碳排放交易体系 EU ETS（EU Emission Trading Sys-tem）
2006	UNGC 与 UNEP FI 在纽约证券交易所联合发起 PRI，致力于推动投资机构在决策中纳入 ESG 指标
2008	高盛推出可持续权益资产组合
	瑞银、贝莱德、汇丰、安联随后开展 ESG 投资实践

---

① ESG 定义来源于百度百科。

续表

年份	重要事件
2009	UNCTAD、UN PRI、UNEP FI、UNGC 联合发起 UN SSE，助推签署证券交易所编制发布 ESG 报告、证券监管机构有效监管、上市公司提高信息披露水平
2010	MSCI 推出全球 ESG 指数
2012	IFC 颁布《Performance Standards on Environmental and Social Sustaina-bility》，是金融机构最常用来评估基础设施项目的 ESG 标准框架之一
2015	UN SSE 推出证券交易所自愿工具"Model Guidance for Exchanges"，用于指导发行人报告 ESG 相关问题
	联合国 17 项可持续发展目标（SDGs）确立
2016	世界银行发布《Environmental and Social Framework》，是金融机构最常用来评估基础设施项目的 ESG 标准框架之一
2018	IFC 发布《Beyond the Balance Sheet》作为公司信息披露工具包
2019	世界银行建立国家维度 ESG 数据平台
	欧盟委员会提出《European Green Deal》，其目标是在 2050 年使欧洲在全球率先实现碳中和
2020	UNEP 和 PSI 联合发布全球保险业第一本 ESG 指南《Managing Envi ronmental Social and Governance Risks in Non life Insurance Business》
	欧盟委员会正式通过《欧盟分类法 EU Taxonomy》，促进欧洲市场 ESG 投资发展
	全球可持续投资达到 35.3 万亿美元
2021	英国和意大利联合主办《联合国气候变化框架公约》第二十六次缔约方大会（COP26）
	中欧牵头编制的《可持续金融共同分类目录报告》，对可持续金融标准寻求全球趋同路径有重要启示

资料来源：《2021 中国 ESG 发展创新白皮书》，华宝证券。

备注：UNGC：联合国全球契约组织；UNEP FI：联合国环境署金融倡议组织；UNCTAD：联合国贸易和发展会议；UN PRI：联合国责任投资原则组织；IFC：国际金融中心；UN SSE：联合国可持续证券交易所倡议；UNEP：联合国环境署；PSI：联合国可持续保险倡议；Freshfields：富尔德律师事务所。

在 2004 年之前，"伦理投资"（Ethical Investment）、"社会责任投资"（Socially Responsible Investment，以下简称 SRI）、"可持续发展"的观念与"环境保护投资"等概念逐渐形成，可以把这些概念看成是 ESG 的雏形。1997 年，全球报告倡议组织（Global Reporting Initiative，以下简称"GRI"）成立，是首个为企业的可持续发展报告制定标准体系的第三方组织，这是 ESG 的理念在此期间的实践。

2004 年 ESG 概念被首次提出，之后在 2006 年，联合国责任投资原则组织提出了负责任投资原则（Principles of Responsible Investments，以下简称"PRI"），引导金融企业转向 ESG 投资。2015 年 9 月，全球 193 个会员国在联合国发展峰会上通过了《2030 年可持续发展议程》，17 项可持续发展目标（SDGs）确立，计划到 2030 年，以综合方式实现社会、经济和环境三个维度的发展。在 2004 年之后，ESG 发展快速，政府部门、国际组织以及企业机构持续推动 ESG 的准则和原则完善以及广泛实践，ESG 投资规模也逐步扩大，ESG 理念逐步走向成熟。

(二)ESG 在中国

2020 年 9 月 22 日，国家主席习近平在第七十五届联合国大会上宣布，中国力争 2030 年前二氧化碳排放达到峰值，努力争取 2060 年前实现碳中和目标。虽然 ESG 在中国的发展实践时间较短，投资、融资以及资产管理规模都比较小，也尚未形成统一及明确的 ESG 评价体系和标准制度，但 ESG 的国际化特点以及投资实践，可以为中国碳达峰与碳中和（以下简称"双碳"）提供有效补充和重要的支持。在双碳目标驱动之下，资本市场对中国的 ESG 投资有相当大的关注与需求，与生态保护、低碳转型、绿色能源与建筑、绿色融资等相关的领域将迎来一定的机会。

2022 年 3 月，国务院国资委成立科技创新局、社会责任局并召开成立大会。会议中提出要抓好中央企业社会责任体系构建工作，指导推动企业积极践行 ESG 理念，主动适应、引领国际规则标准制定，更好推动可持续发展。

二、ESG 的披露框架

随着 ESG 投资的扩大以及快速发展，ESG 的公开披露越来越重要，也为投资提供重要参考意义，所以对透明和详细的 ESG 信息披露的需求也越来越高。据不完全统计，截至 2021 年底，全球已经超过 60 家证券交易所颁布监管上市公司的 ESG 报告指引，较为广泛使用的框架为（表 2）：

ESG 的披露框架 表 2

汇报框架	背景
全球报告倡议组织（GRI）	为全球首个可持续发展报告框架，其披露内容包括气候变化、人权、管治和社会福祉等。由于其涵盖范围比较广，亦提供了具体的披露指引，能够应用于各行业当中
气候信息披露标准委员会（CDSB）	CDSB 框架发布于 2010 年，使企业可以在年度或整合报告中向投资者解释影响其业绩的环境因素，并呈现他们处理相关风险和机遇的方式
永续会计准则委员会（SASB）	于 2011 年成立，帮助上市企业基于其所在的行业情况提供行业报告准则，包括消费品、金融、食品和饮料、基础建设等行业，以供企业披露重大环境风险
气候相关财务信息披露工作组（TCFD）	成立于 2015 年，为全球金融行业创建准则，用于充分评估气候变化对企业未来运营的影响，并披露公司如何识别、评估和管理与气候相关的风险

资料来源：仲量联行评估与咨询服务部整理。

2012 年，香港联交所首次公布了《环境、社会及管治报告指引》，并在 2016 年进行修订，此次修改要求港股上市企业必须进行 ESG 信息披露。之后在 2019 年确立董事会在整个 ESG 工作范围内的职责和功能，确保董事会能就 ESG 事宜制定策略以建立长期价值。内地相对香港，准则层面的公布相对缓慢，目前集中在单一方向的指引性文件。

各种准则的发布切实提高了包括了 A 股上市公司在内的关于 ESG 的披露（图 1）。

对比两地的 ESG 信息披露的关键指标（表 3），中国大陆的指标披露更关注对于"双碳"的执行，对于污染减排较为关注，同时要求由第三方机构对披露资讯进行核查。香港的 ESG 报告范围更为广泛，除了减少碳排放外，还覆盖用纸、用水效益及其他能源消耗等方面，同时对企业的信息披露有更高的量化要求。2020 年 7 月起，香港交易所修订《环境、社会及管

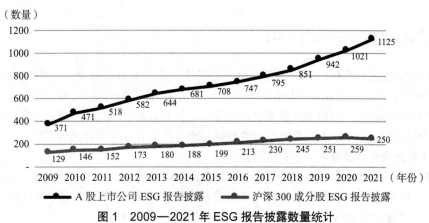

图 1　2009—2021 年 ESG 报告披露数量统计

数据来源：商道融绿

香港与中国大陆 ESG 框架对比　　　　　　　　　　　　　　　　表 3

	香港与内地 ESG 框架对比	
	香港	内地
报告披露	强制披露（分为强制披露和不遵守就解释原则）	自愿披露（部分强制披露环境信息）
报告时间	年度报告	年度报告、半年报告
ESG 报告编制指引	《环境、社会及管治报告指引》	《上市公司治理准则》；《上市公司环境信息披露指引》；《深圳证券交易所上市公司规范运作指引》
披露标准和引用的国际框架	《环境、社会及管治报告指引》、全球报告倡议组织（GRI）、气候相关财务信息披露工作组（TCFD）	暂未引用国际框架，但约七成的企业社会责任报告沿用 GRI 标准
关键指标	温室气体排放信息、减排措施及步骤、生产活动环境影响和管理、环境及天然资源处理、能源消耗及节能措施、用水消耗及节水措施、气候相关风险及应对策略	排污信息、防治污染设施的建设和运行情况、减排降碳措施及成效、建设项目环境影响评价、突发环境事件应急预案、环境自行监测方案、因环境问题受到行政处罚、第三方机构核查

数据来源：根据中国证券监督管理委员会《公开发行证券的公司信息披露内容与格式准则第 2 号—年度报告的内容与格式（2021 年修订）》；香港交易所《环境、社会及管治报告指引》，仲量联行评估与咨询服务部整理。

治汇报指引》，加入 TCFD 建议的元素（如要求董事会监管 ESG 事宜、就若干环境关键绩效指针订立目标及披露重大气候相关事宜的影响），符合 TCFD 的气候相关披露将于 2025 年强制实施。2022 年 1 月，上海证券交易所（以下简称"上交所"）发布了《上海证券交易所股票上市规则（2022 年 1 月修订）》（以下简称"新规"），自发布之日起实施。新规中对上交所上市公司进行环境、社会和治理（ESG）的社会责任方面信息披露提供了更为明确的内容指引，促进上市公司 ESG 管理水平，进而提升上市公司整体质量。虽然准则在不断更新，但是从量化角度以及对于房地产、如何影响房地产价值和价值评估方面，除了 RICS 之外，尚未有许多明确的准则和依据。

三、国际评估准则中的 ESG

ESG 本身适用于所有行业和企业,但是与房地产估值如何有效结合、ESG 如何影响资产投资和资产管理,都是非常值得探讨的话题。2022 年 1 月 31 日生效的《RICS 评估 — 全球标准》(简称"红皮书")以及《商业地产估值和战略建议可持续性及 ESG 全球指南》(简称"指南")首次将 ESG 与评估以及地产估值联系起来。其中有几项变化值得关注:

(一)更强调可持续性和 ESG 的因素

"红皮书"与"指南"中多次强调了 ESG 对于价值的影响以及作为评估师应该在勘察、资料收集、评估方法、影响因素、报告披露等所有评估环节中都需要关注 ESG 以及可持续性和 ESG 的因素对于价值的影响。"红皮书"与"指南"中明确指出:

1. 对房地产勘察过程中显而易见或需要考虑的事项进行详细解释,包括"可持续性和 ESG 问题"标题范围内的事项。由于此等因素在市场与社会认知和影响方面越来越重要,评估师在具体的评估任务中应适当地考虑其关联度和重要性。

2. 评估师必须向客户了解有关投资性房地产租赁及其他相关收入的当前或预计变化,以及各房地产非物理属性(比如其他租赁条款、规划方案、法令等)的任何重大变化。此外,评估师还必须考虑任何可能影响评估的可持续性和 ESG 因素。

3. 评估师应收集和记录用于评估的适当和充分的可持续性和 ESG 数据,以便进行估值。评估师应该识别并收集可持续性和 ESG 相关数据。可行时应纳入该资产的详细评级方案。

4. 评估师经常需要提供额外的评价和战略意见。在这种情况下,评估师应该根据其能力和专业知识,向客户咨询每种情况下相关可持续性和 ESG 指标、基准的使用方式和适用性。例如,在根据投资价值或价值实施评估时,应该适当考虑可能影响到投资决策的可持续性和 ESG 因素,即使这些(因素)无法通过交易获得验证。这种评估也可作为考量 ESG "社会"和"治理"方面的主要手段。

5. 评估目标不动产目前符合与其市场地位相称的可持续性和 ESG 标准的程度,并且就目标不动产对价值产生影响的可能性形成有根据的观点。

(二)不同评估方法中对于 ESG 的应用都给予指引,特别是 DCF 模型

"指南"中明确,估值技术允许估值者隐性或显性地考虑与可持续发展和 ESG 相关的因素。在收益法中经常会用到 DCF 模型,模型中未来的净现金流、折现率等都将受到 ESG 的影响,同时我们需要将这些影响因素进行量化分析。以房地产为例,每个 ESG 层面中对现金流量项目的调整如下(表 4):

每个 ESG 层面对现金流项目的调整　　　　　　　　　表 4

层面	现金流量项目	调整
环境	营运收益	绿色建筑认证代表高质量与高能源效率的资产,可为物业增加价值。举例而言,获得 LEED 认证的建筑物平均带来更高的租金与销售收益
环境	资本支出	需要额外费用与投资以提升现有机器的效率,并实施碳封存技术以减低碳排放
环境	税收	采用节能省水设备可以减少应纳税额。举例而言,在中国,企业购买和使用国家规定的环保节水设备,10% 的投资额可在该年度的应纳税额中抵扣

续表

层面	现金流量项目	调整
社会	营运成本	为了降低工伤与死亡事故风险，公司可为员工提供更多培训，并针对工作场所设置更多安全措施与检查，因而提高营业成本
	营运资本	ESG绩效较好的公司有较高的信誉与信用销售能力，因此营运资本需求较低，现金转换周期也较短
治理	税收	因违反法规或已确定贪腐事件被处以罚款产生的额外税款

数据来源：仲量联行评估与咨询服务部。

同样的，在考虑折现率取值的时候，需要考虑可持续性以及ESG对于风险影响的大小，从而厘定折现率的取值。

四、ESG在中国估价

（一）期待ESG在国内估价指引中有更多的体现

就目前国内的房地产估价规范而言，对于这些方面的指引和规则尚未形成，但是在实践过程中看，特别是商业物业已经在ESG的道路上有所实践，评估是房地产价值的直观表达，如何将ESG的表现体现在估价中，是否可以出台更多的适合中国的ESG房地产估价指引，也是值得我们思考的。

（二）咨询评估服务机构在行动

在香港联交所的准则要求下，需要有更专业的人士帮助企业完成上市过程以及年报用途的ESG报告，以仲量联行为例，就已经为多家上市企业提供上市过程中ESG报告的撰写工作。作为评估师和顾问，可以切实从企业价值、房地产价值以及影响因素的角度出发，分析ESG对于企业的影响。另外，ESG的需求还是非常广泛的，作为评估和咨询机构还可以帮助企业进行ESG的顶层设计、分析和编制实现ESG或净零碳的路径以及提供风险和ESG评价、与ESG相关的可行性研究，同时也可以结合房地产估价，持续深入分析ESG对于投资、融资以及价值的影响。

（三）数据以及量化重点发展趋势

包括"红皮书"以及"指南"也提及，对于影响因素的评估需要量化，量化对于数据的积累和分析具有双重考验，这也提醒我们在未来的工作过程中需要注重数据的收集、整理以及系统化分析，为更广泛地开展ESG业务以及业务升级和转型打下良好的基础，同时也需要关注ESG经验的积累，并不断提高数据分析能力以及成果转化水平。

（四）ESG是共同的战略选择

如开篇提到的ESG不仅仅是工具，同样也是一种理念，对于评估和顾问机构来讲，评估的结果会起到"锚"作用，从而影响到投资、融资以及企业和房地产价值本身，最终形成以ESG为本质和导向的生态闭环。

作者联系方式
姓　名：韩　晶
单　位：仲量联行（北京）房地产资产评估咨询有限公司
地　址：北京市朝阳区建国路乙 118 号京汇大厦 801 仲量联行
邮　箱：Kathryn.han@ap.jll.com
注册号：1120170079

论房地产估价在"建设统一大市场"经济发展格局中的"高标准联通"作用

——《关于加快建设全国统一大市场的意见》对房地产估价行业发展的启示

辛彦波

摘　要： 作为构建经济新发展格局的基础支撑和内在要求，2022年4月，《中共中央　国务院关于加快建设全国统一大市场的意见》(以下简称"《意见》")发布，从6个方面明确了加快建设全国统一大市场，重点任务之一就是推进市场设施"高标准联通"。房地产估价的"高标准联通"专业服务功能鲜明，已与市场形成天然的共生关系。本文从房地产估价与市场经济发展的共生关系、《意见》给行业带来的启示与机遇、估价行业如何深度发挥"高标准联通"3个层次，阐述房地产估价如何更好适应新时代经济发展并发挥专业作用。

关键词： 房地产估价；统一大市场；高标准联通

《中共中央　国务院关于加快建设全国统一大市场的意见》(下简称"《意见》")，从强化市场基础制度、推进市场联通、打造统一的要素市场等多方面，要求加快建设高效规范、公平竞争、充分开放的全国统一大市场，擘画经济发展格局，成为各行业高质量发展指引。房地产估价行业（以下简称"本行业"）天然与市场形成共生关系，发挥不可或缺的"高标准联通"特定功能，《意见》必然也为本行业提出新的使命、要求，同时带来机遇、启示。现从房地产估价与市场发展的共生关系、《意见》给本行业带来的启示与机遇、本行业为推进市场联通如何深度发展三个层次，阐述估价的"高标准联通"作用。

一、房地产估价具有"高标准联通"市场的使命

(一)"高标准联通"市场的原生性

市场要发展，生产要素必须跨主体、跨地域、跨部门、跨行业有序流动，而流动需要以市场价格为标签衡量对价。房地产估价责无旁贷地承担起"市场联通"的角色，以其发现房地产价格的功能，为静态资产赋予了动态的市场价值内涵，激活了生产要素在市场中有序流动，成为经济发展的"起搏器"。本行业致力于提供专业服务，在维护市场秩序、提高市场效率、规避市场失灵、引导理性交易、保护主体合法权益、防范金融风险等方面发挥着独特的作用，与市场形成天然的共生关系。

（二）规范发展的自觉性

本行业的发展是不断统一规范进化的过程。在法律（规）体系建设中，1994年颁布的《中华人民共和国城市房地产管理法》，以"国家实行房地产价格评估制度"确立了本行业的法律地位，同年成立了中国房地产估价师学会（现更名为CIREA）；1995年实行执业资格统一考试制度，设置了房地产估价师、估价机构行政许可项目，架构了本行业的从业主体资格和治理结构；有序发布了部门规章和规范性文件，如《房地产估价规范》GB/T 50291—2015、《房地产估价基本术语标准》GB/T 50899—2013等，形成较完善的综合治理结构和统一的技术标准，保证了本行业符合《意见》中"推进商品和服务市场高水平统一"要求，具有"高标准联通"的担当。

（三）社会责任的专属性

本行业"高标准联通"作用日益突出，价值（格）的鉴证愈来愈多固化为法定行为，并演化为专属的社会职能。例如：

1.《中华人民共和国城市房地产管理法》规定"房地产价格评估，应当……参照当地的市场价格进行评估"；

2.《国有土地上房屋征收与补偿条例》规定"对被征收房屋价值的补偿，不得低于房屋征收决定公告之日被征收房屋类似房地产的市场价格"；

3.《银行抵债资产管理办法》规定，抵债资产收取后应尽快处置变现，确定拍卖保留价或起拍价时，要对抵债资产进行市场价值评估；

4.《最高人民法院关于人民法院网络司法拍卖若干问题的规定》指出"起拍价由人民法院参照评估价确定"。

另外在税收征管、保险市场的保额确定、会计的资产减值准备计量以及《中华人民共和国民法典》在民事侵权价值确定中，均有房地产估价"高标准联通"法定需求的规定。

（四）与时俱进的时代性

体现在估价结果的现时性与经济行为的现时性在时间上的匹配。与会计学中历史成本的固定性相对比，现行价值是价值时点的动态价值，经济行为对价值的要求多为现行价值，该价值与经济行为需求的价值类型在时间上具有协同性，成就了房地产估价"高标准联通"的作用和与时俱进的时代性。在此特点的加持下，房地产估价直接参与了抵押物增信估价、房屋征收估价、城市更新房地产估价、司法鉴定估价、产权交易与税基估价等重要经济行为；间接参与了国有企业股份制改制、兼并重组、主辅分离、破产清算、中外合资、合作以及收购行为，充分地展现出房地产估价"高标准联通"作用。

（五）兼容并蓄的拓展性

首先，积极开展国际交流合作。CIREA同国际测量师联合会、世界估价组织协会、国际资产估价标准委员会、英国皇家特许测量师学会等国外估价组织以及香港测量师学会等地区组织建立了学术交流，通过举办论坛、探讨行业社会责任、治理结构等方式拓宽了估价的国际视野。其次，与国内的其他协（学）会建立深度联系。比如借鉴资产评估行业的准则体系的设置优化本行业的准则体系建设；与土地估价协会交流，借鉴《城镇土地估价规程》GB/T 18508—2014的精髓，解决实际问题土地与房产价值合（分）估问题；与资产估价机构协同，合力完成涉及设备等其他资产的征收估价。本行业在成长中秉承与国际、国内、行业、机构间平等交流传统，具有兼容并蓄的拓展性，其广博格局和厚重积淀更加展现"高标准联通"的优势。

二、《意见》赋予房地产估价"高标准联通"的机遇和启示

《意见》从强化市场基础制度规则统一、推进市场设施高标准联通、打造统一的要素和资源市场等8个方面擘画大市场发展方略。现梳理、萃取出与本行业"高标准联通"相关的内容,并从中汲取对本行业发展启示并捕捉市场机遇。

(一)"高标准联通"离不开估价服务

1.《意见》内容:鼓励交易平台与金融机构、中介机构合作,依法发展涵盖产权界定、价格评估、担保、保险等业务的综合服务体系。启示是,未来的市场将是一个物联网、智联网紧密相联的态势,服务市场的个体必须搭建连接通道,将服务链接到物联网、智联网中。以"高标准联通"为己任的房地产价格估价,应积极视交易平台为本行业发展的历史舞台,利用数字、网络、大数据等现代技术,迅速提高现代化服务水平,抓住"高标准联通"机遇。

2.《意见》内容:完善全国统一的建设用地使用权转让、出租、抵押二级市场。启示是,二级市场追求完善转让规则,促进要素流通、优化划拨土地使用权转让流程、保障出让土地交易自由,促进存量土地进入二级市场转让盘活;放宽对抵押权人的限制、大力支持民营经济发展,自然人、企业均可作为抵押权人依法办理不动产抵押相关手续,实现交易规则统一、透明、平等。房地产估价联通作用彰显,机遇明确——统一大市场下各种经济行为涉及土地使用权价值,积极参与评估不同权能建设用地使用权转让、出租、抵押的价值,"高标准联通"市场。

(二)发展"高标准联通"离不开公众监管

1.《意见》内容:建立企业信用状况综合评价体系,依法依规编制出台全国失信惩戒措施基础清单。启示是,只有遵纪守法的"高标准联通",才能在公众监管下阳光发展。市场主体野蛮发展时代已经终结,规范发展才是正道,本行业更需要健康发展。社会信用评价体系即将发展到政府、协会、社会公众进行实时多维监管的水平,在行业信用等级、工商失信、法院司法网等形成全面的监管体系,对不良信用的机构给予市场准入限制。如在招标投标时,对在"信用中国"网站、中国政府采购网等渠道列入失信被执行人、重大税收违法案件当事人名单、政府采购严重违法失信行为记录名单的供应商,不得参与政府采购活动。

2.《意见》内容:编制出台全国公共信用信息基础目录,建立公共信用信息同金融信息共享整合机制。启示是,只有融合"高标准联通",才能在公众监管下自律发展。抵押贷款估价是本行业的主要业务类型,估价是考量借款人信用能力的必要程序,本行业及机构的经营状况属于公共信用信息内容,所以应重视合法合规经营,为金融增信提供绿色服务。

3.《意见》内容:制定全国通用性资格清单。启示是,只有"高标准联通",才能在公众监管下健康发展。大市场下资格清单是执业机会的门槛,本行业从法律地位、行业建设、专业底蕴方面,在发展中培养起了认知度,今后更要不离初心,以"高标准联通"为使命,在全国通用性资格清单中永葆席位。

(三)"高标准联通"的估价应具备超前发展的意识

1.《意见》内容:建设全国统一的碳排放权、用水权交易市场,实行统一规范的行业标准、交易监管机制。

2.《意见》内容:推进排污权、用能权市场化交易,探索建立初始分配、有偿使用、市场交易、纠纷解决、配套服务等制度。

上述 2 条内容的启示是，只有"高标准联通"，才能在绿色市场上创新发展。在"双碳"战略目标下，在《建筑节能与可再生能源利用通用规范》GB 55015—2021 踔厉实施的背景下，本行业应敏锐地意识到在"放管服"行政理念下，碳排放权、用水权、排污权、用能权交易价格的评估，也可能成为估价行业的"蓝海市场"。只有"高标准联通"，曾经的生僻业务抑或成为常规业务，如房地产 ABS 融资模式实施中资产价值基础的确定，就是本行业的市场增长点。

三、如何更好提供既要"联通"、又要"高标准"的服务

（一）行业监管上构建了本行业发展方向的统一，为"联通"奠定了基础

"联通"的前提是统一，主要是各评估门类（房地产、土地、资产评估等）政策监管的统一、技术标准的统一、经济发展节奏的统一。本行业紧密随市场的发展而规范成长，目前已经初具统一的治理体系和技术标准，基本能提供给市场"公平、公正、公开"的统一技术成果，为"高标准联通"奠定了基础。

1. 评估行业在法律上是统一的

资产评估、房地产估价、土地估价、矿业权评估等同为评估谱系，因为监管部门的不同而自立门户，在发展中各自形成本位的执业准则、规范、治理方式，并在擅长的领域发挥独特的作用。但实践中存在领域模糊、社会认知混乱、管理成本高的弊端，近些年监管层面一直致力于评估的统一，但进展缓慢。《中华人民共和国资产评估法》出台后填补了资产评估行业没有法律可依据的缺憾，冲破了原来分部门进行管理的藩篱，确定了评估行业在法律层面的统一性，为业务监管、市场规范的统一奠定了法律基础。

2. 大多评估机构多元经营模式是统一的

机构承接的业务种类包括房地产、机器设备、矿业权、林木资产、无形资产等，种类繁多，委托方涉及财政部门、住房和城乡建设部门、土地部门等。《中华人民共和国资产评估法》颁布前，机构只能采取分别成立具有相应资质的公司承接业务，滋生机构数量多而实力弱、挂证、运营成本高等诟病。在《中华人民共和国资产评估法》"统一"下，现在大多机构顺势发展成为治理结构合理的、多元资质共存的一个法人主体。

3. 监管层面的治理趋势是统一的

2021 年，住房和城乡建设部、自然资源部联合印发的《房地产估价师职业资格制度规定》中第十六条规定："本规定实施后取得房地产估价师职业资格并经注册的，可以依法从事房地产估价业务和土地估价业务，签署房地产估价报告和土地估价报告"，意味着土地估价师与房地产估价师职业资格合并为"房地产估价师"。这是一个顺势而生的积极举措，评估行业的融合统一发展是高效发挥"高标准联通"作用的制度助推。

（二）从供给、需求两侧培育"高标准"估价

"高标准联通"的内在动力是本行业发展和执业质量的"高标准"，应从市场供给侧的自我建设、市场需求侧的机遇捕捉两方面，培育"高标准"。

1. 从供给侧推进本行业（机构）向"高标准"发展

（1）"专与兼、大与强"均衡发展

满足市场对多元化服务需求，积极应对统一市场战略需求，在兼顾"专与兼、大与强"均衡基础上，有序发展。

第一,"大与强"是综合服务能力的硬基础。大——辐射地域广、市场占有率高、不同类型大客户多、业务收入高、持证从业人员多。强——综合素质高、开拓市场能力、专业胜任能力、创新能力强;内部治理机制完善、核心竞争力强;良好的企业品牌形象、社会公信力。

第二,"专与兼"是提供综合服务能力的软实力。房地产估价对象是不动产,由于地域性强,曾束缚了机构跨域合并发展,导致本行业多为单一房地产资质的中小规模机构。《中华人民共和国资产评估法》的政策红利,迅速催生原单一估价资质的机构成为兼营资质的公司,激发了机构跨域合并发展能动性,执业方向"既专又兼","高标准联通"功能得到强化,市场资源有序流动加快、产权合理变动的态势骤增。

(2)主动改变服务方式

第一,提供一站式服务。大市场对评估的需求是多元化的,无论从估价目的、估价对象、估价地域、估价频率都有增势。经济行为需求估价时,委托方从提高效率、节约沟通成本考量,会优先选择可提供多种服务的"一站式"业务能力的机构。传统的偏居一隅、资质单调、专业单一的运营方式将面临巨大冲击。

第二,提供菜单式服务。常规的估价模式是"一事一评"的偶发式零星估价,但"高标准联通"将颠覆单调的估价模式,正如《国务院关于印发促进大数据发展行动纲要的通知》要求,开发和应用好大数据这一基础性战略资源,培育发展经济新引擎和竞争新优势。所以本行业宜致力于建设公共数据互联共享,消除信息孤岛,为社会提供规范、动态"泛估价信息",置于信息菜单中供公众自助选择,有偿使用。

(3)培养多专多能人力资源

单一房地产估价资质,虽然能锻造估价师精深的房地产估价能力,但一定程度上束缚了从业人员的执业规划,执业惯性让估价师局限于房地产估价,易产生估价视野局限、执业规划浅显、估价思维单调等弊病。为培养服务大市场能力,适应机构资质多元化的发展方向,应引导从业人员建立"君子不器"的执业规划。

2. 从需求侧捕捉"高标准"发展机遇

正如现阶段我国社会主要矛盾是"人民日益增长的美好生活需要和不平衡不充分的发展之间的矛盾"一样,经济发展与本行业的矛盾是:经济日益发展的"高标准联通"需要和估价服务不平衡不充分的发展之间的矛盾。

在固守以抵押贷款、征收、转让、投资等为目的红海市场基础上,应从《意见》得到启迪,挖掘蓝海市场,并储备开拓新业务技能,对冲经济波动、新冠疫情等对估价业务影响。房地产估价具有时代性,如征收评估、不良资产处置、税基评估等具有典型的阶段性,行业发展要关注供给侧动态,契合时代脉搏,捕捉、创造发展机遇。如统一大市场建设也是绿色市场建设的过程,随着双碳政策在建筑行业的进一步落实,新建、扩建和改建建筑以及既有建筑节能改造均应进行建筑节能设计,需要做碳排放分析、建设项目可行性研究报告;建设方案和初步设计文件需要建筑能耗、可再生能源利用及建筑碳排放分析报告,类似评估咨询业务需要估价咨询。另外随着《中华人民共和国预算法》的精细实施,财政投资(支出)绩效评价业务、统一大市场下的 ABS 资产证券化项目融资方式涉及的房地产估价等,都应视为本行业市场机遇。

四、结语

房地产估价行业借势市场经济的发展而发展，市场运行借助房地产估价的"高标准联通"而联通，如何更加适应经济发展方式而更好地发展，是本行业必须思考的恒久课题。市场发展给予行业复兴的机遇，行业就应以高效服务回馈市场，在有为政府监管下，提供优质估价服务，"高标准联通"有效市场。

参考文献：

[1] 叶堃晖. 市场竞争视角下的可持续建设理论，[M]. 北京：科学出版社，2017.

[2] 国务院发展研究中心市场经济研究所. 改革开放40年——市场体系建立、发展与展望，[M]. 中国发展出版社，2019.

[3] 陆根尧，盛龙. 产业集聚与城市化互动发展机制研究：理论与实证 [J]. 发展研究 .2012（10）.

作者联系方式

姓　　名：辛彦波

单　　位：吉林融创房地产资产评估有限责任公司

地　　址：吉林省长春市东南湖大路金融中心总部基地三期16栋

邮　　箱：xinyanbo@126.com

注册号：2220030024

资产运营管理，唤醒房地产估价存量市场新活力

郭佳伟

摘　要： 从 1978 年提出"商品房"概念起，房地产业一路高歌猛进地跃过数十个年头，并伴随国民经济的快速发展以及房地产制度的不断完善，俨然成为中国经济的压舱石和稳定剂。迈入第二个百年奋斗目标阶段后，房地产业在新时代新形势下确定了新一轮的发展任务，从高速发展转变为高质量发展的同时也提出一些适应时代的新要求，而房地产估价作为房地产业中重要的一员，如何为现代服务添砖加瓦，并力图透视与挖掘新时代背景下的蓝海市场，显得极其重要。

关键词： 房地产业；房地产估价；蓝海市场

一、传统估价，从红海迈向蓝海的背景与必然

（一）房地产本身"过于明显"的增值属性开始弱化

以深圳为例。回望改革开放的四十多年，作为第一批经济特区的代表，深圳取得了举世瞩目的成就。2021 年，深圳 GDP 迈进三万亿大关，人口净流入超千万；国家超级计算深圳中心、国家基因库和深圳湾实验室等重大科研平台扎实推进；优化产业结构，打造民生保障，成为粤港澳大湾区、深圳先行示范区建设等多重国家战略的交汇地。经济建设的飞速发展也带动房地产业一片利好，房价居于全国首位，增值属性明显。

党的十八大后开始确立了房住不炒的主基调，深圳也开始近十年的房地产调控之路，陆续出台多项组合政策，从不同维度对房地产提出了红线要求。比如，从商品房供应结构上满足普通住房的套数与面积比例限定；从购房条件上延长社保缴纳年限；从销售制度上推出预售审批预审查备案制度；从信贷政策上限定首付比例的最低要求；控制购房上限，细分购买人群，推出企业限购、商务公寓限售、个人限售和抑制离婚炒房的调控要点；推行三价合一，规范购房融资，坚决遏制"阴阳合同"和"高评高贷"现象。2021 年度，出台《深圳市住房和建设局关于建立二手住房成交参考价格发布机制的通知》，将调控政策引至高潮，旨在加大二手住房交易信息公开力度，引导市场理性交易，引导房地产经纪机构合理发布挂牌价格，引导商业银行合理发放二手住房贷款，防控个人住房信贷风险，稳定市场预期。2022 年，财政部出台《关于支持深圳探索创新财政政策体系与管理体制的实施意见》，加大中央预算内投资对深圳保障性住房筹集建设的补助，加大中央财政城镇保障性安居工程补助资金对深圳公租房、保障性租赁住房和老旧小区改造的支持力度，旨在协调住房供需关系，进一步深化住房的居住属性。

综上，积聚了国民财富 70% 比例的房地产，在强有力的政策调控下，弱化了其过于明显的增值属性，也就直接冲击了房地产作为热门投资产品的首选地位。伴随党的二十大报告重

申房住不炒的主基调，房地产投资暴富的时代一去不返，房地产业从开发增量市场逐步向运营存量市场转变，增量交易所涉及的转让、抵押、租赁等经济行为带来的估价服务也随之受到影响。

（二）全球经济下行，实体经济面临衰退

全球经济下行，整体经济速度放缓。作为传统型估价的代表——抵押估价，通常以经营贷或消费贷的模式，以房地产作为抵押物进行融资，当实体经营回报不抵财务融资成本时，抵押的需求就不复存在，也就在源头切断了抵押估价的后续行为服务。

（三）房地产大拆大建背景下的增量预警

以北上广深为代表的一线重点城市，伴随国民经济的飞速发展，奠定了庞大的人口基数。为解决人民基本需求与供给的根本矛盾，现阶段的已建设用地面临着功能不足、配套落后等问题，在土地资源有限并满足城市总体规划的前提下，新增建设用地显得杯水车薪。此背景下，各大城市开始利用土地二次开发模式，通过城市更新、土地整备等方式，缓解用地建设压力，释放土地活力，并一度成为房地产开发企业的热度追求。2021年8月，住房和城乡建设部发布了《住房和城乡建设部关于在实施城市更新行动中防止大拆大建问题的通知》，指出实施城市更新要严格控制大规模拆除和大规模增量，坚持应留尽留，全力保留城市记忆。对实施主体而言，设置增量红线也势必影响其开发意愿，故有广州时代中国企业递交《关于恳请支持旧改项目退出的报告》等事例。

（四）房地产交易市场消费观念的转变

国内实体经济整体面存在较多未知风险，国际争端形势严峻，导致国民经济消费观念有了更为谨慎的考量，从即时消费转变为对比消费，从提升消费转变为保障消费，日渐理性。而房地产总值高，行业下行压力持续、市场信心及购买力缺失、观望情绪也愈加浓厚。房地产交易衍生出转让、抵押、租赁估价业务的客观保有量也在不断锐减。

综上，现行的估价环境，在政策、市场、消费心理等多重因素驱动下，银行抵押中的二手住宅参考价放贷机制和司法鉴定中的四种财产处置参考分流机制等法定评估情形不断减少，传统型估价继续秉持单一的价值意见在高质量发展背景下都走得愈发艰难，传统型业务红海市场萎缩成了必然趋势。寻求转变，在现存保有量业务转型的同时，有效适应估价需求变化，顺应市场经济的发展规律，探索新的估价服务需求，迈向新的估价蓝海领域。

二、新型估价，蓝海市场的探索与孵化

房地产市场和房地产业在面对外部环境的侵蚀中，首当其冲。多地土地出让计划延缓或流拍，开发场地动态性反复封控停工，销售周期或成倍拉长，开发企业逐步暴雷。为应对外部风险，政府与市场双双响应，一边是国家陆续出台LPR下浮、降低首付比例、公积金差别化支持等救市政策，一边是房地产开发企业打折促销、送首付、送精装、送车位、送物业费的优惠手段，但房地产市场依然寒气逼人，房地产成交数据一路下跌，旧改项目也陆续退出或暂停实施计划。存粮过冬并伺机找回信心是目前楼市的基本守望。

房地产开发企业库存去化难，力图转型升级，逐步转向资产运营管理，充分发挥房地产的不可替代属性，盘活资产效用，努力创造活下去的现金流。故有万科提出"从开发为主转向开发与经营并重"；保利发展上海公司推动"双赛道"战略升维，推行不动产投资开发和资产运营管理同步开发的战略转型升级。而基于市场转向，房地产估价需更为敏感地识别新

的业务源头，挖掘新型服务需求，探索新型服务模式。

（一）物业服务费评估服务

物业服务是指业主选聘物业服务企业，按照物业服务合同约定对房屋及配套的设施设备和相关场地进行维修、养护、管理，维护物业管理区域内的环境卫生和秩序的活动。通常仅针对住宅有物业费指导标准，其他类型如办公、商业、工业厂房等均实行市场调节价。而对于物业服务费通常涉及物业服务招标底价、物业服务费调整、物业服务质量评估等经济行为，存在一定的市场评估需求。随着市场公开化和透明化，费用监管的合理性需求日益突出，先有北京市发布《北京市住房和城乡建设委员会关于规范物业服务评估活动的通知》，对物业服务费评估提出明确要求，后有哈尔滨市住房和城乡建设局出台《关于开展物业服务评估活动的通知》，将物业服务费评估带进公众视野。

物业服务费评估以运营成本法为主，市场法为辅。具体要求以各地物业管理条例为依据，详细调研物业的具体情况，结合委托人需求，充分考虑人员工资、安保、清洁绿化、公用设备维护、折旧、保险等费用，综合定制物业服务方案或约定合同后并为之赋值，再以周边同类物业尽调的物业服务费水平作为辅助验证，综合确定。现阶段该业务尚在起步阶段，市场尚未挖掘充分，具备很大的发展潜力。

（二）产业运营方案设计及预算编制

1. 产业园区运营费用测算

在房地产增量转变为存量发展的现阶段，在各类土地二次开发相关政策加持下，加大力度规划产业空间布局、扶持产业落地孵化，鼓励产业产能提升，是一个重要的政策导向。尤其是大型国企物业管理职能企业和大型房地产开发企业名下的产业园区，如何做到规范运营，节能高效控制运营成本，最大利润创造产业运营价值，其迫切地需要一个专业的房地产咨询顾问服务机构（需具备足够的房地产市场敏感度，熟悉产业园区运营方式，具备各项市场数据的收集、分析和汇总以及文案编撰等能力），为产业园区进行运营策划，包括运营成本的构成（人员配置、设备配置、招商、园区活动、党建、智能化系统平台建设、工程建设、物业服务等）以及运营成本预算的编制。此背景下滋生了一个新型的房地产咨询顾问的研究业务方向，这种咨询顾问服务符合政策导向，也具备市场复制性和推广性。

2. 产业园区绿色发展资金指标评估服务

在提出碳中和和碳达峰的工业目标背景下，为践行绿色发展理念，推进生态文明建设，推动污染减排和节能减碳，部分城市已推出针对产业园绿色低碳项目的资金支持，在污染治理设施改造、新能源引进、绿色节能创新等方面运用。对于符合条件的园区可申请资金支持，但需进行资金监管，并按要求对监管对象，如节能设备更新、绿色工程维护等出具价值评估报告，协助履行必要的政府审计手续，存在一定的评估需求。

3. 产业运营定位分析及招租策划

以产业为依托，针对项目定位和运营的实际需求，全方面从未来发展规划、区位分析、市场背景、消费客群、供需结构、产品层级等方面定制产业运营的招租方案，旨在提升营商环境，放大资产效用，达到"1+1"大于"2"的作用，并最终保障最低限度的现金流。

（三）政府物业资产清理、产权登记及评估入账服务

政府物业资产作为国有资产的重要组成部分，是各级政府履行公共管理和公共服务职能的重要基石。伴随国民经济发展，政府物业通过自建、合作新建、购置、无偿移交、判决等方式获得的物业数量不断增加，与此同时，政府管理的物业显现出因历史遗留问题导致的手

续不全、资料缺失、权属异议以及开发建设单位注销、吊销无法移交等历史局限，致使无法正常办理不动产登记及评估入账，给政府物业的管理和使用带来诸多问题。

1. 资产清理及产权登记

依据《行政事业性国有资产管理条例》（国务院令第738号）的相关规定，对行政事业性国有资产按照集中统一、分类分级原则，加强中央行政事业单位国有资产管理，优化管理手段，提高管理效率。为切实解决政府物业存在办理不动产登记的问题，维护国有资产的安全和完整，防止国有资产流失，政府物业管理职能部门提出了对全区各处政府物业产权登记情况进行全面梳理，并对政府物业资产清理及产权登记工作作出了总体部署。物业管理中心委托咨询机构对政府系统内未完善产权登记类物业（已登记但未统一转移或变更至物业管理职能部门名下，手续不全及资料缺失不具备产权登记条件的物业）进行全面梳理，包括权属划分、报建资料收集及建档、物业走访及现状勘察、物业历史来源及权属界定、产权登记政策适用性分析、现状物业现存疑难问题分析、各类物业登记手续完善的具体处理路径等。此类工作对咨询机构要求较高，需掌握房地产从用地手续、报批报建、规划许可及验收、竣工验收、丈量测绘等各流程的实施要求；需掌握不动产登记所涉及对变更、转移、初始登记的具体要求；需掌握产权登记所涉及的税费规定以及房地产各方面的相关知识。而这些也正好适应房地产估价师的专业范畴。

2. 资产清理及评估入账

依据《行政事业性国有资产管理条例》（国务院令第738号）的相关规定，各部门及其所属单位应当按照国家规定设置行政事业性国有资产台账，依照国家统一的会计制度进行会计核算，不得形成账外资产。对无法进行会计确认入账的资产，可以根据需要组织专家参照资产评估方法进行估价，并作为反映资产状况的依据。故其需要估价机构提供评估入账服务。

（四）REITs资产评估服务

不动产投资信托基金（REITs）是实现不动产证券化的重要手段，是通过发行收益凭证汇集广大投资者的资金，交由专业投资机构进行不动产投资经营管理，并将投资收益及时分配给投资者的一种投资基金。REITs从早期的持有型房地产到传统型基础设施，再到新型基础设施，得到了良好的发展。根据中国证券监督管理委员会发布的通知，旨在重点支持位于京津冀协同发展、长江经济带发展、粤港澳大湾区建设、长三角一体化发展等国家重大战略区域；重点推进交通、能源、市政、生态环保、仓储物流、产业园区以及新型基础设施，包括保障性租赁住房进行试点。根据《公开募集基础设施证券投资基金指引（试行）》规定，在基金成立工作环节，需委托独立机构对基础设施资产项目进行评估，出具评估报告。在REITs产品存续期间，要求对基础设施项目资产每年进行1次评估。在基础设施项目购入或出售、基础设施基金扩募、提前终止基金合同等拟进行资产处置、项目现金流发生重大变化且对持有人利益有实质性影响的情况下，也需要对基础设施项目资产进行评估。资产评估在公募REITs产品整个生命期内均扮演着重要角色。

三、结语

新时代的机遇与挑战并存，估价之路不容乐观。但不破不立，为有效适应估价需求变化，我们务必敢于斗争、善于斗争、坚持斗争，并坚信估价的未来正在路上！

作者联系方式

姓　名：郭佳伟

单　位：深圳市英联资产评估土地房地产估价顾问有限公司

地　址：广东省深圳市福田区竹子林博园商务大厦 801

邮　箱：1450301495@qq.com

注册号：4420200191

房地产估价应对社会经济发展变化中的需求和机遇

王梦江

摘 要：本文通过对改革开放以来，社会经济的发展给房地产估价带来的问题进行分析，再从当前社会经济模式转变、房地产政策调控、人民收入增加方面寻找社会对房地产估价机构的需求和要求，最后根据这些需求给出房地产估价行业和企业持续发展的建议。

关键词：房地产估价；咨询；需求

一、社会经济的发展导致房地产估价面临的问题

改革开放四十多年来，中国经济体制经历了从纯粹的计划经济到中国特色社会主义市场经济的转变，现已发展成为世界第二大的经济体。短短四十多年，中国社会的经济结构经历了简单加工制造业，到全门类产业的转变；社会的城镇化率也从1979年的18%，发展到2021年的64.72%。中国这些年的发展成果，是各行各业由初创到飞速成长带来的。如今，有些行业已走完了自己的生命周期，有的则已到达顶峰，有的则才刚开始。而房地产估价行业也从制度逐渐完善、评估理论方法逐渐成熟、人才队伍逐步壮大等方面进入平稳发展阶段。

房地产估价行业作为一个基础服务业务，依托对房地产资产价值的公正评定，穿插在所有行业的生产经营及个人或家庭生活中，可称得上是评估行业的主流。但也因社会经济的快速发展给行业带来了新的要求和需求，使得单纯的房地产估价业务面临着发展的瓶颈和问题，如：城镇化速度减慢使得相应的征收拆迁评估工作减少；房地产开发由增量时代转向存量时代，大宗的抵押评估或资产转让评估业务减少；大数据的应用使得原有的银行个人住房贷款评估业务变少等原因，使得行业的传统业务蛋糕逐渐缩小。而市场主体交易的多样化又带来各类新型委托项目的日益增多，评估机构面临现有的专业能力要么难以承担，要么判断这些业务带来的风险无法估量等两难问题。另外，在经济下行压力较大的时期，评估项目的估价结果与市场价值短期内产生差距，使得评估机构面临业务风险进一步加大等问题。

二、当前社会经济发展给房地产估价带来的需求和机遇

我国社会经济持续快速发展并且深度融入了经济全球化，与此同时，国内已形成了比较独立完整的产业链体系，成为全球唯一拥有联合国产业分类当中全部工业门类的国家，在全

球产业链中地位和影响力的大大提升。目前取得的成绩大多得益于我国在改革开放中不断释放的人口红利、土地红利等，在此基础上的房地产开发和土地出让金使得城市快速发展和工业化进程大幅迈进，但这一发展态势也因土地开发成本的上升及已成型的产业链体系而呈现不可持续的态势。随着房地产调控政策的深入贯彻和落实，中国通过大规模房地产开发继续补偿工业和城市建设开发成本的时代已经告一段落。早期依赖单纯房地产开发的评估业务空间大幅收缩。因此，为保证行业的持续发展，我们必须善于抓住经济发展趋势，寻找变革中的机会，找准房地产估价行业持续发展的方向。

（一）社会经济发展模式转变产生的房地产估价需求

当前我国通过发展战略以及相应产业政策，推动高端制造、绿色科技以及高附加值服务业等多个领域协调发展，并在集成电路、机器人、航空航天以及新能源汽车等关键产业取得技术突破，实现经济发展模式的结构性变革。而这些产业发展和落地需要与之相匹配的产业园区进行承载，产业园区的规划建设离不开对土地的需要，这就产生了对集体土地的征收或者城镇土地的拆迁改造，抑或对一些现有闲置厂房的升级改造等。这些产业园的建设过程中，房地产估价机构除承担传统的土地征收和拆迁评估以外，还可以利用在从事房地产估价业务过程中积累的政府、银行、大型企业等资源关系，在产业园的前期选址和立项阶段为建设单位提供选址建议书、建设投资估算、优惠政策咨询、市场调研分析、投资机会分析等，也可为政府提供产业园建设运营效益评价、征收拆迁范围费用摸底估算、产业园区规划建议、园区土地价值最大化方案等前期相关咨询工作。这些咨询业务的拓展也顺应了党的二十大提出的发展咨询行业要求。

（二）房地产调控产生的房地产估价需求

2016年，国家明确坚持"房子是用来住的、不是用来炒的"定位。定位一经提出，便成为房地产市场发展和调控的根本遵循。在政策的作用下，房地产估价业务未来更多会收到来自资产收并购、资产证券化、资产运营管理、城市更新改造等方面的需求：

1. 资产收并购方面。2020年，在国家对房地产的严厉调整下，叠加疫情因素的影响，中国的房地产行业不仅在投资和销售方面均达到了历史低点，绝大部分的民营房地产开发企业在现金流断裂的情况下出现了对金融机构的债务违约、对购房人的交房违约、对施工方供应商等上下游企业的违约。国家为实现房地产调控的软着陆，保障广大购房人的权益，国企、央企、四大AMC开始出手对出现风险的房地产开发企业或项目进行并购整合。在国资介入的同时必然会要求对房地产开发企业进行资产评估或在建房地产项目进行评估，抑或要求中介机构提供企业价值、股权价值、投资价值等房地产咨询估价业务，可以预计，这块业务在未来的一两年内定会大量增加。

2. 资产证券化方面。房地产政策调控下，企业销售端现金流受挫，企业为加快资金回流，也加大了对房地产资产证券化的需求，如商业抵押支持证券（CMBS）、购房尾款ABS、个人住房抵押贷款CLO及目前国家主推的租赁住房ABS。这些资产证券化产品是房地产开发企业采取的融资方式之一，虽目前受房地产大环境影响这些资产证券化产品也较难发行成功，但是资产证券化业务已经日渐成熟，这块业务的市场需求也广泛存在，只待市场回暖后才会爆发。

3. 资产运营管理方面。经过多年调控，我国房地产业面临转型升级，未来将由以开发建设为主转向以资产运营管理为主。资产运营模式包括自营模式、租赁模式及委托运营模式，不同的运营模式带来的经济效益也有所不同。因此，资产持有者也需要有专业机构为其提供不同运营模式下，投前、投中、投后一系列的咨询建议，为投资者提供最佳效益的投资和运营方案。例如，在企业决定投资酒店、商场、租赁公寓等运营资产前，需要专业机构为其提供如市场调研分析报告、可行研究报告或者全过程策划报告等相关报告，对建成后的资产运营模式提供建议。决策投资后的开发建设中，需要专业机构为其提供建设融资建议。项目建成后的运营阶段，需要专业机构提供资产运营的现金流分析、投前投后经济效益对比、经营效益改进措施等咨询业务，这些都是房地产估价机构依托自身专业能力可为投资者提供的服务。

4. 城市更新改造方面。目前国家政策已不允许城市大拆大建，对城市的管理方向放在了综合整治或者微改造方面，这些也需要有专业机构对改造内容进行摸排、评估改造效益、估算改造投资收益，提出城市内闲置资产改造利用方式建议等，这些需求也是房地产估价机构发挥自身优势的方向。

（三）人民投资意识增强产生的房地产估价需求

2010年，中国人均国民总收入（GNI）达到4340美元，稳定进入中高等收入国家行列。此后经过十多年的发展，于2021年，中国人均GNI跃升到12500美元以上，已经十分接近高收入国家门槛值。随着收入增高，传统的储蓄和投资房地产已经无法满足居民实现自身财富保值增值的目的。因此更多的中高收入阶层开始在意自己的资产配置方式，也希望有专业人士为自己持有的不动产进行定期的估值，或为自己收到的投资项目进行判断，如近年逐渐兴起的生物科技商业地产、体验式零售商业地产、长租公寓等另类资产的投资。还有部分购买基金的个人投资大客户，在购买一只基金时，面对基金收益的不确定性无法知晓，这时如果有中立的专业机构能为其分析基金对应的底层资产情况，这将为其在做投资决策时提供有利的依据。而这些分析，底层逻辑也是对资产的市场情况、企业的运营情况、持有固定资产和无形资产等资产的价值判断，这些也都是房地产估价机构可完成的业务。

三、新需求对房地产估价行业和企业的要求与建议

（一）勇于打破行业边界和壁垒

随着科学技术的发展，很多行业间已经开始互相渗透交融，如计算机大数据在银行抵押评估、司法评估业务的应用等。而房地产估价属于一个基础业务，许多专业服务均可以在此基础上开展，因此房地产评估也要勇于打破行业边界，积极融入相关行业中，为本行业和即将进入的行业注入新思想。例如，房地产估价机构和估价师可利用评估中分析、测算等专业知识，在其开展的评估业务中，发掘客户在咨询顾问业务方面的需求，提供咨询顾问服务，甚至创造咨询顾问产品，为客户提供最全面、最优化的服务。这跨入了工程技术与设计服务业的投资咨询、项目策划等业务，另外还可参与土地规划服务、土地调查评估服务、土地登记服务等归属于公共设施管理业的业务。

（二）行业需加强复合型人才培养力度

应对并购、资产证券化、资产运营管理等方面的业务，要求房地产估价师拥有较强的综合能力，能与券商、会计师、律师、资产估价师就标的业务进行探讨，需要估价师对证券、会计、审计、法律等知识有所了解。可介入的相关咨询业务牵涉面也比较广泛，需要熟悉影响市场运行的社会、政治、经济、金融、法律制度、技术、资源环境和国际环境等各种因素，同样要求房地产估价人员拥有多学科的复合型知识结构，以应对市场精准把控和预测所

具备的综合素质。因此，行业需要对加大对现有估价师的专业知识进行继续教育，同时也可吸收其他专业的人才加入，充实行业专业人才。

（三）机构专业范围尽量全面，全面提升机构综合实力

对于房地产估价机构来说，要涉足相关行业也需要自身在拥有复合型人才的加持下，将自身转变为覆盖多专业领域的综合性企业。即增加业务资质范围，获得相关业务准入门槛的要求。这点其实很多估价机构很多年前就开始搭建综合性平台的布局，原因是机构负责人们也意识到做精虽可以长久，但规模必定受限。因此，房地产估价企业应更注重多元化平台搭建，但同时也要注意差异化的发展路线，业务专业覆盖全，典型业务钻研深，积极探索与其他专业机构的战略合作，相互学习，借鉴经验提升自身实力。只有专业广了，才能承接更高端的咨询业务。

（四）提升房地产估价机构的经营管理能力

为使企业在充满变数的未来找到生存机会，并且利用自身优势持续发展壮大，不仅需要业务开拓上的经营，更需要企业内部的科学管理。当前房地产估价机构的经营管理方面存在问题有：一是缺乏长远的目标和切实可行的发展规划。如前所述，其实早期国内已经有很多机构走出了业务多元化的一步，但是企业在建好这些平台后，更多的是采用对外应召加盟方的方式发展，通过这种模式使机构走向全国化的同时从中赚取部分管理费，而没有将企业的多元化平台升级利用。二是内部组织构架不完善，股东会、董事会及执行董事、总经理、监事制度不健全，常出现情况是"一股独大"，一人说了算，形成不了集体决策和有效的监督机制，决策不民主，管理不透明，这将难以规范每个人员为完成共同的目标采取科学合理的行为。三是机构内业务部门间相互协作意愿不强，相互信息沟通不足，多方位、多层次信息资源难以共享，难以提高公司在防范风险和质量控制方面的能力。针对以上问题，总体上可从以下几个方面避免和改善：

（1）明确企业发展愿景，确定并量化目标，根据目标制定长期发展规划。使公司每一个成员和利益相关者明确企业的共同目标，形成志同道合的相互协作配合的局面。

（2）建立合理的内部组织结构，健全内部决策机制。切实保证股东会、董事会、监事会、执行人的体系健全、各司其职，防止超越授权和代行职权，建立合理规范的股权结构，保障每个成员和利益相关者有充分参与议事、讨论、决策的权利。

（3）完善内部管理制度，以制度规范和约束行为。包括员工管理制度，从员工的入职要求、晋升、培训等方面做出要求；部门分工协作制度，从部门分工职责范围，综合性项目分工协作原则等方面提出要求；业务质量风控制度及其他行政制度等。

四、结论

面对社会经济的发展变化，未来充满机遇和挑战，只要时刻关注政策走势、经济发展方向、行业发展动向，定会找到各个经济周期中社会对房地产估价的需求方向，加上企业科学合理的经营管理措施，定会稳步走出房地产估价的长久发展之道。

参考文献：

[1] 柴强. 房地产估价业务的来源与获取 [J]. 中国房地产估价与经纪，2020（4）：49-52.

[2] 文书，文凯，曾富平. 房地产估价机构开展咨询顾问业务应具备的核心能力及其培育 [EB/OL].

http：//www.hnsfdc.com/news/hangye/3012.html，2021.

[3] 中国人民大学中国宏观经济分析与预测课题组.稳字当头的 2022 年中国宏观经济 [J].经济理论与经济管理，2022（8）：4-22.

作者联系方式

姓　名：王梦江

单　位：四川广益房地产土地资产评估咨询有限公司

地　址：四川省绵阳市涪城区临园路东段 12 号兴达国际大厦 12 楼 B2 号

邮　箱：wmj_0827@126.com

注册号：4420170171

浅谈"互联 E 时代"背景下房地产信息化服务探索

杨 斌 傅诗峰 石超毅

摘 要： 近年来，随着"互联 E 时代"的到来，信息技术普遍运用到房地产估价中，房地产估价业务也面临新形势。本文重点研究新技术形势下，我司智慧平台的搭建及对信息化服务产品的探索。

关键词： 信息化服务；房地产估价新需求

一、"信息化"发展背景下，房地产估价业务面临新形势

（一）大数据背景下传统估价业务面临"困境"

房地产估价行业是房地产中介行业的重要组成部分，随着改革开放的不断深入，国内经济快速发展，推动了我国房地产估价行业的快速发展。近年来，随着互联网经济的不断发展，房地产估价的传统业务诸如抵押估价、征收评估及课税估价等，在"云评估"大数据背景下，业务总量整体呈现下降趋势。同时，在市场竞争的情形下，收费急速下降、"僧多粥少"现象不可避免，导致部分机构着力求业务量、保业绩，"重量、不重质"现象时有发生。

（二）城市"数字化转型"赋予估价服务新活力

近年来政府围绕数字产业化与产业数字化"双轮驱动"，打造物联、数联、智联的数字底座，加快推进城市新基建建设，完善一体化数据资源体系，城市整体向着数字化转型，也赋予估价服务新活力。以涉税评估为例，相关政府职能部门对估价服务内容提出了更高要求。

居住类房屋涉税核价需基本实现实时、自动输出核定金额，老百姓办事"立等可办"。不同内涵的价值实时提供，便于主管部门对于市场价格的把握及相关配套政策的制定与推进。非居住类房屋涉税基价探索由原来评估人员手工出具单套评估单，转变为系统自动读取并输出完成核价。

（三）客户对评估服务提出"数字信息化服务"新需求

以银行业为例，估价业务基本涉及贷前、贷中及贷后全业务环节，也是抵押估价业务需求的主力军。从近年来招标情况看，客户对应抵押估价业务提出一些数字信息化服务的新需求：一是对"时效性"要求越来越高。从银行客户经理提交资料至评估公司出具询价、预估单时间节点，以及价格反馈、特殊件（如住宅含地下室等）处理时间均有明确要求；二是对房地产估价平台的需求。相关招标文件明确，评估机构服务过程中提供"自行研发估价类软件"使用可作为投标加分项；三是抵押评估收费标准越来越低。由于市场完全竞争，标的主要集中于频繁交易的住宅类型产品，市场价格基本透明，业务相对简单，因此整体收费水平偏低，目前行业内普遍集中于几百元/单的水平。对于偏远区域的项目，传统单纯的每单由

人工处理，显然在经济上较难做到盈亏平衡。

（四）"疫情"居家办公提出新要求

2022年年初，"疫情"形势严峻，为减少人员流动、减少接触、减少聚集，居家在线办公、远程会议办公等更灵活的办公模式成为城市"主流"。而传统的评估文件打印后，通过纸质载体进行流转，并通过多人审核、盖章的模式在此期间流转受限显著。居家期间，要保障评估各项业务有序运行，基本工作"不停摆"成为当时的主要课题，也为进一步探索房地产信息化服务提出了新要求。

二、智慧平台搭建为估价类"信息产品"规划确立目标

在上述背景下，基于房地产估价的相关理论与方法，结合信息技术手段，搭建一套互联网E时代下的房地产智慧评估服务平台，成为该阶段工作的首要任务。业务部门的实际使用需求，也为估价类信息产品的战略规划确立目标。

（一）信息产品使用满足"人性化"

目前，市场上已存在一些由第三方开发的普适性估价软件产品可供选择。通过试用产品发现，该类型产品普遍存在软件开发与估价业务"两分离"现象，基本功能可用，但从估价师角度使用又不怎么"趁手"。软件功能"大而全"，但适合企业常用的核心功能又偏少，且不能完全覆盖企业自身业务要求，不少软件最好通过二次开发后方可投入使用。因此，开发一款符合企业自身情况，可"人性化"使用的在线评估软件成为首要的开发功能目标。

（二）信息产品响应满足"毫秒"级

如何提升软件响应速度，提高用户体验，一直是软件开发工作中的重点及难点。首先，开发初期需充分分析需求内容，对应用架构进行充分评估，预留扩展空间，有效配置资源。其次，在UI线程上创建充足对象，完善公共API功能。后台线程上，将主要操作主线单列，优化缓存方式，Cookies反序列化在后台解码。同时，压缩、清理代码，按需引入WXSS资源，图片资源采用CDN并采用分包预加载策略。再次，根据长期地址规则试算经验，对相关字段进行标准化处理，建立"智能化"地址优化及匹配方式，提高核心运算速度，使得前端应用达到"毫秒"级响应速度。

三、深入运用房地产批量评估技术助力信息化服务产品探索

（一）批量评估技术深入运用为系统开发提供坚实理论基础

1. 间接市场比较法批量评估

间接市场比较法批量评估方式采用数理统计的回归模型，根据抽样收集的房地产价格与影响价格因素因子量化分值，确定因素的回归系数。通过该回归模型，求取其他位置房屋价值的批量评估方法。

2. 收益法批量评估

收益法是通过运用科学的方法，预计估价对象未来的净收益，考虑持有期内的租赁收益和转售收益，选用适当的报酬率将其折现，并在我司"租金监测平台"数据支撑下，利用共同的基础数据和统一的标准方法进行批量评估，以此估算估价对象的客观合理价值的评估方法。

3. 成本法批量评估

成本法是房地产估价的三大方法之一，通过采用土地与建筑物以及相关税费累加，成本法可实现大批量、快捷的房地产价值评估。同时，此种方法在涉税评估领域设定批量基准价时，具有普遍"保底"价格意义。

（二）房地产基础信息数据库为前端基价输出提供数据支撑

前端不论是"网页版"还是"微信版"形式展现的估价工具，均离不开后台基础信息数据库的支撑，我司目前建库主要包括楼盘库及基价库两大类，数据相互勾连，相辅相成。

1. 楼盘库

楼盘库主要记载楼盘物业属性信息（如竣工年代、不同楼盘名、样点属性、基价定义、学区等），相同楼盘下不同房屋分类（如公寓、车位、办公等）使用工具挂接，数据分层分级经匹配后汇总成库。

2. 价格库

前端价格输出如何实现精准化，满足现存房屋现势状态下的实际情况，一直是估价业务部门与信息技术部门之间难以达成一致的问题。以日常自动询价为例，原先如公寓房屋的住宅包含地下室，地下部分价格输出问题，同一幢房屋（如叠加公寓）不同部位（如顶层送阁楼或露台）虽建筑面积相同，但实际使用面积不同导致市场价值出现较大差异，困扰着系统自动精准报价。

在此背景下，基价库建库时即应该考虑到后续实际业务使用。通过细化基价库，基本建立以地（Location）—幢（Building）—户（House）表的主体结构，辅以各类修正体系（Kp 值及 Rp 值等），完善业务功能。同时表单之间通过字典表及字符串进行数字化挂接，对提高数据入库标准化程度，提升后续数据读取及运算速度有积极的意义。

（三）人工神经网络架构为系统运行提供智能运算规则

1. 基本逻辑

人工神经网络（Artificial Neural Network）是基于模仿大脑神经网络结构和功能而建立的一种信息处理系统，是理论化的人脑神经网络的数学模型。其由较多节点（神经元）之间相互联结构成，节点间的连接都代表一个对于通过该连接信号的加权值。基本公式为：$t=f(WA'+b)$，如图1所示，其中：a_1—a_n 为输入向量的各个分量；w_1—w_n 为神经元各个突触的权值；b 为偏置；f 为传递函数；t 为神经元输出。

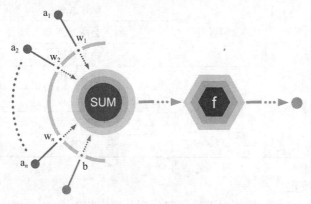

图1 基本公式示意图

2. 向量分量确定

基于估价理论尤其是市场比较法的修正体系，结合估价师的工作经验，归纳汇总影响房地产价值的区域、实物及其他因素，列举对房地产价值有影响近百项子因素进行向量分量的初步分析（表1）。

向量分量初筛表 表1

序号	分类	因素	子因素及评价内容示例
1	区域因素	区域位置	区域至中心城区距离、相对环线等
2		周边交通	交通通达程度、距离轨道交通及公共交通等站点距离等
3		公共配套	周边超市、商业组团、医院、学校等设施
4		区域环境	项目临近公园、江河湖泊等因素
5	实物因素	小区属性	小区整体档次、容积率、绿地率、总建筑面积等指标
6		建筑状况	建筑立面材料、维护维修情况等
7		房屋属性	房型结构、平面布局等
8	其他因素	市场状况	市场供需关系、交易时点等
9		特殊情况	周边好恶因素，包括高压线、垃圾站等

在初步分析结果之上，使用德尔菲法（Delphi Method）进行子因素二次评价，对住宅样点数据进行影响因素量化、建模试验，并对住宅房地产价格影响因素进行调整及二次分类，确定基本向量分量值（表2）。

向量分量调整与选取表 表2

序号	分类	因素	子因素	选取标志
1	区域因素	区域	区片地价	是
2		邻里	生活便利程度	是
3			公共交通	是
4			公园绿地	是
5	实物因素	小区属性	绿化景观	是
6			会所配套	是
7			物业管理	是
8		建筑实物	建造年代	是
9			建材设备	是
10			房屋样式	是
11			装修标准	是

3. 神经元权值确定

神经元权值确定使用线性模型进行回归分析并确定相关参数。使用最小二乘法（OLS）对模型进行多元回归，估计待定系数，并通过对回归系数进行多次统计校验，直到出现最优、最佳回归模型。同时,对于不符合标准的边界数据进行人工处理及校验,最终取得相关参数值。

基本模型公式为:$Y=\beta_0+\beta_1 X_1+\cdots+\beta_n X_n+\mu$,其中:Y 为随机因变量;X 为自变量;β 为回归系数;μ 为随机误差项。

(四)"智慧软件"开发与信息化服务产品探索

在房地产估价理论及方法的基础上,以房地产基础信息库为支撑,通过人工神经网络架构为系统运行提供智能运算规则,我司探索开发"智慧软件"包括前端"i 估价"小程序及后端"百盛评估业务信息管理系统"(图2、图3)等,以信息化服务产品,适应房地产评估业务的新需求。

1. 前端"i 估价"小程序主要特点简述

图2 前端"i 估价"小程序示意图

图3 "百盛评估业务信息管理系统"示意图

"i估价"小程序开发初期即考虑到用户使用便捷性,一是小程序自动识别用户身份信息,后台根据白名单匹配对应用户权限;二是使用产证信息智能图像辨认技术,减少字段手工录入工作,提高用户操作便捷性,进一步提升工作效率;三是询价、评估"一网打通",业务办理资料在线提交、流转,全程实现办公无纸化;四是业务办理情况及进度与用户无缝对接,信息沟通渠道通畅,业务双向交流,任务节点通过微信推送,办理状态实时通知。

2. 后端管理系统配套功能特点简述

"微信询价"模块是我司"百盛评估业务信息管理系统"的重要组成部分,经前端传入数据后,使用"亮灯"形式更为直观地告知后端处理人员待处理状态,处理完成后自动"灭灯",业务处理方式便捷。通过GET及POST方法对相关参数自动拼接,对拼接所得的字符串进行MD5加密,前、后端系统数据自动传输,并保障数据传输安全性。通过数据自动匹配,对前端接收案例进行大数据校验,当触发阈值时,及时进行人工干预,由专业房地产估价人员介入、复核并出具最终结果,保证评估结果准确率。

(五)房地产信息化服务产品探索过程中思考与建议

1. "同质性"较差类别房屋建议使用人工评估方式保障数据准确性

批量评估技术特别适用于大量"同质性"房地产进行批量评估使用,影响价格的因素趋同,如普通公寓类住宅,通过搜集市场数据,建立价格特征模型,再进行校验,可基本实现批量价格评估。

然而,由于数据构建以及拟合基本构建于我司现存的数据库基础之上,数据量堆叠当量相较房屋现存总量还是偏少的。对于一些交易不频繁或特殊地址(如郊区旧式里弄等)的价格输出仍存在难点。该类不具"同质性"特点的房屋应由估价人员介入,进行人工评估或复核以保障数据准确性。

2. 信息化产品开发及迭代升级对公司整体实力要求较高

信息化产品的开发并非一蹴而就的工程,后续随着业务不断深入推进,往往需要不断升级迭代,对于评估公司的整体实力要求较高。我司深感以单独某家评估公司为主体,进行系统开发投入的人力及财力偏大。以某类业务作为系统开发切入点,也难免会导致系统结构偏简单,主题功能单一。

因此,是否可探索由政府主管部门牵头进行系统研发,并逐步开放已备案的估价报告信息库,这对于进一步推进"互联网E时代"背景下的评估业务有着更为积极的作用。

3. GIS等技术凝聚合力,推送"元宇宙"稳定有序发展

房地产评估需要分析房地产价格产生影响的大量空间数据,如区域人工密度及分布、公共服务设施分布以及估价对象的坐落位置特性等,空间属性特征属性较强。通过网络、软硬件终端及用户,探索与外部真实世界紧密相连的平行空间,形成房地产估价维度的一个永续、广覆盖的虚拟现实系统"元宇宙"空间。

同时,信息化服务产品导入GIS(Geographic Information Science),使得估价系统能动态地处理、分析强大的空间和属性数据,将空间信息和属性信息集成管理,实现图文并茂的可视化分析,逐步探索房地产估价从手工作业到电子化的飞跃,并凝聚形成技术合力,推动"元宇宙"进一步稳定有序发展。

参考文献：

[1] 王娟娟，毛博. 基于特征价格模型（HPM）的房地产评估研究综述 [J]. 行政事业资产与财务，2016（1）：84-87.

[2] 卢宏涛，张秦川. 深度卷积神经网络在计算机视觉中的应用研究综述 [J]. 数据采集与处理，2016，31（1）：1-17.

作者联系方式

姓　　名：杨　斌　傅诗峰　石超毅
单　　位：上海百盛房地产估价有限责任公司
地　　址：上海市浦东新区民生路 600 号
邮　　箱：bin.yang@shbrea.com ； shifeng.fu@shbrea.com ； chaoyi.shi@shbrea.com
注册号：杨　斌（3119960042）；傅诗峰（3120140059）；石超毅（3120130024）

新时代房地产估价行业的发展路径探析

时富生　吴怀琴　夏利国

摘　要：随着市场经济的发展，房地产估价行业从诞生到发展，目前进入了一个新的阶段；一方面是自身发展与经济社会的发展相互促进带来了繁荣，另一方面是市场经济的变化，新经济、新业态的来临也给房地产估价行业带来了不适与挑战，房地产估价行业如何发展？新时代人民美好生活对房地产估价的需求，共同富裕战略的实施为房地产估价行业的未来的发展指明了方向。

关键词：房地产估价；新时代；新发展；新路径

习近平总书记在党的十九大报告中鲜明提出："中国特色社会主义进入新时代，我国社会主要矛盾已经转化为人民日益增长的美好生活需要和不平衡不充分的发展之间的矛盾。"中国经济的发展方式出现了较大的变化，房地产估价行业为了顺应经济的发展和国家的战略，在业务范围、技术手段、战略方向、需求类型等方面都出现了新的特征和需求。本文从新时代条件下房地产评估行业面临的挑战入手，对房地产评估行业的新需求、新战略、新发展进行探讨。

一、迎接新挑战：时代变革，沉稳应对

（一）传统业务的萎缩叠加新业态服务能力不足

传统业务的萎缩主要表现在新业态、新技术、新手段、新平台的产生，使得原本属于房地产估价机构的业务转移、流失甚至不被需要。在最具代表性的抵押业务中，不少的金融机构或利用互联网工具，或自行建立评估机构或通过招拍挂形式批量、经济性确定独家估价机构，要么将其他机构排斥在外，要么中标以后批量评估面临严要求、低收费的尴尬。新业态缓慢推进，探索开发的成本较高，企业新旧业态融合困难，加之监管的"紧箍咒"头顶高悬，服务客户的需求多样，造成服务能力不足局面。

（二）新技术的运用，"双刃剑"效应显现

房地产估价市场同业竞争激烈已经是不争的事实，全国房地产估价机构五千多家，有的县城就有几十家之多；不单单行业内竞争加剧，行业间在估价方面"五龙抢水"局面依然存在，《中华人民共和国资产评估法》的实施，又为资产评估、会计师事务所、价格评估等行业进入传统房地产估价服务领域降低了准入门槛。新形势下互联网、云计算、大数据、人工智能快速发展，对传统的评估业务减少，这些技术的应用弱化了传统估价师的工作能力。原本由估价人员完成的工作现在变成系统完成，而且更加高效便捷，并在后期的数据搜集、分析、管理等方面更具替代性；有着传统市场不可替代的优势，这些平台凭借资本的优势在行

业内通过并购、重组、合作等方式直接进入房地产估价领域，直接将传统的抵押类甚至涉执类业务多数拿走，直接"撇房地产估价行业的奶油"，不少中小的房地产评估企业业务量锐减，市场业务的由低向高的挤压，进一步加剧房地产评估市场容量供求的矛盾。

（三）新时代评估业对人才大量需求叠加社会性人才供应脱钩

由于房地产评估行业非国家大力支持发展的行业，也非对国家行业和产业发展紧缺的、具有战略地位的行业。行业的定位决定了要想在全球范围内大量吸收顶尖人才是不切实际的。但目前评估业对人才需求主要体现在评估业的高级人才的需求，高级人才的知识储备和知识结构丰富，尤其是与估价相关而兴起的关联性专业，表现为在"互联网+"、大数据、自动化智能化发展等方面。一般来说，一个行业的转型期对人才的吸引力弱化，在行业或者产业还没有展现出充沛的活力、卓越的抗风险能力、优异的盈利能力之前，这个行业是很难吸引社会性人才进入的；对于房地产评估业这种相对"小众"的行业，在业界的收入水平、抗风险能力均较弱，对社会性人才的吸引力不强，这些专业高素质人才多数投向高新技术产业、"互联网+"、大数据等行业，以期较短时期内获得成功。所以，在目前情势下，房地产评估企业一定程度上存在缺乏优秀的管理团队和专业技术人员，存在一定的人才断档，不能及时满足转型的需要。

（四）行业内同质化服务明显叠加差异化与精细化服务不足

房地产估价本质上是相对规范化和标准化，这也是评估行业的基本要求。但现实却存在估价报告的模板化严重、结论简单、专业度低等状况。市场对房地产价格的评估，很多只关注结果，不关注过程，也缺乏可持续性服务的动力。部分房地产评估公司的估价报告间千篇一律，一样的模板、一样的思路、一样的服务。不少客户打电话找评估公司，声称报告都一样，找谁都可以，且谁能够把价格结果给到位就找谁来做。对那些契合市场需求的业务、差异化和精细化服务，部分评估企业不会做也不愿做。由于差异化服务的市场容量有限，批量不大，企业投入成本高且相关专业的人才缺乏，形成了现有的市场"有人没活做，有活没人做"的尴尬现象。

二、奋进新征程，顺应伟大时代的发展方略，勇立潮头

（一）唱好人民美好生活的主旋律

衣食住行是人民生活最基本的需要，房地产的需求也是最基本的需求。"安得广厦千万间，大庇天下寒士俱欢颜"的奢望，在中国共产党领导下的中国，通过改革开放，发展经济基本实现了"居者有其屋"的初步愿望。党的十九大以来，中国特色社会主义进入了新时代，我国社会主要矛盾已经转化为人民日益增长的美好生活需要和不平衡不充分的发展之间的矛盾。更好满足人民日益增长的美好生活需要，正如习近平总书记指出的那样，是人民生活显著改善，对美好生活的向往更加强烈，人民群众的需要呈现多样化多层次多方面的特点，期盼有更好的教育、更稳定的工作、更满意的收入、更可靠的社会保障、更高水平的医疗卫生服务、更舒适的居住条件、更优美的环境、更丰富的精神文化生活。在这8个方面中，更舒适的居住条件，既有对房地产的位置、面积、装修装饰等方面追求，也有对美好的景观、安静的环境、清新的空气、干净饮水、绿色建筑、节能环保等方面的追求；既有对现实房地产的实际追求，还有对未来可持续发展的远景追求，这些追求会转化为巨大的社会需求，这些需求既是未来房地产企业发展的方向，也是房地产评估行业耕耘的方向。

（二）锚定共同富裕的崭新目标

"共同富裕是全体人民的富裕，是人民群众物质生活和精神生活都富裕，不是少数人的富裕，也不是整齐划一的平均主义，要分阶段促进共同富裕"。在中国共产党领导下，中国式现代化新道路要求最终达到共同富裕这个目标，一方面是要实现社会生产力高度发展、社会全面进步的发达状态，即"富裕"，另一方面是要让现代化成果由全体人民共享，满足全体人民的美好生活需要，即"共同"。共同富裕提出了创新、协调、绿色、开放、共享的新发展理念，通过创新发展提供不断的动力，通过协调发展解决发展不平衡问题，通过绿色发展促进人与自然和谐发展，通过开放发展促进经济内外联动，通过共享发展促进社会公平正义。共同富裕发展理念也为房地产评估业未来的发展指明了道路。

三、着力新发展：坚持"发展是第一要务"

房地产评估行业最大的"蛋糕"就是助力新时代我国共同富裕战略的实施。共同富裕既是党中央的决策部署，也为我们房地产评估业的发展指明了方向。只有顺应国家的战略发展方向，才能做大房地产评估行业"蛋糕"，行业才具有吸引力，才能有技术、资金、人才的持续流入。

（一）"坚持房子是用来住的、不是用来炒的"总定位

"坚持房子是用来住的、不是用来炒的定位，加快建立多主体供给、多渠道保障、租购并举的住房制度，让全体人民住有所居"是习近平总书记在党的十九大报告中的指示精神。房地产评估行业加快产业升级，除了在传统的房地产的抵押、征收、税务等业务以外，应对公租房、租赁房、共有产权房、限价房、经济适用房的租金调研、租赁方式、租赁条件、租金监测监管服务、限价水平的咨询服务等方面进行业务拓展。

（二）为房地产税的稳步推进服务

房地产税在积极稳步推进，2021年10月，《全国人民代表大会常务委员会关于授权国务院在部分地区开展房地产税改革试点工作的决定》公布，授权国务院在部分地区开展房地产税改革试点工作。对试点地区的房地产税征税对象予以明确规定，也明确国务院制定房地产税试点具体办法、试点地区人民政府制定具体实施细则。房地产税立法、改革和试点，是基于规范调节高收入目标，为了房地产市场的健康发展，抑制房地产不合理的上升而进行的，不是降房价，它的本质是调节税，这是共同富裕实现的路径之一，同时也为地方财政寻找新的税源。房地产评估行业是房地产税的直接介入者，无论何种税基，一定有课税的价值，通过房地产评估来实现。鉴于房地产税的复杂性，房地产评估机构可以根据各地实际向当地政府建言献策，为促进房地产市场平稳健康发展，为人民的美好生活奉献专业力量，提供专业服务。

（三）助力乡村振兴，为城乡均衡发展服务

城乡均衡发展，达到共同富裕是我国重大战略，房地产评估业需要实现自身在"城镇化"和"逆城镇化"服务的相得益彰。

目前中国城市化率已经达到较高水平，房地产评估在城市化过程中建功立业，成效显著。党的十八大以来，以习近平同志为核心的党中央实施"精准扶贫"战略，脱贫攻坚成果显著，为共同富裕奠定了坚实的物质基础，但农村仍然是共同富裕的薄弱环节。乡村振兴战略的实施，实际上是实现农民农村的共同富裕，与精准扶贫相比其内涵更丰富，要求更高。

促进共同富裕,最艰巨最繁重的任务仍然在农村。实现共同富裕,重点在乡村振兴,难点在城乡均衡。乡村振兴的关键,归根到底靠发展,产业振兴的可持续性是发展的关键。必须依托农业农村独特资源优势,加快推进乡村产业振兴,发展壮大富民兴村产业,让农民更多参与产业发展、分享增值收益。在乡村产业化过程中,面临着资金、技术、信息、人才、市场、渠道等稀缺,要吸引这些要素进入农村,只有交换。而农村可以用于交换的富余闲置资产是人力和农村集体土地资产,尤其是农村土地资源。只有实现农村产业化的良性可持续运行,才能实现政府有财政税收、企业有商业回报、农民有奔小康的利益获取的多赢。探索以产权为核心的农村土地制度改革,让沉睡的"资源"变成"资产",对农村土地资源的利用恰恰是房地产评估机构的优势和未来产业发展的新方向。房地产评估机构通过对农村集体经营性建设用地的出让、租赁、入股、建设租赁住房或者对农村土地经营权的出租(转包)、入股、再流转、抵押、融资担保,以及土地承包经营权转让、互换,荒山、荒沟、荒丘、荒滩的利用进行评估,提供相关专业意见,一方面开拓了业务范围,另一方面促进了社会资源的有效配置。目前已经有不少房地产评估机构进行探索和布局,紧跟城市化和乡村振兴战略实施步伐,实现将业务拓展至城市更新、共有产权房、新建改建租赁性住房、保障性住房租赁、农村集体土地租赁与征收、农村集体经营性用地入市的房地产价格评估等方面,走出一条新的为"城镇化"和"逆城镇化"服务的发展之路,为城乡均衡发展添彩。

四、开发新技术,融入新业态,做大行业"蛋糕"

房地产评估企业必须积极拥抱互联网、智慧评估、智能化,充分利用大数据、人工智能、云计算等新技术共同建立新平台,采用合作、股份制等形式积极涌入新业态,为房地产评估提供新动能、拓展新市场、开发新业务。智能化是时代的产物,是智慧的结晶,也是未来发展的方向;智能化已经进入寻常百姓家,进入人们的日常生活,也进入政府管理:如公共管理和服务各项工作,交通出行、疫情控制和管理、物业管理等。房地产评估业务也开始实现智能化和信息化,点击网络平台,会进入房地产估价平台;越来越多的专业机构通过整合房地产价值影响因素开发自动估价系统,实现线上评估。目前传统的房地产估价已经基本可以通过周边同类市场的租售情况进行后台的数据演算,实现了初步的自动估价功能。随着各个城市更新数据越来越丰富,市场透明化加强,计算机与互联网工具进一步发展,自动估价服务系统将越来越完善,一个效率更高、质量更优、速度更快的估价系统也会越来越受老百姓欢迎。利用估价技术的智能化,积极开发相应的估价辅助工具,为估价师撰写、审核、提交估价报告以及为委托人了解估价进展、接收估价报告提供便利。将简单重复的工作交由智能化,把估价师精力从重复性的劳动中解放出来,转而投入到个性化、复杂项目,促使评估的效率的提升。

五、培养新人才,坚持人才战略

习近平总书记指出"人才是第一资源",所有的发展和创新均需要人才,新时代的高质量发展更需要人才。房地产估价行业属于知识密集型的以人力资源为主的行业,人才的吸纳和培养是估价行业可持续发展的动力源泉。必须广泛吸纳和培养人才,坚定行业从业人员使命感、责任感和自豪感。首先,人才是吸引来的,"栽得梧桐树,引来金凤凰",房地产估价行业只有提升行业影响力、专业知名度、职业吸引力和自豪感，才能吸引人才。当行业影响力大，职业远景美好，自然会吸引人才进入；反之，人才则会流失，尤其是那些复合型人才更易流失。其次，人才也是依靠自己培养来的，"人才自古要养成，放使干霄战风雨"。人才的培养是一项复杂的工程，需要各评估机构能够系统性培养人才，建立科学的招聘体系、入职培训体系、员工管理体系、全面的技术和继续教育体系、员工考核制度体系和公司文化价值体系。使得不同专业特长、不同职业岗位、不同能力水平的各方面人才各得其所、各展其长，做到"人尽其才、才尽其用、用有所成"，把源源不断的人才优势转化为澎湃不竭的发展优势。坚定行业从业人员使命感、责任感、自豪感，明确从事房地产评估行业的人员是和行业及伟大时代一起进步一起发展的，肩负着一定的历史使命，同时也为伟大祖国的繁荣昌盛，为助力新时代的伟大战略奉献力量，增强职业的自豪感，提升自信心。

六、开拓新路径：专业、多元、跨界、创新发展

（一）不忘初心，才能走得更远

习近平总书记指出："一切向前走，都不能忘记走过的路，走得再远、走到再光辉的未来，也不能忘记走过的过去，不能忘记为什么出发。"房地产评估的初心是为社会提供公平、公正、真实、客观的房地产价值。该价值作为经济社会"信用基石"，起着"平权衡正度量"的作用，也是估价的根本。尤其是在司法鉴定、税务征收等鉴证类评估过程中，必须坚守底线，牢记估价的"初心"，做行业忠诚卫士，做公平、公正的"守护者"，同时也为新时代的"共同""公平""平等"站岗。

（二）开放多元、国际化、联合跨界才能更强

（1）开放型发展。助力共同富裕，实施走出去战略，一方面可以在全球市场开展业务，另一方面也可以在全球战略中分享成果，有自己的声音和提高中国房地产估价行业在世界的地位。

（2）多元化发展。多元化一方面可以分散风险，另一方面也可以拓宽企业或行业的发展路径。当一个行业发展遇到瓶颈，或者企业拥有多元化的资源，能够促进企业发展的时候，那么多元化的发展将为较好的选择，"东方不亮西方亮"就是较好的诠释。对房地产评估行业来说，其多元化路径往往是和房地产业相关、与评估行业相关的前向发展、后向发展和旁侧发展。前向发展是以评估为支点，形成房地产的经纪业务、房地产造价、房地产开发、房地产可行性研究、社会稳定性风险评估、参与地方征收方案的研究与制定等业务；后向发展是房地产评估以后的房地产价格动态跟踪，包括财务咨询、企业融资、合作、股份制、设立，甚至参与破产清算业务、资产重组业务咨询，进行全局化、动态化、多元化的项目调研和策划工作等业务；而旁侧业务则是估价类业务，包括资产评估、价格评估、财务咨询等业务。目前这些业务不少机构正在进入，业务开展状况也较好。

（3）行业联合发展。"单丝不成线，独木不成林"，房地产评估行业内企业强强联合、跨区域跨界发展、相互合作已成共识。目前情势下，面对传统业务的萎缩，新业务转型的困难，竞争将不可避免，竞争惨烈使得一些公司选择合作，共同发展和联合发展成为常态。在竞争与合作关系选择上，合作是最佳选择，竞争虽然可以使效率更高，产品或者服务更好，但也存在着资源的浪费，你死我活的结局更令机构心存忌惮。只有合作，才能各方共赢。强强联合是趋势，有的是行业内联合，有的是跨区域联合，还有的是跨界联合。一些规模较

小、实力较弱的评估公司，如果没有核心竞争力也不能顺应形势变化，将会自行消亡或者被兼并；反之那些有核心竞争力能够顺应形势变化的评估公司将会壮大。强强联合可以是相关领域的公司联合，更可以在异质领域进行合作，如与互联网、智能化、金融机构等组成新的联合体。房地产评估机构通过跨区域、跨界的发展与联合能够实现在不同区域的业务类型、客户资源、人才资源和技术资源的共享，既可以顺应时代需求，也可以抵御系统性风险，使得这些房地产估价机构或者联盟在资源、技术、业务范围、市场拓展直至经济效益方面都得到巨大提升，如中瑞世联资产评估（北京）有限公司、国众联、深圳国策、戴德梁行、中房评、上海中估联行等。

（三）坚持创新才能永立"潮头"

我们所处伟大时代的脉络就是创新，唯有创新才能跟上时代的发展，唯有创新才能适应新需求。一方面，新时代需要创新性发展，以加快转变经济发展方式，增强经济总量，提升国力；另一方面，行业的发展也只有通过实施创新驱动发展战略，才能提高社会劳动生产率，提高群众收入水平，为共同富裕打下坚实基础。房地产评估业尤其需要创新性发展，其业务范围、估价的理论、估价的方法甚至是估价的思路和流程、估价对象的需求都在变化，唯有时时创新才能永不落伍，才能进步发展；只有创新才能做到人无我有、人有我精，才能先人一步、抢占先机。唯有创新，才能完成更多业务，提供更优服务，也才能立于不败之地。

"潮平两岸阔，风正一帆悬"房地产估价行业虽然面临一定的困难，但也正处于历史上最好的时期。我们必须不忘初心，克服困难，积极融入伟大时代的洪流，助力社会公平、共同富裕，房地产评估业的发展一定能够实现新的辉煌。

参考文献：

[1] 中国房地产估价师与房地产经纪人学会.《房地产估价原理与方法（2021）》[M]. 北京：中国建筑工业出版社，2021.

[2] 习近平. 扎实推动共同富裕 [J]. 求是，2021（20）：4-8.

[3] 张占斌. 共同富裕是中国式现代化的重要特征 [N]. 人民日报，2021-10-12（10）.

[4] 郁建兴. 接续推进从全面小康迈向共同富裕 [N]. 光明日报，2021-06-23（3）.

作者联系方式

姓　名：时富生　吴怀琴　夏利国

单　位：安徽中立公鉴房地产资产造价评估有限公司

地　址：安徽省合肥市高新区习友路1689号深港数字化产业园7号楼7A-3701室

邮　箱：953918688@qq.com

注册号：时富生（3420160068）；吴怀琴（3420200014）；夏利国（3420100009）

基于党的二十大视角浅谈房地产估价行业发展

甘立彩　赵克会　丁洪富

摘　要： 目前房地产估价行业主要依赖法定估价业务，存在"僧多粥少"恶性竞争、社会认可度下降，业务集中在传统法定估价、智库服务难以发挥，新课题新业务研究不足、缺乏研究型估价人员，行业信息化程度不高、信息壁垒未能打破等问题。笔者在分析房地产行业持续下行带来估价业务缩减挑战、自然资源领域大量改革带来房地产估价行业发展新契机、党的二十大指导思想带来房地产估价行业新增长点等挑战与机遇的基础上，从转变经营思路、拓宽业务范围，紧跟前沿政策、挖掘新业务增长点，强化信息化产品品牌优势、增强行业业务水平三方面提出房地产估价行业发展的相关建议。

关键词： 房地产估价行业；自然资源领域改革；转变经营思路；新业务增长点

一、房地产估价行业发展现状及存在的问题

（一）"僧多粥少"恶性竞争，社会认可度下降

随着经济高速增长和房地产行业飞速发展，房地产抵押、征收、司法和课税等相关业务大量涌现，给房地产估价行业带来了大量的机遇，房地产估价机构和估价师队伍迅速壮大。据相关研究报告，截至2020年，国内一级房地产估价机构增长至826家，持有房地产估价师资格证书的人数突破7.1万人。近年来，房地产估价行业面临着内、外多重竞争的局面，房地产估价业务大量缩减：一方面随着银行、担保公司等金融机构内评机制的产生，部分房地产估价业务由金融机构的内评部门直接估价，不再委托房地产估价机构，减少了房地产估价业务数量；另一方面随着信息化大数据的应用，阿里和京东将大数据引入房产估价司法评估领域，采用大数据分析的方式进行房地产估价。虽然这种大数据估价的法律效力不及传统房产估价报告，但其时间效率和可信度容易赢得认可。同时，大数据时代的到来，那些不属于法定估价的业务逐渐被大数据查询所取得，进一步减少房地产估价业务数量。

由于传统常规业务的房地产估价在技术、流程等方面极为成熟，且房地产估价师通过理论学习和项目经验均较容易掌握，在房地产估价行业外部激烈竞争的背景下，房地产估价行业内部各机构间竞争也愈演愈烈。估价机构数量多且规模普遍较小、竞争能力较弱，估价人员的专业背景差异大、技术能力良莠不齐，从事复杂项目的研究和总结经验缺乏，大型或项目类型复杂多样化的房地产估价业务无能力承担，但因其为了维持机构的运营发展，不得不放弃品牌意识而低价竞争获取业务。循环的恶性竞争，估价机构承接的业务收入仅能覆盖对项目的投入成本，难以留住专业技术能力强的估价师，估价业务执行质量难以保证，致使公众渐渐认为房地产估价收费是可以通过谈判来压价、估价仅为了走个流程而出具估价报告、

估价技术含量不高，估价机构和估价师逐渐失去应有的社会尊重。

（二）业务集中在传统法定估价，智库服务作用难以发挥

目前房地产估价业务主要为法定估价业务，从估价目的角度来看，主要业务可分为房地产抵押贷款、房屋征收补偿、人民法院拍卖房地产、房地产税收、房地产作价出资设立公司、上市公司关联交易、投资性房地产公允价值计量等传统房地产估价业务。虽然受限于房地产行业相对单一，业务扩展的深度有限，法定房地产估价业务可挖潜空间有限。多数中小估价机构仅有房地产估价资质，部分机构业务范围扩展到土地估价，甚至资产评估资质，但受限于人员结构和业务能力，业务范围仍停留在房地产（土地）抵押贷款、房地产（土地）司法评估、房地产征收估价、简单的资产评估等。一些大型的估价机构也主要依赖法定估价业务，很少能提供法定估价业务外的专业服务而获取市场业务，尤其是一些不受资质限制的相关领域。如房地产行业从土地供应前的策划到建设项目的竣工或物业生命周期终止全流程的调研、策划、咨询等专业化服务，尤其是房地产估价师和土地估价师合并为房地产估价师，业务范围需要有新的突破。

（三）新课题新业务研究不足，缺乏研究型估价人员

房地产估价理论技术方法体系较为成熟，法律及行业管理制度配套越来越完善，对估价业务执行过程及估价报告本身的规定越来越规范，提供的房地产估价报告版本越来越规范。但房地产估价仅按委托方的委托出具法定估价报告，一般并不具备主动为委托方解决矛盾堵点的水平和能力，尤其在恶性竞争的背景下，很难赢得市场的业务。行业内房地产估价人员结构较为复杂，分工也相对明确。一线从业人员主要因房地产估价业务容易上手、收入相对稳定而进入行业，疲于重复性常规业务，无充足的时间横向、纵向总结和增强专业知识储备；中层管理者忙于审查复核报告、机构标准流程和制度执行等，逐渐与业务脱钩，视野范围也逐渐局限在如何使程序合法、使技术参数及过程合理、咬文嚼字规避法律风险的层面，缺乏充足时间去研究国家的新政策、新业务；高层管理者主要忙于业务拓展，人际关系维护上，难以有足够的时间去潜心研究新业务，新理念因手下无专业研究人员难以实践。除了行业协会、专家、大学教师、科研人员外，很少有估价师做估价业务横向拓展和纵向延伸的研究，缺乏必要的知识储备、参与前沿业务的能力，难以对新政策解读、对新业务敏锐捕捉，如园林草分等定级估价、自然资源清查核算等业务，生态价值评估核算及生态产品价值实现路径的探索研究等，难以适应自然资源改革的需要。

（四）行业信息化程度不高，信息壁垒未能打破

一是信息化时代的到来，房地产估价行业受到了较大的冲击，尤其是抵押估价和司法评估的相关业务，究其原因是房地产估价行业未能及时抓住信息化的浪潮，阿里、京东、淘宝、房天下、锐理、克尔瑞等有效抓住了房地产交易的相关信息，形成了自己专业化的信息服务产品，赢得了市场认可。二是目前房地产估价赖以生存的市场比较法案例尚不能通过大数据的渠道获取，难以适应新时代房地产估价市场的需求。三是鉴于单个估价机构资金实力、开发人员的技能水平等限制，各房地产估价机构信息化建设主要为企业的内部管理提供支撑，部分企业将信息化应用到估价业务中，但总体来看均未形成强有力的信息化应用服务产品，未能形成自己的品牌竞争力。四是房地产估价作为自然资源行业的一个组成部分，在"十四五"期间，房地产估价行业亟须融入服务自然资源重大改革中来发挥估价师的"智库"支撑，但目前房地产估价行业尚未深入融入自然资源重大改革中。

二、房地产估价行业发展的挑战与机遇

（一）房地产行业持续下行带来估价业务缩减挑战

2021 年以来，房地产行业景气度不断下行，"房住不炒"仍为政策主基调，"保交楼"作为当前房企的重点工作之一，"停工断贷潮"打压市场信心，消费者观望情绪上涨，土地和房地产市场下滑明显。

根据 CRIC 统计的数据，2022 年 1 月至 6 月，100 个大中城市成交土地规划建筑面积累计 6.79 亿平方米，同比下降 28.75%。一、二、三线城市土地成交规模和成交土地溢价率均有所下降，房企拿地意愿较差，私企拿地极为谨慎，央企、地方国企托底现象较为明显。

2022 年 1 月至 6 月，商品房销售面积 6.89 万平方米、销售额 6.61 万亿元，分别同比下降 22.20% 和 28.90%，商品房销售均价为 9586 元 / 平方米，同比下降 8.6%。2022 年 6 月，百城商品住宅库存量为 60137 万平方米，同比增长 4%，商品住宅库存去化周期平均为 20.86 个月，供大于求现象突出，购房者预期持续走低。

目前房地产土地市场、商品住宅市场均出现明显的衰退现象，预计在整个经济转型的"十四五"期间都难以有较大的改变。虽然短期内房地产抵押项目减少、司法项目增加，但长期来看房地产市场活跃度下降，房地产开发、融资、交易等相关活动数量减少，将严重影响房地产估价行业的发展。

（二）自然资源领域大量改革带来房地产估价行业发展新契机

2018 年 4 月，自然资源部成立，党中央赋予自然资源部统一行使全民所有自然资源资产所有者职责，统一行使所有国土空间用途管制和生态保护修复职责。2019 年 4 月，中共中央办公厅、国务院办公厅印发《关于统筹推进自然资源资产产权制度改革的指导意见》，对健全自然资源资产产权体系、开展自然资源统一调查监测评价、加快自然资源统一确权登记等工作进行了部署。目前全国层面在国有自然资源资产清查及价值核算、自然资源统一确权登记、国有自然资源资产委托代理工作等重大事项上，还存在大量亟须探索和亟待解决的问题，为房地产估价参与自然资源（建设用地、储备土地、耕地、园地、林地、草地、湿地、海域等）清查核算、委托代理后的自然资源资产的负债表编制、自然资源资产年度价值评估、各级领导自然资源离任审计评估等提供契机。

（三）党的二十大指导思想带来房地产估价行业新增长点

房地产估价机构是集聚估价相关技术人才的"智库"服务机构，是自然资源管理领域的重要组成部分。因此，在自然资源管理领域重大改革关键时期的"十四五"期间，紧跟改革、尽早主动参与到自然资源改革领域，将迎来房地产估价行业的重大改革和突破。2022 年 10 月 16 日，在党的二十大会议上习近平总书记明确提出提升生态系统多样性、稳定性、持续性，建立生态产品价值实现机制，完善生态保护补偿制度，全面推进乡村振兴，坚持农业农村优先发展，坚持城乡融合发展，畅通城乡要素流动，全方位夯实粮食安全根基，牢牢守住十八亿亩耕地红线，逐步把永久基本农田全部建成高标准农田，健全耕地休耕轮作制度。自然资源清查核算、自然资源生态价值评估、生态产品价值实现路径探索及补偿机制、集体经营性建设用地入市估价、耕地休耕轮做补偿标准调查评估等新业务的出现为房地产估价行业发展提供新的增长点。

三、房地产估价行业发展的建议

（一）转变经营思路，拓宽业务范围

1. 拓宽房地产估价机构资质范围，横向拓展业务范围

随着原房地产估价师与土地估价师合并为房地产估价师，房地产估价业务范围可以拓展到土地估价、咨询行业。土地估价不仅涉及国有建设用地出让、转让、抵押等相关估价，同时涉及集体经营性建设用地入市、农用地分等定级、农用地基准地价编制、园林草等定级等法定估价业务相关的业务范围，可有效丰富房地产估价行业的范围。作为专业估价服务机构，横向发展取得资产评估、工程咨询、项目管理、工程造价、房地产策划等相关资质是一种趋势，这些业务范围拓宽可以为房地产成本法、市场比较法等房地产估价所需的估价参数提供支撑依据。通过资质范围的拓展，可以丰富业务范围和上下游产业链，从而形成多样化的业务体系。

2. 从"等靠要"法定估价转变为"谋钻干"专业化服务

法定房地产估价业务主要来自经济行为的需要，最终提交的估价报告能够作为经济行为办理的要件之一，这类业务主要依靠估价机构被动接受业务，未能调动估价人员的主动提供专业智慧服务的作用。笔者建议：在扎实推动法定估价业务同时，谋划房地产开发全流程、全产业链条业务服务。以房地产估价为切入点，深入学习和研究房地产开发全流程，扩展房地产服务业全流程链条，响应政府和房地产公司等市场主体多样化的需求，提供"一站式"房地产产业链条和全生命周期的价格评估服务、政策咨询、土地投资决策咨询、土地调查、市场调查研究、融资咨询策划、项目可行性研究、项目管理咨询、项目营销策划、企业培训等专业服务。

（二）紧跟前沿政策，挖掘新业务增长点

一是认真研读党的十九大、党的二十大报告及自然资源领域"十四五"期间重大改革政策，从实际出发，找准切入点，快速融入服务自然资源改革中去，充分发挥估价师"智库"的支撑作用。如："中国人要把饭碗端在自己手里，而且要装自己的粮食"涉及农用地分等定级估价、耕地"占补平衡"和"进出平衡"中的耕地地力评估、耕作层剥离和再利用中的耕作层价值评估、耕地轮休补贴及耕地地力保护补贴相关标准的调查与评估等相关业务；"健全自然资源资产产权体系、开展自然资源统一调查监测评价、加快自然资源统一确权登记等"改革工作，需要估价机构可以参与自然资源实物量及价值量清查核算、全民所有自然资源资产平衡表及资产负债表编制试点探索、全民所有自然资源资产所有权委托代理机制中的所有者对代理人考核涉及的年末自然资源价值评估、领导干部离任审计涉及的自然资源资产价值评估等相关业务；生态保护修复中涉及生态损害及补偿评估、生态产品价值实现中涉及价值评估和农用地相关生态价值评估等相关业务。因此，房地产估价机构需要潜心研究最新的法律法规和相关政策，敏锐捕捉业务增长点，提升业务服务水平。二是调动行业内不同专业背景的房地产估价师，潜心研究新业务和新课题，集估价师的集体智慧来解决自然资源改革中的各项前沿问题。在新课题研究的基础上，自然资源改革领域的相关标准制度逐步完善，逐渐形成成熟的房地产估价业务新增长点，然后通过制定行业规范形成普及的常规房地产估价服务业务。三是通过房地产估价师考试内容改革、房地产估价师继续教育、行业协会论坛等方式加强行业内部培训，提升估价机构及估价人员的知识储备和技能水平，同时吸引

不同专业背景的人员取得房地产估价师资格，不断带动房地产估价行业整体水平提升。

（三）强化信息化品牌优势，增强行业业务水平

建设高效稳定、具有前瞻性的信息化系统已经成为众多政企发展的刚需，是助推各行各业信息化、智能化转型升级的引擎。估价机构单兵独战的信息化，无法形成强大竞争力的信息化产品。建议中国房地产估价师与房地产经纪人学会及各地协会牵头，成立以自愿参与信息化建设的房地产估价机构为股东的信息化研究中心，集中调动行业资金和人才，以专家委员会及专家库为基础，联合调动高校力量，联通地方住房和城乡建设部门、规划和自然资源管理部门等相关数据端口，开展自然资源领域评估信息化产品研发和开发，融入国土空间规划"一张图"建设，形成研究中心专利信息化产品，各估价机构在具体估价业务中通过购买服务的方式使用该信息化产品，形成研究中心的品牌效应，同时通过政府委托的自然资源领域相关改革课题研究，用来保障研究中心的后续运营，提升行业整体信息化水平。

参考文献：

[1] 王燕. 当前我国房地产评估行业存在的问题及对策研究 [J]. 对外经贸，2012（12）：72-73.

[2] 毕正华. 我国当前房地产评估业存在的问题及对策建议 [J]. 金融与经济，2007（9）：30-31.

[3] 程阳春、姬新民. 当前我国房地产评估行业存在的问题及对策研究 [J]. 广东财经职业学院学报，2004（4）：36-39.

[4] 姜菊. 当前我国房地产评估行业存在的问题及对策研究 [J]. 黑龙江科技信息，2013（36）：279-279.

[5] 祁莉莉. 现阶段我国房地产评估行业存在的问题及对策分析 [J]. 中国集体经济，2014（21）：14-15.

作者联系方式

姓　　名：甘立彩　赵克会　丁洪富

单　　位：重庆市勘察规划设计有限公司

地　　址：重庆市渝北区黄山大道中段 64 号 12 幢 6-1

邮　　箱：306152523@qq.com

新形势下房地产估价机构建设新要求

陈爱兰

摘　要： 面对当前房地产估价行业发展的形势，提出新形势下房地产估价机构发展新要求，重点从人才培养、资质建设、品牌效应、技术提升、内部管理等方面，提出房地产估价机构持续稳定发展的新要求。

关键词： 估价机构建设；新要求；人才；资质；品牌；技术；管理

随着当前房地产市场经济的发展和科学技术的飞速进步，房地产估价行业面临着前所未有的挑战，传统房地产估价业务逐渐萎缩，已无法满足大数据时代的发展，房地产估价机构应当顺应新形势的发展，加强改进机构建设新方向是估价机构长期稳定发展的必然要求。

一、房地产估价机构现状

传统的房地产估价机构多数是由原先体制内机构改革衍生出来的，随着市场准入及房地产市场的蓬勃发展，房地产估价机构的队伍迅速壮大，截至2021年，国内一级房地产估价机构已经增长至952家，加上二级、三级机构及分公司的设立，估价机构的数量达到上千家。各个机构的管理参差不齐，特别是一些资质等级较低及分公司的机构管理不到位，一定程度上限制了房地产估价机构的发展，主要表现在以下几个方面：

（一）机构人才建设不重视

随着信息化大数据的发展，传统房地产估价业务逐渐萎缩，多数机构或出于考虑经济效益因素或安于现状，估价人才的建设仅局限现有业务层面或资质等级的必要，面对新形势下人才如何培养、培养什么样的人才思考不够，且力度跟不上，导致眼下棚户区改造阶段结束，多数机构的业务量明显不足，且因日常的人才建设不重视，一些新型业务没有承接能力，一定程度上制约了估价机构的持续发展。

（二）资质建设标准不能满足现有市场

随着市场经济的不断发展，新型房地产估价延伸业务已逐步走向市场，房地产估价机构要寻求新的发展方向，必须要有建设高标准、相关联资质的意识，走规模化发展道路，加强多资质、高标准的团队建设。如今年下半年的房企专项债业务、国资的单项房地产交易等，这些都是典型的专项房地产评估，但报告要求必须是资产评估形式，单一的估价机构很难承接；再如一些破产重整、成本核算等新型的估价业务，通常委托人考虑到这类业务的综合性比较强，在资质要求方面比较高，一级以下的估价机构很少考虑。单一的低标准资质显然不能满足估价机构的发展，严重的甚至会带来房地产估价机构的生存危机，多资质、高标准是当前新形势下机构发展的必要条件。

（三）品牌创建意识不强

随着房地产行业的快速发展，房地产估价行业随之快速兴起，房地产估价机构及各分支机构更是遍地开花。不同估价机构的经营理念、管理要求等不同，机构的品牌创建意识也不同，多数机构本着安于现状的原则，在机构的长期发展中缺少品牌创建的要求，从而形成社会对本行业的认同度逐步下降，特别近几年一些传统估价业务如金融抵押类的收费一降再降，估价师的社会地位同时下降。

（四）技术力量薄弱

早些年，有人提出"估价是一门艺术"，但我更要强调，估价更是一门科学，需要有过硬的技术力量支撑，特别是一些新型的业务类型：如地块可行性测算、资产破产重组评估、城市更新改造可行性评估、房地产相关的大数据系统更新维护、专项债评估等，对这类业务的技术力量要求很高，估价师不仅要具备估价能力，同时更要有建筑、经济、财务、计算机、绘图等方面的技术能力，一般的机构很难满足这类技术要求。

（五）内部管理水平低

前几年受棚户区改造的影响，征收类估价业务量骤然增加，各个估价机构包括各分支机构纷纷介入这类业务，多数估价机构尤其是二级以下及各分支机构日常管理比较松散，加上征收业务的特殊性（通常都是外勤），机构对人员的业务能力、执业道德、现场的沟通协调能力等不能够管理到位，出现估价机构资质挂靠、人员相互借用、估价师自由裁量权过大、估价师受贿、征收人到处信访等现象。

二、新形势下房地产估价机构建设的要求

结合国家经济高质量发展的要求及本行业发展新趋势，房地产估价机构应当在加强人才建设、创建估价类多资质高标准、加大机构品牌建设提高机构信用度、引进高端估价专业技术提升估价专业水平、加强内部管理提升机构竞争力、保证机构持续稳定发展等方面作出新要求。

三、新形势下房地产估价机构建设的举措

结合本公司的一些做法，面对新形势下机构建设的新要求，提出人才、资质、品牌、技术、管理等方面建设的新举措。

（一）坚持"人才强企"战略

人才是强企之根本、兴企之大计，公司三十年来一直实施"人才强企"战略，通过外引内培、制度保障等措施，形成"引得进、培得出、用得好、留得住"的人才机制。

1. 优化结构引人才

坚持"三重三更重"即重学历、重职称、重资格，更重实践、重能力、重水平的人才招引机制，通过薪酬设计引进有良好工作业绩、丰富实践经验、独立工作能力的实用人才，不断优化人才结构。如近几年我们陆续引进了在城市更新改造成本控制、房地产开发模式分析、房地产市场研究、房地产税务咨询等方面有比较丰富经验的人才，优化了传统估价人员的业务类型，为新形势估价新类型业务的开展提供优质的人才保障。

2. 加大力度育人才

通过建立具有吸引力、竞争力的制度链，多举措、多渠道加大人才培育力度。如通过执业资格奖励、优先提拔重用等制度鼓励员工自我培养；建立内部考核机制保证执业资格人员的后续教育不流于形式，成立公司内部培训学院，学院内师资均由行业内的业务骨干担任，通过导师制、师徒结对等点对点形式确保内部培训效果；设立外部培训奖励补助资金强制业务骨干参加外出交流学习、业务研讨会议等外部培训活动；设立创建"五一岗位能手"通道鼓励员工参加各类技能大赛，不断提升员工专业胜任能力和实务操作水平；大力营造有利于员工成长的良好环境，并通过党建"牵手连心"活动将人才发展计划与公司发展战略密切衔接，采用"党员联系群众、干部联系职工、党政高管联系新晋干部"等措施，大力实施"依靠70后、发展80后、培养90后"人才计划，强化企业人才培育梯队建设。

3. 搭建平台用人才

让员工进步有目标、发展有方向、成长有通道，公司为员工建立"岗位、职务、股东、社会管理"4个平台，建立人才提拔标准和股东晋升机制，公司30年来有10多人次当选为省、市、区人大代表和政协委员，30多人被聘为省、市检查专家、评委、教授等，4人次获得全国、省、市劳模称号，29人晋升股东，形成了推动企业高质量发展的强大人才力量。

4. 完善机制留人才

公司一直坚持"六个留人"人才机制，即：事业留人、待遇留人、感情留人、环境留人、机制留人、文化留人。通过建立按劳分配、绩效优先、兼顾公平的分配机制确保人才优待，建立股东权益职工化，确保全员能够享受到公司发展红利，设立"养老、医保、失业、生育、工伤、意外伤害、企业年金、住房公积金、荣誉退休金"六险三金，充分保障员工的福利待遇，让员工能够在公司这个大环境下全身心投入工作，极力营造"我自豪、我奋斗、我快乐、我健康"的企业文化氛围。

（二）坚持"多资质、高标准"建设

资质建设是企业赖以生存的资本，公司30年来一直走在资质建设路上，这也是新形势下估价机构发展的必然。

1. 成立资质建设小组。为适应市场经济的发展，保证估价机构的延续稳定，公司专门成立资质建设小组，指定公司高管担任负责人，具体负责公司资质的延续、升级、关联业务资质的申报。每年年初提出资质建设计划，便于年中对照资质申请要求准备好相关材料，做好资质的延续、升级或新资质的申请。当前我公司具有房地产估价一级资质，关联的土地估价、资产评估均为最高级别。

2. 积极探索新业务类型资质要求。当前与房地产估价业务相关的测绘、碳中和评估、水土保持等业务类型，都是新型房地产估价业务的延伸。如征收评估业务多数委托人都要求自带测绘资质、碳中和评估涉及资产评估、可行性咨询等行业、房地产价格备案评估涉及水土保持分析咨询，这些都是对估价机构未来多资质建设的必然要求，这些我公司早已提前做好谋划，有些都已取得相应的资质证书。

（三）加大品牌建设，为拓展新估价业务类型提高信用度

公司一直坚持以"以质量求生存、以信誉求发展"的发展理念。当前形势下估价机构的品牌尤其重要，也是创新发展的大好机会，估价机构应当借此机会切实加强自身的品牌建设，创建良好品牌，为拓展新业务提供更大的服务平台，不断提高知名度和信用度。

1. 党建品牌。公司于1995年建立党支部，2013年成立党总支，2015年经批准成立党委，

下设10个党支部，每个支部对应相应的业务条线，公司管理层和党组织负责人"双向进入，交叉任职"，建立完备的规章制度和规范的工作流程，形成了团结向上、示范引领的领导集体。多年来，始终围绕经济抓党建，抓好党建促发展，实现党建工作与公司发展共建双赢，多次受到中组部的肯定，先后获得"全国文明单位""全国创先争优先进基层党组织""全国模范职工之家""全国青年文明号""全国巾帼文明岗"等10多项国家级荣誉，这些荣誉的取得给公司行业的发展带来了很大的品牌效应。如一些特殊类型的房地产估价业务，多数委托人都会主动邀请我们。

2. 质量品牌。质量品牌是所有企业生存的根基，我公司也不例外。公司自成立以来，一直设专门的质量管控部门，实行估价师、项目负责人、部门负责人、公司技术负责人四级复核流程，所有流程通过OA系统设计复核意见、修改依据上传、修改结果提交等层层强制管控，从而保证复核流程不流于形式。另外公司专门成立技术小组，技术小组包括公司内外的行业内专家，对涉及复杂、特殊类型的房地产估价业务必要时会启动专家复核流程，确保业务质量。公司连续多年获得行业先进集体、诚信单位、房地产中介十佳企业、房地产征收服务优秀单位等市级以上多项荣誉，连续10年因房屋征收评估质量成果优秀获得市住房和城乡建设局表彰。

3. 社会品牌。长期以来，公司在创建行业品牌的同时，更关注社会公益品牌，多年来，分别开展各类奖学金、河南抗洪、十年"援疆结对帮扶"等捐赠助学、赈灾救助、扶贫济困、抗疫慰问公益活动，累计捐款达3000千万，2021年由公司法人发起捐赠1000千万成立仁禾教育基金会，引起市委市政府的高度认可，进一步提升公司的社会品牌。

（四）加快估价业务技术的建设，提升机构估价专业水平

技术是机构的核心竞争力，新型估价业务与传统估价业务相比对专业技术的要求更高、更严，特别是涉及其他专业的技术要求，机构必须加快这方面的建设更新，以便尽快适应市场需求。

1. 设立技术顾问岗位。面对传统的估价业务，公司专门设立技术顾问岗位，顾问岗位由公司技术负责人担任负责人，成员由公司内外行业专家组成，确保业务技术适时更新提升。随着估价当事人对估价业务的深入了解，估价机构的技术提升是必然，如在房屋征收评估中，要求对被征收人进行现场说明和解释，涉及房地产处置对当事人异议的处理等，这些传统的业务技术要求都非常高，稍不留神就会出问题。

2. 引进高端技术能力。面对大数据房地产市场分析咨询、地块平衡测算、专项债评估等新型业务，公司专门引进计算机、法律、研究咨询类等方面的高端技术，通过外出培训、寻求合作、自学等各种方法引进相关的技术能力，以适应新型业务需求。

3. 成立课题组。为鼓励新型技术的开发研究，公司专门成立课题组，年初拿计划，经公司技术顾问小组审批同意后，明确课题组成员，对研究出的新技术经应用确实取得一定的成效时，公司给予一定的奖励。

（五）加强内部管理，提升机构竞争力

如果说人才、资质、品牌、技术是估价机构生存的基本要素，那么管理就是对这些要素的统一组织和运用，估价机构在综合人才、资质、品牌、技术建设的同时，内部的管理建设是最终的关键，很多优秀的企业由于内部管理出现问题导致企业逐渐衰退，失去市场竞争力，是非常可惜的。

1. 建立完整有效的内部管理制度。通过制度统一约束大家的行为，便于公平管理才能

达到相应的效果。公司从成立至今一直都在不断地更新完善各类制度，现有人事、财务、档案、培训、薪酬、股东晋升、休假、社会保障等一整套非常完善的内部管理制度。

2. 实行有效的内部考核机制。有了制度，落实到位是关键，通过办公自动化设定各项制度的落实，如档案管理，到期未能按要求归档的项目系统会多次自动提醒等，同时公司有专门的考核小组，通过月度例会，及时通报各部门制度落实情况，确保制度不落空。

3. 设立合理的各层级组织构架。为方便制度的实施，公司从党、政、共、青、妇五位一体，分别设立行之有效的各层级组织构架，以党政为统一核心，分工明确、落实到人、责任分明，同时党政负责人一肩挑，确保机构管理到位。

四、新形势下估价机构建设的重要意义

（一）改变传统估价机构现状

通过人才、资质、品牌、技术、管理的提升建设，不仅可以改变传统估价业务现状的弊端，更是估价业务新类型的要求，也是保证未来估价机构长期稳定发展的需要。

（二）新形势下估价行业发展的必然

随着数字化时代的来临，传统房地产估价业务不再是行业的主导地位，估价机构在适应新形势、新经济的发展中必然会不断寻求新的发展业务类型，也必然带来新形势下估价机构建设新要求。

总之，面对新形势下估价机构建设新要求，估价机构在进行现状分析，探索机构建设新要求、新举措，了解机构建设重要意义的基础上，通过介绍公司在人才、资质、品牌、技术、管理方面的做法，便于相互借鉴。

作者联系方式
姓　　名：陈爱兰
单　　位：江苏仁禾中衡工程咨询房地产估价有限公司
地　　址：江苏省盐城市盐都区高新区服务大厦 1188 号 20 楼
邮　　箱：827488205@qq.com
注册号：3220020123

浅谈新形势下房地产估价发展的新契机

任春波

摘　要：新形势下，房地产估价机构普遍面临发展的难题，也带来了新的发展契机，本文从评估业务、评价业务、调查业务、咨询业务四个方面阐述了新兴业务的主要业务类型，希望为机构的发展提供一些有益的建议和思路。

关键词：新兴业务；评估业务；评价业务；调查业务；咨询业务

经济社会的发展变化犹如海上的巨浪，面对传统业务市场的萎缩和新兴业务的崛起，与其等待新浪潮的冲击，不如主动拥抱，做与时俱进的弄潮儿。新形势下，众多新兴业务不断涌现，从传统的评估业务，到评价业务、调查业务、咨询业务，房地产估价机构应积极开展这些领域的业务发展，实现机构的转型发展。

一、评估业务

评估工作是房地产估价的传统领域，在这一领域，我们经历过城市拆迁、棚户区改造、银行抵押、司法处置等经济社会发展和政策所带来的红利期，也正是在这一传统领域，很多评估机构都实现过自己的辉煌业绩，达到过企业发展的顶峰。但在新形势下，随着传统业务市场的萎缩，房地产估价机构正在经历企业发展的剧痛，业务量骤减、公司发展岌岌可危是目前大多数企业所面临的现状。

历史发展的规律告诉我们，房地产作为经济价值、社会价值的重要载体，对房地产估价的需求永远都会存在，随着社会经济的发展变革，它会以板块轮动的形式在各个板块间活跃。如：征收、棚户区改造减少，城市更新崛起；房产抵押减少，REITs崛起；新建商品房减少，资产管理崛起；房地产交易减少，房屋租赁崛起；国有土地交易量减少，集体土地崛起。

二、评价业务

新形势下传统的价值评估领域红利结束、"蛋糕"变小，这是毋庸置疑的，随着社会经济的不断发展，涌现出越来越多的评价需求，房地产估价机构应积极响应，主动拥抱这些新的业务需求，不断扩大业务范围。

（一）社会稳定风险评估

社会稳定风险评估，是指与人民群众利益密切相关的重大决策、重要政策、重大改革措施、重大工程建设项目，与社会公共秩序相关的重大活动等重大事项在制定出台、组织实施或审批审核前，对可能影响社会稳定的因素开展系统的调查，科学地预测、分析和评估，制定风险应对策略和预案。为有效规避、预防、控制重大事项实施过程中可能产生的社会稳定风险，为更好地确保重大事项顺利实施。实际上已经有很多评估机构在积极开展集体、国有土地征收、城市更新、工程建设等方面的社会稳定风险评估工作，中国房地产估价师与房地产经纪人学会也举办了社会稳定风险评估继续教育专题培训班，助力更多房地产机构开展社会稳定风险评估业务。

（二）土地集约节约利用评价

土地集约利用评价旨在通过对土地利用现状调查分析，实时掌握管辖范围内土地开发利用现状、投入产出状况和经营管理情况，建立科学的指标体系对土地集约利用程度分别进行评价，同时测算土地利用潜力，促进土地节约集约利用，为土地管理部门动态监管、规模挖潜、结构调整、布局优化提供依据。主要包括开发区土地集约利用评价、建设用地节约集约利用考核、城镇低效用地再开发等方面。

（三）城市体检评估

城市体检评估是对城市人居环境及相关规划的全面、系统、常态化的评价工作，有助于及时发现城市人居环境建设中暴露的问题，针对性治理"城市病"，推动城市高质量发展。城市体检技术方法体系由指标体系、多层级联动评估、主客观综合评估、信息平台智能评估等多方面组成。其中指标体系构建应因城施策，通过通用指标和特色指标来评估；在工作机制上应建立"市—区—街道"三级联动模式。最后，对进一步完善城市体检评估方法提出优化建议。城市体检评估制度的建立，为房地产估价机构又新增了一个业务领域，一年一体检、五年一评估的城市体检评估制度，将为估价机构提供一个长期、持续、稳定的业务来源。

（四）绿色发展评价

绿色发展是以效率、和谐、持续为目标的经济增长和社会发展方式。当今世界，绿色发展已经成为一个重要趋势，许多国家把发展绿色产业作为推动经济结构调整的重要举措，突出绿色的理念和内涵。绿色发展与可持续发展在思想上是一脉相承的，既是对可持续发展的继承，也是可持续发展中国化的理论创新，还是中国特色社会主义应对全球生态环境恶化客观现实的重大理论贡献，符合历史潮流的演进规律。

房地产估价机构可以从测算房屋能耗、评估房屋节能水平等方面入手，研究建立房屋能耗标准，将能耗水平纳入绿色建筑评价范围，量化不同等级房屋建筑价值水平的差异程度，以第三方的角度参与评价绿色写字楼、绿色工厂、绿色园区和绿色城市等。

三、调查业务

评估机构应利用在某一产业链中的优势，积极向产业链上下游延伸业务，其中的调查工作是一项专业性较强的工作，评估机构可以利用自身掌握的专业知识，开展某一领域的调查工作，为科学决策提供有力的支撑。

（一）民意调查工作

民意调查，又称为舆论调查，是了解公众舆论倾向的一种社会调查，它通过运用科学的调查与统计方法，如实反映一定范围内的民众对某个或某些社会问题的态度倾向，就其内容而言，它属于舆论调查范围；就其方法而言，它又属于抽样调查范畴。在征收、城市更新等政府项目开展时，需在前期了解项目范围内的民众对于项目实施行为、实施方案等的意愿，从而为项目的实施制订顺应民意的方案，房地产估价机构可积极介入，发挥对法律法规、流程熟悉的优势，开展此类业务。

（二）尽职调查工作

尽职调查又称谨慎性调查，一般是指对与投资有关的事项进行现场调查、资料分析的一系列活动。尽职调查是一个广泛的概念，调查的范围很广，调查对象的规模亦千差万别，当买方或卖方缺乏经验或对某些行业的尽职调查工作量非常大时，则会聘请专门的中介机构来完成尽职调查的主要工作，对于房地产、土地等资产，房地产估价机构可以凭借自身专业优势和身份便利，承担此类尽职调查业务，为投资方进行决策提供依据。

（三）摸底调查工作

摸底调查主要是针对项目片区内的现状、权属、性质、房屋面积、用途等进行调查，然后分类整理、统计，最后形成调查报告。在片区开发、棚户区改造、城市更新等项目中，需要对片区内的土地性质、房屋性质、权属、建筑面积等数据进行前期的调查，根据调查情况制订相应的补偿方案、开发方案。在项目实施过程中，往往由很多非专业人士开展此类工作，造成调查成果不科学、不全面，对后期项目实施造成很大影响，这是房地产估价机构介入的很好的契机。

四、咨询业务

（一）资产处置类咨询

资产处置是房地产类资产管理工作中的重要一环，在资产处置时，管理方往往对资产的缺陷、处置的方式、处置的价格存在专业上的疑问，需要专业的机构提供科学的建议。传统的估价往往只关注于价值评估，忽视了对资产权利缺陷、不同交易方式下价格等方面专业知识所能产生的额外价值，其实这都是评估所掌握或擅长的东西。咨询类顾问业务不拘泥于形式上报告，更侧重于案例和科学的建议。

（二）房地产投资类咨询

房地产投资一般包括房地产开发投资、房地产经营、购置房地产等方面，属于市场需求类业务，咨询内容主要集中在项目选址、项目可行性分析、经济效益分析、房地产价值评估等方面。此类业务重在对未来现金流测算、投入成本测算、项目区位和市场分析、现时价值评估、租金测算等，需要掌握房地产开发、经营、评估、经济测算等多方面的知识，评估结论对投资者的经济影响较大，需要估价师有真才实学，对评估的要求较高。

（三）全流程类顾问业务

城市更新、房地产开发、棚户区改造、片区开发等项目需要的流程较多，涉及很多专业知识，但实施方本身不具备专业团队，或者投入的力量达不到项目预期要求的时候，全流程的顾问服务就应运而生。估价机构学习能力强、业务素质高、法律法规意识强，这些优势足以让估价机构在这个领域占有一席之地。但全流程服务要求较高，涉及房地产开发、城市规划、项目管理、可行性研究、现金流测算、谈判等多方面人才，传统的估价机构往往把重心放在价值评估上，没有全流程服务的理念，缺乏知识和人才储备。要改变这一现状，必须转变认识，增强人才储备，提高员工学习能力，为开展全流程服务做好准备。

（四）政府顾问服务

政府部门在制定、出台某些专业政策之前，往往会咨询专业机构，开展调研、拟定政策、评估政策出台影响等工作，涉及土地、房地产等方面的政策，房地产估价机构具有天然的优势。但承接此类业务需要综合实力较强，在政府、行业内具有较大影响力，估价机构应不断加强自身实力和影响力，积极在行业、政府、社会层面发声，同时应储备政策强、擅写作的人才。

（五）复核业务

复核主要是指对已经发生的征收补偿成本、交易价格等进行复核的工作，属于政府服务类业务。该业务类似于审计工作，但由于专业性较强，为保证复核工作准确、专业，政府部门将这些复核工作交给更为专业的估价机构来承担。估价机构在承担此类业务时，还需掌握一定的审计知识，满足政府部门对成本复核的专业性要求。

五、结语

沉舟侧畔千帆过，病树前头万木春，在新形势下，传统的估价市场已经不足以支撑估价机构做大做强，拼"真估价"的时代已经来临，房地产估价机构应转变观念，加强人才储备和知识储备，不断深化、拓展专业领域，积极抓住政策变化、市场转型、社会发展的东风，勇于向未知领域、前沿领域前进。

作者联系方式

姓　　名：任春波
单　　位：长沙永信土地房地产评估测绘有限公司
地　　址：湖南省长沙市雨花区劳动东路238号市自然资源和规划局1206
邮　　箱：149385682@qq.com
注册号：4320070013

后疫情时代房地产估价行业的变与不变

——基于波特五力模型分析

陆艳倩

摘　要：本文基于波特五力模型，对后疫情时代房地产估价行业的变与不变进行分析，提出5个变的方面与3个不变的方面，以期能为行业迈入新时代提出相应的应对策略。

关键词：后疫情时代；变；不变；波特五力模型

截至"十三五"末，上海市房地产估价从业人员达到2330人，房地产估价机构66家，营业收入超过14亿元，短短30多年的发展，已取得了显著的成绩。但受自2020年起的疫情冲击，催生了远程办公、无纸化报告等新型办公方式，也扩大了互联网技术在估价中的应用，带给行业从业人员认知和估价行为习惯的改变是长远的。房地产估价行业迈入"十四五"时期后，正处于转型升级的关键阶段，后疫情时代给作为一个服务行业的房地产估价行业到底带来哪些变化，哪些又是保持不变的？本文通过波特五力模型，对上述问题进行分析，以期能为行业迈入新时代提供参考。

一、后疫情时代房地产估价行业的"变"

20世纪80年代初，迈克尔·波特提出了"波特五力分析模型"，它是一种行业研究的方法，模型中的五种力量分别为：供应商的议价能力、购买者的议价能力、新进入者的威胁、替代品的威胁、同行业竞争者的竞争程度。下面我们将按五力模型对后疫情时代房地产估价行业的"变"进行分析（图1）。

（一）供应商的议价能力

这一能力主要是站在买方的角度来分析，相同行业中如果只有少数供应商，替代品少，那么供应商的议价能力就强。2020年，上海市有房地产评估机构66家，房地产估价从业人员2330人，收入14.43亿元，人均产值61.93万元；而同期上海资产评估行业的机构数量与房地产估价行业的数量相近，从业人员数量则不足房地产估价行业的60%，但人均产值却将近房地产估价的一倍。同为评估行业且机构数量相仿，但房地产估价行业从业人员过多，机构就会承受更大人员成本的压力，为了生存，在市场上的议价能力必定会降低。这次疫情又给估价行业带来了更大的外部压力，也倒逼我们加快业务转型，用"互联网+"大数据的方式优化估价方式和业务流程，远程办公方式的运用，电子报告的形式取代传统的纸质报告，都能降低经营成本，而人力成本是估价机构成本的重点，因此，标准化的业务（如二手房抵押）更应用自动化估价系统取代，弱化人力成本。在降低成本的同时，提高报告质量

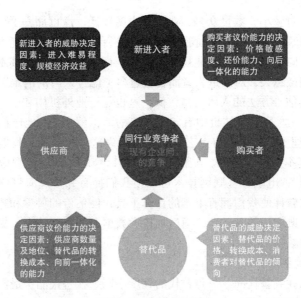

图 1　五力模型示意图

也是增强议价能力的一个重要举措，复杂的综合性业务及新兴业务，可以改变过去只能出一个价格的固有思维，依托大数据，不仅可以提高报告质量，还可以为客户提供更多维度的选择，总之，我们要通过我们的"变"，降本提质、减员增效，从而提高议价能力。

（二）购买者的议价能力

跟供应商的议价能力相反，购买者的议价能力是站在卖方的角度来分析。一般影响购买者购买行为因素主要有价格敏感度和还价能力。消费者对价格的敏感程度是指，当价格上涨幅度达到多少时，消费者会进行讨价还价；而还价能力则是指消费者有多大程度能还价成功。

当产品的同质化很高且转换成本很小时，消费者对价格的敏感程度就很高，而还价能力取决于买方、卖方数量的对比。目前，购买估价服务的主要客群是政府部门、司法机构、金融机构等，2020年以来，受疫情影响，财政收入下降、企业收入减少，由于房地产评估行业的服务和产品同质化程度很高，因此，这类购买者显示出了极强的议价能力，而且这种现象在疫情后一直会延续下去。但是，如果估价机构提供的估价报告对消费者（服务对象）最终的决策提供有价值的帮助，那在采购时价格因素就会弱化，不会成为唯一关注点。因此，后疫情时代，房地产估价行业应着力于提供有差别化的高质量高知型估价报告。

（三）新进入者的威胁

任何行业，只要现有参与者能赚取到具有吸引力的利润，就会吸引进入者加入该行业。新进入者对行业的威胁取决于行业规模经济是否明显和进入的难易程度。现在评估机构设立的行政审批条件放宽，有利于"新玩家"的进入，因此，估价机构必须强化自身能力，才能抵御新进入者的威胁。规模经济会对新进入者产生两类风险，一是若采用大规模的进入，将受到行业内现有企业强烈反抗的风险；二是若采用小规模的方式进入，将会面临成本过高的风险。这两类风险对新进入者来说是两难选择。行业进入的难易程度则取决于行业的技术门槛，门槛过高就有可能直接吓退潜在的新进入者。

房地产估价行业属于小众行业，但不可或缺，发展至今已相对成熟，行业竞争也愈发激烈，但仍保持一定量的需求，有一定的利润空间，因此，始终存在着新进入者的威胁。而目前行业机构规模相对较小,数量众多,业务集中度较低,这也加剧了新进入者对行业的威胁。因此,在后疫情时代,房地产估价行业应和相关行业整合,生存能力差的小机构自行淘汰,向规模经济的方向发展,随着企业规模的扩大,行业内单位产品成本下降,行业最低有效规模越高,进入壁垒越大,对新进入者而言会过多考虑进入时的两难选择。

房地产三大经典估价方法的入门门槛较低,这也是行业外机构和个人觊觎房地产估价这块"蛋糕"的原因之一。房地产估价中有句很经典的话,就是"房地产估价是科学与艺术的有机结合",科学好理解,艺术就有点玄乎,笔者认为这个艺术就是长期、大量估价实践中积累起来的经验,其本质可理解为"人脑+大数据",今后我们应该顺应时代的发展,将其变为"电脑+大数据",电脑和互联网技术可以使我们拥有并处理海量的数据,机器学习的算法和计量经济学的软件使我们拥有丰富的计算工具,使估价的科学和艺术都得到升华。因此,在房地产三大经典方法的基础上,通过加持大数据和互联网技术,提高行业门槛,从而可以降低新进入者的威胁。

(四)替代品的威胁

任何产品都可以找到替代品,只是替代的程度不同。在替代品中最需要注意的是新技术和新产品的产生对原有需求的替代,有可能使原有的需求基本绝迹。房地产估价本质上是提供估价对象价值的服务性行业,任何可以获得估价对象价值的服务都可视为替代品。后疫情时代,面对互联网房产公司自动估价系统对估价行业的威胁,房地产估价行业应致力于改变目前信息化程度普遍不高的现状,着力于开拓适合房地产估价机构的线上办公系统及自动估价系统,以与其同等的技术手段,更高的专业能力,抗衡互联网估价产品的冲击。

(五)同行业竞争者的竞争程度

行业竞争程度的高低取决于行业增长率、行业集中度、竞争差异化。目前,房地产估价行业发展趋势减缓,传统业务更是处于萎缩阶段,由于估价行业人员知识结构的局限性,行业产品的同质化严重,传统业务竞争激烈,无法通过提供差异化产品和服务来提升优势避开竞争。

一个企业差异化做得好,客户粘性就强,客户粘性本身是企业长期发展的基础。后疫情时代,房地产估价行业,应优化行业内人才的知识结构,按新兴业务及相关行业发展的需要,吸纳财会类、规划类、测绘类、绩效评价类等方面的专业人士,培养一批在估价及相关细分专业领域的高水平执业人才,同时也可以通过与相关领域机构合并重组的方式实现资源共享、优势互补、错位发展,把机构做大做强,在坚持房地产估价主业的基础上实现多元化的发展。

二、后疫情时代房地产估价行业的"不变"

英国是世界上最早出现房地产估价的国家,1863年,英国皇家特许测量师学会就已经成立,成为最早发展行业协会的国家,在房地产估价的实践中,根据对房地产价格形成过程的认识,由此逐步演变成了公认的三大房地产估价基本方法。

我国在改革开放的背景下,房地产估价开始复兴,1993年,首批房地产估价师诞生;1999年,首次发布了《房地产估价规范》GB/T 50291—1999,统一了房地产估价程序和方法。房地产价格可以通过市场途径、收益途径、成本途径取得,因此,形成了房地产估价的三大基本方法:①比较法,其理论依据是房地产价格形成的替代原理;②收益法,其理论依据是经济学中的预期原理，将预期收益资本化为价值；③成本法，其理论依据是生产费用价值论，即商品的价格是依据其生产所必需的费用而决定。由于房地产价格的形成原理和形成途径不变，因此，今天我们所采用的估价方法和 30 年前并没有变化，房地产估价采用比较法、收益法、成本法三大经典估价方法是不变的。

目前房地产估价公司的主流业务是鉴证类的评估，估价的目的在于求得一个客观、公正、科学、合理的价格，这是房地产估价的经济鉴证性所要求的。若估价过程不公正，不仅有损当事人的利益，也损害估价行业的社会声誉和权威性。而且笔者认为不仅鉴证类的市场价值评估需秉承公正性的原则，即使房地产投资价值的评估也需要坚持公正性的原则，决不能一味迎合委托方的要求而丧失公正性，估价师只能凭借其超越行业平均认知水平的能力发现估价对象房地产的价值或者瑕疵，这时估价结果中产生的房地产溢价或贬损都应该是客观的、公正的。因此，公正性是房地产估价师不变的初心，绝不会因疫情变化而改变。

房地产价格是房地产市场供求关系的"晴雨表"，房地产价格的失真必然制约着正常的房地产交易，使房地产市场发生扭曲。因此房地产估价师的责任就是以独立性、客观性和公正性，来保证房地产价格的公平和合理，维护房地产市场的正常交易。若房地产估价师为了迎合客户的需要，在房地产抵押估价中，估价结果高于市场价值，就增加房地产信贷风险；在房地产课税估价中，估价结果低于市场价格，就存在国家税款流失的风险；在房地产征收估价中，若估价结果的失真，那不是公众利益受损就是国有资产流失。因此，房地产估价结果直接关系到金融风险的防范、国有资产的保护和公众利益的保障。可见无论今后房地产估价的工作方式有什么样的变化、估价技术有怎样的进步，房地产估价师的社会责任是不会变的。

三、结语

房地产估价行业作为一个成熟的行业，应牢记自己的初心，保持服务理念及行业准则，守住不变的，开拓变化的。在后疫情时代下，及时调整适应市场需求，不断变革，跟上时代变化的步伐，未来房地产估价行业定能"老树开新花"有更长远的发展。

参考文献：

[1] 张永超. 论房地产估价机构发展壁垒和后疫情时代变革之路 [C]// 估价业务深化与拓展之路——2020 中国房地产估价年会论文集，2020.

[2] 杨松堂. 评估行业如何转型升级 [J]. 中国资产评估，2020（9）：4-8.

[3] 韩宁. 资产评估行业新冠肺炎疫情期间的举措建议 [J]. 财务与会计，2021（2）：78-79.

[4] 张攀. 英美房地产估价模型发展研究 [J]. 市场周刊·理论版，2020（19）：0115-0116.

作者联系方式

姓　名：陆艳倩

单　位：上海科东房地产土地估价有限公司

地　址：上海市浦东新区浦东南路 379 号金穗大厦 26 楼 A-D 室

邮　箱：lyq3399412@163.com

注册号：3120070025

基于绿色转型背景下房地产评估业务的发展与建议

成骊舟　郑沃林

摘　要： 中国特色社会主义新时代对绿色发展愈发重视，房地产行业作为经济的中流砥柱，需积极带头向绿色发展转型。随着房地产行业的发展，房地产评估行业也在蒸蒸日上。在绿色发展背景下的房地产评估业务亦需思考如何往绿色背景下发展。

关键词： 绿色背景；房地产评估；转型发展；绿色建筑评估体系

一、新时代下房地产行业的发展：绿色与节能

站在新时代的起点上，党的二十大报告提出推动绿色发展，促进人与自然和谐相处，"加快规划建设新型能源体系""加快发展方式绿色转型""推动形成绿色低碳的生产方式和生活方式"等一系列新目标、新任务。为实现以上目标，我们要明确房地产行业未来的发展方向以绿色节能为主。

（一）绿色发展

绿色发展理念最早是在党的十八届五中全会提出的，是指导我国"十三五"时期发展甚至是更为长远发展的科学的发展理念和发展方式。党的十八大把生态文明建设纳入中国特色社会主义事业"五位一体"总体布局；党的十九大将"坚持人与自然和谐共生"作为新时代坚持和发展中国特色社会主义的十四条基本方略之一。

而绿色建筑是房地产行业绿色发展的出发点，绿色建筑是指在建筑的寿命周期内，通过最大化节约资源，保护环境，避免浪费与污染，为人们提供环保、舒适、幸福的活动场所。我国的绿色建筑经济有助于减少资源的浪费和避免环境的破坏，原因在于可持续发展是经济建设发展的基础，而经济发展会促进经济建设，在其循环运作过程中，绿色建筑经济的发展便能达到推动房地产绿色发展的目的。

要想使得房地产行业绿色发展，我们需要建设完善的绿色化房地产产业，与绿色转型与社会的发展相适应。首先提倡绿色化、效益高的房地产产品，淘汰利用不清洁资源、效益较差的房地产产品。大力提高房地产土地资源的利用率，深耕节地技术与节地模式的发展，鼓励开发小户型的建筑，降低楼盘的空置率等。其次根据各个地区园林景色，对绿色生态环境进行合理规划，为房地产的建设营造出和谐自然的生态环境。随着绿色可持续发展理念的普及，房地产企业探究提高环保效益和绿色发展的意愿有所增强。比如万科力推绿色建筑产业链、碧桂园聚焦绿色环保建造科技等。

（二）节能

房地产业未来发展的导向为绿色建筑、低碳地产，该领域所倡导的节能、环保、低碳的开发理念及其相应的科技实力，正在逐渐成为房地产行业的核心竞争力。绿色建筑通过

使用环保节能的材料，减少高消耗性材料的利用，可提高对资源的利用率，增长建筑使用年限。

在房地产项目的施工过程中，所消耗的能源用量超乎想象，建筑项目在施工运行时所产生的能耗占全社会能耗的46.7%，用水占城市用水总量的47%，同时还会使用大量的钢筋（无法循环利用）与水泥（高耗能高污染材料）。我国的单位建筑面积能耗是发达国家的2~3倍、建筑钢材损耗超发达国家损耗率10%~25%、洁具的能耗超发达国家30%左右，而污水回收率刚刚达发达国家的25%。房地产及其相关建筑产业，技术含量低，且能耗与损耗过高，不利于绿色生态环境的建设。

促进房地产节能、低碳开发，要把整个产业链一起控制。首先在施工开发阶段，选择绿色能源，减少高耗能型材料，提高材料的利用率，不得采用落后污染、已被淘汰的能源产品。其次，在装修阶段中住宅小区内公共区域的设备及道路、商业楼宇亮化工程尽量采用太阳能等节能灯具，减少住宅小区的楼宇亮化工程或者大规模采用太阳能灯具，加大精装房的比例，选择性价比高的节能用具，配置好污水回收系统，妥善处理建筑垃圾，将可二次利用的材料进行分类。

二、绿色住宅价值评估的现状与问题

构建绿色生态城市是实现可持续发展的必要措施，也是未来房地产发展的趋势导向，其实质与中国争取2030年前实现碳达峰、2060年前实现碳中和的目标相吻合。如今世界比较认同的绿色住宅评估标准主要有以下几种：美国绿色社区认证体系（LEED）、英国建筑研究院可持续社区评价体系（BREEAM COMMUNITIES）、日本CASBEE FOR CITIES、《绿色建筑评价标准》GB/T 50378—2019、澳洲绿色之星评估体系（GREEN STAR）、德国可持续建筑认证体系（DGNB）。下面，通过详细分析个别代表性标准，讨论其现状与存在的问题。

（一）美国绿色社区认证体系（LEED）

LEED是世界领先的绿色建筑项目和城市认证体系，2016年美国绿色建筑委员会（USGBC）推出LEED for Cities和LEED for Communities，该产品作为USGBC标准体系集大成者，是目前全球评价城市与社区绩效表现的统一指导框架，该体系的诞生暗示了绿色建筑的发展不再局限于局部建筑，持续向更深层次的城市社区整体规划、部署前进。

1. 现状

LEED评价系统让建筑物侧重于效率和领导力，以实现人类、地球和利润的三重底线回报。LEED v4.1提高了建筑评级的标准，从而解决能源效率、保护水资源、选址、材料选择、日光照明和减少材料浪费的问题。LEED为绿色建筑设计、施工、运营和绩效提供了一个综合框架：首先建筑对材料选择、人体舒适度、空气质量和人身健康的重点关注，正确地将建筑最重要的部分——人放在首位。其次通过紧密关注社会公平，确保建筑物不会孤立于社区之外，并且能优先考虑所有人的准入性和包容性。最后为确保建筑物能够抵御自然和非自然干扰，制定了一套全面的设计和施工策略。

LEED for Cities和LEED for Communities为弹性、绿色、包容和智能城市开辟了一条新的前进道路，为城市和社区提供了一种全球一致的衡量和交流绩效的方式。LEED v4.1扩展了LEED for Cities和LEED for Communities的解决方案，包括两种新的项目类型，即处于规划和设计阶段的项目以及现有城市项目。

2. 更新部分

LEED for Cities 和 LEED for Communities 扩展的评级系统增加了具有适用于城市、县和区域规模的可扩展指标的三重底线方法；添加了衡量和推进当地进步的灵活途径，包括绩效标准和行之有效的战略以及改进的最佳实践；更加注重改善社会公平、生活质量和生活水平。

3. 问题

LEED 城市：规划与设计，截至 2021 年底，全球共有 2 个城市项目获得了规划与设计阶段的正式认证，4 个获得了预认证。正式认证及预认证的平均分分别是 71 分和 78 分。中国区市场转化与拓展可持续城市项目专员周子涵在 LEED 能源与环境设计先锋公众号中分析了这 6 个项目的得分板块分布，新建的城市项目在能源与温室气体排放（EN）板块得分较难，差异也比较大。EN 板块满分 31 分，从正式认证上看，平均分为 17 分，得分率仅 54.8%；通过计算范围 1 与范围 2 的温室效应气体排放量，来评估城市与住宅该条款下的得分。在利用国家电网混合系数计算能源 GHG 排放量时，因冬季传统式供暖造成的温室气体会增大该地区的排放量，从而导致该 EN 该板块得分较低。而 EN 板块的"可再生能源"与"电网协调"得分点，住宅项目需使用可再生能源得分，但因成本较大，难以供给全部用电需求；而电网协调对发电、储能科技要求较高。故该两项得分点较难拿。另一个得分率较低的板块是材料与资源（MR），这一板块满分 11 分，平均分仅 5 分，得分率仅 45.5%。该板块较难得分的点为"回收基础设施"，其要求住宅项目积极处理转化无机废弃物，但因转化的各种废弃物需寻找合适的市场，且要为收集中心在城市周围建设场地，分阶段发展，故该项得分点也有难度。

（二）英国建筑研究院可持续社区评价体系（BREEAM COMMUNITIES）

BREEAM COMMUNITIES 是针对社区和城区的范围设计，其关注点更贴近管理政策、能源规划、生态环境以及周边设施。对于区域生态的理念不仅仅停留于节能和绿植，而是更关注于区域的整体规划和生态修复。BREEAM 社区标准提供了一个框架，以支持规划者、地方当局、开发商和投资者在新社区和重建项目的总体规划中整合和评估可持续设计。

1. 现状

BREEAM COMMUNITIES 是 BREEAM 评价体系 15 个子系统之一，在 2009 年实施的一个基于 BREEAM 方法的第三方独立评估标准，是专门评估社区开发的指标体系。BREEAM COMMUNITIES 的目标是减少开发项目对环境的总体影响，鼓励建筑项目环境的可持续发展，促进社区的可持续开发。BREEAM In-Use V6 此次更新，是首次对集中式住宅社区的绿色管理和运行维护表现进行全面系统评估。其将简化所有正在进行评估的建筑类型的 BREEAM In-Use 流程，使 BIU 计划更好地应对市场驱动因素。

2. 问题

通过分析全球首个获得 BREEAM In-Use V6 住宅类项目运营认证的上海朗诗绿郡来探讨 BREEAM COMMUNITIES 的问题所在。BREEAM COMMUNITIES 的评价内容对项目在政府管理、社会和经济福利、资源和能源、用地和生态、交通和运输五个类别进行评价及指导。

（1）政府管理

该项用于解决监督社区任何在长期的开发建设过程中做出的影响设计、施工、运行和发展的抉择。而在朗诗绿郡中社区业主在全生活场景与建筑的全生命周期内都可采取可持续服务方式，可以参与到项目运行中，使得服务目标到位、过程优化、反馈循环，其最大限度满足业主需求,同时保证了政府管理。

(2)社会和经济福利

该项用于解决影响社会福利的经济因素。朗诗绿色生活通过签约上海开业园区人才公寓等项目积极响应人才就业福利,从而促进当地经济健康发展。但该项目缺少对当地经济的直接影响,故该板块得分点会较低。项目可通过明确其会为未来居民提供的就业和培训机会,并且就项目如何发展能提高未来居民的经济福利,来得到该板块分数。

(3)资源和能源

通过解决自然资源的可持续利用以及减少碳排量来得到分数。社区可利用能源管理控制方式,管理社区内能源消耗的各个环节,使得社区的碳排放达到最低。在资源循环利用方面,鼓励可持续性采购、垃圾分类与废旧资源循环利用。

(4)用地和生态

该项致力于解决用地的可持续性以及改善生态环境。项目通过创造良好的生态环境并使其可持续生长来保护生态环境。而对于用地保护可通过相关土地专家评估土地所受污染程度,从而确定用地程度,并相对应采取补救措施,提高该板块得分。

(5)交通和运输

该项为解决和提供各类交通设施来提倡可持续的交通运输方式,朗诗绿郡通过在项目建筑内外部为业主和所有者提供安全、无障碍的生活环境,从而得到该板块的分。该板块分数较低的项目可通过提供场地分析,积极配合政府作好道路交通规划,必要时可增加公路网达到交通运输便捷目的。

三、基于我国绿色建筑标准对绿色住宅价值评估的建议

《绿色住区标准》T/CECS 377—2018 于 2019 年实行,新版在旧版基础上新增了量化指标与评价体系,通过划分社区阶段为预评价、中期评价、验收评价,将社区建设的全生命周期考虑进来。下面从三个方面分析绿色建筑创新部分对绿色住宅价值评估的建议,在评估时切实引入下列因素。

(一)先进性

新版《绿色住区标准》T/CECS 377—2018 的理念与新版《城市居住区规划设计标准》GB 50180—2018 相一致,其在旧版基础上,构建了绿色建筑评价技术指标体系,对绿色建筑性能的要求提高。因此评估绿色住宅价值要更加重视安全耐用、健康舒适、生活便利、资源节约、环境宜居等方面因素。

(二)可评价性

以绿色建筑的全寿命周期进行评估,对处于不同生命周期的绿色住宅分别进行可评价性分析,给予有借鉴价值的绿色建筑适当加分。关注绿色住宅的初、中、后期建设过程中的绿色发展可持续性程度,重视其能源绿色、材料绿色的可评价、可指导性。

(三)完整性

新标准强调了标准的系统集成性和可实施性,体现了绿色住宅的完整性。在评估绿色住宅时,应考虑绿色住宅带来的社会效益和环境效益,即综合效益。不可单独评估社会效益或环境效益,容易忽略绿色住宅的整体价值,即评估出来价值小于实际价值。

参考文献：

[1] 国家统计局. 生态文明建设深入推进 美丽中国引领绿色转型——党的十八大以来经济社会发展成就系列报告之十五 [EB/OL]. http：//www.stats.gov.cn/sj/sjjd/202302/t20230202_1896691.html，2022.

[2] 孙红才. 建筑与房地产经济绿色发展研究探析 [J]. 中国市场，2022（5）：34-35.

[3] 汪许生. 建筑与房地产经济绿色发展研究 [J]. 居舍，2022（20）：5-8.

[4] 杜海龙，李迅，李冰. 绿色生态城市理论探索与系统模型构建 [J]. 城市发展研究，2020，27（10）：1-8，140.

[5] USGBC. LEED V4.1 [EB/OL]. https：//www.usgbc.org/leed/v41，2020.

[6] BRE.BREEAM Communities，a renaissance in the idea of Garden Villages and Towns[EB/OL]. https：//bregroup.com/products/breeam/breeam-technical-standards/breeam-communties/，2015.

[7] 李巍，叶青，赵强. 英国 BREEAM Communities 可持续社区评价体系研究 [J]. 动感（生态城市与绿色建筑），2014（1）：90-96.

[8] 李颖慧，王超，胡久媛，汪延洲. 基于 BREEAM Communities 标准的小城镇规划策略与评价研究 [C]// 持续发展 理性规划——2017 中国城市规划年会论文集（19 小城镇规划），2017.

[9] 李瑜. 新版《绿色住区标准》自 2019 年 2 月 1 日起施行 [J]. 砖瓦，2019（3）：80.

[10] 王钦，白胤，王伟栋. 国内外绿色社区评价体系对比研究 [J]. 建筑与文化，2020（11）：138-140.

[11] 苟志远，徐瑛莲，张丽敏，等. 国内外既有居住建筑绿色改造评价体系对比研究 [J]. 建筑经济，2021，42（5）：90-94.

作者联系方式

姓　名：成骊舟　郑沃林

单　位：广东金融学院

地　址：广东省广州市天河区迎福路 527 号

邮　箱：chenglizho_2020@qq.com；zhengwolin@163.com

踏雪寻梅　砥砺前行

——新形势下估价机构可持续发展的探索与思考

杨丽艳　肖林芳　田　慧

摘　要：过去几年在"房住不炒"政策指导下，房地产长周期拐点出现，大开发和普涨时代已经落幕。当前房地产市场和房地产行业处于转型升级的时期，评估行业的发展也不可避免受其影响进入转型。因疫情、政策多重因素叠加，房地产市场日渐低迷，业务竞争日趋激烈，估价机构正遭遇前所未有的寒冬，面临严峻挑战。本文结合近年来估价机构发展的环境和形势，以深圳市国房土地房地产评估咨询有限公司（以下简称"国房"）发展的历程和特点为例展开分析，为新形势下估价机构的可持续发展提供建议和实施路径。

关键词：新形势；估价机构；可持续发展

一、近年来估价机构发展环境和形势

（一）外部环境

评估行业的发展与房地产行业和市场经济的变化高度关联、密不可分。经过二十多年的高速发展，我国经济增长模式发生了重大转变，由高速增长追求规模阶段进入到了高质量发展追求效益阶段。房地产行业高杠杆、高负债、高速度的时代正在结束，房地产市场和房地产行业迎来转型升级，以房地产开发建设为主的市场在向房地产投资、资产证券化及运营管理为主转变，过去的大拆大建模式也转变为城市更新和老旧小区改造为主。在房住不炒政策指引下，房地产市场调控力度加大，房地产信贷政策持续紧缩，一定程度上带来传统业务的萎缩，估价行业的发展势头随之减缓。

（二）行业环境

房地产评估行业的服务范围相对单一，近年来互联网大数据、5G技术向各行各业渗透，房地产大数据以其快捷准确的优势受到青睐，加之行方付费，加剧了金融类传统业务萎缩，低价竞争日趋激烈。新冠疫情进一步"倒逼"传统评估业务由线下向线上转型，多数中小型评估机构受到冲击，现金流紧张，生存压力巨大。因市场形势变化出现返租违约、开发商断贷及房地产交易不履约等情况，利益分配的不均衡使评估机构成"背锅侠"，行业被动投诉不断增加。据中国裁判文书网数据显示，2012年至2021年，以"房地产估价师"为关键字的裁判文书数量共计7228份，且数量逐年递增。《中华人民共和国资产评估法》实施开启评估行业法治新时代，估价机构陆续完成"三体合一"，且部分机构已完成从事证券服务业务备案，估价机构和估价人员面临多层次的监管，从业风险提高。受政府征拆项目政策变动等的影响，估价机构在土地二次开发项目上的投入随着项目的不确定性带来经营成本的增加。

（三）党的二十大新要求

党的二十大报告中与房地产行业直接相关的是再次强调了"房住不炒"的定位，提出"加快建立多主体供给、多渠道保障、租购并举的住房制度"。2022年11月，中国人民银行和原中国银行保险监督管理委员会联合发布了《关于做好当前金融支持房地产市场平稳健康发展工作的通知》，积极提升市场信心，引导房地产市场"软着陆"。住房的居住属性不断强化，刚性和改善性住房等合理的住房需求得到支持和鼓励。同时，租购并举与多渠道保障，也将带来住房租赁市场快速发展，保障性住房规模增长。

此外，党的二十大报告中提及加快环境污染整治，推进人居环境建设，乡村振兴；推动绿色发展，稳妥推进碳达峰、碳中和，积极应对气候变化等内容，在老旧小区改造、自然资源生态价值评估、绿色建筑评价、碳资产收益挖掘、绿色金融评估等方面有望迎来新一轮的政策红利和新的市场空间。

二、面对困境估价机构如何应对和发展

（一）估价机构发展现状

估价机构经过30年发展，大浪淘沙、优胜劣汰，截至2021年底，全国共有房地产估价机构5750家，其中，一级房地产估价机构952家，主要分布于珠三角、长三角等经济发达省市，估价机构的数量与机构所在地经济体量基本一致。

估价机构目前层次分明、特点鲜明：一类是专注某一固定业务渠道的单一评估业务的机构，以传统业务评估为主；一类是专注某一领域业务具有竞争优势和品牌影响力的机构，如抵押贷款评估、资产评估、政府征拆全过程咨询服务等领域头部机构；还有一类是集合评估、咨询、数据应用等为一体的综合型机构。

2021年，全国房地产估价机构营业收入总额达到324亿元，其中全国一级房地产估价机构平均营业收入为1832万元，同比下降6.8%，达到近5年最低水平。估价机构正遭遇前所未有的寒冬，面临严峻挑战，大部分机构都是在夹缝中求生存，即使是发展一二十年的老牌机构也难免感到前途迷茫，部分机构已转向土地二次开发领域抢占市场。今后如何可持续发展，困境如何应对，个人有几点探索和思考，与同行共同探讨。

（二）规划+创新+人才＝可持续发展

1. 立足长远顶层设计

企业的发展绝不是一蹴而就的，也不是随波逐流的，企业的战略定位与目标就极为重要。企业通过制定适合自身发展的战略规划来指引企业在未来3至5年甚至长远至10年的科学规范和可持续的发展。

"国房"从脱钩改制，发展至今，将自身定位为具有前瞻视野和创新精神的专业咨询服务机构，企业愿景是成为最受社会尊重、客户信赖、员工认同的专业咨询服务机构，以诚信、高效、创新、共赢为核心价值观，期望以权威、创新、精细的专业咨询服务，为客户发现和创造价值。"国房"从初创到快速发展，再到今后的可持续发展，步入每个新的阶段都需要新的战略目标引领，制定战略发展规划必不可少。

2004年至2009年，这一时期是公司改制起步，企业发展探索期。"国房"的雏形——评估部从交易中心脱钩，成立"国房评估"，公司员工总人数未超过50人，主要业务类型为

单一的房地产评估和土地评估业务。承接深圳城市化转地评估,面积达 1 万余亩,并被评为先进单位;自创开发国内首家评估业务呼叫中心系统;首次举办"年度深圳房地产发展研讨会";荣获国土资源部核发 A 级土地评估中介机构注册证书;确立企业发展宗旨——在房地产行业提供权威、创新、精细的专业评估咨询服务。

2010 年至 2014 年,这一时期国房各项资质逐步健全,业务初具规模。主要业务类型在原有的房地产、土地评估业务上,增加咨询顾问类、课题研究类业务。获全国一级房地产估价机构资质证书;开始涉足宜居城市建设研究领域;推出第 II 代 Gofiner 呼叫中心系统;品牌全面升级,确立了全国化布局、全产业链服务的发展战略,成立第一家分支机构——惠州分公司;收购深圳市广朋资产评估有限公司,渗透资产评估业务领域。经过 10 年的发展,由刚开始单一的房地产评估,走上了与房地产相关的多元化服务发展道路,从深圳区域走向全国。

2015 年至 2019 年,这一时期公司土地二次开发业务快速成长,业务版图不断扩容,主要业务类型基本确定为评估类、征拆顾问类、咨询顾问类、研究类、数据系统类。在快速发展期国房取得了长足发展,获得土地评估中介机构 A 级资信等级证书;推出第 III 代 Gofiner 呼叫中心系统国房"房 E 评";成立国房人居研究院等 6 家子公司,全国布局分公司达到 30 家;福田区河湾北片区南华村棚改项目开启了国房棚改业务领域及征拆科技领域的新天地;助力首个大湾区酒店资产包 CMBS——"平安不动产—招创—京基集团酒店资产支持专项计划"成功发行。

发展规划是企业发展的纲领性文件,是黑暗中不迷失方向的航标灯。国房用经营百年企业的长远眼光和决心,以战略规划引领和布局企业未来。

2. 服务理念始终如一

(1)机构管理权威立信,不越雷池、不触红线

国房建立了技术中心管理体系严控风险,保证高质量成果。报告三审,责任到人,不定期对各类报告进行抽检,重大或特殊项目技术思路制定及报告会审;编制各类政策汇编、重大项目成果文件,制定风险防范制度,及时发布风险提示,开展各类技术研讨,积极发表专业论文,技术人员定岗定级考核,选拔培养优才。

国房成立专家技术委员会分类管理,会诊技术疑难杂症。通过开展项目会审、标准规范研究、学术交流、技术培训等把控技术风险,解决和审议项目重大技术问题;对市场衍生出的新业务方向进行研究、探讨,提升公司技术核心竞争力,充分发挥公司内部专家的决策咨询和技术支撑作用。

(2)服务品种创新多元,敢于试错,敢于突破

国房在发展初期,主营业务集中在房地产、土地评估业务,为了能在行业竞争中突出重围,多年来一直坚持服务创新,从房地产估价向土地二次开发全程咨询、云数据科技研发、人居环境研究(绿色、低碳方向)不断延伸,敢于试错敢于突破。

在企业成长期的 5 年时间,通过对房地产、土地评估业务提升服务品质,推出第 II 代 Gofiner 呼叫中心系统,品牌全面升级,保证了金融类客户的稳定性。也开始涉足咨询顾问类、课题研究类新业务的探索和尝试。

国房进入快速发展期,是房地产市场火热的时期,也是深圳评估行业快速发展的时期,估价行业在传统业务领域的竞争已经进入白热化阶段。国房以差异化战略布局,向产业外延伸,在传统金融业务之外,通过在土地二次开发、政策研究领域、咨询顾问、云数据科技研

发领域的全面发力，与其他同行机构差异化发展，实现了业绩的重大突破。在土地二次开发领域，针对城市更新、土地整备、利益统筹等一系列大型项目，提供从政策研究、前期咨询、补偿方案、拆迁谈判到信息化管理的全流程服务，开创从线下作业到线上服务的智慧服务新模式。在数据领域从第Ⅲ代呼叫中心的迭代升级，到房E评、云数据、E征拆系统的研发落地，实现了高新技术企业的突破。人居环境领域的研究范围也随着研究实力的增强不断拓展，城市更新相关的老旧小区改造、片区综合整治、产业发展研究，双碳相关的近零碳排放区试点、碳核算、碳资产评估研究已经开始。

（3）客户服务精益求精，解决问题、创造价值

在评估行业，附加值含量高的业务，客户多是基于对评估机构专业和品牌的认可而进行选择。对评估机构而言，传统业务需要依靠资质来取得竞争力，而咨询顾问类高端业务除了资质外，对品牌和专业能力的要求更高。

国房坚持用动态思维思考、研究客户，去适应客户新的需求，调整自己的服务模式。例如在金融服务领域已经不仅仅是提供传统的抵押估价服务，而是从人工抵押估值、自动估值输出、贷后价格监测、不良资产处置等多个维度提供服务。除了对大型的项目投资并购提供估价外，还对国有企业和集体企业的资产提质增效提供顾问服务。国房根据新型服务模式的要求，不断增加高素质人才配备，增强实战演练和实战分享，汇聚所有专业人员智慧，努力为客户创造价值。

在客户服务上，国房正在实现从形式评估到真评估、从粗略评估到精细化评估转变，提高产品附加值；从初级评估到深度咨询、从被动委托到主动自愿转变，增强客户黏性。

总之，服务理念是企业发展的恒久追求，稳健发展永不过时；多元化服务在政策突变时期可分散风险，增强抗风险能力；精细化评估是客户自愿估价的试金石，深度顾问是评估的高级阶段。

3. 为企育才，人才强企

国房一直视人才为企业发展最宝贵的财富，是企业价值观的载体，致力于高质量培养"国房人"，培养人均产值高的"国房人"。通过"优才计划"制定有效的人才培养与开发方案，合理地挖掘、开发、培养公司后备人才队伍，建立公司的人才梯队，为公司的可持续发展提供智力资本支持，造就拔尖创新人才。设定股权激励计划，吸纳优质人才成为合伙人，提供优质平台和资源，使得个人与企业共同发展、彼此成就、合作共赢。如今，国房已有多名核心骨干成长为企业的合伙人，他们都把国房当作终生的事业平台。国房不断发展壮大的同时，与国房一起奋斗的"国房人"同样得到了成长。

三、新形势下可持续发展的建议

（一）稳健发展优势业务，形成核心竞争力

评估机构所处地域不同、经济发展环境不同，业务水平、人才资源、经营环境也存在差异。评估机构应根据自身特点，调整组织结构，资源集中配置，从优势业务出发，纵向深化稳健发展，在优势领域塑造核心竞争力。

（二）从单一评估到咨询、研究多元并举

传统的评估业务主要局限在房地产价格评估，业务单一，机构抗风险能力较弱。在如今市场形势不断变化的当下，评估机构应增强公司业务创新及延伸力，在传统金融业务之外，

产业地产、土地二次开发、资产证券类、碳咨询等业务均有涉猎，广泛地为政府、企业、大众提供高附加值、高技术含量的专业咨询和顾问服务，逐步实现从单一评估到咨询、研究多元并举，实现服务领域多样化、服务方式精细化。

（三）树立合作共赢发展观，培养高质量人才

评估行业作为专业服务业，人才是第一生产力，也决定了机构的竞争实力。当前评估机构多元化发展，咨询服务将不再局限于以往的单一类型，因此复合型的人才将成为未来行业的主流需求。评估机构要树立合作共赢发展观，高质量培养人才。通过制定有效的人才培养与开发计划，合理地挖掘、开发、培养公司后备人才队伍，建立公司的人才梯队，为公司的可持续发展提供智力资本支持。

在市场的寒冬期，估价机构需要降低预期、苦练内功、稳健发展。新形势下也催生了新的机遇，评估机构需要寻找优势，坚持长远，积极前行。

作者联系方式

姓　　名：杨丽艳　肖林芳　田　慧

单　　位：深圳市国房土地房地产资产评估咨询有限公司

地　　址：广东省深圳市福田区公交大厦 11 层

邮　　箱：13923704145@139.com

注册号：杨丽艳（4419980162）；田　慧（4420160118）

房地产运营管理中蕴藏的估价机遇

汪秋艳　周桂香

摘　要：近年来，房地产市场调控政策频出，开发商融资难、销售难，导致房地产市场由高周转模式向运营管理为主的模式转型。产业园、保障性住房及存量房地产在持有、运营环节存在一些新的估价机遇，估价机构及估价人员可深度挖掘相关市场、探索相关技术以适应房地产市场的变化。

关键词：房地产市场现状；产业园运营管理估价需求；REITs；房产税

一、房地产市场的变化

（一）房地产长效思维的变化

纵观我国过去近20年的房地产历史，房地产的发展可以说是一路高歌，并出现了越调控越涨价，越调控越开发的现象，房地产的泡沫也日益加大。2016年，习近平总书记提出"房子是用来住的，不是用来炒的"定位后，我国的房地产调控逐步转向长效机制，主要通过土地供应控制总量，金融方面实施"三条红线"，完善租赁市场等措施，房地产大开发的势头逐渐得到了有效的控制，加上近几年疫情等综合因素，房地产增量开发的趋势明显降温，很多地区也逐步进入了存量市场。

（二）房地产企业经营模式的变化

过去几十年，我国的房地产企业主要是开发型的企业，随着房地产市场的饱和，城市化进程的放缓，部分房地产企业已经慢慢增加房地产租赁长期持有的比例；政府方面也逐步加大保障房、公租房的建设，租赁给低收入群体，存量经营的模式已日益成熟。

（三）利好产业园、保障性住房的规划和政策完善

2021年，《国家发展改革委关于进一步做好基础设施领域不动产投资信托基金（REITs）试点工作的通知》（发改投资〔2021〕958号）发布，公募REITs的推出打通了产业园区退出渠道，使得产业地产可以构建产业园区"投融管退"的完整闭环。这将加速产业地产商改变原有策略，逐步布局持有型打法。

2022年，深圳市印发《深圳市住房发展"十四五"规划》，计划规划期内供应建设筹集住房89万套（间），其中，商品住房35万套，公共住房54万套（间）。加大保障性住房的供给，调控解决深圳市人口多、住房严重不足、房价居高问题。

盘活存量资产，加大供应保障性住房，释放产业空间、打造特色产业园等政策方向均是利好房地产向运营方向转型。

二、房地产运营管理的估价需求

市场估价需求分为直接需求和间接需求，直接需求为所有权人或利益相关人的估价需求，间接需求为金融机构、监管机构的估价需求。在房地产运营过程中，房地产权利人或者承租人对房地产出租或承租价格的确定有估价需求；持有基础设施物业的权利人发行REITs时，有房地产物业价值评估需求，REITs产品运营阶段，还需对房地产物业每年至少评估一次的需求；房产税将扩大试点城市，房产税的计税依据为房屋的市场价值或者市场租金，按一定税率进行征收，故房产税的计税基数有评估需求等。以上均是房地产运营环节对评估的需求。

（一）产业园运营管理过程中的评估需求

2011年，深圳市政府出台了《深圳市人民政府关于推进土地整备工作的若干意见》(深府〔2011〕102号）；同期深圳市坪山新区率先启动"南布""沙湖"等整村统筹项目。2015年，深圳市政府出台了《土地整备利益统筹试点项目管理办法（试行）》(深规土〔2015〕721号），全市范围内首批40个项目，约34.09平方公里纳入"利益统筹"试点。截至2021年12月31日，深圳市土地整备利益统筹项目计划立项合计约153个，总实施规模约6549.7公顷。

政府通过利益统筹方式，对深圳市1998年征地及2004年转地时遗留的未完善征转地手续用地及历史遗留问题用地进行整备，土地整备完成后，按政策规定返还一定比例的留用地给村集体股份公司进行开发建设。留用地开发建成后，部分物业返还给被搬迁人，剩下物业分别归属村集体股份公司与合作开发商，村集体股份公司所有的物业由股份公司运营管理，物业收益归全体股东所有。

房屋开发建设完成后，村集体股份公司的物业可自行运营管理、交由第三方运营管理（整租）或与合作开发商统一运营管理。在不同的运营管理模式下，均有租金评估的需求，或者物业运营可行性研究的服务需求。

另外，深圳市利益统筹及城市更新项目中涉及的返还工业类物业，权属分散，若任由权利人自行出租管理，则可能因物业规模不一及权属复杂等问题，较难引进优质企业；因产业园规划及运营问题，达不到享受深圳市各区"工业进园"的政策补贴；与深圳市打造"优质产业园区""产城融合"的规划难以保持步调一致。无法引进优质企业，导致产业布局不合理，进而导致工业园竞争力不足，造成租金低于同类型房屋等不良循环。面对利益统筹及城市更新项目中的返还工业类物业，深圳市政府也在积极为权属分散的工业类物业谋求统一运营、打造优质产业园的出路，例如：针对返还工业类物业进行统购、统租，后续统一运营管理。

工业类物业统购、统租过程中面对权利人众多，涉及资金量大，后续物业的运营难度也较一般商业、办公物业运营难度大。所以，客户不仅仅有对物业收购价值、统租租金等进行估价的需求，更需要对项目进行一个全盘评估，例如：统购、统租过程中的工作量、工作难度分析、项目融资方式、资金安排计划等分析；项目投资回报期、经济可行性分析等估价需求。及后续项目运营模式、产业布局等确定的一系列需求。

（二）保障性住房、产业园等发行REITs及REITs运营过程中评估需求

2021年，《国家发展改革委关于进一步做好基础设施领域不动产投资信托基金（REITs）试点工作的通知》(发改投资〔2021〕958号）的出台，将基础设施公募REITs的区域条件限

制，由"聚焦重点区域"扩大至"全国各地区符合条件的项目均可申报"。国内目前已发行的 REITs 基金仅十余只，涉及高速公路、保障性住房、产业园、环保基础设施等。

房地产估价机构是 REITs 发行的参与者，且房地产物业评估始终贯穿着 REITs 产品运营的整个过程，在发行阶段及运营阶段均有评估需求。相信随着公募 REITs 的范围、规模不断扩大，市场不断完善，大型城市中保障性住房、产业园等基础物业融资需求的增长，发行公募 REITs 的估价需求也会大幅增加。

（三）房地产持有环节的房产税税基评估需求

自 1986 年 9 月 15 日，国务院发布《中华人民共和国房产税暂行条例》后，2012 年，房产税试点从个别城市开始推行；2021 年，中国人大网公布了《对〈关于授权国务院在部分地区开展房地产税改革试点工作的决定（草案）〉的说明》，提到房产税将由试点城市各自规定，等到形成成熟经验后，再作"统一规定"，建议"先深化地方试点、再国家统一立法"，这就意味着房地产税的加速推进。

房产税是以房屋为征税对象，按房屋的计税余值或租金收入为计税依据，向产权所有人征收的一种财产税。房产税的计税依据为房屋的市场价值或者市场租金，故全国各城市对房产税计税基数的确定都有评估需求。

2021 年，全国有 15 个城市出台二手房指导价；广州市及深圳市分别发布了 2021 年、2022 年"房屋租金参考价"。二手房指导价或者房屋租赁参考价格的发布目的是稳定房地产市场。但二手房指导价及房屋租赁参考价格的出台，也为房产税试点工作的开展提供了一定的基础条件。其他试点城市均可以在此基础上探索存量房房产税的计税依据，这也是评估公司的一个机遇。

除上述房地产运营管理中存在估价机遇，在开发商转型升级过程中同样存在估价机遇及挑战，例如"地产＋物流""地产＋文化""地产＋养老""地产＋医疗"等新型的地产运营模式已初具模型，相信经过市场和时间的孵化后，地产运营模式是开发商经营的主流模式。

三、估价机构及评估人员面对房地产运营过程中需做的准备

在存量房地产及房地产运营管理中，往往不仅限于对物业价值或物业租金的评估需求，更多的需要评估机构提供相关的咨询服务。收益性物业发行公墓 REITs 时，需要提供现金流分析测算；从零散权利人手里统租、统购工业厂房，需要提供统购、统租过程中的工作量、工作难度分析、项目融资方式、资金安排计划等分析；还有项目投资回报期、经济可行性分析等估价需求。

估价机构一直主要以价值评估为主，但单纯的价值评估已不能满足现在市场存量房及房地产运营过程中的估价需求，更多地需要估价机构及估价人员站在权利人的角度，为客户提供深度的咨询服务。估价行业、估价机构及评估人员在面对市场变化时，可作如下准备来适应市场的变化：

（一）与房地产相关行业搭建交流平台

社会运行机制复杂，单一的房地产评估知识不能满足市场估价需求，评估机构及评估人员需涉猎更多的房地产相关知识，才能在提供估价服务时，快速明白客户的需求和意图，并深度挖掘客户的需求，为客户提供更全面、有效、有价值的服务，从而帮助客户达成目的。为了提升估价人员的专业水平，加强估价机构的综合实力，估价协会可为估价机构及估价人

员与城市更新协会、建筑协会、会计协会等相关协会，或者相关机构、公司搭建专业技术分享、交流平台，促进估价人员与各个行业交流学习与融会贯通，打通行业与行业间的技术壁垒，进行知识链接。

（二）为已有客户群体提供深度服务

各个评估机构的业务侧重板块不同，评估机构可对现有的客户需求进行深度拓展与挖掘，将自身优势充分发挥。例如：对客户群体为银行的评估机构，除了提供价值评估服务，还可提供历年房地产市场价格走势分析，房地产市场在未来半年或一年的市场形势分析，片区房地产区位状况变化及对房地产价格影响程度分析等房地产市场研究报告；对客户群体为企业的评估机构，除了提供价值评估、市场状况分析等服务，还可提供融资端政策、竞品分析等咨询服务。

（三）估价人员应该注意对房地产相关知识的积累

估价人员应该注意对房地产相关知识的积累，例如：建筑知识、金融知识、资产监管的相关知识等。加强对房地产拿地、开发建设、融资、交易政策、监管政策等方面的研究，才能更好地挖掘权利人的需求，了解评估服务需实现的目的，从而为客户提供专业化的服务。

参考文献：

[1] 梁瑜彬. 浅谈REITs高质量估价服务 [C]// 高质量发展阶段的估价服务——2018中国房地产估价年会论文集2018年，2018.

[2] 汪志宏. 浅谈房地产估价业务创新与拓展 [C]// 高质量发展阶段的估价服务——2018中国房地产估价年会论文集2018年，2018.

作者联系方式

姓　名：	汪秋艳　周桂香
单　位：	深圳市国策房地产土地资产评估有限公司
地　址：	广东省深圳市福田区新闻路深茂商业中心16层
邮　箱：	1256943897@qq.com；410368227@qq.com
注册号：	汪秋艳（4420210334）；周桂香（4420190321）

为"保交楼"服务的房地产估价业务浅析

孙五八

摘　要：2022年7月28日，中共中央政治局召开会议，分析研究当前经济形势，部署下半年经济工作。会议指出，要稳定房地产市场，坚持房子是用来住的、不是用来炒的定位，因城施策用足用好政策工具箱，支持刚性和改善性住房需求，压实地方政府责任，保交楼、稳民生。各级地方政府因城施策，通过成立房地产纾困基金等多种形式，保障"保交楼"政策落地。为"保交楼"做好房地产评估工作，既是每一位房地产估价从业人员义不容辞的责任，同时"保交楼"工作也蕴含着大量的房地产估价业务，值得每一位从业人员认真思索和积极参与。

关键词：保交楼；稳民生；房地产；估价

在国家"房住不炒"的宏观调控政策及全球流动性收紧的背景下，房地产市场逐步降温。自2021年1月1日起全面施行的"三道红线"融资新规以及房地产贷款集中度管理制度，从资金需求端和供给端全面收紧，使得长期形成的"高负债、高杠杆、高周转"的房地产开发经营模式不可持续。2021年下半年以来，部分房企债台高筑，资金链紧张，甚至出现了房企爆雷、楼盘停工、烂尾等问题，多地出现集体断供，引发社会普遍关注。

党中央审时度势，迅速出手。2022年7月28日召开的中央政治局会议，要求"因城施策用足用好政策工具箱，支持刚性和改善性住房需求，压实地方政府责任"，"保交楼、稳民生"被首次写入中央政治局会议文件。

各级地方政府迅速出台"保交楼"措施，住房和城乡建设部、财政部、人民银行、原银保监会等出台专门措施，国有银行、央企和AMC（不良资产管理公司）也积极参与房地产项目盘活，保交楼、稳民生。

一、"保交楼"相关政策及措施

（一）地方政府采取的"保交楼"措施

从地方层面来看，各级地方政府出台的"保交楼"政策措施主要有以下几种：

1. 政府牵头设立纾困基金

2022年7月29日，郑州市人民政府办公厅印发《郑州市房地产纾困基金设立运作方案》，房地产纾困基金按照"政府引导、多层级参与、市场化运作"原则，由中心城市基金下设立纾困专项基金，规模暂定100亿元，采用"母子基金"方式运作，纾困项目有4种开发模式，即棚改统贷统还、收并购、破产重组和保租房模式。

2. 政府协调银行对接项目贷款

淮北市出台了三项助企纾困的措施：一是出台政银联合政策；二是搭建银企对接平台；三是紧盯帮扶落实进度。2022年8月，交通银行淮北分行为淮北市房地产企业授予6亿元项目贷款，首批3亿元贷款已于7月31日成功投放，大力保障项目建设交房。

3. 国资公司参与

江西景德镇分项目分别落实国控集团、城投集团、昌江国资、珠山国资4家国资平台参与风险化解。各项目自求平衡落实保交楼任务，政府给予相关扶持政策。

4. 出让土地捆绑"保交楼"

2022年11月9日，海南省公共资源交易平台上发布了3则公告，澄迈县自然资源和规划局挂牌出让3宗城镇住宅用地，在"竞买人资格"中的第三条和第四条有明确规定"与恒大悦珑湾项目有债权债务关系的企业不得参与竞拍""竞买人须承担社会责任，完成恒大悦珑湾保交楼任务，竞得人以形成对恒大方债权的形式出资完成保交楼任务"，引起外界广泛关注。

（二）国务院各部门出台的"保交楼"政策

1. 住房和城乡建设部、财政部、人民银行出台的措施

2022年8月，住房和城乡建设部、财政部、人民银行等有关部门出台措施，完善政策工具箱，通过政策性银行专项借款方式支持已售逾期难交付住宅项目建设交付。此次专项借款精准聚焦"保交楼、稳民生"，严格限定用于已售、逾期、难交付的住宅项目建设交付，实行封闭运行、专款专用。通过专项借款撬动、银行贷款跟进，支持已售逾期难交付住宅项目建设交付，维护购房人合法权益，维护社会稳定大局。

2. 人民银行和原银保监会出台的"金融16条"

2022年11月11日，人民银行和原银保监会联合发布《中国人民银行 中国银行保险监督管理委员会关于做好当前金融支持房地产市场平稳健康发展工作的通知》（银发〔2022〕254号），出台16条措施（以下简称"金融16条"），涉及开发贷、信托贷款、并购贷、保交楼、房企纾困、贷款展期等诸多领域。主要内容包括：1.稳定房地产开发贷款投放；2.支持个人住房贷款合理需求；3.稳定建筑企业信贷投放；4.支持开发贷款、信托贷款等存量融资合理展期；5.保持债券融资基本稳定；6.保持信托等资管产品融资稳定；7.支持开发性政策性银行提供"保交楼"专项借款；8.鼓励金融机构提供配套融资支持；9.做好房地产项目并购金融支持；10.积极探索市场化支持方式；11.鼓励依法自主协商延期还本付息；12.切实保护延期贷款的个人征信权益；13.延长房地产贷款集中度管理政策过渡期安排；14.阶段性优化房地产项目并购融资政策；15.优化租房租赁信贷服务；16.拓宽租房租赁市场多元化融资渠道。

该通知从供给端按照市场化原则满足房地产项目合理融资需求，同时从需求端支持刚性和改善性住房需求。

（三）国有银行、央企、AMC等的措施

1. 国有银行设立基金

2022年9月，中国建设银行发布《关于出资设立住房租赁基金的公告》，拟通过出资设立300亿元基金，深入推进住房租赁战略实施，以市场化、法治化、专业化运作，收购房企存量资产，与有关方面加强协作，助力探索房地产发展新模式，促进房地产业平稳健康发展。11月8日，该基金正式落地。

2. 央企入场"接盘"

2022年1月15日,恒大集团将其佛山优质房地产项目的全部股份转让给了央企五矿信托;融创中国相继转让了至少3家项目公司的股权,接手方为首创置业等国企;华润集团在不到1个月时间里,出资收购了禹洲物业、中南服务;佳兆业的19个深圳房地产项目、雅居乐位于广州的部分股权,均交付给了央企中海地产……

伴随政策有序落地与市场进一步恢复,通过战略投资入股民营房企,或将成为央企及地方国资纾困民营房企的主要模式。

3. 国有资产管理公司(AMC)参与"保交楼"

大型国有AMC积极主动运用各类金融工具参与"保交楼",中国华融、中国长城资产、中国信达等全国性资产管理公司相继与房企进行战略合作,以资产收购、债务重组等方式处置不良资产,优先化解重大顽症,如中国华融联合中信证券与富力集团的合作,中国信达与恒大、融创等的合作。长城资产则分类制定风险化解措施,一是引入央企、国企头部稳健型房企实施并购重组,二是有效隔离风险推动后续开发与保交房,三是开展类共益债模式盘活底层资产,四是着力探索轻资产盘活模式。

二、纾困出险楼盘的几种模式及房地产评估业务

地方政府、国务院各部门以及央企、国企、国有银行等,对出险楼盘、出险房企的纾困和风险化解主要有以下几个模式:

(一)"棚改统贷统还"模式

这种模式主要适用于棚户区和城中村改造项目。通过市级平台统贷统还、积极组织项目前期手续、提供充足抵质押物、有效做大平台公司、研究探索房票机制等措施,安置房建设主体由开发商转变为政府平台公司,将安置房全部包装为棚改项目,盘活土地资源,保证金融机构的贷款安全性,解决好被拆迁群众安置问题。

该模式下的评估业务有:①市级平台公司向金融机构抵押贷款的房地产抵押价值评估;②安置房建设主体转变过程中产生的安置房在建工程转让价值评估。

(二)银行贷款模式

这种模式主要适用于交楼主体周转资金紧张,但其通过继续开发、销售能实现交楼任务的项目。其模式主要分为两种:

1. 商业银行提供开发贷款

"金融16条"第1条措施即稳定房地产开发贷款投放。开发贷款指对房地产开发企业发放的用于住房、商业用房和其他房地产开发建设的中长期项目贷款,贷款原则上应采取抵押担保或借款人有处分权的国债、存单及备付信用证质押担保方式,担保能力不足部分可采取保证担保方式。

2. 政策性银行提供专项贷款

"金融16条"第7条措施即支持开发性政策性银行提供"保交楼"专项借款。从各地专项借款资金管理办法来看,"保交楼"专项借款有如下特点:

(1)"保交楼"专项借款资金使用范围:只能用于已售住宅逾期难交付或者造成项目停工、已售住宅逾期交付风险较大项目。专项借款资金不得用于偿还"新老划断"前原有各类债务,包括拖欠工程款、拖欠税费、到期融资债务及解押、解封等非保交楼支出,不得用于

未售住宅项目、高档住宅项目、工商业地产项目。

（2）"保交楼"专项借款资金管理原则：一是统借统还原则，由市级政府负统借统还责任。二是专款专用原则，市级政府负有资金使用监督管理责任，保交楼借款资金专户存储、封闭运行，专项用于保交楼项目。

（3）"保交楼"专项借款资金基本流程：交楼主体上报借款申请——住房和城乡建设部门审理并编制资金计划——政府平台公司统一向政策性银行借款——向交楼主体拨付资金——财政部门督查资金使用及债务管理——交楼主体归还借款本息。

该模式下的评估业务有：①开发贷，借款人向金融机构抵押贷款的房地产抵押价值评估；②平台公司向政策性银行借款抵押的存量房地产或者在建工程抵押价值评估。

（三）收并购模式

"金融16条"第9条措施即做好房地产项目并购金融支持、第14条措施即阶段性优化房地产项目并购融资政策。这种模式主要适用于剩余货值充足，资产超过负债，但因资金链问题导致停工停产和经营困难项目，通过兼并收购房地产项目，盘活企业资产，实现复工复产，促使部分经营不善且尚未濒临破产的优质房地产企业"瘦身"，防范化解项目逾期交付和烂尾风险。

该模式下的评估业务有：①收并购过程中涉及的在建工程余值评估；②收购企业向金融机构申请并购贷款过程中产生的房地产抵押价值评估。

（四）破产重组模式

这种模式主要适用于体量大、债权债务复杂不明确导致无投资人敢参与、维稳压力大、后续投入资金量较多、工程建设及销售存在问题需要解决的项目，积极引进战略投资人、代建托管保交楼，同时，由于在楼盘烂尾后，无法立即恢复经营或者不再具备经营能力或品牌不足，可对破产重整企业进行"托管""代建"，对项目全程监管，使"烂尾楼盘"由闲置问题资产转化为可销售、可使用的优质资产，以此推进项目建设，完成"保交楼"任务。

该模式下的评估业务有：①为破产清算服务的房地产价值评估；②为司法拍卖服务的房地产评估；③破产过程中涉及的房地产计税评估；④重组过程中产生的房地产转让价值评估。

（五）保租房模式

这种模式主要适用于已经建成或即将建成，但销售困难、大量积压房企资金的现房、准现房项目，通过政府购买现房作为安置房、完善保障性租赁住房政策体系、探索保障性租赁住房退出机制等措施，提高存量房去化率，恢复被收购房地产企业现金流。

该模式下可能的评估业务有：①商品房转变为保租房过程中产生的房地产转让价值评估；②非住宅转变为住宅用途需要补交的土地出让金评估；③保租房租赁价格评估。

（六）"保交楼"衍生的其他评估业务

对照"金融16条"，还可以进一步深挖潜力，挖掘"保交楼"衍生的其他评估业务，主要有：①为建筑企业抵押贷款产生的房地产抵押价值评估；②为房地产融资（资产证券化、REITs产品发行等）服务的估价业务；③为"保交楼"参与方提供决策参考的评估业务，如：未来价值评估、续建成本评估等。

三、为"保交楼"服务的房地产估价需注意的问题

(一)估价目的和价值类型的多样性

"保交楼"工作及其延伸的其他工作对应着不同的估价目的,主要的估价目的有:抵押、税收、拍卖、转让、租赁、补交出让金、为房地产投资基金服务等。

不同的估价目的对应着不同的价值类型,主要的价值类型有:抵押价值、计税价值、拍卖底价、市场价值、租赁价值等。

估价人员在为"保交楼"服务的估价作业中,一定要特别注意"保交楼"工作的特殊性,灵活变通地确定价值类型,不可因循守旧。为"保交楼"服务的估价尤其要注意以下两点:

1. 专项借款模式下的抵押价值,其法定优先受偿权应遵循"新老划断"的原则。"新老划断"前原有各类债务,包括拖欠工程款、拖欠税费、到期融资债务及解押、解封等非保交楼支出的债务,不再享有优先受偿权。

2. 收并购模式下的在建工程余值评估,在建工程的余值不再是传统意义上的房地产开发价值,余值=房地产开发价值-已销售房屋的价值。即假设开发法下余值的价值=开发完成后的价值-后续开发的必要支出及应得的利润-已销售房屋的价值。

(二)房地产实物形态复杂多样

"保交楼"涉及的房地产形态复杂多样,几乎涵盖了房地产所有的形态,按开发程度分为:土地、在建工程、现房等。按实物形态分为:土地、建筑物、土地与建筑物的综合体、房地产的局部、未来状况下的房地产、整体资产中的房地产等。评估机构及估价师要根据不同的估价目的区分不同的房地产形态。

(三)区分政策差异选择适宜的估价方法

"保交楼"是一项政策性很强的工作,房地产估价人员不仅要熟练掌握和应用常规的估价方法,还要深刻领会政策内涵,按照《房地产估价规范》GB/T 50291—2015的要求,创造性地开展工作。

例如:保租房模式下的保租房租赁价格的评估,应充分考虑政策性补贴因素,不宜简单采用常规的比较法,应根据《房地产估价规范》GB/T 50291—2015中第5.9.3项执行:"保障性住房租赁价格评估,应根据货币补贴、实物补贴等租金补贴方式,评估市场租金或其他特定租金。对采用货币补贴的,宜评估市场租金;对采取实物补贴的,宜根据类似商品住房的市场租金、保障性住房的成本租金、保障性住房供应对象的支付能力、政府补贴水平及每套住房所处楼幢、楼层、朝向等保障性住房租金影响因素,测算公平合理的租金水平。但国家和保障性住房所在地对保障性住房租赁价格确定有特别规定的,应按其规定执行。"

对保障性住房租赁价格的评估,应根据当地政策,采用成本租金或准成本租金。成本租金是指按照出租房屋的经营成本确定的租金,由房屋折旧费、维修费、管理费、投资利息、房产税五项因素构成。准成本租金是指接近成本租金但还达不到成本租金水平的租金。

四、结语

为"保交楼"服务的房地产估价业务,是一种全新的、创造性的业务类型,对每一位房地产估价人员来说,既是机遇也是挑战。估价人员不仅要熟练掌握常规的估价方法,还要深

刻领会相关政策内涵，要打破常规，创造性地开展评估。估价人员不仅要对专业技术精益求精，还要对相关专业知识如工程造价、金融、法律等知识也要有所掌握和熟练应用。

作者联系方式
姓　　名：孙五八
单　　位：安徽天恒房地产土地评估有限公司
地　　址：安徽省芜湖市镜湖区民生路 26 号凯帆大厦 903-906 室
邮　　箱：378896471@qq.com
注册号：3420050062

估价人员应对经济社会发展新形势的探讨

范 春

摘 要：近年房地产市场、土地市场、信贷市场、城市改造市场的变化，以及大数据的强势崛起使得传统房地产估价业务产生了巨大变化。房地产估价企业及房地产估价人员如何应对这些变化是一个不可回避且急需探索的问题。

关键词：持续学习；纵向深入；横向发展

一、当前经济社会发展新形势对估价行业的影响

（一）当前经济社会发展新形势现状

1. 城镇化进程速度放缓

数据显示，2021 年，我国城镇人口为 91425 万人，较十年前增加约 2 亿人。常住人口城镇化率达到 64.7%。通过对《中国统计年鉴—2021》与 2021 年经济社会发展数据梳理发现，2021 年，我国新增城镇人口 1205 万人，创下 26 年来新低。2021 年，我国城镇化率提升 0.81 个百分点，提升幅度 26 年来首次低于 1 个百分点。

由上述数据我们可以看出，随着我国经济发展的新形势，我国的城镇化率达到了一定的水平，城镇化进程有所放缓，这也间接影响了房地产市场，进而影响了房地产估价业务。

2. 房地产市场下行压力持续增大

目前，受宏观经济、新冠疫情、房地产市场本身等多方面因素叠加影响，房地产市场处于下行通道。

以南京市房地产市场为例，南京市 2022 年传统意义上的"金九银十"并未如期而至。2022 年 10 月，南京二手房成交量 5567 套，环比下降 17.6%，同比减少 4.5%，与去年同期水平相当。刚需成交占比进一步提升，二手房成交均价回落至 30833 元 $/m^2$，环比下滑 3.8%。在传统意义上的旺季出现量价齐降的情况，南京市房地产市场下行的压力是相当大的。

3. 城市房屋更新改造进度放缓

在经历了多年的大拆大建式城市化改造工作之后，各主要城市可供征收改造的区域已所剩无几。

1）2021 年 8 月，住房和城乡建设部发布了《住房和城乡建设部关于在实施城市更新行动中防止大拆大建问题的通知》（建科〔2021〕63 号）。该通知中的多项条款对城市更新改造做出了限制性的规定，主要内容包括坚持划定底线、坚持保留城市记忆、坚持量力而行推进改造提升三个方面。

（1）坚持划定底线，防止城市更新变形走样主要包括了严格控制大规模拆除、严格控制大规模增建、严格控制大规模搬迁、确保住房租赁市场供需平稳四个方面。

①严格控制大规模拆除：除违法建筑和经专业机构鉴定为危房且无修缮保留价值的建筑外，不大规模、成片集中拆除现状建筑，原则上城市更新单元（片区）或项目内拆除建筑面积不应大于现状总建筑面积的20%。提倡小规模、渐进式有机更新和微改造。

②严格控制大规模增建：除增建必要的公共服务设施外，不大规模新增老城区建设规模，不突破原有密度强度，不增加资源环境承载压力，原则上城市更新单元（片区）或项目内拆建比不应大于2。

③严格控制大规模搬迁：不大规模、强制性搬迁居民，不改变社会结构，不割断人、地和文化的关系。要尊重居民安置意愿，鼓励以就地、就近安置为主，改善居住条件，保持邻里关系和社会结构，城市更新单元（片区）或项目居民就地、就近安置率不宜低于50%。

④确保住房租赁市场供需平稳：不短时间、大规模拆迁城中村等城市连片旧区，防止出现住房租赁市场供需失衡加剧新市民、低收入困难群众租房困难。

（2）坚持应留尽留，全力保留城市记忆主要包括了保留利用既有建筑、保持老城格局尺度、延续城市特色风貌三个方面。

①保留利用既有建筑。不随意迁移、拆除历史建筑和具有保护价值的老建筑，不脱管失修、修而不用、长期闲置。对拟实施城市更新的区域，要及时开展调查评估，梳理评测既有建筑状况，明确应保留保护的建筑清单，未开展调查评估、未完成历史文化街区划定和历史建筑确定工作的区域，不应实施城市更新。鼓励在不变更土地使用性质和权属、不降低消防等安全水平的条件下，加强厂房、商场、办公楼等既有建筑改造、修缮和利用。

②保持老城格局尺度。不破坏老城区传统格局和街巷肌理，不随意拉直拓宽道路，不修大马路、建大广场。鼓励采用"绣花"功夫，对旧厂区、旧商业区、旧居住区等进行修补、织补式更新，严格控制建筑高度，最大限度保留老城区具有特色的格局和肌理。

③延续城市特色风貌。坚持低影响的更新建设模式，保持老城区自然山水环境，保护古树、古桥、古井等历史遗存。鼓励采用当地建筑材料和形式，建设体现地域特征、民族特色和时代风貌的城市建筑。加强城市生态修复，留白增绿，保留城市特有的地域环境、文化特色、建筑风格等"基因"。

上述条款直接给已经高速运行多年的城市更新改造工作按下了减速的按钮。

2）2021年9月，中共中央办公厅、国务院办公厅发布的《关于在城乡建设中加强历史文化保护传承的意见》，也有类似规定。

（1）在城市更新中禁止大拆大建、拆真建假、以假乱真，不破坏地形地貌、不砍老树，不破坏传统风貌，不随意改变或侵占河湖水系，不随意更改老地名。

（2）切实保护能够体现城市特定发展阶段、反映重要历史事件、凝聚社会公众情感记忆的既有建筑，不随意拆除具有保护价值的老建筑、古民居。

（3）对于因公共利益需要或者存在安全隐患不得不拆除的，应进行评估论证，广泛听取相关部门和公众意见。

上述条款一方面是对历史建筑和文化的保护，另一方面也使得城市更新改造工作进一步放缓。

城镇化进程速度放缓直接导致了我们评估行业的主要传统业务类型，国有土地上房屋征收评估的业务量大幅缩水，当然也间接减少了抵押评估、计税评估等业务的数量。

（二）新冠疫情影响

新冠疫情全方位影响了人们的生产生活以及对未来的预期。一方面受其影响，各行各业都出现了一些非周期性的低谷，影响了投资者的信心，一定程度上影响了投资。另一方面新冠疫情席卷全球，也使得内外部环境都受到了影响，一些依赖进出口、外贸的行业备受打击。另外在出现疫情的地区人民的收入不可避免地受到了影响，同时人民的储蓄意愿大增也影响了内需的发展。

以房地产评估的业务层为例，在疫情暴发的时期，很多外地的评估业务都不可避免地受到了影响。有些业务委托方会优先选择本地的评估机构，有些业务因为当时当地的情况导致周期拉长，项目推进困难。

（三）相关政策影响

2020年5月18日，《中国银保监会 工业和信息化部 发展改革委 财政部 人民银行 市场监管总局关于进一步规范信贷融资收费 降低企业融资综合成本的通知》（银保监发〔2020〕18号）发布。其中"（八）由银行独立承担的费用，银行应全额承担。银行对企业垫付抵押登记费采取报销制的，应建立费用登记台账，由专人负责跟进。银行为授信评估目的引入外部数据、信息或评级的，不得要求企业支付相关费用。对于小微企业融资，以银行作为借款人意外保险第一受益人的，保险费用由银行承担。"条款中银行为授信评估目的引入外部数据、信息或评级的，不得要求企业支付相关费用，开启了银行支付评估费用的时代，使得房地产评估收费一再降低。

（四）相关技术影响

大数据或称巨量资料，指的是所涉及的资料量规模巨大到无法透过主流软件工具，在合理时间内达到撷取、管理、处理、并整理成为帮助企业经营决策更积极目的的资讯。

目前大数据已渗透到生活的方方面面，大数据除了可以用于推广等商业用途以外，其更为基础的数据查询功能为房地产评估的潜在客户提供了部分可替代评估机构出具评估报告的替代功能。比如通过大数据的相关应用，针对交易量大、价格比较透明的住宅用途房地产来说，银行、司法机构等能便捷准确地获取相关房地产的市场价值。这也导致了评估机构的抵押评估和司法评估业务进一步缩水。

二、房地产估价人员的应对措施探讨

针对房地产评估市场不利环境，各评估机构或采取紧缩型战略，断臂求生节约成本等待形势好转；或采用发展型战略，拓展新的业务类型，实现纵向一体化或横向一体化乃至多样化，可谓"八仙过海各显神通"。而我们房地产评估行业的从业人员作为大海里的一滴水，又如何应对当下的困难环境也是一个值得探讨的问题。作为抛砖引玉，个人总结了以下应对措施或者可以尝试的方向供各位同行探讨：

（一）持续学习

房地产估价行业作为知识密集型行业，知识始终是行业发展的基础和主要驱动力。房地产估价人员包括注册房地产估价师和其他估价人员，不论是否为注册房地产估价师都需要持续学习，提高工作能力以应对不利形势。

首先作为非注册房地产估价师的估价人员，持续学习一方面是在工作中学习积累经验，另一方面也需要系统地学习房地产估价的相关理论，以通过注册房地产估价师考试取得注册房地产估价师职业资格为目标。通过注册房地产估价师考试一方面是对估价人员理论知识的一种检验，另一方面也为非房地产估价对口专业的估价人员提供了一个系统学习房地产估价相关知识的机会。当然作为房地产估价行业的工作人员，通过注册房地产估价师考试是最直接明了的一个职业方向，通常也应该把通过注册房地产估价师考试的优先级放在同类型考试中最高级别。

对于注册房地产估价师来说，当然也可以把相关房地产估价师考试教材拿出来温故知新，但更应该对工作中遇到的问题进行归纳整理，找出自己的不足之处有针对性地进行专题学习。比如在遇到情况比较复杂的收益法使用时，对各种收益法公式的适应性分析，对标准公式的各种变形使用等，都需要估价师能在实际工作中进行熟练准确地应用。如果在估价过程中发现这方面存在不足，可以通过集中有针对性地学习注册房地产估价师考试教材的相关章节和房地产估价规范的相关内容。对于涉及专项规范或者指引的，比如国有土地上房屋征收评估技术导则、涉税房地产评估技术指引等还需要进行有针对性地学习。

对于房地产估价行业的从业人员来说，面对不断变化的房地产市场和房地产相关法律法规和政策，终身学习才是我们能在行业立足的根本，我们的持续学习主要是对房地产估价行业各细分领域，特别是对新型评估业务以及新的法律法规和技术规范进行持续学习。

（二）纵向深入

所谓纵向深入是指可以对房地产估价行业的上下游进行了解和学习。比如针对上游房地产开发的行业的了解，会让我们对假设开发法的理解更透彻，相关参数的选取也更符合实际更加合理，涉及相关项目的可行性研究报告也会更符合实际更具参考价值。对房地产评估行业的上游的了解也能让我们评估从业人员在招揽评估业务时能有的放矢，能帮助评估机构扩大业务范围，同时有利于了解客户需求，更好地为客户服务。

而对于房地产评估行业的下游的了解，比如办理抵押、办理过户、评估报告翻译等除了可以拓展相关业务以外，也让我们评估人员对评估报告能否满足委托方的实际使用目的、确定评估的目的等评估工作有更直观和深入的理解。

（三）横向发展

房地产估价行业是一个复合型的行业，与之相关的行业很多。这也让我们估价人员有很多横向的选择。一方面是在工作中部分业务需要相关行业的知识；另一方面在房地产估价行业传统业务萎缩，各评估机构争相扩展经营范围，发展相关业务的情况下，通过系统学习取得相关的执业资格，既能满足公司业务需要，也让自己的职业道路越走越宽。下面就一些和注册房地产估价师从事的工作有一定相关性的发展方向作一些简单介绍。

1. 土地估价师（现已合并至注册房地产估价师，为便于区分以下仍称"土地估价师"）

因为土地估价师停考时间较长，不少同行在取得注册房地产估价师职业资格之后没能同时取得土地估价师资格。目前土地估价师考试已合并至注册房地产估价师考试，这为各位同行提供了机会。而在各类资格考试中，土地估价师考试也是和传统的注册房地产估价师联系最为紧密的。土地估价和房地产估价不论从估价对象还是从估价方法等方面的相似度都是最大的，而我们房地产估价机构往往都同时具有土地估价相关资质，因此土地估价师方向也是房地产估价人员拓展自己的首选。

2. 资产评估师

资产评估师与注册房地产估价师同为评估师，在估价方法、基本理论、专业术语等方面都会有一些交叉。同时房地产作为最为常见的和价值量较大的资产，往往也会成为资产评估工作的主要评估对象。而资产评估的估价对象更加广泛，其业务来源更加广泛、业务数量更加可观，也往往是传统房地产评估机构首选的业务拓展方向。但资产评估和房地产评估却又有很多不同的地方，比如资产评估往往以会计为基础，十分依赖会计和审计，针对同一估价对象和房地产估价有时会有不同偏向。这也是我们房地产估价人员在初接触资产评估时需要留意的，不能完全用房地产评估的思维去从事资产评估业务。

3. 造价师

我们在评估房地产的过程中凡是涉及建筑物的建筑价、重置价的地方都需要有一定的造价知识。因此房地产估价人员往往需要有一定的造价常识，这也使得造价也成为一个可以拓展的方向。当然我们也需要了解，造价师所关注的造价和我们评估当中所用造价的异同。个人理解造价师所涉及的造价往往和施工密不可分，更强调个别建筑物或者构筑物、构件等的个别价格，其造价计算往往需要更加细节的尺寸和材料等方面的信息。区分好两者内涵的差异，才能正确应用相关数据，相互促进。

4. 咨询工程师

工程咨询涉及从提出投资设想，经过前期论证、投资决策、建设准备、建设实施、竣工验收直至投产运营所经历的全过程，是一个不折不扣的全过程咨询工作。工程咨询涉及的部分步骤往往也和房地产评估有一定的联系，比如涉及融资的融资可行性研究，房地产往往是其中的重要部分。又如在前期论证阶段，初步可行性研究和可行性研究中也离不开房地产收益、成本等方面的测算。房地产评估可以成为工程咨询的工具，同时工程咨询涉及房地产开发的全过程，也存在很多传统房地产估价人员能够相对容易入手的潜在业务，因此咨询工程师有一个不错的拓展方向。

5. 测绘师

房地产估价工作中有时也会涉及一些简单的测绘工作，主要以国有土地上房屋征收工作的未登记房屋调查和集体土地征收中房屋登记调查工作为主。学习测绘方面的知识一方面有利于上述工作的开展，另一方面从事上述工作因为接触到的有相关需求的个人和集体较多，往往也会带来一些更为专业的测绘业务，也需要专业的测绘人员开展相关工作。

6. 税务师

房地产估价中的涉税评估是一种重要的业务类型，一般以税务部门或者涉税企业和个人委托为主。税务部门的委托往往是通过招标投标选定评估机构作为一定时期内在一定区域范围内开展涉税评估业务，该种业务往往业务量较大，也较为稳定，评估费用收取也比较有保障，是一种优质的业务。涉税企业和个人委托的业务数量往往较少且不太稳定，但单个收费往往更高。从事涉税评估，除了房地产估价人员要有扎实的房地产估价方面的业务能力外，相关税务的知识也是必不可少的。因此税务师也是房地产估价人员横向发展的一个可选方向。从事涉税评估工作需要税务知识，同时接触有需求的群体也能给评估机构带来专业税务师所涉及的相关工作。

除了上述几个例子以外，房地产经纪人、土地登记代理人、律师、审计、注册城乡规划师等方向也都和房地产估价业务有不同程度的联系，房地产估价从业人员可以根据自己的专业背景，擅长领域的不同选择适合自己的方向。当然能与房地产估价机构的发展方向相协调的话往往能实现估价机构和估价人员的利益最大化，是最好的选择。

作者联系方式

姓　名：范　春
单　位：江苏苏地行土地房产评估有限公司
地　址：江苏省南京市建邺区乐山路 190 号
邮　箱：395572435@qq.com
注册号：3220180093

新形势下房地产咨询业务的实践与探索

——以深圳市为例

张启旺 田 慧

摘　要：当前，房地产估价行业受整个房地产行业影响，正处于转型升级阶段，市场需求发生重大变化，包括服务形式多样化，服务内容高端化、咨询化，服务面向房地产全生命周期延展等，对专业人员的需求也发生了变化，在专业水平、实践经验、创新思维上提出了更高的要求。这一系列的变化使估价行业的发展面临了新的形势，也推动行业不断拓展新的业务蓝海，向房地产咨询方向转型。本文对行业面临的新形势和变化进行了分析，并结合在深圳估价行业十多年的实践经验，介绍深圳近年在房地产咨询业务的新实践与探索。

关键词：新形势；咨询业务；实践与探索

一、估价行业面临的新形势

（一）房地产估价行业受整个房地产行业影响，正处于转型升级阶段

当前中国房地产市场从增量时代步入存量时代，受经济形势的影响，加上受新冠疫情的影响，目前房地产市场较为低迷，开发企业对短期房地产市场感受普遍较为悲观，我国房地产行业正处于转型升级阶段。但从长期来看，中国房地产市场还远没有结束，房地产市场的潜力依旧非常巨大。一是城镇化还在继续，存在刚性需求的需要；二是随着城市经济的发展，存在改善性住房的需要；三是推动新旧动能转换、经济结构升级，存在产业发展的需要；四是存量租赁市场正在兴起。

房地产估价行业依附于房地产行业，其发展与其息息相关，同样也处于转型升级阶段。笔者认为，估价机构要想获得长远的发展，要改变原有的发展模式和经营理念，在服务形式上不断创新、转型升级，做优传统业务的同时，在房地产咨询领域不断开辟新的业务蓝海。

（二）市场需求发生重大变化

我国房地产估价行业开始于 20 世纪 80 年代，相比较于发达国家，起步较晚。从 20 世纪 90 年代中期住房制度开始改革到 21 世纪土地整备、城市更新及棚户区改造等土地二次开发项目的兴起，估价行业发展迅速。伴随着城市的发展，估价需求形势多变，不断向房地产咨询业务衍生。

1. 服务类型由传统的估价服务转变成高端化、咨询化、专业化的综合性咨询顾问服务

中国的房地产估价行业伴随着城市的发展而经历了萌芽、初步发展、快速发展、规范发展、创新发展 5 个阶段。传统的估价业务主要体现在为金融风险防范、房地产市场管理、城市化进程中提供第三方独立意见的房地产价格评估服务，主要包括抵押、征收、司法评估

但随着中国城市发展的转型，市场对估价机构的需求发生了新的变化，加上近年来受二手房参考价、银行付费及大数据评估等因素的影响，估价行业的服务重点正在由传统的估价服务转变成高端化、咨询化、专业化的综合性咨询顾问服务。经初步统计深圳市2018—2021年政府公开招标的征收项目信息，常规估价业务的招标金额占总招标项目中标金额的比重分别为53%、49%、46%、33.8%，呈现逐年下降的趋势，像各类方案编制、权属核查、意愿征集、全程技术咨询及谈判顾问等咨询顾问类业务所占的比重在逐年增加，单个项目对服务团队专业人才数量及综合能力要求也越来越高。

2. 服务形式从注重产品结果到更加关心提供的专业服务内容及过程

客户对估价服务的要求也从简单、即时的单项服务转变为复杂、系统、精细化的咨询顾问式、"保姆式"服务。单纯以评估价值、只注重评估结果的估价服务形式已不能满足当前城市发展的需求，能够为客户节约资金或时间成本、谋划出路、发现和创造价值是估价服务新的趋势所在。

3. 服务面从服务于某个节点到服务于房地产整个生命周期

估价机构的业务范围不断延展，服务面进一步拓宽，过去大部分估价机构仅提供房地产估价相关服务，在机构资质上也仅为房地产评估咨询，近年随着房地产市场的蓬勃发展，估价机构的市场渗透性和影响力增强，专业机构也更多地参与到房地产中介服务的其他领域，包括政府土地整备、企业前期的拿地咨询、项目定位决策、项目开发顾问、项目管理运营、销售策划代理、资产管理、物业管理等，为房地产整个生命周期提供服务。

4. 服务价值追求从评估价值到发现价值再到创造价值

大部分估价机构早期主要为房地产抵押、房地产征收、房地产拍卖等提供价值评估，逐渐延展到为企业前期拿地咨询、市场调研、可行性研究等非标准化的咨询顾问工作，从评估价值转向了发掘和提升价值。我们要改变以往服务角色定位，不能把自己单纯地当作受托方，更多的时候要把自己当做委托方代表，多站在委托方的角度，以价值评估为立足点，谋求为委托方提供价值发现、价值创造、更高端化、更有价值、更有意义的咨询服务。

（三）专业人员的素质要求提高

为精准、高效地满足服务新需求，估价专业人员不仅需要具备扎实的专业理论功底和丰富的实战经验，还需要具备前瞻的行业视野和分析、解决问题的能力，更需要创新思维能力和较强的业务思维及风险防范意识。

1. 专业技术能力方面

专业技术能力要求不仅局限于估价专业基础能力的要求，还包括相关综合能力及科学技术能力的提升。

估价专业基础能力的强化，首先要求估价从业人员要具备房地产估价相关的专业基础能力，主要表现在：一是熟悉、掌握估价行业相关法律、法规和规范性文件及有关技术标准；二是理解、熟悉各种业务类型涉及的各类政策。其次，还要注重相关综合能力的提升，主要包括：一是沟通、撰写、汇报能力的提升；二是擅长专业领域之外关联领域专业技术的提升，同一个项目中可能涉及多种类型业务服务，要求估价从业人员不仅要熟悉、掌握自己领域涉及的估价技术，还需要了解相关领域涉及的估价技术；三是要加强对测绘、规划、法律、资产评估等相关专业的了解，在提供评估服务过程中，难免会遇到测绘、规划、法律、资产评估等其他专业问题，加深对相关专业的了解，有助于更好地解决提供估价服务过程中面临的各类问题。

科学技术能力的提升，主要是通过科技赋能，借用信息化、数据化技术，提升专业效率的同时，减少人工操作带来的失误率，实现进度实时把控、协同办公、无缝合作、电子档案实时归档、智能化管理。

2. 技术创新及技术营销能力方面

长期以来，估价机构一直主要依靠资质、进入许可等行业优势开展业务，大部分业务都是基于"程序性、形式化"的需要，是需求单一的流水线式估价，缺乏技术创新的动力。其特点也是客户关系为主，技术为辅，导致大部分估价机构都是业务营销模式，业务人员主外，估价师主内。

其弊端有两点：一是导致估价师无法看清与预判行业发展的方向与趋势，无法拓展估价专业服务新领域，无法激发创新思维能力；二是营销成本占据了大头，估价从业人员待遇无法得到保障，业务与技术的矛盾难以调和，估价人才留不住，形成恶性循环。

房地产估价行业面临的新形势倒逼行业人才队伍建设向复合型、高端化、国际化的领军人才队伍方向发展，以引领房地产估价行业不断向前发展，适应国际竞争和日新月异的行业发展需要。估价师要从幕后走向台前，敢于向大众、社会发声，改变以往估价师主内，业务营销人员主外的传统模式，逐步转变成技术营销模式。一是可以降低营销成本，从而提高技术人员的待遇，更有利于行业技术人员的沉淀，改变待遇无法保障的局面。二是估价技术人员可以实时、充分地与市场接触，更好地预判行业发展的方向与趋势，发掘新的市场，利用技术创新拓展新的业务类型。

3. 管理能力方面

随着近几年全程咨询顾问等大型、综合性业务的发展，越来越多的项目采用"大兵团作战"的方式，对提供服务的房地产估价机构投入项目中估价人员数量及专业性有着越来越高的要求，像深圳一般的土地整备及棚改全程咨询服务项目服务人数要求在 20～60 人，投入人员中除了需具备估价专业基础能力之外，还得具备文案撰写、宣传、活动策划、谈判等其他专业能力。团队管理是项目团队负责人必须具备的能力，具体包括"质量管理、进度管理、成本管控"。估价行业的技术风险无处不在，只有通过切实有效的质量管理才能做好提前防范，有效识别与应对风险，保证企业的持续发展。而进度管理与成本管理则主要体现在团队管理方面，通过高效组织提高团队效率，充分发挥成员能力与专长，进而实现成本管控，保证按时按质按量完成估价业务，保证估价机构的盈利与生存。

4. 法治意识方面

随着《中华人民共和国资产评估法》的颁布实施，为规范市场秩序，净化行业执业环境，政府及行业主管部门对于评估机构及其评估从业人员的监督管理也日趋严格，评估机构及估价从业人员的责任也越来越大，估价机构及估价从业人员要想有长久可持续的发展，必须具备较以往更强的法治意识，必须始终坚持独立、客观、公正的原则，守得住道德底线，经得起诱惑。

二、估价行业转型升级发展方向

多年前，银行抵押评估、司法评估及征收评估等传统估价业务是房地产估价机构的主要创收来源，估价机构之间的竞争主要是传统估价业务市场份额的竞争。随着近年来估价咨询业务的不断发展，估价业务类型已由传统估价业务为主转为咨询业务为主，咨询业务已成为估价行业主要业务发展方向。同时，随着科技的发展，估价行业科技化应用也越来越多，助力咨询业务的发展。

（一）不忘初心，做优传统估价业务

近年来，受自动化估价及政策等影响，传统估价业务竞争日趋白热化，价格战是传统估价业务竞争的主要手段，行业利润空间被大大压缩，同时随着咨询业务的兴起，很多机构不看好传统估价业务的发展，特别是抵押评估业务。笔者认为传统估价业务不可或缺且非常重要，是估价行业存在的根本，是估价技术输出的源泉。一是传统评估业务虽然在对行业创收占比上有逐年下降趋势，但总体还是比较可观的。二是法律上是规定了传统估价业务存在的价值及必要性，根据《中华人民共和国城市房地产管理法》第三十四条规定"国家实行房地产价格评估制度"，同时《中华人民共和国资产评估法》第三条规定"涉及国有资产或者公共利益等事项，法律、行政法规规定需要评估的，应当依法委托评估机构评估"。

对于传统估价业务，房地产估价机构和房地产估价师应当静下心来，要坚定初心，总结以往工作中的不足，避免低价恶性竞争，努力提供更加优质、更高质量的估价服务。

（二）与时俱进，开辟专业咨询业务

随着城市的发展，政策的不断变化，市场对估价的需求也在不断发生变化，越来越多的新的市场领域被开拓出来。房地产估价机构要想更好地开辟新的业务领域，要把视线从竞争的同行转向市场的需求方，从关注并比超竞争对手转向为市场需求方提供更好、更有价值的服务。笔者认为，新形势下的房地产估价机构要顺应时代发展潮流，改变以往的经营理念，要以人才为根本，将价值创新作为企业发展的基石，在变化中寻找新机遇，发现为委托方提供价值的新动力，以创造新的需求，拓展新的咨询业务，研发新产品，为企业带来新的发展。

（三）科技赋能，助力估价业务发展

随着客户需求的变化及互联网技术的发展，利用最新的互联网、云计算、决策分析优化等先进技术，使得估价服务模式变得更加智能和智慧。经过近几年的探索，互联网技术已应用在金融估价、不动产管理、征拆服务以及土地顾问等多个估价服务领域，极大地提升了估价服务作业效率、准确性及管理水平。科技化、信息化是企业发展的大趋势，现在越来越多的公司在项目实施过程中开发、运用互联网技术来辅助项目的实施。

三、深圳在房地产咨询业务的实践与探索

新形势下带来了新的需求变化，在激烈的市场竞争环境下，估价机构已加速转型升级，如何保持竞争优势，需要估价机构开辟新的业务蓝海，引进更多的高端人才，在实践和探索中不断进行创新。笔者根据自己十多年来在深圳从事估价服务的亲身经历，简要介绍一些深圳近些年在房地产咨询业务的实践与探索。

（一）土地整备等二次开发领域

深圳最早的土地整备项目，评估机构只是负责单纯的评估工作，经过多年的发展，估价机构在土地整备领域的服务内容已贯穿整个项目周期，包括前期政策研究、前期摸底调查、可行性研究、权属信息核查、各类方案研究制定、价值评估与督导、组织谈判签约、办理房屋移交、产权注销及安置房分配实施等。在实际项目开展过程中，委托方可以根据需要对上述服务内容中的一个或多个进行组合，形成确定的项目服务需求进行委托。目前土地整备的服务模式已在棚户区改造、城市更新等领域广泛应用，但也只是整个房地产生命周期中的土地整理阶段，未来类似的咨询顾问服务可能会延伸到项目开发报建、项目运营等整个房地产生命周期。

（二）政策研究领域

随着城市的发展需要，有关房地产相关的政策层出不穷，每个政策的出台都必须经过反复地研究论证。估价机构长期参与房地产相关的项目，拥有丰富的实践经验，再结合专业方面的优势，现在已然成为政府智囊团的一员，政府在进行重大政策研究制定时，越来越多的项目会委托估价机构担任项目的专家、顾问单位或研究单位。如：深圳市用地用房处置及登记政策梳理和处置研究、深圳市国有企业改制土地资产处置方案梳理与统计分析、深圳市储备土地管护机制优化调整研究等。随着行业服务领域的深化和专业水平的精进，未来还有可能参与到政府顶层政策设计。如深圳市老旧小区改造"十四五"规划编制和配套政策研究等。

（三）人居环境研究领域

2010年，在广东省的号召下，秉承为居民提供生活舒适、环境优美、功能完善的居住环境理念，深圳市全面积极开展宜居社区创建工作，国房人居环境研究从深入社区调研、建立评价标准、建立申报机制、专业机构咨询辅导到考核机制、回访机制的建立，形成了一套科学、完整、合理的创建机制。历经10年，深圳市已经成功创建培育了近600个宜居社区，完成了宜居社区创建的历史使命。2020年末，我国"双碳"目标的正式提出，2021深圳市积极响应"双碳"目标开展，探索开展零碳社区创建工作，零碳社区研究已成为继宜居社区研究之后，咨询服务的新领域、新赛道。未来围绕"双碳"目标工作的推进，相信还有更多的需求等待着估价机构去发掘，去开拓。

（四）科技创新领域

科技创新最早应用于估价机构的内部信息管理系统，后来估价机构根据自动估价、押品管理、大型项目管理等不同市场需求，定制化开发出了相应的信息化系统来助力项目的实施。如为解决大型项目流程控制、进度把控、档案资料管理等过程出现的问题，针对单个项目的管理系统应运而生（国房e征拆、e棚改等），目前已普遍应用于土地整备、棚改、城市更新等项目中，科技赋能将是大势所趋。

四、结语

现阶段，估价机构虽然面临着市场环境多变、传统业务竞争激烈、业务转型困难、高端人才紧缺、跨界行业竞争等多方面的挑战，但笔者认为，我们应该抱着积极向上的心态，正视并解决这些挑战，将这些挑战转化为机构转型升级的驱动力。一是要重视人才培养，进一步发挥专业人才的专业优势，提升自己在现有各个领域发挥的作用与价值，提供更优质、综合化的增值服务；二是要顺应房地产行业发展潮流，在变化中寻找新机遇，拓展新业务，研发新产品；三是充分借助互联网等科学技术，助力估价业务发展。在房地产咨询领域开拓新的业务蓝海。

作者联系方式

姓　　名：张启旺　田　慧
单　　位：深圳市国房土地房地产资产评估咨询有限公司
地　　址：广东省深圳市福田区公交大厦11层
邮　　箱：408113457@qq.com
注册号：张启旺（4420160120）；田　慧（4420160118）

房地产估价与共享经济的融合发展探析

胡警卫

摘　要： 房地产估价是揭示表达客观存在的房地产价格的专业化过程。共享经济是我国市场经济发展过程产生的一种新型经济。笔者从房地产估价与共享经济融合发展的基础和条件入手，进一步分析了二者融合发展的路径模式，并对房地产估价在共享经济中的应用场景进行了初步探索。笔者认为，房地产估价与共享经济的融合发展是网络信息技术发展的产物，是房地产估价体系发展完善的必经阶段，能够推动房地产估价行业的进步。

关键词： 房地产估价；共享经济；融合发展

一、引言

当今社会，只要提到"共享经济"，人们都有一种莫名的熟悉。像共享单车、共享充电宝、滴滴出行、小猪短租、知乎网，随便一个路人都可以列举一二。但是讲到房地产估价，如果随便找路人来提问，差不多都是两眼迷茫一脸蒙。房地产估价如此"高冷"，而共享经济又如此"接地气"，差异如此之大，如何看待二者的融合发展呢？

二、房地产估价与共享经济融合发展的基础和条件

共享经济起源自美国教授的设想，是市场经济发展过程中产生的一种新型经济。房地产估价是把客观存在的房地产价格揭示、表达出来的专业化过程。由此看来，房地产估价与共享经济差异巨大，简直"形同陌路"，那二者还有融合发展的可能吗？答案是肯定的。因为当下的基础和条件，使二者实现"意气相投"成为可能。

（一）互联网信息技术是融合发展的基础

房地产估价行业经过四十多年的发展，传统业务由于技术准入门槛低，利润空间一降再降。估价机构为了提升利润空间和满足客户的高效需求，利用互联网、大数据、传感技术、计算机技术等现代网络信息技术，开展自动估价与大数据的结合，在促进估价效率和质量、促进服务内容多元化转型方面，起到了积极的助推催化作用。

共享经济以整合线下闲置资源为核心，借助互联网络平台来实现资源的暂时让渡使用。人们可以将手中闲置的资源暂时性地有偿转让出去，也可以让有需求的人们用较低的花销获得一定时间的资源使用。在"互联网+"时代下，共享经济理念已经深入人心，知识共享、数据共享、经验共享、资源共享到生活物质共享等内容悉数纳入共享经济体系中，促进了社会经济的健康发展。

可以看到，房地产估价行业在兼顾传统估价方式的基础上，不断尝试拥抱互联网信息技术。而共享经济以互联网信息技术为根基，从人们日常生活发端，不断向各行各业渗透整合。因此，网络信息技术已经成为房地产估价与共享经济融合的坚实基础和连接纽带。

（二）共享经济的包容性是融合发展的内在条件

共享经济的主体是供需双方。共享经济最初交易主体是个人，交易双方进行点对点的交易。随着共享经济不断向众多领域渗透，交易规模不断扩大，其主体范围覆盖了具有交易能力和意愿的个人、组织和企业，所以共享经济具有主体包容性。

社会中存在大量的闲置物品或资源，催生出活跃的个人、组织或者企业之间的共享行为。共享经济的客体是没有得到充分利用的资源。共享经济的客体不仅仅局限于物品和服务，现今也发展至知识、劳务、资金等众多领域，因此共享经济具有客体包容性。

房地产估价是揭示客观存在的房地产价格的专业化过程。房地产、房地产估价服务是资源。而房地产估价师和估价机构是估价服务的提供者，是估价主体。因此，房地产、房地产估价服务、估价师都可以作为资源或者主体放到共享经济平台中进行对接和再匹配，输出服务的同时换取适当的报酬。因此，共享经济对主体和客体的包容性，是房地产估价融入共享经济的内在条件。

（三）国家战略引导是融合发展的外部条件

共享经济因其定位独特，创新了经济体系，自诞生以来很快风靡全世界，引起我国政府的高度重视。《国务院关于积极推进"互联网+"行动的指导意见》（国发〔2015〕40号）发布以来，国务院相继制定出台六十多项"互联网+"相关政策文件。2017年，国家发展改革委等8部门联合制定了《关于促进分享经济发展的指导性意见》，为推动共享经济健康有序发展提供了顶层设计和制度安排。政府各部门结合各自领域发展特征与"互联网+"发展需求，大力推动各领域"互联网+"工作多点突破。

当前，"互联网+"行动已融入农业、制造、政务等重点领域，并延伸到法律、税务、气象、物流等行业部门。同时，随着宽带网络加速普及，网络提速降费稳步推进，"互联网+"网络基础日益坚实。通信技术、自主软件等关键技术加快突破，云计算、大数据、人工智能等产业应用快速落地，"互联网+"基础持续筑牢。

随着共享经济向各行业、各领域的渗透融合，房地产估价作为一个传统行业领域，在共享经济大潮的裹挟下必定难以置身其外。以此观之，国家战略引导是房地产估价与共享经济整合发展的外部条件，是重要的助推剂，这一点毋庸置疑。

三、房地产估价与共享经济融合的路径模式

房地产估价与共享经济具有融合发展的基础和条件，但是房地产估价应该如何拥抱共享经济？我们可以通过考察共享经济的路径模式寻找答案。

（一）独自生存模式

独自生存模式简称"自生模式"，需要资源提供方独自建设共享技术平台，独自采购共享资源，独自管理运营。其特征是资源单一，需求方多元化。早期的共享单车如摩拜单车、ofo单车、哈罗单车即属此类。

2017年，摩拜、ofo等共享单车开始"跑马圈地"，推出定期免费骑等活动，骑行1个小时最初只需要支付0.5元钱。共享充电宝面世时也以优惠低价吸引用户。来电、怪兽等头

部公司均先后以"1分钱充电1小时"销售策略抢占市场份额。

房地产估价可以复制这种模式吗？我们分步来谈：搭建房地产共享估价服务平台，只要有启动资金，技术实现不存在问题。平台能够建成，开展共享估价服务，自然不会存在问题。关键在于共享估价如何实现有偿付费！因为经济的本质就是商品和货币的循环，免费的共享不是经济。以此推论，房地产估价复制共享单车的自生模式，理论上可以，实践上困难还是相当大的。

房地产估价机构一般都是中小企业，经营规模小型化，资金实力雄厚的头部企业少之又少。以估价机构之力，独建估价共享经济平台，估计还没有坚持到形成规模经济就难以为继了。摩拜、ofo等共享单车的前车之鉴不可不戒。如果国内估价行业真有个别头部企业资本雄厚、经营独特，倒真可以试试身手。

（二）行业共生模式

行业共生模式就是以整个行业作为共享经济的资源池，进一步扩展市场范围，把单一的共享资源扩展到本行业涉及的各种资源，从而扩大市场供需，增加经济活量。

共享出行Uber最初招募的司机都有本职工作，他们利用空余时间开着自己原本闲置在车库的私家车接送乘客，赚取外快。共享房屋巨头Airbnb曾指出，其平台上82%的房东都拥有其他全职或兼职工作，他们挂在平台上出租的都是自己空置的房屋。

因此，共享经济既有闲置资源实现快速对接的优点，又有报酬低廉引发入局者能否实现可持续发展的顾虑。所以当前能够存活的共享单车，都无一例外将单纯的共享单车业务扩展到整个行业，不但共享单车、共享电动车，而且共享私人汽车，车辆的提供者不仅局限于制造商、提供商，而且涵盖广大的私家车车主，无形中将共享经济发展成行业共生模式。

房地产估价共享经济采用行业共生模式，可以将共享经济纵向扩展到整个房地产行业，横向扩展到整个评估行业，打造全行业的共享经济平台。如此，平台两端汇集着大量供给与需求，在互联网技术的支持下精准匹配，迅速整合，在共享平台上实现海量交易。这对估价机构和估价师而言，估价服务收益能够实现"西方不亮、东方亮"的共生经济效果。

（三）生态全链模式

生态全链模式的共享经济则不再局限于本行业，而向关联行业、相关领域，乃至向所有可能匹配组合的行业领域进行扩展、渗透。根据大众需求，将跨行业的资源进行共享平台资源整合，以行业生态为链条形成共享经济的资源池，提供一条龙服务、智能化服务。

例如，哈罗共享单车起步并不是最早，但是却成为共享单车领域健康发展的表率。共享单车、技术平台、运营团队、哈罗APP、智能终端、移动支付构成了哈罗共享单车的生态全链系统。哈罗单车从单一的单车共享模式，步步为营，发展成为集骑行、打车、顺风车、租车、加油、购车票、酒店民宿、送货、借钱、特卖商城等功能为一体的共享经济平台。哈罗单车不但融入城市公共交通生态，而且形成一个近乎全方位又十分接地气的全链生态经济体，这很大程度上归功于哈罗单车从单一化服务到跨行业生态全链的运营策略。

房地产估价拥抱共享经济，只有遵循"开放、包容"的宗旨，发展成为跨行业生态全链模式，才能在共享经济中寻找到长久用武之地。本着急用先行、逐步整合的原则，以房屋、土地、估价师、金融资金为共享要素，以估价服务为抓手，通过共享经济平台对现有资源进行切割和细分，使之呈现出多元化、个性化特征，利用需求端越积越多的参与者不断推动房地产估价共享经济的规模扩大，并刺激估价服务的数量、种类和个性化程度的提高，催生房地产估价创新经济模式。

从共享经济发展趋势看，生态全链模式是共享经济的最佳生存策略。房地产估价采用这种模式，可以增加估价服务在共享经济中的供需耦合度，可以提高估价行业经济效益。

四、房地产估价与共享经济融合的应用场景

房地产估价共享经济有房地租赁、资金借贷、转让买卖、知识付费四种基本的应用场景。估价机构和估价师可以根据经济社会的现实需求，开创性地发掘融入共享经济的途径和方法，深度拥抱这个新兴市场。

（一）房地租赁应用场景

房屋租赁和土地租赁网络平台很常见，并且有很多细分市场，譬如乡村民宿。房屋和土地本身没有价格，估价服务可以帮助持有人量化租金。如果房主需要估价服务，共享经济平台自动匹配估价师提供专业服务。房主可以根据估价师的估价结果拟定房屋的出租价格。集体地、划拨地、出让地、水塘、耕地、住房、民宿、厂房、写字间，无论长租或短租，只要房主需要，均可向估价师询价。

技术实现上，需要在共享经济平台中嵌入估价服务模块，提供资源自动匹配和线上线下估价服务功能。在线短租网站就是这样一个共享经济平台。估价师的有偿费用来源于网站平台收益。估价收费策略可以按次、按月打包分成，或者前期免费，后期有偿。

（二）资金借贷应用场景

资金借贷是经济社会常态。虽然因为种种原因，P2P借贷平台有点名声不佳。其实P2P借贷平台是货真价实的共享经济平台，像宜人贷、拍拍贷、民贷天下，都是比较成功的。P2P借贷平台融入房地产估价，需要增加估价服务模块，接入估价师资源，借贷双方在涉及房地产担保或资金证明时，可以实时提供线上线下的估价服务。

（三）转让买卖应用场景

房产土地二手资产的转让买卖需要价格。如果借助房地产共享经济平台，则可以省略房产中介门店参与的环节。售房者直接在共享平台上登记房源——估价——挂牌，购房者利用共享平台的估价服务，寻求线上估价服务，或者线下一对一的估价服务，确定目标房屋的最高价、最低价和最可能成交价，然后与售房人进行沟通协商，议定成交价格。

像安居客、链家二手房网站平台均可以增加房地产估价服务模块，共享估价师资源，提供线上线下估价服务。通过共享平台智能匹配，快速解决买卖双方的估价需求。

（四）知识付费应用场景

知识付费是当今社会的热门话题。房地产估价师如何实现知识付费呢？

首先，应对知识付费的内容进行定位。估价师有丰富的理论知识和实践经验，开展知识付费应当选择大众关注的焦点内容。

其次，选择切实有效的传播方式。最受社会欢迎的是直播讲座、互动交流。估价师可以通过直播讲座和互动交流对估价中的热点问题进行讲解、剖析、解答。

最后，选择合适的知识付费平台。知识付费平台有很多种，估价师应结合自己的特点和平台的优势，有选择性地入驻2～5个知识付费平台为大众传道授业解惑。

总而言之，房地产估价与共享经济融合的场景可以有多种多样的表现形式，需要结合估价机构的企业文化和估价师的学识素养去发掘捕捉共享经济大潮中的商机。

五、结论

共享经济是我国社会主义市场经济发展过程中基于互联网信息技术而催生出现的一种新型经济。当前，国家和政府持续战略引导，各行业各领域都在开阔思路、创新理念，结合行业和自身发展需求，积极推动发展共享经济。

房地产估价行业应做好角色定位，抓住时代机遇，树立新型发展观念，提高生存韧性，积极主动融入共享经济中，推动房地产估价行业不断进行自我完善。

参考文献：

[1] 刘玉妍.共享经济模式下的价值共创研究[J].消费导刊，2019（9）：132.

[2] 申爽，张一，李华.共享经济视角下的乡村民宿发展分析[J].农业展望，2021（4）：56-61.

作者联系方式

姓　　名：胡警卫

单　　位：河南康鑫源房地产估价咨询有限公司

地　　址：河南省郑州市建设西路 187 号泰隆大厦 10 层 1009B 室

邮　　箱：653033530@qq.com

注册号：4120150036

城市更新中的估价服务

陆 叶

摘 要：近年来，随着我国城市发展逐步由粗放式扩张转向内涵式增长、从增量扩张转变为存量优化，城市更新逐步成为城市发展的重要手段。本文结合 A 市 B 新城城市更新项目的实例，阐述了城市更新中涉及的估价服务。

关键词：城市更新；估价

一、背景分析

城市更新的概念最早起源于西方，是西方国家为了应对城市发展中所出现的问题而提出的一系列解决方案。城市更新是城市发展到一定阶段所必然经历的再开发过程，不同时代背景和地域环境中的城市更新具有不同的动因机制、开发模式、权力关系，进而产生不同经济、环境、社会效应。近年来，随着我国城市发展逐步由粗放式扩张转向内涵式增长、从增量扩张转变为存量优化，城市更新逐步成为城市发展的重要手段。

目前，"城市更新"的概念被越来越多提及，《中共中央关于制定国民经济和社会发展第十四个五年规划和二〇三五年远景目标的建议》中明确提出"实施城市更新行动，推进城市生态修复、功能完善工程，统筹城市规划、建设、管理，合理确定城市规模、人口密度、空间结构，促进大中小城市和小城镇协调发展"。

通过实施城市更新，完善配套市政设施和公共服务设施，改造老破小区，加强闲置土地管理，提升低效用地土地利用强度，打破生产与生活空间壁垒，提高住宅、商业、道路、市政等城市规划与开发区基础设施与公共服务设施建设发展的同步性，提高新城的承载力，有利于改善城市人居环境、提升城市品位，有利于保障和改善城市民生，有利于提升城市服务能力、提升整体竞争力，有利于改善城市环境、美化城市形象。

二、城市更新中涉及的估价服务类型

（一）再开发类城市更新

该类指的是对区域原有的建筑物仅做点状保留，其余基本全部拆除，再根据城市新的规划来重新建设的更新。在该类更新中，涉及征收评估、安置房价格评估、经济平衡方案编写的服务、风险评估等，但是目前该类更新工作被限制。

（二）整治改善类城市更新

这类更新是对区域内原有的建筑基本保留，改变或不改变原有使用功能，只有少量拆建的更新。这是目前比较热门的更新方式，即"微更新"。在此类更新中，涉及房屋残值评估、因房屋使用功能的改善而产生的房屋增值评估、因土地使用权用途改变产生的补缴地价款评估等。

（三）保护类城市更新

这类基本不涉及房屋建筑的拆建，而是通过整治、改善、保护的方式，完善更新区域的基础设施、公共配套，使整个区域的配套功能和环境完善提升。在此类更新中，涉及周边房地产增值评估、经营性房地产收益的预测等服务。

三、案例分析——A 市 B 新城城市更新项目

A 市 B 新城长期以来的粗放式扩张造成城市土地利用效率普遍较低，增量扩张导致建设用地无序扩张，城镇内部结构混乱，功能配置缺乏科学引导，土地资源的约束效应未能体现，尤其是产业用地取得成本低，导致土地资源成为企业资产运作的重要载体，土地的资本价值被放大、生产价值功能被削弱，从而导致土地低效、闲置现象普遍。

本项目通过实施城市更新，完善配套市政设施和公共服务设施，改造老破小区，加强闲置土地管理，提升低效用地土地利用强度，打破生产与生活空间壁垒，提高住宅、商业、道路、市政等城市规划与开发区基础设施与公共服务设施建设发展的同步性，提高土地承载力，有利于改善城市人居环境、提升城市品位，有利于保障和改善城市民生，有利于提升城市服务能力、提升整体竞争力，有利于改善城市环境、美化城市形象。

项目共涉及数个征收项目，涉及住宅和非住宅（图1、图2）。至编制时点，住宅大部分已签约，非住宅少部分已签约。

图 1　A 市 B 新城测算范围图

图 2　征收范围图

项目中将保留部分工业厂房，并新建部分厂房进行出租。

该项目成本包括房屋征收成本、土地成本、前期开发建设费用、市政项目建设费用等，收益包括土地收益、厂房收益等。

（一）房屋征收成本评估

该项目房屋征收成本的评估包括房屋征收和安置房回购两部分成本，房屋征收评估中，因该项目已经实施，有部分住宅和非住宅已签约，为了保证项目的统一性，已实施部分直接采用了已发生的成本，未实施部分通过评估来确定。在评估的过程中，结合当地的征收文件和政策，同时注意保持项目前后数据取值的一致性。以征收项目1为例（表1）：

B 新城项目 1 征收资金概算表　　　　　　　　　　　　　　表1

序号	房屋类型	项目	补偿金额（元）	备注
1	居民住宅 （453户）	已签约居民住宅	1011323246	采用已签约数据
2		未签约居民住宅	115903959	
3		不可预见费	11590396	按第2项的10%估算
	居民住宅小计		1138817601	
4	工业企业 （6户）	已签约工业企业	10195381	采用已签约数据
5		未签约工业企业	5219214	
6		不可预见费	521921	按第5项的10%估算

续表

序号	房屋类型	项目	补偿金额（元）	备注
	工业企业小计		15936516	
	补偿合计		1154754117	
7		征收评估服务费	1543978	住宅 12 元/平方米，非住宅 9.6 元/平方米
8		装饰装修评估服务费	519077	4 元/平方米
9		征收概算评估服务费	612953	住宅 4.8 元/平方米，非住宅 3 元/平方米
10		征收测绘服务费	508032	住宅 4 元/平方米，非住宅 2 元/平方米
11		审计服务费	1245786	集体土地 9.6 元/平方米
12		征收服务费	19071312	根据 A 市国有土地上房屋征收购买服务有关标准
13		建筑渣土清运费	6488471	50 元/平方米
14		安全文明施工费	4671699	36 元/平方米
	服务性收费合计		34661308	
	项目概算总计		1189415425	

根据 A 市的最新政策，将对安置房采用回购的政策。因此，该项目还存在安置房回购成本。B 新城的安置房价格为 9800 元/平方米，据评估，B 新城安置房回购价格为 10400 元/平方米，则安置房回购成本 =11400-9800=1600 元/平方米。该项目涉及的安置房，建筑总面积 56000 平方米，其中 50% 将进行回购，则安置房回购成本 =1600 元/平方米 ×56000 平方米 ×50%=4480 万元。

（二）土地成本测算

土地征收成本指土地征收成本、农用地转用成本及其他成本费用。土地征收成本包括征地区片价补偿费、青苗和附着物综合补偿费、农业重点开发建设资金、耕地开垦费、耕地占用税，具体取值根据当地文件确定。

其他成本费用包括：土地租金、农用地抛荒费用、养护费用、围墙费用、清表费用、林地补偿费用、文勘费用及稳评等，根据项目的具体情况确定。如表 2 所示。

土地成本一览表　　　表 2

费用	面积（亩）	单价（万元/亩）	备注（总值＝面积 × 单价）
征地区片价补偿费	1476	11.25	按集体土地面积计
青苗和附着物综合补偿费	1476	1	按集体土地面积计
农业重点开发建设资金	1476	0.2	按集体土地面积计
耕地开垦费	558	3.33	按耕地面积计
耕地占用税	558	3	按耕地面积计
"三合一"指标费用	743	100	按农用地面积计
土地租金	1476	0.07	按集体土地面积计，费用缴纳 3～5 年

续表

费用	面积（亩）	单价（万元/亩）	备注（总值＝面积×单价）
农用地抛荒费用	1476	0.03	
养护费用	1476	0.03	
围墙费用	7950（米）	500（元/米）	
清表费用	285654（平方米）	1（元/平方米）	
林地补偿费用	468	5	含占用和平衡费用，约5万元/亩
文勘费用	4（块地）	200（万元/块）	地块面积超过75亩需缴纳，含文勘及配合费用
稳评	34（块地）	10（万元/块）	

（三）厂房收益测算

参考周边类似厂房的租金情况，确定本项目工业厂房的租金起始年租金，同时考虑租金每年递增率，空租率，尚可收益年限。新建厂房还需考虑分期建设，开发建设周期内无租金收益，项目建成后需经过一段时间才能达到成熟阶段，通过调查周边厂房租赁情况合理确定空租率（表3）。

项目出租收益　　　　表3

物业类型	出租面积（平方米）	出租单价[元/（平方米·月）]	备注	测算过程
普通工业厂房	28000	12	租金每5年递增3%，尚可收益年限29年	5年租金之和采用公式 $P = A\dfrac{(1+i)^n - 1}{i(1+i)^n}$ 计算；每5年租金之和采用公式 $P = F(1+i)^{(-n)}$ 贴现后分段计算。P-现值，F-终值，A-年值
高标准工业载体（分3期，第1期开发建设期2022—2024年，开发面积48000平方米；第2期2023—2025年，开发面积36000平方米；第3期2024—2026年，开发面积79000平方米）	163000	25	租金每5年递增3.5%，开发建设周期为3年，项目建成后第1年按正常年份出租60%，第2年按正常年份出租80%，第3年按正常年份出租90%，第4年及以后按正常年份出租，可收益年限最长为47年	

厂房出租，出租方尚需缴纳增值税、城市建设维护税、教育附加税、房产税、城镇土地使用税、印花税、企业所得税等多项税收，园区内招商引资当地会给予税收优惠政策，需考虑招商引资企业税收的收益，即税收财政返还部分产生的收益（表4）。

招商引资企业税收收益　　　　表4

物业类型	土地面积（亩）	单价（万元/亩）	备注
高标准工业载体	284	30	采用公式 $P = A\dfrac{(1+i)^n - 1}{i(1+i)^n}$ 计算，考虑可收益年限最长为47年，根据相关的文件规定并结合B新城的实际情况，本项目税收财政返还比例为50%

（四）土地出让收益测算

测算该项目可出让土地的出让收益，根据规划，确定项目可出让土地用途和规划条件，结合附近地块近几年土地成交价格，采用市场比较法、剩余法等评估方法，确定项目土地出让总收益。根据相关的文件规定并结合当地的实际情况，确定本项目土地出让金财政返还比例，从而推算出项目土地出让可得收益。

（五）结论

项目起始资本金较少，建设期内需采用银行贷款方式，至编制时点，已融资大部分，完成项目建设尚需银行融资。

年利润总额＝土地出让收益＋厂房租金及税收收益－出租成本费用－运营期财务费用－营业税金及附加，测算得出建设期（前5年）项目年利润总额为正值，运营期间由于没有了土地出让收益，且需支付高额的财务费用，项目年利润总额出现负值。

净现金流量＝现金流入（土地出让收益＋厂房租金及税收收益）－现金流出（项目开发成本＋出租成本费用＋营业税金及附加），由于项目建设期总体投入金额较大，累计净现金流量为负值。

通过测算，该项目收益不足以覆盖项目成本，资金缺口巨大，仅靠土地出让收益、工业房产租金和税收收益，不足以保证项目建设完成。项目规划用地规模较大，由多个规划用途不同的地块组成，建议综合考虑征地拆迁难度和国土空间规划用地分类情况，先行推进前期手续程序完善、实施难度低、维稳风险小、资金回笼快的地块；对于实施难度大、规划不稳定、方案不清晰、当期难以平衡资金的地块，适当后移，待具备开发条件或取得资金回笼后再启动建设，集中财力攻克优势项目。

四、估价服务中需注意的事项

（一）明确项目需求

估价师在接受委托后，要与委托方充分沟通，明确评估事项，划定评估范围。要了解该项目是属于何种更新类型，需要评估的对象是哪些，必要时可以多领域评估人员共同合作，完成项目评估。同时在评估过程，及时反馈，保持信息通畅。

（二）需结合当地的最新政策文件

城市更新工作受政策影响较大，涉及的征收评估更是如此，在评估工作开始前，要搜集当地的征收政策文件。针对具体项目，还要搜集同类项目的实施方案和当地的一些小政策，做到评估结果符合当地实际，不偏不倚。

有些城市更新项目周期较长，在评估过程中有新政策、方案的出台，要及时调整工作方案，与时俱进。

（三）针对具体项目充分考虑成本和收益，做到不重不漏

城市更新项目范围大，涉及面广，且每个项目都有自己的特点。在了解项目背景和内容的基础上，充分考虑项目涉及的成本和收益，由于估价人员的专业知识有限，要积极与委托方沟通，查缺补漏，力争做到不重不漏。

（四）合理确定安置房回购价

在征收过程中，有些拆迁户可以拿到多套安置房。与此同时，由于征收安置建设周期长，许多新增加的拆迁户需要很长时间才能分到房。为此，政府推出了安置房回购新政，以

自愿参与的原则，对拆迁户多余的安置房进行回购。在确定回购价的过程中，既要考虑到安置房的价格，又要考虑到周边商品房的价格，如何平衡这三者的关系，是回购价评估的难点所在。应对市场进行充分的调查研究，同时汲取周边成熟案例的价格与其他两种价格的比例关系，合理确定安置房回购价。

（五）针对具体项目，给出合理化建议

由于城市更新计划的长期性，外部发展条件、土地价值、资本市场存在较大的不确定性。城市更新项目，收益来源较单一，投入大，收入低，如何实现经济平衡是一大难点，在实践中需要估价师发掘项目中的收益点，给甲方提出合理化建议。一方面通过制度设计减少城市更新中政府的直接投入成本，同时也可根据未来城市发展情况酌情修正土地基准容积率和修正幅度，通过提高土地开发强度的方式弥补资金缺口，但需保证空间环境品质的宜居性。

参考文献：

[1] 柴强. 努力开展绿色低碳发展和城市更新改造中的估价业务 [EB/OL]. http：//www.hnsfdc.com/news/hangye/5296.html，2020.

作者联系方式

姓　　名：陆　叶

单　　位：江苏苏地行土地房产评估有限公司

地　　址：江苏省南京市建邺区乐山路 190 号

邮　　箱：25523964@qq.com

注册号：3220130057

绿色低碳可持续发展在不动产估价中的应用与启示

李蕴华　孙芊羽

摘　要：近年来，双碳背景下绿色低碳可持续发展渗透到了绿色建筑、零碳工厂、城市更新以及ESG投资等方方面面，各类绿色评级、节能评价标准陆续发布。然而目前在房地产估价领域，绿色低碳可持续影响因子尚未得到市场系统化的呈现和价值显化，资产的可持续性与综合价值尚难得到有效反映。本文将通过探索绿色低碳可持续背景下绿色建筑和ESG投资、GEP核算对不动产估价的应用与启示，提示估价人员收集适当和足够的可持续性数据，分析市场对于房地产价值的驱动因素，适时反映"绿色溢价"或"棕色折扣"，披露对资产价值产生潜在影响的收益和风险因子，并提供估价师专业意见。

关键词：绿色低碳；ESG；GEP核算；不动产估价；可持续发展

一、基于绿色建筑的不动产估价考量因素

（一）绿色建筑评价体系

2019年，住房和城乡建设部修订的《绿色建筑评价标准》GB/T 50378—2019，主要用于评价住宅、办公、商场、宾馆等民用建筑，评估结果由高到低划分为三星、二星和一星，绿色三星建筑认证体系分为"设计标识"和"建筑标识"两种，二者代表着不同维度的考察方向。绿色建筑设计标识是由住房和城乡建设部授权机构依据相关标准文件，对处于规划设计阶段和施工阶段的住宅建筑和公共建筑进行的评价标识，标识有效期为2年；绿色建筑标识则指的是"绿色建筑运营"，是需要在前者的基础上，对建筑的施工落地及后续运营进行更综合、长期的考察评价，标识有效期为3年。

"双碳"目标下，建筑行业作为碳排放大户，2021年住房和城乡建设部发布《建筑节能与可再生能源利用通用规范》GB 55015—2021，自2022年4月1日起实施。其作为强制性工程建设标准，强制要求对建筑碳排放进行计算。过去的建筑相关碳排放标准更多是推荐或者建议，例如《绿色建筑评价标准》GB/T 50378—2019，以及《既有建筑绿色改造评价标准》GB/T 51141—2015和它的2020年征求意见稿中，均未对碳排放强度进行强制性要求。

（二）评估绿色建筑的考量因素

目前国内尚缺少绿色评估指引，绿色评估指引的核心意义，是帮助估价师更好地理解绿色建筑的性能价值优势。通过对比传统建筑在市场租金、运营费用、空置期、生命周期、持有期末转售价、报酬率等方面的差异，估价师收集可比数据，给出专业意见，客观反映市场，令市场充分认识和呈现绿色建筑的价值。英国皇家特许测量师学会（RICS）发布的《可

持续发展和商业物业评估》（Sustainability and Commercial Property Valuation），以及美国评估基金会发布的估价指引《绿色及高性能物业评估》（Valuation of Green and High Performance Property）提出，"可持续性产生价值的速度将取决于房地产类型和资产所在的地理市场。为了在市场变化时作出适当的反应，评估师应不断寻求提高他们对可持续性的认识"。

在济南的中央商务区 CBD，绿色建筑写字楼占有较高比重，待估价物业和可比案例都是经过绿色认证的项目。如中国人寿大厦（山东）是济南首个获得绿色建筑 LEED 铂金级与 BREEM 金级双认证的楼宇，Low-e 玻璃幕墙"三玻两腔"结构能降低建筑的综合能耗，可获得 30% 以上性能提升，直接获得 10%～15% 的空调系统能耗节省；电梯均具备动能回收功能有效节约用电；中水回收系统实现了饮用水和空调冷凝水的零浪费；楼宇自控系统通过节能运行逻辑实现设备节能等。但不同认证种类和等级之间的差异如何比较、哪些绿色性能对于租金会产生更加实质性的影响，影响如何量化，除了需要低碳节能系统化的评估指引和规范引导，还需要估价师提前收集更多的租售资料以验证不同认证差异和绿色性能差异带来的物业价值差异。

绿色建筑标准除了应用于新增建筑，还应用于改造后的既有存量建筑。因此需要综合考量绿色建筑前期的额外成本与后期的增量收益，根据当地能源价格和物业能耗水平得出预期的成本节省，量化绿色低碳可持续性价值。

二、ESG 市场化亟须估价方式调整

（一）房地产行业的 ESG 考量

ESG 是衡量环境（Environment）、社会（Society）、治理（Governance）三方面表现的标准。概念发明之初，ESG 主要用于评价企业的可持续发展能力，随着应用的拓展，现在也用于项目与实物资产的评估。对于每一个领域，ESG 评价所要考虑的因素与比重都有不同。治理（Governance）虽然是企业的重要支柱，但对于实物资产价值的影响微乎其微，因此在房地产估价领域，环境（Environment）与社会（Society）是主要的关注点。环境方面包括：施工前的土地污染；建设过程中的材料、污染、温室气体排放、能源消耗；运营中的能源消耗、废弃物管理、用水、室内环境条件等。社会方面包括：便利及安全设施、共享社交空间、人性化装修设计等。

（二）ESG 提升绿色商业地产的溢价能力

随着 ESG 概念的普及，投资者对 ESG 投资的认可和兴趣大幅提升。绿色商业地产拥有高效低耗的运营方式、较高的物业质量、可观的增值潜力等，因而受到投资者的青睐。对于租户或使用者，绿色办公楼不仅可以为其提供环保健康的办公环境，提升员工福利，还可以塑造可持续的企业形象。因此，从投资和使用角度看，ESG 也能提升物业的溢价和吸引力。

（三）ESG 对绿色商业地产的财务回报

据仲量联行报告称，较高的财务回报是房地产开发商及地产基金投资于绿色资产的主要驱动力。ESG 表现好的商业地产可以降低成本，同时提高收入。在降低成本方面，首先节能装置的安装能够降低能耗，减少运营成本；其次由于自身的可持续性，绿色资产的折旧率较低，生命周期更长；同时因不合监管要求而产生的改造费用和罚款也能相应减少。在增加收入方面，首先 ESG 表现较好的资产本身更具吸引力，承租人愿意付出一定的绿色溢价；其次较低的空置率也能保证现金流的充足稳定。

(四)识别商业地产估价中的 ESG 重要相关因素

1. 碳排放与能效

碳排放与能效是建筑 ESG 最关键的指标之一，低排放与高能效不仅可以减少未来的政策风险，还可以节省物业的运营成本。在估价层面，我们需要关注被评估资产所在地区绿色改造的税收减免或激励，计算为减碳提效进行开发与翻新的可能成本、并根据当地能源价格和物业能耗水平得出预期的成本节省。需要注意的是，在高价值地区，减碳提效带来的效益可能对总成本的影响微乎其微，避免高估其对整体价值的影响。采用太阳能光伏等可再生绿色能源的商业地产，其过剩能源在某些地区可以进行交易而产生收入，也应当纳入估价的考虑。

2. 认证与评级

开发商、业主、政府和监管机构可能通过一系列评级来认证物业的可持续性和 ESG 资质。各国根据自身建筑的特性与市场需求开发出相应的认证体系。首先，许多认证及监管规范拥有多重标准，寻找可比建筑的过程非常复杂；同时，由于认证及监管规范的更新，过去的评级也许不能准确地反映当前的评级，我们需要对认证的时效性进行判断。不同认证系统的认可度与透明度不尽相同，应审慎衡量其指标完整可信度及市场公允价值。

认证与评级并非衡量资产可持续性的唯一渠道，估价方式也应随着估价目的与基础做出相应调整。如果市场的主要竞标者使用认证和评级数据决定是否租赁或购买，租金和资本价值可能会受到较大影响；如果客户明确要求将物业的认证或评级作为估价的一个因素，我们可能需要调整估价的假设，以此来反映投资价值而非市场价值。

3. 社会和员工福利考量

ESG 的"社会"因素包括员工的健康和福祉在投资决策中十分重要。工作场所考虑的 ESG 因素包括：有助于提高工作效率、有利精神和身体健康的装修和设计，如适当的社交空间、自然照明和温度控制，无障碍设施以及淋浴、托儿所和茶点等设施。节能减排，低碳环保的绿色办公，关注健康、科技、可持续发展、休闲娱乐等人文关怀，为创造用户良好体验而打造的设施设备与服务，我们应在估价时注明和考虑这些因素。

(五) ESG 在估价中的应用建议

对于 ESG 评级较好的建筑，ESG 对房地产价值的影响通过相对较高的租金收入、较低的空置率、较短的空置期、较低的运营成本费用、较长的生命周期和未来可持续性呈现，因此更适用于收益法。估价师应收集净收入与购房者愿意支付的价格之间的关系，积累数据参数。如果估价师已经知道房地产的购买价格，那么估价师就有可能得出在不同的场景或 ESG 合规水平下的现金流，并计算出内部回报率（IRR），然后与其他潜在投资的预期 IRR 进行比较。

各种可持续发展因素现在开始进入租赁投标。随着时间的推移，更多和传统建筑之间的租金增长差异可能会扩大。根据地域市场和时间推移，绿色低碳可持续建筑可能会导致"绿色溢价"，也可能会导致传统建筑的"棕色折扣"。

三、不动产价值中的自然景观溢价与 GEP 核算

2022 年 3 月，国家发展改革委和国家统计局联合发布《生态产品总值核算规范（试行）》，生态产品总值（GEP）是一定行政区域内各类生态系统在核算期内提供的所有生态产

品的货币价值之和，包括物质供给、调节服务和文化服务三类。其中城市生态产品价值核算中，涉及文化服务类的核算指标"景观增值"是指生态系统为人类提供美学享受，从而提高周边土地、房产价值，产生房屋销售和租赁过程中的自然景观溢价的功能。

笔者以山、河、湖、海、公园、湿地等美学生态资源为依托的自有住房景观增值为例（表1）：

自有住房景观增值表   表1

类别	核算指标	核算方法	所需数据
文化服务	景观增值	市场价值法	酒店房间平均单价
			酒店景观增值房间的景观溢价系数
			自有住房服务价值
			自有住房服务价值的景观溢价系数

$VR = Rl \times PR \times RR$。

式中：VR—自有住房景观增值（元/a）；

Rl—自有住房景观增值面积（m^2/a）；

PR—自有住房服务价值（元/m^2）；

RR—自有住房服务价值的景观溢价系数（%）。

综上所述，绿色低碳发展和可持续发展理念已渗透我们生活的方方面面，中国资产评估协会已发布碳资产评估专家指引征求意见稿，房地产估价领域也将逐步完善绿色评估指引，加快起草团体标准，积极研讨绿色低碳发展对房地产价值价格的影响，引导估价师积极探索、勇于实践、收集相关数据，及时反映市场上房地产价值和价格，适应"双碳"背景下助力经济社会发展全面绿色转型的要求，贡献专业力量。

参考文献：

仲量联行.仲量联行绿色金融与地产白皮书[R].2019.

作者联系方式

姓　　名：李蕴华

单　　位：山东大地房地产资产评估测绘有限公司

地　　址：山东省济南市历下区华置万象天地7号楼711A室

邮　　箱：244948418@qq.com

注册号：3720030094

姓　　名：孙芊羽

单　　位：香港中文大学　英国帝国理工大学

地　　址：香港特别行政区沙田区大学道附近

关于城市更新工作的一些思考

吴 培 伍艳平 黄 峰

摘 要：城市更新作为转变城市开发建设方式、优化城市空间格局、提升城市功能品质、拉动城市基础内需的重要抓手，近两年备受国家层面和地方政府的重视，亦被各界关注。然而，城市更新对大多城市是一个全新课题，需经历摸索、总结、调整等过程，住房和城乡建设部于2021年下发了开展城市更新试点工作的通知，旨在探索统筹谋划机制、可持续模式和配套制度政策。长沙市为试点城市之一，积极推进整体区域城市更新发展，统筹推进重点城市更新项目，力争打造更新领域的标杆项目。笔者曾较为深入地研究或参与长沙市的城市更新工作，本文从个人角度对目前城市更新工作进行分析和思考，以点及面，以供参考。

关键词：城市更新；策划；咨询

一、城市更新行动的背景和相关情况

当前，我国城镇化率已经超过60%，城市发展进入城市更新的重要时期。"十四五"规划纲要提出，要"加快转变城市发展方式，统筹城市规划建设管理，实施城市更新行动，推动城市空间结构优化和品质提升"。我国城市发展从追求"有没有"转向"好不好"，城市建设从增量扩张转向存量提质改造和增量结构调整并重，在此阶段，需要充分了解人民群众的诉求，听取各方意见，判断存量改什么，增量加什么，解决"好不好"的问题，不断满足人民日益增长的美好生活需要。

党的十九届五中全会通过的《中共中央关于制定国民经济和社会发展第十四个五年规划和二〇三五年远景目标的建议》明确提出实施城市更新行动，这是以习近平同志为核心的党中央站在全面建设社会主义现代化国家、实现中华民族伟大复兴中国梦的战略高度，对进一步提升城市发展质量作出的重大决策部署。2021年的湖南省党代会报告中，把实施城市更新行动作为全省今后五年的重要工作之一。

2021年11月4日，《住房和城乡建设办公厅关于开展第一批城市更新试点工作的通知》发布，要求试点城市要探索城市更新统筹谋划机制、探索城市更新可持续模式、探索建立城市更新配套制度政策。长沙市作为第一批城市更新试点城市之一，积极谋划推进实施城市更新工作，先后出台了《关于全面推进城市更新工作的实施意见》《长沙市人民政府办公厅关于加强城市更新片区土地要素保障的通知》《关于全面加快推进城镇老旧小区改造工作的实施意见》等城市更新工作的重要文件，并在全市范围内确定了十余个城市更新片区。湖南省内的其他城市，2022年也陆续推进城市更新的相关工作。

二、当前城市更新工作存在的问题

长沙市在湖南省的城市更新工作起步最早，相对具有代表意义。以长沙市为研究样本发现，长沙市城市更新项目推动进度较慢：从2021年开始，长沙市城市更新项目库总项目数已有十余个，但除了原有棚改项目继续以城市更新项目实施以外，至2022年下半年，长沙市实质性启动的项目不到5个。究其原因是城市更新的推进工作存在系列问题，需要统筹解决。

（一）城市更新项目多部门管理，审批流程复杂

城市更新是一个系统性项目，长沙市专门设立了市城市人居环境局作为城市更新的行政主管部门，负责统筹协调和管理全市各类城市更新项目的工作。但是在审批权限上，更新片区的规划由市自然资源和规划局审批，新建项目由市住房和城乡建设局审批，更新片区内"补短板"项目也需要由相关职能部门审批。城市更新项目往往任务复杂，牵涉面广，繁复的审批流程进一步拖长了项目进程。其他城市的城市更新项目虽然由住房和城乡建设部门负责主管，但若没有形成城市更新的联审机制，部门之间未形成合力，同样将导致审批流程复杂，推动进度慢。

（二）城市更新项目实现自平衡困难

住房和城乡建设部提倡城市更新"留、改、拆、补、建"并举，并鼓励城市更新项目自平衡。但是城市更新中的"改"（老旧小区改造、街区微改造项目）和"补"（补充公共配套设施）是纯投入项目，本质上承担了部分政府应该投入的公益性、社会性投资。目前城市更新项目实施主体都是以项目为单位独立核算资金平衡，多数项目还是通过拆除新建的区域来创造收益，但因项目一方面承担了政府应该支出的公益性成本，另一方面近期土地市场和房地产市场又处于相对低迷时期，按照一、二级市场联动模式测算，很多项目无法实现资金自平衡。

（三）城市更新项目策划包装难度大

2021年8月，《住房和城乡建设部关于在实施城市更新行动中防止大拆大建问题的通知》（建科〔2021〕63号）发布，确定了"原则上城市更新单元（片区）或项目内拆除建筑面积不应大于现状总建筑面积的20%""原则上城市更新单元（片区）或项目内拆建比不应大于2""城市更新单元（片区）或项目居民就地、就近安置率不宜低于50%"三条控制线。多数城市主管部门和金融机构都把三条控制线作为核查城市更新项目的主要指标，导致城市更新项目的策划包装难度较大。在城市更新项目策划包装时，一方面需要考虑项目自平衡，另一方面，即便是项目内存在一些建筑密度小和容积率低的区域，但因受制于拆建比不能大于2，新建的容量有限，达不到最佳开发强度。在各种限制因素的影响下，需要充分认识城市更新项目的策划包装难度，更需要对拟更新片区进行深入研究。

（四）城市更新项目中存量资源统筹协调难

从部分现有项目的摸底调查情况分析，多数城市更新片区内存在一定的存量资源（直管公房，各类国企、平台公司的存量房屋、零星土地等），但大多没有发挥出其应有的价值，甚至部分还处于闲置状态。这些存量资源可以在城市更新工作中统筹运营、提升价值，也能够作为城市更新项目自平衡的重要收入来源。从城市更新项目平衡和统筹推进的角度出发，由城市更新实施主体对更新项目内存量资源进行整合、改造、提升，以达到最佳利用状态，是最为合理的方案。但存量资源涉及的利益主体众多，协调难度大、成本高，以城市更新实

施主体自身力量极难推动整合。

三、对城市更新工作的思考和建议

城市更新工作是提升城区品质的重要手段，是实现旧城区底层群众走向共同富裕的有效途径。《住房和城乡建设部办公厅关于开展第一批城市更新试点工作的通知》中明确要求试点城市探索城市更新统筹谋划机制、探索城市更新可持续模式、探索建立城市更新配套制度政策。对于城市更新试点工作的探索方向，有以下几点思考：

（一）需要加大城市更新工作统筹力度

全国范围内的城市更新试点工作时间为2021—2023年，为期两年。预计到2023年下半年，国家将出台全面推进城市更新工作的相关文件。建议湖南省主管部门在此之前，建立全省性的城市更新统筹机制或联席机制，探寻出台湖南省的城市更新支持政策和措施。各地市（州）积极成立全市的城市更新工作领导小组，并加大统筹力度，可通过定期召开联席会议，高效推动城市更新项目的规划、审批工作，议定项目推进困难的解决方案，上下协同、形成合力，为更新项目顺利推进保驾护航。

（二）需要重构城市更新项目自平衡测算模式

针对目前多数城市更新项目自平衡困难的问题，建议建立城市更新规划、建设、管理、运营全生命周期管理制度，重新构建城市更新项目的经济核算模式。我们关注到，城市更新不但为片区提升了品质，同时也带来新的经济增量。在传统的项目经济核算方式不能平衡的状态下，可考虑站在城市运维的角度，重构城市更新项目的经济核算模式，研究将一定期限内城市更新所带来的增量部分税收作为项目运营收益或奖补资金，以时间换空间，以长期的增量实现城市更新项目在全生命周期内的资金平衡。

（三）探寻城市更新项目内国有存量资产划转归集制度

为激励城市更新工作，也为项目实现资金平衡，建议各城市出台相关制度，明确城市更新项目内的国有存量资产划转给城市更新项目的实施主体，由实施主体进行运营，提升存量资产的利用效益和价值。在划转方式方面，可研究探索有效合理划转方式，以保障实施的可行性，比如：不转移存量资产的产权，而是参照《中华人民共和国民法典》设立用益物权，由实施主体作为存量资产的用益物权人，对存量资产进行运营和收益。

（四）需要积极发挥专业机构在城市更新工作中的作用

城市更新工作是实现城市可持续发展的一项综合性行为，系统且繁杂，政策性强、专业性强。从前期策划、项目实施到后期运营等不同阶段，涉及了规划、建筑、经济、产业、景观、交通、市政等多个专业领域。为准确把握城市更新、规划设计、土地开发、投融资等政策，合理判断项目可行性，制定最优的更新方案，确保项目顺利实施和良性运作，建议积极创造专业机构参与城市更新项目的条件，充分发挥专业机构在城市更新工作中的作用。

城市更新项目是否具备落地可行性，前期策划至关重要。通过发挥专业机构的专业优势，开展基础数据调查、居民改造意愿调查、城市体检、策划方案、实施方案编制等前期策划工作，合理确定更新范围、更新形式、投入产出规模、投融资方案、建设主体、产业导入等更新要素，并开展可行性评估、社会稳定风险评估、历史文化保护研究等专项分析。在项目实施中、后期，专业机构还可提供报批代办、征拆顾问、租金分析、不动产管理、运营综合服务等相关服务，从而为项目实施落地、可持续发展提供技术保障。

四、评估咨询机构在城市更新工作中的业务机会

城市更新工作是一项系统化的工作，专业机构有很大的服务空间。综合国家相关政策和现有项目推进情况，对评估咨询机构在城市更新工作中的业务机会有以下建议。

（一）参与项目摸底调查工作

摸清城市更新项目内的基本底数、详细了解相关利益群体的诉求，是城市更新工作推进顺利与否的一个先决条件。项目摸底调查主要包括项目底数和居民更新意愿两大内容，评估咨询机构可以发挥人力和智力优势，积极参与城市更新项目的摸底调查工作。

一是做好摸底调查的详细方案和技术准备。评估咨询机构可根据对地块的分析判断，为摸底调查合理制定工作方案，并设计居民更新意愿调查问卷；利用线上调查软件等技术手段，为调查人员提供便捷、有效的调查工具；对于土地、房屋的调查情况要尽量详细，对意愿调查结果进行统计和分析，呈现直观的摸底调查分析成果。

二是发挥扎实的现场查勘技术经验优势。评估咨询机构可结合征收评估过程中与基层街道社区配合度好的优势，开展摸底调查工作。一方面能承担对项目范围及周边土地权属、房屋状况、人口信息、基础和公共配套等基本情况的摸排调查，另一方面可协调街道、社区开展居民改造意愿调查工作，做好进度跟进和配套服务。

（二）积极参与城市体检工作

城市体检是习近平总书记对做好城市规划建设管理工作提出的要求，是以问题为导向推动转变城市发展的方式。从2019年开始，长沙市连续3年入选全国城市体检评估试点城市名单。长沙市以城市体检为城市工作的切入口，科学构建了城市人居环境高质量发展体系，并在城市更新工作中，率先提出"无体检不项目、无体检不更新"理念，得到住房和城乡建设部的大力支持和推广。越来越多的省市也提出"无体检评估不更新"，将更新片区（单元）的城市体检作为城市更新项目实施的前置工作。

城市更新将城市体检作为基础，通过城市体检，查找更新片区（单元）内的问题短板，进一步摸清底数，合理确定更新、改造、设施增补等内容，科学生成项目，从而确定年度更新计划，助力统筹推进各类城市更新项目的实施和落地。城市体检工作和评估咨询机构的能力和业务范围存在一定的重叠，评估咨询机构可以向这项业务积极拓展。

以长沙市城市更新片区（单元）的城市体检为例，该项工作主要包括科学确定体检指标体系、综合评价各项体检指标、梳理现状问题及实际需求、划定城市更新范围、明确城市更新模式和更新要素清单、形成城市体检报告等。评估咨询机构能承担胜任摸底调查工作，通过现场查勘了解更新项目现状情况，并通过居民改造意愿调查了解民众对更新片区的主观评价及更新期望，在此基础上，加以利用空间大数据、各部门统计数据等资源，实现对体检指标的客观和主观评价分析，系统梳理城市更新片区问题和民众的"急、难、愁、盼"，合理划定"留、改、拆、补、建"范围和确定项目清单。

（三）提供全面细致的经济测算服务

城市更新项目涉及政府、社会资本和实施主体、被征拆群众和村集体等不同利益主体，各利益方关注点不一，如政府关注土地出让金、公共建筑配套、产业导入、历史文化和生态保护等，社会资本和实施主体关注开发周期可控性、资金成本和来源、收益情况等，被征拆群众更关注征收补偿政策的合理性。如何平衡各方利益，实现项目经济效益、社会效益和生

态效益的有机统一，需算好经济账，做到"有账可算"。

城市更新项目的经济测算包含了改造、补建、征拆、土地出让、开发建设、运营等环节的成本和收益测算分析，具有一定的复杂性。经济测算是评估咨询机构的传统强项，可考虑为城市更新项目提供系统化、产业化的专业服务。评估咨询机构具有丰富的征拆评估、房地产评估经验，熟悉征收补偿政策、税收政策、房地产市场情况、房地产开发与经营周期与节奏等，能做好征拆成本测算、土地出让地价测算、市场定位及售价分析、一二三级开发经济测算等，为各利益主体预测更新项目经济效益提供技术支撑，助推城市更新项目的实施落地。

（四）提供融资策划咨询服务

城市更新具有资金需求大、项目周期长、收益回报不确定等特点，对于实施主体的投融资要求较高。经济测算服务，是从投资角度对项目进行风险识别和投资效益研判，判断项目能否经济效益平衡，能"赚多少"；而融资策划咨询服务，则是从融资角度为实施主体提供"钱从哪里来"的解决思路和方案。资金来源的确定是众多项目实施落地的关键，因此融资策划咨询服务也成了城市更新前期咨询的主流业务之一。

融资策划咨询服务，包括确定融资渠道、选择还款方式、分析项目融资风险、制定融资方案等，需开展房地产市场分析、销售运营计划、财务测算和分析等，与评估咨询机构的专业具有相通性，评估咨询机构可通过加强对城市更新和融资政策的知识储备和实践，同时发挥自身与金融机构联系紧密的优势和特点，实现在融资策划咨询服务领域的拓展。积极了解和掌握财政补助政策、专项债政策、政策性银行和各大金融机构等对于城市更新项目的贷款支持政策，了解各融资渠道的特点，为实施主体提供融资渠道选择，并对各融资方案进行评价对比，选择和制定最优融资方案。

（五）尝试与规划设计机构组成联合体提供业务

城市更新项目的城市体检和策划方案环节，都需对项目的上位规划、控规信息等进行分析，尤其是对于地块复杂、规划功能多的项目策划方案，还需开展深度的控制性规划调整和分析。规划设计机构在地块权属和规划信息资源、规划技术等方面具有优势，往往能第一时间成为城市更新项目前期策划咨询业务的对接单位。但规划设计机构在经济测算等领域有专业短板，也导致项目策划方案中经济测算分析板块较薄弱，无法充分满足政府、平台公司、社会资本等多方对于投资效益的预判需求。而评估咨询机构，恰好可在征拆成本测算、地块开发经济测算和更新效益平衡测算分析等方面，弥补规划设计机构的短板。因此评估咨询机可尝试与规划设计机构两者通过以联合体的形式承接项目，优势互补，统筹项目策划，实现规划、经济测算等多方面的专业凸显。

作者联系方式

姓　　名：吴　培　伍艳平　黄　峰
单　　位：湖南思远四达房地产评估咨询有限公司
地　　址：湖南省长沙市芙蓉区朝阳街道韶山北路139号文化大厦1414房
邮　　箱：0731siyuan@163.com

第三部分

新兴估价业务类型与估价实践

人流量动线法用于机场航站楼内商业租金评估的研究

周家宇　汪　灏

摘　要： 机场是重要公共基础设施之一，机场所特有的优质航空旅客人群，是航站楼商业场地资源的价值锚定物。受疫情及相关政策的持续影响，航空客运需求受到冲击，国际、国内航班数量减少，航站楼人流量大幅下滑，站在航站楼场地资源的可持续发展角度来看，需要一种各方认可的量化工具以衡量航空旅客人流量与商铺租金之间的关联性。本文研究以航站楼内人流量为基础，运用人流量动线法作为航站楼内商业租金评估技术解决方案。

关键词： 机场航站楼；商业租金；人流量动线法；评估

一、研究背景

机场航站楼，又称航站大厦、候机楼、客运大楼、航厦，是机场内的一个提供飞机乘客转换陆上交通与空中交通的设施。旅客航站楼是航站区的主体建筑，它的一侧连着站坪，用以接纳飞机；另一侧又与进场地面交通系统相联系。机场作为旅客搭乘空中交通工具的场所，其最本质的功能是满足旅客进出港的需要。旅客在经过航站楼搭乘飞机时会有一段等待时间，期间会发生一定的商业消费需求。商业与机场结合开发是现代空港设计的趋势，各种各样完善的零售设施和出租营业区，不仅满足了旅客餐饮、购物、服务的需要，而且还具有巨大的市场潜力。由于交通枢纽带来的巨大人流量，航站楼的商业场地出租是机场收入的重要组成部分之一。

（一）机场航站内商业租金定价是社会关注的热点问题

机场是一个国家或地区对外交流的窗口，一个城市的形象名片。机场作为人流、物流、信息流的集散地，其商业价值引起商家的关注。近些年，各地机场内餐饮及商品高昂的价格受各方所关注。消费者认为商品经营者获得了暴利，商品经营者解释是由于商家要向机场交付高额租金，只能通过把价格抬上去来弥补租金成本。机场方认为，租金是通过市场招标投标自然形成的，非强制性索取。从国内机场航站楼的经营方式来看，主要有内部自主经营和外部经营模式两类。内部经营主要为机场或下属公司自行经营，一般主要是公益性服务；外部经营大多为市场化程度较高的商业类型，主要包括两种形式：一是租赁经营。专业公司承租铺位，收取相应的租金；二是保底经营。所采取的形式为"固定费+提成"。

（二）受疫情影响各方对调整航站楼商业租金有切实的需求

机场航站楼的商业价值与机场位置、旅客吞吐流量息息相关，根据中国民用航空局发布的民航机场生产统计公报，2020年疫情后全国机场的人流量出现较大幅度的下滑，从目前出租方和承租方的需求来看，均有因人流量减少而调整机场航站楼商业租金的需求。未来疫情好转，人流量恢复则需要调增商业租金。因此，目前疫情影响中及未来疫情影响后机场航站楼商业租金的变化是社会各方较为关注的问题。

近些年受疫情影响机场旅客吞吐量变化较大（表1），但随着疫情好转，我国经济不断发展，人民生活水平不断提高，可以预见机场的航班数量和人流会进一步增加，机场的商业价值会有进一步提高。从目前的航站楼租金评估需求来看主要有以下几种场景：

2017—2021年全国机场旅客吞吐量总人次变化表 表1

年份	全国机场旅客吞吐量总人次（万人次）	其中国内航线（万人次）	其中国际航线（万人次）
2017	114786.7	103614.6	11172.1
2018	126468.9	113842.7	12626.1
2019	135162.9	121227.3	13935.5
2020	85715.9	84019	1696.9
2021	90748.3	90443.2	305.1

数据来源：中国民用航空局网站。

1. 旅客吞吐量上升带来航站楼商业租金的调整；
2. 旅客吞吐量减少带来航站楼商业租金的调整；
3. 航站楼内局部调整（如登机口、安检口的改变）造成人流增减带来航站楼商业局部租金的调整；
4. 确定航站楼商业对外招租底价；
5. 航站楼商业租金的预测研究。

机场航站楼内商业租金是机场非航收入的重要组成部分，科学合理的评估价值有利于机场确定租赁底价、调整租赁价格、预测租金收入，对于产权方、运营方、承租人、投资人都有着重要的意义。

二、机场航站楼内商业租金评估的难点

传统的商业租金评估方法为比较法、收益法逆算、租金剩余法等，但机场航站楼商业与传统商业在区位和实体等因素有较大的区别，传统评估方法在评估机场航站楼商业租金有一定局限性，差异主要有以下因素。

（一）航站楼商业与传统商业的区别

1. 区域独有性

一座城市所拥有机场数量是有限的，因此机场带有独有、垄断性质的旅客流量。国内机场有餐饮、农特产品、文化纪念品、服装零售等商业形态，国际航线还有烟、酒、化妆品为代表的免税商品。从旅客属性来看，机场的消费者属于有一定消费能力的航空旅客人群，消费目的基本为公务、旅游、出国留学等人群出行需要带来的消费。传统商业位于城市中不同区域，一个区域可能存在多个同类型商业，顾客消费目的基本为衣、食、游、乐、购等休闲消费。

2. 不同的运营导向

传统商业布局是经济利益最大化的运营导向。机场的功能定位决定了机场以优先满足旅客和物资的运输需求为运营导向，商业是其附属功能。航站楼的商业主要服务于旅客运输，国内机场商业布局主要集中于餐饮、特产品零售、文化旅游产品等，机场商业布局不是经济利益最大化的选择结果，而是旅客出行便利度最优化的选择结果。

3. 商业价值影响因素不同

传统商业价值影响因素主要在于区域位置、交通便利、外观、内部设施、商业形态等。机场航站楼有区域垄断性的特征，具有独享的稳定客流量，其商业价值与航站楼内部的人流量走向、人流停留时间、航班密度、航班时间有密切的关系。

（二）传统评估方法的局限性

由于机场航站楼与传统商业的差异，常用的商业租金评估的比较法、收益法逆算和剩余租金法等估价方法用于机场航站楼租金评估有一定局限性，主要基于以下原因。

1. 比较法，同类型机场租金较难取得、不同城市之间比较因素较难量化、不同区域位置人流量差异较大；

2. 收益法逆算，航站楼内不同位置市场价值和风险报酬率难以准确量化体现；

3. 剩余租金法，不同品牌、不同业态、不同位置的商业经营收入扣减营业成本、利润等剥离地租的方法误差较大，不利于精确评估。

此外，机场航站楼内商铺数量众多，大型机场可能有成百上千个商铺，不同位置、不同业态的商业租金并不相同，要实现各个位置商铺的准确定价，技术上存在一定难度。

结合机场航站楼的商业特点，我们发现租金影响主要因素在于人流量，如果能对不同位置的人流量进行统计分析，用人流量来衡量机场航站楼商业价值有较好的技术可行性。近些年来，由机器视觉进行人流量统计和 GIS 空间建模技术日趋成熟，对航站楼内各位置的人流进行精确统计有了技术可能性。因此，我们研究了一种在人流量基础上对航站楼商业租金进行量化的方法——人流量动线法。

三、使用人流量动线法的技术解决方案

（一）搭建人流模型

1. 航站楼人流特征

航空旅客人流量是机场商业场地的底层价值来源，航空旅客从进入航站楼到登机离开，因途中行为动机的转变，其人流特征也有差异。本文将航站楼内航空旅客区分为两大类，一是动态人流，二是静态人流。

动态人流：指从进入机场到登机离开的人群，或从飞机到达到离开机场的人群。该类人群理性选择最优路线去往终点，有明确的起点、终点和必经点，行进路线目的性强，受标牌等引导性标识影响大，路线相对单一。该类人群途经的商铺属于动态过境客流，除高度匹配需求的商品，一般不会过多停留和消费。

静态人流：指登机口候机人群中产生的特殊人流。该类人群没有明确的目的地，到达指定登机口后，在登机口周边一定范围内活动，行为模式表现为以登机口为起点向外扩散，扩散人数随距离增加而减少。该类人群对于登机口周边铺位而言，形成静态候机客流，其消费目的不明确，消费动机相对较强，有适合的商品便触发其消费行为。

2. 建立人流模型

通过 GIS 软件对候机楼内的主要出入口、动线、商铺、登机口等设施建模，搭建机场航站楼的地理信息系统。通过机场运营方提供的每日客流数据，折算每条动线的人流量。该系统中，动态人流起点设置为航站楼各入口，中途必经安检处，终点设置为各登机口。静态人流起点设置为各登机口，总量为当日登机人数折算一定比例（根据现场实测数据得出登机口候机人群的外溢比例），并以登机口为中心向外扩散递减。

通过地理信息系统的构建，航站楼内任意一段动线均可计算得到人流数据，商铺根据其接入的邻近动线进行赋值，每个商铺均由系统赋予动态人流值和静态人流值。

如图 1 和图 2 所示，由于动态人流从安检之后开始递减，到达登机口处，动态人流逐渐

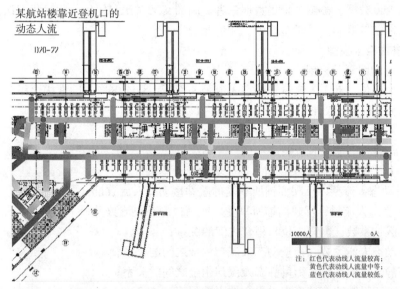

图 1　地理信息系统模拟航站楼内动态人流动线图

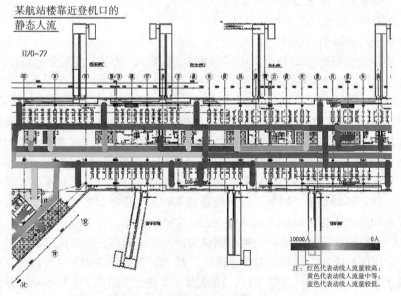

图 2　地理信息系统模拟航站楼内静态人流动线图

降至当日该登机口发送旅客数量；而静态人流恰好相反，登机口处的静态人流最多，随着向外扩散的距离而减少。

3. 人流验证及修正

人流量准确程度在人流量动线法中起到至关核心的作用，因此需对地理信息系统显示的人流进行交叉验证。检验方法是选取航站楼各区域的主要动线，利用机器视觉对人群目标进行检测与跟踪，计算通行人流，将各动线测量结果折算相对比例，以此实测比例检验系统内相应主动线模拟人流量的相对比例。

根据实测比例反向修正系统内模拟人流，修正内容包括：入口处起始人流量、交通动线、必经点位置等。最终确定系统内各个商铺对应的动态和静态人流量数值，通过实际人流数据、模拟人流数据、摄像头采集数据三者之间的交叉对比和优化，此时我们认为该系统模拟的人流结果已尽可能接近于航站楼实际情况。

（二）搭建租金模型

1. 租金影响因素及模型

本文选取区位、动态人流量、静态人流量、面积、业态等影响因素构建租金模型。

$$Y = (\beta_1 \times X_1 + \beta_2 \times X_2 + \beta_3 \times X_3) \times \beta_4 \times \beta_5 + \mu$$

式中：

Y——商铺的租金评估结果；

X_1——区位自变量，反映商铺所在区域的商业集聚度；

X_2——动态人流量，反映商铺所享受的航站楼动态人流数量；

X_3——静态人流量，反映商铺所享受的航站楼静态人流数量；

β_1——区位系数，衡量区位与租金之间的关系；

β_2——动态人流系数，衡量动态人流与租金之间的关系；

β_3——静态人流系数，衡量静态人流与租金之间的关系；

β_4——面积系数，衡量面积对租金的影响程度；

β_5——业态系数，衡量业态对租金的影响程度；

μ——干扰项，反映招商谈判的溢价空间。

本租金模型对商铺租金的评估，主要有以下三个步骤：

步骤一：设定商铺的基础租金。由区位租金（$\beta_1 X_1$）、动态人流租金（$\beta_2 X_2$）、静态人流租金（$\beta_3 X_3$）三个基础因素共同构成。对于区位租金，根据实际商业氛围及人流情况，将航站楼划分为若干个次级区域，各次级区域类似于不同地段的商业体，通过自变量 X_1 乘以系数 β_1 计算不同次级区域的区位租金，同一个次级区域内的商铺，因其商业集聚度和商业氛围相当，故其区位租金相同。动态人流租金和静态人流租金，可理解为商铺支付的店铺引流费用，动态租金通过自变量 X_2 乘以系数 β_2 计算得出，静态租金通过 X_3 乘以 β_3 计算得出，航站楼赋予某店铺的动、静态人流越多，则 X_2/X_3 取值越大，相应动、静态人流租金越高。

步骤二：修正基础租金。以两个修正因素对基础租金作两次修正。一是店铺面积修正系数 β_4，商业面积的大小将影响经营的细分业态、整租空置率、招租难易程度等，因此也将影响租金水平。一般情况下，店铺面积越小则单位面积租金越高，反之店铺面积越大，单位租金可实施一定比例的折扣。二是业态租金修正系数 β_5，对店铺的业态进行区分，针对航站楼内5大主要业态（一般零售、高端零售、轻餐饮、重餐饮、免税）选取不同的修正系数，一般情况下，利润率高的业态，租金承受能力较强，其业态租金系数也相应取高值。

步骤三：干扰项因素。在机场商业租赁场景下，干扰因素主要体现为招商谈判的溢价空间。如果某店铺进入航站楼为追求品牌宣传和广告效果，则可考虑增加部分租金，或为引入某品牌补充商业业态则可考虑减少部分租金。该因素应根据实际情况，预留给一线招商人员作为谈判溢价空间。本文进行租金评估时暂不对该因素进行量化，主要考虑干扰项之外的普适性租赁情况。

2. 模型的取值和量化

（1）自变量的取值

租金评估模型主要涉及三个自变量，即，区位自变量（X_1）、动态人流自变量（X_2）、静态人流自变量（X_3）。

X_1：区位自变量（X_1）通过航站楼内次级区域的商业密度进行量化，某店铺的 X_1 值即该店铺所在次级区域的商业密度，即该区域内的商业物业总量与人流总量的比值。一般情况下，航站楼内同一个次级区域的 X_1 取值相同，某店铺入驻的区域商业密度越高，表示该区域的商业氛围越浓厚，则入驻店铺所需支付的区位租金也越高。

X_2/X_3：动态人流自变量（X_2）和静态人流自变量（X_3）由地理信息系统赋值，每个店铺根据其接入最近动线的人流量，被赋予一个 X_2 数值和一个 X_3 数值，一般情况下，不同店铺的人流数值各不相同。

以动态人流 X_2 为例，系统为店铺赋值过程如图 3 所示。一般情况下，主干道店铺的人流数值大于次干道店铺；随着登机口距离的延长，人流呈现出递减现象，故远机位附近的店铺，人流量相对较低。

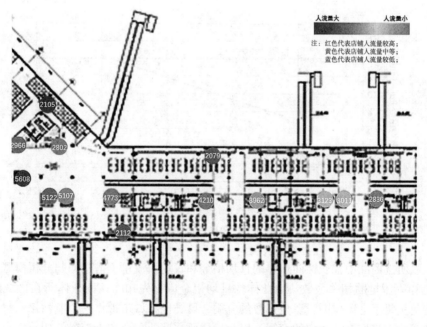

图 3　地理信息系统为店铺赋值动态人流

（2）相关系数的量化

租金评估模型主要涉及 5 个相关系数，即区位租金相关系数（β_1）、动态人流租金相关系数（β_2）、静态人流租金相关系数（β_3）、店铺面积修正系数（β_4）、业态租金修正系数（β_5）。

$β_1$：本文选取机场所在城市若干个具有代表性的商圈，将商圈的商业密度与商圈平均租金，搭建回归分析模型，得出区域租金与区域商业密度的相关系数，作为 $β_1$ 取值（本次研究中 $β_1$ 取值 90.17，测算过程见表 2、图 4）。选取具有代表性的商圈，以客观反映该城市的经济水平和消费能力，同时契合机场"同城同价"理念。本文选取部分样本数据演示回归分析的方法，如图 4 和表 2 所示。

商圈样本表（部分）　　　　　　　　　　　　　　　表 2

样本名称	3公里区域人均商业面积（m²/人）	3公里区域平均租金 [元/（m²·日）]
商圈 1	0.10	12.10
商圈 2	0.16	12.50
商圈 3	0.10	12.70
商圈 4	0.12	11.23
商圈 5	0.13	11.30
商圈 6	0.16	13.37
商圈 7	0.07	7.80
……	……	……
商圈 N	0.22	9.80

样本来源：所在城市商圈采集。

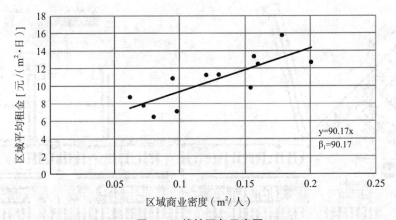

图 4　$β_1$ 线性回归示意图

$β_2$：以所选商圈中代表性商业体的日均租金和日均人流量，搭建回归分析模型，得出商业体租金和人流量的相关系数。商业体的日均租金应该先扣除该商业体所在区域的平均租金，以避免重复考虑区位因素。该系数的应用，可类比将城市拟作一个航站楼，将不同区位的代表性商业体拟作航站楼内的商铺，以此量化研究商业租金和人流量的相关性，本次研究中 $β_2$ 取值 0.0025，测算过程如表 3、图 5 所示。

代表性商业体样本表（部分）　　　　　　　　　表3

样本名称	动态人流（日均）	动态人流租金单价 [元/(m²·日)]
商业体1	8500	19.0
商业体2	9888	17.0
商业体3	9831	21.0
商业体4	8416	14.3
商业体5	8667	13.5
商业体6	4207	21.6
商业体7	6015	7.0
……	……	……
商业体N	4749	9.0

样本来源：所在城市商圈采集。

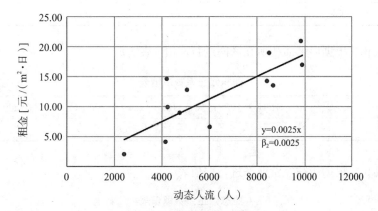

图5　β_2线性回归示意图

β_3：静态人流是航站楼内的特有人流，相比于动态人流，静态人流对于租金的贡献度主要体现在旅客的停留时间，对于商铺而言，旅客更多的停留时间，意味着商铺更高的曝光度。因而，通过对航站楼内动态人流和静态人流的综合观察和测量（包括停留时间对比、候机人群转化为静态人流比例等），折算静态人流租金相关系数（β_3）与动态人流租金相关系数（β_2）的倍数关系（根据本次实测数据，得出β_3是β_2的1.5倍关系），进而由已量化的β_2推导出β_3取值0.00375（β_3取值为0.0025×1.5）。

β_4：对航站楼所有商业店铺的面积分布进行分析，划分小面积、标准面积、大面积、超大面积四个档位区间，根据行业标准和评估经验建立面积修正体系。本次研究发现，该航站楼店铺面积主体位于30~100m²区间，故以该面积区间为基准值1.0，对于小面积店铺（30m²以下）、大面积店铺（100~200m²）、超大面积店铺（200m²以上）3个面积区间，根据面积修正体系分别进行取值。

β_5：航站楼内的商业业态主要区分5大类：一般零售、高端零售、轻餐饮、重餐饮、免税。一般情况下，利润率高的业态租金承受力越高，同一位置的店铺，会因租赁业态的不同而形成不同的租金。其中，免税店作为机场的独特业态，租金承受能力最强，其次是高端零售（客群消费力强）、轻餐（消费转换率高、经营面积效益高）、一般零售、重餐。本文以一般零售业态为基准值1.0，通过市场租金价格的比较，依次确定其他业态的 $β_5$ 取值。

（三）店铺租金计算示例

通过租金模型的构建及相关取值、系数的量化，本文针对航站楼场景下的租金模型为：
$Y=(90.17×X_1+0.0025×X_2+0.0037×X_3)×β_4×β_5$。

动态人流 X_2、静态人流 X_3 根据地理信息系统模拟结果进行取值。

区位自变量 X_1，根据航站楼内各区域商业面积除以各区域人流量划分四级商业密度（表4），商铺根据自身所在区域的人均商业面积进行取值。

商业密度取值表　　　　　　　　　　　　　　　　表4

区域	商业密度（m^2/人）
一级	0.0986
二级	0.0772
三级	0.0288
四级	0.0257

面积系数 $β_4$，根据店铺面积所在区间进行取值（表5）。

面积修正系数取值表　　　　　　　　　　　　　　表5

30m^2 以下	30～100（含100）m^2	100～200（含200）m^2	200m^2 以上
1.3	1	0.9	0.8

业态系数 $β_5$，根据店铺经营业态进行取值表6。

业态修正系数取值表　　　　　　　　　　　　　　表6

重餐	一般零售	轻餐	高端零售	免税
0.8	1	1.3	2.8	6

以机场内某咖啡店为例，该店铺位于一级区域，故 X_1 取值 0.0986；系统内调取的每日动态人流值为 6200 人、每日静态人流为 4500 人，则 X_2 取值 6200；X_3 取值 4500；该店铺面积约 35 平方米，则 $β_4$ 取值 1.0；咖啡店属于轻餐业态，则 $β_5$ 取值 1.3。经计算，该店铺需要为其区位支付租金 8.9 元/（m^2·日），为动态人流支付的引流费用为 15.5 元/（m^2·日），为静态人流支付的引流费用为 16.7 元/（m^2·日），合计基础租金为 41.0 元/（m^2·日）。经面积修正系数 1.0 和业态修正系数 1.3 两次修正后，最终评估该店铺租金为 53.4 元/（m^2·日）（表7）。

店铺租金试算表　　　　　　　　　　　　　　　　表7

	租金分项因素	β	X	租金 [元/（m^2·日）]
1	区位租金	90.17	0.0986	8.9
2	动态人流租金	0.0025	6200	15.5

续表

	租金分项因素	β	X	租金 [元/(m²·日)]
3	静态人流租金	0.0037	4500	16.7
4	面积修正系数	1.0	—	
5	业态修正系数	1.3	—	
	评估租金			53.4

机场航站楼内其余商业点位可以根据区位租金、人流量、面积修正系数、业态系数自动求取。人流量动线法的优势在于准确与快速，现阶段受疫情影响造成航站楼租金调整在GIS模型中模拟出相应商业点位静态人流和动态人流后即可求出对应的商业租金。未来经济向好，机场客流量提升后还可以根据实际情况调整区位租金和静、动人流量求取相应的商业租金。该方法除了适用于机场航站楼，对于高铁站、汽车站、游乐场等场所的商业租金定价也有较好的适用性。

四、回顾与总结

新技术的出现，特别是机器视觉技术的成熟，对商业物业人流量、停留率、购物率等的统计会更加精准，这为未来商业房地产的估值带来更多的技术可能性。人流量动线法是一种创新的估价方法，对于一些封闭型场所的租金定价有较好的适用性，通过人流量动线法在估价实务中的应用，主要有以下回顾与总结。

（一）新方法具有估价咨询一体化业务的特点

作为一种新的估价方法，人流量动线法在运用中既有咨询业务的特点，也有估价业务的特点。咨询的核心在于运用知识经验和通过对各种信息资料的综合性研究开发，起着为决策者充当顾问、参谋和外脑的作用；估价的核心在于价格准确性，提供价格证明。人流量动线法以估价的理论为底层基础，以科技的手段为测量工具，以咨询的方法为展示手段，最终展现是图、文、表、信息系统结合的评估成果。

（二）方法的适用性需要根据实际情况选择

机场内的商业设施是多样的，对估价而言，不同的方法代表不同的估价维度，具有不同的适用性。机场商业类型较为丰富，对于航站楼内餐饮、零售等大部分业态，人流量动线法有较好的使用性，但机场内酒店、机场内停车场、机场内艺术馆等的租金不适用于人流量动线法，评估方法需根据实际情况进行选择。

（三）业务获得的竞争性

新型的估值项目往往有非法定性的特点。在业务的获取过程，许多数据公司、商业咨询公司也在参与竞争。对房地产估价机构而言，专业能力不足或落后必然会错失业务机会，获取新型估值业务的关键不在于资质，而在于新技术及新方法的运用、技术解决方案的可行性、机构品牌的知名度、产品的展示方式、服务的响应程度等。估价机构在取得业务的过程中需要与外资知名品牌、各种类型的公司同台竞争，在专业人才、专业技术、机构品牌等方面均需要较强的竞争能力。

我们所处的是一个飞速发展的社会，时代的变化总是衍生出新的外部需求。新形势、新问题、新竞争对手的出现对估价从业人员的专业能力要求越来越高，如果不能自我更新，就会被他人所取代。因此，我们需要开拓新思路、获取新工具、学习新方法，用不断更新的专业能力服务实体经济，将估价业务做精、做深、做长。

参考文献：

[1] 郭晓宇. 首都国际机场 T3 航站楼 E 区室内园林景观设计 [D]. 呼和浩特：内蒙古农业大学，2014.

[2] 周同苗. 国内机场航站楼商业服务特点及发展趋势分析 [J]. 商业经济，2017（7）：129-130.

[3] 唐琳. 航站楼商业资源价值挖掘战略研究 [J]. 现代经济信息，2018（24）：96.

[4] 王健健. 商业综合体人流动线设计研究 [D]. 合肥：合肥工业大学，2013.

[5] 朱云，凌志刚，张雨强. 机器视觉技术研究进展及展望 [J]. 图学学报，2020（6）：871-890.

作者联系方式

姓　　名：周家宇　汪　灏

单　　位：上海城市房地产估价有限公司

地　　址：上海市黄浦区北京西路 1 号 16 楼

邮　　箱：jia.zhou@hotmail.com；icswang@163.com

注册号：汪　灏（3120090025）

保障性租赁住房租金评估监测与定价调价机制的实践探索
——以上海市为例

顾弟根　邵晓春　杨　斌　贾明宝

摘　要：本文在分析保障性租赁住房特征的基础上，总结了上海市住房租金评估指引的重点技术内容，提出了较完善的保租房租金评估监管机制以及住房租金监测流程，尝试拟定保障性租赁住房的租金定价和调价机制，为上海市推进保障性租赁住房的管理和服务提供支撑和建议，也为估价行业在该领域的发展助力。

关键词：保障性租赁住房；租金评估；租金监测；租金定价；租金调价

2021年7月，《国务院办公厅关于加快发展保障性租赁住房的意见》（国办发〔2021〕22号）发布，明确提出了发展保障性租赁住房的基础制度和支持政策。随后各地也相继出台实施意见，上海市人民政府办公厅于同年11月印发了《关于加快发展本市保障性租赁住房的实施意见》和"1+6"配套政策文件，组织市、区协同，统筹推进实施。

根据国办发〔2021〕22号文件精神，保障性租赁住房（以下简称"保租房"）与公租房和共有产权住房成为新时期我国的住房保障体系，主要解决新市民、青年人等群体的住房困难；房屋以建筑面积不超过70平方米的小户型为主；租金低于同地段同品质市场租赁住房租金，上海市规定租赁价格在同地段同品质市场租赁住房租金的九折以下；政府给予土地、财税、金融等政策支持，充分发挥市场机制作用，引导多主体投资；多渠道供给，主要利用存量土地和房屋建设，包括集体经营性建设用地、企事业单位自有闲置土地、产业园区配套用地和存量闲置房屋，适当利用新供应国有建设用地建设。

上海市房地产估价师协会（以下简称"上海协会"）在上海市房屋管理局的指导要求下，于2021年11月起着手进行保租房租金评估及"规、建、管、服"联动机制的研究探索，力求在保租房的租金定价与调价环节引导估价行业积极参与并努力做好评估咨询服务工作。

一、编制保租房租金评估技术指引

房屋租金评估是一项技术性的工作，应遵循相关的技术要求，确保工作质量。保租房租金定价属于民生问题，要统筹兼顾"租户可负担"和"企业可持续"两方面目标，因此对于评估结果的客观公正性提出了很高的要求。鉴于租金评估的特殊性和难点，为夯实评估工作开展的基础，强化对评估工作的指导，上海协会成立专项课题组，开展针对保障性租赁住房租金评估指引的研究编制工作，于2022年6月向市房地产估价行业发布了《上海市租赁住房租金评估指引（试行）》（以下简称《指引》），对保租房市场租金的评估依据、评估工作开展、评估基本要素（评估目的、评估对象、价值时点、租金内涵）、评估方法、评估技术路线以及参数取值、评估报告等进行了规定或要求。重点内容如下。

（一）评估工作开展。主要对资料收集和实地查勘的特别之处作了规定，比如需收集房屋测绘报告、分间（床）明细清单、房型图册、装饰装修与设施设备的说明、租赁合同文本、项目成本资料等；强调对选取的可比实例进行实地查勘。

（二）评估基本要素。包括评估目的、评估对象财产范围、价值时点、价格内涵。评估目的是为确定（或调整）保租房租金而评估租赁住房市场租金；财产范围包括房屋及相应土地使用权、房屋装饰装修及家具家电、设施设备等；在市场租金价格内涵中着重对同地段、同品质进行说明和规定；为体现政府对保租房租金调控需要，指引还增加了成本租金的内容。

（三）评估方法。主要是区分市场租金评估和成本租金测算分析，明确了市场租金和成本租金的影响因素，规定市场租金必须采用比较法评估，成本租金采用成本法测算。

（四）评估技术路线以及参数取值。针对比较法评估路线，要从普通住房、服务式公寓、人才公寓和员工宿舍等不同类型、不同品质、户型的租赁住房中选取与估价对象相同类型项目作为可比实例，统一计价单位等比较基础，根据指引中提出的比较因素进行针对性的调整修正，求得评估结果。对于成本法测算成本租金，指引给出了计算公式，并且对公式中每一项内容作出了说明，尤其对增长率、报酬率等参数规定了取值标准。另外对同一项目内多套租赁住房租金评估的路径也做出了说明。

（五）评估报告。需要针对保租房的特点，在遵循《房地产估价规范》GB/T 50291—2015 的基础上需说明租赁住房的来源、租赁合同条款和限制条件、房屋的建设标准、室内装修与设施设备等情况，并应提交评估技术报告。对于需要测算分析成本租金的，做出了另行出具成本租金测算报告的规定。

《指引》发布后，协会抓紧开展了宣传和行业培训，及时进行应用情况的调研和交流，对《指引》的应用进行指导和补充完善，保障指引发挥规范引导作用。

二、完善保租房租金评估监管机制

（一）建立公正合理的委托程序

评估委托机制是保证评估工作独立性和客观性的重要环节。评估委托机制包括委托方和费用支付，常见的评估委托有以下三种形式：①由事项的申请人委托评估并支付评估费用。早期的抵押评估、课税评估、司法评估等鉴证性评估采用这种委托机制，其优点是效率较高，费用由申请人承担不会产生财政支出，弊端是评估结果容易受委托方的干预，影响评估的独立客观公正性。②由报告的使用方委托评估并支付费用。目前抵押评估、课税评估、土地出让评估都采用这种委托机制，优点是评估不易受当事人的干预，使评估结果的独立性和公平性得到保证，弊端是增加了报告使用方的支出，尤其是使用方为政府部门时会产生财政预算支出的压力。③由报告使用方委托评估、费用由当事人支付。这是目前法院委托评估的机制，即法院通过摇号等方式在评估机构库中随机产生案件的评估机构，并进行评估委托，而评估费用则由审理案件的申请人或者执行案件的买受人支付。该委托机制强调了评估机构的独立客观公正性，同时也解决了评估费用的来源问题。

根据上海市相关文件规定，保租房租金评估由房屋出租单位自主选择评估机构，进行租金评估委托；当区房屋管理部门对出租单位提交的评估结果有疑义时，可另行委托估价机构进行评估，并对评估结果予以确认；出租单位对确认的评估结果有疑义的，可向市房地产估价师协会房地产估价专家委员会申请鉴定。从目前的实践来看，保租房出租单位通常对评估结果会提出要求，这种委托机制会考验评估机构的独立客观性，虽然通过区房屋管理部门对评估结果的确认进行了补救，但对房屋管理部门来说有难度和压力。我们建议通过一段时期的实践后，可尝试采用前述第三种委托机制，即由市房屋管理部门选择业务能力、执业规范和职业规范好的机构形成保租房租金评估机构库，由区房屋管理部门在其中随机摇号或抽取评估机构并进行委托，评估费用则由出租单位支付。这样既保证评估工作的独立客观公正，也不会新增财政支出，利于保租房租金定价工作的开展。

（二）实行租金评估报告备案

保租房租金评估报告在提交前，必须根据上海市房屋管理局的相关文件要求进行网上备案。为了进一步强化监管，网上备案时除了将评估信息上传外，上海协会建议将评估报告和技术报告的全文同步向协会备案，协会设立备案系统的接口。这样不仅有利于报告使用方具备采信评估结果的要件，还便于行政主管部门或协会组织对报告进行随机抽查评审，以及协会房地产估价专家委员会对报告进行鉴定。评审或鉴定结论列入评估机构、估价师的日常考核记录，成为机构信用评价和实施奖惩的指标之一。因此，网上备案是强化对保租房租金评估进行监督的有效手段，也是对评估机构和估价师的监管，促使其重视评估工作的独立性、客观性和公正性。

（三）处理租金评估异议诉求

由于保租房租金评估结果与租金定价直接相关，在各方利益博弈时都可能对租金评估结果和报告提出疑义，保租房又是民生保障项目，因此需设立异议诉求的救济途径。对于保障房租金评估提出疑义的情形主要存在两种可能：一是房屋管理部门对出租单位提交的评估报告存在异议，二是出租单位对区房屋管理部门委托的评估报告提出异议。另外，保租房过高的租金定价也可能引起社会面尤其是租房需求群体的不良反响。

对于第一种情形，相关文件给出救济途径是房屋管理部门另行委托评估，并对评估结果予以确认。对于第二种情形，相关文件给出的救济途径是出租单位向协会房地产估价专家委员会申请鉴定。对于房屋管理部门来说，难点在于如何判断出租单位提交的评估报告中评估结果的合理性、是否给予确认。第一种解决方案，通过与住房市场租金监测的数据进行比对，例如与同板块同类型房屋的租金监测价格比较，在一定幅度内判断为合理，超出一定幅度则可提出异议。第二种解决方案，通过专家评审报告判断评估结果的合理性。由协会房地产专家委员会在专家库中选取对保租房租金具备较强理论知识和丰富经验的专家，建立保租房租金评估专家子库，由房管部门向协会申请组织专家鉴定。

而实践中往往还需要行政主管部门联合协会共同进行更深入全面的调研分析，以圆满回应社会诉求。近期上海协会已尝试完成了社会反响较大的两个保租房租金评估项目的评审论证。对其中依据备案租金与实际情况偏差较大的项目，通过专家调研论证，和评估机构一起研究分析造成评估结果与实际偏差的原因，对租赁住房租金评估中的价值定义、评估技术路径、参数取值等重大问题进一步达成了共识，并给主管部门最终决定启动重新评估和租金备案提供了专业依据。

三、优化租赁住房市场租金监测

在上海保租房的相关工作机制中规定,由上海市房地产科学研究院(以下简称"房科院")进行住房市场的租金监测。上海协会积极与房科院协调合作,提供技术支撑和工作建议,力求推进市场租金监测工作流程的完善和质量的提高。

(一)制订保租房市场租金监测的技术标准

在开展租金监测工作前,须制订市场租金监测的技术标准,明确监测工作的技术路线、工作规范和相关要求等,以指导开展长期稳定的租金监测工作。主要内容可包括:①租金监测的技术路线;②监测点的标准和布设规则;③监测数据的获取路径与质量标准;④市场租金数据归集与监测点租金的测算或评估规则;⑤租金指数的计算模型和规则;⑥租金监测报告与租金指数发布;⑦租金监测数据库及动态监测信息系统建设要求等。

(二)布设住房租金监测点

住房租金监测点既要能监测常见租赁住房的市场租金变化,也要关注保障性租赁住房租金的调整和市场反应甚至是社会反响情况,要根据常见的租赁住房的类型来设立,一般包括普通住房、服务式公寓、人才公寓等。布设原则是要有代表性、稳定性和全覆盖性,即能代表租赁住房及所在区域总体特征、短期内不会发生较大的变化、反映本市范围内各类租赁住房的市场租金变化。布设工作可按住宅板块划分,每板块内按照不同房屋类型确定监测点,并建议由房地产估价师或估价机构承担监测点的基本信息和市场数据采集,确保监测数据的专业、准确,建立完备的监测点数据库。

(三)建立市场租金监测工作机制和流程

建议由房科院牵头归集租金市场交易数据,其中经纪机构负责提供所分担区域的包括监测点在内市场租金数据、出租周期等信息,估价机构或估价师提供所分担区域的监测点的要素信息、市场调研数据,项目运营单位提供保租房监测点的租金调整数据、出租率或空置率等;估价机构根据归集的市场数据和相关信息,测算或评估监测点在设定条件下的房屋租金;房科院采用适合的模型计算监测指标值(平均租金、涨跌幅、指数等);必要时组织专家对成果进行验收。

(四)做好租金监测成果的发布与应用

住房租金监测成果包括租金市场监测报告和租金指数,主要为保租房调整租金提供依据,也可供房地产估价行业进行保租房和普通住宅的租金评估时参考,并能对引导住宅租赁市场发展产生一定的作用。因此,租金监测成果可分别在保租房行政主管部门、房地产估价和经纪行业内发布使用,也可视需要向社会公开发布。

四、健全保租房租金定价与调价的决策机制

(一)保租房租金定价决策机制与流程

1. 租金定价申请

保租房租金定价申请由出租单位发起。出租单位先委托一家有资质的房地产估价机构对拟出租项目进行市场租金评估;房地产估价机构接受委托后,按照相关技术指引的规定进行租金评估,完成报告备案后向出租单位提交评估报告;出租单位根据评估报告,以不高于评

估结果九折制定保租房租赁价格（一房一价），将定价情况填写在《保障性租赁住房项目供应备案表》中，连同评估报告一起提交区房屋管理部门。

2. 租金定价审批和备案

区房屋管理部门对出租单位提交的租金定价申请进行审批，符合要求的准予备案。首先，核对《保障性租赁住房项目供应备案表》以及市场租金评估报告。第二，根据住房市场租金监测数据判断租金定价的合理性，即对同板块同类型住房市场租金监测值与评估报告的市场租金评估结果进行比较，两者无明显差异的（市场租金评估结果不高于板块监测值的20%）可以通过定价申请。如果评估结果明显高于监测值（大于20%以上），则可不通过定价备案申请（图1）。

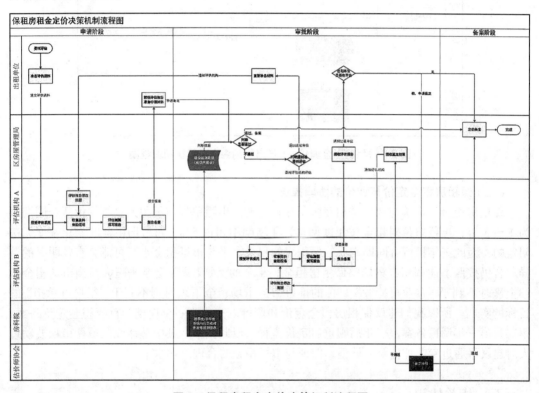

图1 保租房租金定价决策机制流程图

（二）保租房租金调价决策机制与流程

1. 租金调价申请

保租房租金调价申请由出租单位发起。出租单位填写《保障性租赁住房项目供应备案表》，连同相关材料提交区房屋管理部门。

2. 租金调价审批和备案

区房屋管理部门对出租单位提交的租金调价申请进行审批和备案。区房屋管理部门依据市房科院的住房市场租金监测数据进行调租审批。当出租单位申请的调租幅度≤同板块租金监测涨幅且不超过5%，批准出租单位申请的调租幅度；当出租单位申请的调租幅度＞同期同板块租金监测涨幅或5%，则退回出租单位；当租金监测涨幅超过5%，则批准出租单位最高不超过5%的调租幅度；当租金监测涨幅为负数时，则不批准出租单位上调租金，还可提示相关出租单位适当下调租金（图2）。

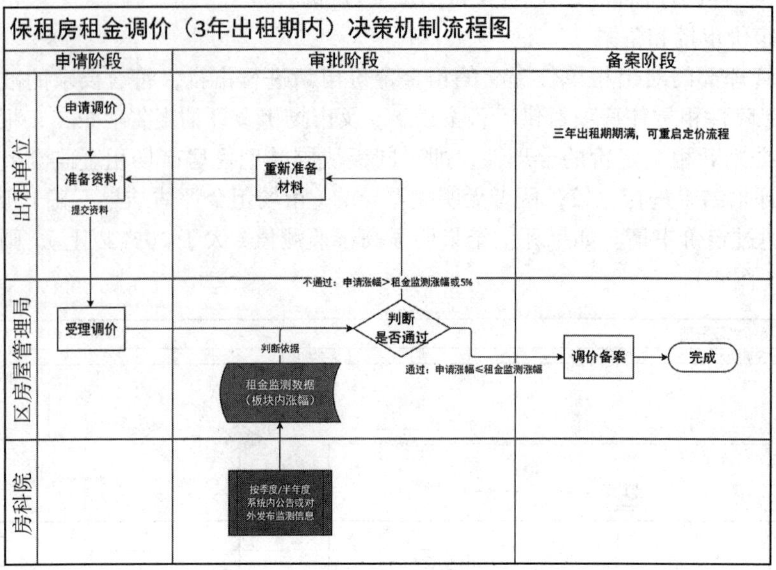

图2　保租房租金调价（3年出租期内）决策机制流程图

（三）保租房租金定价与调价的协调推进

保租房租金的定价与调价是相互协调和补充的。出租单位与承租人签订的租赁合同期限为1～3年，出租单位对租金按年度调整，年增幅不超过5%。而市场租金的变化幅度无法限定的，因此三年租赁合同期满后，保租房的租金水平与市场租金水平可能会有较明显的差异。若仍按照上述调租方案调整保租房租金，租金的"剪刀差"会越来越大，当市场租金持续上涨时不利于"企业可持续"目标的推进，当市场租金下跌时则不利于"租户可承担"的目标的实现。所以我们建议保租房租金定价和调价以三年为一个周期，首年租金定价备案，第二和第三年调租备案，三年后则重启定价流程，以此循环，其中整体或区域性市场波动过大时建议可通过专业评估及时调整，保证与市场租金的合理差异水平。

五、相关建议

（一）加强租金的数字化信息化建设

在保租房管理"智能化""一网统管"的要求下，租金的定价、调价管理势必为其中的组成部分，租金又是保租房管理体系中比较敏感的指标，数字化和信息化手段有助于定价和调价流程的公正、公开与合理、高效。在建立保租房数据库时，应同步写入租金以及与租金定价和调价相关的指标和字段，其中租金定价与市房地产估价师协会的租金报告备案系统对接，租金调价与市房科院的租金监测系统对接，使市保租房管理系统可从评估报告备案系统、租金监测系统中提取数据。市估价师协会和市房科院则分别建立租金报告备案系统、租金监测系统，系统建设中要完善管理功能、做到数据相互补充、可共享。

（二）建立保租房租金研判协调机制

房屋管理部门在租金定价和调价环节承担了审核和备案的职责，但房屋管理部门的工作人员不是估价专业人士，对出租单位提交的租金评估报告、调租幅度等难以评判。建议在租金定价和调价机制中设置明确的评判指标和流程，对于实际工作中可能存在和出现特殊情况，可借鉴出让地价的集体决策程序，会同相关部门和专家对租金的定价和调价方案进行协调和决策。

作者联系方式

姓　　名：顾弟根　邵晓春
单　　位：上海市房地产估价师协会
地　　址：上海市徐汇区肇家浜159号友谊时代大厦6楼（邮编：200031）
邮　　箱：sreaa@valuer.org.cn；sreaa@valuer.org.cn

姓　　名：杨　斌
单　　位：上海百盛房地产估价有限责任公司
地　　址：上海市浦东新区民生路600号船研大厦8楼（邮编：200135）
邮　　箱：bin.yang@shbrea.com
注册号：3119960042

姓　　名：贾明宝
单　　位：上海房地产估价师事务所有限公司
地　　址：上海市浦东新区南泉北路201号房地大厦10楼（邮　编：200120）
邮　　箱：jiamb@mail.sh.cn
注册号：3119980110

香港城市更新中评估咨询实践对评估机构服务拓展的启示

臧曼君　王　卓

摘　要：当前各国城市更新基本遵循"以人为本、可持续发展"的价值观念，从前期更新策略的研究制定、项目启动后的常规流程操作与推进、公众参与环节的组织筹划、土地/物业征收及赔偿安置环节的协调与评估服务、项目重建过程中的监督到项目完成后的追踪服务等，咨询与评估类机构的身影无处不在。本文基于评估咨询机构视角，通过对香港城市更新在顶层制度设计与具体更新项目研究计划两个层面的实践经验加以介绍总结，以期拓展国内评估机构参与城市更新过程中的服务思路及方向。

关键词：城市更新；香港；评估咨询

当前各国城市更新基本遵循"以人为本、可持续发展"的价值观念，具体城市更新实践与操作日益体现出以"全局谋划、精细运作、公众参与、可持续发展"为导向的策略选择，而从前期更新策略的研究制定、项目启动后的常规流程操作与推进、公众参与环节的组织筹划、土地/物业征收及赔偿安置环节的协调与评估服务、项目重建过程中的监督到项目完成后的追踪服务等，咨询与评估类机构的身影无处不在，是助力城市更新实践顺畅开展与完成不可或缺的存在。笔者基于评估咨询机构视角，通过对香港城市更新在顶层制度设计与具体更新项目研究计划两个层面的实践经验加以介绍总结，以期拓展国内评估机构参与城市更新过程中的服务思路及方向。

一、香港城市更新顶层制度设计中的评估咨询服务

香港的市区重建，即城市更新，可以追溯至1968年的市区重建试验计划（Urban Renewal Pilot Scheme），政府在意识到市区逐渐老化甚至残破后，选择上环一个旧区开展试验计划，政府在收购土地后，交由香港房屋协会推进开发更新，并于1999年落成荷里活华庭；70年代后，香港房屋协会（Hong Kong Housing Society）正式开展社区改善计划（Urban Improvement Shceme），主导更新项目的收购、开发工作；1988年，土地发展公司正式成立，成为市区更新项目主导机构，也是香港首个以市区重建为主要目的的法定机构[①]；2001年，

[①] 张楠迪扬（2016）将法定机构定义为是根据专属法例成立或定性，受专属法例约束，依法承担公共事务管理或服务，独立于政府运作的法人团体。"一机构一法例"是其本质特点。整体上，香港法定机构是位于政府与社会之间的半官方机构，在业务执行上具有独立性，同时又受到来自行政机关、立法机关以及社会等多方面的沿革监管，在具体政策领域的执行方面扮演重要角色。

市区重建局（Urban Renewal Authority，以下简称"URA"）正式成立并取代土地发展公司，并按照《市区重建策略》，在全港范围开展225项重建计划（包含土地发展公司遗留的25个重建项目）。URA从组织性质上来讲是由官方支持和约束的独立法人团体，隶属于香港特别行政区政府发展局（简称"发展局"），依据《市区重建局条例》而设立，是当前负责推进香港市区重建工作的主体机构。成立初期，URA接受香港特区政府100亿的启动资金，并且享受税务减免等支持，其日常财务运营完全独立，需要自负盈亏，按照规定，URA可以通过市场手段对物业、土地进行收储、出售、出租等。

香港城市更新在顶层制度设计上来看，《城市规划条例》是香港城市规划的母法，亦是城市更新要遵守的前提，《市区重建局条例》《市区重建策略》以及相关市区重建项目赔偿标准等政策规章明确了URA的责权利与主要职能。其中，《市区重建局条例》是推进城市更新的基本法规，《市区重建策略》是指导香港城市更新工作的行动指南和顶层设计。2008年，发展局主导对2001年版本的《市区重建策略》展开检讨，通过为期两年的广泛公众咨询与研究工作，对策略进行了更新修订。整个策略咨询与研究历程总结梳理如下（图1）。

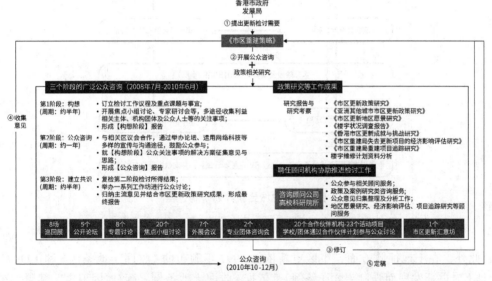

图1 香港《市区重建策略》检讨和修订过程（2008—2011年）

（信息来源：香港发展局市区重建策略检讨网站，笔者整理）

在新的《市区重建策略》指引下，URA形成了市区更新地区咨询平台、社区服务队、市区更新基金以及第三方组织机构共同参与的运作模式。其中市区更新基金设立于《市区重建策略》更新的同一年，作为市区更新信托基金的信托人和财产授予人，并获得市区重建局拨款5亿元港币，作为独立的经费来源，主要用于：（1）资助向受市区重建局执行的重建项目所影响居民提供协助的社区服务队的运作；（2）资助由市区更新地区咨询平台建议的社会影响评估及其他相关的规划研究；（3）资助由非政府组织及其他持份者提议的在市区更新范围内进行的文物保育及地区活化项目。

对于市区更新咨询平台的设立，以香港第一个市区更新咨询平台为例，九龙城市区更新地区咨询平台主要发挥以下功能：其一，作为咨询平台推进《九龙城市区更新计划》的制定和完善，对政府提出建议；其二，进行及监督广泛的公众参与活动、规划研究、社会影响评估及其他相关研究；其三，监察已选定须予推进的重建、复修、保育和活化项目的落实进度；其四，担当公众教育的角色，通过为各有关持份者而设的外展计划，与地区建构市区更新合作伙伴关系。在推进计划制定过程中，咨询平台通过聘任第三方专业顾问公司，分别开展公共咨询顾问、区域规划与更新研究以及社区影响评估工作，最终形成区域更新计划。九龙城更新计划研究过程如图2所示。

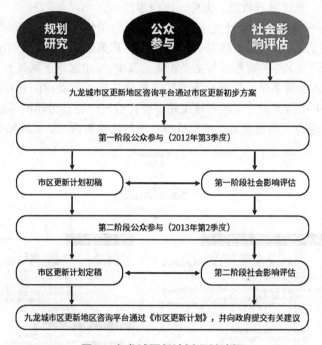

图 2　九龙城更新计划研制过程

（信息来源：九龙城市区更新地区咨询平台官网，笔者整理）

此外，在土地征收方面，市区更新依循1997年颁布的《收回土地条例》和1999年的《土地（为重新发展而强制售卖）条例》。依据《收回土地条例》，政府因卫生、健康、军事等公共目的有权收回土地，主要用于公营房屋、道路基建、军事基地等项目建设。依据《土地（为重新发展而强制售卖）条例》，针对分散的多业主的物业而强制征收土地，用于私人重新发展旧物业，根据该条例，申请人必须拥有该地段的90%不分割份数，即90%以上的权益，该条例于2010年更新，将90%的申请门槛降至80%；为了有效推行该条例和缓解纠纷，URA为受该强制售卖条例影响的业主设立了调节先导计划，聘请专业人员为其提供调节咨询及相关评估服务等。

二、香港城市更新项目实践案例中的评估咨询服务

URA成立以来开展的重建项目，均聚焦于私人物业的重建，笔者选取了URA目前正在推进中且牵涉规模较广的油麻地和旺角地区更新计划加以介绍分析。

URA自2017年展开油麻地和旺角地区（简称"油旺地区"）规划研究，据油尖旺区议会

发布的研究计划，对该区域更新重建的背景进行了简要介绍，现时油旺区域更新重建面临两大困境，一方面，作为全港18个区当中最小的区之一，油旺地区总人口约21万人，人口密度极高，多达4.4万人/平方公里，区域居民的赔偿、安置等问题成为巨大挑战；另一方面，据估计，该区域超过50年楼龄的旧楼约占区域总体楼宇数量的五成，其中不少超出了城市规划或建筑物条例准许的发展密度，过去十多年里，区域内存在重建价值的住宅九成已经大部分被私人开发商收购重建，因而当下现存的老旧楼宇对于私人开发商而言，几乎不存在重建的价值和机遇。

面对这些挑战，URA期望通过进行区域规划研究，以充分了解区域存在的各种问题和挑战，才能依托长远规划、技术研究、实施模式等不同手段，做出新的定位和找到能够有效落实该区更新工作的新思维和新方案。目前，油旺地区规划研究成果已经出台，最终制订了三个市区更新大纲发展概念蓝图方案，代表了正、零、负三个在人口、发展密度及资源分配上有不同假设的方案，三个方案都能在不同程度上满足公众对宜居和优质生活环境的渴求。具体过程与研究内容如下（图3）：

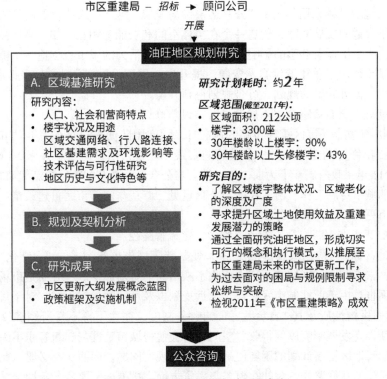

图3　油旺地区规划研究过程及内容

（信息来源：市区重建局《油麻地及旺角地区研究资料手册》，笔者整理）

三、对内地评估机构扩展城市更新评估咨询服务的启示

（一）香港城市更新特点总结

通过回顾香港城市更新发展历程及现时城市更新模式与运作机制，可以看出，香港城市

更新实践在持续探索过程中，逐步形成了"以政府为主导、注重公众参与、鼓励市场参与"的策略，其根本在于明确了香港城市自身发展迫切需求。有限的土地资源和开发潜力、高密度人口与加剧老化的楼宇等，导致社会资本参与积极性不高，而解决楼宇老化、改善居民生活环境又刻不容缓，唯有强化政府参与，才能更加有效地解决问题。总体上，香港城市更新体现出以下特点：

1. 基于城市自身特点与发展目标明确城市更新模式

按照《香港 2030+：跨越 2030 年的规划远景与策略》中所阐述的内容，香港致力于成为宜居的集约高密度城市，实现可持续发展，如何善用土地及其他资源、平衡发展与保育、持续提升居民生活环境是一项重要挑战。但同时，按照规划目标，虽然目前香港已建成区域（包括市区及新市镇）仅占香港总土地面积的约 24%，其余土地均保留作郊野公园、保育区以及其他保育用途，而未来伴随规划构思的落地，香港已建成区的比例也不会超过 30%。香港高密度的城市发展模式一方面是其人多地少现实条件下的必然选择，另一方面也是香港秉持可持续发展的主动选择。当前高密度发展模式下的弊端与问题的解决充满挑战，《香港 2030+：跨越 2030 年的规划远景与策略》就如何在高密度城市环境下提高宜居度提出了 8 项促进思路，包括继续采用集约的"公共运输导向发展"模式；改造发展密集的市区，并在新发展区采用合适的发展密度；创造一个在实体空间和功能上相互紧扣、高连接性和多样化设施的城市，减少出行对健康的影响；打造多元且充满活力的城市；创造一个能促进健康和动态生活的城市环境；善用蓝绿自然资源，提升生活质量；重塑公共空间及改善公共设施；更新都市结构；促进共融的规划，可令规划得到共识。

2. 适时就城市更新策略及更新成效进行检讨与修订

早在 2001 年初版《市区重建策略》制定时，顾问团队便提出每 2-3 年对市区更新策略加以检讨并提出修订的建议，虽然在其后的实践中该建议的检讨频率并未得以实现，但是 10 年后的 2011 年，政府展开了为期 3 年、社会与公众广泛参与的市区更新策略检讨与修订，对于反思前期城市更新工作、听取社会与公众意见、修正与完善市区重建策略，对于更好地推进未来城市更新有序开展十分重要。

3. 城市更新成本不断推升，继续探索多元化疏解路径

当前各地区面临的城市更新问题之一，便是伴随城市更新带来的"士绅化"、土地及资产价格提升，未来同一区域城市更新将面临不断增高的更新成本。一方面是市场化带来的结果，另一方面也是由于前期城市发展缺乏长远规划以及可持续发展思维。对于目前香港城市更新，URA 的机构性质及其"自负盈亏"的财务制度，往往不得不权衡经济效益与财务压力，选择不断推高发展密度以取得收益空间，将会使得城市密度与建筑容积不断推高，形成恶性循环，油旺地区更新计划的困境便暴露出这一现实问题。因而，有必要以此为鉴，持续探索一条多元化的疏解路径，譬如在财务与融资方面，扩展融资渠道、善用金融工具解决财务问题；在市场化合作方面，政府与市场、社会机构之间探索多样的合作与运营模式，共同推进城市更新；而在建筑质量与技术方面，秉持可持续化理念、推进绿色建筑发展，通过科技创新与发展，延长建筑使用寿命等。

4. 以人为本，兼顾公平与效率任重道远

香港非常倡导公众参与的重要性，并体现在具体实践当中。但同时，对于其公众参与实际成效的争论仍有不少。提高公民参与度、问计于民、增强政策制定与项目推进的透明度十分必要，但是同时也应避免公众参与流于形式，重要的应是深入了解民众需求，有所取舍，

努力平衡效率与公平。

（二）香港城市更新实践对评估机构拓展评估咨询服务的启示

从香港实践经验来看，城市更新的价值离不开 3 个重要环节，即顶层制度与政策设计、项目执行与管理、项目后续跟踪评价，3 者之间应相互贯通，形成有机的指引、反馈与更新机制。总体上来看，城市更新的核心还是在于各方参与主体的利益统筹与分配，探索出实现各方参与主体共赢、多赢的解决方案往往是化解困境与各方矛盾的要点。但是，城市更新作为一个系统性的工程，不仅包含房地产开发建设，还涉及城市发展、政策指引、经济发展、社会人文、环境保护等多重领域、多个方面，在更新实践过程中往往要处理千丝万缕的关系、面对各种各样的人与事，并需要整合多样的资源、具备专业化的解决问题的能力。

因而，在城市更新的整个过程中，除去政府、开发商的主导外，项目的高效推进和价值实现离不开专业化、精细化的服务支撑，诸如设计与建筑事务所、法律机构、估价机构以及咨询服务机构，专业第三方服务机构的身影处处可见，在协助项目顺利开展、提升价值上发挥了不可忽略的作用。各类专业机构组织通过协作，共同为相关利益主体解决痛难点，并通过专业化服务帮助城市更新项目深入挖掘潜在价值、保障各方权益、降低风险。

而作为评估机构，在城市更新服务过程中，不应只局限于传统的征收估价工作，而应当依托自身专业的物业调研与估价能力，向更广泛的评估与咨询服务类业务扩展。总体来看，评估咨询专业机构参与城市更新可以有两大方向，一是针对整体城市更新项目提供全流程服务，包括方案制定方面的全流程规划设计，或者具体实践中的全流程服务与参与；二是针对具体环节的模块化服务与增值服务，如前期研判环节的社会稳定风险评估、市场调研、数据分析等，征收环节的估值、征收模式、赔偿安置等，项目实施环节的投后监管、市场销售跟踪等（图 4）。

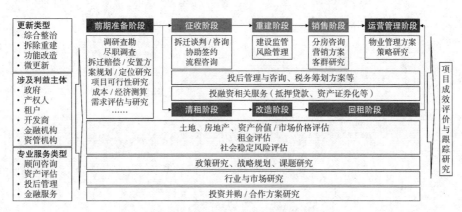

图 4　评估机构城市更新评估与咨询服务内容

参考文献：

[1] 张更立. 变革中的香港市区重建政策——新思维、新趋向及新挑战 [J]. 城市规划，2005（6）：64-68.

[2] 马强，朱丽芳，梁菁，等.1894—2016：香港城市更新规划体系进程研究 [C]// 共享与品质——2018 中国城市规划年会论文集（02 城市更新），2018.

作者联系方式
姓　名：臧曼君　王　卓
单　位：深圳市世联土地房地产评估有限公司、世联评估价值研究院
地　址：广东省深圳市福田区卓越梅林中心广场（南区）B座B单元19层
邮　箱：zangmj@ruiunion.com.cn；wangzhuo@ruiunion.com.cn
注册号：王　卓（3720020068）

助力集体经营性建设用地流转，推动首都特色乡村振兴

高喜善　陈洁琼

摘　要：本文以北京市集体经营性建设用地流转为研究对象，在政策梳理和实践调研的基础上，分析了首都乡村振兴的特殊性、用地需求、集体经营性建设用地流转现状和取得的成效；总结了当前北京市集体经营性建设用地流转的难点和问题，针对性提出对策建议；还特别提出在推进、实现流转交易过程中估价机构的业务机会，为首都房地产估价机构业务转型提供参考。

关键词：乡村振兴；土地流转；业务机会

党的二十大报告指出，高质量发展是全面建设社会主义现代化国家的首要任务，乡村振兴是推动高质量发展重要着力点之一。要全面推进乡村振兴，坚持农业农村优先发展，坚持城乡融合发展，畅通城乡要素流动，建设宜居宜业和美乡村。北京，既是中国的首都，也是拥有超 2000 万人口的超大型城市，如何紧扣首都特点，实现乡村振兴战略与首都城市战略定位有机结合，走出一条具有首都特点的超大城市乡村振兴之路值得深入探索。

一、首都乡村振兴的特殊性分析

（一）首都乡村特点

与我国大部分地区乡村空心化、宅基地闲置等问题不同，北京的乡村最大的特点是"有乡村，无农民，少农业"，空间表现为"大城市小农业""大京郊小城区"。2021 年，北京三次产业构成比为 0.3∶18.0∶81.7，第一产业占经济总量较小。

（二）首都乡村规模与国土规划

北京市共辖 164 个乡镇、3285 个村庄。乡村地区总面积约 127 万公顷，占市域面积 78%。新一轮城市国土规划将北京市划分为 120 个乡镇规划单元四类功能片区。其中，建设空间约 11 万公顷，约占乡村面积 10%（表 1）。

北京市乡镇四类功能片区及功能介绍　　表1

片区分类	片区功能
建设片区	补充设施外兼顾二产、三产项目建设带动一产发展
休闲游憩	生态保护、农业生产、休闲旅游有机结合
生态片区	生态基础设施建设，保护修复提升景观风貌
农业片区	建设高标准基本农田，探索农用地多功能复合利用

（三）首都乡村振兴规划

《北京市"十四五"时期乡村振兴战略实施规划》明确北京市乡村振兴发展思路为：以首都发展为统领，以大城市带动大京郊、大京郊服务大城市为发展方略，全面推进乡村振兴，强化以工补农、以城带乡。

北京市发布的《关于做好2022年全面推进乡村振兴重点工作的实施方案》中对各行政区乡村振兴实践指明了方向（图1）。产业振兴是乡村振兴战略的总抓手，土地是乡村振兴的载体。结合北京市"有乡村，无农民，少农业"的乡村特点，北京市乡村振兴的重点聚焦在发展集体产业所需的经营性建设用地上，通过集体经营性建设用地合理流转利用，加快一二三产业融合发展，实现宜居宜业和美乡村目标。

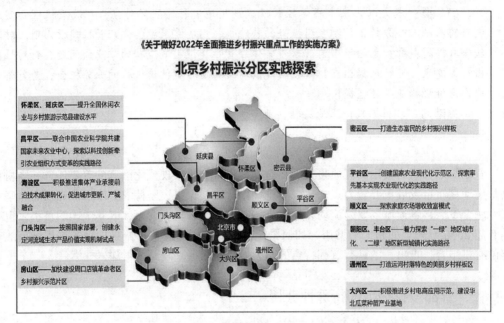

图1　北京市乡村振兴分区实践方案内容

二、实现首都特色乡村振兴的用地需求分析

除自身产业升级用地需求外，首都乡村振兴还要站在建设国际一流的和谐宜居之都的高度，承接中心城区部分专项功能疏解转移以及相关人口转移，统筹安排生产、生活用地需求。

（一）产业用地需求

1. 承接中心城区部分专项功能疏解转移用地需求

顺义、大兴、亦庄、昌平、房山新城5个位于平原地区的新城是承接中心城区适宜功能和人口疏解的重点地区，具备一定的产业发展基础。鼓励集体经营性建设用地资源与产业功能区和产业园区对接，利用减量升级后的集体经营性建设用地发展文化创意、科技研发、商业办公、租赁住房等产业，促进产业差异化、特色化发展，提升整体产业水平。

2. 乡村一二三产业融合发展用地需求

门头沟区、平谷区、怀柔区、密云区、延庆区，以及昌平区和房山区的山区，是京津冀协同发展格局中西北部生态涵养区的重要组成部分，可充分发挥生态屏障、水源涵养、休闲度假、健康养老等功能，以承接首都市民游憩和休闲养生为导向，将现有集体建设用地再利用和集体产业发展充分与首都城市功能相衔接，带动本地农民增收。重点满足以下四类用地需求（表2）。

北京市乡村一二三产业融合发展用地需求分类　　　　　　　　表2

产业分类	产业项目建设类型
休闲农业和乡村旅游	美丽休闲乡村、休闲农业园区、民俗接待、农耕文化实践教育基地、乡村综合体等
农产品加工业	农产品初加工、精深加工，冷藏、保鲜、包装等产业
乡村特色产业	特色食品、特色手工业等乡土特色产业
乡村新型服务产业	金融保险、电商销售、冷链仓储等产业

（二）人口转移用地需求

承接产业转移、功能疏解势必伴随着一定规模的产业人口的增加。因此，集体建设用地要承担保障产业人口及新市民住房用地需求。2017年，原国土资源部、住房和城乡建设部联合印发《利用集体建设用地建设租赁住房试点方案》，在北京、上海等13个城市开展利用集体土地建设租赁房试点，以村镇集体经济组织为主体，可自行开发运营租赁住房，也可通过联营、入股等方式与第三方合作建设运营集体租赁住房。2017～2021年，北京供应1000公顷集体建设用地，用于建设集体租赁住房。

三、北京市集体经营性建设用地流转现状

（一）北京市集体经营性建设用地流转实践

1. 集体经营性建设用地入市试点

2015年1月，中共中央办公厅和国务院办公厅联合印发《关于农村土地征收、集体经营性建设用地入市、宅基地制度改革试点工作的意见》，北京大兴区成为全国33个农村集体经营性建设用地入市试点之一，开始实施农村集体经营性建设用地入市工作。集体经营性建设用地出让后主要用于建设租赁住房、共有产权房、产业园区以及人才公寓等。

大兴区试点于2019年12月31日结束。结束后，农村集体经营性建设用地出让并未在全市范围内开展，仍仅限于大兴区，且要求土地竞得者将企业注册以及纳税在大兴区，项目多为租赁住房。

2. 乡镇统筹利用集体产业用地试点

2017年，北京市政府批准金盏乡、温泉镇、长辛店镇、王平镇、良乡镇、台湖镇、高丽营镇、青云店镇、北七家镇、大兴庄镇、穆家峪镇、渤海镇、大榆树镇共13个乡镇开展乡镇统筹利用集体产业用地试点工作。探索土地使用权作价入股、联营、自征自用、自主开发、建租赁住房等流转方式，以及集体经济组织内部宅基地转让和出租。

乡镇统筹利用集体产业用地试点探索了跨村土地置换、入股联营的统筹发展模式，并取得较好的成效。海淀区的东升乡的"中关村东升科技园"，是全国第一个冠名"中关村"的乡镇运营高新技术产业园区，也是北京市第一个由乡镇自筹资金和银行贷款，自主建设，所有权和收益权归农民集体所有的科技园区（图2）；丰台区成寿寺项目成为北京市首个开工建设的集体土地租赁住房项目；丰台区恒泰中心（图3）、中都科技大厦、西铁营昆仑中心、新

时代国际中心、樊家村人才大厦等一大批楼宇经济产业实现运营。

图2　中关村东升科技园

图3　丰台区恒泰中心

（二）北京市集体经营性建设用地流转面临的问题

北京市在集体经营性建设用地流转方面进行了多方面探索，也取得了一定的经验和成果。但整体来看推广的范围较小，形成的项目有限。主要原因分析有以下几点：

1. 集体土地产权管理基础薄弱

产权清晰是土地流转的前提。目前，由于边界、权属模糊、用地纠纷等因素导致产权界定推进缓慢，集体建设用地普遍存在确权、登记发证方面的问题。因此，短期内满足入市条件、可供应市场的存量集体经营性建设用地数量相对有限。

2. 规划滞后，缺乏引导和管控

新一轮国土空间规划实施后，北京市实行三级（市级、区级、乡镇）三类（总规、详规、专项）国土空间规划体系。乡镇单元位于城镇开发边界内的，编制控详规；位于城镇开发边界外的，编制村庄规划。当前，自上而下规划编制尚未全部完成，作为实现乡村振兴的重要环节，控详规/村庄规划编制略显滞后，在村庄分类、用地规划方面缺乏引导和管控。

3. 集体资产股份量化推进缓慢

北京市集体建设用地入股、联营等流转主要是以乡镇为实施单元，各村集体经济组织严格履行民主程序，以土地使用权入股，成立镇级联营公司。土地使用权登记在镇级联营公司名下，坚持土地所有权不变。各村集体经济组织一次性授权镇级联营公司，开展入股后的土地开发、经营与利用。镇级联营公司的股权由各村持有，作为收益分配的依据。现阶段，集体资产股份量化工作尚未全面推开，集体资产股份没有量化到农村集体经济组织和农户，导致入股、联营等流转方式难以推进。

4. 配套制度有待进一步完善

目前，集体建设用地流转工作组织、流程规范、价格形成机制、供后监管等相关配套制度尚不健全、不明确，导致土地使用权人权益缺乏明确保障、参与积极性不高，尚需待进一步完善土地要素流转畅通综合服务和制度建设。

5. 收益分配制度不成熟、待完善

针对当前集体经营性建设用地入市仍然存在收益主体不明确、收益分配不合理的现实问题，还需在进一步完善集体经营性建设用地产权与登记制度基础上，明晰入市的产权主体与收益主体，完善增值收益分配制度。

6. 融资困难，资产价值无法真实体现

集体经营性建设用地入市在法律层面已无障碍，由于相关配套制度未出台，入市抵押融资法律地位尚不明确，金融机构对受理集体经营性建设用地使用权抵押贷款业务存有疑虑，实现资产资本化尚需时日。

四、畅通北京市集体经营性建设用地流转建议

集体经营性建设用地是乡村产业振兴的重要载体，要实现其对乡村产业发展、人口集聚和资金筹措的促进作用，不但要夯实确权、登记等流转前的基础工作，还需要完善流转制度、健全服务体系，推动要素资源双向流动。

（一）夯实入市基础工作

1. 确权颁证赋能

确权登记是集体经营性建设用地在较大范围内可流转交易和被充分利用的基础。当前，可充分借助第三次全国土地调查成果，加强现状利用摸底调查工作，全面查清各乡镇集体经营性建设用地面积、权属和分布情况，及时调处各类土地权属争议，坚持"尊重历史、注重现实、方便操作、循序渐进"的原则，扎实推进确权登记颁证工作；成立联营公司，将土地使用权登记在镇级联营公司名下，为下一步统筹利用以及推动资产资本化奠定基础。

2. 落实国土空间规划

乡镇尺度下的国土空间规划是统筹协调乡村发展的根本性、战略性的综合设计，是村域土地开发利用和时序安排的地位最高、综合性最强的空间布局。乡镇级规划方案要以乡域为基本实施单元，算好历史、规划、时间和实施效果"四本账"，集约利用集体产业用地，依托首都商务新区、丽泽金融商务区、中关村丰台园等重点功能区，形成新兴产业、商务服

务、文化创意和生活性服务业协同发展格局，确保集体产业发展对接中心城区发展要求。

3.完成农村集体资产清产核资

加快开展清产核资、股权界定、股份量化，明确集体资产的权属关系、集体资产折股量化范围、成员资格界定等规定，推动将集体资产量化到农村集体经济组织和农户，规范集体资产管理、激发集体经济活力。

（二）完善集体经营性建设用地流转制度建设

建议在集体经营性建设用地流转实践的基础上，总结经验、复制成功模式，尽快完善、制定出指导集体经营性建设用地流转的规范性文件，鼓励和引导农村集体经济组织稳步增加按股份分配的集体收益，推动实现集体资产保值、增值。

（三）健全建设用地流转服务体系

首先，要依法规范集体经营性建设用地的流转程序，规范的流转程序是实现集体经营性建设用地同权同价同等入市的基础和保障；其次，要加快建立能反映区位条件、用地成本、供需关系的市场价格形成机制，参照国有建设用地使用权的相关规定，通过有形市场进行公开交易；最后，完善兼顾国家、集体、个人的增值收益分配机制，初次分配交给市场，通过税收实现再分配，并理顺增量集体建设用地入市收益在不同农民集体间的分配关系。

（四）推动城乡各类要素资源双向流动

乡村振兴的实现本质是产业、人和资金良性互动的结果。推动乡村振兴，首先要扭转劳动力、资金、土地单向从乡村流向城市的现状，破除阻碍农村吸纳城市资源要素的藩篱，实现人口、土地、资金在乡村内部及城乡间平等自由流动，建立健全城乡融合发展的体制机制和政策体系。吸引部分有志于乡村建设的城市居民向农村转移，投身乡镇产业发展，使其成为乡村振兴建设性力量，带动资金、技术等各类要素资源向乡村流动。

五、估价机构业务机会分析

从"实施"到"全面推进"，党的二十大报告将乡村振兴定调为推动高质量发展重要着力点之一，意味着未来5年将优先推动、加速推动、全面推动乡村振兴相关工作。在产权界定、价格评估、流转交易、抵押担保等综合服务和制度建设的逐步成熟和完善过程中，估价机构迎来新的服务需求和业务发展机会。

（一）业务渠道分析

根据集体经营性建设用地流转的步骤，结合多年实际工作经验，总结以下5个重点业务渠道需要关注：①政府主管部门，包括规划和自然资源委员会、农业农村局、乡村振兴局等；②县、乡镇等各级地方政府以及村集体经济组织和成员；③农村集体资产代管主体，如乡镇集体合作联社、联营公司等；④政策性银行、商业银行等金融机构；⑤以乡村振兴业务为主的企业主体。

（二）业务类型分析

结合工作实践，涉及集体经营性建设用地的业务类型可总结为评估类、评价类、咨询类、基础类以及延伸类，如表3所示。

集体经营性建设用地业务分类 表3

业务类型	具体业务
评估类	①土地使用权租赁价格评估；②集体经营性建设用地出让价格评估；③集体经营性建设用地作价入股评估；④公共租赁住房租金评估；⑤保障性租赁住房入市定价评估；⑥房地一体抵押价格评估；⑦集体资产量化评估等
评价类	集体经营性建设用地入市社会稳定性风险评价等
咨询类	①土地利用路径研究；②土地开发方案编制；③房地产投资价值评估；④投资咨询、可行性研究等
基础类	①政策制度研究；②土地确权登记颁证；③国土空间规划编制；④农村集体资产清产核资；⑤资产价值提升专业咨询；⑥征地拆迁管理等
延伸类	①项目前期规划与策划；②项目总体运营建议；③资源对接、协助洽谈；④资产管理与运营等

六、结束语

乡村振兴，产业先行。乡村产业发展、人口聚集、文化传承与集体产业用地密切相关。北京乡村振兴的全面推进要紧扣首都特点，实现乡村振兴战略与首都城市战略定位有机结合。在坚守底线红线的前提下，符合规划、用途管制和依法取得的基础上，推进农村集体经营性建设用地与国有建设用地同等入市、同权同价，畅通集体经营性建设用地流转的路径，确保集体产业发展对接中心城区发展要求。

房地产估价机构要主动顺应发展大势，在集体土地管理基础工作以及流转、交易、使用过程中主动作为，发现商机、积极参与，结合自身服务优势和客户资源拓展相关业务，助力北京走出一条具有首都特点的超大城市乡村振兴之路。

作者联系方式

姓　　名：高喜善　陈洁琼
单　　位：北京首佳房地产评估有限公司
地　　址：北京市海淀区紫竹院路116号嘉豪国际中心B座7层
邮　　箱：48791932@qq.com
注册号：高喜善（1119980087）

保障性质的共有产权住房定价分析

易成栋 赵鹏泽 陈敬安

摘　要：2021年，国务院提出需加快完善以公租房、保障性租赁住房和共有产权住房为主体的住房保障体系。共有产权住房的定价关系到住房保障的效率和效果，目前的研究还有很多不足。本文从理论上剖析了保障性质的共有产权住房定价的影响因素及定价方法，并结合新加坡、中国北京和上海的实践经验，提出完善保障性质的共有产权住房定价的政策建议。

关键词：共有产权住房；住房保障；定价方法；影响因素

一、引言

住房问题既是民生问题也是发展问题，一直备受党中央高度重视。党的十九大以来，国家明确要求完善住房保障体系，推进保障性住房建设，实现全体人民住有所居。共有产权住房作为住房保障体系的重要组成部分，帮助了有一定经济实力，又买不起商品住房的居民改善居住条件，有利于稳地价、稳房价、稳预期，有力推动了我国住房供给侧结构性改革。2007年，江苏省淮安市最先在全国提出将共有产权房作为保障性住房。2014年，北京、上海、深圳、成都、淮安、黄石6个城市作为共有产权住房试点城市。2021年，国务院办公厅印发《国务院办公厅关于加快发展保障性租赁住房的意见》，提出需加快完善以公租房、保障性租赁住房和共有产权住房为主体的住房保障体系。但与此同时，作为新兴的保障住房，在实践中，共有产权住房的发展模式在学界和政界仍存争议。

共有产权房的定价会影响到住房保障的效率和效果，并影响地方政府的财政收支平衡和开发商的积极性。因此，合理的定价模式是共有产权住房可持续发展的关键。实践中，对共有产权住房的定价机制仍处于探索阶段。现有文献对于保障性质的共有产权住房的定价研究集中在共有产权住房价格的现实描述和定价原则的探讨，对于定价机制的研究不够深入，特别是缺乏对保障性质的共有产权房从建设到运营整个流程中涉及到的多次定价行为的研究，也缺乏国内外实践经验的总结。鉴于此，本文从理论上剖析共有产权住房定价的影响因素及定价方法，并结合国内外实践经验，提出适用我国保障性质的共有产权住房定价方法，以期对完善共有产权住房政策，推动共有产权住房可持续发展有所启示。

二、保障性质的共有产权住房定价的理论分析

《中华人民共和国民法典》等规定：不动产或者动产可以由两个以上组织、个人共有。共有包括按份共有和共同共有。因此在商品房和保障房都可以采取共有产权，但二者的政策

明显不同，本文重点讨论保障性质的共有产权住房。

（一）定价的影响因素

作为保障性质的共有产权房，它的定价受到很多因素影响。在宏观层面，它受到国家的财政能力、税收情况以及金融政策影响，也会受到房地产市场的调控政策、规划和住房保障政策等的影响。在开发建设过程中它需要政府让渡一部分土地出让收入和税费，可能还会有财政补贴或者贷款贴息。因此，共有产权住房的建设规模越大、定价越低，政府的财政压力就越大。在住房市场供大于求的时候，发放购房补贴比建设共有产权住房更有效率，住房保障政策倾向于前者。

在微观层面，它的定价会受到同地段、同质量商品住房的价格、居民收入、建设运营成本的影响。当共有产权住房价格接近于商品房价格水平时，保障对象无法负担，就不能体现其保障功能；当定价大大低于市场水平时，共有产权住房存在很大的牟利空间，可能会出现申请对象过多，等待轮候时间长，分配矛盾大等问题，同时还会影响到商品房市场的正常运行。此外，共有产权住房建设经营成本也是定价的重要影响因素，直接影响房地产企业的利润率，对开发商的积极性有重要的影响。如果共有产权住房定价过低，政府财政补贴不足，共有产权住房的利润率就很低，难以吸引社会资金的投入。

（二）定价方法

1. 市场法

市场法主要是以共有产权住房所处位置的同地段、同质量的商品住房市场价格为参照对象，在市场价格的基础上按照土地出让收入减免和税费减免的情况下调一定幅度，作为共有产权住房的价格。政府部门在共有产权住房定价中遇到的最大困难就是可能很难找到大量同地段、同质量的商品住房来发现市场价格，通常通过周边的住房市场价格进行区位和质量调整得到。此外还参考周边的共有产权住房项目定价。

2. 成本法

成本法主要是根据共有产权住房的土地成本、建设成本和销售管理财务费用、企业利润、后期管理费用等来确定价格的方法。成本法主要考虑成本的收回，解决可持续性。共有产权住房如果要可持续，开发运营企业需要有一定的投资回报，可以进行简单再生产和扩大再生产。构成项目成本通常有土地成本、建安成本、销售管理财务费用、税费、投资利润等，共有产权住房项目通常减免土地和税费，开发商需要承担开发成本，运营机构（产权代持机构）需要承担监督和产权代持费用。

3. 收入法

收入法主要是根据购房人的收入水平，在购房人的可承受能力的范围内确定共有产权住房的价格。收入法从让中低收入家庭支付可负担价格（例如月还贷本息和不超过收入的30%）出发，政府承担了市场价格与可负担价格之间的费用。收入法很好地体现了公共政策的公平性，是一种福利补偿模式，直接体现了对中低收入家庭的保障。

三、保障性质的共有产权住房定价的国内外实践

这里结合新加坡的组屋、北京的共有产权住房和上海的共有产权保障房实践来探讨共有产权住房的定价。

（一）新加坡组屋定价方法

新加坡的组屋（HDB flats）制度是在1964年新加坡提出的"居者有其屋"计划下产生的，由政府主导，并以强大的财力支持建设。如今，新加坡有近八成的家庭居住在政府组屋中。

1.第一次定价和第二次定价

新加坡所有组屋的规划、投资、建设、运营、管理等均由新加坡建屋发展局统一组织实施。《土地征用法》规定新加坡政府有权根据法定日期的固定价格征用私人土地用于国家建设，2007年以后土地征用补偿改为完全依据市场价值。建屋发展局以合理市场价格购买国家储备的土地，按照全部的开发成本确定一个结算价格。新组屋销售价格低于实际结算价格的部分计入建屋发展局的赤字，并由政府提供财政补贴。

建屋发展局会根据附近转售组屋的售价，以及个别单位的特点和当前市场条件，来确定新组屋的市价，并在这个基础上给予购房人大幅津贴，使新组屋的售价降至可负担的水平。目前，非成熟组屋区的售价相当于家庭年收入的五倍或以下。

2.第三次和第四次定价

新加坡设定了组屋转售的禁止期。具体的期限要求取决于购置组屋的模式和组屋类型。其中一房式的组屋没有最低居住年限要求，而其余大部分从建屋发展局和转售市场购买的组屋都需要从有效购买日期开始后五年才可以进行转售。

在禁止期内出售组屋的定价。1971年前禁止市场交易，建屋发展局要求希望出售组屋的家庭按照原始购买价格加上折旧后的装修成本归还该局。1971年，如果被允许出售组屋，该家庭在一年内被禁止再次购买组屋。1979年，对于禁止期内出售组屋，按照二手组屋的市场价格出售，出售者按照交易价格的5%征税。1982年，推出了一种基于房屋类型的分级转售税收制度。

非禁止期转售组屋的定价。二手组屋的上市销售价格由市场法确定。在2014年4月之前，组屋的转售一般由卖方先到建屋发展局申请估价，在估价基础上由买卖双方再确定交易价格，但这样会导致交易价格一般高于估价，产生溢价。因此，在2014年4月之后，政府改变了程序，买卖双方先在房屋交易价格上达成一致，再由买家进行估价申请，估价只影响从建屋发展局申请的贷款数量，交易价格完全由市场决定。

（二）北京市共有产权住房定价方法

北京在2017年印发《北京市共有产权住房管理暂行办法》，明确了共有产权住房在土地上市前、房屋销售前、购买后5年内回购、5年后上市交易的定价方法。

1.第一次定价和第二次定价

北京市共有产权住房第一次定价是在土地招拍挂文件中确定开发商的新房销售价格。《北京市共有产权住房管理暂行办法》规定，北京市共有产权住房项目的销售均价，应低于同地段、同品质普通商品住房的价格，以项目开发建设成本和适当利润为基础，并考虑家庭购房承受能力等因素综合确定。销售均价在土地供应文件中予以明确。开发建设单位依据销售均价，结合房屋楼层、朝向、位置等因素，确定每套房屋的销售价格，价格浮动范围为±5%。

第二次定价是在房屋销售前确定共有产权住房项目销售均价和共有份额比例。《北京市共有产权住房管理暂行办法》规定，购房人产权份额，参照项目销售均价占同地段、同品质普通商品住房价格的比例确定；政府产权份额，原则上由项目所在地区级代持机构持有，也可由市级代持机构持有。共有产权住房项目销售均价和共有份额比例，应分别在共有产权住房项目土地上市前和房屋销售前，由代持机构委托房地产估价机构进行评估，并由市住房和城乡建设委会同市发展改革委、市财政局、市规划国土委共同审核后确定。评估及确定结果应面向社会公开。

在购买土地到共有产权住房开始预售通常会有1～2年的时间，此时周边同地段、同品质普通商品住房价格会发生变化。按照预售时点周边同地段、同品质普通商品住房价格评估得到100%产权比例的共有产权住房均价，然后计算土地招标投标文件确定的销售均价的占比作为产权比例。即通过产权比例调节土地上市到房屋销售阶段的价格变化。

2. 第三次和第四次定价

在此之后还会出现购房人取得不动产权证未满5年的回购定价和满5年的上市交易定价。

《北京市共有产权住房管理暂行办法》规定，共有产权住房购房人取得不动产权证未满5年的，不允许转让房屋产权份额，因特殊原因确需转让的，可向原分配区住房和城乡建设委（房管局）提交申请，由代持机构回购。回购价格按购买价格并考虑折旧和物价水平等因素确定。回购的房屋继续作为共有产权住房使用。

共有产权住房购房人取得不动产权证满5年的，可按市场价格转让所购房屋产权份额。同等价格条件下，代持机构可优先购买。代持机构放弃优先购买权的，购房人可在代持机构建立的网络服务平台发布转让所购房屋产权份额信息，转让对象应为其他符合共有产权住房购买条件的家庭。新购房人获得房屋产权性质仍为"共有产权住房"，所占房屋产权份额比例不变。代持机构行使优先购买权的房屋价格，应委托房地产估价机构参照周边市场价格评估确定。购房人转让价格明显低于评估价格的，代持机构应当按购房人提出的转让价格予以回购。购房人通过购买、继承、受赠等方式取得其他住房的，其共有产权住房产权份额由代持机构回购。回购价格按照前述规定确定。从具体项目来看，购房人购买的北京市共有产权住房价格涵盖了部分土地成本、全部建安成本、销售管理财务费用、投资利润。目前还没有出台第三次、第四次定价的具体实施办法。

（三）上海市共有产权保障住房定价

1. 第一次定价和第二次定价

上海市共有产权保障住房第一次定价是政府与建设单位之间的结算价格。《上海市共有产权保障住房管理办法》规定，单独选址、集中建设的共有产权保障住房建设项目的建设用地供应采取行政划拨方式，其结算价格以保本微利为原则，在综合考虑建设、财务、管理成本、税费和利润的基础上确定。它主要是通过成本法进行确定，结算价格由开发建设成本、利润和税金三部分构成。其中，利润控制在3%以内，税费按国家规定税目和税率及相关优惠政策计算。

上海市共有产权保障住房第二次定价是政府确定的共有产权保障住房销售基准价格。《上海市共有产权保障住房管理办法》规定，单独选址、集中建设的共有产权保障住房销售基准价格以建设项目结算价格为基础，并综合考虑本市保障对象的支付能力，以及相近时期、相邻地段内共有产权保障住房项目价格平衡等因素确定。配建的共有产权保障住房销售基准价格，综合考虑本市保障对象的支付能力以及相近时期、相邻地段内共有产权保障住房项目价格平衡等因素确定。共有产权保障住房单套销售价格按照销售基准价格及其浮动幅度确定，应当明码标价，并向社会公布。

共有产权保障住房的销售基准价格计算方式为周边房价与折扣系数相乘获得。其中，周边房价按照共有产权住房周边一定时期、一定区域内新建普通商品房的市场平均成交价格或市场评估价格确定，具体的由市房屋管理部门统计和提供。折扣系数则是以共有产权保障住房的开发建设成本为基础，综合考虑保障对象经济承受能力和周边普通商品住房成交价格等因素进行确定。单套销售价格是购房人的实际购买价格，具体会按照销售基准价格上下浮动幅度决定，会依据楼层、朝向、位置等相关因素来进行调整，不能超过±10%。

2. 第三次定价和第四次定价

上海共有产权保障住房的第三次定价是在限制期内购房者想要退出时政府回购的价格。根据《上海市共有产权保障住房供后管理实施细则》，取得不动产权证未满5年，因夫妻离婚析产或者无法偿还购房贷款等原因，确需转让共有产权保障住房的，购房人、同住人可以申请共有产权保障住房回购。回购价款的计算公式为：回购价款=原销售价款×(1+计息周期对应的银行存款基准利率)。计息周期自购房合同签订之日起至该实施细则第十条规定回购行为应当发生之日止。

上海共有产权住房的第四次定价是在5年以后购房者上市交易时的价格，该价格由市场决定。根据《上海市共有产权保障住房供后管理实施细则》规定，取得不动产权证满5年，购房人、同住人可以购买政府产权份额，也可以上市转让共有产权保障住房。上市转让共有产权保障住房的，房屋所在地区住房保障实施机构或者区政府指定的机构在同等条件下，有优先购买权。转让价格低于房源项目市场基准价格及其浮动幅度的，优先购买实施单位应当予以优先购买。共有产权保障住房房源项目市场基准价格，由住房保障实施机构委托具有相应资质和良好社会信誉的房地产估价机构评估，参考届时房源项目相邻地段、相近品质商品住房价格等因素，拟订住房基准价格和浮动幅度，并按照相关规定报请有关部门审核确认后，适时发布。单套共有产权保障住房的转让价格，按照房源项目市场基准价格及其浮动幅度确定。浮动幅度与该套共有产权保障住房预(销)售时使用的浮动幅度一致。

四、结论和政策建议

共有产权住房作为我国住房保障体系的重要组成部分，在推进我国住房供给侧结构性改革和完善房地产长效机制中有着重要作用。我国共有产权住房正在大规模建设中，相关的定价机制仍在探索阶段，明确共有产权住房的定价方法有利于共有产权住房的可持续发展。

保障性质的共有产权住房新房销售定价需要兼顾购房人的支付能力、项目成本和周边的商品房价。但是在禁止期内的转售定价和非禁止期的转售定价，新加坡和上海存在明显的差异，北京尚未出台细则。他们的差异如表1所示。

保障性质的共有产权住房定价的国内外实践　　　　表1

	新加坡		北京		上海	
	价格名称	定价方法	价格名称	定价方法	价格名称	定价方法
第一次定价	结算价格	按照土地的市场价格、开发成本计算	土地上市时的销售价格	参照周边住房市场价格、可支付性确定	结算价格	由建设成本、利润和税金构成。利润控制在3%
第二次定价	新房销售价格	以居民收入为基准，大约是购房者家庭年收入的5倍及以下	房屋销售时的销售价格	和土地上市时候的价格一致，按照销售时的周边市场价格和销售价格确定产权比例	新房销售价格	由周边房价与折扣系数相乘构成

续表

	新加坡		北京		上海	
	价格名称	定价方法	价格名称	定价方法	价格名称	定价方法
第三次定价	禁止期内的价格	市场定价，征收转售税	回购价格	未出台具体细则	回购价格	由原销售价格加计同期定期存款利息计算
第四次定价	上市交易价格	市场定价，利润抽成	上市交易价格	未出台具体细则	上市交易价格	由市场决定，但若交易价格低于基准价格，政府应当优先购买

相应提出如下政策建议。

一是我国出现了商品房的共有产权，以及保障房的共有产权，而二者政策不同，建议明确共有产权保障房，以区别于商品房的共有产权。二是保障性质的共有产权住房定价以收入法为主，同时参考市场法和成本法，调动地方政府和开发商的积极性。三是保障性质的共有产权住房上市交易需要设定禁止期，在禁止期内定价和禁止期外定价应有所不同，前者可参照资金成本和折旧，后者由市场决定。四是根据市场供求关系确定是否封闭循环。对于供求关系紧张的城市，建议采取封闭循环，或者设定更长的禁止期。

参考文献：

[1] 习近平. 习近平谈治国理政 [M]. 北京：外文出版社，2017.

[2] 马秀莲. 在资产积累和可承担性之间：共有产权房的现状、挑战及出路 [J]. 行政管理改革，2021，（3）：68-76.

[3] 陈杰，胡明志. 共有产权房：住房供给侧改革何以发力 [J]. 探索与争鸣，2017，（11）：110-115.

[4] 崔光灿. 促进共有产权住房稳健发展的思考 [J]. 行政管理改革，2022，（7）：45-51.

[5] 徐菁. 江苏淮安共有产权房定价机制研究 [J]. 住宅与房地产，2017，（33）：31.

[6] 胡吉亚. 共有产权房中的博弈分析 [J]. 湖南大学学报（社会科学版），2019，33（6）：56-62.

[7] 胡吉亚. 英、美、新共有产权房运作模式及其对我国的有益启示 [J]. 理论探索，2018（5）：95-102.

[8] 吉野直行等. 亚洲新兴经济体的住房挑战：政策选择与解决方案 [M]. 北京：社会科学文献出版社，2017.

作者联系方式

姓　　名：易成栋　赵鹏泽　陈敬安

单　　位：中央财经大学

地　　址：北京市昌平区中央财经大学沙河校区

邮　　箱：chdyi@126.com

日本 REITs 底层资产价值评估探讨与方法应用

臧曼君　胡永强　李　娜

摘　要：本文一方面从政策法规入手，梳理了监管机构及行业协会对日本 REITs 底层资产评估工作开展及评估方法选择的相关要求；另一方面从市场实践入手，梳理了当前发行中 J-REITs 底层资产评估中所使用的评估方法。通过对日本 REITs 底层资产所使用评估方法的总结研究，以期对我国公募 REITs 底层资产评估实践的提升与完善提供借鉴。

关键词：J-REITs；底层资产；评估方法

自 2000 年日本《投资信托及投资法人法》发布，日本 REITs 市场发展至今已二十余年，其 REITs 产品底层资产评估较为成熟。底层资产评估是 REITs 定价与市场价值锚定的重要支撑，本文旨在对日本 REITs 底层资产评估的相关规定准则以及方法应用加以梳理和介绍，最后对我国公募 REITs 底层资产评估提出相关借鉴。

一、日本 REITs 底层资产评估相关法规与准则

立法层面，日本没有专门针对 REITs 单独立法，而是于 2000 年 11 月对原《证券投资信托法人法》进行修订，修订后的法规名称改为《投资信托及投资法人法》（以下简称"《投信法》"），该法规的正式发布标志着日本 REITs 制度的正式确立。其后，东京证券交易所于 2001 年 3 月制定了不动产投资信托上市规则，开设 J-REITs 市场。整体上，日本 REITs 及其资产管理公司的运作需要符合《投信法》《金融商品交易法》以及《宅地建物取引业法》，同时受到日本金融厅和国土交通省的监管。

具体到不动产估价相关规程，一般需要遵守国土交通省所订立的相关法规，日本金融厅并没有另外作出规定。针对不动产估价，日本订立有《不动产鉴定法》，也称《不动产鉴定评价法》，主要对不动产估价行业从业人员与机构执业资格、业务开展等作出规定，其中第 39 条规定，房地产估价机构应当按照国土交通省订立的《不动产鉴定评价基准》制作和出具估价报告。《不动产鉴定评价基准》在第 3 章中专门针对证券化不动产价格评估做出指引。后期伴随日本对 REITs 投资海外资产限制的放松，2008 年 1 月，国土交通省进一步制定了《海外投资不动产估价指导方针》，对海外标的估价作出指引（表 1）。

2007 年，日本不动产鉴定士协会联合会（Japan Association of Real Estate Appraisers，以下简称"JAREA"）制定《房地产证券化评估实务指南》，该指南是对《不动产鉴定评价基准》中证券化价格不动产评估章节的实务指引。

J-REITs 底层资产价值评估相关监管要求　　　　　　　　　　表1

不动产评估的法规依据	《不动产鉴定法》(也称《不动产鉴定评价法》) 《不动产鉴定评价基准》 《海外投资不动产估价指导方针》
需要进行价值评估的情形	1. 取得或处分不动产 2. 定期评估资产价格 需要引入独立第三方不动产鉴定士(即不动产估价师),协助资产管理公司对资产价格进行合理判断
组织管理方面	为保证资产管理公司投资决策的客观性与合理性,资产管理公司被要求构建完备的内部规程,例如应设置外部委员参加的法令遵循委员会和投资委员会,其中法令遵循委员会需要有外部独立委员,通常为律师,投资委员会亦须设置不动产鉴定士等外部委员

信息来源:日本《投资信托及投资法人法》《不动产鉴定法》等相关法律法规。

二、日本REITs底层资产评估方法的应用

(一)J-REITs底层资产评估方法的具体要求

《不动产鉴定评价基准》细则第3章专门针对证券化不动产的价值评估作出规定,日本不动产证券化底层资产评估采用的主要方法为折现现金流法(DCF)和直接还原法,前者为主,后者通常作为验证(表2)。

《不动产鉴定评价基准》《房地产证券化评估实务指南》中证券化不动产评估规定　　表2

基本原则	始终最大限度地考虑评估过程的各个阶段,如收集材料、确定标的房地产、分析价格形成因素、运用评估方法等,获得一个可以适当代表市场价值或投资盈利价值的评估价值(正常价格或特定价格),准确反映目标房地产在详细调查基础上的盈利能力
评估方法	在证券化评估目的下,必须采用折现现金流法(DCF),原则上应选取直接还原法作为验证。其中以开发为前提,以空地等不动产为对象的开发型不动产证券化评估,通常应采用开发和租赁型DCF法代替DCF法
DCF法的应用	1. 应用贴现现金流法时,必须在评估报告中按以下规定的类别,说明用贴现现金流法计算收益价格时所用材料的有效性和判断依据: 1)使用从委托人处取得的与标的不动产相关的收入或费用金额及其他材料时; 2)更正从委托人处取得的与标的不动产相关的收入或费用金额等资料时; 3)使用与取得的对象不动产相关的收支金额等其他资料时。 2. 采用DCF法计算收益价格时,除说明最终资本化率、折现率、未来利润和成本预测等评估的个别项目外,采用这些项目获取收益价格的过程以及原因、经济环境波动的可能性、具体核实的案例、逻辑一致性等也必须在评估报告中明确说明。 3. 当多个房地产估价师共同评估多个证券化房地产时,最终资本化率、折现率、未来收支预测等在应用DCF方法时需要保证两者之间的逻辑一致性。 4. 评估报告中,明确DCF法(包括直接资本化法验证)评估的收益价格与成本法和交易案例比较法得出的估计价格之间的关系的同时,陈述确定评估价值的理由

信息来源:日本《投资信托及投资法人法》《不动产鉴定法》等相关法律法规。

针对 DCF 法的应用，《不动产鉴定评价基准》中制定了统一的收入费用项目分类表，要求采用 DCF 法计算收益价格时，将与证券化房地产相关的收入或费用金额按连续各期间分类至表 3 所列项目，且必须在评估报告中对每个项目单独说明（每个收入和支出项目应加上说明数字的累计明细）。

DCF 法关于收支项目的分类　　　　　　　　　　　　　　　　　　　表 3

项目		定义
运营收益	租金收入	通过租赁或委托经营租赁房地产的全部或租赁部分，取得经常性的收入（假设满租状况）
	公益费收入	估价对象中公共区域的维护、管理、运营中经常性费用（包括电力、水、燃气、中央空调等所需费用），通过与承租人签订的合同收取的收入（假设满租状况）
	水电费收入	在估价对象的运营中，电力、自来水、煤气、中央空调等所需费用中，作为与租赁人签订合同收取的收入（假设满租状况）
	停车场收入	估价对象的附属停车场租赁给承租人等所能获得的收入及停车场时租所能获得的收入
	其他收入	天线收入、广告牌等广告设施收入，自动售货机安装费收入、礼金、权利金等具有预付性质，临时金、解约违约金等暂时金收入
	空置损失	各项收入由于空置或更换租户等发生而减少部分的收入
	坏账损失	承租人破产、进入司法程序、无法解除合同、无法用押金、保证金等支付恢复原状费用和未支付租金等情况下的损失
运营费用	维护管理费	估价对象建筑物、设备管理、保安警备、清洁等不动产的维持和管理经常需要的费用
	水电费	估价对象运营过程中电、水、气、冷暖气等所需要的费用
	修理费	为了维持使用建筑物、设备等，对其修理、改良等支出的费用，或部分损坏的建筑物、设备等为其恢复原状的费用
	物业管理费	管理估价对象业务的费用
	招租费用	招募新租户时进行的中介业务和广告宣传等所需的费用以及租户租赁合同的更新和再签约业务所需的费用等
	税金	包括固定资产税（土地、建筑物、资产折旧），城市计划税（土地、建筑物）
	损害保险费	估价对象及附属设备因火灾及因缺陷或管理事故导致第三者担保等损失的赔偿责任保险
	其他费用	支付地租、道路占用使用费、管理工会费、维修公积金等费用
运营净收益		运营净收益 = 运营收益 − 运营费用
临时金的运营收益		具有存款性质的保证金等运营收益
资本性支出		与估价对象相关的建筑物、设备等的修理、改良等支出金额中使该建筑物、设备等价值提升或其耐久性增加的部分对应的支出
净收益		净收益 = 运营净收益 + 临时金的运营收益 − 资本支出

信息来源：《不动产鉴定评价基准》。

（二）J-REITs 实践中底层资产评估方法的应用

具体实践操作方面，截至 2022 年 6 月，日本 REITs 市场中共有 61 只上市的 J-REITs（包括 5 只住宅类 REITs，7 只办公类 REITs，4 只商业零售类 REITs，5 只酒店类 REITs，9 只物流类 REITs，1 只医疗中心 REITs，以及 30 只综合性 REITs）以及 7 只基础设施类 REITs。我们从上述 68 只 8 大类 REITs 中，按照每种类型选择一支 REITs，对其有价证券报告书中披露的评估方法加以总结如下（表 4）。

典型 REITs 所使用评估方法整理　　　　　表 4

REITs 类型	REITs 名称	过往评估机构所采用的评估方法
住宅类	Advance Residence Investment Corporation	DCF 法、直接还原法
办公类	Japan Real Estate Investment Corp.	收益还原法（DCF 法+直接还原法）和成本法
商业零售类	AEON REIT Investment Corporation	DCF 法、直接还原法
酒店类	Hoshino Resorts REIT，Inc.	DCF 法、直接还原法
物流类	Nippon Prologis REIT，Inc.	DCF 法、直接还原法
医疗中心	Healthcare & Medical Investment Corp.	DCF 法、直接还原法
综合类	Nomura Real Estate Master Fund，Inc.	收益还原法（DCF 法+直接还原法）和成本法
基础设施类（太阳能发电设施）	Canadian Solar Infrastructure Fund，Inc.	收益法和市场法

信息来源：各 REITs 有价证券报告书，世联评估价值研究院整理。

我们选取了综合类 REITs 中的 Nomura Real Estate Master Fund，Inc.（以下简称"NMF"）对其进行具体介绍。NMF 是当前日本综合类 REITs 中市值最大的，根据其资产运用报告书（2022 年 2 月期），截至 2022 年 2 月末，NMF 所涉底层资产数量由初设立时的 257 项增长至 298 项，资产规模达到 1.08 万亿日元，资产类型涉及办公、商业零售、物流、住宅、酒店及其他（学校）。

按照规定，日本 REITs 每半年度披露一次相关财务报告，同时对所涉底层资产进行价值评估，评估结果摘要主要披露于有价证券报告书中。根据 NMF 2022 年 2 月期有价证券报告书，NMF 所涉底层资产评估方法以收益还原法（DCF 法+直接还原法）为主，计算得出收益价格，并以成本法所获得的综合价格作验证。2022 年 3 月，NMF 新收购一项住宅物业，Prime Urban 东中野苑，并在相关通知中披露针对该项资产的评估报告概要（具体信息如表 5 所示）。

Prime Urban 东中野苑评估报告摘要　　　　　表 5

A. 基本信息
• 物业名称：Prime Urban 东中野苑 • 竣工日期：2009 年 4 月 20 日 • 物业用途：共同住宅（可出租单位数为 173 户） • 土地面积：3025.78m² • 建筑面积：9235.40m²

续表

- 预期收购价格：70.2 亿日元
- 评估值：80.2 亿日元
- 价值时点：2022 年 2 月 1 日
- 评估机构：大和不动产估价株式会社

B. 评估报告摘要

项目	评估值（日元）	备注
收益价格	8020000000	以 DCF 法为标准，采用直接资本化法进行验证，采用利润回报法估算收益价格
直接还原法价格	8230000000	通过按资本化率返回标准化净收入（NCF）估算
1. 营业收入（A-B）	381230576	—
A. 可能的总收入	405948114	根据市场租金水平等评估
B. 空置损失等	24717538	根据中长期空置率评估
2. 运营费用	72076224	—
维护管理费	18084756	根据管理协议、管理委托合同等进行评估
水电光热费	3337699	根据收支结果等进行评估
修理费	7926385	参考 ER 记录考虑楼龄和类似情况而评估的修复成本和楼宇维修成本
物业管理费	13087732	根据业务条款表评估
招租费用	8687052	根据业务条款表评估
税金	20087400	根据令和三年的资料进行评估
损害保险费	561800	根据保费估算进行评估
其他费用	303400	根据收支结果等进行评估
3. 运营净收入（NOI=1-2）	309154352	—
4. 临时金的运营收益	415945	以 1.0% 的投资收益率评估投资利润
5. 资本性支出	13367833	记录考虑到建筑物的年龄和参考 ER 的类似案例评估的资本支出
6. 净收益（NCF=3+4-5）	296202464	—
7. 资本化率	3.6%	根据目标房地产的区域性和特性进行评估，重点关注类似出租公寓的交易收益率
DCF 法价格	7930000000	—
折现率	3.4%	考虑目标房地产的个别风险进行评估
最终资本化率	3.8%	根据资本化率评估，考虑到未来预测的不确定性
综合价格	7830000000	—
土地比例	79.5%	—
建筑比例	20.5%	—

信息来源：NMF2022 年 3 月 8 日《关于收购和转让资产的通知》，世联评估价值研究院整理。

三、对我国公募 REITs 底层资产评估的借鉴

我国公募 REITs 底层资产评估按照要求其评估方法的选择必须以收益法为主，并且要求以其中的现金流量折现法作为主要方法。对比我国和 J-REITs 底层资产评估方法的应用：

一方面，当前我国公募 REITs 底层资产评估方法应用较为单一，除华安张江光大 REIT 和鹏华深圳能源 REIT 采用比较法（市场法）校验外，其余均单一使用收益法（现金流量折现法），并且未选择其他收益法的不同估值技术进行校验。中国证券投资基金业协会的《公开募集基础设施证券投资基金运营操作指引（试行）》，要求评估机构在确定价值时，应当将收益法中现金流量折现法作为主要的评估方法，并选择其他分属于不同估值技术的估值方法进行校验。伴随未来公募 REITs 市场的不断完善，入池资产项目类型与特质也将更加丰富，届时针对底层资产的评估，对于评估方法的选择和应用也应该更加结合项目实际。比如，考虑对于发展中物业、翻新物业项目评估方法的选择，结合 J-REITs 实践，可考虑直接资本化法的应用，也可对现金流折现法的结果进行校验。同时，从 J-REITs 实践看，直接资本化法是底层资产评估时的常用方法。但当前我国资本市场和大宗交易市场发展仍不完善，虽然伴随公募 REITs 市场的快速发展，近两年来大宗资产交易活动持续活跃，但是囿于前期市场发展中交易案例较少，进而也影响到比较法、直接资本化法的应用，因而未来应更加关注大宗交易市场的完善，探索构建相关大宗交易数据库等基础设施。

另一方面，我国已发行公募 REITs 在采用 DCF 法进行底层资产评估时，对于收益与成本所涉项目的披露乃至测算标准各有不同，并无统一，对于公众投资者深入了解与对比底层资产运营状况有一定障碍。而对比 J-REITs，其对底层资产评估采用 DCF 法时所涉运营收益与成本的各类项目进行了详细列举与规范化要求，并对各项目评估的注意事项进行了指导，对完善我国公募 REITs 底层资产现金流预测分析具有较高参考意义。

参考文献：

[1] 李婷婷，孙宇剑. 基础设施公募 REITs 底层资产评估方法探析 [J]. 建筑经济，2021，42（S2）：105-108.

[2] 邹晓梅，张明. 日本资产证券化：现状、特点与启示 [J]. 南方金融，2015（10）：82-89.

[3] 林述斌. REITs 在日本的发展及对中国 REITs 的启示 [C]// 中国房地产估价与经纪，2015（2）：74-80.

作者联系方式

姓　　名：臧曼君　胡永强　李　娜
单　　位：深圳市世联土地房地产评估有限公司、世联评估价值研究院
地　　址：广东省深圳市福田区卓越梅林中心广场（南区）B 座 B 单元 19 层
邮　　箱：zangmj@ruiunion.com.cn；huyq@ruiunion.com.cn；lina@ruiunion.com.cn
注册号：胡永强（3220140160）；李　娜（4420100198）

国有企业盘活存量资产中的估价服务及实践分享

——以"宝 X"钢铁集团为例

贾书佩 邱 丽 王洪秀

摘 要：国有企业资产闲置或利用效率低，不仅造成了大量资源的浪费，同时也不利于国有企业生产经营效率的提升。近几年，国有企业盘活存量资产成为企业运营的重要内容，本文首先在盘活存量资产的过程中，分析估价服务的现状，随后以案例分析目前估价服务在国有企业盘活存量资产工作中的应用。

关键词：资产闲置；现状；盘活存量资产

一、当前国有企业盘活存量资产中估价服务的现状

（一）业务内容局限

当前国有企业盘活存量资产的过程中，估价机构提供的服务主要集中在资产处置阶段，估价目的主要为资产处置拍卖底价的确定提供参考依据。较少参与到存量资产盘活的路径设计、存量资产盘活方案撰写、存量资产盘活的全过程服务中。

（二）市场容量大

《国务院办公厅关于进一步盘活存量资产扩大有效投资的意见》（国办发〔2022〕19号），提到了重点盘活的领域包括长期闲置但具有较大开发利用价值的项目资产，例如老旧厂房、文化体育场馆和闲置土地等，以及国有企业开办的酒店、餐饮、疗养院等非主业资产。重点区域涉及京津冀、长江经济带、粤港澳大湾区、长三角、黄河流域、海南自由贸易港等。领域广、区域大，对估价服务机构来说，整体市场广阔，可挖掘的市场空间较大。

二、资产盘活过程中估价机构提供的服务分析

（一）存量资产盘活方案和路径设计

估价机构可以充分发挥主观能动性，发挥估价机构在价值发现、价值评价、价值实现、价值管理、价值提升中的专业特长，在存量资产盘活过程中，运用专业化服务为国有企业的资产利用、增值、升值编制实施方案和路径设计。

（二）存量资产清点

国有企业需要盘活的存量资产中，相当比例的是闲置资产，这其中有相当一部分是因为国有企业缺乏对于资产管理的重视而造成的，这些存量资产的闲置，不仅造成了大量资源的浪费，同时也不利于国有企业生产经营效率的提升。

存量资产清点工作，主要是梳理资产利用现状，对所有资产进行梳理及调查，厘清各个资产的现状情况、经营状况等，形成资产清册。使国有企业摸清家底，便于设计资产管理信息化系统，对资产利用及日常经营管理情况进行动态监管。

（三）存量资产盘活绩效评价和相关咨询服务

估价机构可以参与到盘活存量资产的事中和事后评价中，可以为政府加强监督管理提供有效依据，还可以抑制盘活存量资产的主体国有企业的不理性行为。除绩效评价外，估价机构还可以进一步拓展服务领域，比如提供物有所值评价、财政承受力论证等咨询服务，以及项目论证、并购咨询等。

（四）存量资产盘活涉及的价值评估

盘活存量资产过程中的价值评估与常规估价活动中的价值评估，既有相同也有区别。除去常规的资产处置（拍卖）阶段的价值评估，还应在协议转让、资产置换、联合整合等方面，以及挖掘限制资产价值、促进资源优化等方面提供价值评估为基础的服务。

三、以"宝X"钢铁集团为例分析存量资产盘活过程中估价服务

（一）"宝X"钢铁集团闲置存量资产现状

1. 资产总量大分布广类型多

"宝X"钢铁集团拥有国有建设用地使用权共计7350公顷，分布于8个省（市、自治区），用地性质有划拨和出让，涉及地类用途有采矿、仓储、工业、科教、农用、商服、市政公用设施、文体娱乐、医疗卫生等，其中还有部分未取得《不动产权证书》或《国有土地使用证》；拥有房产建筑面积350万平方米，分布在15个省（市、自治区），其中约230万平方米的建筑物未办理权属登记，房屋用途涉及工业生产、办公、商业、宿舍住宅、其他。其他设施设备此处不予详细描述。

2. 资料管理混乱

前文所述资产因分布相对分散，涉及的管理子公司或部门较多，且房屋管理信息与土地管理信息相对分离，土地与地上房屋对应关系较难在短时间内予以核实，资料管理相对混乱，对后期资产清查、资产估值、资产盘活等都会造成一定的阻碍。亟待优化资料管理。

（二）"宝X"钢铁集团资产盘活的路径

1. 通过权证补齐办理，增加资产估值

现有资产中存有大量的无证土地和房产，在对资产估值的实操中，无证土地由于用地性质、地类用途不明确，影响对资产的估值；房产尤其是商用类房产有证和无证对其市场价值的影响较大。因此，拟将梳理详细的土地资产和房产资产，核实其详细情况，将其中价值受有无权属证影响较大的资产优先办理权属证件。

2. 通过用地性质调整，增加资产估值

梳理所有资产上位规划情况，将地理位置佳，且上位规划的利用价值比当前的登记现状或利用现状更优的资产，申请调规，提升资产价值。

3. 通过城市更新，激活建成区内的低效资产

运用好城市更新政策，对土地房屋现状进行分类梳理，采用"留改拆"并举的方式，打包整合周边资源，更新改造或在政策条件下拆除现有建筑整体更新，利用老厂区、老厂房发展符合规划的服务业，建设养老设施，或者发展文化创意产业。对位于远城区的工业用地，

可利用地方相关政策进行"工改工"产业升级,对其进行盘活利用;对"老破小"的房产进行修缮改造后出租、调整用途、化零为整运营。

4.通过将现有工业用地调整为新型产业用地(M0),增加资产规模与价值

根据《工业项目建设用地控制指标》规定传统的工业用地容积率不小于0.6,一般在1.0～2.0,最高不得超过3.0。新型产业用地(M0),原则上容积率不低于3.0,最高不超过5.0,可以根据具体需求,提高项目容积率。同时,新型产业用地(M0)用地政策下,产业用途的计容建筑面积不得低于项目总计容建筑面积的50%,配套用房的计容建筑面积不得超过项目总计容建筑面积的30%,配套型住宅的计容建筑面积不得高于项目总计容建筑面积的20%。将部分工业项用地争取调整为M0用地,既可以增加资产规模,还可以形成一批"产业+生活"的优质产业项目,资产价值较传统工业有较大提升。

5.通过国家支持保障性租赁住房的政策,将闲置土地、低效房屋新建、改造,提升资产价值

2021年,国家发展改革委公布的《2021年新型城镇化和城乡融合发展重点任务》强调,着力解决大城市住房突出问题,提出"单列租赁住房用地计划,探索利用农村集体建设用地和企事业单位自有闲置土地建设租赁住房,支持将非住宅房屋改建为保障性租赁住房"。现有资产中存有大量非住宅房屋,以及使用效率不高的土地,将紧抓政策,将此类资产争取建设或改造为租赁住房。

6.进行资产优化组合实现增值

对于分散资产采取分散出租的方式调整为整体打包的方式进行出租或与专业运营公司合作共同运营,从而实现整体效益的提升。将优质资产进行剥离重组整合后进行科学配置,确保资产价值的最有效发挥,对于涉及政府征拆的土地,可以争取以自身价值较低的资产置换其他企业同等价值的资产,通过搬迁置换一般资产变为优质资产。

7.通过"增存联动""以点带面"促进成片开发,增加资产规模

筛选所在片区有较大潜力的资产,对所在片区进行梳理,挖掘还可利用的资产,谋划符合现有政策支持方向、且能突显武钢优势的片区开发项目和产城融合项目,争取当地政府支持、立项,以纳入新增资产,做大资产规模。

(三)"宝X"钢铁集团资产盘活的估值体系建立

1.交易角度下资产价值估值体系构建

(1)住宅房地产、经营性房地产和工业办公房地产

根据《房地产估价规范》GB/T 50291—2015等国家相关规范文件,结合住宅房地产、经营性房地产和工业办公房地产特性情况,以上几类房地产适宜选取比较法和收益法进行估值。

$V_{市}$:按照市场售价乘以房地产建筑面积。市场售价目前是比照周边类似房地产市场价值确定;

$V_{收}$:收益法可选取"全剩余寿命模式"与"直接资本化法"中的高值,本次采用直接资本化法确定,即用房地产未来第一年的净收益除以资本化率确定,即房地产建筑面积×月租金单价×12月×(1-运营管理等费率)÷资本化率(月租金单价可结合市场租金或合同租金确定)。

各方法权重结合当前市场上实际情况,多数房屋租赁价格偏低,租售比失衡,采用收益法估算的房地产估值价格通常低于比较法估值价格,故权重取值按照比较法估值70%、收益

法估值30%确定。

最终计算公式如下：

交易角度下的房地产估值(V_1) = 比较法估值($V_{市}$) × 70% + 收益法估值($V_{收}$) × 30%

（2）其他工业房地产

根据《房地产估价规范》GB/T 50291—2015等国家相关规范文件，结合其他工业房地产特性及使用情况，其他工业房地产主要适宜采用成本法房地分估路径进行估值。

$V_{房屋}$：指房屋重新建造成本扣除折旧后的价值；

$V_{地}$：指工业用地市场价值，土地的估值方法参照后文纯土地资产估值体系描述确定。

最终计算公式如下：

交易角度下的房地产估值(V_1) = 成本法估值($V_{成本}$) = 房屋重置成本($V_{房屋}$) + 土地重置成本($V_{地}$)

（3）纯土地——出让土地

根据《城镇土地估价规程》GB/T 18508—2014和《国土资源部办公厅关于印发〈国有建设用地使用权出让地价评估技术规范〉的通知》（国土资厅发〔2018〕4号），结合土地特性选取估值方法，本估值体系出让用地主要选用公示地价系数修正法中的市场比较法和基准地价系数修正法确定宗地估值。

$V_{市}$：市场比较法估值结合市场对应用途用地成交情况经综合比较后确定；

$V_{基价}$：指用基准地价系数修正法计算的价值。

最终计算公式如下：

交易角度下的资产估值(V_1) = 市场比较法估值($V_{市}$) × 70% + 基准地价系数修正法估值($V_{基价}$) × 30%

（4）纯土地——划拨土地

根据《城镇土地估价规程》GB/T 18508—2014和《划拨国有建设用地使用权地价评估指导意见（试行）》两个规范文件，以及划拨地性质和区域情况，本估值体系划拨土地主要选用市场比较法和成本逼近法确定宗地估值。

$V_{市}$：市场比较法估值结合市场对应用途用地成交情况经综合比较后确定；

$V_{成本}$：指选用客观的土地取得及开发成本数据，包括土地取得费、土地开发费、税费、利息、利润等分项合计估算。

最终公式如下：

交易角度下的资产估值(V_1) = 市场比较法估值($V_{市}$) × 70% + 成本逼近法估值($V_{成本}$) × 30%

2. 管理运营角度下的资产调整估值体系构建

（1）住宅房地产、经营性房地产和工业办公房地产管理运营角度下的资产调整估值体系

调整估值主要考虑权利状况（土地权利性质k_1、权证权属状况k_2）、利用状况（使用状况k_3、房屋改造k_4）。

管理运营角度下的资产调整估值(V_2) =

$$交易角度下的房地产估值(V_1) \times \left[\left(1+\frac{k_1+k_2}{100}\right) \times \left(1+\frac{k_3+k_4}{100}\right)-1\right]$$

（2）其他工业房地产管理运营角度下的资产调整估值体系

调整估值主要考虑权利状况（土地权利性质k_1、权证权属状况k_2）、利用状况（使用状

况 k_3、房屋改造 k_4、不改变土地用途的情况下改变房屋租赁用途 k_5）区位状况（工业房地产所在区位 k_6）。

管理运营角度下的资产调整估值（V_2）=

$$交易角度下的房地产估值（V_1）\times\left[\left(1+\frac{k_1+k_2}{100}\right)\times\left(1+\frac{k_3+k_4+k_5}{100}\right)\times\left(1+\frac{k_6}{100}\right)-1\right]$$

（3）纯土地管理运营角度下的资产调整估值体系

调整估值主要考虑权利状况（土地权利性质 k_1）、利用状况（不改变土地规划用途的情况下改变土地租赁用途 k_2）、规划状况（经营性用地利用强度 k_3、改变出让土地规划用途 k_4）、区位状况（工业房地产所在区位 k_5）。

管理运营角度下的资产调整估值（V_2）=

$$交易角度下的资产估值（V_1）\times\left[\left(1+\frac{k_1}{100}\right)\times\left(1+\frac{k_2}{100}\right)\times\left(1+\frac{k_3+k_4}{100}\right)\times\left(1+\frac{k_5}{100}\right)-1\right]$$

参考文献：

[1] 齐江翼司. 国有企业如何做好盘活资产提高效率 [J]. 老字号品牌营销，2022（10）：148-150.

[2] 吴进. 资产评估助力盘活存量资产 扩大有效投资大有可为 [N]. 中国会计报，2022-07-01（2）.

作者联系方式

姓　　名：贾书佩　邱　丽　王洪秀

单　　位：永业行土地房地产资产评估有限公司

地　　址：湖北省武汉市武昌区徐家棚街道匠心城·徐家棚1101

邮　　箱：2506261917@qq.com；2650335990@qq.com；236597190@qq.com

注册号：贾书佩（4220190037）；邱　丽（4220170045）

估价对象租金内涵设定及可比租赁实例建立比较基础探讨

秦光斌

摘　要：房地产租赁与买卖相比，房地产租赁情况更复杂一点，租金与买卖价格内涵存在很大差别，买卖一般是一次性买断价格，而租金是分段让渡使用权收入，评估处理抽象很多。本文主要就收益法估价过程中，对估价对象租金内涵设定以及可比租赁实例建立比较基础涉及的统一财产范围、统一支付方式、统一税费负担、统一计价单位、统一租金增长率、统一租赁年限的具体处理进行探讨。

关键词：租金内涵；建立比较基础

我们收集到的每一份房屋租赁合同，一般都有租赁对象、租金及支付方式、计价方式、租赁年限、税费负担等约定条款。可以看到，租金受很多条件约束，不能简单地从租金数值来评价其价格高低，需结合这些约束条件综合评价。

在租赁交易中，形成租金的条件叫约定条款，而在租金评估中，估价对象租金内涵是预设条件，可比实例租金内涵是约定条款。估价测算过程中，把可比实例租金内涵统一成估价对象租金内涵，或者把成本法、收益法（倒算法）计算的租金换算成估价对象租金内涵前提下的租金，这个操作环节很重要。

有一个评估租金的案例，估价师采用收益法倒算的方法评估租金，将市场价格通过收益法公式倒算得到净收益，在净收益上加租赁税费、维修费、保险费，再加上空置和收租损失，然后评估出估价对象租金。整个过程看似行云流水、完美无缺，我认为还差一些关键步骤，导致这个估价结果还不是估价委托人想要的租金。这其实是估价考试教材录用的一个案例。

房地产租赁与买卖相比，房地产租赁情况更复杂一点，两者价格内涵差别很大，一个是一锤子买卖，一个是分段让渡使用权，租金评估处理抽象很多。在租金评估中，收益法估价涉及的租金测算与单独的房地产租赁估价有所不同，收益法中的租金内涵是"化简"，只要方便计算和理解，保证估价报告逻辑前后统一即可；而单独的租赁估价的租金，其内涵一定是遵从估价委托人的要求，如果其要求（财产范围、租金增长率、支付方式、租赁年限等）与选择的可比实例相同，就不需要对可比实例租金进行标准化统一，如果不同，就要以估价对象为标准建立比较基础，难度就比较大。

限于篇幅，下面结合个人的实际操作经验，主要就收益法中，对估价对象租金内涵的合理设定以及可比租赁实例建立比较基础进行探讨，希望能给同行带来一点启发。

一、估价对象租金内涵的合理设定

可比租赁实例租金的内涵需要标准化处理,标准即为估价对象。如果估价对象的客观租金内涵含糊不清,可比租赁实例建立比较基础时就找不到方向,会造成混乱。因此,我们应该先客观合理地设定估价对象租金的内涵,并在估价技术报告中列明。

1. 财产范围设定,应根据估价委托书约定设定。当然,这也是估价报告界定的估价对象财产范围。

2. 租金支付方式设定,应根据选用的收益法具体公式内涵设定。若选用的具体收益法公式中净收益是期末实现的,采用期末一次性支付方式;净收益期初实现的,采用期初一次性支付方式。

3. 税费负担设定,一般根据法律法规规定,设定为租赁双方各自正常承担,也容易理解。也可以根据交易习惯设定,但有时处理比较麻烦,比如出租税费、房产税等均由承租人负担,在计算运营费用时,可能会涉及租金价格还原,如管理费以及增值税抵扣计算。

4. 租赁年限和租金增长率设定,应根据估价技术报告所对应的分析结论设定。租赁年限在测算"空置和收租损失"会涉及类似房地产租赁的换手周期,租金增长率会在"租金变化趋势分析"中提到。

5. 计价单位设定。通常采用建面计租的,按人民币建面月(或年)租金设定;通常整体出租的,按人民币元月(或年)总租金设定,如车位;通常以使用(或套内)面积出租的,如商场中的摊位,尽量换算为人民币建面月(或年)租金设定。

二、统一财产范围

可比实例与估价对象财产范围不一致,就需要进行标准化处理,统一为估价对象财产范围前提下的租金。比较常见的是室内装饰装修和设备设施,有些还涉及家具家电,部分还涉及土地单独收入。统一财产范围,在可比实例租金基础上,扣除可比实例比估价对象多的财产的租金收入,或加上可比实例比估价对象少的财产的租金收入。

示例:可比实例 A 租赁财产范围含室内装饰装修和家具家电,估价对象租赁财产范围不含,因此,可比实例 A 租金中应该扣除室内装饰装修和设备设施产生的租金收入。假设可比实例 A 月租金为 200 元/平方米,室内装饰装修和设备设施价值为 1200 元/平方米,该部分财产租金年毛回报率为 15%,则:可比实例 A 统一为不含室内装饰装修和设备设施的月租金 =200-1200×15%÷12=185(元/平方米),统一财产范围减少的月租金为 15 元/平方米。

三、统一税费负担和统一计价单位

房地产租赁和买卖交易,缴纳税费在现实中差别大。房地产买卖,都需要登记,避免不了缴税。而房地产租赁,尤其是个人房屋租赁,很少办理登记,主动申报纳税者少。这种情况下,要根据租赁合同确认谁负担税费,都默认为出租人净收不妥。比如,租赁合同写明承租人若需开具发票,税费由承租人负担,个体经营户为了节约成本,不索要发票,实际履行纳税义务的也只能是出租人（出租人有可能偷税漏税，但这收入不归属于房屋），只能视为双方各自正常负担税费。

统一税费负担和统一计价单位计算方法与普通房地产比较法估价中基本相同，此处不举例。

四、统一支付方式

可比实例租金可能的支付方式有年付、半年付和季付等，而且支付时点一般在支付周期之前，估价对象的支付方式一般会根据收益法公式设定为年末一次性支付（不宜设置为半年付、季付等，处理起来太麻烦，单独的租金评估报告可以委托情况设定），故应将可比实例年付、半年付和季付等租金支付方式统一为年末一次性支付方式。

示例：可比实例A合同租金为半年支付一次，年折现率取5%，第一年月租金为200元/平方米。可比实例A统一为年末支付方式的月租金=[200×6×（1+5%÷2）^{2}+200×6×（1+5%÷2）]÷12=207.56（元/平方米），统一支付方式增加的月租金为7.56元/平方米。

如果可比实例合同租金超过一年支付一次，比如两年的租赁合同，租金一次性支付，这种情况就复杂一点，需把一次性支付的两年租金统一成每年末支付，设可比实例A两年建面月租金不变，统一支付方式后的月租金为X。列方程：200×12×2=12X÷（1+5%）^{2}+12X÷（1+5%），解得X=215.12元/平方米，统一支付方式增加的租金为15.12元/平方米。

如果可比实例租赁年限长，支付方式可以合并租金增长率一起进行标准化处理，即把租赁期内所有租金折现，再统一成租赁期按估价对象租金增长率前提下的租金。

五、统一租金增长率

可比实例合同约定租金变化是多种多样的，有不变的，也有逐年递增一定金额或比例的，不排除也有逐年减少的。

可比实例合同约定的租金增长和市场客观租金的增长不是一个概念。作为精明谨慎、熟悉市场行情的交易双方，租金增长、租赁年限、支付方式等都是交易双方谈判租金考虑的因素。定价带有策略，租金增长不一定按照市场租赁指数，出租人可以采用高起始租金、低增长率或者不增长，或者低起始租金、高增长率、长租赁年限，只要总收入相近，出租人都是可以接受的。而市场客观租金的增长率，是类似房地产在同一市场作用下的平均增长率，是客观的变化，非租赁双方个人可左右。租赁合同约定增长率一般与市场不同步，合同租金大概率第2年就开始偏离市场价格。

因此，我们不能将可比实例合同约定租金平均增长率默认为估价对象租金增长率而不进行处理，前面提到过，估价对象租金增长率是按类似房地产市场增长率设定，统一租金增长率是必要的。具体处理办法是不同租金增长率于交易时点总的租金现值和相等的原则。

示例：可比实例A合同月租金为200元/平方米，租赁年限为3年，约定租金逐年增长4%，已知统一支付方式后的租金为207.56元/平方米。根据租金变化趋势分析，未来同类房地产市场租金年增长率为1.5%，设统一租金增长率后的月租金为Y。列方程：

207.56×12÷（5%-4%）×[1-（1+4%）^{3}÷（1+5%）^{3}]=12Y÷（5%-1.5%）×[1-（1+1.5%）^{3}÷（1+5%）^{3}]。

解得 Y=212.60（元/平方米），统一租金增长率增加的租金为 5.04 元/平方米。

六、统一租赁年限

房地产租赁，通常有一个"翻台"（换手）时间，像火锅店的桌子，人数相近不喝酒的一桌客人，就餐时间比较接近，然后就是服务员清理桌子和等待客人的空档期。若某一类房地产的租赁年限（换手）平均为 3 年，如果某人的房屋租赁年限没有超过 3 年，相对其他房屋，相当于增加了空置期，增加了空置损失和租赁费用，显然不划算，出租人在谈判时就会适当加价。如果租赁年限超过 3 年，相对而言减少了物业空置期，就减少了空置损失和租赁费用，出租人在谈判过程中就会适当让利而降低租金。前文提过，估价对象设定租赁年限即类似房地产平均租赁年限。

如果某一类房地产平均租赁年限为 3 年，平均空置招租期为 2 个月，我们可以计算出估价对象每年平均空置损失率，空置损失率=（2÷12）÷（3+2÷12）=5.26%。

当可比实例 A 合同租赁年限为 1 年，类似房地产空置招租期平均为 2 个月，空置损失率=（2÷12）÷（1+2÷12）=14.29%，与估价对象空置损失率差异为 +9.03%。

当可比实例 B 合同租赁年限为 5 年，类似房地产空置招租期平均为 2 个月，空置损失率=（2÷12）÷（5+2÷12）=3.23%，与估价对象空置损失率差异为 −2.03%。

对于租赁费用，计算时通常换算为租金收入的一定比例。出租行情好的物业，中介机构通常不向出租人收取中介费用，就不用考虑租赁费用，相反，就需要考虑。对于免租期，有些物业，装修时间较长（涉及原有装修物的拆除），通常要给予一定时间的免租期，免租造成的损失也可以与空置损失合并计算总损失。换手率越频繁，空置损失、租赁费用、免租损失等就越多，换手率越稀疏，损失就越少。

正常的交易都是买卖双方妥协的结果，租赁年限长短的影响在可比租赁实例的租金、支付方式、增长率中已体现，因此在统一租赁年限时，应该把优惠或加价部分还原。

示例：可比实例 A 合同租赁年限为 1 年，估价对象租赁年限设定为 3 年，类似房地产空置招租期平均为 2 个月，不考虑租赁费用和免租损失等，与估价对象空置损失率差异为 +9.03%，假设以增加空置损失的 50% 作为加价幅度，可比实例 A 统一其他条件后的月租金为 212.60 元/平方米，则每月租金加价额 =212.60×9.03%×50%=9.60（元/平方米），统一租赁年限减少的月租金为 9.60 元/平方米。

可比实例 B 合同租赁年限为 5 年，估价对象租赁年限设定为 3 年，类似房地产空置招租期平均为 2 个月，不考虑租赁费用和免租损失等，与估价对象空置损失率差异为 −2.03%，假设以减少的空置损失的 50% 为优惠条件。可比实例 B 统一其他条件后的月租金为 212.60 元/平方米，则每月租金优惠额 =212.60×2.03%×50%=2.16（元/平方米），统一租赁年限增加的月租金为 2.16 元/平方米。

七、房地产租赁估价中租金内涵处理

再回头看本文最前面列举的租赁评估案例，得到的租金评估结果其实还只是一个"毛坯"价格，还需要打磨，应将毛坯价格按照估价委托人要求的财产范围、税费负担、支付方式、租金增长率、租赁年限等等进行加工，整个过程才能叫完善，估价结果才能叫合理。

因为估价委托人对其租金内涵可能会提出一些稀奇古怪的要求，如租金增长率，一段时间按定量增加，一段时间按比例增加，无疑加大了计算的难度。我相信，这里是最考验执业水平和执业道德的地方之一。

八、结语

1. 需要强调的是，合理设定估价对象租金内涵很重要，没有它，就好比在漆黑的夜晚，没有光亮，估价师在摸黑前行，当然，看估价报告的人，也在摸黑，更可惜的是，估价结果就像那可怜的一丝光亮，会误导报告使用者去追寻。

2. 建立比较基础环节，是租金评估的很重要的环节。这要求房地产估价师要清楚了解可比租赁实例的基本情况，当然，实际操作比较难做到。但是，我们不能因为难就把它忽略掉，从本文的示例可以看到，从这块调整出来的金额还不小，对租金的最终估价结果影响大。

3. 可比租赁实例建立比较基础，各个需要统一的条件比普通的比较法要抽象得多，确实需要评估专业人员认真去理解。

4. 本文的处理办法可能有不合理或者考虑不周全的情况，或者还有更好的办法，欢迎读者不吝赐教，求之不得。

作者联系方式
姓　　名：秦光斌
单　　位：重庆天度资产评估房地产土地估价有限公司
地　　址：重庆市渝中区嘉陵江滨江路 116 号 11-8 号
邮　　箱：853247464@qq.com
注册号：5020020070

保障性租赁住房公募 REITs 估价实践

刘 言　张秀娟　胡 峰

摘 要：截至目前，已有 4 单保障性租赁住房公募 REITs 产品成功发行，分别为华夏北京保障房中心 REIT、红土创新深圳人才安居 REIT、中金厦门安居 REIT 以及华夏华润有巢 REIT，标志着我国保障性租赁住房公募 REITs 的正式启航。在已发行保障性租赁住房公募 REITs 的估值实践中，均采用收益法之现金流折现法作为估价方法。本文将重点论述收益法之现金流折现法在保障性租赁住房底层资产估值模型中的应用，剖析保障性租赁住房运营收入与成本的具体构成，并通过对比已发行的 4 单保障性租赁住房公募 REITs 底层资产的基本情况，展现其估值参数选取的逻辑性以及估值的合理性。

关键词：保障性租赁住房；公募 REITs；华夏北京保障房中心 REIT；红土创新深圳人才安居 REIT；中金厦门安居 REIT；华夏华润有巢 REIT

一、保障性租赁住房相关政策

（一）保障性租赁住房指导性政策

2021 年 7 月，《国务院办公厅关于加快发展保障性租赁住房的意见》(国办发〔2021〕22 号，以下简称《意见》)发布，明确了我国将完善以公租房、保障性租赁住房和共有产权房为主体的住房保障体系，在国家层面将保障性租赁住房确立为我国住房保障体系中的重要一环。

《意见》指出，保障性租赁住房主要解决符合条件的新市民、青年人等群体的住房困难问题，以建筑面积不超过 70 平方米的小户型为主。同时，《意见》规定保障性租赁住房租金须低于同地段同品质市场租赁住房租金，并建立健全住房租赁管理服务平台，加强监督。各城市地方政府在制定保障性租赁住房管理办法中，对保障性租赁住房租金标准与租金涨幅也做出了进一步规定。表 1 列示了部分保障性租赁住房规划建设活跃的一线及新一线城市的具体规定。

部分城市保障性租赁住房租金标准和租金涨幅规定　　表 1

城市	租金标准规定	租金涨幅规定
北京	保障性租赁住房项目租金应低于同地段同品质市场租赁住房租金水平，企事业单位利用自有土地建设的保障性租赁住房项目，应在同地段同品质市场租赁住房租金的九折以下定价	未明确规定

续表

城市	租金标准规定	租金涨幅规定
上海	租金不高于同地段同品质的市场租赁住房评估租金的90%	调增幅度应不高于市房屋管理部门监测的同地段市场租赁住房租金同期增幅,且年增幅应不高于5%
广州	租金低于同地段同品质市场租赁住房租金	年涨幅不高于同地段同品质市场租赁住房租金同期涨幅,且不超过5%
重庆	租金低于同地段同品质市场租赁住房租金	年涨幅不超过5%
南京	租金不高于同地段同品质的市场租赁住房评估租金的90%	年涨幅不超过5%

数据来源:各城市保障性租赁住房相关政策。

如表1所示,保障性租赁住房的租金标准多为同地段同品质市场租赁住房租金的九折左右,租金年涨幅上限多为5%,部分城市在此基础上又参考比照了市场租金涨幅情况,对保障性租赁住房估值过程中运营收入相关参数的选取校验起到了关键的指导性作用。

各地有关保障性租赁住房租金标准以及涨幅的限制既明确了其保障属性,同时又兼顾了保障性租赁住房项目稳定运营,是因地制宜、符合城市地区发展而制定的。随着未来保障性租赁住房政策与市场租赁住房租金监督系统的不断完善,各城市保障性租赁住房的管理也将逐步趋于成熟。

(二)保障性租赁住房税收优惠政策

2021年7月,《财政部 税务总局 住房城乡建设部关于完善住房租赁有关税收政策的公告》(2021年第24号)发布,指出对于利用非居住存量土地和非居住存量房屋(含商业办公用房、工业厂房改造后出租用于居住的房屋)建设的保障性租赁住房,取得保障性租赁住房项目认定书后:向个人出租保障性租赁住房取得的全部出租收入,可以选择适用简易计税方法,减按1.5%计算缴纳增值税;向个人、专业化规模化住房租赁企业出租上述保障性租赁住房,减按4%的税率征收房产税。

在保障性租赁住房估值过程中,税费是非运营支出中重要的组成部分,上述增值税与房产税减征的税收优惠可直接带来估价对象运营净收益上的可观提升。保障性租赁住房税收优惠政策的施行,在彰显保障性租赁住房保障属性的背景下,最大程度惠及了保租房运营企业,保证了保租房在市场化运营并履行保障义务的同时可实现盈利目标,极大地鼓励了社会资本参与到保租房建设的浪潮中,为保租房未来更加市场化、专业化的运营播撒了种子,为整个租赁住房市场的均衡健康发展以及我国住房保障体系的健全注入了新的动力。

二、保障性租赁住房估值模型

(一)保障性租赁住房估值方法

根据《公开募集基础设施证券投资基金运营操作指引(试行)》等有关规定与指引,保障性租赁住房等基础设施项目原则上以收益法作为主要的估价方法。保障性租赁住房属于收益性物业,其收益情况及相关费用均具有可持续性与可预测性,符合收益法的应用条件及适用范围,故采用收益法之现金流折现法作为保障性租赁住房的评估方法。现金流折现法是通过预测估价对象的未来的净收益,利用合理的折现率在价值时点将估价对象未来净收益转换为估值的方法,而保障性租赁住房运营收入与成本的构成则是保证其产生稳定收益的重中之重。

(二)保障性租赁住房运营收入构成

保障性租赁住房运营收入主要由租赁相关收入和其他收入构成(表2)。

保障性租赁住房运营收入构成表　　　　　　　　　　　　　　　表2

	分类	细项
运营收入	租赁相关收入	房屋租金收入
		配套设施租金收入
	其他收入	物业管理费收入
		增值服务收入等

1. 租赁相关收入

租赁相关收入是保障性租赁住房运营收入最主要的组成部分,其主要由房屋租金收入与配套设施租金收入构成。顾名思义,房屋租金收入是由保障性租赁住房运营方向租户出租房屋获得,配套设施租金收入主要由出租社区配套商业以及车位获得。值得注意的是,在发行保障性租赁住房公募REITs时,需要重点关注保租房配套设施的权属性质、服务属性以及面积和收入的占比情况,用于判断配套设施是否符合发行标准。

2. 其他收入

除租赁相关收入外,保障性租赁住房运营收入中还包含了其他收入项,如物业管理费收入以及运营方提供增值服务而收取的服务费、能源费收入、场地租赁收入、公共区域广告收入、网络费收入、租户押金产生的利息收入、租户提前退租而产生的押金收入等。在评估模型中考虑此类收入的前提条件与限制,以及每项收入在项目中的特性,则需要根据具体项目一事一议具体分析。

(三)保障性租赁住房运营成本构成

保障性租赁住房运营成本主要由规模相关成本和收入相关成本构成(表3)。

保障性租赁住房运营成本构成表　　　　　　　　　　　　　　　表3

	分类	细项
运营成本	规模相关成本	物业管理费
		维修维保费
		人工成本
		行政管理及客群活动费
		公区能源费等
	收入相关成本	营销推广费
		委托管理费等

1. 规模相关成本

物业管理费是由保障性租赁住房运营方与物业服务企业签订,物业服务企业提供物业管理服务而收取的费用。在收费方式上可采用包干制或酬金制，主要职责包括公共区域的维护、物业共用设施设备的保养维修、保安保洁、垃圾清运、绿化养护、秩序维护及其他综合管理服务，根据规定的物业等级与合同具体签署的条款而异。

维修维保费是由保障性租赁住房运营方与维修服务企业签订，维修服务企业提供维修服务而收取的费用。在收费方式上可采用包干制或实际发生制，其主要职责包括室内装饰工程维修、电器维修、管道维修以及其他物业维修细项，根据合同具体签署的服务内容而异。

人工成本主要由保障性租赁住房社区上负责运营的服务人员的成本支出组成。服务人员的职责主要是维护社区的日常运营、组织租户活动、对外宣传及租赁营销等，人员的支出由工资、社保、福利等组成。总体而言，社区运营所需要的服务人员数量与社区规模及房源数量呈正比例关系，并根据人均管理房间数量配置所需服务人员。

行政管理及客群活动费主要包括保障性租赁住房社区运营的日常行政管理及客群活动开支，如办公费用、招待费用、差旅费用、客群活动组织布置费以及其他相应开支。

公区能源费是由公共区域产生的能源费用，主要包括公区水费、电费、供暖费（如有）等。

2. 收入相关成本

营销推广费主要由营销活动费用、广告宣传费用、渠道费用、佣金等费用构成，与运营收入相关性较高。

委托管理费通常在项目聘请了第三方运营管理机构的情况下才会发生（类比服务式公寓或市场化长租公寓项目），由租赁住房品牌输出轻资产运营模式，支持保障性租赁住房社区运营，所需费用根据合同具体签署的服务内容与支付方式而异。目前，越来越多的保障性租赁住房社区开始采用轻重资产结合的运营模式，由产权方引入市场化程度高、社区管理体系成熟经验丰富的轻资产运营品牌，保证项目的健康发展与可持续盈利。

三、保障性租赁住房公募 REITs 实践

（一）资产性质

北京保障房中心 REIT、深圳人才安居 REIT、厦门安居 REIT 与华润有巢 REIT 底层资产均为具有保障属性的租赁住房项目，其中深圳人才安居 REIT、厦门安居 REIT 与华润有巢 REIT 主要面向的是新市民、青年人和人才，北京保障房中心 REIT 的保障对象则主要以城市中低收入且住房困难人群为主。从资产范围看，深圳人才安居 REIT 与华润有巢 REIT 底层资产除租赁住房外，还纳入了配套商业及车位（表4）。

4单保障性租赁住房公募REITs资产性质对比 表4

	北京保障房中心 REIT	深圳人才安居 REIT	厦门安居 REIT	华润有巢 REIT
类别	公共租赁住房	保障性租赁住房	保障性租赁住房	保障性租赁住房
保障对象	以城市中低收入、住房困难家庭为主	新市民、青年人	新市民、青年人	新市民、青年人
入池范围	租赁住房	租赁住房、配套商业、车位	租赁住房	租赁住房、配套商业、车位

（二）资产概况

在资产自身层面，北京保障房中心 REIT 单个资产可提供约 1000 套房源，属于中大型租赁社区；深圳人才安居 REIT 单个资产可提供约 200~600 套房源，属于中小型租赁社区；厦门安居 REIT 单个资产均为可提供超过 2000 套房源，属于中大型租赁社区；华润有巢 REIT 每个资产可提供约 1300 套房源，属于中大型租赁社区（表5）。

4 单保障性租赁住房公募 REITs 资产概况对比　　　　　表 5

	北京保障房中心 REIT	深圳人才安居 REIT	厦门安居 REIT	华润有巢 REIT
总建筑面积	11.28 万平方米	15.67 万平方米	19.85 万平方米	12.15 万平方米
租赁住房套数	2168 套	1830 套	4665 套	2612 套
平均租金	每月 52~60 元 / 平方米	每月 15~60 元 / 平方米	每月 31~32 元 / 平方米	每月 58~78 元 / 平方米（折算）
出租率	94%~95%	98%~99%	99%	87%~89%

在实际运营中，首批保障性租赁住房 REITs 资产的租金标准相较周边市场水平有较大比例的折价，凸显了资产的保障属性。在资产运营时间及出租率方面，深圳人才安居 REIT、厦门安居 REIT 与华润有巢 REIT 资产为新建成项目，运营时间未满 3 年，出租率已达到较高水平；北京保障房中心 REIT 资产运营时间相对较长，各项运营数据指标稳定。

（三）报酬率选取

首批保租房公募 REITs 报酬率取值在 6.0%~6.5% 之间。从区位因素分析，首批保租房 REITs 资产位于一线城市（北京市核心区、深圳市核心区及非核心区、上海市非核心区）与二线城市（厦门市），区域内社会经济环境发展良好，住房租赁市场活跃需求旺盛。从租赁模式分析，北京保障房中心 REIT 与深圳人才安居 REIT 采用政府统筹的配租模式，厦门安居 REIT 与华润有巢 REIT 采用市场化租赁模式。根据披露，北京保障房中心 REIT 与深圳人才安居 REIT 均有一定数量的待保障人员轮候，项目租赁的稳定性有较强的保障。厦门安居 REIT 与华润有巢 REIT 则采取了更加积极主动的租赁营销策略，保持了优异的租赁韧性与租户黏性。根据如上因素，结合项目区位、经营状况、租赁模式、市场供需等综合因素，故报酬率选取呈现梯度（表6）。

4 单保障性租赁住房公募 REITs 报酬率对比　　　　　表 6

	北京保障房中心 REIT	深圳人才安居 REIT	厦门安居 REIT	华润有巢 REIT
报酬率	6.0%	6.0%	6.5%	6.25%

（四）资产估值与资本化率总结

首批保障性租赁住房公募 REITs 估值在 11~12 亿元左右，折合至建筑面积单价的区间在 4000~12000 元 / 平方米。同时，资产的平均资本化率在 4.5% 以上，正面说明了保障性租赁住房资产以现金流折现法为评估方法下的公允价值范围，受到市场与投资人的高度关注与一致认可（表7）。在对比同区域内可售住宅时，首批保租房 REITs 资产的估值单价虽略显单薄，而单个资产通过保障性租赁住房 REITs 发行均实现了保值增值，表明了在合理规划合理建设的前提下，通过高品质的运营，保障性租赁住房资产通过收益法仍可实现增值退出。

4 单保障性租赁住房公募 REITs 资产估值和资本化率对比　　　　　　　　　表 7

	北京保障房中心 REIT	深圳人才安居 REIT	厦门安居 REIT	华润有巢 REIT
估值	11.51 亿元	11.58 亿元	12.14 亿元	11.10 亿元
估值单价	9600～11600	4100～10700	6000～6200	8100～10400
2022 年 Cap Rate	4.7%～4.8%	4.0%～5.0%	5.2%	4.4%～4.5%

四、结语

言而总之，首批保障性租赁住房 REITs 资产优质、保障性属性明确、保障范围广泛，在有效盘活存量租赁住房资产、拓宽保障性租赁住房融资渠道的实践中具有里程碑式的意义。其所使用的评估方法、估值参数的选取以及估值单价范围的合理性受到了产权方、监管机构和广大投资人的一致认可，为后续保障性租赁住房的评估工作树立了标杆。相信未来保障性租赁住房的评估工作将从首批保障性租赁住房公募 REITs 评估中汲取宝贵的经验，在项目运营与评估参数选取上更加精细化标准化，为保障性租赁住房评估领域谱写新的篇章。

参考文献：

[1] 中国房地产估价师与房地产经纪人学会. 房地产估价原理与方法（2022）[M]. 北京：中国城市出版社，2022.

[2] 上海证券交易所. 华夏北京保障房中心租赁住房封闭式 基础设施证券投资基金招募说明书 [EB/OL]. http：//www.sse.com.cn/disclosure/fund/announcement/c/new/2022-08-09/508068_20220809_3_D8EQeRWp.pdf，2022.

[3] 深圳证券交易所. 红土创新深圳人才安居保障性租赁住房封闭式基础设施证券投资基金招募说明书 [EB/OL]. https：//reits.szse.cn/disclosure/notice/index.html?5bda966d-3ca9-4219-9d6e-793cf3ed0875，2022.

[4] 上海证券交易所. 中金厦门安居保障性租赁住房封闭式基础设施证券投资基金 招募说明书（更新）[EB/OL]. http：//www.sse.com.cn/disclosure/fund/announcement/c/new/2022-08-09/508058_20220809_4_Sp4TfPmc.pdf，2022.

[5] 上海证券交易所. 华夏基金华润有巢租赁住房封闭式基础设施证券 投资基金招募说明书 [EB/OL]. http：//www.sse.com.cn/disclosure/fund/announcement/c/new/2022-11-04/508077_20221104_YIPN.pdf，2022.

作者联系方式

姓　名：刘　言　张秀娟　胡　峰

单　位：深圳市戴德梁行土地房地产评估有限公司北京分公司

地　址：北京市朝阳区光华路 1 号嘉里中心写字楼北楼 14 层

邮　箱：Yan.Liu@cushwake.com；Candy.XJ.Zhang@cushwake.com；Feng.Hu@cushwake.com

注册号：张秀娟（1120200121）；胡　峰（3620060059）

产权类基础设施 REITs 底层资产价值评估浅析

——基于对已发行基础设施 REITs 项目的研究分析

李年宝　周　翔

摘　要：推进基础设施 REITs 对盘活存量资产、形成投资良性循环具有重要意义。基础设施 REITs 各环节均需要进行底层资产评估。本文对已发行产权类基础设施 REITs 项目的评估情况进行分析，归纳总结不同估价需求及特点，并对收益法评估中的相关事项进行分析，为类似项目评估提供参考。

关键词：产权类基础设施 REITs；底层资产；价值评估

2020 年 4 月，中国证监会和国家发展改革委联合发布了《中国证监会 国家发展改革委关于推进基础设施领域不动产投资信托基金（REITs）试点相关工作的通知》（证监发〔2020〕40 号），标志着我国基础设施领域不动产投资信托基金（REITs）试点工作正式启动。

2020 年 8 月，中国证监会发布了《公开募集基础设施证券投资基金指引（试行）》（以下简称"《募集指引》"），对基础设施 REITs 的申请募集、发行和运作等进行规范。其中需要委托评估机构对基础设施项目进行评估的情形包括：基础设施基金申请注册前；基金存续期间的年度定期评估；基础设施项目购入或出售时；基金扩募；提前终止基金合同拟进行资产处置；基础设施项目现金流发生重大变化且对持有人利益有实质性影响；对基金份额持有人利益有重大影响的其他情形。

2021 年 7 月，国家发展改革委发布了《国家发展改革委关于进一步做好基础设施领域不动产投资信托基金（REITs）试点工作的通知》（发改投资〔2021〕958 号），全国符合条件的项目均可申报发行 REITs，主要包括交通、能源、市政、生态环保、仓储物流、园区基础设施、新型基础设施、保障性租赁住房和探索试点的基础设施（水利设施、旅游设施）9 大类行业，并对底层资产提出明确要求。

2022 年 5 月，中国证监会与国家发改委联合发布了《中国证监会办公厅 国家发展改革委办公厅关于规范做好保障性租赁住房试点发行基础设施领域不动产投资信托基金（REITs）有关工作的通知》（证监办发〔2022〕53 号），以规范有序开展保障性租赁住房 REITs 业务。上海证券交易所和深圳证券交易所相应发布了相关业务指引指导项目具体实施。

一、基础设施 REITs 底层资产分类

根据行业特点和收益形式，可将基础设施底层资产分为特许经营类基础设施和产权类基础设施，其中特许经营类基础设施主要包括交通、能源、市政、生态环保、主要新型基础设

施和探索试点的基础设施（水利设施、旅游设施）6 大类行业，产权类基础设施主要包括仓储物流、园区基础设施和保障性租赁住房 3 大类行业。

特许经营权类 REITs 通过签订协议获取一定期限的特许经营权，并在期限内投资建设运营基础设施获得收益，特许经营类资产随着剩余经营年限不断缩短，资产价值呈现逐年递减的趋势，特许经营期限届满后资产价值归零。特许经营权类 REITs 每年通过经营获取的收入包含投资回收和投资回报两部分。

产权类 REITs 拥有底层资产的产权，除每年通过经营（出租）获取定期收入外，随着时间推移核心城市的稀缺资产具有升值的可能，在项目到期后可能获得相应的资本增值收入。

二、已发行的产权类基础设施基本情况

自 2021 年 6 月首次发行至 2022 年 10 月，全国已发行上市 20 单基础设施 REITs，其中产权类基础设施 REITs 有 12 单，如表 1 所示。

已发行的产权类基础设施 REITs 一览表　　　　表 1

序号	基金名称	资产类型	底层资产基本情况
1	中金厦门安居 REIT	保障性租赁住房	2 个保租房项目，无配套用房和车位
2	华夏北京保障房 REIT	保障性租赁住房	2 个公租房项目，无配套用房和车位
3	红土深圳安居 REIT	保障性租赁住房	4 个保租房项目，含配套商业和未登记的地下车位
4	华安张江光大园 REIT	园区基础设施	1 个园区项目，工业用地上多层研发办公用房，含地下车位
5	博时招商蛇口产业园 REIT	园区基础设施	1 个园区中 2 个子项目，工业用地上研发办公楼，含登记的配套用房和未登记的地下车位
6	建信中关村 REIT	园区基础设施	1 个园区中 3 栋楼，科教用地上研发办公用房，含登记的地下车位
7	东吴苏园产业 REIT	园区基础设施	1 个大园区中的两个子园区，科研用地、工业用地上的多层、高层研发办公楼，含登记的地下车位
8	国泰君安临港创新产业园 REIT	园区基础设施	1 个园区中的两期，主要为单层厂房
9	国泰君安东久新经济 REIT	园区基础设施	长三角 4 个不同地区的产业园，主要为单层厂房
10	华夏合肥高新 REIT	园区基础设施	1 个产业园，主要为工业、科研用地上的高层研发办公用房
11	红土盐田港 REIT	仓储物流	深圳 1 个物流中心园，为仓储及配套办公用房
12	中金普洛斯 REIT	仓储物流	含 7 个市场化运营的仓储物流园，分布于京津冀、长三角、大湾区

经分析，已发行的 12 单产权类基础设施 REITs 底层资产及评估基本情况如下：

（一）底层资产基本情况

1. 资产类型。3 单保障房（含 1 单公租房），7 单市场化运作的园区基础设施，2 单市场

化运作的仓储物流用房。

2. 地域分布。主要分布于京津冀、长三角、大湾区，厦门和合肥各有1单。

3. 权利主体。同一基础设施REITs中包含多个项目的，多个项目的权利主体各不相同。

4. 空间范围。园区基础设施和仓储物流设施资产范围一般是整个园区，少数是园区内整栋楼。保障房基础设施中，1单是所在整个小区（包含配套商业设施和地下未办理权属登记的人防及非人防车位），2单仅为整个项目中部分楼层的多套保障房，不包含商业、车位等配套设施。

5. 运营时间。2单保障房运营年限短于3年，但出租率高且预期运营稳定；其他项目均已运营满3年，且经营成熟稳定。

总体来看，产权类基础设施REITs底层资产权属清晰、范围明确，出租率高，经营成熟稳定，符合相关文件要求。

（二）评估主要情况

1. 评估机构。除序号1、序号10由资产评估机构出具资产评估报告外，其他均由房地产估价机构出具房地产估价报告。

2. 估价方法。除序号4采用比较法和收益法评估外，其他全部采用收益法中的报酬资本化法一种方法进行评估。且序号4即使两种估价结果差异较小，仍未采用比较法结果，100%采用收益法估价结果。序号5、序号6、序号7、序号11、序号12收益法采用持有加转售模式，其他收益法均采用全剩余寿命模式。

3. 报酬率。除序号4说明采用市场提取法之外，其他均说明采用累加法确定报酬率。3单保障房取值6%～6.5%；序号4～序号7、序号10园区基础设施取值6%～6.5%，序号8～序号9取值8%～8.5%，差异较大；2单仓储物流取值7%～8.5%。

4. 收益年限。一般根据房屋剩余经济耐用年限和土地剩余使用年限孰短确定收益年限。少数项目房屋剩余经济耐用年限短于土地剩余使用年限的，简要分析说明房屋经过维修可使用至土地剩余使用期限届满，取土地剩余使用年限。

5. 收益年限期满后的残值处理：采用收益法全剩余寿命模式中，仅序号10考虑了收益期满的房屋残值回收，其他项目均未考虑。

6. 年度定期评估：除2021年12月上市的建信中关村REIT之外，2021年上市的其他项目（序号4、序号5、序号7、序号11、序号12）已根据要求进行了2021年度定期评估。

三、产权类基础设施REITs评估特点

（一）评估主要规范和标准

对基础设施REITs中的房地产评估，中国房地产估价师与房地产经纪人学会2015年制订印发了《房地产投资信托基金物业评估指引（试行）》（以下简称"《评估指引》"），在《房地产估价规范》GB/T 50291—2015基础上，对信托物业价值评估价值类型、估价方法、估价原则、重要参数选取和报告主要内容等进一步规范，成为指导基础设施REITs中房地产的重要参考。已发行的12单REITs均将以《评估指引》作为评估依据，并按技术要求执行。

（二）估价对象和范围

基础设施REITs项目要求权属清晰、范围明确。底层资产一般已办理权属登记，估价范围可以包括REITs项目对应的未办理权属登记的地下车库，项目按规划建设的地上停车位也

应纳入估价范围，保障性租赁住房 REITs 估价范围还应包括装饰装修和整体配置的家具家电等动产。

（三）估价方法选用分析

《房地产估价规范》GB/T 50291—2015 规定，信托物业价值评估，宜采用报酬资本化法中的持有加转售模式。

《评估指引》规定，信托物业或者其同类物业通常有租金等经济收入的，应当选用收益法作为最主要的估价方法，并优先选用报酬资本化法，同时应合理预测估价对象未来 10 年以上的各年收入和运营费用。信托物业的同类物业有较多交易的，应当选用比较法作为其中一种估价方法。

《募集指引》要求基础设施项目"已产生持续、稳定的现金流，并具有持续经营能力、较好增长潜力；现金流来源合理分散，且主要由市场化运营产生"，同时规定评估报告中应包括"运营收入、运营成本、运营净收益、资本性支出、未来现金流变动预期、折现率等"相关内容。从中可以推断出，收益法应作为必须要采用的估价方法。

基于以上规定和要求，并结合基础设施 REITs 底层资产的不同类型分析，收益法均能对不同类型的基础设施 REITs 底层资产进行评估，应作为基础设施 REITs 评估最主要的估价方法，评估结果能够合理体现市场参与者对项目未来的收益预期。但由于收益方式的差别，相对来说，特许经营权类 REITs 底层资产更适合采用报酬资本化法中的全剩余寿命周期模式进行评估，产权类 REITs 底层资产更适合采用持有加转售模式进行评估。同时可以根据项目和市场具体情况选用比较法和成本法进行评估验证。

但也要看到，不同阶段的不同估价目的对估价的要求不同。估价人员应根据基础设施 REITs 项目不同阶段的评估需求，进行针对性分析并选用合适的估价方法和估价模型。根据《募集指引》，基金申请注册前、基金存续期间、基金终止时，均需对相关基础设施资产购入、持有或处置出售进行评估。现对各阶段不同估价需求分析如表 2 所示。

产权类基础设施 REITs 不同估价需求分析　　　　表 2

需要评估的情形	所处阶段	估价需求	委托人思考逻辑	价值类型	评估要点	估价方法选择
基金申请注册前；基础设施项目购入；基金扩募	底层资产购入	提供资产购入对价参考	投资人拟购入后通过长期持有和经营（出租）资产获得收益，主要考虑未来净现金流量的现值	一般评估市场价值或现状价值，特殊情况可评估投资价值	主要考虑未来净现金流量的现值，包括持有期间净收益和基金存续期满后转售或残值；已出租的，评估出租人权益价值	首选收益法，比较法和成本法可作为辅助验证方法
存续期间的年度定期评估	底层资产持有	财务报告目的	一般通过长期持有和经营（出租）资产获得收益，主要考虑未来净现金流量的现值	一般评估市场价值或现状价值	主要考虑未来净现金流量的现值，包括持有期间净收益和基金存续期满后转售或残值；已出租的，评估出租人权益价值	首选收益法，比较法和成本法可作为辅助验证方法

续表

需要评估的情形	所处阶段	估价需求	委托人思考逻辑	价值类型	评估要点	估价方法选择
现金流发生重大变化或其他情形对持有人利益有实质性影响	底层资产持有	为判断维持现状利用、改变利用方式或出售项目资产提供决策参考	通过比较各种利用或处置方式的净现值，进行决策参考	可评估现状价值、市场价值或可变现净值（具体根据委托人委托目的）	持有价值内涵同上，处置出售价值内涵同下	首选比较法和收益法，成本法可作为辅助验证方法
基础设施项目出售；提前终止基金合同资产处置	底层资产处置出售	提供资产处置价格参考	通过处置出售获得收益	一般评估市场价值，特殊情况可评估残余价值或快速变现价值	主要考虑处置出售现值，已出租的，评估出租人权益价值	首选比较法和收益法，成本法可作为辅助验证方法

（四）产权类基础设施 REITs 估价报告的特殊要求

根据《募集指引》《房地产估价规范》GB/T 50291—2015、《评估指引》及相关文件规定，REITs 项目对报告的特殊要求有：

1. 报告内容方面。采用收益法评估的，应当说明至少近 3 年的各年收入和运营费用，并合理预测未来 10 年以上的各年收入和运营费用。技术报告单独增加"估价对象租赁现状描述与分析"章节。

2. 估价原则方面。除普遍适用的估价原则外，基础设施 REITs 包含多宗同类物业为同一估价目的同时进行评估的，需考虑一致性原则；对同一估价对象为同一估价目的后续评估需考虑一贯性原则。

3. 报告有效期。根据《募集指引》，基础设施基金份额首次发售，评估基准日距离基金份额发售公告日不得超过 6 个月；基金运作过程中发生购入或出售基础设施项目等情形时，评估基准日距离签署购入或出售协议等情形发生日不得超过 6 个月。根据《评估指引》，基金运营管理期间收购或者出售某项信托物业的价值评估，价值时点应当在交易实际执行日前 90 日内。相应估价目的的估价报告有效期应注意相关规定。

四、运用收益法评估分析

根据以上分析，理论上收益法、比较法和成本法 3 种估价方法均有其适用的情形。但实际中，由于基础设施 REITs 底层资产规模一般较大，缺乏活跃的交易市场，类似交易案例不足，比较法使用受限。基础设施 REITs 底层资产依赖于专业的运营管理，成本价值与其收益能力相关性较弱，使得成本法一般只能作为辅助评估方法，对收益法估价结果辅助验证。

以下对运用收益法评估中的运营收入和运营成本进行分析。

（一）运营收入

产权类基础设施主要通过出租获取运营收入。

根据不同项目的具体情况分别计取。运营收入一般有房屋租赁收入和押金利息收入，这也是收入的主要构成部分。部分项目有配套设施可产生持续稳定的收入，也应纳入，如配套商业收入、配套地上地下停车收入等。

房屋租赁收入根据项目实际可出租部分面积计，一般实际可出租部分面积小于登记建筑面积，部分项目可能实际出租面积大于登记建筑面积。

由于一般评估出租人权益价值，租赁期内的按租赁合同；租赁期外的，市场化运作的项目（园区基础设施和仓储物流）可以通过比较法求取租金，政策性项目（保障性租赁住房）根据当地政策并结合住房租赁行业走势分析确定。

对保障性租赁住房，一般由第三方提供物业管理服务并直接向承租人收取物业管理费，不计取物业管理费收入。

对园区基础设施和仓储物流基础设施项目，项目公司可能向承租人收取管理费（综合管理费/物业管理费），再另行向物业管理机构支付物业管理费。这种情况，管理费可作为项目运营收入。

（二）运营成本

1. 运营管理费

运营管理费是基金管理人和项目公司为加强对基础设施资产运营管理、提升收益能力而委托第三方专业机构开展产业招商和运营管理等工作而发生的费用，一般分为基础运营管理费和绩效运营管理费。

运营管理费按与第三方运营管理机构签订的运营管理服务协议约定的标准计取。

2. 物业管理费

物业管理费根据项目物业服务协议确定。

若承租人直接向物业管理方支付物业管理费，则根据服务协议分析确定是否应将未出租期间的物业管理费应计入运营成本。保障性租赁住房比较常见。

若项目公司与物业管理机构签订协议，打包购买物业管理服务，则按协议确定项目物业管理费，计入运营成本。园区基础设施和仓储物流设施一般采用这种模式。

3. 项目公司管理费

项目公司为进行项目管理所发生的费用，包括人员薪酬和办公费用、水电费等。可根据项目近3~5年实际发生的历史数据预测。

4. 维修费用

该维修费用为物业服务包含的维修义务之外的日常维修项目发生的费用，注意与物业管理费中应承担的维修义务及支出相区别。可根据基础设施资产近3~5年历史数据，并结合项目情况进行预测。维修费用一般和运营收入无关。

5. 保险费和税费

保险费一般根据历史投保费用估算，一般和运营收入无关。

税费一般包括增值税及附加、房产税、土地使用税和印花税，根据项目情况和相关政策测算。

（三）资本性支出

资本性支出一般包括构成固定资产、无形资产、递延资产的支出，项目中主要包括主体工程、装饰装修及设备设施的大修、更换及改造。资本性支出一般和运营收入无关。

由于主体工程、装饰装修和设施设备经济耐用年限一般不同，一般情况下各期资本性支出内容和金额各不相同，甚至相差很大。可根据项目《物业状况评价报告》《工程技术尽职调查报告》或大修改造计划分别进行估算确定各期应发生的资本性支出。

需要注意的是，若有已缴纳的公共维修基金可用于上述支出的，则应优先提取使用公共维修基金，超出当期可提取使用的公共维修基金外的部分才计入当期资本性支出。

五、结语

国家鼓励通过推动基础设施领域 REITs 等形式盘活规模巨大的基础设施存量资产，形成整个社会投资的良性循环。随着基础设施 REITs 规模扩大，需要评估的底层资产种类和数据会越来越多，需要评估的情形也会多样化。评估从业人员只有不断学习，才能提供满足市场需求的评估服务。

作者联系方式

姓　名：李年宝　周　翔

单　位：湖北永信行房地产土地资产评估咨询有限公司

地　址：湖北省武汉市江岸区香港路 145 号远洋大厦 13 层

邮　箱：604234088@qq.com

注册号：李年宝（4220040013）

城市更新项目前期收益分析的探索与实现
——以某城市更新项目为例

简浩标　何翠群　刘　沈

摘　要：城市更新项目不同于传统的招拍挂开发项目，具有相当的复杂性，尤其是以政府主导、市场参与为主要路径的城市更新主管部门，既要考虑政府层面的土地财政收入、公共配套设施建设，同时也要考虑市场开发主体参与城市更新的利益保障、参与积极性等因素。可以说，在项目完成之前，各个环节均有一定隐蔽风险，因此政府在项目前期做好项目的全盘收益分析，对项目的顺利推进起着至关重要的作用。目前各地城市更新政策有鲜明的地方特色，对项目收益分析的类型和方法也不尽相同，本文将从城市更新项目前期收益分析的方法入手，探索出一套适配大部分政府需要的收益分析测算模型方法，为地方城市更新主管部门作项目前期收益分析提供便捷高效的系统应用工具。

关键词：城市更新；收益分析；系统应用

一、引言

在收益分析实操过程中，城市更新主管部门往往在项目正式启动前，就需要把该项目的成本投入与最终实际利润计算出来，但受限于项目的现状基础资料不全面、现状地物的补偿标准不统一、基准地价不固定和项目运作风险不明晰等诸多因素，计算出的项目收益与最终挂牌拍卖后的实际收益出入较大。在此情况下，如果有一个较全面的收益分析工具，包含城市更新项目收益分析所需要的现状数据目录、成本明细、补偿通用标准、基准地价浮动指标等标准模块内容，建立一套测算指标齐全、补偿方法标准的收益分析方法模型，指引收益分析人员按需收集数据、按系统标准操作测算过程、快速计算项目收益等，或能大大提高项目收益分析的准确性、全面性。本文将从我司自主研发的收益分析方法模型及封装后形成"城市更新项目收益平衡测算系统"的角度，结合某高新区某项目实例，探索和实现城市更新主管部门对项目前期收益分析的信息化应用新方式。

二、收益分析模型及系统设计

（一）收益分析模型

城市更新主管部门在项目中的收益分为显性的直接收益和隐性的间接收益，直接收益为地价款，间接收益体现为公共配套设施建设、产业聚集融合、城市面容面貌更新等带来的社会效益，由于间接收益所带来的经济价值一般都在项目完成后才能体现，在项目前期一般只对土地出让金收益及扣除各类补偿成本后的最终收益进行测算评估。各类补偿成本又包括旧村庄、旧城镇、旧厂房拆迁补偿安置成本，公共配套设施建设成本等。按照补偿成本最大化与土地出让金收益最小化相平衡的原则确定挂牌起拍最低价保障政府实际收益，最终确定项目收益数学模型如下：

$P_3=P_2-P_1=(Min(Q_1×E_6×E_8×D_5+Q_1×E_6×(1-E_8)×D_4),D_4、D_5\in S_1))-(Max(D_8,D_9)+G_4+J_2+Max(K_4,K_5)+L_2+M_1+N_3+O_3)$。

其中过程相关变量计算模型为：

1. $D_8=Min(A_1×E_7×120,B_1+B_2)×(E_8×H_1+(1-E_8)×H_2)+(A_1×E_7×120-B_1-B_2)×H_6+(B_1+B_2)×H_9+(B_1+B_2)×H_5×6+(B_1×0.87+B_2)×H_5×(H_8-6)$；

2. $D_9=Min(A_1×E_7×120,B_1+B_2)×(E_8×D_5+(1-E_8)×D_4)×(1+E_1+E_2)+Min(A_1×E_7×120,B_1+B_2)×E_8×(E_{10}+H_4×6)+(B_1+B_2)×H_9+Min(A_1×E_7×120,B_1+B_2)×(1-E_8)×E_9×(E_9+H_4×6)$；

3. $G_4=G_2×G_5-(G_2-G_1)×G_5×G_3$；

4. $J_2=J_1×(C_6-A_1×120)$；

5. $K_4=(K_1+K_2+K_3)×K_6×2$；

6. $K_5=(K_1+K_2+K_3)×0.85×((0.1×D_5+0.9×D_4)(1+E_1+E_2)+(0.1×E_{10}+0.9×E_9))$；

7. $L_2=L_1×H_3$；

8. $M_1=\sum_{1}^{M_3}D_{12}×M_2$；

9. $N_3=N_1×N_2$；

10. $O_3=O_1×O_2$；

11. $K_6=P_2/(\sum_{1}^{Q_4}Q_1×E_6)$。

以上数学模型的字母代号解释详见后文附录。

（二）系统功能设计

"城市更新项目收益平衡测算系统"通过上述项目收益数学模型基础，把契税、印花税等标准参数和商业地价、住宅地价、建安费用、搬迁费用、过渡期费用等非标准参数植入系统功能模块，通过在系统中录入改造范围内的相关基础数据，就可测算出城市更新单元补偿成本、公共配套设施建设成本、土地出让金、挂牌起拍价、挂牌楼面地价及政府收益、改造主体收益等相关数据，同时还可为控制性详细规划调整、单元改造模式优化及政府审核决策等提供数据分析（图1）。

1. 经济收益概算

经济收益概算模块可对旧村庄、旧城镇、旧厂房、征地补偿、留用地、国有土地盘整、复建建筑量、公共配套建设、集体土地经营性建设用地、未建房屋宅基地、微改造等多种改造模式下需测算的经济成本进行概算。经济收益概算是对整个项目总体成本投入和收益的测算，是以项目为基本单元整体测算。

以旧厂房概算为例，通过录入"土地使用权面积"和"符合三旧面积"，根据预设规划容积率、折旧率、土地使用权单价等测算因子，计算出协议出让金额、三旧补偿金额、折算地面单价等（图2）。

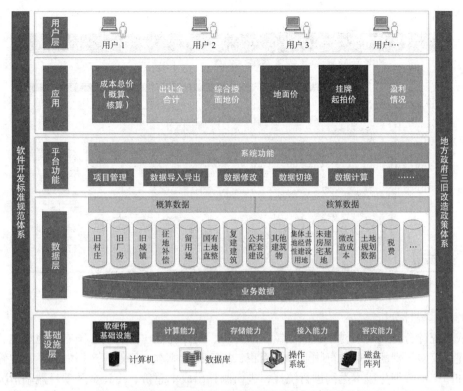

图1 "城市更新项目收益平衡测算系统"系统架构图

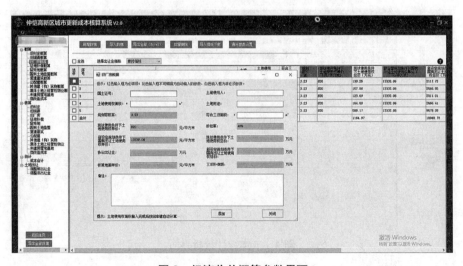

图2 经济收益概算参数界面

2. 经济收益核算

经济收益核算是对概算的细化,可核算到改造范围内每一个权利人的经济成本,是以权益个体为基本单元的详细测算。经济收益核算同样拥有概算的全部测算类别。

以旧村庄核算为例,录入权利人房屋结构、占地面积、建筑面积,通过预设的住宅、商铺回购单价等测算因子,计算出单项货币补偿成本、单项回迁房补偿成本或两者按比例补偿成本等（图3）。

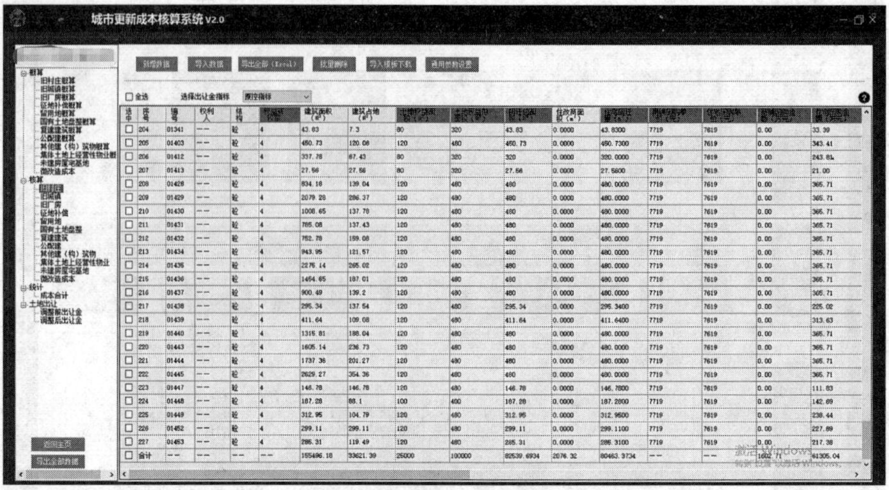

图3 经济收益核算数据界面

3. 成本统计分析

成本统计分析可对旧村庄、旧城镇、旧厂房、集体物业、留用地、国有土地盘整、公共配套建设等多类别的情形进行物业回迁面积、货币补偿成本、停业停产损失补偿、维修基金契税和印花税等细分成本类别进行统计，进而测算出成本总价、出让金及项目盈利情况，反算出挂牌起拍价（图4）。

图4 成本统计分析界面

对整个项目的成本分析出后，还可以通过调整商业、住宅单价、商住比，计算出不同参数下土地出让金总额、综合楼面地价、地面价。

三、案例分析

我们以某高新区城市更新某项目为例，通过使用"城市更新项目收益平衡测算系统"对计算结果完整度、操作便利性、时间效率等维度进行分析，综合评定系统在项目前期经济收益测算中所能提供的实际作用。

已知某城市更新项目包含旧村、旧城镇、旧厂房、征地补偿、留用地等多种复杂的改造类型，改造范围内实际权利户数为120户，旧村内权益建筑总面积为57600m^2，砖、混凝土结构面积分别为4000m^2、50000m^2；旧城镇内砖、混凝土结构面积分别为3000m^2、26001m^2；旧厂房内符合三旧政策标准的土地使用权总面积为14206.94m^2；对改造区域内属集体土地的耕地征收面积为43600m^2；征地产生的留用地权益面积为4360m^2。我们根据当地政策及现状条件假定权益容积率为4，留用地权益容积率上限为2，工业用地现状土地使用权地价为820元/m^2，商业地价为4200元/m^2，住宅地价为4100元/m^2，建安成本为3519元/m^2，停业停产损失为50元/月，选择货币补偿过渡期安置补偿金为20元/m^2，未建房宅基地权益单价为1964元/m^2，选择回迁房过渡期安置金额为20元/m^2，选择货币补偿单价（砖结构）为5220元/m^2，选择货币补偿单价（混凝土结构）为6000元/m^2，框架结构房重置单价为1860元/m^2，过渡期时间限制为36个月，搬迁费用为15元/m^2，不可预见费比例为5%（图5）。

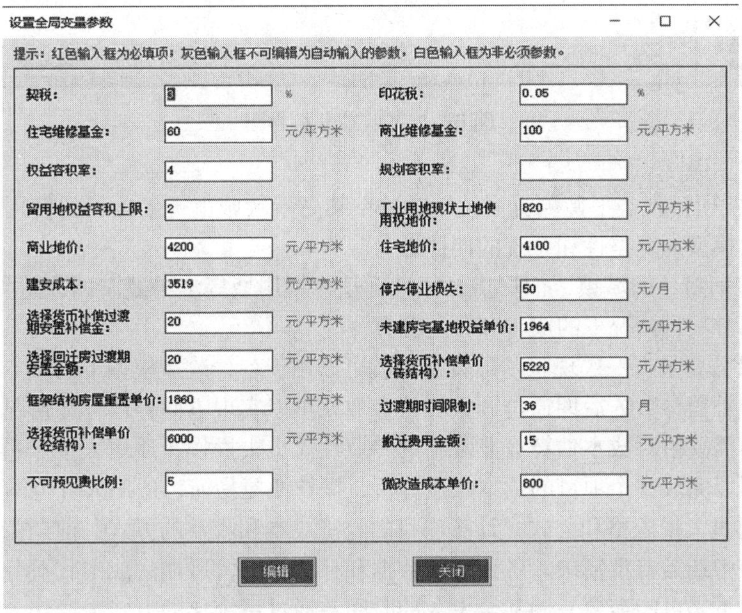

图5 补偿参数全局变量界面

以上基础现状数据和补偿参数设定后，在"城市更新项目收益平衡测算系统"中通过不同改造类型下的补偿测算数学模型，我们可以计算出旧村改造类的补偿成本为46357.44万元，其中其他建筑物构筑物的补偿成本为3168.49万元，集体土地经营性物业补偿成本为714.56万元，未建房屋宅基地补偿成本为15.84万元；旧城镇改造类的补偿成本为24533.00万元；旧厂房改造类补偿成本为10408.39万元；征地类补偿成本为422.48万元；征地产生的留用地补偿成本为3596.63万元；办证留用地补偿成本为41768.36万元；历史留用地补偿成本为3076.71万元；国有土地盘整补偿成本为140.00万元；复建建筑补偿成本为416.21元；公共配套建设总成本为8712.02万元；不可预见费用成本为7133.54万元。项目总成本为149804.31万元。根据该改造范围下控制性详细规划地块的容积率限定，商住比按照 1:9 设定，我们可以计算出最终的土地出让金总价为 299134.02 万元，综合楼面地价为 4124.58 元 /m²，地面价为 13332.06 元 /m²。该项目最终盈利 149329.71 万元，挂牌起拍价为 181843.19 万元（图 6）。

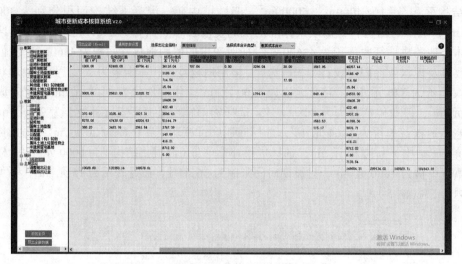

图 6 成本收益分析界面

"城市更新项目收益平衡测算系统"通过在某高新区城市更新项目的使用，充分体现了项目收益数学模型的完整性和系统的便捷性：

1. 系统有旧村、旧城镇、旧厂房、征地补偿、留用地等多种复杂的改造类型计算模型，能够应对大部分项目情况下的成本和收益测算。

2. 系统只需要录入一次现状基础数据，就可以用于各种改造模型下的成本收益计算，系统预设了各种补偿参数，后期通过调整补偿参数就可以实现不同补偿标准情况下的成本收益对比。系统不需要由对成本估算有非常高的专业性人员去操作，使用人按照系统的指引一步步操作，就可以完成整个项目的成本收益分析，操作便捷易懂，适用人群范围极广。

3. 原来通过大量表格和公式去计算项目的经济成本和收益的方式，前期需要去梳理、筛选基础数据，中期需要重复录入各种现状数据和补偿标准，后期的成本收益分析对比很难实现，整个周期下来可能需要一周甚至更久的时间。通过系统化的方式去操作，不到一天的时间就可以完成整个项目的测算，并且测算的数据不会出错，效率极高。

四、总结与展望

总体来看，通过探索搭建出的项目收益数学模型及使用"城市更新项目收益平衡测算系统"，能快速对整个项目进行成本收益分析，明确项目的成本投入风险点在哪、收益底线是多少，从而更好地确定挂牌起拍价，保护政府、村集体、改造权利人多方的利益，也可以平衡好项目开发主体的利润。

当然，城市更新项目收益测算的方式有很多种，我们研发的"城市更新项目收益平衡测算系统"目前也仅是从政府的角度来对项目的成本投入和最终地价款收益进行测算分析，对于城市更新开发商的融资成本、拆迁难度、销售市场等因素考虑不够全面，难以确保在政府收益得到保障的前提下，城市更新开发商也能够获得项目的最终盈利。城市更新最终还是需要实现城市更新参与方多方共赢、利益共享，后续我们也会在现有系统功能基础上，开发城市更新开发商的成本收益测算模块，打通政府与开发商的利益平衡通道，为城市更新项目收益测算提供一个更全面的测算数学模型和应用系统。

附录

收益模型相关变量

字母代号	注释	单位
A_1	改造区权利人户数	户
B_1	永久性混凝土结构建筑面积	m^2
B_2	永久性砖结构建筑面积	m^2
C_1	权益建筑面积	m^2
C_2	建筑面积	m^2
C_3	建筑占地面积	m^2
C_4	土地权益总面积	m^2
C_5	建筑面积	m^2
C_6	集体所有权证面积	m^2
D_1	总回迁量	m^2
D_2	住宅回迁量	m^2
D_3	商业回迁量	m^2
D_4	住宅回购单价	元
D_5	商业回购单价	元
D_6	住宅回购金额	元
D_7	商业回购金额	元
D_8	回迁房选择一次性货币补偿金额	万元
D_9	选择回迁房成本	万元
D_{10}	砖结构选择货币补偿单价	元
D_{11}	混凝土结构选择货币补偿单价	元
D_{12}	其他（建）构筑物补偿单价	元
E_1	契税税率	3%
E_2	印花税税率	0.05%
E_3	不可预见费比例	5%
E_4	权益容积率	4%
E_5	不可预见费比例	5%
E_6	规划容积率	%

续表

字母代号	注释	单位
E_7	现状容积率	%
E_8	商住比	
E_9	住宅维修基金单价	元/m²
E_{10}	商业维修基金单价	元/m²
F_1	住改商面积	m²
F_2	住宅回购金额	万元
F_3	超出容积率4.0部分补偿额	万元
G_1	现状条件下土地使用权单价	元/m²
G_2	新设定规划条件下国有土地使用权单价	元/m²
G_3	折扣率	%
G_4	三旧补偿额	元/m²
G_5	符合三旧面积	m²
H_1	商业地价	元/m²
H_2	住宅地价	元/m²
H_3	建安成本	元/m²
H_4	停产停业损失	元/月
H_5	选择货币补偿过渡期安置补偿金	元/m²
H_6	未建房宅基地权益单价	元/m²
H_7	选择回迁房过渡期安置金额	元/m²
H_8	过渡期时间限制	月
H_9	搬迁费用金额	元/m²
H_{10}	未建满宅基地权益金额	元
J_1	征地补偿标准	万元/亩
J_2	征地补偿成本	万元
K_1	征地产生留用地权益面积	m²
K_2	办证留用地权益面积	m²
K_3	历史留用地权益面积	m²
K_4	留用地选择一次性货币补偿成本	m²
K_5	留用地选择回迁房补偿成本	m²
K_6	综合楼面地价	m²
L_1	公共设施配套建设面积	m²
L_2	公共设施配套建设成本	万元
M_1	其他（建）构筑物补偿金额	万元

续表

字母代号	注释	单位
M_2	其他（建）构筑物面积	m^2
M_3	其他（建）构筑物数量	个
N_1	集体土地经营性物业建筑面积	m^2
N_2	集体土地经营性物业评估价	元$/m^2$
N_3	集体土地经营性物业评估总价	元$/m^2$
O_1	未建房屋宅基地面积	m^2
O_2	未建房屋宅基地补偿单价	元$/m^2$
O_3	未建房屋宅基地补偿金额	万元
P_1	成本总价	万元
P_2	出让金	万元
P_2	出让金	万元
P_3	收益情况	万元
P_4	成本总价	万元
Q_1	计算指标用地面积	m^2
Q_2	计容商业面积	m^2
Q_2	计容商业面积	m^2
Q_3	计容住宅面积	m^2
Q_4	控规地块	个
S_1	当年度已摘牌项目的楼面价与项目备案价比率	$S1 \in [0.35-0.6]$

参考文献：

[1] 张琪晖. 深圳罗湖 J 公司 XT 城市更新项目经济效益可行性报告 [D]. 广州：华南理工大学，2019.

[2] 张旭. 城市更新项目应缴纳地价测算探讨——以深圳一城市更新项目为例 [J]. 建筑知识：学术刊，2014，(B08)：117-118.

[3] 武建新，路畅. 城市更新的拆赔比测算研究——以深圳为例 [J]. 特区经济，2021（3）：61-63.

[4] 王国斌. 基于利益平衡的城市更新研究 [D]. 广州：华南理工大学，2013.

作者联系方式

姓　名：简浩标　何翠群　刘　沈
单　位：广东广量资产土地房地产评估与规划有限公司
地　址：广东省东莞市南城区黄金路 1 号东莞天安数码城 B 区 2 号 807 号
邮　箱：511943095@qq.com
注册号：简浩标（4420150122）

上海城市更新中历史保护建筑估价相关问题研究

李建中　韩艳丽　侯纯涛

摘　要：随着上海城市更新的不断推进，上海历史保护建筑涉及的深层次价值问题愈来愈突出。在实际的房地产估价中，如何科学、专业地反映其历史价值，目前尚有诸多难点需解决。本文从上海历史保护建筑估价的实际出发，总结存在的难点问题，对相应的估价方法进行针对性的研究及探索，并提出了一些有益的建议。

关键字：城市更新；历史保护建筑；价值量化；估价难点；方法探索

一、引言

随着城市更新的不断推进与发展，如何保留、保护、挖掘、发扬、传承历史保护建筑文化，以及量化其表现出来的深层价值问题越来越突出。上海，是一座近代发展起来的经济文化底蕴非常深厚的独特城市。囊括了世界建筑各个时期的各种风格，也包含中国古典的传统宫殿式、民间传统建筑艺术，形成了海派建筑风格。自20世纪90年代初以来，对于历史建筑的保护，上海市委、市人民政府先后出台了相关法律法规，依次公布了1058处优秀历史保护建筑，44片41平方公里历史文化风貌区，250个风貌保护街坊，397条风貌保护道路（街巷）和84条风貌保护河道，还确定了3462处不可移动建筑文物保护点，其中国家级40处、市级227处、区级3195处。近年来，在城市更新的房屋征收（置换）、优秀历史保护建筑的保护性修缮及相关需估价的事项中，遇到许多难点问题。

二、当前历史保护建筑估价的难点问题

1.不能准确地界定不同类别保护建筑的价值内涵与内在联系。目前，上海有优秀历史保护建筑、历史文化风貌保护区、不可移动文物建筑类保护三种分类，其中，有的优秀历史保护建筑在历史文化风貌区内，同不可移动文物建筑类保护重叠；有的并不具备上述条件，在各自类别中独立存在；还有的历史文化风貌区中含有大量的非保护建筑，但需与历史文化风貌保护区整体保护。从而，引申出不同情况的价值内涵怎样设定的问题（图1至图7）。

2.不能按照保护内容等区别设定价值内涵和测算估价结果。《上海市历史风貌区和优秀历史建筑保护条例》第二十八条，把优秀历史建筑的保护内容分为四类，即"（一）建筑的立面、结构体系、平面布局和内部装饰不得改变；（二）建筑的立面、结构体系、基本平面布局和有特色的内部装饰不得改变；（三）建筑的主要立面、主要结构和有特色的内部装饰不得改变；（四）建筑的主要立面、有特色的内部装饰不得改变"。《上海文物保护条例》第十二条，对不可移动文物建筑类保护确定为：全国重点文物保护单位、市级文物保护单位和区

图 1　金城银行大楼（一类优秀历史建筑，市级文物保护单位，在风貌保护区内）

图 2　上海总会（二类优秀历史建筑，市级文物保护单位，在风貌保护区内）

图 3　北京公寓（三类优秀历史建筑，在风貌保护区内）

图 4　慈安里大楼（四类优秀历史建筑，在风貌保护区内）

图 5　汇丰银行大楼（全国重点文物保护单位，一类优秀历史建筑，在风貌保护区内）

图6 上海音乐厅（市级文物保护单位，二类优秀历史建筑）

图7 小桃园清真寺（区级文物保护单位，在风貌保护区内）

级文物保护单位。第十九条，保护要求为："（一）建筑的立面、结构体系、空间格局和内部装饰不得改变；（二）建筑的立面、结构体系、基本空间格局和有特色的内部装饰不得改变，其他部分允许适当改变；（三）建筑的主要立面、主要结构体系、主要空间格局和有价值的建筑构件不得改变，其他部分允许适当改变。"在估价中，根据估价目的、要求，是否需将法规明确的保护内容及分类作为设置估价内涵和测算估价结果的基本依据之一加以考虑，目前，也没有此方面的权威说法。

3. 历史保护建筑的历史文化因素没有统一权威的界定。国家相关法规包含：历史、艺术、科学、社会、文化价值等；上海市的法规明确为：历史、科学、艺术价值；国际通常提倡的是：历史、艺术、科学、保护、观瞻价值等。在实际估价中，考虑的因素大多为：历史、艺术、科学价值三方面。是否可以根据不同的估价对象、不同的情况和目的，扩大考虑因素种类，对此也没有统一的说法。

4. 不能根据历史保护建筑估价的特点调整使用相关修正系数。上海现行的估价技术规范中还未涉及历史文化特殊因素对价值的影响问题。如，在房屋征收评估技术规范中规定的楼层修正系数中就没有考虑历史保护建筑价值特点。运用中，历史保护建筑价值因素占比多少，各楼层系数在考虑历史保护建筑价值因素后会发生什么样的变化，没有细致严谨的论证，导致技术认知、估价运行、估价结果产生较大的差异。

5. 不能运用大数据论证历史保护建筑估价相关因素价值占比和技术参数。如何准确界定历史保护建筑涉及历史文化各因素在整个建筑价值中的占比，不同因素之间的价值占比关系与比重，不同估价方法中的技术参数在考虑历史文化诸因素后的变化，是否需建立新的修正系数等问题，目前，因没有建立大数据分析论证系统，大多凭经验的判断，科学性差。

三、历史保护建筑房地产估价方法的探索

针对当前面临的历史保护建筑估价的难点问题，结合公司承接的城市更新项目中涉及的多个操作案例，笔者在传统方法的基础上对历史保护建筑房地产价值的估价方法进行了有益的尝试与探索。

1. 研究厘清不同类别估价对象的区别。优秀历史保护建筑、历史风貌保护区、文物保护不动产建筑类之间的价值关系虽然在业内没有权威的说法，但从相关法规对保护对象的定

义及关系界定中，可以比较客观地分析研究出基本结论。如，《上海市历史风貌区和优秀历史建筑保护条例》第二章的第九条、第十条，清楚地明确了历史风貌区和历史保护建筑的定义与条件。《中华人民共和国文物保护法实施条例》《上海市文物保护条例》明确了不可移动文物建筑类的定义和保护要求。上海市人民政府向上海市人大作的《关于〈上海市优秀历史建筑和历史风貌保护条例（草案）〉的说明》中阐述：优秀历史建筑是上海历史风貌保护的价值精华和核心要素，也是上海特色，保护好单位建筑，上海文脉才能延续，历史风貌才能保持。同时，又阐述：修改后的条例可直观地展现上海历史风貌保护工作从保护单体历史建筑开始，不断深入拓展到历史风貌整体保护的历史过程。法律法规对保护对象关系的界定中，也有文物保护不可移动建筑类主要体现历史价值，优秀历史保护建筑体现的价值除了艺术价值外，还有更宽泛的价值。结合上海的历史保护对象现状，可以这样认为，不同保护对象，在同一条件和情况下，价值是有高低的。一般说，优秀历史保护建筑价值最高，特别是优秀历史保护建筑与文物保护不动产建筑类重叠，又在历史风貌区内的估价对象价值更高。其次，文物保护不动产建筑类，若在历史风貌区内价值可高一些。再次，历史风貌区内的历史建筑（图8）。

图8　历史保护建筑价值排序示意图

2.建立整体完善信息库分类科学排序。将政府按照法律、法规、规定、标准及经法定程序确定的保护对象全部收集整理建库，然后根据优秀历史建筑的保护要求、类别，历史风貌保护区的保护要求、区域及相关保护情况等级，不可移动文物建筑类保护对象及分类要求等进行分类。历史保护建筑按照不同的保护要求分为四类；历史风貌区按照保护风貌区、保护街坊、保护道路、保护河道分为四类,再按中心城区、郊区不同地域等级进行细分;不可移动文物建筑类,按照国家、上海市、区三级和保护要求分为三类(图9)。

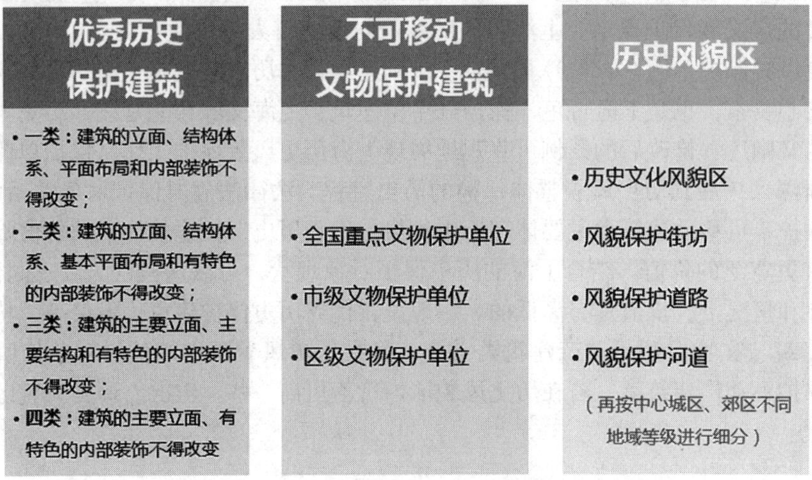

优秀历史保护建筑	不可移动文物保护建筑	历史风貌区
• 一类:建筑的立面、结构体系、平面布局和内部装饰不得改变; • 二类:建筑的立面、结构体系、基本平面布局和有特色的内部装饰不得改变; • 三类:建筑的主要立面、主要结构和有特色的内部装饰不得改变; • 四类:建筑的主要立面、有特色的内部装饰不得改变	• 全国重点文物保护单位 • 市级文物保护单位 • 区级文物保护单位	• 历史文化风貌区 • 风貌保护街坊 • 风貌保护道路 • 风貌保护河道 (再按中心城区、郊区不同地域等级进行细分)

图9 历史保护建筑分类示意图

在全面分类后,还要根据历史文化各因素进行排序评定。从上海的实际看,将历史文化价值因素,由原来的历史、科学、艺术价值,扩展为历史、科学、文化、保护、观瞻五项价值标准。按照保护要求划分的类别,用五项价值标准逐项对照评定。在广泛收集信息资料的基础上,运用结构方程模型方法进行整体排序。通过分类分层建立标准模型指标,运用采集的可比案例分析修正,或运用德尔菲法进行评定,确定标准模型指标分值,形成标准房屋样本,然后运用计算机模型进行运算,得出初步结果,再进行检验,最后形成标准房屋指标,通过对其他保护对象情况的分析,建立系统修正体系,分类分层对各个保护对象历史文化价值进行修正测算,依据结果进行排序。由此对入库对象的历史文化价值进行整体评估与排序。建立价值监测体系,定期对入库保护对象历史文化各因素变化状况进行修正。

3.寻求反映估价对象特征的思路方法。目前,对历史保护建筑的估价总体分以建筑物或以房地产整体为对象进行。对单纯的历史保护建筑物估价,思路可设定:先用重建成本测算法测算历史建筑被保护部分的价值,再用重置成本测算法测算历史建筑未被保护部分,两者合成建筑物的整体价值。然后采取德尔菲法或结构方程模型法对该建筑整体的历史文化相关因素评估,换算出增值额。最后,将两部分价值分别经费率修正后相加,得出该建筑物的总价值。

对房地产整体估价的历史保护建筑,思路可设定:先用适用的估价方法测算出建筑物房地产整体(不含历史文化特殊价值)价值,随后运用德尔菲法或结构方程模型法、多元回归分析法评估出历史文化各因素的价值,两者分别经修正后相加,形成房地产整体价值。条件具备时,上述两种思路,都可将历史文化特殊价值评估纳入对建筑物或房地整体估价中一同测算。按照此估价思路,对适用的主要估价方法作如下研究。

1)比较法

由于历史保护建筑的稀缺性和交易受限多,市场成交实例的数量通常难以满足比较法的使用要求。随着城市更新不断推进,加大了对历史保护建筑的活化利用,市场交易案例逐步增多,提供了运用比较法的条件。目前,主要采用先评估不包含历史建筑特殊因素价值的同等房地产状况下的普通房地产价值,再加上历史建筑特殊价值的修正值或乘调整系数得到。公式如下。

第一步,求取同等条件下普通房屋的比较价值:

普通房屋比较价值 = 可比实例成交价格 × 交易情况修正系数 × 市场状况调整系数 × 房地产状况调整系数。

第二步,求取历史保护建筑价值:

历史保护建筑比较价值 = 普通房屋比较价值 × (1 + 历史保护建筑特殊因素比较价值修正系数) 或 历史保护建筑比较价值 = 普通房屋比较价值 + 历史保护建筑特殊因素比较价值修正值;

当历史保护建筑的成交情况能够满足传统比较法的使用条件时,如从历史保护建筑交易实例或是历史保护建筑大数据库中选取可比实例。此时的估价公式为:

历史保护建筑比较价值 = 历史保护建筑成交价格 × 历史保护建筑交易情况修正系数 × 历史保护建筑市场状况调整系数 × 历史保护建筑房地产状况调整系数。

2) 收益法

历史保护建筑用于有经营性收益的用途时,适用于收益法。历史保护建筑能够获得超过普通房屋的较高净收益,资本化率或者报酬率的选取也不同于普通房屋,因此收益法的结果能够体现历史文化的增值部分,无须对收益法的结果再作额外的修正。

在收益模型上,若未来收益可以合理预测时,宜优先选用报酬资本化法,按照全剩余寿命模式进行估价,此时收益法运用的关键在于净收益和报酬率的确定。历史保护建筑用于出租的,一般基于租赁收入求取净收益。商业、住宅、办公等用途的历史保护建筑,可以获得超过普通房屋的租金收益,因此租赁收入中能够体现历史保护建筑特殊因素价值的增值部分。当历史保护建筑存在部分经营附带收益时,可计入其他收入中,同时扣除相应的费用。

净收益 = 潜在毛租金收入 – 空置和收租损失 + 其他收入 – 运营费用(需考虑历史保护建筑保护性修缮及相关费用的分摊)。

报酬率的确定方法有市场提取法、累加法、投资收益率排序插入法。其中,市场提取法需要收集三个以上可比实例(价格、净收益等数据),投资收益率排序插入法需要对不同类型投资的报酬率及风险程度排序,均较难以实现。因此最常用也是最容易操作的方法是累加法。累加法的基本公式为:

报酬率 = 安全利率 + 投资风险补偿率 + 管理负担补偿率 + 缺乏流动性补偿率(考虑历史保护建筑流动性较低的因素) – 投资带来的优惠率(考虑历史保护建筑带来的优惠因素)。

需要注意的是,与同用途的普通房地产相比,历史保护建筑投资风险较低,因此投资风险补偿率的取值也相对较低。

3) 成本法

在评估历史保护建筑物价值时,建筑物自身建造价值与历史保护建筑物特殊因素价值之间的关系呈现三种方式。一是,在建筑物重置成本上,加历史保护建筑物特殊因素价值测算结果的方式。二是,在建筑物重建成本上,加上历史保护建筑物部分特殊因素价值测算结果的方式。由于建筑物有重建成本价值,其中包含了一定量的历史、科学、艺术价值,但是,这仅从建筑材料使用和建筑工艺方面体现,没有体现建筑物整体特征表现出来的因素价值,还需要对各因素作相应的补充评价,进一步调整修正到更加完善的价值评估结果。三是,运用单位比较法测算出建筑物重建价值及相应历史建筑特殊价值的表现方式。这种方式也需对历史建筑特殊价值进行补充评价修正。值得注意的是，如果比较的过程中修正系数设置得比较科学、全面，那么补充评价量相对变小。

此外，当求取历史保护建筑房地整体价值时，土地使用权价值应当也含有历史保护建筑特殊因素价值。一是，分别求取在同一供需圈，同一条件下有历史保护建筑的土地使用权价值和没有历史保护建筑的土地使用权价值，用对比的方法取得有历史保护建筑土地使用权含历史建筑特殊因素价值额；二是，运用剩余法对类似历史保护建筑房地整体价值进行倒算剥离，求出土地使用权中的历史保护建筑特殊因素价值占比；三是，利用历史保护建筑数据库信息经大数据分析对比测算出历史保护建筑土地使用权中特殊因素价值占比。

4）标准价调整法

对估价范围内具有相似性的多套历史保护建筑房地产，设定标准房地产并测算其价值，然后建立调整系数体系，再将标准房地产调整为各宗房地产价值。对于历史保护建筑中的多层公寓、办公房等估价对象，不仅需在标准房地产价值中体现估价对象特征和历史保护建筑特殊因素价值，而且，相应的修正系数也应结合历史保护建筑的特征进行调整，如楼幢、楼层、朝向及特殊因素的影响度。从已经完成的估价案例大数据分析，一般说来，特殊因素价值影响比值越大，楼层、朝向及相关因素差距设置应当相应缩小。同时，调整系数设置宜根据估价对象的具体情况相应拓展。

4.建立完善大数据分析论证体系。首先，建立完善以优秀历史保护建筑为重点的信息库。把目前优秀历史保护建筑信息库拓展为以优秀历史保护建筑为重点，集历史风貌保护区、文物保护不可移动建筑类，以及同一供需圈内类似房地产信息归集建库，分类分层排序，广泛搜集基本信息，建立分析论证基础。其次，建立完善的动态监测体系机制。搜集分析库内目标对象价格信息的变化情况，特别是对其进行修缮和活化利用后，其各种特殊因素对价值影响的变化信息。再次，建立完善获取可比案例的研究机制。运用丰富的信息资源，选择适用方法，建立基础模型，获取可比案例。第四，建立完善估价适用方法中相关参数的论证模型。解决各种方法中重要参数使用的客观性难题。第五，建立完善历史保护建筑特殊因素转入房地产价值体系的方法研究机制。运用大数据分析研究解决怎样将历史保护建筑的特殊因素合理转换为价值，合理量化历史保护建筑特殊因素价值与整体房地产价值占比值问题。

四、结论及建议

经过百年的沧桑变迁，上海形成了一种以西方建筑文化为主体，渗透东方建筑文化影响的海派建筑文化。散落在城市各个角落的历史建筑是这个城市最大的资产，量化其表现出来的深层价值可以更好地保护与传承历史文脉，其意义深远。笔者建议：

1.行业主管部门与协会组织相关机构、专业人士对历史保护建筑价值评估进行系统研究，制定出相应的估价技术规范或指引。

2.行业主管部门与协会积极向政府主管部门呼吁，委托有一定能力的机构配合，对所属管辖区域的历史保护建筑系统地建立信息库，定期发布权威数据与指引性变化信息。

3.有研究能力的估价机构要积极参与，推进城市更新中对历史保护建筑价值评估课题研究的不断深化。

作者联系方式

姓　　名：李建中　韩艳丽
单　　位：上海房地产估价师事务所有限公司
地　　址：上海市浦东新区南泉北路201号1005室
邮　　箱：lijianzhong52@126.com；48490388@qq.com
注 册 号：李建中（3119980114）；韩艳丽（3120060030）

姓　　名：侯纯涛
单　　位：上海上睿房地产估价有限公司
地　　址：上海市黄浦区西藏中路585号3楼A座
邮　　箱：2856730405@qq.com
注 册 号：3120150037

房地产估价实务在城市更新中的技术要点分析
——以珠海市为例

高海燕

摘　要： 在"防止大拆大建"及"限高令"的政策背景下，早期"大规模拆建式"的城市更新举步维艰，城市更新亟须从"粗放式发展"迈入"精细化运营"时代。本文以珠海城市更新为例，从政策研究、规划容量论证、可行性研究、城市更新社会稳定风险评估四个方面展开房地产估价实务在城市更新中的技术要点分析，为各评估机构开展城市更新评估咨询服务提供参考和借鉴。

关键词： 城市更新；政策研究；规划容量论证；估价实务

一、引言

为落实创新、协调、绿色、开放、共享的新发展理念，2021 年 8 月 30 日，《住房和城乡建设部关于在实施城市更新行动中防止大拆大建问题的通知》发布，全面叫停城市更新中的大拆大建，以保留城市记忆；紧接着 2021 年 10 月 22 日，《住房和城乡建设部 应急管理部关于加强超高层建筑规划建设管理的通知》中有关建筑高度的要求如下："城区常住人口 300 万以下城市严格限制新建 150 米以上超高层建筑，不得新建 250 米以上超高层建筑。"

在"防止大拆大建"及"限高令"的政策背景下，早期"大规模拆建式"的城市更新举步维艰，城市更新需从"粗放式发展"迈入"精细化运营"时代。从这个角度而言，城市更新并不是朝阳产业，也不是夕阳产业，而是需要转变为有机更新、微更新的低碳模式，进而成为城市发展建设的新劲增长及未来新常态。城市更新与房地产息息相关，因此离不开房地产估价机构提供的专业服务。

本文结合城市更新中的估价实务工作，以珠海城市更新为例，从政策研究、规划容量论证、可行性研究、城市更新社会稳定风险评估四个方面展开房地产估价实务在城市更新中的技术要点分析，为各评估机构开展城市更新评估咨询服务提供参考和借鉴。

二、珠海城市更新概况

珠海城市更新由来已久，1993 年即开展了早期旧城镇更新探索，并在 2000 年率先开展城中旧村更新行动，经历"早期探索"—"初步构建"—"逐步完善"三个阶段，目前已形成"一二三+N"的更新政策体系，并于 2021 年 6 月 15 日颁发《珠海经济特区城市更新管理办法》（珠海市人民政府令第 138 号），从立法层面明确在规划计划、实施监管、收益分配、责任追究等方面的制度要求。

在城市更新实践中，珠海亦是硕果累累。据不完全统计，截至2022年10月，珠海共完成旧村拆建更新项目21个，总用地面积约为249万m^2。根据2021年11月26日珠海市自然资源局发布的《珠海市城市更新重点建设项目中长期计划统计表》显示，共有135个重点更新项目，其中，在建项目57个，计划开工项目78个。

根据2021年12月7日发布的《珠海市自然资源局关于组织开展珠海市城市更新中长期计划（2022—2025）编制申报工作的公告》的申报范围内容，笔者认为，未来珠海的城市更新方向会避免大拆大建的路线，转而走详细规划下高质量城市更新的方向，而珠海市"十四五"规划则显示金湾、斗门旧村改造将以乡村振兴为主。

珠海市城市更新项目分为三种类型：拆建类、改建类及整治类。本文所涉及城市更新主要为拆建类项目。

三、房地产估价实务在城市更新中的技术要点分析

在珠海如火如荼的城市更新行动中，房地产估价机构不仅可提供搬迁赔偿目的的房地产估价及城市更新地价评估服务，在融合房地产制度法规知识、房地产开发运营理论、房地产估价理论、工程管理与建设理论及投融资理论等知识体系后，可为相关政府部门提供政策研究服务、为规划及审批部门提供城市更新项目规划容量论证咨询服务、为开发主体提供城市更新项目经济可行性分析咨询服务、为开发主体及相关部门提供社会稳定风险评估等专业服务。估价机构所研究、测算、评估的成果，是城市更新相关主体决策的依据，而估价机构在城市更新行动中技术支撑的作用也由此体现。

（一）估价实务在政策研究阶段的应用

1. 政策研究思路及方法

拆建类城市更新项目实质为房地产开发项目，区别于招拍挂拿地项目，差异主要体现在前期工作成本（包括前期意愿摸查、测绘测量、搬迁补偿费用、搬迁奖励等）、回迁成本及开发周期等方面。

根据《房地产估价规范》GB/T 50291—2015，估价方法主要有成本法、市场法、收益法、假设开发法。根据城市更新项目特点，可选用成本法或假设开发法，模拟城市更新全流程，评估测算更新总成本并验算项目利润，目的是平衡被搬迁方、更新主体与相关政府部门的利益。政策研究便是在估价理论的基础上，通过研读大量文献资料、项目现场查勘与周边市场调研，并集周边较为先进城市之经验，提炼总结为本市城市更新政策制定提供参考依据。

2. 研究成果及应用

在笔者所在估价机构参与的城市更新政策研究项目中，各项研究成果的应用主要在规划容量论证、城市更新地价计收及经济评估方面。如：2016年7月29日，原珠海市住房和城乡规划建设局发布《珠海市住房和城乡规划建设局关于印发珠海市城中旧村更新开发规模测算指引的通知》（珠规建更〔2016〕19号），并于当年9月21日发布《关于启用珠海市城中旧村更新开发规模测算指引配套软件（2016年修订版）的通知》（珠规建更〔2016〕21号），该成果用于测算及审批珠海市城中旧村更新开发规模。

测算原理主要按照更新总成本加合理利润与融资计容积率建筑面积市场销售总额相平衡的原则，参考假设开发法的思路，一方面考虑项目更新建设需要投入的总成本，另一方面

考虑项目开发完成后的市场销售总额（市场价值），在考虑开发商合理成本利润率的前提下，推算出项目的融资开发规模。该研究成果对于珠海市城中旧村开发规模测算及推动旧村城市更新有着较大现实意义。

3. 小结

从经济平衡的角度测算房地产开发全流程的成本及利润，采用定性分析与定量分析相结合的方法为城市更新政策提供测算依据。研究理论与测算数据相结合，使得城市更新政策制定与优化的依据更为充分。

（二）估价实务在规划容量论证中的应用

1. 政策依据

根据《珠海经济特区城市更新管理办法》（珠海市人民政府令第138号）第十七条，城市更新单元规划应当包括以下内容：国土空间详细规划未覆盖或者对国土空间详细规划的强制性内容作出调整的，应当补充公共服务设施论证、交通影响评价、城市更新经济评估等技术报告。

2. 评估技术思路

根据政策要求，各类城市更新项目规划指标的确定，需要通过"一规划五评估"统筹并决策。公共服务设施论证、交通影响评价、城市更新经济评估、城市文脉资源的保护方案、城市景观风貌保护评估及土壤污染状况调查报告统称"五评估"。城市更新经济评估是其中必不可少的环节，经济评估的目的是论证新的规划指标下城市更新项目在经济上是否可行：若经济评估报告显示经济指标较好，说明该城市更新项目规划指标合理，经济上具备可行性；若经济评估报告显示经济上不可行，说明该项目规划指标不合理，需重新规划论证。

城市更新经济评估不是单项房地产评估，在经济评估中涉及前期成本的估算、土地取得成本的估算、建设成本的估算、开发完成后售价的估算、销售税费的估算及成本/销售/投资利润率的估算。通过资料收集与整理，参考政府公开发布的地价资料或土地评估方法进行土地单价估算，并按照城市更新地价计收文件进行土地成本计算；根据替代原理，选用成本估算方法中的类比估算法对各类物业建设费用进行估算；采用比较法、收益法等对各类物业未来开发完成价值进行评估测算；依据《广东省"三旧"改造税收指引（2019版）》进行销售税费的估算，包括回迁视同销售部分的税费。通过以上成本、收入及税费的测算，得出项目的盈利能力指标，以此论证规划容量的合理性。

3. 小结

目前各城市对于城市更新项目的规划容量审批略有差异，或从成本出发，或从利润出发，但其本质都是为了协调被搬迁方、更新主体及政府相关部门三方利益。有机城市更新需要考虑城市整体面貌及统筹公共设施建设，同样需要保障更新主体的合理利润。通过项目的盈利能力分析给予合理规划容量，是推进城市更新项目的重要途径。

（三）估价实务在城市更新项目可行性研究中的应用

1. 政策依据

可行性研究作为投资决策的重要依据，在投资项目全流程中尤其重要。各地对于国有企业的投资均有一定的规范要求，以珠海市为例，根据《珠海市市管国有企业投资监督管理办法》第二章第六条第（三）点：组织投资项目的可行性研究和必要的专家论证。

2. 评估技术思路

城市更新可行性研究报告编制范围包括：项目背景及必要性分析、项目需求分析、项目场址与建设条件、拆迁与建设方案、项目组织机构实施进度与招标投标、土地取得成本估算、投资估算与资金筹措、财务分析、社会效益分析、社会评价与风险分析、节能分析与环境影响评价、劳动安全卫生消防与海绵城市设计。通过以上各方面的分析与论证，提出项目有关结论与合理建议。

财务分析采用房地产开发与经营中的动态分析法结合静态分析法，以内部收益率、财务净现值、投资回收期、净利润、自有资金回报率等作为财务分析中的经济指标，根据项目开发的时序及运营情况，按合理的测算年限，分析项目的经济可行性，并以此作为国有企业作为城市更新开发主体的决策依据。

3. 小结

城市更新可行性研究报告根据不同类型项目、不同阶段、不同审批主体对研究报告深度要求不同，难度不一，但其估价原理是一样的。充分研究分析项目实施的必要性、项目实施技术上的可行性、法律上的合法性及经济上的可行性，是一份优秀的可行性研究报告的必要前提。

（四）估价实务在城市更新社会稳定风险评估中的应用

社会稳定风险评估（以下简称"稳评"），是指与人民群众利益密切相关的重大决策、重要政策、重大改革措施、重大工程建设项目以及与社会公共秩序相关的重大活动等重大事项在制定出台、组织实施或审批审核前，对可能影响社会稳定的因素开展系统的调查，科学地预测、分析和评估，制定风险应对策略和预案。

1. 政策依据

各地政策对于城市更新稳评要求不一。以珠海市为例，根据《珠海市城中旧村更新实施细则》（修订公开征求意见稿）第三章第三十条"社会稳定风险评估"：在开展用地及建设情况调查统计工作的同时，村集体经济组织应当组织进行旧村更新项目社会稳定风险评估和分析，编制风险评估报告并报属地镇政府（街道办事处）备案。

2. 评估技术思路

根据笔者所在估价机构近年接触及完成的稳评相关经验，结合相关技术指引，对城市更新稳评的评估技术思路总结如下：

1）项目调研

城市更新项目中涉及的利益相关方较多，利益的平衡是关键。针对城市更新事项涉及的内容，估价机构根据实际情况采取查阅资料、问卷调查、实地走访和召开座谈会、听证会等多种方式，广泛征求公众特别是直接利益群体的意见，为评估工作提供准确可靠的资料。

2）全面分析评估论证

分门别类梳理各方意见和情况，对城市更新事项的合法性、合理性、可行性和风险可控性进行全面深入研究，查找社会稳定风险点。对所有风险点逐一进行分析，参考相同或者类似决策引发的社会稳定风险情况，预测风险发生概率及风险影响程度。

3）确定风险等级并提出风险防范措施

根据分析论证情况，结合珠海市确定的社会稳定风险评估指标和评判标准，在综合考虑各方意见和全面分析论证的基础上，按照风险等级评判标准，对实施事项的社会稳定风险做出客观、公正的评判，确定实施事项社会稳定风险的高、中、低等级，并提出对应的风险防范措施。

3. 小结

社会稳定风险评估属于评估咨询业务延伸范畴，不同的是，它评估的是估价对象的风险等级并提出对应的风险防范措施。估价机构作为无利益相关的专业第三方服务机构，通过对政策的把握、城市更新流程的熟悉、房地产价值的了解，能更好地评估及把握风险点，为委托方提供更专业的咨询服务，从而更好地推动项目进展。

四、结束语

综上所述，城市更新项目中，估价机构所能参与并提供专业服务的领域非常广阔，估价机构在城市更新中的技术支撑作用突出。

房地产估价行业属于智慧密集型行业，估价师及估价专业人员所要学习与掌握的知识量庞大。展望未来，房地产估价机构所提供的服务不应局限于传统的抵押贷款等评估业务，应当不断地向高端、精细和专业化的方向发展，用专业服务客户，用专业获得客户的信赖。

参考文献：

[1] 简文娟. 粤港澳大湾区主要城市更新单元容积率计算制度对比研究 [J]. 住宅与房地产，2019（33）：7-8.

[2] 陈海彬. 房地产估价机构在城市更新中的作用研究 [J]. 经济技术协作信息，2021（3）：3.

[3] 施平. 低碳理念下的城市更新与估价服务——以上海市静安区旧区改造的创新实践为例 [J]. 中国房地产估价与经纪，2021（6）：66-71.

作者联系方式

姓　　名：高海燕

单　　位：广东公评房地产与土地估价有限公司

地　　址：广东省珠海市吉大九洲大道中温莎国际大厦17楼

邮　　箱：564943652@qq.com

注册号：4420190333

征拆全链条服务在助力城市更新中的积极作用

王陆浩

摘 要：目前，我国已经步入城镇化较快发展的中后期，城市开发建设方式从"大拆大建"的增量建设为主，转变为"有机更新"的存量提质改造为主。坚持"留改拆"并举，意味着征收拆迁工作目前仍然是不可或缺的。作为第三方的专业房地产估价机构，除了需要科学客观地评估更新改造前后的价值及差异，还需要提供其他相关估价及咨询顾问等服务，为城市更新征收拆迁工作提供高质量的全链条服务，可以有效平衡各方利益，防范化解矛盾和风险，发挥估价行业的积极作用。

关键词：城市更新；全链条服务；利益分析；房地产估价；作用

一、引言

2021年，我国城镇化率达64.72%，城镇化已进入到中后期发展阶段，主要城市发展模式由大规模增量建设转为存量提质改造和增量结构调整并重。实施城市更新行动是党的十九届五中全会作出的重要决策部署，是《中华人民共和国国民经济和社会发展第十四个五年规划和2035年远景目标纲要》明确的重大工程项目。国家及各省市均陆续出台了城市更新方面的指导文件和配套政策，秉承顺应城市发展规律，以"人"为核心，注重历史文化保护传承，坚持"留改拆"并举，坚持"减量发展"，不搞"大拆大建"的更新原则，全面推进城市更新行动。

城市更新坚持"留改拆"并举，并不意味着不搞拆除重建，对落后、衰败的城市空间通过论证后实施拆迁改造进行优化与替换，导入新产业、新业态、新功能也是城市更新的方式之一。因此，城市更新背景下，征收拆迁工作仍然是不可或缺的。同时，政府和各相关方对征收拆迁工作服务机构的专业性和综合性要求也在逐步提高，单一的传统征收拆迁评估服务已经不能满足政府及各相关方的要求。估价机构需要把征收拆迁各个环节紧密联系起来，平衡各方利益，协助政府提高征收拆迁过程中各项工作的推进效率。因此，估价机构提供的服务逐渐向综合化、顾问化的征收拆迁全链条方向发展。

二、城市更新的主要类型及各参与方的利益成本分析

（一）城市更新的主要类型

按照城市更新的改造程度划分，改造方式可分为综合整治类、改建完善类和拆除重建类，估价机构均有机会参与其中，协助政府推进城市更新工作。

1. 综合整治类

是指在更新单元内以基础设施、公共服务配套设施和环境的更新完善，以及既有建筑的改造和修缮等为主，但不改变建筑主体结构和使用功能。这一类改造力度最弱、审批条件最宽松，市场化的开发企业参与相对较少。此类城市更新估价机构可参与的工作主要是更新改造意愿调查、拆除违法建筑、宣传、管理以及顾问咨询等工作。

2. 改建完善类

是指在符合国土空间详细规划、维持现状格局基本不变的前提下，对更新单元内已确权登记的原有建筑物，采取加建、改建、扩建、局部拆除、改变功能等一种或者多种措施，对片区进行更新完善。开发企业可以通过项目改造或运营的方式参与投资建设，改造后的项目可以进行商业地产运营。此类城市更新与征拆工作联系相对较大，估价机构可参与涉及政策、投资、价值评估、管理以及顾问咨询等工作。

3. 拆除重建类

是指对通过整治提升或改建完善均无法满足城市发展需要的更新单元内原有建筑物进行全部或部分拆除并重新规划建设，有可能改变土地使用权的权利主体或变更部分土地性质。此类城市更新与传统征拆领域较为重合，参与机会最多、业务类型也较为常见。

城市更新的驱动力其实是价值创造和价值分享，城市更新不同类型改造力度不同，创造增加的价值也不相同。综合整治类主要是完善功能配套，创造的直接价值主要归原产权方分享，基本都要靠政府投资实施；拆除重建类通过改变规划用途和空间创造价值，除安置补偿外还有剩余价值可供投资者和政府及原产权方分享，加上其他有利方式，可以吸引房地产开发企业参与；改建完善类介于二者之间，通过功能用途改变、附带增值权益提升价值，对于专业运营类开发企业，有一定吸引力。估价机构征拆全链条起源于拆除重建类城市更新，通过征拆工作经验的积累，业务逐渐向前两类更新上下游进行延展。

（二）城市更新征拆工作各参与方的利益成本分析

从城市更新实施主体的角度看，城市更新主要有三种模式：政府主导模式、市场主导模式、政府和市场合作模式。不论哪种模式，各参与方主要有政府、开发企业、产权方等。城市更新项目的顺利实施需要以平衡好参与各方的预期利益为前提。以下为简要利益成本分析：

1. 政府

1）预期利益。①完善城市功能，改善城市面貌；②改善居民生活环境，保障公共利益；③整合土地资源，提高土地利用率，获取土地出让收益；④部分经营性物业的后续管理收益，如税收；⑤实现政府目标，提高政绩。

2）预期成本。①可接受的补偿安置、配套设施投入等更新改造成本；②优惠政策或简化程序；③尽可能没有的更新效果不好时的公信力损失。

2. 开发企业

1）预期利益。①尽可能多地更新改造后的销售收入或运营收入；②尽可能多进入改造片区房地产市场；③提高企业知名度。

2）预期成本。①可控的更新改造成本资金投入；②承担一定可控的资金及社会风险。

3. 产权方

1）预期利益。①获得尽可能多的拆迁补偿；②获得明确产权的房产；③改善居住环境、房产保值增值。

2）预期成本。①原有房屋及附属物；②原有租金收入或分红收入；③更新改造的金钱、时间、物质成本。

可以看出，各方的利益并不一致，甚至有较大冲突。如政府与开发企业之间的利益冲突主要体现在开发企业参与城市更新行为是为了实现自身利益的最大化，希望尽可能突破政府规则的限制。而政府实施城市更新是为了保障公共利益、落实城市规划，一般会根据政策，通过行政手段，来引导和限制开发企业的行为。

开发企业与产权方之间的利益冲突主要体现在产权方希望资产能在保值的基础上获得尽可能高的增值率或者尽可能多的拆迁补偿。开发企业则不希望让渡额外的利益给产权方。且在实际双方谈判过程中，产权方很难平等地与开发企业谈判获得应有的利益。

政府与产权方之间的利益冲突主要体现在公共利益投入产出上。政府作为城市更新项目的监管者和组织者，希望从全局出发，保障提升片区公共利益，同时尽可能多地减少投入。产权方是项目的直接参与者，不投入或减少投入，更多地分得项目公共利益是他们的目标。

实际上城市更新主体除了政府、开发企业、产权方，还有一些非常重要的参与机构和个人，比如非政府组织（NGO）和租户，他们也有自己的利益诉求。城市更新既是对于城市空间环境的更新整合，也是各利益主体之间利益的分配与协调的过程，目标应当是在不损害各利益主体的前提下，实现城市的经济效益、环境效益与社会效益的共赢。只有在整个规划设计和实施过程中，做好各利益主体各阶段的沟通、协调，最后的结果才是各方接受的。

三、估价机构征拆全链条服务及其优势

城市更新项目是系统工程，涉及可行性研究、立项、实施、运营等全流程环节，引入第三方机构公平量化各方利益，使各方利益得以平衡是积极推动城市更新项目的有效措施之一。

估价机构一直作为征拆工作的参与者、城市更新的实践者，基于不同的目的或要求，在项目的不同阶段可以提供不同的估价咨询服务。随着更新项目的实施、更新经验的累积，构建了以传统价值评估为背景，以咨询、顾问、工程、管理为依托，相对完备的征收拆迁全链条服务体系以更好地服务城市更新。现阶段征收拆迁全链条服务的内容主要有：

（一）前期工作（规划决策）阶段的服务

1.更新（征拆）实施方案策划顾问；2.更新改造意愿调查、前期摸底调查服务（土地、地上物、权属等）；3.项目经济、效益测算分析与咨询；4.征收拆迁全程咨询服务；5.更新改造或安置补偿方案测算及拟定；6.前期定位及策划；7.项目建议书、代可行性研究报告、项目申请报告、可行性研究报告；8.城市更新（征拆）政策研究、培训及咨询服务；9.土地一级开发、棚改项目可行性研究及实施方案；10.集体建设用地更新可行性研究、策划、咨询顾问服务；11.社会稳定风险评估；12.产业研究；13.土地复垦方案、土地现状调研等。

（二）实施阶段的服务

1.国有土地上征收评估；2.集体土地上拆迁评估；3.腾退补偿评估；4.拆迁评估监督审核服务；5.征收拆迁全过程管理；6.拆迁谈判咨询；7.征拆宣传、党建方案策划及顾问；8.签约谈判服务；9.更新改造项目管理；10.更新产品开发设计等。

（三）后期阶段的服务

1.安置房选房代理服务；2.不动产权登记代理；3.运营方案分析建议；4.项目后评价；5.城市更新项目价值评估等。

（四）其他服务

1. 城市更新全流程管理系统；2. 项目推介。

征拆全链条服务旨在从城市更新战略出发，通过对项目、片区、未来的价值发现，立足具体项目和具体实际，通过测算、评估、分析、管理等手段，达到资源整合、利益平衡、有机更新的目标。

估价机构发展并提供征拆全链条服务具有天然优势。房地产估价机构长期从事房地产征收拆迁工作，熟悉征拆流程及相关法律法规，熟悉各利益群体的主观诉求，在政策理解、价值分析等方面具有专业优势，与城市更新工作有诸多契合点。另外房地产估价师是准入类资格，熟悉房地产相关法律法规，具有建筑、规划、工程造价、经济、管理等知识，熟悉规划、建设相关流程，专业化程度较高。

四、征拆全链条服务在城市更新中的积极作用

城市更新项目有很强的综合性，要涉及属地政府和规划、建设、交通等部门，每个项目的具体情况不一样，侧重点也不一样。这就需要估价机构综合各方面的因素进行综合分析，从而给出最佳解决方案。

征拆全链条服务能够为城市更新提供从前期投资决策到后期运营各个环节的服务。在为城市更新中各相关方服务过程中，扮演着至关重要的"医师、军师、导师"角色，发挥着十分重要的作用。

（一）发挥"导师"作用，保障项目进度

估价机构从前期就介入项目，为委托方提供项目定位、政策顾问、经济效益测算等方面服务，积极参与、协助政府制定政策，根据不同类型的城市更新项目制定相应的规划或方案，可以帮助政府、开发企业从城市有机更新的角度发现需求、发现价值、创造价值。

政府、开发企业、产权方等参与方，对政策的不熟悉与信息不对称可能导致项目推进困难，为保证自身利益，可聘请估价机构进行政策解读与咨询。房地产估价机构由于自身的专业特点，在政策研究解读方面具有传统优势，可提供城市更新（征拆）政策研究、培训及咨询服务以及征拆政策宣传、顾问服务，统一参与各方对政策的理解，指导政策落地，保障项目顺利推进。

通过全链条服务的产业研究、运营方案分析等服务，解决资金及运作路径，建立多主体参与的管理机制，共同促进项目良性开展，维护更新改造成果，实现项目可持续化。

估价机构具备承担征收拆迁全链条服务的能力后，在项目实施中全流程深度参与，能够更好地把握项目特点、时间节点，切实为政府、实施主体等委托方提供高效、规范、专业的全方位技术和解决方案，为项目顺利开展保驾护航。

（二）发挥"医师"作用，规避项目风险

城市更新项目需要大量的资金，聘请估价机构在项目前期对经济效益进行测算分析，可较大程度避免资金损失。如测算分析时已投入资金，仍可通过专业的定位、研究等，帮委托方找出平衡或降低损失的方案。

更新改造或安置补偿方案测算及拟定是项目成败的关键点之一。政府关注公众利益和财政能力，开发企业重视自身的经济效益，追求的是高容积率、低补偿等，但是产权方则相反。产权方一般在城市更新中处于弱势地位，但涉及面广，易产生社会影响，因而方案应在

利益平衡下尽可能保证其合法权益。只有根据实际情况，平衡好各方利益的方案才能被相关方接受。

社会风险评估是了解项目风险因素、改造意愿、利益群体对项目接受程度，以及利益群体的构成等方面的重要环节。估价机构长期参与征拆工作，具有丰富经验，深入透彻且全面专业的社会稳定风险评估，找出症结开出药方，可以规范城市更新工作，有效遏制并消除维稳风险，确保项目更加顺利有序推进。

拆迁评估监督审核服务可以监督征拆工作完整流程，关注权属，复核评估价值等，及时纠偏并给出解决方案，使项目合法合规。

城市更新项目利益牵扯较广，为避免引起群体性事件等对社会造成不良影响，估价机构全链条服务可对项目推进的各时期节点可能遇到的问题提前预测、合理分析，平衡各方利益并给出相应解决方案，规避项目风险。

（三）发挥"军师"作用，提高项目效益

通过前期调查工作，充分调查更新项目现状、存在的问题，并广泛摸底小区内住户的改造意愿，判断哪些是项目客观需改造的内容、哪些是居民迫切想改造的内容，从而合理确定改造内容，避免盲目决策。在确定改造内容的基础上，通过对项目进行建设投入与运营产出测算评估，评判财政的承受能力，为政府科学决策提供依据。

在城市更新中，开发企业需要投入的资金巨大，在项目定位、补偿方案、征拆评估、拆迁谈判、选房代理、登记代理等方面提供服务，通过科学合理的评估、客观可靠的分析等，能够避免开发企业遭受经济损失，保证项目的合理开发。

更新区域研究及全过程管理咨询服务通盘考虑公共利益、企业投入产出，出谋划策、编制区域更新方案，协助建立区域更新统筹机制，推动达成区域更新意愿、整合资源，实现"1+1＞2"的效果，吸引更多社会资本参与产业升级和老旧小区改造等项目。

（四）发挥专业作用，提高公信力与口碑

征收拆迁全链条服务完全覆盖整个征拆流程，具备专业化、信息化、全覆盖的特点，可以有效规范项目工作流程和把握重要节点，快速高效、合法合规地完成征拆工作。在征拆工作前期调查、确权确户、评估作业、签约谈判、补偿结算等各大步骤均制定翔实的工作流程和清单，同时利用信息化技术提高效率、准确性、公平性，依据估价机构本身的专业性沟通协调，让参与方感受公开公平公正，感受阳光透明理念，相信早签约早受益，从而放弃观望、主动签约，实现高签约率。高质量的服务项目积累与传播，必然提高行业的公信力与口碑。

五、结语

目前，越来越多的城市进入到以存量运营为特征的城市更新阶段，其中蕴含着大量的新型服务需求，为估价机构提供了众多业务来源，进一步丰富了估价机构的业务类型。估价机构要主动跟进、积极应对、抓住机会，向更加复合综合化、专业顾问化转变服务是必然选择，而更加完善专业的征拆全链条服务，也必将为城市更新发挥更多的积极作用。

参考文献：

[1] 王世春，王浩淳.房地产估价在城市更新中的作用及发展趋势研究[C]// 估价需求演变与机构持续发展：2019 中国房地产估价年会论文集 2019 年，2019.

[2] 于宗景.城市更新改造中的房地产估价服务[C]// 估价业务深化与拓展之路——2020 中国房地产估价年会论文集，2020.

[3] 杨红梅.论房地产估价机构在城市更新中的作用[J].现代企业文化，2021（24）：187-188.

作者联系方式

姓　　名：王陆浩
单　　位：北京首佳房地产评估有限公司
地　　址：北京市海淀区紫竹院路 116 号嘉豪国际中心 B 座 7 层
邮　　箱：wangluhao@shoujia.cn
注册号：1120170036

浅析成本法在经开区城市更新中的应用

王 凯　王 鑫　高棱岳　陈晓秋

摘　要：依据《北京市人民政府关于加快科技创新构建高精尖经济结构用地政策的意见（试行）》（京政发〔2017〕39号）和《北京经济技术开发区关于促进城市更新产业升级的若干措施（试行）》等文件，北京经济技术开发区正在积极有序转移疏解不符合首都城市战略定位的产业，通过回购老旧工业厂房拆除重建再利用等模式，探索疏解腾退空间资源的二次利用。本文结合作者在经开区开展城市更新相关估价工作的实践经验，就城市更新前后工业厂房建（构）筑物的特征、估价方法的选用及估价操作步骤进行探讨，供广大估价师同行参考。

关键词：成本法；经开区；城市更新；工业厂房；建（构）筑物

一、背景介绍

为了贯彻落实习近平总书记系列重要讲话精神，有序推动"四个中心"建设，北京市人民政府发布《北京市人民政府关于加快科技创新构建高精尖经济结构用地政策的意见（试行）》（京政发〔2017〕39号）、《北京市人民政府关于实施城市更新行动的指导意见》（京政发〔2021〕10号）等文件，积极优化城市功能和空间布局，疏解非首都功能。以北京经济技术开发区（以下简称"经开区"）为例，其综合运用法律、市场、行政等手段，出台《北京经济技术开发区关于促进城市更新产业升级的若干措施（试行）》等文件，积极有序转移疏解不符合首都城市战略定位的产业，探索疏解腾退空间资源的二次利用。

近年来，经开区城市更新国有平台公司，充分贯彻经开区城市更新精神，依据上述文件要求，聘请房地产估价公司积极参与工业厂房的回购及拆除重建工作，相继完成了多个工业厂房项目低效闲置产业资源盘活再利用，积极践行区域城市更新使命。

二、工业厂房建（构）筑物特征

工业生产厂房是为从事各类生产活动提供工作空间场所的直接用于生产或为生产配套所建设的建筑物和构筑物，主要包括车间、辅助用房及附属设施用房等。按类别可分为通用工业厂房和特殊工业厂房。其中，通用工业厂房具有通用性、配套性、集约性等特点，能满足从事一般工业生产和科学试验需要的标准型建筑物或建筑物群体。非通用工业生产厂房，即特殊工业厂房，多是根据工艺流程和机械设备布置的要求而设计的，综合考虑生产工艺、设备、生产操作及生产要求等诸多因素，选择适宜的结构体系，适应专业化生产的要求。其具有如下特征：

（一）涉及的行业多，建筑物多为专属设计，工程造价差异化

非通用工业生产厂房的建筑设计是根据生产、使用功能及生产工艺过程确定的，即使生产同一产品的工业企业，由于工艺、流程的不同，对建筑物的设计也可能截然不同。同时，我国地域广阔，各地的气象、水文、地质、材料和施工条件等存在较大差异，以上差异必将对不同类型的工业厂房及其附属建筑的建筑设计产生很大影响。因此，不同地区不同用途、不同性质及规模、不同生产工艺的非通用性工业生产厂房具有独一无二、用途多样及工程造价差异化等特点。

（二）建筑物用途特定，多为配套建设，不宜单独处置

为满足生产要求，非通用工业生产厂房多按生产流程需求进行规划设计，同时或分期建设主要生产厂房、辅助用房及附属设施用房等。由于上述建筑物用途特定，整体性强，不作为生产经营活动的一部分时，部分建筑物可能无法单独使用，不宜在公开市场上形成交易，故不宜单独处置。

（三）建设过程中涉及的专业类别多、繁杂

与普通民用建筑相比，非通用工业生产厂房建设过程中，涉及安装工程中多个专业类别，通常包括强电、给排水、空调通风排烟、消火栓、消防喷淋、消防监控、暖气、天然气、电梯、弱电通信、设备自控等以及工艺管道。其中以强电为例，应包括外接电缆、高低压配电室中的变压器和高低压配电柜、厂区内电缆、车间内配电箱、动力照明等环节；以给排水为例，应包括红线外干管、水泵房和消防水池内水泵、厂区内管井、室内水龙头和地漏、干管、支管等环节。车间内可能有洁净车间、冷库等特殊房间等，类别繁杂。

现以"天空之境·产业广场"项目为例，就城市更新前后工业厂房建（构）筑物的特征分别分析如下：

1. 城市更新前建筑物特征。2015年以前，该项目原为某跨国企业的冶金设备生产基地，生产厂房为三跨单层钢结构厂房，因生产工艺需要配有天车等设施设备（图1）。

2. 城市更新之后的建筑物特征。"天空之境·产业广场"项目着力打造专注医疗器械、智能制造领域的绿色智能国际化工业上楼"标杆示范园区"。以高标准强化"研发＋生产＋办公"的一体化生产模式，采用框架结构模块化设计，单层面积约8000平方米，最小单元约2000平方米，标准层的层高6米，承重达到了800千克/平方米，可以满足医疗器械领域企业的特殊工艺需求、容纳各种生产的可能，实现产品设计与生产线工艺的高度匹配（图2）。

图1　城市更新前建筑物

图2　城市更新后建筑物

三、估价方法的选用

依据《北京市人民政府关于加快科技创新构建高精尖经济结构用地政策的意见（试行）》（京政发〔2017〕39号），收回土地使用权时，"对地上可继续使用的建筑物，按重置价格结合成新程度评估确定补偿价格"。依据《北京经济技术开发区关于促进城市更新产业升级的若干措施（试行）》，收储回购补偿价格标准为："可继续使用的房屋按重置价格结合成新程度评估确定。"

依据《房地产估价基本术语标准》GB/T 50899—2013，成本法是通过测算估价对象在价值时点的重置成本和折旧，将重置成本减去折旧得到估价对象价值或价格的方法。根据《房地产估价规范》GB/T 50291—2015，对于测算建筑物重置成本（Building Reproduction Cost），通常可采用单位比较法、分部分项法、工料测量法等方法。

1. 单位比较法（Comparative-unit Method）实质是一种比较法。其通过对可比实例与估价对象在建筑规模、建筑设备、装饰装修等方面的差异进行调整，求取估价对象的单位建筑安装工程费。近年来，国家和相关部门及行业协会定期公布了不同类型建筑物的工程造价指标，估价人员可参考对其进行处理后得到估价对象建筑物建筑安装工程费。但此方法有一定局限性，如标准住宅、办公楼及通用厂房等通用性工业和民用建筑较易进行对比，因非标准厂房的特殊性，不适宜运用单位比较法进行测算。

2. 分部分项法（Unit In Place Method）是把建筑物分解为各分部工程或分项工程，测算每个部分工程或分项工程的数量，调查各个部分工程或分项工程在价值时点的单位价格或单位成本，将各个分部工程或分项工程的数量乘以相应的单价或单位成本后相加得到建筑物建筑安装工程费的方法。北京市2016年出台的《北京市房屋重置成新价评估技术标准》实际上就是分部分项法的一种，其适用于拆迁过程中相关房屋重置成新价的估价。但此技术标准常用于拆迁评估，对于住宅类老旧平房较为适宜，对于较特殊的非通用工业厂房适用性较差。

3. 工料测量法（Quantity Survey Method）的技术路线为模拟估价对象所在项目于价值时点的建设过程，并结合估价对象所在区域的实际情况，估算该过程中所发生的各项成本、措施费用、税金等必要支出，确定估价对象的重置成本。其存在以下优点：

1）针对性强：针对不同行业不同生产工艺的不同类型非工业厂房，可有效解决因其特殊的设计形式、房屋结构、建筑材料、建筑构配件和设备及施工技术、工艺等所带来的造价差异。

2）时效性强：因工程建设的需要，各地造价管理机构和行业协会均会及时更新并发布建设工程计价依据——预算定额等相关文件，并结合当地市场情况定期公布人、材、机的价格信息，时效性强。

3）衔接性强：根据最高最佳分析，可结合所选用最为合理的利用模式，较好地衔接更新改造、改变规模、改变用途或重新开发再予以利用等各类所需工程建设投资测算。

目前，我国的工程量计算软件多采用图形方法，可深入分析工程量相关特点，将结构构件当作组织单位，创建出造（估）价人员熟悉的工程模型。操作人员只要将图纸信息如实地描述到系统内（在识图或现场测量的前提下，通过手工输入结构件及其尺寸；也可通过将设计单位的建筑施工、结构施工CAD文档进行导入等方式），软件就能自动按所选的定额计算规则采用三维矩阵图形数学模型，计算出各种实体的工程量，统一进行汇总计算，极大地提高工作效率。

自从我国采用建筑工程定额造价管理以来，建筑工程量计算就消耗了造（估）价人员大量的时间和精力，但随着面向全过程的工程造价管理软件的应用和普及，图形算量等工程造价软件的日益完善，工料测量法应用难点——如何准确度量建造估价对象所需的工程量也得到了有效解决。故与单位比较法和分部分项法相比，更适用于老旧工业厂房的建筑物成本价值确定（图3）。

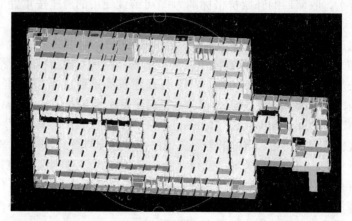

图3 采用图形算量类工程造价软件测算非通用工业生产厂房工程量

四、估价操作步骤

（一）回购老旧工业厂房时估价步骤

根据现行政策要求，估价师运用工料测量法确定老旧工业厂房建（构）筑物成本价值通常分为以下几个步骤：

1. 建（构）筑物相关资料收集

收集老旧厂房的建（构）筑物的相关建设资料，除了房屋所有权证、土地使用证、规划许可证、施工许可证、竣工验收备案手续之外，还应该收集如竣工图纸（厂区平面总图、土建和装修专业平面图纸、各个安装工程的系统图和平面图、室外工程图）、设计任务书、施工合同、施工组织设计方案、工程量清单、变更洽商单、结算审核报告、工程决算等资料。其中工程结算和决算资料应该和财务科目相对应，施工图纸应与工程造价资料相对应。估价人员还需深入调查估价对象的建设全过程所涉及的各个阶段，做到既不遗漏，也不重复。同时，重点了解原工业项目的工艺流程和原理，并指出业主提交初步资料基础材料中哪些项目有缺失，哪些项目互相矛盾不对应，及时加以改正，确保基础资料准确无误。

2. 估价人员现场查勘

以房屋所有权证等权属资料为依据，以业主提交的其他资料为参考，组织估价人员对估价对象进行现场核验，核实已有资料的完成程度，明确图纸等资料与建筑实体的差异，并对差异进行记录，必要部分进行实测实量。对并以实测实量数据作为土建装修部分评估测算的基础；以现场实测实量混凝土工作量作为钢筋工程量的估算基础；以建筑图集作为装修基层的估算基础。估算安装工程时要捋清各个专业终端、末端位置，了解配管配线、管道及保温支架等隐蔽工程走向，结合图纸资料合理估算工程量。

3. 老旧厂房建（构）筑物重置成本测算

通过结合相关图纸、现场查勘情况以及施工组织设计方案，运用钢筋算量、图形算量等工程造价软件测算出估价对象各部分的工程量，再通过计价软件，测算出建筑物重置价格。同时，依据相关规定，并结合估价对象的建成年代以及设备、设施等实际情况，合理确定各分部分项的使用年限，细分为短寿命项目和长寿命项目，测算出建筑物成新度，从而求出建筑物的成本价值。

（二）重建后建筑物的估价步骤

从本质上来说，应用成本法评估拆除重建的建筑物价值的估价步骤和技术路线与回购阶段基本无异，但还需额外关注项目背景、城市更新类型和其他政策创新应用等方面。

现阶段，通过城市更新方式开展新建或改建的项目，在规划手续、建设指标、建造工艺等方面均与传统项目有较大区别，特别是引入绿色低碳概念和装配式工艺后，估价师需对建设过程的相关资料进行全面收集，对容积率等重要建设指标进行综合研判，还需要了解拆除重建项目的"前世今生"，明晰项目的产业定位、开发策略和运营管理方式等，才可以得出科学合理的估价结果。此外，城市更新项目还在地下空间利用、建筑功能转换、土地分层出让等方面做出诸多政策创新，因此估价师还应结合项目具体情况、适用政策、实施主体等进行考量，最大程度真实反映重建后建筑物的市场价值。

五、结语

房地产估价自 20 世纪 90 年代发展至今，已形成较为成熟的技术路线与估价体系，估价工作的内涵与外延也随着社会经济发展不断衍生。房地产估价从业人员也凭借多为复合型或专项人才的优势，逐步跻身成为城市建设与更新的参与者。2021 年，北京市正式将城市更新行动纳入"十四五"规划，先后出台《北京市城市更新行动计划（2021-2025 年）》和《北京市人民政府关于实施城市更新行动的指导意见》等文件，全面推动老旧厂房更新改造等类型的城市更新。2023 年，北京市又出台规范城市更新的第一部地方性法规——《北京市城市更新条例》，内容涉及建筑功能用途转换和兼容、地下空间利用、房屋置换、房屋征收等。随着城市更新工作的有序推进，为保证相关工作的公正、公平、透明，在实操过程势必将更多地引入房地产估价工作，特定估价目的下的估价业务比重也将进一步提升。可以预见，城市更新背景下的房地产估价将会是一片蓝海，业务的广度与深度将不断拓宽。故广大的估价从业人员应加紧学习城市更新相关文件和梳理城市更新工作流程，充分发挥专业优势，寻求新的发展机遇，拓展业务范围，以便尽快融入城市更新相关估价工作当中。

参考文献：

[1] 中国房地产估价师与房地产经纪人学会.《房地产估价理论与方法》[M]. 北京：中国建筑工业出版社，2010.

[2] 王凯等. 浅析工程造价软件在非通用工业生产厂房成本价值确定中的应用 [J]. 黑龙江科技信息，2016（20）：15-16.

[3] 郭婧娟. 国内外工程计价方法在房屋估价中的应用 [J]. 北京交通大学学报（社会科学版），2005（3）：39-43.

作者联系方式

姓　名：王　凯　陈晓秋
单　位：北京京城捷信房地产评估有限公司
地　址：北京市朝阳区芍药居甲 2 号内一楼北楼四层 410
邮　箱：jingchengjiexin@sina.com
注册号：王　凯（2007110044）；陈晓秋（1120170047）

姓　名：王　鑫
单　位：北京华中兆源房地产土地评估有限公司
地　址：北京市大兴区黄村镇兴政街甲 23 号 2 幢 5 层 502 室
邮　箱：xinxinln@sohu.com

姓　名：高棱岳
单　位：北京中汇信永资产评估有限公司
地　址：北京市东城区东直门外大街 46 号天恒大厦 16 层
邮　箱：gaolingyue@zhxycpv.com

"看不见的手"还是"看得见的手"?
——城市更新政策比较研究以及对西安市城市更新政策的建议

程永杰 顾莹茁

摘　要：西安曾经是"丝绸之路"上的国际级大都市，其城市化进程与王朝兴替紧密相关，当前正处于新一轮城市更新的重要时期。本文通过借鉴发达国家城市更新经验，比较研究广东和上海等我国城市更新政策制定和实践工作起步较早的城市中政策导向和实施效果的关系，以期总结学习其在政策体系建设和城市更新管理中的经验，为西安市城市更新政策的制定提供参考和建议。

关键词：城市更新；政策比较研究；政策建议；西安

一、城市更新内涵与定义

"城市更新"这一概念起源于20世纪50年代的西方发达国家，经过半个多世纪的理论研究和社会实践，已经形成了丰富的理论成果。随着我国新型城市化进程开启高质量深化发展阶段，国内对"城市更新"（Urban Regeneration）的关注也从学术界扩展到社会各界。

城市更新是将城市中已经不适应现代化城市社会生活的区域做出有计划改建的活动，在形式上是对空间利用方式的调整，内在意义上是对土地开发权的再分配。随着我国城市化过程推进，形成了巨大的潜在土地增值收益，不同权利主体对于分享土地增值收益的预期，构成了城市更新的核心动力。

目前国内政策角度对城市更新的定义主要是与传统的"收储再出让"土地流转路径相区别，允许国有建设用地使用人按照政策法规约定的程序，通过补缴土地出让金，变更土地使用用规划和/或用途，更新土地使用年限，自发推动城市空间的风貌和使用功能更新，从而参与土地增值收益的分享。这一过程避免了土地征收对财政的短期压力和土地市场波动带来的风险，也能将城市绿化和部分公共服务配套设施的建设成本转嫁给市场主体，减轻了财政压力。市场主体自发投入，一定程度上保证了建设成果满足市场需求而非单纯的行政指令，也避免了大拆大建造成的资源浪费和对城市风貌、居民生活的影响。

在城市更新的具体实践过程中，我国的城市更新从政策制定到具体实施，呈现出一定的导向差异：有的地方倾向于政府主导，有的地方则倾向于借助市场化的力量推动，政府主要起引导监督的作用。这两种制度导向选择与地方经济发展水平、土地市场化程度和政策路径沿革有关，某种程度上具有历史依赖性。本文希望通过对不同政策倾向进行比较，对西安城市更新，特别是产业用地（包括工业用地、商业用地和公共服务用地）提出有益的政策建议。

二、西安城市更新历程和现状

西安作为世界四大古都之一,历史文化名城,公元前12世纪首次成为王朝都城,其城市发展与中国历史王朝兴替紧密相关。新中国成立以来,西安市的历次规划均提到历史文化遗产的保护和旅游资源的开发利用,在保留城市历史风貌的同时,改变了历史遗迹的功能,实质上就是在实施城市更新。

建国初期,西安市落户了众多重要的国防和工业项目,现代工业快速发展,到1957年,西郊电工城、东郊纺织城和机械工业区都已具有一定的规模(图1)。这些企业在当时对我国国防建设和经济发展做出了重要贡献,但到20世纪80年代,逐步出现了经营困难的情况,停工停业企业增加。由于当时模仿苏联的城市规划和产业发展模式,这些企业周边都配套了职工居住区,形成了产业用地更新与老旧住区更新捆绑的西安特色困境。

图1 西安市20世纪50年代城市总体规划图

20世纪80年代中期以来,西安在明城墙内实施"退二进三",搬迁了一批工厂,恢复了北院门、书院门、三学街、七贤庄、湘子庙、德福巷、竹笆市等一批历史文化街区。2006年,西安发布《西安市工业发展和结构调整行动方案》(市政办发〔2006〕17号),开始实施二环内及二环沿线企业搬迁改造,在几年内将二环及二环沿线工业企业迁入开发区和工业园区。2008年,西安发布《西安市二环内及二环沿线工业企业搬迁改造实施办法》(市工调办发〔2008〕1号),并逐年制定搬迁计划,协调域内企业搬迁。截至2015年,二环线内及沿线共搬迁超200户工业企业,基本实现城墙内无工业企业。

2017年,西安市发布《西安市人民政府关于印发供给侧结构性改革去产能行动计划的通知》(市政发〔2017〕36号),支持产能退出企业盘活土地资源,划拨用地可依法转让或由政府收回,出让用地在符合土地利用总体规划、城乡规划和产业发展方向的前提下,通过政府主导再开发、原土地权利人自主再开发、市场主体参与再开发等多种形式,采取收购储备、鼓励流转、"退二进三"等多种方式实施低效产业用地再开发。这一政策启动了西安市以产业用地再开发为核心的新一轮的城市更新，催生了西影厂、老钢厂、大华1935等一批老旧厂房的城市更新项目。

2019年，西安市发布《西安市人民政府关于印发〈工业企业旧厂区改造利用实施办法〉的通知》(市政发〔2019〕14号)，提出按照土地使用权取得方式(划拨或出让)，在符合产业和城市规划的前提下，鼓励城市内建成区内的老旧工业企业按照搬迁改造、"退二转三"、总部建设和改造提升四类路径进行改造利用，搬迁企业和无力发展三产的企业，土地上交政府统一收储。这一政策充分考虑了企业的经营状况和转型发展能力，拓宽了社会资本参与城市更新的方式，以收储作为兜底保障，为城市建成区内的老旧工业企业用地提供更新路径。

2020年3月，《西安市人民政府办公厅关于印发〈西安市加快建设先进制造业强市支持政策实施细则〉的通知》(市政办发〔2020〕5号)出台，为支持企业"退城入园"，对搬迁至符合产业规划及搬迁至符合产业规划的开发区或工业园区，继续从事制造业生产的企业，以其原厂址周边商业用地同期评估价格扣除政府计提后的资金规模为基数，按不低于50%的比例协商确定土地补偿标准。政策在土地有偿征收标准之外，为制造业企业提供了新的城市用地增值收益分享机制，有利于推动产业集群式发展和产业空间规划落实。

2021年，《西安市城市更新办法》经市委常委审议通过并公开发布，办法丰富扩充了城市更新工作原则，强调了城市更新的绿色低碳发展和高质量发展路径。该办法将市城市更新领导小组设置在市城中村(棚户区)改造事务中心，单独提出了对历史文化遗产的保护，细化了整治提升类和拆旧建新类更新项目的实施条件；提出了保护传承、整治提升和拆旧建新三种城市更新方式，同时在拆旧建新类城市更新项目中，保留了"征收—出让"路径，为新老政策对接保留政策接口。

2021年11月，《住房和城乡建设部办公厅关于开展第一批城市更新试点工作的通知》(以下简称《通知》)发布，西安等21地上榜第一批城市更新试点城市，第一批试点自2021年11月开始，为期2年。同年，西安市发布《西安市人民政府关于印发推动工业遗产保护利用打造"生活秀带"工作方案的通知》(市政发〔2021〕18号)，鼓励对工业遗产活化利用(表1)。

西安市产业用地再开发类城市更新政策不完全汇总表　　　　表1

文件名称	文号	发布单位	文件效力
西安市工业发展和结构调整行动方案	市政办发〔2006〕17号	西安市人民政府	有效
西安市人民政府关于印发供给侧结构性改革去产能行动计划的通知	市政发〔2017〕36号	西安市人民政府	有效
西安市人民政府关于印发《工业企业旧厂区改造利用实施办法》的通知	市政发〔2019〕14号	西安市人民政府	有效
人民政府办公厅关于印发《西安市加快建设先进制造业强市支持政策实施细则》的通知	市政办发〔2020〕5号	西安市人民政府办公厅	有效
西安市人民政府关于印发推动工业遗产保护利用打造"生活秀带"工作方案的通知	市政发〔2021〕18号	西安市人民政府	有效
西安市城市更新办法	西安市人民政府令第146号	西安市人民政府	有效

近十年以来，西安的城市骨架撑开，城市版图扩大，故有的"城三区"已悄然扩大为"城六区"，城内的旧厂区、旧校区、旧菜场等老旧的城市空间业已变成文创园区、特色商业街区、新型创意社区和公共空间。据不完全统计，西安知名城市更新项目涉及土地583亩，更新改造建筑面积约53.6万平方米（表2）。

西安市知名产业用地再开发项目表（不完全统计）　　　　表2

项目名称	启动时间	项目主体	改造前功能	更新后用途	占地面积（亩）	建筑面积（平方米）
大华1935	2017年	西安曲江大明宫投资（集团）有限公司+复地（集团）股份有限公司	纺织厂	商业+博物馆+剧院	135	84876
老钢厂	2012年	西安华清科教产业（集团）有限公司+西安世界之窗产业园投资管理有限公司	钢厂	文创园区	50	45000
量子晨	2017年	西安工业投资集团有限公司+社会资本	食品厂	商业街区	41	40000
老菜场	2018年	西安市平绒厂、陕西秦岭航空电气有限责任公司等多家单位	纺织厂，后改为菜市场	社区商业中心	18	15000
西影厂	2016年	西部电影集团有限公司	西安电影制片厂	电影主题产业园+文化商业	150	200000
翠华里	2019年	曲江新区与西安财经大学	高校校园	产业基地+联合教育中心+文化交流中心	46	32000
易俗社文化街区	2016年	西安曲江大唐东市建设发展有限公司	老旧剧场	博物馆+剧场+商业	86	69020
3511文创科技园	2018年	西安际华文化创意产业园发展有限公司	毛巾厂	复合型社区商业中心+文创科技产业园	57	50000
合计					583	535896

西安的城市更新与工业化和城市化进程交织开展，在多年实践经验中，摸索建立了城市更新政策体系。西安市城市更新主要由政府依据城市发展需要，按规划计划推进。鉴于城中村和棚户区改造过程中遗留的烂尾楼、小产权房等问题，西安市对于非国有资本参与城市更新持谨慎态度。在工业用地再开发项目中，一般以政府牵头，国有资本负责具体实施。缺乏实施能力的国有资本业主，一般通过引进社会资本的方式解决项目策划、设计、建设施工和招商方面经验资源缺失的问题。在国有资本和社会资本合作的过程中，政府一般从国有资产管理的角度进行流程规范管理，较少参与合作模式拟定和更新方案指导。

三、国外城市更新发展历程和政策经验

为解决两次世界大战后住房短缺和基础设施被破坏的问题，欧洲各国自1945年后开始

以政策手段推动城市更新。美国和日本也在快速城市化后,面临各自的城市和社会问题,亟须通过城市更新这一手段予以舒缓和解决。经过了近80年的实践和发展,发达国家的城市更新已经有了大量的理论研究和实践探索,对于今天的城市更新实践具有重要的指导意义。

(一)英国城市更新

英国的城市更新政策沿革伴随着人们对城市问题的认识不断深入而发生变化,也受到执政党的变化和世界经济发展影响(表3)。

英国城市政策阶段　　　　　　　表3

时期	问题形成	政策回应
1945~1968年	住房紧缺,城市蔓延和带状发展造成严重的拥堵等大城市病	开展住房和城乡规划,引导城市发展;专注建筑物建造,即物质性更新
1968~1977年	社会病理学方法,限制在城镇里的小地区内	由于缺乏社会科学知识开展的基于地区的小规模行动和大规模的实验性行动
1977~1979年	认为城市主要存在经济衰退、物质衰败、贫穷集中和种族歧视四个问题	试图制定一套完整的方法,寻找合作方式,重新定位社会力量,形成纵向和横向的协调机制,总体上依然基于地区
1979~1991年	受结构性方法影响,对城市问题的认识出现变化,认为国家对城市干预过多,个体和群体依赖性强,限制自由市场	降低政府干预,鼓励自助自立,取消市场管制,推进房地产驱动的城市更新,倡导公私合作
1991~1997年	确保被排斥的社区从政策中受益,解决各种地区诉求和不同治理层面的协调问题	发展新型多元合作关系
1997~2010年	提升城市的经济竞争力,解决城市弱势群体和社会排斥的问题	城市复兴,成立公共主体和专项基金,开展不同层面的城市更新项目,协调不同层面的诉求
2010年至今	公共部门赤字和债务,全球经济衰退对私有经济的影响,分权化和地方主义议题	经济增长政策和地方主义政策

英国城市更新的政策变迁显示,城市更新政策的制定需要多部门参与以保障经济发展、文化保护、社区活化等多目标的实现,但应当有专门部门负责统筹,避免出现"政出多门"给民众带来的困惑和"政策寻租"。同时,城市更新项目的范围宜小,公众意见征询范围宜大,社会力量和半官方机构(如城市开发公司)比政府更适合作为城市更新的实施主体,因为它们能够更灵活地参与包括投融资在内的市场活动。政府采用竞争性的财政资金拨付方式能够以更少的财政支出取得更佳效果。

(二)美国城市更新

20世纪70年代以前,美国的城市更新政策围绕"消除贫民窟"这一主题展开,但始终没有达到预期的效果。20世纪70年代至今,城市更新向人文复苏方向转型,强调社区的自愿更新,以公众参与的多目标更新为标志,以期达到经济复兴、人文关怀和环境改善的效果。

美国的城市更新政策主要通过优厚的融资条件和财税奖励鼓励城市更新项目自发实施,具体措施包括城市更新贷款贴息、对不满足社区更新贷款需求的银行进行业务限制、财政出资为住房更新贷款增信等。此外,对于城市更新采取基于税收的奖励措施,有3种主要的税收模式奖励来应对不同的更新场景(表4)。

美国城市更新税收奖励模式表　　　　　　　　　　　　　　　　　　　　表 4

税收奖励	具体措施	适用范围
授权区（Empowerment Zones）	授权区企业每雇佣一个授权区居民，即可享有每年3000美元的税收免除； 通过授权区债权获得低息贷款； 出售特定资产免税	全美30个授权区，全部位于城市
税收增值筹资（Tax Increment Financing）	通过城市更新后更新对象或更新项目周边的地产税税收增加额偿还城市更新贷款	全美各州都有，2007年加拿大开始采用
商业改良区（Business Improvement Districts）	区域企业自发缴纳的税款，用于区域更新建设。通常由部分企业或商户请愿、政府征集区域民意、批准设立等几个步骤。资金由非营利组织或半官方机构运营	全美有1200余个BID，欧洲、南美和大洋洲国家都有此类组织

美国的城市更新政策围绕住宅更新进行了许多政策创新，体现了政府的兜底保障功能。政府在金融和财税方面的鼓励政策有力支撑了完全市场化的城市更新：金融市场的繁荣和规范有助于降低城市更新主体的融资成本，同时有丰富的金融工具转移和分散风险；对城市更新进行税收奖励提升了市场主体参与城市更新的动力。

（三）日本城市更新

20世纪六七十年代，日本政府从安全和改善环境的角度考虑，开始有计划地清除贫民区。20世纪八九十年代，政府启动团地改造，实施主体以当地居民组织为主，由专业团队协同。同时，政府允许私有主体参与城市更新，并在内阁设置跨部门的"城市再生本部"，出台城市更新法以及分别针对住宅、工业用地、地下空间等的更新政策，在建筑、规划、预算管理、税收等方面也出台了配套政策与既有政策进行衔接。

此外，日本城市更新多方联合民间力量，企业和个人可通过PPP模式参与城市再生公共设施建设，相关的金融支持措施包括创设"城市再生基金""开发型证券化"及"对民间城市开发机构的无息贷款、债务担保"等。

日本的城市更新政策以全面细致的政策覆盖和广泛的公众参与要求著称，以人文精神和政策耐心实现了"六本木之森"这样持续60年的城市更新项目。以财政的"小投入"撬动社会资本广泛参与，有效解决了财政资金不足的问题。

四、国内城市更新政策和启示

（一）广东省城市更新政策和启示

早在2008年，原国土资源部（现自然资源部）与广东省政府就开展部省合作，共同开展了节约集约用地试点示范省建设，对旧城镇、旧村庄和旧厂房（"三旧"）进行改造再开发，截至2020年底，全省共完成改造项目8242个，实施改造面积92.60万亩，完成改造面积56.12万亩，节约土地22.77万亩。

广东省的城市更新机构设置在自然资源（原国土资源）系统内，每年各区城市更新局筛选区域内的城市更新项目，向市相关主管部门申报纳入城市更新年度计划。

2021年1月，广东省发布《广东省旧城镇旧厂房旧村庄改造管理办法》（广东省人民政府令第279号），这是我国首部专门针对存量建设用地的政府规章。该办法强化了广东省

"三旧"改造的市场化主基调,将"政府引导,市场运作"作为"三旧"改造的首要原则予以明确规定。

广东对城市更新的激励措施主要包括土地和税收两类:土地政策层面,从2018年开始,广东省不再对珠三角城市下达普通新增用地指标,珠三角城市必须通过"三旧"改造获得用地指标奖励。税收政策层面,出台《广东省"三旧"改造税收指引(2019年版)》等政策文件,以案例的形式梳理"三旧"改造具体实践中涉及的增值税、土地增值税、房产税、城镇土地使用税、企业和个人所得税等主要税种的税务处理事项,为准确贯彻落实税收政策提供指导性意见,实现了税负的可预期。仅2008~2018年,全省税务系统为"三旧"改造项目减免各类税费1100亿元。

广东省的城市更新政策建立了完善的管理机制和分类实施机制,有利于实际实施时对号入座,规范执行。在具体实施程序上,广东省建立了完善的技术规范导则体系,对城市更新项目的认定、方案编制和审批都有明确的指导。税费的减免表面上减少了财政收入,但实际上通过"三旧"改造,有效盘活土地资源,提升经济活力,拉动全省税收增加了6400亿元。在政府投入方面,以0.25亿元(占改造资金总投入的12.8%)的财政投入,撬动1.7亿元的社会投资,堪称市场化运作的典范。

(二)上海市城市更新政策和启示

上海城市更新的实践活动起始于建国伊始,尽管当时未被冠以"城市更新"之名,但实质意义上的更新行为可以说贯穿了整个城市发展史。进入21世纪后,由于空间发展边界约束的强化和有机更新理念的普及,城市更新日渐铺开,逐步加速。

2015年,上海出台《上海市城市更新实施办法》和《上海市城市更新规划土地实施细则》,标志着上海迈入了"城市有机更新"阶段。与之前相比,这一阶段的城市更新更加关注对城市历史文脉的保护,更加重视对公共空间的营造,更加注重对新兴产业的促进作用,同时在推进机制方面也做了许多革新探索。

2021年,上海发布《上海市城市更新条例》(上海市人民代表大会常务委员会公告第77号),以地方性法规的形式确立了城市更新的内容、责任部门、原则、实施程序和要求,为推进城市更新工作提供了有力的法治保障。

上海的城市更新政策对城市更新方案要求较高、流程较长,如不涉及规划调整一般需要24~36个月,经过区、市两级三轮审批,方可启动实施。如涉及规划调整,需36~48个月的周期。在财税、金融政策方面,缺乏相应的配套政策。从2014年至今,上海市获批执行的城市更新项目仅有百余个,不及广州市和深圳市1年的实施项目数量。

五、西安市城市更新政策建议

在当前"三期叠加"的宏观经济趋势和"新冠"病毒多点轮发的情况下,我国坚定不移地贯彻"房住不炒"政策导向,落实面向企业的减税降费,使得政府财政压力显著增大,传统的"收储—出让"城市更新模式难以为继。在这样的现实背景下,撬动社会资本实现城市更新是更为有效的方式。

从国内外的城市更新政策和实践经验来看,政府应当充分认识城市更新项目的复杂性和专业性,厘清政府和市场在城市更新实施过程中的权责边界,严格规范城市更新流程管理,提升城市更新方案编制过程中的公众参与度和审批专业度,尊重城市发展的客观规律和城市规划科学原则，避免城市更新过程中出现新的社会问题。

市场主体受经济利益驱动，行为和决策以经济利益最大化为首要目标，具有短视和盲目性。但是政府除经济职能外，还具有提供公共服务、兜底保障弱势群体、保护生态环境和历史文化遗产的公共职能，同时应当注重区域的长期稳定发展。所以政府在允许市场主体公平公开参与的同时，也需对市场主体有所要求和约束，用"看得见的手"指挥"看不见的手"，以经济利益调动市场主体的积极性，以社会效益约束其行为方式和目标，从而实现城市更新项目的综合目标。国内外政策实践提供了丰富的可供借鉴的约束手段和方式，在项目发起、项目策划、方案审批、具体实施和实施后运营过程等城市更新项目全生命流程中，实现对市场化主体的管理和约束（图2）。

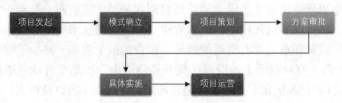

图 2　城市更新全生命周期流程示意图

（一）项目发起

项目发起阶段，建议参考深圳城中村改造模式，增加对项目涉及的待动迁居民和国有企业职工投票表决环节，对于全民所有制企业可由职工代表大会决策替代，在启动伊始就争取最大程度凝聚共识，避免项目启动后由于各方意见不统一造成的项目延宕。

对于国资单位和市场化主体合作发起的项目，其合作协议应当由政府进行程序性审查和备案，避免出现国有资产流失、权责不清、利益分配不明等问题，导致项目最终推进和运营出现问题。

对于政府发起项目，可采取PPP招标模式，发标阶段明确项目所需提供的公共服务设施、文物保护和生态环境保护要求底线，要求投标方案竞争公共服务数量和质量、满足文物保护和环境保护底线要求，对区域城市风貌和产业导入具有积极引领和带动作用，并且接受政府在建设和运营阶段进行评估和检查，甚至可以考虑增加运营效果对赌条款。对于涉及困难群众安置的项目，政府可依据具体情况进行适当补贴，补贴标准不应超过政府实施动迁安置所需成本。

（二）模式确立

当前西安城市更新政策提出了保护传承、整治提升和拆旧建新3种模式，同时保留了传统的"征收—出让"模式，城市更新应当从上述模式中选取符合项目情况的模式，按政策要求具体实施。政府应当出具指南、规范和实施细则等政策文件，明确各种模式实施的具体路径、办理程序、涉及的相关税费减免政策等，以便市场主体对各类模式的操作时间和成本收益有合理预期，并且能够按照政策路径完成项目实施。

（三）项目策划

当前政策要求区级政府编制城市更新专项规划和更新片区策划方案，但未要求具体项目实施前进行策划。建议将项目策划方案作为项目报批要件，以促使项目实施主体对项目的市场定位、功能布局、目标客群、商业模式、原居民/职工安置方案、政策路径、成本收益、投融资方案和实施风险进行充分完善的梳理和考量，一定程度上避免市场主体的盲目投资和短视，同时有利于政府识别有实力的合作伙伴，对项目实施风险进行前置把控。

传统的可行性研究报告不能取代项目策划的原因在于，策划方案更侧重对于市场主体自身资源条件、市场需求、上位规划和区域具体情况的综合研判，可以进行政策路径、建设方案和投融资方案的比选论证，是多学科的综合实践研究，在项目现实情况和预期目标之间架设桥梁，为可行性研究和建设方案的制定奠定了坚实的基础。

（四）方案审批

建议政府对每一个提交的城市更新项目进行多学科、多部门的综合审议和意见征询，以保障多重目标在城市更新项目中的实现。对于策划方案，应有规划、招商、经信部分从城市规划、产业导入和经济发展角度进行专业评价，文物保护、环境保护、消防、城管、建设管理、人社等部门应从各自领域角度出具意见，各方管理要求都得到满足的前提下，方案可实施性和未来运营效率可以得到有效保障。

（五）具体实施

在具体实施阶段，政府应当从建设管理、工商、财税角度对项目进度进行综合了解，由城管等部门负责长效监督，确保项目按照方案实施和推进。如项目实施过程中对前期公服设施建设、弱势群体安置、文物保护和环境保护承诺有减配和偏差的情况，应当按照政策及时叫停并责令限期整改，对于整改不力的项目应当采取惩治措施，相关市场主体和责任人的行为在行政惩治记录和征信上予以体现。

（六）项目运营

项目实施完成，进入运营阶段后，政府应当继续从建设管理、工商、财税角度审查项目是否实现方案设定的经济和社会效益，从楼宇经济、土地利用绩效评价、社会稳定、文物保护和环境保护等角度，对项目进行综合评价和长效跟踪，监督市场主体切实履行其责任和义务。

（七）配套措施

为实现上述目标，建议政府建立城市更新项目大数据管理平台，定期对项目进度进行更新，对项目实施效果进行监测评估，发起阶段项目可公布必要信息，鼓励市场主体对接参与，后台数据经过脱敏处理后，可供高校和科研机构进行学术研究，通过建立长效机制，更好地管理和监测城市更新项目，同时及时总结经验，树立标杆，加强与兄弟省市的交流合作，更好地推进本地城市更新工作，完成国家赋予的城市更新试点任务。

参考文献：

[1] 杨彦龙. 西安城市地域结构探源及演化特征分析 [D]. 西安：西安建筑科技大学，2009.

[2] 郗静，曹明明. 西安市城市化进程中的土地利用政策研究 [J]. 人文地理，2007，22（3）：104-106.

[3] 安德鲁·塔隆. 英国城市更新 [M]. 杨帆. 上海：同济大学出版社，2017.

[4] 李玲艳. 美国城市更新运动与内城改造 [M]. 上海：上海大学出版社，2004.

作者联系方式

姓　名：程永杰　顾莹茁

单　位：正衡房地产资产评估有限公司

地　址：陕西省西安市长安区雁南路 391 号正衡金融广场 A 幢 25 楼

邮　箱：54295846@qq.com；mmzs258@163.com

注册号：程永杰（6120080037）

盘活存量资产背景下老旧小区改造估价服务与实践问题探究

汪银云　王　琼　汪学锋

摘　要：有效盘活存量资产，丰富存量资产功能及效益是当前国家促进资源有效利用的重要政策抉择。而老旧小区改造作为盘活存量资产的关键领域自然受到重点关注。目前，针对老旧小区改造估价服务认识和工作实践尚处在不成熟阶段，面临很多不确定性挑战和问题。为此，本文详细分析了当前老旧小区改造的基本情况和政策特点，并从相关方面就老旧小区改造估价服务与实践问题提出建议意见，以期进一步丰富老旧小区改造估价服务理念，促动新时期老旧小区资产效益的有效提升。

关键词：存量资产；老旧小区；小区改造；估价服务

2022 年，国务院印发了《国务院办公厅关于进一步盘活存量资产扩大有效投资的意见》（国办发〔2022〕19 号，以下简称"《意见》"），《意见》针对存量资产盘活方向、方式以及回收资金使用等内容提出了相关建议，并进一步提出盘活存量资产必须探索建立盘活存量与改扩建有机结合的方式，强调通过现有资产存量的精准定位、科学估价、完善用途以及提升品质等进一步丰富存量资产功能，提升存量资产效益，促进资源的高效利用。而老旧小区作为当前存量资产改扩建工作的重要资产资源，是政府发展房地产行业的新思路、新途径，也是新时期下资产估价服务的重点对象和实践焦点。为此，在盘活存量资产背景下探讨老旧小区改造估价服务与实践问题具有重大现实意义。

一、我国城镇老旧小区基本情况

（一）房屋建筑结构老化

我国老旧小区大多建设于 20 世纪 70～90 年代，当时的技术水平和建设标准与现在已经截然不同。老旧小区结构多为砖混、砖木结构，耐用年限最多在 50 年左右，且很多老旧小区已经接近最高使用年限。伴随建筑结构老化的便是房屋内部管线、电线、供水管网、污水管网等老化严重，导致很多老旧小区出现用水泛黄、断电漏电以及暖气不足等多种现象。有些小区，一遇下雨天就容易下水道堵塞、管道破裂等，散发难以忍受的臭味，给居民生活带来严重影响（图 1、图 2）。

（二）房屋配套设施不足

现存老旧小区没有现代小区建设服务理念，没有与之配套的托幼、健身、绿化、休闲娱乐等方面的设施供应，无法满足居民的多方面生活需求。特别是现存老旧小区建筑密度大、道路狭窄，没有充分考虑人车分离，没有设置专门的停车区域进行管理，导致小区内部违规

图1　老旧小区破旧的下水管道（一）　　　　图2　老旧小区破旧的下水管道（二）

乱停乱放现象丛生，有些车辆将原本的行人通道占据，小区交通时常出现拥堵情况，严重影响了居民的日常出行。此外，人车不分离会增加小区内部老人小孩的出行不便和安全隐患，有些小区行人通道经常出现车辆进出，居民往往只能小心翼翼地礼让通行，同时时刻关注小孩不被肆意横行的车辆所伤害，出行安全感较低。许多老旧小区没有专门的消防通道，消防安全系数极低（图3、图4）。

图3　缺少消防通道的老旧小区（一）　　　　图4　缺少消防通道的老旧小区（二）

（三）房屋外观形象过时

老旧小区不仅适用性能上不符合城市发展和居民生活的需求，其外观也影响了城市的整体风貌。老旧小区大多无外墙保温、墙皮脱落，有些小区甚至没有刷漆或者贴墙砖，直接显露砖瓦，显得十分不美观。同时，老旧小区内部房屋设计没有兼顾空间需求，暗厅暗卫，甚至没有卫生间等必要设施。个别一层或顶层住户为了增大使用空间而违法乱建，使得小区整体建设较为凌乱。老旧小区很多建设于我国经济还不够发达的改革开放初期，其住房设计明显带有时代烙印，体现时代特色，但和现代化城市发展的需求还是相差甚远，其建筑外观就无法很好地凸显当下现代化都市的城市建设品位和需求（图5、图6）。

（四）房屋产权形式复杂

很多老旧小区属于原建设单位为职工提供的建设性用房，居住人群大多都是退休老人或者经济实力较差的人，这些小区房屋产权有的属于公家单位，有的属于后期房改售房的个人

图 5　老旧小区破旧的建筑外观

图 6　老旧小区中的违法乱建

所有的房屋，有房产证、土地证齐全的，有两证均全无的，土地性质有划拨、有出让甚至有集体土地，存在一个小区有多种产权的现象。同时，老旧小区大多建于我国城市和经济发展初期，很多地理位置处在城市中心地段，交通便利，成为当下城市用房的租赁专区，具有多重经济特性。

（五）物业服务机构欠缺

我国很多老旧小区建设没有明确的物业服务机构，一方面是由于以前的房屋建设没有物业服务机构等需求，相关住户对物业服务不了解或者不重视；另一方面则是因为老旧小区居住人口多为低收入的老年人，他们不愿意或者不能够聘请专业的物业服务团队进行小区管理，导致小区管理的无组织性、无规范性，同时也造成了老旧小区安保、卫生及绿化等相关问题欠缺和闲置。

二、老旧小区改造的模式

根据国务院办公厅颁布的《国务院办公厅关于全面推进城镇老旧小区改造工作的指导意见》（国办发〔2020〕23号），城镇老旧小区是指城市或县城（城关镇）建成年代较早、失养失修失管、市政配套设施不完善、社区服务设施不健全、居民改造意愿强烈的住宅小区（含单栋住宅楼）。城镇老旧小区改造内容可分为基础类、完善类、提升类3类。其中，基础类为满足群众安全需要和基本生活需求的内容，主要是市政配套基础设施改造提升以及小区内建筑物屋面、外墙、楼梯等公共部位维修等；完善类为满足群众生活便利需要和改善型生活需求的内容，主要是环境及配套设施改造建设、小区内建筑节能改造、有条件的楼栋加装电梯等；提升类为丰富社区服务供给、提升群众生活品质、立足小区及周边实际条件积极推进的内容，主要是公共服务设施配套建设及其智慧化改造，包括改造或建设小区及周边的社区综合服务设施、卫生服务站等公共卫生设施、幼儿园等教育设施、周界防护等智能感知设施，以及养老、托育、助餐、家政保洁、便民市场、便利店、邮政快递末端综合服务站等社区专项服务设施。

三、老旧小区改造估价服务与实践探讨

政府在落实老旧小区改造工作的同时，"棚改"项目、"征收"项目和"腾退"工作都进

行了紧缩，虽然对于后者的房地产评价工作已然同步收紧，但是新形势下老旧小区改造给了房地产估价新的业务空间。通过对老旧小区现状及政策特点等分析，相关"旧改"估价服务在以往经验和知识理论的基础上，结合"旧改"本身的特点进行全流程设计，促进老旧小区估价服务和实践的顺利开展，为此，本文围绕老旧小区改造模式，从以下几个方面提出估价服务：

（一）"旧改"估价前期工作

老旧小区改造有关估价服务必须在前期做好入户调查，通过一线评估人员进行实地采访、拍照、沟通、记录，了解老旧小区改造现状及相关需求，对项目"旧改"工作的风险做出实际评估，从而基于老旧小区自身的改造特点和基础数据进行项目策划，制作好相关实施方案，评估老旧小区改造模式，做好"旧改"估价前期准备工作。

1. 摸底调查

调查工作一般从主客观两个层面进行。一方面，评估人员应当首先对老旧小区的基础设施、物业服务、绿化水平以及休闲娱乐等方面进行基础测评。基础设施可以重点关注小区内部已经老旧破损的管线设施、电线设施和下水道等进行测评，对其中乱搭乱建或者外线破损的线路进行重点标注，以便后期的整改。对于小区内部一些已然丧失使用功能的健身器材，要纳入整改范围，避免器材后期使用造成不必要的人员伤害；对占道搭建的附属设施、棚屋要逐项逐点登记，纳入后期清除补偿范围；在物业服务方面，对于没有明确物业服务的小区，要积极联系当地居委会、街道办事处等组织部门，对小区内部管理进行细致了解；在绿化水平方面，除了关注小区是否有适宜居民休闲娱乐的场地外，还要重点关注危树危植，有些老旧小区植被生长很快，任其发展可能会延伸到居民房屋内部，影响居民日常生活。同时，老旧小区一些树木年限较长，已然成为随时倒塌的危树，不积极进行清除，很可能对居民人身、财产造成难以弥补的伤害。另一方面，评估师还要积极与小区居民进行沟通，在小区客观情况的调查基础上，从居民主观层面，了解居民对小区提升、改造方面的意见、需求。同时，对小区居民关于电梯、立体车库等方面的具体安装项目的出资意愿、出资能力、出资形式和出资金额进行调查记录，从全面细致的角度，做好居民基础层面、主观层面、提升层面的调查。通过估价人员对老旧小区的摸底调查，形成调查报告，为政府对小区改造模式进行决策提供可靠的基础。

2. 风险评估

老旧小区的风险评估主要是社会稳定性风险评估，通过问卷调查、实地走访、听证会等多种形式了解民众关于"旧改"项目的需求和观点建议，从而对相关不稳定因素做出风险识别，将可能性的潜在风险筛选，从工作前期就做出相关性的预防方案和规避策略，确保老旧小区改造工作能够顺利实施。老旧小区的风险评估工作可以充分参照"征收""棚改"项目的相关流程和资料指标，利用评估师原有经验和知识水平进行"旧改"估价。但是，也要认识到老旧小区改造毕竟是新的业务模式下的探索，有着和"征收""棚改"项目不同的内容、形式和特点，其风险矛盾点隐蔽，不如后者明晰突出，需要估价人员结合现实状况进行精准、细致的识别归纳。尤其对多年占道、占屋面、占公共部位搭建的棚屋及需加装电梯的住宅房，设置多风险点问卷调查。老旧小区是涉及人民群众利益的重大项目工程，必须做好相关的社会稳定风险评估工作，才能保证"旧改"项目能够更加安全、顺利和谐地进行。

3. 策划实施

老旧小区的入户调查和风险评估都是为了最后制定策划及实施方案，"旧改"项目策划及实施方案必须循序渐进,有重点、有轻重地展开。并根据老旧小区建筑结构、基础设施以及绿化水平等各个方面,制定个性化整改方案。从小区的整改程度、整改力度、财政承受能力、技术支持度等各个指标出发,科学制定"旧改"的年度改造计划和整体改造计划。同时,评估人员要积极配合相关主管部门,从基础数据、政策方案以及财务平衡等角度,对小区的经济效益和改造可行性进行分析评判,形成可行性报告。从而协助主管单位制定更具经济效益价值的工作制度安排,为老旧小区的改造提供新的经济性视野和全面的智力支持。

(二)"旧改"估价中期工作

"旧改"估价中期工作要做好各项工程和小区整体改造成本、经济效益和房屋价值利用等各方面的数据测算,中期工作强调依据各个小区自身的改造需求,筛选出亟待解决的工程项目和整改清单,通过成本测算分摊、经济效益价值评估和整改必要性评估,制定细致、全面和可行性的整改方案,并积极推动相关政策的宣传和可行性报告展示以获取居民的理解和支持,从而协调各种力量进行老旧小区改造工作。

1. 单项"旧改"工程成本测算

"旧改"工程项目是对老旧小区包括屋面、外墙面、楼梯间以及室外等各种共有部分面积的整改,对这些方面的及时更新改造,可以提升房屋的市场价值,增加存量效益。评估人员依据单项"旧改"工程自身的特点,对成本进行测算。其成本测算会因为楼层高度、房屋用途、功能设施的不同而呈现差异,对居民产生不同的价值作用。以电梯增建为例,一般来说,电梯增建对1~2层房屋价值提升不具明显作用,对5层房屋以上的房屋价值提升明显,可以说,居住楼层越高,安装电梯的需求意愿和效益感受就越强,物业价值就越大。为此,安装电梯的工程成本测算就必须考虑到如何进行楼层之间的分摊,每层分摊多少,每户分摊多少。设定好单项工程成本的测算,就可以思考采取何种方式收取成本费用。有些老旧小区电梯安装以财政拨付和居民自费为主,也就是修建电梯本身根据一栋楼全体居民意愿进行表决,当电梯修好后,成本分摊出现在居民乘坐电梯次数上,根据居民使用频率刷卡使用,这样,保证了没有享受电梯福利的一层居民不用分摊电梯成本费用。

2. 整体"旧改"工程成本分摊

整体"旧改"工程应当包括危及小区居民人身、财产安全的刚性整改工程项目以及基于小区居民自身意愿的柔性整改工程项目。对老旧小区整体"旧改"工作可以增加小区自身的存量价值,提升房屋效益,是有利于小区居民自身的工程项目。整体"旧改"工程包括了小区屋面防水改造、外墙防护、楼梯台阶及灯管维修、线缆规整、室外停车改造、垃圾投放改造、小区绿化提升、化粪池清理等方方面面,要基于小区特点列出改造清单,就其中的整改项目进行细化分类。在充分考虑财政资金、社会融资、居民自费、公共部分收入、物业支出及建筑安装成本等情况后,评估人员确定好每栋居民、每户居民应当承担的成本费用,并出具整改报告和工程造价单,在居民充分了解小区情况和整改必要的基础上,组织居民进行旧改项目协商、认可和签约。

(三)"旧改"估价后期工作

首先,"旧改"估价后期工作是在项目完成改建后,对项目的建设实效和经济效益进行后期跟踪评价,比如对最终成本核算、总投资资金以及改造项目盈利性等方面进行分析,对比原本的项目估算模式和方案,进行估价总结工作。并要将相关的估价资料和预算安排整理成册,进行档案归类和分发,确保小区主管单位、业主委员会等主体能够收纳归档,便于下次整改相关方面作有效参考;其次,项目完成后,估价服务机构还要积极配合相关部门进行政策宣讲和精细管理。一方面，要积极协助住房和城乡建设部门进行项目资源的整合、项目经济的评价和工程整改实效等数据测算与分析，帮助相关部门对后期工程管理项目的维护、更新、再建等工作做好估价预算和资料统筹。同时，还要帮助有关部门对未积极进行整改的小区或者小区内部未积极进行整改的楼栋居民进行政策宣传，从房屋耐用年限、城市规划建设、安全出行防控以及房屋价值增效等方面帮助居民了解"旧改"政策意图，形成正确认知，理解"旧改"价值，从而更加积极配合相关部门和建设工程团队的"旧改"工作；同时，还要对居民针对小区整改的成本测算方式、工程修建方法等进行细致讲解，帮助居民算好账、算明账，通过普及一定的估价专业知识，也可以提升居民自身的经济思维意识，从而更加主动地配合未来的房改或者城市建设工作；最后，对于小区内部还未整改但未来需要且有必要的整改项目，本着充分利用存量资源、盘活闲置资产的原则，对小区现状进行认真、专业的测评，并积极梳理小区内部设施短板、潜在风险及不利于环境提升和服务功能的完善等其他要素，设立改造建议清单，拟定改造建议方案。为后期小区改造工作做好先期性测评和估价服务工作。

四、结束语

老旧小区改造工作是当前盘活存量资产政策的关键部分和重要环节。当前，我国老旧小区存量规模较大，数量较多，改造起来具有一定的难度和挑战。为此，必须深化实践，在深刻认识、了解老旧小区改造工作特点的基础上，增强有关资产估价服务的科学性，从而实现对老旧小区改造进行精准定位和高效服务，提升我国老旧小区存量资产功能和资产价值，为人民提供更加安全、舒适以及富有品质的住房保障。

参考文献：

[1] 李静. 估价如何服务于城镇老旧小区改造——以北京市为例 [C]// 估价业务深化与拓展之路——2020 中国房地产估价年会论文集，2020.

[2] 王健. 推进老旧小区改造——应对中国经济下行压力的新思路 [J]. 中国建筑金属结构，2018（7）：18-19.

作者联系方式

姓　　名：汪银云　王　琼　汪学锋

单　　位：安徽中信房地产土地资产价格评估有限公司

地　　址：安徽省合肥市蜀山区潜山路与高刘路交口三实大厦 10 楼

邮　　箱：458697116@qq.com；399716584@qq.com；810300153@qq.com

注册号：汪银云（3420110063）；王　琼（3420130015）；汪学锋（3420160044）

房地产投资信托基金及证券化融资中的估价服务和实践分享

魏世超 龚 萍

摘 要：在全球和国内大的经济背景下，不动产投资信托基金（REITs）应运而生，因证券化融资需求而带来的估价需要为评估行业增加了新的服务方向。估价师需要不断地接收来自REITs体系下的内容更新，要与时俱进。对于证券化项目的估价，我们服务的内容不仅停留在估值、现金流、市场调研等专业技术层面，还可以在整体流程上给予专业建议，助力于项目的推进。本文从证券化服务的产生、估价服务内容、实践分享及未来挑战4个方面，对证券化融资而产生的估价服务做思考分析。

关键词：REITs；证券化融资；估价服务

一、证券化估价服务应运而生

从世界范围看，目前已经有42个国家和地区成功推出REITs。而我国就在其中，2005年，我国第一只离岸REIT——越秀REIT在香港上市；2014年，以"中信启航"项目为标志，我国的类REITs正式诞生；到2021年，公募REITs落地开花；再到目前，已有22只公募REITs产品成功上市。

期间，随着政策制度的不断完善和优化，证券化产品呈现出其特征：

（一）底层资产类型更加丰富。不动产权类项目方面，从最初的商场、写字楼、酒店、长租公寓等拓展到了今天的保障性租赁住房、产业园区、物流仓储、数据中心，已经上市的公募REITs特许经营权类项目则包含了高速公路、生物质、清洁能源等类型。而早在2021年7月，国家发展和改革委员会发布了《国家发展改革委关于进一步做好基础设施领域不动产投资信托基金（REITs）试点工作的通知》（发改投资〔2021〕958号，以下简称"958号文"），将公募RETEs的试点行业设定为交通基础设施、能源基础设施、市政基础设施、生态环保基础设施、仓储物流基础设施、园区基础设施、新型基础设施、保障性租赁住房及包括水利设施、自然文化遗产等其他领域的基础设施等，底层资产类型丰富。2022年10月，国家发展和改革委员会发布《国家发展改革委关于进一步完善政策环境加大力度支持民间投资发展的意见》（发改投资〔2022〕1652号），提出支持民间投资项目参与基础设施领域不动产投资信托基金（REITs）试点。

（二）产品类型多种多样。包括CMBS、CMBN、类REITs、REITs、Pre-REITs、NPAS、收费收益权、PRN、购房尾款、供应链金融等。

（三）投资渠道分为私募和公募。

（四）证券化产品的属性不尽相同。债权性质、股权性质抑或两者两种属性均具备。

（五）交易结构设置不同。存在单 Spv、双 Spv 的设置上的不同。

（六）受政策影响较大。我国 REITs 的发展有赖于各部门层面的政策利导。

（七）产品涉及的主体众多。包括投资者、原始权益人、基金管理人、计划管理人和资产服务机构等。

以上特征表明了证券化产品的丰富性及复杂性，从内在需求上看，评估作为发行证券化产品全流程中不可或缺的一部分，从外在环境上看，全球及国内大的经济环境、政策导向，加之融资主体的需求及投资者对于优质 REITs 项目的认可，又给证券化的发展提供了广阔的前景，相信未来，伴随着证券化融资而带来的估价服务需求会有较大的增长空间。

二、估价的服务内容

证券化目的下的估价服务，以产权类项目为例，个人认为可以穿透到前期项目筛选，中期估值、现金流及市场调研等估价服务，后期跟踪评估等整个估价流程，当产品到了敞口期，也可能存在续发的评估需求。对于项目处置，我们也可以提供相应的估价服务。

（一）前期项目筛选阶段

估价师可以根据自身专业优势，提供多项专业服务，包括：1. 提供项目前期询价服务，为委托方了解项目估值提供参考依据的同时可以帮助委托方进行多维度的项目初步筛选，比如从项目个体运营情况、项目类型、原始权益人类型及其经营状况、项目所属区域状况等方面进行综合判断；2. 为委托方及企业提供政策方面的帮助；3. 提供有利于产品发行的专业意见及解答来自委托方和企业的相关问题的询问，比如碳达峰、碳中和对于估值的正向影响、绿色建筑的认定及强主体的担保有助于产品发行、合理的税筹可以减少交易税费的产生等。

（二）中期估值、现金流及市场调研等估价服务

估价师在提供估值、现金流预测及市场调研等估价服务的环节，更多的是提供来自专业方面的评估结果，也是体现专业性的重要阶段，需要掌握一定的财务、税法等方面的知识，同时也要了解证券化产品的交易结构、估值逻辑，这样有助于进一步认识证券化产品的估价服务，也便于更好地和管理人、原始权益人、评级及律所等中介机构开展后续的交流和沟通。个人认为，作为估价师，我们应该逐步培养自身在判断 REITs 产品优劣方面的能力，这样也会有助于我们发现传统的估价思维可能存在的与实际情况的偏差而不断修正认知和进行专业技术的沉淀。

在此期间，我们需要做充分的项目访谈、详细的市场调研、对项目的历史经营数据进行系统的整理和分析。在测算过程中关注项目的主要财务指标、租户类型、租金的稳定性、空置率、净收益的增长率等关键性数据，对于主要参数的选取，结合项目自身情况外，也可以通过横向对比其他可比案例的方法进行论证。

（三）跟踪评估阶段

对于已经发行了的证券化产品，需要每年进行一次跟踪评估，这个过程不是一次估值服务的简单重复，而是结合目前市场状况及项目本身运营情况重新评估并给出合理的专业意见的过程，如有发现新的影响估值及现金流的重要事项，需要予以充分考量和披露。

（四）续发评估

当产品有续发的要求，个人认为无论从前期资料收集、项目访谈、实地查勘、市场调研，还是后续估值、现金流方面的测算及反馈阶段的答疑环节，均是一次完整的证券化项目

评估流程。尽管是续发，估价机构给出的专业性意见也会直接影响到项目评级，从而影响项目的发行规模及利率，无论是对原始权益人还是投资者都是关键性要素。

（五）处置期的市场价值评估

当项目出现专项计划或者专项票据进入处置期，计划管理人委托评估机构对底层物业进行市场价值评估。作为信托受托人制作处置方案的依据之一，为项目的处置提供价值参考。

未来证券化的融资估价服务应该会涵盖更多的层面，我们看到，我国的公募REITs是"公募基金+ABS"结构，具有一定的中国特色，但在发展的同时也在不断借鉴国际成熟经验，比如扩募机制的推行、对于证券化产品运营管理上的更高要求的提出、对于投资者的教育工作的推进等方面，估价机构是否可以利用专业优势提供相应的产品服务，都是我们可以思考的方向。

三、实践分享

（一）技术要点

1. 方法的选取

根据《房地产估价规范》GB/T 50291—2015，房地产评估常用方法有比较法、收益法、成本法及假设开发法。资产证券化产品是以评估的底层资产的现金流作为补偿支付，对于不同业态下的资产证券化业务评估，参照《房地产投资信托基金物业评估指引（试行）》"第三十一条 信托物业价值评估应当根据估价对象及其所在地的房地产市场状况等客观条件，对收益法、比较法、成本法等估价方法进行适用性分析后，选择适用的估价方法"。结合《房地产投资信托基金物业评估指引（试行）》《公开募集基础设施证券投资基金指引（试行）》，在进行评估时以收益法评估为主，优先选用报酬资本化法。待估物业同类物业有较多交易的，应选用比较法作为其中的一种估价方法。交易市场不活跃或者无大宗交易案例的情况下，可选用成本法作为另一种评估方法。

目前已经发行的产权类基础设施公募REITs项目在评估物业时采用收益法。

2. 不同方法重点参数

收益法：持有期增长率、报酬率、物业空置率是收益法中至关重要的参数，另外运营成本费用的占比也是需要特别关注的内容。

比较法：涉及产权类物业的CMBS、CMBN、CB等项目时，个人认为该类业务评估中比较法最重要的参数之一就是比较案例规模相当。众所周知，证券化产品的物业类型主要为稳定运营且能够产生稳定现金流的物业，该类型物业除了标准写字楼以外，商业综合体、酒店、产业园等物业大宗交易案例相对较少，所以选取合适的比较案例至关重要。

成本法：采用成本法测算底层物业时，重点关注成本利润率的合理性，该参数通常是通过调查同一市场上许多类似房地产项目的平均利润率得来。可参考WIND数据、中指数据等公布的相关数据并结合项目自身综合确定成本利润率。

（二）关注的要点

1. 收益状况

项目的收益状况关乎未来入池现金流、最终估值结果，个人认为可以从定性和定量两个方面进行分析。定性方面，一是租户所在行业的发展状况、租户分散度、租户运营能力，这些因素与租金获取的稳定性及租金增幅息息相关；二是项目运营方的运营管理能力将直接影响物业产生的租金收入；三是周边类似房地产市场发展、竞品情况及物业本身所处的发展阶段等方面将直接作用于物业本身。对于单个项目来看，上述第一、二方面会更加影响物业本身未来产生的现金流量，事实也证明，即便是同为已经上市的同类型公募REITs产品，由于项目本身经营能力、租户类别等方面的差异，也会导致最终分配给股东的股息率不尽相同。定量方面，则包括租金的定价、租金设定的增值率、租金的减免、租期的长短、租户集中到期状况及租金收缴情况等。

2. 空置状况

一般情况下，在访谈阶段，需要初步了解项目的空置率状况，在测算阶段，通过查阅项目租赁台账及租赁合同、结合财报数据进行整理和分析。对于租约期外的空置率判断，需要结合项目历史出租情况、物业所处发展阶段及区域内同类物业的整体空置情况进行综合判断。

3. 报酬率及资本化率

报酬率和资本化率可以横向对比已经发行的公募REITs产品的数据，报酬率和资本化率因物业类别、所在城市级别的不同而不同。资本化率也会因为物业剩余土地使用年限不同而有所差异，尤其是收益年限低于20年的物业，资本化率则会出现较大幅度的增长。另外，对于处于发展初期的物业，简单地用行业资本化率判断项目的估值也并不准确。个人认为，资本化率是个不断变化的数据和区间，而不是一成不变的。

4. 运营成本、费用和税金

重点关注各项成本内涵，尤其涉及一些较大的人工成本支出是否均为项目本身分摊的人工成本、成本中是否含折旧摊销成本、酒店管理费用的测算是否按合同约定测算等。

5. 特别情形

1）大宗租户的影响

根据上述提及的958号文，要求项目收益持续稳定且来源合理分散，直接或穿透来源于多个现金流提供方。在实践工作中，也存在大宗租户或者关联租户的情况，一般情况下，租户的分散程度越高代表项目分散风险的能力越高，但目前确有存在项目产权主体将项目整体或者大部分出租给大宗租户或者关联方的情况，以产业园区项目多见。如果从租户的资质和财务状况、综合运营实力的角度，往往大宗租户或关联租户为所处行业的头部企业，具有较强的运营能力及对上下游企业的吸附能力，这样对于项目的租金稳定性来讲，就具有一定的优势了。

2）疫情影响

近年来，全球受到新冠病毒的影响还在持续，有的行业会深受打击，比如酒店行业、餐饮行业、教育培训行业、旅游行业等，而有的行业会以此作为契机进一步发展壮大，比如物业行业、仓储行业及电子商务等等。所以在项目评估的过程中，需要结合项目类型、租户或者运营方所在行业进行谨慎、合理的判断。

3）保障性租赁住房

保障性租赁住房作为公募REITs的试点行业，其收益能力受到入池资产类型、政策定价、租金涨幅的规定、配租制度、税金减免制度的影响，而并非完全按市场化模式进行参数的确定。该类项目资本化率往往比较低，不能达到公募REITs的发行要求，并且土地权属也呈现出多样化的情况。

6. 产权权属状况

证券化项目的产权权属要清晰，项目需要具备用地、规划、施工、环评、消防、验收等全部手续，对于证载用途、规划用途及实际用途不一致的情况，需要律师进行充分的合法合规性论证并需要进行披露。

7. 对于项目整体的判断

对于投资者来讲，判断一个 REITs 项目的好坏，最直观的方面是看是否可以持续、稳定得到分红或者利息，这个外在的结果来源于项目本身的收益能力，所以除了要关注项目产权状况外，最重要的还是要看其收益能力，尤其要注意的是运营不到 3 年的项目，是否已经能够实现长期稳定的收益，对于未来租金涨幅、出租率的设定，需要充分考虑来自项目历史情况及可比案例、行业数据的支持。

8. 交易所关注问题

结合物业的历史经营水平分析预测经营收入成本支出等事项的合理性；对估值方法的差异以及两种方法权重的选取进行合理性说明。对于基础设施公募 REITs 项目，收益法中的报酬率的合理性、租户结构、租户的稳定性等，保障房项目公募 REITs 项目还会关注保障性租赁住房政策要求，以及相关风险应对措施等。

四、未来的挑战

随着 REITs 的不断创新和变化，带给估价行业机遇的同时也会带来新的挑战。比如，近年来全球贯彻绿色低碳理念，绿色债券的发行无论从发行人的公信力还是项目的认购率上来说都是起到了积极作用。而绿色建筑就是认定绿色债务的方式之一。近两年，绿色建筑的绿债发行量越来越多，后期绿色建筑在绿债发行领域会有很大的发展空间。绿色 CMBS/CMBN 项目，不仅受到政策的支持，在市场也受到追捧。所以现阶段对绿色建筑的绿色评估也是证券化产品尤其是 CMBS、CMBN 项目的服务的新领域。而绿色建筑的认定会对估值产生怎样的正向影响，我们可以定性的从环境效益、社会效益、可能产生的租金及估值增长、延长物业使用年限等方面进行考量，但具体落实到定量方面，还需要我们进行深入的思考。

参考文献：

[1] 叶忠英. 公募 REITS 投资指南 [M]. 北京：中信出版社，2022.

[2] 林华. 中国 REITs 操作手册 [M]. 北京：中信出版社，2018.

[3] 林华，许余洁等. 中国资产证券化操作手册（第二版）[M]. 北京：中信出版社，2016.

[4] 马克·墨比尔斯，卡洛斯·冯·哈登伯格，格雷格·科尼茨尼. ESG 投资 [M]. 北京：中信出版社，2021.

[5] 朱杰，唐潇，温建利. 资产证券化实务详解：操作指引与案例解析 [M]. 北京：中国法制出版社，2019.

作者联系方式

姓　　名：魏世超　龚　萍

单　　位：深圳市世联土地房地产评估有限公司

地　　址：北京市朝阳区西大望路 15 号外企大厦 B 座 13 层

邮　　箱：weisc@ruiunion.com.cn；gongp@ruiunion.com.cn

注册号：魏世超（1120190047）；龚　萍（1120120053）

基础设施公募 REITs 资产评估对比分析

胡永强　曹亚琨

摘　要：基础设施公募 REITs 正在我国如火如荼地开展着，未来有着广阔的市场。作为基础设施公募 REITs 的底层资产，大致可分为产权类和特许经营权类，其价值评估涉及了资产评估和房地产评估两个评估行业。这两个评估行业如何互相借鉴和学习两类资产的价值评估，如何更好地做好基础设施公募 REITs 的价值守门人的角色，是本次研究的主要目的。

关键词：基础设施公募 REITs；产权类；特许经营权类；价值评估

一、基础设施公募 REITs 发行现状

中国证监会、国家发展改革委于 2020 年 4 月联合发布《中国证监会 国家发展改革委关于推进基础设施领域不动产投资信托基金（REITs）试点相关工作的通知》（证监发〔2020〕40 号），标志着千呼万唤多年的公募 REITs 正式起航。2021 年 6 月，9 只基础设施公募 REITs 上市，此后一年多，陆陆续续有多只产品上市，截至 2022 年 11 月，我国已经上市 21 只 REITs，发行规模近 650 亿元，涉及特许经营权类和产权类资产，包括收费公路，产业园区、仓储物流、保障性租赁住房、发电厂和生态环保设施，目前在途的类型还有 IDC、市政设施、景区等，资产类型可谓丰富多样（图 1）。

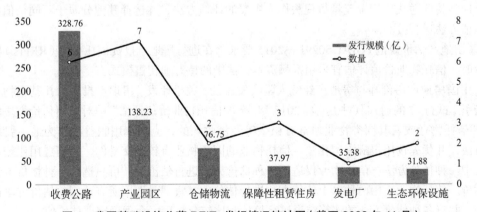

图 1　我国基础设施公募 REITs 发行情况统计图（截至 2022 年 11 月）

基础设施价值评估，作为发行基础设施公募 REITs 的必要工作，直接与发行规模息息相关，一直也在相关各界备受关注，本文主要从两大类资产类型的价值评估方面进行对比分析，以期更好互相借鉴和学习，更好地做好基础设施公募 REITs 的价值守门人的角色。

二、基础设施公募 REITs 产权类和特许经营权类资产评估对比分析

（一）产权类 REITs 和特许经营权类 REITs 基础资产特点

产权类资产，其资产具有完整、清晰的土地使用权和房屋所有权等产权文书，主要收益来源于房地产租赁或运营收入，如仓储物流基础设施、园区基础设施、保障性租赁住房、停车场项目。

特许经营权类资产，其资产是基于特许经营权等权利而获取收益，故其收益主要来源于基础设施的收费，如交通基础设施、能源基础设施、市政基础设施、生态环保基础设施、新型基础设施、水利设施、旅游基础设施等，其收益来源有高速公路收费、车票费、机票费、水费、电费、暖气费、天然气费、垃圾处理收入、门票收入等。

（二）产权类 REITs 资产评估分析

根据《中华人民共和国城市房地产管理法》，国家实行房地产价格评估人员资格认证制度。因此，房地产估价的法定业务，须由注册房地产估价师评估。产权类 REITs 资产一般由房地产估价机构进行价值评估，其相关内容介绍如下：

1. 主要依据

房地产估价的主要依据是《房地产估价规范》GB/T 50291—2015 和《房地产估价基本术语标准》GB/T 50899—2013，除此之外，基础设施公募 REITs 的评估需进一步依据《关于印发〈房地产投资信托基金物业评估指引（试行）〉的通知》（中房学〔2015〕4 号）。

2. 估价方法

上海证券交易所和深圳证券交易所分别发布的《上海证券交易所公开募集基础设施证券投资基金（REITs）业务办法（试行）》和《深圳证券交易所公开募集基础设施证券投资基金业务办法（试行）》，要求原则上以收益法作为基础设施项目评估的主要估价方法。

中国证券投资基金业协会发布的《公开募集基础设施证券投资基金运营操作指引（试行）》，要求基金管理人和评估机构在确定基础设施项目或其可辨认资产和负债的公允价值时，应当将收益法中现金流量折现法作为主要的评估方法，并选择其他分属于不同估值技术的估值方法进行校验。

《房地产估价规范》GB/T 50291—2015 要求，在进行房地产投资信托基金（REITs）物业估价时，信托物业价值评估宜采用报酬资本化法中的持有加转售模式。

中国房地产估价师与房地产经纪人学会发布的《关于印发〈房地产投资信托基金物业评估指引（试行）〉的通知》（中房学〔2015〕4号）"信托物业价值评估"中对选用估价方法的要求："信托物业或者其同类物业通常有租金等经济收入的，应当选用收益法作为最主要的估价方法，并优先选用报酬资本化法。信托物业的同类物业有较多交易的，应当选用比较法作为其中一种估价方法。信托物业仅适用一种估价方法进行估价的，可只选用一种估价方法进行估价。信托物业适用两种以上估价方法进行估价的，宜同时选用所有适用的估价方法进行估价，并对各种估价方法的测算结果进行校核和比较分析后，合理确定评估价值。"

对已发行的产权类 REITs 估价方法进行统计，截至 2022 年 11 月，除华安张江光大 REIT 采用了收益法并且用比较法进行校验外，其他 REITs 产品均只采用了收益法进行评估，并且只采用了一种路径。在已发行的 12 只产权类公募 REITs 中，持有加转售模式和全剩余寿命模式均有采用（表1）。

产权类公募 REITs 估价方法统计表（截至 2022 年 11 月 16 日）　　　表 1

公募 REITs 产品	基础资产类型	估价方法	收益法模型选择
红土盐田港 REIT	仓储物流	收益法	持有加转售模式
中金普洛斯 REIT	仓储物流	收益法	持有加转售模式
博时蛇口产园 REIT	产业园区	收益法	持有加转售模式
东吴苏园产业 REIT	产业园区	收益法	持有加转售模式
建信中关村 REIT	产业园区	收益法	持有加转售模式
华安张江光大 REIT	产业园区	收益法（比较法校验）	全剩余寿命模式
华夏合肥高新 REIT	产业园区	收益法	全剩余寿命模式
国泰君安东久新经济 REIT	产业园区	收益法	全剩余寿命模式
国泰君安临港创新产业园 REIT	产业园区	收益法	全剩余寿命模式
红土深圳安居 REIT	保障性租赁住房	收益法	全剩余寿命模式
中金厦门安居 REIT	保障性租赁住房	收益法	全剩余寿命模式
华夏北京保障房 REIT	保障性租赁住房	收益法	全剩余寿命模式

数据来源：各产品的招募说明书。

3. 净收益的测算

净收益（租赁型）一般应根据租赁合同和租赁市场资料测算，且净收益应为有效毛收入减去由出租人负担的运营费用。在已发行的产权类公募 REITs 中，现金流入项和流出项的内容也是多种多样，在现金流入项中有的考虑了押金利息收入，有的并未考虑，有的含物业管理费收入，有的则不含；现金流出项中费用名目多样，是否包含也是不一，如资本性支出项、营销推广费、佣金等。如表 2 所示。

产权类公募 REITs 净收益测算内容统计表（截至 2022 年 11 月 16 日）　　　表 2

产品简称	基础资产类型	现金流入项	现金流出项（不含折旧与摊销）
红土盐田港 REIT	仓储物流	租金收入、综合管理费收入	浮动管理费、行政费用、专业服务费、保险费、税金及附加和资本性支出
中金普洛斯 REIT	仓储物流	租金收入、管理费收入及其他收入	综合管理服务费、物业服务费、保险费、税金及附加、资本性支出
博时蛇口产园 REIT	产业园区	租金收入、管理费收入、车位收入和其他收入	运营管理费、物业管理费、营销推广费、佣金、维修费、税金及附加和资本性支出
华安张江光大 REIT	产业园区	房屋租金收入、物业管理费收入、押金利息收入、商业配套收入、地下车库收入	房屋维修费、管理费、税金及附加、保险费
东吴苏园产业 REIT	产业园区	房屋租金收入、物业费收入、停车费收入、其他收入及多种经营收入	管理费、物业成本、资本化改造费、保险费、税金及附加

续表

产品简称	基础资产类型	现金流入项	现金流出项（不含折旧与摊销）
建信中关村 REIT	产业园区	房屋租金收入、停车场租金收入	运营服务费、物业服务费、停车管理费、保险费、税金及附加、资本性支出、专业服务费及项目公司日常管理费
华夏合肥高新 REIT	产业园区	房屋租金收入	管理费、维修费、保险费、相关税费、资本性支出
国泰君安东久新经济 REIT	产业园区	房屋租金收入、物业管理费收入	税金及附加、综合管理服务费、物业服务费、保险费、资本性支出
国泰君安临港创新产业园 REIT	产业园区	房屋租金收入	税金及附加、综合管理服务费、物业服务费、保险费、资本性支出
红土深圳安居 REIT	保障性租赁住房	房屋租金收入	物业管理费用、物业专项维修资金、维修保养费用、外部机构运营管理费用、保险费用、税金及附加、资本性支出
中金厦门安居 REIT	保障性租赁住房	房屋租金收入、押金利息收入	综合服务管理费、税金及附加、保险费用、资本性支出
华夏北京保障房 REIT	保障性租赁住房	房屋租金收入	资产管理服务费、空置房屋供暖费、保险费、资本性支出

数据来源：各品的招募说明书。

4. 报酬率的测算

房地产估价中报酬率的测算可选用下列方法确定（表3）。

产权类公募 REITs 收益法评估报酬率统计表（截至 2022 年 11 月 16 日）　　表3

公募 REITs 产品	基础资产类型	报酬率测算方法	报酬率取值
红土盐田港 REIT	仓储物流	期望投资折现率和累加法	6.0%
中金普洛斯 REIT	仓储物流	期望投资折现率和累加法	北京空港物流园：7.5% 北京光机电物流园：7.75% 广州保税物流园：8.0% 广州增城物流园：7.75% 佛山顺德物流园：8.5% 昆山淀山湖物流园：8.0% 苏州望亭物流园：8.25%
博时蛇口产园 REIT	产业园区	期望投资折现率和累加法	6.0%
华安张江光大 REIT	产业园区	市场提取法	产业用房：6.0% 地下车库：4.5%
东吴苏园产业 REIT	产业园区	期望投资折现率和累加法	6.5%
建信中关村 REIT	产业园区	期望投资折现率和累加法	6.0%
华夏合肥高新 REIT	产业园区	累加法	6.5%

续表

公募 REITs 产品	基础资产类型	报酬率测算方法	报酬率取值
国泰君安东久新经济 REIT	产业园区	累加法	上海东久智造园：8% 昆山东久智造园：8.25% 无锡东久智造园：8.25% 常州东久智造园：8.5%
国泰君安临港创新产业园 REIT	产业园区	累加法	8%
红土深圳安居 REIT	保障性租赁住房	累加法	6.0%
中金厦门安居 REIT	保障性租赁住房	累加法	6.5%
华夏北京保障房 REIT	保障性租赁住房	累加法	6%

数据来源：各产品的招募说明书。

市场提取法：选取不少于3个可比实例，利用其价格、净收益等数据，选用相应的收益法公式，测算报酬率。

累加法：以安全利率加风险调整值作为报酬率。安全利率可选用国务院金融主管部门公布的同一时期一年定期存款年利率或一年期国债年利率；风险调整值应为承担额外风险所要求的补偿，并应根据估价对象及其所在地区、行业、市场等存在的风险来确定。在已发行的产权类公募 REITs 中，基本都是以累加法进行测算，仅华安张江光大 REIT 采用了市场提取法。而对于安全利率的选择确有较大差异，有的按照规范采用一年期存款利率1.5%，有的采用十年到期国家债券的收益率2.82%进行确定，两者相差1.32%。

期望投资折现率的求取方法本质上属于市场调研法，目前相关规范、指引无该称呼。

5. 收益期的确定

根据规范，收益期应根据土地使用权剩余期限和建筑物剩余经济寿命进行测算。

（三）特许经营权类 REITs 资产评估分析

特许经营权类 REITs 资产一般由资产评估机构进行价值评估，其相关内容介绍如下：

1. 主要依据

《财政部关于印发〈资产评估基本准则〉的通知》（财资〔2017〕43号）是财政部制定的资产评估基本准则，中国资产评估协会根据《资产评估基本准则》制定了资产评估执业准则，该准则包括了各项具体准则、指南和指导意见，除执业准则外，还包括一些专家指引。资产评估行业尚无针对公募 REITs 或资产支持证券的专项准则、指南、指导意见或专家指引等内容。

2. 评估方法介绍

评估方法的要求，我们在产权类章节已详细介绍了监管要求，此处不再赘述。

《资产评估执业准则——资产评估方法》要求资产评估专业人员在选择评估方法时，应当充分考虑影响评估方法选择的因素。当满足采用不同评估方法的条件时，资产评估专业人员应当选择两种或者两种以上评估方法，通过综合分析形成合理评估结论。

截至2022年11月，根据对已发行的特许经营权类公募 REITs 评估方法统计结果，9只产品中除鹏华深圳能源 REIT 采用了收益法和市场法外，其他均只采用了收益法且用一种路径进行评估，相关统计如表4所示。

特许经营权类公募 REITs 评估方法统计表（截至 2022 年 11 月 16 日）　　表 4

公募 REITs 产品	基础资产类型	评估方法
平安广州广河 REIT	收费公路	收益法
华夏越秀高速 REIT	收费公路	收益法
浙商沪杭甬 REIT	收费公路	收益法
国金中国铁建 REIT	收费公路	收益法
华夏中国交建 REIT	收费公路	收益法
华泰江苏交控 REIT	收费公路	收益法
中航首钢绿能 REIT	生态环保	收益法
富国首创水务 REIT	生态环保	收益法
鹏华深圳能源 REIT	发电厂	收益法和市场法

数据来源：各产品的招募说明书。

3. 未来预期收益

公募 REITs 评估实务中通常采用税前自由净现金流量进行测算，即：税前自由净现金流量＝息税前利润 EBIT＋折旧/摊销－资本性支出－营运资金增加。

我们对特性经营权类公募 REITs 的资产评估所采用的现金流入项和流出项进行了统计，不同行业的资产类别在这两方面差异较大，如表 5 所示。

特性经营权类公募 REITs 净收益测算内容统计表（截至 2022 年 11 月 16 日）　　表 5

产品简称	基础资产类型	现金流入项	现金流出项（不含折旧与摊销）
平安广州广河 REIT	收费公路	车辆通行费收入、电费收入、期末营运资金回收额	营业成本、税金及附加、管理费用、资本性支出、营运资金增加额
华夏越秀高速 REIT	收费公路	车辆通行费收入、其他业务收入（广告牌租赁收入等）	营业成本、税金及附加、管理费用、资本性支出
浙商沪杭甬 REIT	收费公路	车辆通行费收入、其他业务收入（通信管道租赁收入等）、路产赔偿收入、	主营业务成本、清障成本、税金及附加、营运资金增加额、资本性支出、净营运资金增加额
国金中国铁建 REIT	收费公路	车辆通行费收入、出租固定资产收入、应急救援服务收入、服务器租赁收入、其他租赁收入（沿线广告等）、代收水电费收入等	营业成本、其他业务成本、税金及附加、管理费用、研发费用、资本性支出、营运资金
华夏中国交建 REIT	收费公路	车辆通行费收入、服务区经营权承包收入、灯箱广告租赁收入	营业成本、税金及附加、管理费用、资本性支出
华泰江苏交控 REIT	收费公路	车辆通行费收入、清障服务收入、广告牌租赁收入、服务区资产租赁	营业成本、税金及附加、期间费用、资本性支出、资产更新、营运资金增加额

续表

产品简称	基础资产类型	现金流入项	现金流出项（不含折旧与摊销）
中航首钢绿能 REIT	生态环保	发电收入、生活垃圾处置收入、餐厨垃圾收运及处置服务收入	生活垃圾处置成本、餐厨垃圾处置成本、发电成本、税金及附加、管理费用、资本性支出等
富国首创水务 REIT	生态环保	污水处理收入、中水服务收入、污泥处理收入、其他收益（增值税即征即退）、期末营运资金回收额+期末固定资产回收额	污水处理成本、污泥处理成本、税金及附加、管理费用、资本性支出、营运资金追加额
鹏华深圳能源 REIT	发电厂	发电收入、到期后不动产回收价值	天然气费用、检修费用、职工薪酬及其他费用成本、税金及附加、资本性支出、营运资金追加额

数据来源：各产品的招募说明书。

4. 折现率

目前评估行业常用的估算折现率的方法有加和法、资本资产定价模型、加权平均资本成本法等。折现率的求取需要与预测的现金流口径相匹配。REITs 目前均采用了税前自由现金流，因此采用的是税前口径折现率，折现率的求取均采用加权平均资本成本法。

评估人员按照中国资产评估协会的《资产评估专家指引第 12 号——收益法评估企业价值中折现率的测算》和中国证券监督管理委员会《监管规则适用指引——评估类 第 1 号》的要求测算折现率。

截至 2022 年 11 月，根据对已发行的特许经营权类公募 REITs 现金流量类型和折现率的求取方式进行了统计，9 只产品均采用了税前自由现金流量和税前加权平均资本成本法（WACCBT）进行评估（表 6）。

特许经营权类公募 REITs 现金流量类型和折现率求取方法统计表
（截至 2022 年 11 月 16 日） 表 6

公募 REITs 产品	现金流量类型	折现率求取方法	折现率
平安广州广河 REIT	税前自由现金流量	WACCBT	8%
华夏越秀高速 REIT	税前自由现金流量	WACCBT	区间：9.72%～14.16%
浙商沪杭甬 REIT	税前自由现金流量	WACCBT	8.31%
国金中国铁建 REIT	税前自由现金流量	WACCBT	2022—2030 年：9.15% 2031—2034 年：10.37%
华夏中国交建 REIT	税前自由现金流量	WACCBT	8.24%
华泰江苏交控 REIT	税前自由现金流量	WACCBT	8.31%
中航首钢绿能 REIT	税前自由现金流量	WACCBT	未披露
富国首创水务 REIT	税前自由现金流量	WACCBT	未披露
鹏华深圳能源 REIT	税前自由现金流量	WACCBT	2022—2031 年：6.95% 2032—2037 年：8.95%

数据来源：各产品的招募说明书。

5. 收益年限

公募 REITs 特许经营权类的收益年限一般采用特许经营权的剩余年限进行确定。

三、两者对比分析总结

通过以上分析，我们对产权类资产和特许经营权类资产的评估异同进行对比，结果如表7所示。

产权类资产和特许经营权类资产的评估异同　　　表7

类型	产权类资产（通常情况）	特许经营权类资产（通常情况）
评估所属行业	房地产估价	资产评估
遵循的规范、准则	房地产估价规范等	资产评估相关准则
评估报告	房地产估价报告	资产评估报告
评估方法	收益法、比较法、成本法	收益法、市场比较法、成本法
净收益的测算	一般直接通过运营收入扣减运营成本和资本性支出后得出净收益	一般先测算出净利润后再加回所得税＋利息支出＋折旧及摊销得出EBITDA，再扣减资本性资产等后计算净收益
折现率的求取	一般采用累加法和市场提取法等来求取	一般采用资本资产定价模型即CAPM
收益期的确定	土地剩余使用年限	特许经营权期限
收益、成本特点	主要收益来源于房地产租赁或运营收入，如仓储物流基础设施、园区基础设施、停车场项目、保租房项目，收入和成本相对来说比较单一	收益主要来源于基础设施的各种类型的收入或收费，如高速公路过路费、发电收入、园区门票收入、污水处理收入等，收入和成本复杂多样

（一）不同评估行业应相互借鉴和学习

在估值方面，基础设施公募REITs涉及的资产评估和房地产评估分属不同的评估行业，即特许经营权类资产一般由资产评估机构评估，产权类资产由于其房地产特性明显，一般由房地产估价机构评估，但也并不排除资产评估机构承做产权类资产的评估，如华夏合肥高新REIT为产业园区，则是由资产评估机构完成的。

两者遵循着各自行业的准则和规范，虽然各有各的评估程序、方法体系和测算逻辑，但其估值的理论和逻辑是基本一致的，并没有本质的差异，因此双方的操作实务方面应相互借鉴和学习，取其所长，补其所短。

（二）不同资产类型收入和成本内容差异较大，要求能力高

特许经营权类资产，其收益主要来源于基础设施的各种类型的收入或收费，如高速公路过路费、发电收入、园区门票收入、污水处理收入等，收入和成本复杂多样。而产权类资产，主要收益来源于房地产租赁或运营收入，如仓储物流设施、产业园区、停车场、保租房，收入和成本相对来说比较单一。

不同类型资产估值具有明显的行业特征，因此评估人员评估时需要进行深入的行业研究，根据行业特性综合考量项目所处的宏观经济环境、中观行业发展层面以及企业和项目微观发展运营来判断预测项目运营未来收益，这就对评估人员的能力有更高要求。在必要情

下,评估人员需要参考第三方专业机构或专家的分析与预测,如收费高速类。

(三)收益法测算逻辑和折现率的测算差异明显

用现金流折现法预测净现金流的过程差异明显,如特许经营权类资产一般先测算出净利润后再加回所得税、利息支出、折旧及摊销后得出 EBITDA,再扣减资本性支出、营运资金等后计算净收益;而产权类资产在测算时,一般直接通过运营收入扣减运营成本和资本性支出后得出净收益。虽然方式不一致,但本质上还是一致的,两者均是为测算出净收益。

另外核心参数——折现率的测算也有着各自的方法,资产评估一般采用加权平均资本成本法,房地产估价则一般采用累加法或市场提取法等来求取。

特许经营权类 REITs 的折现率确定,在收益期中有的采用固定折现率,有的采用分段折现率,有的采用每年变动折现率,行业做法不一。

产权类 REITs 在具体求取累加法中采用无风险利率的选择上也有较大差异。不同的机构或不同的项目,有的按照规范采用一年期存款利率 1.5%,有的采用十年期国家债券的收益率 2.82% 进行确定,两者相差 1.32%。从理论上来讲,除无风险利率外,风险调整值的确定与所选存款利率或国债收益率并无关系。就目前而言,采用不同无风险利率,其折现率会相差 1.32%,作为对评估结果影响较大的核心参数,该差异动辄会影响几千万或者数亿的估值结果。应采用哪个无风险利率,两个评估行业应有相应的指导,防止不同的机构或不同的项目参数参差不齐,影响行业公信力。

(四)评估方法基本大多只采用了收益法,评估价值校验方面欠缺

基础设施公募 REITs 相关政策要求以收益法为主,但并不是只采用收益法或只采用一种收益法路径。在评估方法方面,行业要求向来都是采用所有可以采用的评估方法,目的是防止一种方法的评估结果可能有较大的偏差无法校验,两种或三种方法可以起到相互印证、校验的作用。但目前 REITs 的资产评估基本上只采用了现金流折现这一种方法。我们也研究了境外的一些国家的评估方法,大部分采用了收益法的两种技术路径,即现金流折现法和直接资本化法,也有的国家如日本,也会采用成本法进行验证或者取权重后参与评估值的确定。另外中国基金业协会的《公开募集基础设施证券投资基金运营操作指引(试行)》,也要求评估机构在确定价值时,应当将收益法中现金流量折现法作为主要的评估方法,并选择其他分属于不同估值技术的估值方法进行校验。目前在评估价值校验方面有所欠缺,两个行业应有相应指导。

最后,两个评估行业应互相借鉴和学习基础设施公募 REITs 资产的价值评估,最好可以提供专项指引指导实务,以更好地做好价值守门人的角色,为我国公募 REITs 更快更好地发展作贡献。

作者联系方式

姓　名:胡永强　曹亚琨

单　位:深圳市世联土地房地产评估有限公司、世联评估价值研究院

地　址:广东省深圳市福田区卓越梅林中心广场(南区)B 座 B 单元 19 层 1901、1903、1904

邮　箱:huyq@ruiunion.com.cn;caoyk@ruiunion.com.cn

注册号:胡永强(3220140160);曹亚琨(4420000299)

浅析保障性租赁住房公募 REITs 评估

曹亚琨 孙绮 张勇

摘 要：保障性租赁住房公募 REITs 于 2022 年 8 月公开上市，已发行上市 3 只，另有 1 只已通过审批近日上市。作者通过研究 4 只保障性租赁住房公募 REITs 市场表现、底层资产特征、评估方法及参数，总结房地产评估机构为"房住不炒"保障性租赁住房公募 REITs 健康发展提供的专业服务。随着扩募和未来不同城市不同运营商的加入，不仅将丰富保障性租赁住房公募 REITs 产品，也为估价师们提供了广阔的天空。

关键词：房地产评估；保障性租赁住房；公募 REITs；可供分配现金流

一、已上市保障性租赁住房公募 REITs 市场表现

（一）政策频出，持续利好

1. 拓宽住房租赁市场多元化融资渠道，稳步推进 REITs 试点

《中国人民银行 中国银行保险监督管理委员会关于做好当前金融支持房地产市场平稳健康发展工作的通知》（银发〔2022〕254 号）提出，拓宽住房租赁市场多元化融资渠道。支持住房租赁企业发行信用债券和担保债券等直接融资产品，专项用于租赁住房建设和经营，鼓励商业银行发行支持住房租赁金融债券，筹集资金用于增加住房租赁开发建设贷款和经营性贷款投放，稳步推进房地产投资信托基金（REITs）试点。另外"十四五"期间，国务院、住房和城乡建设部、中国人民银行、国家金融监督管理总局、国家发展改革委、证券交易所和各省（市）等发布多项保障性住房的重要政策，足以说明保障性租赁住房 REITs 的发行实现了住房租赁市场"投、融、建、管、退"的闭环，同时进一步完善了保障性租赁住房的金融体系。

2. 坚持"房住不炒"的精神，商品房与保障性住房、租赁住房两条线共同发展

作为增进人民福祉、提升生活品质的重要部分，党的二十大报告针对住房领域，提出将坚持"房住不炒"，加快建立多主体供给、多渠道保障、租购并举的住房制度。未来，"房住不炒"，构建房地产长效机制，加快住房领域供给侧结构性改革将持续推进，用商品房和保障性住房两条腿走路，尤其是在保障性住房、租赁住房领域更加注重补短板，重点向人口持续流入城市倾斜。2010—2020 年间我国城市人口增长情况如图 1 所示。

（二）保障性租赁住房 REITs 成功发行，创新亮点多

1. 市场表现抢眼，获得投资者热捧

3 只已发行的保障性租赁住房 REITs 上市第一天均上涨 30%，图 2 为截至 2022 年 11 月 18 日的市场表现，11 月 16 日华润有巢 REIT（508077）发布《认购申请确认比例结果的公告》，网下投资者有效认购申请确认比例为 46.9%；公众投资者有效认购申请实际确认比例

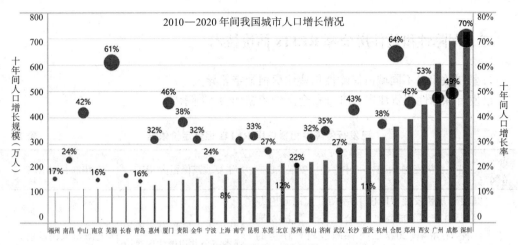

图 1　我国城市人口增长情况

资料来源：WIND，世联评估价值研究院。

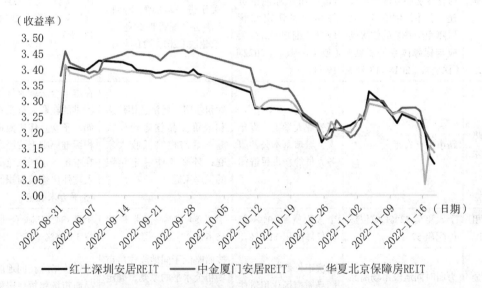

图 2　保障性租赁住房 REITs 上市表现

为 30.7%，受到投资者青睐。

2. 创新亮点多，百花齐放

根据《国家发展改革委关于进一步做好基础设施领域不动产投资信托基金（REITs）试点工作的通知》（发改投资〔2021〕958 号），规定项目运营时间原则上不低于 3 年，对已能够实现长期稳定收益的项目，可适当降低运营年限要求。但红土深圳安居 REIT、中金厦门安居 REIT、华润有巢 REIT 突破了此条规定，由此可见对该类资产的支持力度。

底层资产多样化，涉及不同用地性质，积极响应保障住房租赁市场发展的国家重大战略。中金厦门安居 REIT 划拨用地转出让、华润有巢泗泾项目为上海地区首批利用集体土地入市建设租赁住房的试点项目、华润有巢东部经开区项目为租赁住宅用地（R4）。

二、保障性租赁住房公募 REITs 估价技术

1. 紧扣政策，不同城市保障性租赁住房租金定差异大

已发行保障性租赁住房 REITs 租金定价依据如表 1 所示。

已发行保障性租赁住房 REITs 租金定价依据   表 1

基本情况	红土深圳安居 REIT	中金厦门安居 REIT	华夏北京保租房 REIT	华润有巢 REIT
主要依据	《关于加快发展保障性租赁住房的实施意见》（深府办函〔2022〕23号）；《深圳市人民政府关于深化住房制度改革加快建立多主体供给多渠道保障租购并举的住房供应与保障体系的意见》（深府规〔2018〕13号）	《厦门市人民政府办公厅关于加快发展保障性租赁住房的意见》（厦府办规〔2021〕6号）；《厦门市保障性租赁住房项目认定和管理操作细则（试行）》（厦房租赁〔2022〕19号）	《北京市人民政府关于加强本市公共租赁住房建设和管理的通知》（京政发〔2011〕61号）；《关于进一步加强公共租赁住房分配管理的通知》（京建法〔2014〕21号）	《上海市人民政府办公厅印发〈关于加快发展本市保障性租赁住房的实施意见〉的通知》（沪府办规〔2021〕12号）
保障对象	新市民、青年人	新就业大学生、青年人、城市基本公共服务人员等新市民群体	廉租住房、经济适用住房和限价商品住房轮候家庭；本市户籍低收入家庭；外来工作一定年限的无房家庭	在本市合法就业且住房困难的在职人员及其配偶、子女。住房困难面积标准原则上按照家庭在本市一定区域范围内人均住房建筑面积低于15平方米确定
配租情况	个人租赁43%+单位整体配租57%	个人租赁88.9%+单位整体配租11.1%	个人84.32%+企业租户15.68%	个人84.55%+企业租户15.45%
租金定价	为届时同地段市场商品住房租金的60%左右	初次定价低于同地段同品质市场化租赁房租金的95%	按照略低于同地段住房市场租金水平的原则，确定本地区的公共租赁住房租金标准	租赁价格应在同地段同品质市场租赁住房租金的九折以下
租金增长	由建设运营单位结合项目建设运营成本、享受政策优惠情况等因素制定租金具体价格和调整幅度，报区住房主管部门备案后执行	调价增幅不高于同地段市场租赁住房租金同期增幅，且年增幅不高于5%	公租房的租金价格调整由北京保障房中心聘请专业评估机构，测定公租房项目所在区域市场租金，按照"促公平、可承受、可持续"原则，考虑承租人的租金负担能力变化及公租房所在区域市场租金变化等因素，提出调整方案	调增幅度应不高于市房屋管理部门监测的同地段市场租赁住房租金同期增幅，且年增幅应不高于5%

续表

基本情况	红土深圳安居REIT	中金厦门安居REIT	华夏北京保租房REIT	华润有巢REIT
租金收取	—	可按月度或季度收取，不得预收超过一个季度的租金	可按月、季或年收取，最长不超过一年	可以按月或按季度收取，原则上不得预收一个季度以上租金；租赁保证金（押金）不得超过一个月租金
合同期限	首次租赁以3年为主，可续租，续租期限不超过3年	不短于6个月，不超过3年	一般为3年，最长不超过5年	原则上不短于1年（承租人有特殊要求的除外），最长不超过3年

2. 核心参数报酬率对估值影响大

截至2022年11月，产权类公募REITs收益法评估报酬率统计如表2所示。

产权类公募REITs收益法评估报酬率统计（截至2022年11月） 表2

公募REITs产品	基础资产类型	报酬率测算方法	报酬率取值
红土深圳安居REIT	保障性租赁住房	累加法	6.0%
中金厦门安居REIT	保障性租赁住房	累加法	6.5%
华夏北京保租房REIT	保障性租赁住房	累加法	6.0%
华润有巢REIT	保障性租赁住房	累加法	6.25%
红土盐田港REIT	仓储物流	期望投资折现率和累加法	6.0%
中金普洛斯REIT	仓储物流	期望投资折现率和累加法	北京空港物流园：7.5% 北京光机电物流园：7.75% 广州保税物流园：8.0% 广州增城物流园：7.75% 佛山顺德物流园：8.5% 昆山淀山湖物流园：8.0% 苏州望亭物流园：8.25%
博时蛇口产园REIT	产业园区	期望投资折现率和累加法	6.0%
华安张江光大REIT	产业园区	市场提取法	产业用房：6.0% 地下车库：4.5%
东吴苏园产业REIT	产业园区	期望投资折现率和累加法	6.5%
建信中关村REIT	产业园区	期望投资折现率和累加法	6.0%

数据来源：产品招募说明书，世联评估价值研究院整理。

3. 净现金流分派率分析，与评估预测密不可分

净现金率分派率等于预计年度可分配现金流/目标不动产评估净值，是投资者关注的重要参数之一（图3），由于保障性租赁住房作为底层资产，有着特殊意义，不同城市租金定价标准不同、运营机构的资产管理与运营能力不同，都会影响公募REITs的分派率（表3）。

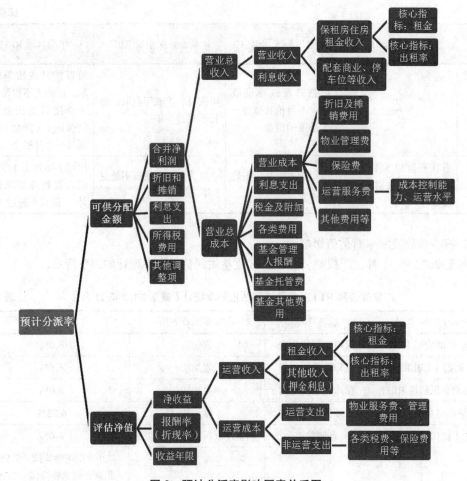

图 3　预计分派率影响因素关系图

3 只保障性租赁住房公募 REITs 预测 2023 年分派率　　　　　　　　　　　　　　　表 3

项目	红土深圳安居 REIT	厦门安居 REIT	华夏北京保障 REIT	华润有巢 REIT
可供分配金额/营业收入	91.28%	75.77%	71.41%	67.88%
净现金流分派率	4.25%	4.34%	4.31%	4.36%

保障性租赁住房公募 REITs 营业收入构成　　　　　　　　　　　　　　　　　　　表 4

REITs 产品简称	收入构成
红土深圳安居 REIT	保障性住房租金收入、配套商业设施租金收入、配套停车场租金收入
中金厦门安居 REIT	租金收入
华夏北京保障 REIT	租金收入
华润有巢 REIT	保障性租赁住房的租金收入、配套商业租金收入、商业管理费收入、停车位收入、场地及广告位租赁收入以及住户网络费收入

数据来源：产品招募说明书，世联评估价值研究院整理。

华润有巢租赁住房基础设施项目有一定研究意义，根据《华夏基金华润有巢租赁住房封闭式基础设施证券投资基金招募说明书（草案）》中华润有巢数据进行净现金率分派率研究。

（1）营业收入包括保障性租赁住房的租金收入、配套商业租金收入、商业管理费收入、停车位收入、场地及广告位租赁收入以及住户网络费收入（表4）。从表5、表6可以看出：有巢泗泾项目配套商业817.84平方米，其收入占比约为1.7%；有巢东部经开区项目配套商业面积为3062.5平方米，故其租金收入预计2023年占比达到7.2%。而红土深圳安居REIT在2023年预测值住宅租金收入占比95.44%、配套商业收入占比2.8%、配套停车位收入占比1.77%。华润有巢保障性租赁住房基础设施项目在配套商业租金收入占比有明显提升。

有巢泗泾项目预测营业收入构成比例 表5

有巢泗泾项目营业收入	2022H2	2023E
保障性租赁住房租金收入	95.61%	95.5%
配套商业租金收入	1.58%	1.7%
商业管理费收入	0.26%	0.3%
停车位收入	1.14%	1.1%
其他收入—场地及广告位租赁	0.14%	0.1%
其他收入—住房网络费	1.27%	1.3%
合计	100.00%	100.0%

有巢东部经开区项目预测营业收入构成比例 表6

有巢东部经开区项目营业收入	2022H2	2023E
保障性租赁住房租金收入	89.30%	87.9%
配套商业租金收入	5.69%	7.2%
商业管理费收入	0.96%	0.9%
停车位收入	2.47%	2.4%
其他收入—场地及广告位租赁	0.16%	0.2%
其他收入—住房网络费	1.42%	1.4%
合计	100.00%	100.0%

数据来源：产品招募说明书，世联评估价值研究院整理。

（2）营业成本主要包括折旧及摊销费用、物业管理费、保险费、运营服务费、能源费用、网络费、其他费用，其中主要营业成本为折旧及摊销费用，其次为运营服务费约占营业收入比例为13.53%、物业管理费约占营业收入比例为8.77%（表7）。华夏北京保障房REIT根据基金与北京保障房中心拟签署的《运营管理服务协议》约定，将物业费、人工成本、维修保养费、提供租赁管理及日常运营等服务相关的行政办公费、信息化服务相关费用等打包进运营服务费，按照项目公司实收运营收入的17%计算。

华润有巢基础设施项目预测营业成本构成比例　　　　　表7

营业成本	2022H2占营业成本比例	2022H2占营业收入比例	2023E占营业成本比例	2023E占营业收入比例
折旧及摊销费用	70.72%	61.35%	69.82%	59.68%
物业管理费	10.11%	8.77%	11.08%	9.47%
保险费	0.18%	0.16%	0.18%	0.15%
运营服务费	15.60%	13.53%	15.46%	13.21%
能源费用	1.69%	1.47%	1.75%	1.49%
网络费	1.00%	0.87%	1.01%	0.86%
其他费用	0.70%	0.61%	0.71%	0.61%
合计	100.00%	86.75%	100.00%	85.48%

因此可以看出，目标不动产评估净值、营业收入和付现成本变动会影响净现金分派率，这些都与评估密切相关，关注保障性租赁住房公募REITs资产管理与运营能力是评估准确性的关键。

三、带给我们的思考

（一）估价技术应采用多种方法相互校验

借鉴境外REITs评估方法，截至2022年6月，日本REITs市场中共有61只上市的J-REITs（包括5只住宅类REITs、7只办公类REITs、4只商业零售类REITs、5只酒店类REITs、9只物流类REITs、1只医疗中心REITs、30只综合性REITs）以及7只基础设施类REITs。

从上述共68只8大类REITs中，按照每种类型选择一只REITs，对其有价证券报告书中披露的评估方法加以总结（表8）。

典型REITs所使用评估方法整理　　　　　表8

REITs类型	REITs名称	过往评估机构所采用的评估方法
住宅类	Advance Residence Investment Corporation	直接还原法和DCF法
办公类	Japan Real Estate Investment Corp.	收益还原法（DCF法+直接还原法）和成本法
商业零售类	AEON REIT Investment Corporation	直接还原法和DCF法
酒店类	Hoshino Resorts REIT, Inc.	直接还原法和DCF法
物流类	Nippon Prologis REIT, Inc.	直接还原法和DCF法
医疗中心	Healthcare & Medical Investment Corp.	直接还原法和DCF法
综合类	Nomura Real Estate Master Fund, Inc.	收益还原法（DCF法+直接还原法）和成本法
基础设施类	Canadian Solar Infrastructure Fund, Inc.	收益还原法和市场法

信息来源：各REITs有价证券报告书，世联评估价值研究院整理。

日本根据证券化不动产评估方法的相关规定，在以收益还原法中直接还原法获得的收益价格作为验证的基础上，通过比较价格和成本价格验证得出评估值。对于保障性租赁住房比较法不太适用的前提下，成本法也是一种验证的方法选择，或是采用成本倒算租金来判断现行租金是否保本。

（二）报酬率、资本化率的参数合理性应多加论证

既要保证投资者的利益，同时也要考虑原始权益人的资产价值不被低估，评估参数的合理性显得尤为关键，根据中金厦门安居 REIT 招募说明书预测 2023 年资本化率为 5.13%，通过研究日本住宅 REITs 收益表现如图 4 所示，截至 2021 年 7 月资本化率为 3.9%。

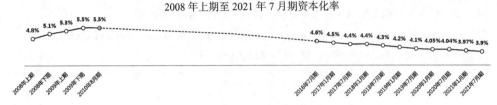

图 4　日本住宅 REITs 资本化率统计

截至 2021 年 7 月末，各区住房的资本化率如表 9 所示。

日本各区住房资本化率表现　　　　　　　　　　　　　　　表 9

住房所在区域	资本化率
都心主要 7 区	3.63%
都心部	3.76%
东京 23 区	3.69%
首都圈	4.38%
政令指定都市等	4.38%
全体	3.88%

（三）保障性租赁住房 REITs 作为稳定投资收益产品，锚定住房价格

基础设施公募 REITs 通过资产运营管理和信息披露机制，通过市场调节"锚"定不动产价格，已发行保障性租赁住房公募 REITs 评估价值与同等地段的商品房相比，可能是房价的十分之一，而一线城市租金收益率在 2% 左右，REITs 估值的核心在于其长期稳定分红和资产利得（表 10）。

保障性租赁住房 REITs 评估值分析　　　　　　　　　　　　表 10

项目	红土深圳安居 REIT	厦门安居 REIT	华夏北京保障 REIT	华润有巢 REIT
评估均价（元/平方米）	7388	6114	10204	9138
已出租平均租金占比同段市场租金	约为 30%～56%	约为 90%～95%	约为 55%	78%～82%

保障性租赁住房 REITs 具有收益稳定和长期性，随着扩募、未来不同城市不同运营商的加入，类似像闲置和低效利用的商业办公、旅馆、厂房、仓储、科研教育等非居住存量房屋建设保障性租赁住房作为底层资产试点，将不仅丰富保障性租赁住房公募 REITs 产品，也为估价师们提供了广阔的天空。

作者联系方式
姓　名：曹亚琨　孙　绮　张　勇
单　位：深圳市世联土地房地产评估有限公司、世联评估价值研究院
地　址：广东省深圳市福田区卓越梅林中心广场（南区）B 座 B 单元 19 层
邮　箱：caoyk@ruiunion.com.cn；sunq@ruiunion.com.cn；zhangyong@ruiunion.com.cn
注册号：曹亚琨（4420000299）；张　勇（3120030077）

资产证券化融资中的估价服务及实践分享

黄荣真　张景成

摘　要：随着我国房地产行业的发展和金融产品的丰富，涉及房地产的金融产品也越来越受到关注。2011年至今，我国的资产证券化新规陆续颁布实施，同时推出了资产证券化备案制，资产证券化逐渐成为一种被广泛采用的金融创新工具而得到快速发展，资产证券化产品涉及的基础资产也丰富多样。在资产证券化领域里，估价机构扮演的角色越来越重要、承担的责任越来越明确。对于资产证券化融资中的估价服务，我们估价机构是专业的。估价机构需要对基础资产状况进行尽职调查与市场调查、对基础资产进行价值及现金流分析，可为发行资产证券化产品所提供的成果有房地产估值报告、现金流预测报告、市场调研报告、物业市场调研报告等。但目前估价机构所获得的业务主要集中在价值评估和现金流预测。本文拟通过对估价服务进行分析，来思考估价机构在资产证券化中的成绩，对估价机构的发展具有一定的现实意义。

关键词：估价机构；资产证券化；估价服务

资产证券化是指以基础资产未来所产生的现金流为偿付支持，通过结构化设计进行信用增级，在此基础上发行资产支持证券的过程。它是以特定资产组合或特定现金流为支持，发行可交易证券的一种融资形式。资产证券化的目的在于将缺乏流动性的资产提前变现，解决流动性风险。资产证券化受到了金融机构的青睐。根据基础资产的不同，资产证券化的类型主要有信托受益权类ABS、REITs、CMBS、租赁消费分期类ABS及资产支持票据ABN。随着国内资产证券化的快速发展，资产证券化产品越来越丰富，基础资产涉及的类型也丰富多样，这对估价机构是一个挑战、也是一个业绩增长点。这也给我们估价机构的发展及估价业务创新指明方向，同时对估价机构及估价师能力提出了更高的要求。

估价机构在资产证券化发行过程中具有不可替代的作用，为发行人、交易所、投资人等的决策提供数据参考依据。

一、资产证券化融资中的估价服务

（一）参与基础资产的筛选

基础资产主要是为房地产或与房地产有关的收费等，根据《证券公司及基金管理公司子公司资产证券化业务管理规定》等相关法规的规定，基础资产的筛选应当符合合法合规性标准及抗风险标准，且不属于负面清单范畴。对负面清单实行"适时调整"制度，至少每半年对负面清单进行一次评估。目前对基础资产的筛选一般是附加在价值评估或现金流预测的过程中。

（二）参与房地产物业状况评价

根据《关于印发〈房地产投资信托基金物业评估指引（试行）〉的通知》（中房学〔2015〕4号）第二章的相关要求，需对基础资产出具《物业状况评价报告》，其主要内容包括物业的实物状况、权益状况和区位状况评价，以及运营费用分析与预测4部分。目前，估价机构参与对资产证券化发行过程中涉及的房地产物业状况评价是较少的，该部分业务常常被其他服务商带走了，未能发挥估价机构的特长与优势。这部分业务是值得积极争取的。

（三）参与房地产物业市场调研

根据《关于印发〈房地产投资信托基金物业评估指引（试行）〉的通知》（中房学〔2015〕4号）第三章的相关要求，需对基础资产出具《物业市场调研报告》，其主要内容包括物业所在地区经济社会发展状况、物业所在地区房地产市场总体状况、物业所在地区同类物业市场状况、物业自身有关市场状况4部分。目前，估价机构参与对资产证券化发行过程中涉及的房地产物业市场调研也是较少的，该部分业务也是常常被其他服务商带走了，未能发挥估价机构的特长与优势。这部分业务也是值得积极争取的。

（四）参与房地产物业价值评估

根据《关于印发〈房地产投资信托基金物业评估指引（试行）〉的通知》（中房学〔2015〕4号）第四章的相关要求，涉及资产证券化项目的基础资产在发行过程中需要进行房地产价值评估，出具《物业价值评估报告》，为发行规模等提供价值参考。价值类型应当为市场价值，且应当选用收益法作为主要的估价方法。目前，因硬性要求，价值评估的业务均由估价机构承接执行，这部分业务主要是估价行业内部的竞争。

（五）参与发行期内的现金流预测

根据资产证券化的相关要求，涉及资产证券化发行规模及还款方式等设计，需要对基础资产在资产证券化发行期内的现金流进行预测，并出具《物业现金流预测报告》。其主要是对基础资产目前的经营状况进行分析，以及对后续可实现的经营状况进行预测，关注瑕疵部分对现金流预测的影响。目前，该部分业务主要由估价机构在承接执行。

（六）参与对发行过程中的基础资产进行房地产价值追踪评估

根据资产证券化的相关要求，为保证资产证券化产品的安全性，保护投资者的合法权益，要求对基础资产进行追踪评估。若出现异常情况，如基础资产出现较大减值，容易导致发行人违约情况。因此按规定，若减值超过一定幅度，一般规定超过15%，就要终止证券化产品的发行。目前，该部分业务均由估价机构承接执行，这部分业务主要是估价行业内部的竞争。

二、资产证券化融资中的估价实践分享

（一）前期参与

前期介入对基础资产情况、资产运营情况等信息的了解，并对其在产权、使用、经营等问题先期调查，并将发现的问题与发起人及权利人等沟通。根据笔者在实际操作中发现，有以下几个问题：一是权属面积与实际可出租面积存在出入，主要原因是对建筑物进行调整改造，因而增加或减少了可出租的计租面积；二是运营过程中，其关联企业租赁的物业租金未及时足额缴纳，更有甚者，双方未签订租赁合同；三是部分企业未保留历史租赁台账，以致需要台账资料，而难以提供或者临时整理，而导致部分信息不完整；四是拟资产证券化的基

础资产中可能存在部分物业的性质或使用不适合作为基础资产的情况。

根据存在的问题，及时沟通，协助发起人理清楚资产情况，供发起人确定是否纳入拟资产证券化的基础资产。为权利人规范物业运营提出不规范之处以及相关建议。

（二）中期参与

首先，根据估值及现金流结果，协助发起人及计划管理人合理确定融资规模。

其次根据权属证件、租赁合同、经营台账等资料，以及物业管理人员及财务人员分别对物业及经营情况的介绍，熟悉基础资产情况及运营情况，市场调查类似物业的经营情况、售价情况。对于市场运营情况，可与权利人沟通、分享，使权利人及其运营管理方更充分了解市场发展状况。通过测算得出基础资产的市场价值。

资产证券化项目一般需要收集的信息资料有：一是基础资产的权属证明资料、平面布置图等资料；二是基础资产的经营模式、经营状况（含历史数据）等资料；三是涉及基础资产的经营计划、发展规划、收益预测等资料；四是基础资产以往评估或交易资料；五是类似物业的市场交易情况及经营情况等资料；六是房地产市场宏观环境、行业现状及发展前景等资料，以及经营业态对基础资产的影响情况。

上述资料以基础资产为中心，可以分为两大类，一是以基础资产为主的内部相关信息，二是与基础资产相关的外部相关信息。内外信息充分结合。

（三）期后参与

及时跟踪物业的市场状况及运营情况，为决策者提供及时、准确的估值或物业状况信息。

三、小结

资产证券化的诸多优点，是传统融资方式所无法比拟的。但资产证券化流程复杂，参与者众多，专业性更强，对估价机构的要求更高，如估价机构的资质、估价机构的估价专业人员的专业技术水平、估价机构的服务理念。目前参与资产证券化项目的估价机构主要为一级资质中声望较好的估价机构。随着资产证券化的兴起和发展，资产证券化已经越来越受关注和推崇。资产证券化尚未立法，但对资产证券化进行立法是十分必要的。同时对于资产证券化业务的服务，大部分估价机构尚在摸索中，随着资产证券化业务的发展，希望估价机构能大步跟上，为资产证券化的发展保驾护航。

作者联系方式

姓　　名：黄荣真　张景成
单　　位：国众联资产评估土地房地产估价有限公司
地　　址：广东省深圳市罗湖区清水河街道清水河三路7号中海慧智大厦1栋1C
邮　　箱：1252694296@qq.com
注册号：黄荣真（4419960027）；张景成（4420160221）

浅析保障性租赁住房建设与运营中
房地产估价机构的参与方式

郝俊英　韩　雪

摘　要：随着相关政策和项目的落地，保障性租赁住房成为我国住房保障的主要形式之一。作为重要的第三方机构，房地产估价机构应当在保障性租赁住房建设与运营中发挥应有的作用。在保障性租赁住房建设及获取阶段，房地产估价机构可以参与市场调研、辅助项目审批或核准的申请、集体经营性建设用地的抵押价值评估、REITs的底层资产价值评估、社会稳定性风险评估等工作；在保障性住房运营阶段，房地产估价机构需要参与租金定价及动态监测工作；在保障性租赁住房的项目后评估阶段，可以提供居民居住满意度和管理绩效的评估。房地产估价机构需要从技术、人才以及内部制度等方面不断提高其实力，以适应保障性租赁住房工作的要求，进而为房地产市场的健康发展作出应有的贡献。

关键词：保障性租赁住房；建设；运营；房地产估价机构；参与方式

一、引言

2019年12月，全国住房和城乡建设工作会议首次提出发展"政策性租赁住房"，之后经国务院同意，住房和城乡建设部在沈阳、南京、苏州等13个城市开展政策性租赁住房试点。党的十九届五中全会首次提出了"保障性租赁住房"。同年，中央经济工作会议中提出"要高度重视保障租赁住房建设"。2021年3月，《政府工作报告》指出"切实增加保障性租赁住房和共有产权房供给"，同年5月，住房和城乡建设部召开40个城市发展保障性租赁住房工作座谈会，进一步加大试点推广，并提出利用存量土地和房屋建设保障性租赁住房。同年7月，国务院办公厅印发《国务院办公厅关于加快发展保障性租赁住房的意见》，明确了保障性租赁住房基础制度及相关支持政策，保障性租赁住房驶入"快车道"。之后在各地的"十四五"规划中更是明确了保障性租赁住房的建设指标，计划在"十四五"期间要新增保障性租赁住房650万套（间）。作为重要的第三方机构，房地产估价机构应当在保障性租赁住房建设与运营中发挥应有的作用，但鉴于保障性租赁住房的特殊性，其参与的方式与一般的商品房项目有所不同。

二、保障性租赁住房建设及获取阶段的参与方式

保障性租赁住房是由政府给予政策支持，通过引导多主体投资、多渠道供给，以低于同地段同品质市场租赁住房的租金水平，租给符合条件的新市民、青年人等群体的住房。

引导多主体投资主要是发挥市场机制的作用，为保障性租赁住房建设与运营提供充足资金。多渠道供给包括利用集体经营性建设用地、企事业单位自有闲置土地、国有建设用地和产业园区配套用地建设，以及在符合规定的前提下改建各类存量房屋。在此过程中，房地产估价机构可以为不同参与主体提供各类项目咨询服务。

（一）供需状况调研

政府在对保障性租赁住房进行筹划之前，需要对保障性租赁住房的市场需求状况、存量土地以及闲置住房状况进行详细调查。

对于市场需求状况，估价机构可以利用专业团队设计完整的调查问卷，通过线上线下方式开展调查的基础上，获取客观的数据并进行深入分析。存量土地调研主要是对集体经营性建设用地和企事业单位闲置土地进行的摸查，为了保证工作的顺利展开，估价机构可以和自然资源部门一起，对集体经营性建设用地中的存量未用土地和存量更新土地以及企事业单位的闲置土地进行实地考察，并进行详细测量和登记，同时可以根据每个地块所处位置以及周边状况向政府提供书面报告，为保障性租赁住房选址提供依据。在闲置住房的调研方面，估价机构可以结合已有的城市存量住房信息，对闲置住房的地理位置、配套设施、品质、户型等作出全方位分析，筛选出适合作为保障性租赁住房的闲置住房，为政府部门收购或租赁提供基础信息。

（二）辅助项目审批或核准申请

作为普通商品房项目的投资顾问，房地产估价机构主要是为开发企业进行项目的可行性研究并提供相应的报告，重点关注的是项目的盈利能力，而保障性租赁住房可能全部或部分为政府投资，需要经过政府的审批或核准，因此，房地产估价机构不仅需要站在投资方的角度进行可行性研究，而且需要为项目的审批和核准提供服务。对于审批类项目，需要着重从项目的必要性方面进行分析并出具项目建议书，对于核准类项目，则需要为其撰写项目申请书，重点关注项目的社会效益。另一方面，也可以为政府或金融部门进行项目评估，撰写项目评估报告，为政府和金融部门的资金支持提供决策基础。

（三）集体经营性建设用地的抵押价值评估

2021年7月发布的《国务院办公厅关于加快发展保障性租赁住房的意见》明确提出建设保障性租赁住房的集体经营性建设用地使用权可以办理抵押贷款。因此，房地产估价机构可以为银行和金融机构提供抵押价值评估。在对集体经营性建设用地的使用权进行抵押价值评估时，应以《农村集体土地价格评估技术指引》和《城镇土地估价规程》GB/T 18508—2014作为技术规范，根据具体状况再选取合适的方法进行集体经营性建设用地使用权的价值评估。在进行抵押价值评估时应特别关注待估宗地及地上建（构）筑物的权利状况，并在评估报告中予以全面、客观地披露。

（四）REITs底层资产评估

作为新型的融资方式，国家发展改革委已明确将保障性租赁住房纳入REITs试点，并在2022年8月和11月发售2个批次共4只保障性租赁住房REITs。保障性租赁住房REITs发行过程中需要对底层资产价值进行评估。保障性租赁住房REITs属于收入主要来源于租金的权益型REITs，评估人员应根据当地市场环境，对租金水平、空置率、增长率进行合理分析；同时由于租金水平和增长率具有较强的政府指导性，在预测未来现金流时，需要充分考虑相关政策的影响。运营费用包括管理费用、税金及附加、物业管理费等，由于保障性租赁住房可以享受税收优惠政策，还免收城市基础设施配套费，所以应充分考虑当地保障性租赁住房的优惠政策。

（五）社会稳定风险评估

保障性租赁住房的社会稳定风险主要来源于集体经营性用地的使用以及国有土地上房屋的征收。社会稳定风险评估需要从不同利益主体角度出发，在土地利用和房屋征收中的合法性、可行性、合理性、可控性等方面进行评估，同时需要采取现场勘探、访谈座谈、听证会、问卷调查等方式，对风险因素进行深入了解并进行梳理，撰写社会稳定风险评估报告，为政府部门提供保障性租赁住房规划的决策支持。

三、运营阶段的参与方式

保障性租赁住房由产权单位或专业化住房租赁企业实施运营，运营阶段估价机构可以参与的主要工作是确定租金水平，并根据租赁市场租金的变动状况对租金实施动态监测和调整。

（一）租金评估

《国务院办公厅关于加快发展保障性租赁住房的意见》中规定，保障性租赁住房的租金应低于同地段同品质市场租赁住房租金，随后各地出台的相关政策中，基本上都是要求在同地段同品质市场租赁住房租金的基础上给予一定的折扣。

"同地段同品质市场租赁住房租金"的确定，一般需要依靠房地产估价机构进行评估，例如，《上海市保障性租赁住房租赁管理办法（试行）》就明确规定"面向社会供应的保障性租赁住房，租赁价格应在同地段同品质市场租赁住房租金的九折以下。初次定价前，出租单位应委托专业房地产估价机构对项目同地段同品质市场租赁住房租金进行评估"。

由于保障性租赁住房的租金定价基础是市场租金，因此其评估应当以市场比较法为主，在没有足够案例的情况下，可以选择成本法。现阶段保障性租赁住房主要是用来解决大城市住房问题的，基本上能够满足市场比较法对案例的使用条件。

（二）市场租金监测

在保障性租赁住房的运营过程中，房地产评估机构可以提供租赁价格的动态监测以及房地产价值的波动变化监测的服务，发现异常区域，提供预警，保障租户的权益，为保障性租赁住房的租金调整提供合理依据。

四、项目后评估阶段的参与方式

保障性租赁住房制度的目标是满足新市民和青年群体的住房需求，而且项目享受了政府提供的各项补贴和税收、土地等方面的优惠政策，因此，有必要在项目运行一段时间后对居住者的满意度和管理绩效进行评估，以便保证其政策目标的实现。得益于房地产估价机构的专业性，这两项评估工作也成为估价机构对政府或保障性租赁住房运营机构的服务项目。

（一）居民居住满意度评估

居住满意度评估需要从居民角度出发，从住房条件、服务提供、社会环境、配套设施和区位环境等方面，进行居民满意度调查，并出具权威性的报告，为后续保障性租赁住房的发展和改善提供参考。

（二）后期管理绩效评估

保障性租赁住房的后期管理绩效评估可以从保障性租赁住房的配租状况（资质审核、空置率、保障率、违规使用率等）、管理状况（租金拖欠率、租金的收缴率、应退未退率等）、资金保障状况（筹集、拨付和使用状况）和信息交流状况（数据报送、信息公开和社会监督状况等）等方面进行科学分析，以便发现保障性租赁住房后期管理存在的问题，提出改进的建议。

五、结语

保障性租赁住房作为我国面向新市民和青年群体住房的主要供给方式，关系到相关群体的居住条件改善、住房市场的稳定发展以及"房住不炒"目标的实现，房地产估价机构只有从技术、人才以及内部制度等方面不断充实和完善自身，才能为保障性租赁住房提供更为专业和有效的服务，进而为房地产市场的健康发展作出应有的贡献。

参考文献：

[1] 陈丽名，李越，张磊. 估价如何服务于房地产租赁经营 [C]// 估价业务深化与拓展之路——2020 中国房地产估价年会论文集，2020.

[2] 卢明湘. 公募 REITs 起航对资产评估的机遇和挑战 [J]. 中国资产评估，2021（12）：11-16.

[3] 宋莉娟. 上海市保障性租赁住房租金评估方法探讨 [J]. 上海房地，2022（8）：10-13.

[4] 谢丽琴. 保障性住房居民居住满意度评估和影响因素研究 [D]. 杭州：浙江工业大学，2014.

[5] 王岚卿. 我国保障性住房后期管理绩效评估研究 [D]. 南昌：江西财经大学，2020.

作者联系方式

姓　名：郝俊英　韩　雪

单　位：山西财经大学公共管理学院

地　址：山西省太原市坞城路 140 号

邮　箱：120986897@qq.com；1471558020@qq.com

注册号：郝俊英（1420030042）

房地产资产管理的估价服务及实践分享

吴春元

摘　要： 随着房地产市场下行因素影响，加上新冠流行因素叠加，各类经济实体对房地产租赁需求逐渐减少，造成商业类、办公类房地产的大量空置，相应租金收入大幅下降，对房地产资产营运企业而言，其自持的企业物业的租金、代持的行政物业租金管理费收入均会因此大幅下降，导致原先配置的人员过剩，造成人员冗余，由于运营费用除固定成本外，最主要成本为人力资源成本，从而导致运营费用过高。在此背景下，商业委托运营模式应运而生。基于此，判断房地产资产运营企业是否将自持的企业物业、代持的行政物业选择商业委托运营模式，对运营费用占企业物业租金收入和行政物业租金管理费收入的比例进行评估，了解该比例的合理性显得尤其重要。

关键词： 商业委托运营模式；运营费用；租金收入；评估

一、政策依据

1996年，原国家经济贸易委员会印发的《关于放开搞活国有小型企业的意见》中，提供了9种可供参照的改革形式，其中第8种就是：可将管理混乱、经营不善的困难小企业委托给实力较强的优质企业经营管理。自此，"委托经营"被作为区别于企业承包、租赁、股份制改造的一种独立的国有企业改革方式。国有企业资产所有者将企业的整体或部分资产的经营权、处置权，以契约形式在一定条件和期限内，委托给其他法人或个人进行管理，从而形成所有者、受托方、经营者和生产者之间相互利益的制约关系，进而实现国有企业所有权与经营权相分离。提高国有企业资产运营和资源调动的效率、深化企业的整改，既有利于国有企业的中长期发展，也有利于形成国有企业产权市场化营运的内部利益激励机制。

二、商业委托运营模式的优点

商业委托运营模式在市场上已经比较成熟。资产出租、管理需要专业高效的运营管控力。运营管理更加专业化和精细化，同时辅以数字化应用提升管理效率、挖掘潜在业务空间，才能实现资产价值最大化。一个专业运营的团队，人员架构比较清晰，拥有丰富的运营管理经验，以积累一定的商业渠道资源，可快速拓展业务。

三、估价服务及实践分享

下面以笔者亲历的评估项目为例，作估价服务及实践分享。

（一）项目介绍

A 企业是 B 市 C 区区属国有企业，为增值税一般纳税人，其名下现有 12 处企业物业，物业类型主要为商业；7 处行政物业（代管 C 区行政物业），物业类型主要为人才住房、办公楼。现因是否采用商业委托运营模式，需对其名下的 12 处企业物业和 7 处行政物业的运营费用占其收入的比例进行评估，其收入主要包括自持的企业物业的租金收入和代持的行政物业的管理费收入。

（二）需要评估的对象

需要评估的对象：1.自持的企业物业的租金收入；2.代持的行政物业的租金收入及管理费收入占其租金收入的比例；3.运营团队的人数；4.运营团队人员工资水平以及运营费用。根据市场调查，运营费用主要包括运营团队人员工资、养老保险、医疗保险、生育保险、失业保险、工伤保险（应委托方要求，暂不考虑住房公积金和企业年金）、税费、办公费用、维修费用、保险费用、管理费用、折旧费用，其中办公费用、维修费用、保险费用、管理费用均依据自持企业物业的租金收入和代持行政物业的管理费收入按一定比例计算，折旧费用参照 A 企业近三年财务报表确定。

（三）企业物业和行政物业租金的确定

1. 通过比较法和收益法倒算，得出所有企业物业和行政物业的客观市场租金，根据参考企业物业、行政物业的空置率，通过公式：年有效毛收入 = 客观月市场租金 ×（1-空置率）× 12，最终确定企业物业和行政物业的年有效毛收入。

2. A 企业所持行政物业代持管理费收入均通过行政物业的年有效毛收入按一定比例确定。通过对 B 市类似 3 家国企代持行政物业代持管理费收入占其行政物业租金收入比例的调查，确定 A 企业所持行政物业代持管理费收入占行政物业租金收入比例为 14% 和 8% 两种费率，具体采用哪种费率根据管理的行政物业复杂程度确定，最终确定行政物业代持的管理费收入。

（四）运营团队的人数、工资水平的确定

1. 根据 B 市类似 A 企业的三家国企人员配比数据分析，成熟的运营公司人员管理下述 19 处物业（除 19 处物业之外，部分自营物业也归属于该运营公司管理），需设置综合管理人员和现场管理人员，其中设置综合管理人员架构及月工资水平如表 1 所示。

设置综合管理人员架构及月工资水平统计表　　　　　　　　　　表 1

部门	职务	人数（人）	参考月工资（元）
	执行董事	1	40000
	总经理	1	35000
	副总经理	1	30000
市场策划部	经理	2	15000
市场策划部	主管	2	10000
市场策划部	专员	2	8000
经营管理部	总监	1	20000
经营管理部	经理	1	15000

续表

部门	职务	人数（人）	参考月工资（元）
经营管理部	主管	1	10000
	专员	1	8000
招商部	总监	2	20000
	经理	2	15000
	主管	2	10000
	专员	2	8000
财务管理部	总监	1	20000
	经理	2	15000
	会计	2	8000
	出纳	2	6000
法务风控部	总监	1	20000
	主管	1	10000
工程管理部	工程经理	1	15000
	工程主管	3	10000
	工程师	3	8000
人力资源部	总监	1	20000
	经理	2	15000
	主管	2	10000
	专员	2	8000
综合管理部	总监	1	20000
	经理	2	15000
	主管	2	10000
	专员	2	8000
安全管理部	经理	1	15000
	主管	1	10000
	专员	1	8000
合 计		54	—

设置12处企业物业现场管理人员架构如表2所示。

设置7处行政物业现场管理人员架构如表3所示。

经对比B市其他类似国企在人员数量和岗位方面的设置，以上人员数量、岗位方面设置客观、合理。

2.工资水平的确定

根据上述需要配备的人数，参考各大招聘网站开出的工资薪酬，最终根据月工资确定综

设置12处企业物业现场管理人员架构表　　　　　　　　表2

项目名称	职务	人数（人）	参考月工资（元）
A项目	运营总监	1	20000
	运营主管	2	10000
	运营专员	3	8000
	工程师	1	8000
	客服主管	1	8000
	招商主管	1	10000
	招商专员	1	8000
B项目	运营总监	1	20000
	客服经理	1	15000
	物业经理	1	15000
	运营主管	2	10000
	运营专员	2	8000
	工程师	1	8000
	招商主管	1	10000
	招商专员	1	8000
C项目	运营总监	1	20000
	客服经理	1	15000
	运营主管	1	10000
	运营专员	2	8000
D项目	招商经理	1	15000
	运营经理	1	15000
	运营专员	2	8000
E项目	招商主管	1	10000
	运营专员	3	8000
F项目	运营主管	1	10000
	运营专员	2	8000
G、H、I、J、K 5个项目	运营经理	1	15000
	运营主管	1	10000
	运营专员	3	8000
L项目	营运经理	1	15000
	营运主管	1	10000
合计		43	—

设置7处行政物业现场管理人员架构表　　　　表3

项目名称	职务	人数（人）	参考月工资（元）
M、N、O、P、Q 5个人才公寓	运营主管	3	10000
	运营助理	2	6000
R项目	运营经理	1	15000
	运营主管	1	10000
	运营专员	1	8000
S项目	运营经理	1	15000
	运营主管	1	10000
	运营专员	2	8000
合　计		12	—

合管理人员的月工资总额、12处企业物业现场管理人员月工资总额及7处行政物业现场管理人员月工资总额。

3. 综合管理人员数量分摊

由于综合管理人员除管理企业物业项目和行政物业项目外，还同时管理公司自营项目，根据委托方提供的财务报表，A企业运营团队2021年所管理全部物业所有营业收入为X元，根据上述测算，其中12处企业物业和7处行政物业的年营业收入为Y元，因此12处企业物业和7处行政物业的年营业收入占比 $=Y \div X \times 100\%$。

本次评估，企业物业有12处，行政物业有7处，共计19处，企业物业数量占比=企业物业数量÷总数量（含企业物业和行政物业），因此企业物业对综合管理人员的分摊系数=企业物业数量占比×12处企业物业和7处行政物业的年营业收入占A企业运营团队2021年所管理全部物业所有营业收入比例（取整）。

根据对B市类似国有企业调查，行政物业综合管理人员分摊占综合管理人员工资比例为15%～25%，本次评估根据项目的实际情况，取20%中间值。最终确定行政物业对综合管理人员数量分摊系数为20%。

由此得出企业物业运营人员年工资总额和行政物业运营人员年工资总额。

（五）社会保险费

通过向B市社会保险事业管理局电话咨询，社会保险费包括养老保险、医疗保险、生育保险、失业保险、工伤保险，其单位缴费比例为22%、12%、0.8%、2%、0.5%，综合缴费比例为37.3%。

根据《关于公布2020年全省从业人员月平均工资和职工基本养老保险缴费基数上下限有关问题的通告》（粤人社发〔2021〕32号），某省公布的2020年第二类片区全口径从业人员月平均工资M元，故缴费基数取M元。

根据上述测算，确定企业物业和行政物业分摊的综合管理人员人数，加上各自现场管理人员，参考公式：企业物业社会保险费=2020年第二类片区全口径从业人员月平均工资M元×综合缴费比例×企业物业运营人员数量×12；行政物业社会保险费=2020年第二类片区全口径从业人员月平均工资M元×综合缴费比例×行政物业运营人员数量×12。

最终得出企业物业运营人员社会保险年费用总额和行政物业运营人员社会保险年费用总额。

（六）税费

1. 经向 B 市税务局电话咨询，企业物业出租涉及的税费主要包括房产税、增值税、城市建设维护税、教育费附加税、地方教育附加，其税率分别为 12%、9%、增值税的 7%、3%、2%，折算成不含增值税综合税率为 20.26%，最终计算得出税费。

2. 由于行政物业租金收入要全部上缴 C 区财政，经向 B 市税务局电话咨询，其税费计算基数为其代持行政物业管理费收入，涉及的税费主要有增值税、城市建设维护税、教育费附加税、地方教育附加，其税率分别为 6%、增值税的 7%、3%、2%，折算成不含增值税综合税率为 6.34%，最终计算得出税费。

（七）办公费用、维修费用、保险费用、管理费用

办公费用主要为 A 企业用于日常办公的费用；维修费用主要为 A 企业管理的物业日常维修保养费用；保险费用主要为 A 企业管理的物业保险费用；管理费用主要有人员工资及福利费。根据调查当地行情通常按租金 1%～3% 取费率，根据估价对象的实际情况，确定办公费用、维修费用、保险费用费率均为租金收入或代持管理费收入的 1%，管理费用费率为租金收入或管理费收入的 2%。

（八）折旧

A 企业行政物业和企业物业的折旧主要是 A 企业所更换的一些低值固定资产的折旧，根据委托方提供的财务报表，近三年该项费用投入均在 T 元左右，结合项目的具体状况，本次取 T 元/年。

（九）结论

1. 通过对上述 12 处企业物业的年总运营费用和年有效毛收入进行综合测算，年总运营费用占年有效毛收入（扣除空置损失后的租金收入）比例约为 43%；根据对市场成熟商业委托模式上市企业星盛商业、宝龙商业公开市场数据统计分析，其运营管理及收租服务均按照 30% 租金收入提成，根据估价对象测算结果，该比例约为 43%，超出市场客观比例。

2. 通过对上述 7 处行政物业的年总运营费用和年有效毛收入进行综合测算；运营费用超出该项目的年总收入，行政物业处于入不敷出的收支状态。

（十）建议

1. 由于 A 企业自持的 12 处企业物业年运营费用占年租金收入的比例远高于市场上商业委托运营模式 30% 租金提成的行业标准，建议 A 企业对企业物业采用商业委托运营模式。

2. 7 处行政物业的管理费收入不能覆盖其运营费用，建议建议 A 企业对行政物业采用商业委托运营模式。

四、估价服务总结

通过上述评估案例，可以总结出对于类似评估业务的评估，需要注意以下三点。

（一）需明确所评估物业的租金内涵，根据租金内涵确定其客观市场租金。

（二）需确定运营费用所包含的子项，核实各子项费率的合理性。

（三）关键做好同区域类似国企营运数据的调查、收集和整理。

五、结束语

随着经济下行的压力增大,手中拥有大量企业物业和行政物业资源的国企将会出现愈来愈多的相关业务,通过对相关国企评估需求深入了解,会发现他们中的许多企业需要新的估价服务,在房地产评估行业传统评估业务举步维艰之际,仅以本文为例抛砖引玉,提醒各位"评估人",应该在业务突破上精耕细作,努力挖掘其中所需估价服务的各个方面,在技术上做到精益求精,逐步形成自己的专业评估特色。

作者联系方式

姓　　名：吴春元

单　　位：广东公评房地产与土地估价有限公司

地　　址：广东省珠海市香洲区吉大九洲大道中 2089 号温莎大厦 17 层

邮　　箱：zhgongping@126.com

注册号：4420140133

上海市历史建筑评估中关键问题探究

——从"张园"旧改评估实践出发

施 平

摘 要：基于近年来参与的"张园"历史风貌区旧改征收评估实践，笔者研究了历史建筑评估中的几个关键问题，包括历史建筑"评价"和"评估"的关系、历史建筑间接评估和直接评估两种思路、常用的估价方法在历史建筑估价中的适用性等问题，并提出了相关的意见建议。

关键词：张园；历史建筑；评估思路；评估方法；关键问题

上海是国务院公布的第二批国家历史名城之一，璀璨的历史使得上海留下了风格多样、各有特色的历史建筑群，体现了上海独有的江南文化的古典与雅致和国际大都市的现代时尚相结合的"海派文化"。近年来，随着上海市城市更新进入新的阶段，在中心城区的房屋征收等工作中常遇到历史建筑的评估，如何合理地对历史建筑的价值进行评估是房地产估价中的难点。笔者在2019年完成了上海"张园"历史风貌区的征收评估，最近正在开展徐汇区的历史风貌区评估，遇到了数十幢形态各异的历史建筑的估价。本文基于历史建筑评估的实际经验，从历史建筑评估中的几个关键性问题出发，探讨合理评估历史建筑的方法和思路。

一、关于历史建筑"评价"和"评估"的关系

我国学者对历史建筑的评价体系研究颇多。1982年，全国人大常委会通过的《中华人民共和国文物保护法》奠定了以"历史、艺术、科学价值"3大价值为文物类建筑遗产认定的基础。在此基础上，众多专家学者对历史建筑的评价体系开展了系统性研究，并最终形成了较通用的"历史价值、艺术价值、科学价值、社会价值、使用价值（或文化价值等）"5大价值体系，以及相对应的二级、三级评价指标体系（表1）。

在房地产估价行业内，有部分学者参照历史建筑的评价体系，试图通过将评价指标量化，得到历史建筑的价值增值幅度，笔者认为这种方式是不妥当的，因为这种处理方式混淆了"评价"和"评估"的关系。具体而言，首先，"评价"的目的是分辨"好坏"或"优劣"，"评估"的目的是得到估价对象在某种经济行为下的交换价值，因此对历史建筑的评价可以用指标的分值表示出来，但评估的结果则是历史建筑在具体经济行为下的参考价格；其次，"评价"的体系设计重点在于历史建筑自身的客观条件，"评估"则侧重于对建筑的使用价值进行鉴定，从而确定估价对象合理的经济价值，二者虽有联系但并不完全一致；最后，历史建筑"评价"的好坏也和评估值高低没有必然的关系，因为房地产估价中，估价对象的区位

某学者设计的历史建筑评价指标体系　　　　　　　　　　　　表1

一级指标	二级指标
历史价值	年代久远度 历史关联度 对当地历史发展影响
艺术价值	建筑整体风格与造型 建筑细部与装饰 建筑（院落）空间布局
科学价值	工艺技术 建筑结构 建筑材料
社会价值	与周围环境协调度 社会情感寄托 文化传承与宣传教育
使用价值	建筑保存状态及完整性 现状使用状况及未来功能适应性 开发再利用潜力

条件和合法用途是影响估价结果的重要因素，而在历史建筑的评价体系中往往不需要充分考虑到。

当然，历史建筑的评价体系也有值得借鉴的一面，评价体系的各类指标可以作为实物状况修正选取比较因子的参考，但历史建筑的评估不可脱离房地产估价中将市场状况、区位状况、权益状况作为重点考虑因素的基本思路，而将历史文化的影响过度考虑。

二、历史建筑评估的两种基本思路

历史建筑评估通常有两种基本思路，一种是间接评估，另一种是直接评估。所谓间接评估，是先将估价对象视为没有历史文化价值的普通房地产，评估得到其价值后，再考虑历史文化价值的增值；直接评估则相反，即将包含历史文化价值的估价对象作为一个整体，选择合适的估价方法进行评估。

（一）间接评估

间接评估的思路，实质上可以理解为上海市房屋征收估价中常用的标准价调整法的衍生方法。用如图1所示的情形简单解释，房屋A、B为相邻的商业房地产，A为历史建筑，B为普通商业房地产，A、B的区位状况、实物状况基本相同，那么我们为了评估得到历史建筑A的价值，可以通过普通商业房地产B的评估价格增加历史文化的价值修正得到。在实际

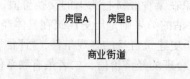

图1　历史建筑间接评估图示

情况中，如果没有房屋 B 可以参照时，我们也可以虚构一个估价对象 B，间接得到 A 的评估价值。

间接评估的优点是显而易见的，历史建筑的房屋用途通常为商业（店铺、旅游等）、办公、住宅等，这类房地产的评估已非常成熟，历史文化价值的增值再通过专家打分等方式得到，评估过程容易实现，评估思路简洁明确。缺点是通过专家打分得到的历史文化价值增值往往主观性较强，说服力不够。

（二）直接评估

直接评估是将历史建筑作为一个整体评估，例如商业类历史建筑可尝试直接采用收益法或比较法评估，由于历史建筑不同于普通房地产，对估价方法的应用上需要适当优化或调整。直接评估的优点是评估结果说服力强，缺点是评估过程较难实现，操作性较差。

三、历史建筑评估估价方法适用性分析

（一）间接评估估价方法适用性分析

间接评估首先是对不包含历史文化价值的普通房地产进行评估，历史建筑常见的用途为商业、办公、住宅等，估价时宜根据估价对象的用途和基本条件选择合适的方法。估价方法的选用和《房地产估价规范》GB/T 50291—2015 的相关要求一致，如同类房地产有较多交易的，应选用比较法；估价对象或其同类房地产通常有租金等经济收入的，应选用收益法；估价对象可假定为独立的开发建设项目进行重新开发建设的宜选用成本法等。在测算得到普通房地产价值后，再通过专家打分等方式，确定历史文化价值的增值额或增值系数，确定最终的评估结果。

（二）直接评估估价方法适用性分析

当把历史建筑作为一个整体进行评估时，在估价方法的选择和应用上有一些特殊的要求，下面分别针对常用的估价方法进行讨论。

1. 比较法

历史建筑的比较法是选择相似历史建筑可比实例进行修正得到估价结果的方法。由于历史建筑的特殊性和稀缺性，一般情况下市场交易实例的情况难以满足比较法使用的要求。但随着各地鼓励对历史建筑的合理改造和活化利用，市场上可参考交易实例会越来越多，在某些特殊情况下可以满足比较法使用的基本要求。

运用比较法时，除了一般市场法应用对案例选择的基本要求外，需要特别说明几点：1) 房屋用途需一致。用途是影响房屋价值的重要因素之一，对于历史建筑的评估，也需遵循用途一致的原则。2) 尽量选择位置相近的交易实例。选择位置相近的实例，是为了保证可比实例和估价对象的区位条件基本一致。3) 特别关注交易实例的权益状况及交易时的处理方式。由于历史的原因，上海市的历史建筑存在产权房和公房并存的情况，需了解交易实际成交价格的实际内涵，是否包含土地出让金，以便对成交价格进行标准化处理。

直接评估时，历史文化价值因素的修正是作为比较法修正体系中比较因子来考虑，估价对象历史文化因素属于实物状况调整的内容，应在实物状况调整中设置相应的修正项。修正项的设置可从历史价值、艺术价值、科学价值、社会价值、使用价值几个方面考虑，但需注意的是历史建筑的"评估"不是"评价"，比较因子的选择应以能够体现估价对象的经济价值为基本原则，不宜面面俱到，可通过问卷调查、市场调研、专家打分等方式确定合理的修正

项目和修正幅度。

2. 收益法

当估价对象为具有收益性的历史建筑时，适用于收益法。与同用途的普通房地产相比，历史建筑的历史文化价值的增值体现在超额的租金收益和较低的报酬率（或资本化率）上。

当历史建筑用于商业、高档住宅、旅游等用途时，通常可以获得超出同用途的普通房地产的租金收益，收益法的评估结果也能够体现历史建筑的增值收益，其结果是可信的。但当历史建筑用于文化展览、办公等用途时，虽然也是具有收益性的房地产，但其租金收益往往无法体现历史文化的增值部分，此时收益法是不适用的。

3. 成本法

成本法较适用于成交较少、也无收益的特殊用途的房地产评估，如学校、宗教房地产等。对于历史建筑而言，传统的成本法积算模型，主要考虑土地成本、建设成本、管理费用、销售费用、投资利息、开发利润等，较难体现出历史文化的增值，因此参考国内一些专家学者的研究，可将历史建筑的成本法分成三个部分的累加：历史建筑评估价值＝土地价值＋房屋价值＋历史文化价值增值。

土地价值和房屋价值的评估即常用的土地评估成本法过程和房屋重建成本法测算过程，在这里笔者不再展开，但在评估过程中有几个要点需要特别说明。

一是房屋折旧的确定。对于历史建筑而言，至少都有接近100年的历史，按照普通房地产的耐用年限计算，这些老房子早就应该"寿终正寝"。而实质上，很多历史建筑正因为其悠久的历史，才更有保存的价值。因此，笔者认为，历史建筑的折旧不应通过"新旧"，而应通过"完损"来确定。即传统的以建筑使用寿命为基础的直线法和成新折扣法均不适用于历史建筑折旧额的确定，而应采用打分表的形式评价建筑的完损程度以确定房屋的折旧。

二是成本法中历史文化的增值的计算，是以房屋重建成本为基数，还是以房加地的全部房地产价值为基数，目前尚有争论。

4. 假设开发法

对于历史建筑，我们通常认为不具备再开发的可行性，因此一般情况下是不适用的，在这里不做过多讨论。

四、结论和建议

基于本文的讨论，笔者提出如下结论和建议：

1. 历史建筑评估，首先确定是选用直接评估还是间接评估的基本思路，两种思路各有优缺点，应根据估价对象的基本情况和使用条件，选择合适的评估思路。

2. 间接评估是较容易实现的方法，但对于通过专家打分确定历史文化增值的方式，主观性较强，且业内尚未对修正体系及幅度形成统一的意见，笔者建议进一步开展相关的研究，对各类历史文化增值的修正体系和修正幅度形成统一意见。

3. 直接评估对各种估价方法的使用条件较为苛刻，评估过程较难实现，但估价结果说服力强，一些参数选取、评估细节等方面仍需进一步讨论。

参考文献：

[1] 柴强. 房地产估价理论与方法 [M]. 北京：中国建筑工业出版社，2015.
[2] 高瑞雪. 韩城历史城区历史建筑价值评估及分级保护策略研究 [D]. 西安：西安建筑科技大学，2021.

作者联系方式

姓　　名：施　平
单　　位：上海城市房地产估价有限公司
地　　址：上海市黄浦区北京西路 1 号新金桥广场 16 楼
邮　　箱：3329817263@qq.com
注册号：3119970082

城市更新补缴地价测算对合作双方
利益影响实践分享
——以深圳市为例

谭 杰　顾文怡

摘 要：城市更新中村企合作改造模式中运用假设开发法对村企集体土地进行估值时，扣减补缴地价的方式直接影响到城市更新完成后村企可获得的利益。本文笔者以实例阐述城市更新中村企合作开发模式中补缴地价测算思路的差异性对合作双方利益分配的影响进行分析，并针对合作双方对利益价值差异的分配诉求提出相应的解决方案，仅供读者参考。

关键词：城市更新；补缴地价；利益分配；集体土地价值

一、集体土地在城市更新条件下的市场价值评估思路

在城市更新项目前期，参与城市更新各方均需对项目价值以及各方可获得利益有一定的了解，特别是村股份公司会聘请评估机构对其可获得的利益（货币补偿、物业回迁价值等）在股东大会上进行讨论并决议，而估价机构评估出的利益价值与拆赔方案直接决定着城市更新项目是否能顺利推进。作为独立的第三方，评估机构如何做到公正、合理、尊重事实，显得尤为重要。笔者就在此类评估实务中针对补缴地价环节发现的部分问题展开研究。

笔者发现，在深圳目前的城市更新类土地价值评估中，各个机构使用的评估方法基本一致，均采用假设开发法。假设开发法先计算国有出让条件下的土地在城市更新规划条件下的熟地价值，扣减需补缴地价及拆迁成本后得到现状集体土地在城市更新条件下的市场价值。

具体公式如下：

集体土地城市更新条件下的市场价值＝国有出让土地在城市更新规划条件的熟地价值－应补缴地价－拆迁成本。

国有出让土地在城市更新规划条件下的熟地价值＝房地产预期开发总价值－购地税费－建安工程费－前期费用－物业专项维修资金－管理费用－不可预见费－销售费用－销售税费－投资利息－土地增值税。

国有出让土地在城市更新规划条件下的熟地价值与拆迁成本的计算结果，各估价机构按照相应的估价程序与标准结果差异不会太大，但补缴地价的差异站在不同利益方及特殊项目环境的条件下可能存在较大价值差距。下述为笔者所实操的项目情况以及合作利益双方对补缴地价差异性的不同诉求。

二、补缴地价实例分析

在进行城市更新项目补缴地价测算之前，有些基础信息是必须首先确认的，亦是城市更新项目地价测算的前提。具体而言，有三个基础信息是必须首先确认的——用地类型（包含"历史用地类别""规划用地类型"）、建筑面积、市场价格。

城市更新是一个结合历史、现状及将来规划的过程，其用地类型也需要考虑"历史用地类别"和"规划用地类型"两个因素。一方面，所谓"历史用地类别"即《深圳市地价测算规则》附表10中"用地类别或改造类型"对应的各用地类别，此可以依据具体项目具体情况直接赋值；另一方面，所谓"规划用地类型"即指项目按照城市更新单元专项规划批复确定的数据或者项目方自行预估的项目各规划用地类型，此亦可以直接估算。

建筑面积，即结合上述"规划用地类型"对应的各类型（例如住宅、商业、办公、工业等）下具体的建筑面积。

可以看出，三个基础信息中，用地类型、建筑面积均是可以依据项目具体情况直接确定的。而村股份公司与实施主体在"历史用地类别"中所占土地的权属性质的不同会影响其补缴地价的计算结果，从而影响集体土地在城市更新条件下的市场价值。

为便于说明，本文借助某一宗城市更新项目集体土地价值评估实例补缴地价形式不同对其价值影响分析进行对比。

前提条件：按照集体土地占更新单元用地面积的比例计算出国有出让条件下的熟地价值为39402万元，下述为分别站在实施主体与村股份公司不同角度出发，计算集体土地部分应补缴地价对集体土地价值影响的分析过程。

项目基本资料如下：

1. 更新单元土地权属情况如表1所示。

更新单元土地权属情况　　　　　　　　　　　　　　　　表1

实际控制人	更新单元土地权属类情况	面积（m²）	占比
实施主体	国有已出让（划拨）用地（工业）	40279.9	66%
	国有未出让	755.7	1%
	符合历史遗留违法建筑处理相关规定，已办理房地产权登记或已取得处理意见书的用地	1959.2	3%
股份公司	未完善征转手续用地	18386.1	30%
合　计		61380.9	100%

2. 城市更新项目规划指标：股份公司按照占地比例18386.10/61380.80=29.95%分摊规划指标（表2）。

城市更新项目规划指标　　　　　　　　　　　　　　　　表2

序号	项目信息	更新单元方案指标	集体用地分摊指标
1	更新单元面积（m²）	61380.80	18386.10
2	容积率	5.96	5.96

续表

序号	项目信息	更新单元方案指标	集体用地分摊指标
3	土地贡献率	45.63%	45.63%
4	可供建设用地面积（m²）	33370.60	9995.88
5	总建筑面积（m²）	263828.45	79028
5.1	其中：计容积率面积（m²）	198950	59594
5.1.1	住宅	180430	54046
5.1.1.1	可售住宅	138990	41633
5.1.1.2	人才房及保障住房	41440	12413
5.1.2	商业（住宅临街一层）	3100	929
5.1.3	公共配套	15420.00	4618.93
5.2	不计容建筑面积	64878	19434

3. 补缴地价两种测算思路

根据《深圳市人民政府办公厅关于印发深圳市地价测算规则的通知》（深府办规〔2019〕9号）相关规定，按照相应修正系数修正土地市场价格，公式为：

宗地地价=∑（土地的市场价格 × 对应建筑面积 × 基础修正系数 × 项目修正系数）。在城市更新项目中土地市场价格、对应建筑面积与项目基础修正系数只与城市更新"规划用地类型"以及规划指标相关，故计算出的结果是一致的，区别在于与"历史用地类别"有关的项目修正系数，从而影响应补缴地价价值的测算。

针对项目修正系数，"用地类别或改造类型"面积占比为相应用地面积与开发建设用地面积的比值，并按照《深圳市地价测算规则》附表中"测算次序"依次计算，累计面积占比超出100%的部分不再参与计算。

根据项目基本资料中土地权属情况表中显示，本次评估中更新单元中66%均为国有已出让的工业用地，按照"测算次序"顺序在本项目为第一顺位，其面积已超过开发建设用地面积。实施主体角度测算应补地价的角度是站在城市更新单元整体角度进行考量，整体更新单元补缴地价为61480万元，按占地比例分摊至股份公司应补缴地价为18413万元。而村股份公司是站在其拥有的土地权属性质单一考量，本次评估中股份公司补缴地价的"历史用地类别"为未完善征转手续用地，其"测算次序"为排在"国有已出让工业用地"之后，且项目修正系数较"国有已出让的工业用地"小得多，故单独考虑股份公司用地权属性质补缴地价为6183万元。以下为详细的测算过程：

1）实施主体角度：按照《深圳市地价测算规则》中测算次序，计算出整体更新单元应补缴地价再根据股份公司占更新单元土地面积比例分摊给股份公司，具体测算数据如表3所示。

则村股份公司应分摊的补缴地价为61480万元 × 29.95%=18413万元。

2）股份公司角度：目前大多数评估公司在城市更新项目中，评估集体土地应补缴地价一般只考虑集体土地中所包含的"历史用地类别"的权属的测算次序，在本项目中集体土地全部为未完善征转手续用地，按照《深圳市地价测算规则》中规定，具体测算数据如表4所示。

则村股份公司应补缴地价为6183万元。

实施主体角度测算数据表 表3

地块面积	建筑类型	土地市场价格（元/m²）	建筑面积（m²）	修正系数					应补地价（万元）
				基础修正系数				项目修正系数	
				建筑类型	土地使用年期	产权条件	地上商业楼层	拆除重建类城市更新	
33370.60	住宅	12915	138990	1	1	1	1	0.320	57442
	商业	13292	3100	1	1.0889	1	1	0.900	4038
合计									61480

股份公司角度测算数据表 表4

地块面积	建筑类型	土地市场价格（元/m²）	建筑面积（m²）	修正系数					应补地价（万元）
				基础修正系数				项目修正系数	
				建筑类型	土地使用年期	产权条件	地上商业楼层	拆除重建类城市更新	
9995.88	住宅	12915	41633	1	1	1	1	0.110	5915
	商业	13292	929	1	1.0889	1	1	0.200	269
合计			42562						6183

4. 测算结果分析

按照前述集体土地价值测算思路，两种不同角度补缴地价测算方式测算出的集体土地价值相差12230万元（表5）。故会造成利益双方在项目中的利益分配问题。

两种不同角度测算结果对比 表5

计算项	实施主体角度测算结果	村股份公司角度测算结果
熟地价值（万元）	39402	
应补缴地价（万元）	18413	6183
集体土地价值（万元）	20989	33219

造成此种现象的原因是《深圳市地价测算规则》测算次序未考虑到集体土地权属全部排在国有用地测算次序之后的情形，故未利用上集体土地参与城市更新的优惠地价。

三、补缴地价差异性解决方案

由于城市更新参与各方遵循"风险共担，利益共享"原则。在此项目实践中，针对上述特殊情况，笔者提出一种测算方案以解决合作双方的利益冲突问题，通过利益双方谈判过后，双方均接受此种方式并最终达成合作。具体方案如下：集体土地的价值差异其实就是为补缴地价值的差异，针对12230万元的差异，笔者认为可按照占地比例进行分摊，故股份公司应分摊差异地价为12230×29.95%=3663（万元）。实施主体应分摊差异地价为12230×

（1−29.95%）=8567（万元）。最终得出两种不同角度测算下的集体土地价值一致，具体测算如表6所示。

补缴地价差异性解决方案测算表　　　　　　　　表6

计算项	实施主体角度测算结果	村股份公司角度测算结果
熟地价值（万元）	39402	
原应补缴地价（万元）	18413	6183
分摊差异地价（万元）	8567	3663
分摊后补缴地价（万元）	9846	9846
集体土地价值（万元）	29556	29556

此种测算方式体现了双方在城市更新合作中按土地权益占比分摊风险的原则，最终双方就此结果在计算股份公司应分配的利益价值中达成一致，顺利推进项目的进行。

四、结束语

综上所述，城市更新合作双方在利益分配的差异上，针对不同测算思路带来的差异值进行分析后，按"风险共担，利益共享"原则对差异值按土地权益比例分摊不失为一种解决办法。估价机构如何评估出合作利益双方均能接受的合理价值还值得进一步探讨。

参考文献：

[1] 雷爱先，申亮. 城市更新项目中的补地价问题 [J]. 中国土地. 2022（9）：10-13.

作者联系方式

姓　　名：谭　杰　顾文怡
单　　位：深圳市新永基土地房地产资产评估顾问有限公司
地　　址：广东省深圳市福田区滨河路与彩田路交汇处联合广场A3008
邮　　箱：tanjie9969@126.com ；389242164@qq.com
注册号：谭　杰（4319960112）

探索北京市老旧小区改造城市更新中的估价需求

陈丽名　姚　琳

摘　要：近年来由于中国城镇化建设不断推进及城市规划理念不断完善，党的十八大以来，国家高度重视城市更新工作，直接出台相关支持政策，并于2021年首次将城市更新写入政府工作报告，城市更新已升级为国家战略。目前在老旧小区改造城市更新中对于估价机构服务的需求还有待挖掘。本文通过探索城市更新实践中显现的困难和不足，结合估价机构的专业特点，提出估价机构服务老旧小区改造的三个路径。

关键词：城市更新；实践探索；估价服务

一、新时代城市更新背景与实践

（一）城市更新的理念与趋势

目前，我国已经步入城镇化较快发展的中后期，城市开发建设方式从以"大拆大建"的大规模房屋征收拆迁、增量建设为主，转变为"有机更新"的存量提质改造为主。开放性、多元性、合作性的城市治理模式正是现代城市治理方式的重要发展趋势。绿色低碳发展、城市更新以及城镇老旧小区改造、既有住宅加装电梯、既有建筑绿色化改造、盘活存量资产等工作，正在不断推进。而估价机构作为第三方机构，发挥着必不可少的服务支撑作用，是与时俱进，更是大势所趋。

《北京市人民政府关于实施城市更新行动的指导意见》中明确了北京市城市更新主要涉及老旧小区改造、危旧楼房改建、老旧厂房改造、老旧楼宇更新、首都功能核心区平房（院落）更新和其他类型6类城市更新方式。本文以老旧小区改造模式为例，挖掘房地产估价服务需求。

（二）城市更新中估价服务的国内实践

我国在广州、深圳、上海3个城市率先开展城市更新工作，三地均通过了政府文件《城市更新办法》，因地制宜。在广州对旧厂、旧村、旧城全面改造，微更新。其中旧村改造，估价项目成果的评估价，可作为编制旧村全面改造片区策划及实施方案的依据。在深圳实施综合整治、改变功能、拆除重建。一些划入城市更新范围的工业厂房规模较大，根据客户委托，估价机构评估该类厂房的投资价值及抵押价值，通过估价收益比较，为委托方争取到利益最大化。在上海实行旧区改造、工业用地转型、城中村改造，按照市政府规定程序认定的地区进行城市更新工作。旧区改造实践中，部分居民对于改造之前以及将来居住房屋情况不明晰，估价机构根据需求为利益主体提供专业客观的政策解读。3个城市作为先行者，引领打开估价服务需求在城市更新中的新局面，均取得了可喜的成绩，给北京市城市更新工作带来了借鉴与思考。

二、北京市老旧小区改造城市更新现状

（一）北京市城市更新政策现状

北京市逐渐形成了城市更新"1+N+X"政策体系。"1"是《北京市城市更新条例》，现正广泛征求各界意见。"N"是针对核心区平房（院落）、老旧小区、老旧厂房、老旧楼宇等更新对象的管控政策，2021年已出台《北京市人民政府关于实施城市更新行动的指导意见》"1+4"政策，在规划管控、土地使用、经营利用方面创新提出允许三大设施增补规模、土地年租金制、办理临时经营许可等举措。"X"是结合实际情况，针对堵点、难点，及时出台小、快、灵的政策细则，通过小切口推动大改革。

近日，《北京市人民政府办公厅关于印发〈北京市老旧小区改造工作改革方案〉的通知》（京政办发〔2022〕28号），明确了加快推进老旧小区改造工作的8个要点。《北京市住房和城乡建设委员会关于公布既有多层住宅加装电梯业主出资比例指导标准的通知》（京建发〔2022〕318号），明确了既有多层住宅加装电梯不同楼层业主出资比例指导区间，为推动既有多层住宅加装电梯起到重要作用。

（二）北京市老旧小区改造城市更新典型案例

《中共北京市委关于制定北京市国民经济和社会发展第十四个五年规划和二〇三五年远景目标的建议》指出，持续推进老旧小区、危旧楼房、棚户区改造，推广"劲松模式""首开经验"，引入社会资本参与。在引入社会资本参与老旧小区更新改造的诸多治理实践中，劲松社区和首开集团的试点项目，成为全国老旧小区改造中的"网红项目"。

2022年6月，朝阳区东风乡六里屯村更新项目、首创·郎园Station和首开寸草亚运村城市复合介护型养老设施项目被北京大学首都发展研究院和中国城市科学研究会城市转型与创新研究专业委员会评选为"2022年首都城市更新优秀案例"。

三、现实中仍然存在的困难和不足

通过调研部分老旧小区改造城市更新项目，了解该类项目存在一定的困难，该类项目作为典型案例，在一定程度上能够反映朝阳区在老旧小区改造类城市更新中存在的问题。

（一）政策缺乏协同，规划有待进一步系统化

一是虽然市级出台了"1+N+X"的政策体系，但是对于政策落地更加细化的实施路径及政策之间的协同有待进一步明确。二是当前各部门制定的标准、审批流程主要是为城市增量建设服务，如何构建一套针对存量城市更新的协同制度，形成综合的、网状的、立体的政策体系，是未来城市更新要重点攻克的难题。三是在城市更新没有了增量规划指标红利的情况下，更多的是通过系统的规划设计、产权主体协商、盘活存量资源、空间复合利用、精细治理运营等方式，提升居民的幸福感和认同感，让既有空间资源发挥最大的效益。

（二）产权单位及物业公司不够积极

老旧小区改造类城市更新项目主要涉及产权单位、居民、物业公司、政府。调研发现，产权单位和物业公司在改造中积极性和参与度并不高，统筹协调难度较大。现实情况是，政府出于管理职责，提供财政资金作为承担老旧小区改造资金来源。设想，农村宅基地上房屋修缮，资金应是由房屋所有权人全额支付。但是，同比城市中的老旧小区综合整治，产权单

位没有支付任何资金，也不积极配合，完全由政府承担全部改造资金并作为工程建设的实施主体，显然存在着各主体权责不清的问题。

（三）居民意见难以达成统一

一是该小区存在典型的"学区化"现象，部分购房者是为了孩子上小学，往往存在购买几年后就卖房的情况，对小区长远发展的认同感和参与度不强。二是小区内部分居民户口未在本小区，存在人户分离的情况，对小区改造更新重视程度不够。三是由于小区规模过大，物业管理委员会对于小区改造的重要性缺乏统一的代表，缺乏与产权单位、物业公司协作，难以形成合力。

（四）公共空间有限难以完善基础设施

一是小区居民流量大，但是垃圾处理站只有1个，没有空间新建垃圾处理站，在已建成的社区内新建垃圾处理站，势必会遭到距离较近居民的反对。二是居民活动空间小、停车空间少，很难在现有条件下腾退出足够活动空间和停车空间。三是小区历经数次规划调整，建筑及人口密度过高，公共空间以及绿地缩减，进一步加剧了完善基础设施的难度。

（五）社会资本参与的广度和深度不够

截至目前，社会资本参与老旧小区改造项目不多。其重要的原因是没有明确的规范和章程，社会资本能参与哪些项目，能够参与到什么程度，目前还属于"一事一议"。社会资本对于"劲松模式"中的"微利可持续"的收益模式还不能普遍接受，目前只有负有社会责任的国企能够承担。

（六）房地产估价机构参与度不高

截至目前，北京市的老旧小区对于估值服务的需求尚不清晰，有待房地产估价机构积极拓展和探索。相关主体对于老旧小区改造前后的价值提升的意识有待加强。同时，房地产估价机构对于房地产领域、建筑领域的综合知识具有明显优势，对于老旧小区改造城市更新中的政策解读、可行性研究服务，具有巨大发展空间。

四、相关建议

（一）法规政策方面，确保更新方案整体连贯

探索建立健全完备、稳定、可操作性强的规章制度体系，实现有法可依。朝阳区应开展系统性研究，颁布时效性长的一贯制系列政策，明确稳定的城市更新需求，强化权利人对更新工作的确定性与信心。关注城市更新与增量发展所需法规的差异，细化现有城市更新政策，通过项目试点在"基层创建"层面实现与国家政策"顶层设计"的互相支撑。完善项目编制体系和审批流程，提高审批效率，加强从立项到运营管理的全生命周期控制与监督管理。明确正负面清单，防止推倒重来、大拆大建，指导城市更新工作规范化推进，守住城市更新底线。

（二）压实产权单位主体责任，科学制定城市更新方案

属地政府与产权单位上级管理部门达成一致，共同沟通产权单位，明确其城市更新主体责任。以产权单位为主体科学制定城市更新方案，属地政府提供相应的政策、资金等支持。以明确产权单位主体责任、制定科学合理城市更新方案为项目启动前提，避免项目启动后造成"进退两难"的情况。如产权单位无资金支持城市更新的，建议采取售房的方式给居民或引入第三方社会单位，共同促进老旧小区改造城市更新项目实施。

（三）凝聚多方共识，建立统筹体系

明确成立业主委员会作为启动老旧小区改造城市更新项目的前提条件，避免收益最大的居民，获得房屋升值利益的同时，放大自身个人利益，阻碍项目顺利开展。激发居民对于城市更新的参与度与认同感，如开展调研，梳理居民反映的意见问题，从需求着手直击痛点。同时鼓励、吸引社会主体力量介入，关注各类存量资源协调，探索有限更新资源精准投放。

（四）树牢绿色低碳理念，实施微小空间改造

对于见缝插针利用街巷与住宅间的小微空间，进行社区住宅与景观的"缝合"，利用绿色景观连接整个片区，种植居民们喜闻乐见的乡土植物，形成城市绿色廊道。同时可以改进废弃或闲置的生活物品作为植物种植、攀缘的有机载体，通过墙面、廊架等公共设施进行立体绿化改造，改善公共环境质量，优化城市人居环境，让绿色改造体现在细微处，让低碳理念落实到生活中。

（五）打通多元主体参与片区统筹更新的政策路径

打通社会资本参与片区统筹更新的金融路径，吸引社会专业企业参与运营，以长期运营收入平衡改造投入，鼓励现有资源所有者、居民共同参与改造。对于公益性较强，资金需求较低的项目，以政府直接投资、政府专项债投资、政府授权国有企业等政府主导融资模式为主。对于经营性较强、规划明确、收益回报机制清晰的项目，推行市场化模式引入社会资本，可选择开发商主导模式、属地企业或居民自主更新模式等。

（六）估价服务在城市更新工作中的价值分析

1. 为相关主体提供估值服务，保护其合法权益。房地产估价机构能够为政府、建设单位、居民等相关主体提供房地产估值服务。目前老旧小区改造尚属探索阶段，以政府出资为主。政府、建设单位、居民对于通过改造的房价提升并没有量化的认知。政府不但要承担资金的筹资、监管，还在工作上存在一定的困难，核心原因在于，老旧小区改造真正造福居民的利益没有显化、量化。因此，房地产估价服务可通过老旧小区改造前后的估值对比，更好地促进相关主体对老旧小区改造项目的重新认知，促进相互理解，推进项目顺利实施。

2. 协助政府部门开展政策咨询。相较于传统房地产或资产评估业务，城市更新项目具有服务范围广、服务链条长、服务对象复杂等特点。在项目开展过程中牵涉多个利益方，不免会产生各种矛盾与纠纷，比如开发商担心自己的经济利益，追求容积率高、征收成本低、公共和配套设施少，而业主则希望提高征收补偿标准，有更完善的配套设施，两者会有不可避免的利益冲突。此时政府需要第三方机构来进行经济效益分析，平衡协调各方利益关系。作为房地产估价机构，可通过实施调查项目进行全面深入了解，对居民的意愿和困惑进行调查总结，为政府和居民搭建一个专业的桥梁，一方面为居民专业地解读政策，另一方面能够记录反馈居民意见，提炼出合理化建议。

3. 提供可行性研究咨询服务，助力项目合理决策。城市更新项目初期，政府和建设单位需要多维度判断项目可行性，房地产估价机构可基于对政策熟悉、具有房地产相关知识的优势，从政策、技术、经济方面为建设单位制定可行性方案。并从专业角度作经济效益分析，从而确保开发商不会盲投大量资金。比如，估价机构对改造工程造价指数做分析，在土建工程、安装工程、室外工程方面根据市场价格波动作价格调整，并结合小区具体地势、空间情况作综合分析。

参考文献：

[1] 石建飞，张晓梅. 房地产估价机构在城市更新中的作用分析 [J]. 中国房地产业，2022（1）：155-157.

[2] 柴强. 努力开展绿色低碳发展和城市更新改造中的估价业务 [EB/OL]. http：//www.hnsfdc.com/news/hangye/5296.html，2022.

[3] 国策视点. 估价机构如何在城市更新方面积极发挥作用 [EB/OL]. https：//www.sohu.com/a/367235253_274949，2020.

[4] 孙越，林箐. 北京朝阳区何各庄村：文化经济发展模式下的城中村困境与对策研究 [J]. 北京规划建设，2019（6）：114-120.

[5] 董昕. 我国城市更新的现存问题与政策建议 [J]. 建筑经济，2022，43（1）：27-31.

作者联系方式

姓　名：陈丽名　姚　琳

单　位：北京盛华翔伦房地产土地评估有限责任公司

地　址：北京市朝阳区东三环南路 58 号富顿中心座 701 室

邮　箱：shxllwkt@163.com

注册号：1120050002

城市更新涉及的存量资产估价服务技术思路探讨

王俊科　陆　昕　吴丽娟

摘　要：目前国内由新增土地供应开发向存量物业更新开发模式转变，面对大量的城市更新项目，能否顺利拆迁几乎决定了整个城市更新的成败，如何合理评估城市更新涉及的存量资产价值、解决城市更新拆迁难题对估价师考验巨大。本文从估价理论出发，并结合在深圳的实践经验，探讨如何对城市更新涉及的存量资产进行估值，建议估价机构以专业的理论知识及客观公正的原则开展服务，解决房地产发展中的估价难题，为城市更新及城市发展贡献力量。

关键词：城市更新；存量资产；房地产估价

一、深圳城市更新现状

深圳市经过40年的高速发展，大量的旧工业区、旧商业区、旧住宅区、城中村的问题亟待解决，主要体现为区域内配套设施不完善、环境较差、房屋存在安全隐患等问题。深圳市政府为完善城市功能，提升城市品质，改善人居环境开启了城市更新模式，出台了《深圳经济特区城市更新条例》，确立城市更新法律地位，更加规范了城市更新活动。深圳是国内城市更新最活跃的城市，然而城市更新的道路并非一帆风顺，绝大部分城市更新项目周期较长，项目推进进程缓慢，主要的矛盾在于拆迁补偿、安置等问题上，城市更新开发主体与原物业权利人很难在较短时间内达成一致。对城市更新的被拆迁人而言，拆赔比越高越好，拆迁补偿费用越高越好，只需要算好自己的小账即可，满足不了要求就不同意拆迁；而对于城市更新的开发主体而言，则需要从全盘考虑，既要满足个体要求，又要统一标准，公正合理，做好成本预算控制，算一笔大账。

城市更新需要拆除旧物业就涉及多方利益，只有平衡各方利益，合作才能共赢。城市更新的逻辑是拆旧建新，只有把新建的房屋卖掉了才能回收投资，整个流程才能闭环运转。如果拆赔比过高或拆迁补偿成本过高，项目就会出现亏损；如果时间周期过长会导致开发商的财务成本增加，最终有可能导致项目烂尾。过去深圳房价一路上涨，公众参与城市更新的热情高涨；受疫情以及经济增长放缓等因素影响，房地产市场的供需状况也发生了很大的变化，开发商也下调了对未来的销售预期，因此部分城市更新被拆迁人觉得拿钱比拿物业回迁更合适，但如何合理测算货币补偿的金额又成了双方博弈的矛盾。

二、城市更新中涉及的存量资产类型

深圳因城市快速发展，有很多历史遗留的问题亟待解决，存量土地资源稀缺，政府希望通过城市更新达到统筹解决历史遗留的问题，并拓展产业空间，提高宜居环境。城市更新实质是存量资产整合提升的过程，纳入城市更新范围的现状物业往往是低效、老旧的物业，并掺杂了许多加建、违建以及权属不清的物业，涉及的房地产种类较多，根据不同的分类标准，常见的存量资产类型大致分为以下几类。

按用途划分：分为居住用途房地产、商业用途房地产、办公用途房地产、工业及仓储用途房地产、综合用途房地产、特殊用途房地产等。

按照土地类型划分：分为国有出让建设用地使用权、划拨建设用地使用权、集体土地使用权。

不同的用途，其价值也差异较大，在确定房屋用途时需要国土部门、不动产登记中心等部门核实。

三、涉及城市更新的各类存量资产如何估价

深圳在城市发展过程中，不动产登记也不断变化，城市更新过程中经常会遇到各种类型的房地产证，最常见的就是"红本"房产证和"绿本"房产证，还有部分"棕色本"的房屋所有权证。不同的房产登记证书其权利和性质是不一样的，价值差别巨大。城市更新一般遵循平等、自愿、互惠的原则，搬迁补偿可以采用产权置换、货币补偿或者两者相结合等方式，由物业权利人自愿选择，选择货币补偿的按评估价值时点的市场评估价格给予补偿。作为房地产估价专业人员，如何运用科学、合理的理论与方法对城市更新涉及的各类特殊复杂的存量物业进行估值将面临着巨大的挑战。

对于已登记的商品性质房地产，这类房地产权利状况清晰且独立，可以在市场上自由交易而不受任何限制。若市场上存在较多类似可比交易实例，通常采用比较法进行评估。在选取可比实例时优先选择同样纳入城市更新计划范围内的老旧房地产，周边交易实例较少时可适当扩大范围。比较法评估的难点在于如何合理量化因城市更新的预期带来的估值溢价。另外如果拆迁补偿协议有单独对室内自行装修装饰补偿，在比较法中应对估价对象的装修因素进行剥离。除了比较法还可以采用成本法进行评估，目前深圳市已实现全市范围内标定地价的覆盖，结合《深圳市地价测算规则》可实现对各类型物业土地价值的评估，在城市更新涉及的存量物业评估时宜采用房地分估的模式，比起房地合估的方式显得更为直观。被拆迁房屋市场价值＝确认的房屋合法建筑面积×（分摊土地价值＋房屋重置成本综合单价×成新率）。

对于已登记的非商品性质房地产，由于这类物业通常为划拨用地、部分经"两规"处理的或有产权限制的房地产，受到一定的权利限制。所以参考市场商品性质被搬迁房屋补偿标准扣减相应费用后给予货币补偿。

2021年8月，深圳出台了《关于加强对住宅类历史遗留违法建筑交易查处的通知》，全面禁止交易城中村的小产权、回迁房、安置房，遏制了城市更新涉及的小产权房投机炒作行为，引导城市更新往良性方向发展。权利人出售小产权房或者通过提前出售城市更新回迁房指标变现路子已被堵上。对于未登记的小产权房，被拆迁人若想拿到现金主要还是通过城市更新的货币补偿，而货币补偿的标准又难以合理确定，被拆迁人选择货币补偿方式的，应如何进行评估是个难题。

针对小产权房或未登记的房屋价值评估，市场既无交易案例，也难以评估土地分摊价

值，笔者认为可以通过开发主体回购城市更新回迁权益的思路进行测算。假设现状有100平方米的小产权房或无产证房屋，未来将要进行城市更新，目前已纳入城市更新计划，预计6年后可按照1:1.1的拆赔比回迁110平方米的商品性质住宅，预计未来房价每年以2%的增长率增长（表1）。假设这个回迁权益由开发主体进行回购，补偿多少钱合适？

针对上述的背景，笔者认为可以按照以下方式测算：

回迁权益基础信息 表1

现状建筑面积（S_1）	现状用途	拆赔比	回迁面积（S_1）	回迁用途	现时类似商品住宅市价	现时类似商品住宅月租金	预计回迁时间（T）	预计房价增长率（g）
100m²	小产权房	1:1.1	110m²	商品住宅	6万元/m²	100元/(m²·月)	6年	2%

第一步：根据城市更新所在的区位收集类似用途的商品住宅市场租售案例，采用比较法测算现时类似商品住宅市场价格以及市场租金。

第二步：结合所在片区的房地产市场情况，预测分析未来的房地产走势，预计类似回迁物业未来的房地产价格递增率（对于递增率的分析，可以采用长期趋势等预测方法，充分考虑影响房地产市场的宏观及微观因素）。

第三步：测算回迁物业的市场价值，回迁时点的市场价值＝现时点类似商品住宅市价×(1+预计房价递增率)^(回迁时间)。

第四步：测算每年拆迁安置补助费用。

第五步：编制项目现金流量表，如表2所示。

现金流量表（单位：元） 表2

项目	第0年	第1年	第2年	第3年	第4年	第5年	第6年
现金流出	结果待求	—	—	—	—	—	—
现金流入	—	120000	120000	120000	120000	120000	7552671
净现金流	结果待求	120000	120000	120000	120000	120000	7552671

第六步：测算城市更新项目货币补偿要求的收益率（折现率），城市更新项目具有很强的不确定性，相对来说风险比较高若按照回迁权益逻辑测算选择货币补偿金额，只能由房地产开发企业回购，无法交易变现。根据城市更新推进的难度分析风险，经过累加法测算，城市更新项目的收益率一般要求在10%～13%。

第七步：根据在可接受范围内报酬率（折现率）以及未来预计的现金流量情况，求取货币补偿金额（表3）。

不同要求收益率对应的货币补偿单价 表3

可接受收益率	货币补偿单价（元/m²）	现时同类房地产单价（元/m²）	价值比例
10%	47200	60000	78.67%
11%	44800	60000	74.67%
12%	42600	60000	71.00%
13%	40500	60000	67.50%

备注：本表仅基于假设条件所做的试算，单价取整至百位。

四、涉及城市更新的存量资产估价重点难点

城市更新涉及的存量物业评估，与常规的房地产评估不同，其服务需求以及需要解决的问题也不同，对于现状物业的估值，侧重点及难点也不同。

1. 对于"红本"物业采用比较法估价时，可能会存在可比实例较难获取的情况。该类比较法测算，可比实例优先选择同样纳入城市更新范围内的物业，但该类交易信息不透明，交易较少，交易情况较难掌握，导致可比实例较难获取。采用比较法测算重点的可比实例的收集，在同一城市更新项目中无法获取类似交易案例时，可通过扩大范围寻找交易案例，但受到城市更新项目所处的地理位置、交通条件及配套设施及开发完成后的规划之间存在差异的影响，不同城市更新项目的市场价值也有所不同。比较法的难点是如何量化不同城市更新项目带来的溢价，且由于不同产权人掌握的市场信息不一致，导致交易价格存在偏差，如何判断可比实例的交易价格是否存在偏离正常价格的因素，以及如何对成交案例进行特殊交易因素调整将影响估价结果的合理性。

2. 对于"绿本""棕色本"物业，如何合理确定价格。"绿本""棕色本"物业通常为划拨用地、部分经"两规"处理的或有产权限制的房地产。对于这类物业评估，其重点是评估技术思路的确定，采用不同路径测算的结果差异较大，由于产权条件特殊无法按照《房地产估价规范》GB/T 50291—2015 的要求进行评估，无法出具房地产评估报告，实际操作一般出具设定条件的咨询报告。相对比较合理的技术思路是先评估假设其为假设设定条件下"红本"物业的市场价格，再根据《深圳市地价测算规则》及相关规定，测算由现状变更为假设设定条件的"红本"物业需要补缴的地价款，以两者的差额作为现状物业的价值，现状物业特殊情况较多，不同的物业对应的补交地价款的金额也有很大的差异。

应补缴地价=∑（土地的市场价格 × 变更后对应建筑面积 × 变更后基础修正系数）−∑（土地的市场价格 × 变更前对应建筑面积 × 变更前基础修正系数）。

深圳市"绿转红"的相关政策已废止，新的政策尚未出台。采用这种方式进行评估，需要分析补缴地价款的政策支持，由于这类项目更多是用于咨询性的测算，在目前的估价中按照该种方法进行估价是否合理，有待商榷。

3. 对于未登记的小产权房或自建房，可通过前文分析的城市更新回迁权益回购的思路进行测算。其重点对整个房地产市场环境、经济环境以及城市更新的背景政策进行综合分析，合理确定城市更新项目开发主体的收益率以及预测未来房价的走势，所测算出来的结果只是一个理论推断结果，不同的收益率、回迁周期等对测算结果影响非常大。

4. 由于城市更新项目具有很强的不确定性，相对来说风险比较高，需要开发主体投入大量的资金成本及时间成本。摸清双方博弈的需求，尽可能在理论合理的基础上也满足各方的需求，达到双方均认可的平衡点。城市更新是一个系统庞大的工程，要求实施主体不但要具备雄厚的资金，还应具备强大的组织协调、统筹能力、抗风险能力，并准确判断市场行情，使项目有序顺利推进。

五、城市更新的存量资产估价的注意事项

城市更新的存量资产估价，应注意以下几个方面。

1. 熟悉掌握城市更新相关政策。深圳市政府出台了许多城市更新项目的相关政策，对城市更新项目市场地价测算、补地价测算等都有规定，因此在对地价进行测算时，应注意是否符合相关政策的要求。

2. 选择评估方法时作好充分的适用性论证，确保所采用的评估方法科学合理。

3. 做好对估值结果的验证，进行不同城市更新项目同类型物业估值的对比，同一城市更新项目下不同的类型物业的估值对比，不同产权登记类型的对比（例如同用途物业"红本"比"绿本"贵，"绿本"比"无证"的贵等），不同用途物业评估结果的对比等。评估结果经科学的方法评估而来，需要符合客观逻辑。

4. 注意做好与委托人的沟通，多收集项目相关信息，了解项目背景。

5. 城市更新涉及国有资产评估时，应从国有资产利益最大化的角度选取合适的评估方法，完善评估程序，科学合理确定估价对象的市场价值，勤勉尽责，防止国有资产流失。

六、房地产估价机构在城市更新中的重要性

城市更新进度慢的主要原因是多方利益的矛盾无法得到平衡，由于开发主体与被搬迁人的信息不对称性以及专业不匹配性，很难在拆迁谈判博弈中达成共识，这时独立、专业的房地产估价机构发挥了重要的作用，打破信息的不对称性以及专业不匹配性的限制，从公正、独立的角度进行分析，可调节双方的矛盾，无论是政府主导的城市更新还是市场主体主导的城市更新都离不开房地产估价机构提供的专业服务，房地产估价机构可为城市更新的各个流程提供专业服务。

1. 为房地产开发企业提供立项可行性研究、融资可行性研究等服务。通过项目的相关规划指标及开发完成后的产品，对城市更新项目进行可行性研究分析，对项目进行经济测算，合理结合市场情况确定项目定位，把控相关风险并提出风险防范措施。

2. 为开发主体提供咨询服务，为城市更新项目拟定拆迁补偿方案。城市更新项目中涉及房屋的整体拆除重建时，需要合理确定拆迁补偿安置方案，确定安置补偿标准及奖励等事项。

3. 为城市更新被搬迁人提供房屋价值评估服务。由于被拆迁人非专业人员，无法合理确定现状价值及"拆赔比"，过高的预期可能导致项目无法推进，过低的要求可能会造成损失，因此需要委托估价机构为其提供现状物业评估服务，了解城市更新涉及的存量物业的市场价值，以此作为拆迁谈判的依据，在合理范围内与开发商进行谈判。

4. 提供临时补助费、产权置换过渡期安置补助费咨询服务。根据城市更新条例，对于选择产权置换，但未能提供安置房的项目，需要支付被拆迁人过渡安置费。安置补助的租金可以委托房地产估价机构进行评估。

城市的快速发展会带来诸多房地产问题，尤其现在房地产在以存量开发的城市更新为主，涉及的存量资产类型繁多，越是复杂的项目越需要专业的机构参与，房地产估价机构应以专业的理论知识及客观公正的原则开展服务，解决房地产发展中的估价难题，为城市更新及城市发展贡献力量。

参考文献：

[1] 唐燕，杨东，祝贺. 城市更新制度建设：广州、深圳、上海的比较 [M]. 北京：清华大学出版社，2019.

作者联系方式

姓　名：王俊科　陆　昕　吴丽娟
单　位：深圳市世联土地房地产评估有限公司
地　址：广东省深圳市福田区卓越梅林中心广场（南区）B座19层
邮　箱：wangjk@ruiunion.com.cn；lux@ruiunion.com.cn；wulj@ruiunion.com.cn
注册号：吴丽娟（4220090054）

城市更新中的估价服务及实践分享

——以东莞为例

陈伟恒　蒋　敏　孔嘉诚　卢智均

摘　要： 为完善城市空间结构、优化城市布局、提升城市功能及形象，城市更新成为建设现代化城市的重要途径。目前东莞城市更新政策频出，东莞市政府已然把城市更新作为拓展发展空间、承载产业转型升级、提升城市品质的主要抓手。本文结合在城市更新过程中的估价实践及领悟，对东莞市的城市更新作了系统探讨。城市更新是一种周期长、利益相关者众多的项目，核心是围绕土地和补偿两个元素，估价机构应该冲出评估价值的桎梏，升华估价服务的维度，在整个城市更新中为不同的利益主体提供全过程咨询服务，大力向评估价值链上下游延伸和渗透。

关键词： 城市更新；房地产估价

一、东莞城市更新背景分析

（一）东莞市土地利用现状

2022年10月，东莞公布了《东莞市存量住宅用地信息汇总表》，存量住宅用地项目131个，存量住宅用地总面积517.20公顷，其中，未动工土地面积190.70公顷，已动工未竣工土地面积为326.51公顷，未销售房屋的土地面积为166.31公顷。131个项目中仍有43个项目处于未动工状态，且大部分已超过约定的动工时间。其中除了一些年内出让的招拍挂地块外，还有不少从供地至今未动工地块，最长近9年仍未动工。

随着城镇化进程的快速推进，东莞市土地利用已进入存量时代，增量土地供给的短缺与存量空间的改造压力日积月累。因此，存量部分通过运用特色元素进行改造，增量部分按现代城市规划进行，"双量并行"成为城市发展的最佳选择。

（二）东莞城市更新的必要性分析

1. 目前东莞城市建设的不足

东莞市级土地资源统筹力度弱，建设用地碎片化现象显著。目前，东莞市建设用地空间占全市总用地的48.5%，建筑形态以传统低层厂房为主，建设品质较差，使用功能落后，利用效益低下，与当前东莞市产业转型升级发展需求不相匹配；城镇空间沿交通干道无序蔓延，骨干交通密度较高，次支路网密度较低，道路微循环不畅，主要干道拥堵严重；高强度的开发造成生态空间减少和结构破碎化，生态用地面积持续下降，造成生态空间被严重侵蚀、割裂；城乡居民区、工业区、农业区混杂交错，城乡二元现象突出，难以区分城乡边界，呈现出"均质混杂、千城一面"的现象，空间零散，功能凌乱；公服设施普遍缺乏，镇村设施重复建设现象突出,城市总体规划中提出建设的市级社会福利、体育以及文化设施,大部分新增设施未得到落实,学校、医院等基础民生设施缺口高达60%,中心城区外的镇街缺乏高等级的公共服务设施。

2. 城市更新的必要性

(1) 城市更新盘活存量土地,缓解城市建设用地供应紧张问题

《全国国土规划纲要(2016—2030年)》提出了国土开发强度的约束性指标,到2020年我国国土开发强度不超过4.24%,到2030年不超过4.62%。建设用地增量得到严格控制,存量土地的盘活利用将成为城市建设的必然选择。中央城市工作会议提出"要坚持集约发展,框定总量、限定容量、盘活存量、做优增量"。控制大城市规模、区域均衡发展。

(2) 城市更新助力产业结构升级,引领城市发展进化

随着我国经济发展方式转变,由高速增长阶段进入高质量发展阶段,高投入、高能耗、高排放、低产出和过度房地产化的产业结构难以为继,富含高科技和高附加值的先进制造业、现代服务业是我国未来产业发展的方向。在产业结构从传统工业向高新产业、现代服务业转型过程中,面临将大量低效闲置存量工业用地盘活利用的难题,同时这些闲置用地也是一笔可观的资产,通过合理开发可转型用于发展高新产业、现代服务业及其配套设施,促进当地产业结构升级,形成新的经济增长点。城市更新还可以推动城市开发建设方式从粗放型外延式发展转向集约型内涵式发展,将建设重点由房地产主导的增量建设,逐步转向以提升城市品质为主的存量提质改造,促进土地、资本等要素进行优化配置,促进城市良性发展。

(3) 城市更新改善居住环境,提升居住品质

东莞市位于粤港澳大湾区核心区域,与广州、深圳相邻,地理位置优越,是粤港澳大湾区的制造业重镇。当前,东莞实体经济发展和城市品质提升的重要制约在于土地空间承载力不足,已经从增量时代进入到存量时代,亟须通过城市更新盘活存量土地资源,优化城市功能布局,补齐公共设施短板,全面提升东莞的城市品质和综合承载力。

(三)东莞城市更新的政策及市场环境分析

1. 东莞城市更新政策环境与分析

经过多年发展,东莞土地开发强度接近极限。为东莞高质量发展,通过城市更新向存量土地要发展空间成为必经之路。为此东莞市针对城市更新陆续出台多项政策,本文结合实践工作,简要梳理东莞城市更新政策及发展过程。

(1) "三旧"改造阶段

在广东省人民政府发布《关于推进"三旧"改造促进节约集约用地的若干意见》(粤府〔2009〕78号)后,东莞市以《东莞市推动产业结构调整和转型升级实施"三旧"改造土地管理暂行办法》《关于印发〈东莞市"三旧"改造实施细则(试行)〉通知》《东莞市"三旧"改造单元规划审批流程》《东莞市"三旧"改造方案审批流程》《东莞市集体经济组织与企业合作实施"三旧"改造操作指引》等政策文件为骨干,初步搭建了东莞市"三旧"改造主要模式和基本流程。该阶段,东莞市"三旧"改造的模式主要有以下几种:第一种,政府以收储出让方式进行改造;第二种,引入社会资本参与改造,主要表现为村企合作改造模式;第三种,原地使用权人自行改造。

(2) 东莞城市更新2.0阶段

2018年,《东莞市人民政府关于印发〈关于深化改革全力推进城市更新提升城市品质的意见〉的通知》(东府〔2018〕102号,以下简称《意见》)发布,开启了东莞城市更新2.0

阶段，也成为东莞城市更新的纲领性文件。《意见》提出加快构建"政府统筹、规划管控、完善配套、产业优先、利益共享、全程覆盖"6个新格局，全面推进城市更新、提升城市品质。在现行政策体系下，东莞城市更新仍然分为三种模式：第一，政府主导的改造。第二种，土地权利人自行改造模式。第三种，单一主体挂牌招商改造模式，是目前最主要的改造模式。

（3）产城人融合时代

《意见》6个新格局中"产业优先"恰恰体现了市政府对"工改"类项目的重视，逐渐确立"工改工"作为城市更新的主攻方向，并出台了一系列的政策文件。"工改工"类城市更新是指将现有旧厂房改变为新型产业用地（M0）、M1等，将旧工业区拆除重建升级改造为新型产业园，包括新型产业用房、配套商业、配套公寓等多种物业形态。综观东莞"工改工"政策导向与实践成果，"工改工"已逐步取代类住宅化和商业地产模式。

2. 东莞城市更新市场环境与分析

自2018年东莞出台《意见》以来，东莞市吸引了大量房地产开发企业前往拓展城市更新项目，竞投前期服务商资格是各大房地产开发企业拓展东莞城市更新项目的主要路径。2018年，全年共有7个项目发布结果公示，涉及面积167万平方米；2019年，全年共有81个项目发布结果公示，涉及面积3229万平方米；2020年，全年共有174个项目发布结果公示，涉及面积4386万平方米；2022年上半年城市更新步伐放缓，仅有两个项目完成前期服务商招引，均位于滨海片区的长安，合计面积为9.84万平方米；由于之前东莞城市更新体量大，城市更新项目仍需时间消化。

二、东莞城市更新估价实践

（一）东莞城市更新的模式

2018年以来，东莞进入了城市更新2.0阶段，城市更新的模式主要为政府主导（政府土地整备、政府土地整备开发、政村合作）、土地权利人自行改造、单一主体挂牌招商3种模式。3种模式的开发主体不同，操作流程差异较大，其中主流模式为单一主体挂牌招商城市更新。

单一主体挂牌招商城市更新模式适用于集体土地或国有土地上旧城镇、旧村庄、旧厂房的更新改造，政府先行统筹明确政府、集体的利益分配，落实公共配套建设责任，通过单一主体挂牌招商制度公开引进企业作为改造主体，进行不动产要约收购，完成片区内拆迁补偿工作，实现改造片区的土地整合。

单一主体挂牌招商城市更新模式主要流程为：前期工作、实施挂牌、实施方案编报、产权注销、土地供应入库、实施监管、验收移交（图1）。

（二）主流模式——单一主体挂牌招商的估价实践服务案例

鉴于政府主导、土地权利人自行改造两种模式与传统土地征收、整备大同小异，现以东莞市塘厦镇某产城融合城市更新单一主体挂牌招商项目（以下称"本项目"）阐述估价实践服务。我们估价服务主要在前期工作阶段，即结合权调信息、测绘信息、单元划定方案测算政府（集体）综合收益，而政府（集体）综合收益最核心的是地价款起始价评估，起始价的高低决定开发商土地出让金缴纳的多少。

本项目位于东莞市塘厦镇，项目更新单元面积约32公顷，拆除重建区面积约28公顷，

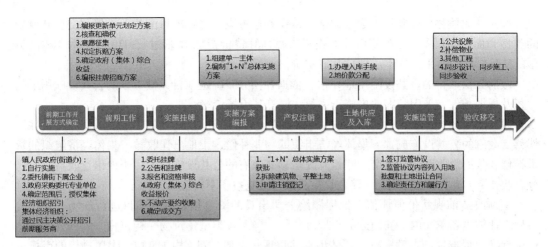

图 1　单一主体挂牌招商城市更新模式流程

更新单元土地权属涉及国有和集体所有土地，现状土地用途以工业为主，建筑物以厂房、宿舍为主，建筑质量较差，单元内缺乏公共服务配套。涉及权利人有村集体、国有企业、私人等。项目更新改造后可出让 2 宗居住用地、3 宗工业用地，无偿贡献 3 宗公共服务设施用地。

根据《东莞市人民政府办公室关于印发〈东莞市城市更新单一主体挂牌招商操作规范（试行）〉的通知》（东府办〔2019〕29 号），本项目涉及公有资产，地价款起始价计算公式为：公有资产市场评估价 +（新规划条件下出让地块的市场评估价－拆迁补偿评估成本－集体物业补偿成本－配建并无偿移交公共设施成本）× 起始价系数。

城市更新单一主体挂牌招商项目的估价服务主要集中在项目的前期工作环节中，具体包括公有资产市场评估、地价款起始价评估、新规划条件下出让地块的市场价评估、拆迁补偿成本评估、集体物业补偿成本评估、配建并无偿移交公共设施成本、政府（集体）综合收益分析，衍生出来的服务有物业更新改造前现状价值评估、社会稳定风险评估、拆迁补偿方案平衡分析、集体投入与收益分析等。下面针对不同的估价服务作简要分析。

公有资产市场评估：首先评估出新规划条件下的公有资产土地的市场价格，并与现状房地产价值进行比较，根据孰高原则，确定公有资产市场评估价值。

地价款起始价评估：本项目改造后可出让地块用途分别为居住、工业，是混合情形，按照新规划条件下出让地块的市场评估价占比分别计算不同用途下的地价款起始价，其中"工改工"的起始价系数不低于 40%，"工改居商"的起始价系数不低于 70%，如果"工改工"的地价款起始价低于新规划条件下出让地块的市场评估价 20%，则以新规划条件下出让地块的市场评估价 20% 作为地价款起始价。

新规划条件下出让地块的市场评估：根据更新主体报批通过的单元划定方案确定的可出让地块的相关规划条件及提供的项目技术经济指标等资料，一般采用剩余法、基准地价修正系数法测算出新规划条件下出让地块的市场价格，并通过近期区域内市场出让地块成交价格和政府公布的最新区片市场评估价复核价格的合理性。本项目涉及公有资产，须扣除公有资产的土地面积，扣除后得出新规划条件下出让地块的市场价格。

拆迁补偿成本评估、集体物业补偿成本评估：依照公示的补偿方案，确定宅基地及地上房屋权益人、村集体可获得的补偿物业面积和现金补偿，其中物业补偿成本 =（单位楼面地价 + 单位建筑面积建安成本）× 建筑面积。

配建并无偿移交公共设施成本评估：依据补偿方案，确定项目配建并无偿移交公共设施的类型和面积，可参考《东莞市政府投资项目估算造价指标》（东财〔2020〕104号）相同类型的造价指标或者采用成本法评估其成本价值。

政府无偿取得的公共设施用地评估：依据补偿方案确定项目无偿贡献的公共设施用地的面积及规划条件，采用基准地价修正系数法测算其市场价格。

政府综合收益分析：政府综合收益包括政府无偿取得的公共设施用地、成交方建设并无偿移交政府的公共设施成本、集体经济组织的物业补偿、土地出让收益、集体经济组织的货币补偿；政府总收益包括成交方建设并无偿移交政府的公共设施成本、土地出让收益，政府综合收益率＝政府收益总额÷综合收益总额，且收益率不得低于40%。

更新改造前现状价值评估：依据测绘公司出具的测绘报告，对项目进行现场查勘、复核后，评估更新单元内不同用途的土地区片价，确定各类型建筑物、构筑物、附属物的评估价格标准。根据现场查勘资料，评估出本项目现状土地、建（构）筑物、附属物等的市场价值，本项目主要为公有资产的现状价值评估和其他权益人现状价值评估。

社会稳定评估风险和拆赔补偿方案平衡分析。通过社会风险稳定评估分析项目面临的风险，了解权益人的主要诉求，提供风险防范和解决方案，推动项目向前发展。同时，利用收集的基础数据为拆迁补偿方案的制定提供服务，分析拆迁补偿方案的合理性，为委托方提供建设性建议，平衡四方收益。

集体投入与收益分析：集体收益总额为可获得的物业补偿的市场价格和货币补偿两部分。本项目补偿物业为可售的工业生产用房，按照市场上同类型物业市场正常销售价格、市场租金，采用比较法、收益法评估得出补偿物业的市场价值。先依据《东莞市集体经济组织与企业合同实施"三旧"改造操作指引》计算集体投入金额，再计算集体物业改造前使用条件下的集体所有的土地、地上建（构）筑物的市场评估价，集体经济组织投入金额取上述两者的较高值。集体综合收益率＝（集体收益总额－集体经济组织投入金额）÷集体经济组织投入金额。现阶段无明确的集体综合收益率要求，但是部分镇街的主管部门要求不小于30%，而集体收益中的实物性收益要求一般不小于60%。

城市更新是一个非常复杂、庞大的评估项目，除上述估价服务外还有项目可研、清租评估、残值评估、融资可研评估等。

（三）对东莞城市更新的不同模式的建议

东莞城市更新新政发布以来，城市更新项目遍地开花，但政府统筹管理力度不够，开发商盲目占坑，而项目自身管理不够规范，项目权属、涉及利益过于复杂、庞大，加上近两年房地产市场的不景气及政策的限制，导致最终落地的项目少之又少。近年来东莞市有意发展基础设施建设、增加土地收储，政府主导项目有水乡土地整备、威远岛土地整备及地铁站点的土地收储、土地整备，模式也在不断的成熟。

首先，政府主导的土地收储、土地整备项目，要强化空间资源统筹，精准配置资源要素，提升资源利用效率；制定全市统一的补偿标准基准；明确土地增值共享具体标准；做好社会稳定风险评估，提前确定预判项目风险和可行性；关注被征收方安置要求、社会保障要求、再就业要求；及时公示项目进度，增加项目透明度。

其次，单一主体挂牌招商模式。政府要对申报的项目严格把关，控制更新单元的规模、更新改造方向，设定更新实施主体资格门槛要求，提前对更新单元内的权属、可实施性、效益性进行研判，联合相关部门进行集体决策。开发商在制定拆迁补偿方案时，要平衡政府、村集体、其他权益人（含宅基地权益人）及开发主体四方的利益，通过加强内部管理，深度挖掘项目开发价值，增加项目落地的成功率。

最后，权益人自改模式。需要把握东莞市制造业立市发展方向，更新改造要符合城市发展的需求。要以提高土地利用效率为核心，兼顾环境保护、区片规划要求，采取有序申报备案，落实相关部门监督要求。

三、东莞城市更新未来展望

（一）未来东莞城市更新的新篇章

我国自棚改开启城市更新篇章后，在研究上和实践上，都获了显著的成就。立足于党的"二十大"精神，未来城市更新建设必将是满足人民日益增长的美好生活需要的发展，这也成为一种城市新发展理念。在增进民生福祉的理念基础上，政府、市场、人民，作为城市管理者、城市空间的构建者与使用者、城市社会经济活动的参与者，三者应在未来城市更新发展中促进相对平衡，推进以人为核心的新型城市更新，进一步为优化城镇化空间布局打下坚实基础。

东莞市立足于土地整备与城市更新双模式的基础上，借助国土空间规划各类空间信息资源整合，未来进一步加强执行主体、操作机构、职能部门与市、镇各级部门正常衔接，完善融合城市更新发展体制机制。

（二）估价机构的创新服务

立足于未来东莞城市更新的新篇章，估价机构的创新服务应贯穿城市更新全流程。包含意向阶段的项目尽调报告、利用数据信息构建城市更新项目信息平台、项目机会研究、市场分析等；申报阶段的权调梳理、意愿征集、政策咨询及投融资咨询；受理初审阶段的投融资咨询；审查审批阶段的投融资咨询和项目经济可行性研究；备案阶段的开发建议、定位分析及投融资咨询；实施阶段的土地、在建工程抵押评估、投融资咨询及不良处置评估；销售经营阶段的在建工程抵押评估、不良处置评估和现房抵押评估。除常规评估服务外，估价机构应综合"房住不炒、租购并举"政策大前提下，探索租购不同权和市场监管政策下的城市更新创新服务。

四、结束语

党的二十大报告强调"实施城市更新行动，加强城市基础设施建设，打造宜居、韧性、智慧城市"，并对推进城乡人居环境整治作出了重要部署。我国已经进入城市更新的重要时期，城市发展要把生态和安全放在最为突出的位置，要以实施城市更新行动为引领，推动城市人居环境整治，以城市人居环境整治带动城乡人居环境提升。

后疫情时代，估价行业已经进入一个新的发展阶段。传统的抵押、司法拍卖、课税等估价业务不断被大数据、"互联网+"蚕食，估价业务对从业人员技术水平的要求越来越高，客户对估价服务的质量要求越来精细。我们估价机构也应该多元化开展估价服务，往精细化方向去优化创新。城市更新是一种周期长，利益相关者众多的项目，核心是围绕土地和补偿两个元素，我们估价机构应该冲出评估价值的桎梏，升华估价服务的维度，在整个城市更新中为不同的利益主体提供全过程咨询服务，大力向评估价值链上下游延伸和渗透，才能赢来更多的机会和空间。

参考文献：

[1] 东莞市提升城市品质课题组. 东莞经济发展报告（2017）[M]. 东莞：社会科学文献出版社，2017.

[2] 石建飞，张晓梅. 房地产估价机构在城市更新中的作用分析[J]. 中国房地产业，2022（1）：155-157.

[3] 汪科. 立足新阶段 贯彻新理念 推进城市转型和更新发展[N]. 中国建设报，2022-11-03（1）.

[4] 郭丁文. 以城市更新为牵引提升人居环境质[DB/OL]. https://baijiahao.baidu.com/s?id=1749020640998097612&wfr=spider&for=pc，2022.

作者联系方式

姓　　名：陈伟恒　蒋　敏　孔嘉诚　卢智均

单　　位：深圳市世联土地房地产评估有限公司东莞分公司

地　　址：广东省东莞市南城街道新城石竹路3号广发金融大厦12楼03单元

邮　　箱：chenwh@RUIUNION.com.cn

注册号：陈伟恒（4420190088）；蒋　敏（4420160196）

浅析绿色改造对老旧小区房地产价值评估影响
——以北京为例

厉亚楠　杜雪玲

摘　要： 随着"双碳"目标的提出，我国各行各业均开启绿色低碳发展模式。北京市现存老旧小区内部基础设施已出现老化、损坏等各种各样问题，为改善老旧小区居民生活品质，作为北京市城市更新行动主要方式之一的"老旧小区改造"项目实行绿色改造，为"双碳"目标的实现添砖加瓦。本文聚焦于城市更新行动中老旧小区实施绿色改造对其房地产价值评估的影响进行分析，并提出相关建议。

关键词： 老旧小区；绿色改造；价值评估

一、研究背景

我国在2020年第75届联合国大会上正式提出"双碳"目标，此举顺应了全球大势、体现了大国担当。以此战略目标实现为总基调，全社会各行业参与其中，减排目标和路线图陆续出炉。2022年10月召开的党的"二十大"更是明确提出"坚持绿色低碳，推动建设一个清洁美丽的世界"。面对碳减排的现实挑战，城市更新行动需要积极探索"双碳"目标实现路径。以低碳理念推动城市更新行动，是适应城市发展新形势、推动城市高质量发展的必然要求。城市开发建设方式由增量扩张转向存量更新转变，既能弥补城市发展短板，又能成为新的经济增长点。

北京的城市更新是千年古都的城市更新，是落实新时代首都城市战略定位的城市更新，更是减量背景下的城市更新。2021年，北京市位列全国首批城市更新试点城市名单之中，发布配套指导性文件《北京市人民政府关于实施城市更新行动的指导意见》，明确"老旧小区改造"属于六类主要城市更新项目之一；2022年6月，北京市第十三次党代会报告中指出，北京市成为全国第一个减量发展的超大城市。由此可以看出，北京市正在逐步实现超大城市减量发展背景下城市有机更新路径。

二、老旧小区绿色改造意义、政策及技术标准

（一）老旧小区绿色改造意义

据第七次全国人口普查数据，2020年我国常住人口城镇化率为63.89%，北上广深等一线城市的城镇化率均超过85%，已经步入城镇化发展中后期。未来城市建设不再盲目追求规模扩张，城镇化将从外延扩张向内涵发展转变，城市有机更新成为城市发展新方向。老旧小

区改造作为城市有机更新重要组成，对于促进城市低碳减排、绿色节能、建设环境友好型社会具有重要意义。

北京市老旧小区一般指建成年代较早、建设标准较低、基础设施老化、配套设施不完善、未建立长效管理机制的住宅小区（含单栋住宅楼）。过去住房以满足基本居住功能为主，未过多考虑节能、低碳、可持续发展等理念。因此，多数老旧小区存在建筑节能效率低、制冷和取暖能耗高、无障碍设施缺乏等问题。2022年5月，《北京市人民政府关于印发〈北京市城市更新专项规划（北京市"十四五"时期城市更新规划）〉的通知》出台，明确"到2025年，完成全市2000年底前建成需改造的1.6亿平方米老旧小区改造任务"。如此巨大的老旧小区改造工程，将消耗诸多社会资源、物质资源，本着城市有机更新前提，在改造过程中要全程贯穿城市绿色有机更新发展理念，才能达到绿色低碳改造、良性持续发展。

综上，现阶段市场中激增大量老旧小区绿色改造项目，估价机构面临由此带来的市场需求结构变化，在估价业务量变的同时，更为重要的是需要做到抓住市场机遇与社会经济转型实现同步。而在具体估价业务当中如何考虑绿色改造对其价值的影响以及最终价值的评估，是现阶段房地产价值评估领域研究的精进方向。

（二）绿色改造政策支持

2020年7月，《国务院办公厅关于全面推进城镇老旧小区改造工作的指导意见》将城镇老旧小区改造内容划分为基础类、完善类、提升类3类。2021年6月，北京市规划和自然资源委员会、住房和城乡建设委员会、发展和改革委员会、财政局联合发布《关于老旧小区更新改造工作的意见》（以下简称《意见》），针对老旧小区加装电梯、利用现状房屋和小区公共空间补充社区综合服务设施或其他配套设施、增加停车设施等方面具体改造内容进行了明确。2021年8月，北京市住房和城乡建设委员会与规划和自然资源委员会联合发布《北京市老旧小区综合整治标准与技术导则》（以下简称《整治标准与技术导则》），针对老旧小区基础类、完善类、提升类对应改造内容和整治标准进行了明确。

（三）绿色改造技术标准

我国现行的技术标准有《既有建筑绿色改造评价标准》GB/T 51141—2015、《既有社区绿色化改造技术标准》JGJ/T 425—2017、《绿色建筑评价标准》GB/T 50378—2019、《城市旧居住区综合改造技术标准》TCSUS 04—2019等。

其中，《既有社区绿色化改造技术标准》JGJ/T 425—2017将绿色改造定义为"以资源节约、环境友好、促进使用者身心健康为目标，以性能品质提升为结果的改造活动"。《整治标准与技术导则》认为老旧小区综合整治是指"对居民有改造需求的老旧小区及相关区域的建筑、环境、配套设施等开展改造整治活动"。结合分析，本文认为老旧小区绿色改造是在符合改造技术标准前提下，针对居民需求开展的老旧小区综合整治与改造活动。

三、老旧小区绿色改造实施内容

北京市老旧小区规模大、分布广，近年来陆续出台一系列相关改造政策，且政策规定的改造实施内容明确、清晰。故本文以北京市老旧小区绿色改造政策为研究基础。同时，对现行老旧小区绿色改造技术标准进行梳理。经对比发现，政策层面的《意见》《整治标准与技术导则》将改造内容划分为基础类、完善类、提升类3类。而技术标准层面的《城市旧居住区综合改造技术标准》TCSUS 04—2019将改造内容划分为房屋建筑本体、公共区域两部分，针对每一部分又划分为优选项目、拓展项目。老旧小区绿色改造政策与技术标准，在具体改造实施内容划分上没有形成对应关系。为使两者更好结合，快速定位老旧小区绿色改造内容归属并类，本文对政策与技术标准中的老旧小区绿色改造实施内容进行了整合。具体如表1、表2所示。

房屋建筑本体绿色改造实施内容划分表　　表1

项目分类	改造类型	基础类	完善类	提升类
房屋	屋面	铺设屋面保温层	改造屋面及阳台形式	增设太阳能设施
		修缮屋面渗漏		增设空架或绿色屋顶
	立面	改造外墙强弱电、雨水管	规范空调室外机护栏	—
		加固改造外墙灯箱广告	拆除或改造外窗护栏	—
		外墙立面粉刷		
	楼门楼道	整修破损踏步扶手	无障碍坡道改造或增设	—
		粉刷楼道墙面	修缮或新装防盗门	
建筑结构	结构加固	加固建筑结构	—	—
		加固建筑地基		
	围护结构	改造外墙保温	—	增设外窗遮阳设施
		改造建筑外窗		增设房屋降噪措施
建筑设备	电梯	—	加装电梯	
	给排水	改造供水及计量系统	—	增设室内中水系统
				增设雨水回收系统
	电气	线路改造、光纤入户	改造用户计量设备	增设信息设备
				增设再生能源控制系统
	暖通	燃气、排烟、供热基础系统改造	改造供暖系统及建筑通风系统	增设可再生能源机组
	消防	改造消防设施	—	新增消防控制系统

公共区域绿色改造实施内容划分表　　表2

项目分类	改造类型	基础类	完善类	提升类
室外环境	公共空间	—	完善提升无障碍设施	—
			修缮或增加室外健身设施	
			修缮或增加快递柜、信包箱	
			修缮或增加文化休闲设施	

续表

项目分类	改造类型	基础类	完善类	提升类
室外环境	绿地植被	—	增加绿化面积	—
			完善公共绿地功能	
			拆除侵占绿地建筑物	
			改善植被配置	
	雨水控制	—	改造路面排水	增设中水回收系统
			改造水体景观	增设水体景观
	景观风貌	—	改造或新建小区出入口	增设景观建筑物
			修缮粉刷围墙	
			提升改造公共照明系统	
道路和停车	道路	道路更新改造	—	增设独立健身跑步道
				优化非机动车车道
	停车设施	—	改造或新增非机动车车棚及充电设施	—
			改造或新增机动车、非机动车停车位	
配套设施	市政管线	基础路线改造	—	增设社区服务用房
	公共服务设施	—	—	增设托育设施
				增设养老服务设施
				增设医疗卫生服务设施
				增设便民市场、便利店、家政服务点
				增设社区食堂
				增设信息发布设施
	交通与环卫设施	设置垃圾分类设施	—	增设公共卫生间
		改造化粪池		
	安防设施	—	—	增设门禁系统
				增设监控系统
				增设智慧小区设施

四、绿色改造对老旧小区房地产价值影响

经过绿色改造的老旧小区，会在一定程度降低使用过程中维护成本、减少能耗、实现低碳人居环境，提升权益人居住舒适度等，其改造效用最终体现在改造前后的价值差异上。因此，在估价实践中将"绿色改造"因素作为房地产价值价格的重要影响因素，充分考虑、科学量化和显化其对房地产价值的有利影响及其带来的溢价，这就需要房地产估价机构科学客

观地评估绿色改造老旧小区住房在更新改造前后的价值差异、增值总额、每个单位或每户居民的房地产增值额；绿色改造总费用、每个单位或每户居民合理分摊的更新改造费用等。

站位于房地产价值评估视角，对照上文列示老旧小区绿色改造具体内容，参照《房地产估价规范》GB/T 50291—2015 分析其改造内容在房地产价值评估中的影响，具体分为实物状况、区位状况、权益状况、成本及收益等。

（一）实物状况影响

从绿色改造内容来看，涉及"房屋建筑本体绿色改造实施"的内容多为房地产价值评估中的实物状况因素。房屋中的屋面、立面、楼门楼道改造在不同层面起到了保利用、增价值的效果，以及建筑结构、设备的改造内容亦起到相同作用。会影响到价值评估中建筑结构、设施设备、装饰装修、建筑功能、外观、新旧程度等实物状况。甚至会影响到建筑规模的改变，如改造屋面及阳台形式等，会因建筑面积计量规范而重新测定房屋建筑规模。

因此，在实际估价过程中，应结合改造情况，准确记录改造前实物状况，在对改造项目进行合理权重赋值后，确定比较因素修正系数，同时，重点关注是否存在建筑规模的增减并是否实行变更登记；权属登记面积与实际面积是否一致；改造前后物业管理水平及收费是否存在差异；加装电梯引起中高楼层价格发生较大变化等。并要充分考虑实物状况改变引起的整体溢价效应对房地产价值的影响。

（二）区位状况影响

区位状况包括居住小区所处的区域位置、交通、外部配套设施、周围环境等况状，而单套住宅的区位状况还应包括所处楼幢、楼层和朝向。而老旧小区绿色改造主要集中在居住小区宗地红线内进行实物改造，不会直接改变房地产位置、交通、外部配套设施、周围环境等况状等区位状况，但在一定程度上会对单套住宅的区位状况有影响，如该套房产所在楼幢下增设绿地或景观、对楼房加设电梯等，会对所处楼幢、楼层等区位状况价值影响因素起到直接或间接提升作用。

（三）权益状况影响

权益状况一般包括用途、规划条件、使用年限、容积率、绿地率、租约限制等方面。目前老旧小区绿色改造不会直接改变土地使用年限，不影响租约限制，对容积率的调整以及因外墙、阳台改造造成的面积增减也少有存在，但有助于提升小区整体绿地率。因此，实际评估中可视改造情况酌情考虑权益状况影响。

（四）成本状况影响

老旧小区绿色改造采用的绿色建筑材料、设备、技术和工艺等会增加施工成本，直接影响建筑物重置成本计算，特别是建筑安装工程费的计取。因此，在利用成本法计算建筑物的重置价格时应在同类小区重置价格水平基础上，适当考虑老旧小区绿色改造项目的实际成本增减，对建筑安装工程费的计取可结合官方公布造价信息综合确定。

（五）收益状况影响

北京市老旧小区多位于主城区，本身所处地理位置相对优越，在经过绿色改造后带来的区位和实物状况变化条件下，使其相较同区域未进行绿色改造小区，其出租率和租金均会有一定程度提升。直接影响房产租金水平、空置率等，间接影响运营费用、其他收入等。在实际估价过程中应充分调查、了解租金的变化情况，重点关注改造是否引起物业费变化、供暖供气方式的改变是否影响租金水平等。在评估作业时要根据改造内容对收益状况引起的直接或间接变化，对评估价值做出相应因素调整。

五、总结与展望

老旧小区绿色改造是城市有机更新改造的重点内容,可以更好地满足人民群众对美好生活的需要,是需要重点发展的惠民工程。对老旧小区进行绿色改造,绿色改造的影响直接体现于房地产价值的变化、改善区域和社区生态环境;最终体现绿色建筑、节能低碳建筑、节能环保型建筑等"绿色房地产"的普及。老旧小区绿色改造对积极推动城市有机更新行动具有重要的意义,并且助力我国"双碳"目标实现。

作为第三方专业估价机构,要随着大量老旧小区绿色改造工作的持续推进,针对绿色改造小区建立有关房产价值评估技术路线、测算过程、评估报告撰写等可操作性规则体系将是重要研究方向。

参考文献:

[1] 康玲,张徐源,杜康.浅谈绿色建筑估价[J].中国房地产估价与经纪,2015(2):68-71.

[2] 薛亮.绿色建筑拷问美国房屋估价机制[N].中国高新技术产业导报,2010-05-10(A08).

[3] 崔群,马一杰,王星菡,等.人口老龄化背景下老旧小区改造的公众需求[J].现代园艺,2022(21):31-33.

[4] 程瑞希.第三方评估在绿色建筑高质量发展趋势中的机遇与挑战[J].工程质量,2022,40(8):25-28.

作者联系方式

姓　　名:厉亚楠　杜雪玲
单　　位:北京市金利安房地产咨询评估有限责任公司
地　　址:北京市丰台区美域家园南区4号楼底商
邮　　箱:2338229655@qq.com

"十四五"时期房地产租赁估价业务的要求与实践探索

张媛君　张英飞　蒋骏文

摘　要：近年来，伴随着政府对保租房建设工作的大力推进和国有资产监管制度的逐步完善，租赁估价业务迎来良好的发展机遇。本文通过介绍房地产租赁估价业务发展的背景、现状和归纳各类型房地产租赁估价业务的特点，以探讨房地产租赁估价业务当前面临的机遇与挑战，提出相应对策。

关键词：租赁估价业务；机遇；挑战

一、引言

2022年5月，为贯彻落实《关于加快发展本市保障性租赁住房的实施意见》，规范保障性租赁住房定价管理，《上海市房屋管理局关于做好本市保障性租赁住房项目市场租金评估工作的通知》发布，要求制定本市租赁住房租金评估指引，对房地产估价机构提出了保障性租赁住房项目市场租金评估工作的相关要求。2022年6月，上海市房地产估价师协会发布了《上海市租赁住房租金评估指引（试行）》，租赁住房租金评估工作进一步得到规范，有效促进了"租购并举"住房制度的贯彻实施。随着近期各项保租房相关政策的持续发布和实施，相关的房地产租赁估价也再次进入大众视线，而此类业务的现状和未来发展前景也成为当前业内最关注的焦点和热点之一。

二、房地产租赁估价的时代背景

"十四五"时期是我国全面建成小康社会、实现第一个百年奋斗目标之后，向第二个百年奋斗目标进军的第一个五年。《中共中央关于制定国民经济和社会发展第十四个五年规划和二〇三五年远景目标的建议》明确提出"推动金融，房地产同实体经济均衡发展"。从规划中可以看出，房地产业在"十四五"期间仍然起着举足轻重的作用。党的二十大报告提出了"坚持房子是用来住的、不是用来炒的定位，加快建立多主体供给、多渠道保障、租购并举的住房制度"，进一步明确了未来房地产发展方向。在此时代背景之下，随着上述住房制度的不断完善，房地产租赁估价业务的发展也将迎来新的机遇和挑战。

根据我司对近几年房地产租赁估价业务的统计分析来看，相对传统房地产估价业务，房地产租赁估价业务具有如下特点。

（一）估价业务类型全面、连续性强

在我国房地产租赁市场高速发展与日益成熟、国家加快建立"租售并举"住房体系以及国企加强对资产盘活和监管的大前提下，各种租赁需求不断增加，相应的租赁估价内容也进一步增多，业务类型更加全面。此外，由于租赁合同期限的时效性而产生的更新需求，使得租赁估价相较其他估价业务存在连续性强的特点。

（二）委托主体多样、机构参与环节众多

租赁估价业务委托主体呈多样化发展趋势，包括国有企业、集体企业、机关事业单位、银行、个人等多种市场主体。同时，估价机构开展租赁估价业务及相关延伸服务中，参与环节逐步增多，如项目前期市场调查、可行性研究分析、项目定位、业态布局、租金定价、租后运营等，目前已经几乎涵盖了项目的全流程。

（三）受政策影响，法定租赁估价业务持续增加

除常见的司法、仲裁等涉及的传统租赁估价业务外，受宏观政策以及房地产制度逐步完善的影响，以保租房租金评估为典型代表的新兴法定租赁估价业务，预计在未来业务量将逐年增加。以上海为例，"十四五"期间，市政府计划新增建设筹措保障性租赁住房47万套（间）以上，由此可见，保障性租赁住房估价业务规模将持续扩大。

（四）新兴衍生租赁估价业务比例逐年提高

受市场需求导向的影响，目前市场上还涌现出不少新兴的衍生租赁估价业务，比如码头、岸线、广告屏、展台、外摆摊位等非传统类租赁咨询业务，且此类业务所占的比例呈逐年提升的态势。

正是由于房地产租赁估价业务的以上特点，传统估价思维方式已经难以有效满足复杂的房地产租赁估价业务的发展需求。为实现"十四五"时期房地产租赁估价业务高质量发展，评估机构应在估价报告的规范性、技术路线的合理性、思维方式的发散性、估价工具的多样性等方面开展研究，逐步完善房地产租赁估价的知识架构和理论体系，更好地为房地产租赁估价业务奠定发展基石。

三、房地产租赁估价业务类型归纳与特点分析

按业务性质区分，房地产租赁估价业务大致可分为政策性租赁估价业务、市场化租赁估价业务和房地产租赁估价相关衍生业务三大类。

（一）政策性租赁估价业务

政策性租赁估价业务一般都需要按照相应的规范文件或技术指引开展估价工作。而针对不同的政策性租赁估价业务，其适用的规范文件或技术指引会有一定的差异，其技术要求也会相应产生变化。在从事此类业务时必须认真学习相关的规范文件或技术指引，严格遵循技术要求。

例如，以前文所述的上海市房地产估价师协会发布的《上海市租赁住房租金评估指引（试行）》为例，其明确规定了适用范围为："本市保障性租赁住房租金初次定价和调价时涉及的市场租金评估与成本租金测算分析的活动，以及房地产估价专家委员会对相关评估报告的鉴定活动。其他类型租赁住房租金评估活动，可以参考本指引。"，同时对上述估价活动涉及的评估目的、价值时点的确定、比较法运用的相关事项、成本法运用的主要事项、评估结果表现形式、估价报告使用期限等都做出了相关规定。因此在进行相应的估价活动时必须严格按照上述技术规范要求开展估价工作。

(二)市场化租赁估价业务

市场化租赁估价业务大致可按照出租方委托角度和承租方委托角度分成两大类。

1. 从出租方委托角度来看

随着国家对国有资产监督管理要求的逐步提高和国有资产监管制度的逐步完善，政府对国资企业监管力度近年来不断加大，对国有企业资产保值增值的要求逐步细化，因此国资企业、银行、事业单位等在此类业务的委托方中占比较高。此类业务具有以下特点：

（1）估价对象类型多样。我国实行公有制为主体、多种所有制经济共同发展的社会主义市场经济制度。公有制经济涉及社会生活的方方面面，国有企业作为公有制经济的呈现主体，其资产类型多种多样。常见的类型多为经营性房地产，如商业、办公、仓储房地产等，但同时也存在个别如码头、岸线、广告屏、展台、外摆摊位等特殊资产类型。因此需要估价机构更加注重日常的相关信息收集整理工作和数据信息库的建设。

（2）估价设定条件多样。由于脱钩改制等历史原因，部分国有企业名下资产除了对外经营，实质上还承担了部分下岗员工安置、生活保障等职能，其出租形式也因此多种多样，包括以租代建、租客投入成本抵扣房租等类型。因此估价机构需要结合估价目的，在合法合规的大前提下合理进行条件设定开展估价工作。

（3）部分项目具有特殊性。部分项目，如机场航站楼商铺租金评估，往往具有一定的特殊性。在运用传统方法测算租金的同时，需要结合类似项目的定价策略和业态分布要求，利用全新的技术工具和大数据，从整体客流量、人流热力分布等方面综合确定商铺租金。

（4）租赁估价具有连续性。应国资监管的要求，国有企业资产的估价业务要求在时间上不间断，空间上全覆盖；国有企业与估价公司签订的服务合同期限一般为3～5年，租赁估价业务连续性强，估价公司需同步做好服务企业资产评估租金的迭代和市场行情追踪。

（5）租赁估价的综合性强。从全生命周期管理角度考量，房地产租赁估价经常会涉及项目的全流程，而项目在不同阶段，对估价服务的需求又不尽相同，因此租赁估价的综合性较强。

2. 从承租方委托角度来看

以承租方身份进行委托的委托主体中，多样化是其最大特点。因此需求也同样呈现多样化，故而一般要求估价人员结合委托方需求和项目本身特点开展业务。此类业务呈现以下特点：

（1）委托方特异性强，测算方案多样。由于委托方对于风险偏好的差异性，因此往往需要估价机构提供量身定做的多套方案，以供其择优而定。如我司承接的市中心某商业项目，委托方拟进行租约解约，项目涉及解约成本、解约后收益、继续履约收益等多项金额的测算、比较。部分成果表样式如表1所示。

项目方案比选　　　　　　　　　　　　　　　　　　　　　　　表1

	内容	测算方式	比较
方案一	按合同约定的解约成本解约后，自行出租获取收益	自行出租获取净收益的净现金值－支付违约成本的净现金现值	方案比较：若方案一最终净现金现值大于方案二最终净现金现值，则解约行为经济可行
方案二	按合同继续履约获取收益	履约获取净收益的净现金现值	

（2）市场租赁行为多样：由于委托方投资模式的差异，其租赁行为也千差万别，相应的估价需求也有所不同。如商业项目委托资管公司运营，在这一租赁行为中，既涉及资管公司直接对外招商的租金（出房租金），又涉及资管公司从业主手里取得资产收益权的成本租金（收房租金），以及资管公司的改扩建成本及运营过程中税费、利润等的测算。通常需要通过测算租期内折现现金流的方式求取项目初始租金及部分项目指标如EBITDA（税息折旧及摊销前利润）、EBITDA投资回报率等。

（3）扩展和延伸服务多：除常规租赁估价内容外，项目运营过程中还可能涉及广告牌租赁、活动场地临时租赁等内容。作为租赁估价业务的服务的扩展和延伸，估价机构有时也需一并承接此类服务内容。

（三）房地产租赁估价相关衍生业务

由于房地产租赁估价经常会涉及项目的全流程，在不同的环节往往会产生相关衍生业务。按照所处环节划分，租赁估价相关衍生业务包括项目前期市场调查分析、投资估算、项目定位和商业策划、物业尽职调查、综合资产管理、资产证券化等业务。

1. 项目前期市场调查分析

项目前期基础工作的第一步即是市场调查分析，一般涉及项目周边交通、产业、配套、人口数量、结构、收入水平、房价、竞争项目分布、租金水平等多项信息。

2. 投资估算

该类业务属于市场调查的下一环节业务。一般涉及项目建成后收益测算及项目建设运营成本测算等内容。

3. 项目定位和商业策划

该类业务属于投资估算的下一环节业务。在项目可行性得到数据分析支撑的基础上，结合市场调查，确定商业项目的整体定位，同时，结合项目体量、结构布局，顺应市场趋势，给出项目的业态布局及招商运营建议。如我司曾为浦东新场古镇开发公司提供的房地产调查、房地产SWOT分析、项目定位和业态规划、租金定价策略和租赁制度建议等开发经营咨询等服务内容。项目定位部分成果内容如图1所示。

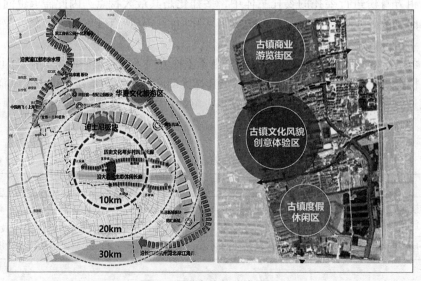

图1　项目定位部分成果图

图1 项目定位部分成果图（续）

4. 物业尽职调查

物业尽职调查一般指估价机构依据项目建设相关资料，受托对建筑物的建筑文件资料进行审阅，结合实地查勘对建筑物各分部分项工程进行尽职调查，形成尽职调查报告。

5. 综合资产管理

大型国有企业或机关事业单位的资产分布分散，来源多样，实物状况差异较大；由于人员配置不足、管理成本较高等原因，业主有对名下物业进行梳理、统计，完成资产状况梳理的需求。同时，随着信息技术的普及和大数据分析的广泛运用，企业对资产管理流程信息化、可视化的需求也越来越急迫。例如，我司为某国有企业制作的资产管理信息系统界面如图2所示。

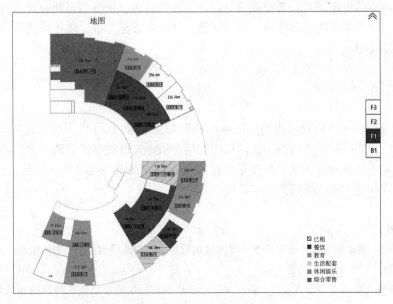

图2 资产管理信息系统界面图

四、房地产租赁估价业务引发的新机遇与挑战

(一)机遇

随着国资监管制度的精细化、常态化以及保租房、公租房等项目租金评估制度的实施,随之而来的租赁估价咨询服务需求量也呈增长趋势,租赁估价市场正不断扩大。同时,近年来人工智能技术、大数据信息技术、卫星遥感技术的高速发展也为租赁估价提供了高效便捷的技术支持工具,为其发展提供了绝佳的平台。

(二)优势

估价机构通过前阶段以传统估价业务为主的精耕细作,在本土化优势明显的前提下,基本已经形成了业务条线全面、市场参与度高、客户范围广的资源积累,为机构在全生命周期管理制度下,在深度和广度两个维度下,进一步深化发展租赁估价业务提供了良好的基础。而在人员配备方面,估价机构人员专业估价理论功底深厚,估价经验丰富,学习能力强,同样也已经具备了进一步开拓租赁估价新业务的人力资源潜力。

(三)挑战

但是,估价机构同样需要认清应对同质竞争时,自身的不足和面临的挑战。

在估价技术方面,目前房地产租赁估价的理论体系尚在不断发展中,有待进一步完善。

在思维开拓创新方面,新的租赁估价业务要求估价机构的高管和从业人员勇于和善于跳出传统的估价思维圈,不断从市场中学习新思维、尝试新方法。

在数据信息技术方面,传统估价机构对市场调查的依赖性强;数据的来源广泛性、稳定性和准确性均有不足;在数据库运用、管理信息系统设计等方面的项目经验和人才储备不足。

针对上述问题,估价机构要合理加强人员储备。培养懂规划、懂造价、懂金融、懂财税的复合型专业人才;要针对租赁估价业务特征,开展估价理论、技术路径、价值内涵、评估方法、技术标准的应用研究;要把握信息技术发展的趋势,加强信息化建设,通过建立租赁数据库,利用大数据实现自动估价、批量评估,并通过数据分析,将传统估价行业向咨询服务和咨询产品转型。

五、结论

综上,通过房地产租赁估价当前面临的机遇与挑战可以看出,"十四五"期间,房地产估价行业高质量发展对估价行业、估价机构和估价从业人员提出了更高要求,各方面应加强人员储备、完善估价理论体系、深化信息化技术在估价领域的应用,为实现"十四五"时期房地产估价行业高质量发展提供坚实基础。

参考文献:

[1] 李小浩. 盘活存量资产政策背景下保障性租赁住房发展路径研究 [J]. 中国房地产,2022(21):24-28.

[2] 易成栋,陈敬安,黄卉,等. 我国大城市长租房市场规范发展面临的困境和政策选择 [J]. 经济研究参考,2021(24):46-62.

[3] 刘德建,郑宏梅. 租赁估价业务的现实需求及方法探讨 [C]// 2014 年国际房地产评估论坛,2014.

作者联系方式

姓　　名：张媛君　张英飞　蒋骏文

单　　位：上海百盛房地产估价有限责任公司

地　　址：上海市浦东新区民生路 600 号 11 楼

邮　　箱：yuanjun.zhang@shbrea.com；yingfei.zhang@shbrea.com；junwen.jiang@shbrea.com

注册号：张媛君（3120170027）；张英飞（3120180043）；蒋骏文（3120070003）

浅谈如何做好房地产租赁市场中的估价服务

邓浩林

摘　要：随着大部分城市疫情得到控制，人口流动水平恢复，加之城市更新的推进、个别城市存量房仍处于高位，房地产租赁市场仍然在发展及壮大，在笔者所处地区的公共采购平台，与房地产租赁相关的估价业务仍占比较高，如何能较高概率地获得这类型的业务？首先做好估价服务是关键，确实为客户解决租赁问题，提出有价值的意见，而不是流于形式。下文将结合估价程序，概述如何作好租赁评估中的每一环节，提供优质而有价值的估价服务，希望能对初涉租赁评估的同行有一定的借鉴或指引作用。

关键词：房地产租赁；估价质量；建议

一、房地产租金评估的需求现状

随着房地产租赁市场的发展，房地产估价在房屋租赁中能介入的情况也是越来越多，除了一般的住宅、商业及厂房等物业市场租赁价值咨询，另外还可以包括特殊经营性物业租赁价格（大型商场、私立学校、加油站等）、划拨用地上房屋租赁、国有资产对外出租、拆迁租金补偿评估、物业改造后租赁价格及承租人权益的评估等，评估介入的需求面广阔且具有一定需求量，同时与抵押类、司法类等业务相比，在质量保证的前提下，租赁评估业务获取来源稳定，渠道也相对较多。

房地产租赁评估也是房地产价值评估中的一种，尤其是涉及事业单位和国有资产，整体或部分对外租赁非国有相关单位或个人，这类的租赁评估是属于法定评估业务。所以要保证评估报告的质量，使估值客观合理，必须严格遵守《房地产估价规范》GB/T 50291—2015中的估价程序，针对不同的估价对象制定不同的估价思路，无论咨询性质报告还是鉴证性报告都应如此。

二、估价环节中房地产租金评估需要注意的事项

（一）明确估价基本事项

房地产估价的基本事项包括价值时点、估价对象、价值类型和估价目的，这四大事项的相互对应是估价报告及结果成立的根本，《房地产估价规范》GB/T 50291—2015中关于房地产租赁评估的部分提到：房地产租赁估价，应区分出租人需要的估价和承租人需要的估价，并应根据估价委托人的具体需要，评估市场租金或其他特定租金、承租人权益价值等。这一部分就是与明确估价基本事项相互呼应。

1. 价值时点。租赁评估中价值时点主要以现在的时点以及过去的某一时点为主，另外涉

及房屋改造后的租赁评估，也会涉及基于目前时点，评估未来改造后租金的情况，价值时点受估价目的影响，估价机构在承接项目时应充分沟通并了解。

2. 估价对象。在承接房地产估价业务时，需要了解评估的是估价对象的整体还是局部，即整租和分租的区别，一般来说大型物业整租对承租人要求比较高，承租人为了获取二次出租租金差价，需要在后期对房地产进行资本投入，与分租条件下需要考虑的因素是有较大区别的，其次是需要判断估价对象是否为可出租的房地产的合法性，可参考《城市房屋租赁管理办法》中相关规定。

3. 价值类型。对于房地产租赁评估一般的价值类型主要有市场租金、成本租金及租赁权益价值，市场租金一般是为相关单位或个人出租其所拥有房地产，评估的是市场租金；而一些以微利为目的出租的国有资产项目需要了解可承受的最低租金额度，一般是采用成本租金价值；通过签订长期租赁合同（20年以内）并支付全部租金获取的租赁权益，承租人利用该权益进行抵押贷款，则需要评估承租人的权益价值。

4. 租金内涵。租金内涵与土地评估中的地价定义类似，是房地产租金的构成，受多种条件限制，例如税费物业费负担、租金增长率、物业回收条件等，若税费等费用约定由出租方承担，则估价结果需扣除该部分费用。

（二）搜集估价所需资料及现场查勘环节

房地产租赁评估所需资料主要有以下4类：反映估价对象状况的资料、估价对象及类似房地产的交易、收益及开发成本等资料、对估价对象所在地区的房地产价格有影响的资料。其中"反映估价对象状况的资料"主要以估价委托人提供为主，该部分资料对估价结果准确性起着关键的作用。对于部分年代久远或国有资产房地产的出租，估价对象的权属资料可能并不齐全，为了确保估价对象的合法性，需要估价委托方对估价对象合法性作出承诺，并在评估报告中作出相应提示；评估承租人或出租人权益时，合同租金明显高于或低于市场租金的，应核实该合同真实性并分析解除合同的可能性及其对收益价值的影响；对于特殊类型的物业，估价机构需要有针对性地搜集相关资料，例如评估物流仓库时，我们需要判断仓库的防火等级，各类危险品存放许可情况等，搜集这类型仓库的租赁行情，这些因素是影响其租金的关键因素，而估价人员往往也会忽略。

现场查勘是估价人员对估价对象最直观的了解途径，也是评估环节中最不可或缺的环节，对估价对象现场查勘的质量、获得信息量的多少与准确性，直接影响到估价方法的选用及估价思路，从而影响估价结果的准确性。对于不同类型的房地产，我们需要有针对性的现场查勘方案，不仅对估价对象自身查勘，一些重要的外部因素也需要调查清楚，例如现场查勘一宗商铺，我们除了一般性的查勘外，还需要对外部性因素进行调查，例如估价对象所处区域的商业集聚度、主要经营的行业等，即使空置率、人流量等相仿，但是经营附加值不一样的行业，租金也是会有较大的区别；查勘工业类物业时，需要现场调查清楚房屋存放的设备使用权是否包含在租金里，厂房及工业园区外的配套设施，如卸货台、货梯、园区经营行业的限制等。

（三）报告撰写

估价报告的真实性、规范性、严谨性、客观公正性是对房地产估价报告的最基本要求。不严谨的估价测算及报告撰写过程，会影响估价结果的准确性，给评估机构带来一定程度的风险。房地产租金评估报告与一般房地产价值评估报告格式内容大体相近，主要有几点需要注意：1. 估价范围、价值类型需要说明清楚。例如租赁单层的厂房，评估的范围是否包括厂区内的土地、房屋里的设备等；另外建筑结构特殊的建构筑物，评估结果是否包括其建筑外立面（潜在广告收入）使用权的租金？这些都是需要在报告里界定清楚的。2.给出租赁年限及租金递增率的建议值。假如客户对于其拥有的待出租物业及租赁市场行情不了解，则需要估价机构基于自身的专业角度给出建议值，部分后期投入大经营行业对租赁期限敏感度比较高，租赁期限太短，承租方愿意支付的租金就越低，另外递增率则是大部分承租方所顾虑的，需要经过充分市场调查后确定。3.对于划拨用地上房屋租赁价格的评估，关键在于其是否面向公开市场招租及是否涉及土地增值收益的分配，相关内容需要在报告中进行披露。

三、常用的房地产租赁价格评估方法

（一）比较法

房地产租赁价格评估中的比较法与房地产价值评估的公式及思路大体相近，对于与估价对象物业类型类似租赁市场活跃度高，交易案例众多的情况下，比较法是最贴合市场也是说服力最强的估价方法，但一些大型商业、特殊经营性物业等整体出租，比较法适用性则较低。选用比较法评估，首先需要选取合适的可比实例，可比案例可比性差会直接影响到估价结果的准确性。与房地产价值评估类似，在选取可比案例时，也需要考虑到可比案例的地理位置、面积规模、周边公配情况、对外交通条件、物业管理等，不同的地方是，租赁价格评估需要考虑到可比案例的租赁期限、实际租赁用途及其他特殊限制条件。例如位于景区的物业，淡旺季的租金相差甚远，其年租金、半年租金及月租金是不能简单运算得出的，整租一年每月的租金与单租一个月租金是有较大差距的，需要估价人员深入调查，选取租赁期限合适的租赁案例；又例如物流仓库租金的评估，需考虑到其实际功能定位，是保税仓、监管仓或普通仓等，不同功能定位租金差距往往比较大。

（二）价值折算法（收益法倒算）

对于用途特殊，租赁市场相对不活跃的物业来说，可以采用收益法倒算的方式推算房地产租赁价格，使用这一方法需要估价对象房地产价值可以通过收益法或成本法求取，另外是类似房地产的报酬率可以确定。运用收益法的要点在于通过房地产价值推导净收益及报酬率的确定，房地产潜在租赁毛收入不等于房地产租赁价格，不能直接就推导出结果，一般来说，房地产租赁净收益＝房地产潜在租赁毛收入＋其他收入－（维修费＋管理费＋保险费＋税金等），我们在确定房地产租赁净收益时，若上述税金及费用部分由承租方承担，则不需要全部扣除，只扣除出租房承担部分。市场租赁活跃度低情况下，报酬率确定一般以累加法为主。

（三）收益法

房地产租赁价格评估中的收益法以预期收益原则为基础，与价值折算法不同，收益法评估的关注点不在于房地产的价值，而是该房地产未来能为承租方带来的收益或利润，即承租方承租后能够获取的正常收益扣除承租方正常经营所发生的税费及合理利润后的余额，换个角度说就是承租方愿意支付的最大租金，承租方愿意支付的最大租金与其承租的房地产的价值并无绝对的比例关系。

收益法求取租金的公式如下：可支付租金收入＝有效毛收入－总经营费用－合理经营利润。

（四）成本法

成本法思路与房地产价值评估中的成本法类似，采用累加的计算思路，其理论基础为生产费用价值理论。对于新建物业，估价对象所在区域租赁市场活跃度低及未来收益难以预测的情况，适宜采用成本法评估。租金评估层面上的成本法，更多是从出租方角度出发，考虑出租方最低能承受的租赁价格，即出租方愿意出租其房地产的最低租金。其基本公式为：成本租金价格 = 投入的资金成本 + 管理费 + 维修费 + 保险费 + 房产税 + 其他税金，其中投入的资金成本可以理解为地价在可收益年限中的摊销与建筑物折旧之和。

四、结语

房地产租赁评估已不是新型评估项目了，相关估价理论基础已比较成熟，但随着存量物业增多，房地产经营管理方式中租赁的比例逐渐提高，同时也会衍生出各种与房地产租赁相关的估价业务，市场需求仍然是颇具潜力的，作为一名专业的估价从业人员，尤其是初涉估价的从业人员，更需要夯实理论基础，在实践中学习，引导客户更好地经营其所拥有的房地产，发掘新需求，为行业发展做出自身的贡献。

参考文献：

中国房地产估价师与房地产经纪人学会.房地产估价理论与方法[M].北京：中国建筑工业出版社，2015.

作者联系方式

姓　　名：邓浩林
单　　位：深圳市同致诚土地房地产估价顾问有限公司中山分公司
地　　址：广东省中山市东区中山四路 15 号第 2 层
邮　　箱：383287100@qq.com

评估机构在住房租赁行为活动中所能提供的技术支撑及实践分享

梁田胜

摘　要：党的二十大报告再提"加快建立多主体供给、多渠道保障、租购并举的住房制度"，本文主要从住房租赁行为活动所涉及的各方面权益利害角度（包含"以租代售"风险分析、住房租赁的税收、租赁住房零星工程经济分析及风险评估、租赁合同权益纠纷与损害、合同风险分析等）进行分析并提出风险点与解决思路。

关键词：住房租赁；评估机构；实践分享

一、引言

2022年7月，国家发展和改革委员会印发《"十四五"新型城镇化实施方案》，提出坚持房子是用来住的、不是用来炒的定位，建立多主体供给、多渠道保障、租购并举的住房制度，培育发展住房租赁市场，盘活存量住房资源，扩大租赁住房供给，完善长租房政策，逐步使租购住房在享受公共服务上具有同等权利。加快住房租赁法规建设，加强租赁市场监管，保障承租人和出租人合法权益。

此后，多地纷纷出台各类地方性规章制度及标准规范，如广西壮族自治区出台《保障性租赁住房建设导则（征求意见稿）》；北京市出台《北京市住房和城乡建设委员会关于印发〈北京市住房租赁条例〉行政处罚裁量基准的通知》；广州市出台《广州市保障性租赁住房项目认定办法》；福州市出台《进一步加强中心城区公共租赁住房配租和管理工作的方案》；武汉市出台《武汉市住房租赁租金监管实施细则（试行）》。

2022年10月28日，深圳住房和建设局发布《深圳市2022年度房屋租赁参考价格》，意在促进深圳房屋租赁市场平稳健康发展，提高租赁市场价格透明度。

二、住房租赁市场发展与管理

我国住房租赁市场不断发展，对加快改善城镇居民住房条件、推动新型城镇化进程等发挥了重要作用，但还存在着市场供应主体发育不充分、市场秩序不规范、法规制度不完善等问题。为加快培育和发展住房租赁市场，《国务院办公厅关于加快培育和发展住房租赁市场的若干意见》要求，以建立购租并举的住房制度为主要方向，健全以市场配置为主、政府提供基本保障的住房租赁体系；支持住房租赁消费，促进住房租赁市场健康发展。

在发展住房租赁市场的同时，对住房租赁市场的管理和规范亦为重要，目前部分地区住房租赁市场秩序混乱，房地产经纪机构、住房租赁企业和网络信息平台发布虚假房源信息、恶意克扣押金租金、违规使用住房租金贷款、强制驱逐承租人等违法违规问题突出，侵害租房群众合法权益，影响社会和谐稳定。

三、住房租赁行为活动所涉及的权益利害及风险评估等各方面的实践分享

房地产租赁经营是指各类单位和居民住户的营利性房地产租赁活动，以及房地产管理部门和企事业单位、机关提供的非营利性租赁服务，包括土地使用权租赁服务、保障性住房租赁服务、非住房租赁服务、住房租赁服务等。

根据《中华人民共和国民法典》第四百零五条、第七百零三至七百六十条等条款，住房租赁行为活动受法律保护。

在房地产评估体系中，住房租赁行为活动所涉及的评估不仅仅包括房屋租赁价格估价、出租人/承租人权益价格估价、租赁房屋升级改造零星工程（加装设备）相关费用、收益与风险评估，还包括其他出租人与承租人因权益利害所涉及的各种相关问题评估与思路解决，详见下文。

（一）房屋租赁价格估价、出租人/承租人权益价值估价

房屋租赁价格估价，又称房屋市场租金评估，属于传统估价业务类型，其主要内容是为委托方提供租赁物业的租赁价格价值参考依据，报告形式简单并具有标准化，主要界定好产权是否合法（违法建筑收益判定）、租赁价格内涵等即可。

出租人/承租人权益价值估价，按房地产租约影响划分，可将房地产价值分为完全产权价值、无租约限制价值、出租人权益价值和承租人权益价值。房屋租赁价格估价、出租人权益价值评估和承租人权益价值评估均属于传统租赁评估业务。

同一房地产，无租约限制价值、出租人权益价值和承租人权益价值三者之间的关系为：无租约限制价值=出租人权益价值+承租人权益价值；主要考虑的关键在于确定合同租金与市场租金的差异程度。

（二）租赁房屋升级改造零星工程（加装设备）相关费用、收益以及风险评估

在住房租赁市场中，一些租赁行为活动（长租公寓）须对租赁房屋进行可行性分析，住房租赁现状存在部分中低楼层住房功能缺乏，此类物业多存在因建筑物中缺少某些部件、设施设备、功能等而造成的建筑物价值损失。

当住房租赁（如长租公寓租赁升级改造）行为活动发生时，租赁主体会考虑因住房缺少电梯带来的价值损失，此时需要评估租赁房屋升级改造加装设备（电梯）的费用及收益，此类评估的关键点在于功能折旧额、房地产价值的增加额（收益）的计算。

估价行为仅对价值进行确定即可，但评估行为不仅对价值确定，还可对相关的风险进行评估。如：（1）租赁的房屋是否具备加装电梯的条件。一般无电梯的多层老旧住宅楼里，公摊面积难以达到可以安装电梯的程度（主要为电梯井工程难度大），需要工程建设专业机构配合，若确认楼宇内部无法加装电梯，评估机构可以从别的角度进行思考并提供方案解决，例如在部分楼宇外部加装观光梯，多楼宇之间采用连廊式工程进行连通，既节省成本又提供方便（保证安全性为前提）。（2）在工程实施加装电梯前，确认进行勘察、设计、监理等工程质量检验评估、安全鉴定报告、社会稳定风险评估（非必要）；加装电梯后，不仅需要通过竣工、消防等验收，更需要到当地市场监督管理部门进行备案确认，并对相关的行为风险进行评估（相关手续与流程：主体竣工验收—规划核查—工程质量验收备案—建设工程消

防竣工验收备案—电梯安装监督检验—特种设备使用登记），其他相关类似零星工程亦可参照该流程去相关主管部门进行申报审批。

（三）住房租赁的税收（税筹）方面

在住房租赁方面，国家和地方均发布相关税收政策，根据《关于完善住房租赁有关税收政策的公告》（财政部 税务总局 住房城乡建设部公告2021年第24号），住房租赁企业中的增值税，按照5%的征收率减按1.5%计算缴纳增值税；对企事业单位、社会团体以及其他组织向个人、专业化规模化住房租赁企业出租住房的，减按4%的税率征收房产税等。

根据《商品房屋租赁管理办法》，房屋租赁合同订立后三十日内，房屋租赁当事人应当到租赁房屋所在地直辖市、市、县人民政府建设（房地产）主管部门办理房屋租赁登记备案。但由于住房租赁行为规模大，实施路径难以监管，加上承租人的法律意识薄弱、出租人存在侥幸心理，导致城市住房租赁行为活动中，部分承租人未及时到相关部门备案，出租人在住房租赁活动行为中产生的收益（不含税收入，承租人不要求开具发票及备案）未缴纳相关税费，给国家财政税收带来损失。

在国家自然人电子税务局中发布的"个人所得税"应用程序 APP 中，存在一个专项附加扣除项目，该项目对承租人的住房租赁信息进行备案申报，然后对住房租金作为扣除项目进行抵扣，可以抵减部分已缴个税，减轻承租人的税务成本。该路径在一定程度上保障了承租人的合法权益来源，依法对出租人进行税费缴纳。但是，在住房租赁行为活动过程中，更多地存在"羊毛出在羊身上"的现象，出租人会因为税费承担问题对承租人进行税费嫁接，把出租人应缴纳的税费嫁接到承租人的住房租金成本里，因此承租人不进行租赁申报，该行为在法律层面上存在一定程度的税收漏洞及风险。

（四）租赁住房（住宅）的价值评估所涉及的租售比与报酬率

在传统估价里，一些鉴证性估价的报告需要对住房（住宅）采用两种方法进行评估时，多采用比较法与收益法，本文主要从收益法角度进行分析，租赁住房（住宅）的租赁价格与市场买卖价格难以匹配市场中的"租售比"，确定报酬率的方法偏向于市场提取法＞累加法。

在价值评估技术路线中，采用收益法对租赁住房（住宅）进行价值评估时，采用累加法确定报酬率（一般住宅报酬率：4%～5%）时，往往会受住宅的增值属性影响难以把握报酬率的合理程度，最终测算估值与市场价偏离大，导致采用该方法测算的权重多取0（即舍弃该方法）。

此时，应采用市场提取法确定报酬率，一般选取3～5个可比实例的租赁价格与买卖成交价格进行测算分析，如表1所示。

采用市场提取法确定报酬率计算表 表1

序号	项目名称	计算方法及说明	深圳某花园	深圳某花园	深圳某花园
1)	月潜在毛收益	房地产具体情况及周围同类物业租金水平[元/(平方米·月)]	88	100	90
2)	空置率	根据市场调查并结合估价对象自身特点综合确定	5.00%	5.00%	5.00%
3)	月有效毛收益	1)×(1-空置率)	83.6	95	85.5
4)	综合税率（元）	不含税年有效租金×2.5%	1.99	2.26	2.04

续表

序号	项目名称	计算方法及说明	深圳某花园	深圳某花园	深圳某花园
5)	印花税	3)×0.1%	0.08	0.10	0.09
6)	保险费	重置全价×0.05%	2.86	2.86	2.86
7)	维修费	年有效租金收益×2.0%	2.51	2.85	2.57
8)	管理费	年有效租金收益×2.0%	2.51	2.85	2.57
9)	月净收益	3)−{Σ[4)～8)]}	73.65	84.08	75.39
10)	押金年收益	押金×年利率,押金一般为两个月租金	2.508	2.85	2.565
11)	年净收益	9)×12+10)	886.31	1011.85	907.23
12)	商品住宅价格	市场成交价	78600	80300	86000
13)	报酬率	根据公式	1.13%	1.26%	1.05%
14)	平均报酬率	各权重取1/3		1.15%	

选用市场提取法和累加法时,需结合租售比对物业的性质进行一定程度上的考虑,如非住宅物业在市场租售比合理的情况下,报酬率采用市场提取法与累加法均可;但住宅物业,报酬率采用累加法与市场提取法会导致租售比严重不合理,住宅物业的租售比在市场上不符合房地产市场规律,不具备参考意义,因此在租赁住房(住宅)选用收益法进行价值评估时,确定权重(取舍)时理由与依据需充分考虑与说明。

(五)关于"以租代售"

一般来说,"红本"性质的市场商品房均可销售,过户之后均可办理产权证书,但对于一些"绿本""无本"等限制转让的非商品房性质物业,业权方若想获取年期内的收益,市场上存在"以租代售"行为。

"以租代售"的本质是签订租赁年期内的租赁合同,行为本身不违法(以租代售合同若不存在法定无效合同情形,一般判定为有效),但"以租代售"行为的目的与未来可能产生的纠纷风险难以保障"购买方/承租方"的合法权益。

一旦"购买方/承租方"与业权方签订"以租代售"的合同获取物业租赁期内的使用权(变相转让的"所有权"),从风险评估的角度,可能会产生如下风险:①该行为实质为租赁行为并非销售行为(即物业租赁期内的使用权代替"所有权"),无法进行过户及办理产权登记,"购买方/承租方"不具备处分权;②若项目后期涉征收、城市更新等情形,"以租代售"合同仅能从承租人的租赁权权益价值获得赔偿而并非物业所有权权益价值的赔偿;③物业可能会因为业权方的债务、抵押权实现等原因而强制执行所有权转移,"以租代售"合同的法律效力在一定程度上无法对抗;④"购买方/承租方"租赁期内使用权收益因市场原因存在极大不确定性(国家规定租赁合同期限超过20年的,超过部分无效),业权方可能因为各种原因存在违约的风险。

(六)住房租赁合同涉权益利害纠纷风险损害评估与解决思路

房屋住房租赁行为活动中涉及权益利害纠纷在司法案件中并不少见,一些常见的纠纷多为租金纠纷、损害赔偿纠纷(房屋、人身财产等)、装修费用纠纷、涉售优先权纠纷、房屋转租纠纷、房屋用途变更纠纷、合同解除纠纷等。

本文主要以合同解除纠纷为例进行分析,不对其他权益利害分析进行详细阐述,合同解除主要分为单方法定解除、单方约定解除、双方协议解除。

承租人未按照约定的方法或者租赁物的性质使用租赁物，致使租赁物受到损失的，出租人有权主张解除合同。危及承租人的安全或者健康的，承租人有权主张解除合同。单方约定解除合同的，是当事人基于合同约定的解除条件解除合同。双方协议解除合同的，是指当事人协商一致解除合同。

但是在合同签订过程中，条款并不同时对双方平等，合同的签订存在出租方占优/承租方占优的条款，出租方占优条款如：租赁期间，租赁房屋如因政府征收拆迁或城市更新改造时……房屋拆迁补偿属于出租方所有，承租方不能对此主张任何权利；承租方占优条款如：在承租期间，若租赁房屋提前被政府征收而需要拆迁或征用的，因设备拆除、安装和搬迁等所产生的费用，承租方有权获得政府或征收方的搬迁、停工停产损失以及租赁提前解除的损失补偿；双方当事人均可在合同约定及法律允许前提下合理主张自己的合法权益。

而在合同履行过程中，若当事人中有一方违约，如当出租方违约时，承租方可以从合法/违法（非法扩建、改建）建筑角度、税收缴纳的角度对相关部门进行举证并主张赔偿（可委托相关机构出具各类风险评估、损害赔偿报告），其他权益利害纠纷同理适用。

除了上述的一些主要的纠纷，国际上存在一些特殊的概念案例，如"逆权侵占"，但目前不适用于中国法律，本文不进行阐述。

四、结语

从改革开放以来，我国的住房市场多为重购买轻租赁，从党的十九大、二十大召开后，国家对租购并举大力提速，保障性住房租赁与长租公寓事业两手抓，强化住房的居住功能，弱化住房的金融属性，大力解决城市低收入群体的居住问题等各类民生大事，提升中国居民幸福指数。

参考文献：

[1] 中国房地产估价师与房地产经纪人学会. 房地产制度法规政策（2021）[M]. 北京：中国建筑工业出版社，2021.

[2] 中国房地产估价师与房地产经纪人学会. 房地产估价原理与方法（2022）[M]. 北京：中国建筑工业出版社，2022.

[3] 新浪财经. 新型城镇化提速：广东推进保障性租赁住房建设 [EB/OL]. https：//baijia hao.baidu.com/s?id=1742281419997949539&wfr=spider&for=pc，2022.

[4] 华律网. 房屋租赁的纠纷有哪些，如何处理房屋租赁纠纷 [EB/OL]. https：//www.66law.cn/laws/141402.aspx，2022.

作者联系方式

姓　　名：梁田胜

单　　位：深圳市英联资产评估土地房地产估价顾问有限公司

地　　址：广东省深圳市福田区深南路与竹林三路交汇处博园商务大厦8楼

邮　　箱：474484165@qq.com

绿色和可持续发展中的估价服务

田宜晨 刘丽佳 蔡庄宝

摘　要：房地产业的发展能够带动许多上下游相关产业的发展，比如金融业、建材行业、五金行业等，同时能够带动大量就业。房地产行业的蓬勃发展也使行业区分日趋细化，也产生了对房地产估价的更多需求，我国房地产估价机构的发展面临着新的挑战和机遇。

关键词：绿色和可持续发展；估价服务；机遇和挑战

一、房地产评估机构现状

（一）房地产评行业的发展

我国房地产估价行业经历了二十多年的发展，由于房地产项目独一无二和价值较大的特性，再加上房地产市场通常被视为典型的不完全市场，所以房地产估价现已成为房地产行业中不可或缺的板块。截至目前全国房地产估价机构五千多家，业务规模也逐步扩大，从最初的房地产交易估价发展到涉及抵押、司法鉴定、房屋征收、保障房评估、企业清算、企业合资、股份改制等，由此可以看出房地产估价行业在我国经济领域中的作用越来越大，也越来越明显，所以房地产估价机构就要做得越来越专业，对于房地产估价人员的要求也要越来越高。

在这二十多年里，房地产估价行业为我国的经济发展贡献了不少力量，由于在我国估价行业起步比较晚，处于新兴发展阶段，其发展势头良好还有更大的发展潜力。

（二）国家对估价行业的态度

近几年，国务院相继取消了一系列的资格准入考试制度，但是仍然保留了房地产估价师考试制度，这也表明了国家对房地产估价行业的肯定，这对房地产估价行业来说是具有积极影响的。随着房地产估价师（土地估价方向）再次恢复考试，房地产估价机构在市场发展中发展起来，估价的专业性要求各个机构都要拥有足够的专业人才，房地产估价师们了解区域的房地产市场发展状况及价格走势，在日常的工作当中锻炼了判断能力和综合分析能力，只有估价师们的不断努力、经验的不断积累，才能更好地把估价行业长期健康地发展壮大。

二、绿色和可持续发展

随着我国经济的进入高质量发展阶段，更加注重可持续发展，需要经济社会发展全面绿色转型，要求绿色低碳发展，需要大家共同努力。为此，广大房地产估价机构和估价师应树立绿色低碳发展和可持续发展理念，增强节约资源和生态环境保护意识，努力学习相关知识和政策，密切关注、积极研讨绿色低碳发展对房地产价值价格的影响及其在房地产价值价格上的表现，助力经济社会发展全面绿色转型。

如今，随着人们生活水平的提高，人们越来越向往和追求优美的环境、清洁的空气、洁净的水资源以及良好保温隔热和低能耗建筑，政府单位和个人越来越积极地治理和改善区域内和社会生态环境，垃圾分类、绿色建筑、节能低碳建筑等"绿色房地产越来越多"。房地产中的"绿色因素"会在其价值价格上表现出来，包括提升房地产价值。因此它们不仅对房地产使用者的身心健康有积极作用，而且有利于降低房地产使用过程中的能耗和维护成本，减少功能过剩所带来的功能折旧，例如被认定为绿色建筑的写字楼，其出租率和租金明显高于同类写字楼。因此，房地产估价机构和估价师应积极参与建立健全绿色低碳发展投资回收回报和生态产品价值实现机制，在估价实践中将"绿色低碳发展"作为房地产价值价格的重要影响因素，充分考虑、科学量化和显化"绿色因素"对房地产价值价格的有利影响及其带来的溢价。同时，应特别关注、合理怀疑估价对象可能存在环境污染和生态破坏。对于存在环境污染和生态破坏的房地产，应充分考虑清除污染、修复生态环境等费用和相关损失或相关损害赔偿，并科学量化和显化它们对房地产价值价格的不利影响及其带来的减值。

房地产是我国社会经济发展的支柱产业之一，也是绿色低碳城市、社区和生活方式的重要载体，对推动全社会践行绿色低碳发展起到关键性作用。同时，房地产过去二十多年的高速发展，对土地开发、资源能源利用和废弃物产生带来巨大影响，生态环境也遭受巨大压力。据统计，建筑物在整个生命周期过程中，从全球的碳排放来看，40%的碳排放来源于建筑业，对于中国来讲，这个数字大概50%左右。在"双碳"目标下，房地产将面临加快绿色低碳转型、实现高质量发展的巨大挑战。因此，加强房地产绿色低碳建设，符合生态文明建设的部署要求，也符合人民群众提高居住条件和环境品质的现实需求。

真正全面的绿色房地产是从人的体验感觉出来的，不能忽略人们的健康和舒适度，也不能忽略建筑物碳排放的影响。绿色建筑也不等同于绿色建筑认证，而是一个完整的概念，包含建筑全生命周期，从设计开始到材料选择，再到运输、建造、运营，一直到后期的拆除，减排其实是建筑硬碳排放，我们要以更节约资源的方式建造或者减少建造。

作为房地产产业重要的组成部分，房地产估价行业在"双碳"目标背景下如何有效助力房地产领域绿色低碳发展，值得高度关注和重视。

三、绿色低碳发展对房地产的影响

（一）对房地产开发规模影响

首要因素就是房地产的规模，房地产的规模和数量越大，那么碳排放的数量也就越大，排放峰值也就越高，保证绿色低碳首先就是要控制房地产的规模数量，要控制到一定的范围内，规模太大不仅导致空置率过高，还会加大碳的排放。

（二）对房地产建筑设计影响

房地产绿色低碳发展对建筑规划设计会产生重要影响。在建筑设计之中就要进行高标准的绿色设计，提高绿色建筑的等级。

（三）节能降碳技术

房地产实现绿色低碳发展，低碳设计技术必不可少，绿色的建材、绿色的家电进一步推广，包括建筑材料、外立面保温层、太阳能系统、室内灯光照明技术等，房地产可再生能源利用比例将会得到提高，从而减少碳的排放，在公共区域内提高树木和花草的种植，也会增加碳的吸收。

（四）对房地产运营的影响

房地产绿色低碳发展对运营管理能力提出了更高的要求，特别是对物业管理、商业经营和节能减排管理等方面，能有效保持绿色低碳技术的运行效率，提高绿色建材、绿色低碳技术的使用寿命，从而实现全生命周期的能源资源节约，降低碳排放量。

四、对房地产估价行业的影响

建筑行业想要实现绿色环保，就要从规划、设计、采购、施工等方面考虑绿色低碳、推广绿色建筑物。采用绿色环保材料，提高可再生能源利用水平，降低运营过程中功能过剩引起的能耗，从而减少二氧化碳排放。另一方面，传统建筑材料主要为钢筋混凝土，施工过程中会制造大量的噪声、扬尘等废物垃圾，现场施工搅拌的废水和污染加重，现场施工绿色低碳用材，比如当前装配式建筑，是预制的模块构件进行装配，反而达到降噪、降尘、节水、节电、减少废物排放与处理的成本，与国家当前节能减排政策相适应，国家在政策上大力扶持与鼓励，并给以优惠政策。从某种程度上，使得建造成本下降，提升房地产利润空间。

房地产规模将严格受控，土地的供应量也将随之减少。但是现在在城市化道路的进程上，土地需求量仍然非常大，因此，供需不平衡将继续抬高土地价值从而房地产估价也会继续提升，有利于房地产估价产业发展。

此外，随着绿色低碳发展，国家和地区大力推进绿色低碳城市、绿色低碳城镇、绿色低碳社区等示范试点建设。这些区域贴上了"绿色"标签后，将会产生"绿色"价值，这部分"绿色"价值主要体现在能源结构清洁高效、交通运输电气化、生活消费更低碳、生态绿化更合理等诸多方面，也会让区域内的土地价值进一步提升，从而影响房地产估价。

土地是万物承载的基础，绿色低碳也将大大提升土地的可利用性，一方面是节约更多土地资源，另一方面对土地保护、水土保持、土地科学合理利用带来利好。那么基于多种因素作用下，房地产评估行业需要更加综合化、更加全面化地去探究、研究。

五、结语

在目标、绿色低碳发展大背景下，房地产估价行业将做出调整革新来适应新时代的变化，需积极挖掘绿色低碳发展对房地产估价因素影响，运用科学规范的手段、方法客观评价房地产价值，促进房地产估价行业高质量发展。

作者联系方式

姓　名：田宜晨　刘丽佳　蔡庄宝
单　位：深圳市国策房地产土地资产评估有限公司
地　址：北京市朝阳区东四环中路 62 号远洋国际中心 D 座 2705、2706 室
邮　箱：354364323@qq.com；769599287@qq.com；648399253@qq.com
注册号：田宜晨（1120180044）；刘丽佳（3720130016）；蔡庄宝（1120130045）

关于国有企业存量用地盘活处置的策略研究

刘 攀

摘 要: 随着近年我国城镇化水平的不断提高,城镇建设对建设用地的需求不断增加,导致土地集约利用过程中的矛盾问题日益突出。城镇化建设的土地利用,应逐渐由不断增加新增建设用地这种粗放式的用地方式向减量、高质量的用地方式发展。国有企业作为国民经济的主体,掌握了大量土地资产,但随着企业不断发展,土地资产的管理运营的难度越来越大,加之社会因素、政府因素、企业因素的叠加效应,造成国有企业中大量土地闲置或低效利用的情况出现,导致了国有资产的损失。基于此,本文针对国有企业的存量用地形成的原因及危害,利用实际案例进行分析,并提出土地盘活处置的利用模式。

关键词: 国有企业;存量用地;成因及危害分析;土地盘活模式

一、企业存量建设用地的概念与分类

(一)企业存量建设用地的概念

企业存量建设用地是指现有城乡建设用地范围内,由于各种原因,导致的企业闲置未利用土地,以及已经利用,但利用不充分、不合理、效率低下,且再利用具有非常大的利用潜力的建设用地。

(二)企业存量建设用地的分类

企业存量建设用地可以分为闲置未利用土地和利用效率低下土地。

根据《闲置土地处置办法》第二条,"闲置未利用土地,是指国有建设用地使用权人超过国有建设用地使用权有偿使用合同或者划拨决定书约定、规定的动工开发日期满一年未动工开发的国有建设用地。已动工开发但开发建设用地面积占应动工开发建设用地总面积不足三分之一或者已投资额占总投资额不足百分之二十五,中止开发建设满一年的国有建设用地,也可以认定为闲置土地"。企业闲置未利用土地多为已开发建设,但随着企业经营发展需求关停,并长时间闲置土地。

利用效率低下土地是指城镇中布局散乱、利用粗放、用途不合理的存量建设用地。企业的低效利用土地多为因企业经营前期布局规划用途使用,但随着企业发展结构变化,逐渐淘汰老的生产设备,原来的土地利用方式及用途已经不合理。

二、国有企业存量土地形成的原因及危害

（一）国有企业存量用地形成原因

1987年，我国开始实行有偿土地使用制度，经过三十多年的发展，土地使用制度发生巨大变化。国有企业土地管理难度越来越大，主要体现在由于土地利用给周边居民造成的影响等社会因素引起的土地利用纠纷，导致土地闲置；国家规划政策变动、行政区域划调等政府因素引起的土地低效利用；国有企业自身由于企业经营生产转变的需要，忽视了土地资产的管理，造成国有企业中大量土地闲置或低效利用的情况出现，导致了国有资产的损失。下边采用案例的形式，对国有企业存量用地形成原因进行讨论。

1. 社会因素导致的国有企业土地闲置或低效利用

案例1：2005年，某国有企业在某省会城市以出让方式取得约5亩商业用地，原计划建设加油站，该地块处于居民密集区，周围有住宅小区、商业市场和写字楼，且周边2平方公里范围内已有三座加油站。2014年，通过某市规划局征求消防支队、市交警支队与市安监局的意见，同意土地上建设加油站，但在征求周边居民意见时，遭到附近居民强烈反对，因此不能建站使用，闲置至今。

以上案例中，国有企业通过合法方式取得土地使用权，并得到了规划、消防等部门的规划许可，拟建设加油站，但因周边加油站需求饱和，且周边居民出于安全考虑反对建设，引起与居民的纠纷。针对当前的土地出让现状，国有企业难以确保出让的土地资源能够按期落实建设。造成土地的再建设成本大大增加，进而导致了国有企业土地资源出现闲置的现象。

2. 政府因素导致的国有企业土地闲置或低效利用

案例2：2004年，某国有企业在某市以出让方式取得一宗国有土地，土地用途为商业，规划可以建设3幢8层商业楼，企业于2005年先期开发建设了1幢宾馆，作为公司直属的招待宾馆，也对外营业。其他2幢未建设。由于地处某市老城区，附近有2所某省著名的医院等大型公共服务场所，周边人口密集，交通堵塞情况严重。2016年，省政府批示将该区域纳入某市交通整治范围，某市政府建议该企业支持政府工作规划将该宗剩余土地用于停车场建设，以缓解该区域停车难的问题，所以该宗剩余土地无法建设经营使用土地，截至2020年剩余土地仅用于地面停车使用。

以上案例中，按照原用地规划，该企业本可以继续在剩余土地上开发建设，但由于当地政府对周边区域的整体改造规划，改变了土地利用方式，制约了企业的发展。因此，政府因素也是影响程度较大因素之一。国有企业在其自身发展的过程中，必然会受到当地规划政策变动、行政区域划调等多个原因的影响，从而导致国有企业原本占用的土地资源闲置或土地低效利用的发生。

3. 企业自身因素导致的国有企业土地闲置或低效利用

案例3：20世纪70年代，某国有企业通过划拨方式取得一宗工业土地，之后在土地上建设了工业用房、办公楼、车库、仓库等建筑物，作为大型勘探机械车辆的存放、维修及员工休息使用。2015年，由于当地勘探作业完成，生产作业转为开采作业，大型机械利用率下降，企业出于自身生产经营需要，该宗地所在厂区逐渐关停。该宗土地闲置至今。

以上案例中，由于企业自身生产经营转变的需要，土地逐渐失去了其原有的功能，加之国有企业对土地资源管理的欠缺，导致了土地闲置。

（二）国有企业存量用地造成的危害

1. 企业存量用地问题对企业及国民经济发展的危害

进入 21 世纪第二个十年，我国经济进入了高质量发展阶段，国有企业在经济发展中起到举足轻重的作用，针对国有企业的发展现状，存量土地的大量存在，使得企业在发展过程中不会为国民经济发展带来经济效益，反而会制约企业的发展。

2. 企业存量用地问题对城市化建设的危害

随着我国城镇化建设进程的不断加快，在城镇化建设的进程中，为了控制耕地减少，提倡减量发展，因此新增建设用地要控制在一定水平上。国有企业闲置、低效土地由于国有企业和当地政府无法对其进行有效的处置，导致在短期内很难实现对存量土地的盘活利用。形成了新增土地稀缺，土地开发成本上升，存量用地不能有效利用的局面，降低了集约利用土地目标的实现，从而进一步制约了城镇化建设的发展。

三、国有企业存量土地盘活处置利用方式

综合以上对存量建设用地形成原因的分析，原因有很多种，如用地纠纷产生的社会因素、规划管控导致的政府因素、企业资产管理的自身因素等，部分存量建设用地无法通过传统的盘活方式实现再开发和利用。因此，需要我们充分综合土地管理相关政策、规定，创新存量建设用地的盘活处置方式，提出适应新形势下的盘活利用模式。以下通过国有企业土地盘活处置的案例，对盘活处置利用方式进行讨论分析。

（一）利用国有企业自有用地开发保障性住房

案例 4：2014 年，某市属国有企业在某市郊区有一宗工业用途闲置国有建设用地，拟利用闲置工业用地建设经济适用房，该企业下属公司具有房地产开发资质，通过某市住房和城乡建设委员会授权该企业下属公司成为该项目建设主体。该国有企业通过与市政府沟通，市政府充分考虑该宗地厂区职工住房问题，决定经济适用房建成后优先提供给该厂职工，然后向社会其他人群供应。

近年来，由于房地产价格增长，各地政府都将降房价作为首要任务，在这样的历史背景下，如北京、广州等城市都提出了开发保障性住房的相关政策规定，鼓励在规划允许的情况下，国有企业利用自有用地开发保障性住房。国有企业既通过建设保障性住房，盘活了自有存量闲置、低效用地，也支持了当地政府调控房地产价格的政策，达到了经济效益与社会效益的统一。

（二）通过产权置换方式盘活土地资产

案例 5：某国有企业于 20 世纪 80 年代通过划拨方式取得了一宗工业用地，并在该宗地建设了厂房、仓库、办公楼等建筑物，但由于该国有企业生产高污染工业品，近年来逐渐停产，只生产一些污染较少产品，产能较小，拖累企业发展，土地利用较低效。由于城市建设扩展，该宗地原为城区边缘，现周边逐渐被纳入城区范围，周边建设成居住区、商业区。当地政府有意征收该宗土地，整体规划后，开发住宅项目，改变城市风貌。但由于国有企业在该宗地上有 1 幢办公楼，土地征收后，约有 300 多员工的办公场所无法解决，因此征收暂时为未启动。国有企业通过与当地政府沟通，最终确定了产权置换的方式，政府将在某市新成立的经济开发区 1 幢办公楼与该企业宗地进行产权置换。

随着我国城市化进程的加快，城区逐渐形成了城中工厂等现象，城中工厂给周边交通、

居住等环境造成了较大影响,且国有企业原有工业厂区的土地利用效益较低,制约发展。通过以上案例,通过产权置换,政府解决了城中工厂问题,企业通过搬迁新的经济开发区,也有利于经营模式转型,促进了企业发展,达到了城市化建设与企业发展的统一。

(三)通过合作经营方式盘活土地资产

案例6:某国有企业在某市有一宗工业用地,宗地紧邻长江,宗地内现保留一座码头,为历史文物。原为该国有企业储运油库,宗地内除几幢办公、设备用房外,大部分被9个金属油罐占据,由于设备老旧,利用率降低,且周边已开发建设住宅区,存在安全隐患,在当地政府的要求下,已关场停用。为避免该土地闲置,盘活土地资产,国有企业在考虑厂区重型资产较多,无法自行开发利用情况下,决定公开招募土地经营方,在完全按照国家安全及消防等要求,符合规划布局的前提下,对现有建筑物、金属油罐进行改造升级改造,开发高端文化产业园区,国有企业采用前期收取基础租金,后期经营利润分成的模式取得收益。

对于宗地上存在大量重型资产的国有存量土地,上述的自行开发或置换资产的方式,从成本、效益角度,实施起来难度均较大。而通过招募有经验的经营方合作,对传统经营模式进行改造,发展新型经济、创新产业。将企业闲置或低效利用土地进行了盘活,提高了企业的经济效益,规避了企业闲置或低效利用土地的管理责任风险和政策风险,获得了较高的土地经营收益,支持了当地政府产业转型战略,为当地的经济发展和地区稳定作出贡献。

四、结语

综上所述,国有企业存量土地盘活不仅提升了土地资源利用效率,带动城市化建设发展,优化土地利用结构,社会效益明显。还能促进国有企业经济转型,提高企业经济效益,避免国有资产低效利用。本文通过大量国有企业的存量用地盘活处置的案例,分析了存量土地形成原因,并对于不同存量用地特点,列举了实践中成功的土地盘活处置利用模式,为大家工作中研究提供参考。希望本文的研究能够对评估机构研究国有企业存量闲置用地盘活处置提供借鉴,为更好服务国有企业起到积极的促进作用。

参考文献:

[1] 亢章磊.国有企业闲置土地成因及盘活的对策思考[J].企业科技与发展,2019(12):237-240.

[2] 汪振华,岳颖.低效用地和闲置土地利用盘活的对策与建议[J].城市地理,2018(2):145-146.

[3] 李丽剑.广西石油销售企业闲置土地盘活问题及其对策研究[D].南宁:广西大学,2017.

作者联系方式

姓　名:刘　攀
单　位:北京华信房地产评估有限公司
地　址:北京市西城区安德路83号4层办公01-401室
邮　箱:18701374543@163.com
注册号:1120170023

估价机构如何为"烂尾楼"纾困盘活提供专业服务

韩宣伟　蒋文军

摘　要："烂尾楼"是现代市场经济环境下的一种特殊状态房地产，通常因项目资金链断裂、经济纠纷、房地产市场变化、违法建造、决策失误等长期停工，不但严重浪费社会资源，而且影响民生和社会稳定。本文结合笔者的工作实践，简要阐述了估价机构为"烂尾楼"纾困盘活提供的尽职调查、投资咨询、拍卖估价、融资评估等专业服务，以期房地产估价师能充分发挥自身的专业优势，为"保交楼、稳民生"助一臂之力。

关键词：估价机构；烂尾楼；纾困盘活；专业服务

前言

"烂尾楼"事关民生和稳定。近年来，随着金融监管"三道红线"的威力渐显，"烂尾楼"日益引发社会关注。为盘活危困房企的问题楼盘，从中央到地方上下联动：中国人民银行、原银保监会于 2022 年 11 月出台了"16 条政策"支持房地产市场平稳发展，其中包括"积极做好'保交楼'金融服务""积极配合做好受困房地产企业风险处置"；2022 年 11 月 22 日召开的国务院常务会议也特别强调"激励商业银行新发放保交楼贷款"；多个城市也先后出台了针对"烂尾楼"项目的纾困盘活方案。现阶段，"烂尾楼"通常以转让、收并购、破产重组、债转股、拍卖、融资等方式盘活复工，但无论采用哪种方式，估价机构均能利用自身优势，在其纾困盘活的诸多环节发挥专业作用。

一、为制订"烂尾楼"盘活方案提供尽职调查服务

尽职调查，是制定"烂尾楼"纾困盘活方案的基础，也是估价机构为"烂尾楼"提供后续专业服务的前奏。

由于"烂尾楼"的停工原因和项目背景通常较为复杂，对于拟纾困盘活的项目，只有厘清项目建设参与各方的合同关系及合同执行情况，摸清工程实体及质量状况，掌握项目的预售情况、债权债务、经济纠纷等事项，才能有针对性地制定烂尾项目的盘活方案。譬如 2022 年 8 月初，郑州市针对已经停工的问题楼盘，适时出台了《郑州市房地产纾困基金设立运作方案》，并明确了"由子基金聘请第三方对拟盘活项目进行尽调评估，以项目净资产为基础确定盘活方式及价格"。房地产估价机构作为第三方，应从以下几方面进行现场查勘、调查、记录和分析，做好"烂尾楼"项目的尽职调查。

（一）合同主体关系调查

合同主体关系调查，主要包括对业主与设计单位、监理单位、承包商、甲方供材供应商

等合同关系的梳理及合同执行情况调查。

（二）停工原因和停工时间调查

"烂尾楼"项目，通常因资金链断裂、经济纠纷、市场变化、违法建造等多种原因而停工，估价师应通过调查并分析具体原因。一般情况下，停工时间越长，对工程盘活复工越不利。

（三）工程实体和质量状况调查

主要从以下几方面作好调查分析：

1. 工程形象进度或完工程度。工程形象进度是确定"烂尾楼"价值的重要依据，也是尽职调查的重要内容之一，估价师应根据现场施工情况和施工承包合同（总包、分包）约定，结合工程监理方和开发商等出具的相关证明文件，经认真核实后确定。

2. 已完工部分的工程质量验收情况。包括工程质量是否合格、是否达到施工合同约定的质量标准，以及不合格部分的整改情况等，并应搜集相应的质量验收手续和证明文件。

3. 已完工部分的构件损坏情况。"烂尾楼"通常不具备建筑成品的屋面防水、门窗和外墙饰面等保护层，若长期停工，受风霜雨雪侵蚀且缺乏维护，会产生基础浸泡受损、墙体倾斜、钢筋锈蚀及其他构件损坏等。

4. 因长期停工，应调查原施工图采用的建筑（结构）设计规范、施工规范、国家强制性标准等是否已发生变化。

5. 项目规划条件等是否符合新的区域规划要求等。

6. 是否存在分期开发建设，当期是否存在尚未动工的楼幢等。

（四）权利状况调查

主要包括以下几方面：

1. 权属的合法性。土地权属是否合法、明晰、无争议等。

2. 项目建设的合法性。是否按照批准的规划条件开发建设，《建设工程规划许可证》《建筑工程施工许可证》等是否办理，是否失效等。

3. 预售的合法性。已预售的项目是否办理《房屋预售许可证》。

4. 他项权利状况。主要包括土地使用权、在建工程等是否已设定抵押等。

5. 司法查封状况等。

（五）房地产市场状况调查

主要从本市经济社会发展状况、房地产市场总体状况和同类房地产市场状况，及"烂尾楼"所在区域同类房地产市场状况等方面进行调查分析。

（六）项目预期收益调查

预期收益状况是"烂尾楼"纾困盘活各方最为关注的内容之一，主要从以下几方面进行调查。

1. 已预售部分房屋情况，包括已预售房屋的房号、面积、是否办理网签手续、预收房款比例和金额等。

2. 可售、限售房屋情况，包括可售、限售房屋的房号、面积、预计销售时间、预计售价和总收入等。

3. 自持部分预期出租或经营收益等。

4. 已预售房屋与网签清单是否一致等。

5. 政府对项目的销售限价及回购价格（如果有）。

（七）预售房款支出情况调查

主要包括：

1. 预售房款是否按规定纳入监管账户。
2. 预售房款是否按监管要求专款专用。
3. 预售房款是否存在挪作他用等情况。

（八）续建投入估算

"烂尾楼"项目的续建投入大小，是影响其盘活的关键因素，续建投入主要根据开发项目整体预算、完工程度及已付工程款、材料款、设备款等情况，结合未完工形象进度和续建工作量等因素综合确定。续建投入不仅应考虑承包商的直接费用、间接费用、利润和税金，还应考虑开发商的融资成本、应得利润、销售费用和销售税费等支出。

（九）违约及违约金事项调查

房地产开发项目涉及多方利益与合约关系，一旦项目停工烂尾，会产生较多的违约事项，也应支付相应的违约金。通常包括以下违约事项：

1. 竣工违约。未按土地出让合同约定日期或同意延建另行约定日期竣工。
2. 交房违约。未按商品房销售合同约定日期交房。
3. 付款违约。未按合同约定支付工程款或甲方供材的材料款、设备款等。
4. 还款违约。未按借款合同约定偿还金融机构贷款或其他借款等。
5. 其他违约事项等。

（十）工程价款支付情况及其他债权债务调查

1. 已完工程总价款，应由承发包双方共同确认或由第三方审价机构确认。
2. 工程款支付情况，包括是否按合同约定，根据工程进度支付工程款、甲供材料款、设备款等及拖欠的应付未付款数额等。
3. 项目金融机构贷款情况。
4. 其他借款情况等。

（十一）建设手续完备性调查

"烂尾楼"工程因停工时间较长，承发包双方、监理方等项目部可能已解散，通常存在建设手续和相关文件遗失、失效、过期等情况，估价师应对手续完备情况进行调查登记，列出盘活项目需要补办的手续清单等。

二、为意向接盘人提供投资咨询服务

对于"烂尾楼"项目，是否值得意向接盘人投资，往往需要专业机构提供咨询服务。在服务过程中，估价师应当与意向接盘人充分沟通交流，在尽职调查基础上，根据意向接盘人的品牌效应、规模效应、收益期望、风险偏好及其对房地产市场的预期和信心，结合其主观意愿，通过专业分析和测算，为其提供投资决策依据。

（一）接盘"烂尾楼"在经济上是否可行

由于"烂尾楼"项目的特殊性，可能存在房屋全部预售、部分预售、建设款项挪用甚至开发商卷款跑路、项目资不抵债等情况，接盘风险远高于在建工程。判断接盘"烂尾楼"在经济上是否可行，可依据假设开发法（动态分析法）的预期原理，采用净现值法（NPV）或内部收益率法（IRR）做出评价。本文以净现值法为例，简要说明如下。

1. 接盘"烂尾楼"项目净现值（NPV）

计算公式：

NPV＝续建完成的价值的现值－购买"烂尾楼"支出的现值－后续必要支出的现值

　　＝续建完成的价值的现值－（购买"烂尾楼"支出的现值＋

　　"烂尾楼"取得税费的现值＋续建成本的现值＋管理费用的现值＋

　　销售税费的现值＋土地增值税的现值）。

2. 经济效果评价标准

接盘"烂尾楼"项目经济可行性判断标准：

（1）若净现值（NPV）≥0，表示接盘该"烂尾楼"项目在经济上可行；

（2）若净现值（NPV）＜0，表示接盘该"烂尾楼"项目在经济上不可行。

3. 计算接盘"烂尾楼"项目净现值（NPV）的注意事项：

（1）续建完成的价值，包括预售部分的尾款、可售部分的销售收入、自持部分的出租或经营收益等；

（2）可售部分的预期销售价格，应考虑政府的销售限价，并充分考虑市场对"烂尾楼"项目的接受度及担心后续能否按期竣工交付、工程质量是否有保证等影响因素；

（3）意向接盘人无法得到已预售部分房屋的全部或部分房款，但应承担续建"烂尾楼"的后续必要支出，包含将已预售房屋建成并交房过户的必要支出；

（4）后续必要支出，应考虑"烂尾楼"项目后续应缴纳的土地增值税；

（5）由于长期停工，"烂尾楼"盘活复工后续的必要支出，应结合项目实际情况，合理计算可能发生的质量监测费、施工单位及监理单位重新招标费用、施工场地清理费、及钢筋除锈费用、脚手架重新搭设费用、施工机械重新进场费用、损坏构件或设备拆除费、建设手续过期重新办理等相关费用；

（6）净现值计算采用的基准收益率（此处等同于假设开发法动态分析法中的折现率）的确定，既受到"烂尾楼"项目客观条件的限制，又有投资者的主观愿望，应根据意向接盘人的融资成本和期望利润综合确定。

（二）评估"烂尾楼"的投资价值

评估"烂尾楼"的投资价值，是指估价师结合意向接盘人自身综合情况和主观意愿，评估符合接盘人特征的出价范围。

评估"烂尾楼"投资价值，虽然可参照在建工程市场价值的估价思路，采用成本法和假设开发法测算，但以下事项会对估价结果会产生重大影响，甚至得出错误结论，应予特别关注：

1. 估价师应根据意向接盘人的综合状况及其风险偏好、收益期望及个人意愿，选取符合接盘人特征的估价参数，而无须站在"中立"的立场，也并非一定遵循独立、客观、公正原则，这样得出的投资价值，才更符合意向投资人的状况和个性化需求。

2. 成本法测算时，应根据"烂尾楼"的实际情况，对成本价值结果进行调整。

（1）"烂尾楼"停工原因主要是资金链断裂，因此，对于已预售且房款被挪用难以收回的项目，其成本价值应扣减已预售房屋在价值时点的市场总价。

（2）"烂尾楼"因长期停工所产生的"折旧"，应在成本价值中扣除，主要包括：

①物质折旧，如因长期缺少防护措施所致的墙体倾斜、钢筋锈蚀、构件损坏，甚至建筑物不均匀沉降等；

②外部折旧，如区位环境变化、同类房地产市场价格涨跌、房屋户型过时等；

③功能折旧，如功能过时等。

3.假设开发法测算时，应参照前述"计算接盘'烂尾楼'项目净现值（NPV）的注意事项"相关内容确定折现率、续建完成的价值和后续必要支出，此处不再赘述。

三、为金融机构提供抵押净值估价服务

"烂尾楼"不仅建筑实体和权利状况复杂，还通常存在房屋预售情况，且拖欠工程款现象较为普遍，甚至存在欠缴土地出让金及多项违约罚款等，其抵押变现风险明显高于在建工程和一般房地产。当金融机构为"烂尾楼"纾困盘活发放抵押贷款时，最为关注的是其抵押净值。

（一）已预售部分房屋的技术处理

由于预售部分房屋的权利状况已发生变化，通常不将已预售房屋纳入"烂尾楼"的抵押财产范围。

1.采用成本法测算时，通常按照已预售房屋面积占项目可销售总面积的比例对成本价值结果进行调整，而不是采用直接扣减预售房屋面积的方法简单调整。

2.采用假设开发法测算时，由于预售部分未纳入抵押估价范围，因此该预售部分开发完成后的价值和后续必要的支出均不计算。

（二）拖欠建设工程价款优先受偿款的确认

"烂尾楼"最常见的停工原因是资金链断裂、拖欠承包人的工程款，而承包人享有建设工程价款的优先受偿权，且优先于抵押权和其他债权。因此，估价师在调查法定优先受偿款时，应特别关注拖欠工程价款的以下几点规定：

1.逾期支付工程款的利息、违约金、损害赔偿金等，均不享有优先受偿权。

2.承包人行使建设工程价款优先受偿权的期限，最长不得超过18个月，自发包人应当给付建设工程价款之日起算。

3.拖欠的工程价款，由承发包双方根据已完工程价款和已支付工程款情况确认。

4.已完工程价款，由承发包双方根据已完工程量和工程价款情况确认。如果双方无法达成统一的，可由第三方审价机构确认。

四、为人民法院或破产管理人提供拍卖估价服务

拍卖是盘活"烂尾楼"的重要方式之一。估价实践中，司法拍卖评估和破产清算拍卖评估是"烂尾楼"拍卖评估最常见的两种情况。拍卖评估应特别注意：

（一）评估参数取值应当客观

与前述投资价值评估不同，"烂尾楼"拍卖通常评估其市场价值，评估参数取值应当是客观的。例如，假设开发法动态分析法中采用的折现率，应综合考虑与该类房地产的风险程度对应的社会一般收益率和正常的贷款利率等因素，而不能根据某个人或开发商的融资成本和期望利润确定。

（二）竞买人主体资格限制

对于"烂尾楼"项目的拍卖估价，应做好尽职调查和现场查勘，关注委托估价财产范围

是否符合拍卖经济行为目的要求，注意对开发建设者主体限制条件及可能作为流拍后的托底买受人等要求对估价结果的影响。

因篇幅所限，"烂尾楼"拍卖估价的其他内容不再赘述。

五、结束语

在市场经济环境下，"烂尾楼"现象不可避免。房地产估价机构为"烂尾楼"纾困盘活提供估价咨询服务，既是发挥专业优势的一种业务类型，也是一种社会责任和使命。本文以此抛砖引玉，希望估价机构在房地产开发和工程建设等领域，拓展出更为广阔的业务空间。

参考文献：

[1] 中国房地产估价师与房地产经纪人学会. 房地产估价原理与方法（2022）[M]. 北京：中国建筑工业出版社，中国城市出版社，2022.

[2] 陈琳，潘蜀健. 房地产项目投资 [M]. 北京：中国建筑工业出版社，2004.

[3] 全国经济专业技术资格考试参考用书编委会. 高级经济实务（建筑与房地产经济）[M]. 北京：中国人事出版社，2021.

作者联系方式

姓　　名：韩宣伟　蒋文军

单　　位：浙江恒基房地产土地资产评估有限公司

地　　址：浙江省杭州市西湖区天目山路294号杭钢冶金科技大厦19楼

邮　　箱：1966hxw@sina.cn

注册号：韩宣伟（4119970084）；蒋文军（3320020045）

浅谈烂尾楼评估的难点及解决方案

龙 洋

摘 要：近两年，房地产企业的日子非常难过，房地产商暴雷现象比比皆是，债务压力过大导致债务违约，资金链断裂的直接后果就是烂尾。如原开发商复工无望，且资不抵债，其中一个处理方式就是破产拍卖。破产管理人会委托评估公司对烂尾楼进行评估，从而拍卖资产，复活项目。然而烂尾楼不同于一般的在建工程，评估有其难度和特殊性，笔者从以往的评估经验中总结出烂尾楼评估的问题并思考了解决方案，以期为企业破产案件中的烂尾楼评估提供参考。

关键词：烂尾楼；在建工程；难点；解决方案

一、烂尾楼的概念和特殊性

烂尾楼是指已办理用地、规划手续，项目开工后，因开发商无力继续投资建设或陷入债务纠纷，未竣工验收，停工一年以上的房地产项目。实际上是一种特殊的在建工程。本文主要是讲破产项目中的烂尾楼评估。

笔者认为其评估的特殊之处主要为：

（一）一般的在建工程，委托方都会提供齐全的评估资料。破产项目中的烂尾楼，开发商配合度非常低，需要提供的评估资料很有可能不齐全，有的甚至已经跑路，无法联系。

（二）一般的在建工程，于价值时点，施工单位都在有序进行建设，工程主体也得到了常规的保护。而烂尾楼由于停工时间较长，主体裸露，常年风吹、日晒、雨淋，导致工程被水泡，被自然力侵蚀。

（三）一般的在建工程，按正常程序会进行预售，按期完工。烂尾楼则要引进新的投资人后接着开发建设，但是由于各种因素的变化，导致开发完成后的价值难以预测，以及涉及建筑物年久失修，需要修补，有些甚至需要推倒重建，故后期开发建设的费用亦难以准确测算。

二、导致烂尾的原因

（一）2020年初暴发的新冠疫情，对于房地产行业的影响，可以说是措手不及，很多房企在新冠疫情初期，为了疫情防控需要停工停产，房屋销售几乎处于停滞状态，房地产正在走下坡路，开发商多遇到资金流动性问题。

（二）最近两年，随着国家对房地产行业的调控力度越来越大和"房住不炒"慢慢深入人心，我们国家的人们对房价走势的态度也发生了改变。目前，不仅刚需购房者买房开始以居住为主要目的，而且投资客也逐渐不再看好房价走势了。

（三）开发商主体普遍偏弱，融资能力差，高杠杆操作项目。有些多盘联动高强度开发，导致债权债务等各种纠纷缠身，导致停工。

三、全国烂尾楼现象突显，产生对烂尾楼评估的需求

中房研究院 ICR 政策中心整理的 2021 年的 24 个重点城市已停工或延期交付的项目汇总情况如表 1 所示。

2021 年 24 个城市已停工或延期交付项目汇总表　　　　表 1

城市	尚未交付问题项目总建筑面积（万 m²）	尚未交付问题项目总套数	2021 年成交面积（万 m²）	尚未交付项目总建筑面积占 2021 年成交面积比例	2021 年成交套数	尚未交付项目套数占 2021 年成交套数比例
郑州	271	25249	948	29%	89103	28%
长沙	446	28139	1784	25%	136393	21%
昆明	143	10976	676	21%	55076	20%
福州	89	8077	430	21%	41755	19%
重庆	331	23729	1943	17%	174987	14%
南宁	96	7343	613	16%	55519	13%
盐城	52	4260	340	15%	28542	15%
武汉	274	24275	1978	14%	168320	14%
广州	143	9184	1179	12%	109418	8%
无锡	66	2262	646	10%	54487	4%
上海	96	8439	1054	9%	94203	9%
苏州	67	5561	917	7%	76001	7%
西安	61	3373	887	7%	67552	5%
天津	81	7520	1282	6%	120438	6%
徐州	49	3596	1262	4%	102709	4%
常州	25	2654	685	4%	54902	5%
济南	29	1895	982	3%	76486	2%
北京	27	1393	951	3%	81035	2%
南京	31	2538	1246	2%	108930	2%
深圳	14	0	596	2%	64690	0
青岛	34	2007	1482	2%	131490	2%
成都	35	2633	1673	2%	127620	2%
连云港	5	411	281	2%	22538	2%
淮安	3	300	319	1%	26277	1%
总计	2468	185814	24155	10%	2068471	9%

郑州、长沙、昆明排名全国前三，已出问题的项目套数比例占到了 2021 年成交套数的 20% 以上。福州、重庆、南宁、盐城、武汉，已出问题的项目套数比例占到了 2021 年成交套数的 14% 以上。

2021 年长沙尚未交付问题房子 28139 套，2021 年成交套数 136393 套，占比达到了 21%。换句话说，在长沙 2021 年成交的 5 套房子中就有 1 套是问题房。"问题房"不一定是烂尾楼，但是长沙因为问题房基数大，所以大概率烂尾楼数据也是最多的。

中房网通过人民法院公告网，以"房地产"为关键词检索，并剔除了重复分发企业、非房地产企业的名单统计后发现，2021 年全国约有 343 家房企发布了相关破产文书。如果开发商已经资不抵债，法院会对开发商的财产进行司法查封，后续通过拍卖变卖财产的方式来偿还购房人的购房款。故相应产生了对烂尾楼评估的需求。

四、评估烂尾楼的难点及解决方法

上文讲到了烂尾楼评估的特殊性，实际对应的就是评估烂尾楼的难点之处，可分解到以下几个方面：

（一）开发商配合度非常低

需要提供的评估资料很有可能不齐全，需要评估人员加强与留守管理层以及破产管理人沟通，开发商不配合，只能让破产管理人尽可能调取到所有的权属信息、限制信息、规划条件等。对于估价对象的认定及报告的出具形式也需要提前沟通清楚，因为评估结果涉及债务人、债权人和投资人的切身利益。

（二）完工率的确定

1. 烂尾楼不会有施工单位出具的工程进度证明，评估人员一般根据现场查勘到的形象进度，分别根据土建工程、装饰工程和安装工程占总体的比例和实际完工程度来得到综合完工率，如表 2 所示。

完工率确定示意表　　　　　　　　　　　　　　　　表 2

栋号		栋
总层数		—
已建楼层		—
土建工程	占总体比例	70%
	完工程度	—
装饰工程	占总体比例	20%
	完工程度	—
安装工程	占总体比例	10%
	完工程度	—
综合完工率		—
未完工率		—

但是，整个工程分成三个部分，每个部分的占比和完工率并不会非常准确，故这样算出来的完工率比较粗略，会影响结果的精度。

2. 如果能够搜集到估价对象的施工进度计划横道图，也是测算完工率的一个依据，在停工前都是正常施工的，那么不失为一个好的选择。此表会把每一栋的每一个施工程序分别计算到相对较准确的日期，再根据实地查勘的情况对应到表里相应的位置，从而算出完工率。

但是，如果未按计划执行，或者中途有停工再建情况，而且不止一次，那么这种方法亦不太准确。

3. 破产管理人由于债权人的要求等原因，会委托造价公司对估价对象已建成部分进行造价估算，例如建安工程费、前期费用、管理费用等出一个比较准确的值，评估人员就可以根据这个值的范围，再增加评估投资利息，开发利润等价值，从而得到在建工程的评估值。这是目前为止较为准确的一个方法，即利用专业造价评估报告的结果。

（三）成本法需要考虑实体性、功能性及经济性贬值

1. 长期停工或烂尾的在建工程，应考虑其自然老化或维护不当造成的已完工部分破损、钢筋锈蚀、构件损坏等物质性价值损失，即物质折旧。

笔者认为物质性折旧可以直接用年限法、直线法求取成新率，计算公式为：成新率 =1-（1- 建筑物残值率）× 有效年期 ÷ 建筑物经济寿命。从而求出建筑物扣除折旧后的单价。

2. 在功能方面的陈旧、过时带来的减价，如由于户型过时、外观落后、车位配比过小等功能性价值损失。

土地一般不存在功能性贬值，因此一般以建筑物的功能性贬值来体现，特别是对于烂尾时间较长的工程，需要对以上功能性折旧进行量化，计算公式为：功能性陈旧贬值 = 成本费用在同类比较中增加的费用累计折现值 / 工程项目总费用。

（四）假设开发法中完工后价值的确定

以全国三家烂尾复盘的项目为例。

1. 江苏宿迁的运河龙庭，位于宿迁职业技术学院南侧钟吾国际学校北侧，该项目原定交房时间为 2015 年 1 月 1 日，但该小区从 2014 年开始就已经停工，直到 2018 年 10 月 31 日申请破产清算。2021 年 6 月 26 日，运河龙庭群贤庄项目举办封顶仪式，这个曾经烂尾多年的楼盘，终于迎来新的春天。项目高层均价 6029 元 /m²。周边均价 7600 元 /m² 左右。比周边楼盘售价较低，但是由于烂尾时间过长，加上之前负面消息不断，虽然价格降低，买房人仍会有所顾虑。

2. 四川资阳的优品上城，位于资阳市雁江区皇龙路北侧，属资阳城中繁华地段，从 2012 ～ 2018 年烂尾 6 年，2018 年复工，销售价格在 5700 元 /m² 左右，周边均价在 6500 元 /m² 左右，优品上城临商场，近地铁，距资阳市仅一街之隔，复工销售后的首批房源已全部售罄。

3. 重庆的大川滨江城，位于重庆江北区北滨路沿岸的滨江超级大盘，2015 ～ 2020 年停工，2013 年 12 月开盘时的价格为 7500 元 /m²。2020 年，央企中粮宣布全盘接手，并更名为中粮天悦壹号，建面均价 19000 元 /m²，与周边同品质楼盘相差无几。

总而言之，烂尾对复盘后的销售价格有一定的影响，正常而言购房者会有一定的心理抵触，打击购房者的信心，开发商会降低楼盘价格，实现尽早回收资金。也有出现开发商变更以后，打造高品质楼盘，有信心提高价格出售的情况。这就需要评估人员能根据项目具体情况具体分析，综合考虑。

（五）后续开发成本的计算

法院强制拍卖，需要加上由现房地产开发企业转为其他房地产开发企业的正常"换手"期限，办理有关变更手续、工程交接等，会发生新的"前期费用"。如果该在建工程处于长期停工或烂尾状态，新的前期费用还可能因重启施工（如重新进行工程招标等）而更长，前期费用更多。因为烂尾楼属于突然停工，完工情况无规律可循，如果停工时间过久，门窗、外墙砖、设施设备有可能还需要拆除、修复。如果只是根据完工率来倒算后续开发成本，则过于轻率。

笔者认为能够委托造价公司对已完工程量工程造价、停工损失进行鉴定，根据造价的鉴定范围再得出后续开发成本是比较好的选择。

五、结语

每一个烂尾楼盘都是一部血泪史。牵涉到成千上万个家庭一辈子的辛苦付出。大家都希望烂尾楼越来越少。

总体来说，通过破产重整手段盘活烂尾楼项目，需要一支由金融、法律、评估、审计、造价等专业人员组成的服务团队。专业的团队对项目盘活非常重要，就好比重病患者需要医术精湛的医疗团队。作为盘活烂尾楼的一个重要环节——评估专业人员的我们。需不错过任何一个环节，前期做好沟通工作，给报告使用者一个专业、合理的评估结论，促进破产重整工作的圆满完成。

参考文献：

马春春. 假设开发法评估烂尾楼再开发价值的应用研究——以广东某烂尾楼为例 [D]. 广州：暨南大学，2016.

作者联系方式

姓　　名：龙　洋
单　　位：湖南日升房地产土地资产评估有限责任公司
地　　址：湖南省长沙市岳麓区桐梓坡路长房时代天地 803 室
邮　　箱：1286149729@qq.com
注册号：4320190026

房地产开发企业破产重整涉及的
房地产估价服务及实践分享

林富波　林六森

摘　要： 我国房地产行业经过二十多年的市场化，受人口、政策等多重因素的影响逐渐进入无增长时代，大量房地产开发企业进入破产重整。房地产开发企业破产重整涉及的房地产估价服务主要用于重整计划草案编写、工程款和抵押债权优先受偿款的确定、实物清偿债务等。实践中常常涉及购房者、被征收人、房地产开发企业的保修义务等特殊问题，相关利益关系、法律关系复杂，估价结果对当事人的利益具有重大影响，相关问题处理不善甚至会引起社会矛盾，估价师、估价机构、估价行业有必要给予重视。

关键词： 房地产开发；破产重整；估价；购房者；工程款；抵押权；优先受偿

一、当前房地产行业现状

随着"三道红线"落地，"房住不炒"成为长效机制，人口开始负增长，我国房地产行业未来或将步入无增长时代。2021 年已有 11 家房地产开发企业发生了债务违约，具体包括华夏幸福、协信远创、蓝光发展、阳光 100、中国恒大等。央行金融市场司相关负责人指出，我国房地产行业市场化程度较高，现有的 10 万余家房地产开发企业中每年都会有将近 500 家的企业进入司法破产重整，这是行业优胜劣汰、实现出清的重要方式。

房地产开发企业破产重整过程中，离不开房地产估价机构的支持和服务。

二、房地产开发企业破产重整的估价服务需求

房地产开发企业破产重整中的重整计划草案编写、工程款和抵押债权优先受偿款的确定、实物清偿债务、资产处置等需要大量的房地产估价服务，本文以我公司承办的 H 房地产开发有限公司破产重整估价项目为例进行分享。

（一）项目概况

2019 年，我公司受重庆市江津区 H 房地产开发有限公司管理人的委托，对 H 房地产开发有限公司破产重整提供估价服务。

H 房地产开发有限公司是某公司为开发 Y 项目而成立的一家项目公司，Y 项目是 H 公司的主要资产。Y 项目于 2011 年启动，位于重庆市江津城区商业中心，是集办公、娱乐、旅游、文化、住宅等于一体的超大型、多元化、一站式城市滨江综合体，项目土地面积合计约 150 亩，规划建筑面积合计约 30 万平方米。2014 年，H 公司陷入经营危机，无奈向法院

申请破产重整。2016年，重庆市第五中级人民法院指定江津法院审理该案。法院受理案件时，项目属于在建工程，整体建设进度约为40%。由于项目属于旧城改造项目，根据相关协议，H公司需承担拆迁还房义务，涉及拆迁户约350户。项目部分楼栋进行了预售，涉及购房户约500户。项目土地使用权均设有抵押权，涉及抵押权人共5个。

（二）估价服务需求

受管理人委托，本项目估价服务内容主要为两方面：

1. 分别假设企业在持续营业状态下和清算状态下对在建工程进行估价

重整制度的理论根据是建立在"营运价值"的基础之上的。所谓营运价值，就是企业作为营运价值实体的财产价值，或者说，企业在持续营业状态下的价值。在许多情况下，企业的营运价值高于它的清算价值。营运价值和清算价值的差额是判断《重整计划草案》在经济上是否可行的重要依据，对《重整计划草案》能否表决通过将起到关键作用。

Y项目"在建工程"是H公司的主要资产，也是营运价值的来源。Y项目"在建工程"估价是H公司破产重整估价服务的重点。估价机构需要分别假设企业在持续营业状态下和清算状态下对在建工程进行估价。为管理人论证H公司《重整计划草案》的可行性提供依据。

2. 对建筑物和土地使用权进行估价

根据"房地一体"原则和《中华人民共和国民法典》的相关规定，土地使用权与建筑物、构筑物或附着物所有权在主体归属上应保持一致。为此，实践中在建工程转让、估价通常将在建工程作为一个整体进行考虑。

理想状态下，项目处置价款足以清偿债务人全部债务时，工程款优先权是否及于土地使用权以及具体享有的优先金额有关各方并不会特别关注。但现实中，项目处置价款不足以清偿债务人全部债务才是常态，工程款优先权是否及于土地使用权以及具体享有的优先金额对各方债权人利益有重大影响。

本项目受理法院及管理人认为：建设工程的价款是施工人投入或者物化到建设工程中的价值体现，法律保护建设工程价款优先受偿权的主要目的是优先保护建设工程劳动者的工资及其他劳动报酬，维护劳动者的合法权益，而劳动者投入到建设工程中的价值及材料成本并未转化到该工程占用范围内的土地使用权中。建设工程款优先受偿权人以及土地使用权抵押权人分别基于对应的建筑物价值和土地使用权价值优先受偿。估价机构需要对建筑物和土地使用权进行估价，为管理人确定工程款优先受偿权人以及土地使用权抵押权人各自所享有优先金额提供依据。

三、破产重整估价服务的难点及解决思路

（一）价值类型及估价对象范围

根据服务需要，本项目估价服务涉及多个价值类型及估价对象，价值类型和估价对象范围目前均没有相关法律法规、规范、指导意见进行明确。正确理解价值类型的内涵和估价对象范围是实现估价目的的基础，也是价值测算的准绳。

1. 持续营业状态下在建工程价值的内涵

根据估价目的，测算该价值是用于论证《重整计划草案》在经济上的可行性，那么该价值应当是《重整计划草案》确定的后续经营方案条件下的价值，而且不同《重整计划草案》对应的估价结果应当不同。本项目实施过程中，我公司根据最有效利用原则和管理人一起结

合项目的特点，从法律、技术、经济可行性方面综合分析论证，共同就《重整计划草案》需要确定融资规模和方式、开发周期、销售方式等重要经营方案达成统一意见。并将其作为价值测算的依据。

在《重整计划草案》通过的情况下，企业会继续存续，直至项目开发完成。所以该价值应当适用于房地产估价规范中的自行开发前提。

《重整计划草案》论证的经济可行性本质上是针对债务的偿还能力，所以该价值应该为估价对象可为企业带来的净经济利益。价值内涵应当为不含税。

2. 清算状态在建工程价值的内涵

根据估价目的，该价值是公司重整失败，进入破产清算，按破产法规定对破产财产进行变价出售，并据此估算偿债能力，所以该价值应当为变现价值，考虑强制交易折价，价值为不含税价。

在破产清算条件下，在建项目将被强制变卖，适用于房地产估价规范中的被迫转让前提。

3. 建筑物和土地使用权价值

根据法院意见，建设工程款优先受偿权人以及土地使用权抵押权人分别基于对应的建筑物价值和土地使用权价值优先受偿，法理上公平合理，可估价实践却存在以下问题。

（1）建筑物价值对应的估价范围

《房地产估价基本术语标准》GB/T 50899—2013 定义的建筑物价值为建筑物自身的价值，不包含该建筑物占用范围内的土地的价值。《房地产估价规范》GB/T 50291—2015 关于成本法房地分估路径的表述为"当选择房地分估路径时，应把土地和建筑物当作各自独立的物，分别测算土地重置成本、建筑物重置成本或重建成本"。两者均涉及相关内容，但又均未对建筑价值是否包含开发过程的前期费用、管理费用、税金、利润、利息或者这些费用应如何在土地和建筑物之间分配进行明确。也未明确建筑物价值对应的估价范围是什么。

（2）建筑和土地使用权相互作用

房地产是土地和建筑物的有机组合，选址、规划设计、工程施工质量、周围环境、房地产市场景气度、房地产预售、抵押等状况均会给房地产整体价值带来增值或减值影响。建筑物和土地使用权价值估价师是否应当考虑相互作用影响？这些增值和减值如何分别量化分摊到建筑和土地使用权上？

（3）房地产价值与土地和建筑价值之和存在差异

房地产整体价值可采用的估价方法包含成本法、假设开发法、市场法、收益法等多种方法，最终采用的估价结果可能是其中一种方法的结果，也可能是综合多种方法的综合结果。而建筑物估价能采用的方法只有成本法。当房地产估价结果不是采用的成本法估价结果时，除非巧合，房地产整体价值与土地价值和建筑价值之和将必然存在差异，差异是否合理？

（4）房地产实际成交时，相对于估价结果可能存在溢价和折价，当出现房地产时出现折价，成交总价低于土地和建筑价值之和时，如何确定各自的优先受偿金额？

为解决以上问题，本项目估价过程中，我们做出了如下考虑：

（1）建筑物估价范围限定为建筑安装工程费，主要依据以下两点理由。一是法律保护建设工程价款优先受偿权的主要目的是优先保护建设工程劳动者的工资及其他劳动报酬，维护劳动者的合法权益；二是破产法确定清偿顺序中，列为优先清偿的还有税收和职工薪酬，对房地产开发企业而言，职工薪酬通常属于管理费的一部分，可见开发过程的税费、管理费已有对应的优先受偿主体，不宜再纳入建筑的估价范围内用于确定工程款债权人优先受偿金额。

（2）按照《中华人民共和国物权法》第二百条规定，地上新增建筑物不属于抵押财产，本案实际也未将地上建筑物视为抵押财产，故土地使用权价值均设定为出让合同约定规划条件的市场价值，不考虑实际修建情况对地价的影响。同样建筑物也不应当考虑土地区位、用途等因素对其价值的影响。

（3）由于不同估价方法的理论基础不同，所以得出的估价结果不同属于正常情况，况且本案中的房地产价值理论上并不等于建筑物价值和土地使用权价值之和。

（4）鉴于本案中的房地产价值理论上并不等于建筑物价值和土地使用权价值，以及房地产实际成交具有不确定性。经与管理人沟通，本项目优先受偿金额的确定方法为：各工程款优先受偿权人以及土地使用权抵押权人对应的建筑物和土地使用权的估价结果为其优先受偿金额的上限，将各估价结果占总估价结果的比例作为各工程款优先受偿权人以及土地使用权抵押权人对可用于偿债资金的享有受偿比例。当可用于偿还工程款优先受偿权人以及土地使用权抵押权人的资金高于建筑物和土地使用权总估价结果时，根据优先受偿金额的上限确定优先受偿金额；当可用于偿还工程款优先受偿权人以及土地使用权抵押权人的资金低于建筑物和土地使用权总估价结果时，根据可用于偿债资金乘以各自的受偿比例确定具体优先受偿金额。

（5）由于重整条件下，建筑物和土地使用权均不用强制变现，故确定价值类型均为市场价值。

（二）商品房买卖合同和征收补偿协议对价值的影响

本案中，管理人根据《最高人民法院关于建设工程价款优先受偿权问题的批复》和《最高人民法院关于人民法院办理执行异议和复议若干问题的规定》及我国立法精神，为充分保障购房户和拆迁户的居住权、人身权，确定对当事人未要求解除的商品房买卖合同或征收补偿协议均继续履行。

本案中的商品房买卖合同或征收补偿协议签订时间距离基准日普遍已经超过5年，期间房地产市场有较大变化，协议的履行情况将对估价结果构成重大影响。为此，本项目估价人员在测算开发完成后的房地产价值时，非常重视项目存在的预售情况和征收还房情况，并要求管理人对相关合同或协议的履行情况进行确认。对于管理人确认需要继续履行商品房买卖合同或征收补偿协议的按合同或协议约定的价格确定对应房地产开发完成后的价值，对于管理人确认需要解除商品房买卖合同或征收补偿协议的按市场价值确定对应房地产开发完成后的价值。

（三）成本法和假设开发法结果对应价值内涵的统一

本项目采用成本法和假设开发法两种方法对在建工程价值进行测算。《房地产估价规范》GB/T 50291—2015未说明采用成本法对在建工程进行估价时候针对不同的估价前提应该如何考虑。但本案中，如果不考虑，那么必然造成不同估价方法测算结果的内涵不一致，形成逻辑上的矛盾。

成本法采用的各项成本均为客观成本，在不考虑销售、抵押等权益状况的情况下，测算结果内涵和自行开发前提下假设开发法测算结果内涵一致。

针对估价对象的特殊情况，成本法初步结果必须进行调整才能得到反映估价对象实际情况的价值结论。

被迫转让前提的假设开发法和自行开发前提的假设开发法相比，相当于扣除了取得资产额外产生的税费、后续开发额外增加的成本。本项目中，成本法测算企业在清算状态下的在建工程价值时，采用和假设开发法相同的标准，扣除了取得资产额外增加的成本、后续开发需额外增加的必要支出。

假设开发法通过采用商品房买卖合同或征收补偿协议约定价格确定开发完成后房地产价值，考虑了商品房买卖合同和征收补偿协议对价值的影响。为保持两种方法价值测算结果内涵统一，本项目在成本法测算过程中，根据开发完成后房地产的市场价值与合同价或协议价的差额进行了调整，并考虑了差额导致的税费、销售费用等变化。

四、项目回顾

该项目 2019 年 7 月通过了重整计划，11 月成功引入了投资人，目前重整计划已经实施完毕。本项目完结后，我公司承办了一些其他房地产企业的破产估价项目，遇到了一些的新的问题。通过反思对比，本项目尚存在以下考虑不全面的地方。

1. 在计算土地使用权和建筑物价值，为管理人确定工程款优先受偿权人以及土地使用权抵押权人各自所享有优先金额提供依据时，仅在假设重整成功前提下，进行了市场的测算。没有考虑到重整失败时，应该采用的价值类型，尤其是对建筑价值应该采用的价值类型及内涵。

2. 根据《建设工程质量管理条例》《房屋建筑工程质量保修办法》的规定"在正常使用下，房屋建筑工程的最低保修期限为：地基基础工程和主体结构工程，为设计文件规定的该工程的合理使用年限"。建筑物的合理使用年限通常为 50 年，本项目未考虑到开发商需履行保修义务对估价结果的影响。

3. 本项目涉及部分选择退房的购房者，但本项目未考选择退房的购房者是否具有优先受偿权。实践中，部分房地产开发企业破产案件办理时，基于优先保护生存权的价值取向，对选择退房的购房者同样赋予了优先于抵押权的优先受偿权，但优先权仅限于其购买的房地产。

参考文献：

[1] 毛剑锋．资产基础法在企业价值评估中运用的再思考 [J]．中国资产评估，2014（3）：21-23．
[2] 施天涛．商法学 [M]．北京：法律出版社，2010．

作者联系方式

姓　　名：林富波　林六森
单　　位：重庆道尔敦资产评估土地房产估价有限公司
地　　址：重庆市江北区五里店格林空间 509
邮　　箱：565085739@qq.com
注册号：林富波（5020150007）

在建工程不良资产处置与资产盘活的估价与实践

王建新

摘　要：在建工程不良资产的估价，不同于一般的房地产估价，具有一定的特殊性和复杂性，估价具有一定的难度，常存在估价委托基本事项不清、出具的报告不符合委托人的估价要求的问题；且有在建工程不良资产的实地查勘、工程量的调查与测量基础数据不全面、不详细，确定的建筑安装工程造价不符合市场行情等，在这些因素影响下，估价机构出具的估价结果，不为当事人接受，导致委托人对估价服务质量产生异议。通过估价实践，本人认为估价机构在受理估价委托时，应加强与委托人的充分沟通，准确确定估价基本事项，实地查勘应详细全面，建筑安装工程造价的估价测算应考虑当地建筑市场行情等，最终出具的估价报告与真实市场价值相符，报告具有客观性、可靠性，估价结果为当事人所接受，从而为在建工程不良资产的处置与盘活当好参谋与顾问。

关键词：在建工程；不良资产；估价实践

一、在建工程不良资产的现状

不良资产中的在建工程，老百姓一般俗称为"烂尾楼"，在全国各地广泛存在。根据有关统计数据，2022年上半年，全国50个城市烂尾楼规模和烂尾率分别为昆明、郑州等25个一二线城市烂尾楼面积约5445万 m^2，烂尾率约5%；南通、惠州等25个三四线城市烂尾面积约1706万 m^2，烂尾率约4%。

不良资产"烂尾楼"的形成，通常是建设单位资金不足造成的，如建设单位的建设资金来源为银行贷款，将使银行的贷款转变为不良资产，债务难以得到清偿，对银行造成系统性金融风险。如建设项目为住宅，将使购房者的购房愿望难以实现，引起集体性上访、投诉等社会问题，对当地政府造成不利影响。

针对"烂尾楼"存在的各种问题，目前各地政府成立了解决"烂尾楼盘"问题工作小组等机构，采取破产清算、破产重整等方式，以解决"烂尾楼盘"后续建设交付问题。对于其他用途"烂尾楼"项目，银行在申请处置不良资产时，在法院和当地政府的共同努力下，通过拍卖、入股、破产重整、破产清算等方式，达到盘活在建工程不良资产的目的，从而实现解决社会矛盾，化解银行系统性金融风险，实现在建工程不良资产处置的利益最大化。

在处置和盘活在建工程不良问题的过程中，由于"烂尾楼"的特殊性和复杂性，处置方案不尽相同。政府和银行在制定处置方案时，不仅需要保护债权人的权益，还需要保护债务人的利益。在这种情形下，通常需要第三方估价机构的介入，以实现处置方案的公正、公平、公正。为此，各地政府和银行在申请法院处置时，通常聘请房地产估价机构提供专业服务,为制定处置方案或确定处置价格提供依据。

在建工程不良资产的估价,不同于一般的房地产的估价,估价的作用通常是为政府和法院等相关部门化解矛盾、处理问题,应准确确定估价目的、估价范围、价值时点、价值内涵等估价基本事项,有针对性地提供估价服务,为委托人实现处置或盘活在建工程不良资产的目的提供专业协助。

二、估价机构应加强与委托人的沟通明确估价目的

由于在建工程不良资产项目的特殊性,政府或法院需要制定具有针对性的解决方案,其估价目的,估价服务内容则不相同。如对于"烂尾楼"住宅项目,政府在制定解决方案时,通常采取破产重整、破产清算的方式,由估价机构对其已完工部分的在建工程不良资产价值估价,吸引其他企业入手,续建完成"烂尾楼"的建设,以实现保交楼的目的,这种情形下的估价目的应为确定估价对象的市场价值提供依据。

但是,政府解决盘活"烂尾楼"住宅项目,也有另外一种情形,即在"烂尾楼"住宅项目停工多年后,原开发企业破产倒闭,没有其他企业接盘,当地政府协调当地企业与购房业主达成业主自救的解决方案,由购房业主补交"烂尾楼"在建工程的后续建设费用,从而实现保交楼的目的,这种情形下的估价目的应为确定估价对象的后续建设费用提供依据。在这种情形下有时不仅需要估价机构对原有"烂尾楼"已完工部分的估价对象市场价值进行估价;在"烂尾楼"项目存在拖欠工程款的情况下,还需要估价机构对施工企业已完工部分的工程造价进行估算,以解决"烂尾楼"项目的原有债务问题,这种情况下的估价目的应为确定估价对象已完工部分的工程价款提供依据。

因此,估价机构在对在建工程不良资产进行估价时,有必要积极与委托人加强沟通,正确理解委托人的委托意图,以确定正确的估价目的。

三、估价机构应与委托人加强沟通明确估价范围

由于在建工程不良资产的特殊性和复杂性,通常政府在解决"烂尾楼盘"项目问题时,会结合项目情况制定不同的处置方案,估价时需要准确明确的估价范围,主要涵盖以下3个方面。

(一)估价范围是整体还是局部。在建工程不良资产中,如"烂尾楼盘"住宅项目,存在一部分已经建设完成,并部分交付使用,"烂尾楼盘"仅为房地产开发项目的一部分的情形。也存在一个"烂尾楼盘"分割处置的情形,由多个企业承接分别进行后续开发建设。为此,估价机构需要与委托人沟通,明确估价范围是整体还是局部,如属于局部在建工程的估价,应明确估价对象的宗地界址点、宗地界址点内建筑物和相关配套设施的估价范围、项目等。

(二)估价范围是现状价值评估,还是对后续建设费用进行评估。根据估价实践,在建工程不良资产处置与盘活的方式一般有两种,一是委托人对在建工程不良资产进行转让;二是对在建工程不良资产续建进行盘活。在这两种情形下,估价机构需要委托人明确估价范围是对估价对象完工部分的现状房地产价值进行估价,还是对在建工程后续建设的各项费用进行估价。如对在建工程的后续建设费用进行估价,估价机构应与委托人沟通估价包含的具体费用项目。

（三）估价范围是纯粹建筑工程价款的估价，还是投资角度房地产的估价。估价实践中，政府为盘活在建工程不良资产，需要结清前期在建工程的施工单位已完工部分的工程价款，通常需要对估价对象对在建工程不良资产已完工部分的工程价款进行估价，在这种情形下，估价范围应当为纯粹建筑工程价款的估价。如对在建工程不良资产的现状价值进行估价，或是对后续建设以及完成销售的税费进行估价，应当属于房地产的估价。这两种情形差异较大，需要估价机构与委托人沟通以为其解决具体问题。

四、估价机构应加强与委托人沟通明确估价的价值时点

对在建工程不良资产的处置和解决债务纠纷，委托人委托估价的价值时点要求不同。估价实践中，一般有两种情形，一是需要评估过去某个日期的估价对象的价值，即回溯性估价；二是需要评估现在日期的估价对象价值。

（一）评估过去价值时点的情形。通常在建工程不良资产在结算前期在建工程施工单位的工程价款时，需要以签订的施工合同期限内，或是在施工阶段的日期内的同期人工费、材料价格、机械费、管理费等，计算确定施工单位已完成工程量部分的工程价款，在这种情形下，需要进行回溯性估价，在建工程不良资产的价值时点即为过去的某个日期，或是过去某个时间段。

（二）评估现在价值时点的情形。在建工程不良资产进行处置，如采取转让、拍卖等方式处置，通常以实地查勘之日，或是委托人确定的某个日期作为估价的价值时点。

五、在建工程不良资产评估价值类型和内涵的确定

在建工程不良资产的估价，在估价实践中，根据委托人对估价报告的预期用途，通常涉及的价值类型两种，分别是市场价值、成本价值。两种价值类型的价值内涵，根据在建工程不良资产的处置和盘活方式不同，存在较大差异，需要结合在建工程不良资产项目的实际情况，由估价机构与委托人沟通进行明确，准确界定价值类型和价值内涵。

（一）适用市场价值的情形。在建工程不良资产处置时，如采取转让、拍卖等方式进行处置，其价值类型应确定为市场价值。其价值内涵应包含土地价值、在建工程已完工部分的建筑物价值、前期费用、实际已发生的开发期间税费、开发期间的管理费、投资利息、合理的开发利润等。

（二）适用成本价值的情形。在政府有关部门解决"烂尾楼盘"住宅项目时，如需要结清施工单位已完工部分的工程价款，在这种情形下，其估价的价值类型适用成本价值，价值内涵应为按照原建设单位与施工单位签订施工合同条款项目的建筑施工已完工部分的工程价款，以及按照施工合同计算的相关税费；不应包含土地价值、建设单位支出的前期费用、开发期间税费、管理费、投资利息、开发利润等。

此外，如"烂尾楼盘"所在地政府，为解决"烂尾楼盘"项目问题，实现向购房人保交楼目的，聘请其他企业接手"烂尾楼盘"，与购房业主协商自救，在这种情形下，需要第三方估价机构对"烂尾楼盘"的后续工程开发建设费用进行估价，这种情形下的估价也应确定为成本价值类型。

六、在建工程不良资产评估实地查勘与工程进度的确定

在建工程不良资产评估的实地查勘，不同于一般的房地产估价项目的实地查勘，估价机构应选派具有丰富建筑安装施工、工程造价等方面知识的估价人员进行实地勘察，只有通过全面、详细的实地勘察才能确定在建工程不良资产的工程施工项目、工程量、工程进度。

（一）工程施工项目的确定。对在建工程不良资产进行实地查勘，估价人员应提前与委托人或建设单位沟通，尽量获取在建工程不良资产的整套施工图纸，对在建工程的施工项目和设计标准有全面了解；在实地查勘时，对照施工图纸与在建工程不良资产的实际工程施工状况是否一致，对已施工和未施工的工程项目分类划分，以确定实地查勘的具体项目和内容。

对于没有施工图纸，或施工图纸不全的在建工程不良资产项目，估价机构应向建设单位或施工单位详细了解工程项目的施工情况和竣工标准，并对存在争议的项目和施工内容，由委托人组织建设单位与施工单位共同对工程项目和施工内容进行确定，以提前解决争议。

（二）工程量的确定。在建工程不良资产的工程量，直接影响在建工程的价值，也直接影响后续工程建设费用，对债权人和债务人的利益有直接影响，也直接关系到估价结果的可靠性。在建工程不良资产的实地查勘，不同于一般房地产的实地查勘，需要对在建工程不良资产的建筑面积进行测量核实，并结合施工图纸对分部分项工程项目的实际施工完成情况进行全面详细地查看、测量、记录；同时，应对照施工图纸和设计或竣工标准，对尚未施工的分部分项工程项目情况进行查看、测量、记录，为计算确定在建工程不良资产的工程进度进行估价测算提供可靠的依据。

（三）工程进度的确定。在建工程不良资产处置或盘活时，根据在建工程不良资产的处置方案，以及采用假设开发法和成本法进行估价的需要，存在两种确定在建不良资产工程量和工程进度的情形，一是对在建工程不良资产已完工部分的工程量和工程进度进行确定，为成本法的估价测算提供依据；二是根据已完工部分工程量确定的工程进度，对在建工程不良资产未完工部分的工程量进行确定，为假设开发法的估价测算提供依据。

估价实践中，测算确定在建工程不良资产的工程进度，相对较为复杂，需要对在建工程不良资产的分部分项工程项目实际完成工程量，或是未完成工程量进行计算。根据计算得出的分部分项工程项目已完工工程量，依据造价指标或是定额测算其工程造价，采用占比法计算得出分部分项工程项目的完工率，由此可以确定各工程项目的工程形象进度以及在建工程的投资进度。

七、在建工程不良资产估价测算时需要关注的问题

对在建工程不良资产的价值进行估价，通常选用成本法和假设开发法进行估价。在建工程不良资产的估价，不同于一般房地产的估价，估价实践中，在采用成本法和假设开发法对在建工程不良资产的价值进行估价测算时，应考虑在建工程不良资产的减价因素、在建工程不良资产续建成本增加因素、建筑安装工程造价的市场因素等方面问题，对在建工程不良资产价值的影响。

（一）在建工程不良资产的减价因素。在建工程不良资产通常停工多年，会存在的钢筋锈蚀、模板错位、建筑物主体结构受损等情形。为此，在采用成本法进行估价时，应考虑这

些因素对在建工程不良资产价值的影响，根据其对整体价值的影响程度，对在建工程不良资产的价值进行相应减价调整，如在建工程不良资产由于长期停工，建筑物主体结构受损较大，应考虑扣除合理折旧。

（二）在建工程不良资产续建成本增加因素。对在建工程不良资产的续建建设成本进行估价，应结合实地查勘情况，计算在建工程重新施工增加的额外费用，对已完工部分如钢筋出现锈蚀进行除锈，原施工单位已拆除塔吊、脚手架、安全网等，重新施工需要安装塔吊、脚手架、安全网等工程费用。

（三）建筑安装工程造价的市场因素。目前在建筑市场上，建设单位聘用施工单位进行施工，通常采用公开招标和邀请招标的方式，施工单位对建筑安装工程投标标价，一般低于按照定额计算的工程造价。在估价时，如不考虑建筑安装工程造价的市场因素，最终计算得出的估价结果与真实的市场价值会存在较大差异，其估价结果缺乏客观性，难以反映正常合理的市场价值，不为当事人接受。为此，对在建工程不良资产价值进行估价时，应调研当地建筑安装工程实际合同价与按定额计算建筑安装工程造价的平均市场差异程度，对建筑安装工程费价格进行相应调整，使其符合当地建筑市场行情，保证估价结果的真实性、合理性。

八、结语

在建工程不良资产的处置与盘活，是政府关注民生、化解社会矛盾、为广大购房者实现"居者有其屋"的民生行动，是银行排除系统性金融风险的途径，需要房地产估价机构的积极参与，加强与政府、银行、法院等相关部门的沟通，正确理解估价目的，客观合理地估价，为客户提供高质量的专业估价服务，为在建工程不良资产的处置与盘活当好参谋与顾问。

作者联系方式

姓　　名：王建新

单　　位：新乡市诚泰房地产评估有限公司

地　　址：河南省新乡市金穗大道（中）402号国贸中心C座1单元1610室

邮　　箱：wangjianxin72@126.com

注册号：4120040103

资产管理公司业务类型及房地产估价服务路径

曲晓璐　李丹丹

摘　要：本文以资产管理公司业务为主线，说明了资产管理业务对房地产估价的需求，包括实物调查、市场调查、价值评估以及现金流分析等，并在概括当前评估机构服务资产管理业务存在问题的基础上，提出了建议或意见。

关键词：资产管理；业务类型；评估需求；问题及处置建议

近年，全球经济进入动荡时期，国内经济面临着前所未有的挑战，实体经济的不良率不断攀升，资产管理公司的作用也不断凸显。资产评估服务是资产管理业务定价的基础，与不良资产的收购、处置有着紧密联系。本文以资产管理公司业务为主线，说明资产管理业务对房地产估价的需求以及当前资产管理业务中评估服务存在一些问题。

一、资产管理业务类型

随着资产管理业务发展，资产管理业务不再只局限于传统意义上的收购、处置资产或资产包，收购和处置方式越来越具有多样性。

（一）实物资产收购与处置

资产管理公司收购或处置的实物资产一般包括房地产、机械设备、车辆等具有实物形态的资产，这些实物资产主要是以物抵债取得，即债务人无力偿还债务，债权人与债务人双方达成协议或由法院判决，由债务人或担保人将其所有或具有处分权的非现金资产转让给债权人从而抵偿债务，资产管理公司通过购买资产包取得这些实物资产，经过整理后再以单项或资产包形式将这些实物资产在市场中出售。

（二）债权资产收购与处置

债权类资产收购与处置占资产管理公司业务中的绝大多数，是指资产管理公司收购或处置的金融机构持有的不良债权，这些不良债权的担保方式有抵押、质押、保证等，债权项下的抵质押物以房地产、机器设备、股权等资产最为常见。

（三）股权资产收购与处置

股权类资产实质为不良债权转化而来，主要包括抵债股权、债转股等。抵债股权与以物抵债资产类似，区别是用于抵偿债务的资产为股权。债转股是资产管理公司将其对债务人所享有的债权依法转变为股份或以其拥有的债权出资与债务人设立新公司并取得股权。债权转为股权后，原来的还本付息就转变为按股分红，转化后占股比例与资产管理公司收益有直接关系，因此对投资企业价值评估也尤为重要。

（四）债务重组

债务重组指债务企业尚能维持经营，往期无逾期情况且有还款意愿，但存在不良风险的项目，通过降低原协议约定利率、延长还款期限、减免部分利息，减轻债务企业的还款压力，使其现金流得到缓解，从而达到债权能够足额收回的目的。目前，对附重组条件的不良资产收购业务、固定收益类债权业务、债权追加投资业务，以及其他除收购处置类业务以外且以债务人和保证人偿债能力为主要还款来源的资产债重组业务，均需外部评估机构以评估手段提供相关评估咨询服务。

（五）债务企业破产重整、清算

企业重整是指已经具备或可能具备破产原因而又有再生希望的企业，对其资产进行重新组合、调整、配置，以帮助债务人摆脱财务困境，拯救其生存的积极程序。资产管理业务通常不涉及整个重整流程，而只是其中的一个或部分环节，如提供资金支持或作为股东参与，且对重整企业要求较高，需要具有一定规模，一般为国企、上市公司或当地龙头民营企业，因此该类业务在资产管理业务中占比很小。如果资产管理公司收购债权后相应债务企业以及债转股后投资企业破产清算的，资产管理公司根据对清算企业权益不同，通常是以债务人身份申报债权参与清算所得分配，或者以股东身份参与清算剩余分配。

（六）其他业务

例如，资产管理公司收购不良债权后，可能需要申请人民法院执行债务人资产。人民法院委托评估机构对申请执行资产进行估价但资产管理公司是当事人、利害关系人，对人民法院委托评估机构出具评估结果的客观合理性关注度较高，必要时会借助第三方评估机构提供专业意见或建议。

再如，过去的一些商业化项目，最初针对的并不是传统的不良资产，实质是给企业融资的一类业务，同一般金融贷款项目类似可以设立抵押、质押、保证等担保措施，资产管理公司通过债务人还本付息取得收益。随着资产管理公司主业回归以及监管部门也设置了相对较高的门槛，现在该类业务必须是基于不良的基础上与非金融机构进行的真实交易，如收购非金企业应收款，同时要对该笔债权追加抵质押物以规避风险。目前该类业务新增量较少。

二、对房地产估价服务的需求

纵观不同资产管理业务类型，需要的房地产估价服务内容可概括为资产实物调查、资产市场调查、实物资产价值评估以及现金流预测等。

（一）资产实物调查

无论是不良资产还是不良债权涉及的实物资产，主要以房地产为主，但多因贷款年限久远，抵押登记不够完善，相关监管人员频繁更替等原因，抵押期间实物状态发生变化，加上债务人普遍不够配合，相关基础资料较少，资产管理公司难以全面调查了解不良资产的真实状况。例如，债权对应抵押房地产的抵押登记地址与实际坐落不一致、抵押物部分损毁或坍塌、抵押物进行了后续更新改造或扩建改变原有的形态、土地政策管制等，这些问题对抵押物的确认及估值都有重大影响。一方面评估机构受资产管理公司委托对不良资产评估中应关注类似评估对象可能存在的事项，另一方面资产管理公司也可以单独委托有关机构对重要项目抵押物状况进行专门调查。

（二）资产市场调查

资产管理业务涉及的实物资产通常无法在短期内处置完毕，持有期较长，因此资产管理公司对实物资产市场情况格外关注，该需求贯穿于资产管理业务收购、持有到处置的整个环节。实物资产处在持续变迁的市场环境中，受政策、经济、环境等多重因素影响，实时掌握实物资产市场情况有利于资产管理企业识别市场机会，发现市场潜力，从而判断项目的盈利性，确定正确的投资方向。

（三）实物资产价值评估

资产管理业务中涉及实物资产价值评估的场景主要包括：

1. 债务企业或保证企业以其所有或拥有处置权的非现金资产抵偿债务时，需要对抵债的实物资产价值价格进行评估。

2. 处置持有的非现金抵债资产时需要对实物资产价值价格进行评估。

3. 债务期限重组项目的原评估报告在有效期内且抵质押物范围未发生变化或抵质押物较原范围增加的，通常需要对项目抵质押物重新评估。

4. 商业化项目中对追加的抵质押物进行价值监测，以实时掌握抵质押物价值增减值变化并及时采取相应措施规避不良风险，需要定期对抵质押物价值价格进行评估。

5. 处置资产管理公司内部资产，如房屋出租出售、报废车辆及电子设备等处置，需要对实物资产价值价格进行评估。

另外，在股权和债权收购及处置类业务中也涉及对相关企业房地产实物的评估需求。

（四）现金流预测

商业化项目和附重组条件的债务重组项目，通常需要对债务重组项目或企业在债务重组期间的经营现金流进行预测，并对其综合偿债能力进行分，如债务人的偿款能力分析、还款来源分析，若抵押物为房地产的，还需要进行压力测试分析、担保人偿债能力分析等。经营现金流测算通常有两种情形：一是债务企业有专门的经营现金流优先用于偿还资产管理公司债权，二是项目未设定优先于偿还资产管理公司债权的现金流，其相应的假设前提是有差异的，该类项目应重点关注债务企业信用水平及持续融资能力。

三、存在问题及改进

（一）评估结果的咨询与鉴证性质问题

目前评估机构因资产管理公司评估业务涉及资产特殊、程序受限等原因，通常以出具咨询报告为主，由于咨询类报告种类繁多，相对灵活，缺少统一的规范标准，所以报告质量也良莠不齐。但就资产管理公司方及管理要求而言，更倾向于评估机构出具鉴证性评估报告，且对评估服务标准要求较高，导致评估机构出具的咨询性报告经常不能实质利用。

无论出具的是鉴证性评估报告还是咨询性评估报告，评估机构及评估师出具的都是专业意见，都对当事人的交易定价决策具有重要影响，都应体现出评估人员的专业水平和职业操守。这就要求评估人员在服务资产管理公司业务中有更高的发现问题并解决问题的能力。未来更加规范和专业的鉴证性意见将成为资产管理评估业务的发展趋势，评估机构及评估师应有足够的认识，要不断提升自身的专业素养及对委托人评估需求的洞察能力。

（二）评估对象的不确定性问题

目前资产管理评估业务中评估对象的不确定性因素较多，主要包括：（1）评估范围不断调整。如债权涉及抵押物为工业房地产的，地上有未登记房屋，未登记证房屋是否可视为一并抵押并能够受偿，评估范围是否包含未登记房屋；诉讼时效到期未起诉，抵押物是否还能依法受偿，是否还应列入评估范围等问题。（2）评估程序受限。如债务人不配合，评估基础资料提供不全，无法进入房屋室内查勘等情况。（3）估价对象自身瑕疵。如资产权属不清，产权依据不足；房屋存在改扩建、重建情况，无法辨认原有抵押物；土地使用权到期未续期；划拨土地使用权未按规定有偿使用；出让土地未按规定期限、规定强度投资建设等情况。

通常情况下，资产管理公司会对抵质押物情况出具法律意见，评估机构以其为依据实施评估。但有时法律意见只陈述相关事实，不会给评估范围进行明确界定，这就需要评估估价人员有自己专业的判断，所以资产管理业务评估人员的法律知识掌握程度就显得尤为重要，如果评估人员只局限于评估技术上的钻研，而缺乏相关知识，如法律、经济类专业知识，就很难高效率地完成资产管理业务评估项目。考虑到资产管理业务的特性，通常要求评估人员对评估程序受限和评估对象存在自身瑕疵的业务进行适当处理，在符合相关评估规范的前提下，以现有评估条件提供最接近于资产真实价值价格的评估结论。当然，资产管理公司也并不是要求评估机构及评估师隐瞒评估程序受限、资产状况缺陷等情况，而是要求评估机构及评估师应该充分履行尽职调查义务，再进行有关合理假设；所有进行的重要假设或评估结论成立的前提条件，都应清楚地在报告中进行披露。不进行调查或不尽职调查即简单地进行有关假设并出具的评估意见，对资产管理公司的业务开展没有任何价值。

（三）评估结果较大程度偏离交易价格问题

各类资产收购及处置最终实现的交易价格与评估机构评估结果的偏差问题是资产管理企业比较关注的重点问题。现实业务中经常会出现按评估值确定资产处置价格却无人问津，大幅降价后方可交易成功的案例，这就使资产管理企业对评估的专业性产生质疑。产生这种偏离的原因固然有不良资产及处置的特殊性的问题，如处置的不良资产未完工不能投入使用、权属存在纠纷等，不属于市场上常规资产，成交频率较低，容易受政策、买方心理等因素影响，信息不对称使买卖两方很难达成共识。根据调查，评估机构及评估师认为评估结果与实际交易价格必然会存在偏差，其主要理由是评估结果为市场价值，具有严格的前提条件，如交易双方对交易对象及市场行情平等知晓、有较充裕的时间进行交易等，但纵观资产管理业务的状况，实际是几乎不符合公开市场的任何一条假设；另外，评估机构及评估普遍认为资产管理业务具有国有资产属性，为防止国有资产流失，在立场上普遍倾向于收购项目低评、处置项目高评。从这些观点来看，实际成交价格与评估结论出现经常性偏离，不仅仅是不良资产及处置存在特殊性的问题，还存在制度政策层面限制、评估标准规范不适用等方面的问题。

目前，在对实物资产、股权、债权方面的评估行业标准主要有《房地产估价规范》GB/T 50291—2015、《城镇土地估价规程》GB/T 18508—2014、《资产评估基本准则》《金融不良资产评估指导意见》等，但相对资产管理公司现有业务类型来看，这些标准规范准则相关规定的针对性、全面性、可操作性尚存在欠缺。资产管理公司内部通常有对外部评估工作质量及技术内容方面的规定的相关文件，但通常只作为内部审核参考，不能作为行业评估的统一标准。

四、结语

资产管理业务涉及的实物资产中，房地产价值量占比较大，并且由于房地产具有保值增值特性，通常也以房地产作为主要关注资产，因此房地产评估服务是资产管理业务中实物资产价值评估不可或缺的重要环节，是实物资产的收购和处置的先行环节和定价基础，是债务重组可行性的依据，也是对抵质押物价值监测的重要手段。当然也需要房地产估价行业、机构及估价专业人员共同努力，方能占有更大市场份额。

作者联系方式

姓　　名：曲晓璐
单　　位：辽宁兴正华土地房地产资产评估咨询有限公司
地　　址：辽宁省大连市西岗区菜市街6号振富大厦2807室
邮　　箱：358584133@qq.com
注册号：2120140066

姓　　名：李丹丹
单　　位：大连至信房地产评估事务所有限公司
地　　址：辽宁省大连市旅顺口区长江路58号
邮　　箱：584989837@qq.com
注册号：2120180032

浅谈评估咨询机构在老旧小区改造中的作用

李年宝

摘　要：老旧小区改造成为城市更新的重要途径，包括改善居住条件和构建社区治理体系两大重要内容，是一个综合性的系统工程，但目前在实施过程中存在各种各样的问题。本文从梳理相关政策入手，充分分析老旧小区改造的主要特点、现状和存在的主要问题，提出评估咨询机构在老旧小区改造中如何发挥作用，实现自身的价值。

关键词：老旧小区改造；评估咨询机构；作用

《中华人民共和国国民经济和社会发展第十四个五年规划和2035年远景目标纲要》明确提出，要加快推进城市更新，改造提升老旧小区等存量片区功能，推进老旧楼宇改造。老旧小区改造逐步代替"十三五"内已基本完成的城镇棚户区改造，成为"十四五"城市更新的重要途径。

一、老旧小区改造相关政策

2015年12月，中央城市工作会议提出加快老旧小区改造，真正实现政府、社会、市民对城市共治共管、共建共享。

2016年2月，《中共中央 国务院关于进一步加强城市规划建设管理工作的若干意见》提出有序推进老旧住宅小区综合整治，加快配套基础设施建设，健全城市基层治理机制，实现政府治理和社会调节、居民自治良性互动。

2017年底，住房和城乡建设部在厦门、广州等15个城市启动了城镇老旧小区改造试点，并逐步形成了一批可复制可推广的经验。

2019年，国务院政府工作报告和常务会议对城镇老旧小区改造工作作出部署，住房和城乡建设部等三部委出台《关于做好2019年老旧小区改造工作的通知》，全面推进城镇老旧小区改造工作。

2020年7月，国务院办公厅发布了《国务院办公厅关于全面推进城镇老旧小区改造工作的指导意见》（国办发〔2020〕23号，以下简称《指导意见》），明确老旧小区改造的指导思想是改善居民居住条件，推动构建"共建共治共享"的社区治理体系，并将改造内容分为基础类、完善类、提升类3类。另外提出到2022年，基本形成城镇老旧小区改造制度框架、政策体系和工作机制，到"十四五"期末，力争基本完成2000年底前建成需改造城镇老旧小区改造任务。

2021年，国务院政府工作报告再次强调加大城镇老旧小区改造力度。《中华人民共和国国民经济和社会发展第十四个五年规划和2035年远景目标纲要》提出完成2000年底前建成的 21.9 万个城镇老旧小区改造。

《"十四五"新型城镇化实施方案》也明确了老旧小区改造的要求。

目前，住房和城乡建设部印发了 5 批城镇老旧小区改造可复制政策机制清单，供各地参考执行。各地也在密集出台配套政策，加速城镇老旧小区改造工作。

二、老旧小区改造的主要特点

城镇老旧小区是指城市或县城（城关镇）建成年代较早、失养失修失管、市政配套设施不完善、社区服务设施不健全、居民改造意愿强烈的住宅小区（含单栋住宅楼）。城镇老旧小区改造包括改善居住条件（硬件设施）和构建"纵向到底、横向到边、共建共治共享"的社区治理体系（软件管理）两大重要内容。通过老旧小区改造，实现美好环境与幸福生活共同缔造。相应的，老旧小区改造有以下几个主要特点。

（一）老旧小区改造需要与片区改造相结合

老旧小区改造要求建立存量资源整合利用机制，合理拓展改造实施单元，推进相邻小区及周边地区联动改造，利用小区及周边存量土地建设各类环境及配套设施和公共服务设施，实现配套服务设施和社区公共空间共建共享。

老旧小区改造同时要求落实历史建筑保护修缮，保护历史文化街区，展现城市特色，延续历史文脉，以此开展的老旧小区片区式改造有利于避免"千城一面"。

另外，各老旧小区资源和收益情况各不相同，进行片区式改造有利于片区的资源整合和资金平衡，也有利于改造工作的顺利开展。

厦门已开始试点"老旧小区成片式改造"；山东也在积极探索大片区统筹平衡模式、跨片区组合平衡模式等老旧小区"4+N"改造方式，并获得人民日报正面报道，被住房和城乡建设部列为可复制政策机制予以推广。武汉等多地也在老旧小区改造行动计划中明确提出，支持将有共同改造需求、距离较近的老旧小区统一规划设计，集中成片改造。

住房和城乡建设部发布的《城镇老旧小区改造可复制政策机制清单（第一批）》，将老旧小区集中连片改造和"整合利用小区内空地、荒地、拆除违法建设腾空土地及小区周边存量土地，用于建设各类配套设施和公共服务设施，增加公共活动空间"作为可复制的政策机制予以推广。

（二）老旧小区改造涉及相关方众多

1. 政府方。老旧小区改造是一项系统工程，市区（县）级政府要作好顶层设计和统筹规划，街道要统筹建立协调议事机制，"街道吹哨，部门报到"，政府各部门在街道协调下分工合作，建立联席会议制度，共同破解老旧小区改造遇到的各种问题。

2. 社区和小区各方。社区居委会作为基层群众性自治组织，在街道的指导和帮助下，"上传下达"，开展组织协调工作。小区各方有业主委员会、业主代表、广大业主和租（住）户、物业服务单位等。

3. 关联单位。包括社会资本方、工程改造中的设计单位、施工单位、小区水电气等专业设施的经营单位、改造完毕后养老、托育等配套设施的运营单位等。

（三）关系错综复杂，需要多方协调

老旧小区改造不仅仅是工程建设，更涉及基层社区治理。《指导意见》明确提出，以基层党建为引领，促进小区治理模式创新，推动社会治理和服务重心向基层下移，完善长效管

理机制。为保障老旧小区改造工作顺利推进并达到预期目的，并维护老旧小区改造成果，需要建立一套协调议事机制，协调众多事宜，主要包括：政府层面协调小区改造与片区同步实施改造，协调水电气等专业经营单位同步实施改造；社区和业委会协调小区业主改造需求达成一致，协调小区公共空间利用可能引发的矛盾，协调改造中的拆除违建问题，协调加装电梯与低层业主的冲突，协调小区公共收益向社会资本让渡等；街道和社区协调政府部门参与改造工作，协调业委会和社会资本签订改造协议，并协调二者在改造期和运营期的关系。

目前老旧小区普遍没有建立业委会，需要先行召开业主大会成立业主委员会，代表小区全体业主参与协调议事，行使权力，包括代表业主共同确定改造方案，签订改造协议，监督改造，授权让渡小区公共收益，制定另行付费机制，制定居民公约，后期督促业主按约定付费等。

（四）改造资金来源多样且对回报要求各不相同

1. 政府补助资金。中央、省、市各级政府补助资金用于保基本，重点用于基础类改造，不需要回报，但资金数量有限，需要市区（县）级政府积极争取。

2. 专业经营单位投资。根据相关规定，专业经营单位应当接收物业区域内的专业经营设施设备并承担其所属经营的管线和设施设备维修、养护责任。该部分投资不需要回报，但属于专款专用，但需要协调同步改造。

3. 居民出资。包括居民直接出资、使用住宅专项维修资金、让渡小区公共收益等。其中住宅专项维修资金专项用于住宅共用部位、共用设施设备保修期满后的维修和更新、改造。很多地方支持小区居民提取住房公积金，用于加装电梯等自住住房改造。另外，鼓励居民通过捐资捐物、投工投劳等支持改造。小区公共收益应属于全体业主所有，包括小区地面停车位和充电桩收益、公共用房租赁经营收益、小区广告收益、快递柜等第三方进场经营缴纳的场地租赁费或进场费等收益。目前老旧小区的公共收益管理普遍较为混乱，并引发不少小区矛盾，亟须加强管理。目前来看，居民出资的意愿极低，且金额极为有限，需引导鼓励。除整个小区普遍使用的维修资金、让渡小区公共收益和捐资捐物和投工投劳外，个别居民的单独出资可归集并与社会资本同等对待，给予相应的回报。

4. 社会捐助。社会捐助主要包括原产权单位、公房单位、后期增设经营单位捐资投资等。该部分金额极小，可视同对全体业主的补助，不考虑回报。

5. 社会资本（包括借贷资金、专项债资金、PPP资金、第三方投资等）。社会资本为老旧小区改造资金缺口托底，是老旧小区工程改造能顺利实施的关键。老旧小区改造完成后需要能产生相应的收益回报社会资本。

三、老旧小区改造的现状和存在的主要问题

（一）老旧小区改造现状

从全国看，在2018年试点后，全国老旧小区改造进展逐步加快，实际开工数明显大于计划开工数，各地在加快改造项目审批、整合利用存量资源、吸引社会力量参与等方面进行了积极探索，形成了多批可复制可推广的经验做法和政策机制。今后几年都是老旧小区改造的高峰期。

（二）存在的主要问题

从目前实施的情况来看，各地对老旧小区改造普遍存在以下问题：1.缺乏统筹规划和

顶层设计，未能在纵向全流程方面和横向片区改造及公共配套设施布局方面全局考虑；2. 仅作为一个政府投资的工程项目操作，未能有效调动政府各部门和业主参与，也未能有效探索建立议事协调机制和长效管理机制；3. 资金来源主要依靠各级政府补助，未能有效调动社会资本积极参与；4. 改造内容主要是水、电、路、气等基础类设施改造，且没有充分调动专业经营单位参与改造，没有区分各种改造资金的投资范围和职责。根据相关规定，水、电、气等应由专业经营单位投资维护改造，但根据《中央财政城镇保障性安居工程专项资金管理办法》，政府补助资金主要用于小区内水、电、路、气等配套基础设施改造，投资范围和职责混同。

四、评估咨询机构在老旧小区改造中的作用分析

老旧小区改造不仅仅是居住环境（硬件）的改造，更是基层社会治理能力（软件）的提升，是一项综合性的系统工程。评估咨询机构可充分利用自身专业优势，协助政府部门做好老旧小区改造相关咨询服务工作。

（一）为政府部门从全局角度决策提供咨询

城镇老旧小区改造需要政府部门从全局角度作好制度设计和统筹安排，包括：1. 对接城市规划，统筹布局养老、托育等公共设施，协调同步建设；2. 委托设计单位，在城市规划框架内，在保留特色风貌和历史文化前提下，确定片区改造的建筑风格，并对改造主要子项目进行菜单式模块化设计，尽量统一子项目改造标准，便于统一采购和施工，降低成本；3. 协调专业经营单位对老旧小区水、电、气等进行基本情况摸底，对低于相关改造标准的专营设施，要求专业经营单位安排更新改造计划，同步实施改造；4. 协调规划部门，研究利用老旧小区空地和拆违腾退用地增设公共设施用房的可行性；5. 积极储备对接意向参与的社会资本方（包括意向改造、意向出资、意向运营等），签订框架协议；6. 安排各街道摸底老旧小区基本情况，调查改造需求、改造意愿等，结合相关政策，拟定改造计划；7. 统筹安排使用中央、省市区老旧小区改造补助资金；8. 出台支持政策，鼓励社会资本规模化经营。

评估咨询机构可在以上环节寻找业务机会，为政府决策提供咨询服务。

（二）进行项目资金平衡测算，协助确定改造方案

老旧小区改造坚持居民自愿，鼓励居民参与改造，但不搞"一刀切"，量力而行。但若仅依靠各级财政补助资金进行基础类设施改造，显然难以达到改造的初衷，还是需要充分调动社会资本支持和参与，借助社会资本共同合理制定改造方案。但社会资本追求投资回报，需要咨询机构根据各种设定的改造内容和可能的收益试算资金平衡情况，并与街道、社区和业委会反复沟通，共同确定最终的改造内容。评估咨询机构在进行资金平衡测算时，需关注和测算的内容主要包括：设定的改造内容、估算总投资、各方出资构成和社会资本投资金额、预期收入（包括业主让渡的公共收益、配套设施出租收入、协商增加的物业管理费或另行付费等收入，不包括水、电、气等专营单位收入）、预期成本费用、相关税费优惠政策、各年收益、社会资本收益率和确定社会资本运营收益年限等。

在资金平衡测算过程中，尽量说服各方从经济耐用角度出发进行改造，压实投资额，从改造效果、居住环境改善和住房保值增值角度尽量说服业主让渡公共收益并适当付费，尽力促成各方达成一致意见。

资金平衡测算结果是能否引入社会资本的关键，也涉及小区业主的切身利益，必须客观

公正，取值合理，否则会为后期运营埋下隐患。

五、结语

老旧小区改造工作需要全过程咨询服务，对咨询服务的需求超越了评估机构的传统业务范围，这就要求咨询机构和咨询人员站在全局全过程的角度思考问题，并综合运用评估、工程、财税等专业知识，创造性地解决问题。全过程咨询服务是市场的需求，也是咨询服务业的发展趋势，国家发展改革委也在发文大力推进全过程咨询服务，咨询机构和咨询人员要主动顺应市场变化，提高自身综合实力，在提供优质服务的同时实现自身的价值。

作者联系方式
姓　　名：李年宝
单　　位：湖北永信行房地产土地资产评估咨询有限公司
地　　址：湖北省武汉市江岸区香港路 145 号远洋大厦 13 层
邮　　箱：604234088@qq.com
注册号：4220040013

盘活存量资产中的估价服务及实践分享

廖海燕　王佳弋　李　欢

摘　要：在城市发展过程中形成了大量存量资产，为有效盘活存量资产，形成存量资产和新增投资的良性循环，2022年5月25日，国务院办公厅发布了《国务院办公厅关于进一步盘活存量资产扩大有效投资的意见》。在大量存量资产中，不动产作为国有企业的重大资产，不动产的盘活成为主要目标之一，本文从估价实践的个例中，以小见大，总结出存量资产评估中存在的普遍性问题以及房地产估价机构在估价服务中能够提供的服务，同时提出估价服务机构应该做出的必要准备。

关键词：盘活存量资产；普遍性问题；提供服务；必要准备

一、盘活存量资产的背景

所谓存量资产，是指企业所拥有的全部可确指的资产，包括企业的应收账款、其他应收款、无形资产等。从狭义上来说，存量资产就是企业自身的资产，但大多数对企业的发展而言是不利的且低效率的，这一类资产属于企业中的闲置资产。那么，存量房地产，从广义上来说，就是指企业所拥有的全部房地产，包括正在使用及闲置的房地产。狭义上来说，存量房地产，就是指企业目前使用率低下、可改造和闲置的房地。本文主要分析国有企业的存量资产，根据《国家发展改革委办公厅关于做好盘活存量资产扩大有效投资有关工作的通知》，存量资产包括长期闲置但具有较大开发利用价值的老旧厂房、文化体育场馆和闲置土地等。经过多年投资建设，我国在基础设施等领域形成了一大批存量资产，这些资产或闲置或低效利用，或无人管理，或由于经营方式或利用的不适当，总之存在大量处于"休眠"状态的资产。目前我国政府债务风险突出，特别是一些建设任务重、负债率较高的国有企业，大部分负债水平较高，再投资能力低下，依赖土地财政严重等突出矛盾显著。为深入贯彻习近平新时代中国特色社会主义思想，完整、准确、全面贯彻新发展理念，加快构建新发展格局，推动高质量发展。有效盘活存量资产，形成存量资产和新增投资的良性循环，对于提升基础设施运营管理水平、拓宽社会投资渠道、合理扩大有效投资具有重要意义。在此背景下，在2022年5月25日，国务院办公厅发布了《国务院办公厅关于进一步盘活存量资产扩大有效投资的意见》（以下简称"《意见》"）。

二、存量资产评估中存在的普遍性问题

在《意见》中确定了盘活存量资产的重点方向，包括重点领域、重点区域和重点企业；明确了盘活存量资产的方式以及政策支持力度，可以通过推动基础设施领域不动产投资信

托基金（REITs）健康发展、积极推进产权规范交易、探索促进盘活存量和改扩建有机结合等方式盘活存量资产。不难发现，在这些方式中都或多或少涉及资产的估值、资产交易的定价、租金水平的确定等。下面以笔者参与的一个项目为例，以小见大地总结出存量资产评估中存在的普遍性问题。

笔者参与了四川省辖区范围内的一家国有企业集团名下涉及的 20 余家子公司的资产价值评估业务，该项目是通过融资方式实现存量资产的盘活，利用具备抵押条件的存量资产获取融资资金为地方政府重大基础设施提供资金支持。相较于一般不动产评估项目，笔者发现国有存量资产存在的普遍性问题一般集中在前提准备阶段和实地查勘阶段。具体如下：

（一）前期准备阶段

在前期准备阶段，根据委托方提供资产清单及相关资料，该集团公司连同名下的子公司提供共计 50 处 500 余项资产。主要涉及的资产类型有公租房、廉租房、划拨土地、在建工程、城市基础配套设施、厂房、剧院、市政公园绿地配套经营用房等，资产遍布该国有企业集团经营活动区域内，存在分布广、数量大等特点。同时根据委托方提供资相关资料，初步发现其中大约七成的资产涉及权属信息不完整的问题，其问题主要分为以下几种类型：

①尚未办理相关权属证明，也无相关证明文件，长期以来就作为公司资产进行管理。②无相关权属文件，仅有划拨文件、会议纪要等权属证明性材料。③有土地划拨文件，房屋竣工资料，尚未办理权属证明文件。④有《国有土地使用证》，无《房屋所有权证》，房地权属人不一致，房地无法对应。⑤在建工程相关报规报建手续不完善，资产已竣工投入使用多年，尚未办理竣工验收手续。⑥土地缺乏规划条件通知书等。

在前期准备阶段，我们根据委托方提供资产清单及相关资料进行梳理，同时就上述问题与委托方进行有效沟通，提出解决问题的可行性方案，为项目实施阶段作好准备。

（二）实地查勘阶段

我们都知道，影响不动产价格的主要因素为三大板块，区位、实物、权益。在评估实施阶段，我们需要对不动产进行实地查勘，主要是对不动产物体的确认、不动产权属关系的确认和所涉及不动产财务状况的核查三个部分。在这个阶段主要存在的问题如下：

1. 登记的不动产无法与实物进行一一对应

在实地查勘中，我们会发现国有存量资产存在的另一个屡见不鲜的现象是登记的不动产无法与实物进行一一对应。发生这种现象又分为两种情形，第一种是在实地查勘过程中，领勘人不动产指认不清，虽然名义上是相应不动产的管理人员，但实际上的工作主要停留在保管相关的不动产权属资料上，对于不动产的具体位置，实物、利用状况一概不知。究其原因，大多数都是由于该类不动产长期闲置，收益低，大多数企业经历过多次兼并、改革、重组后，管理人员也经历多轮流动，在人员流动交接的过程中，只注重权属资料的交接，而未到相关不动产所在位置现场指认。同时近些年我国国有企业体制改革不断深化，在体制改革过程中，各单位之间国有资产调拨频繁，会对国有资产产权的记录产生影响，容易混淆产权。另外，没有专业的人员对其进行管理，一般都是由企业的财务部门或其他部门监管，专业人员缺乏，专业知识缺少，而且一般类似存量资产形成时间较为久远，已然成为历史遗留问题。第二种是不动产管理人员和不动产权利人分离，分属于不同公司管理，不动产所有权在集团公司，而管理权在子公司，所有权人对不动产的具体位置、利用情况也一无所知。

2. 不动产权属关系不清晰

权属关系一般分为所有权和使用权，但在具体确认过程中，由房地经营的多样性可派生出多种权利关系。评估应明确确认房地产的一切权利关系，核实其权利关系是否存在及与其委托资料所载明的内容是否一致。除所有权还有用益物权、担保物权及其他限制性权利，在我们的评估实际工作中，特别是针对租赁权，房屋或土地实际被占用，但并未签订相关租赁合同或协议，事实租赁关系长期存在。部分合同租赁期限过长，为了取得长期稳定出租收入，签订的合同长达三四十年，不符合相关法律规定。

三、估价机构在盘活存量资产中发挥的作用

（一）协助资产所有方清查资产，对可盘活的资产建立数据信息库

要盘活存量资产的第一步，就要清查资产，对可盘活的资产建立数据信息库，梳理权属，理顺资产自身状况。针对上述我们在实际工作中遇到的问题，我们建议资产所有人针对不同的资产做出不同的处理方式，因"资"制宜，针对"问题资产"有针对性地进行处理。例如：针对没有权属的资产，应当查询相关历史档案，对于合法合规能够办理权属证的，协调相关产权登记部门及时办理权属证明；对于无法办理权属证明的，应该及时召开相关领导决策会议，集体决策出恰当的处理方式。针对权属与实物无法对应的，应该会同资产的相关方，积极提供已有证据，实地核查，落实资产具体位置、分布情况、利用方式。对于无相关基础资料的，应当实地走访，调查了解，确定登记不动产与实物的对应关系。在弄清楚各资产的"前世今生"后对资产建立台账，搞清楚权益、实物状况，为后续盘活资产提供强有力的基础数据。同时可以根据资产的规模建立动态管理信息库，设专人对资产进行管理维护，保证入库数据的准确、规范、完整。实现资产管理的网络化、信息化、系统化，为后期开展实质性的盘活工作提供方便和支撑。

（二）协助资产所有者确定存量资产的公允价值

摸清家底，就需要确定可盘活资产的公允价值，存量资产盘活的方式多种多样，可以整体转让、可以作价入股、可以再开发利用、可以抵押融资。但不难发现，几乎所有的盘活方式都需要知道存量资产的公允价值，秉持防止国有资产不流失的原则，对存量资产盘活前应对其公允价值进行评估。存量资产要进入市场，就需要以公允价值作为基础，才能使企业资产价值转化为市场交换价值，存量资产的盘活才真正做到遵循价值的规律。

（三）协助资产所有方形成适合的资产盘活方案

在我们的实际工作中，接触到的存量资产类型多样，大部分主要是用于生产经营的。房地产及土地作为重大资产的组成部分，其主要特征有价值量大、不可移动性。同时房地产利用讲究最高最佳利用，最有效的用途、最适当的利用方式、利用方式要与外部环境进行平衡。在盘活中是应该整体转让，还是自持再开发、出租抑或是可以进行抵押融资等，都需要专业的人员进行指导，而房地产估价机构对于上述业务而言就是轻车熟路，可以协助资产所有方对所持有的不动产进行分类、分析和判断，提供切实可行的资产盘活方案。

四、估价机构承接盘活存量资产业务需要做出的必要准备

（一）人员准备

从存量资产的特征可以看出，国有企业存量资产权属不清，相关资产管理人员专业性不够，同时一般情况下，项目涉及的资产数量庞大、分布较为分散。另外，由于管理的不规

范，大部分无法提供平面图、历史建安成本、租赁合同等基础性资料。项目在前期资料收集、实地查勘和市场调查中相对于传统项目需要的时间更多，花费的人力更多。因此，估价机构为了更好地服务，需要储备足够多及足够专业的人员，以便保证项目的顺利开展，也保证工作的严谨、细致和效率。

（二）风险意识的强化

存量资产评估都涉及国有资产，那就肯定绕不开国有资产流失。狭义的国有资产流失是指国有资产被人为地用不正当或不合法的手段改变为非国有资产，即改变了国有资产的国家所有的性质。而广义的国有资产流失除了包含狭义的国有资产流失的内容之外，还包含国有资产的各种损失，如报废、损毁所造成的损失，以及国有资产低效运营造成的损失等。国有资产流失的本质是国家所有者权益的减少。在盘活存量资产的过程中，不管是通过整体转让资产还是企业收购或兼并过程中都可能会造成国有资产的流失。房地产评估机构作为第三方机构应严格把握职业道德红线，保持公平公正的原则，严格遵循评估的工作程序，做到评估过程的严谨，参数取值有理有据，论点论据充分，评估结果准确公正。

五、结束语

当前形势下，盘活存量资产具有重要意义，在落实国家重大战略、推动实现"十四五"期间经济社会发展、防范化解地方政府隐性债务风险、降低企业资产负债水平、提升再投资能力、吸引各类社会资金参与重点领域项目建设、广泛调动社会资本积极性等方面都有着举足轻重的作用。身为估价人的我们，应该时刻作好准备，秉持初心，笃定前行，在工作中总结经验，在经验中学会成长，为社会主义经济发展做出我们的努力和贡献。

参考文献：

[1] 高峰.浅谈国有企业存量资产中房地产的盘活管理策略[J].地产，2021（9）：1-3.

[2] 周朋.盘活存量资产应处理好的几个关系[J].天津商学院学报，1999（6）：53-55，64.

[3] 李鑫锋.动产权益对不动产估价的影响[J].连云港职业技术学院学报（综合版），2005（2）：34-36.

作者联系方式

姓　　名：廖海燕　王佳弋　李　欢

单　　位：深圳市国策房地产土地估价有限公司成都分公司

地　　址：四川省成都市锦江区人民东路6号东原中心1505

邮　　箱：878527928@qq.com；341118490@qq.com；44961914@qq.com

注册号：廖海燕（5120180089）；王佳弋（5120190035）；李　欢（5120080053）

浅谈中心城区老旧厂房转型方案优选

宋莉娟

摘　要：随着房地产估价市场的深入发展，估价机构在不断寻求业务转型的新路，估价业务逐渐向房地产综合性咨询领域拓展。本文以中心城区某企业的老旧厂房转型项目为例，叙述估价人员在估价咨询实务中如何拟订方案，进行相应的投资价值分析测算，最终为委托方做出方案优选等内容进行初步探讨。

关键词：老旧厂房；综合性；咨询服务；方案优选

一、引言

党的十九大首次提出了"高质量发展"的要求，党的二十大再次强调"着力推动高质量发展"，中国经济从此进入了高速增长阶段转向高质量发展阶段，而高质量发展之根本在于经济的活力、创新力和竞争力。进入"十四五"，各行各业都在不断践行适合自身的发展道路，房地产估价行业为了实现未来高质量、可持续的健康发展，在不断创新估价业务及多种新兴业务领域进行积极的探索与尝试。

二、中心城区老旧厂房的现状

上海是中国近代工业的发源地和集聚地，作为中国最重要的工业城市，其工业发展见证了整个城市的历史变迁，也成为中国现代工业史的缩影。随着城市化进程的加快和产业结构的调整，城市中心区域的工业企业因产业转型、经营机制不灵活、产业结构不合理、效益不佳、市场竞争力不强、对环境污染及城市建设的需要等因素，纷纷退出主城区，工业重心向新兴工业园区、郊区转移。于是在中心城区遗存了一批地理位置较优越、建筑结构良好、配套设施基本齐全的工业厂房，其中一些不乏具有历史价值。这些老旧厂房，如今大多处于闲置状态，也有部分企业当上了"房东"，将闲置厂房直接整体出租或分割出租。上海的发展战略是构建"世界城市"，中心城区寸土寸金，而处于中心城区老旧厂房的空置或低效利用无疑是对资源的极大浪费。

《中华人民共和国国民经济和社会发展第十四个五年规划和2035年远景目标纲要》明确指出，要加快推进城市更新，改造提升老旧小区、老旧厂区、老旧街区和城中村等存量片区功能，推动城市空间结构优化和品质提升。城市中心老旧厂区改造或将成为城市更新的重点。中心城区的老旧厂房一般拥有合法产权，如何妥善处理中心城区的老旧厂房，提升城市功能优化产业结构，实现经济效益与社会效益的双赢，已成为值得深思的时代性课题。

三、项目实例分析

随着城市中心城区老旧厂房更新项目的增多，涉及以老旧厂房转型为代表的综合性咨询顾问的需求也不断增加，形成众多综合性咨询服务形式，诸如房地产开发项目开发前的市场调研分析、可行性研究、房地产投资分析、最优方案比选等。笔者以承办的一项中心城区老旧厂房咨询项目为例，进行了方案优选和分析。

委托方为一家国有企业，其名下有一处工业房地产位于上海市虹口区江湾镇，地处中外环间。根据委托方提供相关材料，其土地使用权来源为划拨，用途为工业，土地面积为9674平方米，该厂区内共建有7幢建筑物，合计建筑面积为10252平方米（均为合法建筑面积）。

据委托方介绍，地上建筑物大多建于20世纪八九十年代，主要用作车间、办公、门卫及相关配套用房。近来由于行业转型及企业自身原因，该企业现已不再进行生产经营活动，原厂房处于空置状态，维修保养情况也不佳。企业仍需承担部分职工基本工资及社保等费用，每年需要一笔持续稳定的收入维持最基本运转。随着维护成本及人力成本的日益增长，企业也面临选择难题，究竟以何种方法及形式盘活企业资产，希望寻得专业机构的帮助，为其提供一套切实的可行方案，帮助管理层能做出更为准确的决策判断。

估价机构接受委托后，前往该企业进行实地查勘，提出了三个可选方案，即A方案（保守型直接出租方案）、B方案（改造为创意园区出租方案）、C方案（城市更新产业转型为商办项目方案），根据不同方案设定技术参数，并针对各方案进行了相应的经济测算。

（一）方案A：以维持现状的保守型方式出租

估价对象为划拨工业项目，当前房屋基本空置，周边市场对工业仓储类用房仍然有较大需求，房屋进行简单修缮保洁后，即可直接对外出租。

估价人员对周边房地产市场进行了调查，选取了同地段同品质的工业仓储用房作案例，通过收益法测算A方案项目现状下的投资价值为8803万元。由A方案测算结果得知，通过保守方式按照现状直接出租，操作简便，无须耗费大量人力物力，也不必追加额外投资，每年就有相对稳定的净现金流入。但不足之处是租金收益相对偏低，每年的净现金流较低。

（二）方案B：将原有工业厂房改建为创意园区后出租

根据对周边市场调查分析，估价对象所处区域有一定产业聚集度，原有行业有一定历史沉淀，并具有一定的产业品牌优势，工业厂房通过改建装修可转型为创意园区。据市场调查，创意园区中以类办公或者文创项目出租，租金水平远高于原工业仓储类用房，且市场需求更大，周边区域也有类似厂房改造的成功案例。考虑到所在区域的特殊性，将原厂区进行统一设计包装，选择其适合的装修风格，从室内装修到室外配套，包括厂房的整体结构加固、改变外墙风格以及增加园区绿化面积和停车位、消防设施、门禁系统等，进行全新的改建优化。估算投入一定费用成功改造后，其租户品质能得到较大提升，因而会大幅增加年租金收入。

估价人员对周边类似创意园区用房进行了走访，改建完成后的创意园区的租金水平高于A方案中现状下的租金收益。同样采用收益法测算出B方案收益价值，并结合实际考虑所需的改建期及对应的改建费用后，最终测算出B方案项目投资价值为11497万元。

分析可知，将旧工业厂房改建为创意园区的方式出租，虽然改造期间无法获取收益，还需支付一笔改造资金，但后续租金水平会大幅提高，且每年也有相对稳定的净现金流。其内部收益率与项目投资回收期相较于A方案，有明显的提升。

（三）方案C：通过城市更新产业项目转型，打造全新商办综合体

结合所在区域规划资料，项目所在地块已规划为商办用地，区域规划容积率为2.5。该项目可采用城市更新转型的方式，通过补缴地价款后建设全新的商办综合体项目，转型后可吸引更优质高端的商户，获取更高的租金收入。城市更新是项复杂的综合工程，转型项目能否顺利落地，前期决策阶段需要进行合理的经济测算并编制出切实可行的项目更新实施方案。

根据相关政策，设定C方案更新后商办综合体经济指标如表1所示。

C方案更新后商办综合体经济指标统计表　　　　　　　　表1

指标参数	数值	备注
土地面积（平方米）	9674	按产证面积
规划容积率	2.5	按区域控规图则数据
总计容面积（平方米）	24185	土地面积×规划容积率
无偿移交物业产权（平方米）	3627.75	按规定无偿移交15%
转型后企业所有的计容面积（平方米）	20557.25	总计容面积扣除无偿移交部分
商业计容面积（平方米）	10278.625	暂按50%的比例计，100%全年限持有
办公计容面积（平方米）	10278.625	暂按50%的比例计，100%全年限持有

C方案建成后的商业综合体考虑只租不售为100%全年限持有，采用收益法测算出C方案收益价值（现值）为42160万元。

由于项目为转型项目，须经过所在区域规划和自然资源局审批，通过转型方式补缴地价款，将原划拨工业用地转为国有出让商办用地。作为专业的估价咨询机构，安排了土地评估经验丰富的专业土地评估团队负责测算，完整模拟了转型项目补地价的模式，测算流程完全按照《国有建设用地使用权出让地价评估技术规范》的技术要求及口径，在不同用途、使用年限及规划条件下进行合理分析，按照地价评估的基本原则和估价程序，选择合适的评估方法，最终估算出需补缴地价款数额为16446万元。

C方案测算结果可知，转型后的商办综合体租金可较大幅地提高，其测算出的商办综合体整体项目现值达到4.2亿余元，但后续需整体追加投资总计超2.8亿，最终测算出投资价值为14101万元（表2）。

C方案投资价值等测算表　　　　　　　　表2

项目	建筑面积（平方米）	总价（万元）	备注
一、开发完成后价值	20557.25	42160	通过收益法分别测算
二、需补缴地价款及拆房费用	—	16651	参照《国有建设用地使用权出让地价评估技术规范》，估算从划拨工业用地转型为出让商办用地，所需补缴的土地价款
三、新建项目的重置价	24185	11408	考虑新建项目的重置价，按照每平方米5000元计，分两年平均投入，考虑折现
四、投资价值	—	14101	考虑折现并取整

最值得关注的是，C方案的关键环节是对补缴地价款的测算，这也是整个项目中最易忽视且不易掌控的。通常来讲，城市更新转型项目中，补缴地价款的测算专业性非常强，不仅需要精准掌握现行补地价的政策规范及估价口径，同时也需要详尽细致的数据摸底调查，甚至还需拥有多年的数据积累和实践经验，具有丰富经验的专业估价人员才能胜任，只有估算出较为准确的数值，才能为后续顺利进行经济分析奠定基础。

四、方案选择与分析

通过总量经济评价及增量经济评价的方式，分别将上述3个方案的主要经济测算指标汇总如表3和表4所示。

总量效果评价　　　　　　　　　　　　　　　　　表3

项目	内容要点	原有固定投资（万元）	追加投资（万元）（考虑折现）	总投资（万元）	改造后项目整体价值（万元）	净现值（NPV）（万元）	内部收益率（IRR）
方案A	维持现状，按照工业厂房直接出租	8803	0	8803	8803	0	5%
方案B	将原有工业厂房改建为创意园区出租	8803	1660	10463	13157	2694	6.3%
方案C	通过城市更新产业项目转型，打造全新商办综合体	8803	28059	36862	42160	5298	6.9%

注：净现值（NPV）＝未来现金净流量现值－原始投资额现值；
　　内部收益率（IRR），是资金流入现值总额与资金流出现值总额相等、净现值等于0时的折现率。

增量效果评价　　　　　　　　　　　　　　　　　表4

项目	增量投资（万元）	增量净现值（$NPV_\triangle$）（万元）	增量内部收益率（$IRR_\triangle$）
方案B-A	1660	2694	11.2%
方案C-A	28059	5298	7.4%

注：增量净现值（$NPV_\triangle$）＝项目增量效果的净现值－不同方案项目的投资差额现值。

增量内部收益率（$IRR_\triangle$），两个不同方案比较时，被比较方案（投资增加）相对于基准方案所增加（或追加）投资的内部收益率。其代表所增加投资的盈利能力，即单位投资增长额可获得的净收益增加额，即投资的边际收益。

综合分析，A方案过于保守，其投资价值及每年净现金流均较低，无法满足企业预期。从总量评价数据来看，C方案最高，或为较优方案。但从增量经济分析数据来看，C方案追加投资高达2.8亿，风险明显偏高，从增量效果评价来看，B方案无疑更胜一筹。

估价人员把三个方案及对应的经济测算分析结果提交给委托方，预判委托方按通常思路会选择绝对收益价值最高的C方案。然而多轮讨论后的决策，委托方倾向于接受B方案。对比方案后也不难发现，虽然C方案是价值最高，但是需追加投入的地价款已远超出委托方目前的承受能力，企业经济相对窘迫的现状根本无法承受追加动辄上亿的投资。若想要成功实现该项目转型，势必要引进其他资本进行合作开发，那或将丧失更新项目后的绝对控权。除了资金的问题，对于城市更新产业转型项目来说，还存在投资周期长、更新业务流程繁琐等诸多特点，整个更新转型项目流程还必须得到政府相关部门的支持及各项政策的扶持，实施方案想要真正落地，更需额外耗费大量的人力物力及财力。同时，由于项目的国资属性，委托方不仅需要考虑如何让国有资产正常运转，使其不断保值增值，更不能丧失其后续项目经营权和控制权，也是当前大多数国企管理层最终决策的底线。

同时，委托方也会考虑类似这样的城市中心的老旧厂房，将来或许存在政府协议收储的可能，按照当前收储相关政策，收储价格极大可能高于当前测算下的 A 方案投资价值，存在明显的价格优势。所以委托方权衡利弊后，最终选择 B 方案，虽价值并非最高，但却属于该企业目前的较优方案。

估价人员最终为委托方做出了具有可操作性的 3 个可行方案，针对不同方案作了专业分析及合理的经济测算，让委托方有了更多的选择余地，最终决断出适合自己的优选方案，圆满完成了估价咨询任务。

五、结语及讨论

本文中所提及的类似中心城区老旧厂房面临转型的情况并非个例，转型过程中都可能存在过各种各样的方案选择困惑或难题。作为专业估价机构，承接类似咨询项目时，应跳脱出原鉴证性传统估价项目时固有的思维模式及角色定位，不仅以客观第三方的角度去看问题，更是需站在委托方的特定立场上去思考问题，全面考虑项目的特点，进行合理假设精确求证，同时更应关注于委托方的风险偏好及风险承受能力，才能真正为委托方提供最适合的较优方案。

文中提及的项目方案选择及经济测算，仅为笔者根据多年从业经验及个人想法，数据及测算过程也是采用个人常用方法，仅供参考。仅以此项目为例，希望能给估价同行带来一些思考与启迪。文中还有诸多不足之处，期望同行和读者给予批评斧正，共同探讨研究。也希望估价机构能拓展更广阔的估价咨询业务蓝海，真正实现估价行业向高质量可持续发展的目标迈进。

参考文献：

[1] 中国房地产估价师与房地产经纪人学会. 房地产估价原理与方法（2021）[M]. 北京：中国建筑工业出版社，2021.

[2] 姜彦福. 改建扩建和技改项目经济评价的几个问题 [J]. 技术经济，1990（3）：52-57.

[3] 吴翼虎. 增量法在改扩建和技术改造项目经济评价中的应用 [J]. 中国市场，2020（20）：197-198.

作者联系方式

姓　　名：宋莉娟

单　　位：上海同信土地房地产评估投资咨询有限公司

地　　址：上海市黄浦区鲁班路 600 号 10 楼

邮　　箱：844300495@qq.com

注册号：5120070075

面对新兴业务房地产估价工作应实时创新
——比较法评估光伏发电项目涉及屋面租赁价值时比较因素的选取

巩永帅

摘 要： 随着国家经济的飞速发展，房地产估价行业也将面临形形色色的估价业务，如一级开发实施方案、可行性研究报告、投后管理、前期策划、市场研究、社会稳定风险评估等，作为房地产估价师，面对此类型的新兴业务时，应具备创新精神，选用适合的评估方法，以完成估价工作。本文通过对比较法评估光伏发电项目涉及的屋面租赁价值进行分析，结合项目具体特点，寻找合适的可比实例和比较因素，以此说明房地产估价行业应适时而动，作为房地产估价师应具备创新精神，在遵循《房地产估价规范》GB/T 50291—2015 的前提下，进行有益创新，为社会提供高质量的估价服务，以满足社会对于房地产估价工作的需求。

关键词： 新兴业务；估价；创新

党的十八大以来，在习近平生态文明思想的指引下，我国积极推动经济社会发展全面绿色低碳转型，党的二十大报告再次提出"积极稳妥推进碳达峰、碳中和"。在国家政策的大力倡导下，光伏发电行业也逐渐升温，由此而产生的光伏发电项目屋面租赁经济活动也日趋增加。在进行此类新兴业务评估时，比较法的应用尤为重要。而在比较法的运用中，最为重要的就是可比实例和比较因素的选择。选取可比实例以及确定比较因素时，不能局限于某一行政区域，固定的区位因素、权益因素和实物因素等，应结合项目自身特点，选择合适的可比实例和比较因素，最终确定合理的屋面租赁价值。

一、可比实例的选取

使用比较法评估光伏发电涉及的屋面租赁价值，选择可比实例时，除《房地产估价规范》GB/T 50291—2015 规定的如数量、交易方式、成交日期、成交价格等相关要求以外，笔者认为还应结合项目自身特点，主要考虑社会经济状况、政策法规及日照时数等方面。

（一）社会经济状况

采用比较法评估光伏发电项目涉及的屋面租赁价值时，当同一行政区域内无法找到足量的可比实例时，可扩大范围进行选择，若选择的可比实例与估价对象不在同一行政区域，此时估价对象与可比实例的行政区域经济总量、人均收入、人均消费等都可能存在较大差异。根据我国目前现行的城市排名，主要分为一线、新一线、二线、三线、四线和五线城市，可比实例宜在同一排名范围内选取。

（二）政策法规

采用比较法评估光伏发电项目涉及的屋面租赁价值时，若选择的可比实例与估价对象不在同一行政区域，因行政区域的不同，各地对于光伏发电项目租赁屋面相关政策法规可能会有不同的规定，如部分政府规定"因政府与部分大型光伏发电企业合作，为防止某些不法行为，危害群众利益，要求辖区内屋面只能租赁给合作企业""因城市形象等原因，杜绝城市内或特定区域屋面对外租赁"等，因此在选择可比实例时，应尽可能选择所在地区政策法规相同或相似的可比实例。

（三）日照时数

日照时数是指一天内太阳直射光线照射地面的时间。对于光伏发电项目而言，日照时数无疑是重要的指标之一，日照时数长则发电量多，反之则发电量少。根据中国气象局官方网站公布的相关数据，我国目前年平均日照时间为 2.2～8.6 小时/天，房地产估价师可结合实际情况，将其分为数个区间，也可采用年总日照时数，无论采用何种数据，区间数越多则可比性越强，选择可比实例时，应尽可能在同一日照时数区间内选择。

二、比较因素选取

采用比较法评估光伏发电项目涉及的屋面租赁价值时，选取比较因素，应根据光伏发电屋面租赁价值评估业务的特殊性，选择适用性更强的比较因素。

（一）年平均日照时长

根据中国气象局官方网站公布的相关数据，我国目前年平均日照时间为 2.2～8.6 小时/天，大致可分为 6～7 个区间，而同一区间内，又可根据估价对象与可比实例的年平均日照时长差异进行细分。房地产估价师可在中国气象局官方网站或"小麦芽—农业气象大数据系统"进行查询各城市的年平均日照时长，也可选择年总日照时数作为比较因素，而后结合具体数据进行打分，确定差异程度，进而进行修正。

（二）社会经济状况

采用比较法评估光伏发电项目涉及的屋面租赁价值时，若选择的可比实例与估价对象不在同一行政区域，会产生社会经济状况差异，此因素主要考虑估价对象和可比实例所在行政区域的国内生产总值、居民收入以及社会稳定情况等。房地产估价师可结合具体情况进行分析，选择合理的因素，并在此基础上，对估价对象和可比实例进行打分，确定其差异并量化，进而进行修正。

（三）交通条件

交通条件主要指交通出入的便捷度、耗时与成本，这些因素都直接影响光伏发电相关设备的安装、使用和维修等成本，其主要影响因子在于高速、高架桥、交通出入口、主次干道以及交通管制等情况，对于公交、地铁等便捷程度影响相对较小。房地产估价师应根据估价对象与可比实例各自所在区域内的交通条件进行分析，并进行相应打分，确定其间的差异以及差异程度，进而进行修正。

（四）与变电站距离

与变电站距离主要是考虑光伏发电的能源损耗，若距离较远则损耗较大；反之，则损耗较小。我国目前基础设施建设较为完善，估价对象和可比实例一般情况下与变电站距离不会太远，但还应考虑变电站负荷，若变电站负荷较小，则储存电量有限，无法有效发挥光伏发电的优势。我国变电站目前分为四类，此处所指的与变电站距离主要是指与三类及以上的变电站距离。

（五）建筑结构

建筑结构主要分为钢混结构、砖混结构、砖木结构、钢结构等，建筑结构的不同，建筑物的耐久性、稳固性和屋面承载力都会有差异，因此建筑结构的差异会造成租赁价格的差异。光伏发电所需太阳能板及支撑、传输设备本身具有一定的质量，且设备的耐用年限一般为20~25年，因此，对于承载力差、耐久性短的建筑物而言，本身就不适宜作为光伏发电项目租赁的屋面，房地产估价师应对估价对象及可比实例的建筑结构、耐久性等进行比较，进而分析出差异并量化。

（六）遮挡状况

对于光伏发电项目而言，若屋面有树木或建筑物遮挡，则影响光伏发电效率，因此，房地产估价师在对类似项目进行评估时，应对估价对象及可比实例的周边状况进行测量、分析，确定是否具有遮挡现象及遮挡情况，并根据实际的遮挡状况进行打分，确定差异并量化。

（七）屋面类型

我国目前的屋面类型主要分为平屋面、坡屋面和异形屋面，坡屋面又分为双向坡面和单向坡面，我国领土绝大部分位于北半球，阳光的照射方向均来自于南方，因此，评估光伏发电项目涉及的屋面租赁价值时，房地产估价师应清晰地认识到单向南坡面屋面为最优，平屋面次之，双向坡面利用率减半再次之，异形屋面不利于光伏发电设备的架设为最末。

（八）可出租面积

对于光伏发电项目租赁屋面而言，可出租面积越大，越容易形成规模经营，容易进行管理、维修等。在确定可出租面积时，不能仅凭权属资料记载数据作为可出租面积，应对估价对象和可比实例进行深入了解，必要时还应进行实地测量，合理确定可出租面积，如前文提到的双向坡屋面，仅有一半面积可出租。

此外，该项目还有地形地貌、建筑年限、屋面坡度、屋面高度、屋面承载力、可租赁年期、电费、电力输送条件、自然灾害等因素条件可供选择，房地产估价师可根据实际情况及项目特点进行选取。

三、新兴业务对房地产估价行业的启示

（一）面对新兴业务，应具备创新精神

随着我国经济的飞速发展，房地产估价行业将越来越多地接触到各种各样的新兴业务，而面对新兴业务，房地产估价师不能完全拘泥于现有的《房地产估价规范》GB/T 50291—2015以及其他技术指引，而应具备创新精神，与时俱进，及时更新、拓展自身知识面，结合新兴业务的特点，探索新的估价思路，满足社会发展对房地产估价行业的需求，提供高质量的估价服务。

（二）创新不是无中生有，应脚踏实地

面对新兴业务，创新不是胡编乱造，更不是无中生有，房地产估价师应在遵循《房地产估价规范》GB/T 50291—2015及其他技术指引的基础上，进行有益创新，对现有的估价技术有全面和熟练的掌握，在面对新兴业务时，应有自己的思考与处理方法，然后多多向行业

专家请教，并结合业务的实际情况，反复求证，最终总结出一套行之有效的估价方法。

（三）增强行业之间交流，共同进步

新兴业务可能会涉及很多学科，不仅仅局限于房地产相关专业，因此仅靠我们目前现有的估价理论、方法及技术指引等是远远不够的，因此，各估价机构遇到相关问题时，应增强行业内部交流，共同提升估价质量，技术成熟后也可通过地方协会编写相应的技术指引，推而广之。此外还应多与兄弟行业交流，如土地评估、资产评估、建筑行业、自然资源评价等相关行业，提升自身的知识面，扩宽自身认知，为估价行业贡献自身的力量，也为社会贡献更高质量的估价服务。

四、结语

近年来，我国从高速发展阶段进入高质量发展阶段，估价行业也出现了各种各样的新兴业务，在面对新兴业务时，作为房地产估价师，应具备对估价业务进行分析的能力，有耐心地寻找更为适宜的方法，具备创新精神，最终形成理论体系并与实践相结合，提升房地产估价技术的完备度，为估价行业的口碑与社会公信力提升作出贡献。笔者也深知使用比较法评估光伏发电涉及的屋面租赁价值时，无论是可比实例还是比较因素的选择，都有很多方面未能涉及且所罗列的方面也过于浅显，路漫漫其修远，作为一名房地产估价师，我必将上下求索。

作者联系方式

姓　　名：巩永帅
单　　位：河南丰原房地产资产评估咨询有限公司
地　　址：河南省自贸试验区郑州片区（郑东）商务内环路 11 号 8 层 804 号
邮　　箱：472748609@qq.com
注册号：4120170060

土地收储补偿咨询业务探讨

——以上海市某历史风貌保护区项目为例

刘广宜 朱 越 谢 娜

摘 要：伴随新一轮的城市更新，当前土地收储中遇到的问题愈发复杂，历史遗留问题较多，此时需要估价机构发挥专业能力和优势，为客户解决难题提供思路和可操作性方案。

关键词：土地收储；成本；规划；合并增值

一、前言

随着城市发展，中心城区的城市更新、风貌保护力度加强，零星项目收储伴随各种历史遗留问题需要解决，其中有权属状况不清、历史情况复杂等情况，收储往往面临着较大的难度，需要评估机构提供专业意见。本文以位于上海历史风貌区的 A 地块为例，探讨专业机构在土地收储中所提供的咨询服务。

A 地块 2003 年毛地出让，为综合用地，合同未明确建筑容量。权利人完成拆迁后，取得《设计方案审核意见》，但因多种原因迟迟未开工建设。后该地块纳入风貌保护区，区域规划调整为低密度商业区，无法按照原出让条件开发。

地块所在区域现由城市更新公司开发，北侧商业地块已出让，A 地块位于南侧关键位置，拟将 A 地块纳入整体开发。在比较多种供地路径后，拟先收储再出让供地。在协商收储的过程中，补偿口径和依据、指标降级等问题，导致收储分歧较大。作为咨询机构，我们从不同的角度出发，提供了多种咨询方案，为客户协商解决历史遗留问题、达成收储目标提供了专业支持。

二、为客户提供多种收储方案

在客户与权利人协商收储方式和收储价格的过程中，鉴于项目较为复杂的历史背景和现行的规划，我们从出让条件、成本、规划、合并增值等多种角度提出了方案供参考决策。

（一）方案 1：按原出让条件计算土地价值

权利人 2003 年以毛地出让方式取得土地使用权,《出让合同》约定土地用途为综合用地，使用年限 50 年，容积率以核定方案为准。该项目在完成拆迁后，于 2007 年取得城市规划管理局《工程设计方案审核意见》(以下简称《审核意见》)："核定容积率约为 4.0，用途为酒店，该意见有效期半年，未经批准延期的自动失效"。

从权利人角度，毛地在完成拆迁的前提下，《出让合同》约定的土地利用条件是合法的权利，虽然合同中并未明确建筑容量，但《审核意见》可作为依据。但是，权利人并未按期开工建设，《审核意见》有效性存疑。

地块现状为净地，在此方案下，收储价格为剩余年期下、容积率4.0、土地用途为酒店的国有土地使用权市场价格。

（二）方案2：按成本角度计算土地价值

按成本进行收储，是常用的收储方式，结合项目征收发生时间较早，与当前价格差异较大，在历史成本计算方式的基础上，还可从重置成本角度测算，以作参考。

1. 按历史成本计算

本地块为毛地出让，由权利人完成动迁工作取得土地使用权。历史成本包括实际发生的毛地地价、拆迁补偿费用、拆迁服务费、税费以及用于安置的房源价值等，加计一定财务成本和适当利润，最终得到的历史成本价格。考虑拆迁发生在十余年前，成本较低，按历史成本计算的价格一般作为协议收储价格的下限。

2. 按重置成本计算

由于早期拆迁成本较低，与当前价格脱节，也可根据毛地拆迁房屋的情况，按当前的征收方案并结合当前的房地产市场价值估算土地成本价格，以此作为参考方案。

（三）方案3：按当前规划条件计算土地价值

由于该地块收储后将按规划条件出让，作为收储方需要平衡考虑收储和规划条件下的价值，一般收储价格不高于新规划条件下、最高使用年期的价格。但该地块所在区域现整体规划为历史风貌保护区，当前控制性详细规划该地块为商业用地，容积率1.4。显然，规划条件下的土地价值将低于原出让条件下的土地价值，但对于决策参考是重要的参考。

（四）方案4：按与其他地块合并后带来的增值计算

本地块作为风貌保护区的南侧出入口，若与其他风貌地块合并开发使用，临路条件将改善，可作为车流主出入口，将对整个地块开发完成后的商业价值有所提升（图1）。另一方面，由于地块为空地，对于北侧保留保护的开发，提供了腾挪的空间，将降低施工难度、缩短开发周期、大幅降低整体开发成本。历史保护街坊的开发，包括地下空间的开挖、地上建筑的平移，本项目收储的空地，对于风貌街坊内地块价值带来提升。故两方面因素的综合作用下，在城市更新公司整体开发前提下，可承受比规划条件价格更高的地价。因此，从投资的角度，与其他地块合并开发后带来的增值角度，也可作为参考价格之一。

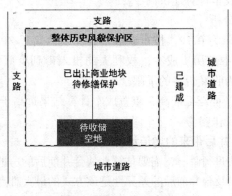

图1 项目位置示意图

收储价格＝合并开发利用前提下三幅宗地的总价－各自开发利用前提下三幅宗地的总价。

三、各方案测算的难点与结论分析

（一）按出让条件和规划条件方案测算的结论分析

根据上述方案，按出让条件和规划条件的价值评估条件清晰，按规程、规范选择适用的方法评估即可。从结论来看，方案1按出让条件测算结果为P，方案3按新规划条件评估的地价约为0.6P，差异巨大。

方案1的价格是基于当前市场的价格，涵盖了近20年土地的增值，权利人未投入开发，却取得全部增值收益，以此方案收储对于收储方是无法接受的。

由于规划指标下调导致的新规划条件下的地价较低，权利人也难以认可。虽然规划调整已实施，但土地权利人未与出让方签订补充合同对规划条件予以确认。

可见，从这两个方案来看，矛盾较为突出。另外两种方案，对于最终结论的形成具有重要意义，但方法本身以及实际操作却难度较大。

（二）按成本角度计算土地价值的难点与结论分析

1.按历史成本计算

按历史成本计算的难点在于原始成本的依据、利息的计算方式、合理利润的确定。

1）原始成本的构成：综合考虑安置房源在动迁时的价值、货币补偿款、奖励费等。由于年代久远，其动迁的原始资料整理存在一定难度，需查阅当年的历史票据等。即使资料保存良好，往往容易少计、漏计或错计。另一方面，这些资料可能缺少审计，发生的费用往往难以得到有关部门认可。

在这个项目中，根据权利人的档案材料，我们统计了拆迁居民和企业数量、安置房情况（位置、面积、套数等），梳理了拆迁补偿协议和付款凭证，对安置房源按拆迁时点估算了市场价值，测算得到拆迁成本。

2）利息和利润：由于动迁时间较久远，按历年的一年期贷款利率水平，按复利计算利息。考虑地块尚未开发，适当加计了利润。

2.按重置成本计算

按重置成本计算是假定在现时点对地块进行征收，以当前的征收补偿口径、方案测算征收重置成本。通过对近期北侧地块征收数据的调查，基于历史成本调查获得的拆迁户数等基础数据，估算得到按重置成本计算地价高于2P。

3.成本角度计算结论分析

按历史成本计算的结果为0.7P，按重置成本计算地价高于2P。如上文分析，按成本收储是普遍采用的方式，其中按历史成本，权利人的投入得到全部覆盖，保证了权利人的权益，因此建议该方案结果为收储价格的下限。

因市中心拆迁密度高、补偿标准高，重置成本计算结果远高于其他方案，重置成本假设性较强、依据不够充分，仅供参考。

（三）按与其他地块合并后带来的增值计算

该方案主要采用剩余法进行计算，需要估算地块合并前后的房地产开发价值、建设成本的变化，参数选择的一致性以及合并前后的差异性是该方式的最大难点，对评估人员提出了非常高的技术要求。基于城市更新公司的设计方案以及成本估算，经测算，本方案结果略低于P。

该方案结合项目实际情况，角度比较新颖且理由充分，但计算过程中的部分售价、造价数据等取值往往需要搜集大量的信息进行佐证，否则会由于数据不够扎实造成计算结果偏离较大。

该方案实质测算的是地块之于企业整体开发投资价值，对历史风貌保护区的整体打造可考虑各地块的整体平衡，对企业而言是整个开发经营过程中所能承受的价格。

四、对土地收储咨询项目思考

针对收储的各方案为收储方决策提供了不同维度的思路，最终在各方案价格间寻找平衡，就土地收储补偿协商达成了一致。

（一）传统的估价业务，更高的服务要求

土地收储评估一直以来属于传统估价业务，但随着项目复杂程度日益增加，以及政府日益精细化的管理要求，前期咨询显得日益重要。从 A 地块收储项目可见，客户需要更多的参考角度和价格意见，以帮助其进行协商和决策，对服务的要求也越来越高。在这个综合性的项目中，需具备对征收、土地评估、财务、投资等方面的知识和能力储备。由这个项目还延伸给城市更新公司提供股权收购、在建工程收购、税收等方面的咨询。估价人员需要不断提升专业能力和学习能力，增强服务意识，提高服务主动性。

（二）维护收储双方的合法利益，推动达成共识

在案例项目的咨询中，我们从收储两方的角度来思考，分析项目的历史背景，以及未来的方向，分析权利人诉求和权益，也分析收储方的利益和风险。合同约定的条件是权利人的权益，应受到法律保护，这也是协商的基础，但合同约定结合后续文件和未及时开发的实际情况，存在瑕疵，需要与收储方、法务充分沟通。覆盖历史成本也是对于权利人权益的维护，而新规划条件不应强加于权利人。对于收储方，需要全面了解合同、成本、规划各种条件下的价值等情况，得到法律和评估的专业支撑，才能做出适当的决策。维护收储双方的合法利益，才能推动达成最终的共识。

参考文献：

[1] 陈竞荣. 当前土地储备管理政策与走向分析 [J]. 上海房地，2019（7）：27-28.

[2] 廖飞. 城市土地储备制度研究 [D]. 上海：上海交通大学，2007.

[3] 张艺馨. 城市规划与土地储备良性互动机制的研究 [D]. 厦门：厦门大学，2017.

作者联系方式

姓　名：刘广宜　朱越　谢娜

单　位：上海百盛房地产估价有限责任公司

地　址：上海浦东民生路 600 号 8 楼

邮　箱：guangyi.liu@shbrea.com ； yue.zhu@shbrea.com ； na.xie@shbrea.com

注册号：刘广宜（3120140015）；朱越（3120210004）；谢娜（3320110066）

面向租赁市场 深化房地产租赁估价技术思路

曾琼 李娜

摘 要：了解租赁估价的市场状况，尊重客观事实，力求在房地产租赁估价服务的实践活动中，不断深化租赁估价技术思路，为房地产估价的高质量发展贡献力量。

关键词：需求广泛性；租赁客体复杂化；技术思路客观化

随着当前房地产业进入存量房时代，市场上出现了大量复杂的房地产租赁估价服务需求，根据本公司最近五年的统计数据显示，房地产租赁评估业务呈逐年递增趋势，并且租赁评估的内涵要求越来越高，这提醒房地产估价机构势必改变以往房地产租金评估简单模式化状态，重点关注房地产租赁市场需求的多样性，潜心研究房地产租赁估价技术思路，以适应市场变化，从而促进房地产估价的高质量发展。

一、房地产租赁估价的市场需求具有广泛性

首先，从房地产租赁估价业务的委托来源来看，有政府职能部门委托，比如为土地管理部门制定土地一级市场租赁价格体系，为土地储备部门编制储备用地临时租赁价格体系，为征收部门确定被征收人的过渡费而评估租赁价格；有国企、行政事业单位委托，主要为单位拥有的房地产出租确定招租底价；有司法机关委托，主要是想了解过去已签订的租赁价格是否符合市场行情，为审理案件提供依据；也不乏私企和个人委托的，主要用于租赁谈判活动使用。

其次，从房地产租赁业务委托主体来看，既有出租方，即产权人委托的租赁评估；也有承租方，即直接承租使用者委托的租赁评估；还有第三方，即租赁运营商或其他第三方委托的租赁评估。

二、房地产租赁估价的评估客体趋于复杂化

以往的房地产租赁估价服务，大多集中在单纯的房地产租金评估方面，其评估标的物多为不同用途条件下房地产，现在的租赁评估的客体内容和形式均变得多样化和复杂化。评估标的不仅涵盖纯土地、纯房地产、纯建筑物和构筑物设备，而且还包含了附带多种条件、形成不同租赁内涵的多重组合评估标的物。比如一栋办公房地产，内部公共部位装饰装修未完成的情况下进行租赁评估，客户会在不同程度装修状态、整租或分租等不同组合条件下，寻求适合的租赁水平；比如一宗纯土地出租，租赁评估时需要考虑地上构筑物的租金，而土地剩余年限和构筑物的剩余年限并不一致；再比如一宗土地上的房屋，是以租赁土地方式建

成,房屋建成后由承租土地的建房者反租给土地产权人使用,当双方因各种原因产生土地和房屋的租赁评估需求时,则评估客体的交叉复杂程度不言而喻。

三、房地产租赁估价的技术思路应客观化

房地产租赁估价服务看似简单,多年来评估人员习惯采用比较法一招鲜的方式完成估价服务,并未潜心研究租赁评估的技术思路,本文就4种常见的、不同估价目的下容易陷入误区的租赁估价进行了思考,提出租赁评估的技术思路要适应市场,要往个性化的高质量方向发展,这样才能赢得客户的信任。

(一)为国资对外出租确定招租底价提供依据

国企和事业行政单位的资产出租,需要先行评估,其主要目的是为确定对外招租底价提供参考依据,避免低价出租、利益勾兑,防止国有资产损失。很多评估公司采用比较法,直接以市场上所搜集的租赁成交案例作为可比案例,并没有仔细分析其租金内涵,往往简单化处理该类租赁评估。在目前实体经济下行大环境下,国资单位想要顺利地把房地产租赁出去并不容易,如果评估公司不针对物业加以认真分析,仅为了规避国资流失的责任,只从表面关注和强调所搜集的市场租赁成交案例价格,而模糊处理成交案例的价值内涵,可能评出的招租底价是没有吸引力的,反而导致国有资产闲置。比如接受人防办委托,评估所有权属于人防办的小区地下车位对外招租时,就不能简单地按小区居民实际成交的租赁价格测算。因为人防办是个行政单位,它不可能直接对外出租,通常会整体出租给小区物业,那么这种情况下,承租方物业公司并不是车位的直接使用者,实际上它是地下车位的租赁运营商,我们在评估招租底价时,需要考虑物业公司把车位出租给个人时所产生的运营管理费用和客观经营利润,如果直接用居民租赁的价格测算出人防办的招租底价,不做相应扣减,显然违背了市场经济运行的规律,没有哪个物业公司会去做赔钱的买卖。居高不下的招租底价虽然安全,但经不起市场的检验,只会给国资的保值增值带来更多的不利。有些国资对外挂牌招租时,已经有了几个初步意向者,评估公司评估出来的招租底价与意向承租者预期有差距时,即使评估价格在理论上没有瑕疵,在技术上没有可处理空间,我们也应该尽力为委托方找寻相关政策依据,并在报告中予以披露。比如根据湖北省文件《省政府国资委出资企业资产租赁管理暂行办法》第十三条记载:在产权交易机构公开进场的招租项目,信息披露期满未征集到意向承租方的,可以延期或在降低租金底价、变更承租条件后重新进行信息披露。新的租金底价低于评估结果的90%时,应当经租赁行为批准单位书面同意。

(二)为征收部门确定被征收人(产权调换房补偿方式)的过渡费提供依据

做征收评估业务的评估公司都会接触到该类租赁评估服务,即为征收部门确定被征收人(产权调换房补偿方式)的过渡费,很多估价师在承接该业务时往往很纠结,因为在目前租售比不正常的市场行情下,住宅房屋的市场租金水平通常都比较低,完全不能达到被征收居民提出的相对较高的过渡费需求,估价师要么与委托方博弈久拖不出报告,要么拼凑租赁成交案例出具走过场式报告,这其实使估价师陷入了评估误区。首先过渡费的评估,不能简单与租金评估画上等号。过渡费实质是被征收人因强制征收丧失了住所,还建房屋不能马上提供,需要一段时间在外面租房过渡而产生的费用。由于房屋租金最能体现这笔费用,故评估机构往往以评估房屋租金的方式来出具过渡费评估报告。在这项租赁估价服务活动中,委托人既不是房屋产权人,也不是房屋承租使用者,而是第三方征收人,那么此项租金评估存在

一个前提条件，我们要区分是出租人需要的估价，还是承租人需要的估价，这项评估显然要站在被征收人即实际承租人的角度来评估租金。通过调查，市场上搜集到的住宅租金价格都是产权出租方获取的净收益租金，作为被征收人承租房屋时，除了付给出租方房租，还需支付额外的费用来寻找合适的房源以及支付日常房屋维修费用，损失押金带来的利息收入，承受出租方可能毁约涨价的风险值，因此用出租人市场租金来评估被征收人承租方的过渡费，明显偏低。只有站在承租人的角度，先评出产权出租人市场净租金水平，再加上承租人需要付出的上述费用，才是完整的过渡费评估，才能体现出过渡费的真正价值内涵。

（三）为租赁谈判活动提供价格参考依据

无论是出租方还是承租方，都会有租赁谈判说服对方的需求，这类评估理应从委托人的角度，来考虑租赁评估中诸多影响因素，以实现委托人在双方博弈过程中的最大利益化。委托人往往要求评估机构出具的租赁估价报告的结果涵盖租赁合同条款内容。估价结果并不代表当前市场唯一可实现的租金价格，除了估价对象本身的实物状况、权益状况存在差异，更受到其他诸多因素的影响，比如租赁方式、租赁期限、付款间隔期、付款方式（期初付租、期末付租）、保证金的支付数量和方式、营业费用、过时风险、税收因素等。比如一栋总楼层为30层的商办大楼，实物现状为部分公共区域和楼层正在进行装修施工，出租方即房屋产权人委托我们作租赁评估，用于与潜在意向承租方谈判。我们按委托方谈判时所设定的不同条件，出具了估价对象在不同部位、不同状态、不同条件下的租赁估价报告，其中估价结果的内涵非常复杂，我们在报告中作了详细披露，具体如下：

"①评估对象主楼1～18层拟定招租期为1年，评估对象主楼19～26层以及附楼拟定招租期为10年，并且附楼在租期前三年无递增，第四年起每年递增5%作为估价前提。

②评估对象主楼1～18层承租方按季度支付租金，主楼19～26层以及附楼承租方按年支付租金；承租方承担物业管理费、水电费及通信费、维修费等。如未来出租方与承租方约定的租金支付方式、支付时间、租金内容等与本次评估假设不一致，则本报告结果应进行相应调整。

③依据《房地产租金评估委托书》相关约定，本报告结果中，主楼19～26层精装修租金价格，已根据委托方提供的主楼19～26层精装修成本数据，考虑了装修成本摊销的资金回收因素。若本次评估中的精装修成本数据与最终实际发生成本不符，则本报告结果需作相应调整，提请报告使用人注意。

④评估结果中附楼4层租金为毛坯状态、整租方式下的租金，不含附楼报告厅的装修投入成本，敬请报告使用人注意。

⑤根据委托方提供的《房地产租金评估委托书》，评估对象房屋用途为：主楼为办公，附楼为配套商业。另，据委托方提供的评估对象所在项目的土地权属及相关规划资料显示，其所在项目土地为出让性质的工业用地。本次评估，以《房地产租金评估委托书》中明确的房屋用途进行评估测算，评估结果已包含房屋对应的土地使用权租赁收益，但未考虑土地性质与房屋用途不符而需办理的相关手续、缴纳出让款对租金价格的影响，提请报告使用人注意。"

这个评估案例充分体现了租赁估价中技术思路的扩展和深入，是客观市场选择下的租赁评估发展趋势。

（四）为案件审查提供租赁价格参考依据

财政局、国资管理部门及司法机关委托的房地产租赁估价，通常是为审查已签订的租赁价格提供参考依据，该租赁可能涉及利益输送，故价值时点一般为过去时点，这其实对租赁评估带来不小难度，时间越久远，当时的租赁市场状况、成交案例等越难把控，如果用比较法测算，其结果可能误差较大，但每个时期的房地产成交价是有目共睹的，可以采用收益法反算，还可以运用成本法来验证，只有充分采用多种方法衡量，才能使得在定罪裁决目的下的租赁评估更为公允。

四、房地产租赁估价报告形式具体多样化

当评估公司受理房地产租赁估价服务时，首先要搞清楚报告的预期用途，是出租方需要的估价，还是承租方需要的估价，询问报告使用人的单位性质，沟通租赁评估报告的出具形式，以便快速准确完整的收集评估所需要的资料。

（一）出具资产租赁评估报告

据资产管理的相关规定，国资部门、行政机关、事业单位、国企、央企涉及国有资产租赁给非国有单位，应当对租赁资产进行评估，由于其租赁评估报告需要专家审核后上传备案系统，故一般出具资产评估报告。

（二）出具房地产租赁评估报告

当国资单位委托的租赁估价报告仅为谈判使用，以及除了上述（一）情况外的其他租赁评估，一般出具房地产评估报告。

（三）出具房地产租赁价格咨询报告

当资料依据不充分、无法履行评估必要程序时，通常出具租赁价格咨询报告，这种报告可以形式多样化，比如大型产业园的整体租赁评估，园区由宿舍、研发楼、厂房、餐厅、休闲娱乐体育场所等不同用途的物业构成，当房地产的权属不明晰时，我们就采用了《产业园市场租金调查报告》形式；当租赁评估设定完全背离事实时，我们选择采用《房地产租赁价格咨询意见书》或《房地产市场租赁价格咨询报告》。总之，与客户充分地沟通，只要我们出具的报告内容，对客户提供了有价值的分析和参考，一般情况下，客户都会欣然接受。

作者联系方式

姓　　名：曾　琼　李　娜
单　　位：武汉天马房地资产评估有限公司
地　　址：湖北省武汉市武昌区和平大道 716 号恒大世纪广场 46 楼
邮　　箱：582730435@qq.com
注册号：曾　琼（422009001）；李　娜（4220190051）

第四部分

传统估价业务深化与拓展

估价实务量化分析运用示例

虞达锋

摘　要：近几年，传统估价业务萎缩而新兴估价业务萌发。面对新常态，估价机构需要不断提高自身技术能力以实现自我生存与持续发展。引入量化分析，则是其中的重要途径。本文通过两个示例，详细展示了量化分析的实务运用，具有很强的借鉴与示范意义。

关键词：估价；实务；量化分析；运用

当你能够量化讨论的事物，并且可以用数字描述它，你就对它有了深入了解。但如果你不能用数字描述，那你的头脑根本没有跃迁到科学思考的状态。——开尔文

一、量化分析概念与意义

（一）基本概念

1. 量化分析的涵义

根据百度百科，量化分析就是将一些不具体、模糊的因素用具体的数据来表示，从而达到分析比较的目的。量化分析目前多用于金融行业，如：量化选股、统计套利、算法交易、资产配置、风险控制等。

2. 量化分析的工具

由于量化分析通常要涉及大量、复杂的数据分析与处理，故其必须通过计算机来完成。并且一般是针对某个分析目的采用计算机编程生成一个分析模块，此后通过调用该分析模块实现高效、重复的分析过程。

（二）引入量化分析的意义

引入量化分析，对于估价机构而言具有如下意义：

1. 提升报告的专业性

经过二十多年发展，我国的估价技术理论体系虽已完善到相当程度，但实务运用水平仍参差不齐难尽人意。如：报告没有详尽的估价参数制定过程、估价结果可信度分析不够充分等。引入量化分析正好可以弥补这个实务弊端，大大提升报告的专业性。特别是在近几年传统估价业务整体萎缩的背景下，司法业务明显增长且收费可观，成为各机构大力拓展的业务方向，引入量化分析能大大减少机构的执业风险。

2. 提升报告的作业效率

虽然引入量化分析需要经过比较繁琐的工作步骤，但如前文所述，量化分析一般会通过计算机编程生成一个分析模块，在实务运用中只需调用该分析模块就可实现高效、重复地

分析过程。如输入估价对象的坐标即可生成详尽的区域繁华度分析、公共设施完善度分析等（图1）。因此，综合来看，引入量化分析不但不会增加估价报告的作业工时，反而能大大提升报告的作业效率。

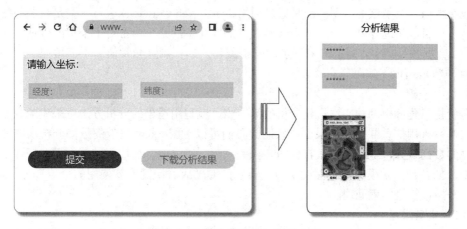

图1　API模式调用分析模块示意

3. 提升应对、拓展新业务的能力

引入量化分析，更重要的是能培养估价师的量化思维。所谓量化思维，就是对事物的条理化分析、用数学解决问题，也可以称之为数学思维，是量化分析的内核。近几年，传统估价业务萎缩而新兴估价业务萌发。面对新兴业务，除了直接引入相应技术人才外，大部分机构更多地是依托现有估价师通过学习新知识新技能进行作业和拓展。而具备量化思维的估价师显然能更好、更快地应对这一新常态，从而大大提升机构应对、拓展新业务（特别是房地产投资信托基金、资产证券化、资产优化配置等相关业务）的能力。

二、量化分析流程与实务难点

（一）量化分析流程

量化分析可以划分为以下3个步骤，如图2所示。

图2　量化分析一般流程

1. 制订方案

方案是量化分析的前提。开展量化分析的第一步，就是要针对分析目的设计一个科学、可行的分析方案。首先，分析方案必须是科学、可靠的，这样得出的分析结论才是可信的；其次，方案必须是可行、可操作的。如果分析方案设计得很科学，但无法获得所需的数据；或者数据分析计算量太大，无法在有限的时间内得出分析结果；又或者需要花费巨大的代价才能获得所需的数据等，显然这样的分析方案是无法实现的。

2. 采集数据

数据是量化分析的基础。量化分析的第二步，就是根据制订好的分析方案，采集所需要的各种数据。数据的来源大体分两类，一是现成且公开的数据，如商品住宅成交数据、挂牌地块成交数据，采集该类数据一般是通过网络爬虫（Web Crawler）进行；二是自制数据，如针对特定项目收集的专家打分、调查问卷表。需要注意的是，通常对于采集的数据需做必要的处理（数据预处理）才能进入下一步的分析流程。如：剔除异常值、空值填充、归一化处理、独热（One-Hot）编码等。

3. 数据分析

分析是量化分析的核心。量化分析的第三步，就是用适当的分析方法对采集的数据进行分析，提取有用信息并形成结果。虽然通常我们可以使用 Excel 自带的数据分析功能完成一些常规的数据统计、分析，如：直方图、相关系数、协方差、线性回归等。但对于涉及复杂的分析，如各种数学模型甚至深度学习，特别是要生成后期能重复调用的全流程分析模块，则必须采用计算机编程处理。

（二）实务难点

量化分析的最大难点在于需要具备一定的计算机编程技术。首先，对于数据采集，除了通常需要采用网络爬虫（Web Crawler）采集网络公开数据外，对于诸如百度地图等平台数据，则需要通过计算机编程对接平台 API 获取。其次，对于采集数据后的数据预处理，虽然一些普通的步骤如剔除异常值、归一化处理等可以采用 Excel 甚至人工进行处理，但对于海量数据或一些较复杂的步骤如独热（One-Hot）编码，则必须通过计算机编程处理。最后，核心的数据分析步骤更是离不开计算机编程处理。这个步骤通常依靠人工或者 Excel 是根本无法操作下去的。

三、量化分析实务运用示例

（一）分析工具

本文示范的两个量化分析实务运用示例，采用 Python3.8 编程实现（图 3）。

图 3　Python 版本信息

Python 由荷兰数学和计算机科学研究学会的吉多·范罗苏姆于 1990 年代初设计，是当前最受欢迎的程序设计语言之一。Python 不仅能提供高效的高级数据结构，还能简单有效地面向对象编程。其拥有大量、专用的科学计算扩展库，如 NumPy、SciPy 和 Matplotlib，它们分别为 Python 提供了快速数组处理、数值运算以及绘图功能。此外，众多开源的科学计算软件包都提供了 Python 的调用接口，如著名的计算机视觉库 OpenCV、图像处理库 PIL。因此 Python 语言及其众多的扩展库所构成的开发环境十分适合工程技术、科研人员处理实验数据、制作图表，甚至开发科学计算应用程序。

（二）区域繁华度分析

1. 制定方案

制定方案前先要思考：什么数据可以反映某个区域的繁华度？经查找确认，百度地图 APP 中的热力图可以查看区域的人流量、繁华程度，颜色越深表示人流量越大（图4）。由此制定分析方案如下：

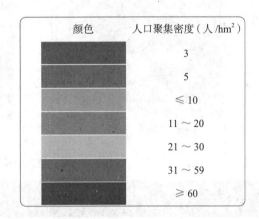

图 4 百度热力图示意与图例

（1）获取分析区域的百度热力图；
（2）计算热力图各颜色的占比；
（3）以各颜色的占比乘以对应的人口聚集密度，累计求和作为该区域的繁华度指数。
（4）制定指数——等级对照表，得出最终的分析结果。

2. 采集数据

打开百度地图 APP，定位至分析对象的位置并将地图缩放至某一合适的比例尺[①]，在"图层"的选项中选择"热力图"即可得查看该区域的百度热力图（图5左图），截取此图片并保存完成数据采集。由于采集到的百度热力图带有很多的信息标注（文字、色块），为减少因此对下一步的分析造成干扰，我们还需做相应处理得到比较纯净的热力图（图5右图）。

3. 数据分析

数据分析的核心是计算热力图各颜色的占比，主要通过导入 Python 的第三方视觉库 OpenCV 与图像处理库 PIL 完成（图6）。

基本流程如下：
（1）定义热力图图例各颜色的 RGB 值；
（2）以 RGB 格式读取热力图；
（3）循环读取热力图每个像素的 RGB 值，与热力图图例各颜色的 RGB 值进行对比（需要设置一定的容差），判别其属于哪种颜色；
（4）统计各颜色的像素合计数，除以热力图的总像素，得到各颜色的占比；
（5）以各颜色的占比乘以对应的人口聚集密度，累计求和作为该区域的繁华度指数。
（6）制定指数——等级对照表，得出最终的分析结果。

---

① 必须锁定一个固定的比例尺（笔者采用的是200米），由此确保分析范围是一致的。

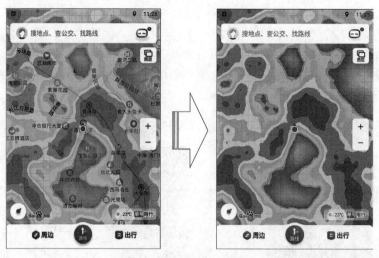

图 5 百度热力图预处理

图 6 Python 导入库代码示意

以笔者所在机构办公地为例，对某一时点[①]的热力图进行分析，统计得出的各颜色占比为[0.0789，0.1658，0.103，0.1228，0.1491，0.0581，0.0689，0.2534][②]，乘以对应的人口聚集密度[③]，最终得出区域繁华度指数为 21.48，分析结果如图 7 所示。

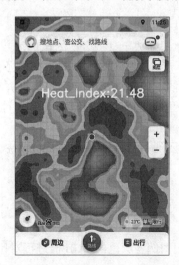

[0.0789,0.1658,0.103,0.1228,0.1491,0.0581,0.0689,0.2534]

图 7 区域繁华度指数分析结果示意

---

① 对某区域进行繁华度分析，需要根据物业类型、区域特点等因素，进行多个时点的综合分析。
② 统计颜色占比时将 7 个热力图图例以外的颜色都归集为白色（图 7），其占比（该数组最后一个值）不纳入区域繁华度指数计算。
③ 如图 4 所示，制定出一个具体的数值表。

对多个区域进行繁华度指数分析[①]，经过综合分析制定指数等级对照表（表1），最终得出笔者所在机构办公地的区域繁华度等级为"较优"。

区域繁华度指数等级对照表　　　　　　　　　　　　　　　　　　表1

区域繁华度指数	<10	[10,15)	[15,20)	[20,25)	≥25
等级	劣	较劣	一般	较优	优

（三）公共设施完善度分析

1. 制定方案

分析方案主要包括4个步骤：

（1）建立公共设施完善度评价体系；

（2）通过百度地图开放平台采集评价体系所涉及的公共设施数据；

（3）将采集的数据纳入评价体系，计算公共设施完善度指数；

（4）制定指数——等级对照表，得出最终的分析结果。

2. 采集数据

采集数据前先要建立公共设施完善度评价体系，然后再通过百度地图开放平台采集评价体系所涉及的公共设施数据。

（1）建立评价体系

由于是通过百度地图开放平台采集数据，因此评价体系的指标必须从"百度地图POI分类表"中选取。经研究分析，笔者最终确定公共设施完善度评价体系如表2所示。

公共设施完善度评价体系　　　　　　　　　　　　　　　　　　表2

第一层指标	第二层指标
购物	购物中心
	百货商场
	超市
	便利店
	集贸市场
休闲娱乐	电影院
	KTV
	剧院
	休闲广场
旅游景点	公园
	动物园
	植物园

[①] 多个区域必须覆盖所有等级，且建议每个等级的区域不少于5个，以此为制定指数等级对照表提供充分数据。

续表

第一层指标	第二层指标
旅游景点	游乐园
	博物馆
	水族馆
生活服务	通信营业厅
	邮局
	快递
	美发
美食	餐厅
	小吃快餐店
	蛋糕甜品店
	咖啡厅
金融	银行
	ATM
医疗	综合医院
	诊所
	药店
教育培训	高等院校
	中学
	小学
	幼儿园
	图书馆
	科技馆
文化传媒	文化宫
	美术馆
	展览馆
运动健身	体育场馆
	健身中心

（2）采集数据

①采集途径：数据采集通过调用百度地图开放平台地点检索服务的圆形区域检索功能完成。所谓圆形区域检索功能，是以分析对象坐标为圆心，在设置的半径范围内检索所有的设施信息（图8）。

②采集工具：数据采集通过 Requests 库实现。Requests 是基于 Urllib，使用 Apache2 Licensed 许可证开发的 HTTP 库。其在 Python 内置模块的基础上进行了高度封装，使得

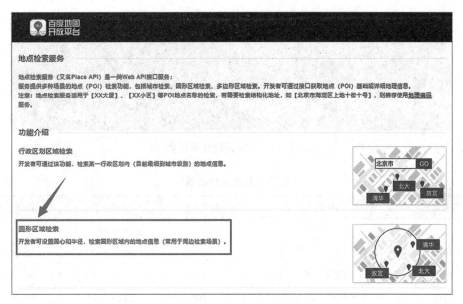

图 8 百度地图开放平台

Requests 能够轻松完成浏览器相关的任何操作。比起上一代的 Urllib 库，Requests 可使网络爬虫更加便捷迅速（图 9）。

图 9 Python 导入库代码示意

③采集过程：具体的采集过程，是调用百度地图开放平台地点检索服务的圆形区域检索功能[①]，通过定义采集（检索）半径（Radius=1200米）、采集字段并构造采集网址进行百度地图 POI 数据采集（图 10、图 11）。

④采集结果：数据采集结果样式如表 3 所示。

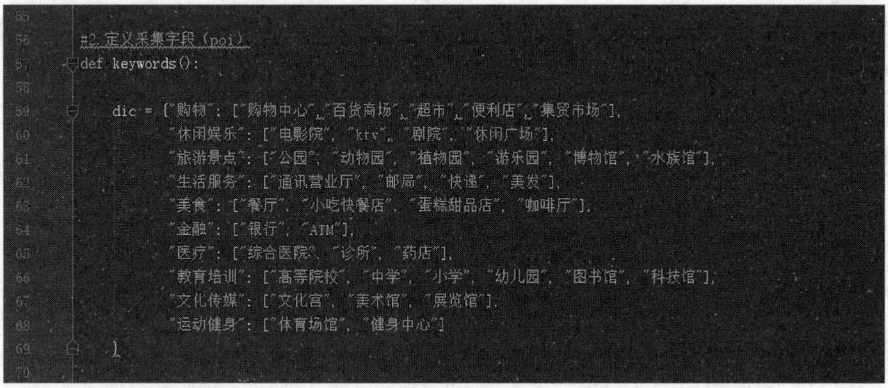

图 10 采集字段代码示意

---

① 需要申请百度地图 API 密钥。

```
# 构造采集网址
urls = []
for i in range(0, page):
    pagenum = str(i)
    url = "http://api.map.baidu.com/place/v2/search?query=" + keyword + "&page_size=20&page_num=" + str(
        pagenum) + "&location=" + location + "&radius=" + str(
        radius) + "&output=json&ak-              &scope=2"
    urls.append(url)
```

图 11　采集网址代码示意

数据采集结果样式示意　　　　　　　　　　　　　　　　　　　　　　　表 3

设施类型	标的物	距离（米）	经度（°）	纬度（°）
……	……	……	……	……
超市	家乐福（建设大道店）	359	114.2922	30.61261
超市	武商超市（惠济店）	473	114.2949	30.61179
超市	紫湖超市（高雄路店）	105	114.2906	30.60874
超市	中百仓储（北湖店）	787	114.2828	30.60736
……	……	……	……	……
集贸市场	惠济菜市场	622	114.2956	30.61323
集贸市场	三眼桥农贸市场	890	114.2878	30.61733
集贸市场	开明菜市场	878	114.2997	30.61009
……	……	……	……	……

3. 数据分析

（1）确定评价体系指标权重

采用层次分析法确定公共设施完善度评价体系（表 2）的各级指标权重。层次分析法（简称"AHP"），是指将与决策有关的元素分解成目标、准则、方案等层次，在此基础之上进行定性和定量分析的决策方法，比较适合于具有分层交错评价指标的目标系统，而且目标值又难以定量描述的决策问题。

① 层次分析法示例：以第一层指标"购物"为例，采用层次分析法确定其下 5 个第二层指标的权重过程如表 4 至表 6 所示。

判断矩阵　　　　　　　　　　　　　　　　　　　　　　　　　　　　表 4

	购物中心	百货商场	超市	便利店	集贸市场
购物中心	1	1	1	2	1
百货商场	1	1	1	2	1
超市	1	1	1	3	1
便利店	1/2	1/2	1/3	1	1/2
集贸市场	1	1	1	2	1

AHP 层次分析结果   表 5

指标	特征向量	权重值	最大特征根	CI 值
购物中心	1.097	21.95%		
百货商场	1.097	21.95%		
超市	1.197	23.95%	5.020	0.005
便利店	0.510	10.21%		
集贸市场	1.097	21.95%		

一致性检验结果   表 6

最大特征根	CI 值	RI 值	CR 值	一致性检验结果
5.020	0.005	1.12	0.004	通过

②最终结果：采用上述方法确定评价体系的各级指标权重，最终得出评价体系权重表（表7）。

评价体系权重表   表 7

第一层指标	权重	第二层指标	权重	最终权重
购物	23.63%	购物中心	21.95%	5.19%
		百货商场	21.95%	5.19%
		超市	23.95%	5.66%
		便利店	10.21%	2.41%
		集贸市场	21.95%	5.19%
……	……	……	……	……
运动健身	5.18%	体育场馆	83.33%	4.32%
		健身中心	16.67%	0.86%
合计	100.00%			100.00%

（2）计算公共设施完善度指数

计算每一个第二层指标的公共设施完善度指数，乘以相应的最终权重，累计求和即可得出综合的公共设施完善度指数。

①建立设施距离指数：计算某个设施的指数，最简单直接的方法是将区域内设施的个数累计求和，但这显然是不够严谨的。如，我们对于一个100米远的集贸市场与800米远的集贸市场，其效用评价是不一样的，距离近的显然评价要高于距离远的[①]。因此，计算公共设施完善度指数首先还要建立一个设施距离指数（递减函数）。

经综合研究，笔者制定设施距离指数公式如下：

---

① 出于数据获取原因，此处不考虑设施的服务能力（如经营面积）等因素。

$$R = 2 - \frac{2}{1+e^{-\alpha L}} \tag{1}$$

式中，R：设施距离指数；L：距离（米）；α：常数。

以"集贸市场"为例，制定的设施距离指数[①]如图12所示。

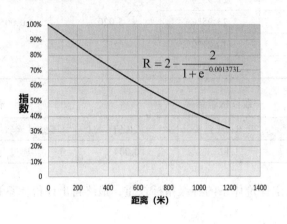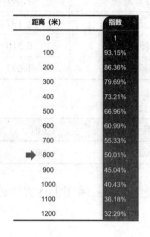

图12 （集贸市场）设施距离指数

② 计算指数：建立设施距离指数后，就可以开始计算各指标的公共设施完善度指数。以"集贸市场"为例，其公共设施完善度指数计算过程如表8所示。

（集贸市场）公共设施完善度指数计算示例[②] 表8

设施类型	标的物	距离（米）	距离指数
集贸市场	惠济菜市场	622	0.5972
集贸市场	开明菜市场	878	0.4610
集贸市场	三眼桥农贸市场	890	0.4552
		合计	1.5134

根据表7，"集贸市场"的最终权重为5.19%，则：（集贸市场）公共设施完善度指数 = 1.5134 × 5.19%=0.0785。

重复上述步骤计算每一个指标（设施）的指数，累计求和后得出笔者所在机构办公地的公共设施完善度指数为118.94（图13）。

[①] 制定设施距离指数的关键在于确定常数 α。对于"集贸市场"，笔者设定距离800米时指数为0.5，由此确定常数 α 取值为0.001373，这只是一个参考值。不同的设施其指数曲线也可能不同，估价师可根据实际情况综合分析后斟酌取值。

[②] 数据来源于表3。

图 13 公共设施完善度分析结果示意图

（3）最终结论

对多个区域进行公共设施完善度指数分析，经过综合分析制定指数等级对照表（表9），最终得出笔者所在机构办公地的公共设施完善度等级为"较优"。

公共设施完善度指数等级对照表 表9

公共设施完善度指数	<60	[60，80)	[80，100)	[100，120)	≥120
等级	劣	较劣	一般	较优	优

四、结语

综上所示，运用量化分析极大增强了我们获取数据的能力，更为我们提供了全新的分析思路与视野。虽然这对机构提出了较高的新技能要求，但却是夯实估价技术专业性的有效途径，是焕然一新与时俱进的估价作业新方式。长此以往，必将促进行业纵深有序、持续健康地发展。

参考文献：

[1] 刘班. 数据挖掘及其 Python 实现技术研究 [J]. 信息通信，2020（9）：63-65.

[2] 郝海妍，潘萍. Python 技术在数据分析中的应用 [J]. 电子技术与软件工程，2020（12）：179-181.

[3] 王万丽. 百度地图 API 应用综述 [J]. 电脑编程技巧与维护，2017（5）：35-36.

[4] 杜平. 基于百度地图 API 的城市运动场所可达性分析 [J]. 测绘与空间地理信息，2022，45（5）：156-158，161，165.

[5] 陈秀雯. 城市居住社区公共服务设施评价指标体系探讨 [D]. 重庆：重庆大学，2007.

[6] 李堆淑，谭雅妮. 基于层次分析法的商洛市人居环境质量评价 [J]. 四川环境，2019，38（4）：147-151.

作者联系方式

姓　名：虞达锋
单　位：武汉国佳房地产评估咨询有限公司
地　址：湖北省武汉市江岸区建设大道 702 号房地产交易大厦 24 楼
邮　箱：77043103@qq.com
注册号：4220040007

公共服务设施可及性评价在房地产估价中的应用

张露沁

摘　要：公共服务设施的可及性关系到民众生活的便利性，其可及性评价结果可应用于房地产估价。本研究从房地产估价角度，结合估价理论和统计学方法，通过构建资源禀赋指数对房地产周边公共服务设施的可及性进行评价。从厦门市住宅房地产进行实证分析可看出，公共服务设施可及性对住宅房地产的价值有正向影响。将公共服务设施可及性评价结果应用于房地产估价，可以解决房地产估价中比较法应用的痛点。

关键字：房地产估价；公共服务设施；可及性评价；资源禀赋指数

公共服务设施可及性是指各类公共服务设施的数量、等级等能否满足民众便利生活的需求。党的十九届四中全会通过的《中共中央关于坚持和完善中国特色社会主义制度 推进国家治理体系和治理能力现代化若干重大问题的决定》中指出，优化政府职责体系应从完善公共服务体系，推进基本公共服务均等化、可及性方面发力。可见，公共服务设施可及性的重要性正在逐步提升。

公共服务设施可及性不仅关系到民众生活的便利性，在房地产估价中，也是房地产价值判断的一个重要依据。厦门大学数据挖掘研究中心与笔者所在公司于2018年合作开展了《运用有向秩权重分析法测算房地产价格影响因素权重》课题，该课题将影响因素分为区位、实物和权益因素三大类，而公共服务设施属于区位因素。研究成果表明，区位因素的权重在三大类因素中的占比最大，达到将近50%；其中对于住宅房地产，公共服务设施的权重占很大的比值。可见公共服务设施对房地产价格的影响有着举足轻重的地位。

鉴于公共服务设施可及性的重要性，应对公共服务设施的可及性进行评价，将评价结果应用于房地产估价，可以为房地产估价实践提供一个新的分析视角。

一、既有研究情况概述

既有研究主要从可达性这个角度来研究城市中公共服务设施的配置情况。可达性反映的是到达目的地的难易程度，公共服务设施的可达性会影响某特定区位获得各种服务的能力。

目前对城市中公共服务设施可达性的研究成果较多。从研究涉及的设施类别看，主要涉及医疗、绿地、教育、养老、旅游景点、购物等某一种类公共服务设施，也有研究同时关注多种公共服务设施的可达性，包括休闲、金融、医疗、科教等。从研究的内容看主要包括评价指标体系的构建、评价方法的探讨、评价空间范围界定等方面。从研究的结果看主要是通过公共服务设施的可达性评价与分析来反映各类设施空间分布特征，为政府的规划决策提供参考依据。

从现有研究情况看，城市中公共服务设施的可达性评价主要从城市或区域的角度评价公共服务设施空间分布的均衡性，即研究的结果更侧重于在研究区域范围内公共服务设施的种类、数量、等级等能否满足民众的需求。而从房地产估价的角度，一方面，不仅要关注各类公共服务设施的可达性，还应关注各类设施能否满足民众方便利用的要求；另一方面，从估价角度研究的切入点不是某个城市或某个区域，而是某个具体房地产，如居住小区或中央商务区等。因此从估价的角度，应着眼于某房地产，对其周边一定范围内的公共服务设施的可及性进行多样性综合评价，将该评价结果作为房地产估值水平确定的依据之一。

二、估价视角下的公共服务设施可及性评价思路

将公共服务设施作为一种"资源"，通过构建资源禀赋指数反映各类公共服务设施的资源丰富程度，进而评价公共服务设施的可及性。

（一）构建指标体系

参照《房地产估价规范》GB/T 50291—2015 中的相关要求，选取与民众日常工作、学习、生活息息相关的领域作为一级指标，并将一级指标进一步细化作为二级指标（表1）。

公共服务设施资源禀赋指数指标体系　　　　　表1

一级指标	二级指标
交通服务	普通公交、快速公交、地铁、停车场、充电桩
教育服务	幼儿园、小学、中学
生活服务	购物中心、超市商铺、餐馆、银行、公安局
文体服务	大型体育活动场馆、中小型体育活动中心、公园、旅游景点、文化场馆
医疗健康	三甲医院、普通医院、社区医院、药店

在实际测算时，针对不同的城市，可以根据每个城市的实际情况对上述指标体系进行调整。例如快速公交系统、充电桩并不是所有城市都具有的，可以采用其他相似的指标进行替代，或采用需求频率和偏好对等的其他类型指标。

（二）确定有效距离

公共服务设施作为一种配套资源，只有当该配套资源可以满足民众方便利用的要求时，才能对房地产价值产生正向影响。这种影响会随着公共服务设施距离的增加而快速衰减，当超过一定的距离，该配套资源的可及性将大大减弱甚至可以忽略不计，这个距离即为有效距离。民众对不同公共服务设施的需求存在一定的差异，也即民众对不同公共服务设施的需求频率和偏好衰减速率是不同的，例如对于超市的需求频率和偏好的衰减速率显然高于大型购物中心。这种差异性会通过各类公共服务设施的有效距离对房地产价值的影响体现出来，因此各个二级指标的有效距离应有所差异。

1. 确定先验有效距离

参照《城市居住区规划设计标准》GB 50180—2018 中对15分钟生活圈的规定，结合房地产估价行业专家的专业知识和经验，确定各类公共服务设施的先验有效距离。由于公共服务设施空间分布的均衡情况与人口聚集程度有一定的关联性，即人口密集的地方如城市中心

其公共服务设施的分布相对比较集中，而人口稀疏的地方如远郊则公共服务设施的分布相对比较离散。因此可采用人口密度作为加权系数对不同城市的先验有效距离进行调整。将位于中位数上的城市的人口密度加权系数设为1，人口密度小于该值的城市加权系数取大于1，反之则加权系数取小于1。

2. 确定后验有效距离

在先验有效距离的基础上，运用Bayesian推断思想，根据实际距离数据的空间分布特征，利用Kolmogorov-Smirnov假设检验方法，得到各个二级指标的后验有效距离。

在传统的房地产估价工作中，对有效距离的判断主要依赖估价师的执业经验，主观性非常强，不同的估价师可能存在不同的认知，从而直接影响房地产的估值结果。而采用上述方法，利用估价行业专家的经验大大提高先验有效距离的精准度，再利用统计学的方法结合数据特征获得后验有效距离，不仅保证了有效距离的合理性，也提高了其灵活性。

（三）计算公共服务设施资源点得分

将每个公共服务设施作为一个资源点，资源点与某房地产的距离越近，则该房地产越容易获得该项资源，即该资源点对房地产的价值正向影响越大，其得分越高。资源点的得分主要通过距离来计算，但其中交通领域的普通公交、快速交通及地铁3个要素，除了考虑站点与地物的距离，还同步考虑每个站台线路的数量，即以线路数量作为权重修正得到最终的站点资源的得分。

资源点得分的计算，除了考虑资源点到房地产的距离 d_{jk}^i，还要考虑衰减分段距离 d_j^{decay} 和容错距离 $d_j^{fault\_tolerant}$。由于公共服务设施对房地产价格的影响会随着公共服务设施与房地产之间距离的增加而快速衰减，因此在计算资源点得分时，为了使得分情况更符合实际规律，对距离采取分段衰减，衰减速度发生转变的距离即为衰减分段距离。从房地产估价的角度，当公共服务设施与房地产的距离在一定范围之内，其对房地产价值的影响度基本一样，也即公共服务设施对房地产的效用无明显差别，以容错距离作为效用无差别的距离分界（图1）。

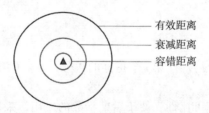

图1 资源点得分计算相关距离示意图

资源点的得分用距离分布分位数求取。距离分布分位数实质就是一种概率，也就是当前指标下所有有效距离内的距离小于等于某资源点到某房地产距离的概率。公式如下：

$$q_{jk}^i = P(X \leq d_{jk}^i) \tag{1}$$

$$a_{jk}^i = 1 - q_{jk}^i \quad (d_j^{fault\_tolerant} < d_{jk}^i \leq d_j^{decay}) \tag{2}$$

式（1）中，q_{jk}^i 为第 j 个指标中第 i 个房地产的第 k 个资源点到房地产的距离分布分位数；P 为概率；X 为当前指标下所有有效距离内的距离，d_{jk}^i 为第 j 个指标中第 i 个房地产的第 k 个资源点到房地产 i 的距离。

式（2）中，a_{jk}^i 为当资源点到房地产的距离位于容错距离和衰减距离之间时，第 j 个指

标中第 i 个房地产的第 k 个资源点的得分。

当 a_{jk}^i 小于容错距离，则资源点的得分为容错距离的距离分布分位数 $q_j^{ault\_tolerant}$。当 a_{jk}^i 大于衰减距离小于有效距离时，以距离分布分位数的幂次倒数作为资源点的得分，对不同人口密度的城市，可考虑用人口密度作为加权系数。

（四）计算公共服务设施资源禀赋指数

将房地产周边有效距离范围内某类公共服务设施所有资源点的得分进行加总，得到该房地产某类公共服务设施（二级指标）的得分；将各类公共服务设施（二级指标）的得分进行加总，得到该房地产某领域公共服务设施（一级指标）的得分；将各领域公共服务设施（一级指标）的得分进行加总，得到该房地产公共服务设施的综合得分。上述得分以指数的形式进行展示，通过不同层级的公共服务设施资源禀赋指数，可对房地产周边公共服务设施的可及性进行综合评价。

1. 二级指标得分

在计算某类公共服务设施（二级指标）的得分时，需要考虑资源点数量对得分结果的影响程度。

以日常生活服务领域的餐馆因素为例。某住宅小区周边有一定数量的餐馆会方便小区居民的日常餐饮需求，但餐馆数量并非越多越好，一方面当餐馆的数量超过实际需求量时，边际效用就会开始递减，另一方面过多的餐馆可能会给住宅小区带来噪声等负面影响。因此，当餐馆的数量在一个合理的范围内会越多越能提升住宅小区的房地产价值，而当数量超过合理范围，不但不能继续增加住宅小区的房地产价值，可能还会降低其价值。

以资源点数量作为权重计算二级指标得分。考虑不同类型资源点的规模、等级等情况，对每个指标 j 的实际供需进行分析，并设置相应的衰减分段数量 n_j^{decay}。当资源点数量小于衰减分段数量，以数量倒数作为权重；当资源点数量大于衰减分段数量，以数量的幂次倒数作为权重。

$$C_j^i = \sum_{k=1}^{X_j^i} \left(a_{jk}^i \times \omega_{jk}^i \right) \quad (3)$$

式（3）中，C_j^i 为第 i 个房地产第 j 个指标的得分，ω_{jk}^i 为第 j 个指标中第 i 个房地产的第 k 个资源点的数量权重。

为了使指标得分更具有可比性、便于后期指数的应用，采用 MIN-MAX 方法对得分进行标准化，将得分结果归集到 [0, 1]。

2. 一级指标得分及综合得分

以一级、二级指标的重要性赋值为基础数据，采用独立信息数据波动赋权法 DIDF，测算出各指标的权重值，将权重值乘以指标得分分别求得一级指标得分和综合得分，进而可以对公共服务设施进行多样性综合评价。

如果由估价行业专家直接对权重进行赋值，由于专家认知的差异会导致专家赋值存在偏好差异，从而可能会导致结果主观性较强。而采用 DIDF 方法，先通过各资源点的距离计算出各指标的离差系数，然后利用回归分析得到拟合优度计算指标的独立信息比率，将二者标准化后相乘并进行归一化后得到权重值。采用该方法可以最大程度利用数据自身的客观属性，从而规避权重结果受专家赋值偏好的影响，使得权重结果更具备客观合理性。

三、公共服务设施可及性评价实例及在估价中的应用

从公共服务设施配套情况对房地产价值影响的角度,以百度 POI 数据为基础,运用统计学的 Bayesian 推断思想,构建公共服务设施资源禀赋指数,综合评价房地产周边公共服务设施的可及性,并以厦门地区住宅房地产为例,探讨公共服务设施可及性评价结果在估价中应用,为房地产估价实践提供新的分析视角。

(一)数据来源及处理

以某类房地产为中心进行坐标解析,以各类公共服务设施有效距离为基础分别对房地产周边各资源点的情况进行定向资料搜集。通过该方式获得大量原始数据,进而通过正则表达式或 Xpath 解析出所需数据项,并利用计算机数据处理手段进行数据清洗,得到有效数据。为了避免出现不同地点房地产同名的情况,使用 ID 进行区分。

(二)确定有效距离

通过征询房地产估价行业专家确定各类公共服务设施的先验距离,根据厦门市距离数据的空间分布特征,运用 Bayesian 推断思想计算后验距离,递减单位取先验距离的 1/20,结果如表 2 所示。

厦门市公共服务设施资源指标有效距离　　　　表 2

一级指标	二级指标	先验有效距离(m)	后验有效距离(m)	$\left[\min_{i,k}\left(d^i_{jk}/100\right)\right]\times 100(m)$
交通服务	普通公交	1000	950	50
	快速公交	1000	950	50
	地铁	2000	1900	100
	停车场	1000	950	50
	充电桩	3000	2850	150
教育服务	幼儿园	1500	1425	75
	小学	1500	1425	75
	中学	2000	1900	100
生活服务	购物中心	2000	1900	100
	超市商铺	2000	1900	100
	餐饮	2000	1900	100
	银行网点	2000	1900	100
	公安局	2000	1900	100
文体服务	大型体育活动场馆	3000	2850	150
	中小型体育活动中心	3000	2850	150
	公园	3000	2850	150
	旅游景点	3000	2850	150
	文化场馆	4000	3800	200

续表

一级指标	二级指标	先验有效距离（m）	后验有效距离（m）	$\left[\min\limits_{i,k}\left(d^i_{jk}/100\right)\right]\times100(m)$
医疗健康	三甲医院	10000	9500	500
	普通医院	5000	4750	250
	社区医院	5000	4750	250
	药店	1500	1425	75

从表2看出，行业专家基于执业经验对有效距离的先验判断较为准确，这从很大程度上节约了有效距离的计算时间。

（三）公共服务设施可及性评价结果及应用

根据上述公共服务设施可及性评价思路可测算得到房地产周边各类公共服务设施的资源禀赋指数，指数值越高代表该类公共服务设施的数量和距离能更好地满足民众的需求，即该类公共服务设施的可及性越强。一般对于同一个房地产，其周边不同类公共服务设施的可及性程度有一定的差异，即部分公共服务设施的可及性相对较好，部分相对较差。要全面评价公共服务设施配套情况对房地产价值的影响，需要对公共服务设施可及性进行多样化综合性评价。

以厦门市住宅房地产为例。选取厦门市集美区2个住宅小区进行举例分析。A、B小区均属于龙湖地产的项目，其建成年份相近、小区绿化和配套情况相似，并且均由龙湖物业进行管理。A小区位于集美区杏北板块，该板块地处集美区中心地段，周边各项配套较为成熟；B小区位于集美区灌口板块，该板块离集美中心区有一定距离，各项配套逐步完善中（图2）。

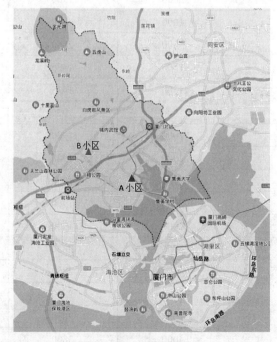

图2 示例小区位置示意图

分别以示例小区为中心，在有效距离范围内获取小区周边各类公共服务设施的 POI 数据（表 3）。

示例小区 POI 数据获取情况汇总　　　　表 3

指标		A 小区		B 小区	
		资源点数量（个）	平均有效距离（m）	资源点数量（个）	平均有效距离（m）
交通服务	普通公交	12	645	10	675
	快速公交	—	—	—	—
	地铁	3	1058	—	—
	停车场	30	564	9	743
	充电桩	12	1643	6	1511
教育服务	幼儿园	18	987	17	936
	小学	4	962	5	951
	中学	4	937	3	1086
生活服务	购物中心	—	—	—	—
	超市商铺	253	1071	280	991
	餐馆	85	1105	70	980
	银行网点	7	1195	6	947
	公安局	15	1413	6	1334
文体服务	大型体育活动场馆	57	1867	17	1363
	中小型体育活动中心	23	1761	4	1489
	公园	11	1620	8	1016
	旅游景点	93	2025	12	1665
	文化	41	2156	25	2109
医疗健康	三甲医院	2	4776	2	7963
	普通医院	6	2245	4	3303
	社区医院	34	3071	37	2966
	药店	14	970	15	1061

根据上述方法测算得到示例小区的公共服务设施资源禀赋指数。

从各分项指标看，A 小区与 B 小区在交通服务和医疗健康两方面差距较大。交通服务方面的差距主要因为 A 小区为地铁房且距离地铁站口很近，而 B 小区无地铁资源；交通方面其他指标的资源禀赋指数结果 A 小区也均优于 B 小区，因此 A 小区在交通资源可及性方面有较大的优势。医疗健康方面，A 小区与集美区三甲医院的距离有较大优势，该项资源禀赋指数结果比 B 小区高；同时普通医院和药店两个指标的结果 A 小区均略优于 B 小区；而 B 小区周边社区医院的数量和距离有较大优势，该项资源禀赋指数结果较高。

从综合指数看，A 小区整体的公共服务设施可及性优于 B 小区，也高于集美区的平均水平（图 3）。两个小区均为龙湖地产项目，小区的定位、品质相近，目前 A 小区的住宅均价比 B 小区高 60% 左右，可见公共服务设施可及性程度与住宅房地产价值呈正相关。

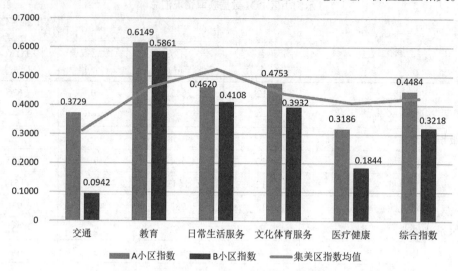

图 3　示例小区公共服务设施资源禀赋指数

在采用比较法进行房地产估价时，将公共服务设施可及性评价结果用于可比实例与估价对象各类因素优劣度的比较，可解决因估价师主观判断偏差导致的估值结果不合理的痛点。

四、结语与展望

从房地产估价的角度结合统计学思想和方法，构建公共服务设施资源禀赋指数进行公共服务设施可及性评价，可以使得评价结果在符合估价理论的基础上，更具备客观合理性。

当然，上述公共服务设施可及性评价思路还需要进一步优化，比如，如何考虑同一类公共服务设施资源对不同用途房地产价值影响的差异性，参数的取值如何保证评价结果在不同城市之间具有可比性等。

通过对公共服务设施可及性评价的进一步深入研究，可以将评价结果应用于不同行业或领域，也可为政府进行公共服务设施布局规划提供数据参考。

参考文献：

[1] 程敏，连月娇．基于改进潜能模型的城市医疗设施空间可达性——以上海市杨浦区为例 [J]．地理科学进展，2018（2）：266-275．

[2] 曾文，向梨丽，李红波，等．南京市医疗服务设施可达性的空间格局及其形成机制 [J]．经济地理，2017（6）：136-143．

[3] 李孟桐，杨令宾，魏冶．高斯两步移动搜索法的模型研究——以上海市绿地可达性为例 [J]．地理科学进展，2016（8）：990-996．

[4] 仝德，孙裔煜，谢苗苗．基于改进高斯两步移动搜索法的深圳市公园绿地可达性评价 [J]．地理科学进展，2021（7）：1113-1126．

[5] 汤鹏飞，向京京，罗 静，等.基于改进潜能模型的县域小学空间可达性研究——以湖北省仙桃市为例 [J]. 地理科学进展，2017（6）：697-708.

[6] 宋伟轩，涂唐奇，尹上岗，等.南京义务教育资源的社会——空间可达性差异及效应研究 [J]. 地理研究，2019（8）：2008-2026.

[7] 韩非，罗仁朝.基于可达性测度的城市社区居家养老服务供需匹配研究——以南京为例 [J]. 经济地理，2020（9）：91-101.

[8] 朱磊.区域旅游景点空间分布格局及可达性评价——以皖南国际文化旅游示范区为例 [J]. 经济地理，2018（7）：190-216.

[9] 赵梓渝，庞瑞秋，王士君.长春市大型零售设施空间可达性绩效测度 [J]. 地理研究，2016（3）：431-441.

[10] SAGHAPOUR T，MORIDPOUR S，THOMPSON R G. Public transport accessibility in metropolitan areas：A new approach incorporating population density[J]. Journal of Transport Geography，2016，54：273-285.

[11] 刘正兵，张超，戴特奇.北京多种公共服务设施可达性评价 [J]. 经济地理，2018（6）：77-84.

[12] 俞立平，潘云涛，武夷山.一种新的客观赋权科技评价方法——独立信息数据波动赋权法DIDF[J]. 软科学，2010（11）：32-37.

[13] 章积森，李秀荣，张露沁.如何应对新形势下估价需要和要求的变化——兼谈编制房地产价格影响因素优劣等级分类 [C]// 估价需求演变与机构持续发展：2019 中国房地产估价年会论文集，2019.

作者联系方式

姓　　名：张露沁

单　　位：厦门均达房地产资产评估咨询有限公司

地　　址：福建省厦门市思明区金星路 41-2 号

邮　　箱：59261013@qq.com

注册号：3520110015

涉执房地产司法处置评估中执行估价程序及界定估价对象方面若干问题及建议

王洪明　王丽莉

摘　要：梳理近三年来专业技术评审项目情况，发现估价机构及估价师在实施涉执房地产司法处置评估业务时仍存在较多问题，尤其是在执行估价程序及界定估价对象方面出现了一些不应发生的问题，评估机构及评估师应充分重视。执行评估程序和界定估价对象出现问题，属于估价行为或活动的硬伤，应全力避免。

关键词：房地产司法处置；估价程序；估价对象；问题及建议

根据 2018 年 8 月 28 日公布的《最高人民法院关于人民法院确定财产处置参考价若干问题的规定》，当事人、利害关系人对评估报告的参照标准、计算方法或者评估结果的异议，在评估机构给予说明后仍有异议的，人民法院应当交由相关行业协会在指定期限内组织专业技术评审。在总结相关行业协会组织专业技术评审工作经验的基础上，2019 年 11 月 22 日，最高人民法院办公厅联合中国房地产估价师与房地产经纪人学会等五大行业学（协）会发布《人民法院委托评估专业技术评审工作规范》。对近三年五十余项涉执房地产司法处置评估报告专业技术评审项目情况进行梳理，发现估价机构及估价师实施涉执房地产司法处置评估业务时，在履行估价程序及界定估价对象方面仍存在因未充分关注该类业务特殊性造成的重大瑕疵，影响了估价行业的形象。

一、执行估价程序方面

根据《人民法院委托评估专业技术评审工作规范》，对当事人、利害关系人认为涉执房地产司法处置评估机构或者评估人员不具备相应评估资质以及评估程序严重违法的，人民法院应当参照《中华人民共和国民事诉讼法》第二百二十五条[①]的规定处理。即涉执房地产司法处置评估中，当事人、利害关系人对评估机构或者评估人员执业资质以及评估程序的异议，由人民法院审查裁定，不属于专业技术评审的工作内容，但审视当事人、利害关

[①] 《中华人民共和国民事诉讼法》（2017 年修正版本）第二百二十五条规定：当事人、利害关系人认为执行行为违反法律规定的，可以向负责执行的人民法院提出书面异议。当事人、利害关系人提出书面异议的，人民法院应当自收到书面异议之日起十五日内审查，理由成立的，裁定撤销或者改正；理由不成立的，裁定驳回。当事人、利害关系人对裁定不服的，可以自裁定送达之日起十日内向上一级人民法院申请复议。《中华人民共和国民事诉讼法》（2021 年修正版本）将该条款调整至第二百三十二条。

系人对评估程序方面的异议，我们发现评估机构及评估师的确有做得不够合法合规的情形，主要包括：

1. 不按入库专业领域承接估价委托。目前最高人民法院按评估专业领域和评估机构的执业范围建立人民法院司法评估机构名单库，根据专业领域具体分资产评估、房地产评估、土地评估、矿业权以及珠宝评估机构库。目前很多评估机构同时具有多种从业资质，但不同资质方面的执业能力发展不均衡，同时各相关行业协会的推荐条件也存在一定差异，从而该类具有多行业执业资质的评估机构进入人民法院司法评估机构名单库的执业领域与其执业资质对应的执业领域存在差异，例如有的评估机构同时具有房地产、土地和资产评估三个执业资质，但其中可能仅因土地估价行业组织推荐而进入人民法院司法评估机构名单库，则在承接为人民法院确定财产处置参考价评估业务时，其执业领域应限于土地评估领域，而不能承接房地产、资产领域的评估委托。接到人民法院委托评估业务后，评估机构应根据被执行财产评估所属专业领域审查是否应承接该估价委托，超出本机构入库执业领域的，应向人民法院说明，并不应承接该估价委托。

2. 评估作业人员不符合要求。房地产估价机构应当安排两名及以上人员共同对评估对象进行实地查勘，其中至少有一名注册房地产估价师。人民法院要求由两名及以上注册房地产估价师进行实地查勘的，从其规定。评估报告应当由至少两名承办该项业务的评估专业人员签名并加盖评估机构印章。评估作业人员不符合要求的案例或场景包括：（1）未指派本机构注册房地产估价师实地查勘被执行房地产；（2）签署评估报告的评估师不是实施估价对象实地查勘的估价师。例如，实施实地查勘的估价师在估价作业期间离职，评估机构未履行必要程序更换评估师签署评估报告。出现此情形，评估机构应要求该估价师在离职前完成估价作业并按规定签署评估报告；评估师拒绝完成估价作业或签署评估报告的，评估机构应书面告知估价委托人，重新指派合格评估人员履行必要估价程序或申请终止估价委托。再如，实地查勘评估师在估价作业期间去世的情形，此情形较极端，评估机构亦应书面告知估价委托人，重新指派合格评估人员重新履行必要估价程序或申请终止估价委托。评估机构不得以代签字形式以其他人名义签署评估报告。

3. 遵循独立原则不符合要求。评估机构及评估师应与估价对象没有现时或潜在的利益，与估价委托人或估价利害关系人没有利害关系，也对估价对象、估价委托人及估价利害关系人没有偏见。根据独立原则不符合要求的案例或场景包括：（1）评估机构受理的估价委托有属于"与自身有利害关系的业务"[①]的嫌疑。例如，评估机构为某银行日常业务合作单位，该银行为此合作业务付费为该评估机构的重要收入来源，建议评估机构不再接受该银行作为申请执行人的涉执房地产司法处置评估委托，或者书面告知人民法院该情形，由人民法院审查裁定。（2）评估师在实地查勘估价对象过程中对其状况优劣发表评价，当事人、利害关系人因对该评价有异议，与评估师发生语言冲突甚至肢体接触，当事人或利害关系人以该评估机构及评估师对"估价对象、估价委托人及估价利害关系人有偏见"为由，申请其回避该估价业务。实地查勘是重要的估价程序，评估师在实施实地查勘估价对象时，首先应避免发表不当言论，避免与当事人、利害关系人发生冲突；如果冲突已经发生，应立即征求人民法院在场人员意见，并以书面形式确认。现场无人民法院人员的，应取得有关人员见证，并以书面形式报告人民法院，由人民法院审查裁定。（3）未经人民法院批准或人民法院人员在场，

[①] 根据《中华人民共和国资产评估法》第二十条，评估机构不得承接与自身有利害关系的业务。

单独接触当事人或利害关系人，包括单独接收当事人或利害关系人提供的有关估价资料。执行涉执房地产司法处置评估业务的评估师应避免在未经人民法院批准或人民法院工作人员在场的情况下，与当事人或利害关系人单独接触，包括向当事人或利害关系人了解估价对象情况；评估机构应通过设立独立联络人员等措施，解决必须与当事人或利害关系人确认实地查勘时间、评估费用预收取等事项。涉执房地产司法处置评估中，评估机构及评估师应通过人民法院接收评估资料；评估资料不全需要补充的，以书面函件形式向法院提出。无论是实地查勘期间还是估价作业期间的其他时间段内，当事人、利害关系人提供有关资料的，均应通过人民法院传递，严禁私自接收当事人、利害关系人传递的资料；对作为估价依据的资料，必要时还应经质证后方可采用。

涉执房地产司法处置评估应特别关注评估报告应用有效期问题。根据《最高人民法院关于人民法院确定财产处置参考价若干问题的规定》，委托评估结果的有效期最长不得超过一年，人民法院在评估结果有效期内发布一拍拍卖公告或者直接进入变卖程序，拍卖、变卖时未超过有效期六个月的，无需重新确定参考价；人民法院未在评估结果有效期内发布一拍拍卖公告或者直接进入变卖程序的，应当通知原评估机构在十五日内重新出具评估报告。涉执房地产司法处置过程中，由于存在异议及答复、专业技术评审、评估报告补正等程序，会发生评估机构在异议答复或者进行专业技术评审时，评估报告已经超过或接近应用有效期的情况。另外，还有受延迟缴纳评估费用、疫情管控等因素影响，个别评估报告提交时已距价值时点时间较长，超过半年，甚至接近1年，评估结果的时效性存疑。因此，对因各种原因导致评估报告出具日期已经超过价值时点3个月以上的，建议评估机构征求人民法院意见将价值时点延后；对当事人、利害关系人在异议及答复期内已说明估价对象状况发生变化的，评估机构及评估师应核实变化情况并判断该变化对评估结果的影响，征求人民法院意见是否需将价值时点延后以反映该变化对评估结果的影响；对根据专业技术评审意见需补正评估报告的，评估机构及评估师应核实估价对象是否变化并判断该已发生变化对评估结果的影响，征求人民法院意见是否需将价值时点延后并反映该变化对评估结果的影响；对因故暂缓、中止或终止评估后又重新启动评估的，价值时点也应相应作延后调整。所有价值时点调整的，评估机构及评估师均应要求人民法院重新组织对估价对象进行实地查勘。

二、界定估价对象方面

根据《最高人民法院关于人民法院确定财产处置参考价若干问题的规定》，人民法院委托评估机构评估涉执房地产价格，应当出具评估委托书，载明评估对象财产范围。评估机构出具评估报告后，人民法院应当对评估报告载明的财产基本信息、财产范围进行审查。当事人、利害关系人认为评估报告财产基本信息错误、超出财产范围或者遗漏财产等提出异议的，由人民法院参照《中华人民共和国民事诉讼法》（2017年修正版本）第二百二十五条的规定处理。即评估机构及评估师在涉执房地产司法处置评估中一般应根据评估委托书界定评估对象的财产范围，因此《涉执房地产处置司法评估指导意见（试行）》（中房学〔2021〕37号）第九条规定："房地产估价机构应当根据评估委托书和委托评估材料等情况，明确界定评估对象的财产范围，不得超出委托评估财产范围或者遗漏财产。"但由于房地产存在状况各异特性，人民法院在出具评估委托书确定评估范围时的依据也可能不够完善，例如仅根据抵押登记的财产范围确定评估对象范围，导致实际评估中评估对象范围可能需要调整，因此

《涉执房地产处置司法评估指导意见（试行）》第十八条相应规定："实地查勘时应当核对查勘对象与评估委托书载明的财产名称、坐落和财产范围等是否一致；不一致的，应当要求人民法院核实、明确。"

评估师实施涉执房地产司法处置评估应特别重视评估对象范围问题。梳理近三年五十余项专业技术评审项目，异议人对评估对象范围有异议的比例超过30%，现场调查后需要调整评估对象范围的约占1/3。根据评审项目反映出的界定评估对象方面存在问题，作如下提醒或建议：

1. 估价对象为工业房地产的，应关注土地范围内是否存在未登记房屋、构筑物、附属物，委托评估的房屋、构筑物及附属物是否全部位于委托评估土地红线范围内，以及在委托评估土地红线范围外是否有为保证红线范围内房屋功能可用的附属物。如委托评估房地产内的配电设施设备为与他人共用，委托评估的自用的配电设施设备在相邻的他人土地红线范围内，委托评估房屋全部或部分位于相邻的他人土地红线范围内等。

2. 估价对象为在建工程的，首先要弄清楚评估对象范围是在建工程项目整体还是已开工的局部。评估对象范围为在建工程项目整体的，通常按"地随房走"的原则，评估价值包含全部土地使用权价值；评估对象范围为在建工程项目局部的，如只评估整个项目中的部分房屋，应根据项目资料对土地使用权价值进行分摊。其次还应弄清楚评估对象范围内是否存在已预售部分，因买受人无法取得已预售部分买方已支付销售价款但仍需承担续建义务，因此其价值应为未来可获得的买方尚未支付销售价款扣减相应续建必要支出的余额。还应注意，估价对象现状为在建工程，但评估对象范围不一定为在建工程，而可能是期房权益，如预购商品房。

3. 估价对象为房地产，但统一登记后登记证件缺少土地信息的，应要求人民法院对土地权利状况进行调查确认，不应自行推测假定，也不应根据有关商业网站的披露项目信息中个别数据推测假设。只有在人民法院难以确认或说明的情况，才可以合理假设，但所作出的假设以及对估价结果的影响，最好事前书面告知人民法院。估价对象涉及承包农村土地的，应注意是土地承包经营权还是土地经营权，应根据集体土地使用权的类型、取得方式、使用期限等权益状况，结合国家和地方集体土地流转等相关规定合理评估。

4. 对有租约房屋的装饰装修等应注意要求人民法院确认是否需要将承租人装饰装修等部分单独作价；需单独作价的，应由权利人和承租人明确承租人装饰装修范围。实地查勘中，评估师应询问了解评估对象在价值时点是否有租赁情况，由人民法院确认在评估中是否应考虑租约限制。关于是否存在租约，除了自行观察外，还应向当事人、利害关系人询问，并最终由人民法院确认，即使是对空置的房屋，也应确认是否有租约，以及承租人装饰装修等情况形成的财产。评估中切勿简单地以假设不考虑租约限制方式处理。

界定评估对象范围的内容还应包括区分房地产成分与非房地产成分。评估报告通常将评估对象范围界定为包含房屋建筑物以及附着在建筑物上的、与估价对象功能相匹配的、不可移动的设施设备，不包括估价对象内部动产及依附于估价对象的债权债务、特许经营权等其他财产和权益。但由于被执行房屋装饰装修及设施设备特殊导致对评估范围争议的案例也很多。例如，某成套住宅评估报告的评审项目中，当事人在异议中要求评估机构将其室内钢琴、沙发、床等家具加入评估范围，理由是这些家具、设施或设备体量大，其是在购买房屋后的装饰装修时通过塔吊从窗户吊入并现场组装完成的，如果房屋拍卖成交，因不能再拆除窗户，也不具备再利用塔吊吊出的条件；另一案例项目中，某成套住宅拍卖成交后因买受人对交付房屋状况有异议，法院要求评估机构说明其评估范围是否包括背板固定在墙上的衣柜的柜门、底端固定在地板上的隔断屏风、窗帘盒及窗帘杆、粘贴在墙上的装饰画（含框）、客厅水景装饰（亭台楼阁及小桥）、供电开关柜箱盖掩饰面、燃气灶及护罩、厨房集成洗碗柜及消毒柜、装饰装修时加装的单户中央空调及新风系统等几十项。因此评估师在实地查勘中，应根据估价对象实际状况，要求当事人、利害关系人列明详细的财产清单，由人民法院确定哪些列入或不列入评估范围。同时，应关注并调查委托评估房屋是否存在改扩建（内部夹层、外接空间）、翻建等情况，必要时应要求人民法院对已经存在的改扩建、翻建等情况的合法性进行认定或书面确认。被执行房地产仍处于正常使用中的，包括权利人自用、出租或出借利用等，应特别注意房屋附属物，如成套住宅加装的特殊设施设备（空调设备、通风防尘设备、独立供暖设备、特殊热水系统等）、集成定制设施设备（厨房灶台、洗碗机、消毒机、油烟机、嵌入式微波炉、烤箱、洗衣机等）。工业建筑内通常存在较多的设施设备，既有通常认为属于建筑构成的供水、排水、供气、供暖等管道设施，也有属于生产工艺需要的输送高压、高温、危险气体及危险液体等用途的专用管道，还包括大型设备的基础等。

需要进一步说明的是，当事人对评估报告中评估对象范围有异议的，评估机构及评估师应在对异议内容认真审阅的基础上，结合估价委托、估价对象状况、估价测算情况，作出相应处理。对应由人民法院审查裁定的，书面提请人民法院审查裁定；对异议人表述不清晰的，应提请人民法院要求其表述清楚；对属于评估报告未说明或列示清楚，或异议人理解存在偏差的，应给予清晰、准确的书面答复；对属于评估报告遗漏的，应作出补正说明，即应知错就改。

当事人、利害关系人对评估对象范围提出异议的，评估机构、评估师要充分重视，必要时应要求人民法院重新组织实地查勘，通过实地查勘充分沟通，最终确定评估对象范围。评估机构、评估师在界定评估对象范围的问题上，应避免以下认识：一是评估范围由人民法院委托确定，人民法院未委托评估的不予列入评估范围，当事人、利害关系人对评估对象范围的任何异议，都应由人民法院审查裁定；二是评估范围就是房地产，不含其他非房地产成分，或者所有属于房地产成分的财产都是房地产，都应列入评估范围。当事人、利害关系人对评估对象范围提出异议的，评估机构及评估师应避免以下"简单粗暴"的处理方式：一是将评估范围问题全部归结于人民法院的评估委托；二不针对异议人的具体异议内容，仅以评估报告常用"固定表述"或"套话"出具模棱的说明；三是明知有遗漏且对评估结果有影响，仍极力掩饰、拒不改正。

三、结语

总之，涉执房地产司法处置评估是一项法律性、公正性、科学性很强的工作，在实务中要谨遵规范、规定的要求，重视司法程序，依法合理界定估价对象，既有利于提高司法执行效率，也能有效的防范司法鉴定业务风险。

作者联系方式

姓　　名：王洪明
单　　位：辽宁诚信房地产土地评估有限公司
地　　址：辽宁省大连市高新区科海街74号（中海紫御观邸D7号楼）3单元601室
邮　　箱：suykin@126.com
注册号：2120030035

姓　　名：王丽莉
单　　位：辽宁兴正华土地房地产资产评估咨询有限公司
地　　址：辽宁省大连市高新区科海街74号（中海紫御观邸D7号楼）3单元601室
邮　　箱：7482212@qq.com
注册号：2120160039

数据钻取法在房地产批量评估中的应用浅析
——以写字楼楼层因子分析为例

许 军 詹振华

摘 要：房地产批量评估算法的需求日益增多，但目前批量评估的方法相对较少，且以往的回归分析、标准价调整等方法存在各种问题，需要探索新的研究方法来规避以往方法的一些问题。本文以影响写字楼售价的楼层因子为例，运用数据钻取法计算写字楼楼层因子值，探索了两种钻取路径，对比后得出上海市分环线的写字楼不同楼层对价格的影响因子值，验证后发现得到的楼层因子可信度较高。通过运用数据钻取法对写字楼楼层因子的研究，可完善影响价格的其他因素计算，形成完整的价格修正体系，并可以延展到其他非居住物业的相应因子研究，不断完善并积累价格批量计算技术的研发。

关键词：数据钻取；写字楼；售价；批量评估；楼层因子

一、引言

随着目前市场监测、REITs、批量抵押、保租房集中上市等业务的增长，对房地产批量评估算法的需求日益增多，但目前批量评估的方法相对较少，特别是在非居住物业的因子分析方面偏弱，楼层、朝向、景观等因子研究缺少，因此对非居住物业的因子分析具有研究意义。以往使用多元回归分析、标准价调整等方法作批量评估研究，缺少可解释可论证性，受数据影响较大，业内难以达成共识，以达成统一意见。笔者尝试使用数据钻取法，对海量数据进行降维分析，得到需要计算的因子值，通过研究及验证发现数据钻取法在房地产批量评估研究中的可行性。

二、批量评估与数据钻取研究方法

批量评估是指在给定时间，使用标准方法，采用共同的数据，统一并考虑到对结果进行统计检验与分析的评估技术与方法，对多种类型的财产所进行的评估过程。《房地产估价规范》GB/T 50291—2015 中适用于大量相似房地产的批量评估方法有标准价调整法以及多元回归分析法。

批量评估中，一般在相似房地产中确定标准房地产，建立其他房地产与标准房地产之间的价格影响因子体系。价格影响因子体系是不同房地产因其属性差异带来的价格差异的体现。举例来说，同一住宅小区或同一办公项目，不同楼栋、不同楼层、不同景观的房地产价格存在一定的差异，而这些差异可以理解为是影响价格的各种因子。

在多元回归分析法中，价格影响因子使用多元回归模型计算优化后得到，在标准价调整法中，一般凭估价经验确定。多元回归方法在建模研究的过程中，一方面需要综合的知识、经验及技能要求，对人员和团队的综合能力要求很高；另一方面对样本数据的准确性要求也比较高，而且在市场波动较大的时候，模型效果会大幅下降。而通过估价经验判定对人工要求比较高，工作量大，在项目较多的城市，无法起到批量评估的作用。

本次研究尝试采用数据钻取法来确定写字楼价格批量计算中不同楼层的价格差异因素。在案例量大的基础上，能实现较好的结果，也能有效避免多元线性回归以及传统特征价格模型等方法带来的不便。

数据钻取的定义为改变数据维的层次，变换数据分析的粒度。即按照某个特定层次结构或条件进行数据细分呈现，让使用者关注的数据范围从一个比较大的面，逐步下钻并聚焦到一个小的点上。批量评估中采用数据钻取方法，即是在大量案例数据基础上，通过各种统计分析方法，实现数据维度及颗粒度变化，从而聚焦并得到某个影响因子值的方法。

三、写字楼楼层因子分析的数据钻取法技术思路

（一）写字楼楼层影响因子数据钻取总体思路

本次研究通过对上海全市写字楼案例进行数据钻取，获得影响写字楼售价的楼层因子。首先获取案例；其次通过两种统计路径分别钻取这批案例，从结果对比得出更优的钻取路径；最后再通过多种方式对结果进行拟合平滑，确定拟合平滑方式并得到最终因子结果。其中在第二步进行不同统计路径钻取案例时，需要针对案例数据情况，选取不同的统计研究方法。本次研究采用的是箱线图研究方法。通过真实案例加上统计过程处理方法得到的结果，在估价行业实际操作中可信度相对较高。

（二）箱线图统计方法的应用

一批数据中的异常值值得关注，忽视异常值的存在是十分危险的，不加剔除地把异常值包括进数据的计算分析过程中，对结果会带来不良影响；重视异常值的出现，分析其产生的原因，常常成为发现问题进而改进决策的契机。箱线图识别异常值的标准为异常值被定义为小于 Q1-1.5IQR 或大于 Q3+1.5IQR 的值。虽然这种标准有点任意性，但它来源于经验判断，经验表明它在处理需要特别注意的数据方面表现不错。

这与识别异常值的经典方法有些不同。众所周知，基于正态分布的 3σ 法则或 z 分数方法是以假定数据服从正态分布为前提的，但实际数据往往并不严格服从正态分布。它们判断异常值的标准是以计算数据批的均值和标准差为基础的，而均值和标准差的耐抗性极小，异常值本身会对它们产生较大影响，这样产生的异常值个数不会多于总数 0.7%。显然，应用这种方法于非正态分布数据中判断异常值，其有效性是有限的。

箱线图的绘制依靠实际数据，不需要事先假定数据服从特定的分布形式，没有对数据作任何限制性要求，它只是真实直观地表现数据形状的本来面貌；另一方面，箱线图判断异常值的标准以四分位数和四分位距为基础，四分位数具有一定的耐抗性，多达 25% 的数据可以变得任意远而不会很大地扰动四分位数，所以异常值不能对这个标准施加影响，箱线图识别异常值的结果比较客观。

因箱线图在异常值处理中的优越性以及本次研究数据的特点，因此本文采用箱线图来做统计分析钻取结果。

总体上来说，数据钻取法的应用一般主要包括以下步骤：

1. 准备研究的因子所需的相关案例数据；

2. 对数据进行清洗与筛选，一般可以采用分箱法、聚类法、偏差分析法、分布规律识别法等方法；

3. 对数据进行分析提炼因子影响程度的规律特点，一般可采用箱线图分析、平滑分析、相关性分析、因子分析、回归分析、神经网络分析、降维分析、时间序列预测、生存分析等方法；

4. 使用预留的校验样本数据进行结果检验，并形成最终结论。

由于针对价格影响因素的研究，一般的研究点比较聚焦，容易进行分析研究。但是重点应关注案例数据的收集和清洗、筛选，要确保案例数据在该修正因子之外的其他影响因素的可控性，在通过一定的方法锁定案例的其他影响因素的值可控的情况下，凸显出该因子的价格影响特征规律而进行分析。

四、研究过程、结果及校验

（一）案例获取

在批量评估技术的运用中，翔实可靠的数据库必不可少，数据的储备基于待评估不动产各类详细特征的信息。运用批量评估技术对不动产价值进行评估，最终评估结果的有效性及真实性直接由前期所建立数据库中数据的可靠性所决定。

联城通过对上海住宅和非住宅的成交、租赁数据持续监测，形成了超百万套住宅成交租赁案例数据、40万套办公成交案例、70万套办公租赁案例的庞大案例数据库，并且完善了全上海所有住宅小区、写字楼物业的基础数据信息，为房地产批量评估技术奠定了良好的研究基础。

本次研究以上海市写字楼物业为研究对象，因此需要排除纯写字楼之外的办公类型物业，如公寓式办公、商住办、商铺类型等。且由于研究楼层之间的价格差异因素，因此在成交案例中必须有不同楼层的成交单套数据，故独栋办公亦不在研究范围内。采用联城数库中2016年1月至2022年3月一手成交的写字楼案例作为总样本，去重及核验后符合研究条件的单套成交数据1.4万条，包含250个项目的一千余栋楼宇。

（二）模型构建

各案例的楼层因子需要通过与本栋楼的基准层价格进行对比后得到，因此需要明确基准层的定义，排除楼层之外的干扰项对价格的影响。

定义基准层为同一楼栋内，与案例同一室号，且面积相差不大的最低楼层。

$$\alpha_i = \frac{p_i - P}{P} \times \frac{1}{l_i - L} \tag{1}$$

式中：α_i为案例的楼层因子值，p_i为案例的价格，P为基准层的价格，l_i为案例所在的楼层数，L为基准层所在的楼层数。

通过模型的计算方式我们可以知道，当案例为基准层本身时，无法计算其本身的楼层因子值。当案例所在的楼栋及室号，仅有案例本身时，则此案例无法计算得到楼层因子值。

（三）路径选择

根据是否对楼栋基准进行分段计算，分为两个计算路径：

1. 路径一：不分段计算，以同楼栋同室号最低层为基准层，计算案例楼层因子值；将数据按照楼栋区分,选取同一室号中,最低楼层为基准层,同一室号其他案例售价与基准层售价进行对比,得出该案例的楼层因子值。

2.路径二:将楼栋进行低中高区分段,每个楼栋每一分区同室号最低层为基准层,计算案例楼层因子值。根据每栋楼的高中低分区,分别选取基准层,因此每栋楼会有多个基准层。

(四)路径计算对比

1.路径一计算结果

经过基准层调整后,楼层因子总体结果中值为0.9%,半数案例因子值区间在0.1%～1.9%,异常值区间在-2.6%～4.5%(图1)。

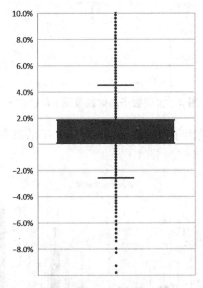

图1 楼层因子总体结果图(路径一)

各楼层因子分布较合理(图2)。

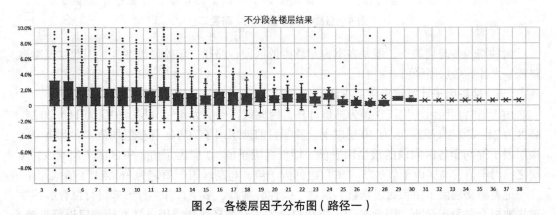

图2 各楼层因子分布图(路径一)

2.路径二计算结果

经过基准层调整后,楼层因子总体结果中值为1.1%,半数案例因子值区间在0～2.5%,异常值区间在-3.8%～6.4%(图3)。

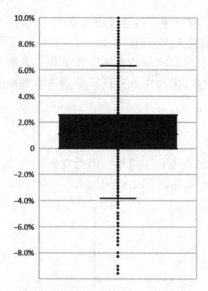

图 3　楼层因子总体结果图（路径二）

按照分段计算各个楼层的因子结果，发现 21 ～ 30 层结果非常不理想，主要是案例数量减少比较多，导致异常值干扰较大（图 4）。

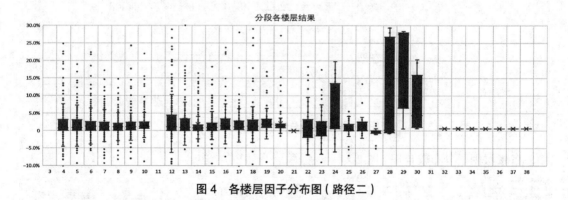

图 4　各楼层因子分布图（路径二）

两种路径各有优缺点，但是在案例量较少的区段，路径二偏差显著变大，因此建议通过路径一来计算楼层因子值。

（五）楼层因子计算结果楼层平滑

由于所有楼层因子均以 3 层为基价计算，因此低区楼层为 4～10 层，中区为 11～20 层，高区为 21～30 层，超高区为 30 层以上。鉴于目前楼层因子为各区各楼层均值，因此将中间楼层因子等同于各区间段的楼层因子值。即低区因子值 =7 层因子值，中区因子值 =15、16 层之间因子值，高区因子值 =25、26 层之间因子值，超高区因子值定为 36 层因子值。

笔者将楼层因子结果通过指数、对数、线性、乘幂、多项式等多种方式进行拟合后，发现指数拟合差异度最小，因此采用了指数拟合方式对各环线楼层因子按实际楼层进行平滑，最终得到上海市各环线写字楼物业各楼层的楼层修正体系因子值如表 1 所示。

（六）修正体系及其运用

根据上海市各环线写字楼物业各楼层的楼层修正体系因子值，得到的各环线的楼层因子

各环线各楼层的楼层修正体系因子值　　　　　　　　　　表1

楼层	内环以内	内中环间	中外环间	外环以外
4	1.26%	1.23%	1.19%	1.14%
5	1.23%	1.20%	1.16%	1.11%
6	1.20%	1.17%	1.13%	1.07%
7	1.18%	1.14%	1.11%	1.04%
8	1.15%	1.11%	1.08%	1.01%
9	1.12%	1.09%	1.06%	0.97%
10	1.09%	1.06%	1.03%	0.94%
11	1.07%	1.03%	1.01%	0.91%
12	1.04%	1.01%	0.98%	0.89%
13	1.02%	0.98%	0.96%	0.86%
14	0.99%	0.96%	0.94%	0.83%
15	0.97%	0.93%	0.91%	0.80%
16	0.95%	0.91%	0.89%	0.78%
17	0.92%	0.89%	0.87%	0.75%
18	0.90%	0.87%	0.85%	0.73%
19	0.88%	0.85%	0.83%	0.71%
20	0.86%	0.82%	0.81%	0.69%
21	0.84%	0.80%	0.79%	0.66%
22	0.82%	0.78%	0.77%	0.64%
23	0.80%	0.77%	0.75%	0.62%
24	0.78%	0.75%	0.74%	0.60%
25	0.76%	0.73%	0.72%	0.58%
26	0.74%	0.71%	0.70%	0.57%
27	0.73%	0.69%	0.69%	0.55%
28	0.71%	0.68%	0.67%	0.53%
29	0.69%	0.66%	0.65%	0.51%
30	0.68%	0.64%	0.64%	0.50%
31	0.66%	0.63%	0.62%	0.48%
32	0.64%	0.61%	0.61%	0.47%
33	0.63%	0.60%	0.59%	0.45%
34	0.61%	0.58%	0.58%	0.44%
35	0.60%	0.57%	0.57%	0.42%
36	0.59%	0.55%	0.55%	0.41%

续表

楼层	内环以内	内中环间	中外环间	外环以外
37	0.57%	0.54%	0.54%	0.40%
38	0.56%	0.53%	0.53%	0.39%
39	0.55%	0.51%	0.51%	0.37%
40层及以上	0.55%	0.51%	0.51%	0.37%

修正及计算模式如下：

$$R_n = R_3 \times [1 + r_n \times (n-3)] = R_m \times \frac{1 + r_n \times (n-3)}{1 + r_m \times (m-3)} \quad (2)$$

式中：m、n 为楼层数，R_m、R_n 为对应楼层的写字楼售价，r_m、r_n 为上表 1 中对于楼层的修正系数。

（七）模型结果验证

模型验证是将预测值与实际值进行差异比较，来判断模型实际的预测效果。选取未参与模型计算的案例约 3000 条进行模型验证。实际试算中，在楼层系数调整因子调整后的预测值相对误差分布如表 2 所示。

表 2

相对误差范围	占比	累计占比	相对误差平均值
[0，5%)	68%	68%	4.50%
[5%，10%)	17%	85%	
[10%，15%)	15%	100%	

从表 2 我们可以看出，预测误差在 10% 以内的占比达到 85%，误差超过 10% 的案例仅占 15%。通过对误差较大的案例进行分析，发现造成误差偏大的原因主要是：样本交易情况存在一定偏差，数据量化过程中存在一定偏差，对样本价格计算过程中存在部分偏差等。由此可见，部分原因来自于模型本身，部分原因来自于样本质量。综合以上判断，认为模型整体预测效果符合预期，方法可行，但仍有部分改进空间。

五、方法总结及应用展望

随着目前在市场监测、REITs、批量抵押、保租房集中上市、征收评估、税收评估等领域业务的增长，目前估价行业的各种业务中对估价技术的完善要求越来越重要。但是估价师实际操作中所选用的很多参数和做法，仍然多采用经验判断，而对参数及做法的论证不足，久而久之，会造成行业的专业技术的"空心化"，即只有经验没有依据，只有结果没有论证。因此应加强对各种修正因素的数据收集整理分析等工作。

随着目前房地产数据总量的逐步积累，虽然很多时候进行多元回归的模型测算还是存在一定精确度方面的难度，但是数据量做数据钻取已经足够。另外通过数据钻取再结合估价师的日常实操经验，可以得到很多有益的成果，弥补前述中专业技术"空心化"的不足。研究结果能给估价机构估价业务、开发商定价业务等实际业务提供一定的参考，也能为政府机构管理房地产物业的价格相关工作提供一个可靠可行的方法。

通过对写字楼售价单套楼层因子的数据钻取法研究，发现目前的案例计算因子值结果相对合理，且具有一定的复制推广价值。而且本方法可进一步完善影响价格的朝向、景观、户型等其他因素计算，形成完整的价格修正体系，并可以延展到其他非居住物业的相应因子研究，不断完善并积累价格批量计算技术的研发。应鼓励行业加强数据钻取的研究和交流，把数据钻取的相关成果进行分享，在行业层面进一步进行汇集和提炼，形成各种方法运用中的"细化的技术规范和参数规范文件"，有利于提升行业整体的专业技术水平。

参考文献：

[1] 刘洪玉，李妍. 基于模糊数学的房地产批量评估 [J]. 清华大学学报（自然科学版），2017，57（11）：1202-1206.

[2] 王娟娟，毛博. 基于特征价格模型（HPM）的房地产评估研究综述 [J]. 行政事业资产与财务，2016，1：84-87.

[3] 陈诗沁，王洪伟. 基于机器学习的房地产批量评估模型 [J]. 统计与决策，2020，36(9)：181-185.

[4] 庞元，柴强，王晓光，等. 批量评估技术及在房地产交易、金融信贷和涉税评估中的应用研究 [R]. 上海市住房保障和房屋管理局. 2012.

作者联系方式

姓　　名：许　军　詹振华
单　　位：上海联城房地产评估咨询有限公司
地　　址：上海市静安区康定路 979 号
邮　　箱：XJ@uvaluation.com；zhanzhenhua@uvaluation.com
注册号：许　军（3119970004）

成本法下房地产企业股权转让估价技术要点浅析

何 哲 刘洪帅 初永强 宫祥运

摘 要: 股权转让是房地产开发项目和大宗房地产交易的一种主要方式,市场上存在大量的股权估价业务需求。本文从房地产企业股权估价的特点出发,对股权估价的技术要点进行论述分析,包括企业整体估值的技术理念、报表分析、账面值分析以及房地产各类估价方法技术要点分析等等,希望能够为丰富房地产估价技术理论体系的建设提供一些有益的参考。

关键词: 股权转让;股权估价;成本法;技术要点

一、股权转让是房地产交易的重要方式

房地产开发项目和大宗房地产转让,一般有资产转让和股权转让两种方式,这其中又以股权转让的方式为主。例如在资本市场上,房地产开发企业进行资产重组,基本都是以股权交易的方式,较少采用资产转让的方式。企业买卖整栋办公楼、酒店或大面积商业房地产,也是多采用股权转让方式。究其原因,这里面既有对交易成本的考虑,也有法规限制和技术层面操作的问题。

从交易成本角度分析,主要是由于股权转让行为不属于契税、增值税和土地增值税的纳税范围,同时具有天然的财务杠杆作用,能够让卖方规避高额的房产交易税费,而买方可以通过支付较低的股权价格,控制较大金额的房地产。从技术层面分析,对于在开发房地产项目,如果以资产转让方式交易,很多经济义务要么在资产转让前消除,要么一并转移。资产交易与上述公司法人主体承担义务分离方式在实际中操作起来难度非常大,必然影响项目的后续开发与经营。从法规层面分析,一些项目除了受行政法规的限制转让约束,还在土地出让取得时受到政府对土地出让附加条款的约束与限制,如开发主体资格、投资强度、税收规模、自持比例与期限、销售对象等约束条款,这些约束都限制了资产的过户交易。即使满足资产交易,新的主体承接资产满足上述资格也要面临一系列的审查与报批程序,可能对房地产项目的后续开发与经营带来众多不利影响,甚至项目可能被中止实施。

根据万得资讯相关数据统计,自2017年7月至2022年6月期间,仅在公开市场上就有140宗房地产相关企业股权交易信息,合计交易金额7664亿元,平均每年交易金额1533亿元。上述交易金额是企业股权价值,其对应的房地产价值金额要远远大于股权交易金额。因此,房地产企业股权转让是房地产交易的一个重要方式,催生了大量的房地产企业股权估价业务需求。

二、房地产企业股权转让估价的特点

房地产企业股权转让估价（以下简称"股权估价"）与单项房地产估价有很大的不同，股权估价的特点主要包括以下几方面：

1. 要求估价人员的执业能力综合性更强。股权估价不仅需要估价人员具备房地产估价知识，还需要有较强的财务会计、税务等方面的专业知识，尤其在大型房地产集团公司的股权评估方面，对于会计知识的掌握和运用就显得更加重要。

2. 估价对象是企业股权价值，不是房地产资产价值。股权估价对象特指股东权益价值或股东部分权益价值。企业资产负债表列示的股东权益主要包括股本、资本公积、盈余公积、未分配利润等，在财务数据上等于总资产减去总负债的差额。而房地产资产仅为企业总资产中的一项资产。

3. 价值时点的选择多以会计期末为主。股权估价的价值时点多以某个会计期末为时点，即选在年末、季末或月末，主要原因是股权估价以企业的资产负债表为基础开展工作，而资产负债表是以会计期末时点编制的。另外在评估前往往需要进行审计，而审计是以会计核算期结账为前提开展工作。

4. 价值类型可以根据委托方的不同需求进行设定。在股权价值评估中，经常采用的价值类型一般为市场价值和投资价值。从两种价值类型的定义、特点分析，市场价值可更好服务于股权转让交易价格的评估，而投资价值可帮助投资者从协同效应的角度测算投资收益、判断投资风险、设定股权交易天花板价提供咨询意见。所以，在股权价值评估中，通过设定不同的价值类型，房地产估价师能够为客户提供更高质量的股权估价服务。

5. 估价工作内容更加广泛和复杂。股权估价的程序与单项房地产估价一样，包括从受理估价委托起至保存估价资料止共计约 11 个步骤。但股权估价在工作内容上有其自身特点，如在资料搜集方面更为广泛，除了房地产相关资料外，还包括企业历史沿革资料、以往年度审计报告、会计凭证、各种公司经营或投资的重大决议文件等；履行的工作内容更多，需要发放往来款询证函、与审计机构对接财务数据、了解公司涉及的重大法律问题；估价测算方面的数据更复杂，如各个会计科目的衔接、税金的测算等；撰写估价报告内容时，应在房地产估价报告基本要求的基础上，融入其他类资产和负债的评估内容等。

三、股权估价技术要点

股权估价的基本方法包括成本法、收益法和市场法。考虑到房地产企业主要资产为房地产，房地产的价值可以采用收益法、假设开发法或比较法确定，因此股权价值再继续采用收益法进行评估，往往带有很大的重复性。由于房地产的唯一性特征，房地产企业之间的可比性并不强，因此市场法在房地产企业股权估价的实践上运用很少。基于此，本文在成本法基础上，分析股权估价的技术要点问题。

成本法是以房地产企业价值时点的资产负债表为基础，合理评估企业表内及可识别的表外各项资产、负债价值，确定评估对象价值的评估方法。房地产企业主要分为开发销售类、经营类和综合类 3 类，企业房地产主要类型有待开发土地、在开发房地产、竣工待售开发产品、自持经营性物业等。在成本法下，各类房地产依据其对企业股权价值的贡献进行价值评估,这是股权估价中的房地产估价与单项房地产估价最本质的区别,因此相对于单项房地产估价,成本法下股权估价的技术要点主要包括以下几个方面。

(一)估价人员需要建立企业整体估价的技术理念

如前所述,股权估价是对企业股东权益价值进行估价,股权价值是企业整体资产、负债以及其他相关资源综合作用的结果,估价人员需要有企业整体评估的技术理念。具体来讲,就是估价人员要清楚地认识到股权价值的确定不仅与房地产资产价值相关,还和企业的资产负债结构、融资安排和资金成本、管理水平、潜在负债、税务清缴,甚至和企业品牌、市场占有率等无形资产相关。因此在股权估价中,要站在企业整体角度,逐项梳理并分析可能对企业价值产生影响的各种主要因素,而不仅仅是房地产资产。例如某个房地产项目公司,其开发项目基本已经售罄,账面仅留存几套尾房。对该类房地产企业股权价值的评估,工作重点除了尾房价值评估外,还应对土地增值税汇算清缴和尚未结算的工程款方面开展详尽的调查,判断企业是否存在大额的潜在负债,有时这些潜在负债的估值可能远高于尾房估值对股权价值的影响。

(二)研读报表并分析会计科目间的勾稽关系

财务报表包括资产负债表、损益表和现金流量表,是股权估价的基础资料。资产负债表提供了价值时点企业资产、负债和股东权益的财务数据,成本法就是通过对资产负债表中各个资产和负债的评估,得出企业股东全部权益价值,因此资产负债表是成本法运用中最重要的财务报表。估价人员需要具备熟练的会计知识,逐项分析资产负债表中各个会计科目核算的具体内容,彼此之间有哪些联系,在具体作价过程中,要充分考虑这些会计科目间的勾稽关系对估值的影响。例如,"其他流动资产"科目核算的内容包括了开发项目预售所预缴的土地增值税和所得税,在采用假设开发法评估存货房地产时,对于预缴税金的不同处理方式就影响到其他流动资产的估值,如果在假设开发法中将预缴税金作为价值时点项目开发税金成本的实质性支出,则在其他流动资产科目对应的预缴税金应评估为0,反之应保留账面值。

(三)会计科目账面价值分析

资产负债表各项资产及负债账面价值构成和分析是股权估价的一项重要工作。通过账面价值分析,可以了解到资产账面价值的具体来源,是否账表相符和账实相符,进而确定其账面价值的合理性和公允性,为股权估价各类参数的选取提供重要的会计数据依据。账面价值分析也是估价人员与审计师对接的工作基础,能够帮助估价人员更好地了解审计调整的原因和内容,根据审计调整分录调整资产评估明细表数据,保证股权估价财务基础数据和审计报告的一致性。

以"存货—开发成本"科目为例,该科目核算土地使用权或在建房地产开发项目。估价人员通过搜集财务报表、科目余额表、土地出让合同、施工合同、融资合同、各类前期工程费用合同,各项大额付款凭证等资料后,应对形成账面价值的相关数据进行统计分析和加总。如果上述材料的数据统计结果与存货账面价值存在一定的差异,这时就需要怀疑是否还有其他未发现的成本甚至"灰色"成本,如延迟交付土地出让金形成的滞纳金、混杂其他开发项目成本、各类罚款、为调节利润结存的不合理账面成本、非正规渠道融资成本等。对开发成本账面价值的构成梳理清晰后,才能客观地确定未来开发成本、土地增值税和所得税的可抵扣项,合理分析评估增减值的原因。

（四）房地产类资产评估方法的技术要点

1. 假设开发法评估技术要点

假设开发法是评估房地产企业存货最常用的一种方法，分为静态分析法和动态分析法，在实操层面比较常用的是动态分析法。根据相关评估技术规范和笔者实践操作经验，在运用假设开发法评估存货时，有几个关键技术点需要估价人员熟练掌握。一是在项目收入的确定上，一定要调查核实房地产预售收入情况，对于已经签订预售合同的房地产，应按照合同金额确定房地产销售金额，未签订预售合同的房产以估价人员通过市场调查并结合企业销售部门的"一房一价表"等资料确定其未来销售金额。这里面需要强调的是，在价值时点，只要是没有归入结转收入的已销售房产，都应作为股价估价评估范围内资产。二是未来开发成本的支出，需要根据项目总投估算结合存货账面值和应付账款科目数据综合确定，对于总投估算中的不合理数据要甄别和剔除。在计算已发生成本时应以存货账面数据为基准确定，而不是根据项目的形象进度确定，这一点是和房地产单项评估不一样的。三是假设开发法需要扣除项目未来应交的土地增值税和所得税。原因是房地产对股权价值的贡献，来源于房地产经营活动产生的净现金流和净利润，这两项指标都要求扣除土地增值税和所得税。另外需要注意的，计算扣除土地增值税和所得税金额，需要遵从税务相关法规政策规定，而不是会计准则。

2. 收益法评估技术要点

收益法通常用于投资性房地产或"固定资产—房屋建筑物"的评估。与假设开发法一样，收益法运用过程中也有与单项房地产估价的不同之处，一是在确定成本费用时，需要调查企业以前年度成本费用支出情况，分析是否存在不合理的费用支出。基于股权估价是在企业管理层负责工作的假设前提下，应将历史成本费用支出作为预测未来成本费用的重要参考，而不是简单地按照市场平均成本数据确定。二是关注会计核算科目的类型组成，避免重评漏评，如所评估房地产在"投资性房地产"或"固定资产—房屋建筑物"科目中核算，大型设备如中央空调、锅炉、电梯等在"固定资产—机器设备"科目核算，而收益法评估值中包括了含有大型机器设备的整体房地产价值，因此"固定资产—机器设备"评估值应为0。三是在经营预测中需要计算所得税支出，分析企业折旧政策是否符合税务管理的规定，应按照税务机关认可的折旧政策计算所得税。四是了解投资性房地产的计量方式，包括投资性房地产公允价值计量对评估增减值的影响，要根据投资性房地产评估增减值情况，评估递延所得税资产或递延所得税负债的评估值。

3. 市场法评估技术要点

市场法也是评估投资性房地产或"固定资产—房屋建筑物"的常用方法，前面分析过，房地产企业股权转让背景大多基于房地产大宗交易，而采用市场法评估企业所拥有的房地产，隐含着一次性房地产交易假设，因此在市场法中要考虑大宗交易折扣的因素。一种方法是设定零售模式下，依据市场条件模拟去化周期，然后测算各个去化期的折现值进行测算折扣系数。另一种方法是从市场中寻找零售价格和整售价格差异系数，但从实操经验看难度较大。与收益法同理，市场法评估结论如果出现评估增值，需要根据项目的背景、交易方案等具体情况，酌情考虑扣除土地增值税和所得税。

4. 其他资产及负债的评估要点

房地产企业其他资产及负债科目众多，限于篇幅本文就不逐项展开分析论述，仅就与房地产紧密相关的资产和负债评估技术要点作简单介绍。这些资产负债包括预付账款、其他流动资产、长期待摊费用、应交税费、预收账款、合同负债和应付账款等，评估原则是站在企业整体评估的角度不重不漏。一般情况下是根据核实后的账面值确定评估值，但如果其他资产或负债的评估考虑了这些资产负债账面价值的影响，则需要经过分析后再确定评估值。

四、结束语

由于我国评估行业分块管理的现状，股权价值评估业务基本被资产评估行业所垄断，资产评估行业已经建立起较为成熟的股权价值评估技术规范体系，房地产估价和土地估价行业很少涉足此类业务，股权估价技术规范尚是一片空白。

随着中华人民共和国《资产评估法》的深入实施，各专业评估领域行业壁垒会逐渐打破，未来会形成你中有我、我中有你的行业融合局面，考虑到房地产估价行业的专业性更强，在房地产企业股权估价领域有着先天的优势，可以很好地服务于房地产股权转让估价需求，去开拓股权估价这片广阔的市场。笔者认为当务之急是房地产估价行业需要建立股权估价的技术规范体系，让估价人员有相应的行业技术标准来开展股权估价业务，这不仅在丰富房地产估价技术体系方面有着重要的理论意义，也有促进估价机构开拓股权估价市场，提高房地产估价人员技术水平的现实意义。

作者联系方式

姓　　名：何　哲　刘洪帅　初永强　宫祥运
单　　位：北京中企华土地房地产资产评估有限公司
地　　址：北京市朝阳区朝外大街22号泛利大厦910
邮　　箱：hezhe@chinacea.com
注册号：何　哲（1120050150）；刘洪帅（1120050102）；
　　　　初永强（1120190070）；宫祥运（1120220008）

破产企业房地产估价业务类型及评估思路探讨

阮宗斌　骆晓红　曾　斐

摘　要：在经济下行及疫情的双重影响下，破产企业数量有逐渐增加的趋势，破产企业房地产评估需要房地产估价机构积极参与，这也是估价机构高质量发展的一个新契机。破产企业从破产申请开始，经历破产重整或破产清算，中间历时很长、多方博弈激烈，重组方案多次调整，因此破产企业房地产的评估需求呈现多样性。破产企业房地产估价有破产清算、破产重整、投资谈判、融资评估等多种的评估目的。对于估价机构而言，需要具备更强的专业服务供应能力。破产企业具有特殊性，破产企业的所有财产并不一定等于破产财产。同一破产企业，估价目的不同，价值类型不同，估价对象也不同。因此需要先明确估价基本事项，采取恰当的估价技术路线，为委托方提供专业、高质的房地产估价咨询评估服务。

关键字：破产清算；破产重整；房地产；估价

近两年由于疫情影响、经济下行，不少企业陷入破产的困境。根据2022年全国两会《最高人民法院工作报告》，最高人民法院2021年破产案件收案1.6万余件，结案1.2万余件，审结破产重整案件732件，盘活资产1.5万亿元，破产企业数量多，规模大。破产和破产重整是什么关系？根据《中华人民共和国破产法》（以下简称"《破产法》"），企业破产从申请到破产清算，中间可能经历破产重整、和解以及破产清算3道程序。破产企业最重要的资产是房地产，根据《最高人民法院关于审理企业破产案件若干问题的规定》第八十三条"处理破产财产前，可以确定有相应评估资质的评估机构对破产财产进行评估"。进行评估时，不同程序上的破产企业，房地产估价的技术路线是否相同？如何区分破产企业的全部财产和破产财务？哪些房地产应该列入破产财产、哪些不应列入破产财产？我们应该如何测算破产企业房地产的价值、为委托方提供专业意见？本文就此进行初步探讨，抛砖引玉。

一、企业破产重整及破产清算的基本含义

（一）破产的程序

根据《破产法》第七条"债务人不能清偿到期债务，债权人可以向人民法院提出对债务人进行重整或者破产清算的申请。企业法人已解散但未清算或者未清算完毕，资产不足以清偿债务的，依法负有清算责任的人应当向人民法院申请破产清算"。破产企业基本要经历破产申请、法院受理、破产重整、和解和破产清算几个程序（图1）。

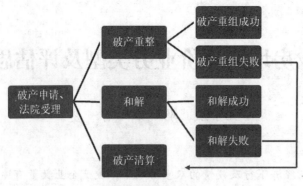

图 1 破产流程图

（二）破产重整

破产申请被受理之后，如果有挽救价值的，通常会先采取破产重整。破产重整主要操作方式如下：

1. 债转股

债转股是企业破产重整的重要模式。通过债转股，破产企业降低了债务，实现债务人减债偿还的目的，减少了经营资金压力，极大地提高了破产重整成功的可能性。

2. 引进战略投资人

引进战略投资人是重整的重要方式之一。通过引进战略投资人，破产企业可以获得资金支持，改善治理结构，发挥协同效应，提升核心竞争力，提高盈利水平等。

3. 剥离非主营业务及亏损板块

很多多元化的企业由于肆意扩张，导致严重亏损，这种情况一般通过剥离高投入低产出、长期亏损等的业务板块，保留发展前景好的业务板块。

4. 原股东或地方政府注资。

（三）破产清算

当破产重整或和解失败，人民法院应当裁定终结破产程序，进入破产清算程序。破产清算的时候只能将破产财产变价出售。

二、破产企业房地产估价业务拓展分析

无论是破产重整还是破产清算，都需要对破产企业持有的房地产进行评估。根据企业所处破产的不同阶段结合实际现状，破产企业有如下估价业务需求。

（一）清算前提下的清算价格评估需求

这是最根本、最直接的需求。任何进入破产程序的破产企业，都需要对破产财产进行清算价格评估，供清算组或破产管理人制定破产财产分配方案。

（二）重组的市场价格评估需求

破产重整通常需要评估市场价格，以满足破产管理人与拟引进的战略投资人进行破产重组谈判需要。

同时，战略投资人也有类似需求。他们需要了解破产企业的资产情况，对破产企业的资产进行全面评估，作为自己与破产管理人进行谈判及投资决策的一个依据。

（三）抵押价格评估需求

战略投资人在参与破产重整项目时都有资金方或金融机构参与。资金方或金融机构在提供融资时，需要战略投资人提供足额的抵押担保，抵押物之一是拟收购的破产企业拥有的房地产，需要评估该房地产的抵押价值。

（四）投资谈判价格评估需求

破产重整谈判需要来来回回多个轮次方能定下方案。对于战略投资人而言，需要以最低的成本获取最大的收益。战略投资人可能进行股权投资，也可能是进行实物收购，由于破产企业的复杂性，战略投资人常常需要委托第三方进行测算。此时评估机构需要依据战略投资人要求的回报率、结合重组预案等因素对破产企业重组后的收益进行整体的收益测算，进而测算出破产企业房地产的整体投资价值。

（五）破产重整后剥离出来的房地产价格评估需求

破产重整成功之后，破产管理人对于剥离出来的、未纳入破产重整范围内的房地产需要进行市场化处置，在后期的处置过程中都需要进行评估。

三、破产企业房地产估价基本事项的确定

（一）估价目的及价值类型的确定

根据前面提到的业务需求，破产企业的估价目的，最基本的是为破产管理人进行破产清算、破产重整等经济行为评估相应的房地产价格或价值。根据委托方的经济行为，估价目的及适用的价值类型如表1所示。

估价目的及价值类型　　　　表1

序号	经济行为	委托人	估价目的表述参考	价值类型
1	破产清算	破产管理人/战略投资人	为破产管理人进行破产清算提供参考依据而评估房地产快速变现价格	清算价值
2	破产重整	破产管理人/战略投资人	为破产管理人进行破产重整提供参考依据而评估房地产市场价格	市场价值
3	投资谈判/实物收购/股权投资	战略投资人	为战略投资人进行破产重整谈判/实物收购/股权投资提供参考而评估破产企业房地产投资价值	投资价值
4	抵押贷款/债权投资	资金方/金融机构	为资金方/金融机构参与破产重整提供融资参考而评估房地产抵押价值	抵押价值
5	处置资产	破产管理人	为破产管理人处置/出售房地产提供参考依据而评估房地产市场价格	市场价值

（二）估价对象的确定

破产企业的全部财产并不等于破产财产。确定估价对象时需要进行甄别，区分破产企业的全部财产和破产财产。

根据《最高人民法院关于审理企业破产案件若干问题的规定》第七十一条、第八十一条及第八十二条，下列情形不属于破产财产：

1. 债务人基于仓储、保管、加工承揽、委托交易、代销、借用、寄存、租赁等法律关系

占有、使用的他人财产；

2. 抵押物、留置物、出质物，但权利人放弃优先受偿权的或者优先偿付被担保债权剩余的部分除外；

3. 担保物灭失后产生的保险金、补偿金、赔偿金等代位物；

4. 依照法律规定存在优先权的财产，但权利人放弃优先受偿权或者优先偿付特定债权剩余的部分除外；

5. 特定物买卖中，尚未转移占有但相对人已完全支付对价的特定物；

6. 尚未办理产权证或者产权过户手续但已向买方交付的财产；

7. 债务人在所有权保留买卖中尚未取得所有权的财产；

8. 所有权专属于国家且不得转让的财产；

9. 破产企业工会所有的财产；

10. 破产企业的职工住房，已经签订合同、交付房款，进行房改给个人的，不属于破产财产；

11. 债务人的幼儿园、学校、医院等公益福利性设施，按国家有关规定处理，不作为破产财产分配。

此外，根据《最高人民法院关于破产企业国有划拨土地使用权应否列入破产财产等问题的批复》，"破产企业以划拨方式取得的国有土地使用权不属于破产财产，在企业破产时，有关人民政府可以予以收回，并依法处置"。

（三）价值时点的确定

根据原国家国有资产管理局颁布的《关于下发〈在若干城市试行国有企业破产有关资产评估问题的暂行规定〉的通知》，"破产企业资产评估基准日以人民法院宣判企业破产并发布公告之日为准"。除此之外，没有其他文件对于价值时点有具体要求。在实务操作过程中，也有按照委托之日作为价值时点的。根据《破产法》第三十条，"破产申请受理时属于债务人的全部财产，以及破产申请受理后至破产程序终结前债务人取得的财产，为债务人财产"。价值时点的确定非常重要。对破产清算和破产重整为目的估价，为厘清破产财产，避免出现争议，建议以人民法院宣判企业破产并发布公告之日作为价值时点；对投资谈判、抵押贷款及处置剥离资产为目的的估价则以具体项目操作时间及委托方实际需求为依据。

四、破产企业房地产估价技术路线

估价目的不同，价值类型不同，技术路线也不相同。

（一）破产清算房地产估价技术路线

破产清算具有强制性，处置时间很短，其价值类型为清算价值，需要在评估市场价值的基础上考虑快速变现。公式如下：

破产清算价值＝市场价值 × 快速变现系数。

快速变现系数是破产清算估价中的难点。司法拍卖的折价率数据，可以作为参考。实际运用中应该将司法拍卖折价率数据根据用途、区域、规模、拍卖原因等因素细分统计。但司法拍卖市场本身是很特殊的市场，除了参考司法拍卖的折价率外，还应该根据估价对象的实际情况进行调整修正。

实务中，快速变现率一般重点考虑如下因素：

1. 快速变现时间因素：破产清算房地产要在有限的时间内处置完毕，处置时间紧，因此价值会低于市场很多。

2. 市场需求因素：房地产价值受不同时期经济、市场供需情况影响，当经济下行或是市场供需不平衡时，会对快速变现价值产生较大的影响。供需越是失衡，对快速变现价值影响越大。

3. 处置时需缴纳的税费：在处置变现时需缴纳增值税、城建税、印花税、土地增值税以及欠缴的其他费用，这些会影响处置价格，这里需要分析处置税费是各自支付还是买方支付。

4. 个体因素：估价对象所处的区域市场特殊状况、通用性、建筑规模、周围环境及其他特殊因素等也会对变现价值产生一定影响。

5. 其他因素。

（二）破产重整房地产估价技术路线

破产重整房地产的估价技术路线与常规评估相同，需要注意的是运用假设开发法计算在建工程价值时，需要根据具体情况，选择业主自行开发或自愿转让开发为假设前提。而在破产清算价值评估的时候，以被迫转让开发为假设前提。

（三）投资谈判房地产估价技术路线

战略投资人投资方式有实物投资和股权投资。实物投资属于常规房地产评估的范畴，此次不进行讨论。

战略投资人进行股权投资，由于破产企业股权价值为零，设备是迅速贬值的，无形资产难以定价，故房地产价值极大影响谈判结果，需进行重点评估。但此时的评估还需结合其他资产评估共同进行。

战略投资人以投资谈判为目的的房地产估价一般运用收益法测算。

破产企业已资不抵债，无法正常运营，企业过往的财务报表及业绩已经没有参考意义。估价人员需要和战略投资人进行充分沟通，了解战略投资人进对破产重整后企业发展方向、主营业务、重大更新改造等关键要素，尽可能准确地预测未来经营收益及经营成本等参数，保证预测的合理性，并根据战略投资人要求的回报率要求进行折现。

收益法模型应选用商服经营型或是生产型的模型。净收益需要扣除非房地产资产本身（如设备、商标、专利等资产）带来的收益；或是从最终的收益价值中直接扣除设备等资产的价值，得出拟投资房地产整体的价值。公式如下：

拟投资房地产的整体价值1=收益价值-设备价值-专利价值-商标价值-其他资产价值。

还需要关注一个问题，溢余资产对于战略投资人而言，没有投资意义。如果破产企业存在一些与生产经营无关的溢余资产，要将溢余资产剥离出去。如果不剥离的话，就需要单独计算该溢余资产的价值，与收益法结果相加。

拟投资房地产的整体价值2=收益价值-设备价值-专利价值-商标价值-其他资产价值+溢余资产的价值。

五、总结与展望

破产企业从破产申请、破产重整到破产清算，中间历时很长、多方博弈激烈，重组方案也会多次调整，破产企业房地产的评估需求呈现多样性。破产程序各个环节都有时间限制，不管是破产管理人委托还是战略投资人委托，给估价机构留出的作业时间非常短。破产企业员工存在对抗心理，房地产权属不清晰、遗留问题复杂等，这对于估价机构及估价师的整体资源调配能力、抗压能力、协调能力、专业问题处理能力都有着非常高的要求，需要我们积极应对。总体而言，在经济下行及疫情的双重影响下，破产企业数量有逐渐增加的趋势，破产企业房地产评估的专业性、复杂性对于估价机构是新挑战，也是估价机构高质量发展的一个新契机。

作者联系方式

姓　名：阮宗斌

单　位：深圳市国策房地产土地资产评估有限公司（天津分公司）

地　址：天津市南开区环球置地广场 2402 室

邮　箱：ruanzongde@126.com

注册号：1220030010

姓　名：骆晓红　曾　斐

单　位：深圳市国策房地产土地资产评估有限公司

地　址：广东省深圳市福田区新闻路 59 号深茂商业中心 16 层

邮　箱：1532885286@qq.com；13922865617@126.com

注册号：骆晓红（4420040096）；曾　斐（4420100121）

浅谈标准模型估价模式对实现国资保值增值的意义
——以上海市商铺租赁调研数据为例

孙　翔　白亦函

摘　要：商铺作为商业不动产的重要组成部分，其租金价格的精确、快速、批量化评估工作是目前评估行业内的痛点与难点，原因在于现有的评估方法，尤其是市场比较法存在案例难以发掘、真实度难以保障、调研工作耗时费力等问题。基于市场比较法的改进和标准模型估价法，提出依据城市中的实际商铺租金水平分布，精确化划分路段；同时基于路段上商铺的真实案例，构建一个理想、虚拟的标准模型商铺作为评估工作中的比较对象，该标准模型商铺的租金，亦可视为对应路段的标准模型租金水平。该技术思路有助于减少传统市场比较法对区位因素修正时带来的误差，为实现大数据背景下的快速、精准评估提供了理论支撑，也为批量化租金评估奠定基础。

关键词：商铺租金评估；市场比较法；标准模型估价模式；国资保值增值；商铺大数据

一、研究背景

当前，上海市国资存量资产数量与规模庞大。在上海市目前国有存量资产中，大约有34000处存在出租方面的需求，这其中包括了约4200万 m^2 商业面积。同时，上海市各区国资委的下属国有企业中，也保有30万～100万 m^2 的商业房地产存量。值得注意的是，这些商业房地产中只有极少部分属于企业自用，余下的大部分对外出租，而其中有相当大比例的是商铺。相应地，伴随着政策规定的落实及国有企业改革的深入，租金市场化、公开化、透明化俨然成为大势所趋。改革的目的之一就是防止权力寻租，因此在国有企业出租房地产时，依照现有的规定，所有资产须经由第三方专业机构评估后方可执行，且原则规定租金价格不得低于评估结果。

市场需求增加的同时，也需要评估技术的配合与完善。对沿街商铺租金估价，目前行业内通行做法，仍以市场比较法为主，该方法要求至少3个比较对象，且比较对象与评估对象必须在区位、用途、结构、建筑面积等因素相同或相似，两者相似度越高，参数修正过程中带来的误差就越小，因此比较对象应尽可能"像"评估对象。但使用该方法则使评估机构面临着案例难以发掘、网上信息准确度低、市场调研人力物力投入过高等困难。尤其是对于区位因素的修正方法，目前行业内仍存争议，其原因在于不同区位下的租金价格差异，往往与商业实际发展状况、人流、交通、配套等诸多方面息息相关，确立一套科学与客观的修正方法存在一定难度。因此在估价工作中往往存在大量的估价人员的主观判断，这也背离了估价工作中对评估结果精准、客观的基本要求。

二、标准模型估价法的原理

(一)基本原理

标准模型估价法是基于市场比较法而来。市场比较法规定估价人员必须以一个现实存在的可比商铺作比较对象，进而通过参数修正完成对估价商铺的估价工作。相对于原有的传统方法，标准模型估价法最大的不同在于对商铺租赁进行估价时，容许采用标准模型作为可比案例，因为这原本由真实有效样本数据转化而来。

不同的街区，综合其人群、消费档次、交通、相关配套设施等诸多条件，其沿街商铺的租金平均价格也大为不同。因此在实际评估工作中，根据市场比较法，要做到精确地完成对待评估商铺的估价，其最优的情况就是在一个街区获取与待评估商铺在面积、宽深比、门面宽度、店铺位置等诸多参数相近的比较对象，地理距离也必须足够接近。但在实践评估中这样的案例罕见。因此，在无法搜索到最优的参考对象的前提下，我们可以考虑在街区中已知的样本，通过一系列的参数调整到一个各参数（面积、宽深比、门面宽度、店铺位置、楼层等）都标准统一的，虚拟理想化的资产作为比较对象，该比较对象的价格就是标准模型价格。再通过待评估商铺的实际状况完成修正，得出其评估价格。具体原理如图1所示。

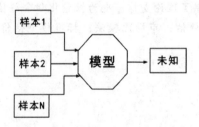

图1 标准模型估价法原理示意图

理论上，标准模型估价法带来的意义是：样本、模型价格与评估对象均已经控制到同一路段之上。从某种角度上，对于市场比较法中的区位因素，标准模型估价法采取的思路是完全消除区位因素而非对其进行价格修正。其性质在于该方法只要任何街区中有一个或一个以上的样本时，都能从中转换出该街区的一个标准模型价格。

(二)路段划分

对于路段的划分，本质在于克服市场比较法中对区位因素修正带来的租金评估结果的误差，其核心意义主要体现在，不同路段上都有其标准模型所对应的租金水平。

第一步就是要对城市的路段做出精准的划分。对于划分路段的依据，不能简单按照地图上的道路进行划分，而是应该综合其商圈规模、商业业态、品牌商家、目标人群、消费档次、交通、相关配套设施等诸多条件。因此，在同一条城市道路上，往往依据实际情况划分出多个路段。

由于不同路段上的商圈等级不同，其沿街商铺的租金水平也各不相同。以上海市为例，具体的商圈等级确定依据如表1所示。

上海市主要中心城区商圈等级划分说明　　　　　　　　　　　　　　　　表1

路段等级	路段特征
A（市级商业中心）	地处市中心，除本区域消费群体外还有大量外来的消费顾客及光顾人群。交通四通八达，流动人潮汇聚
B（区级商业中心）	地处各行政区的中心，主要是以本区域及周边消费群体为主，交通便捷，公交设施发达
C（社区级商业中心）	是各种业态商业服务网点相对集中的商业区域，是各类社区商业网点的集合体，主要以服务周边社区居民为主
D（一般社区商铺）	普遍存在于社区附近，以服务社区顾客为主，商业主要以沿街店铺形式存在
S（专业特色街）	同一系列的专业店和专卖店高度集聚，提供专门商品和专业服务的特色商业街

（三）商铺样本

对于划分后的路段，其路段上实际存在的商铺为样本。样本的参数信息可以视为模型的变量，将影响商铺的因素分为12个，分别是：使用面积、门面进深比、层高、楼层、台阶数、位置因素、朝向因素、用途因素、视觉效果、环境因素、相邻关系、可及性。关于变量的性质及变化情况如表2所示。

样本参数组成形式　　　　　　　　　　　　　　　　表2

店铺参数（自变量）	自变量变化
使用面积（MJ）	采用现场实地观测值（m^2）
门面进深比（MJB）	采用现场实地观测值
层高（CG）	采用现场实地观测值（m）
楼层（LC）	采用现场实地观测值（m）
台阶数（TJ）	采用现场实地观测值（个）
位置（WZ）	采用虚拟值（转角、转角第一家、正常店铺）
用途（YT）	采用虚拟值（可以餐饮、不可餐饮）
视觉效果（SJ）	采用虚拟值（极佳、佳、标准、差、极差）
相邻关系（XL）	采用虚拟值（极佳、佳、标准、差、极差）
可及性（KJ）	采用虚拟值（极佳、佳、标准、差、极差）
朝向（CX）	采用虚拟值（东、西、南、北）
环境因素（HJ）	采用虚拟值（门前单行道、门前非单行道、门前有高架路、门前无高架路）

除了上述自变量外，每个样本中对应商铺的租金被称为商铺租金，记作P_s。

（四）路段标准价格

基于该路段上的数据样本，通过对样本的参数修正而构建一个虚拟条件下的可比案例，即标准模型商铺，该标准模型商铺的价格就是路段标准价格。

标准模型商铺是各参数都标准统一的，在虚拟条件下生成的一个理论意义上的理想商铺（表3）。由于标准模型商铺是基于路段上的，现实意义中实际存在的商铺数据修正而成的，各条路段上的标准商铺中的各变量完全一致。因此，标准价格也可以反映出标准模型所在路段的标准样本价格。在估价实践工作中，通过对标准模型价格的各种因素修正，实现对估价对象租赁价格的精准估价。

商铺标准模型参数　　　　　　　　　　　　　　表3

标准模型参数	参数设置
使用面积（MJ）	100m²
门面进深比（MJB）	1:1.5
层高（CG）	3.5m
楼层（LC）	1
台阶数（TJ）	0
位置（WZ）	正常
用途（YT）	非餐饮
视觉效果（SJ）	正常
相邻关系（XL）	正常
可及性（KJ）	正常
朝向（CX）	分为四个朝向：东、南、西、北
环境因素（HJ）	一般道路，即门前无单行道且无高架路

关于标准模型价格（记作 P_b），其计算公式为：

$$P_b = P_s \div F \quad (1)$$

式中：F 为参数调整系数，P_s 为样本租金。

同时，记使用面积调整系数为 F_{MJ}，门面进深比调整系数为 F_{MJB}，层高调整系数为 F_{CG}，楼层调整系数为 F_{LC}，台阶数调整系数为 F_{TJ}，位置调整系数为 F_{WZ}，用途调整系数为 F_{YT}，视觉效果调整系数为 F_{SJ}，相邻关系调整系数为 F_{XL}，可及性调整系数为 F_{KJ}，朝向调整系数为 F_{CX}，环境调整系数为 F_{HJ}。则参数调整系数 F 的表达式为：

$$F = (1 + F_{MJ} + F_{MJB} + F_{CG} + F_{TJ} + F_{WZ} + F_{YT} + F_{SJ} + F_{XL} + F_{KJ} + F_{CX} + F_{HJ} - 11) \times F_{LC} \quad (2)$$

三、样本数据分析

以上海市10个中心城区（虹口、黄浦、静安、徐汇、长宁、普陀、宝山、闵行、杨浦、浦东新区）中的3889个商铺样本数据作研究，通过持续数年市场调查，可以得到一些特殊的规律。这些规律对于确定调整系数是大有裨益的。

（一）位置因素

首先是位置因素，在表2中提到，位置因素下的数据被分为三类，即转角、转角第一家、正常店铺。转角位置的店铺一般就是路口转角处，同理，转角第一家就是与转角位置紧邻的第一家商铺。对于其余的商铺，则可以定义为正常商铺。

假设处于同一路段的2个商铺，在其他影响因素相仿的前提下，计算转角商铺与正常商铺的租金价格的比值 r_{wz}，即：

$$r_{wz} = \frac{P_{WZ=转角}}{P_{WZ=正常}} \quad (3)$$

式中，$P_{WZ=转角}$ 为转角位置的样本商铺租金价格，$P_{WZ=正常}$ 为正常位置的样本租金价格。

在上海市 10 个中心城区的 3889 个商铺数据中，一共有 86 条路段上有满足除了位置因素为转角和正常外，其他的参数均相仿的案例组合，相仿的标准为两家店铺的实地观测值参数的绝对值差距少于 10%且虚拟值参数完全一致。这些样本的租金价格比值 r_{wz} 的分布区间及数量如表 4 所示。

聚焦点与正常位置商铺租金价格比值 r_{wz} 比较　　　　表 4

租金单价对比	r_{wz} 范围区间	区间内的商铺组合数量	占总数据比值
转角：正常位置	110%～120%	24	27.91%
	120%～140%	44	51.16%
	140%～150%	18	20.93%
合计		86	100%

通过对上述结果进行中，取 r_{wz} 的范围区间的中位值进行加权平均计算，可以求得转角位置租金与正常位置的租金价格比值约为 1.3。即在各项参数都相仿的情形下，转角位置的租金约为正常位置商铺租金的 1.3 倍。

同样地，对于转角第一家店铺与正常位置店铺的价格比值 r_{wz}'，在其他影响因素相仿的前提下

$$r_{wz}' = \frac{P_{WZ=转角相邻}}{P_{WZ=正常}} \quad (4)$$

其中 $P_{WZ=转角相邻}$ 为转角第一家位置的样本商铺租金价格，$P_{WZ=正常}$ 为正常位置的样本租金价格。同样的，在上海市中心城区的样本集中，一共有 70 条路段上有满足除了位置因素为转角第一家和正常外，其他的参数均相仿的案例组合，具体 r_{wz}' 计算结果如表 5 所示。

转交第一家与正常位置商铺租金价格比值 r_{wz}' 比较　　　　表 5

租金单价对比	r_{wz}' 范围区间	区间内的商铺组合数量	占总数据比值
转角第一家：正常位置	100%～120%	48	68.57%
	120%～130%	22	31.43%
合计		70	100%

再利用 r_{wz}' 范围区间的中位数与比值加权平均计算后，结论显示转角第一家位置商铺租金与正常位置比为 1.1。即在各项参数都相仿的情形下，转角第一家位置的租金约为正常位置商铺租金的 1.1 倍。

（二）面积因素

上海市 10 个中心城区中的 3 个行政区（长宁区、徐汇区、普陀区）中共有 1827 个样本。

在面积因素上,市场调研到的商铺数据与国资待评估商铺之间存在较大差异,具体如表6、表7所示。

上海3个中心城区商铺租金面积分布情况　　　　　　　　　　　表6
（调研商铺数据与国资待评估商铺数据）

建筑面积区间（m²）	长宁区	徐汇区	普陀区	总数（个）	占比	区国资数据
0～50	471	287	217	975	53.37%	12.64%
50～100	136	89	270	495	27.09%	19.27%
100～150	37	50	90	177	9.69%	13.59%
150～200	11	20	36	67	3.67%	13.27%
200～250	4	11	12	27	1.48%	7.90%
250～300	5	4	5	14	0.77%	4.58%
300以上	12	26	34	72	3.94%	28.44%
合计	—	—	—	1827	—	—

上海3个区调研数据与某区国资商铺建筑面积占比对比分析　　　　表7

	三区调研	区国资
商铺总数（个）	1827	633
总面积（m²）	164864.76	360094.94
平均面积（m²）	90.24	568.87

从上述数据对比结果可以得出,在上述1827个调研数据中,面积相对集中在100m²以下,其占比达到了80.46%;而对于100m²以上的商铺,其占比不足20%。综合来说,市场调研数据中商铺的平均面积为90.24m²。而对于这三个行政区中区国资的633处商业房地产,100m²以下的商铺仅占31.91%,而超过100m²的达68.09%。区国资下属的商铺平均面积达到568.87m²。因此在市场调研可比案例与国资待估价商铺之间,两类商铺的面积往往差异较大,因此必须加以修正。

修正的思路与位置因素的修正方法类似,都需要控制除了面积因素外的其余因素均相仿。即在相同路段上寻找两家面积差距较大的商铺,这两家商铺必须满足除面积外,实地观测值参数的绝对值差距小于10%且虚拟值参数完全一致。一般地,面积位于45～55m²的商铺被称为典型小商铺,其租金为$P_{MJ \in 典型小商铺}$,面积位于180～220m²的商铺被称为典型大商铺,其租金为$P_{MJ \in 典型大商铺}$。其价格的比值记为r_{mj}。

$$r_{mj} = \frac{P_{MJ \in 典型大商铺}}{P_{MJ \in 典型小商铺}} \quad (5)$$

在1827个实际调研数据中,一共筛选出29组满足典型大商铺与典型小商铺的数据组合。计算该29组数据,其r_{mj}平均值为1.327。即200m²级别的大型商铺价格,在除了面积以外的各参数均相仿的前提下,其价格约为50m²级别的小型商铺的1.3倍。

类似的还有面宽与进深比,即对于同一路段下 $100m^2$ 的 2 个商铺,除了面宽与进深比以外其余变量均相同,将面宽与进深比为 3.6~4.4(中值为 4,即 4:1)视为宽式商铺,面宽与进深比为 0.225~0.275(中值为 0.25,即 1:4)视为窄式商铺。通过计算宽式商铺价格与窄式商铺租金价格的比值求得,宽式商铺的租金价格为窄式商铺的 1.6 倍。

(三)样本分析的意义

样本的实际分析与变量控制的相关计算为参数调整系数 F 的确定打下了方法基础。诚然,上述的计算结果只是依照部分观测值的实际数理分布进行简单的分类,即将面积为 $45\sim55m^2$ 的商铺视为小型商铺,将 $180\sim220m^2$ 的商铺视为大型商铺。或将面宽与进深比为 3.6~4.4 的视为宽式商铺,面宽与进深比为 0.225~0.275 视为窄式商铺。在实际运用中,还应该对各参数下的数据作进一步仔细划分。

可以说,标准模型估价法不仅标准租金源于样本,其参数的调整方式亦源于样本。因此,标准模型估价法必须依赖商业地产大数据的支撑。因为任何路段,如样本有失真的情况,尤其是评估商铺所在路段内的样本数量过少时,标准模型价格亦会出现与实际行情不符的情况。鉴于此,该方法对样本的真实性、准确性提出了很高的要求。

四、优缺点分析

传统估价方法中的市场比较法至今在区位因素的修正方式上,业界仍存在一定的争论。其主要原因是对于待评估的商铺,一方面,在同一路段上找到几乎各参数均一致的比较对象难度较大;另一方面,在其他路段搜索参数满足评估要求的比较对象,其面临的对区位因素的修正工作也可能给待评估商铺的评估结果带来较大的误差。标准模型估价法在一定程度上克服了对区位因素修正过程中所带来的评估误差。理论上,如果待评估对象所处的路段已拥有标准价格,那么待评估商铺的评估价值便可以通过对房屋参数等的修正得以实现。

标准模型估价法依托大数据而来,为大数据背景下实现商铺租金快速、准确、批量化评估提供了思路。因此,数据量的增加与该方法的效果是正相关的关系。如果数据覆盖的路段越细化,该方法的适用范围就越广大。其次,作为传统估价方法中的市场比较法的补充,该方法一个大的改进方向,就是估价师无须对根据评估对象搜寻市面上可以满足评估要求的比较对象。这无疑可以大大提升评估工作的效率,减少估价师的工作负担,同时有助于克服修正区位因素的过程中带来的难以准确量化的误差,这对于实现商铺租金的快速、批量化评估也是大有裨益的。此外该方法强调了信息共享,即充分发挥大数据优势,和政府相关部门协调,组织相关领域专家共同构建商铺大数据平台;同时利用标准模型估价模式原理和方法建立标准模型数据库。

不得不提到,大数据时代下标准模型估价法具有一定的优势,但也存在一定的弊端,首当其冲的就是标准价格调整法的推广必须依赖商业地产大数据的支撑。因为在任何路段,只有拥有至少一个样本方可获知该路段的标准模型下的标准租金。而为了实现利用大数据评估,对于该方法的单一使用者而言,除了需要大范围地获取、了解调研对象及对象各参数的真实性,还需要之后的长期跟进数据变动,以消除商铺租金随时间推进而带来的价格波动。使用者因此需要长时间地投入大量的人力与物力,这也为之后在全上海乃至全国推广该方法的运用带来一定的困难。克服困难的方法之一是在今后的一段时间内通过评估机构之间的紧密合作实现样本数据的互联共通和数据共享。

五、小结与展望

对于标准模型估价模式而言，总结起来就是对传统估价方法中的市场比较法进行补充，采用标准模型代替传统意义上的可比案例。该方法可以克服市场比较法中，可比案例难以获取，以及在修正区位因素时存在修正误差的问题。该方法对于商铺评估工作实现快速化、批量化、精准化提供了理论依据。

随着全国统一大市场的政策落地，大数据背景下的商业互联互通俨然成为行业的发展趋势。虽然标准模型估价模式仍有一定的使用缺陷，但随着样本数的丰富，其覆盖面也会逐渐宽广。同时，随着标准模型估价模式的完善，该方法不仅可以用于商铺价格的评估，也可用于面对普通群众或机构的咨询服务，例如不同城市的商铺租金地图等技术的实现，这对推动商业地产领域的良性发展也是具有一定现实意义的。

最后，实现了理想化、标准化、虚拟化、统一化的模型商铺租金，不仅可以比较不同区域的路段行情，而且可以进行同比与环比，这将为未来编制商业零售景气指数等奠定坚实的理论基础。

参考文献：

[1] 中国房地产估价师与房地产经纪人学会. 房地产估价理论与方法 [M]. 北京：中国建筑工业出版社，2010：249.

[2] 刘敏军，廖旻，马忠杰，等. 毛租金乘数法在存量房批量评估中的应用探索——以珠海市市区临街商铺交易计税价值批量评估为例 [J]. 房地产导刊，2016（8）：232-233，252.

[3] 师振耀. 关于收益性房地产批量评估的研究 [D]. 辽宁：东北财经大学，2012.

[4] 张仕廉、王梦梦. 商业地产餐饮商铺租金的影响因素分析 [J]. 天津：中国房地产，2018（6）：62-69.

[5] 白亦函. The quantitative method in building price analysis[R]. Adelaide：The University of Adelaide，2019.

[6] 诺贝尔曼（上海）商业投资管理有限公司. 一种沿街商铺的租金评估模型：中国，CN201911034324.6[P]. 2019-11-03.

作者联系方式

姓　名：孙　翔　白亦函

单　位：诺贝尔曼（上海）房地产估价事务所、诺贝尔曼（上海）商业投资管理有限公司、诺贝尔曼（上海）电子商务有限公司

地　址：上海市黄浦区南昌路 125 号 2 号楼 105 室

邮　箱：13901664928@139.com；2834443458@qq.com

注册号：孙　翔（3120030112）

地下空间基准地价制订问题探讨

唐百楷　李　冰　冯连涛　宋必胜

摘　要：随着社会的发展，城市化进程的加快，城市用地紧张、生存空间拥挤等问题接踵而至，对城市地下空间的开发利用需求越来越迫切。地下空间基准地价的制订可以为城市地下空间建设用地的管理、合理开发利用以及完善城市功能、集约节约利用城市土地资源打下坚实的基础。本文就地下空间基准地价制订过程中的内涵确定、定级及评估3方面问题进行探讨研究。

关键词：地下空间基准地价制订；内涵确定；定级；评估

一、问题的提出

目前，各地已经制订地下空间管理相关办法，地下空间的开发利用工作相对已经比较成熟。而地下空间基准地价的制订是一个新兴事物，有个别城市已公布地下空间基准地价成果，其制订的整体思路是依托地上同用途的基准地价，乘以对应的地下空间修正系数。这种思路有一定的道理，但严格来说，基准地价的制订要按照《城镇土地分等定级规程》GB/T 18507—2014及《城镇土地估价规程》GB/T 18508—2014的相关步骤进行定级与评估。本文分别从地下空间基准地价内涵的确定、定级及评估3方面进行探讨，对目前地下空间建设用地开发利用常见的地下停车场、地下商业两种用途基准地价的制订提出自己的意见，供大家参考。

二、地下空间基准地价内涵的确定

地下空间基准地价的制订工作首先要明确其地价内涵。基准地价内涵是指城镇各类建设用地，各土地级别或均质地域，在一定的开发程度、一定的土地容积率、最高出让年限、某一估价基准日的同一土地利用类型完整土地使用权益的区域平均价格。对于地下空间基准地价内涵有争议的地方主要集中于地下空间权的地价内涵是否为建设用地使用权？

对于此争议，笔者查阅相关的法律法规，其相关规定如下：

《中华人民共和国民法典》第三百四十五条规定"建设用地使用权可以在土地的地表、地上或者地下分别设立"。

《城镇土地估价规程》GB/T 18508—2014对地价的定义是：在市场条件下形成的土地权利价格，包括在公开市场条件下形成的客观合理价格和在特定市场条件下形成的市场关联各方可接受的价格。在无特殊说明下，指公开市场条件下形成的，一定年期建设用地使用权的权利价格，其空间内涵包括地表及地上、地下的一定范围，也可依据权属划分，单独界定为地下空间使用权或空中使用权价格。

根据以上法律及行业内规程可知，地下空间权利类型为建设用地使用权，是跟地表建设用地使用权并列的一种建设用地使用权，并非依附于地表建设用地使用权的一种权利类型。

不同用途的地下空间建设用地土地使用权地价直接受开发层数、建筑面积等指标的影响，因此在确定地下空间基准地价内涵时要注意与地下空间基准地价表现形式相匹配。在目前地下空间市场交易资料较少，市场发育不完善的情况下，可结合市场交易资料，并充分考虑当地地下空间日常开发利用管理需求，将地下楼层开发利用频数较高的地下第一层设置为"标准层"，以"标准层"基准地价作为地下空间基准地价表现形式，其他楼层可结合当地市场交易资料设置客观合理的地下开发楼层修正系数，并在地下空间基准地价内涵中予以明确。

三、地下空间使用权基准地价定级

《城镇土地分等定级规程》GB/T 18507—2014 仅对商服用地、住宅用地及工业用地定级因素选择范围有明确规定，对交通运输用地没有明确规定。对地下空间进行定级时，应在考虑地下空间不同利用用途的基础上，通过德尔菲法（Delphi），结合《城镇土地分等定级规程》GB/T 18507—2014 第 13 章"城镇土地定级因素选择"，选定影响地下空间建设用地使用权不同用途定级的因素、因子。本文着重以目前土地利用较多的地下停车场以及地下商业两种用途为例介绍定级因素的选择。

根据《城镇土地分等定级规程》GB/T 18507—2014 第 4.7 节"城镇土地分等定级的技术方法"，地下空间建设用地使用权定级参考采用"以多因素综合评定法为主，市场交易价格进行级别校核为辅"的技术途径，运用 GIS 技术进行定级。

（一）定级因素、因子的选择

地下空间的开发利用是基于实现城市集约化建设、节省土地资源、疏解城市功能等因素，其开发利用应主要考虑实现地下空间与地面的有机联系，形成便捷的相互联系的城市空间利用系统。

1. 地下空间开发利用特点

地下空间是向地表以下延伸获取的空间，在其开发利用主要受以下 3 个特点影响。

1）受地下空间开发适宜性影响

自然条件直接影响地下空间是否能开发利用，如：地形地貌直接影响地下空间的开发形式及建筑格局；地质构造是否稳定直接决定是否可以开发以及后续的利用维护成本；地下水位埋藏的深浅对建设标准和防水、排水系统有决定性影响等。因此对地下空间开发利用，首先要针对地下开发相关情况进行分析，根据各地不同情况，还应考虑地下文物保护区、地下水源保护区等因素，综合进行地下空间开发适宜性评价。

2）受区域内地表建设用地开发建设强度影响

地下空间在开发利用时都要考虑对地表原有建筑物或对邻近原有建筑物是否能造成影响建筑基础的安全问题。如：在城市中心城区，建设用地集约化利用程度高，区域建筑物密度、高度以及容积率等开发指标也相对较高，对地下空间的开发利用等相关指标要求也较高，其开发成本也越高；在城市建成区外围区域，则情况相反。因此，在对地下空间开发利用时要着重考虑该区域内平均容积率、建筑密度、建筑高度以及建设用地集约化利用程度等地表建设用地开发强度指标。

3）地下空间开发利用效益受区位条件影响

通过调查发现，在城市商业环境繁华区域，地表商业用房售价、租金较高，其地下商业用房的售价、租金也相对较高；在城市建成区外围，地面及地下商业用房售价、租金均相对较低；在城市基本设施完善、商服繁华程度优越、交通条件便利、环境条件优良的居住品质较高的住宅小区或商务办公氛围浓厚的商务区，地下车位售价、租金较高；在居住品质一般的住宅小区或商务办公氛围一般的区域，地下车位售价、租金相对较低。由此可见，地下空间的开发利用效益主要受区位条件影响。

综上所述，地下空间的开发利用主要受上述3个因素影响较大，与地表建设用地开发利用相比，地下空间开发适宜性以及区域内地面建设用地的开发强度是地下空间开发利用需要特别关注的特点。

2. 地下空间定级因素、因子选择

结合地下空间开发利用特点，按照综合分析、主导作用、分用途选择、区域差异、相互独立等原则，选取对地下空间质量有显著影响的因素、因子，进行地下空间建设用地定级工作。

1）地下停车场定级因素、因子选择

停车场按照《土地利用现状分类》GB/T 21010—2017划分，一级类为交通运输用地，二级类为交通服务场站用地。在《城镇土地分等定级规程》GB/T 18507—2014中未明确交通服务场站（交通运输用地）定级因素选择范围。

地下交通服务场站用地开发完成后多为配建或单建地下停车场，本质上属于一种配套设施用地。通过调查发现，地下停车场的售价、租金受区位因素影响的同时，与地表相关类型物业的售价、租金紧密相连。如在居住氛围浓厚的住宅小区，其配套设施完善、入住率较高，地下车位的售价及租金也相对较高；商业亦然，在商服中心及周边区域，商业商务氛围浓厚、人流量大、商业用房出租率高，地下车位使用率、收益水平也较高。因此，笔者认为，地下交通服务场站用地在使用功能上与住宅小区、商场商超、商务办公等类型物业联系紧密，与住宅、商服用地贴合度高。故地下交通运输用地定级时参考住宅、商服用地的定级因素更为适合，更符合实际情况。

从上述分析的地下交通服务场站用地与住宅、商服用地联系较为紧密的特点来看，基本设施状况对其影响最大，因为拥有完善的基本设施配套对居住及商服物业类型的利用都较为舒适及便利；商服繁华影响度次之，商服繁华程度较高对商服用地至关重要，但过于繁华的区域对居住用地会造成一定的影响；再次是便利的交通条件，地下停车场本身就是道路交通的一个重要组成部分，城市的可及性对住宅、商服用地来说均较为重要；然后是环境条件，居住用地对环境条件要求较高，自然环境及景观的优劣直接居住小区品质高低；最后是人口密度，应将常住人口密度与流动人口密度结合分析，其分别对居住、商服用地影响较大。

从地下空间自身的影响因素来看，首先是地下空间开发适宜性，根据地质、水文、地形地貌以及历史保护、生态保护等资料对地下空间开发适宜性进行评价，可按照易开发、较易开发、较难开发、难开发、禁止开发等形式进行区域划分，对地下空间开发难度进行综合分析；其次是地表开发建设强度，结合城市土地利用现状，在城区范围内选择建筑强度突变的地段，以明显的地物或建筑类型作为开发建设强度边界，划分开发建设强度区片，将各区片内平均容积率、建筑密度、建筑高度以及建设用地集约化利用程度进行调查统计并量化，生成地表开发建设强度评价成果,据此分析对地下空间开发的影响程度。

结合地下空间定级因素、因子选择原则,通过上述对地下交通服务场站用地特点分析,笔者认为地下交通服务场站用地定级,其因素、因子选择范围可考虑以下几个方面。

(1)地下开发适宜性方面:因素:自然条件类开发难度;因子:地形地貌、地质构造、地下水位埋深等。因素:自然保护类开发难度;因子:地下文物保护区、地下水源保护区等。

(2)地表开发建设强度方面:因素:地表开发建设强度;因子:区域内平均容积率、区域内平均建筑密度、区域内平均建筑高度等。因素:地表建设用地集约化利用程度;因子:建设用地集约化利用评价。

(3)基本设施方面:因素:基础设施完善度、公用设施完备度。

(4)繁华程度方面:因素:商服繁华影响度。

(5)交通条件方面:因素:道路通达度、公交便捷度、对外交通便利度(客运)。

(6)环境条件方面:因素:环境质量优劣度、绿地覆盖度、景观条件优劣度。

(7)人口状况方面:因素:人口密度。

其中,基本设施、繁华程度、交通条件、环境条件、人口状况等方面因素可参考地表建设用地选择定级因子。

2)地下商业定级因素、因子选择

地下商业定级在考虑地下空间开发利用特殊性的同时,可根据《土地利用现状分类》GB/T 210210—2017 及《城镇土地分等定级规程》GB/T 18507—2014 第 13.1.2 节,可参考地表商服用地进行定级。商服用地是日常土地利用、管理工作中最常见的用途之一,且各地经历了多轮城镇基准地价的更新,对商服用地定级因素因子选择、技术处理流程等方面的把握已比较成熟、经验相对丰富,因此本文不再赘述。

(二)定级因素、因子的处理及级别划分

地下空间定级可参考地面建设用地定级时对因素、因子的处理方式。通过德尔菲法(Delphi)对地下空间定级因素、因子进行选择及其权重确定,根据外业调查数据,用相应的标准化方法进行处理,分别计算综合作用规模指数。运用 GIS 技术,对空间扩散类、区域赋值类因素因子分别采用对应方式进行赋值,然后进行空间叠加,将生成的多边形作为地下空间定级单元。采用加权求和的方法,自动测算定级单元总分值,并建立定级数据库。对照近期城市地下空间开发相关规划并结合实地踏勘,对初步划分的理论级别线进行落界处理,最后采用市场交易价格对级别进行验证、检验、校核、确定地下空间级别。

地下空间的利用多是在保证地表宗地地块完整性的前提下进行开发,因此在地下空间土地级别划分时也应按照《城镇土地分等定级规程》GB/T 18507—2014 第 16.13.1 节,根据土地级调整和确定的原则进行:①地下空间级别高低与地下空间相对优劣的对应关系基本一致;②级之间应渐变过渡,相邻单元之间地下空间级差不宜过大;③保持地下空间地上自然地块及宗地的完整性;④边界尽量采用具有地域突变特征的自然界线与人工界线。

四、地下空间使用权基准地价评估

根据《城镇土地估价规程》GB/T 18508—2014 第 4.2.2 节"基准地价评估的技术途径",地下空间使用权基准地价可按"以土地定级(或根据影响地价的土地上条件和因素划分均质地域)为基础,利用市场交易价格等资料评估基准地价"为技术路径进行评估,因此根据收集到不同的市场交易价格资料分别运用市场比较法、收益还原法、成本逼近法及剩余法对样点地价结合确定的地价内涵进行评估。

（一）市场比较法

对地下商服用地、地下交通服务场站用地样点地价评估时，可将收集到的上述两种地下空间用途的土地使用权出让、转让案例资料分别运用市场比较法将其修正到各自对应的地下空间用途内涵。需要注意的是：第一，比较实例数量应达到3个以上（含3个）；第二，其交易日期距基准地价估价期日原则上不超过3年；第三，交易案例资料为正常交易实例或可以修正为正常交易实例；第四，比较实例地下开发容量（地下空间利用率、开发层数、建筑面积等）要能修正到对应用途地下空间基准地价内涵下。

（二）收益还原法

对于地下商服用地，可调查地下商服用地出租以及地下步行街、地下商场、地下超市等出租、经营性商服设施的租金（收入）、费用、建成年代、已使用年限等租金资料或营运资料。地下交通服务场站用地可对调查到的地下停车场（车库、车位）租金（收入）、费用等相关资料运用收益还原法测算其样点地价。

对于该类资料调查时要注意其租金（收入）是否包含地下物业类型以外的收益，以免在净收益剥离时造成数据误差，影响样点地价评估结果。对调查到的相关资料要进行区分地下楼层梳理，根据地下空间基准地价内涵分析是否需要分楼层运用收益还原法进行样点地价测算。此外，笔者认为地下空间物业设施较地面相应设施相比开发难度高、投资风险大，因此在土地以及建筑物还原率取值时，要高于地表对应用途建设用地、建筑物还原率。

（三）成本逼近法

对地下空间样点地价进行评估时理论上适用成本逼近法，但地下空间客观成本费用、利润率等资料目前难以收集，因此在实际评估工作中利用受限。随着地下空间开发利用案例的不断增多，市场交易资料不断丰富，成本费用以及各种开发数据参数将更加透明，容易获取。

（四）剩余法

《城镇土地估价规程》GB/T 18508—2014对地下空间价值评估介绍时，未提到采用剩余法进行评估，但结合目前各地对地下空间的开发利用，不同用途地下空间物业类型的售价、租金、收益等资料均易通过市场收集获取，其开发成本、费用、利润、税费等数据亦可调查，符合剩余法的适用范围及测算思路。因此根据《城镇土地估价规程》GB/T 18508—2014第7.5.2.9条，利用商品房出售资料计算地价，笔者认为可采用收集到的地下商业用房、地下停车场（车库、车位）售价或租金（可还原出地下商业用房房价、地下车位售价），来估算出对应基准地价内涵下的开发完成后其不动产总价，然后扣除开发地下空间所对应的成本、专业费用、利息、合理的利润和税费等，测算样点地价。

该类资料也要注意进行分楼层梳理，根据地价内涵分析是否需要分楼层进行样点地价测算。此外，地下车库（车位）售价多是以"个"为单位，在估算开发完成后不动产总价是以建筑面积为单位，因此在对地下车库（车位）相关交易资料收集时，要注意统计单个地下车库（车位）的建筑面积，测算时采用统一的地下车库（车位）单位建筑面积标准。

以上收集到的市场交易价格资料均应满足《城镇土地估价规程》GB/T 18508—2014第7.3.1节"资料调查的一般要求"，同时运用上述评估方法对样点地价进行测算时，均应以同一级别为基本测算区域，如果级别范围过大（不属同一供需圈或类似区域）时，可按照地下空间条件的差异性将测算区域适当细分为均质地域后进行测算。

样点地价测算完成后，按照《城镇土地估价规程》GB/T 18508—2014进行样点修正、检验、处理、整理后，分别确定地下交通服务场站用地、地下商服用地各级别基准地价。

五、结语

近年来随着经济建设水平的不断提升，地下空间作为解决城市建设空间不足的矛盾和提高城市综合功能的有效途径，日益得到政府和各级建设主管部门的重视。客观上要求地方政府对地下空间建设用地供应以及相应的地价管理工作需求予以响应，加强对相关价格形成机制、规律的调查研究，及时制订或更新地价政策及城市地价体系，提升决策效率和质量。

笔者从《城镇土地分等定级规程》GB/T 18507—2014、《城镇土地估价规程》GB/T 18508—2014以及日常工作经验出发，简单阐述了地下空间基准地价定级与估价过程中需要注意的相关问题。地下空间基准地价的制订目前仍处于探索阶段，加之地下空间基准地价影响因素较多，这就要求我们制订时要全面了解地下空间各类用地背景信息，充分考虑各项影响因素，恰当运用定级手段及评估方法并完善修正体系，使地下空间基准地价成果更加科学合理，进一步助力自然资源利用管理工作。

作者联系方式
姓　　名：唐百楷　李　冰　冯连涛　宋必胜
单　　位：河南省中土房地产评估勘测规划有限公司
地　　址：河南省郑州市金水区东明路与红专路名门国际中心2007室
注册号：唐百楷（4120120059）；李　冰（4119980076）；
　　　　冯连涛（4120190088）；宋必胜（4120110050）

房地产价值分配评估初探

崔永强

摘　要：房地产价值构成因素复杂，其土地价值和建筑物价值不能简单地分离，现实中的价值分配业务给估价师带来了一定的困扰，每一项价值分配业务的背景都不尽相同，房地产估价师要认真研究房地产各组成部分对房地产价值的贡献原理，根据委托估价目的，明确各组成部分的价值内涵，制订合理的估价技术思路，解决委托方的估价需求，防范可能存在的估价风险。

关键词：土地；建筑物；房地产价值；分配

房地产是指土地、建筑物等地上定着物，是包括建筑物、土地在内的实物、权益、区位三者的综合体。建筑物不能单独存在，必须在实物形态上与土地连为一体，一旦土地与建筑物结合，就构成了房地产的整体价值，不能把土地与建筑物的价值简单地单独分开。在房地产估价实践中，根据估价目的或委托方的特殊要求，在求取房地产价值后将包含在其中的土地价值和建筑物价值分别列示，一般情况下，土地价值和建筑物价值单独计算会出现土地价值加建筑物价值并不等于房地合一价值的时候。在正常的市场条件下，扣除平衡原理对房地产价值的影响，土地和建筑物结合后，会产生一部分增值额，这部分增值额是归属于土地的贡献，还是归属于建筑物的贡献，还是归属于两者联合的贡献，不同的经济行为对其价值内涵有不同的理解，应有不同的处理方法。因此，房地产估价师应深入了解估价目的和估价要求，明确各组成部分的价值内涵，认真做好土地和建筑物价值分配估价，解决委托方的估价需求。

一、房地产价值分配评估引发的质疑

估价实务中，由于对委托方的估价需求或报告用途未深入了解，估价师对分离后土地、建筑物的价值内涵把握不准确，引发了诸多报告使用者的质疑。

案例1：某县一单位的一幢办公楼，经单位的允许，其单位职工在楼顶的平台上投资建设有3间房屋作办公用房使用，此后该办公楼列入征收范围，经政府认定，该3间房屋作为合法建筑进行评估补偿。估价师在评估时认为，3幢房屋的房地产价值应按已认定的用途和面积进行评估，但该房屋所占用的土地使用权人仍为单位，故应向该单位补偿房地产价值内归属于土地的价值，向投资者补偿剩余房屋的价值。在评估计算中，先用收益法计算该办公用房的整体价值，然后用土地评估方法求得土地价值，再将房地产整体价值扣除土地价值后求得建筑物价值，最终建筑物评估单价为1800元/平方米。后该项目进入审计阶段，审计人员认为该房屋按当地建安成本不超过1000元/平方米，估价师有高估之嫌。

案例2：某市一酒店因欠银行贷款进入执行拍卖环节，因不动产统一登记前抵押操作不规范，酒店房屋和占用的土地分别抵押给不同的银行，法院在拍卖评估时要求，在计算房地产整体价值后，再分别计算房屋价值和土地价值。估价师用收益法计算酒店整体单价为11000元/平方米，以成本法计算房屋现值为2100元/平方米，再用酒店整体价值扣除房屋现值得到土地价值。后来以房屋设定抵押权的银行提出异议，认为房屋评估价值过低，未考虑土地和建筑物结合后的房地产增值因素，评估范围错误。

案例3：某县一工业企业以其厂区的房地产为抵押物向银行借款，在作抵押评估时，因建筑物和土地的放款比例不同，银行要求评估机构在计算出抵押价值后，再分别列示其中土地价值和建筑物价值。在测算时，估价师采用成本法对土地和建筑物进行分估的技术路径，首先确定土地取得成本，再加上与之相对应的房地产开发活动的管理费、销售费用、投资利息、销售税费和开发利润等，求得土地重置价格为26万元/亩，将此作为抵押价值中的土地价值。银行审批人员认为，周边挂牌出让的土地成交价为20万元/亩，本次评估中的土地价值过高。

以上3个案例具有典型性，都是因为房地产价值分配结果引起的报告使用相关方的质疑，经分析发现，存在着房地产价值分配后其各因素价值内涵不准确或表述不到位的问题，给估价机构和估价师带来了外部风险。

二、房地产价值分配评估需求

经济生活中，由于房地产价值较高和其独特性，其各组成部分的价值需要专业地估价，存在众多的房地产价值分配需求，以下介绍几种常见的房地产价值分配业务。

（一）征收估价业务

国有土地上房屋征收估价中，由于历史遗留原因，被征收房屋的所有权人与土地使用权人不一致，存在土地和建筑物分别补偿的问题，或者被征收房屋经过承租方装修改造，存在房屋原价值与装修改造价值分配的问题，根据征收部门的要求，会在评估被征收房屋价值后，将被征收房屋价值作土地价值和建筑物价值分配，或者房屋原价值和装修改造价值分配。

（二）司法拍卖估价业务

在确定财产处置参考价的司法拍卖估价业务中，一般情况下，一宗房地产会整体评估拍卖，房地产的各组成部分或不同部位会有不同的优先受偿人，或房地产抵押合同签订后土地上新增的房屋价值，执行法官会根据案情需要，对拍卖房地产作价值分配。

（三）抵押估价业务

银行会要求评估房地产的抵押价值和其中的土地价值分别登记，随着不动产统一登记，此现象极少出现；另外，银行在确定贷款额度时，不同的抵押物，其贷款成数会不同，根据内部审批的需要，要求单独列示抵押物中的土地价值和建筑物价值。

（四）剩余法土地估价

对于已经有建筑物的土地价格求取，可以采用《城镇土地估价规程》GB/T 18508—2014中的剩余法估价，剩余法其实就是土地剩余技术，其思路是以房地产价格扣除房屋现值和交易税费后得到土地价格。

三、房地产价值分配中涉及的相关理论

(一)贡献原理

贡献原理认为,房地产的价值由土地和建筑物等组成部分贡献产生,房地产各个组成部分的价值应根据它们对整体房地产价值的贡献大小来确定,各个组成部分的成本不一定等于它们的价值。

贡献原理可以用于解决房地产价值分配问题,就土地和建筑物两大组成部分,有以下3种分配方式。

1. 整体房地产价值减去其中的土地成本(或土地重置价格),就是建筑物价值,其理论基础是房屋为消费者的直接需求,土地上没有建筑物则房地产不能产生效用,此种分配方式将增值部分完全归属于建筑物。

2. 整体房地产的价值减去其中的建筑物成本(或建筑物重置价格),就是土地价值,其理论基础是区位理论,主张由于区位的不同而产生房地产价格的高低,此种分配方式将增值部分完全归属于土地。

3. 整体房地产的价值减去其中的土地和建筑物的成本(或重置价格)后的增值部分,应由土地和建筑物共同享有,按各种生产要素在价值形成中所作的贡献进行分配,此种分配方式根据贡献将增值部分在土地和建筑物间合理分配。

(二)剩余技术

根据中国房地产估价师与房地产经纪人学会编写的《房地产估价理论与方法》(2021),剩余技术是指在房地产估价方法收益法中,当已知整体房地产的净收益、其中某一组成部分的价值和各组成部分的资本化率或报酬率时,从整体房地产的净收益中减去已知组成部分的净收益,分离出归因于其他组成部分的净收益,再用相应的资本化率或报酬率进行资本化,从而得出未知组成部分的价值的方法。剩余技术主要有土地剩余技术和建筑物剩余技术,土地估价方法中的剩余法就是土地剩余技术的具体应用。

(三)平衡原理

土地与建筑物是房地产的组成部分,一宗房地产中的土地与建筑物相互对比,如果规模过大或过小、档次过高或过低,都会造成土地与建筑物的不合理配置,不能充分发挥土地或建筑物的效用,都会造成其价值的降低。一块地上盖了楼房,如果楼房太小、陈旧过时,基本丧失其使用价值,就会影响土地的有效利用;反之,如果建筑设计、设施设备、装饰装修都很超前、很高档,但土地规模过小,坐落位置偏远,不能充分发挥建筑物的效用,则由于功能折旧等原因,建筑物的价值会比重置费用低一些。

因此,土地和建筑物组合后,其规模、档次应达到平衡状态,房地产达到最高最佳使用,之后其价值分配才客观合理。

四、房地产价值分配评估时遵循的原则

(一)各部分价值和等于整体价值

土地和建筑物结合后,原则上就成为一个不可分割的整体,客观上很难将其价值分离,所谓的价值分配都是人为的结果,但在现实的经济社会活动中,需要将房地产价值在各组成

部分间进行分配，以此为基础来解决经济问题。房地产价值分配时，不同的分配思路其价值内涵均不相同，一般情况下，各部分的价值之和应等于整体价值。

（二）价值内涵由估价目的决定

根据需要，有些项目需评估房地产价值中单独的土地价值或建筑物价值，有些项目需评估房地产价值扣除土地价值或建筑物现值后的剩余价值，有些项目需要将土地和建筑物结合后产生的增值按投入的价值比例进行分配，房地产价值如何分配需要针对具体的项目情况，不同的经济行为应有不同的价值分配方法，对应其相应的价值内涵。因此，价值内涵由估价目的决定，估价师应与估价需求者充分沟通，认真细致地了解有关情况，准确掌握估价目的，在明确的委托估价目的下，可以合理判定房地产各组成部分的价值内涵。如上述案例1，职工利用本单位的土地建房使用，对占用的土地只有占有和使用的权利，没有处分的权利，在征收时，按建筑物现值对其进行补偿较为合理。

五、房地产价值分配评估注意事项

（一）作好前期准备

估价师在接受委托后，应对估价对象的产权来源做深入了解，对估价对象进行尽职调查，包括它的合法性、适宜性，明确价值分配后的估价结果要解决什么具体问题，满足何种具体需要，根据委托价值分配的原因确定估价目的，根据估价目的准确判定房地产各组成部分的价值内涵，避免因价值内涵确定错误引发执业风险。

（二）单独委托评估

一个项目在评估房地产价值后，根据委托方要求，再对房地产各组成部分进行价值分配，如果分配问题比较复杂，估价目的不能准确表述，根据一个估价项目应只有一个估价目的的原则，应把价值分配评估作为不同的估价项目，分别出具估价报告。

（三）注重特别提示

房地产价值分配评估，应将分配的理由、原则、价值内涵等内容在报告显著位置进行特别提示，提醒报告使用者注意，以期获得其认同。如上述案例3，估价师应明确抵押价值分配后，显示的土地价值是重置价值，是土地取得成本后，考虑了管理费、销售费用、投资利息、销售税费和开发利润等因素，此价值不等同于周边挂牌出让的土地成交价格，应该是包含关系。

（四）关注价值变化

对于房地产的价值减去土地和建筑物的成本后的增值部分，根据贡献原理进行分配，其贡献关系并不是一成不变的，随着时间和市场条件的变化，建筑物处于不断贬值的状态，土地的贡献比例会逐渐增加，特别是在房地产出现泡沫的时候，土地的贡献价值比例会更高。因此，如果增值按投入的价值比例进行分配时，不能简单地按照一般情况下的贡献比例来确定土地和建筑物的分配价值，而应该进一步分析，找出合理的比例关系。

六、结束语

由于社会经济的发展，带来了一系列估价需要和要求的变化，估价服务于经济社会生活的方方面面，在一些评估项目中，不仅仅要求评估其房地产市场价值，还要在评估市场价值的基础上进行房地产价值分配，以后甚至会出现已知房地产市场价值，要求将其价值进行土地、建筑物、装饰装修等房地产组成部分进行合理分配的估价需求。

因此，时代在变，房地产估价需要不断创新发展，估价师应适应时代估价需求的变化，以专业解决客户估价需求，积极拓展发展空间，推动行业高质量发展。

参考文献：

中国房地产估价师与房地产经纪人学会.房地产估价原理与方法（2021）[M].北京：中国建筑工业出版社，2021.

作者联系方式

姓　　名：崔永强

单　　位：河南省中地联合房地产资产评估有限公司

地　　址：河南省郑州市管城区方圆创世商务楼 A 座 1608 室

邮　　箱：1498442800@qq.com

注册号：4120190038

新经济形势下银行抵押估价业务的变化与延伸

刘 婷

摘　要：新的经济形势对银行信贷业务和房地产市场影响巨大，银行对估价机构的要求随之发生了显著变化，也使银行估价业务得以延伸，产生了新的收入增长点。

关键词：银行抵押估价业务；变化；延伸

从 2019 年开始，北京的银行逐步执行《关于规范与银行信贷业务相关的房地产抵押估价管理有关问题的通知》，自此以后抵押估价业务银行付费的比例逐年增长，估价的单均收入连年下降，以抵押估价业务为主的估价机构苦不堪言。紧接着三年新冠疫情，线下消费减少，实体经济受挫，房地产市场低迷，对银行信贷业务和抵押估价业务影响巨大。

一、从评估角度看新经济形势对银行信贷业务的影响

（一）信贷业务结构的变化

从日常业务承接上能明显感觉到，2022 年看个人按揭贷款业务受单套住宅成交量下降的影响，单量下滑；大额对公业务中，房地产开发贷款和经营性物业贷款预评转正率越来越低，即使最终获批审批周期也很长；而与此相反，小微企业贷款业务量增势迅猛。2020 年全国银行普惠型小微企业贷款总额 56.31 万亿元，2021 年上升到 72.11 万亿元，而到了 2022 年，仅 1 至 3 季度就达 65.30 万亿元，全年突破 85 万亿元毫无悬念。2020 年 11 月 14 日，中国人民银行等六部门联合印发《关于进一步加大对小微企业贷款延期还本付息支持力度的通知》，按中央文件精神，再次强调支持小微企业发展，帮助其纾困。

（二）抵押物种类的变化

在信贷业务结构变化的同时，银行接受的抵押物也在悄然变化，很多市场价格波动大、后期不易处置的房产被放弃作为抵押物。最明显的是，在北京现在还能接受单套商办类房产作为抵押物的银行屈指可数。2017 年 3 月，北京市住房和城乡建设委员会等五部门发布《关于进一步加强商业、办公类项目管理的公告》后，北京市商办类房地产市场即开始下行；疫情下小微企业的困境、线下消费的减少，又给这个市场泼了盆冰水，尤其是单套办公房产的售价和成交量，跌得惨不忍睹，大量以此为抵押物的贷款到期后难以为继。而这类物业贷款不良后处置又比较困难，最终导致银行再不敢将其作为抵押物。与此类似的还有诸如单套科研、工业、仓储、车位等用途的房产。

（三）贷款审批通过率的变化

市场的不景气导致了银行不良率的升高，使得银行内部对于风险的把握越来越严，小微企业贷款是政治任务不得不完成，而大额对公贷款获批则越来越难。前些年对于有些银行来

讲，我们的估价报告可能只是贷款审批的要件，有就行，估值做得再高只要报告签字盖章了就行，这种风控风格曾经让内控严谨的估价机构失掉了很多客户。但如今，越来越多的贷款审批人员开始意识到估价报告是很好的了解项目情况的抓手，给我们的感觉就是报告内容终于有人看了，审批人员与估价师的直接沟通多了。这对于我们估价行业是个利好，真正有责任心、有专业能力的估价机构、估价师会获得银行客户的更多认可和合作机会；而那些为了获得项目做高估值、在产权人授意下不按要求披露项目瑕疵的估价机构会难以存活。

二、新经济形势下，银行对估价机构要求的变化

由于经济形势及房地产市场的变化，银行信贷政策有所调整，对估价机构的要求也发生了明显变化。

（一）对估价报告内容的要求不断提高

曾几何时，抵押估价报告几乎是估价报告的最底端，银行客户经常只看到《致估价委托人的函》，确认抵押物相符、估价结果足值就完事，后面几十页的内容往往无人关注，对报告的内容也就当然无过多要求。而如今，随着贷款不良率的攀升，这种情况大大改观，"您报告上写销售受限，影响有多大？""您说测算考虑了租赁合同，那这房子要是处置这租赁合同有什么影响？""为什么你们这个案例选A不选B？"天天都有客户针对报告的具体内容进行询问甚至是质疑。甚至有越来越多的银行对估价报告的内容提出明文要求，比如有的银行要求报告中增加房地产变现扣净值的内容和测算；有的银行要求把项目瑕疵明确备注在《致估价委托人的函》的显眼之处；甚至有的银行会对估价方法进行限制，如商业物业不允许使用市场法等等。不一定条条合理，但至少证明，大家已经看到了估价报告的作用，对报告内容的关注度和要求大大提高了。

（二）对估价人员的工作效率及服务意识要求更高

经济下行使得优质客户越来越难找了，银行如今"内卷"得也很厉害，好客户往往是多家银行在跟，且企业开的条件还特别多。举个例子，我们曾经承接过一个国企开发商的土地抵押估价业务，6家银行带着各自委托的估价机构进场查勘，现场热闹得跟开新闻发布会似的，提问还要排队。这种情况下，如何协助银行拿到项目是我们重要的功课。尽管可能起决定性因素的是银企关系和贷款条件，但评估作业效率高、沟通及时到位、发现项目存在问题能提出合理的解决方案，无疑有助于我们在银企双方刷好感，从而顺利开展估价工作，甚至是在后续与企业建立长期合作关系。像这个项目，我们就用高效的工作让银行很快拿到了预评估报告，为他们后续审批争取了时间。再举个例子，有一次，我接到一个陌生客户经理的电话，她有一个跟了很久的客户想指定时间并指定女性去进行一套住宅的现场查勘，条件不能协调。她本有固定使用的估价机构，但听了这个条件说安排不了，于是她就从分行要了所有入围估价机构的联系方式一家家地打。我在沟通后了解到，这家白天只有休产假的妈妈和刚满月的婴儿在，为了安全想找个女性进行查勘；因为孩子太小常常要睡觉，所以只能指定孩子醒着的时候上门。经过安排我们按银行要求的条件承接了这个项目，而现在这个客户经理已经是我的老客户了，还介绍了好几个同事给我。我们现在有大量小微企业贷款的项目是以类似单套住宅作为抵押物的，项目不大，收费很低，但却是对公客户经理们辛辛苦苦营销来的客户，有的甚至是支行的重点客户，尊重银行的工作，理解客户的难处，才能争取更多的合作机会。

（三）要求估价人员更多参与贷前贷后与各方的沟通工作

在贷前，因为支行客户经理的要求，我们越来越多地参与到与各种助贷公司的沟通中。小微企业贷款数量激增，而助贷公司有时推项目针对性较差而数量较多，银行的客户经理不胜其烦又不能得罪，很多支行的客户经理就会把评估公司的市场人员和助贷公司的工作人员拉到一个微信群里，一次性解决与助贷公司和评估公司的对接问题。在群里，我们直接为助贷公司在该行的业务提供询值服务、接受报单直至出具报告。与原有单线与银行沟通的模式相比，并未增加人力成本，只是沟通需要兼顾两边的需求尤其是时间要求；而对于评估公司的好处则是，我们可以在微信群询值之初在群里约定，如果报告出具而贷款未放，由助贷公司承担一定的成本费用，一般助贷公司也能够接受。

在贷中和贷后，由于市场形势不好，贷款获批愈难，我们作为专业人士，会更多参与和贷款审批部门、贷后管理部门的沟通甚至是说服工作。比如，我们承接一个远郊区开发贷款的项目，开发商给银行报的销售计划中住宅售价在23000元/平方米左右，而分行审批人员认为市场不好，房子价格过高卖不出去。该房地产企业是个市属国企，支行客户经理不想放弃，就找到了出具了预评估报告的我们。我们了解到了客户经理的诉求，且也认为企业这个报价基本合理，在支行的安排下与审批人员见了面，用周边项目情况、官方的成交价格和去化情况说话，最终说服了审批人员，协助客户经理拿到了批单，而这种案例在近两年并不罕见。

（四）要求配合提供政策梳理、风险分析等咨询服务

同样是因为银行信贷政策的紧缩，贷款的审批越来越难，尤其当客户经理、审批人员面对某些特殊情况或者不了解的产品类型时，就会产生很多疑问，从而向我们寻求帮助。比如，今年我承接了一个开发贷款项目，该项目出让合同涉及三宗地，但其中一宗地拟建公立幼儿园，土地并不在出让范围内，因此开发商无法将其纳入抵押物范畴。对于这件事，分行非常不理解，为什么出让合同里明确写了三宗地的地号，也取得了规划指标，但是只能抵押两宗地，认为是企业故意为之。因此我们在为支行出具了抵押估价报告的同时，详细向支行进行了讲解，说明这宗幼儿园用地无法纳入抵押物范围的政策原因，后续由支行向分行进行了转述，最终打消了审批部门的疑虑，使贷款顺利获批。再如，前段时间有个银行的老客户找到我，他们新开发了一个客户，想做一笔大兴区办公物业的经营性物业贷款，但拿不准市场前景如何。我们为其提供了近三年大兴区办公物业的新增项目和交易数据，为其决策提供了参考依据。虽然这个项目最终没有做，也没有形成收费，但支行后续又帮我介绍了其他的项目。

三、银行估价业务的延伸

银行信贷业务和对估价机构要求的变化，导致了估价业务成本的提高和工作难度的增加，但也使传统银行估价业务得到了延伸，为估价机构形成了新的业务增长点。一些专业度高、经验丰富的估价机构、估价师感觉有了用武之地。经过一段时间的碰撞与磨合，除传统抵押估价业务外，我司还与银行客户开展了如下业务合作。

（一）贷前银企对接服务

上文提到，经济下行一方面导致银行贷款审批越来越严，另一方面又致使好客户越来越难寻，经常会有一些我们觉得好的客户或者好的项目贷款并不顺利。针对银行渠道，我们一边注意收集其贷款偏好和不同产品的利率水平，一边跟踪已做项目的审批通过情况和未通过

的原因。在确定贷款不能获批以后,可以根据企业客户的条件和意愿,帮助其寻找其他合适的银行。另外,我司在二十多年的执业中,也积累了大量企业客户,有些我们认为靠谱的企业因为领导更换或者其他原因有拓宽融资渠道的需求,我们也会将其介绍给有初步意向的银行,促成双方面谈,促进银企对接。

(二)贷前尽职调查与市场分析报告

房地产市场的变化导致银行审批人员越来越注重非住宅开发贷款和经营性物业贷款的贷前研判,并越来越倾向于找专业团队提供第三方支持。这类报告,对项目开发建设合法性进行调查分析,对项目现金流及成本进行分析预测,对项目所在区域房地产市场、政策及竞品进行整理分析,对项目所在区域同类项目的抵押政策进行调查,最终为客户出具符合融资审批要求的尽职调查报告,为委托方进行贷款决策提供参考。除了常规内容,还能有重点地解答审批人员前期比较关注的问题,从专业角度协助客户经理打消审批人员的疑虑,因此得到了银行客户的好评。比如,今年有一个产业园在建工程的项目,分行审批人员实地踏勘了该项目并亲自对周边市场进行了市场调查,发现周边租金与企业报的相去甚远,觉得风险太大"毙掉"了贷款。支行眼见着好好的企业贷款不能获批,从开发商那里知道我们给他们做过这个项目另外几个地块在其他银行的评估,因此找到我们。经协商,我们为该行出具了针对该项目的市场分析报告,对周边市场进行了详尽的市调与合理的展望,还在报告中进行了翔实有针对性的SWOT分析,让分行看到了项目在周边的唯一性,虽有风险,机会更大。目前该项目银行已经安排重新上会。

当然,也有一些项目,经过我们的研判,发现风险较大,最终劝退了银行或者建议增加了增信措施,这无疑也是我们专业机构价值的体现。

(三)专项询值业务

随着小微企业贷款量的增加,各种各样的助贷公司、担保公司应运而生。助贷公司的工作模式属于广撒网,潜在客户很多、来源杂,询值量极大,但成功率很低;而很多担保公司与银行合作发放贷款,只需要一个报价单即可,不需要出具正式估价报告,对估价机构来讲无法形成收费。因此,大部分估价机构在为这些公司提供了一阵免费询值服务后均偃旗息鼓,毕竟赔本的买卖没人想做。但其实对助贷公司、担保公司来讲,询值服务是刚需。考虑到这种情况,我们和这部分客户进行沟通,采用专席客服付费询值的方式为他们提供服务,按年或按询值数量收取服务费;对于需要出具报价单的担保公司,我们为其量身定做符合其审批要求的格式文本,并按份收费;对于询值量大、要求回价速度快,但对精度要求不太高的公司,我们向其推荐数据库线上询值服务并收取年费。这样既解了对方的燃眉之急,又增加了收入。

(四)批量复估业务

批量复估是为银行对在库押品进行价值跟踪提供的批量价值评估及分析服务。根据《中国银监会关于印发商业银行押品管理指引的通知》,商业银行应合理确定押品价值重估频率,每年应至少重估一次。而个人贷款和小微企业贷款涉及的单套商品房抵押物数量非常庞大,因此批量复估业务应运而生。该类业务既能满足银行对抵押物存续期管理的合规性要求,又能在市场出现波动的情况下使银行更好地掌握押品的最新价值动态,从而尽早采取补充担保等相关措施防范风险,因此越来越受到银行贷后管理部门的重视和欢迎。

从方式上,该类业务十分灵活多样,通过数据库自动估价或估价师人工估值均可,主要看银行要求的精度、时间和预算费用;在复估结果的呈现上,也非常有针对性,复估报告或者是数据完全可以按照银行的个性化要求定制。通过每年一次的批量复估，不但可以帮助银行建立在库押品库，还可以根据监管部门的要求和市场的变化情况灵活设定重估频率。通过对复估结果的统计分析，押品分布、价值变化、特殊押品情况一目了然，甚至还可以预设警戒线从而达到项目预警的效果。

比如我们今年承接的某行非住宅批量复估业务，涉及房产1万余套，要求时效1个月，且要求必须分户查勘，逐套出具复估报告。我们克服了重重困难，在不影响其他项目安排的前提下组成了30多人的项目组，保质保量完成了项目，将该项目做成了该类业务的样板工程，很快又获得了该行第二批次的批量复估业务。

（五）大宗房地产价值复估业务

大宗房地产价值复估业务由来已久，实际就是对在库押品中涉及的大宗房地产进行价值跟踪，但在前几年一直局限于少数银行。近一两年，由于房地产市场的变化较大，涉及的房地产价值和贷款额度高，越来越多的银行开始意识到这项工作在贷后管理方面的重要作用。

前几年刚开始承接这类业务时，因为该类业务通常作为企业首次向某一银行申请贷款委托估价机构出具抵押估价报告的延伸服务，因此费用一般是含在企业首次支付的评估费中的，后续对于同一项目在同一银行的复估大多不会单独收费，因此出具的复估说明形式也非常简单。而随着银行付费后抵押估价报告收费水平的大大降低，大宗房地产价值复估业务也从最开始的不收费，逐渐演变成了单独收费的业务，在成果呈现的形式上，各家银行的要求也有了很大区别。有的是每年定期要求估价机构批量填写抵押物现值统计表，有的要求一事一议地出具复估说明，还有的要求出具正式复估报告；有的不要求重新进行现场查勘，有的要求必须进行现场复勘等，完全"丰俭由人"。但无论出具何种形式的成果，无疑提高了估价机构和银行的合作频率。

（六）经营性物业贷后监管服务

经营性物业贷后监管服务是银行在贷款投放后，委托第三方专业机构对作为还款来源的经营性物业的日常运营及租金回款进行监督管理，最终实现贷款资金的安全撤出。该类业务脱胎于投后管理服务，本来主要客户是金融机构中的信托公司、资产管理公司以及投资人等，但因为银行对于项目贷后管理的专业化、精细化要求不断提高，逐渐也有了这方面需求。

在管理对象上，投后管理业务大多面对的是在施的房地产项目，而经营性物业贷后监管服务的对象是已经建成并能持续产生现金流的项目。在工作重点上，经营性物业贷后监管服务的重点在于利用各种手段实现对合同租金的封闭管理，从而确保还款资金的安全。在单个项目的服务时间上，由于经营性物业贷款属于长期贷款，因此我们的服务时间也往往长于投后管理服务。在近期，我们承接了某银行总行委托的上海某经营性物业的贷后监管项目，并在很短时间内完成了前期沟通、答疑、确定监管方案及确定委托监管协议等工作，顺利实现进场交接。这也是我们对银行业务的创新性尝试。

（七）不良资产价值评估

顾名思义，不良资产价值评估实际就是对出现违约的贷款所涉及的抵押物进行估价，根据目前的房地产市场情况及政策，确定抵押物的现时市场价值。

与常规抵押估价相比，大部分不良资产价值评估在价值定义、估价方法等方面没有太多的不同。个别银行会要求报告中除市场价值外，同时列示净值或快速变现价格等。重点是，估价师在承接该类项目时，应充分了解贷款的来龙去脉和法定优先受偿款情况，在市场调查方面应该更加细致和有针对性；对于房地产开发项目，还应重点核实抵押物中可供处置的房地产范围、是否在贷款后取得新的开发及权属文件、项目现状工程进度等。

（八）以房地产为核心资产的不良债权分析报告

为银行处置不良资产所做的债权分析报告，可以说是不良资产价值评估的进阶版，能够帮助银行初步确定债权可回收金额，起到协助银行制定不良资产处置方案的作用。

与不良资产价值评估类似，银行委托的债权分析报告针对的是出现违约的贷款，报告的重中之重仍然是对作为核心资产的房地产的价值判断；但不同的是，债权分析报告同时也注重不良债权情况的梳理、债权可回收金额和期间成本的测算，以及对实现债权影响因素的深入分析等。而在实际操作中，由于会涉及债务人、保证人、产权人等各方的资料，包括审计报告、财务报表以及房地产涉及的权属资料、原始成本、经营资料等，债权人的配合度往往会成为该类业务推进的难点，而资料的完备度常常会影响不良债权分析报告结果的精度。

（九）不良资产处置咨询服务

在不良资产领域，除了上述两类业务外，其他可做的业务也十分之多。越来越多的银行发现，是否能够准确、全面地了解项目，对项目存在的问题、风险判断是否准确到位，项目目前是否有相对较好的销售或经营策略，对不良资产的处置都有莫大影响。目前除上述两类估价服务外，我们还可承做不良资产涉及项目相关的市场分析、项目定位、政策梳理、风险分析，并可针对项目提供存在问题梳理、项目盘活方案、投资估算、税收分析等服务。比如，某银行资产管理部拟对辽宁省某酒店进行接收，因银行无相关专业人员，故委托我司进行接收管理服务。我司通过前期对项目的了解，对酒店接收方案进行设计，派出权属调查组、设备验收组、现场管理组等进行酒店物业的全面接收。在一周时间内帮助银行全面盘清了酒店物业的资产情况，厘清了酒店物业权属及工程图纸情况；将物业内的设备验收完毕并监督调试至可用状态，并由现场管理组代持至委托方收回物业。而专业的服务也为我司赢得了银行的好评，后续一直与我们保持了频繁的合作。

四、结束语

综上所述，在新经济形势下，银行信贷业务和对估价机构的要求已经有了显著变化，虽从一定程度上导致了估价业务成本的提高和工作难度的增加，但也使传统银行估价业务得到了延伸，估价机构、估价师的作用逐渐从尴尬的"工具人"向专家转变。我们只有善于在老市场中发现新机会，才能在这片红海中找到新的收入增长点，充分体现我们估价师的专业价值。

作者联系方式

姓　　名：刘　婷
单　　位：北京首佳房地产评估有限公司
地　　址：北京市紫竹院路116号嘉豪国际中心B座7层
邮　　箱：liuting@shoujia.cn
注册号：1120080014

浅谈房地产司法评估的实地查勘要点

宋莉娟

摘 要：近些年来随着经济纠纷、诉讼数量的增加，需要进行房地产司法评估业务的数量明显增加，越来越多的房地产估价师参与了这项工作。实地查勘在房地产司法评估是程序公开、公平的体现，也是估价人员对估价对象价值进行判断的核心依据。本文就此对司法评估实务中实地查勘的要点进行研究，希望能为今后的司法评估工作带来帮助或启发。

关键词：房地产司法评估；实地查勘；注意要点

一、引言

司法评估是指在司法活动中鉴定人运用科学技术或者专门知识对司法案件涉及的专门性问题进行鉴别和判断并提供鉴定意见的活动。根《中华人民共和国民事诉讼法》《中华人民共和国刑事诉讼法》《中华人民共和国行政诉讼法》三大诉讼法对证据的描述，鉴定意见是证明案情的证据之一。司法机关在行使职能时经常需要确定房地产价值而委托房地产估价机构对涉案房地产价值出具鉴定意见，从评估目的来看，主要有以下三类。

（一）民事、行政案件中的房地产司法评估

民事和行政案件的房地产司法评估主要包括离婚纠纷、继承纠纷、买卖合同纠纷、征地补偿纠纷等。当事人基于利益角度的不同，对房地产价格也会出现较大的偏差，其案件关注点多集中在房地产价格高低的争议。评估价值关系着原告方、被告方等各方利益。

（二）司法执行阶段的房地产司法评估

人民法院在执行案件中，涉及标的物为不动产财产的处置时，也往往需要通过评估来确定处置参考价。评估价值的高低关系房地产能否以合理的价格进行拍卖成交。评估价值直接影响被执行人、申请人等各方的利益。

（三）刑事侦查阶段的房地产司法评估

人民检察院、公安机关在侦查阶段为了解涉案房地产的金额而评估房地产的市场价值。评估价值往往关乎案件的严重程度、刑期的长短等。

二、实地查勘的必要性与重要性

根据《房地产估价基本术语标准》GB/T 50899—2013 的定义，实地查勘是注册房地产估价师到估价对象或可比实例现场，观察、询问、检查、核对、记录估价对象或可比实例状况的活动。对于房地产司法评估，实地查勘的必要性有以下几点。

（一）实地查勘是房地产司法评估的必要环节

从《房地产估价规范》GB/T 50291—2015 的要求来看，每个估价项目应至少有一名注册房地产估价师全程参与受理估价委托、实地查勘估价对象、撰写估价报告等估价工作。根据《中华人民共和国民事诉讼法》、《涉执房地产处置司法评估指导意见（试行）》等法律、文件的要求，现场查勘是鉴定结果合法性、有效性的必要程序。

（二）实地查勘是评估价值真实有效的根本保证

实地查勘不仅仅是估价人员到现场"打卡"的一个流程，这一必备程序也需符合要求及规定，需要对估价对象的区位状况、实物状况和权益状况进行一定的观察判断，并进行相应询问核查，而估价人员在对估价对象进行的实地查勘时的状况优劣的判断，很大程度上会对后续估价对象的价值判断有直接联系。简单地说，实地查勘需要真实反映估价对象与内在价值密切相关各项状况的优劣程度，是评估价值真实有效的根本保证。

（三）实地查勘是评估工作公正性、独立性、专业性的体现

作为司法鉴定意见，司法程序公正和实体公正在房地产估价过程应该得到体现。实地查勘中的程序公正，是指查勘过程的公正，是司法机关及当事人双方看得见和能感受到的公正，要求查勘活动的公开、平等、中立、及时。实地查勘中的实体公正，是指查勘过程的合法性与合规性，确保当事人的实体权利和义务公正地得以实现。

三、实地查勘的注意要点

《礼记·中庸》中提到"凡事预则立，不预则废"。 意思是无论做任何事，事先有准备就会成功，否则就会失败。对于司法评估项目来说，实地查勘前应做好准备工作，以确保查勘工作的公开、严谨、细致，主要有以下要点。

（一）实地查勘前的准备工作

1. 收集评估所需资料

包括权属证明（已办理权属登记的，可提供不动产登记信息、不动产权证或房产权证等）、合法来源证明（未办理权属登记的，应提供房地产买卖合同、继承证明、公证书、判决或调解书、相关批文、测绘报告等），已出租的还应提供相应租赁合同或相关租赁信息。

《涉执房地产处置司法评估指导意见（试行）》明确："委托评估材料不全而无法进行评估或者对评估结果有较大影响的，房地产估价机构应当及时以书面形式向人民法院提出补充材料申请，由人民法院通知当事人补充。评估所必需的材料无法补充，或者补充后仍然难以满足评估需要，人民法院书面通知根据现有材料进行评估的，房地产估价机构可以根据现有材料进行评估，但应当在评估报告'估价假设和限制条件'的'依据不足假设'中说明因缺少评估所必需的材料可能影响评估结果的风险，并将向人民法院提出的补充材料书面申请及人民法院出具根据现有材料进行评估的书面通知作为评估报告的附件。"

2. 明确实地查勘时间后，应联系并通知相关当事人

《最高人民法院关于人民法院确定财产处置参考价若干问题的规定》明确："评估需要进行现场勘验的，人民法院应当通知当事人到场；当事人不到场的，不影响勘验的进行，但应当有见证人见证。现场勘验需要当事人、协助义务人配合的，人民法院依法责令其配合；不予配合，可以依法强制进行。"《涉执房地产处置司法评估指导意见（试行）》也规定："当事人不到场或者不予配合，无法进入评估对象内部查勘的，经书面征询人民法院意见，可以

对评估对象内部布局、室内装饰装修物等情况进行合理假定，并在评估报告'估价假设和限制条件'的'依据不足假设'中予以说明。"

在司法评估实践中，关于实地查勘的时间确定，原则上是由主办估价师自行安排，但是由于涉诉标的物多由当事人管控，估价师往往需要提前联系沟通，当事人配合后再确定具体查勘时间。故当明确实地查勘时间后，估价人员应第一时间通知司法机关及各方当事人，必要时还应出具实地查勘通知书，提前将实地查勘的详细日期时间地点等内容，以书面通知的形式告知并送达至法院及各方当事人。

3. 现场预先调查可比案例，关注交易实例的真实有效性及交易内涵

在通行估价方法中，比较法是最常用的一种估价方法，适用于市场发达、交易活跃、有充足的具有替代性房地产的评估。房地产司法评估中，大部分项目均选用比较法进行估价，并作为主要的评估方法。而比较法所依据的是替代原理，其核心就是可比实例的选取。

可比实例一般会选择与估价对象位置相近的交易实例，如估价对象为某住宅房地产，必然会选择同一小区或相近小区的交易实例。因此，估价人员在实地查勘之前，应有针对性搜集估价对象所在相近区域内的交易实例及相关信息。以便后续完成对估价对象的实地查勘后，可直接对拟选做可比实例的周边类似交易实例进行查勘。对可比实例的查勘也应包括区位状况与实物状况的调查对比，同时也关注交易实例的真实性与有效性，以及价格内涵的差异，如税费负担方式，是否带租交易等情况。

（二）实地查勘流程及注意事项

1. 按约定自行、准时前往

估价人员应当在约定的日期、约定的时间自行前往估价对象所在地，养成良好的守时观念，如路上遇突发状况无法准时到达时，也应提前告知相关当事人。要注意司法评估中的实地查勘时，尽量避免单独和任何一方当事人前往现场，来回路上不宜搭乘当事人的车辆，也不宜让某方当事人搭乘自己的车辆，保证自己作为第三方的独立性。

2. 主动出示相关证明文件

估价人员按指定时间到达查勘现场后应确认各方当事人是否到场，开始现场查勘工作之前，应主动并向相关当事人出示司法估价委托函及工作证件，同时也需要了解并核实相关当事人及代理人的到场情况。

3. 对估价对象进行全面调查

估价人员开展实地查勘工作时，应按照估价规范的要求，详细观察、核对、检查、询问估价对象的区位状况、实物状况和权益状况，包括但不限于对估价对象外观、权属、面积、楼层、结构、装修等相关信息资料进行核实。在当事人各方在场的情况下，估价人员对估价对象的各项状况进行了解核实，对不清楚或者存疑的地方，可向当事人进行问询，并做好相应记录工作。要避免观察不仔细或没有将书面资料与估价对象进行核对与检查，对于相关疑点也未及时询问相关当事人。特别注意估价人员应仅对与估价对象有关的情况进行询问，不询问与估价对象无关的问题，更不宜发表带有倾向性的言论。当双方对估价对象状况表述不一致时，应分别客观如实记录，不可偏听偏信。

估价人员结束室内的实地查勘工作后，还需对估价对象周边的案例和价格影响因素进行详细调查，包括同类物业市场价格的调查、可比案例与估价对象可比性和差异性的实地查勘、价格影响因素调查等。

4. 记录工作，拍照、录像，制作实地查勘记录双方签字

按照估价规范的要求，估价人员在实地查勘时应拍摄反映估价对象内部状况、外部状况和周围环境状况的照片等影像资料，并应补充搜集估价所需的关于估价对象的其他资料。在现场需填写实地查勘记录的内容需真实、客观、准确、完整、清晰。

同时，《涉执房地产处置司法评估指导意见（试行）》中规定："实地查勘记录应当由实地查勘的人员和在场当事人或者见证人签名或者盖章。在场当事人或者见证人拒绝签名或者盖章的，应当由其他第三人签名或者盖章，并在评估报告中予以说明。"

5. 恪守职业道德

估价人员在实地查勘中应谨言慎行，遵循中立客观的工作态度，避免在现场查勘时透露与评估价格有关的信息，不接受案件双方当事人、与案件有关案外人任何一方的宴请、财物或提供交通工具的便利，尽可能地做到公平与公正。

6. 注意人身安全

安全是一切工作的底线。司法评估中可能会遇到各种意外安全事件，如天气安全中的暴雪、暴风、暴雨、雷电及极端高温、冰冻等；交通安全中的交通工具、交通路线等；现场安全中斗殴、恶犬、危房等，对此估价人员应有预见并防范，保障自身安全。

四、实地查勘中一些特殊情况的处理

司法评估过程的复杂性基于案件本身和估价对象两个方面，导致了在司法评估项目中估价人员必然会遇到各种特殊情况，常见的有以下几种。

（一）当事人不配合

司法评估实地查勘中最常见的障碍就是当事人不配合。涉案房屋实际控制人通常是案件中的一方当事人，出于不同利益角度考虑，往往并不愿意配合估价及查勘工作，有的甚至会给实地查勘设置障碍。在司法评估实践中遇到当事人不配合的情形时，估价师需要明确当事人的不配合程度，从而确定影响实地查勘的程度，应区分完全不能入户还是可以部分入户。此外，估价人员还应主动与承办法官联系沟通，若当事人明确不配合，或者以各种理由拖延查勘时间的，也可以寻求法官进行帮助协调。如法院也协调不成时，估价人员在征求法官意见后，也可采取不入户或部分入户的方式完成实地查勘工作，并在报告中进行披露及说明。

（二）房屋发生灭失、火灾

某些纠纷案件中，涉案标的物可能是一些已经灭失或者发生火灾等重大损坏后的房屋，实地查勘中估价对象的各项状况与案件中需评估的设定状况存在较大差异。遇到此类司法评估项目时，估价人员应要求法院及相关当事人提供灭失或损坏前的详尽的书面材料及影像资料，实地查勘时重点关注估价对象各项状况差异，同时尽职调查核实提供材料的客观真实性及前后差异性，并作好相应查勘记录。

（三）房屋损害赔偿

司法案件中还会有涉及房屋损害赔偿的项目，例如：因日照、噪声及环境污染造成损害影响的房屋；因房屋自身因素引起的房屋倾斜、开裂、变形、漏水等房屋损害赔偿；因周边修建机场、铁路、高架路、高压线对房屋带来的价值贬损等等，以上种种情形都可能房地产价值带来不同程度的价值贬损。当上述特殊项目进行现场查勘时，估价人员应该提前做好相应的特定项目技术预案，针对造成损害的因素及项目进行重点观察、记录、分析、研究。

如评估有日照损害的房屋时，应按日照影响不同的时间（如早、中、晚），从多个时间维度去实地观察并记录，更加详细客观了解该房屋确切的日照时间，从而确定其因光照问题带来的影响程度。

（四）"凶宅"评估

对于"凶宅"评估时，一般来说，涉"凶"房屋并非物理上的瑕疵，而是涉"凶"事件这类非物理上的瑕疵对房屋价值客观存在一定程度上的减损率。实地查勘时，估价人员应详细了解涉"凶"事件的起因、时间及发生地点，除关注于房屋自身的各项区位状况及实物状况，还需要了解当地群体对该事件的了解及接受程度，包括小区邻居、物业公司人员、安保人员、居委会人员、周边中介及社会其他大众群体等，从而判断该事件的影响程度，以便后续测算中合理计算项目减损率，最终合理客观确定涉"凶"住宅房地产市场价值。

五、结语

房地产司法评估是房地产评估与司法鉴定相结合的行为，既有司法公正、公开、公平的特点，也有房地产估价的科学与专业性。作为长期从事房地产司法评估的房地产估价师，我们深知司法评估的重要性，评估不只是专业鉴定，更是维护社会公平正义体现。司法的灵魂和生命是公正，为追求公正与公平，我们房地产估价从业人员应提高专业能力、学习法律法规、提升专业素养，让人民群众在每一个评估案件中感受到公平与公正。

作者联系方式

姓　　名：宋莉娟

单　　位：上海同信土地房地产评估投资咨询有限公司

地　　址：上海市黄浦区鲁班路 600 号 10 楼

邮　　箱：844300495@qq.com

注册号：5120070075

拓展房地产纠纷及损害类评估业务的思考

吴岳东 刘昌松 侯 云

摘 要：本文探讨了拓展房地产纠纷及损害类评估业务的意义，以及该类评估业务的产生、来源与特点，提出了拓展该类评估业务的思考和建议，对一些典型案例进行了概要分析并提供了评估思路。

关键词：房地产纠纷；房地产损害；评估

一、积极介入房地产纠纷及损害类评估业务的意义

与传统的房地产评估业务板块（征收、抵押、司法执行）相比，房地产纠纷及损害的评估业务往往工作难度大、收费低，估价师存在畏难心理，许多机构都抱着少做或不做的心态对待，缺乏深耕与研究动力。

但因房地产纠纷及损害类引起的评估业务来源广泛，需求一直切实存在，且有日益增多的趋势。房地产评估机构及估价师作为房地产价值评估法定专业机构及专业人员，在公信力上具有比较优势，加之行业协会通过《房地产估价规范》GB/T 50291—2015 条文规范房地产纠纷及损害类评估相关专业执业行为，树立了专业威信。在该类涉诉和非诉和解、调解、仲裁、判决活动中，受到司法机关、仲裁机构、律所及当事人的普遍认可。

面对传统估价业务萎缩的现实，促进广大估价师和机构积极介入房地产纠纷及损害评估业务活动，对于行业和机构拓展业务领域、适应环境变化亦具有重要的现实意义。

二、房地产纠纷及损害评估业务的产生、来源及特点

（一）产生

房地产纠纷及损害可能产生于房地产建设、交易、持有环节，因争议、违约和侵权事项而引发。各环节均可能产生与房地产权益价值评估相关的业务。

其中房地产建设环节主要涉及开发商与承建商、设计单位等之间的纠纷，以合同纠纷、在建工程为主，评估业务主要来自法院，直接来自当事人的情况较少。房地产交易环节和持有环节产生的纠纷最多，类型多样，如交易环节的开发商延迟交房、虚假宣传、未告知重大瑕疵事项、延期办证、不能交付、实际交付房屋及小区状况与合同约定不符，存在严重质量问题等。持有环节主要涉及继承析产、离婚析产、租赁、装修、物业管理、相邻关系、抵押、房地产损害、拆迁或征收等。

（二）来源

房地产纠纷及损害评估业务的委托主体包括法院、仲裁机构、行政机关、律所、个人与

各类实体。受托法院、仲裁机构、行政机关的损害赔偿价值或价格评估一般属鉴证性评估。受托律师事务所、个人与各类实体的损害赔偿价值或价格评估一般属证据性评估。

（三）特点

1. 房地产纠纷及损害评估业务需求呈现多样性、个别性，常常需要评估机构和估价师提供针对性的评估思路与方法。

2. 常规评估思路与方法常常难以套用，缺乏先例可循。在遵从评估基本原理、规则的前提下，需要研究难题、开拓思路，提供创造性的方案。

3. 如何将案件具体诉求转化整理为具体的评估操作思路，常常成为房地产纠纷及损害评估业务的核心和难点，如何建立案件具体诉求与房价影响因素的联系，量化相关参数，得出损失或赔偿金额，是处理该类评估业务估价师必须面对的。

4. 常常需要专业机构的帮助，如需要鉴定机构证明损害的存在及量化损害的程度，专业装修公司提供修复方案，造价咨询机构提供修复造价等。

5. 评估结论应该合理、公平、审慎、有说服力，经得起法院、仲裁机构和对立当事人的质证。切忌自说自话，所应用的评估思路和方法易于为人理解，逻辑清晰。

三、促进房地产纠纷及损害评估业务的思考与建议

（一）制定合理的收费标准

为匹配房地产纠纷及损害赔偿评估工作量及智力贡献，行业协会应倡导机构制定更为合理的收费标准，避免造成评估机构入不敷出，打击其积极性。如可按计时收费标准报价，设立保底收费基准等。对于批量评估，可按量酌减。对于难度较大，需要调动更多资源的项目，可以协商取费。也可由行业协会在充分调研的基础上，根据行业同类业务的实际成本给出一些非强制性合理收费意见。

（二）突破常规评估思维和方法

由于房地产纠纷及损害评估业务的个别性、复杂性，许多项目常常需要突破常规的评估思维和方法证明价值贬损和计量损失。创新性的思路和方法解决计量困难的问题，也许正是评估的"艺术性"所在。如需要采用逻辑推断、类比等。对于一些难以量化的参数取值，可以大胆科学地应用德尔菲法（Delphi Method），可以考虑以各级专家库成员及资深估价师（如8年以上职龄）为专家。

（三）行业及地方协会制定相关规定、指导和意见宜"粗"不宜"细"

现阶段行业及地方协会宜提供原理、思路和原则性指导和意见，忌制定过细的规定，以便给机构和估价师应对复杂的、千差万别的房地产纠纷及损害赔偿评估业务，留下自由、创造性处理问题的空间与余地。机构及估价师也应勤于研究，努力找出有说服力的评估思路与答案。可以考虑在继续教育等环节采用"典型案例+资深专家点评"的方式，帮助机构和估价师拓展思路、提高水平。

（四）鼓励有意愿、有实力的机构开展更多的专门研究，形成成果、建立声誉

与常规房地产估价相比，房地产纠纷及损害赔偿评估业务对承接机构及估价师的要求更高，承接机构需要有一些既具备丰富法律知识、房地产开发建设知识，又肯钻研、具备较强业务能力的估价师，面对难题能做到构思巧妙，思路清晰、开阔，逻辑严密，自我质证，力戒随意，评估结果和结论有说服力，经得起质证和推敲，不会"搞砸"。通过不断的事前思

考、事中摸索、事后完善，逐步形成应对特定房地产纠纷及损害赔偿评估业务类型的系统方法，从而提高效率，建立声誉。

此外，还应加强与法院、仲裁机构、律所的技术性联系与交流，在案件实践中研究问题、交流思想、寻找答案。

四、一些房地产纠纷及损害评估案例评估思路交流

以下对一些房地产纠纷及损害案例的评估实务进行了分析并提出了评估思路用于交流，这些案例只是纷繁实际案例的部分类型，通过这些案例可以认识这类评估的多样性、难度和复杂性。

案例1：某甲购买200平方米临街1层商铺，按正常商铺价格与开发商签订购房合同，且已支付定金。交房时发现其内部局部有构造柱，直接受影响面积占全部套内面积的1/5。经查开发商并未在所附图纸上标识，亦无文字说明告知。某甲以开发商未告知重大瑕疵事项，存在重大误解为由，要求赔偿损失。

分析及评估思路：室内构造柱的存在会影响商业用房有效利用，从而贬损其价值。如何测算其损失呢？我们认为如属局部有构造柱不影响其他4/5部分利用的情况，可以考虑有构造柱部分实际可利用情况，如只能作为库房利用，以租金收益差额资本化结果作为其损失。如果局部有构造柱会影响其他4/5部分，则应综合考虑对总体租金收益的影响，以整体租金收益差额资本化作为其损失。

案例2：某甲购买1套联排别墅，开发商承诺为联排别墅的买家提供50平方米的花园，花园无独立土地权证。后开发商因需要修消防通道，实际只提供了20平方米，且原来不临路，现在临消防通道，影响了居住品质，造成价值贬损。某甲请求仲裁庭要求开发商以30平方米地价赔偿其损失。

分析及评估思路：花园实际为联排别墅屋后利用楼盘公共用地围合而成，住户虽然有单独利用的便利，但并非住户独占土地使用权，要求30平方米地价赔偿其损失不合理。但花园对提升居住品质及房价有正面影响，诉求赔偿损失正当。消防通道很少利用，很难量化其影响，故不作为损失评估范围。思路1：调查区域有花园别墅和无花园别墅的房价差，修正其他因素后分离出花园对房价的贡献比例，而未交付花园面积占承诺交付面积的60%，则未交付花园价值＝房价×花园贡献比例×未交付花园面积。思路2：开发商在别墅销售定价策略中对单套别墅定价时，一般会采用这样的定价公式，别墅价格＝权证面积价＋花园价＋赠送面积价，其中花园价一般按房价的20%～50%，比例高低主要受房价高低的影响，房价越高越趋于低限，越低越趋于高限。但公开信息较少，可以作为结果的控制标杆，佐证结论是否合理。

案例3：市政道路扩建，需占用某住宅小区宗地红线内绿地一角约200平方米，小区占地10亩。现需赔偿小区业主损失，建设单位主张以区位基准地价赔偿，业主心里没底。故建设单位及小区业主协商共同委托估价机构评估赔偿金额。

分析及评估思路：建设单位主张以区位基准地价赔偿。我们认为占用绿地会影响居住舒适度，对于已建成楼盘，赔偿房产的价值贬损而不是土地，理论上可能更站得住脚。由于道路占地使小区容积率增大，可测算容积率差异对房价的影响，但这种思路对容积率较高的楼盘，影响较小，对业主不利。占用绿地赔偿金额＝房价×绿化贡献比例×绿化损失面积，

绿化贡献比例可以收集在同区域同档次小区平均房价，修正其他因素后分离得出。鉴于征收补偿应有利于被征收人的精神，可以考虑取3种测算结果中最高者作为赔偿金额。

案例4：昆明一宗因新建高楼影响通风、采光、日照时间的侵权案例，受害人诉至法院，请求开发商赔偿因新建楼盘，侵害其通风、采光、日照时间而造成的损失165000元。一审审理中，经鉴定确认，案涉建设行为对鉴定对象通风无影响；对日照、采光有影响，不符合《城市居住区规划设计标准》GB 50180—2018、《住宅设计规范》GB 50096—2011、《民用建筑设计统一标准》GB 50352—2019和《昆明市城乡规划管理技术规定》（2016版）要求。

【判决情况】：法院一审认为，在建筑相邻关系制度中，判断是否构成采光、日照妨碍，应以是否违反国家有关工程建设标准为依据。鉴定结论显示，案涉建设行为对鉴定对象通风无影响，对鉴定对象采光、日照有影响。一审判决，开发商赔偿孟某、李某采光、日照损失165000元；并支付鉴定费5500元。本案上诉后二审法院予以维持。

【重要观点】1.新建筑经过合法审批、建前已做的采光、日照分析报告不得作为其拒绝承担采光、日照妨碍责任的正当理由和认定标准。2.妨碍行为超出必要容忍限度。3.赔偿内容包括由于阳光遮挡导致电费、供暖设施增加的费用、健康补偿费、视觉污染费，因采光损失导致房屋贬值的损失等。本案中，结合本市的经济发展水平综合予以确定赔偿金额。

分析及评估思路：上述案件为已结案案例，我们认为案例赔偿内容中因采光损失导致房屋贬值损失评估，是可以交由房地产估价机构承担的。采光条件是房价的影响因素之一，因此，朝向是价格修正因素之一，尤其是住宅。由于我国地处北半球，除了传统习惯因素外，朝南房屋的日照时间长于朝北房屋，在其他条件相同的前提下，朝南房屋房价水平高于朝北房屋是市场共识，寒冷地区的差异更明显。估价师可根据案例中受妨碍后采光情况对比当地朝北房屋采光，合理确定妨碍行为对房价的影响程度，以及对当地朝向影响房价情况进行调查（如某地调查朝向：东向为0，南向为+2%，西向为−1%，北向−2%），以这样的思路测算损失可能更客观、合理。

案例5：某26层高的住宅单元，第7层因主水管堵塞泛水，地板、部分墙体及家具损坏，由于无法查证肇事人，第7层住户诉请楼上8～26层住户共同分担损失。损失＝更新费用＋安置费（施工期外出居住费用）＋其他费（场地整理、协调修复时间成本）。

分析及评估思路：该类侵权赔偿案例相当普遍，通常请求赔偿范围包括：更新（家具＋装修）费用＋安置费（施工期外出居住费用）＋其他费（场地整理、协调修复时间成本），难点常常在于对更新（家具＋装修）范围及更新标准的认定分歧较大，需要较多谈判和协商时间，往往还需要第三方如物业、街道办、律师等参与调停。估价机构需等待相关认定确定后，再通过市场调查确定相关费用的合理水平，对于多家装修单位的报价，应分析其合理性，适度有利于受害人，不宜以最低价取费。

案例6：某甲购得一商场内的一层小面积商铺，根据原设计平面图纸位置，可以作为正常商铺利用，按商铺价购买。开发商后来根据消防要求修改了平面布局，设置了防火门，改变了人流走向，现只能作为货物堆放利用，某甲要求开发商赔偿损失。

分析及评估思路：对于有租金收益的营业用房，宜采用损失资本化法。核心问题是调查本商场正常商铺租金水平和库房租金水平，以两者扣减税费后的净收益差资本化，以此作为损失金额。如本商场尚未开业，可参考招商租金或同区域同类商业用房和库房租金水平修正确定。

案例7：某6层独立商住楼，1层为商业用房，2～6层为住宅，1层承租人在重新装修时，施工队野蛮施工，将部分承重结构拆除，经政府相关部门鉴定属可修复损害，责令1层房主限期予以修复，2~6层住户以原承重结构破坏，修复后仍会贬损其价值为由（类比发动机大修过的二手车贬值情况），要求赔偿临时安置支出及房价贬值损失。

分析及评估思路：损失＝未修复期间安置支出＋房屋价值贬损。未修复期间安置支出可按周边同档次同户型租金测算；房屋承重结构的重大修复历史的确会造成房屋市场价值贬损，但价值贬损金额量化困难，可以考虑采用德尔菲法确定价值贬损金额。

案例8：某企业翻修自用道路，封路施工，历时6个月，致使路边店铺无法正常营业收不到租金，店铺业主要求评估其损失，以向企业索赔。

分析及评估思路：店铺业主的损失为租金收益损失，可以应用差额原理计算。如属完全不能开门营业的情况，则6个月的修路期租金收益可视为其全部损失（租金收益指扣减各项税费后的净收益），租金收益损失＝未来6个月正常出租租金收益－未来6个月未正常出租租金收益，可参考当前租金和税费水平测算各月的租金收益，是否进行折现，视具体诉求而定。如可以开门营业，只是人流受影响租金减半的情况，则收益损失亦相应减半。对于长期未开门经营的店铺，应根据实际情况，可以考虑差异化对待。

案例9：甲通过《商品房买卖合同（预售）》向乙开发商购买其名下开发的某楼盘1层商铺，乙开发商销售资料显示该商铺为"全业态、可做餐饮、层高6米"。甲按"全业态、可做餐饮、层高6米"商铺价格与开发商签订购房合同，且全额支付房款。交房时，该房屋内有多根公共排污管及电缆方管从中部上方横穿，致使房屋净高减少约1.5米，且因上方有排污管，根据国家强制规范，该商铺已不能满足全业态（餐饮）使用。甲以房屋上方排污管及电缆方管影响房屋使用，请求乙方进行整改并赔偿其造成的房屋贬值损失。

【判决情况】法院认为：根据《中华人民共和国物权法》改建公共排水管道，应当经三分之二以上的业主同意，原告要求乙公司改建案涉商铺的公共排水管道未经其他权利人同意，本案不予支持。其要求赔偿案涉商铺改建期间的损失无事实依据，本案亦不予支持。

分析及评估思路：我们认为该案房屋贬值主要因素为：一是因横穿房屋的公共排污管道，导致估价对象不能按全业态进行出租的租金损失。二是排污管造成的利用空间损失（含相应的隔噪处理）。不能按全业态出租的租金损失，区域内如果存在较多类似全业态和业态受限的租赁案例，可以通过同区域全业态与业态受限商业用房的租金差异，以租金收益差额资本化结果作为其租金损失。如同区域除分析对象外，其余均为全业态，则可调查临近区域其他具有可比性全业态与受限业态的租金差异比例，确定其分析对象的租金差异，再通过租金收益差额资本化结果作为其租金损失。空间损失，可调查区域商业用房实际可利用4.5米层高与合同约定6米层高的租金收益差异，将租金收益差额资本化。原告损失诉求＝业态受限损失＋净空降低损失＋顶棚改造支出。

五、结语

由于房地产纠纷及损害事务的差异性、复杂性，处理好实务中具体难题并非易事，仅靠现行规范等是远远不够的。仍然需要广大估价师和机构通过相关评估实务研究，贡献案例、创新思路，更好地应对难题，服务社会。

参考文献：

中国房地产估价师与房地产经纪人学会.房地产估价原理与方法（2022）[M].北京：中国建筑工业出版社，中国城市出版社，2022.

作者联系方式

姓　　名：吴岳东　刘昌松　侯　云
单　　位：四川中砼土地房地产评估有限公司
地　　址：四川省成都市高新区永丰路 21 号瑞祥大厦 5 楼
邮　　箱：45635643@qq.com；2906996@qq.com；532667220@qq.com
注册号：吴岳东（5120020083）；刘昌松（5120020112）；侯　云（5120180021）

上海市垂直盾构（VSM）地下停车库地价评估的探索与思考

刘广宜　吴宁远

摘　要：城市中的停车设施是满足生活需要的重要保障，也是现代城市发展的重要支撑，近年来全国和上海都发布了推动城市停车设施发展的支持文件，鼓励利用地下空间建设公共停车场，其中垂直盾构（VSM）地下停车库作为一种更智慧化、占地面积更小、利用率更高的停车库逐渐在全国范围内实施建设，此类地下空间的地价评估也成为新的需求。本文将结合上海首个垂直盾构（VSM）地下车库的国有土地使用权出让评估案例，针对实际过程中遇到的难点问题提出探索与思考，为后续此类项目的评估提供经验参考。

关键词：垂直盾构（VSM）地下停车库；地下建设用地使用权；地价评估

随着经济发展，上海全市的机动车保有量也日益增多，中心城区尤其是老旧住宅小区、商务楼的停车难问题依旧十分严峻，在土地资源紧缺的情况下，停车位供需矛盾突出，垂直盾构（VSM）沉井式停车库的研发与使用是解决此问题的有效途径之一。Vertical Shaft Sinking Machine（以下简称"VSM"）垂直竖井掘进技术，是一种可以实现大深度竖井快速开挖的新兴技术，具有占地小、对周边建筑影响小等特点。2021年底，《上海市停车行业发展"十四五"规划》正式发布，明确"十四五"期间，预计利用垂直盾构（VSM）等示范性新型智能机械车库项目数量达到20个。

2022年初，位于静安区的上海首个垂直盾构（VSM）地下智慧车库项目拟协议出让，在地价评估的过程中遇到了较多难点问题，如何满足土地评估规范的要求、体现出地下空间的经济价值，并兼顾社会效益，我们进行了探索和思考。

一、明园绿地 VSM 车库项目地价评估的背景

（一）政策支持鼓励利用地下空间等建设公共停车场

1. 国家层面的政策支持

2021年以来，国家层面陆续发布了停车设施发展的指导意见和支持鼓励措施，包括《国务院办公厅转发国家发展改革委等部门关于推动城市停车设施发展意见的通知》（国办函〔2021〕46号）、《关于近期推动城市停车设施发展重点工作的通知》（发改办基础〔2021〕676号），文件中提到要充分利用地上、地下空间建设停车设施，挖掘城市道路、广场、公园绿地以及公交场站、垃圾站等公共设施地下空间潜力，布局建设停车设施。

2. 上海层面的政策支持

《上海市停车场（库）管理办法（2021修正）》第五条指出"鼓励综合利用地下空间等建设公共停车场（库）"；《关于进一步明确停车难综合治理工程配套政策的通知》（沪交道运〔2021〕573号），支持鼓励利用公共绿地的地下空间增加建设公共停车库；《上海市停车行业发展"十四五"规划》明确"十四五"期间，预期利用垂直盾构（VSM）等示范性新型智能机械车库项目数量达到20个。

无论从国家还是上海层面，近年来都出台了相关专项支持文件，明确鼓励利用地下空间、公共绿地等建设公共停车场，以解决停车困难问题。

（二）停车需求日益增长，停车位数量存在缺口

截至2022年6月，上海市机动车保有量为509万辆；预计至"十四五"末，上海市小客车泊位总量将达到650万个，经营性泊位总量达到120万个。根据上海综合交通体系停车规划预测，到2025年上海中心城区居住类停车位需求将达到140万个以上，停车缺口预估为51.88%。

随着机动车保有量的逐年提升，现有公共停车设施越来越难以满足日益增长的停车需求，老旧小区、老旧商办楼、医院等存在特定时间"停车困难"的问题。2020年12月底，上海市委、市政府将"停车难综合治理工程"正式纳入启动实施的16个民心工程之中。

（三）上海首个垂直盾构（VSM）地下车库——明园绿地VSM车库项目

静安区明园森林都市绿地地下智慧车库（以下简称"明园绿地VSM车库项目"）是上海首个垂直盾构（VSM）地下车库项目，建设地点位于上海市静安区广延路与永和东路交叉口，地上为规划绿地，地下为停车库，该区域定位为创新聚居区、高品质生活区。

该项目占地面积约1400平方米，拟建设两座沉井式地下智能停车库，采用双井筒布置，掘进直径23米，是目前世界最大直径竖井，地下深度不超过43.5米，净空约为40米，装置层每层装置8个停车位，单个井筒停车位不超过152个，双筒停车位不超过304个，地下机械立体停车库约为20层。

本文将结合上海首个垂直盾构（VSM）地下车库项目，分析此类新型停车库与传统地下车库评估的异同，对地下空间土地使用权出让评估过程中遇到的难点问题做出探索与思考，为类似项目的评估积累经验，不仅对"十四五"期间同类型地下空间土地出让项目具有一定的参考意义，同样也体现出土地估价机构从土地评估管理的角度为解决城市停车困难问题作出贡献。

二、评估方法适用性及难点分析

（一）地下停车库地价评估方法适用性分析

对于地下停车库项目的评估，由于本项目是上海首个垂直盾构（VSM）地下车库项目，同时缺乏单建车库出让的案例，暂时无法采用市场比较法评估。若后续地下停车库出让案例充足，也可采用市场比较法进行评估。

结合地下车库的运营模式，大多以自持运营为主，因此其收益和成本可以取得，适合采用剩余法评估地下停车库的地价。对于垂直盾构（VSM）地下车库项目而言，根据建筑形态整体性特点，各车位呈现出均质性，将整个车库作为一个整体来考虑其收益和成本，更能体现出其市场价值，因此采用剩余法评估垂直盾构（VSM）地下车库的地价是最合适的。

为了满足相关评估规范的要求，根据《国有建设用地使用权出让地价评估技术规范》（国土资厅发〔2018〕4号），出让地价评估应至少采用两种评估方法。基准地价系数修正法中，《上海市城乡建设用地基准地价成果（2020年）》中有关于地下建设用地价格修正体系，因此在成本逼近法和基准地价系数修正法中，优先选用基准地价系数修正法评估地下停车库地价。

综上所述，在现行政策法规与规范文件下，采用剩余法、基准地价系数修正法来评估地下车库地价。

（二）"传统"地下停车库、VSM地下停车库地价评估的差异

1. 建筑物构造、工艺等的差异

目前，车库的主要结构形式有现浇井字梁、叠合梁、空心楼盖、整体现浇装配式结构等，无论采用哪种结构和建设工艺，以上所述的地下停车库都需要建设出入口坡道、预留行车道，通常作为地上建筑物的地下结建配套设施使用。是日常生活中比较常见的地下停车库类型，本文中称为"传统"地下停车库（图1）。

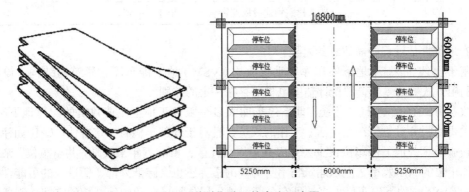

图1 "传统"地下停车库示意图

垂直盾构（VSM）地下停车库是一种新兴的垂直竖井沉降掘进技术与机械立体智能停车技术相结合的地下停车库类型，建筑物主体结构呈圆柱形，采用预制装配式施工技术建造，结构件在加工厂提前预制，现场进行吊装拼接，最大深度可以超过80米。这类新兴技术的地下停车库具有施工占地面积小、对周边建筑影响小、机械智能化、集约紧凑、无须设地下车库出入口坡道和疏散楼梯等优点，能够有效提高城市土地利用率（图2）。

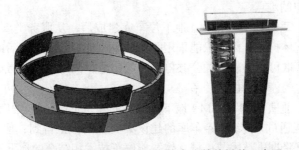

图2 垂直盾构（VSM）地下停车库管片拼装示意图

"传统"地下停车库、垂直盾构（VSM）地下停车库在建筑物结构、设计特点等方面的差异汇总如表1所示。

"传统"地下停车库、垂直盾构（VSM）地下停车库差异分析　　　　　表 1

		"传统"地下停车库	VSM 地下停车库
建筑物结构		主体结构大多是四四方方的"盒子"，多为地上建筑物的结建地下空间	采用垂直盾构（VSM）技术，建筑物主体呈"圆柱形"，内部为钢结构机械立体停车库
建筑物设计特点		需要建设专门的出入口、坡道、行车道等	无须设出入口坡道、行车道、疏散楼梯等
占地（建筑）面积		建筑面积 30～40 平方米/辆	本项目 304 个车位的占地面积约 1400 平方米
楼层、深度		基本不超过 5 层，且建设成本随楼层增加呈"指数级增长"	最深可超过 80 米，建设成本随深度增加变化幅度不及"传统"地下停车库
停车设施类型	服务类型	主体功能的配建停车库	社会停车库
	使用对象	主要为居住地、工作地等停车对外部车辆有一定排他性	公共停车、潮汐停车需求；服务于周边各类停车需求
建设周期		2～5 年，受地上建筑物建设周期影响	半年至一年

2. 地价评估过程中需注意的差异

基于上述"传统"地下停车库和垂直盾构（VSM）地下停车库在建筑物结构、设计特点、利用方式等的差异，地价评估中也相应存在一定的差别。

收益方式存在差异。"传统"地下停车库大多是服务于地上主体建筑的配建地下空间，因此主要的服务对象是在此生活、工作的人员，且对于外部车辆有一定排他性，比如住宅小区、企业园区的地下停车位很少公开服务于周边社区，虽然近年来鼓励"共享车位"来提高闲置停车位的利用效率，但是建筑物本身明确的边界感也会降低外部车辆进入的可能性。垂直盾构（VSM）地下停车库大多选址在公园绿地、居住社区边角地等开放的空间，服务对象的范围更大，同时可以满足日间的工作地停车需求和夜间的居住地停车需求，具有明显的错峰性、潮汐性，应当在评估过程中予以考虑。

此外，建筑物结构、施工工艺等不同导致的建设周期（VSM 停车库工期一般为半年至一年）、开发成本、深度（楼层）存在差异，对于剩余法、基准地价系数修正法中的各项参数取值也有影响。

（三）垂直盾构（VSM）地下停车库地价评估的难点

1. 剩余法评估中的难点

确定开发价值：垂直盾构（VSM）地下停车库建成后，从服务类型上属于公共停车库，需要在出让年限内整体持有，因此只能采用收益还原法计算开发完成后的价值。在选用租金案例时也应当尽量选取可比性较强的公共停车库的租金，同时还应当考虑错峰性、潮汐性的特点，需要确定合适的停车泊位周转率。

确定建设成本：垂直盾构（VSM）地下停车库的建筑形态、建设工艺上都和"传统"停车库差异较大，不能通过"传统"停车库的建设案例直接修正得到；但 VSM 地下停车库这种新兴的垂直竖井沉降掘进技术与机械立体智能停车技术相结合的地下停车库，全国范围内也只有个别城市进行了开发建设，上海更是没有先例。建设成本的确定较为困难。

确定开发周期："传统"地下停车库的开发周期受到地上建筑物建设周期影响较大，垂直盾构（VSM）地下停车库应当根据类似项目的实际情况确定开发周期。

确定开发利润：解决停车难问题是上海市重要的民生工程，既要体现地下空间的经济价值，还要综合考虑这类项目的公益属性，合理确定利润水平也颇为重要。

2. 基准地价系数修正法评估中的难点

基准地价系数修正法使用过程中，应当注意对应用途和对应级别的土地使用权平均价格，并要考虑估价期日、使用年期等各项条件对宗地价格的影响，尤其是楼层修正系数的确定尤为关键。

确定楼层修正系数：根据《上海市城乡建设用地基准地价成果（2020年）》我们可以得知，地下各层的建设用地使用权价格是不同的，一般而言楼层越低，土地使用权价格越低。VSM停车库采用垂直盾构（VSM）技术，由预制刃脚与标准PC件、安装、挖土与下沉、封底等组成的完整施工工艺体系，建筑物中不再另设楼板、梁柱等，而是在内部架设钢结构机械立体停车库进行所谓的"分层"，而非建筑物本身的自然楼层。因此，基准地价系数修正法评估中确定楼层修正系数是一大难点。

三、明园绿地VSM车库项目地价评估的探索与思考

（一）剩余法中收益确定

通过线上调查结合线下复核的方式，对项目周边公共停车库的租赁价格进行了调查。公共停车场的包月租金约为每个车位600~800元/月，分时租赁价格为7~8元/小时。其中，"彭江路325街坊公共绿地地下停车库"项目是静安区首个利用公共绿地地下空间建设的独立公共停车场，距离本项目直线距离约300米，该停车库共有154个车位，错峰停车每月包月费用600元，不错峰停车每月包月费用700元，分时租赁价格为8元/小时，对于本项目具有较强的借鉴意义（表2）。

明园绿地周边公共停车场租金调查　　　　　　　表2

	停车场项目	价格	位置	数量	竣工时间
公共停车场	彭江路325街坊公共绿地地下停车库	错峰停车600元/月 不错峰停车700元/月 8元/小时	地下	154	2021年
	静安体育中心	800元/月 7元/小时	地上	487	—
	广延路（汶水路—永和路）东侧	首小时内7元 每超出30分钟4元	地上	44	—
	南北高架广中路停车场	首小时内8元 每超出30分钟4元	地上	86	—

根据我们对项目周边社区的走访调查，明园森林绿地周边主要以居住功能为主，并且居住停车需求存在约600~700个缺口，本项目建成后将提供超过300个停车泊位，可以极大缓解周边居住地停车的需求。停车泊位周转率参考《上海市停车行业发展"十四五"规划》，预期全市经营性泊位周转率达到1.95车次/天，同时考虑停车泊位科学调控、精细管理、设置分时段、限时长等因素，因此本次测算考虑"固定车位出租（夜间错峰）+分时租赁"的出租模式综合确定房地产开发价值。

（二）剩余法中建设成本的确定

本项目垂直盾构（VSM）地下停车库的施工工艺特殊，最终选用与本项目同属长三角区域的类似工程项目的建设成本确定。

根据调查，国内首例采用 VSM 工法施工的装配式竖井结构工程，为"南京市建邺区沉井式停车设施建设项目工程总承包（一期）示范工程"，该项目位于南京市建邺区儿童医院（河西分院）北侧，地面原为公交车停车场。该项目由上海公路桥梁（集团）有限公司实施建设，工期约为 300 天，工程地面建筑占地面积约为 360 平方米，布置 2 个竖井，单井内车架机械系统为方形，1 梯 4 车位，25 层，2 个竖井共计 200 个车位，该项目竖井外径为 12.8 米，最大开挖深度约为 68 米，建设工程中标价为 5318.95 万元，则单个车位的建设成本为 $5318.95 \div 200 = 26.6$ 万元。

明园绿地 VSM 车库项目，直径 23 米，采用双井筒布置，地下深度不超过 43.5 米，装置层每层装置不超过 8 个停车位，单个井筒停车位不超过 152 个，双筒停车位不超过 304 个，在工程特征上与上述案例接近，因此可通过调整得到本项目的建设成本单价，修正因素包括地下开挖深度、井筒直径、地区土壤水文条件修正等。

（三）剩余法中开发周期的确定

根据调查研究，结合"南京市建邺区沉井式停车设施建设项目工程总承包（一期）示范工程"，可确认类似垂直盾构（VSM）地下停车库的开发周期约为半年至一年。

（四）剩余法中开发利润率的确定

考虑地下公共停车库是上海市委、市政府民心工程之一，其宗旨是聚焦老旧小区停车难问题，这类项目具有一定的公益属性，利润率按平均成本利润率确定，既保证市场价值的体现，对于开发单位也能获得利润和动力。

（五）基准地价系数修正法中楼层修正的思考

要进行楼层修正，首先应该要明确垂直盾构（VSM）地下停车库的楼层数，而目前暂无专门针对垂直盾构（VSM）井筒建筑物的面积测算规范出台。根据建设方案，装置层每层装置不超过 8 个停车位，单个井筒停车位不超过 152 个，则可以计算得到，内部的钢结构停车装置总层数为 $152 \div 8 = 19$ 层。净空约为 40 米，地下一层为机电设备层，地下一层以下为停车装置层（共 19 层），则装置层的平均层高为 $40 \div 20 = 2$ 米。

以下是对楼层数确定的探索与思考：

1. 从自然层数的角度确认层数

根据垂直盾构（VSM）地下停车库的建筑结构特征，是由预制刃脚与标准 PC 件挖土下沉、封底制作而成，近似一个"圆筒"，其中不再另设楼板、梁柱等。根据《上海市房产面积测算规范》（沪房市场〔2022〕49 号），机械车库不论其高度（高度 ≥ 2.2 米）和车辆停放层数，按房屋自然层计算建筑面积（图 3）。因此从建筑物自然层数的角度，是否可以确认总层数为自然层数 1 层？

而在部分城市的容积率计算规则中，住宅建筑层高大于 3.0 米、公寓（包括酒店式公寓）和办公建筑层高大于 4.8 米、商业建筑层高大于 6.0 米的，计算容积率指标时，该层建筑面积均按该层实际建筑面积的 1.5 倍计算，工业建筑物层高超过 8 米的，在计算容积率时该层建筑面积加倍计算。因此可以看出，建筑物建筑面积计算过程中并不是完全不考虑层高因素的，当层高高于某一临界值后，在计算建筑面积、容积率时均会有相应的考虑。因此本项目地下净空高 40 米按照总高 1 层确认楼层不尽合理。

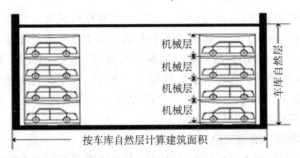

图3 机械车库建筑面积计算示例图

2. 从内部机械装置层的角度确认层数

根据《上海市房产面积测算规范》，层高（或高度）2.2米（含2.2米）以上的永久性建筑应当计算建筑面积。本项目的机械立体停车库结构牢固，钢结构的停车装置层虽然可以"移动"，但是可以认为是属于该地下停车库的不可分割的、永久性的建筑，经征询行业内各专家的意见，从机械装置层的角度考虑楼层数确定主要有以下两种方式：

（1）从内部机械装置层的角度确认总层数为20层；

（2）本项目装置层的平均层高为40÷20=2米，不足2.2米，还可以考虑每2个机械装置层算作一个"楼层"，即地下总层数确认为10层。

我们依据《上海市城乡建设用地基准地价成果（2020年）》中的楼层修正体系对两种方案下的土地价格进行了试算，发现随着楼层的递增，地下空间每新增一个楼层对于总地价的影响会越来越小。经试算，两种楼层设定方案下的土地价格接近，地价差异不到1%，详见表3。

两种楼层设定下的地价试算　　　　　　表3

部位	方案一（20层）			部位	方案二（10层）		
	面积（平方米）	楼面地价（元/平方米）	地价（元）总地价占比（%）		面积（平方米）	楼面地价（元/平方米）	地价（元）总地价占比（%）
B1	1408.6	686.00	966300（44%）	B1	1408.6	686.00	966300（45%）
B2-B9	……	……	……	B2-B9	……	……	……
B10	1408.6	5.76	8114（0.4%）	B10	1408.6	5.76	8114（0.4%）
B11-B19	……	……	……				
B20	1408.6	0.04	56（0.00003%）				
合计	28172		2174133	合计	14086		2161991

最终从实际可操作性、合理性、政府地价管理要求等方面综合考量，同时为了充分体现地下空间的经济价值，最终选择设定地下楼层按20层进行测算。

四、对评估工作的思考

（一）关注土地利用新趋势，为客户提供专业的服务

从政府管理的角度，目前对于土地资源管理的要求越来越精细化，如建设用地使用权

分层出让，增强立体空间布局，可以预见，空间价值评估将成为新的趋势。土地管理从供地方式、供地条件、价值判断，以及社会效益的考量，对于专业意见和技术支持的需求日益增多。作为评估专业机构，需要紧跟当前土地利用的发展方向，积极参与前期政策课题研究，对相关引领性文件及早学习，在技术上先行探索，才可以在新事物新问题产生的时候为客户提供支持。发挥估价工作的专业性，除了价值评估，还需从客户的角度"早想一步""多想一步"，提供相关的咨询建议和风险提示。

（二）加强自身学习、增进交流

本次对静安区明园绿地 VSM 车库项目国有土地使用权进行评估的过程中，涉及了诸多方面的专业知识、新知识，比如这类车库特殊的建筑构造、建设工艺、运作方式等，都会影响到地价评估中收益方式和成本的确定；还包括建筑面积计算规则，尤其是地下空间面积、楼层的确认。因此我们需要适应社会快速发展的需求，持续增强房地产行业相关技术、知识的储备，不断学习、更新专业知识，才可以适应未来各类评估项目。

明园绿地 VSM 车库项目是上海首个垂直盾构（VSM）地下车库，如何体现地下空间的经济价值，又能满足评估的相关规范，同时兼顾此类项目的社会效益，我们在地价评估过程中进行了探索和思考，但其中可能还存在不足之处。我们还需要增进全国范围内的交流，吸取先行或类似项目的经验，同时我们也需要增强与开发建设单位的交流，了解建设技术、经营模式以及市场的变化反馈。

五、结语

随着我国土地市场的快速发展，估价业务类型也越来越多样化、复杂化，评估过程中会有越来越多的新难题、新问题出现，需要我们在此过程中积极探索思考、迎难而上，不仅要体现评估机构在价值判断上的专业性，更要彰显出评估专业机构从土地评估管理的角度为解决城市痛点问题做出的贡献。

参考文献：

[1] 高嵩.沉井式地下机械停车库施工过程监控[D].兰州：兰州交通大学.2017.

[2] 林咏梅，贺腾飞，王文渊，等.超深装配式竖井防水设计[J].隧道与轨道交通，2021（S02）：86-90.

作者联系方式

姓　　名：刘广宜　吴宁远

单　　位：上海百盛房地产估价有限责任公司

地　　址：上海市浦东新区民生路 600 号 8 楼百盛评估

邮　　箱：13611843635@163.com

注册号：刘广宜（3120140015）

不良资产收购中的房地产估价业务解析

彭 杰

摘 要： 2020年第4季度以来，受国内外经济形势和疫情影响，房地产行业长期高杠杆运行和政府严厉的"去杠杆"政策，带给地产行业一场空前的震荡和危机。过去5年时间，商业银行不良贷款余额逐年递增，加快不良资产处置，化解系统性金融风险，成为资产管理公司和商业银行的重要经营目标。而无论是对不良资产的处置还是收购，评估工作都发挥着至关重要的控制风险作用，构成了房地产项目交易程序的基础环节，也是不良资产收购过程不可或缺的一环。

关键词： 不良资产；尽职调查；业务扩展

近几年，随着金融机构对不良资产处置进度的加速，再加上房地产企业的频频爆雷，给评估机构带来了更多不良资产处置和收购中的房地产估价业务机会，同时也对房地产估价工作提出了更高的要求。本文从不良资产中的房地产项目特点、评估注意事项、评估业务的扩展几方面进行探讨。

一、不良资产收购中的房地产估价项目特点

（一）房地产类型多样且分布广泛

不良资产收购中的房地产是非常多样性的，从实物维度看既有未开发的纯土地、建设中的在建工程，也有停工多年的烂尾楼或存在大量租约的现房；从用途维度看既有商品住宅、商业、办公，也有自持经营的酒店、度假村、大型商场，还有闲置多年的工业厂房等。且不良资产分布范围广，不同省、市、区县、偏远乡镇地区都有需要评估的房地产。

尤其是在大型房地产企业打包出售资产或金融机构批量处置不良资产项目中，多种类型分布在多地的房地产会需要同时开展评估业务，对评估工作的人员组织能力、评估经验都有较高要求。

（二）作业时间紧

不良资产收购项目时间紧，而评估是收购工作中的重要环节，因此委托方留给评估工作的时间通常短于一般评估项目。且不良资产项目情况本来就较为复杂，而收购方之间也存在竞争关系，因此评估人员的作业时间会非常紧张。特别是遇到资产包集中出售项目，需要具有丰富经验的项目负责人统筹安排。

（三）项目情况复杂

不良资产收购项目很多情况下都需要评估人员在资料不完整时就进行实地查勘。而资料不完整、项目自身情况复杂，被收购方不配合，甚至有的项目存在多方利益冲突，都给评估

工作增加了难度和不可预见性，直接影响项目进度和评估工作的顺利完成。

（四）要求多个价值类型

不良资产收购中的房地产估价，最常采用的价值类型是市场价值，其次是变现价值和投资价值。委托方在收购不良资产房地产项目时，通常会要求给出市场价值和变现价值。也有委托方会提出投资价值的需求，根据不同的项目定位，在同一个报告中给出不同设定条件下的现状市场价值和预期建成后的房地产价值。

二、不良资产收购中的房地产估价项目注意事项

（一）不良资产收购中房地产估价的尽职调查

不同于一般抵押、咨询类项目，委托方和产权方会配合评估机构，提供完整的项目资料作为评估依据。不良资产收购项目由于历史遗留问题，产权人配合度问题，对尽职调查有着更高的要求。本文根据以往不良资产项目特点及工作经验，对不良资产尽职调查中的难点和建议进行了归纳总结（表1）。

不良资产尽职调查中的难点和建议　　　　　　　　　表1

尽职调查难点	解决建议
权属资料不全、土地闲置、是否存在欠付地价款、补缴出让金	无法取得完整、可靠的项目资料，会严重影响评估工作的开展，对评估结果也会造成重大影响，因此在尽职调查时，建议前往当地相关部门调查不动产登记信息、规划指标、土地闲置状况、欠付款项等信息。对于违法占地、违法建设、超过批准期限的临时建筑等违法房地产，不应当列入估价对象范围
规划指标是否有效、超规、违建的处罚措施、烂尾楼盘的结构安全鉴定、已投入成本是否合理	
销售台账的可靠性，租赁合同的真实有效性、履约情况	不能仅仅以企业提供的销售台账和租赁合同作为依据。应以不动产登记部门确认的网签数据、经核实的财务收款信息作为销售明细的可靠依据，租金的履约也可按财务收款票据进行核实
其他欠付款项、还建、回迁安置、查封等情况的调查	能够调查明确的，根据收购方式和委托方要求确定是否在评估结果中考虑影响。并在"估价假设和限制条件"中的依据不足假设或背离事项假设中予以说明依据和无法明确事项

（二）不良资产收购中的房地产估价价值类型

不良资产房地产估价时，最常采用的价值类型是市场价值，其次是变现价值和投资价值。在房地产处置和收购时，市场价值的评估影响因素包括房地产的权属和实物瑕疵，通常委托方要求不考虑房地产被查封、欠付工程款和一般债权对评估结果的影响，如委托方要求考虑，则需对上述影响因素进行分析论证。

投资价值大多数情况下与市场价值是相同的，但当投资人拟对房地产后续的开发策略或项目经营定位与现状不同时，则与市场价值有所区别。此时评估该房地产的投资价值，除遵循市场价值评估的技术思路，还需额外关注改变现状利用条件的合法合规性，并对评估设定条件作充分的假设和限制条件说明。尤其对规模大、时间长的烂尾工程，应详细调查当地相关政策和现行规划建设要求。

变现价值是在市场价值的基础上，根据变现时限短于正常销售期的时间长短，进行适当

减价确定。通常按照市场价值的一定比例给出区间值。

（三）不良资产收购项目中的评估人员配置

承接不良资产收购项目的评估工作，需要评估机构配备经验丰富的房地产估价师。面对复杂的项目情况，以及可能存在的多方利益纠纷，具有丰富经验和沟通协调能力的项目负责人能够更加顺利地推进项目。特别在承接收购批量资产项目时，除需组织多人同时作业的项目团队，还应配备项目总协调人、项目总技术负责人，以便更好地统筹安排项目进展，统一评估技术思路。

三、不良资产收购中的房地产估价业务的扩展

（一）房地产市场调研

房地产市场调研是为相关企业的投资决策和管理决策提供信息的，它在房地产项目投资决策中的重要性是首要的。能够帮助投资者识别市场机会、分析市场潜力、判断拟投资项目的盈利性。对于一个尚未开发或者已经开发的房地产项目，市场需求水平的高低、消费者需求的定性特征、消费者需求规模的大小、市场竞品价格分析、市场吸纳的速度和时间等信息，都可以为投资者更好地分析项目的盈亏平衡点。拟投房地产项目物业的类型、所开发物业的软硬件设施标准是否在市场上有竞争力，这些信息同样可通过市场调研来获得，并为投资者的决策带来有效助力。通过判断房地产市场总体发展情况，可以为投资者做出合理决策提供依据。对于不良资产中的房地产项目来说，其项目定位是否符合当地市场需求，所在区域的供给关系是否有利于项目盈利，都直接影响项目是否具备投资价值。

（二）房地产相关政策的梳理

不良资产项目由于其特殊性，通常已经在市场上失去了有利时机。而当地经济政策、产业政策、房地产销售及资金监管等一系列政策都会对项目未来能否顺利开发产生影响。尤其是闲置多年项目和烂尾楼盘，通过对当地经济、规划、产业等相关政策进行细致研判，才能让投资者更好地决策。政策是房地产项目的环境变量，任何一个项目都会受其影响。实际经验中，也有不在少数的项目因受政策影响，或开发停滞，或价值减损。因此房地产政策的梳理对不良资产能否重启起到重要作用。

（三）项目投资估算

投资估算是制定项目的融资方案、经营方案的必要环节，以科学的收益分析报告，最大限度保证完成投资目标，也是判断一个项目是否能够带来收益的有效方法。投资测算囊括了从收入实现、投资计划，税收费用、项目利润的计算、融资计划、投入成本，到进行相应的投资指标、现金流指标、利润指标的分析，最后对整个的投资结论做出分析和判断。收购不良资产中的房地产项目，尤其是项目可实现收益，投资估算是必不可少的步骤。

四、结束语

不良资产中的房地产是重要核心资产，其价值量大，涉及利害关系多。在不良资产处置与收购的热点周期内，房地产估价和相关业务对房地产市场经济的健康发展有着重要的作用。在投资因资金链断裂、违规违建超建、市场定位不准、操盘力差、项目销售周期变长、政策影响等导致逾期或处于债权债务纠纷中无法推进的房地产项目中，房地产估价机构通过

对价值的科学估算，对市场的专业判断以及对房地产相关政策的细致研究，为投资者提供全面的价值服务，也为房地产估价业务注入了新的活力。

参考文献：
[1] 张屹峰. 金融不良资产评估方法研究 [D]. 天津商业大学. 2020.
[2] 杨红祥. 房地产估价机构服务于金融不良资产收购处置 [C]. 2020 中国房地产估价年会论文集.

作者联系方式
姓　名：彭 杰
单　位：北京首佳房地产评估有限公司
地　址：北京市紫竹院路 116 号嘉豪国际中心 B 座 7 层
邮　箱：pengjie@shoujia.cn
注册号：1520070038

不良资产收购处置活动中的房地产估价

赵 华

摘 要：近年来，随着经济下行压力增大，我国不良资产行业规模迅速扩张。除四大资产管理公司（AMC）外，区域性金融机构也纷纷下场，不良资产的处置方式逐渐由传统的打包转让向多债务重组、资产证券化等多元化手段发展。不良资产中的房地产由于其自身的高价值性、稳定性往往更受投资者青睐，这对房地产估价机构而言是不可多得的发展契机，如何在做好主业评估的前提下深耕不良资产评估，为客户提供更专业估价服务是房地产估价机构亟须考虑的问题之一。

关键词：不良资产；收购处置；房地产评估

一、不良资产行业介绍

（一）不良资产的概念

不良资产概念较为宽泛，针对会计科目中的"坏账"而言，包括但不限于银行等金融机构、政府、企业的不良资产，其源头来源于金融产业。金融不良资产是指银行持有的次级、可疑及损失类贷款、金融资产管理公司（AMC）收购或者接管的金融不良债权以及其他非银行金融机构持有的不良债权。不良资产根据标的物形态可以分为实物与非实物，实物类包括房地产、机器设备、存货、原材料等；非实物类包括知识产权、专利技术、应收账款、股权、债券等。

（二）不良资产行情现状

近年来，全球经济环境趋于复杂严峻和不确定，国内疫情反复也造成经济发展面临多重压力，商业银行不良资产反弹压力持续存在，金融风险防控形势依然严峻，不少企业存续困难。

截至2021年末，商业银行不良贷款余额为2.85万亿元，较2020年末增加1455.23亿元，增长率达5.39%；不良贷款率为1.73%，较2020年末下降0.11个百分点。2021年，银行业通过清收、核销、转让等多种方式处置不良资产3.13万亿元，处置规模已连续两年突破3万亿元。截至2021年末，商业银行关注类贷款余额为3.81万亿元，较2020年末的3.78万亿元略有增长（图1）。中国东方资产管理股份有限公司发布的2022年度《中国金融不良资产市场调查报告》中预测2022年商业银行不良贷款余额将持续上行，不良率也将呈缓慢攀升态势。

（三）房地产评估机构参与不良资产处置

现阶段不良资产的处置方式主要有债务追偿、债务重组、债转股、不良资产转让、不良资产证券化、收益权转让、坏账核销等，其中不良资产转让仍是最主要的处置方式，近年来

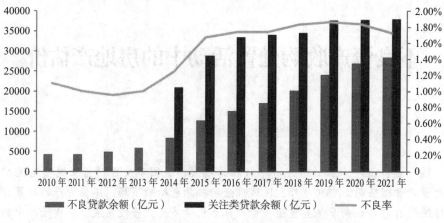

图1 2010～2021年商业银行不良贷款及不良率情况

资产证券化的规模也在逐步扩大。在其过程中,除不良资产市场上的买卖双方外,房地产评估机构、律师事务所等中介机构也在其中发挥着无可替代的作用。当前房地产评估机构日常工作接触较多的为金融不良资产中的房地产。

二、房地产估价机构发展契机

(一)资产评估相关政策

财政部于2008年发布的《金融资产管理公司资产处置管理办法》(财金〔2008〕85号)中明确规定:资产公司以债转股、出售股权资产(含国务院批准的债转股项目股权资产,下同)或出售不动产的方式处置资产时,除上市公司可流通股权资产外,均应由外部独立评估机构对资产进行评估。该条充分说明了国家对评估在不良资产处置各环节中作用的认可,成为评估行业在不良资产处置行业中生存与发展的重要利好因素。由于不良资产囊括的类型众多,目前行业一般由资产评估机构根据《金融不良资产评估指导意见》(中评协〔2017〕52号)出具价值评估报告及价值分析报告。

(二)房地产评估机构在不良资产评估时的机遇和挑战

随着银行、资产管理公司及其他非银行金融机构处置不良资产的方式日趋成熟,在不良资产转让这一过程中,以不良资产包批量转让的粗放形式逐渐减少,相关单位倾向于对相对优质的不良资产进行单独转让。一般来说,银行会选择优先贷款给能够提供实物抵押担保的企业及个人,房地产由于其自身的高价值性及不可移动性,往往会成为抵押的首选,这也造成了各类型房地产在不良资产中占据了相当大的比重。房地产估价机构由于自身的专业性,对于房地产价值的评估准确、考虑全面,更有利于不良资产买卖双方对其价值的判断。因此在精细化不良资产处置过程中,房地产估价机构往往更受青睐。但目前部分资产评估机构为压缩报告周期、节约成本、降低风险,对评估对象未仔细甄别,选择统一出具价值咨询报告,对不良资产的买卖双方及整个评估行业均造成了一定的负面影响。同时,目前房地产估价机构参与的不良资产处置业务主要为司法处置、银行及资产管理公司资产包转让等业务,该类型业务大部分是基于卖方市场,评估的价值也基本是估价对象为正常市场条件下的房地产价值;但在以不良资产处置买方作为估价委托方的前提下,为保证买方准确了解不良资产价值,除评估对象正常的市场价值外,估价机构往往需要对抵押、查封、占用等影响房地产市场价值的因素进行判断,除相关税费外,其诉讼执行费用和拖欠物业费、水电费等相关情况也是估价机构及估价人员需要考虑的,对于从业人员的专业素养要求较高。

三、估价实例分享

在实际的不良资产处置中,房地产评估机构面临的项目往往存在价值高、情况复杂的现象,因此对于房地产评估机构及人员均提出了较高的要求。根据从业过程中遇到的实际案例,对不良资产项目中房地产评估过程进行分析概述。房地产评估机构介入不良资产中房地产的过程分为4个部分(图2)。

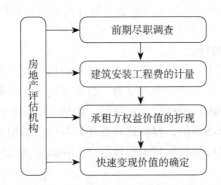

图2 房地产评估机构介入不良资产评估的过程

该案例房地产位于江苏某县级市下属乡镇,为工业类型土地及相应厂房、综合楼、宿舍楼等,产权持有单位目前正处于债务重组阶段,当地政府、某大型国企、资产管理公司均已介入。

(一)前期尽职调查

前期尽职调查是房地产评估的基础环节,在整个评估流程中占据重要作用。不良资产由于其自身的特殊性,估价人员不可避免在调查的过程中面临产权持有单位无法联系或拒不配合、产权资料缺失的相关情况,甚至由于部分不良资产存在时间较久,商业银行内部管理不善等原因,难以获取相关产权资料及其他所需资料。相比于资产评估人员,房地产估价人员在面临资料缺失的情况下,可通过自身知识储备及经验准确判断房地产价值。

针对该案例,已于2022年5月前往拟估房地产所在地进行尽职调查,向相关当事方索取相关产权证、土地出让合同、厂房建设资料、厂区租赁合同、土地出让金和契税等土地费用的付款凭证等相关资料,并在上述资料的基础上对各房地产的面积、性质、结构、用途、使用期限、规划要点等进行清查核实。同时由于在不良资产的实际处置过程中,原债权方与债务人经过多轮诉讼和判决,相关的判决信息对房地产价值造成一定的影响。通过搜集相关诉讼及执行材料,并对房地产所在建制镇的工业房地产价格进行了走访调查,对同区域同类型房地产的价值有了初步的了解及职业判断。

(二)建筑安装工程费的计量

在成本法计算房产价值的过程中,建筑安装工程费的计算是相对重要的一环,而该价值的准确测算与前期尽职调查息息相关。在细致尽职调查拟估房地产的基础上,估价人员才能在估价中尽量减小误差，更为准确地计算房地产价值。

估价人员需要根据现有资料、现场情况，结合当地造价信息网站公布的相关典型案例、造价指数等相关参数，并充分考虑其他可搜集的政府公开收费文件，综合判断房地产建筑安装工程费。但在实际的评估过程中，常会发生以下情况：①部分估价人员仅参考了当地的征收文件等资料，未能根据征收文件对估价对象据实进行修正；②由于各地政府出台的征收文件详略不一，部分征收文件更新较慢，单一选取征收文件作为参考对象有失公允；③部分企业对于企业历史资料的保管都比较随意，基础的建设资料多数情况下都难以获取。

因此在对该案例实际评估过程中，综合参考了《××省建设工程造价估算指标》（2017年版）、《××市国有土地上房屋征收与补偿评估技术规范》以及××市住房和城乡建设局公布的建筑工程量清单计价典型案例，结合实际查勘情况综合确定了拟估房产的建筑安装工程费，并根据××市以2016年12月为基期，每月发布的各类建设工程造价和单方工程造价环比指数（一般计税法），对相关价值进行修正。

（三）承租方权益价值的折现

在不良资产评估的过程中，估价人员往往会遇到拟估房地产存在租赁情况。租赁会对房地产的市场价值造成影响，但部分估价人员为了自身方便，在前期尽职调查阶段未对租赁情况进行仔细的调查，选择在报告中进行文字披露，而估价委托方作为非专业人员，难以在文字披露的基础上准确理解市场价值，容易造成委托方与估价机构的误会与纠纷。因此估价人员在条件允许的情况下应尽可能收集相关租赁信息，并以更直观的方式将租赁对房地产市场价值的影响呈现给委托方。

在上述案例中，房地产估价机构作为受托方对工业房地产的租赁双方进行尽职调查，结合市场成交租赁案例最终确定拟估房地产的市场租金，并根据租赁合同及产权持有单位介绍了解了相关租赁面积、租期及其他附加条款，采用收益法通过租赁房产在租赁期内的市场租金折现至价值时点，最终确定拟估房地产市场价值，以直观明了的方式呈现给委托方。

（四）快速变现价值的确定

在以不良资产处置买方作为估价委托方的前提下，为保证买方准确了解不良资产价值，除评估对象正常的市场价值外，估价机构往往需要考虑到房地产变现及处置费用等多方因素。这是因为在假设买方无法实现不良资产价值的前提下，买方往往会采用强制拍卖的方式在短时间内进行变现，而买方愿意支付的价格往往不会大于处置价格，因此亟须对拟估房地产快速变现的能力分析。

在实际的不良资产交易过程中，买方着重考虑过往市场表现，卖方则会强调未来的规划及升值空间，这对估价人员准确判断房地产的快速变现能力提出了较高的要求，仅靠自身经验往往判断的不够准确，估价人员应结合房地产周边市场的具体环境，当地的具体政策对其进行综合分析。除快速变现能力外，部分委托方对房地产变现后可能需要支付的诉讼、执行、评估费用及相关税费亦有一定的取值要求，这就要求估价人员在对相关地区的各类政府取费文件及税法有相对应的了解，需要考虑相关法条的适用性，最终才能准确判断各类税费。

在本评估案例中，受托方充分利用专业知识，对拟估房地产周边区域的市场需求、处置费用、心理预期及其他不可预见因素进行了综合考虑，结合公开市场交易信息及司法拍卖交易信息敲定快速变现价值；并依据相关法律条文、计价依据、收费标准等文件，计算了各类应缴税费与委托方潜在的资金占用成本，最终确定了快速变现净值。

四、结语

党的二十大报告提出"要坚持以推动高质量发展为主题,把实施扩大内需战略同深化供给侧结构性改革有机结合起来",即发展经济的着力点是发展实体经济,不良资产行业以其独特的逆周期调节功能,能够优化社会资源配置,帮助企业自我盘活,为实体经济的发展纾困助力。在相关当事方对不良资产收购、处置活动要求日趋精细化的今天,估价机构如果还是抱着过去的旧观念,仅满足于不良资产转让这种单一形式下的估值业务是无法满足相关委托方的多元化要求的,而不良资产行业的发展在为房地产估价机构提供发展机遇的同时,也对估价机构及估价人员提出了更高的要求。

对于估价人员而言,在坚持职业道德的前提下,夯实自身的理论基础,认真履行相应评估程序、完整收集评估资料、充分做好尽职调查、合理选择评估方法、针对性准备假设限制条件及特殊事项说明、不断拓宽在金融和法律领域的相关知识是作好不良资产评估的关键。对于房地产估价机构而言,在目前不良资产转让业务的基础上,组织专业估价团队,提高估价人员专业素质,拓宽例如资产处置建议、债务重组咨询、房地产证券化等业务渠道,通过与互联网等方面相结合,深化服务质量,提供个性化定制和一站式服务,协助解决客户的后顾之忧,这样才能长期稳定地发展。

在如今的后疫情时代,不良资产行业的发展对于房地产估价机构来说是困境中的机遇。估价机构的独立性、客观性、专业性为市场经济、信用经济以及在疫情背景下的不良资产行业提供了坚实的基础,对防范金融风险和交易风险起到了不可忽视的积极作用。

参考文献:

[1] 杨吉梅. 房地产抵押物价值研究 [D]. 济南:山东大学,2020.

[2] 杨红祥. 房地产估价机构服务于金融不良资产收购处置 [C]// 估价业务深化与拓展之路——2020 中国房地产估价年会论文集,2020.

[3] 隗晶月,骆晓红. 估价如何服务于不良资产处置 [C]// 估价业务深化与拓展之路——2020 中国房地产估价年会论文集,2020.

[4] 钱烈. 收购不良资产涉及的房产抵押物价值评估研究 [D]. 杭州:浙江大学,2017.

[5] 刘江升. 上海市房地产估价行业发展战略研究 [D]. 上海:同济大学,2007.

[6] 王晓舟,孔祥明. 浅议估价师如何评估不良资产拍卖底价问题 [J]. 边疆经济与文化,2004(12):59-61.

[7] 方武平,赵丹晖. 对不良资产估价若干问题的探讨 [J]. 国有资产管理,2001(3):55-57.

作者联系方式

姓　名:赵　华
单　位:江苏省房地产估价与经纪协会
地　址:江苏省南京市鼓楼区清江南路 19 号 1 号楼 2 号电梯八楼
邮　箱:2451836889@qq.com

金融不良资产中抵押房产可回收金额价值分析及实践总结

初永强　刘洪帅　丁宁　何哲　宫祥运

摘　要：受新冠疫情和世界经济发展低迷的双重影响，我国经济形势面临着较大压力，而金融不良资产与经济形势呈负相关，经济越下行，金融资产不良率就越高，其市场规模也就越大。原中国银行保险监督管理委员会数据显示，2021年我国银行业累计处置不良资产3.13万亿元，同比上涨0.11万亿元，为历史新高。金融不良资产估价也随之迎来了巨大的市场前景，为估价行业注入了新的业绩增长点。本文从实践出发，主要对金融不良资产处置价值分析业务中的抵押房产可收回金额的确定进行解析，与读者分享。

关键词：金融不良资产；抵押房产可收回金额；价值分析；实践

一、案例背景

某资产管理有限公司拟处置所持某药业有限公司单户不良债权，为此需要对所涉及的该药业有限公司单户不良债权的回收价值进行价值分析评定。

（一）债权基本概况

2015年12月29日，某银行与债务人签订《流动资金借款合同》，协议主要约定该银行向债务人提供借款2700万元人民币，借款用途为归还某药业有限公司与该银行的另一笔借款，借款期限为2015年12月30日至2016年11月28日。担保方式为抵押+保证，抵押人为某置业有限公司，保证人为自然人章某、党某、魏某。

2021年12月29日，该银行与某资产管理有限公司签订《资产转让合同》，将上述债权转让至该资产管理有限公司。

（二）抵押担保情况

2015年12月29日，债务人与该银行签订《抵押合同》，某置业有限公司作为抵押人，以"某时代广场"一期项目3～11层的165套住宅房地产（建筑面积合计9786.09平方米）为《流动资金借款合同》项下债权债务提供抵押担保，担保的范围包括但不限于贷款本金、贷款利息（包括复利和罚息）、违约金、赔偿金及实现抵押权的费用（包括但不限于诉讼费、律师费、估价费、拍卖费、变卖费等）。上述抵押物已办理抵押登记并取得《不动产登记证明》。

该银行于2017年8月向人民法院申请对抵押房产进行司法拍卖，经过两轮降价拍卖后流拍，该银行不要求对该房产进行变卖、以物抵债。

通常价值分析对象为该不良债权的借款人、保证人的偿债能力。抵押房产作为债权项下的重要资产，本文着重分析抵押房产可收回金额的确定。

二、价值分析思路

对于债权人来说，主要关注债权能否得到合法保护、能否以最短时间实现债权、能否全额受偿或最大额度得到受偿。

（一）抵押房产有效性

对于抵押房产有效性的分析，主要考虑抵押房产是否符合法律规定，权属是否清晰，抵押行为是否有效。

1. 抵押房产的合法性，主要判断是否不属于法律规定禁止抵押的范畴，如权属有争议，已依法公告列入拆迁范围，被依法查封、扣押、监管或者以其他形式限制的房地产等。

2. 权属清晰要求抵押房产具有合法产权及处置权，比如划拨用地抵押需经县级以上政府土管部门批准，共有产权房屋需得到其他共有人的同意，政策保障住房在处置时会受到一定限制等特殊要求。

3. 抵押行为的合法有效，要求抵押合同以书面形式订立，且抵押权依法设立。如果抵押合同内容与抵押登记内容不一致，应以抵押登记内容为准。另外法院对于超过主债权诉讼时效的抵押权不予保护，如果处于法律诉讼时效之外，会导致抵押权难以实现。

（二）抵押房产的可回收金额的价值类型

抵押房产的可回收金额不同于正常市场条件下的市场价值。当债务人无法清偿债务时，债权人希望以抵押房产在未来较短期限内实现价值回收，对于司法强制执行的房产通常还需买受人在短期内全款支付，导致处置时需考虑价值折损。抵押房产回收价值估价，根据回收方案通常应考虑快速变现的影响，有时需分析强制变现对处置价值的影响，但回收价值分析又依托于正常市场条件下市场价值的判断。抵押房产可收回金额的测算，需考虑资产被迫出售等因素，应选用清算价值。清算价值是指估价对象处于被迫出售、快速变现等非正常市场条件下的价值估计数额。

（三）价值分析方法

对于抵押房产回收价值的判断，较为理想的情况是可以获取近期相似案例的司法拍卖成交价格，在此基础上考虑变现过程中影响因素的调整，得出抵押房产最可能的回收价值。次优方案为获取近期正常市场条件下相似案例的市场成交价格，然后考虑变现过程中影响因素的调整，得出抵押房产最可能的回收价值。一般来说，由于所处的市场环境、成交方式等的不同，正常市场价格会高于相似房产司法拍卖成交价格，需要搞清楚正常市场价格与司法拍卖成交价格之间的差异。司法拍卖属于特殊情形下的处置方式，信息公开渠道有限，或者由于起拍价格过高等原因造成流拍，使得司法拍卖成交案例不易收集。正常市场条件下房地产市场价值，常用的估价方法包括市场法、收益法、成本法、假设开发法等，在此不过多赘述。

根据上述分析，抵押房产的可收回金额公式为：

抵押房产的可收回金额 = 抵押房产的市场价值 × 综合变现率。

综合变现率的确定是根据该抵押资产类型、特征、规模、基准日资产状况及业内有关资产变现的一般做法；同时，考虑资产所处当地的经济环境，结合处理类似资产采用折扣率的一般做法。主要考虑以下因素：

1. 处置时间成本因素：指强制变现对交易时间的特殊要求，或处置时间与一般交易时间的差异。结合银行近期处置该资产的要求，确定加速变现折扣率。

2.处置费用因素：指资产最终处置前可能发生的资产维护、存放保管以及补办手续方面的各项费用开支等，处置过程中发生的律师费、拍卖费、估价费、过户税费等。

3.市场需求因素：根据抵押资产的市场活跃程度、变现能力，结合其现状、购置时间、功能等确定折扣率。

4.心理预期因素：对于债权不良资产，一般情况下潜在的购买者都有一种不良资产将要"打折出售"的心理预期，在资产出售不打折的情况下，将持观望态度。

5.其他因素：包括抵押资产的处置方式及其他不可预见的因素。

三、案例价值分析要点

（一）抵押房产市场价值

抵押房产为"某时代广场"一期项目3～11层的165套住宅房地产，建筑面积9786.09平方米。估价人员采用市场法对165套房产进行估价后，抵押房产的市场价值为5755.01万元。具体过程不再赘述。

（二）综合变现折扣率的确定

1.处置时间成本因素：不良资产处置时间逾久，债务人偿债能力可能逾差，债权回收的可能性逾低。另外，随着处置时间的延长，有效信息的数量和质量都会衰减，重新收集和整理这些信息越发困难，导致时间成本越大。案例抵押物资产体量较大，而且经历了两次司法拍卖流拍，预计未来处置时间较长。通过调查，合理确定处置时间成本因素变现折扣率。

2.处置费用成本因素：上述资产虽设立抵押，但资产处置时可能产生律师费、咨询费等处置成本费用，且处置后过户时将产生一定数额的过户税费。根据相关费用税金的调查，确定处置费用数额或折算为处置费用成本因素变现折扣率。

3.市场需求因素：在2017年8月人民法院对上述抵押房产进行司法拍卖，经过两轮降价拍卖后流拍。虽然抵押房产用途为住宅，一般市场活跃程度较高，但是也受到了购房政策的制约。根据历史拍卖情况、市场接受程度，合理选取市场需求因素变现折扣率。

4.市场心理预期因素：上述资产为银行抵债不良资产，一般情况下潜在的购买者都有一定的心理预期，如果资产不打折出售，潜在购买者将持币观望。最终能否以购买者心理预期的价格达成交易，还要看双方博弈的能力。根据相关分析，合理确定市场心理预期因素变现折扣率。

5.其他因素：主要考虑自然灾害、政策和社会动荡等不可预见因素。虽然此类因素风险概率较低，但是一旦发生，当事人可能被免除未能履约的责任，成为不可抗力情形。比如新冠疫情的反复、影响社会稳定的偶发事件等。

综合以上因素，确定案例抵押房产的综合变现折扣率为49%。

（三）抵押房产可收回金额的确定

抵押房产可变现价值=抵押房产市场价值×（1-综合变现折扣率）=5755.01×（1-49%）=2935.06（万元）。

需要指出的是，上述价值分析过程仅为揭示抵押房产可收回金额的确定原理，未详细说明各折扣系数的调查及分析过程。鉴于价值分析受到收集资料的有限性和分析判断的主观性影响，价值分析结果通常只能作为抵押房产可回收金额的参考，不能作为价值分析结论实现的保证。为了尽可能削弱价值分析中的不确定性因素影响，实现债权价值的最大化，债权人应采用公开透明的处置方式处置其债权，由市场最终决定其变现价格。

四、价值分析实践总结

（一）基础资料不全面、估价程序可能无法充分履行

对于不良债权涉及的抵押房产，债权人掌握的资料往往不够全面，尤其是在办理抵押登记之后的资料，例如在建工程项目发生的工程形象进度变更，甚至已经变成现房；房地产测绘的面积发生变化；房地产的租赁情况等。此外，在对抵押房产估价时，需要进行现场实地查勘，由于是不良债权，很可能会涉及到债务人不配合、抵押物被他人占用或使用等不配合现场查勘等情况，增加了现场调查的难度，从而造成估价程序可能无法充分履行，并影响估价方法的选择以及估价结果的准确性。对于此类情况，应当积极与委托人、债务人等相关方进行充分沟通，如确实无法履行必要的估价程序并获取必要的资料，建议与委托人协商，出具价值分析报告或咨询报告，并就相关受限事项进行充分披露和说明，有针对性地写好假设限制条件及特殊事项说明。

（二）债权构成复杂，对估价要求较高

通常情况下，不良债权内容不仅有抵押房产，还可能有相关的质押担保、保证担保等。对于债权处置项目，需要查阅借款合同、保证合同、抵（质）押合同等资料，分析合同的有效性及法律诉讼时效，并了解抵（质）押物情况。然后，按照抵（质）押合同情况，对抵（质）押物进行估值分析，并对以抵（质）押物偿还本金和利息的风险进行分析；按照借款合同、保证合同、抵（质）押物情况，对借款人及保证人偿债能力进行分析。另外，变现影响因素的识别、分析、量化，大大超过了常规的房地产估价项目的要求。对估价人员要求具有较强的相关专业知识和丰富的不良资产估价经验。

（三）债权快速变现能力的分析

基于债权特殊性，市场需求和接受能力有限，并且结合近年来在新冠疫情以及市场波动等多种因素联合影响下，资产的潜在购买者的需求和接受能力有限，除非资产价格有很强的吸引力，否则资产变现难度较大。同时潜在的购买者都有一种不良债权将要"打折出售""必要投资回报率"的心理预期，在债权出售不打折的情况下，将持观望态度，且债权资产的处置也会有较大成本。所以变现能力分析对不良资产处置中的抵押房产可回收价值至关重要。房地产抵押价值评估中已经做了考虑，但是在抵押房产可回收价值的变现能力分析中，其考虑的角度、侧重点与正常的房地产抵押价值评估应有所不同。

（四）难以具体量化的参数较多

在分析抵押房产的可回收价值时，通过分析资产的特点、权属、流动性、收益能力、实际状况等情况来选择适当的分析方法进行估值，对于资产流动性差的特点考虑一定的变现折扣系数。抵押物可变现综合变现折扣率，通常要考虑处置时间成本因素、处置费用成本因素、市场需求因素、市场心理预期因素、其他不可预见因素等。其中的部分参数通常难以具体量化，数据确定的依据不够充分，在实际操作中往往依赖定性分析及行业操作惯例取值，而不良债权涉及的房地产往往具有较大的个性差异，由于处理方式的差异以及参数取值不同，就会造成分析结果差异较大，可参考性降低。

(五)租赁权的影响

对于已设定租赁权的抵押房产,如果租赁在前、抵押在后,抵押房产的处置不影响租赁权益的效力,同时承租人还依法享有房屋优先购买权;如果租赁在后、抵押在前,虽然抵押房产的处置不受租赁权益的约束,法院可除去租赁权后再行拍卖。

作者联系方式

姓　　名:初永强　刘洪帅　丁　宁　何　哲　宫祥运
单　　位:北京中企华土地房地产资产评估有限公司
地　　址:北京市朝阳区朝外大街 22 号泛利大厦 910
邮　　箱:13511077970@139.com
注册号:初永强(1120190070);刘洪帅(1120050102);丁　宁(1120200006);
　　　　何　哲(1120050150);宫祥运(1120220008)

不良资产处置中的估价服务及实践分享

李红艳　阮宗斌　张聪聪

摘　要：近年来，我国经济从高速增长阶段转向高质量发展阶段，传统估价业务萎缩而新兴估价业务萌发，不良资产行业从无到有、从小到大，处置难度也不断增加，不良资产的估价服务也出现很多受限制情况。估价机构在不良资产处置中提供高质量的估价服务成为新的业务需求。不良资产处置服务过程中出现的问题包括资料搜集不全面、查验资料困难，实地查勘受到限制等方面。房地产估价机构和注册房地产估价师，应当通过搜集资料合理确定估价范围，根据实地查勘情况，分析资料的真伪，多方面搜集房地产有关信息并甄别使用所搜集到的资料，根据具体情况合理评估不良资产价值。

关键词：不良资产处置；估价

一、前言

在我国经济结构转型和供给侧结构性改革的大背景下，经济增速放缓，企业盈利能力下降和资金回笼的困难，导致资金链出现断裂，形成越来越多不良资产。近年来，不良资产处置行业处于快速变革时期，使不良资产处置难度不断增加，处置模式也在不断创新，不良资产处置行业前景面临新的发展机遇。在不良资产处置中，估价机构要作好房地产市场分析和实务分析，为不良资产处置提供高质量的估价服务。

二、不良资产的处置方式及债权业务承接

（一）常见不良资产处置方式

1. 资产重组

资产重组是资产在日常经营以外，法律结构或经济结构发生重大改变的交易，其中包括企业破产重整、债务重组、资产转换和并购等，其中债务重组有多种方式，比如以资抵债、资产置换、折扣变现等方式。债务企业对债务以延长还款期限、调整利率和适当折让本金等方式进行重新安排。

2. 债权转股权

债权转股权指经过特定部门独立评审和批准，将银行转让给资产管理公司的对企业的债权转为对企业的股权，由资产管理公司进行阶段性持股，并对其进行经营管理。这一行为有利于资产的延续性发展。

3. 多样化出售

多样化出售主要以公开拍卖、协议转让、招标转让、竞价转让和打包处置等方式进行，

不同的方式适用的情形不同，企业或机构可以选择合适的方式出售资产。

（二）常见不良债权业务承接

我国经济面临经济增长快速发展时期，商业银行、非银金融机构、非金融企业均面临较大的不良资产的压力。

相对应地，我国不良资产主要来源大致可分为三类，包括银行业不良信贷资产、非银金融机构不良资产、非金融企业坏账。常见不良债权业务承接主要来自于以下4方面：

1. 商业银行

自2020年以来，我国出台了一系列财政金融政策支持实体经济发展，贷款增长较快，贷款展期等政策也有助于缓解企业偿债压力，可以预见，未来随着政策的退出，银行等金融机构不良压力或加速上升，不良资产处置需求将会加大，与不良资产处置相关的评估、咨询业务也会增多。

2. 资产管理公司

不良资产收购及处置一直是四大国有资产管理公司的核心业务之一。在金融供给侧结构性改革持续推进背景下，监管机构加强对重点领域、重点区域和行业、重点企业风险化解的规范和支持。政策导向更加突出资产管理公司聚焦主业，参与防范化解金融风险，AMC行业发展迎来新机遇。监管层对AMC发挥主业功能作用寄予厚望，并出台诸多利好政策。围绕"大不良"，资产管理公司能够把握收购处置破产重整、国企改革、房企纾困、上市公司纾困、违约债收购、中小金融机构救助、受托管理等业务机遇，市场空间广阔。因此不良债权业务越来越多来源于资产管理公司的委托。

3. 涉执司法处置

不良债权评估对于金融机构而言，属于清收环节的传统方法，大多由司法机构发起委托，也是大多数估价机构的传统承接业务之一。

4. 其他途径

还有其他民间投资企业，通过购买、协议转让、参加法院拍卖获得不良资产。民营资产管理公司发挥自身的专业优势，通过发现债务人财产、进行资产盘活、杠杆投资等方式，实现投资回报。一般在制定不良债权的购买或转让方案时，会委托估价机构对不良资产进行评估，以便预计不良债权处置回收金额等。

三、不良资产处置评估存在的问题

（一）资料搜集受限

不良资产评估时，估价对象的房地产权属资料、使用状况、欠交税费等资料获取较为困难。甚至还会出现房地产现状已经和当初抵押时的状况不同，不能确定房地产的权益状况，甚至实物状况，更不能从委托人处获取现状的有关资料，为不良债权评估增加了难度。

注册房地产估价师在遇到此类问题时，可以采取多种方式来补充不良资产的信息，增加对不良资产的了解，比如网络查询、新闻信息、拍卖信息等，但是，要判断此类间接信息的准确性、真实性和时效性，防止做出误判。

（二）查勘受到限制

在对不良债权进行评估时，大多数企业不太配合，导致查勘难以进行。大多情况下，只能做到外部查勘，对于房屋内部情况不能很好地了解。若遇到房屋外有其他遮挡物，则导致房屋外部的全貌也不能很好地查勘到。这时候就要依据搜集到的资料充分了解不良资产，对不良资产做出合理的判断。

（三）资料查验受到限制

对估价对象的法律权属资料和资料来源的查验受到限制。根据《房地产估价规范》GB/T 50291—2015，注册房地产估价师有义务对搜集的估价所需资料进行检查，不得仅凭复印件判断或假定估价对象的权属状况。不良资产的资料搜集本身就比较容易受到限制，但注册房地产估价师应该尽一切可能的办法搜集资料，对于搜集到的资料还需要仔细甄别和查验，辨认资料真伪和完整程度。由于不良资产处置的特点，使得估价对象的资料查验受到限制。所以在承接不良资产处置时，注册房地产估价师应该有职业敏感度，尽可能多地搜集不良资产的有关资料。

（四）其他限制

注册房地产估价师认为对形成合理价值评估结论具有重要影响的其他事项或有限制。比如：产权资料完整、查勘可以完全进行，但是现场中被第三方占用，关于占用的信息不详，无从得知不良资产在处置过程中是否会顺利进行，以及不能顺利进行所可能会产生的程序和费用。

四、不良资产处置中的估价服务及实践分享

（一）资料搜集

不良资产处置中，资料搜集是评估工作中很重要的一个环节，以便确定估价对象财产范围及估价对象基本状况。需要注册房地产估价师从众多复杂的调研信息中提取资料并核实，选择具有准确性、真实性、时效性的数据来采用，以防止不良债权中的有效资产重复或流失。

搜集的资料主要包括其权属资料、租赁占用资料、抵押担保资料等。遇到资料难以搜集全面时，可以借助金融机构放贷时的抵押报告，看是否有相关内容的记载。

仔细甄别资料的有效性和准确性，如金融机构在对企业押品进行抵押时，估价对象是土地使用权，后在土地上建设了在建工程。因企业还款不力，导致产生不良债权处置。在处置不良资产时，需要明确估价对象的范围，是土地使用权还是在建工程？根据《土地使用权抵押合同》记载，办理土地使用权抵押登记后，如该土地上新增在建工程等建筑物，新增的建筑物亦属于抵押财产。但在实际操作中，并未进行在建工程的他项权登记。根据《中华人民共和国民法典》第417条："建设用地使用权抵押后，该土地上新增的建筑物不属于抵押财产。该建设用地使用权实现抵押权时，应当将该土地上新增的建筑物与建设用地使用权一并处分。但是，新增建筑物所得的价款，抵押权人无权优先受偿。"因此，此案例估价对象的范围是土地使用权，不含地上在建建筑物。

（二）现场查勘

在对不良资产处置的估价中，现场查勘尤为重要。需要实地查勘不良资产的实物状况、区位状况和权益状况，通过自己的调查取证对估价对象有一个全方位的了解。现场查勘包括对估价对象本身及周边的认真勘查，对周边人员的走访，对类似房地产的考察等。

房地产实地查勘要以现场调查为主，以规避不良资产的风险。如：估价对象是否真实存在，权属信息是否清晰正确，是否具备良好的变现能力等。进行实地查勘、核实不良资产的真实性是估价师进行估价业务的首要工作，不能轻易免去该部分工作程序。注册房地

产估价师一定要遵守估价程序，亲自到现场进行查勘，分析估价对象的内、外部状况，界定估价范围，认真核对权属资料和实物的异同。履行基本职业道德，谨遵估价程序，对估价对象尽职调查与查勘，才能真实披露不良资产的真实信息，免去房地产估价机构可能出现的估价风险。

例如：1.实物状况：不良资产是否具有现时的使用功能，尤其是商场中的不良资产，消防、水电是否已遭到破坏，若不能继续使用，就要考虑其对不良资产的贬值因素。2.区位状况：估价对象是否有遮挡物，是否有立交桥的建设而影响估价对象的出行，是否存在特殊性等。3.权益因素：不良资产的权益状况除了搜集到的他项权证、租赁合同等资料外，现场查勘得到的资料更为全面。是否有拖欠税费、物业费、滞纳金等情况，是否被占用，是否存在地役权等，都需要在现场查勘时认真发现，再辅以搜集资料证实。

再如：不良资产是土地使用权时，若取得土地的时间较早，现场查勘发现土地是空地，尚未进行开发建设，就要考虑估价对象是否认定为闲置土地。可以通过多方面搜集资料，甚至到政府有关部门去查询。若为闲置土地，则有被无偿收回的风险，在评估其价值时就要充分考虑这个特殊情况。

综上所述，注册房地产估价师需要根据权属资料记载的情况对现场进行实地查勘，现场查勘后，还需要根据查勘的情况反馈补充搜集更多的佐证资料，以便更全面了解不良资产的状况，完成对不良资产搜集的资料真实性和完整性的查验。

（三）评估测算

对不良资产评估时，要考虑估价对象的市场价值和处置时的特殊情况，在评估过程中，要充分考虑不良资产的价值影响因素，处理好特殊情况对其价值的影响。

1.对于多套房地产一起处置评估时，或者对于整栋大厦、整栋商场的大宗房地产评估时，因为购买该物业所需资金量大，一次性买断的买家少，需要考虑其规模大、价值高的特点，无法处置或处置价格往往较单套和小规模物业的价格大幅度降低。还需要特别注意是否有结构拆改、房屋打通、重新分割使用等情况，这都会增加处置的难度。估价对象的拆除、改造、新增，都会影响不良资产的处置，因此要谨慎评估其价值。

2.对于商场内不临街商铺的评估，要考虑其能合法享有及分摊整体房地产的各项权益和服务配套设施，例如公共部位的通行权及水电等共用设施的使用权是否正常，以及商场整体的运营情况和物业管理等情况。如评估商场里的某小商铺，若商场整体经营不善，小商铺必然受到影响而大大降低市场价值。这类房地产相比于单套独立经营的物业会贬值，因此要合理评估其价值，充分考虑处置风险。

3.评估时要考虑其实际实物状况与权属资料记载的实物状况的差距。有一案例，不良资产为土地，根据土地使用权出让合同约定，土地已达到三通一平，实际查勘时，土地上仍有庄稼种植，且没有三通，这时需要谨慎评估估价对象的价值。对于不良资产土地，若其上有新增建筑物，应该考虑新增建筑物对整体房地产价值的影响。该建筑物可能没有进行抵押登记，但也要考虑其存在的他项权利。一般情况下，在不良资产处置时，会连同同宗土地上的建筑物一起处置，若该建筑物存在拖欠工程款或其他优先受偿款，拍卖所得需要先行扣减该建筑物的优先受偿款。

4.对于设置了用益物权的估价对象，要进行权益因素修正或者适当的价值扣减；若土地使用权设置了地役权和未设置地役权的价格应该有所区别。

5.对于存在租赁权等他项权利的，应该考虑承租人的权益，分析现有租约的优劣点，与市场租金作比较,不要高估或低估估价对象的价值。还需考虑估价对象是否存在欠缴税金及相关费用(包括税收、物业费、水电费及其滞纳金等)的情况。

(四)分析结论

房地产估价机构和注册房地产估价师在不良资产处置的估价服务中处于中介服务业的位置,是不良资产价值的直接参与者,因此在接受估价委托时,估价师应该避免由于竞争激烈而迎合估价委托人对不良资产处置中的价值提出的不合理要求。承接业务后,房地产估价机构与注册房地产估价师有义务对其权属情况进行核实,对搜集的估价资料应进行查验和核实。亲自实地查勘,拍摄反映不良资产内外部状况和周围环境状况的照片等影像资料,实地查勘记录应真实、客观、准确、完整、清晰。补充搜集估价所需的市场租售资料和规划资料等。针对不同的不良资产物业种类,注册房地产估价师应根据房地产实际情况及特点,采取合理的估价方法,在估价方法中选取合理的参数。为不良资产处置提供高质量的估价服务。

五、小结

在新经济形势下,不良资产处置越来越复杂,不良资产处置的估价服务要求也越来越高。在不良资产处置估价中,估价机构和注册房地产估价师要避"坑",多方面解决不良资产估价中的受限制情况,合理评估不良资产价值,给予估价委托人高质量的估价服务。

参考文献:

王彬.地方资产管理公司治理与发展[M].北京:法律出版社,2018.

作者联系方式

姓　　名:李红艳　阮宗斌　张聘聘
单　　位:深圳市国策房地产土地资产评估有限公司
地　　址:天津市南开区南京路309号环球置地广场2401室
邮　　箱:lihongyantj@163.com;ruanozngde@126.com;773877210@qq.com
注册号:李红艳(1220100012);阮宗斌(1220030010);张聘聘(1220170011)

不良资产处置中的房地产估价服务

黄亚锋 郭 浩

摘 要： 目前，我国的经济发展趋势较好，总体呈平稳状态。部分企业受到疫情、金融体制改革的影响，因经营状况恶化而陷入困境。因此银行积累了大量的不良资产，严重影响了市场正常发展的安全与秩序，对这些不良资产需进行有效的处置，处置的前提是对其价值进行评估。

关键词： 不良资产处置；估价方法；实践分享

一、当前不良资产的市场现状

（一）不良资产的形成

1. 市场因素

（1）改革开放以来，创业热潮高涨，国家政策也是扶持私营企业创新，但创业风险很高，很多企业经营不善倒闭或负债，导致银行的不良资产增多。

（2）此前在疫情影响的冲击下，如交通运输的受限、防控政策的实施、个人消费需求的下降等方面因素，迫使大量企业出现实物供应链断裂、开工率下降，生产经营大不如从前，在此环境下，没有及时作出调整的企业，只能被迫清算退市。

2. 企业因素

（1）企业的发展方向错误、管理不规范等方面因素，导致生产成本上升、潜在顾客流失、产品竞争力下降，最终导致营业收入下降，现金流严重短缺，贷款偿还能力下降。

（2）企业投资增长过快导致资产负债率过高，生产经营达不到预期的情况下，企业无法偿还到期债务，银行贷款形成不良资产。

（3）由于科技快速进步的发展，旧技术工艺落后很快便会遭到淘汰，导致部分企业出现实物资产价值贬损，技术落后产品的堆积，形成产能过剩。

3. 商业银行因素

（1）商业银行的贷款投放较依赖于企业信用评估和抵押品价值，投放方向跟着市场走，若当前市场投放环境较差，企业营业收入下降、抵押资产价格下跌，银行严格贷款条件减少贷款发放，企业很难通过借新还旧实现再融资，导致企业还款能力下降。

（2）贷款前注重项目的抵、质押率及担保措施，对现金回款能力重视不够。贷款后缺乏对贷款对象行业属性及特征的把握。

（3）在一些经济发展不是特别好的地区，一家企业可以带动大量的就业，为了促进经济的发展，地方性银行往往会对这种企业提供一定的优惠及保护。

（二）不良资产的产生对当前市场的影响

1. 银行资金投放减少

大部分不良资产均有可以变现的抵押物，为了方便处置不良资产，资产的估值会不同程度出现下跌现象。对于投资不良资产者，这将会是一个特殊的机会。但对于银行而言，不良资产存量增多会使银行更加严格筛选客户，从而减少资金的投放，资金无法运用到收益更大的项目上，对银行或个人的收益造成损失。

2. 兑付困难

企业开发项目经营不善，资金链断裂，项目变为不良资产，其公司发布的基金、保险、各类融资及各类理财产品等均无法兑现。较为明显的有房地产开发项目的滞留，由于房地产开发项目所需投资较大，企业没有庞大的资金是无法直接接手一个房地产项目，一个"烂尾楼"项目，便可造成数千人无法兑付。

3. 市场投资意愿降低

各类投资本身都具有一定的风险性，不良资产始终处于增长趋势，加上疫情反复的影响，投资者均持观望态度，投资意愿不强烈，市场活跃程度大幅降低。

二、不良资产的处置

（一）不良资产处置方法及流程

1. 不良资产处置方法

不良资产处置是对其拥有或持有的不良资产进行价值变现和价值提升的活动。常见不良资产处置方法包含破产清算、拍卖、资产转让、资产重组、资产托管、资产证券化等方式。

2. 不良资产处置流程

不良资产对企业单位的发展、声誉均有不同程度的影响。如何将不良资产进行妥善处理，一个合理的处理流程是十分重要的。通过对市场上不良资产的处理方式进行梳理，一般处理过程如下：

（1）确定拟标的物进行公示；

（2）进行财产、债权、法律关系等尽职调查；

（3）确认拟标定物价值；

（4）拍卖、转让或其他方式；

（5）签约付款；

（6）发布交接、转让公告。

（二）估价服务在不良资产处置中起到的作用

一般情况下，评估结果直接影响法院对标的物的起拍价，也会直接影响后续资产管理公司或其他投资者的交易价格及交易内涵。

对市场发展而言，标的物的价值会受到区域因素、风险因素、实物因素等影响，一个合理、客观的评估价，能使标的物在市场上更好地进行处置；

对个人投资者而言，每个人投资者基于自身资源、个人喜好的不同，对标的物的价值各有判断，一个适宜的转让价格能使供需双方各取所需，互利共赢；

综上，合理的评估价格能保持市场的活跃性，高效化解银行不良资产的风险，更好地将市场上堆积的不良资产进行处置。

三、不良资产处置的估价重点分析

（一）抵押物的尽职调查

1. 现场勘查

在进行现场调查前，应对其标的物进行分析，根据标的物的复杂程度建立对应合理人数的团队，各成员尽力完成自己的本职任务，如遇到问题及时沟通，并在需要时与其他成员相互提供协助，接受工作调整。

除常规对标的物拍照外，可通过查看、访谈、现场勘查对标的物展开调查，需调查内容包括但不限于：（1）标的物位置是否正确；（2）标的物是否完整；（3）现状使用状态；（4）损耗状态；（5）产权持有人及权属；（6）区域位置及影响。

2. 收集估值资料

为保证评估报告的质量，确保在交易过程中不发生意外，合理确定标的物价值，估价人员要尽可能去调查收集与标的物相关的资料，并对比各项资料、信息，综合核查标的物的真实状况。

需收集估值资料包括但不限于：（1）主债务人及其他债务人、担保人情况；（2）权属资料（含登记情况、对外租赁的信息）；（3）项目规划建设情况；（4）标的物租赁、交易价值。

3. 无法调查的处理方式

在实际调查过程中，会有很多无法入户查勘的情况，如房地产处于查封状态；个人不配合入户查勘；标的物位置无法确定；个人霸占房屋等。如遇上述问题，若随行有客户，让客户作为见证人，在查勘表签字，估价人员在查勘表注明情况，一并签字。若没有随行人员，在保证自己安全下进行拍照留证，将必要信息反馈给客户和相关人员。

（二）估价方法的选择

通过尽职调查获得的标的物现状及其他资料，与现场查勘人员经过讨论，确定影响房地产估价因素，确定估价对象的各项因素修正，选取适用的评估方法。

1. 影响因素的确定

房地产常见影响因素有：在建工程建设进度、建设资金来源情况、周边环境规划状况、建筑用途、市场定位、同类房地产销售情况及价格水平、房地产抵押状况、工程欠款及其他欠款情况等。

2. 估价方法的适用性分析

不良资产抵押物一般以住房、商业、办公、工业厂房、土地、相关在建工程为主。确定不良资产的标的物评估假设、价值类型、市场条件等方面后，选取适用评估方法。

常见方法有比较法（个人住房、大宗物业、工业厂房、办公、土地等适用）、收益法（商业、办公等使用）、成本法（在建工程等适用）。

四、不良资产估价实践中遇到的难点及处理方式

估价目的：××企业拟收购不良资产所涉及的××持有的土地、大宗物业、在建工程等不良资产价值分析评估。

项目情况：本次评估标的物包含种类较多，权属复杂，土地中含A村股份公司共同共有的28%份额，大宗物业含B村股份公司所有的70%返还物业，在建工程为第二顺位优先受偿人。

评估思路：本次评估价值中应将标的物按照正常价值评估，再扣除村股份公司所拥有的部分价值及第一顺位优先受偿人价值。

项目难点及处理方式：

1. 土地价值评估

（1）项目难点：据我国法律规定，不动产在转让时，共有人享有优先购买权；若本次土地交易不成功将影响后续大宗物业及在建工程的收购；客户不同意继续与 A 村股份公司保持共同共有的关系。

（2）处理方式：与 A 村股份公司进行交涉，A 村股份公司同意让客户将 A 村股份公司所有的 28% 份额按评估价进行购买。

2. 大宗物业评估

（1）项目难点：大宗物业含 B 村股份公司所有的 70% 返还物业，楼宇已开发完成，未办理房产证。

（2）处理方式：与 B 村股份公司进行交涉，B 村股份公司同意客户交易完成持有后，自行办理房产证，并将整栋大宗物业进行拍卖后按比例分配资金。

3. 在建工程评估

（1）项目难点：第一顺位优先受偿款价值较高，第二顺位优先受偿款较低，且需客户独立承担税费与后期开发。

（2）处理方式：由第一顺位人承担交易税费并与客户共同开发本次项目。

五、结论

由于不良资产自身所具有的独特性、交易机制、市场供求等方面的局限，在不良资产交易过程中，很多时候是根据评估结论直接确定交易价格与交易方式，评估结论在一定程度上成了交易必须的依据。接受不良资产评估委托时，估价人员应从多个方面进行考虑，需结合交易人需求、标的物特性，并对抵押物进行必要的研究等。

不良资产评估主要目的是为市场主体提供决策参考，实现收益最大化，不良资产评估中要对标的物进行详细调查，搜集和整理标的物的有关信息，正确选取评估方法，保证评估结果的公允性和有效性。

参考文献：

[1] 方英隽. 不良资产行业发展现状及未来展望 [J]. 商业文化，2022（6）：100-102.

[2] 庹树豪. 抵押类不良资产价值评估研究 [J]. 今日财富，2021（11）：36-37.

作者联系方式

姓　　名：黄亚锋　郭　浩

单　　位：深圳市新永基土地房地产资产评估顾问有限公司

地　　址：广东省深圳市福田区福田街道滨河大道 5022 号联合广场 A 座 3008

邮　　箱：2318271345@qq.com；1095818644@qq.com

注册号：黄亚锋（4419960089）

房地产破产处置中涉及的评估及其延伸业务的探讨与实践

余秀梅　吴　军　朱永飞

摘　要：改革开放以来，我国房地产市场呈现出一种强劲发展势头，房地产企业如雨后春笋般繁荣兴起。近年来，在坚持"房住不炒"的政策下，我国房地产市场趋于稳定，行业进入高质量发展阶段，部分房地产企业因经营管理不善导致破产，既顺应了时代发展需要，也符合国家宏观产业政策的调整预期。由于房地产企业破产案件涉及债权人多、资金体量大、社会影响面广、实体类型与权属关系复杂等特点，如何做好房地产企业破产业务服务，为破产企业管理人提供科学的决策，对评估公司及其他服务机构的综合服务能力提出了新的要求，也成为在竞标中能否取胜的关键因素。

关键词：房地产；破产；评估及延伸业务

依照《中华人民共和国破产法》（以下简称"《破产法》"），企业由债权人或债务人申请破产后，应由评估机构对企业资产进行评估，确定企业的评估价值，便于管理人对破产企业资产的处置。其中，对在建工程部分，应由工程造价咨询公司对已完工工程的造价结算进行编制及对续建工程的工程预算进行编制等，以利于管理人对施工单位债权的认定以及掌握续建工程所需资金等。

一、企业破产涉及的相关知识

（一）破产的定义

《破产法》于 2006 年 8 月 27 日通过，并自 2007 年 6 月 1 日起施行。破产是指债务人因不能偿债或者资不抵债时，由债权人或债务人诉请法院宣告破产并依破产程序偿还债务的一种法律制度。狭义的破产制度仅指破产清算制度，广义的破产制度还包括重整与和解制度。

（二）企业破产的清算程序

企业被依法宣告破产后，人民法院应当自宣告之日起 15 日内成立清算组，接管破产企业，对公司进行破产清算。具体程序如下：宣告破产—组建清算组—接管破产企业—处理善后事宜—编报破产财产分配方案—偿还债务—报告清算工作—提请终结破产程序—追究破产责任—办理注销登记—追回非法处分财产。

在我国破产案件中，对破产人财产的清算分配并不是由人民法院直接进行的，而是由破产管理人即清算组负责进行。处理善后事宜是指接管破产企业后，清算组就应进行破产企业财产保管、清理、估价、变卖、分配，决定是否履行未履行完毕的合同，交付属于他人的财产，追收破产企业在法院受理破产案件前六个月至破产宣告之日期间内非法处理的财产等。

二、房地产企业破产业务发展趋势

随着社会主义市场经济的建立,公平竞争、优胜劣汰的市场机制逐渐形成。2007年,《破产法》应运而生,但在经历约两年因政策性破产导致案件数量较多的阶段后,自2009年开始,全国法院新收破产案件呈现逐年下降趋势。为此,人民法院进一步加强破产立案制度化建设,改革破产立案制度,运用信息化手段进一步保障破产案件的依法立案受理,积极宣传破产保护理念,推进破产案件启动难问题的解决。从2013年开始,破产案件数量出现拐点,开始逐年上升。

我国自1998年启动房地产市场化改革以来,房地产行业经历了约20年迅猛发展阶段,房地产企业如雨后春笋般蓬勃兴起,企查查数据显示,截至目前,我国现存房地产相关企业69.93万家。2017年10月,习近平总书记在党的十九大报告中指出:"坚持房子是用来住的、不是用来炒的定位,加快建立多主体供给、多渠道保障、租购并举的住房制度,让全体人民住有所居。"此后,中央政府持续下决心来解决好房地产市场问题,我国房地产行业进入调整规范阶段。近年来,在宏观经济和微观调控的影响下,房地产行业面临发展疲软和债务偿还的双重压力,开始出现艰难的生存局面,甚至部分企业因资金链断裂而申请破产。在人民法院公告网上,以"房地产""破产文书"为关键字进行检索,自2021年1月至2022年10月,全国共有712家房地产企业破产,平均每月约有32家(图1)。

图1 全国房地产破产企业统计数据(2021年1月~2022年10月)

注:数据来源于人民法院公告网。

近年来,为应对破产案件的快速增加,提高处置质效,政府部门高度重视,有较多省市为破产案件设立了专门的机构,建立联动协调机制,如:湖南省联合了二十几个部门建成的湖南省省级破产处置府院协调机制;合肥、南京等城市的部分法院成立了受理破产案件法庭;合肥市将四个区的破产案件集中到一个法院进行受理;部分地区省、市均成立了破产管理人协会;众多律师事务所也成立了专门从事破产业务的团队,如锦天城(合肥)律所成立了破产事业部。

三、房地产破产企业评估业务需求

（一）房地产破产企业项目特点

1. 债权人数量众多，结构复杂

涉及的债权人有银行、担保公司、购房者、施工企业、政府（如地税部门）等，这当中购房者的数量居多，少者几十，多者上万；其次是施工单位，有总包单位、各分包单位等。

2. 企业资产规模大

房地产企业涉及的规模均较大，继而涉及的总资产也较大，资产少者几千万元，多者上十亿、上百亿，进而涉及的债权总额较大。

3. 实体类型较多

房地产企业涉及的实体状况通常有已完工工程、在建工程、未开发土地等，有些包含上述三项，有些包含其中某两项或某一项。

4. 权属类型复杂

房地产企业根据其完工情况，涉及的权属类型不尽相同，主要包含：（1）房产已预售并签订合同且已备案；（2）房产已预售并签订合同但未备案；（3）房产已做工程款抵付且已经签订合同；（4）房产已收定金，但未签订合同；（5）房产还在诉讼当中，尚未解除查封等。上述权属的认定工作由管理人完成，评估公司根据其认定范围进行评估测算。

评估公司及服务机构日常服务的破产项目，主要分为两种类型：一是按照《破产法》已进入司法程序的，分为破产清算、破产重整及破产和解的破产项目；二是尚未进入司法程序的，即通常所说的拟破产、预重整项目。下面将以第一种类型情况进行介绍。

（二）评估业务需求

破产项目评估与管理人对企业的处置方案有着密切关系，处置方案不同，评估范围及评估目的也会不同。根据管理人需求，评估的经济行为主要有：

1. 清算价值评估

该评估范围仅为房地产企业所属资产在现状条件下的清算价值，其中涉及在建工程评估的清算价值不同于正常评估下的在建工程的价值，区别在于：第一，清算价值评估先要采用假设开发法或成本法测算其市场价值，其次测算其变现系数，最后将市场价值与变现系数相乘得出清算价值；第二，清算价值评估扣除的续建成本仅为房地产开发企业所属资产的续建成本，不包含已售房产的续建成本，已售但未完成的续建成本纳入公司的债权，不纳入评估范围。

2. 重整价值评估

重整价值评估一般是在招募投资人时，为了让投资人了解整个项目价值而做的评估类型。这类评估范围一般是整个在建工程，评估的价值类型通常为市场价值，一般采用假设开发法或成本法进行评估测算；采用假设开发法时扣除的续建成本为整个在建工程续建成本，包含了已售房产的续建成本。

3. 债权分配市场价值评估

债权分配评估业务一般发生在企业重整成功后，管理人用已建成的住宅用房、商业用房、办公用房等抵债给债权人，管理人及债权人共同委托评估机构对抵债资产进行评估测算。对于这种评估类型,一般住宅用房采用比较法评估测算,商业与办公用房采用比较法和收益法进行评估测算,评估的价值类型为市场价值。

4. 预测性评估

预测性评估一般发生在重整阶段,是管理人为了解项目开发完成后的价值,为破产项目重整方案及债权分配决策作参考。这类评估一般是在各种假设条件下进行的评估测算,评估的价值类型为市场价值。

(三)由评估带来的延伸业务需求

1. 工程造价业务需求

工程造价业务需求主要是针对尚未完工的项目,根据管理人的需求,对已完工工程造价结算编制、对续建工程的工程预算编制以及对续建工程的跟踪审计工作,以利于管理人对施工单位债权的认定,掌握续建工程所需资金,以及从续建工程开始施工到竣工交付使用各阶段经济管理活动的真实、合法、效益进行审查、监督、分析和评价。

2. 全过程项目管理业务需求

全过程项目管理在破产项目中是指对尚未完工的在建工程在续建前的工作梳理,以及对续建后工程的全方位管理,其主要工作内容如下:

(1)对工程项目的所有续建资料收集、整理、汇总,协助管理人续建项目投资决策咨询;

(2)与各相关主管部门对接办理工程施工各项合规手续,与水、电、气等公共事业管理部分对接并办理报装手续;

(3)开展续建项目的设计工作,包括设计单位招标、设计方案制定和优化,并按规定办理规划手续、施工图审查等工作;

(4)协助管理人开展工程项目招标采购工作;

(5)对续建项目待施工部分与已施工部分界面在专业工程续建、维修加固前进行明确,根据项目特点,选取不同的验收时点,组织相关部门对已建工程质量进行验收,明确质量责任;

(6)全过程参与工程项目施工管理,从工程安全、工期、质量、环境和工程价款支付5个方面,协助管理人,对工程项目进行全过程和全方位管理;

(7)根据项目特点及资料完整程度有针对性地对工程竣工资料进行整理收集,配合施工方提请当地城建档案管理机构对工程档案进行验收移交并取得《建设工程档案合格证》;

(8)办理工程项目竣工验收、备案及移交工作;

(9)开展工程结算管理工作;

(10)制定并协助管理人进行项目施工人员管理、现场管理、信息管理、施工资料和档案管理等工作。

在以上工作内容中,最核心也是最重要的工作是:

(1)质量管理:根据图纸设计内容,依据施工、验收等相关规范,严把质量关,确保工程质量合格;

(2)安全管理:根据项目主体完工,进入装饰装修阶段特点,重点防范临电使用、高空作业、临边防护、外架拆除、安全帽佩戴、夏季高温防暑等关键点;

(3)进度管理:依据总包施工合同,控制总体施工进度,但因项目停滞周期过长,加上部分图纸不全,造成维修工程及很多暂定项无法确定,须在具体施工过程中进行调整;

(4)合同管理:依据合同,配合管理人做好合同管理工作,完善相关流程签订等手续。

全过程项目管理较为复杂，对相关人员专业技能要求较高、知识涉及面较广，管理人一般会选择工程造价咨询公司对工程进行全过程项目管理。

3. 除此之外，还有测绘业务需求，招标投标业务需求等，因这些业务不多，这里不再赘述。

四、成功竞标破产项目的案例分析

下面通过一个具体案例，来介绍房地产开发企业破产项目的业务类型。

2021年初，我公司通过竞标，取得某房地产破产项目评估业务。

（一）项目概况

该项目共分为四期，一期为家居广场、招商中心，二期为世贸大厦、万国风情步行街及影院，三期为世贸公馆住宅小区，四期为购物生活广场，其中一期与二期已竣工，三期与四期为在建工程。本次评估主要为未出售及自持房产，包括一期的招商中心，二期部分商业、商务办公、酒店及影院，三期和四期的在建工程（规划用途为：三期住宅用房，配有少量底商，四期为商业综合体及两幢办公用房），涉及的建筑面积为119331.08平方米。

（二）评估应用

根据管理人处置资产的需要，评估的价值类型为市场价值。我公司根据资产情况对上述资产选用收益法、比较法、假设开发法进行了评估测算，并出具房地产估价报告。

该项目体量大，对评估机构来说是常规的评估项目。但其也有亮点：因该项目涉及的债权人达几千人，涉及该企业的房产也众多，在实地查勘时，经管理人介绍，部分房产的权属关系还存在争议。由于该项目时间紧，且项目在外地，经研究，本次在进行实地查勘及初步评估测算时，将所有房产都纳入评估范围，后续根据管理人的范围缩小做相应的删减，以确保能在管理人指定的时间内完成所需要的评估报告。

（三）延伸业务

通过评估，我们可以了解评估项目概况，同时通过与管理人沟通，其后续还有评估业务及工程造价鉴定等业务，我们也时时关注管理人的招标投标动态，以确保能参与投标，并希望能通过自己所做的方案以及报价，能顺利中标。本次列举的案例中，我们后续做了如下延伸业务：

1. 租金评估业务

管理人根据房产情况，为了回笼资金，对少部分房产进行招租，我公司完成了该部分房产的租金评估工作，为管理人对外招租提供价格参考。

2. 工程结算编制及工程预算编制

工程结算是指施工企业按照承包合同和已完工程量向建设单位办理工程造价清算的经济文件。工程预算是对工程项目在未来一定时期内的收入和支出情况所做的计划。

因我公司同时具有工程造价资质，在接洽业务中，当估价人员了解到该项目的部分房产为在建工程时，经过深入沟通，获知管理人还有对尚未完成的工程进行工程结算及工程预算的业务需求，我们通过投标，经过管理人对方案及报价的比选，最终我公司承接了三期工程结算编制以及三期和四期的工程预算编制工作。

3. 全过程项目管理

我公司开展破产业务服务工作已有8年，不仅对破产项目的业务特点进行过深入研究与探讨，而且储备了一定的技术人才，截至 2022 年，公司已承接全过程项目管理 3 个，受到客户的充分肯定。

在上述项目中，公司在承接工程结算编制及工程预算编制的同时，向管理人介绍了全工程项目管理工作，引起了管理人的高度重视与极大的兴趣。经过综合考虑，管理人最终确定先以三期在建工程作为试点。通过招标投标，管理人对方案、报价等进行比选，最终我公司承接了该项目的全过程项目管理业务。

4. 除了以上延伸业务外，公司在服务其他破产项目中，还承接续建工程的跟踪审计、土地测绘业务及招标投标代理等延伸业务。

五、结论

随着我国房地产行业进入高质量发展阶段，房地产企业必然也逃不过"优胜劣汰"的市场法则，房地产企业的破产既是产业发展的必然结果，也是保持房地产行业健康发展的客观需要。

房地产企业破产处置市场需求的兴起，在为评估公司及其他相关服务机构带来业务发展机遇的同时，也为其综合服务能力提出了更大挑战。一方面房地产企业破产案件涉及债权人多、资金体量大、社会影响面广、实体类型与权属关系复杂等特点，在承接项目时，除了房地产项目评估业务外，还有资产评估业务、工程类业务等，可谓业务延伸范围既广又深；另一方面房地产企业破产案件涉及业务领域广、复杂程度高，除要求作业人员的专业技能较高、知识涉及面较广外，对团队综合性服务能力要求也非常高，应须具备应对各种复杂局面的丰富处理经验。

综上所述，在竞争激烈的时代，评估公司及其他相关服务机构如要在市场上占据一席之地，需要与时俱进，多元化发展，不断提高自身的综合服务能力。

作者联系方式

姓　　名：余秀梅　吴　军　朱永飞
单　　位：安徽中信房地产土地资产价格评估有限公司
地　　址：安徽省合肥市蜀山区潜山路与高刘路交口三实大厦 10 楼
邮　　箱：1036787601@qq.com；309171990@qq.com；13172775@QQ.com
注册号：余秀梅（3420140042）；吴　军（3419970080）；朱永飞（3420070015）

政府回收幼儿园的评估经验分享

陈文升　何遵龙

摘　要：近年来，我国响应人民群众呼声和社会经济发展需要，日益重视教育强国。随着"三孩政策"的落地，为了进一步鼓励生育需要从各方面减轻家长负担，特别是学前教育。然而众所周知，我国实行九年义务教育，即小学和初中阶段属于义务教育学段，幼儿园和高中不属于义务教育。由此催生了各种学前教育问题：入园难、学费贵、水平低等。随着人民生活水平的不断提高，老百姓对幼儿教育也有了新的更高的要求。政府为了更好解决当前存在的学前教育问题，尤其是入学难问题，更是"多管"齐下，其中就包括回收幼儿园途径。笔者曾承接此类咨询评估项目，本文从评估过程中需注意的要点分享个人浅见。

关键词：政府；回收幼儿园；风险；评估方法

习近平总书记在党的二十大报告中明确提出：要办好人民满意的教育。坚持以人民为中心发展教育，加快建设高质量教育体系，发展素质教育，促进教育公平。其中，强化学前教育在报告中被明确提及，其重要性不言而喻。然而，教育部历年已多次回应：学前教育不纳入义务教育，因为幼儿教育显然不能强制每个孩子入园，国际上也没有此先例。因此，政府如何实现幼有所育成了关注焦点。当前，扩大公办学前教育的比例才能先解决入园难且贵的问题。

政府收购幼儿园评估就是在新形势新要求下诞生的咨询业务，鉴于幼儿园有其特殊性，笔者就曾经在珠海市承接的评估项目分享一点经验体会。

一、背景

学前教育是珠海教育发展的短板，呈现出公办幼儿园少、公办学位占比低、区域资源不均衡等特点。受外来人口增长快、公办园建设历史欠账多、主城区学前教育过度市场化等因素的影响，前几年珠海市尤其是主城区公办幼儿园学位供给跟不上社会需求。笔者亲身经历，2013年的抽签中签率竟高达七十分之一，导致香洲区公办入园抽签被戏称为"中彩票"。

2018年11月，《中共中央　国务院关于学前教育深化改革规范发展的若干意见》发布，提出到2020年全国学前三年毛入园率达到85%，普惠性幼儿园覆盖率（公办园和普惠性民办园在园幼儿占比）达到80%。为此，2019年珠海市、区两级政府以学前教育"5080"攻坚行动为契机，多途径增加公办学位，确保学前教育朝公益普惠方向发展。所谓"5080"是由广东省于2018年提出的学前教育攻坚计划，即到2020年实现全省公办幼儿园在园学生比例达到50%，公办和普惠性民办幼儿园在园学生占比达到80%。截至2021年底，珠海市已提前完成"5080"攻坚任务，但仍存在区域分布不均衡的问题。因此，政府收购已建成的幼儿园是最直接高效的提高入园率的途径之一。

二、政府收购需求形成的原因

1. 政策支持。2021年8月20日，第十三届全国人民代表大会常务委员会第三十次会议通过了关于修改《中华人民共和国人口与计划生育法》的决定，正式实施"三孩政策"。鉴于当前生育率仍处于历史低位，降低教育成本减轻家长教育压力已刻不容缓。政府努力推动新建幼儿园，但从选址、项目可行性研究、规划审批、开工建设到交付使用需时甚久。因此，政策支持采取收购现成幼儿园（特别是闲置的）的方式，能够更快投入使用，有助于尽快提升公办入学率。

2. 历史原因。早期出让规划大多仅要求小区需配建幼儿园但并无移交协议，因此幼儿园的权属归开发商所有。针对存在的问题，2019年珠海市出台了《珠海市人民政府办公室关于印发珠海市城镇小区配套幼儿园治理工作方案的通知》，提出以出让方式取得建设用地并已签订移交协议的配套幼儿园应按协议移交；以出让方式取得建设用地但未签订移交协议的，各区政府（管委会）应根据实际情况确定是否回收，如确定回收的，对土地及地上建筑物按现状评估进行回收。

3. 开发商意愿。首先，从上述工作方案可知，针对开发商违规将未回收小区配套幼儿园办成高收费幼儿园或闲置不用、挪作他用的，各区政府应采取有效措施限期收回。其次，自中央三令五申执行"房住不炒"及落实"三道红线"以来，加上疫情导致的全球经济下行，整个房地产行业处于阴霾笼罩之中，导致开发商资金紧张日益凸显。于是为回笼资金且能摆脱这么一个"负担"，开发商一改以往无所谓态度，积极响应政府号召协商幼儿园回收工作。

三、评估时需关注的要点

综上所述，政府如确定回收的，需对土地及地上建筑物按现状评估。下面，笔者就曾参与的政府拟回收一闲置幼儿园的评估情况进行分析说明。

1. 关注土地用途。据产权证显示，该闲置幼儿园于2013年竣工，房屋用途为幼儿园，土地用途为科教用地。然而，该幼儿园所属小区建设用地于2009年以商住用地出让所得，故幼儿园所占用地是以商住用地的地价缴交。站在开发商的角度，当初以商住缴交的地价款是科教用地的几倍，自然是难以接受由此造成的损失；就政府而言，聚焦于收购价值的大小和尽快完成回收工作往往容易忽视此类细节情况。秉持对客户负责理念，估价师要坚守"独立、客观、公正"的原则进行评估。笔者认为，一方面开发商拿地时必须经过综合研判，幼儿园项目是否盈利对于整个开发项目的影响可谓微乎其微；另一方面政府回收幼儿园属于财政支出，必须经得起审计的检验推敲。同时，依据估价规范的合法性原则，评估价值应为在依法判定的估价对象状况下的价值或价格。因此，估价师认为其土地性质必然要以现状和产权记载的情况一致为准。此外，测算其土地价值时还需要考虑土地现状开发程度、剩余使用年限等因素，综合分析市场情况后选取合适的评估方法。最终，经三方沟通协商后，我们采取基准地价法和市场比较法分别测算了现状情况下科教用地及商住用地的价值供双方研究讨论，由政府综合各方面因素后审慎做出科学决策。

2. 建筑物现状情况。据现场访谈了解，该幼儿园至今已闲置近 10 年，此前仅短暂用作施工临时办公室，内部仍为毛坯现状。幼儿园建筑设计本应坚持"以幼儿为本"的原则创造适合幼儿身心健康发展的物质环境条件，但估价师现场勘查后发现该幼儿园的设计存在不少问题。例如，实际占地面积小于规划用地面积（缺乏绿地及室外活动空间）、设计用作仓储的地下室面积过大（近 3000 平方米）且与小区地下停车场连通、天台围墙高度偏低等。经核查资料发现，出让时规划条件并无关于设置幼儿园的合理性要求。开发商设计的缺陷以及长期闲置缺乏日常维护保养将导致政府回收后需投入不少资金进行修缮。此外，笔者发现还存在造价成本明显偏高、实际完工与施工设计存在偏差等情况。所以，估价人员务必关注建筑物情况，多方面了解以便衡量判断类似情况对其现状价值造成的影响。

3. 评估方法适用性分析。就评估市场价值而言，比较法是最常用且首选的评估方法。但由于幼儿园普遍存在缺少交易案例、成交时间跨度大及个别因素差异较大等多方面影响，比较法往往难以采用。因此，幼儿园的价值评估更适宜采用收益法和成本法。收益法而言，一般可以有两种思路。一是从民办幼儿园营运收益的角度考虑，通过调查区域现有幼儿园数量、收费情况、办学规模及投入成本、教职工数量及薪酬状况等信息测算出幼儿园的收支情况，以求取其经营年限内预测的各年收益现金流，再通过合理的折现率求得其收益现值。这里，估价人员要充分考虑幼儿园行业的投资特点、投资现状及投资过程中的风险，分析经营者对待投资风险的态度、期望回报的大小和愿意接受的投资回收期长短等因素，通过明确或清晰的数据分析有助于使政府部门能够直观感受幼儿园的投资价值。二是民办幼儿园大多数是采取场地租赁运营的方式，因此可以调查承租幼儿园的租金水平来测算其价值。需要注意，不同幼儿园的场地租金差异较大，影响因素包括幼儿园规模、建筑物类型（独立园区或是楼宇住宅或商铺临时改造）、设立标准、租赁年限等。成本法而言，建设一所幼儿园所需投入的客观造价成本、相关税费、合理投资利润等资料较易获取，其关键在于细化幼儿园个性化部分价值，如设计方案不同、配套设施不同会导致造价差异。像上述幼儿园其地下室的建造成本在重置时，除了需考虑其所处用地的地质条件、因防范水浸等自然灾害需进行特殊处理等情况外，还应分析幼儿园某些附属设施的存在（如地下室）是否合理。对于不合理的非常规的成本，估价师要作理性分析判断，以便精确评估幼儿园的回收价值。

四、建议

笔者所承接的项目选用了成本法和收益法进行测算，同时针对土地用途的问题分别进行评估，最终出具了一份房地产咨询报告供委托方参考使用。对此，就政府回收幼儿园的评估，有以下两点建议：

第一，需防范业务风险，量力而行。此类业务表面上是买卖双方间博弈，实则可能存在明显的政策倾向性。估价师既要充分了解项目的背景和实际现状，也要保持理性分析和坚守职业道德，经受住各方可能带来的压力。要作好专业引领，敢于对违规行为说不，防范潜在的职业风险。笔者所在机构就该幼儿园存在的土地用途问题及设计问题如实向政府方反映，给出充分且准确的评估意见，最终收获有关部门对专业性的认同。

第二，开拓思路，积极建言献策。政府也在尝试多途径增加公办学位，确保学前教育朝公益普惠方向发展。实际对于回收幼儿园的情况，估价师可以发挥自己的专业能力，建议先通过做项目的可行性研究，看看是否存在回收以外的其他选择，如合作办园或是以租代购等方式，既有助于减轻财政一次性支付的压力，同时能够将更多的资源广泛投入到各个区域，避免因短期政策性考量导致未来可能出现幼儿园供过于求的情况。

五、结语

办好学前教育，实现幼有所育，已成为全社会的共识。响应党的二十大号召，估价师应把握此机遇顺势而为，在充分了解幼儿园行业的前提下，利用自身专业知识为政府有关部门解决基础教育阶段公办学位供给不足、优质教育资源分布不均衡等问题出谋划策。随着新兴估价业务的不断涌现，估价师要从自身做起，主动学习、开拓视野及技术创新以提升专业水平，时刻关注国家的发展动态，从中把握蕴藏的发展机会，坚持市场化、专业化、咨询化方向，从而有效适应估价需求变化，努力为我国建成社会主义现代化强国的目标贡献绵薄之力。

参考文献：

[1] 陈思宇. 私立幼儿园的投资价值研究 [D]. 成都：西南财经大学，2017.

[2] 方呈伟，黄芷雯. 房地产估价机构风险来源及应对 [C]// 高质量发展阶段的估价服务——2018 中国房地产估价年会论文集，2018.

[3] 柴强. 树立信心耐心，走市场化专业化咨询化发展道路 [J]. 中国房地产估价与经纪，2022（1）：4-6.

作者联系方式

姓　　名：陈文升　何遵龙

单　　位：广东仁合土地房地产与资产评估有限公司

地　　址：广东省珠海市吉大石花西路 17 号、19 号 2 层

邮　　箱：328571611@qq.com

注册号：陈文升（4420180057）；何遵龙（4419980112）

国土空间规划与房地产估价

王艳艳　牛丽波

摘　要：2019年至今，中共中央办公厅、国务院办公厅、自然资源部办公厅陆续发布了一系列关于国土空间规划体系建立、监督实施的意见，标志着多规合一的国土空间规划体系正式建立。在我国，无论是现有不动产，还是新增或更新的不动产基本上都是法定的。估价人员在承接业务时应该熟悉估价对象及其所在区域的规划，以更合理地确定估价对象价格，以更好地适应估价需要和要求。本文旨在通过对国土空间规划内容、国土空间规划对现阶段房地产估价的影响及国土空间规划衍生或发生变化的业务进行简要分析，为估价从业者更好地了解国土空间规划时代下估价需求提供新视角。

关键词：国土空间规划；房地产估价；新业务

一、国土空间规划概述

（一）国土空间规划体系的产生和意义

2019年5月，《中共中央　国务院关于建立国土空间规划体系并监督实施的若干意见》印发，随后自然资源部等部门积极推进配套政策的出台及实施，其重要意义已在顶层设计时明确：国土空间规划是对一定区域的国土空间开发保护在空间和时间上作出安排，是国家空间发展的指南、可持续发展的蓝图，是各类开发保护建设活动的基本依据。

从出台背景上看，国土空间规划改革是基于国家治理视角的整体性结构性改革。建立"多规合一"的国土空间规划体系并监督实施，是党中央、国务院作出的重大部署，是促进国家治理体系和治理能力现代化的必然要求。国土空间规划体系要求通过对空间资源的约束，去倒逼发展方式的转型，实现高质量、可持续的发展；要求以人为中心，改善生活与生态产品供给；要求对全域空间进行治理管控，调整和解决发展过程中人口与资源环境不平衡、不匹配的问题。

（二）国土空间规划体系的构成

国土空间规划体系内容由"五级三类四体系"组成。对应我国的行政管理层级的"国家级、省级、市级、县级、乡镇级"五个层级，形成全国国土空间规划、省级国土空间规划、市级国土空间规划、县级国土空间规划以及乡镇级国土空间规划；从规划层级上，又分为"总体规划、详细规划、相关专项规划"三种类型。同时建立编制审批、实施监督、法规政策、技术标准四个规划管理运行体系（图1）。

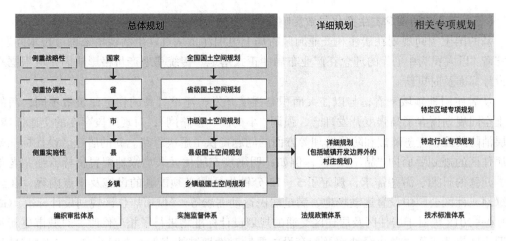

图 1 "五级三类四体系"的国土空间规划体系

二、国土空间规划对现阶段房地产估价的影响

(一) 规划强制性对房地产估价的影响

国家规划的法律法规是影响房地产价格的重要因素,房地产权益只有在法律规定的范围内才具有经济上的价格。而国土空间规划体系的建立,意味着关于城乡规划的法律法规在从立法思路到执行层面均发生根本性变化。《自然资源部关于进一步加强国土空间规划编制和实施管理的通知》对土地出让和房地产上游领域进行了规范,并采用卫片等方式严格执法,严格做到"人在做,天在看"。以前人们通常认为规划就是"开会说说,挂墙上看看",国土空间规划就是要改变这种状态。规划将成为区域发展的图纸,其设定的约束性指标不得突破、必须严格执行,因此国土空间规划的实施会很大程度上影响房地产价格。

未来,房地产估价从业者在工作过程中需要对评估对象及其所在地的规划进行详细了解,积极识别禁止和限制性因素,严格在合法和合乎规划的前提下进行估价。例如,在国土空间规划时代,生态保护红线核心区内原则上禁止人为活动,其他区域可进行有限的人为活动;永久基本农田范围内,要以农业为主,保障国家粮食安全;现有利用方式与规划不一致的需有序退出。因此,未来合法的房地产必然不可以位于生态保护红线或基本农田保护范围内,城镇开发边界范围内的房地产必须按照上位规划及控制性详细规划的要求进行开发,否则将很难具有经济上完整的权益。

(二) 城乡建设规模稳定性对房地产估价的影响

随着国土空间规划体系的建立和实施,各地区的平均地价和房价在未来一段时间内将会保持平稳。从城乡建设用地规模来看,目前建设用地总量基本够用的共识已经基本达成。以往通过大量占用耕地和生态用地获得新增建设用地的时代已经过去,而城市的开发建设用地方式必然从大规模转用农用地或其他用地转变为挖掘存量建设用地的使用潜力为主。同时伴随着《土地征收成片开发标准(试行)》的出台,集中成片开发政策也被提出,明确未来征收行为须在成片开发区片中实施。城镇集中建设区划定与每年三次集中供地的时间集中化配合形成"双集中",一个地方的地价和房价在某一阶段内,可能会保持平衡。

（三）产业布局理念发生变化导致影响房地产价格因素发生变化

新的国土空间规划在居住和产业园区布局上更加注重从百姓生活视角来思考技术问题，意味着"以人民为中心"的理念在产业布局中正式落地。传统房地产价格影响因素应根据新的设计标准及时更新。

从居住用地领域来看，与以往大面积高强度开发、建设过高的住宅建筑带不同，新的国土空间规划摒弃了高强度开发理念，强调"小街区、密路网"，对现阶段存在的交通拥堵、高层消防救援、应急疏散和防疫管理等方面的问题提供了解决思路。新的居住区设计标准要求居住区的规划要面向"品质提升"，例如：明确规定居住区人均绿地配置指标，强调老年人、儿童的日照、游憩需求，规定了5～15分钟生活圈必须配套的设施及重点内容，在公共绿地或社区公园中设置运动场地，满足居民运动需求等。《城市居住区规划设计标准》GB 50180—2018等对于居住区及居住区交通的规划设计标准均进行了相应修改。对城市更新及老旧小区改造工作，要求绿地率及配套设施要针对性地继续完善，查漏补缺。与之相对应，绿地、日照、游憩、运动场地及各级别生活圈所必需的生活设施及公共服务设施必然成为新的影响居住房地产价格的因素。

未来产业园区的发展也会发生显著变化。产业园区空间布局的核心目标是产城融合、职住平衡。区别于传统工业园区，现代产业园区不再是单纯的工业企业、科技产品设计研发制造，还包括了配套的职工居住用地及相应的各种商务金融、医疗卫生、休闲娱乐务等综合功能。因此，园区必须要统筹安排工业、科技研发、居住和商业等用地，形成产业发展区、生活居住区、商业服务区等组团内部一站式满足的格局。这意味着未来工业用房与住宅及商业用房价格影响因素会发生交叉与融合，将会改变影响三类用房尤其是工业用房价格的影响因素。

三、国土空间规划新发展理念的衍生业务

（一）乡村振兴

党的二十大报告中明确提出，乡村振兴是国家未来重要的发展战略，而产业兴旺是乡村振兴的重点。根据村庄的不同类型，将其产业发展方向分为特色保护类、集聚提升类、城郊融合类、搬迁撤并类以及其他村庄，对于估价咨询也会产生不同类型需求。

1. 特色保护类乡村

特色保护类乡村属于具有某一方面特色，宜于整体保护、传承发展的类型，如特色历史文化名村、少数民族特色村寨、传统风光村落等。开发保护这些特色乡村需要农业农村部及自然资源部等相关部门进行相应政策配套，及时调整供地政策，以促进企业与地方政府联动共同承担产业振兴的重要任务，我们应关注配套政策及供地政策调整中产生的估价咨询需求。

2. 集聚提升类、城郊融合类

乡村集聚提升类主要指现阶段各中心村，而城郊融合类主要指城市近郊、县城城关镇所在地村庄。笔者通过分析认为这两类村庄对保障性住房会有很大需求。2016年，原国土资源部等五部委已发布实施意见，要求城镇建设用地年度指标分配同吸纳农业转移人口落户数量和提供保障性住房规模相挂钩；2021年，国务院办公厅发布《国务院办公厅关于加快发展保障性租赁住房的意见》，积极推进保障性住房建设。笔者认为，在国土空间规划体系下，

保障房不应该仅仅是城镇建成区为工薪阶层提供的，可能从业态和形式上会更加多元化。随着乡村人口集聚和产业深度发展，中心村和近郊、城关镇等对乡村保障性住房建设需求会日益多起来。现阶段，很多机构已经服务于城镇建成区保障性住房建设，未来乡村保障性住房建设领域也会产生很多估价咨询的需求。

3. 搬迁撤并类

未来随着人口总量下行及部分基本农田保护区和生态环境保护区禁止和限制开发，不难看出人口依然会向城镇集中建设区集中。笔者认为，废弃闲置、零星分散、空心破旧农村建设用地整治市场潜力很大。现阶段其操作思路是将其中分散布局、水土条件优良的部分复垦为耕地，以维持耕地占补平衡，且占补平衡指标可在省内交易。而将集中布局、交通条件优越、地质条件优良的划为集体经营性建设用地，这两类使用方向均会产生估价咨询需求。

（二）城镇土地综合整治及交易

1. 混合产业用地供给

《建设高标准市场体系行动方案》要求在全国范围内探索建立土地指标跨区域交易试点，探索建立全国性的建设用地、补充耕地指标跨区域交易机制以及建立不同产业用地类型合理转换机制，增加混合产业用地供给。这意味着供地政策领域会发生一定变化，估价机构及人员应当重视这类变革，积极对接建设用地跨区域交易、补充耕地跨区域交易以及产业用地供给新要求，跟上形势发展的需要。

2. 土地二级市场

随着城市开发方式变化，城市新增建设用地将以存量改造为主，随着土地存量倒逼挖潜时代的来临，二级市场将成为土地来源的主要渠道。笔者了解到，北京、上海、山东、四川等地均已建立土地二级市场交易体系，同时《国务院办公厅关于加快发展保障性租赁住房的意见》中也明确鼓励利用企事业单位闲置土地、产业园区配套用地建设房屋，这些都是鼓励土地二级市场和存量开发的新举措，一定会产生不同于一级市场的估价咨询需求。

（三）历史文化建筑传承保护

历史文化遗产是民族永不枯竭的物质和精神载体，而历史文化建筑强化了民族认同和民族自豪感，是我们现代化城市的"根和魂"。新的国土空间规划更加强调历史文化的传承和保护。为了历史文化建筑的传承和保护，进一步发挥历史文化建筑的作用，对历史文化建筑价值进行评估的需求应运而生。目前中国房地产估价师与房地产经纪人学会和各地院校、估价机构以及广大估价人员正在针对历史建筑经济价值评估技术做出积极探索。未来，随着国土空间规划的实施，历史文化建筑传承保护会愈加严格，历史文化建筑经济价值评估需求也会越来越多，估价机构及专业人员应积极关注。

四、总结

国土空间规划作为国家规划领域重要的制度性改革内容，作为实现高质量发展和高品质生活的重要手段，其内容及其对房地产估价的影响远非一篇文章讲清楚论透彻的，但领会其改革精神与改革方向对与之密切相关的房地产估价领域则是十分必要的。国土空间规划领域改革依然在推进中，变革正通过多方面多角度逐步呈现在每个估价人员的面前。国家已经走向高质量发展的新征途，变革永不停止，我们要以前瞻性眼光审视行业，不断学习，立足当前，放眼长远，争取在时代前进的大潮中勇立潮头，再创佳绩。

参考文献：

[1] 鹿勤.从百姓生活视角思考技术问题——浅谈《城市居住区规划设计标准》编制工作思路的转变[EB/OL]. http ://www.cecs.org.cn/zhxw/12756.html.

[2] 向乔玉.产城融合背景下产业园区模块空间建设体系规划引导[J].规划师，2014（6）：17-24.

[3] 史玲珑.历史文化建筑价值评估——以西递宏村为例[J].中国资产评估，2018（11）：19-22.

[4] 张广辉，叶子祺.乡村振兴视角下不同类型村庄发展困境与实现路径研究[J].农村经济，2019（8）：17-25.

作者联系方式

姓　　名：王艳艳　牛丽波

单　　位：山西智渊房地产资产评估规划测绘咨询有限公司

地　　址：山西省太原市晋阳街202号英语周报大厦三层

邮　　箱：749951277@qq.com

注册号：王艳艳（2220140019）；牛丽波（1420200076）

房地产企业并购重组与估价服务

刘辰翔　王小方

摘　要：并购重组是搞活企业和盘活资产的重要途径，同时也是企业价值重塑的过程。房地产企业利用并购重组模式盘活不良资产，将有利于加快市场出清，刺激销售修复，实现"保交楼"目标。房地产并购业务中的估值问题对整体交易有着重大影响。本文对不同并购重组模式下的估值方法进行总结分析，以期为房地产企业并购重组提供相应参考与建议。

关键词：房地产企业；并购重组；不良资产；评估方法

一、房地产行业并购重组趋势

（一）发展并购重组，盘活不良资产

随着我国经济的发展，企业并购市场规模也在不断扩大。根据普华永道的统计数据，2021年国内并购交易数量同比上升21%，为12790宗；交易金额同比下降19%，为6374亿美元，其中房地产行业并购交易数量和交易金额占比分别为3.4%和6.6%（图1、图2）。

由于受房地产调控政策、供地政策以及融资政策的制约，部分房企出现债务违约。在整体行业面临流动性紧张、债务危机频发的背景下，2021年12月，央行、原银保监会联合发布《关于做好重点房地产企业风险处置项目并购金融服务的通知》，鼓励银行业金融机构重

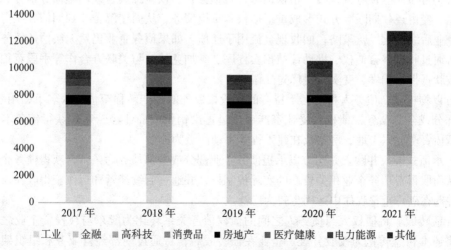

图1　中国企业并购交易数量（按被投资行业分类）

数据来源：普华永道。

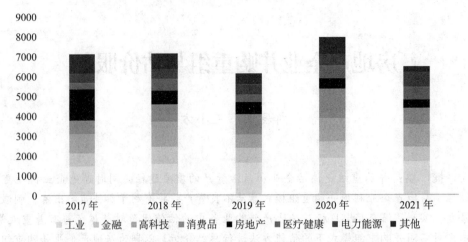

图 2 中国企业并购交易金额（按被投资行业分类，单位：亿美元）

数据来源：普华永道。

点支持优质的房地产企业兼并收购一些出现风险和经营困难的大型房地产企业的优质项目。2022 年 1 月，为进一步调动房企收并购的积极性，缓解行业风险，承债式并购贷款政策落地，即针对出险企业项目的承债式收购，相关并购贷款不再计入"三条红线"相关指标。一些头部优质房企和国企、央企因此而加大收并购力度，积极补充优质资产，扩充土地储备。2022 年 11 月，央行和原银保监会联合发布《中国人民银行 中国银行保险监督管理委员会关于做好当前金融支持房地产市场平稳健康发展工作的通知》（银发〔2022〕254 号），再次支持涉房企业开展并购重组并给予配套融资政策。

（二）并购重组在盘活不良资产中的典型模式

对不良资产进行并购重组，是对债权、股权和其他资产等要素进行重新调整和整合，从而实现资源优化配置的过程。具体来说有以下 7 种典型模式：

1. 债务重组。债务人以资产清偿债务，将债务转为权益工具，或调整债务本金、改变债务利息、变更还款期限等方式形成重组债权和重组债务，从而缓解企业到期债务压力。通过债务企业后续优化经营策略，回收现金流用于还债。如果债务企业仍然无法偿还债务，债权人也可通过收购整合债权、推动评估拍卖程序、参加竞拍、与关联方合作等手段竞拍取得抵押物或就抵押物拍卖、变卖所得优先受偿。

2. 以物抵债。债务人将其名下持有的除股权以外的资产转移至债权人名下，用于清偿、冲抵部分或全部债务，债权人受让资产后通过再次销售或商业经营运作获得债务本息的回收，抵债资产尤以土地、房屋及在建工程等不动产最为典型。

3. 承债式股权并购。并购方以承担债务企业部分或全部债务为条件，获得债务企业的股权，从而取得对债务企业相关资产的实际控制权，并通过后续经营和运作获得收益。承债式股权并购在破产重整程序中运用也较为广泛。

4. 债转股。将债权人与债务人之间的债权债务关系转化为股东与被投资企业之间的关系，将还本付息转化为按股分红。企业在债转股后，将通过内部经营业务和组织架构的调整，改善资本结构、完善治理结构等方式来提升经营管理水平，实现盈利。

5. 资产重组。对企业的资产和负债进行合理的结构性调整、重新组合和配置，综合运用合并、分立或转让、置换等方式,将不良资产和无效、低效资产集中剥离至第三方企业,同时也可以吸纳注入优质资产,从而提升盈利能力。

6. 破产重整。依据《中华人民共和国企业破产法》,对符合破产条件且具有重整可行性的债务企业,在人民法院的主导下开展庭内重整活动。

7. 混合模式。组合运用两种及以上并购重组手段进行不良资产处置。混合型并购重组弥补了单一处置手段的缺陷,有助于提高不良资产处置的效率。

二、房地产企业并购重组评估方法的选择

(一)并购标的评估方法的选取

在2021年中国证券监督管理委员会(以下简称"证监会")并购重组委审核项目中,对于并购标的的评估,109家被评估单位采取两种以上的评估方法进行评估,占比为77.9%。从评估方法组合来看,选取资产基础法和收益法的占比为65.0%,是并购重组中最常用的方法。在2021年并购重组委审核项目中,90家被评估单位采用收益法结果作为评估结论,占比为64.3%,收益法是并购重组项目中确定评估结论的最主要方法(表1)。

2021年证监会并购重组委审核项目评估方法选择统计　　　　　　表1

评估方法选择	方法选择情况		评估结论采用的定价方法					
			比较法		收益法		资产基础法	
	项数	比例	项数	比例	项数	比例	项数	比例
比较法	1	0.7%	1	100.0%				
收益法	16	11.4%			16	100.0%		
资产基础法	14	10.0%					14	100.0%
收益法、比较法	12	8.6%	5	41.7%	7	58.3%		
资产基础法、比较法	6	4.3%	6	100.0%				
资产基础法、收益法	91	65.0%			67	73.6%	24	26.4%
总计	140	100.0%	13	9.3%	90	64.3%	38	27.1%

(二)债务重组、以物抵债模式下的评估方法

对于通过债务重组和以物抵债方式进行并购重组的情形,评估通常采取的价值类型为市场价值或快速变现价值(不含增值税的市场价值减去相关交易税费),评估对象和评估范围为用于抵偿债务的部分房地产,采用比较法或收益法进行评估。

值得注意的是,在利用比较法评估房地产的快速变现价值时,由于交易价格未最终确定,因此出售方应缴纳的增值税(销项税额)无法准确计算,从而导致以增值税为计算基础的附加税费(城市维护建设税、教育费附加和地方教育费附加,计入"税金及附加"科目)的计算与最终缴纳的税费之间可能出现差异。

收益法:

$$V = \sum_{i=1}^{n} \frac{F_i}{(1+r)^i} \tag{1}$$

式中，V：房地产价值；

r：报酬率；

n：收益年限；

F_i：未来第 i 个收益期的预期收益。

对于在建工程来讲，由于完工进度不同且公开市场交易案例较少，不具备采用比较法的基础条件；同时由于在建工程不属于带来收益的房地产，不能通过租金来推算出房地产的价值，因此也不能采用收益法。成本法适用于独立开发建设项目进行重新开发建设的、很少发生交易的房地产、没有收益或没有潜在收益的房地产，从成本的角度估算房地产的价值，与区位、权益关系不大。在建工程项目需考虑建成后其市场价值和未来收益是否会显著高于其重置成本来判断成本法的适用性。因此在建工程评估一般采用假设开发法。假设开发法是预计评估对象开发完成后的价值，扣除预计的正常开发成本、税费和利润等，以此来估算评估对象的客观合理价值的方法。

在建工程房地产的价值＝开发完成后的房地产价值－后续投入的开发成本－后续投入的管理费用－后续投入的资金成本－后续投入的销售费用－销售税费－投资者购买在建工程房地产应负担的税费－后续取得的投资利润。

（三）股权并购、债转股、资产重组模式下的评估方法

股权并购、债转股和资产重组由于涉及股权和相关业务资产整合转让，因此评估对象为股东全部权益价值，评估范围为企业全部资产和负债。房地产企业的主要资产是存货（开发产品和开发成本），另外还包括与房地产相关的其他资产，例如固定资产（办公楼）、投资性房地产（自持出租物业）、无形资产（土地使用权）以及递延所得税资产。价值类型通常选取市场价值。

由于同时期不同地区的房地产限购限贷政策和税收清缴方式不同，而这些因素对房地产企业的价值影响较大，难以获取与被评估单位可比的上市公司或可比交易案例，因此我们一般选用资产基础法和收益法来评估股东全部权益价值，而不采用比较法。

资产基础法：

股东全部权益评估价值＝∑各项资产评估值－∑各项负债评估值。

收益法：

$$PV = \sum_{i=1}^{n} \frac{F_i}{(1+r)^i} + E + Q + H \qquad (2)$$

式中，PV：股东权益净现金流量现值；

r：折现率；

n：收益年限；

F_i：第 i 年的股东权益净现金流量；

E：溢余资产评估值；

Q：非经营性资产（负债）评估值；

H：项目期末回收资产现值。

F_i＝净利润＋折旧摊销－新增营运资金－资本性支出＋新增借款－归还借款。

对于房地产企业的存货（例如待销售商品房），我们一般采用假设开发法进行评估：

开发项目评估价值＝开发完成后房地产市场价值－续建开发成本－管理费用－销售费用－增值税－销售税金－投资利润－土地增值税－企业所得税。

对于以成本模式计量的投资性房地产，我们采用资产基础法进行评估；而对于以公允价值模式计量的投资性房地产，我们采用收益法进行评估。

（四）破产重整模式下的评估方法

破产重整模式下，评估目的一般为盘活处置资产，评估对象和评估范围为拟处置转让的资产。对于土地使用权评估，我们一般采用比较法和基准地价系数修正法。对于建筑物及附属设施，我们一般采用重置成本法来进行评估。

三、结语

并购交易中的估值是一项复杂而又重要的课题，准确的估值是确定交易对价和交易双方做出决策的重要依据。并购重组不仅涉及房地产项目本身，还涉及房地产项目所属公司，因此评估机构在评估过程中要做好尽职调查，尤其是在财务层面和项目技术层面。此外，还需关注重大期后事项（例如税率和税收优惠政策的变化）对评估结论的影响。

参考文献：

[1] 于凯凡. 地产并购估值考量因素分析 [J]. 经济管理文摘，2021（16）：24-25.

[2] 李舟，罗春贤. 并购重组评估值与交易定价影响因素的分析综述 [J]. 商展经济，2022（9）：54-56.

[3] 唐福蓬. 房地产评估的风险分析及防范措施 [J]. 商品与质量，2021（35）：312.

作者联系方式

姓　名：刘辰翔　王小方
单　位：深圳市世联土地房地产评估有限公司、世联评估价值研究院
地　址：广东省深圳市福田区上梅林卓越梅林中心广场二期B座19层
邮　箱：liucx@ruiunion.com.cn
注册号：王小方（4420080142）

浅谈抵押物价值重估

程 媚

摘 要：近年来，随着银行信贷业务不断发展及风险防控意识不断增强，抵押担保贷款作为信贷业务的主要组成部分。抵押物在缓释信用风险、支持业务发展、减少银行损失等方面发挥着积极的作用。因此，时刻关注抵押物价值的动态变化显得极其重要，特别是在当前宏观经济下行、风险背景不断增加的大环境下，对抵押物价值动态评估越发重要。本文从抵押物价值重估的定义、应用及目的、方法、估价步骤等不同方面，探讨抵押物价值重估的意义。

关键词：抵押物标准化；确定标准房地产的标准价格；确定调整系数

一、抵押物价值重估的定义、应用及目的

抵押物价值评估是指评估人员根据抵押物的类型与特点，综合考虑各种影响抵押物价值的因素，运用适当的评估方法或相应的评估工具对抵押物价值进行评估、估算的过程，一般可分为贷前评估、贷后重估。贷前评估顾名思义就是贷款前，对抵押物的抵押价值进行评估，其目的是为信用业务审批决策提供参考依据。贷后重估（也可称为抵押物价值重估）即（贷款到期前）对抵押房地产的价值进行重新评估，其目的是监测抵押房地产的价值的变化，也是出于风险防范和担保质量。正常抵押物价值重估每年至少一次，价值波动大的需要提高重估频率。

二、抵押物价值重估的方法分析

由于商业银行的抵押物具有数量多、权属种类杂、地域分布分散等特点，所以往往需要根据待重估抵押物所在的房地产市场变化和待重估抵押物的实际情况，选用合适的评估方法，对抵押物价值进行重估。评估公司对抵押物价值重估的常用方法有比较法、批量估价等，由于抵押物价值重估多为批量物业，因此常用的方法是批量估价。

批量估价是指基于同一估价目的，利用共同的数据，采用相同的方法，并经过统计检验，同时对大量相似的房地产在给定时间的同种价值价格进行评估。跟"批量估价"相对的是个案估价，是指单独对一宗或分别对数宗房地产的价值价格进行评估。

批量估价在实际应用中通常是对大量房地产分批（或分组、分区分类）进行批量估价，通俗地说是房地产分区分类批量估价，具体的批量估价方法有标准价调整法和回归分析法，城镇临街商业用地的批量估价方法还有路线价法。

批量估价主要适用于成套住宅、商铺、写字楼、快捷酒店、标准厂房等同类数量较多、

可比性较好的房地产。大型商场、星级饭店、特殊厂房等房地产因其可比性不够好或同类数量不够多，通常不宜采用批量估价，或者在对估价结果精度要求不高的情况下，以批量估价结果为基础辅以个别因素调整或个案估价。现实中，当需要在较短时间内对某个地区（如城市、市辖区等）的大量或所有房地产进行估价时，通常是以批量估价为主、个案估价为辅，即对其中适用批量估价的房地产采用批量估价，对少数不适用批量估价的房地产采用个案估价。因此，把批量估价和个案估价有机结合起来，可以兼顾"效率"与"公平"，在较短时间内评估出某个地区各种房地产的价值价格。

三、抵押物价值重估的步骤

在确定估价目的、价值类型和价值时点的基础上，抵押物价值重估的估价步骤一般为：确定批量估价区域和估价对象（即抵押物信息标准化）；搜集批量估价所需资料；对待估抵押物进行分组；确定标准房地产的标准价格（均价）；确定有关调整系数；测算待重估抵押物的价值价格。

（一）抵押物信息标准化

抵押物信息标准化是抵押物复估、抵押物信息补充和抵押物全面管理的重要基础。我司的系统能够把抵押物信息进行标准化分拆，将地址拆分为城市、行政区、楼盘、分期、楼栋名、房号、面积等标准化字段，从而实现存量抵押物的标准化管理，帮助估价师更好掌握和了解抵押物的具体详细的实际情况。例如，我们从估价委托人得到待复估抵押物清单，如图1所示。

序号	押品名称
1	龙岗区龙岗镇黄阁坑麓园5栋塔楼1507
2	千林山居I区1号楼商铺02层12S
3	龙岗区龙岗镇振业峦山谷花园二期7栋二单元16G
4	茵悦之生花园三期11号楼A单元6B
5	水岸新都四、五期39号楼B座1902
6	水岸新都四、五期39号楼B座1901
7	汇泰大厦B栋608
8	楚丰广场2栋1单元306
9	紫薇花园南3栋302号
10	住宅第一层（B）
11	住宅第一层（A）
12	龙侨新村2栋302
13	宝安区民治街道星河盛世花园（一期）1栋A2座2单元2101
14	新龙岗花园南区2栋502
15	嘉宏湾花园二期5号楼23C
16	碧湖花园E1栋404
17	东晟时代花园1号楼B座18A

图1 待复估抵押物清单

首先我们会根据物业类型将估价委托人提供过来待复估抵押物清单上的物业归纳总结，接着按照我们系统的标准把物业标准化。具体如图2所示。

序号	押品名称	省份	城市	区域	土地位置	购买日期	楼盘名称	栋号	单元号(座号)	房号	建筑面积(㎡)	用途	竣工日期	登记价(元)	权利人
1	新天世纪商务中心A座2606	广东省	深圳市	福田区	福田区石厦北二街西		新天世纪商务中心	A座		2606	132.34	办公	2014/09/29	4996302.00	个人
2	合景同创广场第3栋B单元/座17层1706号房	广东省	深圳市	盐田区	深圳市盐田区海山路	2018/11/28	合景同创广场	第3栋	B单元	1706	48.54	宿舍	2022/05/31	1629835.00	公司
3	合景同创广场3栋C单元/28层01号	广东省	深圳市	盐田区	盐田区海山路		合景同创广场	3栋C单元/28层		2801	108.40	宿舍	2022/05/31	4106934.00	公司
4	中信红树湾花城9栋C3002	广东省	深圳市	南山区	南山区沙河东路东、白石二道南		中信红树湾花城	9栋C		3002	180.23	住宅	2006/10/30	1908087.00	个人
5	海府生态大厦(二期)D栋/座406号房	广东省	深圳市	宝安区	深圳市宝安区中心区宝华路南路		海府生态大厦				135.29	办公	2021/03/11	11848222.00	个人
6	乐创荟大厦第2栋/单元20层18号房	广东省	深圳市		观澜街道观光大道南侧		乐创荟大厦				44.60	工业配套	2022/05/31	914958.00	公司

图2 物业标准化

做完标准化后,针对不同抵押物的实际情况,我们还会进行抵押物信息补充。抵押物信息补充以楼盘基础信息为主,如区域板块、建筑年代、开发商、竣工时间、建筑面积、占地面积、容积率、绿地率、坐标、登记价、楼层、房号、权利人类型等。

抵押物的标准化是一劳永逸的,一次标准化,受益终身。如果后续有新增的抵押物,只需对新增的抵押物及时进行标准化即可,从源头解决抵押物数据管理问题。

(二)搜集批量估价所需资料

搜集批量估价所需资料主要是为了完善标准化后抵押物的信息,采集批量估价所需的数据,包括搜集反映批量估价区域和估价对象状况以及对估价对象价值价格有影响的资料,如估价对象的区位、面积、用途、房屋类型、朝向、楼层、户型、房龄、土地权利类型等(图3)。然后将标准化后的抵押物信息再次完善(即把空白的内容填上)。

(三)对待估抵押物进行分组

对待估抵押物进行分组是在批量估价区域内把纳入批量估价对象的所有房地产按用途或类型进行划分。其中,按用途进行的划分简称"分用途",比如分为居住、商业、办公、酒店、工业、仓库等用途的房地产;按类型进行的划分简称"分类型",比如把居住用房地产分为低层住宅、多层住宅、高层住宅等,或者分为商品住房、拆迁安置住房、自建住房等,把商业用房地产分为大型商场、小型商铺等,把办公用房地产分为高档办公楼、中档办公楼、普通办公楼等。实际操作中,一般是按"分用途"划分(图4)。

(四)确定标准房地产的标准价格

分别在每组内选取或设定有代表性,即能代表该组房地产状况的房地产作为标准房地产。标准房地产宜为真实存在的,从同一组内的房地产中筛选。在没有合适的实际房地产作为标准房地产的情况下,可在挑选有一定代表性的实际房地产状况的基础上,设定某种状况

序号	押品名称	省份	城市	区域	土地位置	购买日期	楼盘名称	栋号	单元号(座号)	楼层房号	建筑面积(㎡)	用途	竣工日期	登记价(元)	权利人
1	合景同创广场第3栋B单元/座17层1706号房	广东省	深圳市	盐田区	深圳市盐田区海山路	2018/11/28	合景同创广场	第3栋	B单元	1706	48.54	宿舍	2022/05/31	1629835.00	公司
2	翰岭花园6栋9A	广东省	深圳市	福田区	福田区彩田路与皇岗路交汇处	2015/04/27	翰岭花园	6栋		9A	105.50	住宅	2005/07/01	1948269.00	个人
3	合景同创广场第3栋C单元/座32层3205号房	广东省	深圳市	盐田区	深圳市盐田区海山路	2018/11/28	合景同创广场	第3栋	C单元	3205	49.74	宿舍	2022/05/31	1629835.00	公司
4	乐创荟大厦2栋9层19号	广东省	深圳市	宝安区	观澜街道观光大道南侧	2021/02/19	乐创荟大厦	2栋		919	45.83	宿舍	2022/10/31	892159.00	公司
5	半山港湾花园第1栋三B单元1503号	广东省	深圳市	南山区	招商街道少帝路与华英路交汇处东北侧	2021/06/04	半山港湾花园	第1栋	三B单元	1503	115.81	住宅	2023/05/31	11880754.00	个人
6	乐创荟大厦2栋31层17号	广东省	深圳市	宝安区	观澜街道观光大道南侧	2021/02/19	乐创荟大厦	2栋		3117	44.13	宿舍	2022/10/31	1087231.00	公司
7	乐创荟大厦2栋7层04号房	广东省	深圳市	宝安区	观澜街道观光大道南侧	2021/02/19	乐创荟大厦	2栋		704	44.28	宿舍	2022/10/31	981928.00	公司

图3 搜集批量估价所需资料

序号	押品名称	省份	城市	区域	土地位置	购买日期	楼盘名称	栋号	单元号(座号)	房号	建筑面积(㎡)	用途	竣工日期	登记价(元)	权利人
1	翰岭花园6栋9A	广东省	深圳市	福田区	福田区彩田路与皇岗路交汇处	2015/04/27	翰岭花园	6栋		9A	105.50	住宅	2005/07/01	1948269.00	个人
2	半山港湾花园第1栋三B单元1503号	广东省	深圳市	南山区	招商街道少帝路与华英路交汇处东北侧	2021/06/04	半山港湾花园	第1栋	三B单元	1503	115.81	住宅	2023/05/31	11880754.00	个人
3	莲花北41栋402	广东省	深圳市	福田区	深圳市莲花路	2017/11/28	莲花北	41栋		402	92.16	住宅	1993/12/01	4179918.00	个人
4	都会100大厦金都19C	广东省	深圳市	福田区	福田区中航路东侧	2015/03/02	都会100大厦	金都		19C	86.91	住宅	2002/08/28	1774007.00	个人
5	雅景苑二期5栋B单元408	广东省	深圳市	龙岗区	龙岗区横岗镇四联村	2015/07/14	雅景苑二期	5栋B单元		408	116.38	住宅	2004/06/25	946752.00	个人

图4 按"分用途"划分待估抵押物

的房地产作为标准房地产。设定的房地产状况，诸如具体用途、位置、朝向、楼层、户型、面积、房龄、建筑结构、景观等，应在同一组内具有代表性。成套住宅可在合适的住宅幢内选取或设定"标准套"作为标准房地产。商铺可在合适的商业用房幢内选取或设定"标准间"作为标准房地产。标准房地产不论是真实存在还是虚拟的，都应明确其基本状况（一般为影响同一组内不同房地产价值价格的主要因素状况），以便据此评估标准价、确定有关调整系数、比较分析各宗被估价房地产状况与标准房地产状况差异。

在确定标准房地产后，我们需要确定标准房地产的标准价格。标准房地产的标准价格是我们的估价系统根据后台庞大的数据库以及日常询价中楼盘数据的变化再通过横向平衡与调整得出的，每组标准房地产的标准价也是我们平常所说的参考均价。

（五）确定有关调整系数

基于待重估抵押物的价值与标准房地产之间的各种价值价格差异或"比价关系"，比如楼幢位置、朝向、楼层、户型、面积、房龄、建筑结构、建筑间距、采光、景观、附近有无厌恶性设施及其距离等价值价格影响因素的不同，编制房地产价值价格调整系数体系，然后利用大量数据进行分析、测算，并结合相关经验和专家意见，分别得出相应的调整系数值（图5）。

序号	楼盘名称	所在片区	整体价格	多层	小高层	高层	综合	楼栋修正
1.	测试深圳湾壹号广场2栋9A（商务公寓）	深圳市		1.00	1.00	1.00	1.00	楼栋修正
2.	华融大厦525	深圳市		1.00	1.00	1.00	1.00	楼栋修正
3.	天利中央商务广场（二期）	南山中心区	55000.00	1.00	1.00	1.00	1.00	楼栋修正
4.	九龙湾花园（B区一期）	小澳镇	13000.00	1.00	1.00	1.00	1.00	楼栋修正
5.	勤诚达正大城乐园	玉塘街道	53000.00	1.00	1.00	1.00	1.00	楼栋修正
6.	云科府	新湖街道	50000.00	1.00	1.00	1.00	1.00	楼栋修正
7.	玺云荟花园	新湖街道	53000.00	1.00	1.00	1.00	1.00	楼栋修正
8.	凯旋君庭	新湖街道	51800.00	1.00	1.00	1.00	1.00	楼栋修正

图5 确定有关调整系数

（六）测算待重估抵押物的价值价格

将标准化且信息完善后的表格按照系统的格式导入系统，导入系统后，就可以着手抵押物的批量重估（图6）。通过系统自动匹配修正定价，可以帮助估价师以最精准的测算和方法尽可能保证重估过程的真实性和重估结果的准确性，更好实现抵押物价值的动态化管理。

上述就是通过估价系统在线上处理批量估价，线上抵押物价值重估大大提高了重估的效率，降低了重估的成本。同时，对金融机构的抵贷物业在贷款期内的价格走势进行实时动态监测。根据银行偏好，提供抵押率、临界点预警，进行动态压力测试，预测物业长期走势，实现同级查询功能，导出表单等功能，可以实施多维度分析检测，提供全方位、立体化的监测统计分析结果，为金融机构风险提供直观、准确、全面的数据信息支持。

抵押物价值重估是银行押品管理的重要环节，抵押物价值变化因素包括市场、政策、抵押物权益的变化，估价机构要做好抵押物价值重估，一定要关注房地产市场的调查研究，平时做好片区楼盘踩盘、楼盘数据的标准化、不同类型物业市场研究、月度及年度市场分析报告，对于银行客户，除了抵押物价值重新评估服务，评估机构还可以提供压力测试分析服务，辅助银行做好贷后风险管理工作。

15.	Template (1).xls	(VIP会员)招商银行总行	2022-05-10	已自动处理	是	详细数据 标记为已处理
16.	Template (1).xls	(VIP会员)招商银行总行	2022-05-10	已自动处理		详细数据 模糊匹配 标记为已处理
17.	核价样板01.xls	(VIP会员)招商银行总行	2022-05-10	未处理		
18.	核价样板01.xls	(VIP会员)招商银行总行	2022-05-10	未处理		
19.	2019-12-23 居住类房产2(农商).xls	(VIP会员)李叶	2019-12-30	已自动处理		详细数据 模糊匹配 标记为已处理
20.	2019-12-23 居住类房产1(农商).xls	(VIP会员)李叶	2019-12-30	未处理		
21.	2019-12-23 居住类房产2(农商).xls	(VIP会员)李叶	2019-12-27	已处理	是	详细数据
22.	2019-12-23 居住类房产1(农商).xls	(VIP会员)李叶	2019-12-27	已处理	是	详细数据
23.	2019-12-23 居住类房产2(农商).xls	(VIP会员)李叶	2019-12-27	已自动处理	是	详细数据 标记为已处理
24.	2019-12-26测试数据.xls	(VIP会员)李叶	2019-12-26	已自动处理		详细数据 模糊匹配 标记为已处理
25.	2019-12-26测试数据.xls	(VIP会员)李叶	2019-12-26	已处理		详细数据
26.	2019-12-26测试数据.xls	(VIP会员)李叶	2019-12-26	已处理		详细数据
27.	2019-12-23 居住类房产2(农商).xls	(VIP会员)李叶	2019-12-23	已处理	是	详细数据
28.	2019-12-23 居住类房产1(农商).xls	(VIP会员)李叶	2019-12-23	已处理	是	详细数据
29.	2019-12-06 提取物业对应楼盘区域2.xls	(VIP会员)李叶	2019-12-06	已自动处理	是	详细数据 标记为已处理

图 6　系统自动匹配修正定价

参考文献：

[1] 陈斌 . 商业银行个人住房贷款押品价值重估探析 [J]. 中国房地产金融，2016（Z1）.

[2] 中国房地产估价师与房地产经纪人学会 . 房地产估价原理与方法（2022）[M]. 北京：中国建筑工业出版社，中国城市出版社，2022.

作者联系方式

姓　名：程　媚

单　位：深圳市新永基土地房地产资产评估顾问有限公司

地　址：广东省深圳市福田区滨河路与彩田路交汇处联合广场 A3008

邮　箱：804492524@qq.com

电　话：15017526785

注册号：4420200041

涉诉房地产追溯性评估相关问题的探讨

刘晨光　胡碧畴

摘　要：受疫情及外部环境的影响，国内投融资、消费服务等经济领域纠纷增加，出现了诉讼案件激增的现象。房地产作为我国居民家庭财产的主要构成，围绕房地产的诉讼、纠纷也呈增长态势。房地产司法评估的业务类型逐步多样化、复杂化。翻阅相关法律法规、技术规程等资料，对追溯性评估描述的内容较少。由于追溯性评估的特殊性，估价对象在报告出具日的自身状况与外部状况相较于价值时点已发生巨大变化，评估过程中存在诸多难点。本文希望通过对涉诉房地产追溯性评估中相关问题的探讨，为估价机构开展同类型业务、规避风险提供参考依据。

关键词：房地产估价；追溯性评估；涉案纠纷；价值时点；估价对象

一、追溯性评估的定义

根据《房地估价规范》GB/T 50291—2015 与《房地产估价原理与方法》的相关描述，我们通常按照价值时点与报告出具日之间的关系，将报告类型分为追溯性评估、现时性评估、预测性评估。追溯性评估是指房地产估价机构接受他人委托，选派注册房地产估价师，根据特定目的，遵循公认的原则，按照完整的程序，依据有关文件、标准和资料，在合理的前提假设下，采用科学的方法，对特定房地产在过去某一时点的特定价值或价格进行分析测算和判断，并出具相关专业意见的估价报告的专业服务行为。这里的过去某一时点，通常指早于报告出具日一年的价值时点。

二、追溯性评估的难点

追溯性评估的价值时点通常为过去的某一个时间，也就需要评估历史状态下估价对象的价值。除了搜集必要的基础资料外，如何最大限度地还原估价对象价值时点的自身状况以及外部市场状况是追溯性评估结论准确与否的关键。通过对工作层面及技术层面的分析，评估中常见的难点有以下几种。一是基础资料缺失，调查难度大，资料获取过度依赖当事人。二是对于已灭失、遭到破坏或利用方式发生巨大变化的估价对象，现场查勘仅能获取有限信息，无法准确推断估价对象于价值时点的实物状况。三是价值时点至报告出具日，国际国内宏观、地区、行业等外部因素已发生重大变化，外部市场状况容易受到实际数据的影响，不易达到真正的"预测"。四是缺少必要的价格标准，估价师难以获取到价值时点的成交记录、市场报价、材料信息及评估参数。五是针对复核性评估，因新规范、新标准对估价方法的新要求，无法采用与过去相同的估价方法或处理方式，导致复核结果存在争议，证据性不足。

三、评估过程应重点关注的内容

(一) 合理确定价值时点

价值时点从本质上讲,既不是估价委托人决定的,也不是估价师决定的,而是由估价目的决定的。根据《国有土地上房屋征收评估办法》第十条的规定,被征收房屋价值评估的价值时点应为房屋征收决定公告之日;对于房屋损害赔偿评估,估价对象受到损失到法院作出判决一般会经历较长的时间,价值时点有损失发生之日、起诉之日、立案之日、判决之日等,根据《中华人民共和国民法典》中"侵害他人财产的,财产损失按照损失发生时的市场价值或者其他合理方式计算"的规定,价值时点应选择房地产损失发生之日;评估受贿所收受房屋价值的时候,价值时点应为收受之日;对于估价报告的复核评估、专业技术评审,价值时点应为原估价报告确定的价值时点,但原估价报告确定价值时点有误的除外。因此,估价师承接该类型业务时,对于价值时点的确定,不仅要与估价委托人充分沟通,还要根据估价目的所涉及的法规要求对价值时点选择的合理性进行复核。对于难以具体到日且能满足估价目的需要的情况下,根据《房地估价规范》GB/T 50291—2015 的要求,可到周或旬、月、季、半年、年等。

(二) 完整追溯估价对象

在现时性评估中,估价师可以通过对估价对象的实地查勘,直观地感受估价对象的真实状况。但在追溯性评估中,估价师无法完成对估价对象过去时点的实地查勘。估价对象通常已发生巨大变化,甚至灭失,而估价对象需要是具体而明确地存在。这就要求我们尽可能地搜集资料对估价对象的历史状态进行合理的分析、推断。调查方法主要是通过历史影像、历史评估报告、访谈当事人等方式进行,并对各种途径和方法得到的数据进行相互对比、印证。

对于估价对象的权益状况,估价师要核实估价对象权属登记的历史变化轨迹,通过制作权属变化时间轴,准确判断估价对象于价值时点的权益状况。《中华人民共和国资产评估法》已明确评估专业人员具有依法向有关国家机关或者其他组织查询从事业务所需的文件、证明和资料的权利。在实际执行中有困难的,估价师应要求估价委托人与当事人以"介绍信"或者"陪同"的方式进行必要的协助。

估价对象价值时点的外部市场状况,可以通过社会公开渠道或估价机构的历史积累数据进行查询,并根据阅读追溯性价值时点时期编写的现时性估价报告,对价值时点掌握数据的准确、完备程度予以核实。重点关注一些行政法规的落款日期、研究成果的编制日期等是否为真实的发布日期,采用或考虑价值时点之后发布的数据或发生的事件,改变了价值时点的市场条件基础,容易引起估价师对外部市场条件的误判。

(三) 实地查勘具有必要性

实地查勘是评估程序中最重要的一个环节,但追溯性评估的估价对象状况为历史状况,其现状与原状差异巨大时,是否还需要履行实地查勘程序呢?如征收补偿涉诉案件中被征收房屋已被非法拆除;在建工程涉诉纠纷中建筑物的形象进度已大幅提高或已竣工交付等情况。虽然估价对象已经灭失或因损毁、改扩建等发生改变,到现场无法看到其历史状况,但仍有必要到原址进行现场查勘。现场查勘不仅可以通过能否找到原址来判断其曾经存在的真实性,还可以对估价对象的现实区位状况、空间分布以及不利因素进行直接的调查与感受。

(四)估价依据的基本原则

最高人民法院《关于审理行政案件适用法律规范问题的座谈会纪要》第三部分"关于新旧法律规范的适用规则"明确,根据行政审判中的普遍认识和做法,行政相对人的行为发生在新法施行以前,具体行政行为作出在新法施行以后,人民法院审查具体行政行为的合法性时,实体问题适用旧法规定,程序问题适用新法规定。涉诉房地产追溯性评估同样应遵循"实体从旧、程序从新"的基本原则,而这里的"实体"可以理解为具体测算过程中影响评估结论的取价依据;而"程序"指报告出具日规范评估活动的有效准则,即执行追溯性评估业务时,只是在追溯的基础上考虑价值时点有效的数据及对数据的分析,而不是执行当时有效的评估准则。

如比较法中关于可比实例的选择,《房地产估价规范》GB/T 50291—2015 要求可比实例的成交日期应接近价值时点,与价值时点相差不宜超过一年,且不得超过两年,并未明确价值时点之后的可比实例是否可以采用。通常越接近价值时点的案例,越能够反映当时的市场状况。但在追溯性评估中使用价值时点不能获得或者不存在的交易信息,将会引起误导。估价师在追溯性评估中,可采用价值时点之后的成交案例进行趋势分析,对估价结果进行综合验证。

四、评估报告应特别说明的事项

(一)明确的报告类型

基于追溯性评估与现时性评估的差异,以及追溯性评估特有的工作难点。估价报告名称或项目名称中应包含"追溯性评估"相关字眼,使报告使用人能够第一时间了解估价报告的类型,提高对估价假设与限制条件的关注程度,从而正确使用估价报告,准确理解估价结论。

(二)估价对象的历史沿革

估价对象的历史沿革即估价对象发展和变化的历程,包含重要节点及节点之间的相互关系。对估价对象历史沿革的调查与描述,不仅有助于估价师对估价对象状况准确推论,对估价结果进行趋势分析、逻辑验证,还有助于报告使用人以"动态"的视角了解估价对象的成本构成、权益变动等信息。

(三)程序受限的替代措施

在实际评估工作中,因法律法规规定、客观条件限制(如资料不足、查勘受限),无法或者不能完全准确推论估价对象状况的,将采取合理的替代措施,且未对估价结论产生重大影响时,估价机构可以继续开展估价业务。针对该类型业务,应首先向估价委托人及当事人出具"风险告知函",说明无法履行评估程序的原因以及相应程序缺失可能带来的风险。若估价委托人认为仍需要继续开展评估工作的,可要求估价委托人组织当事人对未明确的内容进行资料补充,通过质证与协商达成一致意见后出具"估价基本事项确认函"。

(四)重大期后事项的披露

估价报告中应对价值时点之后估价对象或外部市场发生的重要事项进行披露,并详细说明对这些重大期后事项在评估中是否予以考虑,以及考虑或不考虑的理由。特别是估价师有理由相信该报告的预期使用者在使用估价结果时,由于不知晓这些事件可能会被误导的情况下,这些披露就尤为重要。

五、结束语

目前房地产估价行业新兴业务尚未形成规模有效市场、估价机构盈利困难。《中华人民共和国资产评估法》的出台，在规范评估行业的同时也加大了估价机构和从业者的法律风险。这种背景下，估价机构对于追溯性评估这类非常规业务的承接与风险规避显得尤为重要。估价机构不仅可以通过对这类业务的系统研究建立自身的核心竞争优势，还能提高行业影响力，扩大市场份额，积极应对行业新形势新挑战。

参考文献：

[1] 中国房地产估价师与房地产经纪人学会. 房地产估价原理与方法（2022）[M]. 北京：中国建筑工业出版社，中国城市出版社，2022.

[2] 辛彦波. 对追溯性评估中相关问题的探讨——学习《资产评估准则——评估报告》的思考[J]. 中国资产评估，2009（3）：18-19.

作者联系方式

姓　　名：刘晨光　胡碧畴

单　　位：河南方正房地产资产评估咨询有限公司

地　　址：河南省郑州市金水区经三路北28号A座6层10号

注册号：刘晨光（4120180047）；胡碧畴（4120050101）

深圳市利益统筹项目集体资产评估服务及实践分享

程鹏飞　隗晶月

摘　要：近年来，我国经济从高速增长阶段转向高质量发展阶段，城市开发建设方式从大规模增量建设为主转变为存量提质改造为主。深圳市土地资源极度紧缺，只能通过存量挖掘增量，利益统筹项目主要解决集体经济组织继受单位及其成员掌握的历史低效用地的二次开发，不同估价机构在集体资产备案评估运用假设开发法采用不同的技术思路，导致评估结果存在差异；本文就其采用的思路进行探究分析。

关键字：利益统筹；技术思路；假设开发法

一、深圳市土地二次开发历史现状

（一）深圳市建设用地资源的紧缺性

深圳市土地资源有限，总土地面积约1997平方公里，约为北京的八分之一，不到上海的三分之一；同时深圳是"千园之城""公园里的城市"，除生态控制性等用地外，总建设用地面积约917.77平方公里；现状土地资源极度紧缺，只能通过存量挖掘增量。股份合作公司用地面积约390平方公里，约占总建设用地面积的43%，深圳市土地二次开发利益统筹模式主要是解决集体经济组织继受单位及其成员掌握的历史用地，可有效促进低效用地的再开发，一揽子解决大量土地历史问题，保障城市公共住房需求和产业落地经济发展需求。

（二）深圳市利益统筹政策

深圳市利益统筹项目涉及集体资产备案评估。

根据《规划国土委关于印发〈深圳市土地整备利益统筹项目管理办法〉的通知》(深规土规〔2018〕6号)，利益统筹项目是以原农村集体经济组织继受单位及其成员实际掌握用地为主要实施对象，综合考虑项目范围内未完善征（转）地补偿手续用地和原农村集体经济组织继受单位合法用地，通过统筹手段，一揽子解决历史遗留问题，实现多方共赢，促进社区转型发展。在利益统筹项目范围内，按照利益共享原则，通过移交地块政府和原集体单位"算大账"，股份公司按照集体资产处置规定通过留用地合作开发引入市场主体"算细账"。

根据《深圳市土地整备利益统筹办法》(征求意见稿)，适用范围除原农村集体经济组织继受单位实际掌握的合法用地和未完善征（转）地，扩大至已征未完善出让手续用地、国有已出让用地等存量低效用地。

二、利益统筹项目集体资产评估实践及技术思路探讨

(一) 毛地和熟地定义

毛地是指城市基础设施不完善、地上有房屋拆迁的土地,在城市旧区范围内,尚未经过拆迁安置补偿等土地开发过程、不具备基本建设条件的土地。熟地是指具备完善的城市基础设施、土地平整能直接进行建设的土地,相对于毛地,已开发,直接用作建筑用地。

利益统筹项目集体资产(土地)价值评估即集体土地在规划条件下的权益价值,价值内涵定义为毛地价值。

(二) 技术思路探讨

股份合作公司引入市场主体合作开发,集体物业计入留用地价值的技术思路:

运用静态假设开发法可以测算集体土地在规划条件下的权益价值,为股份合作公司提供利益分配价值参考;评估地价假设为未知数。

1. 技术思路一:将毛地开发成熟地的公式

集体用地权益价值(毛地价)=国有土地规划条件下土地市场价值(熟地价)-补缴地价款-拆迁成本;

国有土地规划条件下土地市场价值(熟地价)=开发完成不动产总价-开发项目整体开发成本-客观开发利润;

开发项目整体开发成本=房屋开发总建造成本+专业费、管理费、不可预见费+熟地取得税费+销售费用+投资利息+销售税金。

2. 技术思路二:将毛地开发成熟地再进行房屋建设的公式

集体用地权益价值(毛地价)=开发完成不动产总价-开发项目整体开发成本(含补缴地价款及拆迁成本)-客观开发利润;

开发项目整体开发成本=房屋开发总建造成本+专业费、管理费、不可预见费+毛地取得税费+销售费用+投资利息+销售税金+补缴地价款+拆迁成本。

两种技术思路的区别是思路一为间接求取毛地价,思路二为直接求取。

(三) 两种技术思路下增值税、投资利息及土地取得税费计算的区别

《关于明确金融 房地产开发 教育辅助服务等增值税政策的通知》(财税〔2016〕140号)规定向政府部门支付的土地价款包括土地受让人向政府部门支付的征地和拆迁补偿费用、土地前期开发费用和土地出让收益等。房地产开发企业中的一般纳税人销售其开发的房地产项目(选择简易计税方法的房地产老项目除外),在取得土地时向其他单位或个人支付的拆迁补偿费用也允许在计算销售额时扣除。假设评估的地价为未知数,采用技术思路二直接求取毛地价时,求取毛地价计算增值税销项税时除扣除未知的评估地价还可以扣除补缴地价款和拆迁成本。而技术思路一间接求取熟地价,则无须考虑。

运用静态假设开发法参数取值区别:

技术思路一:熟地,其增值税=[销售收入-允许扣除待求取熟地价(含土地取得税费)]÷(1+9%)×9%-建安成本÷(1+9%)×9%-前期和专业费用及销售费用÷(1+6%)×6%;

投资利息=熟地价(含土地取得税费)×[(1+贷款年利率)^(开发建设期)-1]+(建造成本+专业费用+管理费用+不可预见费)×[(1+贷款年利率)^(按投入分期)-1];

取地税费 = 待求取熟地价 × 3.05%。

技术思路二：毛地，其增值税 =[销售收入−允许扣除待求取毛地价（含土地取得税费）−补缴地价款−拆迁成本]÷（1+9%）×9%−建安成本÷（1+9%）×9%−前期和专业费用及销售费用÷（1+6%）×6%；

投资利息 = 毛地价（含土地取得税费）×[（1+贷款年利率）^（开发建设期+拆迁期）−1]+（建造成本+专业费用+管理费用+不可预见费+补缴地价+拆迁成本）×[（1+贷款年利率）^（按投入分期）−1]；

取地税费 = 毛地价 × 3.05%。

成本利润率考虑周期和投入不同，本次取值思路二成本利润率略大于思路一。

（四）两种思路结果差异评价

采用两种不同思路测算集体土地权益价值结果：思路二（增值税采用销项−进项）＜思路一（增值税采用销项−进项），差异率约8%~10%。测算结果主要差异在于增值税、投资利息及取地税费计算方式区别，影响最大变量为投资利息；因求取熟地和毛地的周期理论上是不同的；思路一间接求取熟地价时（增值税采用销项−进项）公式中利息仅考虑熟地进行房屋建设期的利息，未考虑毛地开发成熟地拆迁期的利息。

思路一和思路二增值税采用预征，熟地、毛地其增值税 = 销售收入÷（1+9%）×3%；则测算集体土地权益价值结果：①思路一、二（增值税采用销项−进项）＜思路一、二（增值税采用预征），差异率约8%~10%；②思路二（增值税采用预征）＜思路一（增值税采用预征），差异率约10%~12%；③思路二（增值税采用预征）≈思路一（增值税采用销项−进项）。

综上，思路一和思路二均被广泛运用于集体资产备案评估中，评估师应审慎处理不同思路的取值问题，既不高估集体资产价值，也不因技术上漏洞而损害集体的利益；以上是我们在评估实践工作中对所碰到的有关计算的一些拙见，借此抛砖引玉，具体使用过程中也建议加强同行间交流。

三、深圳市利益统筹项目经济社会价值及集体资产评估服务难点

（一）利益统筹项目经济社会价值

1. 盘活低效资产，缓解深圳市建设用地供需矛盾

通过利益统筹，盘活低效存量用地，缓和城市建设用地供需矛盾，为城市建设和产业规划落地提供有效的土地供给，推动城市可持续发展。

2. 有利于增加政府地方财政收入

受经济下行、疫情冲击、减税降费等多重因素叠加影响，财政收入减收明显，收入降幅逐步收窄，通过土地整备利益统筹，对集体留用地的开发建设，可有效增加地方财政税收和就业机会，实现多方共赢。

3. 集体资产保值增值

从集体资产价值方面分析，实现了集体资产的保值增值，保障村集体和村民权益，优化了股份公司内部资产结构，有利于股份公司的可持续发展。

（二）集体资产评估服务难点和建议

评估机构可以为社区股份公司提供集体资产评估咨询顾问服务，包括与合作开发方谈判、

多方案比选、集体资产交易上平台、可行性研究、拆迁、政策解读等评估咨询顾问服务。利益统筹项目集体资产评估中服务主要难点和建议如下。

1. 服务周期较长，投入人力成本较高

各利益主体之间的利益冲突，包括集体组织内部利益冲突，股份公司与自然村分公司，大村和下属各居民小组利益分配不对等可能导致项目无法推进；集体组织与合作方利益冲突，利益分配无法达成共识而项目无法推进；因此评估机构相应的服务周期拉长、投入人力成本增高。

2. 对评估师和评估机构专业性要求较高

股份公司视角下评估师如何评价项目集体土地和物业资产价值，项目设定条件下可行性研究分析；税务方面单抬头和双抬头相关税费如何计算；集体资产上平台备案分配给集体物业财务入账价格如果约定；拆迁补偿全部或部分纳入土地成本如何税前扣除，集体资产评估上平台政府监管要求等，对评估师和评估机构有较高专业水准要求。

3. 建议

评估师加强学习，积累经验，勤勉尽责，探究正确的技术思路，不高估集体资产价值，也不因技术漏洞低估集体资产价值，在工作中能真正为股份公司解决实际问题，保持较高的专业水准；如果由于条件所限不能满足提出的某些要求，最好事前充分沟通以避免事后的麻烦。评估机构鼓励和创造机会让估价师不断学习和提升，珍惜人才以维持一个较高稳定的专业团队。

参考文献：

中国房地产估价师与房地产经纪人学会. 房地产估价原理与方法（2022）[M]. 北京：中国建筑工业出版社，中国城市出版社，2022.

作者联系方式

姓　名：程鹏飞　隗晶月

单　位：深圳市国策房地产土地资产评估有限公司

地　址：广东省深圳市福田区新闻路59号深茂商业中心16层

邮　箱：653923294@qq.com；6453457@qq.com

注册号：程鹏飞（4420160131）；隗晶月（4220050050）

房地产估价机构助力国有商业银行物理网点房地产优化配置的探析

谢建云　高向阳　宋世杰

摘　要：物理网点历来就是商业银行不可或缺的重要房地产资产。即便在互联网金融和金融科技时代背景下，物理网点仍具有其他新业态网点无可比拟的优势和举足轻重的作用。但是，传统的物理网点房地产作为商业银行线下运营的重要载体，其空间分布结构、规模等已凸显出与日益迭代的现实需求不匹配的现象，造成不少低效低能网点的产生，物理网点房地产亟须优化配置，以满足物理网点建设不断重构或迭代的需要。

关键词：房地产估价机构；物理网点房地产；优化配置

一、商业银行物理网点的概念及存在的重要性

本文所称的国有商业银行物理网点是指我们常见的国有商业银行营业场所房地产，比如，某行某支行、某行某分理处、某行某局/所等，不包含ATM机场所，与手机银行、电子银行等虚拟网点相对。

物理网点自创立以来，就是国有商业银行成长和发展的必要基地。在物理网点房地产内，通过银行工作人员与客户直接面对面交流，完成多项服务功能、金融产品销售功能、金融风险控制功能等。物理网点房地产是国有商业银行提高客户满意度和培养客户忠诚度的重要场所；是银行进行企业品牌实力展示的最直接的对外窗口；另外，也是接收客户不断变化的需求并进行反馈，直接了解和挖掘客户新的金融服务需求及意愿的重要场所。

总的来说，国有商业银行物理网点房地产仍具有其他新业态网点无可比拟的优势和举足轻重的作用，很难被其他业态网点完全取代，比如，对于某些特定或特殊的业务，依据国家相关管理规定和现实需求，只能在物理网点完成。因此，通过优化物理网点的配置布局，能更好地发挥国有商业银行其他业态网点的作用，提高国有商业银行的市场竞争力。

二、当前国有商业银行物理网点的特点

（一）国有商业银行存在网点数量多的特点

伴随国家和地方经济的不断发展，在2017年之前，国有商业银行物理网点基本处于向上增长的态势，但是随着国家互联网金融、金融科技等战略的实施，物理网点的部分功能被电子银行、手机银行等新业态取代，受制于网点运营成本相较于其他业态网点高的因素，自2018年至2021年，我国国有商业银行网点数量呈逐年下降趋势。但是，其总量基数仍然庞大，截至2021年底，六大国有商业银行的总量已超10万，其中邮政储蓄银行的网点数量最

多,接近4万个、占比39.1%(表1)。

我国六大国有商业银行物理网点数量一览表　　　　　表1

银行名称	工商银行	建设银行	农业银行	中国银行	邮政储蓄银行	交通银行
数量	15767	14075	18961	9972	39603	2888

数据来源:根据2021年各银行年报数据统计。

(二)国有商业银行的物理网点数量存在覆盖面广的特点

从分布地域来讲,六大国有商业银行物理网点分布全国各省、市、县全境。之前,其分布地域主要位于城区范围,但是伴随国有普惠金融战略的实施,众多国有商业的物理网点建设逐渐向县、乡倾斜。以湖南为例,六大国有银行网点分布14个市(州)全境,其中数量最多的也是邮政储蓄银行,总量达2665个,其原因是,其乡镇网点布局面较其他银行要多。其次是工行银行,总量是2017个,量最少的是交通银行414个(表2、图1)。

湖南省六大国有商业银行物理网点数量一览表　　　　　表2

市(州)名称	工商银行	中国银行	建设银行	农业银行	邮政储蓄银行	交通银行
长沙	423	297	343	365	233	173
株洲	137	93	54	148	133	16
湘潭	109	61	104	238	98	12
衡阳	174	80	84	248	213	22
常德	143	98	50	209	237	22
娄底	116	74	47	124	91	16
怀化	117	73	39	140	337	8
邵阳	144	71	46	186	244	15
益阳	95	59	47	127	124	18
张家界	44	48	25	59	96	6
岳阳	146	115	162	206	185	56
永州	137	8	53	185	241	13
郴州	172	4	103	188	264	32
湘西土家族苗族自治州	60	37	25	77	169	5
合计	2017	1118	1182	2500	2665	414

(三)物理网点不可被替代,但需走布局和结构优化的转型之路

在当前信息化、数字化、网络化水平高度发展的时代背景下,各大银行物理网点正在通过优化空间布局等措施,来探索其更高质量的转型之路。截至2021年末,工商银行营业网点15767个,较2020年末的15800个仅减少33个;建设银行营业机构中,支行共计13960个,比2020年末的14117个仅减少157个;农业银行基层营业机构共计18961个,比2020

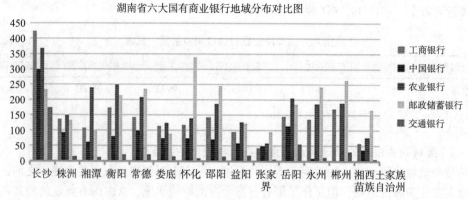

图 1　湖南省六大国有商业银行地域分布图

年末仅减少 112 个；中国银行基层分支机构 9972 家，比 2020 年末仅减少 106 家；邮政储蓄银行共有营业网点 39603 个，比 2020 年末仅减少 28 个。减少幅度最大的为建设银行，减少比例为 1.11%（表 3）。从前述数据也可以看出，物理网点对商业银行发展战略的重要性，其优化并非大幅削减其数量，而是要走布局和结构的优化配置转型之路。

2020 年与 2021 年湖南省国有银行物理网点数量对比　　表 3

银行名称	工商银行	建设银行	农业银行	中国银行	邮政储蓄银行
2020 年	15800	14117	19073	10078	39631
2021 年	15767	13960	18961	9972	39603
减少率	0.21%	1.11%	0.59%	1.05%	0.07%

三、房地产估价机构助力国有商业银行物理网点优化配置的能力体现

（一）房地产估价机构具有进行物理网点选址因素分析及辨识的能力

类似于我们进行房地产投资价值评估，国有商业银行物理网点的选址同样要结合国有商业银行自身的实际和业务特点出发，是物理网点优化配置的评价前提和基础。另外，在基于实际和业务特点的前提下，我们同样需要把区位因素放在首位考虑，具体包括：交通条件、商业集聚程度、停车方便程度、道路状况等。另外，其实物因素也是我们需要考虑的，比如周边物业特点、周边客群特点、人口数量、经济条件、周边人群消费结构和特点、竞争对手特点等等。

综上，我们发现，为国有商业银行进行物理网点选址咨询具备天然的专业能力，而只不过是将我们日常的对房地产价值影响因素的分析能力用在了更具体、非法定项目实践中。在过程中值得注意的是，由于各国有商业银行的业务特点不一样，我们需要基于此类前提，进行物理网点选址因素的差异化分析和辨识。

（二）房地产估价机构具有从全局的角度对物理网点优化配置进行成本控制的能力

物理网点的成本投入与选址是互相关联的。在选址过程中，国有商业银行需要考虑的一个重要因素就是对拟投入成本需要核算清楚，力保国有资产高效高质利用。其成本既包括对

该房地产是采用租赁的方式还是采用购入的方式；对其网点拟投入的房屋改造成本（含装修等）。作为房地产估价机构来说，我们一般均培养了一批复合型人才，不少估价师既对房地产价格（无论是租金价格还是销售价格）均具有天然的敏感能力，而且通过多年的复杂性项目实践，又懂工程造价等成本核算知识；另外，还懂财务会计等其他专业知识。从全局角度去把控整个物理网点在国有商业银行整个物理网点网络中的地位和定位，从而展现出其他专业类别基本无法企及的成本控制能力也是我们的优势，因为估价师们不单熟悉本区域的房地产市场行情，还具备多项市场调研能力，具备熟悉其他区域房地产市场行情的能力。

（三）**房地产估价机构具备为物理网点定期优化配置提供房地产大数据分析的能力**

国有商业银行物理网点的优化配置是一个动态持续更新的过程，而非一个静态的过程。随着网点周边的环境发生变化，包括房地产价格、周边客群、竞争对手等，物理网点的优化配置必须是保持动态、持续更新迭代的过程。而不少房地产估价机构在信息化、数字化时代背景的驱动下，已将多年积累的房地产数据，既包括房地产实物数据，也包括房地产时空数据进行了数据库可视化建设并呈现。作为国有商业银行来讲，借助于房地产估价机构的数据能力，可为其调整和优化相关经济行为决策提供透明有力的房地产大数据支持。如图2所示，我们通过GIS将区域内的低效网点与房地产区位因素进行结合，就可以直观地进行各类型低效网点的可视化呈现，另外还能直观地分析周边环境对各低效因子的影响程度，为后续进行更加精细化的管理和分析提供图件基础。

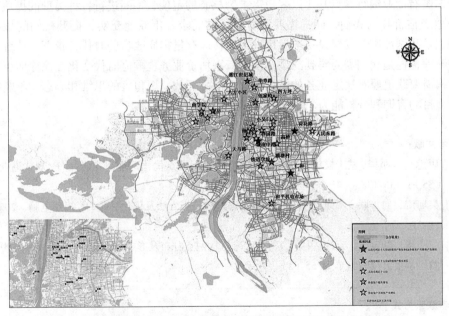

图2 长沙市某银行低效网点现状位置分布图（按低效因子分别展示）

四、房地产估价机构助力国有商业银行物理网点优化配置需注意的方面

（一）**一切从客观实际出发**

不同区域和不同银行的内外因条件，对国有商业银行物理网点进行优化配置所选用的考量因素可能有很大的不同，这就需要我们一切从客观实际出发。随着信息化、智能化不断推

进，银行业整体同样在走向精细化、差异化管理，银行网点的形态和功能将日益丰富，并不断发生变化。由此，房地产估价机构承接这类项目的咨询时，虽然有着专业优势，但是我们一定要分析国有商业银行本身的客观特点和需求，同样为其提供精细化、差异化专业服务。而切忌将对 A 银行的优化配置方法和思路照搬至 B 银行。

（二）多关注国有商业银行网点与其他业态、场景的融合对网点优化配置的贡献程度

原有的国有商业银行物理网点，既包括银行内部网点之间，也包括与其他银行对比来看，均存在不同程度的服务内容和业务结构同质化较严重的现象，这也是导致物理网点核心竞争力下降，众多低效低能网点出现的一个重要原因。而实际上，在金融科技、服务乡村振兴、普惠金融、发展绿色金融等国家战略背景下，国有商业银行网点的多元化发展，结合自身的业务特点，与其他业态、场景进行有效融合，将是进行物理网点优化配置需要考虑的因素，也是促进网点优化配置的一个有效途径。那么，对于房地产估价机构的估价师来说，我们就需要在厘清国有商业银行本身业务结构和特点的基础上，具备延伸式思维，多考虑国有商业银行网点与其他业态、场景的融合对网点优化配置的影响，从而为物理网点优化配置咨询提供更具竞争力的咨询方案。比如，某银行通过优化配置物理网点，根据周边人群的特点，为周边居民提供阅读或者为周边企事业单位提供会议场地服务，或者进行网点提供适老化服务或改造等，从而达到获取一批忠实客户的目的。

（三）要不断提升机构自身的非法定业务咨询能力

众多国有商业银行网点基于以客户需求为核心的定位，不断进行各种类型的提质升级。作为房地产估价师的我们，同样需要跟着时代的需求，不断地充实、提升机构的核心竞争力。特别是我国城市开发建设从增量建设为主转向存量提质改造的时代背景下，传统的估价业务在萎缩，但是我们需要看到的是，众多新兴估价业务也顺应时代变化在徐徐而生，我们估价机构需要跳出原有法定业务的思想框架，以更开放、更包容的思维和心态，不断提升对非法定项目的咨询和分析能力。

参考文献：

[1] 唐忠亮，邓华. 基于模糊层次分析法的农业银行网点优化选址问题研究 [J]. 现代商业，2021（35）：136-138.

[2] 吴坷澄，向丰联，辜琪，等. 银行网点选址的分析方法及优化算法 [J]. 福建电脑，2022（7）：19-22.

[3] 张庆华，彭宝玉，秦冰. 中国银行业金融机构网点分布及影响因素分析 [J]. 河南大学学报（自然科学报），2020（1）：55-62.

作者联系方式

姓　名：谢建云　高向阳　宋世杰

单　位：湖南新星房地产土地评估咨询有限公司

地　址：湖南省长沙市开福区芙蓉中路一段 479 号建鸿达现代城 18 楼

邮　箱：59819723@qq.com

注册号：谢建云（4320050007）；高向阳（4319980040）

谈实景三维技术在房地产评估工作中的应用及展望

马万智　杨健青　李　洁

摘　要： 本文旨在用现代科学与技术促进或带动传统评估行业健康有序的向前发展。首先介绍实景三维的概念、分类及与相比于传统测绘地理信息数据特点，其次结合实例重点说明实景三维技术在城市房屋征收评估等重大评估项目中的应用以及未来展望。

关键词： 实景三维；地理信息；征收评估；房地产；倾斜摄影测量

一、引言

房地产评估与测绘地理信息息息相关，特别是在城市房屋征收评估过程中，需要评估人员深入实地对评估范围内的各类房屋及构筑物进行一次或多次的测、绘、察、算等工作，以获取评估基础材料。因为，在现实中有的权利人配合、有的不配合，所以，评估人员要时常面对"进门难、核察难"等问题，该问题能否妥善解决直接影响评估工作的进度和评估结果质量，稍有不慎会引发矛盾，造成不利影响。而利用实景三维技术估价师可直观、快速、准确地获取被征收房屋评估所需要的相关基础资料，绘制准确翔实的征收评估实地查勘工作底图，为保质、按时完成房屋征收评估或重大评估任务提供有力技术支持和保障。

二、实景三维

（一）实景三维定义

实景三维（3D Real Scene）是对一定范围内人类生产、生活和生态空间进行真实、立体、时序化反映和表达的数字虚拟空间，是国家新型基础设施的重要组成部分，为经济社会发展和各部门信息化与智能化提供统一的空间基底。

（二）实景三维分类

依据表达内容的尺度、类型及精度不同可分为地形级、城市级及部件级。地形级实景三维适用于表达全国宏观范围地形起伏和地面纹理特征，可用于自然资源现状和自然资源地理宏观规划等大场景三维可视化表达及空间量算等，颗粒度可达米级，其主流形式为数字高程模型与数字正射影像叠加；城市级实景三维适用于对城市区域范围内地表建（构）筑物等的真实情况进行精细化表达和统计分析，颗粒度可达厘米，其主流形式为倾斜摄影模型、点云模型与纹理叠加、单体化模型数据；部件级实景三维适用于微观尺度，对部件要素的位置、几何形态、空间关系及属性进行精准表达及按需定制的个性化应用，颗粒度可达毫米，其主流形式是建筑信息模型数据（BIM）等。

（三）实景三维相比于传统测绘地理信息数据特点

1.真实。从对现实世界进行抽象描述，转变为真实描述。2.立体。从对现实世界进行一、二维表达到三维表达。3.动态。不仅能反映现实世界某一时点当前状态，还可反映过去多个连续时点状态，时序、动态展示现实世界的发展与变化。4.实体粒度和空间精度。是从按要素、分尺度表达现实世界到按实体粒度和空间精度来表达现实世界。5.人机兼容理解。表达地理空间的数字信息人能理解机器能读懂。6.全空间。实景三维实现地上下、室内外、水上下全空间的一体化描述。

三、实景三维技术在现实评估工作中的应用

征收评估是整个城市房屋征收工作的焦点，工作性质是时间紧、任务重、情况错综复杂，需要投入大量的人力和物力，要克服"进门难""核查难"等诸多困难，若稍有不慎将会产生不利影响，引发社会矛盾。2021年初，本公司承接了当地政府委托的某旧城改造房屋征收评估任务，工期紧、范围大、情况复杂、资料缺失，且区内各类房屋及构筑物规模、权属、界址等情况错综复杂，若按传统的实地测量及调查方式很难完成任务。所以公司决定采用无人机航测技术，即选用大疆经纬M300RTK+禅思P1+DJI智图系统进行倾斜摄影测量，按国家及行业现行标准进行航测，经内业数据处理获取征收范围内直观、立体、时序、可量可算实景三维数据。通过实景三维技术估价师可以事先查看房屋实地征收范围、总体浏览评估区域概况、区分重点难点制定科学合理的评估作业计划。可方便、快捷获取房地产实物因素、权利因素、区位因素等影响资料，并对相关的非定量房地产评估影响因素进行分析与评价，具体应用包括：

1.制定科学合理的征收评估计划。总览评估区域实际情况，结合公司已掌握的该地区相关资料，查看实景三维影像估算工作量大小、找出重点和难点、预计合理工期、计划投入人力和物力等因素，制定科学合理的评估作业计划；

2.确定房屋具体的征收范围。将委托方提供的征收范围线落到实景三维影像中，沿征收边界线查看建筑物的压盖情况，对于少量压盖的房屋及建筑物，综合考虑征收成本及将来的规划方案等影响因素，与委托方商定征收边界是否调整，最终确定征收边界，并标定复杂边界特征点；

3.确定房地产实物因素。（1）测量房屋占地或院落范围大小，计算占用土地面积，查看地形地势；（2）测量各类房屋的长宽高、计算房屋建筑面积、绘制房屋平面图及外立面装饰图，了解房屋采光、通风及外装饰情况；（3）测量区域内各类构筑物的大小，并标定属性等。如：测量道路长度、宽度计算面积，标注道路等级、类型或材质；测量围墙的长度及高度，标注材质类型；测量各类管线及地面硬覆盖的长度或面积等，并标注管线类型及材质；（4）依据三维影像及已有资料绘制评估范围内各类房屋、构筑物等现状平面图及立体图，并标注名称及编号，为现场查勘作好资料准备。

4.确定房地产权益因素。将已知的用地红线落到影像图中，查看用地界线是否与相邻宗地有交叉，房屋是否有压盖，是否有超出红线的房屋，如有则标注压盖或者超出红线范围的房屋具体位置。区分房屋类型，依据门牌号标注有证房屋的位置，并核查房屋实际层数、测绘面积等符合情况，标注核查结果。

5.房地产区位因素分析与评价。（1）确定房屋位置，包括方位、与相关场所的距离、临

街状况、朝向确定；(2)查看交通条件。从三维影像中查看道路状况、出入可利用的交通工具、交通管制情况、停车方便程度等；(3)查看外部配套设施。查看外部配套设施完备情况，如中小学、医疗、购物、休闲娱乐等；(4)查看与了解周围环境和景观情况。如大气、水文、声觉、视觉、卫生环境等。估价师在室内可通过总览征收评估区域实景三维模型对上述各区位影响因素进行分析与评价。

6. 为征收监管部门留存有效证据。实景三维影像可为日后审计、审查征收评估等工作留存原始证据。同时，为征收主管部门提供征收监管的证据。即以公告之日征收区域范围的实景三维数据为证据，以防止为了在征收中获得更多的补偿，突击修建房子、大棚等违规行为。

至此，估价师可以在室内直观、快速查看并获取被征收房屋评估所需要的实物因素、权益因素及区位因素资料，绘制准确翔实的征收评估实地查勘工作底图，同时对非定量评估影响因素进行初步分析与评价。在此基础上，估价作业人员凭此有编号、有图、有内业测量结果的查勘资料进入现场进行抽检、核量等工作，方便、快捷、准确、不容易出差错，提高了外业资料一次采集成功率，节省了大量的人力和物力，缩短了评估周期，促进和提高评估工作质量及效率，有效解决征收评估工作中遇到的进门难、核查难等问题。

四、实景三维技术应用展望

现阶段在本行业的应用主要是用无人机倾斜摄影测量获取实景三维数据，而后在室内通过单机实景三维模型进行测、绘、察、算获取评估项目所需要的基础材料，并在有限范围内进行简单的分析与评价。随着现代科学技术的发展，将来是基于网络平台的实景三维数据库应用，具体包括：

第一是实景三维数据获取更宽泛。包括测绘卫星、无人机航测、激光雷达、移动测量、大数据、5G网络、云计算、物联网及人工智能等新技术。

第二是以估价对象地理实体为索引。不动产统一登记为每个不动产单元赋予唯一和可识别的标识码，即以不动产单元号为（估价对象地理实体）索引，可以实现"一码通查"。

第三是按评估具体的要求，平台对应用场景需求进行自动提取、组装数据。即依据房地产价格主要影响因素自动提取和加载不同属性的专题数据。如不动产登记数据、城建档案、户籍数据、自然资源等相关专题数据。可以核查不动产权益状况、使用管制、建设规模、建筑结构、设备设施、室内空间布局、人口数量、人口结构及素质等相关因素。

第四是按照时空进行序化、关联和融合。平台对自动提取和加载的数据构建成具备实体化、三维化、语义化、结构化和人机兼容理解特征的城市级实景三维和自定义应用场景实景三维产品。即估价师按估价对象的索引，依据估价目的、估价时点和选择的评估方法，按设定的条件提取估价对象实物信息、权益信息、区位信息等相关的信息，并对其进行分析与评价，结合估价师经验或加载房地产自动评估系统出具最终的评估结果。

综上所述，实景三维是国家新型基础设施的重要组成部分，赋能各个行业，一方面促进测绘地理信息产业的技术创新和服务升级，另一方面将给相关的应用行业带来重大变革。因此，为应对新技术对传统评估行业的挑战，应该将传统评估行业与现代新技术高度融合。即将无人机、大数据、5G网络、物联网、AI、GIS、BIM等现代新技术运用到评估业务中，用以提高评估成果质量和工作效率，拓宽房地产评估服务的领域，不断满足高端客户对房地产评估及房地产发展战略咨询的需求,从而提高企业市场竞争力,用现代科学与技术促进或带动评估行业健康有序向前发展。

参考文献:

中国房地产估价师与房地产经纪人学会.房地产估价理论与方法(2021)[M].北京:中国建筑工业出版社,2011.

作者联系方式

姓　名:马万智　杨健青　李　洁

单　位:大连大开房地产评估咨询有限公司

地　址:辽宁省大连市金普新区双 D 港双 D 一街 11 号宏港大厦 406 室

邮　箱:1042835239@qq.com

注册号:马万智(2119970075);杨健青(2119980035);李　洁(2120000034)

房地产估价机构如何做好房地产投资项目尽职调查

姚 宇

摘 要： 尽职调查（Due Diligence，简称"DD"）是指企业在实施投资、并购或融资等重大经济行为时，投资方（买方）对目标公司的经营状况进行谨慎调查，以评估目标公司（标的）的价值和风险。在企业对外和企业并购中，要对企业的历史数据和文档、管理人员的背景、市场风险、管理风险、技术风险和资金风险等进行全面深入的审核，然后做出一份详细的尽职调查报告。

关键词： 房地产投资项目尽职调查

一、房地产投资项目尽职调查概述

所谓房地产投资项目的尽职调查，一般是指投资人（或金融机构）在对房地产开发项目进行投资（或融资）或对房地产开发企业进行并购时，所进行的项目尽职调查，一般来说，房地产投资项目的尽职调查主要包括如下几个方面。

一是企业一般性情况调查（工商登记、股权结构、成立沿袭变更状况、管理团队、累计开发项目情况、企业征信、实际控制人征信等方面的调查）。

二是企业财务状况调查（成立至今的验资报告、审计报告、近期财务报告调查，科目明细说明、适用纳税及税收情况说明、企业盈利能力分析、企业偿债能力分析或有负债分析等）。

三是企业法律状况调查（工商登记查档、各种批复批文查阅、成立至今融资担保情况调查、涉诉情况调查、重要合同签署及履行事项调查等）。

四是拟投（融资）项目情况调查（开发项目背景、项目证照批复情况分析、项目简要可行性分析、项目市场状况分析、项目 SWOT 分析、项目投资情况分析、项目建设情况分析、项目预期销售或经营模式及定价分析、项目去化分析、项目现状价值分析、项目可抵押价值分析等）。

五是项目财务评价及风险评价（项目投资及资金筹措分析、项目预期现金流分析、项目融资还款现金流分析、项目财务可行性评价；项目内外部风险披露分析、项目风险对策分析、重大事项提示等）。

上述各部分内容中，委托方有时会根据具体需要另行聘请注册会计师和律师对其中的财务尽职调查及法律尽职调查做专项财务尽职调查及法律尽职调查，我们作为专业的房地产咨询顾问机构，需发挥我们的专业优势，在进行一般调查的同时，重点做好拟投（融资）项目情况调查及相应估值分析。

二、房地产项目投资尽职调查要点简述

下面主要从房地产咨询机构的角度，简要阐述房地产投资项目尽职调查的各阶段工作要点。

（一）前期接洽

接洽阶段，需要了解委托人的主要需求，如：以财务投资为诉求的尽职调查、以金融机构项目贷款为诉求的尽职调查、以项目并购为诉求的收购前尽职调查、以资产证券化业务为诉求的前置尽职调查等，不同的诉求决定了尽职调查的方向和侧重点有所不同。投资方向的主要关注点为项目的经营能力、现金盈利能力和资金的安全退出；融资方向的主要关注点为项目的现金流及偿债能力；并购方向的主要关注点为项目开发的后续可操作性及并购法律风险等；资产证券化（此处大多为房地产信贷资产证券化）方向的主要关注点为拟收益资产的现金化、预期收益情况及到期的资金退出情况等。

（二）资料准备和收集阶段

明确了需求及委托方关注方向，就进入资料准备和收集阶段了，一般都需要收集不少于下列资料。

1. 企业基础资料

企业法人工商营业执照、组织机构代码证、税务登记证、开发企业资质证书、开户许可证、贷款卡、公司章程、验资报告、实际控制人及主要自然人股东身份证、企业简介（应包含历史沿袭、经营模式、公司优势、公司架构、项目开发业绩等）、高管介绍、历史开发项目一览表（储备项目、已建项目、在建项目，需介绍名称、位置、占地、总建面、业态分布、投资额、工程进度、开盘时间、销售成交情况、销售单价、历年去化情况、已实现收入等）等。

2. 企业财务资料

近三年审计报告及最近一期的财务报表、最近一期主要科目明细说明、现有贷款情况说明（发生时间、贷款额、类型、担保措施、偿还情况、贷款机构、利率等）、企业对外担保情况（担保额、融资机构、利率、偿还情况、担保附加条件等）、各金融机构评级情况、企业未来三年现金流预测等。

3. 企业法律相关资料

工商查档资料、公司或有负债情况说明、企业人民银行征信报告、实际控制人征信报告、涉诉情况说明（相关判决、执行及相关合同、票据等）、重大合同签署及履行情况说明等。

4. 投资项目资料

项目报批可行性研究报告、相关政府批文、环境影响评价报告、项目权证取得情况（建设用地规划许可证、国有土地使用证、设计方案、规划意见书、建设工程规划许可证、建筑工程施工许可证、预售许可证）、项目合同一览表、项目投资情况一览表（总投资、已投资、未投资及相关凭证）、项目施工情况（进度说明、监理报告）、项目销售情况（销控表）、项目资金筹措情况说明、项目已抵押情况说明（含评估报告）、项目预期销售（或经营）方案、项目预期现金流预测等。

在收集上述资料时，需注意核对相关政府文件、证照及重大合同的原件。

(三)现场踏勘及市场调研阶段

在收集资料的同时,尽调人员需进入现场,按照专业分工不同分别进行现场踏勘,并与企业人员进行座谈,了解所需信息。同时结合项目情况,对区域市场、类似竞品、市场去化、政府相关主管部门等进行调研,并形成相关结论。

(四)企业高管座谈阶段

该阶段需有针对性地约谈企业高层管理人员,重点把握如下几方面。

1. 企业决策层与执行层的对接

需了解企业决策层人员构成、决策形成方式、决策层人员从业经历业绩及执行层人员从业经历、决策层与执行层相互是否为历史关联方、决策执行情况、人员变动及相互配合情况。

2. 企业财务管理情况

需了解企业财务负责人从业经历、企业资金使用风格、资金来源的渠道与稳定性、资金去向的规范性、财务管理的规范性、税收核算的规范性、预售资金的使用、借贷资金的专款专用情况、关联方企业往来资金的结算情况、股东借款的使用结算情况等。

3. 企业销售情况

需了解企业营销模式、营销团队、历史销售完成情况、销售团队的人员构成及稳定性、销售回款情况、预期营销预测情况等。

4. 企业其他重大事项座谈

如公司内部企业文化建设、各项管理制度执行情况、企业未来发展战略、项目特殊设计、品牌展示、与政府之间的合作关系、区域优势、重要合同情况、外部金融机构合作情况等。

(五)项目尽职调查报告撰写阶段

在经历上述阶段并获取了足够的资料之后,可以进入尽职调查报告的撰写阶段,一份完整的尽职调查报告,需能够让委托人、潜在投资人、资方能够提取足以进行初步决策的完整信息(包含投向企业及投资项目),至少应包含以下内容。

1. 资金投向企业的概况

包含企业的成立、历史沿袭、股权结构、历史开发项目、高管团队、运营模式、核心竞争力、征信情况等。

该部分需根据委托方的意向有针对性地进行专项分析,如投资诉求需重点分析企业的盈利模式和核心竞争力、持续盈利能力等,融资诉求需重点关注企业的资金实力及过往项目完成及资金使用情况,并购诉求需关注企业的资源储备和管理团队情况等。

2. 资金拟投向项目的概况分析

需介绍拟投向的房地产项目的区位、规模、报批手续、建设可行性分析等。

作为专业房地产咨询机构,可以从专业房地产开发建设流程方面来初步分析项目的可行性。

3. 企业的财务状况分析

需对企业近三年财务报表及最近一期的财务报表进行动态对比分析,并重点关注企业的如下科目明细情况。

(1)流动资产中的存货科目中开发成本、开发产品,作为房地产投资或开发企业,其所开发的项目成本大多归集在这两个科目内,须详细分析其数据的合理性和延续性,并结合具体项目进行分析。

（2）应收账款和其他应收款，分别反映企业房地产开发投资中主营业务所发生的债权及非主营业务产生的债权，需要关注款项的发生时间和实际回收情况，并结合上下游企业的相关合同进行分析；另外需关注其他应收款的合理性和核算单位的关联性，该部分款项的实现与否直接会影响企业的短期偿债能力。

（3）长期投资，主要反映了房地产投资企业的对外投资项目，需分别考虑控股性和非控股性的投资，并分析其盈利和回收的可行性。

（4）短期借款，主要反映了企业的一年期内的短期流动资金借款，该科目占比的大小反映了企业的流动资金流动性，若占比过高，一般情况下说明企业的持续经营及资金管理能力欠缺，需予以关注，但需结合项目的实施阶段具体解读。

（5）预收账款，大多为预售收入或意向金等收入，该科目一定程度上反映了企业的销售状况，需结合项目具体解读。

（6）其他应付款，需重点关注该科目，大多数股东借款、内部筹资、关联方借款等都会反映在该科目中，需具体重点解读，并结合相关业务往来文件分析，有些不规范的企业会较为隐晦地把民间借贷通过转换名目的方式计入该科目，需对其中数额较大的明细科目仔细研读。

（7）长期借款和长期应付款，主要核算企业的长期贷款及一年以上的其他应付款，同样需要重点关注，如长期借款的利率水平、起止日期、担保方式、偿还情况，都会直接关系企业的资金流向。

（8）资本公积，主要核算企业在经营过程中由于股东增资、股本溢价以及法定财产重估增值等原因所形成的公积金，需要关注其核算数额的合理性和真实性。

除分析上述科目外，还需要重点关注企业的如下财务指标。

（1）盈利指标

主要包括营业利润率、销售净利率、资本金收益率、总资本收益率，这4个指标从不同角度反映了企业的盈利能力，且需要结合近3年报表进行动态分析，以判断企业的持续获利能力。

（2）偿债指标

主要包括短期偿债能力指标（流动比率、速动比率）、长期偿债能力指标（主要分析资产负债率），应结合不同企业规模、不同时期动态分析偿债能力指标，比如小型企业的资产负债率如果超出70%，我们一般认为其偿债能力较差，风险较大，但若是对于大型上市公司背景的大型企业，其资产负债率即使超出70%，我们仍然会认为风险可控，因为不同企业其融资的渠道和资金来源的稳定性差异较大；另外金融市场的调控政策同样会对该指标产生较大的影响，我们需要结合内外环境动态综合分析。

另外还需要了解企业所属区域的适用税收政策及纳税税率。

4. 资金拟投向项目的分析

该部分属于专业房地产咨询机构重点关注和展现专业性的板块，该部分内容应包含如下9个方面。

（1）项目背景分析，从大的国家层面到项目所属省市区域的政策都要综合分析。

（2）项目市场分析，结合项目的具体业态动态分析所属区域的房地产市场及细分业态市场分析。

（3）项目定位分析及SWOT分析，需结合项目所属区域的类似竞品、供需状况、购买能力分析等综合判断项目的市场定位及其合理性，并对项目进行 SWOT 分析（优势、劣势、机会、威胁）。

（4）项目可行性分析，此可行性分析主要包括建设单位可行性分析（资质、开发能力、法律手续）、项目立项批复、权证规划批复、环境影响评价等分析。

（5）项目市场定价销售策略分析，结合细分市场竞品情况综合分析项目的核心竞争力及定价策略，以及依据市场发展态势制定的动态销售策略，销售模式等，需结合真实市场情况审慎分析其可行性及未来预期的可操作性。

（6）项目的工程管理和进度管理分析，结合预定的交付使用标准，分析项目的建设工期及进度控制。

（7）项目投资及资金筹措情况分析，结合企业的财务及可研综合分析企业的项目总投资情况、已投资情况，综合判断其数据的合理性、客观性，并结合企业的资金筹措情况分析项目的资金缺口及建设资金投入计划；结合投资情况编制整个项目的现金流量表（若涉及融资，还可单列偿债现金流量表）。

（8）项目现状估值分析（或抵押物估值分析），结合专业估价人员的估价分析，对项目的现状价值及预期开发后价值进行评估，综合分析其市场价值；若为融资考虑，则需要对抵押物进行抵押估价。

（9）项目财务评价，可结合尽职调查的需求方向，对项目在投资期或全寿命期、融资期进行财务评价测算，判断其财务净现值、内部收益率、动态投资回收期等指标，还可结合需要进行敏感性分析及盈亏平衡分析。

5. 项目尽职调查结论及风险披露

综合上述企业层面、管理层面、项目层面、财务层面、法律层面的定性定量分析，结合尽调人员的专业能力，对项目给出专业的尽职调查结论，揭示项目的内外部风险，并给出合理的规避建议及防范措施建议。

作者联系方式

姓　名：姚　宇
单　位：深圳市同致诚土地房地产估价顾问有限公司北京分公司
地　址：北京市丰台区汽车博物馆东路8号院（金茂广场）3号楼9层903
邮　箱：yaoyu-1977@126.com
注册号：1120060005

商住比对综合用地地价评估的影响分析

胡明日　马轩然

摘　要：在估价过程中，经常会遇到用地性质为城镇住宅兼容商业的土地评估，为了直观反映用地兼容比例的变化对综合地价变化影响程度，本文选用一宗混合用地，分别通过以基准地价、剩余法测算待估宗地价值的两种方法进行论证，并分析确定商住比变化最终对综合地价变化影响方式，从而通过对此项因素的分析，对类似混合用途土地在市场比较法的估价过程中合理修正进行探讨。

关键词：城镇住宅兼容商业用地；商住比；综合地价；市场比较法

为便于分析论证，本文假设郑州市成熟区有一宗城镇住宅用地，坐落为郑州市中原区冉屯南街南、化肥东路东；用途为城镇住宅兼容商业用地；宗地面积为46884平方米；容积率为3.5；建筑密度≤25%；绿地率≥30%；宗地为规则矩形。根据《郑州市城市规划管理技术规定》(试行)的要求，郑州市兼容比例原则上不得超过40%；本次分析范围确定商住比为0:100%至40%:60%；下文将以此宗地进行模拟分析，确认商住比变化对综合地价变化影响程度。

一、以基准地价为导向进行模拟测算

基准地价为某一估价期日法定最高使用年期土地权利的区域平均价格，对确定影响程度具有典型代表性，经查阅郑州市现行使用基准地价级别图，估价对象位于商业6级，住宅4级范围内，楼面价分别为商业1800元/平方米、住宅2650元/平方米；容积率为3.5，则地价分别为商业6300元/平方米、住宅9275元/平方米。通过模拟商业用地占比从0上升至40%，对综合地价影响变化走势如图1所示。

随着商业用地占比的提高，综合地价将会以一条类直线的方式进行变化，而其变化幅度的平均值为0.34%；即每增加1%的商业用地占比，综合地价下降0.34%。如基准地价级别及基准地价水平发生变化，则相应的综合地价变化幅度亦会发生变化；但相同级别的两宗混合用地，不同商住比的变化，其综合地价变化幅度具有一致性。

二、以剩余法测算待估宗地价值为导向进行模拟测算

估价对象所在区域为以住宅为主的成熟区，周边无办公楼，且不邻近城市主干道，本次以商业、住宅两种业态进行模拟测算。宗地为矩形，通过对周边市场调查，商业用房销售均价为1层35000元/平方米，住宅用房销售均价约为15000元/平方米，公寓用房销售均价

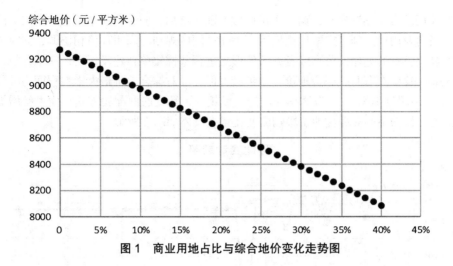

图 1　商业用地占比与综合地价变化走势图

约为 7000 元 / 平方米，本次采用剩余法（评估待开发土地价格）进行分析测算，公式为：

$$P=A-B-C \qquad (1)$$

式中：P 为待估宗地价格，A 为不动产总价，B 为开发项目整体开发成本，C 为客观开发利润。

当商住比为 0:100% 时，则此宗地全部开发建设商品住宅，建设总面积为 164094 平方米，不动产开发总价为 246141 万元。根据郑州市实际建设工期标准，15 万平方米及以上建筑施工周期约为 3 年。土地取得税费为契税及印花税，合计为 4.05%。估价对象一般为高层住宅建设，建设成本约为 2200 元 / 平方米；城市基础设施配套费为 170 元 / 平方米；园区附属工程配套以宗地面积计算，约为 500 元 / 平方米；公共配套、前期工程费、其他工程费、开发期间税费等合计约为建设成本的 15%。管理费用约为总建设成本的 5%；销售费用约为总销售额的 2%；投资利息约为 7.5%；销售税费采用一般计税方式，整体园区开发利润采用上市公司平均销售利润率 25% 为计算参考；最终计算得出宗地综合单价约为 19229 元 / 平方米。

参考上述计算过程，并通过对不同商住比下的最高最佳利用分析确定不同的建造方式，计算得出不同容积率下的土地综合单价如表 1 所示（仅供模拟综合地价变化使用）。

不同容积率下的土地综合单价　　表1

商业用地占比	0	1%	2%	3%	4%	5%	6%	7%	8%	9%	10%
综合地价（元/平方米）	19229	19606	19983	20360	20737	20371	20600	20828	21057	20543	20690
商业用地占比	11%	12%	13%	14%	15%	16%	17%	18%	19%	20%	21%
综合地价（元/平方米）	20836	20982	20377	20466	20554	20642	17478	17375	17272	17169	17066
商业用地占比	22%	23%	24%	25%	26%	27%	28%	29%	30%	31%	32%
综合地价（元/平方米）	16963	16860	16757	16655	16551	16449	16345	16243	16140	16037	15934
商业用地占比	33%	34%	35%	36%	37%	38%	39%	40%	—		
综合地价（元/平方米）	15831	15728	15625	15522	15419	15316	15213	15110			

因商业用地占比逐渐提高，商业用房层数亦随之增加，同时商业单价呈现逐层大跨度递减趋势，当商业用地达到一定配比规模后，为使得园区规划与周边环境相协调，同时为了加快回款的需要，将通过建设公寓或者办公的形式进行整栋楼单独建设。通过模拟分析，当商住比在8%：92%左右时，综合地价会达到最大值，且对综合地价最大影响程度为纯住宅用地的10%；当超过16%后，为达到合理的建设规模，转变底商配比方式，而大幅增加建筑层数。商业占比的不同对综合地价影响的变化幅度具体如图2所示。

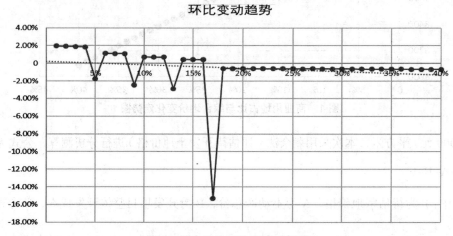

图2　综合地价环比变动趋势图

通过图2可以看出，一是随着兼容商业用地占比的逐渐增加，对综合地价影响程度有逐渐下降的趋势，并当商业整体售价低于住宅售价时，会对综合地价由正影响变为负影响的趋势。二是综合地价会随着兼容商业用地的占比逐渐增加，呈现出先增长后下降的趋势。三是随着商住比的变化，综合地价变化不能呈现出不变的且显著的可量化的变化规律。

三、对上述两种方法进行综合分析，确定商住比变化对综合地价的实际影响方式

以基准地价为导向的分析方式可以看出相同级别的两宗混合用地，不同商住比的变化，其综合地价变化幅度具有一致性，但不具有代表性。原因在于基准地价水平仅能体现同一级别同一均质地域水平下的均值，而体现不出兼容商业占比在一定范围内时，配套住宅底商所分摊土地的高增值额。剩余法能在测算过程中充分考虑不同商业配比对综合地价的影响，但影响综合地价最根本的因素为模拟的开发业态及开发完成后不动产总价，如开发完成后住宅用房价格高于商业用房价格，则随着商业占比增加反而会拉低综合地价，使得该宗土地不能达到其最高最佳利用，而当商业用房价值高于住宅价值时，持续提高兼容商业比例反而会促进综合地价的上升，从而达到最高最佳利用。

通过对比发现，城镇住宅用地兼容商业用地的比例变化对综合地价的实际影响方向，是受所在宗地开发完成后其不同房地产用途价格之间差异所决定的；不同宗地同一兼容商业配比，其商业配比对综合地价的影响方向有可能不同，同一宗地不同兼容商业配比，其商业配比对综合地价的影响方向亦有可能不同；所以不能对城镇住宅兼容商业用地进行简单笼统的

对比分析。而应先对其进行最高最佳利用分析后再进行对比分析。

四、对市场比较法过程中涉及商住比修正因素的探讨

在日常估价过程中，较常见的城镇住宅用地评估，其兼容商业比例大致归为三大类，第一类为规划条件限制商业建筑面积占总建筑面积比例为2%～3%之间数值；第二类为规划条件限制商业建筑面积占总建筑面积比例为5%～10%之间数值；第三类为规划条件限制商业建筑面积占总建筑面积比例为15%、20%、30%等类似大比例数值。

以郑州为例，对于一类兼容商业比例的情况，根据《郑州市城市规划管理技术规定（试行）》的要求，即使为城镇住宅用地，也应设置便民店等商业配套，且需按照"0.1～0.3万人的居住街坊应按建筑面积不少于40m^2/百户设置便民店"，即兼容适当的商业面积是城镇住宅用地必要的配套设施。对于第一类城镇住宅兼容商业用地合估，估价对象与比较实例如兼容比例相同，则可不进行商住比调整；如不同，则需要对估价对象及比较实例进行最高最佳利用分析，确定兼容比例对综合地价影响程度后再作调整。

对于第二类兼容商业比例，在开发建设过程中一般多为底商配置，但因现实中不存在相同的两宗土地，即使相邻地块同样规划，因其临路及相邻环境的变化，其商住比对综合地价影响程度不尽相同，故仍需对估价对象及比较实例进行最高最佳利用分析，确定兼容比例对综合地价影响程度后再作调整，或降低市场比较法在确定综合地价的权重，以达到尽量减小商住比对估价结果的影响。

对于第三类兼容商业比例，通过以剩余法测算待估宗地价值为导向进行模拟测算，不同宗地开发方式受制于周边环境的影响，商住比变化对综合地价影响程度较大，相对可比性较差，不建议选用市场比较法进行综合地价测算，但可采用市场比较法进行分用途测算。

综上分析，在市场比较法测算过程中，因同一商住比对不同宗地综合地价的影响程度存在差异性，仍需对估价对象及比较实例的最高最佳利用进行分析，进而确定合理修正系数，以达到提高市场比较法精确度的目的。

作者联系方式

姓　　名：胡明日　马轩然
单　　位：河南开源房地产资产评估咨询有限公司
地　　址：河南省郑州市经六路26号豫发大厦B座407室
邮　　箱：441660015@qq.com
注册号：胡明日（4120160024）；马轩然（4120150141）

国有土地上改变用途的工业房屋如何确定评估价值

亓 琳 史新泉

摘 要：随着旧城改造的不断推进，评估机构在征收实践中也积累了丰富的评估经验。但对国有土地上改变用途的工业房屋如何确定评估价值，方法应用矛盾点仍然较多。本文对这类典型案例评估思路进行分析，并总结了各种方法应用存在的问题及建议。

关键词：征收评估；工业用地；改变用途

一、引言

随着城市化进程不断加快，城市基础设施不断完善，拥有位于城市较好区位地段工业用地的市区企业，在经济利益驱动下，将原有工业用途的厂房改建为办公、商业、宾馆酒店等用途房屋，或建筑物底层临街部位开店等情况普遍存在。市区内城市国有土地上房屋征收过程中，必然会遇到改变用途工业房屋的多种形式状况。在实践中，对改变用途的工业房屋征收评估中遇到的主要问题有以下几方面。

（一）被征收单位预期收益高

因老城区的改造及工业企业纷纷外迁，通过旧城改造的方式将原有的工业用地征收用于开发商业和住宅项目，改造后土地溢价高。因此，被征收单位认为有权享受本地区房地产开发带来的区位和地段快速升值利益，会有一种预期收益，期望获得比现有土地利用条件下更高的收益。被征收人对改变用途的工业房地产补偿有较高的预期，给征收评估工作带来一定难度。

（二）现状的经营行为是合法的

事实上改变用途多年的工业房地产所在区块整体规划已调整使周边基础配套设施的改变而具备了一定的商业价值。也有由于政府原因（如改制、解决就业、改善城市生活配套、解决企业经营困难等），默许企业临时变更用途利用。但产权人未到不动产登记部门去变更用途，可以说是一种暂时性的操作，而不能看作是一种对房屋和土地登记用途改变的承续。也就是说即使现状的经营行为是合法的，但是房屋和土地的法定登记用途是不可变更的。此种情况下，如何平衡各方利益往往是征收中的难题。

（三）用途设定与评估方法的选择难

用途设定与评估方法的选择是决定房地产价格的核心因素之一。在评估过程中，由于房地产登记用途与实际用途的不一致，估价师就会陷入左右两难的境地。从合法原则的角度考虑，房地产估价必须按原批准的合法用途为前提；从最有效使用原则的角度考虑，则应按房地产的最高最佳用途评估。因此，能否正确设定房地产用途，选择适宜的评估方法，最终影响到征收评估价值确定，直接关系到被征收人的利益。

（四）缺乏对该类房地产进行认定和处理的相关配套程序和依据

由于缺乏对该类房地产进行认定和处理的相关配套程序和依据，征收部门、指挥部和估价机构往往采用谨慎原则处理，导致评估结果争议非常大，不被被征收人认可，且不符合有关判例中主张的有利于被征收人原则，涉诉和涉访风险较高。

改变用途的工业房地产权证齐全，规划和登记用途明确，但规划用途与现状用途不一致，可归属于权属和用途有争议类的房地产。本文通过对法律法规、评估规范及评估实践的分析，对改变用途的工业房地产在实践中如何准确运用评估方法进行探讨，希望对征收部门和房地产评估机构都具有一定借鉴意义。

二、工业用地房屋改变用途相关法律法规及制度、规范

现就擅自改变土地用途的法律、法规、规范等相关条款进行分析，积极探讨如何找到擅自改变土地用途后符合法律规定的科学、规范、合理的评估办法。

（一）擅自改变土地用途处理的法律规定

改变用途的相关法律、法规主要条款如下。

1.《中华人民共和国土地管理法》

第五十六条规定：建设单位使用国有土地的，应当按照土地使用权出让等有偿使用合同的约定或者土地使用权划拨批准文件的规定使用土地；确需改变该幅土地建设用途的，应当经有关人民政府自然资源主管部门同意，报原批准用地的人民政府批准。其中，在城市规划区内改变土地用途的，在报批前，应当先经有关城市规划行政主管部门同意。

第八十一条规定：依法收回国有土地使用权当事人拒不交出土地的，临时使用土地期满拒不归还的，或者不按照批准的用途使用国有土地的，由县级以上人民政府自然资源主管部门责令交还土地，处以罚款。

2.《中华人民共和国城市房地产管理法》

第二十五条规定：以出让方式取得土地使用权进行房地产开发的，必须按照土地使用权出让合同约定的土地用途，动工开发期限开发土地。

第十七条规定：土地使用者需要改变土地出让合同约定的土地用途的，必须取得出让方和市、县人民政府城市规划行政主管部门的同意，签订土地使用权出让合同变更协议或者重新签订土地使用权出让合同，相应调整土地使用权出让金。

3.《国务院关于加强国有土地资产管理的通知》（国发〔2001〕15号）

土地使用者需要改变批准用地的土地用途、容积率等，必须依法报经市、县人民政府批准。对于出让土地，凡改变用途、容积率的，应按规定补交不同用途和容积率的土地差价。

（二）在国有土地上房屋征收评估中，需遵循的相关法律法规

征收评估主要的法律法规依据：《国有土地上房屋征收与补偿条例》（中华人民共和国国务院令第590号，以下简称"《条例》"）；《国有土地上房屋征收评估办法》（建房（2011）77号，以下简称"《办法》"）。

1.关于估价对象合法使用用途的确认

《条例》第十五条规定：房屋征收部门应当对房屋征收范围内的房屋的权属、区位、用途、建筑面积等情况组织调查登记，被征收人应当予以配合。调查结果应当在房屋征收范围内向被征收人公布。

《办法》第九条规定：房屋征收评估前，房屋征收部门应当组织有关单位对被征收房屋情况进行调查、明确评估对象。房屋征收部门应当向受托的房地产价格评估机构提供征收范围内的房屋情况，包括已经登记的房屋情况和未经登记建筑的认定、处理结果情况。对于已经登记的房屋，其性质、用途和建筑面积，一般以房屋权属证书和房屋登记簿的记载为准；房屋权属证书与房屋登记簿的记载不一致的，除有证据证明房屋登记簿确有错误外，以房屋登记簿为准。对未经登记的建筑，应当按照市、县级人民政府的认定、处理结果进行评估。

由此可见，被征收房屋的合法身份确认方式有几种情形：一是以房屋权属证书和房屋登记簿记载的为准；二是被市、县级人民政府的认定结果为合法的房屋。三是依据地方条例的相关规定。

2.关于征收房屋价值评估

《条例》明确了"对被征收房屋价值的补偿，不得低于房屋征收决定公告之日被征收房屋类似房地产的市场价格"以及"被征收房屋的价值，由具有相应资质的房地产价格评估机构按照房屋征收评估办法评估确定"。

《房地产估价规范》GB/T 50291—2015中，明确房地产的市场价值评估，应当遵循下列原则：①独立、客观、公正原则；②合法原则；③价值时点原则；④替代原则；⑤最高最佳使用原则。

估价人员一般会认真审视检查估价对象的合法性，从其权属登记到实际利用，尽职调查均在合法原则的前提下进行。合法原则尤其受到估价人员的注意和重视。

3.改变用途的工业房屋征收评估中的依据问题

根据上面法律法规条款分析，对改变用途的工业房屋征收评估依据有必要梳理以下几个问题。

（1）以征收部门、指挥部、街道办事处确认并出具相关文件或会议纪要等形式，是否可作为合法原则的依据？是否等同于以上条款"当按照市、县级人民政府的认定、处理结果进行评估"？这些机构是否有权有依据出具认定用途的结论？

（2）部分企业还将改变用途的房产与其相对应的土地使用面积按年缴纳了土地收益金，也是基于政府的默许。在没有有关部门对用途重新认定的情况下，评估机构按实际用途评估即便考虑扣除补交差额出让金，结论是否经得起涉诉及审计提出的质疑？

（3）根据合法性原则以登记用途选择适宜评估方法，即评估不考虑改变用途的实际收益？这种评估方法是否存在与《条例》中"对被征收房屋价值的补偿，不得低于房屋征收决定公告之日被征收房屋类似房地产的市场价格"的有利于被征收人原则的立意不符？

针对这些问题，本文将对合法原则和市场化评估在实践中的运用进行探讨，并对配套政策制定提出建议。

三、工业房地产改变用途时确定评估价值的方式

在征收项目中，从现状使用角度将原有工业厂房改变用途的主要情形分为以下几种：

一是整体或部分改为专业型市场，出租或企业自主经营；

二是经改造后变为宾馆酒店使用；

三是改为办公用房使用；

四是工业用地上临街用房改为商业用房；

五是厂区内部分建筑物为解决本企业职工住房困难改变为职工宿舍使用。

本文主要针对工业用途改为专业型市场、宾馆、酒店、办公用房情形下的估价技术路线进行探讨。

（一）按照权证登记用途评估

1. 评估技术路线：按照房地产权属证书（包括国有土地使用证和房屋所有权证）所登记的工业用途进行评估。主要方法为成本法。

依据为《房地产估价规范》GB/T 50291—2015，即房地产用途以合法前提为准，评估时不考虑现状用途。

主要观点：认为通过现状商业（或办公）用途下的经营使得企业已经解决了当年的破产职工的安置历史遗留问题，或者说被征收单位在多年的经营中已经获利。但在征收补偿时，应该依据相关法律法规按法定登记的工业用途评估。

2. 优点：在于遵守《不动产登记暂行条例》和《房地产估价规范》GB/T 50291—2015 等法规标准的规定，符合房地产使用的合法性原则。在涉诉、涉访、审计及评估鉴定时，评估都有依据支持。

3. 弊端、风险：与《条例》第十九条："对被征收房屋价值的补偿，不得低于房屋征收决定公告之日被征收房屋类似房地产的市场价格。"立意不符。而且如果在评估中简单套用合法性原则，部分程度上漠视了《房地产估价规范》GB/T 50291—2015 要求的最高最佳使用原则，完全没有考虑被征收人现在收益及潜在收益。没有充分站在客观公正的立场上，使征收矛盾突出，实际上也无法解决问题，最终并不一定能减少了征收成本。

4. 结论：不建议采用。

（二）按实际用途进行评估

1. 评估技术路线：按周边类似的商业房地产的租金用收益法来测算被征收对象的商业房地产价格得出被征收房屋的价值。主要方法为收益法。

依据为《房地产估价规范》GB/T 50291—2015，按最高最佳原则，评估时根据其目前的实际用途、选取目前可实现的客观租金。

主要观点：认为房地产实际用途反映了其存在的合理性，其潜在的依据为房地产的使用者总会按照房地产的最高最佳原则去使用房地产。选取目前可实现的客观租金，用收益法测算其价值，回避登记用途的问题。在很多情况下，被征收人提出自己原有的工业用房现在已经是宾馆、酒店，因能实现和周边商业用房一样的租金，认为房地产价值应该和周边商业用房价值一样。甚至直接用周边商业用房的价格来作为对比。

2. 优点：反映了房地产使用的最高最佳使用原则，符合被征收人利益诉求。

3. 弊端、风险：因忽视了房地产使用的合法性，在遇到法律纠纷或审计时对评估技术路线解释依据不足，评估公司处于不利地位。而且工业用地参照经营性商业用地评估，不仅规避了经营性商业用地招拍挂，而且因与按工业用途评估价值差距较大，造成很大的不公平。不利于土地市场交易秩序，造成地方政府土地收益流失。

4. 结论：无论估价对象被认定为商业用途还是没有被认定，都不能完全参照按周边类似的商业房地产的租金来测算被征收对象的房地产价格，需要对其进行权益上的扣减。

（三）按类似的商业用途进行评估，扣除改变用途补交出让金部分

1. 评估技术路线：结合权证登记用途和实际用途进行评估。

用途设定为工业，评估方法为收益法。目前征收中有两种评估技术路线：

第一种，按周边类似的商业房地产的租金用收益法来测算被征收对象的商业房地产价格，得出完全产权的收益价值，然后扣除改变后使其用途合法化应补交的地价差，即工业用途与商业用途之间的地价差异，余额为被征收房屋的价值。

被征收评估价值 = 完全产权的市场价值 - 补缴的土地出让金。

主要观点：即使估价对象被确认了商业用途并实现了同等的市场租金，但在房地产价值上还是不同的。房产价格也未必等同于市场上用途类似的房地产价格，因为房地产的不同用途权益价值是不一样。也就是说，一个拥有完整权益的房地产的市场价格一定高于权益有欠缺的房地产。

第二种，按周边类似的商业房地产的租金用收益法来测算被征收对象的商业房地产价格，减去剩余年限应缴土地收益金，得出被征收房屋的价值。

被征收评估价值 = 完全产权的市场价值 - 应缴土地收益金。

这种方法评估时虽然剩余年限应缴土地收益金部分已经扣除，但也不尽合理。因为：一是未来年份都按现在缴纳土地收益金标准没有依据。二是扣除的土地收益金往往较低，远低于按合法程序改变用途后应补交的地价差。故扣除部分不建议采用这种方式。

2. 优点：从实际角度出发分析被征收房屋所有人的基本利益，对土地使用权的价值进行考虑，尊重客观事实。在遵循合法原则的前提下（扣除应补交出让金），客观、公正地对被征收房屋做出市场化评估。

3. 弊端、风险：如果没有按商业用途进行认定的相关依据，对评估公司来讲，用收益法评估时虽然已将改变用途补交土地出让金部分扣除，但评估结果仍然缺少充分的依据支持。需要由征收部门（或区级政府）按商业用途进行认定，或委托明确参照商业用途进行评估。这种因征收对工业改为商业用途的临时认定，一般通过以征收部门、指挥部或街道办事处确认并出具相关文件或会议纪要等形式，不符合《中华人民共和国土地管理法》等法律法规对改变用途的有权部门认定合法程序。因此征收部门或街道要承担一定责任，也会有一定压力，政府部门出具认定用途结论从法律层面上来讲也存在一定的风险。

4. 结论：为避免目前街道出具会议纪要的随意性、不严肃性，同时也减少征收办、指挥部、街道一事一议的责任风险，真正做到阳光征收，建议政府部门要制定类似"因征收对工业改为商业用途的临时认定相关规定"。

（四）按法定用途评估，其他损失给予一定补偿

1. 评估方法：按照不动产权属证书或国有土地使用证和房屋所有权证所登记的工业用途进行评估。主要方法为成本法。

在征收补偿时，应该依据相关法律法规按法定登记的工业用途评估。改变用途后带来收益价值通过其他损失给予一定补偿方式。

2. 其他损失给予一定补偿方式

给予被征收单位一定金额的补助或奖励。补助金额的确定有两种建议方案：

第一种方案：补助金额 = 改变用途后被征收评估价值 - 原用途的被征收评估价值；

改变用途后房屋价值 = 完全产权的市场价值 - 补缴的土地出让金。

改变用途后完全产权市场价值，按周边类似的商业房地产的租金用收益法来测算被征收对象的商业房地产价格。

第二种方案：补助金额 =（改变用途后完全产权市场价值 - 原用途的被征收评估价值）× 补助比例（例如：50%～70%）。

3. 优点：遵循了合法原则，也遵循了相关法律法规对改变用途的处理；既体现了法律的严肃性，也体现公平性。在涉诉、涉访、审计及评估鉴定时，评估机构都有充分依据支持。

征收部门不需要对用途重新认定，回避了认定用途法律依据不充分的问题。在实际征收中针对不同征收对象的实际情况，可以采取一事一议办法确定补助比例和奖励，操作灵活性强。

4. 弊端、风险：这种做法是房屋征收评估价只是为征收双方提供了一种价值参考意见，最终由确定的补偿价格要经过征收双方的博弈过程。征收人一般会做出适当的让步，对被征收单位给予补助和奖励。

如果"其他损失给予一定补偿"在一个城市范围内征收中各个项目补偿没有同一标准，征收补偿弹性较大，会造成不同项目的补偿不平衡。建议针对工业改变用途房屋的"其他损失补偿"应以文件形式明确，明确补助内容及标准。这样使补偿的最终结果更加公平、公正和客观。

5. 结论：在完善"补助标准"配套政策下建议选用的评估方法。

四、总结

房屋征收问题一直是社会稳定和谐的突出问题。房屋征收评估价格问题（补偿性问题）是其核心问题。因方法不同，价格差异较大。是否有认定作依据支撑，法律风险也有很大区别。

房地产评估机构应在房屋征收工作中运用专业知识和技能，以第三方的角色，对被征收房屋进行独立、客观、公正的合理性、市场化的评估。

希望政府部门能制定相关配套政策，使房屋征收部门和房地产评估机构在征收评估中能准确运用，依据充分，在涉诉时或审计时有合理解释，要减少因不平衡、不公平性引发的社会矛盾，这对征收工作具有较强的实践指导意义。

参考文献：

[1] 朱正弘. 城市工业用地征收补偿评估思路探讨 [J]. 中国资产评估，2013（8）：36-38.

[2] 黄劲秋，赵华. 如何看待国有土地房屋征收评估中合法原则与市场化评估 [J]. 中国房地产估价与经纪，2021（2）：60-64.

作者联系方式

姓　名：亓　琳　史新泉

单　位：浙江众诚房地产评估事务所有限公司

地　址：浙江省杭州市上城区市民街 200 号圣奥中央商务大厦 2201 室

邮　箱：zhongchengpg@163.com

注册号：亓　琳（3319960029）；史新泉（33320120020）

土地价值评估涉及农村集体经营性
建设用地流转政策研究

王悦颖　王　旭　曹兴平　刘宏伟　沈玉琦

摘　要： 土地价值评估，需要对我国集体土地制度改革思路进行深入领会、需要对现行集体土地流转制度体系进行全面掌握、需要对现行集体土地入市模式和流程进行准确理解，需要对集体土地交易制度的变化趋势进行前瞻预测，本文基于此背景，对农村集体经营性建设用地价值评估工作中涉及的相关政策制度进行较为完整的阐述，旨在提示土地评估从业人员准确把握影响土地价值的政策因素、关注政策风险、重视执业责任。

关键词： 农村集体经营性建设用地；入市；价值评估

集体经营性建设用地（以下简称"集建地"）入市，是农村集体以土地所有者身份通过公开方式，依法将农村集建地使用权在一定期限内以出让、租赁、作价出资（入股）等方式有偿交由其他单位或者个人使用，并以书面合同约定与土地使用者权利义务的行为。区别于以往建设用地先国有后出让的传统方式，集建地入市是农村集体作为建设用地市场的直接供给者。2015年2月，全国人大授权全国33个县级行政区域开展农村集建地入市的试点工作；相关市县结合农村集建地"两小一散"的特征，将小城镇改造街面房用地和农业产业化龙头企业经营用地入市确定为重点突破方向，将具备入市条件的集建地分期列入入市计划，稳步有序推进改革试点，逐步实现了农村集建地从资源性资产到经营性资产再到资本的转化。

一、农村集建地入市的重要意义

随着《中华人民共和国土地管理法》（2019年修正）和《中华人民共和国土地管理法实施条例》的相继颁布实施，农村集建地入市有了明确的法律依据。在合法依规的前提下，全面推动集建地出让、租赁、入股，与国有土地同等入市、同权同价，是增强农业农村自我发展动力、促进社会公平的必然要求。

集建地入市的实质是将集体土地由资源性资产转化为经营性资产，再将经营性资产转变为资本的过程，是对农村土地商品属性的唤醒过程，是对集体土地市场价值的深度挖掘。

——是推动乡村振兴战略实施的重要保障。深化农村土地制度改革、落实乡村振兴战略离不开相关配套政策的支持和推动，离不开人、财、地、技术等微观要素的支撑和保障，更需要依赖农村集体经济组织发展潜力。但我国农村集体经济目前还普遍存在经济基础薄弱、综合实力不强、带动能力不高等问题，集体经济的发展缺乏资金、乡村振兴的实施缺乏基础，因此，必须激活农村地区自身"造血功能"。而农村最大的资源、最根本的资产是土地，通过盘活农村闲置和低效利用土地，可以有效缓解农村基层组织在落实振兴政策上的资金困难,可以有效解决农村多元经济发展所需资源投入问题,为乡村振兴战略的梯次推进和稳步实施提供财物保障。

——是健全要素市场的客观需要。伴随市场经济体制的建设,我国要素市场不断完善,但作为要素市场重要组成部分的土地市场还存在缺陷,建设用地领域依赖国有土地供给的单一模式还十分普遍,二元制的供地模式尚未完全建立。因此,推动集建地入市,实现建设用地"国有地+集体地"的二元供给模式,是深化经济供给侧结构性改革、加快要素市场建设、培育和优化现代化商品市场的客观需要。

——是缓解土地供需矛盾的现实需要。在农村,因长期以来受到法律和土地管理政策的约束,建设用地未能充分利用,使用效率不高、土地大量闲置的现象时有发生。据统计,目前我国农村集建地中有近三分之一处于闲置状态,农村建设用地供过于求;在城市,随着工业化、城镇化水平的不断提高,建设用地需求日趋旺盛,党的"二十大"报告指出,近十年,我国城镇化率已由53.1%提高至64.7%,伴随新型城镇建设进程进一步加快,城市建设用地供需缺口将进一步扩大。这种双向不均衡的局面导致农村和城镇土地供需矛盾日渐突出。因此,推动集建地入市,平衡城乡建设用地供需关系,是缓解建设用地供需矛盾的现实需要。

——是大力发展设施农业的基础条件。设施农业用地属于经营性建设用地,设施农业的生产特点决定了其发展过程中必然会占用一部分耕地,对于此种情形,按相关规定,需要办理土地转用手续,将耕地用途变更为建设用途。以往的做法是先政府征收后办理转用手续,使土地用途合法化。2019年,新土地管理法正式颁布,以列举方式明确了政府征收仅限于公益用途,设施农业用地不再允许政府征收。因此,集建地入市成了解决设施农业用地合法身份的唯一途径。

——是深化脱贫攻坚政策的重要抓手。农村空心化、农户空巢化、农民老龄化以及农民财产性收入占比过低、收入结构失衡、收入来源单一、稳定性不高、持续性较差等问题,成为影响和制约脱贫攻坚成果的主要因素。全面推进集建地入市,吸引中长期大型龙头项目落地,可以有效解决农民收入结构失衡、自我发展动力不足等问题。如:将土地出让、出租给项目企业,可以提高农民财产性收入占比、积累集体发展所需资金,实现资源到资产的价值转变;以土地参股项目运营,将集体资源转变为股权,可以为集体发展壮大储备资金,保证农民收入来源的稳定性和长期性,实现农村人口"农民+股东"的身份转变;依托项目企业就地提供劳务、服务,可以提高进城务工人员工资性收入占比、提升农民整体收入的稳定性,实现农村人口"农民+职工"的身份转变,做到"进厂不进城、离土不离乡"。因此,全面扩大集建地入市对于激活农村地区自身"造血功能",增强农民福祉,巩固脱贫攻坚成果、防止规模性返贫意义重大。

——是落实金融支持实体经济的重要举措。随着集建地入市工作的开展,集建地使用权可以和国有建设用地使用权拥有相同的市场属性和法律权能。通过发挥土地担保物权的权能,利用集建地使用权进行抵押融资,一方面能够进一步扩大信贷资金乡村产业的支持力度,缓解小微企业的"融资难"的困境;另一方面又盘活了农村产权资本,拓宽了农村集体资产融资渠道,提升了集体产权的流动性。

——是完善农村养老保障体系的有效手段。在征地制度下,对作为土地所有者的农村集体和农民而言,获得的补偿多为一次性收益,容易刺激农民非理性消费,忽视养老保障问题。集建地入市,在增加农民和农村集体经济组织的短期收益的同时,也为持续扩大农村养老保障资金来源提供了渠道，有利于平衡当前利益和远期利益的关系，有利于优化农民支出结构、促使农民经济支出趋于理性，有利于解决农村人口长期生计问题。

二、集建地入市基本流程

土地整理、资源盘活、收益分配是集建地入市过程中的三大核心环节，结合全国各地试点实践，完整的集建地入市流程是在遵循"先清产、后确权、再入市"的总体原则下，分4个阶段进行的。

（一）准备阶段

1. 全面完成村庄规划编制工作。遵循"多规合一"实用性村庄规划编制要求，立足本地资源禀赋，突出本地优势和特色，科学安排县域乡村布局、资源利用、设施配置和村庄整治，科学布局农村生产、生活、生态空间，推动村庄规划管理全覆盖，为后续入市工作打下基础。

2. 建立城乡统一的基准地价体系。建立城乡统一的建设用地基准地价、标定地价制度，形成与市场价格挂钩的动态调整机制，加快探索、认真研究集建地评估方法和技术，为农民和农村集体经济组织的利益提供保障。

3. 完善农村基层治理体系。加强农村基层组织工作，健全自治、法治、德治相结合的乡村治理体系，为规范入市操作和收益资金使用提供良好的环境。内部治理上，严格按照村民委员会行使村务公共管理职能，农村集体经济组织行使集体资产保值增值的职能，村务监督委员会行使内部监督职能的总体框架，进一步厘清村级党组织、村委会、村集体经济组织、村务监督委员会职责权限和边界，形成四方相互制约的内部治理体系；外部治理上，一是加强纪检监察和审计机构监督，充分利用第三方机构开展定期审计和绩效评价；二是加强信息披露，推行强制性、多渠道信息披露制度，对涉及农民切实利益的事项，完整、准确、及时地在一定范围内进行披露和公示。

（二）前期阶段

1. 清产核资。遵循"依法取得，符合规划"的原则，通过普查和委托第三方机构调查的方式，逐个村庄、逐个地块精准调查集建地数据，摸清集建地底数，明晰集建地的权属，确保农村集体权益的整体完整。

2. 成员界定。依据是否本村户籍、是否在本村实际生活、是否履行村民义务等复合标准，对农村集体经济组织成员资格进行认定，明确收益分配对象，确保农村集体成员权利的公正公平。

3. 确权登记。对于完成清产核资的集建地，予以登记并发证，从法律层面确认产权归属，确保入市宗地权属清晰。

（三）入市阶段

1. 宗地价值的评估。严格按照入市既定规程开展入市各阶段宗地价值独立评估，特别是对单幅面积较大、涉及多个产权主体以及集体内部决策时争议较多的地块，重点从评估技术、估值方法、道德操守、服务效率等方面加强对评估业务、评估人员的内部管理和外部监督，确保入市各方利益得以公平维护。

2. 收益分配过程的监督。将村务监督委员会内部监督和审计机构外部监督相结合，重点对入市收益两次分配过程、集体经营发展资金提存及使用情况进行跟踪审计，及时发现和揭示偏差、及时整改和解决问题、及时预防和化解矛盾，确保业务执行、资金分配合规透明。

（四）后续阶段

1. 入市后土地监管。加强联合执法，对供地后项目落实用途管制和规划要求的情况开展检查，纠正和惩戒违法行为，确保土地管理法律法规得以贯彻实施。

2. 土地收益使用监督。通过审计监督，对集体发展资金的使用方向是否合规进行审计，对集体留存资金的使用效益开展评价，确保集体经济组织健康持续发展。

三、当前集建地入市过程中存在的问题

从全国试点地区试点情况来看，目前各地集建地入市还存在一些亟待解决的问题。

（一）城乡统一的基准地价体系有待完善

在推进集建地与国有地同等入市、同价同权的背景下，制定城乡统一的基准地价体系，可以促进集建地的公平交易、引导集建地市场健康有序发展。但现阶段，各地城乡统一的基准地价体系尚未建立，导致集建地流转价格缺乏合理的参考标准、土地质量评判缺乏价值尺度、宗地价值评估缺乏参照、集体经济会计核算缺乏依据、国民经济统计缺乏基础数据。

（二）村庄规划覆盖面小，规划适用性不强、前瞻性不足

符合规划和用途管制是集体土地入市的前提，但是，目前全国大部分地区乡村规划尚未完全覆盖；部分已编制村庄规划的，要么没有布局集建地，要么没有与本地特色产业充分融合，村庄规划的指导作用不明显、适用性不强；此外，个别村庄规划编制过程中忽视外部环境和自身条件未来将会发生的变化，导致规划前瞻性不强。

（三）集建地利益协调机制还未形成

按照各地现行入市工作流程，集建地入市须履行土地所有权主体民主决策程序，是否入市、确定流转价格等核心事项均应由村集体经济组织按法定程序表决确定，这一规定无疑对保护全体集体成员利益起到了非常积极的作用。但另一方面，由村集体对入市核心事宜进行决策又会带来新的问题，如：大型单体项目或涉及三产融合的成片集中开发，占用土地往往涉及多个土地产权主体，当各主体诉求迥异时，"村自为战"的模式会造成项目推进困难甚至"夭亡"，此时，需要有一套利益协调机制，对不同产权主体在出让价格、收益分配等方面的矛盾进行协调和平衡。

（四）入市收益分配制度还需完善

从土地增值收益调节金征收政策来看，各地普遍采取按比例征收的模式，各地区比例差异较大。如：甘肃陇西县对于一、二级市场的土地增值收益调节金均采用比例征收率，一级市场出让环节以净收益作为基数，征收20%～50%的调节金，二级市场以净收益作为基数，征收3%～5%的调节金。此种征收方法及相应征收率在现阶段还存在一些问题：一是一级市场征收比例偏高，过高征收率将会挫伤入市积极性，甚至在一定程度上损害农民和集体组织的利益。二是二级市场采用比例征收率难以发挥抑制地价过快增长的作用，需要进一步调整优化。

（五）集体收益分配使用监管制度缺失

从各地试点情况来看，土地流转收入在缴纳增值收益调节金后，村集体原则上按不低于60%比例提取留存作为集体收入，用于集体公益事业和基础设施建设，剩余部分在集体成员间以现金方式进行二次分配。但是，集体留存资金提存和使用是否合规、入市收益二次分配

是否公正等问题目前尚未在制度层面进一步细化，收益分配使用监管制度缺失，将无法保障广大农民财产性收入的可持续增长，无法保障农村集体经济的持续发展壮大，甚至出现资金违规使用等现象。

（六）集体经济组织会计制度有待完善

农村最大的资源、最根本的资产是土地，土地作为资源性资产在集体经济组织资产总量中价值最高、占比最大，但我国现行村集体经济组织会计制度未将集体土地认定为资产纳入报表统一核算，集体土地价值及相关权益游离于会计报表之外，村集体经济状况无法得以全面完整反映，不利于宏观经济决策质量的提升。

四、问题对策及解决思路

集建地入市是一项系统工程，政策性强、涉及面广，需要摸清各利益主体的诉求，协调好各方利益关系，充分调动地方政府、集体、农民、企业等各参与主体的积极性。

（一）改进土地增值收益调节金计征方法

实践中，一级市场出让环节和二级市场再转让环节土地增值收益差异巨大，即便是在一级市场内部，入市模式不同也会造成出让净收益之间存在较大差异。在一级市场，不考虑入市模式，设置单一征收率将会造成负担不公的现象，因此，在设计征收率时可将入市模式因素考虑在内，综合考虑土地区位、土地用途、入市模式三个因素分别设置不同比例征收率，以平衡负担。在二级市场，设置比例征收率将会造成各交易参与方经济负担不均衡的现象，因此，可以参照《中华人民共和国土地增值税法（征求意见稿）》，对再转让收益采用多级超率累进征收率，防范地价过快增长，平衡负担。

（二）优化收益二次分配机制

对于入市收益在农村集体经济组织内部二次分配比例问题，实质上是短期收益与远期收益的选择、既得利益与预期利益的选择、无风险收益与风险溢价的选择、个体利益与整体利益的选择。由于土地属于不可再生的稀缺资源，农民个人获得的土地流转收益如不能高效使用进而产生可持续的增值收益，那么农村土地资源的开发利用将成为竭泽而渔的掠夺式开发，乡村振兴更是无从谈起。因此，二次分配中，可大幅提高集体发展资金提存比例，以此为农村集体经济组织迅速积累扩大经营所需的储备资金，确保集体成员长期持续增收。

（三）注重发挥社会中介机构作用和功能

集建地评估价格是确定宗地拍卖、挂牌价的重要依据，是政府优先购买权的行权条件，同时也是界定交易成交合法性的主要标准，影响土地流转的各个环节，评估机构在集建地入市过程中的作用不言而喻。注重发挥社会中介组织在市场交易活动中的服务和桥梁功能，选取具备相应业务资质、信用良好的社会中介；同时，加强对中介机构的指导和监管，引导其诚信经营，对于工作质量不高、服务意识不强的中介组织，要建立惩戒和退出机制。

（四）规范农村基层组织的管理

农村基层组织治理是否健全、运作是否高效、办事是否公正，特别是村集体经济组织再生产投入是否产生增值，对集体产权制度改革目标的实现至关重要。因此，要全面开展农村集体财产清产核资、集体成员身份确认，加快推进集体经营性资产股份制改革。尽快在农村培育能够提升集体效益、代表集体成员权益、维护集体合法利益的市场主体，进一步厘清基层党组织、村民委员会、村务监督委员会、农村集体经济组织的职责权限和边界，形成四方各司其职、相互制衡、协同发展的现代治理体系；同时，重视外部监督，加强对农村集体财务状况、运营效果审计监督和评价。此外，可积极探索集体合法权益受损后的救济措施，切实维护农民合法权益、调动农民生产经营的积极性。

（五）积极推动集体经济组织会计制度的修订

会计最基本的功能是对经济事项进行全面、完整和准确的反映，但是，按照现行会计制度核算的村集体财务状况已逐渐开始失准失真，会计基本功能难以充分发挥。加快推动对现行集体组织会计制度的修订和完善，将集体土地纳入会计报表统一核算，可全面完整反映村集体经济状况，提升宏观经济决策质量。制度修订时在集建地入账价值方面，可按照易于操作的原则，考虑以基准地价作为计价基础，基准地价定期调整后浮动盈亏区别经常性损益，专设科目进行核算，相关基础性信息在报表附注中予以披露。

五、对土地评估工作的启示

集建地与国有建设用地在土地权属、土地位置和开发程度等方面均存在较大差异。从土地权属方面来看，国有建设用地属国家所有，由政府代为行使权力，有较为完善的基准地价体系和价格评估机制，价格预期相对稳定；集建地属于农民集体所有，涉及人员、相关利益方较为复杂，预期价格具有不确定性。从土地位置方面来看，国有建设用地主要集中于城镇，呈整体连片分布，价值评估可参考因素较多；集建主要地位于农村，距城市、镇区较远且分布零散，价值评估可参考因素有限。从开发程度方面来看，国有建设用地整体经济条件、基础设施和交通条件等方面都优于集建地，会对评估结果产生积极影响；集建地地处偏远，基础设施条件、配套设施建设不完备，对评估结果负面影响较大。因此，虽然集建地是国有建设用地的重要补充，但二者差异明显，集建地的价值评估不能完全照搬现有国有建设用地价值评估方法，应在参照现有的国有建设用地评估体系和农用地分等定级规程的基础上，充分考虑集建地的特有因素，建立一套特有的、规范的集建地评估体系。

此外，实务工作中，土地评估机构应重点关注以下几个方面：一是基于集建地评估业务政策性强的特点，要全面了解、深刻理解集建地入市政策背景和重要意义，加强自身诚信体系建设，不断完善质量控制措施，持续提升执业人员道德水平，强化执业过程中的责任意识和风险意识；二是基于集建地入市尚处于试点阶段的特点，要充分认识到当前我国集建地流转制度存在的不足和问题，深入思考政策变化走势，结合业务具体情况，因地制宜地探索评估最佳路径、寻找评估最优方案，提升执业中应对政策缺位、应对复杂局面、应对疑难问题、应对特殊情况的综合能力；三是基于集建地评估涉及利益相关方众多的特点，要根据具体情况深入研究评估技术和方法，做到假设合理、数据充分、参数可靠、方法科学、逻辑严谨、结论恰当、披露完整，确保各利益相关方利益诉求有据可依、有据可证，要通过培训、研讨、实战、课题攻关等方式不断提高执业人员专业胜任能力、提升执业人员综合业务水平。

参考文献：

[1] 中共中央 国务院.关于全面推进乡村振兴加快农业农村现代化的意见 [EB/OL]. http://www.gov.cn/xinwen/2021-02/21/content_5588098.htm，2021-02-21.

[2] 马希平.农地入市让"沉睡资源"变成"活资产"[N].经济参考报，2021-12-28.

作者联系方式

姓　　名：王悦颖
单　　位：甘肃农业大学
地　　址：甘肃省兰州市城关区耿家庄 111 之 10 号 703
邮　　箱：1250854725@qq.com

姓　　名：王　旭　曹兴平　沈玉琦
单　　位：甘肃金诚信房地产估价有限责任公司
地　　址：甘肃省兰州市城关区白银路街道永昌路 151 号 9 层 001 室（陇华大厦）
邮　　箱：1159933043@qq.com；2583882913@qq.com；jzlg_27@126.com
注册号：王　旭（1120070107）；曹兴平（6220130017）；沈玉琦（6220110013）

姓　　名：刘宏伟
单　　位：甘肃省金诚信财务管理与会计研究院
地　　址：甘肃省兰州市城关区白银路街道永昌路 151 号 10 层
邮　　箱：13993143895@163.com

商业房地产土地使用权续期不同楼层
补缴地价款的评估方法探讨

罗 慧 刘仙招 刘 杨

摘 要：同一楼栋中不同楼层商业房地产的拥有者实际获取的单位面积收益不同。在建筑面积相同的情况下，不同楼层商业房地产土地使用年期续期时不同楼层房屋所有权人应补缴的地价款也应不同。不同楼层商业房地产在土地使用年期续期评估时，可采用的基准地价系数修正法、收益还原法、剩余法、市场比较法等方法。本文通过对这些评估方法的介绍，以期为读者在遇到类似估价项目时提供一定的启发和参考。

关键词：商业房地产；土地使用年期续期；楼层地价分配率

一、前言

我国实行土地使用权出让制度至今已经有三十多年了，其中商业用地的法定最高出让年限为 40 年，许多地方在首次出让时并未按照法定最高年限进行出让。土地使用年限到期后，经批准后商业用房所有权人可以办理土地使用年限续期的手续。目前商业房地产土地使用权续期的估价项目也日渐增多。

因商业房地产受通达度影响极大，位于地面一层的商业用房一般优于其他商业用房，故越靠近地面，商业房地产价值越高，其首层价格远高于其他各层。而在不动产登记过程中，商业用房登记的分摊土地面积一般是按建筑面积进行分摊的，相同建筑面积的商业用房分摊的土地面积不随楼层变化而变化。同一栋商业房地产不同楼层的所有权人往往不一致，在整栋商业房地产中不同楼层的商业用房由于能够产生的收益和效用不同，其应补缴的地价款也应不同。同一栋商业房地产在相同的建筑面积情况下，其分摊的土地面积也相同，如果续期相同的使用年限，地面一层房屋所有权人应缴纳的地价款要远高于其他楼层的。

根据《城镇土地估价规程》GB/T 18508—2014，主要估价方法有基准地价系数修正法、收益还原法、剩余法、市场比较法、成本逼近法。成本逼近法一般适用于新开发土地或土地市场欠发育、少有交易的地区或类型的土地价格评估。成本法难以显化商业用地的价格，故本文主要对其余 4 种方法进行介绍。在不同楼层商业房地产土地使用年期续期的评估中，我们可以直接采用收益法和剩余法测算的估价结果，但是基准地价系数修正法和市场比较法的估价结果无法直接采用，需要通过楼层地价分配率进行转换，计算出每层商业房地产分摊的地价款。

二、收益还原法

收益还原法是在估算估价对象在未来每年预期纯收益（正常年纯收益）的基础上，以一定的土地还原率，将评估对象在未来每年的纯收益折算为评估基准日收益总和的一种方法。实际评估过程中，我们可以收集到不同楼层房地产租金、客观经营成本、税金、相应房屋的重置成本等，从而可以剥离出不同楼层商业房地产的土地纯收益，得到不同楼层的楼面地价。收益还原法不仅考虑了商业房地产的客观收益情况，而且根据估价对象的实际情况从总收益中剥离出属于土地的收益，直观地反映了土地的贡献率。笔者认为这是不同楼层商业房地产土地使用年期续期评估时较适宜的方法。

三、剩余法

剩余法可以分为待开发模式和已开发模式，剩余法（待开发模式）一般用于评估待开发土地的价格，而剩余法（已开发模式）用于评估现有不动产所含土地价格。不同楼层商业房地产土地使用年期续期属于已建成房产，适合于剩余法（已开发模式）。剩余法（已开发模式）是在开发完成后不动产正常交易价格的基础上，扣除房屋现值及交易税费，以价格余额来估算待估土地价格的方法。其原理与美国估价学会《高级市场比较法和成本》的土地评估方法中的"抽取法"相近。抽取法是通过从总的售价中减去确定的地上物的价值贡献。假定商业用房各层的建造成本一致，房屋的总建造成本及税费为 PC，各层商业的售价为 P_i（i 表示层数），各层应分摊的地价为 P_i'，则：$P_i'=P_i-PC/n$。

四、基准地价系数修正法和市场比较法

（一）方法概述

基准地价系数修正法是利用基准地价修正体系及计算公式求出待估宗地土地价格的方法。市场比较法是根据市场中的替代原理，对类似土地成交价格作适当修正，以此估算土地价格的方法。由于我们无法确定各层建筑应分摊的土地面积在某宗地的具体位置，实际操作中也不可能简单划分，在评估中我们一般以整块宗地为依据。无论是基准地价系数修正法还是市场比较法，测算出的价格为整块宗地的平均地面地价或者是平均楼面地价，难以满足整栋房地产中不同楼层补地价的需要，故需要引入楼层地价分配率，将地价立体空间化。

（二）楼层地价分配率

楼层地价分配率，是基于立体地价理论提出的地价空间分配概念，反映了城市不同土地类型的地价空间分布规律和平均价格水平。根据评估区域内不同用地类型的特点，楼层地价分配率有着不同的变化特征。对于经营商业来说，土地的可及性尤为重要，商业建筑对于高度的敏感性极强。宏观上看，越靠近地面，其土地利用价值越高，带来的经济效益越大。从微观上分析，不同的商业经营形式或类型造成的效益空间差距也有所不同，反映在地价分配率上存在一定差异。

（三）楼层地价分配率的测算方法

目前许多基准地价技术报告中附有商业楼层分配率的计算方法，如：P 楼（商）= 修正后

的基准地价×楼层分配率，该公式中楼层分配率是基于各层建筑面积等于土地面积这种限定条件下求出的楼层分配率，且只有单一用途及部分总楼层分配率表，这种情况下的楼层地价分配系数运用起来存在较大的局限性。

赵松在其撰写的《立体地价与综合楼地价评估》中总结了两种地价分配率的理论基础：土地贡献学说和联合贡献学说。无论是土地贡献学说理论还是联合贡献学说理论，测算中需要收集的基础资料较多。受限于实际估价中资料收集的情况，在评估测算中有时会简化楼层地价分配率的测算过程，按各层的月（年）租金收入占总的月（年）租金收入比例或者各楼层的房地产价值占整栋房地产的市场价值的比例来求出楼层地价分配率。但当整栋商业用房是分由不同的商户进行经营，在装修、管理运营等方面的投入会不同，有的甚至各层的造价也不同，这时需要剔除这些造成租金、售价差异的因素，用只属于土地的纯收益和土地价格来计算楼层地价分配率。

（四）实例分析

若在估价中运用了收益还原法和剩余法其中一种方法进行测算，可以用剥离出来各楼层的土地价格来测算楼层地价分配率。文中所举实例是假定整栋商业楼整体运营，各层造价、装修状况、各层的建筑面积、经营档次等基本相同，从而直接采用商业综合楼售价和房屋的月租金来测算楼层地价分配率。

假定某宗地土地面积为5000平方米，建筑密度为30%，共20层，每层建筑面积为1500平方米，1～3层为商业裙楼，4～20层为商务办公用房，经调查1～3层的售价分别为28700元/平方米、15000元/平方米、11000元/平方米，4～20的均价为10000元/平方米；1～3层的月租金分别为120元/（平方米·月）、62元/（平方米·月）、45元/（平方米·月），4～20的月租金均价41（元/平方米·月）。求不同楼层商业房地产续期40年，各楼层房屋所有权人需缴纳的地价款。

采用基准地价系数求出的宗地法定最高年期的单价为15000元/平方米，土地总价为7500万元，平均楼面地价为2500元/平方米。采用各层售价和租金为基础求得的各楼层房屋所有权人应补缴的地价款分别如表1、表2所示。

商业综合楼1～20层地价分摊情况表（通过各层售价求取）　　　　表1

序号	售价 （元/平方米）	各层售价与 一层的比例	楼层地价 分配率	分摊的地价 （万元）	建筑面积 （平方米）	楼面地价 （元/平方米）	土地单价 （元/平方米）
1	28700	1.0000	0.1277	957.75	1500	6385	38310
2	15000	0.5226	0.0668	501.00	1500	3340	20040
3	11000	0.3833	0.0490	367.50	1500	2450	14700
4	10000	0.3484	0.0445	333.75	1500	2225	13350
5	10000	0.3484	0.0445	333.75	1500	2225	13350
6	10000	0.3484	0.0445	333.75	1500	2225	13350
7	10000	0.3484	0.0445	333.75	1500	2225	13350
8	10000	0.3484	0.0445	333.75	1500	2225	13350
9	10000	0.3484	0.0445	333.75	1500	2225	13350
10	10000	0.3484	0.0445	333.75	1500	2225	13350

续表

序号	售价（元/平方米）	各层售价与一层的比例	楼层地价分配率	分摊的地价（万元）	建筑面积（平方米）	楼面地价（元/平方米）	土地单价（元/平方米）
11	10000	0.3484	0.0445	333.75	1500	2225	13350
12	10000	0.3484	0.0445	333.75	1500	2225	13350
13	10000	0.3484	0.0445	333.75	1500	2225	13350
14	10000	0.3484	0.0445	333.75	1500	2225	13350
15	10000	0.3484	0.0445	333.75	1500	2225	13350
16	10000	0.3484	0.0445	333.75	1500	2225	13350
17	10000	0.3484	0.0445	333.75	1500	2225	13350
18	10000	0.3484	0.0445	333.75	1500	2225	13350
19	10000	0.3484	0.0445	333.75	1500	2225	13350
20	10000	0.3484	0.0445	333.75	1500	2225	13350
合计	—	7.8287	1.0000	7500.00	30000.00	—	—

商业综合楼1～20层地价分摊情况表（通过各层租金求取）　　表2

序号	月租金[元/（平方米·月）]	各层租金与一层的比例	楼层地价分配率	分摊的地价（万元）	建筑面积（平方米）	楼面单价（元/平方米）	土地单价（元/平方米）
1	120	1.0000	0.12986	973.95	1500	6493	38958
2	62	0.5167	0.06710	503.25	1500	3355	20130
3	45	0.3750	0.04870	365.25	1500	2435	14610
4	41	0.3417	0.04437	332.78	1500	2219	13314
5	41	0.3417	0.04437	332.78	1500	2219	13314
6	41	0.3417	0.04437	332.78	1500	2219	13314
7	41	0.3417	0.04437	332.78	1500	2219	13314
8	41	0.3417	0.04437	332.78	1500	2219	13314
9	41	0.3417	0.04437	332.78	1500	2219	13314
10	41	0.3417	0.04437	332.78	1500	2219	13314
11	41	0.3417	0.04437	332.78	1500	2219	13314
12	41	0.3417	0.04437	332.78	1500	2219	13314
13	41	0.3417	0.04437	332.78	1500	2219	13314
14	41	0.3417	0.04437	332.78	1500	2219	13314
15	41	0.3417	0.04437	332.78	1500	2219	13314
16	41	0.3417	0.04437	332.78	1500	2219	13314
17	41	0.3417	0.04437	332.78	1500	2219	13314
18	41	0.3417	0.04437	332.78	1500	2219	13314

续表

序号	月租金 [元/(平方米·月)]	各层租金与一层的比例	楼层地价分配率	分摊的地价（万元）	建筑面积（平方米）	楼面单价（元/平方米）	土地单价（元/平方米）
19	41	0.3417	0.04437	332.78	1500	2219	13314
20	41	0.3417	0.04437	332.78	1500	2219	13314
合计	—	7.7006	1.0000	7500	30000	—	—

在实际评估中若采用剥离后的不同楼层的土地价格来计算楼层地价分配率更能反映不同楼层对地价的贡献率的大小，结果更加地真实、可靠，本文不再一一举例说明。

五、结语

商业房地产土地使用年期续期的评估方法中，收益法是较适宜的方法，但是收益法中的还原利率和建筑物现值的确定是估价中的难点，容易受估价师主观判断影响。剩余法虽然是按实际售价进行剥离，但售价中往往存在一定的房地产泡沫，在地理位置优越、房地产售价高的地区，剥离房屋成本得到的土地单价会高于市场客观价格；但是无论是收益还原法还是剩余法评估中，"房+地"在一起会产生"1+1＞2"的效果，这在收益还原法和剩余法测算中均未考虑且难以量化。这些都需要在实际评估工作中进一步研究和探讨。

目前有些地方的基准地价中引入了楼面地价，但是楼层地价分配系数通常以同一用途为前提，当各楼层用途不同时，这种比例关系也将发生变化。而且已建房屋自身的投入、经营状况、周边环境及影响都不断发生变化，收益也将处于一个动态变化过程，需要估价师的专业预计和判断，依据区域平均楼面地价测算出的各楼层商业用房应补缴的地价款也难以客观、真实。而无论在基准地价系数修正法还是市场比较法中，求取商业房地产土地使用年期续期的价格，关键是楼层地价分配率的求取，而楼层地价分配率计算方式还不够成熟，需要在实际工作中不断优化和完善。

参考文献：

[1] 李华勇，杨丽艳. 价格剥离法评估土地价值的启示和探索 [J]. 中国房地产估价与经纪，2011（1）：10-12.

[2] 赵松. 立体地价与综合楼地价评估 [J]. 中国土地，2004（21）：51-53.

作者联系方式

姓　　名：罗　慧　刘仙招　刘　杨

单　　位：湖南新融达房地产土地资产评估有限公司

地　　址：湖南省郴州市北湖区人民路街道南湖路新贵华城三期5栋3307、3308

邮　　箱：710934891@qq.com

注册号：罗　慧（4320160035）

房地产估价实地查勘环节存在的问题及防范措施

罗 琳 陆 碧 谢仲芳

摘 要： 房地产估价实地查勘作为一项估价前期性、基础性工作，估价人员必须亲自到估价对象现场进行调查、核实、查勘和记录，实地查勘工作中获得的信息量、完整度，直接影响估价技术路线及估价方法的选取，更会影响到估价结果的客观性和公正性。基于此，本文对房地产估价实地查勘环节中存在的问题进行了分析，并提出了相应的防范措施，以期让实地查勘工作充分发挥其应有的作用。

关键词： 房地产估价；实地查勘；问题；防范

一、房地产估价实地查勘的一般步骤

俗话说"眼见为实"，只有到现场感受估价对象的实际状况，才能作出正确的判断，因此实地查勘对房地产估价十分重要。如何有计划、有步骤地开展此项工作，提高工作效率，本人结合实际经验，归纳出房地产估价实地查勘的一般步骤：一是接受委托，第一时间与客户取得联系，初步了解估价对象的基本情况，根据估价对象类型把评估须提供的资料清单发给客户，提醒客户提前准备好资料，并约定实地查勘时间。二是根据项目情况，带上《估价委托书》《法定优先受偿款调查表》《现场勘察记录表》等资料和照相机、测距仪等设备依据约定好的时间到查勘现场，确保实地查勘工作顺利开展。三是在现场与客户沟通确定估价范围、价值时点及估价目的等事项，核查估价资料是否齐全、完整。并核对产权资料原件，拍照存档。四是根据产权资料核实估价对象位置与实地查勘的地址是否一致，并用手机在现场定位。五是资料整理核对后，对估价对象周边环境及外部、内部拍照，并在《现场勘察记录表》上进行如实记录。六是实地查勘完成后，估价人员及产权人或领勘人在《现场勘察记录表》上签字或盖章。

二、房地产估价实地查勘环节存在的问题

（一）估价人员的专业水平差异

由于估价人员专业水平参差不齐，部分经验不足的估价人员对不同类型的估价对象缺乏全面认识，导致估价委托人提供的资料不齐全，从而使房地产估价实地查勘环节出现不完整的现象。有部分估价人员私自简化实地查勘流程，形式化地走个过场，没有勤勉尽责地进行全面、深入的查勘，未能发现隐藏的细节问题。有部分估价人员专业能力不够，对估价委托人提供的虚假信息或资料，缺乏识别能力。有部分估价人员实地查勘流程的方法不对，缺乏侧重点，如实地查勘工作中必须根据不同的估价对象类型区分内容主次，例如商业用房应将

查勘工作的重点放在区域环境、繁华程度、道路状况、临街状况、临街宽度、进深、层高、商业经营状等内容的调查，而住宅用房则应将查勘工作的重点放在生活配套设施、周边交通情况、自然环境、噪声、通风采光、景观等影响居住条件方面的内容调查。因不同估价人员受教育程度和工作经验的影响，对于同一个估价对象的实地查勘会给出不同的技术思路，实地查勘的侧重点也会有所差异，进而导致实地查勘获得的资料不够完整，影响估价结果，导致这一问题的主要原因包括以下几个方面。

1. 未及时记录实地查勘表

部分估价人员在进行实地查勘时，对实地查勘工作的重要性重视不够，对查勘的内容没有进行仔细记录，而是随手将其记在了便笺纸上，还有部分估价人员甚至没有记录查勘内容，仅仅只是去现场拍照留存。

2. 未按照房地产类型进行区分

在进行房地产估价实地查勘表的设计时，部分估价人员未能严格按照估价对象的不同类型进行区分和罗列，有的估价人员甚至会为了节省时间而减少查勘内容的设计。未对估价对象的类型进行区分设计会导致实地查勘工作条理不清且工作量增加，让整个查勘工作失去侧重点，导致全面性不足。

3. 分类实地查勘的设计内容深度不足

部分估价人员虽然能够按照房地产的类型进行实地查勘表的设计，但是由于设计内容的深度不足，无法将同类型估价对象的细节差异在实地查勘中区分，进而导致后续的测算无法体现这些差异。

（二）估价委托人因素导致的实地查勘信息不完整

在实际工作中，部分估价委托人出于自身的利益考虑，希望估价机构出具的估价结果对自己更有利，会有意或无意地设置障碍，导致实地查勘环节出现风险。一是委托估价人及产权人提供的产权资料及其他资料不完整，缺少分层分户平面图、附记页、宗地平面图等，有的复印件经过多次复印而使内容模糊不清。二是估价委托人因各种原因不提供产权资料原件，只提供复印件而要求评估，有的估价委托人在资料上作假，提供假产权证，或者为了得到有利于自己的估价结果，提供虚假租赁合同及付款凭证，有的故意提供产权有纠纷，手续不合法或手续不全的资料，误导估价人员做出错误的判断。三是估价委托人带领估价人员看错估价对象，因为地势差或物业编号原因，把估价对象楼层编错，如有的证载层数为一层的商业用房，而实际上为架空层或者为地下层，根据分层分户平面图难以判断实际楼层，出现证载位置与估价对象实际位置不在同一地点的现象。四是在同一银行的续贷项目，估价对象一般办理了三年或五年的贷款年限，但需每年进行一次复估，有的抵押物在抵押期间已经灭失，但估价人员未到现场查勘就出具了估价报告。或者以前的估价机构没有发现权属瑕疵，但现在发现了问题，有的估价机构为了做成业务，没有纠正错误继续出报告。五是估价委托人不配合现场查勘，估价人员找不到估价对象具体位置，或估价范围不确定，没有当事人陪同查勘，缺少当事人签字或盖章认可，为估价人员单方面作业，导致当事人不认可报告。

（三）估价机构及估价人员因素导致的实地查勘工作不完善

由于估价机构及估价人员因素导致查勘工作不完善有以下几种情况，一是有的估价机构或估价人员为了自身利益，现场查勘时无中生有或遗漏估价项目，提供不实报告。二是估价人员不坚持原则，没有做到尽职调查，由于各种原因不按要求入户查勘。三是现场查勘时记录简单，内容不全面，只简单地在实地查勘表上填个产权信息资料，不与估价委托人交流沟通，仅凭当事人介绍，应当核实的资料未核，导致收集的信息与实际情况不符，例如住宅用房未核实是否设有居住权，带租约的商业用房未要求估价委托人提供租赁合同等。四是拍照资料无主次，东拍一张西拍一张，不能反映估价对象周围环境状况和内外部基本情况，使估价结果难以有说服力。五是估价机构为了节约成本，安排临时工或让中介人员到现场拍照，产权资料由中介人员线上转发给估价人员，定价和撰写报告由做内业的估价人员完成等，估价程序不合规范。

三、房地产估价实地查勘问题的防范措施

由于房地产估价实地查勘工作的不完善或者不够准确等问题的影响，使得房地产估价结果不能真实地反映客观价格，给当事人造成经济损失，估价机构和估价人员将面临法律纠纷，承担相应的法律后果。因此，为了防范因为实地查勘工作不完善导致的风险，就必须在以下几个方面采取防范措施。

（一）规范执业过程中实地查勘程序

《中华人民共和国资产评估法》第二十五条规定：评估专业人员应当根据评估业务的具体情况，对估价对象进行现场调查，收集权属证明、财务会计信息和其他资料并进行核查验证，分析整理，作为评估的依据；《房地产估价规范》GB/T 50291—2015 要求估价人员对估价委托人所提供资料进行核实验证，确认无误后才能作为估价依据。法律及规范要求估价机构和估价人员在工作中必须履行估价程序。避免不遵循必要的估价程序而出具的报告不合格。

在实地查勘环节中，先要核实估价委托人提供的资料是否真实、合法。再对估价对象的基本情况，区位因素状况、实物因素状况、权益因素状况进行核对，然后根据不同用途的估价对象调查相关市场资料及数据，并在实地查勘表上做好详细的记录，现场查勘完成后，让领勘人或产权人在实地查勘表上签名或盖章。

（二）强化估价人员核实相关资料与查勘实物的一致性

随着城市不断发展建设，估价对象所在区域、道路和门牌号信息均有可能发生较大变化，有的估价对象可能已拆除。所以在实地查勘过程中，估价人员通过核对产权资料，认真仔细地明确估价对象，及时发现一些假资料和虚假现场并加以防范。一是要核实估价对象权属资料所记载的地址与实地查勘地址是否一致、核实不同产权资料之间的记载地址是否一致，如果不一致，可以咨询相邻物业或找当地街道核实，落实地址不一致原因。二是要核实估价对象附图信息。通过产权证中的附图所标注内容与实地查勘情况进行对比，核实估价对象实际状况与附图是否一致。如果不一致，可以选用现状卫星地图或百度地图与实物进行对比，了解建筑物是否有灭失、改建、扩建及重建的情况。三是要核实估价对象建筑面积，通过数地砖、步量、皮尺、测距仪等估算或测量进行判断。如果证载面积和实际面积存在明显差异，应考虑是否有指认错误，怀疑是否看错了现场，或是提供的资料有错误，或是有建筑物改建、扩建原因。四是要核实估价对象总楼层与所在层数是否与证载楼层是否一致，如与实地查勘情况不一致，可以结合房地产平面图、报建资料、竣工验收资料进行对比确认。五是要核实估价对象用途，实际工作中，估价对象证载用途和实际用途不一致的情况较多，在实地查勘过程中要核实估价对象实际用途。确认估价对象是部分改变用途，还是估价对象整体改变用途，以及改变用途部分所处的位置。如登记用途、实际用途与规划用途不一致，应

根据估价目的，参照《房地产估价规范》GB/T 50291—2015，结合实际情况合理确定估价对象用途。

（三）加强估价人员谨慎执业并强化报告披露义务

疫情形势下，房地产市场不景气、政策变化大、有些企业融资较困难，所以向估价人员提供虚假资料或信息；还有一些估价对象建筑年代久远，资料不规范或不齐全；有些续贷项目，估价委托人不愿意带估价人员去现场，客户或银行施压，估价人员硬着头皮出具报告，这些都会给估价机构和估价人员带来风险。

估价机构需建立完善的监督机制和内部质量控制机制，促使估价人员谨慎执业，认真查验和核实资料。在实地查勘工作中，如遇疫情等特殊时期，不能去现场查勘的估价项目，必须在报告里披露不能去现场的原因，说明支撑估价结果的依据，与客户远程视频看现场，资料接收等情况都应该在报告里写清楚，提示报告使用人注意；证载地址与实际门牌号不一致，如有的物业公司编号时，为了避免出现"4"，楼栋或电梯层数编成3A栋、3B栋或3A层、3B层等情况，估价人员应该对照宗地图及房屋分层分户图，核实估价项目真实布局，走访物业管理人员或业主，了解实际情况，并在报告里把真实原因进行披露；证载用途与实际用途不一致，登记楼层与实际楼层不一致，提供的资料之间相互不一致的情况，更应在估价报告的特殊事项及不相一致假设前提里说明、披露，对可能存在的风险告知报告使用人。

（四）完善内部培训体系，培养复合型估价人员

估价人员在工作中，应该多学习，丰富自己的知识，提高自己的专业水平；估价机构应该经常组织培训，建立一套完善的培训体系。一是建立新人培训机制，新进的员工，尤其应届毕业生，设置"一对一"老带新的带教模式，让经验丰富的项目经理担任老师，带着新人做项目并指导培训，新人做项目时不懂就问，跟带一段时间后让新人顺利地学会简单的项目，直至适应估价工作。二是完善机构内部培训机制，房地产估价行业应该改变只重业务而不重技术的发展模式，迈向高质量转型估价的时代，估价机构应定期举办技术培训，如典型案例的分析、估价过程中常见的问题、新的政策或文件，对员工的专业能力进行培训和考核，使估价人员处于不断学习的氛围中，并在工作中学以致用。

（五）强化估价人员的职业道德和职业素养

估价职业道德是估价人员在工作中应遵守的道德规范及行为准则。如果没有良好的职业道德，很难做到"客观合理、公平公正"的估价原则，损害估价利害当事人的合法利益，有的估价人员与相关当事人恶意串通，给国家、金融机构或当事人造成经济损失。这种行为背离"专业服务"及"高质量服务化"的初衷，违反了《中华人民共和国资产评估法》。规避此风险的主要措施为：一是估价机构应加强职业道德建设，组织估价人员学习《中华人民共和国资产评估法》及《房地产估价规范》GB/T 50291—2015，强化估价人员的职业道德意识。二是估价机构可以定期进行抽查，对各项指标进行考核，把人品考察放在首位，逐步培养具有诚信、认真、负责的良好品德的估价队伍。三是估价人员要主动回避与利害关系人或与估价对象有利益关系的业务，遵守"独立、客观、公正"估价原则。四是估价人员不得迎合估价委托人的授意高估低评，不得出具不实或虚假报告，要维护良好的社会形象及行业声誉。

四、结束语

综上所述，房地产估价实地查勘工作是一项较复杂且与估价工作不同环节之间联系紧密

的基础性工作，本文从实际操作层面分析实地查勘流程中可能存在的问题及如何规避风险的对策，将重要的、容易出错的问题列示出来，希望引起估价机构和估价人员的高度重视，从细节做起，提高专业水平和专业人员素质，实现行业可持续性发展。

参考文献：

柴强.房地产估价[M].北京：首都经济贸易大学出版社，2019.

作者联系方式

姓　　名：罗　琳　陆　碧　谢仲芳
单　　位：湖南新融达房地产土地资产评估有限公司
地　　址：湖南省长沙市芙蓉中路三段 380 号建发汇金国际银座 701
邮　　箱：524397139@qq.com
注册号：罗　琳（4320070050）

浅谈估价中查勘的重要性

张业城　郑延涛　李燕红

摘　要：目前估价机构正面临传统业务萎缩，银行付费以及估值竞争的大环境，未来必将走向关联行业多资质的、跨专业融合的多元化发展。创新延伸需要底层数据的支撑，才能实现多方位且高效地解决客户需求，增强客户黏度。而底层数据靠的是什么？笔者看来靠的是查勘质量，它实际上是由估价对象界定和市场数据调查所构成，这里强调的是对象界定与数据沉淀。因此，评估的核心在于重视查勘质量。

关键词：查勘质量；数据沉淀

一、估价始于查勘，是建立数据分析的基础

随着信息技术的发展，"互联网大数据"应运而生，实现了信息资源的共享。一方面提高我们工作和生活效率，另一方面也影响着房地产估价行业在内相关行业的发展与变革。当我们对网上信息进行搜集，享有大数据所带来的工作效率上的提高的同时，也要对信息的真伪保有适当的怀疑。主要在于各大房产平台上针对项目情况描述以及价格公示信息，应结合现场查勘的实际情况，从专业的角度出发辩证地看待。就如笔者此前接触的商业案例，御庭园裙楼101～106号商铺，在百度查询到的结果为农业银行福田口岸支行，而现场查勘以及营业执照共同反映的结果却是内街铺，无论从临街状态、业态承租水平、自身宽深比均与初评存在较大差距。

在现场查勘环节，一些估价机构忽略内部制度的管理，大多数情况下现场查勘的估价人员并非是出具报告的签字估价师。且在实际工作中，由于所掌握的理论知识和工作经验有所不同，一定程度上影响估价人员现场查勘的严谨性，可能忽略项目反映价值的信息，甚至出现"走过场"的查勘现象。仅仅为了满足报告出具的基本要求而未在查勘表上进行估价对象的状况说明，或根据照片显示情况和自己的直观感受"完善"查勘表的内容，从而影响估价结论的客观性以及可能存在的估价风险。

对查勘风险的诠释在《房地产估价规范》GB/T 50291—2015《房地产抵押估价指导意见》以及《中华人民共和国资产评估法》中均有明确的规定，比如《房地产估价规范》GB/T 50291—2015 规定，对现场查勘的规定是估价人员必须到估价现场，亲身感受估价对象的位置、周围环境、景观的优劣，查勘估价对象的外观、建筑结构、装修、设备等状况。并对事先收集的有关估价对象的坐落、四至、面积、产权等资料进行核实，同时搜集补充估价所需的其他资料。对估价对象及其周围环境或临路状况进行拍照，并规定在估价报告中必须对现场查勘情况做出详细记载。《房地产抵押估价指导意见》规定，房地产估价师应当对估价对象进行现场查勘，将估价对象现状与相关权属证明材料上记载的内容逐一进行对照，全面细致

了解估价对象，做好现场查勘记录，拍摄能够反映估价对象外观、内部状况和周围环境、景观的照片。内外部状况照片应当作为估价报告的附件。由于各种原因不能拍摄内外部状况照片的，应当在估价报告中予以披露。现场查勘记录应当作为估价档案资料妥善保管。而在《中华人民共和国资产评估法》中，对查勘提出了更高的要求，规定评估专业人员应当根据评估业务具体情况，对评估对象进行现场调查，收集权属证明、财务会计信息和其他资料并进行核查验证、分析整理，作为评估的依据，包括委托人提供的相应的、所需的材料，评估人和评估机构有核查和验证的义务，若因委托人原因造成资料不实，评估师和评估机构没有尽到相应责任也必须承担责任。可见，现场查勘的重要性不言而喻。

因此，现场查勘是每一个估价从业人员最先接触到的基础性工作，亦是估价的重要性依据以及控制估价风险的重要环节。现场查勘的质量，查勘获得信息量大小，将直接影响到估价方法的选择，从而影响房地产价格的客观、公正、科学地确定。通过大量的现场查勘及后续的市场调查形成的数据积累，形成了各评估机构间的"宝贵财富"，有助于较好地进行价格认定和预期未来的价格趋势，同时提高公司的服务质量和市场认可度，所以应重视房地产估价项目的查勘工作，未雨绸缪。

二、做好房地产查勘工作尤为重要，评估机构应定期开展培训工作

房地产估价，实际上是模拟价格形成的过程，除了区位涉及的外部配套、房地产本身的实际利用状况等影响房地产价格的相关因素外，还需要结合房地产政策加以分析。而房地产查勘，是指估价人员亲临估价对象现场亲身感受、观察估价对象所处的客观环境，认真、翔实了解估价对象的状况，形成现场拍照、询问、检查、核对、记录其状况的过程，并从中准确把握估价对象的价值点。规范的现场查勘能帮助估价人员将估价对象的实际情况、四邻环境的亲身体验形成客观量度，减少主观判断，规避潜在风险，形成有效数据提高房地产估价报告质量。因此查勘过程中所应具备的勤勉尽责尤为重要。

为了有效防范现场查勘不足带来的风险隐患，应加强现场查勘培训，包括现场查勘的细节以及后续市场调查的方法技巧，让估价人员充分认识到查勘的重要性，及时掌握查勘的细节，能够对不同类型的房地产，作出相应的现场查勘方案。此外，市场调查是现场查勘的后续必要环节，通过制定相应的策略了解项目实际情况的核实及价格情况，加深对估价对象的认知，通过经验的累积提高估价人员的综合水平。

三、现场查勘应遵循的步骤及查勘要点

广义的现场查勘，主要分为三个步骤，包括前期项目资料情况的收集、现场查勘及后续市场调查。可见，房地产估价是依托资料和现状的了解，结合项目的特点及适用性方法，进行现场查勘和相应的市场调查形成的估价结论，其中，前期的资料收集和情况了解，才能做出针对性的方案，有计划有步骤开展查勘工作，提高工作的质量和效率，减少后期可能产生的沟通成本，下面本人结合自身工作经验阐述如何做好查勘工作。

（一）情况1：存在特殊户型的居住房地产的查勘

分为以下步骤：

1.应对项目进行前期的了解，搜集产权资料，确知户型的特殊情况。

2. 进行现场查勘，核实户型的特殊情况及所处楼栋相关楼层的户型，分析存在的差异性。

3. 走访周边中介机构，调查项目的价格内涵及项目所在楼栋户型的价格内涵及本身的价格差异。

4. 进行信息的甄别、筛选、整理与分析，通过对不同户型差异的价格修正，形成估价结论。

温馨提醒：对住宅特殊性的界定，应结合项目的定位和所在楼栋其他楼层的户型情况加以分析，避免可能存在重复估价的风险。

（二）情况2：批量商业综合体的查勘

分为以下步骤：

1. 应对项目进行前期了解，搜集产权资料，特别是商业平面图，对批量商业的查勘尤为重要。

2. 进行现场查勘，对临街商业的部分，应关注临街状况、昭示性、自身及周边相邻业态经营及利用状况，对商场内的商业部分，应关注商场商业的相对位置、业态分布、现状利用及垂直承接工具的数量，同时还应对周边同档次商业体的经营状况进行查勘。

3. 走访周边中介机构，调查周边同档次以及估价对象本身的租金和售价情况。

4. 进行信息的甄别、筛选、整理与分析，通过价格内涵的量化形成估价结论。

5. 需重视对商业门牌号的界定，还应结合产权附图、平面图及营业执照相互验证。

（三）查勘要点

此外，查勘必要性还要求评估机构：

1. 对已经灭失的房地产，应到估价对象原址进行必要的调查，包括外部环境的情况搜集。

2. 因征收、司法拍卖等强制取得或强制转让房地产，因客观原因无法进入其内进行实地查勘的，应在估价报告中说明进行披露并说明具体原因。

3. 对于追溯性评估的现场查勘，估价人员应关注房屋现状、市场环境在价值时点与查勘之日之间的差异性，与委托方保持良好的沟通并作相应调整和必要的情况说明。

4. 易地项目现场查勘，应充分调查当地的房地产市场状况，包括购买偏好、政策法规等。对查勘过程中客户反映的物业情况以及走访中介机构了解到的价格信息应加以核实，判断。

结合笔者实践工作经验总结出的各类房地产的查勘要点，可供参考（表1）。

不同类型房地产的查勘要点　　　　　　　　　　表1

项目类型	查勘要点	注意事项
住宅	①户型、格局； ②可利用或可拓展的空间； ③朝向、景观	①存在花园赠送的，需核实是否具有独立使用性； ②存在套内面积赠送的，需结合项目的整体定位、相邻户型，确定相关特殊情况的唯一性，共有（楼栋共有）、奇偶层区别，避免造成重复定价； ③查勘中遇加建、重建户型应对其合法性和实际利用状况加以分析，根据相应的评估目的考虑实际利用状况对其价值的影响； ④存在单证、双拼户型的小区物业，查勘时应尤为注意其功能性，并考虑分证后是否具有独立性； ⑤应核实相应学位情况； ⑥查勘中核实装修情况
别墅	①别墅类型； ②所处位置； ③套内建筑面积、占地花园面积； ④可利用或可拓展的空间； ⑤景观资源	

续表

项目类型	查勘要点	注意事项
临街商业	①临街状况； ②昭示性； ③自身及相邻业态经营及利用状况	①平层商业面积核实是否存在分隔出租或与相邻商业打通； ②复式商业核实证载面积的内涵以及可能存在第2层为单独办证； ③街景照片需尽可能地体现相邻物业和人流量信息，且估价对象应体现在街景照片当中，相互映照
集中式商业	①相对位置、业态分布； ②现状利用及垂直交通工具； ③自身及相邻业态经营及利用状况	

四、现场查勘应关注的 2 个价值风险

（一）产权风险

房地产产权风险指的是确定产权是否真实、合法、完整，房屋是否有抵押、列入拆迁公告、受司法限制等情况以及产权转移风险。查勘现场过程中应核对产权资料原件，或咨询相关部门产权资料的具体情况。

（二）市场风险

房地产市场风险主要有购买力风险、变现风险及房地产泡沫带来的风险。而对估价对象所在地的房地产市场调研往往是我们最容易忽视的一个关键点，充分了解区域房地产市场状况，有利于我们把握房地产估价中的风险。

五、结语

房地产估价具有专业性、技术性、复杂性，实际上是"科学""艺术"和"经验"的结合。对于估价而言，如何对房地产价值作出合理科学的判断，离不开现场查勘的高质量性，唯有尽责做好查勘工作，充分了解待估房地产的状况和特点，才能客观判断房地产的市场价值和未来预期。

面对"大数据"时代，估价人员都应"居安思危"，从重视查勘质量做起，加强信息收集和数据分析的能力，通过数据的分析、整理、统计为客户提供服务，同时丰富自己的工作经验，与时俱进，紧跟时代的脚步。各评估机构建立数据库以及档案备份，以备数据的建立及数据信息调用，为评估机构技术水平的提高提供技术支持。

作者联系方式

作　者：张业城　郑延涛　李燕红
单　位：深圳市世鹏资产评估房地产土地估价顾问有限公司
地　址：广东省深圳市福田区天安数码城泰然五路天济大厦 AB 座 5A 室
邮　箱：sp22211203@163.com
注册号：张业城（4420190148）；郑延涛（4420170049）

第五部分

估价风险防范、人才培养、内控制度建设等

基于 SMART 原则的房地产估价专业人才创新培养

石 丹

摘 要：房地产估价专业人员是房地产估价行业和机构可持续发展的重要动力源，且是房地产估价活动的行为主体，并不能被大数据、云计算或其他前沿科技大脑所替代，其决策正误和专业水平直接影响估价结果的合理性，进而影响估价服务的专业性。故创新房地产估价专业人才培养是提高和保证估价工作质量的前提，更是推动房地产估价机构及整个估价行业专业服务质量持续提升的核心。本文结合目标管理相关理论——SMART 原则，从房地产估价专业人才培养现状出发，系统分析房地产估价专业人才培养，明确指导原则，构建自成体系的技术路径，既能丰富房地产估价理论体系，又能作为技术指引运用到估价人才培养中。

关键词：SMART 原则；房地产估价专业人员；人才培养

一、房地产估价相关内涵界定及基础理论

（一）房地产估价专业人员

根据《房地产估价基本术语标准》GB/T 50899—2013 可知，房地产估价师是通过全国房地产估价师执业资格考试或资格认定、资格互认、取得房地产估价执业资格的人员。经过执业注册，从事房地产估价活动的是注册房地产估价师。经依法设立并取得房地产估价资质，从事房地产估价活动的中介服务机构——房地产估价机构在接受他人委托后，会选派注册房地产估价师对其房地产的价值或价格进行分析、测算和判断，并提供相关专业意见，这一活动过程即为房地产估价。

根据《房地产估价师职业资格制度规定》可知，房地产估价师是通过国家职业资格考试取得中华人民共和国房地产估价师职业资格证书，并经过注册后从事房地产估价（含土地估价）业务的专业技术人员。

综上所述，从事房地产估价（含土地估价）业务的专业技术人员是注册房地产估价师，也是房地产估价机构的核心人才，而人才是推动房地产估价专业服务质量持续提升的核心。在房地产估价机构中，从事房地产估价的专业人员不仅包括（注册）房地产估价师，还有围绕各个估价活动开展具体工作的相关作业人员，有业务员、技术员、管理员、研究员等；在房地产估价行业中，从事房地产估价的专业人员不仅包括房地产估价机构的专业人员，还有大专院校的科学研究和教学管理人员以及相关的多层次招生专业（如土地资源管理、房地产开发与经营、房地产经营与估价）学生等专家、学者，还有社会各类估价培训机构的相关人员，更有行业自律组织（如中国房地产估价师与房地产经纪人学会、中国土地估价师与土

地登记代理人协会）和行政主管部门的相关人员。虽然这些人员在房地产估价上"专"的程度有所差异，但是均可统称为房地产估价专业人员。考虑到含（注册）房地产估价师和估价辅助人员在内的估价作业人员才是直接参与估价活动的行为主体，且注册房地产估价师才是核心人物，故而将其作为本文重点的分析对象。

（二）创新人才培养

根据百科释义，人才培养是对人才进行教育、培训的过程。一般而言，被企事业单位选拔录用的人才都需要经过培养与训练，才能成为各种职业和岗位要求的专门人才，须具备良好的人文、科学素质和社会责任感，理论基础知识扎实，较好的自学能力以及创新素质。心理学相关研究表明，每个人身上都蕴藏着丰富的创新潜能，这是潜藏于个人大脑结构和功能中的一种心理潜能，而理想的教育就是让个体在不同的发展阶段都能够依照自身的内在基础与发展特点来充分地显现自身。在房地产估价行业当中，创新人才培养的内涵其实就是让每个房地产估价专业人员的这种创新潜能够得到有效开发与充分运用，在具体估价作业活动中既能够创造性地开展估价工作，也能够创造性地解决估价疑难杂症，并能够创造性地趋利避害，在完善自身专业职业素养的基础上，增强服务企业振兴行业贡献社会的能力。

（三）基础理论

笔者主要基于目标管理理论——SMART原则展开相应的探讨与分析，如Specific（明确性）、Measurable（可量性）、Attainable（可达性）、Relevant（相联性）、Time-based（时效性）等原则。具体来讲，在房地产估价中，围绕着将房地产估价专业人员创新培养成为房地产估价专门人才这一明确的目标，区分不同阶段考虑相关影响因素制定人才培养规划，并依据相应专业人才评价标准校验计划执行效果，在逐步实现阶段性人才培养目标的基础上，有序推进创新人才培养及其行业可持续发展的实现。

二、房地产估价专业人才培养的现状分析

纵观我国内地房地产估价行业专业人才具体培养情况，可能主要存在以下问题：

（一）房地产估价专业人员教育层次参差不齐，难以适应专业职业岗位素质要求

在制度层面上，房地产估价专业人员尤其是估价师的准入门槛是比较高的，也需要经过一定年限的从业经历并通过相关的资格考试，但是在具体估价实务中，相关人员接受教育的程度是参差不齐的，既有本科、专科及中专毕业生，也有少数的研究生学历层次者，还有其他各类人士（含非学历）。这里所说的参差不齐不是说不能有不同学历的从业人员，而是从业人员的教育层次结构配置不合理，更多地集中于本科、专科甚至中专毕业生，其他高层次人才分布较少，从而导致从业人员整体上的综合素养不够高，在科技进步和社会经济大环境更新变化或某些不可抗力影响因素扰乱的过程中，容易固步自封，难以提出创新性的应急举措应对动荡。

（二）房地产估价专业人员专业知识储备面窄，难以适应激烈竞争市场发展需求

一方面，因教育层次的不同导致从业人员的基础理论知识掌握程度有差异；另一方面，从业人员的专业背景也大有不同，（注册）房地产估价师虽然都有着与房地产相关的专业背景（建筑经济、设计、规划或会计等），但是对房地产结构性质、构造特征、建材特性、装饰构成等的直观认识与理解不够充分，对房地产投资开发、工程项目建设、施工工艺等实务工作经验较为缺乏；而估价辅助人员可能大多数都是完全不相关的行业转入或毫无（相关）

工作经验者，对房地产相关基本知识的了解较少，只能简单地依葫芦画瓢；此外，即使是注册房地产估价师，具备扎实的理论知识，可能实践经验不够丰富，抑或理论知识和实践能力均突出，但也可能只是针对某一类型或某一估价目的的估价业务类型，而这单一的业务能力可能无法适应实际市场发展及变化的需要，若不及时学习新知识与技术，很有可能会面临被市场淘汰的风险。

（三）房地产估价专业人员培养方式多却单一，难以适应新时代快速发展的步伐

就房地产估价专业人员培养而言，总体上来讲包括两大层面，一是校内培养，以各类大专院校为核心，按照相应专业的人才培养方案培养社会所需的估价专业人员，无论是普通教育还是职业教育，虽为不同类型的教育，但具有同等重要的地位，都是为估价行业、企业输送基础知识理论较为扎实专业人才，只是限于学校教学模式及课程设置和实践教学等方面，可能估价实操的技术技能相对较薄弱；二是校外培养，主要包括行业继续教育交流培训、企业内部技能培训和社会相关培训机构的专门培训等，为保障估价行业的可持续发展，这一培养方式是行业企业必须担负的社会责任，只有这样才能更好地提升专业人员的综合素养，同时还能更好地适应市场变化需求，提升企业核心竞争力，推动行业健康有序发展，但这些短期、阶段性的培训可能多属于应急型，对当下面临的某一困境有较好的特定"疗效"，却治标不治本，未能充分挖掘相关专业人员的创新潜能，不足以形成持续有效的内核力量以夯实专业服务水平，进而难以跟上新时代快速发展的节奏。

（四）房地产估价专业人员引进与储备略不足，难以适应市场瞬息万变实务需要

在引进方面，主要依托于人才培养，而就房地产估价专业人员培养方式而言，总体上来讲包括两大层面，一是校内招聘的实习或就业者，来自于各类大专院校估价相关专业的学生，或者可能还有相关的科学研究及教学管理人员，大多可能对基础理论知识的认识和理解较为丰富，但较缺乏估价作业实操技术与技能，从而难以直接引进优秀的专业人才，再加上行业背景特性及薪资待遇和未来职业发展情况等限制因素的影响，相对也较难以引进高层次的专业人才；二是社会招聘的就业或再就业者，虽然相对而言这类群体有一定的工作经验，但专业理论与实战经验两项皆强且全的可能性不大，可能在业务渠道来源或业务承揽谈判技巧或某类估价项目技术路线设计或某些新信息新技术领域有专项优势，但难以广泛吸纳复合型或全能型的专门人才。在储备方面，一方面，无论是何种性质的单位，大多数估价人才引进单位对人才储备的意识较为淡薄，且较缺乏相应配套的人才储备机制，从而造成人员流动大，以及优秀人才的流失和分化等不稳定现象；另一方面，因限于人才引进的困境，也难以运行人才储备，进而难以适应市场新变化的实物需要，从而影响行业企业可持续发展的潜力。

三、房地产估价专业人才培养的指导原则

根据科学有效的目标管理理论的基本要求以及我国内地房地产估价人才培养中存在的主要问题分析，现提出以下几点指导原则：

（一）明确性 Specific

房地产估价行业是房地产中介服务行业，作为房地产市场必不可少的组成部分，在市场发展中发挥着不可替代的重要作用。而这一行业的运行、成长与可持续发展离不开关键的人才——房地产估价专业人员（核心人才——注册房地产估价师），故培养创新型的估价专业人才是适应新时代估价行业发展的必然趋势，即首先需要明确的是举"大家"之同向合力培

养创新型的房地产估价专业人才，具备应对一切估价难题的创新素养和创新能力，更不惧怕任何突发危机事件，即该人才培养目标的明确性。而这"大家"应是"政行校企社"，在这五方协同联动作用的人才培养模式之下加以贯彻落实。

（二）可达性 Attainable

依据房地产估价专业人才培养的终极目标——实现行业的可持续发展可知，无论是从思想意识认知上还是从市场发展必然规律上来看，这个目标是完全可以实现的，即人才培养目标的可达性。与此同时，这一终极目标应依据市场发展现状特征及相关估价主体的不同等因素，按需设计成逐层递进式的各阶段或各时段的培养目标，进而更加有利于终极目标的实现。以个人为例，若是一名准毕业生，则其个人职业规划即目标可大致分为三个阶段性目标，包括通过实习考核顺利正式进驻企业或应聘进入更好的企业；积累经验，巩固理论的基础上，达到报考条件后通过职业资格考试，按程序成为注册房地产估价师；拓宽视野，在技术或学业上逐步（或两者同步）提升，在职称与职务上勇攀高峰。而对于这些阶段性目标，只要明确定位，加上个人的积极进取与努力奋进，在某个时段是一定可以实现的。

（三）可量性 Measurable

针对上述所提到的目标确定性和可达性的问题，还需要一个相对明晰的衡量标准加以评判，这就是人才培养目标的可量性。无论是采用定性还是定量的方式，培养目标是否实现都需要一个衡量准绳。仍以上所述个人为例，能够按照相应考核制度，通过实习期间的考核转为正式员工，或者通过招聘考核成功被聘用，就说明该个人通过了相应的考核要求这一衡量准绳；能够通过房地产估价师职业资格考试并经注册成为注册房地产估价师，作为正式专业人员从事房地产估价业务，就说明该个人通过了职业资格考试标准这一衡量准绳；能够通过专业技术人员资格考试（初级、中级）或者通过总估价师、总经理等职位应聘抑或其他，就说明该个人在专业人员的基础上又实现了更高的目标要求。换言之，人才培养目标是否实现并非主观臆断，都应该是可以具体衡量的，只是形式或内容变化多样。

（四）相联性 Relevant

在房地产估价专业人才培养的道路上，所有相关的主体或组织之间应该都是紧密联系、相互作用、相互影响的，而且各个主体或组织本身内部也应该注重关联性的重要意义。在明确人才培养目标及其衡量标准和必然实现的基础认知上，还需系统分析其中的关联内容，即在贯彻落实"政行校企社"五方协同联动作用的人才培养模式之时，需要注重各方之间的相关联动内容及作用效果，也需要注意各方本身内部的联动效应，换言之，内部循环与内外联动必须同向同行，协同并进，只为房地产估价专业创新人才的培养，推进行业可持续发展的实现。

（五）时效性 Time-based

在事物前进与发展的道路上，既定目标的细化与分解至关重要，当然也离不开先进的思想理念、科学有效的措施手段和与之适配的保障机制。在房地产估价专业人才培养的终极目标——实现行业的可持续发展的基础认知上，还需要制定分阶段分层级的目标，这其中的一个关键要素便是时间节点，如同某一具体的房地产估价活动一样，需要根据估价目的明确界定估价对象的估价结果所对应的价值时点，某一层级的具体人才培养目标也需要明确设计好预计实现的时间点或时间段。换言之，衡量任一目标时注意明确其时效性特征，才能运用适当的准绳并充分考虑相关联的内容来加以评价与分析，从而判断目标的达成情况及成因分析，若未达到即可采取科学有效的措施加以优化调整，从而逐步促进行业可持续发展目标的实现。

四、房地产估价专业人才培养的技术路径

根据上述 5 大指导原则的界定，综合考虑解决人才培养的现实问题，对我国房地产估价专业人才的创新培养，现提出以下几个层面的技术路径建议：

（一）宏观层面

1. 构建"政行校企社"五方协同联动的人才培养模式

从房地产估价专业人才培养的实际问题出发，结合 SMART 原则，提出"政行校企社"五方协同联动的创新人才培养模式，创设估价行业自律组织、估价机构、大专院校、地方行政主管部门和社会培训机构（社会大众）五方统一目标、相互协作、共同发展的大环境，在充分发挥各方基本职能的同时，还能够通过联动效应产生优势互补，让校内培养和校外培养都能尽可能避免原有的劣势与不足，并将培养优势尽可能地充分显现。具体来讲，校内熟悉相关政策制度规范的要求，按行业企业实际需求制定培养方案和课程标准，按任务驱动式或项目化模式开展教学，与合作企业开展（非）定向实习或就业；校外按行业规范及企业章程开展估价业务，聘请企业和院校专家组织开展系统培训与交流学习，开发协同监管与社会评价系统等等，不断提升专业人员的估价技能与服务水平。

2. 制定实现五方协同联动培养模式的保障性机制

（1）行业应制定五方协同联动的运行机制。多方协同联动的效果得以实现，需要建立一个协同运行平台，由行业自律组织牵头，联系全国各地各级估价机构、开设相关专业的大专院校、相关行政主管部门以及社会培训团体等，开发一个多方同步交流平台，或者选取某一地区进行试点，建立一个协同运行平台，并制定相关运行办法，共同服务于人才培养。

（2）行业应制定典型案例奖励的工作机制。在协同联动培养模式建设的过程中，建议形成相对完备的典例奖励机制。一方面，典例是指五方建设过程中具体举措及目标达成的相关事迹，可以作为典型案例向行业自律组织进行申报，根据相应评价要求进行筛选与等级评定，并予以公示；另一方面，奖励是指各级典型案例的奖励金额和与各方相适用的激励政策，若是估价机构申报通过的典型案例，除了奖金奖励外，还应给予越级提升资质或增加相应信用资信等级或者在课题研究承担等方面给予优先考虑。

（3）行业应制定其他配套建设的支持机制。一方面，建议在起步阶段组织各方共同制定行业发展规划，为校内外人才培养提供明确的方向，也为模式建成确立目标；另一方面，针对一些不可抗力的突发危机社会事件，建议及时制定相关优惠支持与鼓励机制，以保证该模式的正常运转或应急调整。此外，还应该实时开通意见交流通道，加强各方第一时间的沟通，以便完全保障该模式的构建。

3. 充当五方协同联动培养模式的核心组织协调者

在这五方联动培养体系中，行业自律组织是牵头者，企业和学校是人才培养的核心基地，相关行政主管部门是指导者与监管者，社会是市场业务来源也是监督评价者，更是人才培养模式构建成败的主要评判群体。行业与企业，行业与学校，企业与学校，他们之间的相互联动协作至关重要，能否在校内培养符合一线需求的估价人才（技能型、应用型或研究型）、能否在校外培养符合职业发展及行业需求的估价人才，都需要行业自律组织作为核心组织协调者做好多方协同联动工作。

(二) 中观层面

1. 配合"政行校企社"五方协同联动培养模式的构建

（1）企业应按协同联动培养模式发挥作用。在估价行业自律组织的带领下，作为创新人才校外培养的核心基地，企业应充分发挥自身角色定位及功效，及时熟悉行业发展动向以及相关政策制度规定，积极与相关大专院校（属地为佳）建立联系，或者直接与有关院校协商制定联合共同定向培养专业人才的协议，充分挑起作为企业的基本社会责任，为人才培养及地方经济建设贡献全力。

（2）企业应按协同联动培养模式积极优化。在推动联动作业机制的活动过程中，企业还应结合市场行情及客观实际情况，及时调整策略，优化人才培养措施，或者可以考虑在人力资源管理部（综合管理部）设置专员岗位，直接专门对接相关事宜，以便高效落实该模式。

2. 制定企业内部良性循环发展的保障性机制体制

（1）企业应制定内部协同联动的工作机制。在一般企业组织架构的基础上，审时度势、因地制宜地动态调整企业内部组织结构，一方面加强企业各职能部门之间的协同办公，另一方面便于专业人员灵活机动的实现轮岗制，另外还需便于外部多边关系的高效联络。

（2）企业应制定内部正向激励的工作机制。激励措施的落实不应以业务量的多少为单一衡量的标准，还应多方考量，比如在证书考取与学历提升上，应明确制定不同层次类型的奖励制度；在职称晋升上，也应考虑设置初级和中级两个级别不同年限的奖励制度；在职务提拔上，也应按不同职位设置不同年限的奖励制度。所有的奖励都应包括一次性褒奖奖金和逐月递增月薪奖金，并做到如实兑现。

（3）企业应制定内部递进培育的工作机制。递进培育措施的制定对引进人才、人才培养及其储备都有激励效用，应与激励机制相对应，给予具体的支持，如证书考取和学历提升上，组织参与相关考试培训、适当安排额外的假期以便集中学习备考或尽量减少考前一至两个月期间工作任务的安排等；在职称晋升上，加强老带新、传帮带的精神，组织专项经验交流等；在职务提拔上，根据日常工作情况总结发现专业人员的长处优势，创造机会培其所长，同时锻炼个人实务技能，不断提升个人综合素养，以增强企业的核心竞争力。

3. 加强企业之间的各类资源与信息的交流与共享

在"政行校企社"五方协同联动的创新人才培养模式之中，除了需要注重五方相互之间的协同效用外，作为创新人才校外培养核心基地的企业来讲，既需要实现企业内部良性循环，更重要的是实现企业内部和外部的良性循环，才足以保证企业自身的可持续发展。而这其中就包括了企业与其他企业之间的良性循环，也就是需要在与其他估价机构公平竞争提供估价服务的同时，还需要与其他企业和平共处，及时交流估价关键问题，共享估价公用信息，共同推进房地产估价行业的良性发展。

(三) 微观层面

1. 规划个人职业成长，提升综合素养以服务社会

（1）个人应按教育层次做好学历提升规划。作为房地产估价专业人员，可能是研究生、本科、专科甚至中专生或同等学历背景，也可能暂无学历背景，于工作之初，可能都相对比较缺乏实战经验，而且不同学历背景对房地产估价相关专业理论知识的掌握与认识程度有较大差异，故而需要通过不同的方式加强学习，在实践中积累经验的同时，广泛学习相关基础知识，当然，最直接的方式就是提升自身的学历，应具备提前规划学历提升的基本意识，并采取具体的行动分时间段地去实现它，而这个过程以及相应的结果都必将有利于提升个人的职业涵养，丰富专业基础知识的认知与理解能力，拓宽估价知识面，提升估价实务技能，不断提升房地产估价专业人员个人自身的综合素养。

（2）个人应按所任职务做好职业发展规划。按照房地产估价相关岗位晋升的实际发展路线以及相应的岗位职责要求，结合个人自身的特点及现任职务，分时间段制定适合个人的职业发展规划。比如作为一个初入职场的大专毕业生，可能对我国房地产市场及其估价基础理论知识的认知相对有限，也缺乏实际的估价作业经验，对估价对象所在区域的市场行情及其自身结构特征、权利属性等的认知都不太明确，则应大致制定一个短、中、长期的职业发展规划，在一年左右的短期时间内成为一名合格的估价专业人员，在3～5年左右的中期时间内成为一名正式的注册房地产估价师，在10～15年左右的长期时间内力争成为某一（些）估价类型业务或新信息技术咨询顾问专家。

（3）个人应按市场发展做好随机应变预案。房地产估价市场依托于房地产市场而存在，房地产市场环境的动态变化需要专业人员的及时关注，同时还需具备面对这些波动调整的应对能力，在市场宏观环境发生重大变化之时，及时洞察特性、及时发现问题、及时采取应对措施防控估价及个人职业的风险。此外，在不可抗力因素发生之时，不仅能够做到临危不乱，不额外给所服务单位或社会添乱，而且还能以估价本职专业为社会提供免费的公益服务。

2. 发扬个人职业所长，树立职业自信以服务社会

（1）有意于升学者，还应致力于提升职务。在相应学历专业学习背景之下，除了积极参与行业企业组织的各类职业技能培训，熟悉估价行业动态、政策及其基础理论知识和实务技能之外，还应该充分利用空闲时间在各大线上共享网络平台上学习优质的课程教学资源，在碎片化的时间丰富自身的知识面，同时也能够更加及时地关注到行业发展动态及未来方向，以及相关新兴的信息化技术手段或科学技术工具或前沿估价理论及其应用等内容，进而有利于顺利通过升学考试，也能够让自身有机会凸显出个性，为岗位晋升创造条件。

（2）无意于升学者，必应致力于提升职称。俗话说，强扭的瓜不甜，而且人各有志，再加上短板难补齐为长板的基本作业机理，若欲在房地产估价行业中生存与发展，又无提升学历的打算，则应在做好本职工作的同时，争取早日通过相关专业技术人员资格考试，既是职业能力的具体反映，也能改善薪资待遇，从而提高为社会提供更专业服务的可能性。

（3）无论是否升学，均应秉持着终身学习。宋代理学家朱熹说："敬业者，专心致志，以事其业也。"从基本的职业态度来讲，作为房地产估价专业人员这一群体的一员，每一个人都不能止步不前，都要虚心学习，秉持着终身学习的人生态度和职业精神，努力发扬干一行爱一行的爱岗敬业精神，树立职业自信，为企业行业和社会提供高质量的专业服务。

3. 汲取新兴技术技能，适时融会贯通以服务社会

随着科学技术的进步与社会经济的发展，我国正处于高速高质量的中国式特色社会主义发展的新时期，在信息化、数字化、智能化等新型技术领域，房地产估价行业面临着新型技术技能的挑战与机遇。作为房地产估价专业人员的个人而言，既有需要也是必须要学习新技术，像自动化估价系统、地理信息系统、大数据分析、人工智能、云计算、互联网、BIM等新技术如何运用到估价理论与操作实务中，若能将新技术有机融入估价作业中，达到加快估价作业过程或提升估价准确性等效果，则对人才的创新培养及服务的专业水平起到事半功倍的作用。尤其是对于当前受疫情影响的新形势下估价行业而言，线上作业、远程查勘、云端学习交流等活动都需要新技术的支撑。

五、结语

本文结合房地产估价专业人才培养的现状,深入研究创新人才培养的 SMART 指导原则,构建"政行企校社"五方协同联动的创新人才培养模式,提出自成体系的技术路径,既可以丰富房地产估价理论知识体系,提高房地产估价专业人员的专业能力,进一步提升房地产估价机构的专业服务质量,又能够有效提升房地产估价机构和估价专业人员的社会责任感,从而促进房地产估价行业的可持续发展。

参考文献:

[1] 孙雯. 浅谈高质量发展阶段房地产估价机构专业人才的培养 [C]// 估价业务深化与拓展之路:2020 中国房地产估价年会论文集,2020.

[2] 程帅,李瑞,潘世炳. 新时代背景下房地产估价机构人才队伍建设的思考与实践 [C]// 估价业务深化与拓展之路:2020 中国房地产估价年会论文集,2020.

[3] 汪灏. 浅析中小型房地产估价机构如何培养并留住人才 [C]// 估价业务深化与拓展之路:2020 中国房地产估价年会论文集,2020.

作者联系方式

姓　名:石　丹

单　位:福建中诚信德房地产评估有限公司

地　址:福建省福州市鼓楼区湖东路 154 号中山大厦 A 座 23 层

邮　箱:641225546@qq.com

估价需求变化挑战中如何防范评估执业刑事风险

赵 华 王 军 周大芳 曹正军

摘　要：国家经济从高速增长模式转向高质量发展模式，创造了新兴估价业务，给评估行业带来了新的机遇和希望，但也带来了危机和挑战，评估机构和评估人员应有执业安全意识，处理好技术、市场与法律的边界，增强守法意识，依法管理，依法执业，减少评估执业刑事风险。

关键词：估价；刑事风险；刑事责任

2022 年，新冠疫情并没有停下肆虐的步伐，继续给世界经济带来沉重打击，以美国为首的国家对中国科技和经济的封锁持续加强。从国际环境看，经济发展的复杂性和不确定性因素有所增加，世界经济受疫情等影响陷入衰退，叠加俄乌军事冲突，能源和粮食等基础生产生活资料价格异常，经济持续疲软。从国内发展看，需求在收缩、预期在转弱，产业链持续重组，国家正加快构建发展新格局，在转变发展方式、优化经济结构、转换增长动力等方面精心布局，奋力推动高质量发展。党的二十大报告对于经济发展的重大表述为：增强国内大循环内生动力和可靠性，提升国际循环质量和水平，加快建设现代化经济体系；同时着重强调了要坚持全面依法治国，推进法治中国建设。

国家经济从高速增长阶段转向高质量发展为我们估价行业带来了新兴估价业务，除了有机遇和希望，估价行业也面临危机和挑战，需要我们有足够的执业安全意识，处理好技术、市场与法律的边界，确保行业健康发展。

但是，从一系列案例来看，评估机构及评估人员在执业实践活动中，受经验、环境、诱导、制约等各种因素的影响，有时处理不好技术、市场、法律之间的关系，可能会因违反《中华人民共和国资产评估法》《中华人民共和国民法典》的相关条款承担民事责任，甚至会因违反《中华人民共和国资产评估法》《中华人民共和国刑法》的相关条款承担刑事责任。

一、评估执业行为承担刑事责任现象

笔者经过对调查搜集到的近年来涉及评估类的 153 项刑事判决案例分析，发现"提供虚假证明文件罪"和"出具证明文件重大失实罪"是评估执业行为中的两大刑事责任类型，实践中除上述两项刑事责任外，还涉及行贿罪、受贿罪、贪污罪、诈骗罪等刑事责任。

（一）评估涉及的刑事责任类型

如图 1 所示，提供虚假证明文件罪占比 36.75%、出具证明文件重大失实罪占比 13.25%、受贿罪占比 16.87%、行贿罪占比 9.64%、贪污罪占比 10.24%、诈骗罪、职务侵占罪、滥用职权罪合计占比 13.25%。其中两大主要技术类罪名为提供虚假证明文件罪和出具证明文件重大失实罪，合计占比为50%，是主要的刑事责任类型。

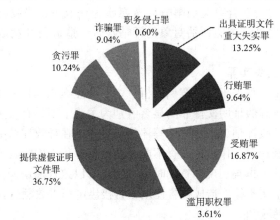

图1　刑事责任占比

（二）评估涉及的刑事责任场景

如图2所示，征收评估业务占比49.02%、抵押评估业务占比16.34%、股权转让及资产（处置）收购业务合计占比12.42%、其他资产评估业务占比11.76%、司法鉴定评估业务占比1.96%、业务拓展类占比8.50%。其中两大传统强势业务板块征收评估和抵押评估业务合计占比为65.36%，是当前形势下主要涉刑评估业务的场景，而涉及资产处置（收购）和新兴的其他资产评估业务占比合计为24.18%，是未来可能产生较多涉刑评估业务的场景。

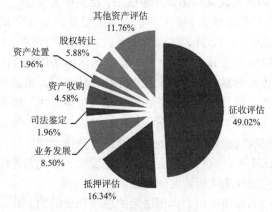

图2　刑事责任场景比重图

二、评估涉及主要刑事责任界定

根据2022年5月15日起施行的《关于公安机关管辖的刑事案件立案追诉标准的规定（二）》，评估业涉及的主要刑事责任立案标准及责任界定如下。

（一）提供虚假证明文件罪

根据对调查搜集到的153项刑事判决案例分析：主要的立案依据是因为评估人员故意，造成直接经济损失数额在五十万元以上、虚构数额在一百万元以上且占实际数额百分之三十以上两项。提供虚假证明文件罪主要出现在征收评估、资产处置、资产收购等评估场景中，评估机构和评估人员为迎合有关当事方的意愿或为获取不正当收益，主观上存在故意虚构或扩大资产范围，出具有虚假评估对象的评估报告，造成公共利益和国有资产大量流失达到立案标准。

（二）出具证明文件重大失实罪

根据对调查搜集到的153项刑事判决案例分析：主要的立案依据是造成直接经济损失数额在一百万元以上，与提供虚假证明文件罪的显著区别为主观上不具有故意性。出具证明文件重大失实罪主要出现在征收评估、抵押评估等评估场景中，在征收评估中主要表现为未分析核查相关当事人提供的资料、工作底稿审查不严；在抵押评估中主要表现为评估人员不进行现场勘查、对权属资料疏于审查、现场查勘时不勤勉尽责以致查勘错评估对象等情形，最终导致出具的评估报告与事实不符，造成报告使用方直接经济损失数额达到立案标准。

（三）非国家工作人员受贿罪

根据对调查搜集到的153项刑事判决案例分析：主要的立案依据是收受他人财物数额在三万元以上。非国家工作人员受贿罪主要出现在征收评估、资产处置、资产收购等评估场景中。非国家工作人员受贿罪具有隐蔽性，司法实践中，无论是公安机关抑或是纪检监察机关，很难发现非国家工作人员受贿罪，多是在调查其他违法违规行为时或他人举报时调查发现，落实到评估工作中主要表现收受他人财物为相关当事人高估评估值或虚增资产。

三、如何防范评估执业刑事风险

（一）加快完善《中华人民共和国资产评估法》相关配套制度

《中华人民共和国资产评估法》要求评估专业人员应该诚实守信，依法独立、客观、公正从事评估业务，自2016年12月1日施行以来，为房地产评估、土地评估、资产评估、价格评估和矿业权评估提供了指引和方向，目前行业的法律法规制度体系基本健全。

然而通过对近几年涉刑案件的分析发现，存在评估专业人员甚至评估行业协会技术鉴定专家，对评估程序执行过程及评估结论是否符合相关法律法规、准则要求与执法者存在认识偏差，如《北京某联合公司牛某等提供虚假证明文件案》。笔者根据此案与不同机构不同评估人员，针对评估程序履行瑕疵是否影响评估结论合理性、评估报告鉴证性功能等方面进行了探讨，业界对此看法不一，故行业协会应该系统梳理、补充完善评估规范，促进业界统一认识，并且探讨解决与现行法律相冲突的问题。

希望行业主管部门和自律组织，运用法治的思维和法治的方式，在市场经济快速发展的新形势下，通过对评估理论的发展和评估实践的创新，对鉴证性评估业务的评估程序、评审机制、责任认定等进行深刻讨论，推动修订《国有资产评估管理办法》及相关规章制度，构建与《中华人民共和国资产评估法》相配套的有关细则、办法、准则、规范等，指引评估人员最大程度降低和减少个人主观意见，独立、客观、公正地进行评估测算并发表价值意见，从而保护从业人员避免刑事责任。

（二）开展针对性法治宣传教育

评估活动既受评估目的、经济行为、评估对象、评估资料收集情况等约束，同时还受委托合同中关于报告使用、限制条件等条款约束。评估具有专业性、咨询性和一定的鉴证性，评估机构和评估从业人员应对其执业行为承担执业责任、民事责任和刑事责任。

长期以来，评估人员涉刑案例及教训总结散落在各个审理个案中，信息分散，迄今没有专门机构或人员集中进行梳理、归纳并用以指导评估实践活动，也不能及时对评估机构和评估人员增强风险意识起到警醒作用，削弱了法律对违法活动的震慑力。笔者认为，有效利用好这方面的信息，保持警钟长鸣，有利于行业的健康发展。经过我们对搜集到的153项刑事判决案例分析，承担刑事责任的评估人员，高比例存在主观故意（涉刑人员共227人，其中存在主观故意197人，占86.78%；严重不负责任30人，占13.22%），故意的前提或是为了业务承接、关系维护，或是为了获取经济利益，目的性比较明确。

我们认为评估行业的主管部门和自律组织，应该加大该部分法律知识在业务培训中的比例，要常态化开展针对性的案例解剖、法治宣传教育，勇于揭露行业内机构和人员违法违规现象，通过身边的案例教育机构和评估从业人员牢记法律底线，增强守法意识，依法管理、依法执业，同时增强利用法律手段维护合法权益的意识。

（三）加强行业诚信体系建设

我们从商鞅变法"徙木立信"之举感悟到，诚信不仅是道德操守要求、为人立世的基本准则，还具有强大的政治号召力。诚信在政治经济社会各个层面都是人们需要共同遵守的核心价值。

在《中华人民共和国国民经济和社会发展第十二个五年（2011—2015年）规划纲要》提出"加快社会信用体系建设"要求后，国务院发布了《社会信用体系建设规划纲要（2014—2020年）》；2022年3月，中共中央办公厅、国务院办公厅印发了《关于推进社会信用体系建设高质量发展促进形成新发展格局的意见》，随着各行业相继出台诚信建设规范，诚信建设制度规则也日趋细密，应用场景覆盖面扩大，诚信治理体系与治理能力水平也日益提升。

行业协会一直在坚持不懈建设诚信管理体系，力图把诚信原则体现在对执业行为的日常监督管理中，保护行业正常发展，但是随着我国日渐走向国际舞台的中央，面对国际政治经济大变局，我们需要用国际视野和战略思维来认识加强行业诚信体系建设的重要性，要将诚信文化建设主题活动常态化，提高评估机构和评估人员的诚信意识。要严格按照相关法律法规，运用好行业内部约束机制，加大对失信机构和人员的曝光力度和惩戒力度，让失信者"寸步难行"，最终提高行业的社会公信力。

（四）创新行业执业监督管理方法

多年来，评估行业在行政监管与行业自律管理相结合的轨道上运行，行业主管部门主要通过专项检查、报告抽查、联合执法等检查方法，保证评估机构的执业质量，提升评估机构的内部管理能力。

当前互联网、云计算、大数据等新技术日新月异，我们行业主管部门在加强监督和改进服务方面也应与时俱进，根据经济高质量发展带来的变化，加强对行业发展、评估技术发展、适应性法律和制度等的分析和指导。要创新对评估执业过程新的监督管理办法，在加强对评估机构执业质量管理、提高行业监管水平和效率的同时，实现对评估机构和评估人员动态管理并能及时给予风险提示。

（五）建立完善的内部质量控制制度

评估机构内部质量控制体系不完善，或仅有质量控制体系但未能有效执行，都有可能导致评估违法违规案件的发生，使评估行业的执业质量公信力降低。

质量管理体系是组织内部建立的、为实现质量目标所必需的、系统的质量管理模式，是组织的一项战略决策。评估行业的内部质量控制制度至少应该包含有经营决策管理制度、执业质量管理制度、财务管理制度、人事管理制度等体系。

评估作为现代高端中介服务，要用高质量的内部质量控制制度作为支柱，不让制度虚设，从高层到基层评估助理都应该有制度执行意识，在评估活动过程中严格落实每个程序，勤勉尽责、谨慎执业，不随意变更或者忽略每个步骤，对外提供质量高、效率快的评估服务。

（六）建立评估人员职业道德底线思维

《中华人民共和国资产评估法》第四十四条列举了索要、收受或者变相索要、收受合同约定以外的酬金、财物，或者谋取其他不正当利益等应被追究相应责任的条款，如果评估人员执业过程中不能坚守职业道德底线，情节严重构成犯罪的，将被依法追究刑事责任。

《中华人民共和国资产评估法》明确了评估人员从事评估活动的最低道德底线，如何守住底线？笔者认为应该从独立、胜任和风险意识角度去了解评估人员的执业动机，持续关注评估人员的独立性、评估人员对评估工作的态度、评估人员的心理活动过程、评估人员对违法成本与既得收益的衡量标准、评估人员以往执业记录等，开展针对性的风险培训、警示教育、经验分享等，同时严格执行公司的执业质量管理制度，管住执业标准和执业程序，从源头治理，多管齐下，让评估人员执业过程中能坚守职业道德底线，不触碰法律红线。

四、结论

习近平总书记在世界经济论坛"达沃斯议程"对话中提到："人类正在遭受第二次世界大战结束以来最严重的经济衰退，各大经济板块历史上首次同时遭受重创，全球产业链供应链运行受阻，贸易和投资活动持续低迷。"在需求收缩、供给冲击、预期转弱的三重压力下，国家正在转变发展方式、优化经济结构、转换增长动力，评估行业面临新的机遇和挑战。

与传统评估业务相比，新经济新业态评估业务在评估目的、评估对象和评估方法等方面反映出新的评估技术需求，其难度系数高、评估测算过程中不确定性因素较多，需要评估人员严格执行评估规范、准则、相关管理办法等制度规定，需要拥有一定的职业敏感和分析判断能力，评估执业者尤其需要恪守职业道德底线，依规执业，避免给执业生涯带来遗憾。

作者联系方式

姓　　名：赵　华

单　　位：江苏省房地产估价与经纪协会

地　　址：江苏省南京市鼓楼区清江南路 19 号 1 号楼 2 号电梯八楼

邮　　箱：2451836889@qq.com

姓　　名：王　军　周大芳　曹正军

单　　位：中证房地产评估造价集团有限公司

地　　址：江苏省南京市鼓楼区建宁路 61 号中央金地 3 幢 1403 室 -1406 室

邮　　箱：948409781@qq.com；51795659@qq.com；312534707@qq.com

注册号：王　军（3219970060）；周大芳（3220100094）；曹正军（3220100033）

新形势下房地产估价师提高执业能力防范风险的若干思考

杨海娟 王世春

摘 要：近年来，随着经济环境和房地产市场的急剧变化，房地产估价行业也受到了很大影响。在新形势下，我们需要重新思考传统业务在估价程序等方面的风险防范。为应对新形势的变化，估价师首先要提高自身素质和技能，其次要认真履行估价程序做好业务，与此同时还要实施全过程风险管理措施。

关键词：新形势；基本技能；风险防范；风险意识；全流程

一、针对新形势下房地产估价需求的变化，估价师应做好基本技能的提升工作

新的经济环境造就新的房地产市场，由此引发了房地产估价行业的一系列变化，即：从传统的抵押估价、租金估价、转让估价、课税估价等向咨询估价、咨询方向转变，从粗放型估价向精细型估价转变。

随着经济下行，经济矛盾日益凸显，各种潜在问题已逐渐浮出水面，从而迫使估价师需要直面多种矛盾与风险并存的挑战，估价师首先要做的就是提升基本技能，具体为以下几方面。

（一）扎实的估价理论基础知识

任何学科的工作成就都离不开基础知识，对于估价师这种技术类职业来说，扎实的基础知识是做好估价项目的基本保障。

估价理论的基础知识，多来源于行业规范、规程和教学书籍。行业规范或规程对估价工作具有指导意义，估价师在日常工作的时候可以通过查询使用，对该部分内容进行常温常新。

相对于行业规范或规程，教学书籍是估价师在准备资格考试的时候进行系统学习的工具。随着时间推移，工作累积会导致对很多估价理论基础知识的认知逐渐模糊，这时候就需要系统地进行回顾。

（二）广泛的知识面

估价是一门综合学科，一个优秀的估价师需要广泛而丰富的相关学科知识作为辅助，包括但不限于下述方面。

1. 经济学基础及理论知识

经济类学科都离不开经济学的基础理论，估价涉及的多种价格内涵，其理论基础都需要通过经济学理论来论证。在对经济环境进行关注的时候，标志性指标和数据的选取、分析结

论的采纳与否定等，都需要经济学基础知识的支撑。

2. 金融、财务、税收、会计、统计、环境及景观等相关知识

前五项内容属于普适性内容，与具体估价对象无关；后两项内容针对性强一些，对于居住、工业类项目需要的广度和深度相较其他类物业要高。掌握这些相关知识，将有助于估价师更好地开展估价工作，详细内容在专业书籍中均有涉及，本次不再赘述。

3. 逻辑学、心理学等方面的专业知识体系

每个人都有自己的思维惯性，沿着固有的思维考虑问题容易思维受限，对于估价师来说，在市场调查阶段如何不受固有思维影响而尽可能真实准确地反映市场状况，在技术路线确定阶段如何不受固有思维影响而形成最合理的方案，逻辑学知识对此就是有效助益。

而在与委托方的沟通中，当委托方配合度较低、不能够提供估价所必需的有效资料，或者因对价格有所预期而对估价师施予强压的时候，心理学知识可以为估价师提供帮助，并最终达到有效沟通。

4. 估价行业协会的继续教育课程

各行业协会的继续教育课程内容基本会涵盖最新规章制度解读、具体业务类型的指导文件释义、近期疑难案例分享等，对估价师来说有很强的实时性、实用性。

（三）对经济（宏观、微观）和房地产市场的持续关注

简单来说，估价师要培养对经济环境变化的敏感度，大到宏观市场，小到微观市场、细分市场。可以通过确定一些具有代表性的指标和数据作为入门的切入点，比如宏观方面的GDP、人均收入水平、CPI 等，专业领域如造价指数等，通过观察其变化表现，结合专业人士的相关分析，逐渐从了解到熟知，并逐步形成自己的观点和判断。

估价师还需要关注各类专业领域，比如中指研究院、克尔瑞、针对商业市场的专业分析机构、五大行、证券从业商等专业机构发布的数据、分析文章。从而提高自身对房地产市场的专业分析判断能力。

除了关注行业外，同时也应关注行业内，目前各大估价机构也都会针对重大事项或具体案例，发布分析报告或者案例分享。知识的累积不是一蹴而就的，是一个日积月累、反复巩固的过程，将其变成一种习惯，可以汲取多领域知识，拓宽估价师的估价视野，丰富估价经验。

二、估价师重点针对风险防范的具体措施

（一）估价程序的合规性

早期的传统估价业务，对估价程序的要求还相对宽松，例如签订估价合同明确估价目的时，会以了解某事项的特定价值为常规表述，既不会明确经济行为亦不会确定使用方向，这些都会造成潜在风险。《房地产估价规范》GB/T 50291—2015 中，清晰明确地规定了房地产估价程序，如何确保估价程序的合规性，每个人都有不同看法，笔者认为可以主要从以下几方面着手。

1. 尽可能深入了解项目背景

任何一个估价项目的产生，都源于委托方的某一特定目的和动机，从而产生委托动作。我们在最开始受理估价委托时，首先了解的便是估价目的，比如委托方告知估价师，委托该笔业务是因为业主想将房屋出租，在此情况下估价师做出估价目的为租赁的判断，对于估价目

的判断仍然存在不足，还需要进一步与委托方沟通其报告使用方向。因为租赁前提下，仍然会存在：①由于拟出租房地产或与承租方谈判的需要而出具估价报告；②集团公司拟出租下属企业房地产，在股东会进行决议的需要而出具估价报告；③委托方作为出租方或承租方，因租赁房地产产生司法纠纷，拟在法院委托评估前向专业机构咨询的需要而出具估价报告等。由此可见，在受理委托阶段，需要尽可能了解委托方的真实需求，深入了解项目背景，由此准确判断经济行为，进而使估价目的的表述更准确，报告使用方向更有针对性。当难以了解项目背景及委托方的真实需求时，应和委托方充分沟通，明确相关事项后开展正式估价。

2. 对于委托方出具的各类委托文件应检查委托目的的内容一致性

依照规范要求，委托方出具的委托文件包括估价委托合同、委托方盖章确认的估价委托书以及其他能够证明委托事项的文件或资料。实际工作中，可能会出现多种文件对同一事项的表述相互矛盾，估价师应注意避免出现这种情况。例如：在出具估价委托书时，委托方的需求是进行资产处置，即将估价目的明确为"为委托方进行资产处置提供房地产价格参考依据"，而在签订估价委合同时，委托方在完成内部合同审核流程时，又将估价目的变更为"拟进行资产处置而预先进行内部决策"，那么此时就应该对估价委托书相应内容进行变更。又如在司法项目估价活动中，当处置资产为多宗标的物时，摇号系统内"标的物名称"因字段限制，仅显示其中某宗标的物，而法院出具的书面委托函内明确的是全部的标的物，这种情况下，经与法官沟通后，可直接以委托函内明确的委托内容为准，但需留存相关沟通记录，以此来处理委托文件内容不一致问题。

3. 估价对象的确定应符合估价目的的合规性要求

估价对象的确定，会有一个由粗到细的过程。粗略的估价范围，一般在与委托方的初步洽谈时会有一个简单的描绘；在取得估价资料、进行实地查勘后，会对估价范围有了准确的认定。这时候，就需要估价师根据估价目的，准确划定估价范围。比如，一个整体院落的工业房地产，包含已取得合法产权的有证房地产，及尚未取得合法产权的违章建筑，如果是抵押估价目的，由于无证房地产无法抵押，故估价范围仅为已取得合法产权的有证房地产；如果是资产处置目的，那么考虑资产使用上不宜分割，故估价范围就应为院落的全部房地产，无证房屋应根据具体情况进行处理，这些都需要估价师针对房地产不同权属状况进行合规判断。

4. 其他必要程序相应工作均需合规

在估价目的准确界定后，估价师可根据《房地产估价规范》GB/T 50291—2015 的估价类型划分进行准确的文字表述，价值时点的确定应符合估价目的的和价值类型，比如为财务报告服务的估价，其价值时点多为资产负债表日、购买日等，而其价值类型也可有市场价值、成本价值等多种类型，需要估价师根据具体估价目的选择对应的类型。例如，企业拟对无证建筑物 2017 年入账价值进行评估，价值时点明确为年度末即 12 月 31 日，因为是无证建筑物，且明确不考虑土地使用权影响，因此对应的价值类型可为成本价值。

（二）取值依据的可靠性、合理性

1. 对房地产市场的调查

一般情况下，估价师都会熟练掌握具体项目的市场调查内容和技巧，但往往会忽视对所在城市、所在区域整体房地产市场及细分用途房地产市场的调查，这些都需要加以注意。只有从房地产全面市场状况入手，了解整个房地产市场的特点、趋势走向，才能使个别房地产的市场调查分析结论、取值依据更全面、更准确。

2. 对具体参数的调查

取值依据的可靠、合理，是估价结果客观准确的重要保障。取值依据来源于市场调查，从发布机构来看，可以粗略地分为两类：一类是政府或相关部门公布的专业数据，比如建安费用、工程造价、统计指标等，对于这类数据，需要确定发布机构主体的性质，政府机关、相关管理部门、行业内口碑好的专业机构发布的信息，其可靠性较高，适宜采纳；另一类是经纪机构发布的租售信息，这类数据就需要估价师通过良好的沟通能力、专业的经验判断，在向专业的经纪机构收集可比案例信息后，首先要通过地图核实、电话核验等手段确定案例的真实存在，其次要对价格内涵进行确认，比如是否包含车位费、物业管理费等。在进行此类市场调查的时候，需要采取代入思维，设身处地对其优劣势、可利用程度、需求群体等内容进行思考，从而准确判断其价格的可靠性和合理性。

3. 技术路线的确定

在取值依据可靠、合理的基础上，合理确定估价技术路线，是确保估价结果客观准确的必要环节。绝大多数委托方对估价结果都有一定的心理预期，有时甚至还会对估价工作形成干扰，这时候就需要估价师遵守职业道德，秉持公正、公平立场，科学合理确定估价技术路线进行确定，尽可能利用客观资料来确定重要参数取值，在此基础上与客户充分沟通，确保估价工作的顺利进行。

（三）留存必要的证明资料

在估价活动中，估价师都会做到勤勉尽责，但在估价报告发出后，却往往忽视对收集的证明材料归档留存。例如，与委托方沟通重要事项的沟通记录、往来邮件，实地查勘时因估价对象未悬挂门牌号而对相邻房地产使用人进行询问的记录，市场调查时经纪人的回复记录等，以上资料或者是估价基本事项确定的重要文件，或者是估价对象地址核实的重要依据，或者是参数确定的数据支撑，它们均应与估价报告一起作为估价档案留存归档。

三、估价师应在项目开展全过程中实施风险管理，并在关键环节做好回顾审查工作

从理论到实践，对于如何合法合规地开展估价工作都有比较明确而详细的规定，风险管理就是其中的一环，也是估价机构和估价师重点关注的内容。近年来，房地产估价师继续教育课程中也增加了房地产估价风险防控的内容，许多估价机构也开展了有针对性的风险防范教育，有效防范估价执业风险已经被广大估价师所接受。

估价师应充分认识到在估价活动各个阶段会存在不同的风险。例如，在受理委托时，要防范受理流程不合规的风险；在接收估价资料时，要防范资料作假、资料不完整的风险；在实地查勘时，要防范估价对象与权属证书所载物业不是同一房地产的风险等。任何一个环节的疏漏、错误，都会导致最终估价结果出现不同程度的偏离，甚至得出错误的估价结论。因此风险防范意识不应该只存在于某个环节、某一时间段，而是应该贯穿整个估价流程。结合估价工作实践，估价师要做好全过程的风险管理，最主要的还是扎实履行规定的估价工作程序，认真仔细搜集估价相关资料，悉心完成估价报告。在此基础上，要虚心接受内外部独立审核或质疑，针对审核意见进行修改完善，即认真做好估价工作。

房地产估价虽然大部分都是单一资产估价，但是估价师的工作千头万绪、相当繁琐。从

资料核查到查勘核实再到市场调查分析，事无巨细都需要估价师关注，有时会造成估价师只注意细节而不关注关键，所以在估价活动中估价师需要保持清醒的头脑，事先列出估价活动中的重要事项，可以选择在项目进程过半时，或提交报告审核前，从旁观者的角度对整个项目流程进行审视与回顾，同时提前跳出原来的固有思维，重新对关键环节进行审查。《房地产估价规范》GB/T 50291—2015 所要求的内部审核非常重要，但在受理委托、实地查勘、市场调查等估价流程中，往往只有实际参与项目的估价师掌握第一手资料，所以估价全过程风险管理的第一责任人必须为项目负责人，只有项目负责人跳出固有思维、减少判断失误，才能为后续审核估价师工作打下良好基础，避免估价报告出现质量事故，并最终有效防范风险。

四、结束语

在新形势下，估价师应努力学习基础知识具备扎实基本功，熟悉并执行各项合规性要求，认真履行并审视每一个估价程序，树立估价全过程风险管理观念，这是面对挑战抵御风险的正确路径。

作者联系方式

姓　　名：杨海娟　王世春

单　　位：北京首佳房地产评估有限公司

地　　址：北京市海淀区紫竹院路 116 号嘉豪国际中心 B 座 7 层

邮　　箱：yanghaijuan@shoujia.cn；wangshichun@shoujia.cn

注册号：杨海娟（1120110042）；王世春（1119970067）

邻避项目征地社会稳定风险评估实践分析

胡新良　郭　毅

摘　要：在聚集人民日益增长的美好生活需要上，不断新增的基于公共利益的公共服务设施在一个权利意识觉醒的社会演变成了社会风险的诱因。笔者基于项目建设征地阶段的社会稳定风险评估的实践经验，通过理论上对邻避设施引发社会风险的作用机理和治理路径的摸索，以便能在此类业务操作中精准识别风险及提出更加切实可行有效的措施建议。

关键词：邻避；社会稳定风险评估；征地

一、引言

党的十九大报告中指出，中国特色社会主义进入了新时代，人民日益增长的美好生活需要和不平衡不充分的发展之间的矛盾已转化成为社会主要矛盾。在继续推动社会高质量发展的基础上，着力解决好面临的社会问题，更好满足人民在经济、政治等各方面不断增长的需要，实现区域协调发展，从而推动社会全面进步。在城市建设过程当中，秉持"以人为本"的思想，切实提高人民群众的幸福感和获得感，将城市打造成百姓安居乐业的园地，实现"以人民为中心"的思想与城市创建、治理和发展的有机融合。但在实施过程中，部分项目建设甚至是公共服务设施项目还是会受到周边群众或组织的反对，且这种现象还有呈持续上升趋势，如果该类现象不能得到及时遏制，很可能引发社会风险。而土地征收的实施则成了引发社会风险的催发剂，据自然资源部统计，在各类事件的上访中，由征地拆迁所引发的上访事件占六成以上，与土地有关的群体性事件也占六成以上。

为防范土地征收引发社会风险，及向群体性事件的转化，在新修订的《中华人民共和国土地管理法》中明文规定了县级以上地方人民政府在土地征收时应当开展社会稳定风险评估，并且把评估报告作为地方政府申请使用土地的必要条件。此举凸显了征地社会稳定风险评估在科学化、民主化决策及社会风险源头治理中地位。

二、邻避相关基本概述

（一）邻避定义

邻避（Not In My Back Yard，简称"NIMBY"）一词最早在20世纪70年代由美国学者O'Hare在研究环境问题引发的群体性反抗事件中提出的，用来描述那些兴建之后"能够带来整体性社会利益、但对周围居民产生负面影响"的设施，以及由此类设施建设所引发的公众反对。学者们基于公众反对的态度先后提出了与NIMBY相关的其他概念，如"LULU"

（本地不想要的土地使用）、"NIABY"（不要在任何人家后院）、"NOPE"（不要在地球上）等。虽然邻避的概念不断创新，但是最有影响力的概念还是"不要在我家后院（NIMBY）"，后经台湾学者译介，及经2007年厦门反PX事件发酵后，邻避一词也就加速进入学者和公众视野。

（二）邻避设施及分类

对于这种"不要在我家后院"的邻避现象，国内学者基于不同的研究视角提出了诸多的名称，如邻避现象、邻避情结、邻避冲突、邻避困境、邻避效果、邻避管理、城市邻避危机等。从国内关于邻避设施的定义来看，具有代表性的有：李永展认为是"会产生负外部效果导致令人感到厌恶的设施，简言之，即为当地居民不支持的设施或设置"。翁久惠认为是"服务于广大地区民众或为特定的经济目标，但却对居民健康与生命财产造成威胁的设施"。丁秋霞认为是"所有会产生负外部效果令人感到厌恶而不愿与其毗邻的设施，如垃圾填埋场、变电所、飞机场、精神病院、监狱等"。总体来说就是产生效益为全体社会享有，但负外部效果却由附近的民众来承担的设施，国内学者观点还是比较一致的，即邻避设施具有公益性的必要和负外部性。

哪些服务设施具有邻避效应及如何分类，李永展、何纪芳（1995）对城市内67项服务设施进行接受意愿与态度调查，并计算邻避指数，根据邻避指数的大小将其分为不具、轻度、中度、高度4个等级的邻避设施，如表1所示。童星、张海波（2008）依据邻避设施的危害和风险来源维度将邻避设施划分为：污染类（如高速公路、市区高架、污水处理设施等）、风险集聚类（变电站、加油站、加气站、发电厂、核电站等）、污名化类（如戒毒中心、精神病治疗机构等）和心理不悦类（如殡仪馆、墓地等）4个类别。为项目建设的规划、立项、选址、征地等环节开展社会风险稳定评估提供了风险源点识别方向。

公共服务设施邻避效应等级 表1

等级	设施类型
不具邻避效应	邻里社区公园、国家图书馆、省市级图书馆
轻度邻避效应	国家级广播公司、区级商业中心、公交枢纽站、公交车站、教会、教堂、办公大楼、医院、卫生所、体育场、重点中学、剧院、购物中心、普通高校、社区道路、大专院校、儿童游乐场、文化中心、区域公园、小学、幼儿园、大型公园、博物馆、活动中心、艺术馆等
中度邻避效应	疗养院、高速公路、大型庙宇、性病防治中心、批发市场、农产品转运站、智障者之家、水厂、主要道路等
高度邻避效应	火葬场、殡仪馆、公墓、垃圾填埋场、屠宰场、飞机场、煤气供应站、监狱、焚化厂、核电站、工厂、污水处理站、艾滋病之家、戒毒所、收容所、变电站、精神病院、加油站等

信息来源：李永展、何纪芳，《台北地方生活圈都市服务设施之邻避效果》。

（三）邻避风险冲突及治理途径

邻避风险冲突，又称地方上排斥的土地使用，指项目建设对周边居民生活环境、身体健康和资产价值等带来潜在风险危害和不利后果，而引发周边居民或组织抗拒心态和抵制的行为。引发邻避风险冲突的诱因有多重因素。

国外学者研究已经很成熟，主要运用心理学、伦理学、政治学、公共政策学、经济学等学科知识来剖析冲突发生的原因并提出治理策略，研究角度和内容丰富，包括公众参与的阿恩斯坦的阶梯理论、风险沟通的哈贝马斯的交往理论、风险治理中的杜兰特的缺失模型等。而国内学者在这方面的研究不管是在角度还是内容方面都较集中，研究成果也较少，特别是在 2007 年厦门反 PX 事件以前。虽邻避设施自身的负外部性是引发邻避风险冲突的主要诱因，但利益主体间成本—收益的非对称性博弈和公众权利意识增强则是导致邻避冲突升级的推动力。现阶段传统风险治理机制和政府行政决策制定模式及决策评价标准受到了挑战。陶鹏、童星提出从三个方面来进行风险源头治理策略，首先是政府要培养风险理性意识；其次是引入具有公正性、专业性、草根性的第三方来预防风险沟通中可能出现的信任危机；再次就是建立全过程的动态风险管理机制。王佃利等人提出要遵循现代治理理念，从协商机制、问题处理机制、均衡协调发展机制等方面综合进行。

三、征地社会风险稳定评估现状

目前，针对征地社会风险稳定评估（以下简称"征地稳评"）事项，各地都出台了相应的实施办法和操作口径。在土地征收批复前，各级地方人民政府也都按照相关要求去开展社会风险稳定评估。评估的内容主要围绕征地决策事项对利益相关方权益的影响，包括以下 4 个方面：合法性评估，主要是确定征地行为的依据是否符合国家法律法规及相关技术要求；合理性评估，主要是确定征地补偿和安置的标准和程序是否考虑了大多数人的利益；可行性评估，主要是确定征地补偿和安置方案是否能够有效实施；可控性评估，主要是确定现有风险防控措施是否有效、社会矛盾是否能够到消减及对征地实施过程中可能突发的事件是否具备应急措施等。评估程序一般包括风险调查、风险识别、风险估计、风险评判、措施研究、确定风险等级和报告撰写等阶段，如图 1 所示。

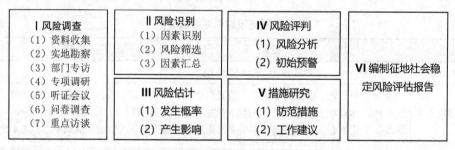

图 1　征地社会稳定风险评估一般程序

从征地稳评的技术路径来看，更多的是强调和重视社会风险稳定评估的程序性，而土地征收预公告中对征地用途描述按一级地类来公示就可以证实这一点。拟建项目的具体信息、征地信息的公开程度较低，社会公众、周边群众等相关利益方获得的信息量较少，政府具有高度的垄断性质。虽所有的建设项目均具有或多或少的邻避效应，但精英阶层从风险实在论的角度对风险进行定义，公众是无法从技术层面判断风险发生的概率，从而导致在实际操作中出现无公众参与的专业决断的内部评估或公众象征性参与的形式主义评估。当后续土地使用产生的邻避效应高于周边居民群众容忍度时，如一旦出现污染类或风险集聚类的项目征地时，而区域民众则会以日常生活经验来构建风险，且风险还会在自媒体传播中被无限放大，左右征地稳评的结论，从而使项目难以继续推进，导致建设项目延期或迁址，甚至是停建。

公众对于风险的评估大部分来源于自身的经历或感知曾经发生过的风险事件所产生的恐

惧，这种风险建构论定义的风险与专家通过发生的概率来计算风险的大小存在截然不同，如厦门 PX 项目迁址后两年内发生二次爆炸就证明了这一点，这也就是现代风险的实质所在，即专业知识也存在不确定性，并引发公众的担忧。

四、征地稳评实践分析

（一）项目简介

上海 X 片区主城区公交停保场 X 街坊 XX—XX 地块是根据总体规划提出的建设完整的公共交通系统是完善 X 片区公共交通系统建设，提升公交整体入场率，补保养短板，优化交通基础设施空间布局，以人性化尺度、产业化需求加强组团间的交通衔接，持续提升交通保障和互联互通水平，促进区域经济快速高质量发展的基于公共利益的征地项目。在开展征地社会稳定风险评估前已取得了前期所需的合法手续，如项目立项手续、项目选址、权属调查，拟征土地分类仅为水浇地一种农用地，无建用地和未利用地，所有权为 X 镇 X 村九组，征收土地预公告显示用途为其他交通设施用地。

（二）利益相关方诉求

基于文献法、实地观察法、问卷法等围绕征地核心事项"地""人""房"3 个方面开展对相关风险识别及利益相关方诉求的梳理后，发现地块南侧同村组 12 户农宅居民对该项目全部持反对态度，后进一步向村民组织及镇级相关部门调查核实，发现该项目在立项时就传出将作为加氢站和加油站混合使用的风声，村民提出了要求项目建设地址向东迁移或南侧农宅农户进行搬迁的诉求。

（三）评估内容及技术思路

作为第三方的征地社会稳定分析评估单位，在了解事情真相后，可以初步确定征地后的土地用途为加油站和加氢站，属储能项目，具备高度邻避效应，类型属风险集聚类。该类设施的风险特点就是风险高，发生的概率低，但一旦发生风险必然造成巨大的人员和财产损失，因而会引起周边居民的反对。

针对这一邻避现象，在执行征地稳评一般程序后，评估小组展开对项目建设的整个流程进行梳理，以邻避设施决策风险评价体系中的经济风险评价、安全风险评价、环境风险评价及社会稳定风险评价等报告结论及技术规范要求为出发点，补齐相关资料，重点关注项目立项前所需的必要前置审核依据及项目建设设计规范等。在政府和大众之间充当信息和诉求的传递者，以期更加精准地掌握事情的脉理。

（四）风险源点、防范措施及建议

借助邻避设施风险冲突及治理的相关理论知识，对该设施引发周边居民反对的原因进行梳理，对居民就风险问题的看法、关切等提出专业意见。经过初步分析后，认为该项目导致周边居民反对的主要原因包括以下几项：

1. 建设项目负外部性

邻避设施本身的负外部性是邻避风险的本质，其造成成本与收益的非对称性，周边居民容易产生被剥夺感，所以不易被周边居民接受。

2. 公众参与度不足

开门做规划是新时代以"人民为中心"为思想在城市建设中的根基，公众参与度不足，也就无法展示人民群众的首创精神。政府决策也无法广泛吸纳公众的诉求和意见，决策中有限理性的缺陷也难以弥补,当政治化的决策关系到周边居民切身利益时必然会引发周边居民的反对。

3. 风险感知差异

风险感知是一种心理活动,犹如"初生牛犊不怕虎"一样,对风险的感知是一种从"不怕"到"我怕"的过程。而早期的"缺失模型"就是利用提高公众的科学技术认知来降低风险感知并获取更高的支持度,而模型的理论基础是技术是理性的。但科学规律不是绝对的,技术也并非全部理性的,曾经的风险事件在公众心中将风险无限放大,"不要在我家后院"也就在情理之中。

鉴于利益相关方提出的诉求和意见,在征询相关部门意见以后对其可操作性进行评价,结合项目的主要风险点制定相应的防范措施,但考虑到项目初始风险等级,提出的实施建议是:暂缓项目建设,征地延期。

五、结语

邻避设施的建设在一定程度上提升了区域经济发展和居民的生活品质,面对越演越烈的邻避风险冲突,公开、民主、平等始终是风险预防和风险治理的基础。而现实中的不和谐、非理性的冲动并没有改变人民对美好生活需要的追求。反而能在一定程度上对传统的政府风险治理机制和决策模式提出更高的要求,保障公众的参与权和知情权等。

党的二十大报告中指出,社会稳定是国家强盛的前提。完善社会治理体系,健全共建共治共享的社会治理制度,提升社会治理效能,健全城乡社区治理体系,及时把矛盾纠纷化解在基层、化解在萌芽状态。畅通和规范群众诉求表达、利益协调、权益保障通道,建设人人有责、人人尽责、人人享有的社会治理共同体。

参考文献:

[1] 李永展,何纪芳. 台北地方生活圈都市服务设施之邻避效果 [J]. 都市与计划,1995,23(1):95-116.

[2] 陶鹏,童星. 邻避型群体性事件及其治理 [J]. 南京社会科学,2010(8):63-68.

[3] 王立剑. 城市邻避冲突的理论解释及其治理策略 [J]. 城市发展研究,2015,22(3):44-50.

[4] 王佃利,王玉龙,于棋. 从"邻避管控"到"邻避治理":中国邻避问题治理路径转型 [J]. 中国行政管理,2017(5):119-125.

[5] 张媛媛,许敏. 邻避治理如何实现有效的风险沟通——基于30个案例的清晰集定性分析 [J]. 上海城市管理,2022,31(4):78-87.

[6] 何婧. 公众参与视角下邻避冲突的成因及其解决路径分析——以湖北仙桃垃圾焚烧发电事件为例 [J]. 桂林航天工业学院学报,2019,24(4):553-557.

[7] 赵小燕. 国外邻避冲突研究文献综述 [J]. 湖北经济学院学报(人文社会科学版),2014,11(2):26-27.

[8] 刘惠洁. 邻避现象研究述评 [J]. 法制博览,2020(12):235-236.

[9] 张乐,童星. 重大决策社会稳定风险评估路径的优化:公众参与环节的再思考 [J]. 广州大学学报(社会科学版),2016,15(10):18-27.

作者联系方式

姓　名：胡新良　郭　毅
单　位：上海城市房地产估价有限公司
地　址：上海市北京西路 1 号
邮　箱：13917300771@163.com ；gy@surea.com
注册号：胡新良（3620000121）；郭　毅（3120120012）

刍议职业道德视域下的估价人才队伍建设

谢红峰

摘　要:"育人的根本在于立德""培养造就大批德才兼备的高素质人才,是国家和民族长远发展大计。"党的二十大报告,"人才"和"德"共高频出现57次。德才兼备是我国人才培养的基本要求。职业道德视域下估价人才队伍建设是实现估价高质量发展,有效适应估价需求的重要研究课题。

关键词:职业道德;专业人才;房地产估价;队伍建设

一、职业道德视域下估价人才队伍建设的研究缘起

在房地产估价工作实践中,大多数房地产估价师能够恪守房地产估价职业道德,爱岗敬业,勤勉尽责,依法独立、客观、公正、诚实估价,用实际行动铸就了房地产估价的尊严和权威,树立了良好的自身形象,赢得了社会的肯定和认可。但是,随着我国社会经济的发展和经济体制的转变,房地产估价随着房地产发展历经了不同的发展阶段,迫于生存压力等种种原因,估价队伍也出现了一些不利于估价长远发展的因素,估价职业道德失范现象时有发生,不仅给估价行业发展带来了负面影响,也影响到房地产估价信誉,降低了估价行业的公信力,成为制约房地产估价顺利发展的"短板"。木桶效应告诉我们,"劣势"即短板部分往往决定了整个行业的水平,所以,小短板问题是制约行业发展的大问题,不可小觑。

(一)把估价职业道德放在首位是严格遵守法规体系的要求

《中华人民共和国资产评估法》对评估专业人员应当履行的义务和"不得有的行为"进行明确;《房地产估价规范》GB/T 50291—2015作为"评估基本准则",专门对房地产估价职业道德进行阐释;全国房地产估价师职业资格考试辅导教材《房地产估价原理与方法》中,也以一节的篇幅阐述讲解"房地产估价职业道德"。柴强会长数次强调估价执业道德的重要性:"房地产估价师应同时具有房地产估价领域扎实的专业知识、丰富的实践经验和良好的职业道德。""……估价行业的现实状况表明,职业道德是最根本的,比专业知识和实践经验更加不可或缺。""房地产估价机构和房地产估价师应始终把具有良好的职业道德放在首位。"

正如人们常说的"有德有才是正品,有德无才是次品,有才无德是危险品,无才无德是废品"。估价人才培养的确要将德放在首位。诚如梁振英先生在《足迹与梦想:评估行业回顾与展望》一书的序言中写道:"在房地产评估问题上,要集中学习的,不是技术,是操守,换句话说,是要学做人。"

（二）以估价职业道德为重是解决制约估价行业发展瓶颈的根和魂

1. 估价职业道德失范现状分析

（1）本末倒置，不重"专业技术"重"业绩"，不重"估价质量"重"市场营销"

一些房地产估价机构或者房地产估价从业者对房地产估价的职业特性缺乏全面深刻的认识，尚未树立起强烈的责任意识、风险意识，以及估价职业道德观念。比如一些估价机构"专业人员"不干"专业的事情"：房地产估价师挂证、不坐班，非房地产估价师从事房地产估价业务，一些估价机构由非房地产估价师作为公司实际控制人，个别地方协会由非房地产估价师任估价行业协会会长等；一些房地产估价机构在日常工作中，轻技术重业绩，不追求估价品质提高，重"市场营销"。导致估价机构学风不佳，一些估价师专业知识落后，但在日常工作中自视甚高，不持续学习房地产估价新政策、新知识和新技能，估价报告模板化、格式化，估价报告同质化严重。估价专业技术是需要静下心来潜心钻研的技术，"专业人"做"专业事"，尊重专业、尊重知识、尊重规律、学用匹配是估价专业长远发展的正道。如果把"专业技术"作为一些非专业人员的牟利工具，不注重估价品质提升，专业技术的权威将会在"打折营销"中消失殆尽。

（2）不正当竞争导致低于成本评估费用怪圈恶性循环

目前，房地产估价行业生存环境不太友善，造成估价行业低价无序竞争。比如商业银行依托本身的垄断和强势地位，一味地压低评估费用，甚至按单收费；在采取招标方式时，往往报价的分值占的比重较大，一些估价机构只得压价竞争。一些估价业务成了"鸡肋"，做，收益很低甚至倒贴；不做，行业没业绩。最重要的是一些估价机构低价中标后，靠牺牲估价质量节省开支，完成估价业务。比如估价程序简单化，委派非房地产估价师现场查勘，把实地查勘的"观察、询问、检查、核对、拍摄"等获取宝贵一手资料的重要查勘程序，简化为"拍照片"，查勘不规范导致估价报告中估价对象关键信息错误、与实际情况不符，甚至估价对象不真实存在等问题，造成房地产价值被错估。人力成本压缩，工作量缩水、带来的是估价质量的下降，不仅给房地产信贷带来潜在风险，也扰乱了房地产市场秩序。

（3）迎合估价委托人要求，不恪守独立、客观、公正立场，出具不实估价报告

一些估价机构、估价师遭遇估价委托人非法干预，或者为谋取私利，在估价时，不独立、不中立，估价结果前听取委托人高估或低估要求，先确定评估价值再确定估价方法、相关估价参数，根据估价结果选"可比实例"，严肃的估价技术成了"倒算"、"走过场"，造成估价结果失真。一些估价人员与委托人或其他相关当事人串通，合谋达成利益分成，违背法律和估价职业道德出具虚假估价报告，比如房地产抵押估价特别是个人住房抵押贷款估价中存在"高估多贷"；征收估价中虚增被征收房屋面积骗取征收补偿费用；在房地产司法处置估价中低估或高估被处置房地产价值，以及伪造或篡改估价报告、以询价单等非正式估价报告代替正式估价报告等。估价报告结果失准将造成严重的社会问题，以洛阳为例，目前网上拍卖流拍率比较高。据统计，2015年至2022年11月23日，在淘宝拍卖网共参与拍卖的洛阳房地产7921起，先后拍卖15624起（次），流拍11555起（次），成交3387起（次），流拍率73.96%。流拍率高，与拍卖宣传不到位、拍卖环节等方面都有关系，而拍卖价格不符合市场行情，拍卖价格虚高是造成流拍的重要原因。

2. 估价职业道德失范的原因

（1）估价职业道德建设方面的国家法律，以及国家标准没有得到很好的落实

截至目前，我国房地产估价职业道德规范的政策、标准等体系完备，但在现实工作中，

对估价职业道德学习不够，落实不到位。估价职业道德规范的调节、导向、教育等功能没有得到充分发挥。

（2）估价机构日趋饱和，生存挑战使一些估价机构忽视行业长远发展规划

目前估价市场萎缩，估价机构却日益增多，且估价人员的综合业务素质跟不上估价的现实需要。估价机构为求生存，对眼前的利益考虑得会多些，忽视了估价行业的长远发展。比如在估价人才培养中，存在重使用、轻培养等现象，部分教育培训流于形式，对估价职业道德培训不够重视，缺乏行之有效的激励和制约机制，导致在估价队伍建设中出现诸多问题。要引起我们重视的是，打败一个行业的往往不是竞争对手，是经济发展趋势和时代与变革。估价行业内卷，消耗的是估价行业的"人气"和"声誉"，饮鸩不能止渴，还可能拖垮一个行业。

（3）估价人才的知识结构与行业发展不相匹配，估价从业人员学历结构低，有专业知识、熟悉估价业务、懂市场的复合型估价人才缺乏

估价从业人员的学历层次偏低，一方面是由于估价机构对估价人员学历层次的要求偏低，许多估价人员在从业前基本都没有接受过正规的高等学历教育和法律知识培训，对国家政策、法律法规甚至可能一无所知，法律意识不健全、法律意识淡薄且不自知，自我学习主动性缺乏，不注重加强自身专业技能提升和职业道德水平提高。另一方面，估价机构是私营企业，或者合伙制企业，加之目前经济形势，工资待遇较低，想留住硕士、博士等高学历人才相当困难。通过走访发现，立志从事估价职业的人员主要有三类人，一是估价相关专业学校的人员，二本及其以下、大专学历的多一些，这类人员一旦选择估价为自己职业，尤其是取得估价师资格证书的，90%以上较稳定，即便工作变化，最多是在估价行业各个估价机构之间；二是一本以上学历，经历公务员、教师或事业编考试失败者，退而选择走估价职业作为终身职业或发展方向；三是非估价相关专科学校毕业的，其他职业不好选择的，退而选择估价行业。估价行业人员学历层次现状在一定程度上拉低了估价行业整体的职业道德素质水平。

（三）培育估价职业道德是解决当前问题和短板的根本

估价职业道德是估价人才队伍建设的"魂"，只有牢牢抓住"估价职业道德"这个根本，提纲挈领、纲举目张，带动估价师及其估价从业者从内心深处行动起来，才能够主动查不足、补短板，积极应对市场机制，不断提高估价从业者综合素质，提升估价服务质量，拓展估价服务领域，尽快适应估价新需求。即"一方面不断观察、跟踪和满足人们的各种现实估价需要，另一方面要不断发掘、激活和引导新的估价需要"。

二、准确把握职业道德视域下的估价人才队伍建设的核心要义

（一）估价师职业道德核心价值定位

房地产估价职业道德也称为职业伦理、职业操守，是开展房地产估价活动需要遵循的道德规范和行为规范，是促进房地产估价行业持续健康发展的重要保障。它要求房地产估价机构和房地产估价师以良好的思想、态度、作风和行为去从事估价业务、开展估价工作，包括在估价行为上应（或必须）做什么，不应（或不得）做什么；应怎样做，不应怎样做。

正确的职业道德核心价值定位是谋划布局我国房地产估价队伍建设发展规划的前提和基础。我国估价职业道德有着明确清晰的核心价值定位，即：遵循《中华人民共和国城市房地

产管理法》《中华人民共和国资产评估法》等法律法规以及国家标准《房地产估价规范》GB/T 50291—2015，主要包括回避制度、胜任能力、维护形象、诚实估价、尽职调查、告知义务、不得借名、保守秘密8个方面，涵盖职业态度、职业责任、职业胜任能力、职业纪律、职业良知等。

（二）房地产估价职业道德主要内容及特点

房地产估价职业道德主要内容见全国房地产估价师职业资格考试辅导教材2022年《房地产估价原理与方法》32~33页；《房地产估价规范》GB/T 50291—2015的51~52页。其主要特点是：

1. 政策引领。1994年颁布的《中华人民共和国城市房地产管理法》规定"国家实行房地产价格评估制度"，奠定了我国房地产估价的法律地位，使房地产估价成为国家法定制度。2016年颁布的《中华人民共和国资产评估法》对包括房地产估价在内的各类房地产估价的基本原则、专业人员、机构、程序、行业协会、监督管理、法律责任等做了全面规定。估价师职业道德写入国家标准《房地产估价规范》GB/T 50291—2015，作为估价从业者的底线和最低要求，全体估价人员必须做到。

2. "依法、独立、客观、公正"是房地产估价职业道德的精髓，是房地产估价师道德准则、道德情操与道德品质的基本要求和价值体现。估价机构是第三方服务机构，保持依法"中立"是本，"独立、客观、公正"是保证估价质量的生命线，也是房地产估价行业对社会所承担的责任和义务。

3. 房地产估价职业道德规范是自律性和他律性的统一。房地产估价职业道德首先从他律的角度要求房地产估价机构和房地产估价师要遵守职业道德规范，这是外在的、对估价人员职业实践活动的基本要求和约束；同时，估价职业道德离不开估价从业人员的道德良心和道德觉悟，只有估价人员将他律转变为自律，将职业道德规范转化为自己的内在的道德信念和自觉的道德要求，估价职业道德规范才能真正落到实处。

三、职业道德视域下估价人才队伍建设的实现路径

心之所向，行之所往。职业道德视域下估价人才队伍建设最重要的是，要把职业道德建设放在估价事业优先发展的战略位置，使估价师及其从业者将估价职业道德从认识到认同再到行动，实现内化于心，外化于行，不断提高估价队伍综合素质和专业水平。

（一）遵守国家法律，与行业要求和行业规范对齐，向行业专家学者学习

每一个从事房地产估价职业的新同事理应将《中华人民共和国资产评估法》和《房地产估价规范》GB/T 50291—2015作为入职第一课。大家是读着房地产估价培训教材成长起来的，教材内容已然是融会贯通。入职后对《中华人民共和国资产评估法》和《房地产估价规范》GB/T 50291—2015，应重新通读原文、精心研读要点、用心领会精神，做好落实。在房地产估价行业，德高望重、博学笃行的会长，治学严谨、为人清正的师长已给我们做出了很好的示范。2022年《房地产原理与方法》再次修改完善，涉及每一估价原理都描述得详尽清楚，使人顿有豁然开朗之感。对房地产估价职业道德，也是不断完善，尽管多次改版，仍然保留一节的篇幅。希望所有估价从业者体悟会长的良苦用心，沉下心来、脚踏实地，心无旁骛钻研业务，全面提升房地产估价专业知识、专业能力、专业作风、专业精神，不断提升房地产估价质量和品质。

（二）实现职业道德自律，常态化推进估价师职业道德的培育涵养

1. 提升估价职业道德认知

估价机构、估价师及其估价从业者须对估价职业道德行为的标准和要求有正确、清晰的认识，深刻理解其内涵和不执行的严重后果等，自觉形成抵制违背职业道德行为的判断力。实际上，对估价职业道德认知的过程，就是估价师对善与恶、荣与辱、正与邪等价值观念的形成过程，也是本人对估价职业道德的认知从感性到理性提升的过程。所有估价师从业者都要在估价实践中自觉把估价职业道德转变为个人道德风尚，为社会提供高质量、高效率、高品质的估价服务。

2. 培养估价职业道德情感

感情是付出的前提，估价职业道德情感源自一定的道德认识，只有来自内心真挚的热爱和具有丰富职业道德情感的房地产估价师才能培养出良好的工作作风和健康的生活情趣，才能够有效地抵御社会中各种腐朽观念的侵蚀。估价机构应根据估价师及其从业者的具体情况，为其搭建成长和施展才华的平台，有针对性地从集体主义情感、使命感、荣誉感、正义感等方面培育估价师及其从业者的职业责任感和幸福感，培养估价师对职业道德理性认识，促进形成良好的估价职业道德品质。

3. 落实估价职业道德行为

对估价人员而言，其估价职业道德行为就是对其道德品格的最直观的表现，即"外化于行"。估价机构要利用正面典型的引导和反面教训的警示作用，激发估价师涵养职业道德的内生动力，引导估价从业者把职业道德要求植根于内心深处，使其成为一种自然的、固化的行为习惯和行为方式，坚定履行好估价职业道德义务和职责，永葆估价职业道德良心，保护我们的估价事业持续健康发展。

（三）完善内部治理约束机制建设，建立自律、诚信的机制固德

1. 未雨绸缪，严把入口关、做好入职前教育警示，构建估价行业人才队伍建设的职业道德培育机制

强化对估价师职业道德培育的政策导向，完善估价人才队伍的思想政治工作组织管理体系，引导估价师树立估价职业理想，让德才兼备的估价师成为估价行业的中坚力量。在聘用估价人员时应建立科学的测评体系，重视对其职业道德修养水平的测试与评估，挑选具有良好的专业素质和道德品质的人才进入估价队伍。所有估价人员入职第一课应是估价职业道德教育警示课，先学习估价职业道德规范，再利用违反估价法律和职业道德的案例提醒警示，使其在估价职业生涯中自觉遵守估价职业道德，做到防患于未然。

2. 树立标杆，以德才兼备为首要标准，把品德优良的估价人才吸纳到公司中层以上

德和才是辩证统一的，德须驭才，才须从德，二者相辅相成，缺一不可。德，是才的方向和灵魂；才，是德得以发展成功的基础。选拔人才必须以德为先，坚持德才兼备。选准用好估价中层干部，树立起向德向善的旗帜，积极引导和促进估价队伍崇德向善，见贤思齐。

3. 完善估价师职业道德监督制约机制，保证房地产估价人才队伍建设的稳定性和有效性

要加强估价机构及估价师信用档案管理，完善估价职业道德监督机制，对房地产估价机构和估价师的工作成绩、失信情况等进行详细记录，并对诚信档案进行信息化建设，定期向社会公开，或使民众随时可查，提高违法、违规成本；要发挥社会力量进行估价行业反腐，房地产估价协会可开通举报通道，对属实举报及时进行处理，严惩违纪违规者；要建立合理的奖惩制度提高估价人员的职业道德素养。可通过工作态度、工作成效、差错率等量化结

果设置奖惩评定标准，健全各级各类估价师荣誉、表彰、奖励制度，增强估价师职业的认同感、归属感和荣誉感，激励房地产估价师安心乐业。

四、结语

近年来，房地产估价行业发展形势的深刻变化对房地产估价师和估价从业者的职业道德素质提出了新的要求和挑战。估价行业愈加需要思想坚定、品行端正的引领者和敢于担当、奉献估价事业的力行者。职业道德视域下的估价人才队伍建设落脚点在职业道德的养成和落实上，是一个学习、实践、思考、落实于一体循序渐进的过程，不可能一蹴而就。既需要每个从业者立德、修德、养德，也需要估价机构组织接力培育、常抓不懈，不断强化规范管理和估价职业素质教育，确保估价师及其从业者依法依规诚信执业，认真履行社会责任，有效适应估价多元化需求的需要。

参考文献：

中国房地产估价师与经纪人学会. 房地产估价原理与方法（2022）[M]. 北京：中国建筑工业出版社，中国城市出版社，2022.

作者联系方式

姓　　名：谢红峰

单　　位：河南正恒房地产评估咨询有限公司

地　　址：河南省洛阳市西工区七一路13号九州大厦9楼

邮　　箱：hongfeng698@126.com

注册号：4119980037

浅析评估公司的业务定位与人才建设关系

贺叶飞　宁学丽　易　琼

摘　要：本文首先分析了房地产评估公司的三种业务类型，即创新型业务、传统经验性业务和程序性业务，其次根据各种业务类型所要求的专业能力，将房地产评估公司的专业人员相应的分为专家型、项目经理型和助理型人才，评估公司根据公司战略、客户类型、不同业务占比等因素确定公司的业务定位，由此配备相对应类型的人才。通过图表举例方式论证业务类型与各梯队人才建设的关系，最后分析得出公司业务定位与各层次专业人员在数量与质量上的对应关系，并提出培养专业人员的合理建议。

关键词：房地产评估业务；专业评估人才；杠杆率

一、中国房地产评估市场及评估人员分析

根据中国房地产估价师与房地产经纪人学会（以下简称"中房学"）房地产估价行业信息库统计，截至 2021 年 12 月 31 日，全国共有房地产估价机构 5750 家，同比增长 3.3%。其中，一级房地产估价机构 952 家，二级房地产估价机构 2497 家，三级房地产估价机构 1239 家，一级房地产估价机构分支机构 1062 家。全国各等级房地产估价机构仍以二级机构为主，一级机构保持平稳增长态势，同比增长 15.3%。

截至 2021 年末，累计取得房地产估价师证书人数为 72060 人，其中注册执业的房地产估价师为 67894 人，注册率达 94.2%，根据全国房地产估价机构申报人员统计，从事房地产估价行业的估价师及助理人员已超过 15 万人。全国注册房地产估价师队伍日趋年轻化，平均年龄为 45 岁，其中 46～50 岁的人数最多，约占 25.3%。从从业年限来看，截至 2021 年末，全国注册房地产估价师平均从业年限为 12 年，其中，从业年限超过 10 年的注册估价师占比约为 52.6%，从业年限超过 20 年的占比约为 20.2%，这说明从事房地产估价行业的注册估价师执业比较稳定，选择更换行业的人员较少。从估价师学历水平来看，估价师队伍总体学历水平较高，本科及以上学历占比为 65.3%，大专及以下占比为 34.7%，本科及以上学历从业人员占比远远高于大专及以下学历从业人员，说明随着房地产估价行业执业水平的提高，越来越多高学历人才进入该行业，如图 1 所示。

2021 年，全国一级房地产估价机构的房地产抵押估价业务的评估价值占总评估价值的比重为 52.2%，该业务占比最高，仍然是全国房地产估价行业最主要的业务，但与 2020 年相比减少约 4%；其他目的的房地产估价业务占比为 20.0%，房地产咨询顾问服务占比为 17.7%，房地产司法鉴定、土地出让估价、房地产转让、房屋征收评估、房地产租赁等估价业务占比较少。房地产抵押估价、司法鉴定和房屋征收评估 3 大传统房地产估价业务评估总价值及占比均呈现下降趋势，咨询顾问业务评估价值及占比平稳增加，咨询类项目主要包括

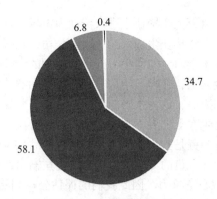

图 1　截至 2021 年末注册房地产估价师各学历阶段人数占比（%）

数据来源：中房学房地产估价行业信息库。

房地产市场价值咨询、房地产租赁价格咨询、城市更新（含老旧小区改造）项目评估咨询、土地使用权价值咨询等，其他目的的房地产估价业务评估价值及占比有所增长，主要涉及军队房地产估价、租金评估、课税评估等。各估价机构主要业务类型如图 2 所示。

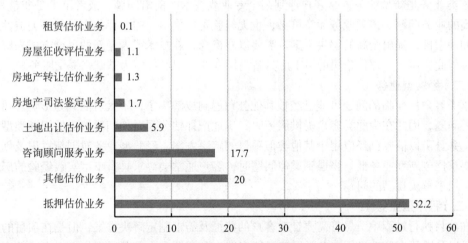

图 2　2021 年全国一级房地产估价机构主要业务类型占比图（%）

数据来源：中房学房地产估价行业信息库。

从上述中房学房地产估价行业信息库中统计的数据可测算得出，全国房地产估价机构平均拥有注册房地产估价师的数量仅为 11.8 个，平均拥有博士学历注册估价师为 0.05 个，平均拥有硕士学位注册估价师约 0.8 个，房地产估价机构所拥有的高学历高层次人才极度缺乏。评估公司所提供的服务本质上是专业人员对客户提供的专业服务，其输出的专业服务质量就决定了公司的服务质量，故房地产评估公司存在两个竞争市场，一个是客户服务市场，另一个是人才聘用市场，评估公司通过自己积累的经验，通过优秀的专业服务人员减少"纠错成本"，为客户的问题提供解决方案，让客户少走弯路，所创造的价值是客户支付的专业服务费的数倍。目前通过对湖南评估公司的调查了解，绝大部分公司都是将客户市场放在首位，业务为王，但从上述数据分析，我们认为房地产估价行业中人才市场更为重要。从宏观角度看，中国每年都有七八百万大学毕业生进入劳动力市场，他们中的一部分进入了房地产评估公司等专业服务公司。大学毕业生加入专业服务公司，在很大程度上是在继续学习，从在课堂上学习转变为在工作中学习。他们学习到更加深刻的专业知识和解决问题的项目管理经验，在工作中成长为专业人士，在学习中培养为客户的利益着想、关心团队成就和掌握自己职业发展主动权的勇气和决心，这为中国的专业性人才培养提供了一个很好的范本。其次一个企业若想在市场上长远生存与发展下去，一定要有自己核心的竞争力，对于专业的评估公司来说，评估报告及专业服务是其主要产品，而这些产品质量的好坏主要取决于撰写报告及提供专业服务的人员，专业人员的专业水平决定了公司输出产品的质量水平，所以对于评估公司来说，人才就是其核心竞争力。因此我们的评估公司创始人不仅仅要关注客户市场，更应该花费更多的时间关注人才市场，这才是我们更重要的战场。

二、房地产评估公司的三种业务类型

通过对全国房地产估价市场的分析，我们从项目技术要求的难易程度角度将房地产估价主要业务分为三种类型。

（一）创新型业务

该类业务是新型业务，是客户遇到某个专业或技术的前沿问题，或者至少是非常复杂、风险高的业务问题。该类业务无章可循，也无经验可以借鉴，需要评估人员具备创造性、创新性和探索性，提出全新的解决方案，需要以新概念、新技术或者是新的思维方式来解决新问题。因此，房地产评估公司的员工应具备高端专业知识及技能为基础来提供服务。

（二）经验型业务

这类客户所面临的问题可能已经被其他公司遇到或解决了，不太可能成为影响公司存亡的主要问题，因此在为此类客户提供服务时，房地产评估公司对他们要解决的问题类型并不陌生，并且可以借鉴已经应用于其他类似项目的解决方案。经验型业务对创新意识及创造能力的要求比创新型业务低。当遇到类似问题时，客户通常会寻求具有丰富实践经验的房地产评估公司来解决自己的问题。

（三）程序型业务

在项目执行过程中，尽管需要针对客户的特征及需求制定解决方案，但是在项目的实施阶段可以分阶段有序地进行。此类客户可能有能力和资源在内部开展工作，但由于效率或人员短缺等原因，它们还是会聘请房地产评估公司。因此，房地产评估公司向这类客户出售的是程序、效率和时间。

三、各类型业务所对应的专业人员

（一）专家型人才

专家型人才具备卓越的专业知识及技能，是能够满足前沿实务工作质量要求的顶尖人才。负责创新业务主导、市场营销和客户关系维护，通常被称为"找项目的人"。他们具备创造性和探索性，能够通过新的理念和思维提出全新的解决方案。

（二）项目经理型人才

项目经理是项目团队的领导者，项目经理首要职责是在预算范围内按时优质地领导项目小组完成全部项目工作内容，并使客户满意。负责项目的日常管理、监督和协调，通常被称为"管项目的人"。该类人才具有丰富的项目管理与执业经验，能够凭借业务水平和执业经验高效快速地解决好客户问题，但他们主要致力于解决日常中客户经常遇到的问题，缺乏创造性和创新性，对于全新问题和业务需要借助专家型人才的力量方能完成。

（三）助理型人才

该类人员在工作中，负责项目中技术性工作的具体操作。助理型人才在项目实施过程中的分析、诊断及得出结论等步骤有一套完整成熟的章法可以遵循，通常被称为"做项目的人"。他们的主要任务是根据公司规定的业务流程或操作手册，按部就班地完成项目经理安排的工作。

四、各类型业务中不同层次专业人员配备比例分析

我们将一家房地产评估公司中专家型人员、项目经理型员工和助理型员工的相对比例称之为公司的"杠杆率"，其中项目经理和助理型员工占比越高，则杠杆率越高，专家型人员占比越高，则杠杆率越低。一家房地产评估公司的杠杆率应该由其主要从事的业务类型决定，公司根据不同业务类型所要求的员工技能来配备相应的人员。

在房地产评估公司中，三个层级的员工有着不同的分工，专家型人员一般是合伙人或者副总级别人员，主要负责市场营销、客户关系维护和创新项目的技术思路指导；项目经理型员工主要负责项目的日常管理、监督和协调工作；助理型员工主要负责项目中技术性工作的具体操作。房地产评估公司如何确定服务各类型项目的人员比例，是公司运用杠杆率实现平衡发展的关键因素之一，将对公司的经济效益和人员组成架构产生重要影响。

考虑到创新型业务的重要性、复杂性和高风险，公司通常配备的专业人员拥有出色的专业知识，但也要求高的报酬。在业务推进的过程中需要项目经理和助理人员的持续参与，相较于专家型、项目经理型员工，助理型员工投入时间要少，因此，创新型评估公司的杠杆率相对较低。公司通过收取高额费用或根据所做工作的价值收费来创造利润。

经验型业务对顶尖人才的需求少，会更多地倾向于使用项目经理型人员，由项目经理带领助理型人员参与到项目中，且初级人员的工作时间占比更大，因加杠杆率带来的利润可以对较低的项目收费水平实现抵消，所以基于可计费工时和支出进行收费应该是最适用、最普遍的做法。

程序型业务应尽量配备助理型人才，其中包括尽可能多地使用准专业人员，并且更多地采用技术手段来替代人工劳动，由项目经理型人员进行监督和引导。由于客户对费用较为敏感，公司可以通过人员结构和技术手段发挥杠杆率的作用，来补偿低收费带来的压力，定价方式也会逐步变成固定合同价格或以竞价形式确定合同价格。

假设一家房地产评估公司主要承接的是经验型或程序型业务，这两种业务的杠杆率相对较高，其中一个具有代表性的项目要求1名专家型人员投入50%的工作时间，1名项目经理型员工和3名助理型员工分别投入100%的工作时间。在向客户收费时，专家型和项目经理型员工将75%的工作时间花在可向客户收费的工作中，助理型员工将90%的工作时间花在可向客户收费的工作中，这种可向客户收费的工时称为"可计费工时"。

从表1可以看出，折算后该公司完成一个项目，需要配备1/2个专家型人员，1个项目经理型员工和3个助理型员工。假设该房地产评估公司目前有4名专家型人员，如果公司可

以实现专家型人员 75% 的工作时间为可计费工时，那么所有专家型人员的可计费工时相当于 3 名专家型人员投入全部工作时间作为可计费工时。这意味着，如果一个项目只需要 1 名专家型人员投入 50% 的工作时间，公司能同时服务 6 个项目。根据项目团队的人员组成结构，如果每个项目配备 1 名项目经理型员工，公司同时进行 6 个项目，则需要 6 名可以投入全部工作时间为可计费工时的项目经理型员工，如果对他们的目标利用率为 75%，则公司必须雇用 8 名项目经理型员工。同时，如果每个项目配备 3 名助理型员工，那么公司就需要 18 名可以投入全部工作时间作为可计费工时的助理型员工，也就是需要雇用 20 名目标利用率为 90% 的助理员工。以此类推，如果公司有 8 名专家型人员，那么就需要相应的配备 16 名项目经理型员工和 40 名助理型员工。除非公司承接的项目类型或者对员工的目标利用率发生变化，否则随着公司业务和规模的不断壮大，各级别人员的配备比例保持不变，即每名专家型人员配备 2 名项目经理型员工和 5 名助理型员工，这一计算公式将项目对人员配备的要求及评估公司实际的人员组成结构这两者之间建立了对应关系。

房地产评估公司承接的项目中各层次人员的分配比例　　　　表 1

员工级别	平均每个项目对人员配备的要求	目标利用率	在满足目标利用率的前提下，6 个项目对人员配备的要求	在满足目标利用率的前提下，12 个项目对人员配备的要求
专家型人员	1/2 人	75%	4 人	8 人
项目经理型员工	1 人	75%	8 人	16 人
助理型员工	3 人	90%	20 人	40 人

注：1. 1/2 人指 1 名专家型人员 50% 的工作时间；2. 目标利用率 = 可计费工时 / 全部工作时间。

公司绝大部分利润的形成方式是以给定的薪酬聘用普通员工，然后以数倍于他们薪酬的收费水平对这部分员工提供的服务向客户收费，由此形成的盈余成为公司的利润。根据《湖南省资产评估收费管理实施办法》，进行评估业务时，公司法定代表人、合伙人等专家型人才（主要业务来源）按 500 元 / 小时收费，部门经理等项目经理型人才按 300 元 / 小时收费，助理型人才按 200 元 / 小时收费。此外，根据我们对湖南省各大评估机构的调查了解，三类人才的平均年薪分别为 50 万元 / 年、20 万元 / 年和 10 万元 / 年，如果能合理配置高成本的专家型人才和低成本的助理型人才的比例，房地产评估公司就可以降低每小时应向员工支付的薪酬，进而降低成本，增加公司利润。

杠杆率的重要性在表 2 和表 3 的对比中得到充分体现，因为专家型人员主要是负责营销和客户关系的合伙人，4 名专家型人员每年向客户收费合计 300 万元，假设每位员工的其他成本开销为 2 万元，如果完全不使用杠杆率，那么公司利润为 92 万元。假设在为每位专家型人员配备 7 名其他员工（2 名项目经理和 5 名助理型员工）的较为理想的杠杆率下，专家型人员不仅可以腾出更多时间去进行营销，增加公司业务量，公司的总体利润也远超不使用杠杆率的情况，达 189 万，其中部分利润来自非专家型人员所创造的，由此可见，杠杆率对创造公司效益发挥很大的作用。

但是高杠杆率对一家以专家型服务为主的房地产评估公司而言并不适用，如果房地产评估公司以承接技术难度较大的创新型业务为主，则需要配备较多的专家型人员，并不需要太多助理型员工，否则有能力承担创新型项目任务的专家型人员不足会使工作质量大打折扣。

项目中未使用杠杆率下公司收益情况 表 2

员工级别	数量	目标利用率	每人每年工作2000个小时条件下的目标可计费工时	每小时收费标准（元）	每年收入（万元）	平均年薪（万元）	每年工资总额（万元）
专家型人员	4人	75%	6000	500	300	50	200
总计					300		200
			总收入（万元）	300			
			员工工资总额（万元）	200			
			营收贡献（万元）	100			
			其他成本（万元）	8			
			公司利润（万元）	92			

注：假设公司的每位员工的其他成本开销为2万元。

项目合理使用杠杆率下公司收益情况 表 3

员工级别	数量	目标利用率	每人每年工作2000个小时条件下的目标可计费工时	每小时收费标准（元）	每年收入（万元）	平均年薪（万元）	每年工资总额（万元）
专家型人员	1人	75%	1500	500	75	50	50
项目经理型员工	2人	75%	3000	300	90	20	40
助理型员工	5人	90%	9000	200	180	10	50
总计					345		140
			总收入（万元）	345			
			员工工资总额（万元）	140			
			营收贡献（万元）	205			
			其他成本（万元）	16			
			公司利润（万元）	189			

注：假设公司的每位员工的其他成本开销为2万元。

五、各层次人才如何培养

公司应设立工作分配委员会，以合理安排不同类型项目的参与人员和工作任务，这不但是决定助理型员工可以获得多少能力，而且还决定了他们可以获得哪些能力。对于助理型人才而言，他们被分配的任务类型，接触到的各种案例、客户以及与他们一起工作的专家型人员的组成结构，都会极大地影响他们的发展方向。毕竟，专业技能的掌握和提升源于实际工作。

同时，公司应根据不同层次的员工提供完善且有针对性的培训，通过各项培训辅导和指引员工，使其具备做出良好决策的能力，并把项目经验转化为可以运用的知识和技能。给助理型员工分配的工作任务要有挑战性和难度，但要在他们的能力范围之内，并且专家型人员或项目经理型员工要及时、详细地对于助理型员工哪些方面做得好、哪些地方有待提高给予反馈。培养员工总结从案例中学到的东西，与他人讨论，将自己的工作经验转化为可供共享的资源。

各层次人才的知识和技能是吸引客户购买专业服务的重要因素，他们可以从书籍中或者与他人的交流中获得专业知识，但只有通过实践和日积月累，才能练就和提高专业技能。这需要各层次人才持续不断的学习，即使成为专家型人才，也不能停止学习和提升专业知识和技能。同时，专家型人才需为将要成为专家型人才的员工提供职业发展上的指导，并向其传授自己的技能。

六、结论

综上所述，房地产评估公司创始人不仅需要关注客户市场，更应该花费更多时间关注人才市场，这是公司获取成功的关键。房地产评估公司应合理运用杠杆率，根据自身的业务定位配置公司中专家型、项目经理型和助理型人才的比例，实现公司经济效益最大化。

参考文献：

[1] 法律出版社.中华人民共和国资产评估法[M].北京：法律出版社，2016.

[2] 中国社会科学院国家未来城市实验室，中国房地产估价师与房地产经纪人学会.房地产蓝皮书：中国房地产发展报告No.19（2022）[M].北京：社会科学文献出版社，2022.

[3] 大卫·梅斯特.专业服务公司的管理[M].北京：机械工业出版社，2009.

作者联系方式

姓　　名：贺叶飞　宁学丽　易　琼

单　　位：湖南恒业腾飞房地产土地资产评估有限公司

地　　址：湖南省长沙市天心芙蓉中路三段380号汇金国际银座7楼

邮　　箱：3512758268@qq.com

注册号：贺叶飞（4320070018）

Web3.0时代房地产估价人力资源管理研究

许 诺 吴怀琴 张月涛 时富生 佘振坤

摘　要：Web3.0革命浪潮正在席卷全球，与之相伴的很多新的业态和商业模式不断涌现，在这场浪潮当中，房地估价机构也将迎来新的发展机遇。在元宇宙世界中，我国房地产领域相关的各种产业链都将迎来一次颠覆性的变革。对此，本研究主要从组织人力资源管理视角出发，以"Web3.0与房地产、房地产与估价行业、估价行业中的人力资源管理、人力资源管理与Web3.0"这4对关系为研究主线，从房地产估价人力资源管理困境，行业转型方向路径和Web3.0估价平台机构搭建3个层面出发，为房地产估价行业寻求新的生命活力激增点。

关键词：Web3.0；元宇宙；人力资源管理；房地产估价DAO平台

一、引言

《中国人民银行 中国银行保险监督管理委员会关于做好当前金融支持房地产市场平稳健康发展工作的通知》强调了要紧跟时代，促进房地产市场平稳健康发展和优化升级。而现阶段的房地产行业面临的最大机遇与挑战就是Web3.0时代的信息技术革命。经过30年的发展，互联网正在从Web2.0到Web3.0的方向演进。Web3.0具有用户与建设者共享新型经济系统，交互性和高度的沉浸感及参与感，开放、普惠和安全，以及更高阶的可信互联网、价值互联网、全系互联网等特征。在这种背景下，多位学者探讨了房地产估价公司面对新形势、新问题如何转型升级，提出多元化发展战略（即ST战略）来进行机构转型升级面对新挑战，并从调整组织架构和推动营销策略转型方面研究企业的发展。众多研究将发展的基点放在技术和信息资源等物质资源的利用上，没有关注到Web3.0时代对于行业的潜在冲击，本文则将人力资源和Web3.0放在更加关注的重点之上，研究如何使房地产估价行业与元宇宙融合发展以人力促发展，推进房地产估价行业稳步迈入Web3.0新时代。

二、Web2.0时代房地产估价人力资源管理突出困境

进入21世纪以来的前20年来，我国房地产市场发展迅猛。市场对房地产估价行业服务质量提出了更高要求。但由于创新能力脱节、恶性竞争普遍、从业人员素质低等问题困扰，房地产评估行业人力资源发展受到很大制约。以下，将从4个方面探讨Web2.0时代房地产估价人力资源管理的突出困境，剖析各个困境形成原因。

（一）行业开拓创新能力不足，学习型组织意识贫弱

行业开拓创新能力不足，目前大多数的房地产估价行业仍然以传统业务模式进行职能运

转。主要包括土地使用权转让价格评估、房地产转让价格评估、房地产抵押价格评估以及其他相关无形资产、机械设备等的估价服务。这种多样化的发展模式虽然涵盖广泛的领域，但是这只是针对对象问题的多样性进行职能上的划分，而业务扩展的深度有限，也未能提出创新组织结构的具体实操措施。

房地产估价行业是时间敏感性组织和知识资源性组织的综合，不断与外部环境之间发生信息、资源、能量的交换。但组织内部没有形成一个组织底层逻辑，即要不断学习，将知识资源转化为行业产品服务并输出。弱化了技术人才和学习知识在组织中的重要地位，将目光停滞在被动接受市场信息，只能以变应变，而不能用变改变。

（二）估价行业过度饱和，产品服务供给水平低

Web2.0时代的房地产估价行业过度饱和，Web2.0是一个过剩的时代。估价行业产品过剩，服务过剩，面临行业竞争不停地加剧，竞争的手段，产品都有极大的相似性。同化和无本组织特色将会造成估价行业的普遍低效率现象，行业内部竞争激烈，没有突出亮点产业服务可以提供竞争新优势。

大部分房地产估价企业采取的都是市场跟随战略，对产品服务专业服务水平要求不高，将组织重点放在销售环节。部分估价组织甚至存在低价恶性竞争的现象，降低整个行业的专业形象，形成市场产品服务供给低质量恶性循环。

（三）员工岗位职责界定不明晰，职业生涯发展遇瓶颈

现阶段估价行业的职能界定不明晰，出现一个人负责几个岗位的现象。现阶段组织的人力资源规划还存在职能宽泛化，这种宽泛化在管理不当的情况下极易演化成职能定位不准，职工职责不清。其次，这种组织中的职责规划还会影响到职工自我定位混乱。现在估价行业出现了前端员工实际工作内容变相成了销售。究其原因，是估价机构技术人员的工作地位偏低，其技能没有一个稳定可发挥的平台，估价行业甚至出现业务人员在行业中比技术人员更受组织重视的现象。这不仅体现了组织缺少网络平台搭建，轻视技术，更体现出人力资源管理工作分析、职能定位缺失的问题。

（四）估价行业人员流动性强，估价企业留不住人才

如今，许多房地产价格评估机构的评估人员都存在高频率的流动性。一方面是因为房地产企业的业务领域宽泛导致的行业人员层次复杂，难以统一管理；另一方面是人们对地产的认知还比较局限，认为房地产估价门槛高且行业天花板低，员工在组织中的职业生涯规划模糊，找不到持续工作的动力。员工和组织两方面的信息不对称现象会引起员工对组织的极大不满，双方沟通方式渠道堵塞，使得高层管理者不能了解基层对待个人发展的诉求和对组织的期待，这也是导致房地产估价行业一线基层人员流动性高且工作积极性低下的重要原因之一。

三、Web3.0时代对房地产估价行业人力资源提出新要求

综合来看，人力资源精细化管理深入挖掘了实现国有房地产代建企业宏观战略目标的高素质人才队伍需求，进而在宏观目标和微观人才之间搭建了一座桥梁，使得国有房地产代建企业培养的人才队伍能够有效助力其实现宏观战略目标。当房地产估价行业迎来新一轮"洗牌"，对行业的人力资源组织结构设计、职位工作分析、人力资源变动这3个方面提出了新要求。

（一）Web3.0迫使组织加强创新能力建设

Web3.0时代，房地产企业借助信息资源进地产数字化转型，从传统产销模式向DAO模式转变，实现高效开发、精细运营。房地产估价行业作为知识密集型企业，必然需要对新出现的Web3.0领域进行深入挖掘，找到可以在其中立足的利益点。

Web3.0为线下的房地产行业的资产转化提供了一种新的渠道，将线下资产转化为线上金钱。其次，Web3.0提供的去中心化的数字资产交易，即NFT领域也为估价行业的发展提供了一种新的交易模式。NFT本身是一种区块链的协议，但是NFT不同于同质化代币，并不遵循等价交换原则，其具有唯一性，故可以用来对数字资产进行产权的确认。Web3.0的世界里，对各种虚拟形象进行了产权化、唯一化、可交易化、获利化。综上，Web3.0为房地产估价行业提供了一种更加新颖的业务价值增长点、更加灵活的信息交易模式、更加安全的知识产权保护渠道、超海量的数据信息源。

（二）Web3.0要求组织结构性改革并提供高质量产品服务

技术创新是一个组织的核心竞争力，房地产估价行业应利用知识管理将创新的创意、产品进行管理，将知识管理作为"创新辅助"手段。通过Web3.0平台及时将外部用户及内部员工的创意搜集起来放在平台上，由企业员工来进行权重投票，组织根据投票结果评估选出可行的项目，并转化为成熟产品进入一线业务平台。

房地产估价行业需要服务创新。当房地产估价行业完成"知识结构化"阶段后，可以通过Web3.0网络，利用信息集成，将用户期待需求与估价行业所提供产品和服务的差距进行对比分析。也就是"知识场景化"应用阶段，主要特征是"不再是我来找知识"而是"知识根据我的工作场景来找我"。组织改革在Web3.0的世界里有两种实现方式，一种是知识管理系统与项目管理软件进行集成，另一种是通过知识管理专员根据不同用户角色的工作场景实现用户个性化需求。这将对组织有着更高的要求，组织必须将产品服务与时俱进，以更强大的线上社区平台建设组织的持续竞争价值。

（三）Web3.0要重构组织结构规划和工作分析

在Web3.0时代，如何做比如何计划更加重要。Web3.0时代，要求房地产估价行业的员工更加注重机遇的重要性。管理层与业务执行层需要在最短的时间内抓住机会，迎接挑战。组织应利用海量信息对组织进行SWOT分析，与开发人员一起快速敲定方案、仔细进行质量检查并考虑到漏洞风险设置智能合约审计，同时在第一时间宣传、启动和渲染。这样才能在行业中处于市场领先地位。

Web3.0时代的信息更迭变化快，每天都会推出新协议，并且正在实时测试绑定曲线和OHM分叉等DEFI概念，因此愿景和策略很快就会过时。企业需要在Web3.0时代强调构建、营销和迭代，而不是计划、管理和测量。鉴于Web3.0的发展速度，这种以正确原则优先执行的做法可以带来更大的成功。

（四）人才建设在Web3.0时代更加重要

估价行业人力资源面临的趋势与挑战来源于Web3.0时代下，劳动力市场变化、人才竞争加剧等因素。不光有以上的原因，社交平台的变化（劳动力平台民主化以及对员工需求的社会化聆听）以及移动端使用（以自助服务或应用的方式享受人力资源服务）同时影响着人才的招聘选拔和人才的稳定留用。需要房地产估价行业的高层管理者拥有长远眼光，看见Web3.0世界里的各种数据人才资源，并纳入组织体系中，助力企业Web3.0化转型升级。

四、对策建议

以 Web3.0 时代为背景，结合房地产估价行业现实中现有困境，通过对元宇宙可提供的资源支持，探讨现实中估价行业人力资源的转型升级的可行途径。

（一）抓住 Web3.0 机遇，构建"高精尖"学习型组织 DAO

Web3.0 第四大领域——DAO 即新兴的去中心化的组织，也可以是公司形式。其发行的不是股份而是代币，股东依据自身持有的代币数量集体参与公司的决策。DAO 是目前被市场公认的一种终极的 Web3.0 的应用。DAO 的架构一经搭建就可以像公司的系统运行一样去执行各种组织职能，并且其治理结构足够透明和公正。这几乎可以完全解决目前公司治理结构的问题。

在已有的人才资源基础上，可以搭建学习型组织架构的房地产估价组织体系。一是找到 Web3.0 时代组织何去何从的组织领头人，可以借助专家们的建议和力量与企业结合建立适合企业自身的学习型组织；二是企业必须主动积极调动和培养员工学习的习惯，培育长期提升绩效和生产力；三是给予 DAO 平台的成本投入和资源支持，让员工在 DAO 平台中构建成自己的学习型架构。

美国房地产估价模式以"家庭作坊式"为主，房地产估价师独立执业，未加入评估机构，而评估机构也有很多是合伙经营。这种经营模式具有较大的优越性，在独立经营条件下，估价师可自由选择执业时间、地点，工作开展更加灵活，容易提高客户对估价工作的满意度。我国房地产行业也可以借鉴美国"家庭式作坊"小而精的组织运作模式的成功转型案例，取长补短、结合中国房地产政策，打造具有中国特色社会主义新时代的房地产估价 DAO 应用，实现 Web3.0 的转型升级。

（二）提供以元宇宙用户为导向的产品服务模式

Web3.0 产品不需要通过添加更多功能来最大化参与，而是更多关注 Web3.0 元宇宙中的各个用户。Web3.0 前端交互极其有限，获胜是基于稍微更安全或收益更高的产品。对于房地产估价行业而言，应该将资源投资于开发，而非广告宣传。在元宇宙中，服务和产品的界限在逐渐模糊，企业提供的主要是一种介于服务和产品中间的提供用户的良好使用体验。对于 Web3.0 世界的用户群体而言，重要的是诸如消费者消费性价比、服务质量和估价准确性以及投资回报等细节。房地产估价行业应该重视产品服务的体验，落实使用者个性化服务导向方针，赢得市场竞争新优势。

（三）定位 Web3.0 新领域，落实元宇宙员工职业生涯规划

在获取 Web3.0 时代员工价值需求相关信息后，企业开展职业生涯规划路线图工作。与员工进行协商确定未来元宇宙的共同期待，形成最大的组织合力去实现组织目标。组织在制定员工职业生涯路线图时，要审视企业现有的资源和 Web3.0 资源的差距与对接轨道，完成不同组织职能结构在 Web3.0 的跨越，对于不合理因素需要剔除，对于组织需要更多关注的职能领域要重点关注，保障 Web3.0 员工的职业生涯规划路线图的可实现性和可操作性。

（四）加强 Web3.0 的员工稳态人才建设

估价人员的综合素质对行业发展具有直接影响，估价机构应注重见习估价人员的招聘和培养，大力引进高素质、高质量的管理人才以及对口专业人才，填补估价师人才缺口，改变行业发展与人才供给不匹配的现状。在 Web3.0 时代更重要的是组织要培育出自己的专业人

才，这样才能为组织发展提供更深远、更持久的人力资源保障。

另外，估价机构还应深刻认识到只有不断引进新生力量，才能使行业永葆生机与活力。要致力于建立高素质、专业化的评估团队。在优秀人员引进和培养过程中，估价企业可采取以下两个方面措施：一方面，制定人才引进和培养标准，加强人才筛选力度，提高招聘门槛（如要求从业人员具有估价师资格证书等），以此来提高估价师整体素质；另一方面，加强业内交流，通过开展交流活动，及时发现和弥补自身缺陷，并且结合时代潮流调整发展方向，在竞争中寻找发展机会，以此来实现更高的发展目标。

五、研究小结

在 Web3.0 的世界里，任何组织都不能独善其身。团结是房地产估价行业面对新挑战的最大支撑力。房地产估价机构迫切需要通过行业中的系统集成来实现变革和发展。首先，摒弃目前同行业其他公司之间的"Web2.0 红海"竞争，推动区域机构整合，区域组团加强产业集中度，扩大 Web3.0 市场中的产业规模，形成规模效益；其次，整合房地产估价机构的人力资源，实现 DAO 平台应用之间的人力资源共享，促进房地产估价行业人才专业能力的共同提高；最后是数据内容的整合，借助信息技术可以还原地区不同机构和不同时间段的历史库存数据，通过整合历史数据，将实现数据分配，授权和评估工作的情报功能，并打开"Web3.0 蓝海市场"。

参考文献：

[1] 黄晓艳.构建安全、可信、有价值的互联网——访互联网域名系统北京市工程研究中心主任、北龙中网公司董事长毛伟[J].高科技与产业化，2014（3）：40-45.

[2] 蔡文辉.浅析估价机构发展面临的新形势、新问题与转型升级[C]//估价需求演变与机构持续发展：2019 中国房地产估价年会论文集，2019.

[3] 刘晨光.新形势下房地产估价机构转型发展路径探析[C]//估价业务深化与拓展之路——2020 中国房地产估价年会论文集，2020.

[4] 聂莉雅.国有房地产代建企业人力资源精细化管理研究[J].住宅与房地产，2021（36）：79-80.

[5] 史雅莉，宋阳.基于 NFT 的科学数据产权管理系统设计研究[J].现代情报，2023（1）：69-78.

[6] 张玉霞，张顼，韩立民，等.探索房地产估价行业发展历程与发展路径[J].房地产世界，2022（18）：22-24.

作者联系方式

姓　名：许　诺　吴怀琴　张月涛　时富生　余振坤

单　位：安徽中立公鉴房地产资产造价评估有限公司

地　址：安徽省合肥市高新区习友路 1689 号深港数字化产业园 7 号楼 7A-3701 室

邮　箱：ahjgfdc@126.com

注册号：许　诺（3420200009）；吴怀琴（3420200014）；张月涛（3420190033）；
　　　　时富生（3420180068）；余振坤（3420040050）

性格测评让估价人才的招聘更精准化

——以笔者所在 A 评估公司的运用为例

沈丽丽

摘　要：性格在心理学上的定义是一个人对现实的态度以及与之相适应的习惯化的行为，它通过人对事物的倾向性态度、意志、活动、言语、外貌等方面表现出来。是"冰山"下面的隐藏部分。员工的性格与他们和客户的沟通能力、工作效率、团队协作能力、创新创造能力等有着密切的联系，关乎着企业的生存与发展。近年来，由于房地产估价行业的快速发展，估价人才在招聘上遇到了很多困境，本文以性格测评在 A 评估公司的运用为例，浅谈让估价人才招聘更精准化的实践性新思路。

关键词：估价人才招聘；性格测评；C8HR；性格模型；精准招聘

"国以才立，政以才治，业以才兴"。人才是国家强盛的根本，是企业生存的顶梁柱，也是行业发展的"领头羊"。人才资源是第一资源，引贤纳才更是重中之重。古往今来，对于人才的选聘更是放在首要地位。古有秦昭王五跪得范雎，忽必烈不拘资历，大胆提拔 18 岁的安童为丞相，为元初国家的稳定和繁荣做出了巨大贡献；后有胡适不唯学历，不拘一格聘用沈从文和钱穆等青年才俊，成就了中国 20 世纪半个学界的希望之星。更有蔡元培积极提倡新风，唯才是举，不拘一格，聘任"木匠"齐白石进入北京大学成为教授进行讲学，让齐白石成了一代国画大家，此事更是一度被传为佳话。我想这些前辈的事例为我们在人才招聘上树立了很前卫的榜样：古人相马不相皮，瘦马虽瘦骨法奇；世无伯乐良可噬，千金市马惟市肥。

一、估价人才招聘中的困境

我们的房地产估价行业起步于 1995 年，属于人本型企业，人本型企业的主体是人。人才的运用与创新是估价企业发展的启动器，也是我们整个估价行业发展的助推器，因此，谁拥有了优秀的估价人才，谁就能在估价行业的发展中占据领先地位，成为估价时代的先行者与弄潮儿。

但近几年，随着估价行业的快速发展，在估价人才的选聘上，各个估价企业都面临了几乎相同的困境，主要体现在以下几个方面：

（一）招聘流程简单，人才筛选较片面

发布简历—面试—录用，面试中还是主观印象为主，重学历重资历，只要学历高，有岗位的工作经验，一般在面试过程中就会给予较高的印象分，再加上如果在面试中能展示出优

秀的沟通能力，录取的概率基本上都在90%以上。就以下这个评估员的招聘信息为例，任职资格中，学历和专业放在重要位置（图1），而几乎每个企业都会在要求里添加上对于个人素质或品质方面的要求，但其实在面试中，注重素质或价值观考核的企业少之又少，也缺少专业化的测评工具，很多时候仅靠面试时双方沟通的眼缘来给面试者贴上合适或不合适的标签。

评估员（宜昌地区） 3-6千

宜昌 | 1年经验 | 大专 | 11-25发布

五险一金 绩效奖金 年终奖金 餐饮补贴 出差补贴

职位信息

1、完成房地产、土地、资产等项目现场查勘、报告撰写、底稿归档等工作；
2、承担指定银行等客户群的业务管理，协调工作；
3、服从公司安排的其他事务。

任职资格：
1、大专（房地产经营与估价、资产评估、土地资源管理工程管理等相关专业）及以上学历；
2、熟悉房地产、土地、资产评估行业及评估相关知识，能独立完成各类房产、土地或资产评估报告；
3、具有较强的沟通能力及良好的职业道德；
4、吃苦耐劳，善于学习，有团队合作精神，服从公司管理。

图1 评估员招聘信息示例

（二）人才稳定性差，缺少工作激情

我们经常发现这样的情况：人员在面试时，信心满满、激情四射，聘用进公司一段时间后，少则半月，多则几年，频繁出现"躺平"现象或者抱团离职。进行离职分析时，发现不是人员能力与技术的问题，很多时候是岗位和个性的匹配度问题，是个人价值观与公司价值观不一致的问题，是工作开心和郁闷的问题。这些原因和技能技术无关，却和性格与岗位的匹配度息息相关。

（三）部分人员在评估中存在道德低下现象，加剧了行业的矮化

有些企业的招聘人员因为在招聘中过于重视应聘者的学历、资历与技术的因素，从而忽略了道德、价值观的检测，致使人员在日后的评估工作中出现逾越法律底限、权力寻租、虚假报价等现象，这些"蛀虫现象"犹如蝼蚁一般，在评估行业中蔓延，让很多评估人员对行业失去信心，从而导致离职与转行，造成了行业不可逆转的损失。归根到底的原因就是性格特质、价值观和动机这些底层因素出现了大的问题。

（四）对各岗位的人才需求缺乏深层次思考

目前大多数估价机构在招聘人才时局限于房地产相关、经济学、金融方面的知识，应对传统的估价业务还可以，但随着房地产的供给侧结构性改革和土地供给改革的深入，再加上"互联网+"大数据的冲击，估价业务也出现很多新型的业务模式，除了银行抵押贷款、国有土地和集体土地上的房屋征收补偿、棚户区改造征收、课税、司法鉴定等传统的评估业务外，又出现了采光权、房屋平移、房票价格制定、历史建筑、征收全过程服务评估等新型的

业务，这类业务估价难度大，要求高，传统的估价理论与方法不一定完全适用，这就需要估价人员在实践中不断创新，整合资源，结合实际研究创新估价技术，创造性解决新情况新问题。需要与时俱进、拓宽思路、勇于创新。在执业过程中，严格执行评估程序，履行估价人员的义务，做到诚实守信，依法独立、客观、公正，这些一定程度上属于职业道德和人员的底层品质，也决定了整个企业的发展方向。

二、性格测评的重要性

稻盛和夫有一句话，"管人不如用人，用人不如选人"。人才选拔成本是很高的，从以上在招聘人才中的问题可以看出，我们多数评估公司在具体招聘工作中常常采用妥协式与经验式招聘，而没有引进价值观或性格方面的综合性测评方式，以至于人才评定环节滞后，公司付出的成本也很大。因此，我们从最底层的逻辑出发，把人才还原到一点，即性格（天赋、价值观等）是我们选聘方式中的最重要手段之一。

美国著名心理学家麦克利兰于1973年提出了一个著名的模型，叫做"冰山模型"。就是将人员个体素质的不同表现划分为表面的"冰山以上部分"和深藏的"冰山以下部分"。"冰山以上部分"包括基本知识、基本技能，是外在表现，是容易了解与测量的部分，相对而言也比较容易通过培训来改变和发展。而"冰山以下部分"包括社会角色、自我形象、特质和动机，是人内在的、难以测量的部分。它们不太容易通过外界的影响而得到改变，但却对人员的行为与表现起着关键性的作用。一个人犹如一座冰山，显露在外的都是容易看到和容易评价的，比如技能知识水平，就如来面试的评估人员一样，面试时，他显露在外的是学历、工作经历、现场的表现力、临时的应变能力，很有可能是经过润色或加工过；我们在一定程度的也会被"刻板印象"所干扰而做出错误的录用决定；冰山下面的天赋，即价值观、性格特质、动机等却是我们最长忽略的同时也是最重要的环节（图2）。因此，引进性格测评在我们招聘中起到了举足轻重的作用。

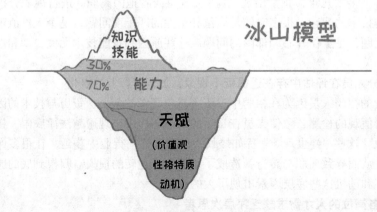

图2 "冰山模型"示意图

（一）让招聘更精准化

当招聘数量有限，而HR眼前却呈现了太多优秀简历的时候，如何快速并准确地在众多优秀者中慧眼识珠显得尤为重要。这时把性格测评引入招聘工作中，有助于在对应聘者的知识、能力和技能考察的基础上,进一步考察职业风格、职业优势、工作动机、工作态度,情绪的稳定性、气质等心理素质,使考察更全面、科学和客观,从而保证能够选拔出具有较高知识素质、能力素质和心理素质的优秀人才。就如航空公司在招募员工时,他们最看重的不是专业知识和工作经验,更多的是服务意识和是否能够从客户的角度考虑问题,是否有人际敏感性等;又有一些招销售员的公司,非常关注求职者的乐观精神和抗挫折能力,这是由于销售员在工作中会不断被拒绝,有些人在失败面前垂头丧气、束手无策,而情绪乐观者往往不怕失败。这些都是冰山下的部分,但却是工作中最为重要的成功因素。

(二)有利于人尽其才,人岗匹配

人既尽其才,则百事俱举;百事举矣,则富强不足谋也。很多时候我们发现,有些人才到企业从事应聘的岗位后刚开始信心满满,但日复一日,没有改善,没有创新,这时就会埋怨是招聘时把关不严,其实企业往往存在一些"食之无味、丢之可惜"的岗位,关键是他在从事的是自己不擅长或不喜欢的领域工作,优势发挥不出来,对于人才也很痛苦。比如缺乏细致的人你让他做基准价,这简直就是种折磨;沟通能力强的人你让他做价格审核,这是白白扼杀了一个谈判高手;比如,他是个外向的人,如果他从事的是服务类的工作,那就比内向的人要轻松很多;权力动机非常强的人,你给他一些挑战与职位上的期许,他就会比权力动机弱的人感受到更多快乐,也容易做得好。所以为了避免这种工作上的"婚姻错配",引入性格测评非常重要。性格测评可以测得不同个体的不同特性及性格优势领域,它迅速、科学、明确的优势,不但节省了测评的时间,也更为准确地发现了个体的内隐特性,企业可通过这些测验结果将不同类型的人才划分明确,使其从事最为适合的岗位,在自己的兴趣与优势岗位上发光发热,从而提高人员和企业的效率,增加企业效益的同时又能增加人员的稳定性。

(三)有助于团队成员的配置与团队建设

企业在进行员工选拔和配置时,不仅要关注个体的人格特征是否与岗位的要求相吻合,还要考虑团队中不同成员人格特征的组合。每一种类型的人都是具体特征的综合体。对于那些是同一种人格倾向的人而言,通常会容易沟通,容易理解彼此的感受,享受共同的价值观;而对于不同倾向的人组成的团队,由于性格各异,相互之间可以性格互补,也能提高工作效率。总之,一个高效团队的人格组成应该是均衡的。根据团队成员的不同类型偏好,合理搭配工作团队成员,分配适合的工作任务,可大大减少团队摩擦,减少组织冲突发生的可能性,提高团队的整体效率。

(四)有利于人才的晋升和培养

性格测评的运用,可以为中、高层管理人员的选拔和培养提供参考依据。首先可以帮助管理者了解员工当前的个性特质、职业动机、价值观、管理天赋等,还可以预测其未来的工作和管理风格,为其职位的晋升提供合理的依据,同时员工通过一系列测试得出自己适合的的岗位类型,可以为其职业生涯的规划提供很好的参考价值。据了解,很多世界五百强企业引入并使用性格测评来作为员工和管理层自我发展、改善沟通、提升组织绩效的重要方法。由此看来,性格测评在人力资源方面的作用,不仅能使员工了解自身的人格特点,从而规划自己的职业生涯,也使企业全方位地了解员工,为企业招聘到合适的人才,做到"岗得其人,人尽其才,人事相宜,适才适所"。

三、性格测评在 A 评估公司的运用

笔者所在的 A 评估公司原来在招聘上一直是传统的招聘模式，对所聘人员的"冰山下能力"鲜有关注，但在评估作业和业务进展中，越来越多因为个性特点、求职动机、价值观等方面的问题致使业务丢失、企业口碑全面下滑等现象暴露出来，既增加了公司的用人成本，又影响了客户的评价，于是，A 评估公司决定从人的"原始性格"出发，于 2020 年引进 C8HR 性格测评系统，该系统是一套较为完整的、全方院诊断人才的测评系统，关注人的基本面，看准本质，放弃对岗位招聘要求的既定认知，勇于尝试打破常规，发现人才的基本面，唯才是用。

（一）C8HR 测评系统原理

以人性的适合、擅长、认同、愿意为核心，作为企业岗位和人才之间匹配并考核的关键项，即从一个人的性格、能力、期望值、价值观 4 个维度得出结果，相互印证岗位用人标准和人才画像之间的契合程度，从而做出录用决策。

1. 性格：C8 角色将一个人的职业角色分为 8 大类，每一类角度都展现出了一个人的性格表现和职场状态，把相对优势、相对弱势角度综合起来分析，可以判断出一个人适合的岗位方向、在团队中承担的角色和任务分工以及未来可能取得成就的职业方向（图 3）。

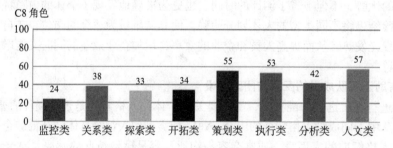

监控类：主要通过对组织、环境、流程、数据等进行监督管控并进行资源调配来为企业创造价值的相关角色；
关系类：主要通过有效沟通、真诚服务和构建互利互信关系来为企业创造价值的相关角色；
探索类：主要通过研究未知方向领域和不断探求问题解决方案来为企业创造价值的相关角色；
开拓类：主要通过扩大、扩充、提升现有业务和业绩来为企业创造价值的相关角色；
策划类：主要通过对未来进行系统、科学的预测并制订科学的可行性方案来为企业创造价值的相关角色；
执行类：主要通过按照标准、计划或指示按时保质专注稳定地完成任务来为企业创造价值的相关角色；
分析类：主要通过思考、认识和运用事物的原理及相关逻辑规律来为企业创造价值的相关角色；
人文类：主要通过人文思想、人本情怀、审美情趣、艺术造诣等人文艺术素养来为企业创造价值的相关角色。

图 3　C8 角色示意图

2. 能力：28 项全能通用素质能力，能算出一个人每项技能的具体水平及所有技能的水平分布情况，是综合判断人才优势能力的重要标准。社交人际、思维能力、自我态度、结果执行 4 个角度分别对一个人的内外在能力表现和潜力进行了呈现（图 4），企业可以据此判断出一个人最突出的能力和相对劣势的能力，从而有依据地分配工作、发挥其价值。

3. 期望值：职业动机涵盖了职场中最常见的 8 类欲望，从个人角度而言，是对职业的期望和自我价值实现的考察点；从企业角度而言，是激励员工并做出有效制度的出发点，通过分析个人 8 类职业动机的分值和组合情况，可以推断出一个人的内在驱动力及意愿去做的事（图 5）。

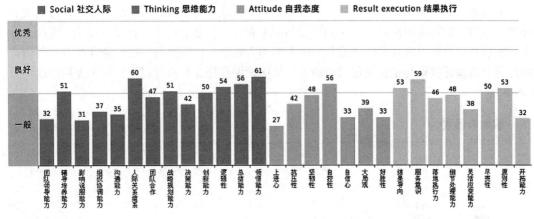

优势能力

- 领悟能力　　超强的学习和理解能力,接受新事物,把握重点,在与人交往或具体事务的处理中能清晰把握脉络
- 人际关系维系　　人际性敏锐,具有较高的体察能力,感知他人的内心。擅长建立和维持友善、和谐的人际关系
- 服务意识　　设身处地为他人考虑,了解他人需求,竭尽全力去帮助。贴心、周到,给人信任和舒适的感觉
- 总结能力　　擅长信息分类、知识点提炼;将冗杂难明的事情形成概念、化繁为简,有条有理分层次,独具慧眼
- 自控性　　意志坚定,有较强的自我控制能力,在面对挑战、诱惑的情况下,仍能保持冷静,不为所动
- 逻辑性　　理性客观,条理清晰,探索事物发展的深层规律,对问题进行逐步推进式的分析,能够掌握逻辑上的原理

弱势能力

- 上进心　　趋于稳定,安于现状,缺乏积极性,缺少强烈追求成功的欲望
- 影响说服能力　　语言缺乏煽动力,过于沉稳,观点和意志不够强大,很难通过语言征服他人
- 开拓能力　　更倾向于维护型,习惯于已有的固定模式,缺乏对外的拓展公关和冒险精神

图4　28项全能通用素质能力示意图

职业动机

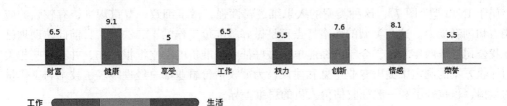

- 偏向类型:生活型——比较注重生活品质的提高,并以此为内驱力
- 他渴望:健康休息、和谐氛围;他缺乏:动感时尚、授予权力
- 岗位倾向:原则性管理——原则性强,生活工作者,个人动机
- 思考模式:监督思考型——消极在前,乐观在后,需建立信任感
- 职者状态:自在——爱惜身体,注重健康,随意简朴不懂休闲娱乐
- 动机组合:御宅族——求家庭生活品质,洒脱自如随心随性为安康

图5　职业动机分析示意图

4.价值观：价值观是一个人对人、对事、对物的认知和看法，能判断一个人内在自我和外界人事物之间链接的深层次表现和可能情况。奋斗、仁慈、博爱、自主、传统、安全、精彩、影响8个价值观的背后反映的是一个人的为人处事、认同感与底线，企业在分析价值观的过程中能快速找到与企业文化相融的人，从而确保在理念和精神层面与员工保持高度一致（图6）。

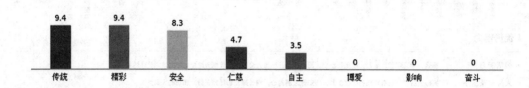

图 6　职业价值观示意图

（二）A评估公司的改善性应用

A评估在引进该系统后，在此系统的理论基础上经过标杆建模、价值观匹配，为笔者所在的评估公司现有岗位建立了特有的房地产评估人员、事业部总经理助理、人力资源岗、模板配置师、审核总监等模型（表1～表3），并把建立的模型运用到人才招聘筛选环节，效果甚佳。

有了各种模型的建立，A评估公司在招聘中有的放矢，成功招聘进来不少优秀的人才，其中征收估价事业部总经理助理的岗位就是依照这个模型，在众多应聘者中选择了一位男生：北京化工大学经济学专业，27岁，在证券公司从事客户经理一职，可以说跟评估行业没有搭边，但分析了他的性格测评报告后，坚定地录用了他。以下就是他的性格测评数据报告，属于INTJ型（图7），这种类型的人思维逻辑性强，做事细致，尊重规则，有较强的应变能力和创新能力。这个类型的性格特点正是做好基准价工作的不二法宝。目前此位助理已经在我公司服务两年之久，今年已经能单独做好征收基准价的独立汇报工作，并在一些相关部门征收方案的制定中提出专业意见和建议，为征收估价事业部总经理减轻了技术与工作量上的负担，也拉开了和一般征收估价人员的思维差异。

总之，随着估价市场业务竞争的加剧，估价人才的竞争战将会愈演愈烈。在人才的招聘和选拔当中运用性格测评虽未在大多数企业中普及，但是这样的测评方式能够帮助人力资源管理部门直接、迅速、客观地获得其他方式难以提供的被测试者的性格特征和一定程度上的心理特征，有利于我们在性格测评的基础上，建立起一套科学、系统、完善的人才选拔体系。

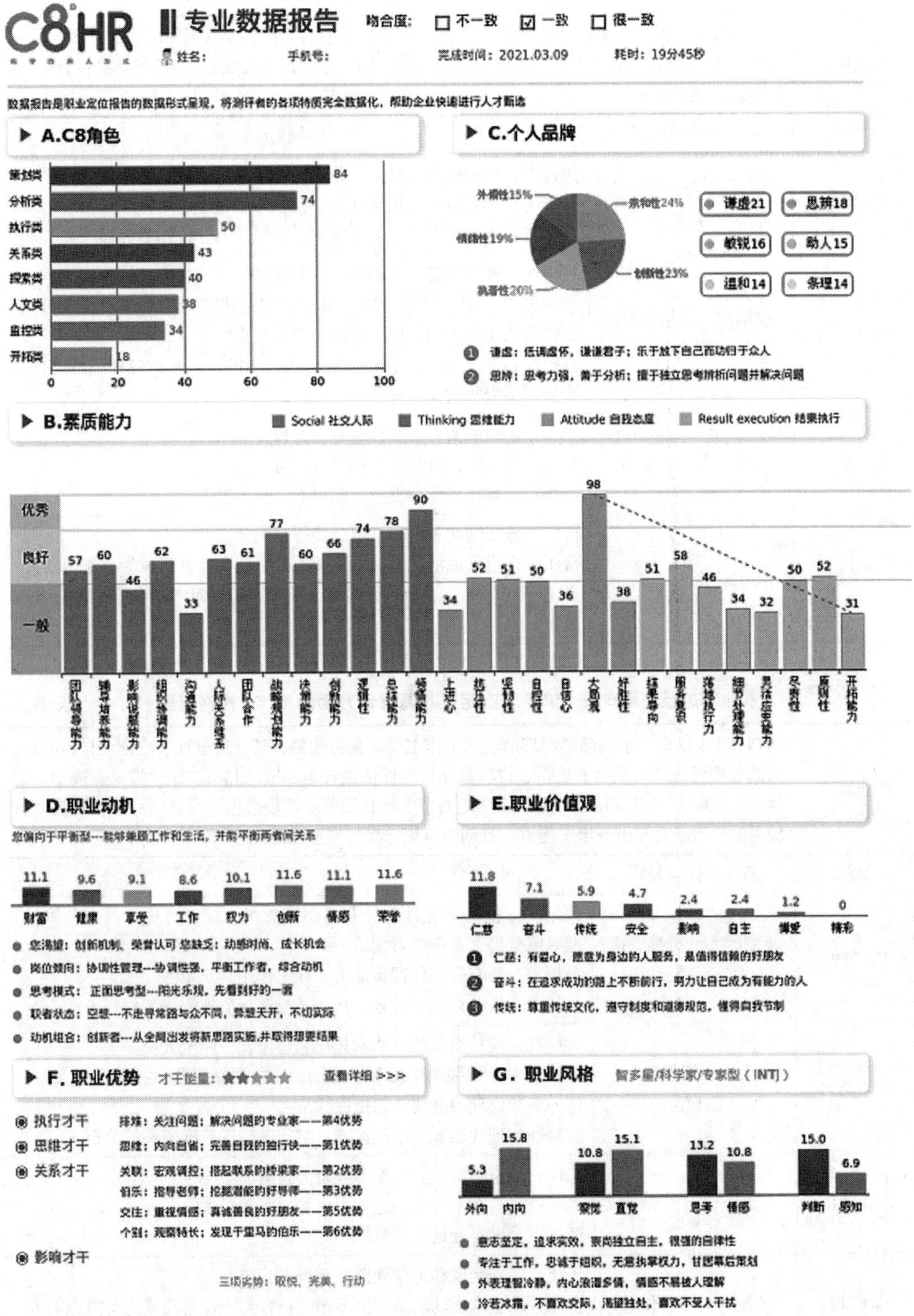

图 7　某应聘者性格测评报告

房地产评估岗（包括房地产估价师和优秀评估人员）性格模型　　表 1

维度	前三项优秀要素	要素说明
职业风格		ISTJ 或 ESTJ 型。一个优秀的评估人员，在评估过程中要求我们要有缜密的思维逻辑、认真专注，在人和事上偏重于事，工作中遵守评估法则、坚守行业底线；同时不会感情用事，遇事冷静，全面分析
C8 角色	执行类、分析类、探索类	执行类：按照标准、计划、指示，专注保质地完成工作任务 分析类：具有较强的逻辑能力，在工作中善于思考 探索类：不断探求问题解决方案，不言放弃，抗挫能力强
素质能力	逻辑性、总结能力、自控性	逻辑性：理性客观、条理清晰，对问题会进行推进式的分析 总结能力：擅长信息分类、重点提炼，化繁为简、条理层次分明，比较擅长在杂乱的工作中理出头绪和重点 自控性：意志坚定，有较强的自我控制能力，面对各种诱惑能保持冷静，不为所动
职业动机	工作、权力、创新	工作：勤奋踏实，为工作事业奋力拼搏 权力：渴望成长机会、渴望得到认可 创新：喜欢在工作中创造无限可能，善于思考
价值观	传统、奋斗、自主	传统：遵守制度和道德规范，懂得自我节制 奋斗：在追求成功的道路上不断前行，努力让自己成为有能力的人 自主：有主见，不会随波逐流、人云亦云，对于不公平事件喜欢据理力争

事业部总经理助理岗（偏重于制定征收基准价方面的工作）性格模型　　表 2

维度	前三项优秀要素	要素说明
职业风格		INTJ 或 ENTJ 型。事业部总经理助理的工作主要是案例采集、基准价测算、论证会材料准备、测试表模板公式与系数的更新、撰写基准价的评估报告等。做好此项工作，需要有极细致的数据处理能力；要有较强的逻辑思维能力来支撑自己的基准价数据，论证会做汇报时需要有较强的说服能力与语言组织能力；有创新意识，做好事业部总经理的参谋工作
C8 角色	策划类、分析类、执行类	策划类：擅长系统性理念和框架性思维，深谋远虑，具有前瞻性，能纵览全局，善于学习创造 分析类：具有较强的逻辑能力，在工作中善于思考 执行类：按照标准、计划、指示，专注保质地完成工作任务
素质能力	大局观、领悟能力、逻辑性	大局观：能从组织的整体和长远利益出发，顾全大局 领悟能力：超强的学习和理解能力，接受新事物，把握重点，在具体的事务处理中能清晰地把握脉络 逻辑性：理性客观、条理清晰，对问题会进行推进式的分析
职业动机	创新、工作、情感	工作：勤奋踏实，为工作事业奋力拼搏 创新：喜欢在工作中创造无限可能，善于思考 情感：会设身处地，重感情
价值观	传统、奋斗、仁慈	传统：遵守制度和道德规范，懂得自我节制 奋斗：在追求成功的道路上不断前行，努力让自己成为有能力的人 仁慈：有爱心，愿意为身边的人服务，不自大，做人谦卑

人力资源岗性格模型　　　　　　　　表3

维度		要素说明
职业风格	ENFJ 型 ENFP。人力资源是一个企业中离员工最近的岗位，招聘、员工访谈、员工心理辅导、培训、绩效考核，这些工作都需要人力资源从业者具有较强的沟通能力、洞察能力与无私的服务精神	
维度	前三项优秀要素	要素说明
C8 角色	关系类、分析类、执行类	策划类：擅长系统性理念和框架性思维，深谋远虑，具有前瞻性，能纵览全局，善于学习创造 分析类：具有较强的逻辑能力，在工作中善于思考 执行类：按照标准、计划、指示，专注保质地完成工作任务
素质能力	沟通能力、人际关系维系、服务意识	沟通能力：是天生的组织强，热衷于协调和组织工作，热爱交际，善于沟通表达 人际关系维系：有超强的人际敏感度，注重并擅于构建良好的人际关系 服务意识：擅长动员和激励他人，积极帮助他人实现目标
职业动机	情感、荣誉、享受	情感：会设身处地，感同身受感情。愿意为工作为他人付出 荣誉：喜欢被认可，喜欢和谐的氛围 享受：注重精神奖励，不注重工作成果带来的物质酬劳，更多的是大家对其工作成绩的肯定
价值观	仁慈、影响、传统	仁慈：有爱心，愿意为身边的人服务，不自大，做人谦卑 影响：有自身的魅力能带动和影响身边的朋友与同事 传统：遵守制度和道德规范，懂得自我节制

参考文献：

[1] 朱辉荣.论 MBTI 性格测评在创新人才选拔中的应用 [J].黑龙江高教研究，2011（12）：129-131.

[2] 肖艳，徐琳.澳大利亚房地产估价制度、方法及估价人才培养 [M].成都：西南财经大学出版社，2016.

[3] 袁瑞英，赵斌，向红明.探索培养适应新形势的房地产估价专业人才 [C]// 估价无处不在——让估价服务经济社会生活的方方面面——2017 中国房地产估价年会论文集，2017.

[4] 乔宝刚.初创企业创业者素质冰山模型的构建与应用 [M].青岛：中国海洋大学出版社，2017.

[5] 蒋宇芳.房地产估价行业发展现状、趋势及对策分析 [J].住宅与房地产，2019（22）：9.

[6] 观点指数研究院.观点指数·2022 中国房地产行业发展白皮书 [R].广州：2022 博鳌房地产论坛，2022.

作者联系方式

姓　　名：沈丽丽
单　　位：浙江博大房地产土地资产评估有限公司
地　　址：浙江省绍兴市人民东路 1051 号 3 幢 301 室
邮　　箱：232751651@qq.com

浅谈房地产估价行业品牌与管理的研究

陈晓航

摘　要：房地产估价行业经过多年的发展，已经是房地产业、银行信贷业、司法、个人或企业融资的重要组成部分，房地产估价行业的数量和规模都在不断扩大，行业竞争也越来越激烈，因此房地产估价行业的品牌与管理意识逐步出现，成为房地产估价机构在行业竞争中不可忽视的一部分。本文主要对房地产估价行业品牌与管理的研究进行详尽分析，了解房地产估价行业品牌与管理，并进行研究总结，评估行业品牌与管理的效果，为房地产估价行业品牌与管理提供值得借鉴的思路。

关键词：房地产估价；品牌；管理

一、背景研究

（一）研究目的

房地产估价行业随着当今时代的发展，所进入的领域也日益增多。房地产估价企业需要有自己的品牌，有自己的品牌特色和品牌定位，同时需要对品牌进行管理，以提高自身企业的知名度。

房地产估价企业除了要求有自主品牌塑造意识外，还要有经营自主品牌的意识，才能在激烈的市场竞争环境中脱颖而出。只有运用良好的品牌经营策略，改进品牌营销的方法，运用先进的传播策略来提高管理的水平，才能使企业的品牌知名程度不断扩大。

（二）研究意义

随着市场的竞争越来越激烈，各大房地产估价企业都在抢占市场，但是怎样才能站稳市场，提高自己的市场占有率成了大家关注的问题。只有尽快跟上时代的脚步，适应市场的变化，寻找适合自身的特色和定位、管理方法等，才能迅速抢占市场，掌握竞争的主动权。

二、房地产估价企业品牌的作用

当我们走在繁华的城市之中，总会看到各式各样的品牌，许多品牌甚至家喻户晓，有的可能是见过，有的可能仅仅只是听说过；有的品牌我们能够消费，有的品牌我们消费不起。俗话说得好，"没吃过猪肉，猪怎么跑还能没见过"，但如果说出一个房地产估价企业的名字，可以说绝大部分人对这个企业是干什么的都不了解，甚至连应该归入哪一类行业都不清楚。造成这样的原因是企业没有去发展房地产估价行业的品牌，没有提高品牌认知度。

（一）品牌能够给客户带来对企业的认识

在消费者需要接触一个房地产估价企业时，首先接触到的就是该企业的品牌，所以从中可以注意到一个关键点"对于这个品牌，消费者心里是怎么样认知的"。比如"怕上火，喝王老吉；好空调，格力造；专业服务、创造价值"等，因为只有消费者在充分足够了解该品牌的情况下，了解企业的文化、服务的理念等，才会选择该品牌。

（二）品牌能够给客户一种信用的保障

当他人向你推荐某些不知名的房地产估价企业时，人们的第一反应是我没有听说过这个房地产估价企业，这时候的人们往往会考虑这个房地产估价企业其专业性是否有能力承接自己的项目，自己的一些问题能否得到有效解答，估价报告的时效与质量是否能得到保障等各种因素。而如果向你推荐的是一些知名的房地产估价企业，人们往往不会有这些顾虑。因为在人们的潜意识中知名的大品牌是值得信赖的，是一种有保障的品牌，其信用的保障是通过社会的检验一点一点积累起来的。这时候人们更愿意选择这些知名的房地产估价企业，从而也使企业在市场竞争中具有更大的优势。

（三）品牌能够塑造形象

品牌对于形象的塑造是从多方面共同进行的，需要企业上下增强对品牌的意识，这也是一个长期积累的过程。房地产估价企业属于服务性质的中介企业，因此从服务上就要给消费者带来好的体验，这就要求公司上下一心，使所有成员都产生使命感和责任感，认同自己企业的文化和理念，形成凝聚力；从产品上要给客户带来品质的保障，质量可以说是所有消费者最为关心的因素，一份估价报告的反复修改，一些低级的错误都会给人留下十分不好的印象，让人怀疑你的专业性和严谨性，严重的甚至因为质量问题可以摧毁一家企业。

房地产估价企业和注册房地产估价师在执业过程中应遵守行业的职业道德，"人无信而不立，业无信而不兴"，在估价中应坚持独立、客观、公正的原则，切勿弄虚作假，出具虚假或有重大遗漏的评估报告。

始于2019年初的某上市公司涉嫌财务数据造假事件，其长期审计单位某会计师事务所因而被证监会立案调查。这家会计师事务所总部设在北京，2013年联合成立，是一家大型会计师事务所，执业范围遍及全国，具有专业的技术力量和庞大的专业人才规模。而后据新闻报道，由于上市公司坐实财务造假，该公司的品牌形象受到严重的冲击，公司旗下的IPO项目被全部终止，最后连一家上市公司的业务也承接不到。从这一点也能看出来，任何行业都应该注重自己的品牌形象，往往一个失败的项目，可能会造成客户、社会、资本市场，乃至政府也不认可，对其品牌负面影响巨大，最终可能落的生存都成问题。形象能塑造品牌，反之，品牌亦能塑造形象，机构的执业过程就是在塑造形象、塑造品牌的过程，执业的专业度、使命感、勤勉尽责的信念都会造就机构整体的品牌形象。

同时，品牌要有差异化，要有自己的特点或者个性，能让人眼前一亮或者印象深刻，能在众多品牌样式中脱颖而出。而像大企业的各个分公司的品牌名称等要有统一性，服务和品质的要求也要保持一致，要认识到不仅仅是代表着分公司的品牌，更是代表着整个公司的品牌。

（四）品牌能够给企业带来增值功能

同样的产品，同样的价格，往往消费者会选择自己熟知的品牌，这就无形之中给企业带来了增值的功能。同样的产品，有的标价高却依然热销，有的标价低却也无人问津，这其中就包含企业品牌给产品带来的增值功能。虽然价格比同样的商品价格高，但是这其中的价差在大多消费者眼中认为是对产品质量的保障，是对产品品牌的认可，是一种信任的表现。

房地产估价企业也有类似的情况，在市场激烈竞争的背景下，许多房地产估价企业为了获得更多的业务资源，往往会在价格上进行竞争，对报告收费进行打折。而没有底线的降低报告的收费折数，扰乱了房地产估价市场，也让市场进入了恶性循环。一方价格低，我比你更低，这不仅对行业内的企业造成了影响，也对房地产估价这个行业造成了重大影响。这时候的品牌可以说是一文不值，品牌不能给企业带来效益，消费者没有可以认同的品牌，最终只能从价格入手，谁的价格低我就选用谁的产品。

一些知名的房地产估价企业，如深圳的一家房地产估价机构始创于20世纪90年代，其总部现位于深圳，并于全国设立十多家分公司，机构在估价收费上实行的就是基本不打折或者是进行象征性的折扣，且在近年来中国房地产估价师与房地产经纪人学会公布的全国一级房地产估价机构中，总营业收入、房地产估价业务收入、注册房地产估价师人数等均排名前列。能取得这种行业优势究其因就包含其品牌的效用，这是对自身品牌一种自信的表现，也是一种实力的体现。知名品牌下的产品可以得到消费者的认可，消费者愿意为之付出更高的价格，同样的产品，可以获得更多的收益，这就是品牌给企业带来的增值功能。

三、房地产估价企业品牌存在的问题

对于一个品牌，如果需要使人印象深刻，就是要使人记住你的特色，记住你的优势，记住你与其他品牌不同的地方。许多房地产估价企业往往只重视自身的产品而忽视了对品牌的建设意识。

（一）只注重品牌的外在

许多房地产估价企业以为只要设计出好看的品牌标识，只注重去塑造品牌的外形，而忽略了自身在经营、管理、质量方面的思考，这样的品牌只是一个空壳。花大把的精力、时间、金钱在样式的设计上，可能一时给人眼前一亮的感觉，但是久而久之，一个没有"内在"支撑的品牌注定会被市场所淘汰。

（二）缺乏对品牌的定位

房地产估价企业可以根据自身的资质等级从事相应范围的业务，涵盖许多不同类型的估价业务。正所谓"闻道有先后，术业有专攻"。

如学校有分一类校、二类校，不同的学科有不同的教师；又如医院分为一甲、二甲、三甲，其中再细分到不同的专科与其对应的医生。随着时代的发展，慢慢出现了专科院校和专科医院。房地产估价企业也是如此，许多房地产估价企业存在着一方面对项目的人才储备不够，一方面对项目的人员安排和时效衔接不上，最终就可能造成项目进展缓慢，报告质量出现问题。

就像有专门从事资产评估的企业、专门从事司法类型的评估企业、专门从事政府类型的评估企业，这些企业对自身所从事的项目在技术水平上有较好的理解，有足够的人才储备，从而渐渐也将自身的品牌进行了清晰的定位，在业内广为人知。

福建省内有家专门从事矿业业务的评估机构，省内大部分矿业权类的评估业务几乎都由其承接，其成功原因就是从品牌"市场定位—消费群体定位—形象定位"，由于从事深耕矿业类业务，强化了业务类型的差异性，企业专注于做好这方面的估价，实践经验丰富，研究深入，工作流程完善、高效，也让员工更有凝聚力，降低人员流动的风险。清晰了自身的品牌定位，让企业在市场中赢得了认可，牢牢占据了这块产业的评估业务。由于专门从事矿业类业务资质的评估企业较少，至始将自身定位为矿业类的专业评估上，明确了客户群体，最后经过各方面的积累,把自身的形象深入定位。

因此房地产估价企业应该根据自身的发展情况,对自身的品牌进行正确的定位,专注做好符合自身能力的项目,通过沉淀与积累,逐渐对房地产估价行业内涵进行拓展升级。

(三)缺乏对品牌人才的培养

目前许多房地产估价企业对人才的规划培养和重视程度不够,对人员的配置,尤其技术人才结构的配置工作缺乏考量。没有对人才培养的规划,一方面是认为目前人手刚好,从控制成本方面考虑,没有进行人才储备;另一方面是对现有人才缺乏公司理念文化、人文关怀上的重视,仅仅维持在简单的劳务关系基础上。这样的企业如果人员出现变动,企业的运转就会受到影响,在市场中的竞争力就会下降。

人才的培养是企业发展的关键,尤其像房地产估价行业需要十分专业的知识作为支撑,所以对人才的培养尤为重要。在现代化的社会之中,企业间的竞争已经逐渐演变为人才的竞争,因此不管是哪一家企业,都要培养专业的人才,组建一支强大的团队。

四、房地产估价企业品牌的管理

品牌经营是为了提升品牌资产的价值,品牌是企业战略价值的核心,也是企业市场竞争力的重要组成部分,作为一种对企业非常重要的无形资产,因此品牌经营对企业的商业价值是非常大的。

(一)品牌的发展目标

品牌的发展目标也是品牌的战略管理,品牌发展的目标是企业未来发展道路上的灯塔。只有明确了企业的品牌发展目标,才能使企业在未来的发展之路上确定方向。

品牌的发展目标要结合企业自身的实际情况出发,制定科学合理的发展目标,避免因小失大,只为了追求眼前的利益而失去了未来大片的市场。如一家成立于20世纪90年代发展至今规模庞大的房地产估价企业,在过去二十多年的发展中,其在全国不同省市先后设立近20家分公司,走上了不断发展和壮大的道路,其中一些分公司的业务种类或者营收甚至还要优于其总部。这就是通过扩大企业规模,提高企业竞争力,同时有助于分公司开展跨地域业务的承接。通过各分公司间的技术分享,优质的服务和不断开拓的市场,提高了企业的知名度。

(二)品牌的发展规划

品牌发展计划的目的是为了在未来的发展道路上,让企业的品牌更深地融入市场,同时也让企业的影响力更大,从而提高公众对企业品牌的辨识度,提高企业的竞争力。

在品牌的发展规划中明确消费者的定位,也是明确企业的服务方向,分析潜在消费群体的特征、需求结构、制定相对应的营销策略。

明确品牌的发展模式,是单一的品牌发展模式还是适时推出其他的品牌,又或是对自身的产品进行分类,推出多元化的品牌。

五、结语

房地产开发产业链网庞大、上下游涉及行业众多,极易受各方面因素交织影响,是一个典型的周期性、强政策调控行业,尤其是在政府仍将坚持"房住不炒"的总基调下,同时,总体性国民收入下滑使得对房地产的终端消费力难以避免将受到冲击，多重压力下房地产行业想重塑辉煌难度不可谓不大，但作为当前支撑国家和地区国民经济稳定发展的托底产业，国家也明确表示必须确保其继续平稳发展，防止行业的大起大落，因此中国人民银行、原银保监会联合发布的"金融16条"就是国家层面的政策托底，从供需两端全面支持房地产市场平稳健康发展。

作为房地产开发产业链中可链接多个相关行业，并助力房地产金融稳定的房地产估价行业，在我国总体经济依旧向好的大前提下，除了跟随时代在不断的前行，在不断突破估价业务瓶颈的同时，更应当找准品牌定位、确保估价质量，树立正确积极向上的品牌理念、品牌形象，保障品牌的市场竞争力，让房地产估价机构走上可持续发展的道路。

参考文献：

[1] 杨盈盈. 基于房地产估价风险的研究 [J]. 科技与企业，2014（5）：49.

[2] 陶磊磊. 声誉受损对瑞华会计师事务所的影响研究 [D]. 南昌：江西财经大学，2021.

[3] 关婷方. 合伙制会计师事务所扩张中审计质量问题研究 [D]. 哈尔滨：哈尔滨商业大学，2018.

[4] 高忻. 房地产估价师执业风险的管理与防范（下）[J]. 中国房地产估价师，2002（2）：13-16.

[5] 梁嘉诚. 中小企业私募债券审计风险防控研究 [D]. 重庆：西南政法大学，2018.

[6] 昝秀丽. 退市新规威力彰显 "应退尽退"信号强烈 [N]. 中国证券报，2021-05-31（A01）.

[7] 李学奇. 房地产评估企业业务转型研究 [D]. 北京：首都经济贸易大学，2014.

[8] 聂艳，于婧. 浅析房地产估价机构行业品牌的构建 [C]//2007年"估价专业的地方化与全球化"国际估价论坛论文集，2017.

[9] 王佳. 房地产估价机构品牌战略 [J]. 山西建筑，2009，35（1）：258-259.

[10] 邱南. 试谈房地产估价机构的创新发展之路 [C]// 中国房地产估价师与房地产经纪人学会2011年年会论文集，2011.

作者联系方式

姓　　名：陈晓航

单　　位：深圳市国策房地产土地资产评估有限公司福州分公司

地　　址：福建省福州市鼓楼区鼓东街道五四路158号环球广场A区22层2203室

邮　　箱：751508446@qq.com

探讨司法评估中的隐形风险，从多方面适应高质量发展需求

冯兴红　岳连红

摘　要：党的十九大后，我国经济发展进入了新时代，由高速增长阶段转向高质量发展阶段。现估价行业已进入高质量发展阶段，需要估价机构及估价人员从多方面的专业角度适应经济社会发展对估价的高质量需求，提供高质量、高标准的估价服务。

关键词：司法评估；隐形风险；高质量发展

近年来，司法案件的数量有增无减，复杂程度越来越高，涉及领域也是越来越广泛，从而增强了司法评估的重要性，对估价机构和估价人员提出了更高要求，一方面要不断提高专业能力，另一方面还要加强执业风险意识。在房地产估价中，也会经常需要其他专业的支持，本文总结了在司法审理过程的评估案例和司法执行阶段的评估案例，为同行互相探讨。

一、在司法审理中的委托评估，如何正确理解委托评估事项的重要性，有效避免双方当事人的争议

随着社会经济的发展，人们的经济活动在不断增加，涉及经济活动中的民事纠纷也在不断增多，人民法院在审理民事纠纷案件时经常会遇到涉及一些专业领域的问题，比如人民法院为判决一方当事人应该承担的赔偿金额而评估相关涉案资产的价值，这就需要估价机构为其提供专业的、客观的资产价值评估报告。现分享在司法审理评估业务中遇到的某项装修资产价值评估案例。

（一）实践案例

双方当事人因法院判决房屋租赁合同无效，导致承租人（申请人）搬离出租人（被申请人）的房屋，因承租人在承租期间对涉案房屋进行了汽车4S店标准的装修，承租人作为申请人向人民法院提出要对该装修损失进行司法评估，以作为承租人向出租人要求赔偿的依据。该请求人民法院予以支持，并依法委托评估机构进行司法评估。委托评估事项描述为"对该4S店展厅中未履行期装修残值进行司法评估"。估价机构接受委托后按程序开展司法评估，但双方当事人对委托评估事项存在异议。

（二）针对双方当事人对委托评估事项存在的异议进行分析后的解决方案

根据委托方提供的相关资料：一是双方进行签字确认的装修范围笔录；二是双方当事人签订的原房屋租赁合同。在进行现场实地查勘时，估价人员根据双方签字确认的装修范围

进行了查勘和测量，但是双方当事人对以下两个问题提出异议：一是装修范围。对于能够拆除的装修，被申请人主张由申请人自行拆除，本次不可评估；二是评估的价值内涵。申请人主张评估该装修现状的市场价值，被申请人主张评估该装修的残值。针对当事人提出的以上两项异议，估价机构采取了以下解决方案：

1. 对装修范围的异议

根据人民法院提供的双方签字确认的笔录，估价人员对该笔录中确认的装修范围进行查勘和测量，现场查勘中对双方再次就有分歧的装修范围进行分别记录，形成无异议的查勘记录表和有分歧异议的查勘记录表，并让双方当事人签字确认；完成查勘后，评估人员对双方有分歧异议的评估范围向人民法院作出了书面说明，并由人民法院组织双方当事人再次进行认定，双方当事人还是无法达成一致的评估范围，经人民法院同意，评估机构对有分歧异议部分的评估范围价值和无异议部分的评估范围价值在评估报告中进行分表列示，并在评估报告中进行说明。

2. 对评估价值内涵的异议

关于评估装修的现状市场价值还是装修的残值？关键在于价值类型的确定，价值类型是根据评估目的确定的，评估目的由委托方确定，那人民法院委托的价值类型应是哪一种呢？经向委托方沟通核实，确认评估委托事项中"对该4S店展厅中未履行期装修残值进行司法评估"中的"未履行期装修残值"出自《最高人民法院关于审理城镇房屋租赁合同纠纷案件具体应用法律若干问题的解释》（以下简称"《解释》"）中第十一条规定：承租人经出租人同意装饰装修，合同解除时，双方对已形成附合的装饰装修物的处理没有约定的，人民法院按照下列情形分别处理：（一）因出租人违约导致合同解除，承租人请求出租人赔偿剩余租赁期内装饰装修残值损失的，应予支持；（二）因承租人违约导致合同解除，承租人请求出租人赔偿剩余租赁期内装饰装修残值损失的，不予支持。但出租人同意利用的，应在利用价值范围内予以适当补偿；（三）因双方违约导致合同解除，剩余租赁期内的装饰装修残值损失，由双方根据各自的过错承担相应的责任；（四）因不可归责于双方的事由导致合同解除的，剩余租赁期内的装饰装修残值损失，由双方按照公平原则分担。法律另有规定的，适用其规定。

根据《解释》中以上规定进行分析确定，本次评估涉及的装修是剩余租赁期内的价值，而非装修的残值（残余价值）。那么本次评估的价值类型应是什么类型呢？根据《资产评估准则术语2020》，价值类型是指反映评估对象特定价值内涵、属性和合理性指向的各种价值定义的统称，包括市场价值和市场价值以外的价值类型。市场价值以外的价值类型包括投资价值、在用价值、清算价值、残余价值等。结合本次评估目的，对以上价值类型进行分析，本次评估依次排除投资价值（评估对象非投资目的）、清算价值（评估对象非被迫出售、快速变现）、在用价值（评估对象的承租人要搬离，非继续在用，评估对象非企业、资产组组成部分或者要素资产）、残余价值（评估对象非拆零变现价值）。排除市场价值类型以外的价值类型后，确定本次评估的价值类型为市场价值。市场价值是指自愿买方和自愿卖方在各自理性行事且未受任何强迫的情况下，评估对象在评估基准日进行正常公平交易的价值估计数额。采用市场价值类型后，特别注意本次资产评估中确定装饰装修的剩余经济寿命时，应采用房屋租赁合同的未履行期限，即最长不超过房屋租赁合同的剩余租赁期限。

（三）结论

评估人员在司法评估中应详细了解委托案件整体的来龙去脉，充分理解委托鉴定事项的意思，不能简单地将价值类型理解为残值（残余价值）评估，该案件如果理解为残值评估，那评估结果将与该案件的委托评估目的差距较大，评估公司出具的评估结果将引起双方当事人的较大争议，甚至误导案件的判决结果。同时对于双方当事人有分歧的评估范围事项，评估人员不能擅作主张，自由决定评估对象的范围，可从评估的专业角度提出相关建议方案，最终根据由委托方同意的方案予以处理，并在评估报告中作出披露。

二、在司法执行中的委托评估，如何准确界定评估范围，不多评漏评，维护相关当事人的合法权益

根据《关于印发〈涉执房地产处置司法评估指导意见（试行）〉的通知》（中房学〔2021〕37号），房地产估价机构应当根据评估委托书和委托评估材料等情况，明确界定评估对象的财产范围，不得超出委托评估财产范围或者遗漏财产。评估对象的财产范围不明确的，应当提请人民法院书面予以明确。估价机构在评估工作中对评估范围的确定是重中之重，准确界定评估范围，不多评漏评。现分享在司法执行过程中涉及的司法评估，如何准确界定评估对象范围的案例。

（一）实践案例

人民法院因执行拍卖被执行人财产而委托评估确定财产处置参考价。执行拍卖的财产为国有土地使用权及包含房屋等地上附着物。

（二）现场查勘时应核实明确评估对象的范围，防范证实不符

评估人员在实地查勘时，一是将被执行人现状实际使用的宗地范围和《国有土地使用证》中宗地图的范围进行核对；二是将现状的房屋坐落位置、面积与《房屋所有权证》证载房屋坐落位置、面积进行核对，发现实际使用的现状宗地范围大于证载宗地图范围，现状的房屋基地占用土地范围也超出证载宗地图范围，出现证实不符的状态。

（三）针对出现证实不符情况的分析及解决方案

委托方及双方当事人并未就该情况向估价机构说明，个别估价机构或者经验不足的估价师一般情况下不会发现以上隐藏的实际问题，都会惯性认为估价对象办理了权属证书，评估时就会简单根据《国有土地使用证》记载宗地面积、根据《房屋所有权证》记载的房屋面积、粗略划定其他地上附着物范围后进行评估，不会对证载的宗地图范围进行现场测绘放样，不会划分出现状房屋超出证载宗地图部分的房屋面积，更不会对证载范围和实际使用范围不一致的情况进行揭示披露，这就会存在重大风险。如果根据这样的评估结果进入拍卖程序，完成拍卖后，买受人实际交接时就会暴露出相关问题：一是证载的土地范围在实际使用宗地中的范围不明确、四至不清晰；二是房屋在证载宗地范围内外的详细位置不明确、超出证载宗地范围的房屋面积不明确；三是证载宗地范围内其他地上附着物数量不清晰，范围不明确。如果这些不明确的争议问题发现不了，不能及时妥善处理，将会面临清场困难，也将会引发新的权属争议纠纷，也会将纠纷引咎到评估公司。

针对以上出现的问题，为避免以上争议纠纷的出现，客观揭示存在的隐形风险，准确界定评估范围，不多评，不漏评，维护相关当事人及利害关系人的合法权益，估价人员应在现场查勘时增加现场专业的测绘程序。由专业测绘人员采用专用设备根据证载的土地界址点坐标进行土地四至现场放样，根据现场放样的位置确定证载宗地在实际使用宗地中的范围，从而明确委托评估宗地的范围，清晰划分出证载宗地的四至。同时利用GPS定位对现状的房

屋外围范围进行测量定点，并将现状房屋外围位置落宗到证载宗地图中，从而清晰地分辨出证载房屋在证载宗地范围内外的具体位置，同时可以计算出证载宗地内外的房屋面积，测绘人员通过绘图软件绘制出现状宗地图和房屋平面图，更将清晰地展示出相关估价对象的分布状况，并将相关图纸作为估价报告的附件。

（四）结论

通过测绘的专业技术可以帮助估价人员更好地明确评估范围，帮助估价报告使用人更好地解读估价报告，有助于双方当事人以及买受人清晰了解本次拍卖的评估范围和现状，避免了后期很多的解释和争议，维护了双方当事人的合法权益，体现了估价人员的敬业精神，树立了估价机构的专业权威性。

作者联系方式

姓　　名：冯兴红　岳连红
单　　位：山东金庆房地产土地评估测绘有限公司
地　　址：山东省潍坊市奎文区东风东街 8081 号 502-504 室
邮　　箱：sdjqsc@jqpg.com
注册号：冯兴红（3720120074）；岳连红（3720020142）

房地产估价在国有企业经营风险防范中的作用研究与实践

张会刚　徐艳红　杜杭杭

摘　要：国有企业作为我国市场中的主体，国有资产决定着国家经济命脉，国有企业的经营过程及国有资产管理面临诸多风险。本文系统性地提出了国有企业经营过程中常见的风险，并结合具体房地产估价实践分析了房地产估价在国有企业经营风险防范中的作用。

关键词：房地产估价；国有企业；经营风险；风险防范

党的二十大报告指出，深化国资国企改革，加快国有经济布局优化和结构调整，推动国有资本和国有企业做强、做优、做大，提升企业核心竞争力。深化国有企业改革不仅是中央对国有企业的新要求，也是国有企业自身发展的迫切需要。但是，在激烈的市场竞争环境中，国有企业的控制力面临着新的挑战，因此，只有做好国有企业的运营和管理工作，才能应对各种挑战、保持国有经济的控制力。房地产评估人员应掌握国有企业管理相关制度规定，综合判断评估所涉及经济行为操作过程的合规性以及评估结论的合理性，确保国有企业资产评估管理工作依法合规开展。解决国有资产监管和国有企业改革问题，使房地产估价机构成为加强国有资产监管、推动国有企业改革中防范国有资产流失的有效闸门。

一、国有企业经营中常见的风险

（一）国有资产投资不合理的风险

作为政府投资或参与控制的企业，部分国有企业管理者认为有政府扶持，资金实力较为雄厚，所以风险意识较淡薄，缺乏完善的风险管理机制。在目前经济环境中，企业不能做到根据内部现状及外部环境合理预估风险，在投资和生产运营过程中盲目追求扩大规模，导致后期多数投资资产难以及时收回，从而造成投资收益不高，企业国有资产流失严重。

（二）国有资产流失的风险

随着国有企业改革的不断推进，产权转让作为改革重要组成部分，也不断显现出各种问题，比如产权交易涉及转让方、受让方以及交易中介机构，相互之间包括错综复杂的利益，存在一系列潜在的犯罪风险，容易导致权力寻租，滋生比如利益输送、商业贿赂、恶意操纵产权交易市场、虚假评估资产等犯罪行为，这些都会引起国有企业资产的大量流失，严重破坏社会主义市场经济秩序。另外国有企业在实际经营活动中由于前期研究不充分、监管不到位、运营能力太差、购置后闲置等原因，均可能造成国有资产流失。

（三）资产管理控制中的风险

国有企业在国有资产管理控制中的风险主要有：一是库存管理风险，比如资产的"权属、数量、质量、价值"不清；二是固定资产管理中，轻视购置资产后的管理工作，更新改造力度不够、资产使用效率低下和维护不到位，其后果就是企业在市场上核心竞争力不足、资产价值贬值或者造成资源浪费等；三是国有资产统计信息不够全面、制度不够健全、资产账实不符，会计账面往往只能反映资产的原始价值状态，与实际价值不符，造成账面价值和真实状态严重脱节，不能有效实施内部监督。

（四）重大改革引发社会稳定风险

国有企业重大改革风险主要是指对国有企业改制重组、产权转让、关闭破产、厂办大集体改革、分离企业办社会职能等有关行为的风险，在改革中涉及职工切身利益，在实施中内外部环境、利益相关方、改革方案、职工安置方案等重点环节和重要因素如果处理不当，存在社会稳定风险。

二、房地产估价在国有企业经营风险防范中的作用

（一）盘活国有资产，提高存量房效益

《国务院办公厅关于进一步盘活存量资产扩大有效投资的意见》（国办发〔2022〕19号）指出，有效盘活存量资产，形成存量资产和新增投资的良性循环，对于提升基础设施运营管理水平、拓宽社会投资渠道、合理扩大有效投资以及降低政府债务风险、降低企业负债水平等具有重要意义。国有企业拟收购其他国有企业存量房地产，房地产估价机构尽量更早地介入到收购活动中，运用房地产估价师的专业技术，帮助国有企业制订收购方案，运用专业知识分析不同类型房地产的特点，制定针对性的持有出租或适时转售的不同运营方案，并提出其风险防范措施，从而有效防范风险。在此过程中做到真实、客观、公正的评估，在盘活国有资产的同时，又做到了向"存量房"要效益。

（二）参与国有企业房地产转让工作，预防国有资产流失，促进国有资产的保值增值

为规范国有企业房地产转让行为，防止国有资产流失，促进国有资产规范有序流转，在国有企业房地产转让过程中，对拟转让的房地产进行评估是必经程序。市场成交价较评估价值有溢价是正常的，但如果高出太多，说明评估值严重低估。如果多轮挂牌仍卖不出去，说明评估值严重高估。高估或低估，对于国有资产都是不利的。国有企业房地产转让评估工作是一项较为系统的工作，一方面，需要严格采取专业的规范程序，落实房地产转让评估工作。另一方面，还应深刻认识到当前在国有企业房地产转让评估时，面临的一些困境和问题，比如税费问题，并通过对问题进行专业分析，提出一些针对性应对措施，从而有效推动国有企业房地产转让工作稳定顺利展开。提升房地产估价准确度，有利于实现国有资产转让利益最大化。

（三）通过社会稳定风险评估，为国有企业改革工作提供重要决策依据

国有企业改革是经济体制改革的中心环节。自2015年中共中央、国务院颁布《关于深化国有企业改革的指导意见》以来，各省市、各部门认真贯彻落实国家关于国有企业改革的方针政策，针对国有经济布局和结构调整，进行公司制股份制改革，通过实践探索出国有企业改革不同的路径。与此同时，随着社会经济的发展变化，国有企业改革面临更加复杂的内外部环境，仍然存在与职工切身利益密切相关的矛盾以及各种不稳定风险。房地产估价机构

应介于此，成立评估小组，制定相应评估方案，对可能产生的风险来源和影响，从合法性、合理性、可行性和可控性等方面进行深入分析，制定切实可行的防范措施和预案，为国企改革决策提供参考依据。

三、实践案例

（一）助力国有企业资产盘活，积极化解相关风险

参与天津市河西区某地块价值评估，该项目位于天津市河西区，占地 17859 平方米，规划建筑面积 35718 平方米。该地块为天津市首个利用企事业单位自有闲置土地盘活的新建保障性租赁住房项目用地，接到此项目后，我公司成立评估技术小组，制定切实有效的技术方案，把脉听诊，在评估过程中严把质量关。同时，因为该项目最终目的是为新市民、年轻人解决住房问题，因而又充分考虑土地预期收益，在盘活土地资产业务中积极化解相关风险，同时也是响应《关于盘活行政事业单位国有资产的指导意见》的表现。有利于推动市场健康可持续发展。

（二）承接国有企业房地产租金评估，提高国有企业国有资产管理水平，防止国有资产流失现象发生

根据《市国资委印发关于进一步规范市属国有企业房产土地出租的若干规定（试行）的通知》（津国资〔2019〕7号）、《中华人民共和国企业国有资产法》等法律法规的有关规定，国有企业将拥有所有权或者实际占有、使用的房地产及构筑物，包括：商业性用房、办公性用房、生产性用房、仓储性用房、居住性用房（含人才公寓）、场地、其他构筑物、土地使用权等对外出租。在此房地产租金估价业务中，除了传统的租金评估外，我公司研发小程序，协助委托方建立健全房产土地出租管理台账，建立房屋租赁管理监控系统，将辖下所有可出租房屋位置、建筑物状况、租金水平、租赁合同、租金支付方式等录入租赁管理系统，实时检查房地产出租各层面异常现象，对租赁房产经常性检查，及时发现租金过低或长期未出租房产并采取措施及时解决。提高管理效率的同时，更减少了国有资产流失风险，能够"早发现、早处置"，进而规避项目风险隐患优化项目后续管理方案。

（三）承接某国有企业职工安置项目社会稳定风险评估，为其提供重要决策依据

某国有企业因大股东撤股，需对部分职工进行减资安置。为落实安置工作、维护职工合法权益，保证职工安置工作的顺利开展，需对职工安置工作中的社会稳定风险进行评估。承接业务后，评估小组制定工作方案。主要流程如图1所示。

1.对社会稳定风险进行调查，通过问卷和访谈等方式对利益相关者关注问题进行调查，主要目的是了解职工对《减资职工安置方案》的态度，了解减资职工安置对他们工作所带来的影响，了解他们关心、关注和担心的问题；同时了解企业有关薪资方面的历史遗留问题。

2.基于风险调查结果，项目组对其减资职工安置实施方案工作潜在的社会稳定风险因素，从合法性、合理性、可行性和可控性等方面进行识别分析。

3.在进行主要风险识别的基础上，对筛选和归纳出的主要单因素风险进行更深入的分析和研究，对单因素风险进行定性和定量分析，并以此分析项目整体风险，确定初始风险等级。

4.制定风险防范措施，主要有：明确细化企业维护稳定的责任；加强减资职工安置政策宣传，营造良好的社会舆论氛围，引导职工认清形势，正确对待企业减资职工安置；提前做好减资职工安置的思想工作，获得支持和拥护；稳步推进，关注减资职工诉求，及时解决

个别问题；合理设置岗位，明确岗位职责；减资职工安置工作保证公开透明；树立危机公关意识，积极处理上访投诉信息，制定危机化解方案并及时落实，避免不满情绪的升级。

5. 在采取以上可行、有效的风险防范措施后，通过预测落实措施后每一个风险因素可能引发的变化趋势（包括风险概率、影响程度、风险程度等）综合判断减资职工安置工作落实后的风险程度等级，得出风险等级结论：本次减资职工安置工作存在低风险，并有可靠的防控措施。

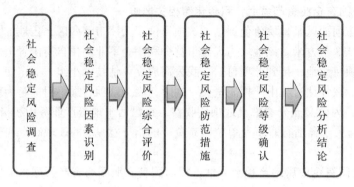

图 1　稳定风险分析基本流程

改革开放以来，房地产评估在国有企业改革的领域发挥了积极作用，为规范产权交易行为、保障国有资产权益、防止国有资产流失、促进国有经济健康持续发展提供了坚实的保障和强有力的技术支持，随着国有企业改革的全面深化和混合所有制经济的推进，房地产评估行业将拥有更广阔的服务领域和市场空间，并将发挥更大的作用。

参考文献：

[1] 赖永添，王超，张志辉. 修订《国有资产评估管理办法》有关问题的思考 [J]. 中国财政，2021（20）：55-58.

[2] 陆燕. 评估机构如何帮助国有企业防止国有资产流失 [J]. 商，2016（4）：156.

[3] 王少亮. 浅谈国有资产评估管理的主要环节和注意事项 [J]. 中国远洋航务，2015（7）：68-70.

[4] 杨乐. 国有资产流失的原因及治理方法研究 [J]. 行政事业资产与财务，2021（12）：14-15.

作者联系方式

姓　　名：张会刚

单　　位：天津国土资源和房屋职业学院

地　　址：天津市滨海新区大港街道学苑路 600 号

注册号：1220140002

姓　　名：徐艳红　杜杭杭

单　　位：天津博成房地产土地资产评估有限公司

地　　址：天津市河西区黑牛城道与洞庭路交口东南侧五福大厦 1-2207

邮　　箱：xuyanhongtj@163.com

注册号：徐艳红（1220130026）；杜杭杭（1220210020）

古建筑用地估价技术的探讨及技术风险防范

刘 军 张业城 丁春荣

摘 要：2022年9月1日，中国土地估价师与土地登记代理人协会发布了《古建筑古村落用地估价指引（试行）》，以规范土地估价专业人员开展古建筑、古村落用地价格评估，科学合理显化古建筑、古村落用地价格。古建筑用地估价作为新兴及特殊用途的估价服务，给估价机构带来了机遇，同时也给估价师的执业风险带来了大的挑战。如何做好古建筑用地估价服务，提高估价师执业能力及防范执业风险，应密切关注和探讨。

关键词：古建筑用地；估价技术；风险防范

一、古建筑用地

古建筑指在历史上创造或遗留的，能在一定程度上反映文化传承或历史风貌特色的房地产物质实体及权益，包括各级文物保护单位、未定级不可移动文物、历史建筑和传统风貌建筑4类。

古建筑用地是指古建筑所依附的，具备历史、社会、文化、环境等价值因素，在一定程度上能反映文化传承或历史风貌的用地范围，以及古文化遗址所在地。

二、古建筑用地的估价技术

（一）地价内涵

古建筑用地地价是在规定的利用方式或限制条件下，在公开或特定市场形成的相关权利、权益的价格。古建筑、古村落用地价格不仅受一般地价因素的影响，还受到历史、艺术、科学、环境、社会、文化价值等附加特殊因素的影响，影响的大小取决于其关联强度。

（二）估价的难点

1. 用地种类繁多

古建筑用地种类繁多，按功能分类，主要包括民居建筑（如四川广安古镇、江西婺源、北京四合院民居）、宫殿建筑（如北京故宫）、坛庙建筑（如山东曲阜孔庙）、宗教建筑（如白云观、佛光寺）、园林建筑（如承德避暑山庄、苏州拙政园）、陵墓建筑（如明十三陵）、城市建筑（如西安钟楼）、设施性建筑（如山海关）8类，每个分类都有其不同的历史、艺术、科学、环境、社会、文化价值；相同分类，由于中国古建筑对择地要求非常讲究，而在择地过程中，形成了独有的风水学文化，因为地域的不同，地价往往有较大的差异，相互之间对比参考性较差。

2. 市场不成熟，评估资料数据收集困难

作为新型的土地业务，由于其土地用途的特殊性，目前市场暂未成熟，市场交易案例缺乏，各类技术参数依据不足且收集困难，对估价人员是极大的考验。

3. 有较多附加特殊因素的影响

古建筑由于其历史久远、数量少、文化特异性大，同时兼具文物保护限制等属性，在价值成分中除了本身的经济价值，还有文化价值、历史价值、艺术价值等，在实际估价中，每个估价方法都难以体现依附于古建筑的文化价值、历史价值、艺术价值，从而影响对古建筑用地的地价评估。

（三）估价方法

根据《古建筑古村落用地估价指引（试行）》，采用的估价方法主要有市场比较法、收益法还原法、剩余法、成本逼近法、公示地价系数修正法，以及衍生的技术路线。按照该指引的估价方法要求，选择 2 种以上适宜的估价方法进行评估。若估价对象实际情况难以满足 2 种以上方法，经充分论证后可只采用 1 种方法进行评估。

结合古建筑用地的特殊性，个人认为，指引中提到的"经充分论证后可只采用 1 种方法进行评估"，是指估价师在报告中自行完成估价方法的选取论证即可，无需协会评审专家论证和提供证明材料，这样才较为契合实际的估价实践。

1. 市场比较法

市场比较法适用于市县级文物保护单位、未定级不可移动文物、历史建筑、传统风貌建筑等古建筑用地评估以及古村落用地评估，但不适用全国重点文物保护单位与省级文物保护单位用地评估。根据估价指引要求，"一般情况下需选择 3 个相似或相近比较实例，由于古建筑、古村落用地交易市场的特殊性，当实例不足时，可适当放宽比较实例选择的地域范围及数量要求"。市场比较法在地域范围及数量要求上做了极大的放宽，不再强制要求必须是 3 个以上的比较实例，相对于其他一般建设用地的比较实例数量要求，是一大进步。

因此，个人认为，当比较实例仅有 1 个的情况下，也应当认为符合市场比较法的要求。同时由于古建筑用地公开交易极为少见，存在征收、补偿、资本化等特定市场需求可能性比较大，认为征收、补偿、资本化等特定市场案例也可用作为比较案例。只需在估价时，把握市场形态对交易价格的影响，同时可邀请专家充分论证历史、艺术、科学、环境、社会、文化价值等特殊因素影响程度，建立因素修正体系进行修正。

2. 收益还原法

根据估价指引，采用收益还原法确定年总收益时，可采用实际收益资料或采用具备可比性实例的客观租赁或产业经营收益数据，经过必要的检核修正，测算合理收益。

由于古建筑用地公开交易、租赁极为少见，同时不同类型、不同区域的古建筑用地受到历史、艺术、科学、环境、社会、文化影响差异极大，采用实际收益资料来测算合理收益，应比较符合本身的价值。

3. 剩余法

剩余法适用于能够直接或通过修正间接获取古建筑不动产及其附属物整体价格实例，且其与待估对象相似的状况，测算开发成本时，应依据重建或已修复状况下的古建筑开发或修复成本相关标准，并调查当地市场实际水平后确定。古建筑开发或修复成本宜采用重建成本，不考虑折旧或成新率。

一般古建筑的建筑结构及建筑工艺上蕴含着特殊和复杂的艺术成分，造价相对较高，同

时成本差异较大。个人认为,在确定其重建成本时,应参考文化修复专家给出的修复成本意见,或者以修复专家的意见为依据;每个古建筑都包含一段历史,其价值往往在于其"古"和"旧",不应以一般房地产的方式去折旧。

4. 成本逼近法

成本逼近法适用于城市边缘的古建筑用地,地上物拟移动、灭失,或依委托方要求等特殊情况下的评估。除一般用地成本构成外,还需合理考虑古建筑、古村落用地的特殊历史文化价值、保护限制条件等特殊因素对地价的影响。

在测算各用地成本时,无论是采用征收农用地成本还是建设用地的成本,都无法体现其特殊历史文化价值,因此必须对附加的特殊因素进行修正。

5. 公示地价系数修正法

适用历史地段范围内已有古建筑用地公示地价的待估宗地地价评估。

目前全国未有古建筑用地公示地价体系的建立,无法在实际估价中运用。

6. 衍生的技术路线

根据指引,当确实无法获取合适的相似或相近比较实例时,可先将估价对象古建筑用地假设为普通建设用地,通过市场比较法或传统土地估价方法测算得出估价对象现状利用条件下的普通建设用地价格;再对估价对象古建筑用地的特殊历史文化价值、保护限制条件等特殊因素进行修正,测算得出古建筑用地地价。

个人认为该衍生的技术路线在实践中,应根据实际的古建筑用地细分加以区分,如古建筑用地—民居建筑类,应先假设为普通住宅用地测算地价;古建筑用地—设施性建筑类,应先假设为普通公共设施用地测算地价;古建筑用地—园林建筑类,应先假设为普通绿化用地测算地价。然后再通过对历史、艺术、科学、环境、社会、文化价值影响修正,测算得出古建筑用地地价。

除了上述指引的估价方法,考虑到古建筑在历史、艺术、科学、环境、社会、文化价值上,与无形资产的价值体现在所获得的超额获利能力极为相似。因此对于古建筑的价值,个人认为可以参考资产评估中的无形资产估价方法去进行操作,其中无形资产评估的收益法具有较好的参考意义,从而测算得出古建筑用地地价,当然,实际的技术操作中,需要进一步研究。

三、防范执业过程中的风险

房地产估价不仅涉及了房地产开发建设、房地产经营等房地产方面的专业知识,古建筑用地作为极特殊的土地,还涉及历史、艺术、科学、环境、社会、文化方面的知识。因此往往由于知识面储备不足、案例及参数不确定性、风险意识淡薄等原因,造成了执业过程的风险。

个人认为应从以下方面防范执业过程中的风险:

(一)重视查勘

现场查勘是极为重要的估价程序。在《中华人民共和国资产评估法》等法律规定中,都有对房地产估价实地查勘的描述,体现了现场查勘的重要性。

估价人员应避免过于信赖领勘人,不可道听途说;应该尽职尽责完成现场查勘。

(二)全面收集资料

针对估价对象的用途、特点及方法使用性进行深入的市场调研。

古建筑用地作为特殊用地，除了收集一般房地产的资料，应根据项目的特殊性，还要收集历史、艺术、科学、环境、社会、文化方面的资料，如古建筑的保护等级资料、古建筑保护管理法规资料、古建筑保护规划资料等。

（三）洁身自好

随着传统评估业务逐步萎缩，以及近年来疫情的影响，评估人员生存压力加大。房地产估价作为关联价值量非常大的行业，在面临着各种诱惑时，估价人员不能对勤勉尽责、执业道德流于形式；要严格遵守行业自律规范管理规定，以免造成国有资产流失。

（四）自我提升

房地产估价除了估价本专业的知识，还需要了解各相关领域知识的学习，如历史、艺术、科学、环境、社会、文化方面的知识。知识的积累有助于开拓自己的视野，视野的开拓能更好的打开估价思维，学习应持之以恒，细水长流。每一次新型估价服务的出现，都是自我提升的机会。

（五）技术联合

作为新型特殊的估价服务，通常夹带行业间的知识间隔。当估价师知识面未能覆盖估价需求时，应及时向机构寻求支援；如现场查勘时，聘请的相关专业领域的机构或专家需进行实地勘察或测绘，对房屋安全、工程质量、环境污染状况和历史文化因素等进行检测、鉴定或评价，提供专业意见或成果；邀请专家充分论证历史、艺术、科学、环境、社会、文化价值等特殊因素影响程度等。

四、结语

古建筑用地评估体系是刚起步、需要不断完善的评估体系，需要更多的重视、更为深入的研究和更多的技术探讨。在实际估价中，目前每个估价方法都难以体现依附于古建筑的文化价值、历史价值、艺术价值，因此更需要创新的估价技术。

作者联系方式

姓　　名：刘军　张业城　丁春荣

单　　位：深圳市世鹏资产评估房地产土地估价顾问有限公司

地　　址：广东省深圳市福田区沙头街道天安社区泰然五路 8 号天安数码城天济大厦五层 F4.85A

邮　　箱：314791110@qq.com

注册号：刘　军（4219980442）；张业城（4420190148）；丁春荣（4420150010）

房地产估价助力社会风险的化解

——以 A 市 X 菜市场改造导致房屋受损赔偿评估为例

汪姜峰　李得茂

摘　要： 随着棚改政策的收紧，城市更新更多是采取旧城改造、老旧小区改造的方式实施。旧城改造过程中由于施工、改造等原因导致居民房屋受损的情况时有发生，老旧小区房屋受损往往涉及居民户数较多，处理不好容易引起社会问题。这类事件中受损害方对房屋结构安全、损害价值赔偿尤为关心，因此确定合适的加固修复方案、通过评估合理确定房屋损害的赔偿金额，能帮助化解相关社会矛盾。本文通过具体案例分析房屋损害造成的损失种类，根据损失种类确定科学、合理的房屋损害评估方法，通过客观合理的评估结论，解决损害纠纷，用专业的知识帮助政府化解社会风险，对促进社会和谐发展具有重要意义。

关键词： 房屋损害；赔偿评估；社会风险化解

政府相关部门在实施老旧小区改造过程中，由于老旧小区房屋年久失修，加之很多房屋无法调取原有的施工图纸和建房档案，在改造过程中难免会出现对原有房屋造成影响、损害、破坏等情况，这类情况若处理不好会造成一系列的社会矛盾，甚至影响政府的诚信度。笔者结合自身参与的案例，谈谈如何通过房地产估价助力解决这类事件产生的矛盾，帮助政府部门化解相关风险。

一、菜市场改造导致房屋结构损害赔偿评估的案例介绍

（一）房屋受损的背景原因

A 市为了改善老城区菜市场面貌，对老旧菜市场实施改造提升，并采取社会化运营的方式，按照"谁投资谁收益"的方式公开选择了菜市场改造运营公司，由运营公司负责菜市场的改造和后期的运营。该公司在对一老旧小区一层 X 菜市场进行装修改造时，由于施工人员的原因，拆除了一层部分承重墙体，导致一层以上房屋局部墙体开裂、存在巨大安全隐患。楼上住户反映强烈，造成群体上访事件发生。

结构受损的房屋共 4 栋，总建筑面积约 2 万平方米，层数 7 层，一层为商铺（临街商铺、里面为菜市场），二至七层为住户，涉及居民户 200 户，住户人数近千人。房屋受损后，当地政府及时进行了现场处理，在确保居民人身安全的前提下，首先请专业机构对损害承重墙进行了加固恢复，解除了结构破坏的持续性问题，同时委托有关部门对房屋进行安全鉴定，鉴定结论为系统安全等级为 Csu 级，应采取加固措施。政府部门委托了有实力的某建工集团

对本次损害房屋的加固改造进行设计,并制定了详细的施工方案。加固改造的内容主要为:拆除的承重墙加固恢复;墙面开裂采取加挂钢丝网处理;原屋面防水全部铲除,重做;房屋外墙整体改造升级;小区道路进行提升,实行白加黑处理;小区排水系统改造升级等。

(二)房屋受损后各方争议和矛盾焦点

本次事件发生后,居民与相关方争议的焦点大致分为:对受损房屋结构的担忧,对房屋加固方案的可行性质疑,房屋受损后对房屋价值的影响如何赔偿。对于房屋结构安全与加固方案,政府部门聘请了专业机构进行了鉴定,并对加固设计方案采取了公告和征求意见,大部分居民都能够同意;最后矛盾聚焦在房屋受损后对房屋价值的影响如何赔偿上。

政府因担心居民安全,希望施工班组能及时进场维修加固施工,边施工边商谈赔偿问题。但因未就房屋的损害赔偿达成一致意见,居民不同意房屋改造加固的施工人员进场施工,要求先评估后进场施工。

由此可见损害赔偿评估是解决本次事件的关键因素。政府与居民代表通过公开比选程序,选定我公司对本次装修改造拆除承重墙的受损房屋的损失进行评估。

(三)损害房屋的赔偿评估

1. 组建项目专班。因本次评估事项涉及到居民户数多,事件各方争议焦点多,容易导致社会稳定风险问题。我公司接受委托后,组建了专门的"损害赔偿评估项目专班",这类评估不同于普通的房地产评估,往往要求项目组人员知识面要广、专业水平要高,另外还要具备一定的沟通交流能力。根据项目特点组建的专班人员由资深房地产估价师、注册造价工程师、建造师、沟通协调人员等组成。

2. 确定评估方案。在确定评估方案时,评估专班小组达成一致的思路和原则,即公平、公正、公开,立足专业、换位思考、充分沟通。方案既要符合房地产估价等相关的行业规范要求,又要能让受损害的居民代表同意和接受,这是本次估价不同于其他估价的关键因素,因此要求房地产估价师既要立足专业、又要有换位思考的理念,另外对估价方案的发布也要有充分的说服力。基于上述原因,确定了本次评估程序:确定赔偿评估内容、发布赔偿评估方案(包括评估范围、方法)、开展评估工作、评估结果征求意见、洽谈会商、确定最终评估结果、签订赔偿协议。

损害房屋的赔偿评估的内容确定为直接损失和房屋价值贬损。

(1)直接损失包括拆除工程费用、房屋公共部位加固费用、各住户室内加固修复费用、租金损失、搬家费5个方面内容,采用成本法估价。

(2)间接损失主要为房屋受损对房屋交易价值和交易机会的影响,采用成本法结合资本化法、价差法估价。

3. 估价方法的确定

根据《房地产估价规范》GB/T 50291—2015 相关条款规定:房地产损害赔偿估价,应区分被损害房地产价值减损评估、因房地产损害造成的其他财产损失评估、搬迁费用评估、临时安置费用评估、停产停业损失评估等。

直接损失的评估方法确定:

(1)拆除工程费用计算方法:依据加固方案、图纸确定需要拆除工程的工程量,按照市场价格结合现行行业定额采用成本法计算。

(2)房屋公共部位加固费用计算方法:依据加固方案、图纸按照市场价格结合现行行业定额采用成本法计算,此项公共部位费用不涉及居民赔偿,由损害相关方负责承担。

（3）住户房屋内部修复费用计算方法：首先对每套受损住房进行现场勘察，根据受损情况将受损住房分成几个等级，并确定每个等级（或每户）房屋加固修复方案，根据加固修复方案，结合现行定额和市场行情对修复费用采用成本法评估测算。

（4）加固改造期间的房屋租金损失：首先确定房屋租金价格，根据周边同类型房屋达到拎包入住标准条件下的租金市场行情，结合A市棚改房屋征收临时安置过渡费标准，选取二者之中较高者，作为租金的补偿标准；再确定租赁期限，租赁期限依据房屋加固修复情况确定，租赁期限与加固修复工期相匹配；最后将租金价格乘以租赁期限评估出房屋租金损失。

（5）搬家费测算：因住户在房屋修复时会产生两次搬家费用，此项费用参照A市政府棚改征收标准结合市场行情计算。

间接损失评估方法的确定：

按照《房地产估价规范》GB/T 50291—2015相关条款规定：对于不可修复的被损害房地产价值减损，应根据估价对象及其所在地的房地产市场状况，分析损失资本化法、价差法（包括价值减损评估、价值增加评估）等方法的适用性，从中选用合适的方法进行评估。

本次房屋损害导致房屋价值的贬损，也是居民最为关心的补偿内容，评估项目专班结合估价规范，经充分讨论，拟采取成本法与价差法加权平均后确定房屋的贬损价值。

（1）成本法评估房屋的贬损价值：因本次房屋受损是因为拆除底层部分墙体，对房屋结构造成安全影响，也就是对建筑物造成影响，并未对房屋的区位和土地价值造成影响，因此房屋结构受损不会影响到房屋的区位和土地价值的减损，故计算房屋价值损失时只需考虑房屋建筑物重置价格的损失，即房屋建筑物在损坏前的价值减去房屋建筑物受损修复后的价值即可，在估价时可以依据"房屋完损等级"标准的划分确定修复前后房屋的成新率，再采用成本法进行测算。

（2）价差法评估房屋的贬损价值：一是通过对周边房地产市场行情进行调查的方式采取市场比较法确定未受损前的房地产（房地合一价格）的市场价值，再采用专家打分并结合市场调查的方式确定受损房屋加固修复后（在保证结构安全的前提下）最可能实现的市场价值，两者差价即为受损房屋剩余全寿命周期的价值损失，同时应考虑受损因素对房屋价值影响的年限是有限的（即房屋受损对房屋价值的影响随着时间的推移影响因素会逐渐递减），对影响年限进行修正，得到贬损价值。二是采取收益法估算，用房屋租金采取收益还原法计算影响年限内房地产价值的收益减损，根据上述结果综合确定房屋市场价值的损失。

以上述两种方法测算的结果各取一定的权重，用加权平均法测算出房屋最终的损失价值。

4.估价结果的确定

依据上述估价方法计算每一位受损害住户的赔偿损失金额，每户形成一张补偿表格，再编制一张赔偿汇总表，对所有赔偿结果进行张榜公示，保证结果的公平公开，充分尊重民意，听取大家的意见和建议，合理的要采纳，不合理的要做好解释工作。

5.赔偿协议签订

按照评估结果确定赔偿金额，在确定赔偿金额时，会出现实际支出小于赔偿金的情况，比如居民在房屋加固修复期间不在外租房，也就不会产生租房费用和搬家费，但是在签订协议时应该本着客观的原则按客观成本补偿，居民不搬迁就要承受加固修复期间对生活的影响，这本身也是要有补偿的。

二、房屋损害赔偿评估化解社会风险的关键因素

影响房屋损害赔偿评估的因素较多，但是抓住诸多因素中的关键因素，有利于解决矛盾、化解社会风险。

1. 组建适宜的估价团队。损害赔偿评估不同于其他类型的评估，不仅涉及专业门类多、专业水准要求高等问题，还要求参与人员要具有较好的沟通能力、协调水平，既要将专业的语言用通俗易懂的话语表达、又要有一定的亲和力，既能听懂损害相关方的诉求又能将专业的知识让相关方听懂。建议专业团队中要配备沟通水平较高的资深估价师，同时因加固修复工程会涉及造价、设计、建造专业知识，建议要配备造价师、建造师和设计人员，具备条件的机构可以配备相关的法律人士。若评估机构自身人员实力不足，可以采取聘请专家的方式充实力量。

2. 建立畅通的沟通机制。一是估价机构的专业人员要与被损害及利益相关者面对面沟通，了解知悉利益相关者的内心诉求，并用专业知识引导各方朝着理性的方向解决问题。二是损害赔偿评估方案要通过发布会的方式向居民代表进行通报，并征求利益相关方的意见，保证各方对方案的基本认同。三是对于损害赔偿结果要进行张榜公示，体现公平公开的原则，解决"不患寡患不均"的顾虑。

3. 确定合理的损害赔偿评估方法。损害赔偿评估方法要本着"符合规范、实事求是、公平公正"的原则选定，方法的适宜性要充分论证。在选用成本法估算直接损失时，所选用的材料、人工、机械台班等费用应符合估价时点的市场行情，每个数据都要有依据和来源渠道。采用市场比较法、价差法计算房屋价值损失时，对于收集到的房地产市场交易案例一定要真实可靠，若采用市场调查、专家打分方式确定相关价格时，调查的对象要达到一定的数量、专家打分要力求客观。

三、结语

房地产估价是一个专业性强、知识密集的行业，作为专业服务行业，既可以为经济、金融、城市建设等方方面面提供专业服务，又能在诸如房屋损害赔偿等社会关注的热点、难点事件中提供专业服务，通过专业的人做专业的事，协助政府化解相关的社会风险。

参考文献：

[1] 柴强. 中国房地产损害赔偿估价的理论与实践 [J]. 中国房地产估价与经纪，2008（6）：18-20.

[2] 中国房地产估价师与房地产经纪人学会. 房地产估价理论与方法 [M]. 北京：中国建筑工业出版社，2013.

作者联系方式

姓　　名：汪姜峰

单　　位：安徽中信房地产土地资产价格评估有限公司

地　　址：安徽省合肥市蜀山区潜山路525号方大郡综合楼10-11层

邮　　箱：1375586394@qq.com

注册号：3420050040

姓　名：李得茂
单　位：安徽中信智力房地产评估造价咨询有限公司
地　址：安徽省安庆市迎江区皖江大道迎江世纪城启航社 1 幢九层 4 室—7 室
邮　箱：1375586394@qq.com
注册号：3420130035

浅谈房地产估价在防范化解房地产市场及相关社会风险中的应用展望

李相庚

摘 要：房地产估价对防范化解房地产市场及相关社会风险具有重要作用及意义。本文分析了房地产市场及相关社会风险的成因，并采用文献分析法探究了解不同估价需求的估价在防范化解房地产市场及相关社会风险中的应用形式，为房地产估价机构在承揽相关业务方面提供新思路。

关键词：房地产估价；社会风险；防范化解

一、引言

党的二十大报告明确，到2035年，社会保持长期稳定，国家安全体系和能力全面加强。为实现这一发展目标，习近平总书记提出要提高公共安全治理水平，完善社会治理体系，健全共建共治共享的社会治理制度，提升社会治理效能，加强矛盾风险源头防范化解。防范化解社会风险，应当人人有责，人人尽责。在2019年的省部级主要领导干部坚持底线思维着力防范化解重大风险专题研讨班开班式上，习近平总书记指出："要稳妥实施房地产市场平稳健康发展长效机制方案。要加强市场心理分析，做好政策出台对金融市场影响的评估，善于引导预期。"可见房地产市场风险已被列为重大风险之一。作为房地产估价从业人员，应当如何运用自身的专业知识去防范化解相关社会风险，或许是一个未来工作的方向和目标。因此，本文从房地产估价可应用于防范化解房地产市场及相关社会风险进行探讨分析。

二、房地产估价可应用于防范化解以下几方面的社会风险

（一）银行抵押贷款业务金融风险

金融是推动经济社会持续增长的重要支撑，金融风险是关乎国家经济发展质量和社会稳定的风险。近些年，受疫情反复冲击的影响，金融风险形势严峻，面临着重大挑战。当前金融风险主要表现为信用风险、市场风险、操作风险和流动性风险等。其中信用风险是最常见的风险，因抵押贷款是银行的传统业务，同时由于房地产与金融深度关联绑定，根据有关数据统计，我国房地产相关贷款占银行业贷款的39%，比重较大，由此可见房地产已成为金融风险方面最大"灰犀牛"，两者相互影响，相互作用，如不注重防范，极易导致信贷危机和房地产泡沫。除此之外，部分商业银行为规避风险，出现了过度避险行为，影响房地产企业融资平稳发展。

2022年10月30日，中国人民银行发布《国务院关于金融工作情况的报告——2022年

10月28日在十三届全国人民代表大会常务委员会第三十七次会议上》，提出要妥善化解房地产金融风险。究其风险源头，其一是银行及金融机构在押品管理上缺乏整体掌握，不具备相应的专业知识，对恶意骗贷防范意识不足。其二是房地产估价行业内的恶性竞争，不按程序进行估价，导致房地产价值虚高。房地产抵押评估作为联系房地产金融风险与房地产市场的纽带，在防范房地产金融风险中的责任十分重大。

一方面，做好房地产抵押贷款前评估。通过现场查勘核实抵押房地产的利用状况，披露抵押房地产的权属状况，分析抵押房地产的合法合规性，谨慎评估抵押房地产价值，做出有针对性的、有效的风险提示和变现能力分析，降低银行信贷风险，同时又要校正过度避险行为，保障房地产业合理的融资需求。

另一方面，做好房地产抵押贷款后重估。定期或在房地产市场价格变化较快、抵押房地产状况发生较大改变时，对抵押房地产的市场价格或市场价值、抵押价值、抵押净值等进行重新评估，并应以此为支点，对抵押房地产进行全面分析，分析其是否存在拆除、改造、新增等情形以及是否存在查封、租赁等权属状况变动，为抵押权人提供相关风险提示。

（二）住房租赁市场社会风险

自党的十九大提出建立"租购并举"住房制度以来，住房租赁市场得到快速发展，涌现出大批住房租赁企业，但在带来利好的同时也伴随着潜在性的社会风险。由于住房租赁企业良莠不齐，缺少相应监管，采用"高进低出""长收短付"的经营模式所引发的长租公寓"爆雷"事件直接造成了出租人和承租人的财产利益损失，且涉及较多群众，极易引发群体性上访事件，造成社会负面影响。

为化解长租公寓"爆雷"现象，有关学者主张发行房地产投资信托资金（REITs）减轻住房租赁企业的融资压力，保障其经营业绩平稳。也有学者提出通过强化住房租金监管和增加租赁保证保险等方式给住房租赁企业及房东这第一组租赁关系加一道安全阀，以保障房东的财产及租户的合法权益。

以上几种方法的运用都需要房地产估价来确定一个合理的价值价格。例如，在发行长租公寓REITs时通过估价为产品提供定价参考；租金监管则需要通过估价来确定合理市场租金，完善租金动态监测，既防止住房租赁企业虚报、瞒报真实的租金情况，又能对出租人和承租人做出相应的风险提示，防范住房租赁企业"高进低出"模式；租赁保证保险需要通过房地产保险估价来确定保险价值，为保险公司提供参考。

（三）国有土地上房屋征收社会风险

国有土地上房屋征收是一种为了公共利益的需要，依法征收房屋并给予公平合理补偿的行为。由于征收具有强制性，加之被征收人对补偿价格往往有过高的期望，当房屋征收部门无法满足其需求时，被征收人便会采取对抗的方式来反对征收，进而演变为影响社会稳定的矛盾冲突事件。

为从源头防范化解相关社会风险，2011年颁布实施的《国有土地上房屋征收与补偿条例》将社会稳定风险评估作为了征收决定前必备的程序。但是从现阶段发展来看，由于没有对企业相关资质、从业人员作出限制，导致从事国有土地上房屋征收社会稳定风险评估工作的机构多而杂，提供服务的水平参差不齐。为防范化解相关社会风险，应当充分发挥房地产估价在其中的作用。

房地产估价机构因长期从事国有土地房屋征收项目的补偿安置评估工作，对相关法律法规及程序流程熟悉，能够准确识别风险因素，对征收存在的潜在合法性风险能够提前提示房屋征收部门，避免行政诉讼和行政复议的风险。只有确保程序合法，才能保证后续补偿金额的公平合理性。通过提供高质量的房地产征收需要的估价服务，确定公平合理的补偿金额，同时结合评估经验对被征收人关于补偿金额提出的诉求进行分析，对不合法、不合理的诉求做好解释工作。

（四）房地产相关政策改革社会风险

房地产价格受制度政策的影响，在房地产相关政策改革过程中或多或少都存在潜在性的风险，例如金融政策的实施是否会造成房地产价格短期的大幅度上涨或下降，又例如在房地产相关税收政策调整中，调整的计税比例是否在纳税人的可承受范围内，如超出了可承受范围，就有可能发生不稳定事件。已经讨论了多年的房产税是否能够顺利开征，或许还需要进行相应的风险评估，将房地产估价相关知识应用在防范化解相关社会风险上或许能够达到不错的成效。

首先，房地产估价从业人员熟悉房地产相关政策，具备丰富的评估经验，能够准确把握改革前后的内容，所考虑的风险因素也会更加全面；其次，房地产估价机构承担相关的核定业务，能够准确把握纳税人的可承受范围。在进行模拟评税过程中，分析拟征税种的税率税负情况，先期通过评估对比纳税人前后经济负担差异，在判断政策力度是否超前方面给出专业的风险提示。

（五）重大项目建设社会风险

重大项目建设社会风险是指工程建设项目，特别是涉环保"邻避"项目在建设、运营期间直接或间接影响利益相关者合法权益，导致附近居民群众采取集体上访、联名抵制、围堵施工现场等不理智方式表达诉求，影响社会稳定和造成社会负面舆论影响的风险。

整体而言，项目的建设是有利于社会经济发展的，但是其产生的负面影响却仅由附近居民群众承担，相关领域学者曾提出建立公平合理的利益补偿机制进行平衡。从房地产市场的角度出发考虑，工程项目建设、运营期对周边房地产造成价值减损是利益补偿环节中关键的一环，需要房地产估价来提供专业的服务。

房地产估价在防范化解此类风险中的应用具体表现在风险识别过程及提供合理损失补偿额两方面。其一，房地产估价从业人员对房地产价格的敏感性及对价值减损情形的专业性使得在风险识别过程能提前发现风险，并作风险提示。其二，通过提供高质量的房地产价值减损评估服务，确定公平合理的损失补偿额，提供决策单位参考，如果财政无法承受，则暂停决策，避免相关社会风险；如果财政能够承受，则保障了项目继续推进的可行性。

三、结论与建议

综上所述，房地产估价在防范化解房地产市场及相关社会风险具有一定作用及意义。从本质上分析，房地产估价更多的是在其中起到一个桥梁的作用，通过提供高质量的估价服务，构建起与防范化解社会风险的联系。基于此，就房地产估价应用于防范化解社会风险提出几点建议。

（一）提升自身业务能力，防范化解自身风险

打铁还需自身硬，房地产估价应用于防范化解社会风险的首要任务就是提升自身相应的业务能力，重视估价质量，提供高质量估价服务，避免因估价本身的风险引致发生社会风险。同时重视人才培养，丰富房地产估价从业人员在法学、金融学、建筑学及社会学等方面

的理论知识。

（二）拓展业务类型，抢占市场先机

社会稳定风险评估是党的十八大以来提出的社会治理机制，从当前发展状况来看，准入门槛较低，各类型企业都参与其中，多为工程咨询公司、律师事务所以及专门从事社会稳定风险评估的机构，当前少数的房地产估价机构陆续也参与了进来。鉴于部分社会风险与房地产、土地领域风险紧密相关，房地产估价机构具备相关领域的专业知识，在从事此类型的社会稳定风险评估工作中具有得天独厚的优势，建议房地产估价机构积极拓展社会稳定风险评估业务。

（三）适应不同估价目的的需求，担起社会责任

随着社会经济发展，新鲜事物不断产生，进而丰富了房地产估价需求的内容，或许未来可能会出现为防范化解社会风险服务的估价需求。为高效地适应不同估价目的的需求，需要房地产估价机构担负起相应的社会责任感，在承接相关估价业务时，考虑提供相应的风险提示服务，同时在参与相关政府单位委托的业务中，主动参与到社会治理中，积极与政府构建联动机制，充分发挥房地产估价在防范化解房地产市场及相关社会风险的作用。

参考文献：

[1] 郭树清.完善现代金融监管体系 [J].中国金融家，2020（12）：19-21，24.

[2] 陈平.提升房地产估价在防范金融风险中的作用 [J].中国房地产，2006（6）：78-80.

[3] 张晨.浅谈房地产押品管理中的高质量估价服务 [C]// 高质量发展阶段的估价服务——2018 中国房地产估价年会论文集，2018.

[4] 滕芳菲.美国长租公寓房地产投资信托基金的实践及借鉴 [J].上海房地，2019（8）：51-54.

[5] 曾辉，姚湘婷，王津，等.德国住房租赁市场及其监管体系研究 [J].中国房地产，2021（36）：42-47.

[6] 罗忆宁.以租赁保证保险化解长租公寓租赁违约风险 [J].城乡建设，2019（22）：22-25.

[7] 刘毅，白航.房地产估价机构从事社会稳定风险评估工作的优势 [C]// 高质量发展阶段的估价服务——2018 中国房地产估价年会论文集，2018.

[8] 张映红，郭振华，曾庆德，等.浅谈如何为房地产税征收提供高质量的估价服务 [C]// 高质量发展阶段的估价服务——2018 中国房地产估价年会论文集，2018.

[9] 马珊珊，赵心田，吴瑶明.邻避项目社会稳定风险的评估与防范 [J].中国工程咨询，2015（7）：30-32.

作者联系方式

姓　　名：李相庚

单　　位：海南正理房地产资产评估测绘有限公司

地　　址：海南省海口市椰海大道 321 号喜盈门国际大厦 A 区 11 层

邮　　箱：1207167383@qq.com

浅析如何防范房地产征拆估价的社会风险

徐 燕 朱 江 刘同愿

摘 要：征拆估价关系到项目的总体投资收益和国有资产是否流失，也涉及每一户被征拆人的切身利益和财产得失，所以容易产生和激化矛盾，形成多起诉讼、非法聚集、集体上访等群体事件，产生很大的社会风险。找出估价工作中的风险点并做好风险防范非常重要，在征拆估价中，引发风险的主要因素有估价方法是否得当，估价依据是否充分，估价测算口径是否一致，估价结果是否经得起市场检验和当事人的质疑、能否通过审计的审核以及合法性的裁定等。为了防范和降低风险，估价人员既要提高专业技能和估价水平，也要制定严谨的作业流程、提高估价工作的透明度、与审计法务等机构做好对接，并建立完善的风险防范体系、保持良好的执业操守、防范违法违纪行为。

关键词：征拆估价；估价标准；估价方法；风险防范

国有土地上房屋征收和集体土地上房屋拆迁工作存在利益冲突大、历史遗留问题多、社会矛盾集中等特点，在征拆估价工作中容易产生大量的审计风险和法律风险，极易形成多起诉讼、非法聚集、集体上访等群体事件，产生很大的社会风险和不良的社会后果。所以房地产征拆估价工作的专业性、规范性、严肃性对防范社会风险起着至关重要的作用。

房地产征拆项目中，房地产征拆估价价格是房地产征拆成本中最重要的组成部分，既涉及项目的总体投资收益和国有资产是否流失，也关系到每一户被征拆人的切身利益和财产得失。所以房地产估价工作是征拆人和被征拆人共同关注的焦点。在征拆估价中，容易引发风险的主要因素有估价方法是否得当，估价依据是否合理充分，估价测算过程是否口径一致逻辑严谨，估价结果是否经得起市场检验和当事人的质疑、审计的审核以及合法性的裁定等。

一、征拆估价过程中的标准统一

征拆项目一般户数多、情况复杂，往往由一家估价机构的多名估价人员，或由多家估价机构共同完成，而不同的估价机构及估价人员在估价方法的运用、估价标准的制定，以及估价经验等方面会存在一定的差异，导致项目估价过程中容易产生大量的口径不统一问题，例如房屋的成新度、简易房屋的认定、原有房屋上加建房屋的区分、房屋结构的判断、夹层情况的认定、部分房屋附属物的价格标准、估价依据文件多样以及参考价格差异大等。

1. 房屋成新度的判断不同是造成口径不一致的主要原因。房屋的主体构件有时从外观上难以直接观察到，成新度的判断容易受房屋外部粉刷油饰和内部装修的影响，对于重新粉刷或重新装修的房屋容易造成对其成新的误判。另外不同估价人员对房屋成新度的判断存在一定的差异性，容易造成项目中类似建筑物成新度打分不一致的情况，从而造成估价价格的不一致和不公平，引发被征拆人的质疑和对估价的信任危机，也容易引发社会风险。因此，估价人员需要提高对建筑结构的认识和对建筑物建成年代的充分了解，结合建筑物外观情况，更加综合严格地进行成新度打分，并对类似房屋进行比对、现场校核等，保证成新度认定标准的合理性和一致性，降低估价风险和社会风险。

2. 简易房屋的认定。按照相关规定，平房认定的标准为屋面屋架完整，柱高两米以上，三面有墙，有正式门窗。有些简易房屋，房屋材料、结构和高度等特征一致，但是存在有门有窗与有门无窗的差别，是否统一认定为简易房还是部分认定为简易房容易引发歧义。另外，很多项目存在将活动房作为简易房屋使用的情况，有的活动房已被加固，但有的没有做固化处理，估价过程中是认定为简易房还是作为附属物估价，也容易引发争议。以上情形如果认定不当，容易造成估价的不一致问题，进而可能引发社会风险。

3. 原有房屋上加建房屋的认定。在征拆项目中，经常出现在原有房屋上加建房屋的情况，容易与同样层数的楼房产生混淆。比如原来是一层的平房，在原有房屋上又建了一层房屋，这属于加建房屋，按照房屋估价规范，应按平房进行认定。两层平房的估价价格与两层楼房的估价价格存在很大差异。如何在认定依据合理充分的情况下区分上述房屋，分别给予合规合理的估价取值并做好专业解释工作非常重要，否则容易造成被征拆人不满，增加引发社会风险的可能性。

4. 夹层的认定。目前在征拆项目中，经常出现夹层的情况，给估价工作带来很大风险。夹层一般出现在高大的厂房或层高较高的楼房中。被征拆人在原有基础上加一层或多层楼板，这样原来的一层房屋就变成了两层或多层房屋。这些房屋往往建成年代早，权属资料不全，在房屋面积、房屋结构认定和房屋估价时容易造成很大困扰，容易引起估价作业的重大失误，从而引发社会风险。

5. 部分房屋附属物的价格依据文件多样、参考价格差异大。常见的房屋附属物比如树木、地下管线等存在不同的价格参考依据，有价值时点的市场交易数据、当期的工程造价水平、园林和基础设施等相关部门的专业数据、房地产估价规范中的取值标准等。项目估价采用的依据不同，估价价格就会不同，估价的价格差异可能会造成相关利益人的损失从而引发评估风险。另外附属物的规格、造型不同，价格差异也很大，进一步增大估价难度。所以需要估价人员提高估价工作的专业性，认真学习熟悉其他专业的相关知识和数据，确保估价价格合规合理，依据充分，从而规避评估风险，降低社会风险。

综上所述，在征拆估价工作中统一标准非常重要，"千里之堤、溃于蚁穴"，一个小问题引发的估价标准不一致，可能会带来估价价格的不公平，引发利益纠葛，引起公众对估价工作的质疑，从而影响估价行业的公信力，不仅影响项目进展，还可能会引起诉讼、人员聚集、上访等社会事件。因此，征拆估价工作要加强项目的前期调研、严格规范现场踏勘登记、细化认定及取值标准、强化统一口径培训、充分收集项目依据，确保估价工作有理有据、标准统一，有效防范社会风险。

二、估价方法的选取要得当合理

根据房地产估价规范，项目估价需采用两种以上估价方法，一般征拆类的房地产估价可采用房地合估和房地分估两种方式，然后分别选用两种或三种估价方法。不同的估价方法往往得出的估价结果不同，估价方法的选择往往成为征拆人和被征拆人质疑的焦点。对于是否选用的估价方法不仅要从房地产估价规范的角度提出依据，也要从实际情况做出解释。例如若不采用比较法，仍需要对周边和类似地区的案例进行充分调研分析，找出相关案例按照规范不具备可比性和案例不足的依据，对利益相关人做出合理答复。如果采用比较法，则需要在对周边和类似地区的案例进行充分调研的基础上，对筛选 3 个可比实例的过程和依据做出合理充分的解释，并说明选用此种方法的可行性。

国有土地上房屋征收的估价，在同一征收范围内往往存在住宅、商业、办公、工业等不同的房屋用途，国有土地存在划拨和出让两种不同的土地性质。不同的房屋用途或不同的土地性质一般会选用不同的估价方法，同一个项目中多份估价报告对多种估价方法的选用或不选用提出的理由和依据容易产生矛盾，或者依据不够充分。所以需要估价调研工作和理论研究工作更加深入，所选用的估价方法是否合法合规，能否真实客观地反映价值水平，对其他估价方法不予采纳的理由是否有理有据，都要经得起推敲和质疑。

三、估价结果能够真实反映市场水平

估价结果关系到征拆人和被征拆人和核心利益，也是他们最关注的焦点问题，所以估价结果是否真实客观地反映市场水平至关重要。

不同的估价方法以及不同的估价方法所得的估价价格之间的权重确定都会影响估价结果。如果不同的估价方法得出的估价价格差异较大，权重的确定会对估价结果有很大影响，所以权重确定要慎重、依据要充分。

目前存在同种用途的房地产，有时会出现国有划拨土地的房地产价格高于国有出让用地房地产的情况，主要原因是土地出让剩余年限较少，这种情况容易引起分歧。所以涉及此项内容需要依据充分，测算严谨。

现状同种用途的房地产由于权属情况、容积率、土地性质等情况不同会导致价格有差异，容易引起分歧和纠纷，此种情况要找到合法依据和市场依据，做好解释工作，避免引起被征拆人纠纷，降低社会风险。

四、提高估价报告的透明度，提升答疑能力

鉴于房地产价格关乎各方的切身利益，所以在征拆项目中，各方对估价报告结果、估价方法、估价过程中的重要数据要求披露和提出质疑是正常的情况。为了防范社会风险，在做好估价报告的同时，也应做好对估价测算过程中重要数据的披露工作，提高估价报告的透明度。估价报告越透明，越能提升各方对估价报告的信任，对推进项目工作和降低社会风险有重要意义。

估价过程中，应该根据项目的实际情况，找出征拆人和被征拆人关注的问题和数据，对这些问题和数据进行充分准备和论证，并准备答疑材料，对数据的来源、筛选过程、测算依据和结果推算的过程以及原因形成书面答疑材料，答疑要合法依规、有理有据、统一口径。良好的答疑工作会提升估价工作的公信力，有利于推进项目进展，同时也可以降低项目社会风险，提高估价机构的社会影响力。

五、严格估价工作的操作流程，提高职业操作规范

征拆项目往往会产生诉讼情况，为了保障估价作业规范，降低后期诉讼风险，征拆项目的估价操作流程要严格规范，并做好留痕和证据保全工作。例如项目要求不少于一个房地产估价师进行现场查勘工作，则估价师必须到现场查勘并保留现场照片，在工作现场需佩戴工作证。现场勘查底表和底稿要书写工整、不得随意涂改且要求各方签字。估价报告要按时按要求合格出具，并根据流程按时送达，保存送达凭证。

征拆估价项目一般时间紧、任务重、户数多、周期长、情况复杂。为了保障项目按时按质完成，建议将估价流程细化深化，根据项目的工作节点设置检查节点和规范检查内容，例如外业节点、内业节点、估价测算节点、估价预审节点、估价审核节点等等，估价师或项目审核人员应在每一个节点进行严格把控，并对相关工作进行实时跟踪、分析、检查和监督，确保项目估价工作顺利推进，并做好档案的留存与保管，不留风险隐患。

六、加强与测量、审计、法务等机构的对接交流，规避估价风险

在征拆估价中，往往存在收集的资料和数据不全和与实际不符的情况，为了夯实基础数据，需要与项目测量机构进行沟通，对测量数据进行充分了解和比对。并调取相关时点的卫星图和航拍图，对所估价土地和房屋历年变化情况进行核对。充分保障估价数据的真实性和依据的充分性。

对估价工作的审核也是审计工作的一部分，建议在项目初期即与审计机构进行对接，充分了解估价工作的审计要求，按照审计要求提高估价作业规范，细化估价工作中的作业留痕，保障后期无审计风险。

征拆项目中容易发生诉讼、上访事件，所以应于项目初期与法务部门对接，熟知估价工作在法务方面需要注意的事项。做好估价工作开展过程中的证据保全。按照法务要求完善相关工作底表、底稿、估价表单、估价报告、送达回证等文件材料，并做好签字、拍照、第三方见证等工作，确保在项目涉及诉讼或其他涉案情况时能规避估价风险，从而也降低社会风险。

七、加强估价职业道德教育和法制教育，防范违法违纪风险

加强估价职业道德教育、反腐倡廉警示教育和相关法制教育。由于利益的驱动，征拆项目时有估价人员涉案骗取征拆补偿款、损害被征拆人合法权益的违法乱纪行为。为遏制违法乱纪行为的发生，对项目涉及的估价工作人员可通过介绍以往的犯罪案例、相关的法律条款等手段，加强反腐倡廉警示教育和相关法制教育，还可以要求全体估价人员签订廉洁承诺书。严格执行行业主管部门制定的相关规范制度，对违法违纪的单位及个人严惩不贷。

征拆估价直接关系到当事人的切身利益，容易产生和激化矛盾，甚至引发不可预知的社会事件，造成不良的社会影响。估价机构和估价人员在提供优质、专业、高效的服务同时，要提高风险防范意识，做好自身的风险防范。估价人员要加强自身的专业技能，拓宽自身知

识面的同时，也要制定严谨的流程管理制度、建立完善的风险防范体系，更需要树立良好的职业道德，保持良好的执业操守，在估价过程中切实做到独立、客观、公正。

作者联系方式

姓　名：徐　燕　朱　江　刘同愿
单　位：北京华信房地产评估有限公司
地　址：北京市西城区安德路83号新安大厦401
邮　箱：zhusunco@126.com
电　话：13811241031
注册号：徐　燕（1119980091）；刘同愿（1120200058）

浅析土地征收社会稳定风险评估中的问题及对策

冯丽呐

摘　要：征地稳评是近些年兴起的评估业务，评估机构从事社会稳定风险评估中常见有针对性不强、指导意义不大、定性分析多于定量分析、综合考虑不足、缺乏技术指引等问题，本文通过相关理论研究和总结实践经验提出一项一策、指标量化、协同工作、完善指引等几点对策建议，为评估机构执行征地稳评工作提供解决问题的优化思路。

关键词：土地征收；稳评

一、土地征收社会稳定风险评估

在中国共产党第二十次全国代表大会中提到国家安全是民族复兴的根基，社会稳定是国家强盛的前提。必须坚定不移贯彻总体国家安全观，把维护国家安全贯穿党和国家工作各方面全过程，确保国家安全和社会稳定，社会稳定风险评估将助力于社会稳定。

社会稳定风险评估（以下简称"稳评"）是防范社会风险的防御性措施，对重大政策、决策或项目在制定、出台及实施后可能发生危害社会稳定的诸因素进行分析，评估发生危害社会稳定的频率，对不同的风险进行管理，做好危机预防及计划准备工作，采取切实可行措施防范、降低、消除危害社会稳定的风险。

土地征收社会稳定风险评估（以下简称"征地稳评"），是指在依法实施土地征收拆迁报批前，对可能引发的社会不稳定因素开展的评估工作。主要是通过调查、预测、分析、评估不稳定因素和问题的风险程度及可控程度，为预防、减少因不当行为引发社会不稳定群体性事件，提供客观公正决策的依据。

二、评估机构从事社会稳定评估工作的现状及问题

随着土地征收越来越规范以及新《中华人民共和国土地管理法》出台，征地稳评成为立法刚性要求，政府、学术界及评估机构对征地稳评研究日益重视，评估机构在从事征地稳评中从规范和方法上已经有了很大的完善，但总体仍然存在一些不足和问题。

（一）评估针对性不强，指导意义不大

现有征地稳评办法针对性不强，评估内容涵盖了合法性、合理性、可行性和可控性4方面的内容，该评估模式适用所有的社会稳定风险分析，如资源开发与工程建设类、城市发展和管理类等，这些与人民群众切身利益密切相关、牵涉面广、影响深远，易引发矛盾纠纷或有可能影响社会稳定的重大决策、重要政策、重大改革措施、重大工程建设项目、重大事项以及与社会公共秩序相关的大型活动，对土地征收项目引发的稳评指导意义不强。

(二)评估指标难以精准量化,定性评估多于定量评估

评估过程采用定性与定量相结合、综合性与技术性相结合的方式,估计风险发生的概率和风险影响的程度、评判风险等级。评估指标的选取难以精准量化,定性分析多于定量测算,一般是根据专家意见、统计分析或者以往经验粗略概算权重,并按权重进行项目风险综合评价,有的甚至直接以定性描述完成评估,无法确保评估工作全面、客观、准确、合理。

(三)涉及风险复杂,需要全方位的知识储备

从实际案例看,例如轨道交通建设用地稳评,项目在建设中,通过定性和定量分析涉及主要风险为征地补偿风险(部分群众对征地补偿期望值高),劳动就业风险(涉及的沿线村里有充足的劳动力以及施工机械,想参与施工),管线基础设施风险,环境影响风险等。其涉及的风险不单是征地中因为补偿引起的不稳定因素,建设项目稳评与征地稳评相重合,对各风险因素采取有针对性的防范和化解措施,需要全方位的知识储备,才能及时预警并减少产生的各种矛盾。

(四)缺乏具体的评估技术指引

目前依据的主要是关于重大决策及固定资产投资项目相关规定,例如《关于加强新形势下重大决策社会稳定风险评估机制建设的意见》《重大行政决策程序暂行条例》《国家发展改革委重大固定资产投资项目社会稳定风险评估暂行办法》《国家发展改革委办公厅关于印发重大固定资产投资项目社会稳定风险分析篇章和评估报告编制大纲(试行)的通知》等,缺少像《房地产估价规范》GB/T 50291—2015、《城镇土地估价规程》GB/T 18508—2014类似的统一具体的关于征地稳评技术指引。

(五)其他突出问题

在工作实践中存在基础理论研究不足,评估主体单一等问题,同时很多第三方机构对稳评认识不足、调查对象涉及面窄、风险识别不够深入、问卷流于形式、收费混乱、无序竞争、人才缺乏、水平参差不齐等现实问题也比较突出。

三、评估机构从事社会稳定评估工作的优化提升对策

结合参与评估的经验积累,本文提出相应的优化提升对策。

(一)创新优化评估方式,形成一项一策的评估

现行的征地稳评工作主要涵盖合法性、合理性、可行性和可控性4方面,但征地稳评工作涉及面远不止此,且项目不同,形成影响深度与广度不同,所以在评估中要充分考虑合法性、合理性、可行性、可控性、重要性、特殊性、不可预见性等,针对不同的项目采取不同的方式、不同的角度、不同的侧重点进行有针对性的评估。

(二)指标精准量化,定量推导,定性辅助

目前评估机构在评估实操过程中进行稳评时多以定性分析为主,导致征地稳评主观导向性强,不科学,在征地稳评中增加就业率、失业率、补偿标准、被征收人心理预期等多项量化指标能够量化评估结果,补充实际依据,以定量模型进行数理推导,得出更为科学真实的影响。

(三)加强多方合作协同工作机制,同时注重综合型评估人才的培养和储备

征地稳评涉及的风险不单是征地中因为补偿引起的不稳定因素,因而一方面在工作多方位协同工作,注重征地稳评与区域经济稳定发展之间的联系,不可顾此失彼,加强在评估前端与自然资源部门、行政主管部门、维稳部门、发展改革部门、环保部门甚至公安部门及地

方其他企事业单位的沟通调研，形成成熟、全面的评估预案。

另一方面，评估工作本身就需要有全局意识、宏观思维、微观把控，因而评估机构要注重综合型评估人才的培养和储备，包括但不限于环境学科、法律学科、社会学科、建筑学科、财务学科等，逐步提升评估的科学、可行、合理性。

（四）加快推进完善评估技术指引的制定

各评估机构会同评估协会，对征地稳评的技术指引提出合理化提议，及早制定行业内统一、科学的技术指引，推广科学、合理的稳评工作规范、行业规范，建立健全"稳评机制"，为评估工作提供科学的依据，指引的制定需要业内专业人才、专业机构、学术界以及相关领域的专家广泛参与。

（五）其他建议

加快完善征地稳评相关的基础理论整理，形成规范的专业理论和相关专业术语，倡导学术界与评估机构深度合作，将实践经验转化成理论，再将理论应用于实践；加强对征地稳评的主体的厘清和分类，根据实际需要丰富评估内容；工作方面一定要重视对征地稳评的认识，确保调查对象涉及的全面性，问卷投放量与人口和用地分布大体匹配，真实了解直接利益群体的想法和诉求，风险点不漏不缺；行业协会及其它执法管理部门要严格致力于收费混乱、无序竞争等问题。

四、结语

随着评估行业的不断发展，相关技术指引和规范的完善，对于征地稳评项目的要求也将会越来越高，评估机构及从事人员只有不断提高自身综合素质，在实操中严格遵守行业规范和职业道德，切勿简化评估程序，定性及定量相结合，风险防范和化解措施要具有针对性和实施性，才能保证估价成果的质量，维护人民群众的合法权益。

参考文献：

[1] 童玲.浅谈评估机构如何应对估价需求的演变[J].居业，2021（7）：5-8.

[2] 赵心田.《新土地管理法》实施后关于征地社会稳定风险评估工作探讨[J].中国工程咨询，2020（9）：51-56.

[3] 高连辉.土地征收社会稳定风险发展机理与评估指标体系的完善研究[D].南京：南京农业大学.2018.

[4] 李婷.土地征收社会稳定风险评估应用研究——以广东省某征收项目为例[D].徐州：中国矿业大学，2021.

作者联系方式

姓　　名：冯丽呐

单　　位：河南昭源土地与房地产评估有限公司

地　　址：河南省郑州市郑东新区王鼎国贸大厦2号楼707室

邮　　箱：519325469@qq.com

注册号：4120190241

基于"两师整合"背景下房地产评估行业人才培养现状及对策

李梦琪

摘 要：自1992年建立房地产评估师职业资格制度以来，我国房地产评估行业已经过三十年的发展，目前全国房地产评估机构有五千多家，行业规模逐年扩大。据统计，自1995年以来，取得房地产估价师资格证书的人数达71368人，但近几年的行业的发展与行业高质量发展的目标还有一定差距，具备专业知识与操作技能的应用型评估人才始终处于紧缺状态。本文立足于2021年房地产估价师职业资格考试改革的情况，即房地产估价师和土地估价师整合，放宽了报名条件，考试成绩实行四年为一个周期的滚动管理办法，取消了专业及工作年限的限制，同时国务院办公厅印发《关于加强新时代高技能人才队伍建设的意见》，在此背景下，吸引专业人才，加强人才建设是房地产评估行业需要深入思考和探究的问题。

关键词：房地产评估；改革；整合；人才建设

一、房地产评估行业人才现状及痛点

（一）评估机构及人员原地踏步，缺乏与时俱进精神

房地产市场是一个从事房产、土地的出售、租赁、抵押等交易活动的场所或领域。房地产评估行业应是知识密集型行业，房地产评估行业从业人员应为委托方提供独立、客观、公正的服务。但近几年行业发展受限，各地评估机构缺乏业务创新，行业从业人员紧盯传统评估业务，缺乏危机意识，评估机构不重视员工知识及能力培训，估价人员缺乏终生学习的意识。行业外部培训缺乏，注册房地产估价师继续教育流于形式，重于表面功夫，许多机构注册房地产估价师继续学习过程中为完成业务而听课，更有机构集中组织找人替代进行继续教育，最后的结果导致机构业务停滞不前，从业人员知识储备停留在过去，在当下快速发展的社会环境中，原地踏步无异于退步，缺乏与时俱进的精神，终将会被社会所淘汰。

（二）评估机构对于人才培养缺乏重视

房地产评估机构一直延续着传统的管理模式，管理模式粗放，公司内部制度不健全，企业文化薄弱。

评估机构对于业务重营销轻技术。尽管短期内提升规模最有效的手段就是营销，但真正有竞争力的企业，是真材实料的企业，是能够真正为委托方解决问题，提供技术的企业，而目前行业绝大多数评估机构以"业务大于天"为公司宗旨，一切工作为业务铺路，不重视评估技术人员，不培养评估技术人员。

评估机构对于人员的发展规划重使用轻培养。评估行业作为知识密集型行业，人才队伍

的知识体系应不断的迭代更新，但是大多数评估机构在实际工作中，只关注从业人员是否有房地产估价师证书，能否出报告签字。同时在国家金融普惠政策的大环境下，银行等机构对于评估的需求仅为满足内部规范，导致行业恶性竞争，评估机构绝大多数报告仅需提供结果报告，评估机构在批量业务的需求下，内审把控要求降低，机构对于评估从业人员的要求降低，几乎放弃内部培训，从业人员在周而复始的流水线工作中，温水煮青蛙，能力得不到提升，估价人员专业知识和能力不足以承接与开拓新业务，陷入恶性循环。

（三）行业人才净流出

近些年来行业发展遭遇困境，以浙江省杭州市为例，2022年杭州亚运会临近时，城市重要基建项目基本完工，大型旧城改造项目暂停，城市房屋征迁与征收业务急剧萎缩，评估机构业务收入主要组成部分锐减，许多机构以市房屋征迁与征收业务为主，在业务萎缩的大环境下只得大量裁员。传统银行抵押业务，在互联网、大数据的冲击下，各类机构推出免费的线上估价服务，冲击着传统信贷业务，同时在银行统一招投标的情况下，评估机构恶意竞争，压低评估报告单价，导致评估从业人员劳动强度加大，而薪酬水平却无法与业务量的增长相匹配，出现了年轻人才留不住，有经验的房地产估价师流入银行、保险等金融机构的状况，行业人才的严重流失，导致评估行业人才断档，评估机构人力资源短缺。

二、吸引专业人才，加强人才建设的对策

（一）校企协共建，培养优秀评估人才

"两师整合"背景下取消了专业及工作年限的限制，更有利于吸引大学人才毕业后直接参与到房地产估价行业当中来。高校是人才培养的第一战场，高校教师对于培养人才有着独特的方法且理论知识扎实，教育经验丰富。评估协会拥有着众多房地产评估资深专家，评估实践经验丰富，熟悉各类物业的评估程序及要点。房地产评估机构是人才的最终落脚点，是承接人才的终点。校企协共建，有利于高校的人才就业，有利于房地产评估行业的可持续发展，有利于评估机构解决人力资源短缺的窘境。

后期应行业协会为中心，结合相关高校的力量，联合官方主管部门和协会机构，一是搭建校企实践基地，深化产教融合，开展订单式培养，评估机构充当高校培养人才中的孵化器。二是校企协同办技能大赛。2022年9月中旬结束的由教育部公共管理类教学指导委员会、全国高校土地资源管理院长（系主任）联席会主办，中国农业大学土地科学与技术学院、中国土地估价师与土地登记代理人协会共同承办，广东省不动产登记与估价专业人员协会协办的"第六届全国大学生不动产估价技能大赛"，该类型的赛事有利于培养和提升大学生的估价实践技能与实践创新能力，提高大学人才不动产估价实践能力。后期可以亦可邀请房地产评估机构共同参与到类似赛事中，鼓励估价人才的自我学习、创新，达到学以致用、用以促学、学用相长的目的，为机构业务创新打下夯实基础。

（二）企业内部优秀人才重培养、增内训

越是优秀的人才越注重自身的发展，对于人才而言，当平台无法满足自我的提升，将导致人才的流失。房地产评估机构在日常的工作中推行导师制，培养人才做到三步，带一程，扶一程，送一程。

带一程：在人才刚加入机构，推行师徒制，对人才进行手把手地教，手把手地带。

扶一程：在人才积累一定的经验后，让人才自我动手实践，师傅在旁辅助。

送一程：让人才逐渐接手全局，委以重任，承担责任，挑起机构未来。

在三步走的过程中，人才得到了自我发展，导师在教学过程中，温故而知新，扎实了理论知识，机构内部的技术力量得到加强。评估机构在日常工作中应推广线上学习程序、鼓励员工参与培训与授课等，让企业人才时刻接触评估前沿理论知识，增强自身估价能力。重视人才、重视专业技术的机构，能够增强估价人员的信心，能够吸引估价行业的人才，从而更健康占领估价服务市场，机构能够持续的发展壮大。

（三）完善从业人员薪酬考核机制

行业协会应鼓励和引导机构关心关爱技能人才，依法保障技能人才合法权益，合理确定劳动报酬。健全人才服务体系，促进技能人才合理流动，提高技能人才配置效率。建立健全技能人才柔性流动机制，鼓励技能人才通过服务、技术攻关、项目合作等方式更好发挥作用。

评估机构内部应健全人力资源管理部门，建立一批高质量的专业评估团队和管理团队。优化企业内部的薪酬分配制度，建立适合的员工绩效考核体系，加大考核体系的执行力度，最大程度降低主观评价对绩效考核的影响，提升客观评价对绩效考核的占比，确保员工人才薪酬的公平公正。激励人才、发挥人力资源在评估机构中的作用，摒弃粗狂式管理，用事业留人才、用待遇留人才、用成长留人才。

（四）拓宽新思路，多元化发展

走向多元化发展的道路，才是评估机构最终的归宿。创新业务模式，随着互联网云估价的兴起，评估机构应积极为金融机构提供贷前现场核查培训、抵押物价值审核、贷中价值动态分析等延伸性服务。评估机构可考虑与贝壳、我爱我家等头部房产中介机构，或者数据公司建立深度合作，可以充实机构内部案例库，实时更新案例资源，有利于估价人员更准确地对估价对象定价，同时也能及时了解到市场行情的变化。评估机构应积极介入房地产咨询、可行性分析、社会风险评估等相关服务，充分挖掘机构人才的职业潜力，积极探索工程造价、资产运作、企业并购等新领域服务。未来估价场景将无处不在，评估机构的宗旨便是为委托人提供专业的服务，对外提升估价工作的专业性，彰显行业价值。

（五）互联网时代，加强行业宣传，吸引优质人才

"酒香不怕巷子深的时代"早已远去，评估机构应积极建立网络品牌宣传渠道。现在互联网的发展，对于企业品牌的树立提供了不少宣传渠道，通过网络宣传渠道的建立，也能够使企业的品牌形象得到有效的传播。例如通过微信公众号等发布企业内部的信息、发布实时的房产信息，既为用户提供实时、高效的服务，又宣传企业形象，扩大其在社会上的影响力，能够吸引到优质的人才加入到行业当中，同时增强了客户的信任与黏性，扩大了机构业务的渠道。

三、结语

在 2021 年房地产估价师职业资格考试改革的情况下，房地产估价师和土地估价师整合，放宽了报名条件，考试成绩实行四年为一个周期的滚动管理办法，取消了专业及工作年限的限制，有利于吸引年轻评估人才从事到评估行业的工作中来。房地产评估行业应借着这一契机，进行改革发展，注重行业的创新发展，利用好互联网行业的宣传渠道，吸引专业人才，加强人才建设，争取打造一支具备专业知识与操作技能的应用型创新评估人才，为房地产评估行业的可持续发展保驾护航。

参考文献：

[1] 甘健胜，吴赐联.福建省资产评估行业人才队伍建设障碍与对策[J].福建江夏学院学报，2022，12（2）：41-47.

[2] 张笑寒.房地产估价课程教学的改革与创新[J].高等农业教育，2002（7）：76-78.

[3] 屈海群.试论应用型本科院校人才培养质量评估体系的构建[J].高教论坛，2018（11）：95-99.

[4] 陈鹏.资产评估行业人才培养机制研究——以复合型人才为例[J].中国资产评估，2018（11）：47-50.

作者联系方式

姓　　名：李梦琪

单　　位：浙江众诚房地产评估事务所有限公司

地　　址：浙江省杭州市江干区圣奥中央商务大厦2202室

邮　　箱：593428976@qq.com

注册号：3320200094

新形势下房地产评估人才全生命周期培养体系实践

刘小方　胡　晓

摘　要： 党的二十大报告提出人才是第一资源，要深化人才发展体制机制改革，悉心育才等要求。笔者在分析房地产行业新发展要求的基础上，总结了新形势下房地产评估人员培养困境，并结合自身从事房地产评估业务十多年的经验，提出打造全生命周期房地产评估人才培养体系，推动人才链与产业链、创新链全面深度融合，以适应新形势下房地产行业快速发展。

关键词： 房地产评估；全生命周期；培养

党的二十大报告提到科技是第一生产力、人才是第一资源、创新是第一动力，深入实施人才强国战略，培养造就大批德才兼备的高素质人才，深化人才发展体制机制改革，真心爱才、悉心育才、倾心引才、精心用才。随着城镇化率不断提高，在国家"房住不炒"政策要求环境下，房地产行业进入管理红利的新时代，从粗放式管理进入精细化。行业竞争格局已经改变，人才培养模式也已经改变，本文提出打造全生命周期房地产评估人才培养体系，推动人才链与产业链、创新链全面深度融合。

一、房地产行业发展新要求

（一）新发展理念

一是践行绿色、开放、共享发展理念。促进房地产业健康发展和良性循环，实施城市更新、老旧小区改造、存量资产盘活，构建城市新发展格局，推动行业新模式，加快建设宜居、绿色、韧性、智慧、人文之都。

二是"ESG"发展备受瞩目。房地产业进入下半场，正是房地产业的深度变革期，低碳发展是当前房地产业发展的新目标和新要求，对于房地产企业人才培养来说，E（环境）维度代表绿色运营、绿色办公、绿色金融、高效人才培养；S（社会治理）维度代表人才生态链培养及人才创新管理；G（治理）维度可以理解为人才风险管理、道德管理、创新发展、可持续发展等。

（二）新发展格局

中国经济正向"以国内大循环为主体、国内国际双循环相互促进"的新发展格局转变，双循环思路下，依托外部增量，内部存量，实现区域产业一盘棋，推动区域协调发展。国家层面先后出台了城市老旧小区改造、保障性租赁住房、保交楼等相关政策，坚持房住不炒定位，多措并举推动房地产市场平稳健康发展。

（三）新发展机遇

一是城市建设由"增量开发"进入"存量运营"阶段：虽然以抵押、征收为代表的传统估价业务增长乏力，但是存量资产盘活、城市更新、老旧小区改造等新型业务正在兴起。二是农村建设从"扶贫攻坚"到"乡村振兴"：评估机构在宅基地制度改革、集体经营性建设用地入市、壮大农村集体所有制经济、自然资源资产评估、生态产品价值实现等方面大有可为。三是经济发展从"可持续发展"到"绿色发展"：党的二十大报告聚焦绿色发展，加快绿色低碳转型是今后房地产业高质量发展的必经之路。

二、新形势下评估人才培养困境

（一）易形成固化思维，观点转变难

房地产行业法定估价类项目鉴定性的特点，使得相关的执业必须严格参照《房地产估价规范》GB/T 50291—2015、《城镇土地估价规程》GB/T 18508—2014、《自然资源分等定级通则》TD/T 1060—2021、《自然资源价格评估通则》TD/T 1061—2021等相关标准要求。并且针对评估报告的评审要求，出台了《房地产估价报告评审标准》《土地估价报告评审标准》，细化了封面、报告文字描述、评估方法、关键参数的选取、评估结果的确定等估价报告的每个环节。这些文件虽然从一定程度上保障了估价报告的规范性、科学性，但是相对固化执业的要求，也造成了估价人员思维的固化，一定程度上会影响新业务、新技术的接收效果。

（二）缺少标杆典范，系统规划难

房地产评估机构对人员的培养主要为"传帮带""老带新"等师徒制培养模式，这种模式培养简单、易操作，但是缺乏对人才系统性培养计划、缺乏针对人才成长的整体规划，传统培养模式弊端也是显而易见。师徒制培养时间短，未对评估人员的职业发展进行清晰系统规划，缺少从新人、熟手、专家、开创者等人员成长序列的全生命周期的培养体系，对个人未来成长方向存在"误区"和"盲区"。机构过度依赖师徒制模式，容易出现传递走形等问题，且也不利于机构对人才实际情况的掌握，以及不利于人才培养经验萃取与沉淀。

（三）技术快速迭代，转型发展难

房地产评估行业业务从国有土地到集体土地拓展，从传统的建设用地扩大至自然资源，从经营性用地扩大至非经营性用地，从单一的土地评估业务到土地评估咨询、自然资源资产清查、自然资源资产平衡表编制、自然资源分等定级估价等新型业务。对估价人员来说，从传统估价知识的储备到国土空间规划、自然资源资产委托代理、自然资源资产价值实现、地理信息化、绿色金融体系等知识体系的储备；而且新业务爆发周期逐步缩短，技术快速迭代，技术人员创新转型发展面临较大挑战。

三、评估人才全生命周期培养实践

人才是发展的战略性资源，又是核心业务关键绩效提升的践行者。产品有产品的生命周期，当然评估人才发展自然也有其生命周期，一般包括适应期、发展期、成熟期、引领期4个阶段（图1）。与之相对应的人才效益输出的特点是：技术输出、经验输出、思路输出、决策输出等。

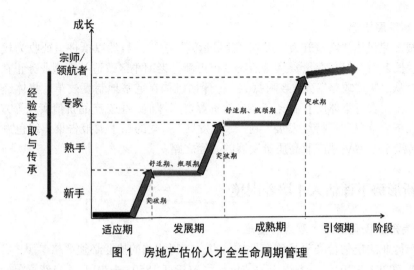

图 1　房地产估价人才全生命周期管理

（一）适应期——找好领路人，描好规划图

人才适应期主要是指从加入企业到逐渐适应企业（文化），熟悉工作内容，能独立承担工作的阶段。该阶段人员冲劲大，积极性高，对工作持有新鲜感，期望能快速融入，当然也是离职率最高的阶段。该阶段的人才培养策略为：

一是找好领路人。配备经验丰富技术导师进行系统辅导，配备生活导师关心其内心期望与真实想法。先在中台部门熟悉工作制度、企业文化、工作流程等，然后再转入业务部门进行专业业务知识的学习。

二是描好规划图。在导师的辅导下做好职业发展近期规划和3～5年中期规划，关注不同阶段需要达到的目标（有定性与定量指标）、具备的技能；房地产评估行业多数对职业资格有要求，结合职业资格证书考取的难易度及要求，合理规划执业相关项目类型，如建议先从城市地价动态监测、土地出让评估等相对标准化的业务入手，再逐步深入到公示地价体系、自然资源分等定级、自然资源资产策划；从资格证书考取的顺序来看，建议先考取房地产估价师、资产评估师、咨询工程师等，在逐步进阶，养成良好的职业习惯。

（二）发展期——沙场秋点兵，培优渥土壤

人才发展期是独立承担工作开始到走向技术骨干或基层管理岗位的阶段，这个阶段评估人才的业务知识、核心技能、业绩能力不断提升，通常为加入估价机构的3～5年内的时间。该阶段的人才培养策略为：

一是沙场秋点兵。创造技能展示、技术培训、技术营销的舞台，参与外部商务洽谈、行业协会年度征文、年度优秀报告评选等；执业自然资源资产评估相关新业务，如园林草分等定级、自然资源资产核算、生态系统价值评估、保租房价值评估等新业务类型，从传统的评估业务逐步延伸至咨询业务、评价业务，逐步消化吸收新业务，总结经验不断复盘，快速成长。

二是培优渥土壤。建立外部专家库，搭建人才与外部专家连通的桥梁，及时解答技术重难点问题，拓宽人才成长空间，将有能力的人才放到重要的后备管理岗位，有管理岗位空缺时可让部分优秀的人才晋升，完善激励晋升和薪酬福利机制。

（三）成熟期——积蓄能量池，建好后花园

成熟期是实现能力与格局跃升的阶段，这个阶段的人才可能已经成长为具有熟练业务能力和较强管理能力的关键岗位人员，如中高层管理者、业务能手等，此阶段的人才也是最易产生骄傲情绪。因此，此阶段人才培养策略为：

一是累能量池，补足事业发展短板。可引入核心中高层管理人员定向培养机制—精英班、"领翔"计划等，参加管理训练营、写作、沟通训练营等，公司积极推荐行业协会青年专家、公示地价体系建设专家等，入围外部专家库，参与外部协会、培训班授课，牵头房地产评估行业规范、标准制定，申报对外重要荣誉奖项，提升软实力，打造职业名片。并进行轮岗锻炼促进工作规范化、标准化、品牌化建设，锤炼和提升专综合素质和履职能力。

二是完善福利，建好后花园。储备人才公寓，解决人才安居问题，给予其愿景激励，让其多参与部门决策，企业文化进行引导，激发其奉献、感恩精神。提升薪资福利待遇，打造中长期发展命运共同体，把核心人才与企业发展紧密相连。

（四）引领期——锚定"方向标"，星火永相传

引领期是开拓战略视野与文化引导的领导力塑造阶段，此阶段评估人员可能已成长为公司高管或核心关键管理岗位人员，该阶段具有较强的战略视野、系统思维能力的特点。因此，此阶段人才策略为：

一是战略决策能力的提升和"方向标"的锚定。邀请外部企业家或专家到企业做分享，组织高端人才研讨；到不同行业、不同企业考察交流，激发企业高管对外部经验的借鉴和学习。以适当的方式为高管配备外部辅导教练，启发高管逐步建立、增强领导力的自信。

二是协同创新，星火永相传。注重激活中高层在丰富的职场经历中已积累的巨大知识经验库，激发其自身能量，促进上下级之间的沟通与交流，并将知识经验在新员工培训、员工恳谈会等场景下进行分享；通过内部管理干部培训班，将公司高管作为参训学员的导师，从企业经营管理、领导力、战略力打造等方面传授，将高管的宝贵经验承载在组织中，并不断沉淀。

四、结语

对于估价机构人才培养而言，其实是一个不断突破瓶颈期，创造舒适期的过程。本文从适应期出发，对人才不同阶段的职业特征和发展诉求进行梳理和评估，在适应期选择好导师，做好职业发展规划；在发展期创造条件，打造平台，让评估人员各显其能，挖掘潜能；在成熟期以多维度打造行业协会青年专家推选、评审专家库入围等方式，通过管理训练营，打造专业名片；在引领期将让更多人受益的战略定力、战略决策能力传承到各个阶段的人才身上，并不断迭代，形成房地产估价人才培养的闭环。增强组织创新活力，激发内生动力，促进行业健康、稳定、良性发展，使基业长青。

参考文献：

[1] 潘世炳, 左煜. 适应高质量发展的房地产估价专业人才培养 [J]. 中国房地产, 2019（2）: 67-70.

[2] 程实, 王宇哲. 内外双循环打造升维竞争力 [J]. 证券市场周刊, 2020（30）: 26-35.

[3] 张笑雪, 李志良. "引、育、留、用"打造人才高地，福州高新区：做优全生命周期人才生态链 [N]. 福州日报, 2022-06-15（4）.

作者联系方式
姓　名：刘小方　胡　晓
单　位：永业行土地房地产资产评估有限公司
地　址：湖北省武汉市武昌区友谊大道 303 号武车路水岸国际 K6-1 栋 20-23 层
邮　箱：274633115@qq.com
注册号：刘小方（4220140025）；胡　晓（4220110057）

新经济形势下，房地产估价师如何提升自身价值

张雪峰

摘　要： 据中国房地产估价师与房地产经纪人学会的统计数据，房地产估价师注册人数已近7万人，但受疫情及房地产行业整体景气指数下行的影响，全国房地产估价机构的年均营业收入近年来持续下降，在此形势下，房地产估价师应如何提升自身价值，拓宽个人执业领域，提高市场竞争力，笔者结合个人及同行经验提出一些建议。

关键词： 房地产估价师；专家证人；评审专家；个人IP

据国家统计局最新发布数据显示，2021年1~9月份，全国商品房销售面积101422万平方米，同比下降22.2%，其中住宅销售面积下降25.7%；商品房销售额99380亿元，同比下降26.3%，其中住宅销售额下降28.6%。9月份房地产开发景气指数94.86，为较低景气水平。

房地产开发业整体震荡调整必将会影响其相关行业，而估价行业又恰好处于相对艰难的转型期，未来5年乃至10年大概率会更加艰难。越是难的时候，越要选择做难而正确的事情，房地产估价师应解放思想，寻求创新发展，广泛参与房地产估价相关的各种社会经济活动，探索开拓新兴领域，进而提高个人市场竞争力。本文通过阐述估价机构发展现状，分析房地产估价师面临的挑战，最后结合个人及同行经验就房地产估价师如何提升自身价值提出一些建议。

一、房地产估价机构发展现状

（一）规模情况

根据中国社会科学院国家未来城市实验室、中国房地产估价师与房地产经纪人学会共同主编的《房地产蓝皮书：中国房地产发展报告》中关于房地产估价行业发展的报告，全国房地产估价机构规模从2020年5566家增长到2021年5750家，同比增长3.3%；房地产估价师注册人数也从2020年63772人增长到2021年67894人，同比增长6.5%。

据国家统计局发布数据显示，2017年到2021年，我国商品房、住宅商品房的销售面积和销售额都呈现逐年递增态势。房地产市场的活跃带动了房地产估价行业的稳步发展，估价队伍迅速壮大，估价法规不断健全，估价标准逐步完善，逐步建立了政府监管、行业自律和社会监督的管理机制。

（二）营业收入情况

虽然房地产估价机构规模不断壮大，一级房地产估价机构数量平稳增长，但近年因疫情及经济形势减缓的影响，房地产估价行业面临传统业务缩减、新业务开拓不足的困境，一级

估价机构平均营业收入持续缩减（图1）。

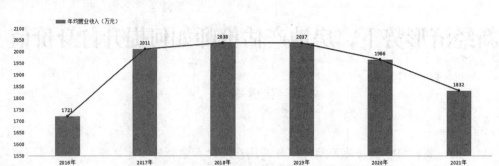

图1　2016—2021年全国一级房地产估价机构年均营业收入情况

数据来源：2021年房地产估价行业发展报告。

二、房地产估价师面临的挑战

（一）房地产估价行业外部竞争

1. 随着全国各地不动产权交易中心税评系统的完善，银行、担保公司等金融机构内评机制的运行，以前房地产估价机构承接的大量简单的估价业务正在迅速减少，只有大型及项目复杂的房地产估价项目才需要房地产估价机构承接，使得整体房地产估价行业的业务不仅量变少而且难度变大。

2. 随着大数据时代的推进，好多知名的大数据公司进入房地产估价领域，比如在司法估价业务上用大数据分析得出的询价建议书，在时间效率、数据上传方面等都比传统房地产估价机构更具有市场竞争力。

3. 房地产估价机构数量增长迅速，专业化服务水平良莠不齐，且存在恶意低价竞争，低收费导致估价服务质量降低，进而拉低整个行业的专业能力和形象。

（二）房地产估价机构内部问题

1. 大多数房地产估价机构内部创新能力不足，经营业务仍以传统抵押估价、征收估价为主，但是伴随着抵押估价业务银行付费、房屋征收项目日趋减少，房地产估价传统业务的"蛋糕"越来越小（图2）。房地产估价机构需要积极谋划业务转型升级，突破发展困境，创新发展思路，开拓新发展领域来应对房地产估价需求、业务类型、业务渠道等不断变化的形势（图3）。

2. 行业内估价机构基本上都是采用公司制，但是对于股东或者合伙人来说，公司制的"资合"比合伙制的"人合"更强调资本的作用，部分估价机构为了争夺市场份额，业务拓展人员成为机构核心，存在过度注重业务而忽视技术的现象，房地产估价师的职业含金量受到了一定影响。

3. 由于国内经济整体减速以及评估业务的衰减，很多评估机构都面临着激烈的市场竞争，很难在短期内扩大公司业务，评估机构没有新增的管理层职位，使得好多房地产估价师没有职场的上升渠道，进而影响到其对自身价值动力的提升。

（三）房地产估价师自身问题

据行业学会统计数据显示，目前全国房地产估价师平均年龄为45岁，整体从业人员学

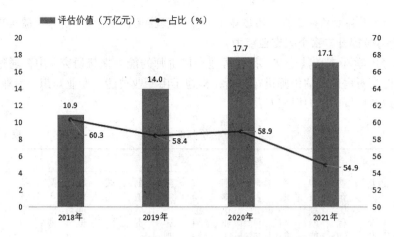

图2 2018—2021年传统估价业务评估价值及占比

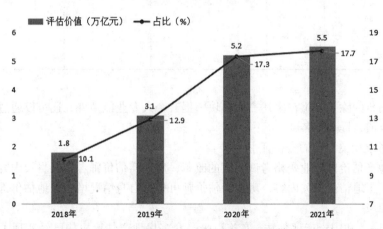

图3 2018—2021年咨询顾问业务评估价值及占比

数据来源：2021年房地产估价行业发展报告。

历水平较高，本科及以上学历占比为65.3%，而且平均从业年限达12年。由此可以看出，大多数房地产估价师学历水平较高，年富力强、经验丰富，具有能力提升的基础，但是由于房地产估价行业曾经的赚快钱、好赚钱的业务蓬勃发展期，使得估价师没有主动提升能力的压力；又由于机构内部上升渠道狭窄，估价师缺乏提升自身价值的动力。

三、房地产估价师如何提升自身价值

《注册房地产估价师管理办法》第十九条"取得执业资格的人员，应当受聘于一个具有房地产估价机构资质的单位，经注册后方可从事房地产估价执业活动"；《中华人民共和国资产评估法》第五条"评估专业人员从事评估业务，应当加入评估机构，并且只能在一个评估机构从事业务"，都要求房地产估价师必须在估价机构中执业。

房地产估价师勤恳工作，用自己的专业能力、估价经验为其所在的估价机构创造财富，获得工资性收入。但随着估价行业整体业务减少，估价机构内部又存在一些限制因素，房地产估价师如何提升自身价值,提高市场竞争力呢?笔者就个人及同行分享经验提出以下建议。

(一)全方位提升丰富个人专业能力

浙江财经大学邓杰在其论文《我国房地产估价师的能力框架研究》中,通过调查研究,基于素质和能力对房地产估价师进行分析,构建了由专业技能、专业知识、专业品质3个模块构成的房地产估价师能力框架(表1)。

房地产估价师能力框架　　　　　　　　表1

专业知识			专业技能				专业品质					
政策与法规知识	房地产估价基础理论知识	建筑工程知识	职业判断能力	沟通协调能力	风险预测能力	基本执业能力	市场感知能力	独立·客观·公正	勤勉尽责	诚实守信	职业谨慎	保守秘密	持续学习	爱岗敬业

房地产估价师除了注重在上述三大模块中提升个人专业能力外,还可以通过以下渠道继续提升自身价值,提高知名度。

1.继续考取相关专业的资格证书

随着房地产估价师职业资格考试制度的改革,房地产估价师考试科目及内容已经发生了变化,增加了土地估价相关内容,房地产估价师可根据自身情况增考土地估价部分内容,拓宽个人执业领域。

《中华人民共和国资产评估法》实施以来,众多房地产估价机构已经实现了资产、土地等多项评估业务的整合,房地产估价师可以结合自身擅长,考虑报考资产评估师、矿业评估师等专业的资格考试,多专业复合型估价师人才也是未来估价行业的核心力量。

2.在行业期刊或是平台上发表论文

中国房地产估价师与房地产经纪人学会每年都会组织召开特定主题的行业年会,并且会围绕年会主题公开征集论文,房地产估价师可以积极参与。除了在行业期刊上发表论文,房地产估价师还可以通过其他平台发表文章,通过将个人的专业知识与经验分享,提升个人在行业领域的知名度。

3.参与各地房地产评估协会组织的评比活动

目前,已有多地房地产评估协会组织关于房地产估价师个人能力的评比与宣传,如深圳市不动产估价协会在网站首页进行"十佳估价师"的风采展示;成都房地产评估协会官网上有独立的专家专栏,多角度呈现专家的履历、执业能力;安徽省房地产业协会门户网站自2018年开始,每月会组织关于房地产估价师就评估报告、评估面积、评估总价值等指标的业绩排名。

各地协会的诸多举措都是旨在调动房地产估价师执业的积极性和创造性,期冀这些优秀的房地产估价师起到模范带头作用,在当地估价行业形成争先创优的良性竞争态势,提升当地房地产估价行业的整体水平,在社会上也获得积极正向的反馈。

（二）积极参与涉及房地产估价的相关工作

1. 以司法证人的身份参与司法诉讼

2019 年 12 月 26 日，最高人民法院发布《最高人民法院关于修改〈关于民事诉讼证据的若干规定〉的决定》，对民事诉讼过程中的司法评估具有重要指导作用。该决定中指出在民事诉讼中，一方面，估价机构作为鉴定人，出具估价报告作为鉴定书，并应法庭和当事人要求，由房地产估价师出庭做证；另一方面，房地产估价师可以作为专家证人出庭作证。

根据《中华人民共和国民事诉讼法》第七十九条，当事人可以申请人民法院通知有专门知识的人出庭，就鉴定人作出的鉴定意见或者专业问题提出意见。

随着我国法治社会建设进程的不断推进，人们的法律意识越来越强，在司法诉讼中涉及房地产价值争议的时候，当事人都需要专业人士给予专业的意见，房地产估价师参与其中，可以锻炼个人的辩论能力及应变能力。当然，这也需要房地产估价师学习民事诉讼的相关法律法规，更有能力者还可考虑参与国家司法考试，获得法律职业资格。

2. 以房地产估价专家身份参与政府采购活动

2002 年颁布的《中华人民共和国政府采购法》以节约财政资金、促进廉政建设为出发点，引入专业、独立的第三方评审机制——专家评审制度，在政府采购活动的许多重要环节赋予评审专家决定性的权利。多年的采购实践表明，这一制度发挥了积极作用，有效提高了采购质量和采购绩效。

根据《政府采购评审专家管理办法》第六条规定：评审专家应当具备以下条件：1）具有良好的职业道德，廉洁自律，遵纪守法，无行贿、受贿、欺诈等不良信用记录；2）具有中级专业技术职称或同等专业水平且从事相关领域工作满 8 年，或者具有高级专业技术职称或同等专业水平；3）熟悉政府采购相关政策法规；4）承诺以独立身份参加评审工作，依法履行评审专家工作职责并承担相应法律责任的中国公民；5）不满 70 周岁，身体健康，能够承担评审工作等。

从业经验丰富并有意愿参与政府采购活动的房地产估价师可以通过个人申请或单位推荐两种方式，登录当地财政局官网或者公共资源交易平台填写综合评标评审专家申请表，按照要求上传证明资料并通过审核后即进入政府采购专家库，发挥个人的专业所长，在政府采购活动发挥积极作用。

（三）在新媒体平台上打造个人 IP

对房地产估价有非常深入的研究和思考，并且比较擅长表达的房地产估价师，可考虑通过新媒体平台将优势展现出来，打造个人 IP，创造个人品牌。

新媒体是指利用数字技术，通过计算机网络、无线通信网、卫星等渠道，以及电脑、手机、数字电视机等终端，向用户提供信息和服务的传播形态。传统的媒体有电视、广播、报纸、杂志、户外广告等，新媒体是伴随着互联网的高速发展出现的，尤其是智能手机的普及，成了新媒体发展的助推器。新媒体的优势，总结起来有以下几点：1）成本低；2）传播速度更快；3）内容更加多样化；4）互动性更强。

目前已经有很多专注房地产市场分析的博主或是 Up 主活跃在新媒体平台，但其中大多数并非房地产估价专业人员，所做的市场分析往往没有理论基础，比较空泛，希望业内经验丰富的估价师积极投身新媒体平台，从更专业的角度分析市场，分享个人理性的判断。

四、结语

囿于认知所限,笔者只能浅谈关于房地产估价师提升自身价值的几种方法与渠道。在当前全球经济增势放缓,国内房地产市场较低景气的形势下,房地产估价师更不能"躺平",应努力探索,提升自身价值,积极投身各项与房地产估价相关的社会经济活动之中,勇于承担时代赋予的特殊使命。

参考文献:

[1] 中国社会科学院国家未来城市实验室,中国房地产估价师与房地产经纪人学会.房地产蓝皮书:中国房地产发展报告 NO.19(2022)[M].北京:社会科学文献出版社,2022.

[2] 邓杰 宋夏云.我国房地产估价师的能力框架研究[J].审计与理财,2021(1):37-40.

[3] 朱旭.浅议青年房地产估价师的职业困境和应对建议[C]// 估价业务深化与拓展之路.2020 中国房地产估价年会论文集,2020.

作者联系方式

姓　名:张雪峰
单　位:西安通益房地产资产评估测绘咨询集团有限公司
地　址:陕西省西安市莲湖区梁家牌楼 28 号
邮　箱:313697758@qq.com
注册号:6120110036

第六部分

估价行业未来创新发展

培育专精特新估价机构，赋能行业高质量发展

宋星慧　卢义容

摘　要：新时代下，新经济对估价机构的发展提出了更大挑战。传统业务受限下，新型咨询顾问业务仍大有可为。本文借鉴专精特新中小企业的认定标准、发展理念与发展目标，创新性地提出估价机构的专精特新之路，建议深耕市场、塑造品牌、降本增效、差异竞争、创新发展，走出一条专业化、精细化、特色化、创新化之路。

关键词：估价机构；咨询顾问；专精特新；转型；创新

党的二十大报告指出，要深入实施科教兴国战略、人才强国战略、创新驱动发展战略，开辟新赛道、新领域，不断塑造发展新动能、新优势。

现阶段，我国经济从高速增长转向高质量发展，以单一价值评估为主的房地产估价市场不断受到挤压，估价机构应紧紧抓住当地经济社会发展新机遇，积极适应市场新需求，敢转型、能转型、会转型，发展方向往产业链上游土地端或后端的流通经营端延伸，补链强链延链，探索专业服务、精细服务、特色服务、创新服务，让业务数量、质量及营收步入快速发展通道，不断增强核心竞争力，提高企业发展韧性和可持续成长能力。

一、顺势而为——估价机构咨询顾问业务诞生

当今，估价机构面临来自信息技术、市场、政策环境变化带来的冲击，主要表现在：

（一）信息技术对估价行业的冲击

高科技算法估价模型、网络询价、自动估价平台不断建设与完善，传统估值服务受到前所未有的冲击。

（二）成熟市场信息呈公开化趋势

市场透明估价需求量减少。公开可查询的房产税基评估数据系统、房地产公共数据平台建设，政府定期公布新建商品房备案价、二手房屋交易及租赁参考指导价，使得客户对估价机构依赖性大大降低。

（三）房地产新发展阶段，传统估价市场萎缩

我国进入"房住不炒"新阶段，金融机构对涉及房地产的融资项目重点监管，房地产政策、金融政策收紧的大环境下，以市场主体交易为主的估值服务需求量直线下滑，一些传统估价业务占比较高的机构，抵押类业务快速萎缩，估价机构亟需寻找新的发展方向，转型专精特新咨询顾问服务。

二、前瞻理念——估价机构的专精特新咨询顾问

(一) 专精特新概念的提出及重大意义

"专精特新"概念于 2011 年 7 月由工业和信息化部首次提出；2021 年 7 月末，中央政治局会议首次提出发展"专精特新"中小企业；2021 年 9 月，北京证券交易所宣布设立，其核心是为"专精特新"中小企业服务。2022 年 6 月 1 日，工业和信息化部发布的《优质中小企业梯度培育管理暂行办法》中明确专精特新中小企业认定标准，并于 8 月 1 日开始施行。

发展专精特新中小企业，有利于促进经济发展三大变革和制造强国战略，推动经济发展实现质量变革、效率变革、动力变革；引导和助推中小企业发展。

估价机构虽然不一定达到工业和信息化部专精特新中小企业认定的标准，但咨询顾问业务可参照专精特新中小企业的认定标准和发展理念、发展目标，深耕市场、塑造品牌、降本增效、差异竞争、创新发展，走出一条专业化、精细化、特色化、创新化之路，实现估价机构高质量发展。

(二) 专精特新估价机构的内涵

主要表现在 4 个方面：

1. 专业化：深耕细分市场，培养核心能力

从事特定的专业细分市场一定年限，并有一定的市场占有率。估价机构专注核心优势业务，具备专业化服务的能力，其产品和服务在土地、房地产产业链某个环节中处于优势地位，提供优质服务和产品。

2. 精细化：服务管理高效，经营效益卓越

产品细分，服务品质精良，经营管理高效，建立精细高效的制度、流程和体系，实现经营精细化、管理精细化、服务精细化，形成核心竞争力。

3. 特色化：打造特色产品，树立行业标杆

估价机构针对特定市场，比如土地二次开发咨询顾问市场、股份公司集体资产评估市场、上市公司股权评估市场、特定的委托方如政府城市更新部门、四大国有资产管理公司等，提供独具特色的产品或服务。

4. 创新能力：深度挖掘整合，创新引领市场

主要指发展理念创新、产品创新、服务模式创新、各类数据化系统平台创新等，创新的服务模式及产品在全市甚至全国得到广泛应用与推广，附加值高，经济社会效益显著，引领市场。

三、守正创新——新时代咨询顾问服务模式及内容

新时代，估价机构需要悟透中央、省市各项顶层政策设计，紧跟时代发展步伐，发现业务机会，领先一步，差异竞争，不断迭代创新服务模式，研发新的服务产品，取得可持续发展。

(一) 服务模式：从单一估值模式走向多形式综合服务模式

随着房地产市场的发展，估价机构咨询顾问业务经历了 3 种服务模式：

1. 模式一："估值+咨询"服务模式

2000年以后，中国房地产进入蓬勃发展时期，估价机构开始逐步进入到房地产净地开发、征收评估与督导、土地二次开发、政府课题研究等咨询顾问领域，向"估值+咨询"服务模式转型。

2. 模式二："估值+全程咨询+实施运营"服务模式

随着信息化技术的快速发展，一些估价机构开始将纯粹的估价咨询服务发展为以提出解决方案，并依照方案帮助委托方进行项目统筹运营为主，估值为辅的"估值+全程咨询+实施运营"服务模式。

3. 模式三："咨询+代理+投资"服务模式

一些估价机构在咨询顾问业务中深挖洞、广积粮，代理搬迁签约谈判、代理土地房屋疑难杂症研究及手续办理、代理开发报建手续，甚至参与投资，重资产运营一些产业园区、商业物业或深度参与一些风险较小的旧改项目，以期获得最大收益。有的机构以专业技术服务作价入股，进行项目深度合作。

（二）服务内容：从"小估价"走向"大估价"

新时代下新经济繁荣，要求大转型时期的估价机构由"小估价"往"大估价"咨询顾问方向延展，从传统纯估值走向以估价专业为基础的大估价。

1. 新增市场房地产项目全流程新服务

根据市场需要，估价机构可以为新增市场中房地产开发项目全流程提供相关的服务，即集前期调研、资金概算、补偿安置政策研究、可行性研究、评估咨询、策划代理、招商销售、代理融资等为一体的全程服务。

2. 存量资产领域新服务

2022年6月，国家发展改革委办公厅印发《关于进一步盘活存量资产扩大有效投资的意见》，估价机构开拓相关市场业务，可为其提供资产信息管理服务：包括对物业资料的完善、政策研究以及档案更新，完善物业产权登记条件，建立信息管理服务系统；提供政府物业确权与办证服务，无法办理产权登记的物业，资产全面清理并推进产权登记，逐步全部纳入行政事业单位国有资产管理体系；提供物业价值监测服务：包括物业价值评估、物业评级、评分预警提示；提供物业价值提升与招商运营服务：包括物业优化升级、销售、招商、融资、运营等相关配套服务。

存量资产领域重点关注城市产业空间咨询业务。未来租售交易相关业务需求越来越多，另一方面，通过统租统购产业空间以定向招商引导产业发展方向，实现制造强国的顶层规划。

3. 金融领域新服务

估价机构服务产品主要为：押品信息管理、押品现场调查、业务统计分析、押品动态监测等为一体的贷前、贷中、贷后全线服务。资产证券化估价中，估价人员要在信息披露、价值分析、未来预测、跟踪反馈、并购估值方面提供服务，为企业"投、融、管、退"提供全流程服务。

4. 土地二次开发领域新服务

随着城市土地资源和发展空间越来越紧张，通过城市更新、土地整备等手段提高土地利用效率、带动产业结构升级、优化城市空间、促进城市发展成为必然，由此衍生的评估咨询业务大幅增长，新型的城市拓空间领域新服务包括为政府提供顶层政策设计、为实施主体提供项目全链条咨询顾问实施服务等。

以深圳为例。深圳实践了以"房屋征收""土地整备""利益统筹""城市更新""老旧住宅区改造""农地入市"6大模式为主的土地二次开发咨询服务。

5. 集体土地与乡村振兴领域新服务

《中华人民共和国土地管理法》标志着以立法的形式确立了集体建设用地与国有建设用地同权同价的目标。党的二十大也吹响了"全面推进乡村振兴，坚持城乡融合发展，畅通城乡要素流动"的冲锋号。

伴随各地农村集体经营性建设用地入市管理办法的出台，集体土地资产陆续进入公众视野。农村集体资产管理制度，明确集体经营性用地出让、租赁、作价出资等有偿入市评估服务。集体建设用地基准地价公示地价体系、集体土地成片开发方案、经济测算、乡村振兴及村集体土地盘活和可持续发展等咨询服务。

6. 自然资源评价评估领域新服务

根据自然资源部发布的《关于做好2022年度自然资源评价评估工作的通知》，估价机构可发挥专业优势，配合自然资源主管部门，推进自然资源分等定级、构建自然资源政府公示价格体系、优化自然资源等级和价格监测，做好园地、林地、草地分等定级标准体系以及自然资源政府公示价格体系构建工作，包括不限于自然资源清查、评价、评估、确权、登记、空间规划、开发保护等。

7. 估价数据系统管理服务

随着信息技术的发展，估价机构开发各类数据系统，为金融机构、国有企业、大型民营集团、各级地方及乡镇政府服务。主要包括金融评估数据服务、估价支持数据服务、资产管理服务、不动产运营管理服务、土地二次开发征拆系统。

8. 保障性住房领域新服务

2022年《政府工作报告》再次强调，促进住房租赁市场良性发展，推进保障性住房建设。在基础设施公募REITs领域，证监会办公厅和国家发改委办公厅联合发布文件，进一步推动REITs业务规范有序开展。2022年7月11日，首单红土创新深圳人才安居保障性租赁住房封闭式基础设施证券投资基金获深圳证券交易所审核通过，拉开保障性租赁住房REITs的序幕。估价机构可从事保障性住房关于租金底价、交易参考价、租赁方案设计、装修成本定价、物业服务费以及公募REITs的相关评估服务。

四、构建新格局——聚焦专精特新，形成咨询顾问发展新优势

估价机构如何抓住新经济的机遇，做好专精特新咨询顾问，助力城市产业空间拓展、保障房建设、国有资产盘活、存量资产与新金融服务等重大国计民生项目，值得每一位从业者深入思考。

培育专精特新估价机构，必须深刻领会党的二十大提出的"六个坚持"：坚持人民至上、坚持自信自立、坚持守正创新、坚持问题导向、坚持系统观念、坚持胸怀天下。专精特新主要体现在专业化、精细化、特色化、创新能力4方面。

（一）在专业化方面：**系统观念，以专注铸专长**

估价机构咨询顾问要积极适应国家产业升级和供给侧改革新形势要求，用系统观念解决问题，从专业市场、专业产品、专业团队、专业平台4方面发力，补短板、煅长板、填空白。

1. 专业市场：深耕特定细分市场

估价机构根据自身的市场比较优势，找到赛道，确定目标，构建业务营销体系。在咨询顾问细分市场深耕至少 2 年以上，在区域市场占有一定市场份额，争取主营业务收入年增长率 4% 以上，咨询顾问业务营收占总营收的 60% 以上，主营产品行业领先。

2. 专业产品：持续研发新产品

不断研发新产品，使新产品可多场景反复应用，充分预估新产品市场空间，提高人均产值，实现企业可持续发展。

3. 专业团队：建设高素质人才队伍

人才是第一资源。机构需培养员工三大技能：技术性技能，即具备规划、土地与房地产估价、经济、营销、法务等专业知识；人际性技能，概念策略性技能即解决关键问题的能力，建设一支招之能来、来之能战、战之能胜的高素质人才队伍。

4. 专业平台：搭建智慧化服务管理平台

包括机构对外服务技术数据平台、内部管理数据平台。通过可视化自动化流程，管理大数据，优化机构和项目运营管理。开发征拆管理数据平台、资产管理数据平台、产业招商运营数据平台，并获房地产估价作业支持系统软件、项目管理系统软件、E 征拆管理系统软件等多个计算机软件著作登记权证书、实用新型专利证书等，为公司的咨询顾问业务锦上添花，构筑属于自己的护城河。

（二）在精细化方面：问题导向，降本增效

树立客户至上的服务意识、成本管理意识、质量管控措施，向优秀的制造企业学习。具体表现在 3 方面：

1. 经营精细化：提高净利润，降低资产负债率

对标全国及区域头部机构综合收入、净利润水平、人均产值、数字化水平等相关指标，找差距，定措施，增收增利，提高企业发展韧性。

2. 服务精细化：客户至上，打造品牌

快速发展的房地产市场，客户要求服务方案落地化、效益化、定制化，需求牵引供给，供给创造需求，真正实现以客户为中心，解决客户痛点，提升细分市场的知名度和美誉度。

3. 管理精细化：规范化、模块化、系统化

在发展中规范，在规范中发展。通过 ISO 9001 质量管理体系认证，让企业的质量管理水平上新台阶。搭建知识平台，编制各类业务操作手册、加强人员培训，实现管理规范化、模块化、系统化。根据员工特质将其培养成操作员、熟手、高手、专家，提高企业市场竞争力。

（三）在特色化方面：增强品牌识别性，差异化竞争

1. 产品特色：因地制宜，行业创新

比如自然资源评价评估、数字资产评估等是行业细分市场的产品，容易形成差异化竞争；土地整备、利益统筹、城市更新咨询顾问是依据当地政策，因地制宜形成的特色服务。

2. 服务特色：全方位服务，数字化赋能

估价机构的服务特色以深圳土地整备利益统筹服务为例，主要包括三大统筹、十二项全能服务。三大统筹指全程统筹管理、实施主体统筹管理、征拆系统运营管理；十二项服务包括集体资产处置评估及全程咨询服务、评估全方位服务、项目推进督办、前期调查、补偿方案等政策文件制定、权属信息核查及结果公示、宣传培训、协商谈判、协议签订、房屋移

交、产权注销、各种疑难个案处理。深圳英联在此领域已取得深圳多个"第一"的好成绩。

3. 人才特色："专""全"结合，自信自立

随着房地产评估、土地评估、资产评估的融合发展，多专业复合、多证在手的复合型估价师逐渐增多。行业需要打开视野，关心国家政治经济形势，自信自立，不做井底之蛙的估价师。

（四）在创新能力方面：与时俱进，守正创新

估价机构要以创新驱动、高质量供给引领和创造新需求。

1. 产品创新：加大研究团队投入，填补市场空白与短板

产品创新需要研发投入，建议年度研发费用投入占营业收入总额比重不低于3%，可设立各类研究院，鼓励员工在公开出版刊物上发表专业论文，营造浓厚的研究氛围。

创新最终需要人才实现。估价机构近几年面临人才短缺，顾问研究投入不足，基础研究、政策研究薄弱等问题，导致产品创新滞后，需要增加硕士以上学历，拥有各类专业资质证书的人才。

2. 管理创新：激活管理要素，打造创造型组织

在竞争激烈的市场环境下，机构管理者需采取新思路、新手段，创新管理体制、管理组织、管理模式。比如建设知识管理平台，提高员工工作效率和技能素质、建设V估价平台，提升员工业务处理能力，建设云管理系统，提高项目管理、行政人力资源管理事务处理能力。

3. 平台创新：丰富数据系统，打造数字企业

未来，数字化是一个非常明确的趋势，所有企业无可逃避地必须迎接数字化浪潮。拥有房地产大数据的机构可以将数字产业化，单独将各类数据系统平台做大做强，打造数字企业。同时，机构可设创新学院，策划各类技术、管理、文化创新活动，搭建创新交流平台。

五、结语

新时代，新征程，培育专精特新估价机构任重道远。我们相信，坚持党的二十大提出的"坚持科技是第一生产力、人才是第一资源、创新是第一动力"的科学发展理念，估价机构定能在新时代焕发出新的生机，为实现中国式现代化贡献智慧和力量。

作者联系方式

姓　　名：宋星慧　卢义容

单　　位：深圳市英联资产评估土地房地产估价顾问有限公司

地　　址：广东省深圳市福田区深南路与竹林交汇处博园商务大厦8楼

邮　　箱：songxh3062998@sina.com；119529972@qq.com

注册号：宋星慧（4419960024）

估价机构数字资产的体系构建与价值挖掘

——以估价机构征拆咨询顾问服务领域数字资产为例

童款强　吴　青

摘　要： 随着各行业信息化程度提升，数字资产成为企业的重要资产。估价机构在服务过程中，同样形成大量的数字资产，但是在数字资产的信息化管理、集成化整合、再利用价值挖掘方面，依然存在巨大的探索和提升空间。本文以估价机构征拆咨询顾问服务领域数字资产为例，就估价机构数字资产的内涵、管理现状、体系构建及价值挖掘展开探讨。

关键词： 估价机构；数字资产；体系构建；价值挖掘

一、估价机构数字资产内涵解析

根据目前流行的定义，一切以数字形式存储的内容都可以称为数字资产，包括企业运营数据、业务流程、业务系统、电子表格、文本文件、音频文件等。结合估价机构服务内容及特点，笔者认为估价机构数字资产可划分为估价机构服务产品成果、估价机构服务支撑体系、员工个体智力经验沉淀3个方面内容。

（一）估价机构服务产品成果

估价机构在服务过程中形成的成果及过程材料，是其核心数字资产。例如：

1. 价值评估服务产品成果。包括开展土地、房地产、设备资产、生态自然资源等价值评估服务过程中形成的成果报告，以及作业过程中积累的委托资料、产权资料、现场查勘资料、市场调研资料、政策法规资料等相关材料。

2. 课题研究服务产品成果。依托价值评估业务基础及客户资源，估价机构承接了大量课题研究类服务，包括不同服务领域的政策研究、城市区域性发展调查研究、重大项目专项研究（可行性研究、经济测算、社会稳定风险评估等），相应成果及过程材料成为数字资产重要内容。

3. 咨询顾问服务产品成果。近年来，估价机构一直在探索业务创新，由价值评估服务拓展到多元化的咨询顾问服务领域，以征拆咨询顾问服务为例，估价机构为政府部门或市场主体提供项目摸底调查、路径研究、经济测算、宣传策划、政策咨询、谈判顾问、项目管理等全流程专业服务，在此过程中形成的服务成果、项目档案、经验总结等，是极具价值且体系庞大的数字资产。

（二）估价机构服务支撑体系

估价机构要实现服务成果高品质、高效率输出，需要依托企业技术与管理两方面的支撑体系提供支持。估价机构服务支撑体系既是其数字资产的构成部分，也是数字资产的底层基础。

1. 估价机构技术支撑体系。包括三个方面，一是行业文件汇编，如开展服务需遵循的政策法规、规章制度、行业规范、技术标准等；二是内部作业指引，如相关成果格式范本、操作手册、作业规范、执业道德等；三是技术审查体系，如成果报告多级审核体系、重大疑难报告研讨机制等。

2. 估价机构管理支撑体系。包括三个方面，一是企业客户管理，如客户资源、客户维系体系等；二是企业员工管理，如员工档案、成长计划、培训课程、梯队建设等；三是企业行政管理，如系统性的管理制度、管理过程中形成的档案及数据等。

估价机构技术及管理支撑体系的组成内容，以及支撑体系在运行过程中所形成的成果、档案、经验等，都构成估价机构的数字资产。

（三）员工个体智力经验沉淀

人才是估价机构的核心竞争力。估价机构以法人主体形式承揽业务、提供服务，但所有工作都必然通过人（员工个体）才能实现，在此过程中，依托企业平台，员工个体逐渐积累丰富的操作经验及扎实的技术沉淀，成为企业极具价值的数字资产。例如员工撰写的专项论文、输出的培训课程、开展的经验分享，都构成企业的数字资产。通过上述方式所呈现出来的内容，仅仅是员工个体智力成果的极小一部分，每一位有经验的员工都是一个独立的数字资产宝矿，值得估价机构深度挖掘，但这也是估价机构数字资产构建及再利用的难点所在。

二、估价机构数字资产管理现状

对于传统的估价服务，许多优秀的估价机构通过开发自动估价系统等方式，对数字资产进行了整合和价值再利用。但是，对于大部分估价机构而言，特别是在新型咨询顾问服务领域，现阶段对数字资产的管理较为滞后，普遍存在以下3个方面的问题。

（一）缺乏数字资产建设的意识与动力

估价机构普遍建立了报告等相关成果存档、备份、检索机制，但是对于数字资产信息化管理、集成化整合、再利用价值挖掘，缺乏相应的意识。另外一方面，绝大多数估价机构的数字资产，主要用于企业内部的规范管理、提升效率、提高品质等方面，难以实现经济价值的变现，而数字资产建立及丰富完善的过程，需要投入大量的人力物力精力，由此导致公司管理层也缺乏数字资产管理的内生动力。

（二）缺乏数字资产存储的工具与载体

目前，对于数字资产成果，估价机构普遍采取硬盘存储、定期备份的方式实施管理，将分散于各项目、各员工的材料统一拷贝到公司的硬盘空间，该形式本质上只是电子材料的备份与堆砌，没有实施数字资产的构建，无法实现统一归集、动态管理、分类检索、直观呈现的目标，方式落后且效率低下。

（三）缺乏数字资产管理的措施及手段

如前文所述，估价机构数字资产包括服务产品成果、服务支撑体系以及个体智力经验，这些资产分散于各项目、各人员、各设备终端，在集合整理时面临巨大的难度，需要调动全员全过程配合。尤其是个体智力经验，要转化为可视化、可借鉴的成果需要当事人耗费极大的精力，且需要其具有乐意分享的意愿。从目前来看，估价机构普遍缺乏系统性的管理措施及有效抓手，缺乏体系化的数字资产体系建设推进手段。

三、估价机构数字资产体系构建

针对上述问题，要构建数字资产体系，估价机构需要做好3个方面的工作：一是搭建数字资产的存储载体，实现统一存储、实时备份的目标；二是谋划数字资产的类型板块，实现定向整理、多元应用的目标；三是推进数字资产的内容导入，实现内容健全、持续完善的目标。

（一）搭建数字资产的存储载体

万丈高楼平地起，搭建数字资产存储载体，相当于建设数字资产这一座大楼的地基。鉴于当前大多数估价机构数据管理现状，首先需要解决公司对分散在各项目、各员工数据的同步存储问题，在此基础上，企业才具备对核心数字资产实施进一步深度整合、发掘和应用的可能性。

1. 构建数据云存储仓库，实现公司对分散数据的实时备份。通过将数据云存储仓库映射到本地电脑上，建立公司总部与各项目、各设备终端的云端链接。各项目在工作开展过程中，形成的数字成果仍在本地电脑上编辑、存储，但通过映射，实时同步备份到公司数据云存储仓库，类似于"云上作业、在线编辑"。依托该功能，不需再通过硬盘拷贝方式对数字成果进行备份，而且对获得权限的管理人员，可随时全面调取、审阅各项目的资料数据，极大地提高管理效率。

2. 构建数据可视化平台，实现公司对核心数字资产的整合。数据云存储仓库可解决企业对分散数据实时存储及协作访问问题，但就数字资产而言，这些只是"数字资产原材料"，如何打造可视化的"数字资产产品"，需要对原材料进一步整合、提炼，也需要一个更为智慧、可视的载体进行存储、展示，类似于自动估价系统对自动估价数字资产的承载及展示。因此，为实现核心数字资产的整合，打造数字资产的竞争力，提升数字资产的洞察力，估价机构有必要构建全方位数据可视化平台。

（二）梳理数字资产的产品模块

对内而言，数字资产承载着企业的专业成果及核心竞争力，而要促进数字资产更好地发展，必须考虑如何推动数字资产对外可带来的品牌价值提升或经济效益变现。因此，在梳理企业数字资产的功能分类及产品模块时，除了聚焦机构自身已积累的成果内容之外，更需要站在潜在客户需求的角度进行分析。下面以征拆全流程咨询顾问服务为例，与大家分享笔者公司在构建数字资产时对产品模块的梳理逻辑。

1. 政策法规体系模块。深圳逐步构建了城市更新、房屋征收、土地整备、利益统筹、棚户区改造等多种方式并存的土地二次开发征拆方式，陆续出台了一系列政策法规，并在不断完善之中。另外，深圳各区在市政策文件的基础上，结合辖区实际情况出台操作细则或指引，导致整个政策法规体系极其庞大。对此，构建政策法规体系模块，收集、整理、分类、解读相关政策文件，在确保政策法规齐全的基础上，结合项目类型及工作推进阶段，匹配关联的政策文件，形成高效的政策工具，尽可能找得着、看得懂、用得上。

2. 项目过程管理模块。征拆全流程咨询顾问服务项目呈现点状分散的特点，分布于市区各街道，员工绝大部分时间均在项目现场提供服务。为实现总部对各项目的有效管理，除总部派出指导团队定期督导、项目负责人定期回公司汇报等方式外，依托信息系统，设置项目管理模块,通过流程化指引,一方面指导各项目按照规范要求开展作业,另外一方面要求各项目结合实际进展情况及时填报项目动态、进展、存在问题等。在实施项目管理过程中,相关成果即时转化为数字资产,并纳入对应项目口径下全链归集。

3. 重大成果指引模块。在提供征拆咨询顾问服务过程中,估价机构形成了大量技术类成果,如项目工作方案、摸底调查报告、可行性研究报告、补偿安置方案、项目签约操作手册、签约启动仪式策划方案、谈判清租攻坚方案、产权注销方案、回迁分房方案等。通过设置重大成果指引模块,要求各项目在相应成果形成正式稿之后及时上传到相应的节点(每个成果在编制过程中往往涉及大量的过程稿,为避免数据冗余,公司总部仅对最终定稿进行存储),对后续项目提供参考指引。

4. 特殊疑难个案模块。深圳征拆情形极其复杂,存在大量政策法规及项目补偿方案未能覆盖的特殊疑难问题,各区土地整备部门及街道办事处采取"有例循例"的方式进行差异化处理。经年累月,形成了大量的特殊疑难个案处理方式,并通过会议纪要的形式予以明确。通过设置特殊疑难个案模块,将各项目遇到的疑难问题进行整理,明确案例背景情况、政策分析过程、最终处理方式,形成疑难个案案例库,并参考搜索引擎检索技术,匹配关键词检索,为后续类似项目的处理提供大量的案例借鉴。

5. 员工培训课程模块。前述四大模块是对征拆咨询顾问服务过程中形成具象化的数字资产的分类整理。如前文所述,估价机构核心数字资产还包括员工个体智力经验沉淀,而这也是最难获取的内容。事实上,在构建重大成果指引、特殊疑难个案模块时,对分散于员工个体的技术经验及智力沉淀实现了部分整合,在此基础上,构建员工培训课程模块,提出课程要求,由经验丰富的员工制作课件、分享课程,公司做好视频录制,实现将员工抽象化经验转化为具象化数字资产的目标。

(三)推进数字资产的内容导入

在完成数字资产存储载体、产品模块搭建后,相当于完成了数字资产这一座大楼的地基及主体框架,但要达到可投入使用的目标,还需要进行内容的填充导入,而这也是持续性的工作,需要调动全员全过程配合。以下仍以笔者公司的实践为例,围绕前述数字资产产品模块,通过以下方式推动内容的导入与持续完善。

1. 组建数字资产建设专项工作小组。对于整个数字资产体系的构建,组建由公司总经理牵头的数字资产建设专项工作小组,成员由熟悉公司不同业务领域板块的资深人员及系统开发人员构成,定期召开会议,集体讨论推进数字资产的底层架构、产品模块梳理、展示界面布局等。在公司管理层面引导数字资产的建设意识,做好资源调度、部门配合、经费支持等组织保障。

2. 安排专职人员分别跟进产品模块。对于不同的产品模块,安排专职人员分别跟进,落实到人。以政策法规体系模块内容的导入为例,安排具有一定研究水平及专业能力的专职人员,负责梳理政策法规,对既有的政策法规根据项目类型、适用的工作阶段及事项等口径进行整理,并及时收集市、区最新的政策文件,做好解读及内部分享。

3. 项目指定核心人员对接信息系统。对于项目过程管理、重大成果指引、特殊疑难个案等模块内容的导入,由项目指定核心人员对接信息系统,在各节点、各成果定稿后,第一时间将相应内容上传至系统,实现过程管理及重大成果存储;另外,在项目接近尾声时,项目组织复盘,将疑难个案按要求整理上传到信息系统。

4. 统筹推进月度精品培训课程体系。对于员工培训课程模块内容的导入,以往采取员工自行报名进行分享的方式推进，但效果不理想，无法做到持续性及连贯性。对此，数字资产建设专项工作小组建立月度精品课程培训体系，每个月固定开展全员参与的培训课程，并根据员工的经验及擅长领域，提前明确讲师，要求提前制作课件，确保品质；在实施培训时，全程录制视频，进行后期制作后，上传至培训课程模块。在此过程中，一方面实现了将员工抽象化经验转化为具象化数字资产的目标，另外一方面，通过在课程中添加讲师的简介及授课影像，结合公司公众号宣传，推广建立员工个人品牌，提高其参与积极性。

四、估价机构数字资产价值挖掘

数字资产对企业带来的价值是多方位的，既有利于企业内管规范管理，也可助力企业外部业务拓展；既可带来更佳口碑的无形价值，也可通过数字资产产品输出获得经济回报。

（一）数字资产对企业内部管理的价值

1. 完善档案存储管理。通过构建数据云存储仓库，实现公司对分散数据的实时存储及协作访问；通过构建数据可视化平台，实现公司对核心数字资产的全局整合。在政策法规体系、项目过程管理、重大成果指引、特殊疑难个案、员工培训课程等各模块构建过程中，实现成果提炼、有序存储、分类管理。

2. 引导项目规范操作。通过项目过程管理、重大成果指引、特殊疑难个案等板块的导入，建立清晰的工作开展流程指引、提供类似文案或指引成果参考，引导各项目规范操作。

3. 优化企业治理效能。数字资产体系构建及内容梳理，本身是对企业业务管理、流程管理、人员管理、成果管理等多维度进行深度复盘、深入思考的过程。在数字资产建设时，同步优化企业的管理机制，提升企业治理效能。

（二）数字资产对企业外部拓展的价值

1. 提升企业品牌价值，获得品牌效益。估价机构在提供服务过程中，依托构建的数字资产可为客户提供更高品质的衍生服务，例如便利性政策查询工具、系统化的培训课程体系等；同时，依托丰富的项目积累及经验提炼，可为客户快速解决特殊疑难问题，提升客户对估价机构的认可度，提升企业品牌价值。

2. 输出数字资产产品，获得经济效益。创造经济效益，是估价机构持续构建完善数字资产的重要保障和动力源泉。如前文所述，估价机构在构建探索数字资产时，需要站在潜在客户需求的角度进行分析。以征拆领域为例，潜在客户为区更新整备主管部门及街道办事处，其对于项目的指导与监管，与企业内部项目管理的逻辑及需求是一致的，企业数字资产所包含的政策法规体系、项目过程管理、重大成果指引、特殊疑难个案、培训课程等各模块，可同样适用于区主管部门及街道办事处。因此，以此作为突破口，以企业现有数字资产的逻辑框架，结合区主管部门及街道办事处的实际需求，估价机构可提供信息系统研发服务，拓展年度咨询服务（配合信息系统，协助客户对各项目进行管理），实现经济价值变现，同时增加与重点客户的链接性。

五、估价机构数字资产发展展望

随着全社会数字化、智能化管理的推进，数据智能管理成为未来发展趋势。不论是传统估价业务，还是新型咨询顾问服务，估价技术与信息技术的结合，估价成果资产与信息工具载体的融合,成为大势所趋,这也是服务与技术发展到一定阶段的必然结果。

随着数字资产及智能系统的应用,将会推动客户对估价机构的服务要求逐步提高,特别是专业化要求极高的新型咨询顾问类服务,高效率、高品质将成为普遍要求。该形势下,数字资产的价值将更加凸显,进一步推动服务机构的品牌认同,增强客户关系粘结,另外一方面,对于未能建立自身数字资产的机构,其差距将进一步扩大,甚至可能被时代抛弃,正犹如我们所经历的智能自动估价对传统估价业务所带来的巨大冲击。因此,建议估价机构尽快树立数字资产意识,及时筹划、逐步推进企业自身数字资产体系的构建。

参考文献:

[1] 李永壮,杨泽新,郭华.数字资产内涵、价值评估与交易研究——基于演化视角的展开 [J].北京财贸职业学院学报,2018,34(3):22-28.

[2] 张苛.品牌资产内涵与品牌价值的关系探究——基于品牌价值链模型 [J].商业经济研究,2018(9):68-70.

[3] 伊春丽.数字档案存储介质及格式研究 [J].决策与信息(下旬刊),2016(11):207.

作者联系方式

姓　名:童款强　吴　青

单　位:深圳市格衡土地房地产资产评估咨询有限公司

地　址:广东省深圳市罗湖区红岭中路 2068 号中深国际大厦 19 楼

邮　箱:514993900@qq.com

注册号:童款强(00096748);吴　青(00113683)

估价行业助力城市资产运营管理水平提升
——以服务房地产租赁市场高质量发展为例

常忠文 李 涛 王 玉

摘 要：房地产是城市重要的存量资产，承担着民生保障、资产保值和发展护航的重要责任。房地产估价行业作为专业咨询力量，有义务也有能力参与到城市资产运营管理水平提升中。房地产租赁市场作为房地产市场的重要组成部分，在房住不炒政策的引领下高速发展，期间也遇到了一些运营管理上的困境。房地产估价凭借专业优势以设计者的角色提供高效实用的运营实施方案，可以协助其走出困境，助力打造既智慧又温暖的城市。

关键词：房地产；租赁；高质量发展；估价行业

一、纲领指引谋发展，估价行业有可为

习近平总书记在党的二十大报告中提出要打造宜居、韧性、智慧城市，同时强调坚持房子是用来住的、不是用来炒的定位，加快建立多主体供给、多渠道保障、租购并举的住房制度。城市的发展不仅需要智慧，而且要有温度。智慧城市必然要求进一步提升资产运营管理水平，促进资产保值增值。城市温暖要求城市房地产管理回归居住属性，提升城市居民的幸福感和满意度。房地产租赁市场的高质量发展是城市资产运营管理水平的重要体现，各地房地产租赁市场仍以存量居民住房为主，公有房地产产权人作为重要的市场供给主体在近几年加快步伐进入租赁市场，发展迅速。但因缺乏有效的规划和管理，运营过程较为粗放，尚未达到预期的效果。

房地产租赁市场高质量发展是城市资产高水平运营管理的重要体现。房地产租赁市场高质量发展离不开房地产估价，房地产估价在房地产租赁市场高质量发展过程中大有可为。同时，房地产估价行业经过多年的发展，需要拓宽成长新路径，开拓服务新市场。从房地产行业的微笑曲线来看，估价行业大部分业务属于微笑曲线的中部，附加价值较小，实现高质量发展需要向微笑曲线的两侧延伸发展（图1）。目前，房地产行业微笑曲线右侧成功案例的典型代表就是贝壳找房。从机会选择的角度，估价行业可以发挥专业优势，提供优质咨询服务，以设计者的角度，参与到城市存量资产运营管理活动中，使服务不断向微笑曲线左侧移动。总之，面对房地产租赁市场的政策导向性和市场有效性的需求，估价行业可以凭借自身的专业优势和先天条件，在助力房地产租赁市场高质量发展的同时也提升自己的发展。

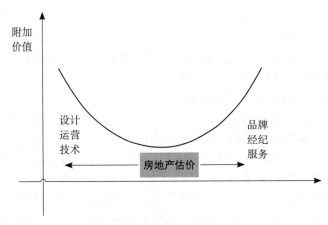

图1 房地产业微笑曲线

二、房地产租赁市场发展中的困境

租赁房地产分为保障性租赁房地产和市场化租赁房地产。保障性租赁住房是保障城市中低收入家庭、新市民群体阶段性住房需求而设置的政策性租赁住房。市场化租赁房地产的范围则更加广泛,是以价格机制调节市场供给和需求的,包括商业、住宅、办公等多种类型房地产。

(一)房源分散,供应缺乏整体性

租赁房地产的来源比较广泛,一类为新增房源。主要来源于近几年新建的专门用于保障性的租赁住房。如商品房小区配建的租赁楼栋,独立建设的公共租赁小区等。另外一部分为存量出租房源,主要分布于国有企业,公房管理机构等。

由于土地资源稀缺,供地分散等原因,独立建设的公共租赁小区分散且位置较偏,不易系统管理。存量房源由于管理单位数量众多,缺乏统一的管理单位,在房源供给、运营管理等方面各自为政,难以形成有效的、系统的租赁供给。这种分散式的供应缺乏整体性,与市场上的实际需求不易进行有效地衔接,容易造成出租的房屋没人租,想要租房的人没房租的状况。

(二)营销缺乏,程序复杂,交易达成度低

房地产租赁的市场化是盘活存量国有资产的重要手段,是落实多主体供应、多渠道保障路径的重要补充。但是政策性租赁房地产一房难求,市场化租赁房地产门可罗雀。究其原因主要有以下几点:

第一,交易达成方式单一。租赁房地产一般都是通过当地公共资源交易中心、国有资产交易网站等少数几个平台进行信息发布,受众群体较小,交易达成度较低。

第二,营销手段缺乏。房地产的基本信息一般都在交易公告中展示,但交易公告内容众多,房产的核心信息淹没在一堆"无效"信息中,让租赁需求者难以获得有效出租信息。同时由于各供应主体负责房地产实物管理的人员较少,且一般不组织对房地产的实地查勘,房地产的一些亮点难以传达到租赁需求者,如位置、配套装修等。在租赁需求者眼中,这只是一纸公告,而不是他们眼中具象的房屋。承租者与出租者也没有有效的沟通渠道,从而不能对房产进行全方位了解。

第三，程序复杂。普通的房屋租赁由中介带看后，双方达成一致就可以立即签订租赁合同完成交易。而保障性租赁房地产一般要经历公告发布、报名、现场竞价、资格审核、签订合同、交款等多道复杂程序。同时，在房地产到期后是否能如期续约又是一个不确定因素。复杂的程序和续约的不确定性降低了承租者的租赁意愿。

（三）运营不善，服务需求难以得到满足

目前，各供应主体房地产租赁运营过程中人才和资金都非常有限，导致运营过程较为粗放。存量房地产大多都是现状出租，缺乏合理规划和改造。相关运营部门对房地产的实际运营状况缺乏系统化、数字化的总结反馈。房地产运营过程中存在有什么问题、朝什么方向发展等都缺少即时有效的数据支撑。

与粗放的运营状况相比，现代化的租赁需求在不断升级。原有的租赁房屋通常挂着建筑品质低、居住环境差、配套不齐全等标签，已经不能满足现代化的居住需求和经营需要。刚迈入社会的新青年群体对物业服务、居住品质、相关配套都提出了新要求，这就需要租赁房地产企业改善运营模式，提升服务品质以满足不断升级的新需求。

（四）信息不明，缺乏统一的信息披露平台

目前，多数房地产租赁机构房屋运营信息不透明，对房屋的租赁状态、产权人、位置、装修、布局、用途、面积等重要信息，没有统一的信息平台运作；目前各个地方政府大都有管理房地产租赁真实性身份认证的平台，但在租赁运作方面欠佳。市场化的平台如58同城、安居客等，也只是由租赁房主进行登记发布，市场化租赁做的积极，但社会化的服务较为缺乏。亟待一个统一的平台进行即时性披露，更需要统一的运营服务。

三、道阻且长，行则将至

房地产租赁市场发展遇到的困境并非是某一个环节的短板，而是涉及房源管理、市场投放和分配、营销、定价、后期管理等多环节、多阶段的问题。政府由于管理方面人手不足，加之房地产租赁工作专业性较高，难以亲力亲为做好各阶段的实施工作。因此多采用政府购买服务的形式委托第三方完成，政府扮演的是统筹管理的角色。而政府要想扮演好这个统筹管理的角色，就需要一份完善、科学、可操作性强的实施方案。

房地产估价机构作为专业房地产咨询机构，从事租赁房地产的运营设计具有天然优势。首先，房地产估价机构长期从事房地产评估和咨询研究工作，对市场需求了解透彻，能准确分析定位市场需求，设计有效的房源供给。其次，其深谙房地产价值规律，不仅能够合理确定房地产出租价格，而且还能设计完成可行的房地产价值提升方案和有效运营方案。最后，近几年随着互联网和数字化的普及，众多房地产评估机构在数字化管理领域已经深耕多年，能够将自己的研究成果赋能到房地产租赁管理领域，为决策者提供及时有效的数字化管理方案。所以，房地产估价机构可以设计出最佳的房地产租赁运营方案。

估价行业以设计者的角色参与设计全流程的房地产租赁运营方案可以从以下几个方面入手：

（一）整合房源，形成有效供给

第一步房源整合，这是方案设计的起点。通过对区域内分散在各部门管理的房源进行汇总统计，整理出可供应的房源类别和数量。

第二步，就是对房源的基本信息进行标准化处理，对地理位置进行矢量标注，建设三维

立体的租赁房屋数据库,形成全域租赁房源"一张图",明确房源分布。

第三步,通过市场调查,确定各区域租房群体的需求和租房需求者的群体画像,如租赁需求群体的年龄段、收入水平分布、职业情况等,分析区域租赁需求。

第四步,根据各区域的租房需求情况,对存量房地产供给方案进行设计和优化。租赁需求旺盛的区域,在存量供给的基础上,可以通过集中新建标准化公共租赁小区或商品房配建的方式进行多渠道供给,配建的比例可以通过需求预测合理确定,做到精准化保障供给。

(二)专业赋能,提升价值

专业赋能,提升房地产在运营过程中可实现的价值是估价师在整个方案中的重头戏。在传统的房地产租赁过程中,房地产的价值不仅没有得到显化,反而最终的交易价格通常会略低于正常的市场价格,这主要是由于缺点被放大优点无人发现造成的。估价师参与租赁交易环节的责任是不仅要真实反映房地产现状价值,还要通过积累的专业知识和项目经验,对出租项目进行赋能来提升房地产的可实现价值。

"专业赋能,提升价值"是通过以往成功的案例经验指导现在项目的施行。房地产估价机构需要对运营成功的房地产提取成功经验嫁接到现在待出租的房地产中。如精准确定租赁需求群体,是保障性群体居多还是市场化租赁群体居多;合理改造房地产实物状况,什么样的户型设计、装饰配套才能最有效满足潜在的租赁需求;科学确定出租业态,对商户类型的如何选择才能保证形成良性竞争,促进资产增值。以合肥市罍街为例,合肥市近十年发展速度较快,成为全国人民皆知的"风投网红城市"。但尴尬的是,长期以来合肥城区没有一个能够被游客称道的休闲文化街区,直到罍街的出现。原来罍街区域是露天就餐区,餐饮品种较单一,就餐环境较差,多为合肥本地人聚餐地(图2)。合肥市政府通过对该区域的改造,将罍街由龙虾餐饮特色街区转型餐饮休闲娱乐文化旅游街区,由一个龙虾大排档转型为特色饮食与徽文化传播的基地,同时也成为合肥市的一张名片,让游客了解到合肥不仅是一个新兴的风投城市,还是一个历史底蕴深厚的文化名城(图3)。改造过程中,相关企业聘请房地产估价机构参与不同片区、不同业态租赁市场的分析定位,制定科学合理的租赁营销方案,为该区域现在业态丰富、人流如织的场景打下了坚实的基础。

图2 改造前的罍街

(三)构建智慧高效的运营体系

房地产租赁运营是一项长期的工作,同时租赁群体存在较高的流动性,入住、退租等活动十分频繁,租户的信息管理工作强度大。房地产建设、运营管理对资金的需求量较大,合理的金融规划和创新是保障租赁房地产企业长期化运营的重要条件。若要高效运转如此庞杂

图3 改造后的曡街

的系统,必需构建一套智慧高效的运营体系。房地产估价机构作为专业咨询机构,对租赁运营全流程都比较熟悉,是天然的运营体系方案设计者。体系构建的主要方向如下:

1. 高站位设计全流程管理体系,打造一体化大平台

房地产租赁运营是一项环环相扣的工作,哪个环节出现短板都会影响整体的运营效果。因此全流程管理体系设计应高屋建瓴,从房源的整合、运营方式、有序退出、资金保障、专业化机构选择、监管等方面要做到合理规划,科学布局,形成专业化运营体系。

对参与运营管理的各方主体纳入统一平台管理。依托APP或小程序将政府部门、运营机构、物业企业、项目建设单位、租客等纳入统一平台,将项目规划、建设、房源供给、申请、签约、租金缴纳、运营等流程进行规范化管理(图4)。

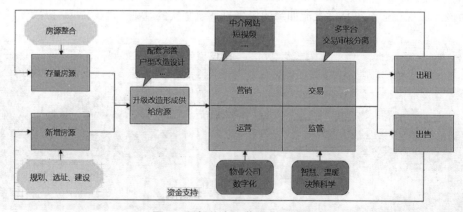

图4 租赁住房运营平台流程图

2. 加强信息化建设,提升数字化决策

信息化建设是将运行过程中的相关内容进行信息化,提升管理效率。数字化是在信息化的基础上,挖掘信息价值,为科学决策提供依据。如因城市发展策略导致某区域租赁需求下降,那么该区域租赁房源就可以减少,将退出的租赁房源进行出售,用来补贴新建项目的资金缺口。

四、以自我之革新追逐新时代之变革

在现代化国家新征程的道路上，我们面对的是日新月异的需求变化和时代环境，要想追逐新时代之变革，就需要我们自己不断自我革新。以设计者的角色助力房地产租赁市场高质量发展谈之不易，实践则更加艰难。除了继续提升我们专业水平外，我们还需在以下几个方面进行自我革新。

（一）观念的革新，牢固树立咨询意识

传统的房地产估价更多的是注重对价值的评估，探寻的是一个结果。我们往往忽略了探寻结果的过程价值，往往这个过程价值能量巨大。要适应新时代对估价行业的新需求就要大力发掘这种过程价值，这就是咨询意识的培养和崛起。比如我们做过的许多租金评估案例，房地产租金之间的差异很大，是什么原因造成了这种租金差异，我们要提炼出来租金高的房地产的共同属性和原因，并将这些共同的成功因素赋能到新的房地产租赁项目上。

（二）管理的革新，实现管理数字化

估价行业的高质量发展不是一两家估价机构的高质量发展，而是整个行业的高质量发展。估价行业的高质量发展，管理数字化是前提。经过多年互联网环境的浸润，多数机构的信息化水平已经得到了很大的提升，线上审核、签章、案例库、档案库、作业流程一定程度上实现了信息化。但是数字化并不是信息化的延伸，而是再升级，是基于信息化的基础，深度价值挖掘。估价机构的最大财富有两个，一是经验丰富的估价师，二是丰富的项目经验。管理数字化的目标一是将经验丰富的估价师转型为资深的咨询专家；二是从积累的项目经验中提炼出管理咨询的核心原料。

（三）人才的革新，人才队伍的建设

人才是估价行业高质量发展的动力之源。房地产估价行业也必须以党的二十大精神"真心爱才、悉心育才、倾心引才、精心用才"为指导，培养高素质、复合型、高层次人才，加强人才队伍的建设。估价行业的人才培养要从两个方向入手，一是吸引更加宽广领域的人才进入，房地产咨询行业涉及的面较广，需要各种不同背景的专才相互碰撞，才能产生创新的火花；二是需要加强高层次人才的培养。房地产咨询行业想要达到高质量发展，就需要形成一定的行业进入壁垒。高层次人才能够准确把握时代发展理念，具备扎实的理论功底和科学的研究习惯，能够更好地满足客户的各种需求，因此高层次人才是深度咨询的基础。

五、行而不辍，未来可期

房地产租赁市场的蓬勃发展给房地产估价行业带来无穷的机遇。估价行业要想把机遇转化为成果，就需要不断地探索和创新。探索创新之路必然会充满荆棘，但只要不断地坚持将这条漫长而又险阻的道路走下去，甘之如饴，估价行业美好的明天就会更加值得期待。

参考文献：

[1] 易成栋，陈敬安.增加租赁住房有效供给的现实困境和优化路径研究[J].行政管理改革，2021（9）：50-59.

[2] 况伟大.中国保障性租赁房政策含义及其影响[J].人民论坛，2021（26）：78-82.

作者联系方式

姓　名：常忠文
单　位：安徽中安房地产评估咨询有限公司
地　址：安徽省合肥市经济开发区百乐门广场尚泽国际 1109 室
邮　箱：56949408@qq.com
注册号：3420030054

姓　名：李　涛
单　位：天津津港房地产咨询评估有限公司
地　址：天津市和平区重庆道 6 号
注册号：1220020034

姓　名：王　玉
单　位：湖南经典房地产评估咨询有限公司
地　址：湖南省长沙市芙蓉中路顺天国际财富中心 16 楼
注册号：4320040080

建立房地产自动估价模型标准，
促进行业健康有序发展

林 晓

摘 要：野蛮生长的自动询值对房地产估价行业带来了巨大的冲击，它不是估价，却"胜似估价"，造成这种乱象的主要原因是缺乏必要的标准和监管。制定房地产自动估价模型的标准，从透明度和质量标准两方面规范自动估价模型，明确自动估价模型与专业估价机构、估价师的关系，有助于促进行业健康有序发展。

关键词：房地产；自动估价；自动询值；标准

一、自动询值给房地产估价行业带来的巨大冲击

（一）自动询值的发展脉络

国外利用计算机程序帮助房地产估价起源于 20 世纪 70 年代，2000 年前后国内就有企业试水自动询值领域，但技术简单，仅仅朴素地将房地产数据筛选后带入估价公式，求取房屋的估价结果。

按照英国皇家特许测量师学会（RICS）的定义，"自动估价模型使用一种或多种数学技术，在指定日期提供指定财产的价值估计数，同时附带对结果准确性和置信度的测量，而无需人工干预"。从这个定义说，国内的估价应用程序缺少"附带对结果准确性和置信度的测量"，质量难以保证，所以还不算"自动估价"，只能是"自动询值"。

这一阶段的自动询值受制于房地产估价的法定地位，只是暗流涌动。

真正的转折点是 2018 年 9 月 1 日施行的《最高人民法院关于人民法院确定财产处置参考价若干问题的规定》（以下简称"《规定》"），明确在司法处置时，允许使用网络询价方式确定参考价。

随着政策上的突破，自动询值在"速度、成本、规模、一致性"4 方面优势的驱动下，得到迅猛发展。目前，自动询值在深圳、上海等地金融机构使用率已达到 90% 以上，其他地方的金融机构也有旺盛需求。以 2022 年 11 月 19 日为例，打开千里马招投标网站，以"银行 + 数据 + 自动 + 估价"关键字搜索近三个月招标公告，就有 150 多条记录。

（二）自动询值对房地产估价行业的冲击

自动询值对房地产估价行业带来的冲击体现在三个方面。

1. 冲击估价程序

《规定》给房地产估价行业带来的震撼主要是它对房地产估价程序的突破。网络询价既不需要专业估价人员，也不需要现场查勘，背离了房地产估价规范对估价程序的要求，一时间让估价从业人员无所适从。

2. 冲击估价业务

司法业务虽然是房地产估价的传统业务，但是收入占比只有1%～2%，冲击最大的是抵押估价业务。有了最高人民法院的示范作用，金融机构纷纷效仿，以自动询值取代传统评估。在《规定》颁布的2018年，全国一级估价机构的营业收入中，抵押估价占比82.93%，而到2021年，这一比例下降到56.3%。

3. 冲击估价市场

自动询值打开了一个非估价机构进入传统估价领域的大门，类似安居客、阿里拍卖、链家贝壳等网络数据公司，握有大量的房地产案例数据，提供数据服务的边际成本几乎为零。他们在没有市场监管、没有专业估价人员审核的情况下，将数据通过简单处理后就对外提供自动询值服务。为了抢夺银行客户，他们以极低的价格击冲估价行业的市场。有些招标项目甚至出现单次询值1分钱的报价，极大扰乱了估价市场。

二、把自动询值建设成为房地产自动估价

（一）自动询值是房地产估价吗

1. 自动询值并不等于房地产估价

许多银行在数据招标时，要求投标单位有房地产估价资质，隐含的意思就是把自动询值视为房地产估价的替代品。真是如此吗？

房地产估价是指由专业机构和专业人员，按照房地产估价规范的要求，对估价对象在价值时点的价值进行估算和判定的活动。由于其规范性和严谨性，估价师的价值意见属于具有公信力的专业意见，并承担法律责任。

自动询值的结果是否可以被认为是一种评估，在国际上也有相当大的争议。国际估税官员协会IAAO执行委员会于2018年9月通过了自动估价模型标准，认为通过了可靠性审查，并符合USPAP标准6的自动估值模型被认为是房地产估价。

目前市面上的自动询值，即使由房地产估价机构开发，基本上就是比较法的变形，没有可靠性审查一说，所以无论按规范要求，还是按国际评估官员协会的定义，这些自动询值都不应该被认为是房地产估价。

2. 自动询值带来的风险

2016年的房地产估价系统（产品）交流合作研讨会上，柴强博士就担心估价系统如果发展不当，会给行业带来的不良影响：不按国家标准的要求估价，低价竞争，比谁的收费低、出具报告速度快、接近客户的期望值，谁就能抢到估价业务。并且去估价机构这个"中介"。目前看来，柴博士的担忧有先见之明。自动询值的乱象带了诸多的风险。

1）系统自身的风险

算法和模型本身的偏差风险：一般而言，自动询值适用于交易广泛的同质资产，通常使用市场的平均条件进行估值，对于具有特殊特征、特殊权益限制或交易稀少的房地产，它们的性能会下降。

数据风险：我国房地产市场交易数据公开化程度低，大数据发布缺乏监管，这可能导致估值具有较低的置信水平。有时还存在人为欺诈的情况，有人觉察到银行风控、估价师在项目审核时，会查询房产网站的放盘数据，便故意抬高放盘价来影响审核人员的判断。

适用性风险：并不是所有统计估价方法都适合所有类型的物业，盲目将同一模型应用于

所有估价场景会带来隐藏的风险。

2）标准缺失的风险

缺乏统一的标准导致大量自动询值模型未经审查就投入使用，但其成熟度不足以实现稳健和准确输出。在实际应用场景中，经常会出现不同自动询值系统之间结果差异巨大的情况，有时能相差100%～200%，给使用者带来困惑。

由于没有对估价结果的准确性和置信度进行测量，客户无法分辨质量参差不齐的模型，竞争变成价格为王、质量靠边，低水平自动询值系统充斥市场。

银行在使用自动询值时，常常忽视抵押谨慎原则，积极采用最大的抵押率。由于未对询值系统的适用性作出说明，自动询值的结果被无原则、无前提地滥用，给使用者带来隐藏的风险。

在房地产快速攀升的阶段，市场的升值掩盖了自动询值带来的风险，一旦市场发生转折，不可靠的估值将给客户带来损失，最终也损害房地产估价的信誉。

（二）建设房地产自动估价模型标准

现阶段缺乏监管的自动询值打着"估价"的旗号，四处兴风作浪，而真正按规范要求从业的估价机构，却慢慢失去市场。是时候推出房地产自动估价模型标准，向市场推出优质的产品，把"李鬼赶"出市场了。

1. 什么是房地产自动估价模型

房地产自动估价模型是一个遵循数据验证、数据分析、市场分析和持续质量保证的数学模型，用以提供最可靠的价值估计。该模型由适当的合格的估价师开发、校准和检查，然后使用专业判断来考虑修改模型结果。任何修改都应经过质量保证测试。

房地产自动估价模型应符合以下要求：模型透明，必须遵循健全的统计和数学建模做法；明确适用范围；模型经过认证，并有质量保证，在应用前必须测试其准确性和统一性；公众信任：具有专业意见的性质。

2. 制定房地产自动估价模型标准的必要性

自动询值与房地产估价有千丝万缕的关系。从估价专业人员的角度，还能区分二者的区别，但是对于普通使用者，二者估价对象相同、估价目的相同、估价委托人相同、使用场景相同，有些自动询值的提供商本身还是估价机构，当然认为自动询值等同于房地产自动估价模型。

制定房地产自动估价模型的标准，将自动估价纳入监管，正本清源，有利于：

1）更好为客户提供稳健的估值服务

房地产估价的专业性很强，需要专门的知识和经验，评估价值的高低直接关系到当事的切身利益，甚至关系到公共利益和人民财产安全。制定房地产自动估价模型标准，明确估价结果的质量保证和适用性，能使客户得到更快捷、更精准同时也更稳健的估值服务。

2）促进市场健康发展

建立房地产自动估价模型的标准，使不同的自动估价模型的质量能得到区分，加快市场的优胜劣汰。增加自动估价模型的透明度，明确其使用范围和限制，也有利于引导和培育市场，确保估值做法与安全和稳健的银行业务保持一致，提升市场信心。

3）为估价机构明确方向

估价机构面对自动询值的冲击，大多找不到自己的位置，束手无策。房地产自动估价模型的标准明确了模型的适用范围，也为估价师留下了提供增值服务的空间。在缺乏数据和困难的市场条件下，估价师的技能、专业知识和判断变得尤为重要。

三、房地产自动估价模型应满足的标准

（一）透明度

自动估价模型首先要明确适用的地域和物业类型。

一个自动估价模型并不总是直接适用于不同地区和不同类型的物业。我国幅员辽阔，各地房地产市场发育程度不尽相同，因此难以开发一个评估精度高、适用性强的统一的自动估价模型。不同的物业对所需要的数据和采用的方法也不尽相同，采取恰当的模型，能提升模型的置信度。

（二）质量标准

为了让客户更好地识别模型的质量，房地产自动估价模型需要明确以下4个方面。

1. 数据质量

数据输入的质量和细节会影响结果的准确性。模型应该公开说明所采用数据覆盖的深度和广度，是否足以支撑获得有统计意义的结果。数据的时间性、可比性、代表性，来源是否可靠，数据是否可验证。

2. 风险管理

风险管理指的是模型的可靠性评价，主要使用置信度指标，它包括置信水平和置信区间。置信水平是指总体参数值落在样本统计值某一区内的概率；而置信区间是指在某一置信水平下，样本统计值与总体参数值间误差范围。置信区间越大，置信水平越高。

置信度可以被视为衡量对自动估价模型结果的信心因素。用户可以根据设置的风险管理目标，依据置信度来接受或拒绝某个模型结果。

3. 更新频率

样本在动态市场中的代表性可能会降低。自动估价模型可能会受到时间相关误差的影响。随着时间的推移向现有模型添加最新数据时，应注意确保最新销售的代表性。在模型的使用寿命期间，应明确更新频率，使用定期质量保证来捕获与时间相关的错误，进行价值调节。

4. 性能检测

自动估价模型的性能测试主要在响应率（"命中率"）和准确率两个指标上的相对表现。

响应率（通常称为命中率）是衡量收到的评估估计数占测试样本总数的百分比。也就是说，有多少估值请求被"命中"。准确率至少包含两个不同的维度：偏差和离散度。

偏差，意指与基准值相比，系统地高估或低估房产的任何总体趋势，反映了"真实价值"与自动估价模型的结果之间的差异。当然，对真实价值的实际讨论要复杂得多，因为每个利益相关方对真实价值有不同的看法。离散度，意为所有不同大小错误的相对频率。这通常显示正态分布曲线的形状。

四、估价机构在房地产自动估价模型中发挥的作用

（一）在自动估价模型中，发挥估价师的作用

由于模型具有不同的置信度，这为估价师留下服务空间。

当模型给出的估价结果置信水平不足、不符合要求时，估价师可以利用当地的估价规律

帮助修正估价结果。这在更偏远的农村地区尤其有价值，因为这些地区的房地产数据可能不如大都市地区的一致、频繁可用和准确。

根据客户的需求，还可以在自动估价模型中提供查勘相片。由专业估价师对房地产实物进行查证，如是否存在证载面积不一致、是否有改变用途、是否存在违章建筑、是否存在质量瑕疵等。

事实上，目前自动询值的使用过程中，金融机构普遍对估价师的配套服务有迫切需求。缺少估价师的角色将大大增加失察、漏查等影响价值重大事项的概率，在模型不合适或不有效的情况下，也无法执行手动估值和提供估值咨询。估价师辅助自动估价模型中有广大的发展空间。

（二）在估价师的执业中，发挥自动估价模型的作用

估价师也可以在执业中，发挥自动估价模型的作用，让技术处理我们世界中的低效率问题，将更多时间花在实际估值过程上，专注于创造真正增加价值。估价师要认识到，自动估价模型（AVM）在哪些地方被用作正式估值的一部分？在哪些方面被用于其他目的？市场需要教育并提高对 AVM 的认识。

创造性地运用自动估价模型来提升现有估价水平，例如在比较法中，要求选择的可比实例与估价对象处于"同一供求圈"，"同一供求圈"这一定义过于含糊，使估价人员有很大的"创作空间"，通过统计学的相关性分析，可以清楚地界定同一供求圈的特征和成员，使得个人的估价服务更加专业化、数据化、高精细化。

未来估价咨询业务将全面拥抱数据，估价师将需要新技能来提高自己。

五、结语

自动化和数字数据的使用影响了整个估价过程，AVM 给客户带来了许多好处，但其潜在风险却很容易被忽视。AVM 的标准将指导估价师、监管机构和估值用户能够更好地区分高质量的 AVM 和不太准确的 AVM。

AVM 的标准明确了每个自动估价模型对置信水平的责任和保证，让客户了解风险在哪里，有利于促进 AVM 质量的提升，促进行业的健康发展。

参考文献：

[1] 中国信息通信研究院. 中国数字经济发展白皮书（2021 年）[R]. 北京，2021.

[2] 董蓓蓓. 网络询价、自动估价的发展情况及对估价机构的冲击与应对 [C]// 估价需求演变与机构持续发展：2019 中国房地产估价年会论文集，2019.

作者联系方式

姓　　名：林　晓

单　　位：厦门均达房地产资产评估咨询有限公司

地　　址：福建省厦门市思明区金星路 41-2 号二楼

邮　　箱：1500725439@qq.com

注册号：3520100021

数字经济背景下房地产估价行业数字化转型路径研究

夏利国　吴怀琴　张　勇　郑　云　徐小红

摘　要： 自20世纪90年代开始，城镇化进程加速，居民住房需求不断增加，推动了房地产市场发展水平全面提升。在此背景下，房地产估价行业应运而生，并在接下来的几十年中快速成长，成为房地产经济发展过程中不可或缺的环节。近几年，由于数字技术的快速发展，使得房地产估价机构传统业务受到较大冲击，需因势而变、发展创新。基于数字经济时代背景下估价行业现存的问题，顺应时代需求的演变，对新时代房地产估价行业的转型路径进行阐述和初步的探析。

关键词： 数字经济；房地产估价；转型路径

一、引言

21世纪以来，随着大数据、物联网、地理信息系统等新兴科技的飞速发展，数据俨然成为核心生产要素，与其他要素一同投入到社会再生产的过程中，推动了数字技术与经济社会的深度融合。中国信息通信研究院发布的数据显示，2021年，我国数字经济规模为45.5万亿元，占GDP的比重为39.8%，同比名义增长16.2%，数字经济已成为新时期我国经济发展的动力。同时，我国产业数字化规模达到37.2万亿元，同比名义增长17.2%，占比32.5%，产业数字化发展已逐渐渗透到传统经济中。党二十大报告也指出，要加快发展数字经济，促进数字经济和实体经济深度融合。

数据是数字经济时代最为关键的生产要素。房地产估价作为以数据为导向的服务型行业，相较于其他行业，其对数据的依托更为紧密，实现房地产估价行业与数据的融合是大势所趋，这也将对房地产估价市场积极发展有着深远的影响。在新冠疫情的影响下，估价机构无法开展传统人工估价作业，从而加速推进了数字技术在估价业务的应用进程，同时也为评估机构抵御外部冲击提供了更多可能的选择。数字技术能够为房地产评估提供更强大的数据获得能力，更精确的数据处理结果，更科学的决策方案；房地产评估也能够提供更多基础数据，丰富和深化数字技术在其他领域的应用，为数字技术进一步的完善与发展提供支撑，两者相辅相成、密不可分。

随着时代的进步，房地产估价市场已发生了巨大改变，而当前环境下，整个估价行业面临着缺乏法律及制度保障、运用系统平台能力弱和缺少相应综合性人才的问题。如何改变这一现状成为急需解决的问题。基于当前经济社会发展现状，结合近年来房地产估价行业发展情况，确定新时期房地产估价行业需求的变化，以探究新时期房地产估价行业发展新方向，以期实现房地产评估数字化转型，这也符合我国新时期经济发展方向。

二、现阶段房地产估价行业需求的变化

房地产估价作为一种服务型行业,与其他行业一样受市场需求变化的影响。数字经济时代的到来,使房地产估价行业的需求也发生了变化。

(一)传统人工估价业务依赖程度下降

房地产估价业务围绕房地产价格或价值展开,在房地产市场交易信息不透明的情况下,估价师的可以充分发挥其专业知识和实践经验,为客户了解房地产的价值提供服务,减小客户在房地产交易过程中的风险。然而,随着数字技术在房地产行业不断渗透,使房地产市场交易信息越来越公开透明。依托数字技术建立的网络询价系统能为客户提供更加准确的市场交易信息,更加高效的价值参考服务。例如,阿里大数据和京东大数据已开始进入房产评估领域,蚕食司法评估业务,为法院提供房产估值的服务。同时,房地产购买者、租赁者中已出现大量90后甚至00后,新一代客户对数字技术的接受能力远超老一代客户,客户对估价机构传统人工估价业务的依赖程度正逐渐降低。

(二)新兴评估业务提速增长

房地产估价行业作为整个房地产行业的下游产业,受上游行业的影响很大。随着城市发展进入"存量时代",房地产估价行业也拓展或延伸出新的需求,如未建土地剩余价值、盘活存量资产、海域使用权、历史建筑、集体用地价值分析、金融资产管理、住房租金定价、资产证券化、城市更新等都提出了新的服务需求。例如,在城市更新项目中估价机构需考量城市更新中的风险、降低更新成本以及评估绿色低碳更新方式带来的经济和社会效益增加值,为城市更新提供经济可行性分析。新兴估价业务的增长必然对估价方法提出新的要求,估价机构就必须把创新驱动贯穿其中。实现这个目标的前提,必然是对估价机构的专业化程度要求也越来越高,从而促使估价机构转型升级。

(三)估价机构趋于融合发展

2021年,我国一级房地产估价机构数量为952家,同比增长15.25%,估价机构数量增长,带来市场竞争的激烈。在市场激烈竞争的背景下,单独一个估价机构很难在同一个行业中获得较大的竞争优势。同时,随着房地产行业的多元化发展,房地产估价业务领域不断横向扩展,评估需求呈现多样化,对估价机构的业务能力提出了更高的要求,但一些中小型估价机构估价业务单一,开拓创新能力不足。为了更好应对市场的变化,房地产估价机构发展趋于融合,不同机构各取所长,通过行业中的系统集成来实现机构、人力资源、数据的整合,促进联合的估价机构综合能力的变革和发展。

三、数字经济推动房地产估价数字化转型

经济发展方式及城市开发建设方式的变化,引起房地产估价市场的需求发生变化,导致其对数字技术的需求程度不断增加。在新兴技术不断发展的支持下,数字技术能够为估价行业、估价机构、估价师和估价模式4个方面转型升级提供强大的支撑。

(一)赋能估价行业精准匹配

数字经济能够实现信息的有效传递和供需双方的精准匹配。估价行业通过数字技术能够获取全面、准确的市场信息和客户需求的变化,并根据需求变化及时有效更新估价领域和方

式，实现供需平衡。估价行业还可以通过数字技术构建智能分析估价平台，通过信息整合和数据分析，为客户提供差异化的估价服务。

（二）推动估价机构融合发展

数字技术能够打通估价项目利益相关者的信息沟通渠道，整合房地产开发上下游产业链的数据资源。数据时代的到来使得客户的需求瞬息万变，激励具有不同优势的估价机构共同分析和预测，高效整合海量的数据和信息，实现机构间的融合协作。数字时代下用户对需求的响应速度提出了更高的要求，多机构共同参与估价提高了需求的响应速度。

（三）驱动估价师效率提升

数字经济降低了资源的使用成本和互动成本。随着数字技术的发展与进步，数据的收集、整合、处理能力更加高效智能，提高了估价师的工作效率。估价师借助数字技术创造的在线学习平台和信息沟通渠道，观看线上讲座、报告，实现跨区域的高频率信息融合和频繁的知识流动，推动新信息、新知识和新技术的快速获取、交流和传播。

（四）促进估价模式创新升级

数字经济加快了数据获取速度和数据整合能力。数字技术能够充分优化和整合估价行业各环节的信息和数据资源，催生和优化新的估价方法。数字技术能将需求端的信息快速传递到研发创新环节，实现需求挖掘、研发创新到模式升级，加快数据的垂直整合，通过需求端倒逼估价模式的创新和升级。

四、数字经济时代房地产估价转型问题

数字技术具备的快速学习和高效整合能力，能够推动房地产估价的数字化转型，但当前有关估价行业的数字技术建设方面仍存在一些不足。

（一）缺乏法律及规范保障

目前，还没有出台数字技术应用于房地产估价行业的相关法律法规，一些标准规范方面也存在空白。由于缺乏法律和规章制度的规范，数字技术在房地产估价的应用可能会扰乱市场秩序。例如估价机构利用估价平台的优势以低价获得业务，为客户提供服务，增强市场份额和经济效益，造成行业的不良竞争；其次估价师有可能借用平台的资质私下承接业务等。因缺少统一的规范标准，不同机构对信息和数据资源的采集、整合、管理模式都各不相同，难以实施行业内部的数据交换，更无法实现与行业外部系统的对接。

（二）运用系统平台能力弱

房地产估价行业是一个典型的数据密集型行业，其通过挖掘数据背后所携的信息才能展开具体的工作。当前，估价机构经过长期运营发展，已积累了大量数据，构成了估价行业庞大的数据库系统，但不同估价机构数据库系统相互割裂，无法达成数据库之间的互联互通，平台使用效率差强人意。同时，在估价业务中时常发生异地作业，而异地房地产的相关数据难以获取，导致估价人员在异地作业时效率降低，在一定程度上桎梏了估价机构业务的发展。

（三）缺少相应综合性人才

数字经济时代的到来，对房地产估价人员的能力提出了新要求，估价师不仅需要具备专业的估价能力，还应具备较强的数据挖掘、分析能力，并能熟练操作相应的系统平台。然而，就我国目前的房地产估价行业发展态势来看，估价人员知识结构相对单一，数据处理和

数据分析能力不足，难以达到数字经济时代估价行业人才的标准。从业人员能力水平难以满足数字化发展的需求，缺乏既懂估价又懂数据分析的复合型人才，这在很大程度上限制了行业的数字化转型。

五、数字经济时代房地产估价转型路径

随着数字经济的发展，数字技术与房地产估价不断深入融合，但实现房地产估价的数字化转型，还需全方位、多角度完善估价行业的不足。

（一）政策导向式发展路径，加大估价行业数字化转型政策支持

政府管理部门及估价师协会应做好顶层设计工作，统筹推进估价机构数字化转型政策的出台。首先，可以加大对中小型估价机构的扶持，降低数字化转型门槛，给予其一定的财政、金融补贴，减小数字化转型带来的资金压力，成立估价机构数字化转型专项贷款，拓展转型融资渠道。其次，实施"试点先行，示范带动"策略，培育和遴选一批估价机构数字化转型案例标杆，充分发挥引领示范作用带动更多估价机构数字化发展，鼓励行业龙头企业帮助带动相关小企业的数字化转型。

（二）技术导向式发展路径，提升估价平台的数字化水平

估价平台的建设是实现房地产估价行业数字化转型的重要载体。数据库的建立是房地产估价业务得以顺利进行的基础。为确保数据的规范性和互通性，应统一和规范估价基础数据的收集、整理和应用，形成标准化的行业大数据语言，从而实现估价行业数据共享，保障数据安全。在数据库创建过程中，将各地估价机构的数据库系统连接起来，实现不同地区系统之间的资源信息的共享和联合挖掘，提高工作效率，促进市场良性发展。关注社会热点，培育新的估价模式，研发新产品服务新基建、城市更新投资、民宿投资、房地产租赁市场，扩大估价机构的业务范围，针对市场的个性化需求实现精准匹配。

（三）人才导向式发展路径，培养估价人才数字化素养

培养数字化估价师是估价行业数字化转型的关键。人才的建设对房地产估价行业的可持续发展具有至关重要的意义。新技术的发明能够让人从简单繁杂的工作中解放，充分发挥人的创新和创造能力。估价机构应重视对人才的培养，定期对从业人员开展继续教育，培训计划中加入更多关于数字方面的素养和技能，培养估价师与机器的协作能力，提高其在房地产行业以及数字技术两方面专业知识和实践能力。同时，不断优化人才队伍，引进与文案编辑、统计、编程等相关的优秀人才，为企业注入新鲜的血液，提高机构的核心竞争力，为客户提供更优质的服务。数字经济时代赋予房地产估价师以技术能力，估价师只有不断学习新兴数字技术，不断创造新的估价方法和技术，才能实现估价行业的永续发展。

六、结语

在数字经济的时代背景下，房地产估价行业的需求发生了巨大的变化，估价机构既需要不断创新分析技术和方法，又需要加快扩展市场业务领域。房地产估价行业应立足于当前的现状和问题，加大政府支持力度，推动行业技术规范更新，完善房地产评估行业顶层设计；运用大数据、物联网、地理信息系统等技术构建强大的信息平台，实现自动估价，优化业务结构；培养数据分析处理方面的专业人才，提高行业从业人员素质水平，从根本上提高企业

核心竞争力和运营能力。估价机构唯有转换思维模式，顺应数字经济时代发展的要求，抓住行业数字化转型的机遇，才能实现企业的进步，推动整个行业的可持续发展。

参考文献：

[1] 中国信息通信研究院.中国数字经济发展报告（2022年）[EB/OL].（2020-07-08）[2022-11-16]. http://www.caict.ac.cn/kxyj/qwfb/bps/202207/t20220708_405627.htm.

[2] 陈玲."互联网+"背景下房地产估价精度修正及其应用研究[J].青岛大学学报（自然科学版），2021，34（3）：133-139.

[3] 童玲.浅谈估价机构如何应对估价需求的演变[J].居业，2021（7）：5-8.

[4] 石春艳，秦萧.大数据对房地产估价行业带来的改变及展望[J].江苏科技信息，2018，35（36）：74-76，80.

[5] 强钧政.论述大数据技术与房地产估价智慧评估系统的构建[J].中国住宅设施，2021（1）：22-24.

[6] 王文华.智能化时代房地产估价机构的出路[J].中国房地产，2018（5）：65-68.

[7] 张玉霞，张顼，韩立民，等.探索房地产估价行业发展历程与发展路径[J].房地产世界，2022（18）：22-24.

作者联系方式

姓　　名：夏利国　吴怀琴　张　勇　郑　云　徐小红

单　　位：安徽中立公鉴房地产资产造价评估有限公司

地　　址：安徽省合肥市高新区习友路1689号深港数字化产业园7号楼7A-3701室

邮　　箱：ahjgfdc@126.com

注册号：夏利国（3420100009）；吴怀琴（3420200014）；张　勇（3420060003）；郑　云（3420180056）；徐小红（3420220032）

房地产企业破产重整中估价机构的业务创新

肖　莉　陈光军

摘　要： 近年来，房地产行业受调控政策及市场环境影响，对房地产企业流动性产生了重大冲击，致使违约事件频发，不少房地产企业面临破产重整的困境。房地产企业破产重整中如何最大程度地挖掘破产财产价值并制定科学合理的重整方案，不仅事关全体债权人的切身利益，也关乎社会稳定和地方政府政策落地执行。房地产估价机构利用其在房地产领域的专业技术优势，可以协助破产管理人为房地产破产重整提供全过程咨询服务。

关键词： 房地产企业；破产重整；估价机构；创新服务

一、房地产破产重整的概念

破产重整是《中华人民共和国企业破产法》新引入的一项制度，是指专门针对可能或已经具备破产原因但又有维持价值和再生希望的企业，经由各方利害关系人的申请，在法院的主持和利害关系人的参与下，进行业务上的重组和债务调整，以帮助债务人摆脱财务困境，恢复营业能力的法律制度。破产重整制度作为公司破产制度的重要组成部分，已为多数市场经济国家采用。它的实施，对于弥补破产和解、破产整顿制度的不足，防范大公司破产带来的社会问题，具有不可替代的作用。

房地产破产重整程序是在司法监督下，由管理人推动，通过再融资、引入投资人等方式盘活资产，建设完成烂尾项目并进行销售，向消费性业主交付房屋或者用销售所得清偿债权的程序。房地产破产重整在解决盘活土地资源、化解社会矛盾、治理城市烂尾项目、保交楼稳民生等方面具有不可替代的作用。

二、估价机构业务创新服务

房地产估价机构利于其在房地产领域的专业技术优势，可以协助破产管理人为房地产破产重整提供全过程咨询服务，具体包括：企业破产重整申请阶段的估价服务；资产移交阶段财务调查涉及的资产清查服务；管理人拟订破产方案时破产清算价值、企业重整价值分析服务和房地产可行性研究服务；房地产的登记代理服务等。

（一）破产重整受理前估价服务

根据《中华人民共和国企业破产法》第二条规定，债务人不能清偿到期债务并且资产不足以清偿全部债务或明显缺乏清偿能力的，人民法院应当认定其具备破产原因。债务人有前款规定情形，或者有明显丧失清偿能力可能的，可以依照本法规定进行重整。债务人的资产负债表，或者审计报告、评估报告显示其全部资产不足以偿付全部债务的，人民法院应当认定债务人资产不足以清偿全部债务。房地产企业申请破产重整，因其资产大部分以土地使用权、房地产或在建工程形式存在，故一般情况下均需要开展房地产估价服务。破产清算条件下应选择清算价值，清算价值是指评估对象处于被迫出售、快速变现等非正常市场条件下房地产的快速变现价值。重整条件下应选择市场价值，重整价值是指评估对象处于可持续经营状态下，根据现状特点及未来可开发利用程度估算的房地产市场价值。

（二）移交阶段的资产清查服务

房地产企业破产重整案件中，房地产企业所开发的房地产项目基本上是处于建设中或已经烂尾的在建工程，房地产权属状况、建设参与主体、销售者群体复杂，给房产的摸排统计工作带来很大困难。而对于房地产破产重整而言，管理人只有全面、准确接管了债务人的资产和资料后，才能确保后续重整工作的顺利开展。受到管理人专业能力的限制，管理人可聘请具备房地产估价资质的评估机构协助开展房地产的资产清查工作，并与管理人的财产调查工作同时或交叉进行，以共同推进破产重整相关工作。房地产估价机构在资产清查中除常规的资产清查事项外，针对破产重整房地产企业应重点关注事项包括：

1.项目楼盘信息的清查。资产清查人员持法院受理破产裁定书、指定管理人决定书和管理人介绍信，到房地产项目所在地自然资源与规划部门查询项目全套规划手续，到建设行政主管部门查询项目楼盘的竣工验收备案信息、已缴和欠缴的各项配套费信息，到不动产登记部门查询项目楼盘的权属登记人信息。

2.房产销售信息的清查。资产清查人员调查的房产销售信息包括销售认购书、网签合同、购房人身份信息资料、销售台账等，并向销售负责人笔录询问房产销售的基本情况，是否有已销售但未网签备案的情况、是否有已网签备案但并非真实销售的情况；是否有将抵押房产对外销售的情况、是否有销售信息与财务记账信息不一致的情况。

3.已停工多年工程的清查。资产清查人员应会同管理人、债务人共同勘察工程施工现场情况、确认现场施工进度、确认现场非固定性物品、确认现场水电情况、确认工地周边围墙或围挡情况、确认现场机械设备情况、确认工地及其周边安全隐患情况、确认现场建筑施工方的人员及物品情况；并对现场情况进行拍照及视频留档；第一时间协助管理人联系到房地产企业原工程方面的负责人，并对其做询问笔录，详细询问工程建设施工的相关信息，并明确告知其应当配合工程建设相关问题的调查工作；第一时间协助管理人接收整理全套的工程资料，包括土地出让合同、规划许可证、施工许可证、预售许可证等工程相关证照、全套施工合同。

4.未停工或停工不久工程的清查。该类资产除了工程现场、工程人员及工程资料的调查外，应固定工程施工进度。施工单位在法院受理破产日之前所施工的工程量与破产之后所施工的工程量在破产程序之中是属于不同的法院性质的，前者属于破产债权，后者属于共益债务。因此，资产清查人员应协助管理人第一时间会同债务人原工程人员、施工单位人员、监理单位人员一起对项目施工现场现状进行全面详尽的勘察和记录，全面准确地确认现场施工进度和现场状况，并且由各方对勘察结果签字确认。

5.已建成未入住房屋的清查。为避免破产之时尚未交付的房地产破产后被人强行抢占造成一种已居住使用的现状，资产清查人员应协助管理人第一时间做好现有房产现状的排查，逐户进户勘察房产现状，逐户记录、拍照存档并在门上张贴封条。同时应当全面掌控未交房房产的水电开通权，保证任何人在未经管理人同意的情况下都无法将破产时未交付房产的水电开通。

估价师可协助破产管理人按其要求开展资产清查工作并出具资产清查报告,为破产管理人完成财务状况调查报告,顺利接管债务人的资产和资料提供强有力的技术支撑。

(三)破产清算和重组模式下价值分析服务

房地产企业破产具有较强的社会性,目前政府、法院以及破产管理人在办理房地产企业破产重整案件的时候,最为关注的是购房户的利益保护,保交楼是地方政府责任也是关系社会民生的大事。相对于清算程序而言,重整程序更加符合对于社会利益本位价值的追求,同时在维护行业稳定、社会稳定方面具有优势。但房地产企业进入破产重整后,重整计划草案要考虑的一个重要因素就是经营方案的可行性。判断债务人是否具有重整可行性,除应综合考虑债务人的重整意愿及其配合程度、主要债权人支持重整的情况、法律与政策保障情况外,重组与清算模式下资产价值、重整与清算模式下的清偿率是最重要的因素,由社会第三方专业机构出具的价值分析报告可以作为判断债务人重整可行性的重要参考依据。房地产估价机构在此阶段,可以通过法院或破产管理人委托,承担破产清算条件下房地产清算价值评估、重整持续经营条件下房地产重整价值评估以及债权清偿分析报告。

(四)房地产可行性研究服务

进入破产重整的房地产项目多数是已建成一部分后停工的在建工程(俗称"烂尾楼"),项目不可能将此前已建设的楼盘推倒重来,因此破产重整中房地产项目的可行性研究是在债务人此前的规划建设基础上,立足于项目现状的同时考虑最佳开发利用方案,并对与项目有关的市场、工程、技术、经济、社会等方面问题进行全面的分析、论证和评价后,判断项目在技术上是否可行、经济上是否合理、投资风险是否可控。在房地产企业破产重整中,为了提高重整的成功率,便于管理人和人民法院准确识别债务人的运营价值,遵从"专业人做专业事"的常识,管理人可聘请具备资质的房地产估价机构开展房地产项目的可行性研究。估价机构根据现行财税制度和价格体系,从投资人财务及风险角度,计算房地产项目的财务收入和财务支出,分析项目的财务盈利能力、清偿能力以及资金平衡状况,判断项目的财务可行性以及关键敏感性指标如销售价格、成本费用、开发周期等变化带来的不确定性风险。从区域社会经济发展的角度,分析和计算房地产项目对区域经济、社会民生、国家税收等社会方面带来价值,判断项目的社会经济合理性;以利于科学、客观、公正地得出破产重整中房地产项目是否可行的结论。

(五)房地产咨询代理服务

房地产企业进行重整阶段,往往需要政府协调解决开工许可、开发资质恢复、规划容积率调整、土地使用年限延长、回迁安置房选房及交付、开发土地及项目手续完善、不动产登记证办理、商品房购销合同备案等工作。这些工作专业性较强,在投资者未进场之前或财务投资人作为战略投资者的情况下,因其不熟悉相关专业知识和工作流程,往往需要借助房地产专业咨询机构力量,帮助与政府部门协调沟通,解决上述相关问题。房地产估价机构因业务关系长期与各相关主管单位保持工作联系,具备相关知识和专业能力,可以主动出击,参与房地产企业破产重整过程中的登记代理服务工作。

三、估价机构创新服务成效

估价机构在破产重整中承担资产清查和估价咨询工作,有利于平衡各方主体利益关系,化解管理人、债权人、债务人之间的对立与不信任，缓解破产引起的社会矛盾，维护社会安全稳定；估价机构在破产重整中承担的项目可行性研究工作，通过合理的方案设计和科学的收益测算，积极引进外部投资者，尽最大可能挽救企业免于破产清算，通过保交楼达到稳经济稳民生的作用；估价机构在破产重整中承担咨询代理工作，以其在房地产咨询领域的专业优势，协助管理人与法院、地方政府部门充分沟通，提前解决房地产建设中存在的各类瑕疵问题，使债务人能以更高的价值参与到破产重整过程中，使各方利益得到最大化的实现。

四、估价机构创新服务启示

近年来的破产重整相关业务给我们带来的一个重要启示，即企业要重视复合型人才的培养，估价师不应当只局限于评估方面的能力培养，还应当增加在法律、投资、财务、金融方面的知识储备。估价机构应当突破传统的土地、资产、中介的合作框架，与律师事务所、会计师事务所、破产清算事务所、税务师事务所构建跨行业的服务联盟，分享客户资源和业务信息，取长补短进行业务合作。通过对复合型人才的培养以及跨行业的合作，估价机构不仅可以在破产重整的整个阶段拓展业务，甚至可以拓展到破产重整阶段之外的更多领域，比如破产之前债务和解、债务重组、以房抵债、法拍咨询，破产重整之后的企业融资、税务策划等诸多领域。

五、估价行业创新发展建议

破产管理人是由《中华人民共和国企业破产法》规定而设置的管理债务人财产和处置相关事务的专门机构。根据《中华人民共和国企业破产法》第24条规定，管理人可以由有关部门、机构的人员组成的清算组或者依法设立的律师事务所、会计师事务所、破产清算事务所等社会中介机构担任。同时，根据《加快完善市场主体退出制度改革方案》（发改财金〔2019〕1104号）在第四部分第（一）条完善企业破产制度中提出"建立吸收具备专业资质能力的人员参与重整企业经营管理的机制，促进重整企业保持经营价值"，实践中，部分城市已将评估机构纳入破产管理人名录。房地产是企业破产重整中债务人最具价值的资产之一，房地产估价机构长年服务于房地产领域价值评估与咨询服务，建议中国房地产估价师与房地产经纪人学会在《中华人民共和国企业破产法》修订之时，积极争取通过立法方式将房地产估价机构纳入破产管理人范畴，为房地产估价机构开辟新的业务领域，以实现估价机构从鉴定类业务到管理咨询类业务，从单一业务到全过程咨询服务的转型。

参考文献：

[1] 山东利得清算事务有限公司，山东泰祥律师事务所.房地产企业破产重整操作指引[M].北京：中国政法大学出版社，2020.

[2] 孙创前.破产管理人实务操作[M].北京：法律出版社，2017.

[3] 陈夏红.房企破产清算与重整18招[M].北京：法律出版社，2021.

作者联系方式
姓　名：肖　莉　陈光军
单　位：湖北玖誉房地产评估有限公司
地　址：湖北省武汉市江汉区香港路中华城 B1 栋 17 楼
邮　箱：314062710@QQ.com
注册号：肖　莉（4220060027）；陈光军（4220040025）

房地产估价机构数字化转型探讨

杨　诺

摘　要： 当前数字化转型和信息化建设已经成为房地产估价机构的必经之路，加大、加快、加深数字化建设是当务之急，本文旨在研讨大数据与人工智能结合过程中的深入发展的一些实践经验，希望可以持续完善评估系统，提升房地产估价机构综合服务质量。

关键词： 房地产估价机构；信息化；数字化；转型

一、房地产估价行业现况

近年来，受多重危机交汇的影响，全球经济复苏仍然缓慢且不平衡，对评估行业的业务量产生了不利影响，一级评估机构的年平均营业收入基本都发生了下滑，头部企业还能依靠相对庞大的客户资源基础维持着基本的营业收入，一些小型机构则面临着很大的生存压力。评估行业面临着巨大的挑战和问题，如何应对行业格局的新变化，重新把握商机，已然成为当下估价机构发展的重要课题。

二、数字化转型的重要性

笔者认为，要想化危机于未然，房地产估价机构应当顺应当前形势，积极响应，做好做深数字化转型，是破解当前危机的重点方向之一，数字化转型之于估价机构有着深远的影响和重要的意义。

（一）疫情的影响

由于受制于疫情的影响，很多估价师在作业过程中无法直面客户进行访谈，也无法到房地产所在的现场获取数据以及核验证件及数据的真实性、可靠性，作为用数据说话的行业，疫情给我们的评估工作带来了比较严重的阻碍。

另外，由于行业之前对于信息化建设、数据库建设的重要性认识不足，部分估价机构在疫情突发前期无法进行线上办公和远程评估，甚至有一些估价机构并未对市场调研、评估结论等数据做电子化数据库的建设和积累，导致疫情期间尤其是面临突然封控的情况时手足无措。

疫情对于估价机构的数字化转型起到了决定性的推动作用，行业内头部企业的信息化建设和应用明显提速，实力一般的中小机构，也在考虑自身的业务特点进行适当的信息化建设，来应对疫情时期的基本作业流程的操作问题。

（二）经济的发展

当前我国的经济发展模式正在发生趋势性变化，在全球化发展呈现新特征的条件下，出于加强国际竞争力基础和长远国家安全考虑，经济结构面临新一轮调整，科技的进步和信息化的创新已经成为推动社会发展的重要引擎。

信息技术是率先渗透到经济社会生活各领域的先导技术，将促进以物质生产、物质服务为主的经济发展模式向以信息生产、信息服务为主转变，我们正在进入以信息产业为主导的新经济发展时期。

评估行业也不例外，经济变化近乎影响到从业务承接到报告出具的每一个步骤，行业的发展需要加大去人工化，提高工作效率，需要强大的数字化、信息化能力作为支撑，对数字化转型提出了较大的需求。

三、数字化转型的应用实践

其实在疫情之前，估价行业内部分机构就已经开始进行信息化建设和数据库的搭建，尤其是以银行等金融机构作为业务来源的公司，已经衍生出自动估值、楼盘字典等多种产品形式。那么当前行业形势之下，需要优化和创新数字化转型的任务体系，在横向发展的同时深入研究纵向发展，提高技术含量，才能给客户提供更多的服务和应用分析。

首佳顾问已经在原有的信息化基础上进行了产品研究的深入探索，在数字化转型的应用实践上有了一些方向和技术沉淀，本文列举部分实践经验以供参考。

（一）评估大数据应用方面

当前我国房地产估价行业外部竞争较为激烈，很多银行、担保公司等金融机构都开始设置内评机制，住宅类交易量比较频繁、同质性比较高的房地产开始采用内评，不委托第三方评估机构。另外随着大数据时代的推进，京东、淘宝大数据和工商银行的融 e 购均已开始进入房产评估领域，瓜分司法评估业务，用大数据分析结论为法院提供房地产估值的网络询价报告。虽然传统房地产评估报告的法律效力更有力，精细化程度更佳，但网络询价报告在时间效率、传输方面都有比传统房地产估价报告更占优势。

对于评估机构来说，可能在爬虫技术、网络数据收集以及系统设计方面远远不如互联网公司的实力强悍，但是在评估数据积累方面，以及对于房地产特殊性判断方面确有自己得天独厚的优势，比如对于一些网络数据无法采集的远郊区县，和一些项目用途不同而报价比较混杂的项目都有着自己丰富的经验积累，增加大数据的精度才是评估机构数据系统的发展方向。

目前，行业内有一定信息化实力的主流评估机构已经开始着手对于远郊区县的评估数据进行数据库导入，同时对于办公项目进行楼盘建设和数据采集，对于难度比较大的商业项目使用收益法算法模型提供自动估值建议。另外，还可以使用人工后台对数据使用者的异议进行校对，对一些比较大型的综合项目进行估值初步反馈。

上述的一些技术手段和探索方向为估价机构的数据系统稳定了一部分的市场份额，但是针对当前大数据应用现状，各评估机构仍需在数据采集、修正体系、算法模型、结果确定等多方面进行深入研究，提升大数据自动估值的准确性和应用范围，来更有效的稳定和拓宽业务范围。

（二）征收管理全流程方面

征收项目的开展关系着被征收人的切实利益，牵动着老百姓的每一根神经，阳光征收、透明征收、党政征收已经成为新时代征收的热门话题。将数字化信息系统引入征收项目，可以有效推动征拆进度，实现征收项目的阳光、公开、透明。

征收系统的应用使得一些原本需要纸笔登记的工作可被数据系统所替代，传统的征收模式中被征收人信息在纸上记录后，根据纸质档案进行录入、统计、汇总。数字化信息系统可以对数据进行整合运算统计，利用手机直接拍照上传实时记录，自动生成汇总表，减少了中间环节，原本半小时完成的工作，现在十几分钟就能够完成。

征收数字化后，信息的采集比原来更快捷、更安全、更透明，通过数据大屏工作人员能够实时快速地掌握整个项目的工作进度及情况，对个别被征收人的个性问题作一些预警，协助政府部门清零"拔钉"。

系统中嵌入有网上签约模块，通过标准化的功能流程、自动生成安置补偿协议实现网络签约，避免数据的录入误差以及人为篡改，规范征收流程、规避征收风险。网上签约以民意为先，把征收主动权交给被征收对象，有效缓解征收矛盾，减少征收信访，实现和谐征收。

另外征收系统还辅以 App、小程序等，被征收人可在微信公众号、网页端、线下触摸一体机等公示系统中查询各类详细表单信息、政策公告等。政府端可在公示系统中对项目进度、分户数据、人员操作记录进行查询，随时随地高效、全面督察。利用数智系统在管控征收进度与质量的同时，以更加公平的征收环境筑牢廉政防火墙。

同时运用全流程征收系统，可以对被征拆项目的现状做 VR 记录，输入系统中，随时调取，360 度无死角地有效展示每个被征拆户的全貌，在特殊防控时期，可以在系统上进行研究判断，使得项目可以正常的运行和开展。

通过数字化征收系统，不但压缩了人情"打招呼"的空间，营造了征收工作风清气正的良好氛围。坚决把群众利益摆在首位，坚持把"统一政策、统一标准"贯穿在征拆工作各个环节，建立"数据铁笼"，真正做到政策公开、信息透明，切实维护好动迁群众的合法利益。而且深化和升级"数字征收"，还能为城市更新插上科技翅膀，为征收数字化转型升级贡献智慧。

（三）投后管理全流程方面

数字化系统在投后管理全流程方面，也有比较广泛的应用。通过建立投后管理信息系统，实现良好的人机交互控制单元，以及投后项目监管流程的数据化、网络化、系统化。

金融机构委托第三方专业机构在投资项目实施投后管理的各个阶段，如对项目进行计划管理、组织协调、监督控制、项目分析、风险应对等管理活动，对项目的进度、成本、质量的控制和监管，对目标公司的日常运营以及对项目开发建设进行监督管理等，越来越多地依赖数字化管理，最终实现投出资金收益及资金安全撤出。

投后管理的数字化系统在应用初期也是有不尽如人意的地方，比如由于系统的架构设计未设定审批标准线，就出现了项目售楼处购买纸杯也需要监管方审批的情况，导致监管方不断地在点系统，相当被动，所以投后管理的系统也需要通过不断的应用和经验积累，反复雕琢，不断优化。

对于投后的信息系统设计要尽可能操作使用便捷化。系统建设按照每个功能"尽量少一次"的要求，按照工程建设项目全过程内容进行设计，成一条完整的闭合操作链路。将所有规范的内容进行条目制式建模，尽量可以通过勾选完成相关操作，提高使用便利程度和效率，降低误差的概率。通过移动应用实现了掌上数据、现场照片（含人员、时间及经纬度水印）、视频采集，移动项目图纸袋、移动资料库、掌上执法等功能，数据远程上报，与 PC

端同步,打破时空限制,达到对项目全过程、全方位的实时管理。

四、总结

房地产估价行业已经到了转型期,这是我国房地产市场发展到一定历史时期,估价行业无法回避的现实。无论从行业的发展来看,还是从时代的变革来看,不管是否承认,估价行业的一些弊端也已经显露,信息化基础薄弱、产品单一等等。疫情对于估价机构的转型无疑是一个推手,数字化转型也是必要的一个环节,数字经济时代的新型能力就是数字化生存和发展能力,就是为适应快速变化的环境,深化应用新一代信息技术,建立、提升、整合、重构组织的内外部能力,赋能业务加速创新转型,构建竞争合作新优势,改造提升传统动能,形成新动能,不断创造新价值,才能实现估价行业的可持续发展。

参考文献:

[1] 王常华.估价机构数字化转型与实践思考[J].中国房地产估价与经纪,2022(1):27-29.

[2] 韩宁.资产评估行业新冠肺炎疫情期间的举措建议[J].财务与会计,2021(2):78-79.

[3] 周剑,陈杰,金菊,等.数字化转型架构与方法[M].北京:清华大学出版社,2020.

作者联系方式

姓　　名:杨　诺

单　　位:北京首佳房地产评估有限公司

地　　址:北京市海淀区紫竹院路 116 号嘉豪国际中心 B 座 7 层

邮　　箱:10461857@QQ.com

注册号:4420140179

房地产估价的行业分工和机构组织结构形式的探讨

刘 健 陆艳倩

摘 要： 本文通过分析房地产估价行业发展现状，从产业分工的角度，提出了有利于房地产估价专业化发展的垂直分工、水平分工及适宜的组织结构，以应对当前机构过多、估价师过剩、传统业务萎缩等现状问题，提出应对措施从而谋求更大的发展。

关键词： 房地产估价；分工；外包；动态网络结构

近年来，房地产估价机构都在致力于估价业务的多元化发展，但是多元化发展应有两个条件，第一个条件是打好基础，基础就是要有稳固的专业化功底，只有专业化发展好了，才能有多元化的发展。第二个条件是要有正确的发展方向，它应该致力于房地产估价业务相关领域的多元化，估价机构若能在房地产开发的全产业链中设点布局，涉足土地规划、工程咨询、规划设计、投资监理、工程审价、房产测绘、登记代办等多元化业务方向发展，则能转型为综合性的专业咨询服务机构。但是从目前的情况来看，除少数机构能够有所成就外，大多数机构的多元化依然只是纸上谈兵，究其主要原因，一方面是现有估价人员的知识结构很难跨越相关领域的技术门槛，另一方面是对房地产估价的某些细分领域专业积淀深度不够。本文从产业分工的角度，探讨适宜房地产估价的专业化分工形式，以及有利于专业化发展的机构组织结构形式。

一、房地产估价的产业分工

当房地产估价行业处于初创和成长阶段时，市场容量相对有限，行业成熟度较低，尚未形成规模，过细的分工会产生人力冗余、效率降低、管理成本增加。而随着房地产市场的发展，当前房地产估价行业也步入成熟期，房地产估价业务不仅数量稳定增长，同时也呈现出了多元化的需求，在房地产估价差异化产品之间的分工需求就会出现。社会分工是一个有着悠久历史的人类社会现象，一般是超越一个经济单位的社会范围的生产分工，其本质是人为了适应生产力发展而进行的劳动行为。通过分工，一个人或一个单位长期专注于某一个技能或者是专业，其生产效率和产品质量必然比没有分工的情况下更高，更容易产生优异的产品。

社会分工越细，专业化程度就越高，从而形成的产业链越长，分工的网络性越强，由此产生的经济收益也越大。目前产业分工的形式较多，包括贴牌生产、外包、特许连锁、外购中间服务或中间产品等。在房地产估价领域，一方面，头部机构可以专注于打造具有核心竞争力的业务，而把非核心业务外包；另一方面，许多规模较小的机构可以充分发挥其小而精的专业化特色，通过各种形式参与分工代工。在此主要谈谈贴牌和外包两种方式，在房地产估价行业的发展过程中，曾经挂靠现象较为严重，有业务无资质的个人挂靠一家估价机构出报告,被挂靠的机构收取一定的管理费,将本机构的名称供其使用,这种形式本质上就是贴牌。由于估价行业竞争激烈,有些机构本来业务量就少,为了不让送上门的业务流失,对挂靠人员的技术管理上往往处于弱势,这样报告质量根本无法保证,因此,违规违法的挂靠行为不仅严重地损害了估价行业的形象,也积累了行业风险。但是外包则不一样,外包方式可以由行业内的头部机构实施,这类机构本身业务量比较充裕,管理上具有较强垂直整合能力和产品质量控制能力,机构内部主要建设一支具有核心竞争力的估价团队,以及进行技术研发、标准制定、品牌推广、市场营销的业务团队,而数据、查勘、调查等这类估价的中间产品可以通过外包方式取得,甚至部分房地产估价项目也可以进行外包,由具有专业特色的机构按照其技术标准和要求完成代工的内容。

房地产估价分工的形式有垂直分工和水平分工,垂直分工是在不同层次的基础上形成的,所以该类型产业分工具有梯度性和层级性的特征,水平分工则是在最终产品阶段的同一层级上对差异性产品的生产分工。

(一)房地产估价的垂直分工

房地产估价的垂直分工可以根据估价流程,分成查勘调查、数据提供、报告编制等环节,每个环节都有专业的服务供应商。

第一环节是专业的查勘和调查服务商。现在已有房地产估价机构开发了查勘APP,外采人员通过外采系统,进行评估业务所需的实地查勘,并实时上传查勘数据,内业估价师据此查勘数据出具房地产估价报告,目前这种还主要是机构内部的分工协作。根据《房地产估价规范》GB/T 50291—2015、《房地产抵押估价指导意见》等有关规定,要求估价师对估价对象进行实地查勘,通过亲临现场和亲眼目睹,对估价对象的区位状况和实物状况有一个直观的、具体的印象,获得文字、图纸、照片等资料无法或难以反映的细节。但是从发展的眼光看,除了查勘人在估价对象现场与估价师即时连线视频外,今后的技术手段更能使估价师在远程查勘中达到身临其境的效果。据报道,梅赛德斯—奔驰与微软达成数字转型合作协议,通过微软的 Hololens 2 混合现实头显及虚拟远程支持系统,远程奔驰专家可以给技术人员提供有价值的见解和指导,从而协助其完成复杂的维护问题,而且随着时代的发展,这类技术会越来越成熟,使用成本也会越来越低。精密的机械都能通过远程监控探析,房地产的远程查勘则更容易实现。

除了现场查勘,估价的前期工作还有产权调查、市场调查等内容。一家估价机构每天需要进行查勘和调查的项目可能区域很分散,且每个区域的量也不大,完全由机构自我完成就需要投入很大的人力物力,而且效率低下。但是专业的查勘和调查服务商可以接受多家机构的委托,通过对业务分类整合,路径合理规划调度,实施查勘和调查工作,通过规模效应和路径优化降低成本,提高查勘调查工作的效率;而且如有需要,通过"互联网+MR"技术也能让委托方的估价师坐在办公室同步参与查勘,使其获得身临现场的查勘效果,这样的社会分工对估价机构及查勘和调查服务商是双赢的合作。

第二环节是数据供应商。房地产估价的过程中需要成交案例、挂牌价格、挂牌数量、楼盘信息等数据,目前有很多估价机构都自建数据团队。建立的数据库如果仅为公司内部自用,则成本压力太大,即使能服务本地整个房地产估价机构行业,市场容量也太小,在市场上很难独立生存。数据信息部门提供的这些数据是房地产估价的中间产品,根据房地产估价机构多元化、咨询化的发展趋势,估价机构所需的数据不光是价格信息、楼盘信息这类房地产数据,而是应该包括宏观经济、城市规划、土地交易、房产开发、销售租赁、楼盘信息以及人口分布、产业结构、资源配置等一系列的各类相关数据。因此，我们需要的数据供应商应该是类似万得（Wind）那样综合性的房地产数据和分析工具服务商，从数据服务商自身的角度考虑，提供的数据不仅要能满足估价机构的需要，还能满足房地产开发公司、投资公司、证券公司、研究机构、高等院校、政府部门等不同类型客户的需要，这样的市场容量也会扩大，拓展了自身的生存和发展空间。而就估价机构而言，如果市场上有几家能提供满足估价需求的专业数据供应商，就应摒弃小而全的思维，无需自建数据库，只要根据需要购买相关数据，同时重点培养或招募数据分析人员，通过对数据的处理和分析，为机构的估价业务提供技术支撑。

第三环节是估价报告编制方。即房地产估价机构，其在前两类供应商提供的服务和产品的基础上，根据房地产估价规范编制房地产估价报告，关于报告编制问题就不再赘述，但是报告编制方可以是接受项目委托的估价机构自行承担，也可以根据项目的特点再度分工，外包给代工机构编制，这就是下面讨论的房地产估价水平分工问题。

（二）房地产估价的水平分工

房地产的估价是基于房地产价格的形成原理和形成途径取得，非住宅类的酒店、大型商场、经营性养老院、冷链物流仓库、研发平台、游乐场等类别都是专业性很强的房地产，很多都是经营型物业，其收益和成本的形成都有各自行业的特点。以酒店为例，有商务型酒店、度假型酒店、会议型酒店、主题型酒店等多种类型，酒店内有客房、餐饮、会议、酒吧、商店、娱乐、休闲服务等不同的业态，每种类型酒店的目标客户不一样，盈利重点不一样，各种业态的成本结构组成不同，毛利率差异也很大；再如同样为大型商场的购物中心和百货公司，其收益逻辑完全不同，购物中心是租赁型物业，核心盈利能力是租金，百货公司是经营型物业，通过销售商品或服务实现盈利。因此，估价机构可以根据自身业务组成的特点，聚焦那些项目占比高的类别和类型，对这些项目深化行业研究，细化收益、成本组成，通过项目积累资料和经验，掌握这类房地产价格形成机制。从而在估价行业中培育一批以酒店、大型商场、养老院、仓库等房地产类别为特色的评估机构，这种按房地产类别实施专业分工的方式就是房地产估价的水平分工。

二、房地产估价的组织结构

估价机构的组织结构多为垂直组织结构，但是其很难适应专业化社会分工的流程，动态网络结构则能较好地解决这个问题，房地产估价的动态网络结构是一种以项目为中心，通过与其他组织建立业务合同网络关系，有效发挥核心业务专长的协作型组织形式，其是一种虚拟的组织结构，它在组织上突破有形的界限，虽有查勘调查、数据提供、报告编制等完整的功能，但机构体内却不一定有完整的执行这些功能的组织。使机构在有限的资源背景下，仅保留机构中最关键的功能，而将其他的功能虚拟化，其目的是在竞争中最大效率地发挥机构有限的资源优势，进而创造机构本身的竞争优势。

在动态网络结构下，估价机构整合产业链上的不同角色，包含数据供应商、查勘调查服务商、专业估价机构等，形成一个强大的关系网，与这些机构达成长期的协作协议，可见动态网络结构的大部分组织机能都能采用外包方式。机构中最关键的功能是设置一个精干的管理协调机构，负责监管公司内部开展的活动，同时协调和控制与外部协作机构之间的关系（图1）。当其承接业务后，可以根据项目情况，选择是否需要外购数据、是否需要委托查勘调查,报告是自己编制还是外包给其他专业的机构,如果需要外包,则应明确技术要求。动态网络的组织结构不仅适用于单一估价项目,若估价机构涉及多元化的相关业务领域,则在更长的产业链上也可形成更大的虚拟化动态网络结构。

图1 项目协调中心示意图

三、结语

产业分工是社会发展的必然趋势,估价项目的全部流程都在公司内部完成既不是报告质量保证的充分条件也不是必要条件,报告质量的关键是要有好的制度和标准。苹果手机的制造具有典型的全球分工的特征,苹果公司只负责设计、技术监控和市场销售,而所有的生产、加工环节都外包给遍布世界的下游制造商,每台iPhone背后是横跨全球的产业链条,分布在美国、日本、韩国、中国台湾、中国大陆等20多个国家和地区的190家供应商超过700家工厂,苹果公司通过产业链管理,不仅自身获得产业优势,而且各家供应商也能实现技术提升。

房地产估价机构不一定都要做大,但一定要做精做强,目前上海共有估价机构71家,除去18家外省市在沪的分支机构,本市一级、二级、三级(含暂定级)机构分别为41家、5家、7家,这种近乎倒三角的结构很不合理,但是在市场竞争残酷的现实下,都需要一个一级资质来获得存在感,很多机构的营收状况并不理想,但还是需要为了保住这个资质消耗一定的资源。房地产估价行业如果也能实现行业内的分工和外包,那小型估价机构只要能拥有高于《房地产估价规范》GB/T 50291—2015要求的技术水准,尤其具有一定的专业特色,其就有在行业内的立足之本和生存空间,参与行业内的产业分工,可以自营也可代工。委托关系的代工行为,也更容易实行严格的审核,通过不同机构之间的技术碰撞也能产生思想的火花,无论是代工机构还是承接项目并外包的头部机构,都能在这种协作中共同提升技术水准。而且基于代工机构的存在,头部机构也可在人力资源上整合优势,减少冗员。

当前房地产估价行业发展中面对诸多挑战,随着阿里大数据和京东大数据进入法拍房领域,大数据和传统房地产评估进入了正面竞争阶段。有句谚语说得好"鸡蛋从外面打破是食物,从里面打破一定是新生",因此,面对外部竞争的压力,估价行业要发展就必须求变,一方面在夯实估价专业技能的前提下,实行人员知识结构调整,加强技术创新,利用大数据技术,提高专业化手段和能力;另一方也需要通过机构模式创新,改变当前机构过多,估价师过剩的现状,对冲传统业务萎缩的困境,开辟发展新领域新赛道,塑造发展新动能新优势。

参考文献：

[1] 马燕坤，张雪领.中国城市群产业分工的影响因素及发展对策[J].区域经济评论，2019（6）：106-116.

[2] 周苇.苹果公司的全球价值链分工及其对中国经济的启示[J].中国市场，2016（37）：219，234.

[3] 刘戒骄.生产分割与制造业国际分工——以苹果、波音和英特尔为案例的分析[J].中国工商经济，2011（4）：148-157.

[4] 吴俊萍.国际生产垂直专业化分工及其对中国制造业国际竞争力的影响[D].厦门：厦门大学，2009.

[5] 王瑛.论产业分工对产业安全的影响及对策[J].北京理工大学学报：社会科学版，2006（4）：44-48.

[6] 游杰，龚晓.产业分工深化及其协调问题[J].学术论坛，2006（3）：75-78.

[7] 柴强.树立信心耐心，走市场化专业化咨询化发展道路[J].中国房地产估价与经纪，2022（1）：4-6.

[8] 温靓靓，王晶，伴晓淼.房地产估价机构的多元化与专业化发展[C]//第二届中韩日估价论坛暨2015年房地产估价年会论文集，2015.

[9] 陈俊，赵楚楠，梁珍.估价机构市场化、专业化和多元化发展——管理模式、业务模式和经营模式的转变[C]//第二届中韩日估价论坛暨2015年房地产估价年会论文集，2015.

[10] 李婷，马公村，宫方强.浅析房地产估价机构业务多元化与专业化的关系[C]//第二届中韩日估价论坛暨2015年房地产估价年会论文集，2015.

作者联系方式

姓　　名：刘　健　陆艳倩

单　　位：上海科东房地产土地估价有限公司

地　　址：上海市浦东南路379号（金穗大厦）26楼A室

邮　　箱：13916514386@163.com；lyq3399412@163.com

注册号：刘　健（3119960078）；陆艳倩（3120070025）

关于建设"房地产估价行业专业知识库"的思考与建议

许 军 黄海生 冯 智

摘 要： 房地产估价行业是一个注重知识传承的行业，随着信息技术的蓬勃发展，估价行业也有望通过建设数字化"知识库"的方式，形成更全面的知识积累和更高效的知识传播。2020年5月，国家发展改革委官网发布"数字化转型伙伴行动"倡议提出，政府和社会各界联合起来，共同构建"政府引导—平台赋能—龙头引领—机构支撑—多元服务"的联合推进机制，以带动中小微企业数字化转型为重点，在更大范围、更深程度推行普惠性"上云用数赋智"服务，提升转型服务供给能力。2022年4月，上海市政府发布了《上海城市数字化转型标准化建设实施方案》，核心工作是构建全覆盖的城市数字化转型标准体系。"联城评估"从多年的信息化经验出发，认为估价行业专业知识库建设需要行业的共同参与和努力，形成知识体系的共建共享机制，并由相关机构和专业人员的持续积累，实现行业专业知识的数据化。

关键词： 房地产估价；知识库；数据化

一、估价行业知识的主要类型及特点分析

（一）估价行业知识的主要类型

一般而言，一个专业行业的知识体系可以分为行业相关政策法规、理论方法与技术规范、业务流程与业务经验、相关知识数据、市场/企业信息等内容。根据房地产估价行业的特点，我们总结了以下7类知识类型。

1. 政策法规类

伴随中国房地产及资产行业发展历程，目前已存在大量与房地产及土地估价、资产评估等业务相关的各类政策法规、规章制度等文件。因发布这类文件的单位包括国家、地方人民政府或行业主管部门，内容覆盖房地产和资产管理领域的方方面面。估价业务开展时，既要作为重要估价法规依据引用相关文件，还要作为估算、取值过程的重要行为依据。估价机构想要保持及时、准确、全面地获取这些信息有相当困难，必须投入巨大的人力财力物力。

实际工作中，因不同公司、不同从业人员对于这些信息的获取能力不尽相同，同时信息更新不及时导致政策法规等引用错误的情况也时有发生，会给行业的专业形象造成一定负面影响。故此，建议协会建设的"知识库"中，全面收录影响房地产及土地市场发展各时期的各类政策法规。

2. 理论方法与技术规范类

《房地产估价规范》GB/T 50291—2015、《房地产估价基本术语标准》GB/T 50899—2013、

《城镇土地估价规程》GB/T 18508—2014、《资产评估基本准则》等标准文件，对估价的理论方法、估价程序、报告框架结构、估价技术路径方法、估价专业术语、行文格式等维度进行了具体规范和指导，是估价从业人员在执业过程中必须遵循的相关国家或行业标准规范，也是估价从业人员需要牢记和经常斟酌、比照执业行为的行动指南。

虽然该类文件更新频率不高，但因其内容覆盖全面，对估价实务具有较高指导意义，故建议协会在"知识库"中，全面收录各时期、国内外相关估价理论方法（技术标准或指引），方便估价人员查找应用。

3. 市场数据类

估价人员在估价业务开展过程中，获取数据的真实性、及时性、完整性将对估价咨询成果质量起到决定性的作用。因数据来源渠道较多、信息更新频率较高，仅依靠单个估价师或单个机构的难度较大。如协会能提供整合多方渠道的系统化市场数据平台，为估价从业人员提供一站式数据查询渠道，将有助于明显提升行业整体执业水平。市场数据可大致分为如下4类：基础数据；指数型数据；案例库；相关典型或示范性报告、行业分析报告等。

4. 估价经验与研究成果类

由估价从业人员通过特定项目或长期实践获得的专业经验总结，往往在估价师个人或有限人群中分享，较难查找、学习。如在估价行业知识库中设置"估价经验类"板块，专项收集各类估价业务经验、参数取值经验等知识经验，汇集各类研究论文和课题成果，把行业形成的共同财富，通过知识库的数字化，可得到更高效的利用。

5. 流程管理类

各估价机构在开展日常估价业务时，已逐步形成适合于各自业务发展需要的流程、数据标准、报告模板等标准化工作模式。因各机构的发展规模、业务特点各异，各家机构现有工作模式的升级优化要点也各不相同。

行业应根据相关规范和业务要求，形成相对标准的业务流程管理类的知识。也可以通过收集、遴选行业内具有领先和代表性机构的标准化流程模型，收录并提炼在"知识库"的"标准流程"模块中，供各估价机构优化自身流程设置时借鉴参考。

6. 行业发展数据类

行业发展数据是指行业的机构与人员的数据，包括估价机构人员基础数据、经营信息、工商信息等，这部分的数据可设置相关权限，把一些可公开的行业总量数据、各分类业务发展情况等宏观数据共享，有助于估价机构及时了解行业发展状况，便于做出企业的管理决策。

7. 其他

在"其他"板块中，建议收录上述6项专题之外、但与估价行业发展相关度较高的知识，包括经营管理类、相关行业类等内容。估价从业人员通过了解相关专业行业特点和知识，可以更好提升对估价的理解水平和管理水平。

（二）估价行业知识的特点分析

依据估价理论发展及实务需要，对估价行业知识的类别及特点初步梳理如表1所示。

基于上述估价知识分类梳理情况，我们形成如下基本判断：

1. 政策法规类、理论方法和技术规范类知识一般为公共信息，其获取渠道相对广泛，不同形式的留存也相对容易，但若协会提供统一专业知识平台的话，将有利于相关知识的便捷获取和传播。

2. 市场数据类、估价经验与研究成果类知识，通常由估价咨询机构或从业个人专项收

估价行业知识的类别及特点 表1

序号	估价知识分类	举例说明	知识特点	知识主要来源	知识收集难易度	知识留存难易度	知识共享意愿度
1	政策法规类	各类法律、规定，如《中华人民共和国民法典》《中华人民共和国资产评估法》《城市房地产抵押管理办法》等	由国家、地方人民政府或行业主管部门等权威发布，内容覆盖面广泛，篇幅较长，既要作为重要估价依据引用相关文件，还要作为估算、取值过程的重要行为依据	政府部门	较容易	较容易	较强
2	理论方法与技术规范类	《房地产估价规范》GB/T 50291—2015、《资产评估基本准则》等	估价执业须遵循的国家或行业标准规范，对估价程序、报告结构、专业术语、行文格式等进行具体规范和指导	政府或行业主管部门	较容易	较容易	较强
3	市场数据类	1.案例库，如历史建筑估价案例分析、房地产成交/挂牌/租赁案例、土地出让成交案例、大宗资产/股权交易案例、评估业务案例等 2.基础数据，如房地产物理属性数据、产权属性数据、市场主体数据等 3.指数型数据，如CREIS中指指数、地价动态监测指数、上海市住宅/高端办公租赁价格指数等 4.相关典型报告等	估价执业过程中需要常态化更新引用、积累的信息，来源渠道多元，信息更新频率相对较高，依靠个人力量全面收集的难度较高	估价咨询机构或个人	难	较难	较弱
4	估价经验与研究成果类	各类课程、报告，如估价行业发展状况分析、房地产市场状况及政策热点解析、估价技术及经验分享等	由估价从业人员通过特定项目或长期实践获得的专业经验总结，往往在估价师个人或有限人群中分享	估价咨询机构或个人	难	难	弱
5	流程管理类	房地产估价数据标准、规模、流程、模板	房地产估价工作开展的日常作业流程	估价咨询机构	较难	较容易	较弱
6	行业发展数据类	机构人员数据、经营信息、工商信息等	帮助估价机构了解行业信息、提高信息对称性	政府、行业主管部门、估价咨询机构	较难	较容易	较弱
7	其他	1.管理类知识，如系统开发、数据管理 2.相关专业知识，如工程造价、土地、经济等	了解相关专业行业特点和知识，更好提升对估价的理解水平和管理水平	政府、相关行业主管部门、相关行业咨询机构	较难	较难	较弱

集，属于机构或个人核心竞争力范畴，故在行业内收集、留存的难度较高，分享意愿度偏弱。若协会提供统一专业知识平台，对贡献专有经验的机构或个人给予适度激励，将有利于整体行业专业能力的普遍提升。

3. 流程管理类、行业发展数据类知识，因与各估价咨询机构发展阶段、经营理念密切相关，故从不同机构中收集获取、留存传播的难度相对较高，机构间分享的意愿度相对较弱。若协会可在统一知识平台提供脱敏后的相关知识，将有利于机构间互相学习、提升机构内部管理水平。

4. 其他类型的知识，主要来自于相关行业或咨询机构，其全面性、及时性对估价从业人员来说都不易判断，收集、留存的难度较高，业内分享的意愿度也较弱。若协会提供统一专业知识平台，专项收集和分享估价相关行业的知识信息，将有利于整体行业专业能力的普遍提升。

二、行业知识库的主要功能与形式建议

（一）行业知识库的功能架构

通过对行业知识库的业务梳理，整个知识库的业务架构主要分成以下5个方面：1. 配套制度：行业知识库的构建涉及众多参与方，需要有共建共享制度、数据安全管理制度、行业知识标准管理制度、质量管理制度等配套制度等；2. 知识来源：各类知识的构建方式多样，主要包括：系统智慧发现、与相关单位对接、行业协会统一管理、从业人员共建等，需要统筹知识的获取方式；3. 知识管理：知识获取后，需要对知识进行分门别类的管理，将知识整理入库；4. 知识应用：知识入库后，估价从业人员可以通过平台进行知识的查找、学习、使用；5. 知识优化：通过前台知识评价反馈、后台采集用户行为、多维度可视化分析等多种方式掌握行业从业人员对知识的使用情况，发现潜在需求，对支持进行执行改进优化。

系统业务架构图如图1所示。

（二）行业知识库的核心功能

基于功能架构，结合估价从业人员的实际工作场景，对行业知识的需求进行分析梳理，将业务需求进行加工转化，可以得到行业知识库的主要功能。

1. 知识发现

知识发现模块，可以定期对相关数据源进行数据扫描，并对其中潜在的、有价值的估价行业知识进行智慧化识别，然后对这些知识进行自动化抓取，对抓取的数据进行标准化处理，然后将知识放入临时库。而人工只需要对这些临时库中的知识进行确认加工，即可发布到正式的知识库（图2）。从而以最小的投入，在海量的信息中发现最有用的知识，并将其更新到行业知识库。

2. 知识管理

一个好的行业知识库，一定离不开业内同仁的共同"创造"。这些创造的知识需要有好的管理工具，能够方便、快捷的纳入知识库。

知识管理模块可以实现方便的知识管理，包括：1）知识分类管理：知识分类体现出知识库的知识结构，结构清晰的知识库。知识分类管理可以实现对知识进行结构清晰的多层级知识分类；2）知识属性管理：知识属性管理可以对不同知识设置不同的属性，帮助相关人员在知识管理时，能够有针对性地录入相关的核心信息；3）知识标签管理：知识标签管

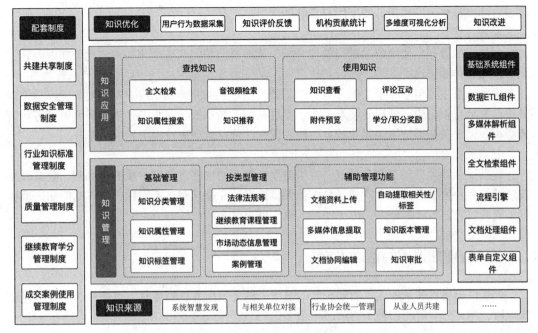

图 1 行业知识库功能架构图

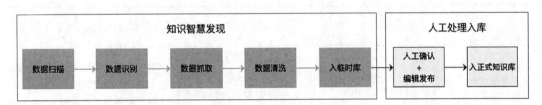

图 2 知识发现功能示意

理可以建立统一、规范、可扩展的公共知识标签库，也允许个人在此基础上建立自己的标签库。系统如果能够识别文件中的关键字，自动提取有效标签，也将为知识标签管理提供便利；4）知识创建与编辑：通过导入现有的文档资料、音视频，并设定其分类、标签等属性完成知识创建或者通过直接在系统内容创建多人协作的在线文档、在线表格完成知识创建。对于多人协同编辑的知识，在编辑生效后要对历史版本进行留底；5）知识审核：对于特定类别的知识，可能不允许随意修改，这时需要建立知识审核机制，只有修改被指定人员审核通过后，方可生效；6）知识图谱建立：系统可以通过标签、关键字等建立知识关联，并形成网状知识图谱。

3. 知识应用

知识库的储存的知识，需要知识应用模块的功能得到充分应用。此模块主要的功能包括：1）知识推送：当有新的知识或者知识有更新时，需要通过算法，给"需要的人"推送通知，以便相关的人能及时知晓；2）知识检索：为便于用户找到知识，用户可通过知识分类、知识标签、知识属性进行查询检索。对于文档、表格类知识，可以进行全文检索；对于视频类知识可以对视频里的语音内容进行检索；3）知识查看：用户可以对知识进行在线学习、下载等操作。在查看知识时可以查看知识的历史版本；4）相关知识：用户查看知识时，可以自动推荐相关的知识，便于用户系统性学习。

4. 统计优化

对知识的管理、使用情况进行统计分析，从而协助相关人员优化知识结构和知识内容。

5. 激励体系

激励体系主要包括3个注册部分：为了鼓励用户共同完善知识库，需要对知识库的管理维护行为给与相应的贡献积分奖励；为了促进从业人员积极学习相关知识，需要对学习行为进行积分奖励；如果学习完职业教育的核心课程，可以自动进行授予相应的学分。

6. 数据安全

数据安全管理贯穿于整个系统，提供对隐私数据的加密、脱敏、模糊化处理、数据库授权监控等多种数据安全管理措施，全方位保障数据的安全运作。不同用户对不同的知识也拥有不同的权限。可以划分为：可见、可下载、可编辑等。

三、行业知识库的建设方案

根据估价机构和从业人员对知识库的需求，结合目前各机构现状，可通过3种方案建设知识库，相关方案对比如表2所示。

3种行业知识库建设方案对比 表2

建设方案 比较项	各机构自建	行业协会主导建设	专业机构建设行业参与
方案说明	各家自己搭架自己的系统且保持系统内知识的更新	协会主导行业知识库搭建，并负责核心知识的维护更新；机构通过共建共享进行局部补充	第三方专业机构为行业搭建知识库，并负责维护更新，各家机构只需购买产品服务
使用方式	各机构自己完成系统建设，然后给员工使用	协会有统一的系统，给从业人员开账号即可	第三方提供系统，各机构进行购买后本地部署并开通账号后使用
优点	各家数据完全属于自己，易于保密	能发挥共建共享优势，降低各机构的成本；协会可以对知识库进行整体统筹，提升知识库的专业性和可用性	第三方负责开发，各机构自行觉得是否使用，比较自由
缺点	机构间重复建设，更新不及时，建设和维护成本高，效果差	可能消除个别机构在知识积累领域的局部优势	前期购入较大，需要有合适的第三方有意愿来开发这个系统

综上，我们建议分三步走的方式完善行业知识库的建设：第一步，房地产估价师协会牵头进行知识图谱的梳理、建立统一的知识库框架；第二步，由行业协会和各家机构共同提供相关的知识组成内容，不断积累完善；第三步，开发知识库的应用功能，向全行业提供知识库的知识服务，逐步形成房地产估价师行业知识平台。

在此基础上，各估价机构可以对相关知识进行补充完善，实现行业知识的共建共享，提高行业知识传承的效率、提升行业整体专业性、降低估价机构知识积累的成本。

四、行业知识库建设的作用和意义

（一）对从业人员的能级提升有重要帮助

在估价行业内搭建完善的知识库系统，将估价相关知识在行业内数字化共建共享，为行业的服务深化提供基础平台，便于行业中的机构和从业人员加深专业研究、提升业务服务水平。

（二）对行业的服务深化发展有重要作用

当前，上海正在全面推进的"数都上海"城市数字化转型，将通过持续创新、协调融合，构建全社会共建共享的城市数字化新格局。"数都上海"将在各传统行业内打造商务新业态、构建城市数字化转型赋能底层新平台的发展需要。这样的格局下，更需要行业深化专业、创新发展，通过行业知识库的建设和完善，深化行业的专业内涵，拓宽行业的专业范畴，才能不断适应新的服务需求，发现新的服务领域，拓宽行业视野，找到行业的出路。

（三）对行业的人才成长、可持续发展有重要意义

当前估价行业的发展已经到了一个重要的转折期，外部市场需求加速变化，市场竞争加剧，但人才结构偏向老化，业务创新能力不足，市场创新服务响应滞后，行业的认可度和社会品牌度不高。相对于其他专业服务行业，估价行业知识经验的学习积累途径缺少、累积方式相对传统低效，造成了人才成长的周期过长，在创造价值又偏低的情况下，缺少更多的优秀人才成为行业难题。

建设估价行业知识库将有利于估价从业人员全面把握行业的知识内容，加速整体专业技术水平的提升，促进估价业务高质量完成，形成专业自信和行业归属感，让更多的人才加入行业，创造更大的价值，与估价行业长期共同成长。

参考文献：

[1] 王昊，谷俊，苏新宁. 本体驱动的知识管理系统模型及其应用研究 [J]. 中国图书馆学报，2013（2）：98-110.

[2] 丁金礼. 房地产市场变化与估价基础数据库建设 [C]//2013年"挑战与展望：大数据时代房地产估价和经纪行业发展"年会论文集，2013.

[3] 王明皓. 基于搜索引擎和问答式平台的知识管理系统 [J]. 中华建设，2020（S1）：22-26.

作者联系方式

姓　　名：许　军　黄海生　冯　智

单　　位：上海联城房地产评估咨询有限公司

地　　址：上海市静安区康定路979号

邮　　箱：XJ@uvaluation.com；huanghaisheng@uvaluation.com；fengzhi@uvaluation.com

注册号：许　军（3119970004）；黄海生（3120000102）

建立"技术+"大中台,助力
估价机构高质量发展

胡 晓 金艳芳 朱 玲 刘小方

摘 要:习近平总书记在党的二十大报告中指出"高质量发展是全面建设社会主义现代化国家的首要任务",强调"科技是第一生产力、人才是第一资源、创新是第一动力"。随着社会整体经济由高速增长阶段转向高质量发展阶段,房地产估价行业在顺应外部环境变化的过程中也逐渐面临业务多元化、市场复杂化的机遇和挑战。构建"技术+"大中台,实现"技术+文化建设、技术+质量管理、技术+研发创新"是估价机构实现自身业务提质增效、品牌创新发展的有效途径。通过技术中台建设,有效凝聚专业技术力量,以"科技第一、人才第一"引领估价机构高质量发展。

关键词:技术中台建设;估价机构高质量发展;创新发展

一、建立高质量管理体系是估价机构创新发展的必由之路

随着供给侧结构性改革的深入推进,城市的开发建设逐渐从大规模增量开发向存量优化提质和增量结构调整并重转变,从顶层谋划到落地实施是综合性、系统性工程。作为现代服务业重要组成部分的估价机构,如何助力实施扩大内需战略、系统有力精准施策,需要深入思考、系统谋划。

在"房住不炒"的核心定位和政策导向下,党的二十大明确加快租购并举的住房制度建设,多举措推进保障性、租赁性住房建设,各地方在逐步探索房地产发展新模式,客户需求更加多样,单一、传统的估价业务面临更综合性、多元化转变。一方面在系列政策指引下,创新型估价业务需求应运而生,另一方面 AI 人工智能、大数据资产应用等高新科技进入房地产评估行业,估价机构如何更好地建立高质量管理体系,顺应新的发展形势和市场需求,对估价机构质量管控能力、综合实操能力、研发创新能力以及估价人员的专业技术水平均提出了更高的要求,并带来全新的挑战。传统的估价行业需要尽快破局,从提供单一专业性服务、人力人工为主的局势中走出来,融入信息化、现代化作业工具,以更加专业的技术和更加高效的服务,为客户提供由点到线再到面状的系统化的综合性解决方案。有效利用信息化手段,提高生产效率、提升技术质量,是在当前经济新形势和竞争新局面下,估价机构亟需达成的目标。而建立高质量的管理体系则是实现这些目标的必由之路。

二、探索中台管理模式,建立高质量管理体系

为实现可持续发展,稳固市场地位,各行各业在不断探索高质量管理模式和方法路径。

在互联网行业，为了快速响应、有效探索、充分挖掘引领用户需求，中台管理模式应运而生，有效解决了互联网行业共性功能重复研发、业务标准不统一、业务管理数据未打通、信息无法快速共享等问题。本文研究借鉴互联网行业的中台建设模式，探索适合估价机构建设发展的中台管理模式。

（一）加强资源整合、促进人才聚集

传统估价机构在人数规模发展到一定阶段，通常会结合不同估价业务方向或者不同的客户服务群体，设立多个相对平行的技术小组，各小组以擅长单一业务方向为主，相对来说业务技术更新慢、信息化程度低，某种程度上对高学历高科技人才吸引不足。而技术中台通过多方技术力量的汇集和资源整合，能有效实现多专业技术融合和政策前沿业务的研发创新，为估价人员技术能力、综合素质提升提供了良好的平台和组织保障。

中台管理模式注重从部门单独运作，到跨部门合作，再发展为中台集成联动。通过将各部门各专业顶尖人才技术力量和核心资源加以汇集，综合"会诊"处理相关事务，"大中台"与"小前方"（即各专业小组）形成良好互动与有效衔接，从而使各部门间的沟通更加高效、顺畅，有利于营造良好的工作氛围。通过凝聚"超强大脑"智慧逐步搭建估价机构人才梯队，在中台建设中发掘优秀管理人才，进一步推进企业可持续发展。

（二）推进标准化管理、提高技术标准

传统的估价机构管理模式，通过多个平行的专业小组，在某种程度上满足了客户需求上的"高效"，但长此以往必然造成估价参考数据不一致、审核标准不统一、技术成果良莠不齐的情况，不利于估价机构的核心竞争力建设。

互联网公司的中台为不同业务单元的过程管理与结果产出建立相对统一的标准体系，保证企业运作的稳定性，进而为客户提供可靠的产品与服务体验。估价机构也可借助中台建设，将估价工作从市场到技术各个环节模块化、标准化，将优秀经验及时总结归纳，通过估价机构内部制度和规范化建设，提高技术成果编制水平，夯实技术市场口碑和品牌影响力，实现估价机构的高质量服务。

（三）畅通信息通道、提升研发效能

当客户业务需求由单一性转变为综合性咨询服务后便产生了许多新的估价咨询服务诉求，此时需要多小组、多专业深度融合，才能有效解决客户的综合需求；或者对于各个平行技术小组而言，需要开展一定研发投入方可达成客户预期。此种情形估价机构内部容易形成多方投入、重复研发的局面，势必影响产能和客户服务效率，资源整合效率低下的问题便由此产生。

而互联网公司的中台本质就是资源的共享、功能的开放，通过接口的相互调用以及相似功能的共享，畅通信息通道，达到有效降低研发成本以及快速响应市场需求的目标。估价机构可借鉴互联网中台建设的模式，搭建技术"大中台"，实现数据互通、信息共享、上下关联，有效建立部门间信息共享集成机制，打破"信息孤岛"，为机构整体提供公共资源支持，使机构能够对新政策、新需求做出快速反应。根据业务前沿，技术中台可以有效组织和调动优势力量，集中开展研发从而降低研发成本，缩短研发周期，实现估价机构产品迅速迭代升级，以"大中台"为"小前方"赋能，快速响应市场需求，抢占市场先机。

三、"技术+"中台管理模式的探索与实践

（一）"技术+文化"中台建设，增强中台黏性

中台管理模式的建设在一定程度上打破了估价机构单专业、分散化小组模式的管理关系，统一中台价值认同、凝聚共识，是中台建设得以顺利推进的基本保障。中台建设中除了发挥其研发创新、技术管理的职责外，首要任务便是中台文化的建设，打造"共享、创新、协同、共赢"的中台文化氛围，以提升机构上下对中台建设的认可，为中台研发引领、技术引领奠定基础。估价机构的中台文化建设，可以结合技术评优评先、经典项目分享、行业资讯推送、政策要点解读等非业务类技术文化活动，逐步引导深化对技术中台的认识，打破各个小组之间的壁垒，加强小组之间的融合交流。

（二）"技术+管理"中台建设，凸显中台作用

通过中台统一开展估价人员专业培训、估价人员资质管理、对外技术培训输出、机构对外非业务类事务参与等工作，消化各"小前方"职能性事务，加强"小前方"和"大中台"之间的互联互动，增强中台组织粘性。"小前方"作为一线信息采集、业务获取渠道，掌握最新市场动态，"大中台"作为动力中枢，将前方信息进行动态整合，给出综合且全面性的建议，指导业务开拓方向动态调整和技术执业策略。"小前方"在实践中总结与及时反馈，通过中台汇集，适时作出方案调整，为后续工作开展作进一步指导。中台黏性越强，数据资源整合将更加全面，综合应用性更强，业务积极性反馈将更及时。

估价机构的中台在做好基础技术服务的同时，更主要的是制定估价管理标准。将估价工作从市场商务洽谈、标书制定、合同签订到工作方案拟定、资料收集、现场踏勘、估价成果编制、成果审核，再到估价成果的存档各个环节进行模块化、模板化建设。并对各个环节中涉及的数据、基础资料、估价工具、应用方法固定，从而实现统一化技术标准、标准化成果管理、规范化档案留存，提高工作效率。另一方面通过中台做好估价项目从承接到执业的技术风险管控，比如开展项目随机抽查、定期复核等方式，加强估价风险的全过程管控，有效防范技术风险，充分体现中台的技术管理职责。

（三）"技术+研发"中台建设，强化中台引领

估价机构的中台需建立畅通的信息获取机制，"小前方"收集市场前端客户新型估价需求，做好信息归集整理和市场预期研判，中台及时开展新政策的解读分析和业务挖掘，发挥"无中生有、深化挖潜"的能力对市场需求进行充分调研。结合既有技术基础和资源力量，对创新业务的需求、技术要点开展深度研发，"集中火力、定点突破"，采取形成专项业务工作方案、业务手册、宣讲材料的方式，推动研发转化，提高产品转化率。同时通过技术中台积极参与外部联络，关注行业峰会、高端研讨会的业务导向，开展技术研发和创新，发挥中台技术引领作用。

四、结语

对于估价机构转变传统管理思路，建立技术"大中台"，强调公共资源整合和机构核心业务价值沉淀，快速支撑创新业务，使估价机构真正做到自身业务能力与用户综合需求的持续对接。建立高质量的中台管理体系，关键要素是构建"人才创新、技术创新、业务创

新"3个创新体系,增强组织创新活力,激发内生动力,从而实现估价机构产品迭代、效率提升、人才聚集的高质量发展。

参考文献:

[1] 罗兰贝格管理咨询.罗兰贝格:中台,成功敏捷型组织的"推进器"-T媒体[EB/OL](2019-04-04).http://www.cniteyes.com/archives/34607.

[2] 陈新宇,罗家鹰,邓通,等.中台战略:中台建设与数字商业[M].北京:机械工业出版社,2019.

[3] 霍海平,余艳.数字化转型背景下中台建设研究[J].IT经理世界,2020(11)115-116,125.

作者联系方式

姓　名：胡　晓　金艳芳　朱　玲　刘小方
单　位：永业行土地房地产资产评估有限公司
地　址：湖北省武汉市武昌区友谊大道303号武车路水岸国际K6-1栋20-23层
邮　箱：1096293@qq.com
注册号：胡　晓（4220110057）；刘小方（4220140025）

灵活运用传统评估方法以适应估价业务多元化发展的趋势

管豆豆

摘 要：本文从两个具体的评估实例出发，探讨传统估价方法的灵活运用：一是基准地价系数修正法在存量地块新建地铁站的影响度分析中的应用；二是收益法测算商业房屋经营性损失。通过上述两个实例，我们可以发现，对传统估价方法灵活运用，是适应未来估价服务多元化发展趋势的必然要求。

关键字：评估方法；灵活运用；多元化

经过多年的发展，国内的房地产估价行业日渐成熟，房地产评估业务也从传统的房屋征收、抵押、转让、买卖课税评估等鉴证性估价走向多元化咨询服务发展，如重大项目前期成本估算、房地产运营决策分析等，这些新型估价业务等传统评估方法的运用提出了新的要求，本文结合具体实例，详细介绍传统估价方法在新业务领域的创新运用。

一、存量地块新建地铁站影响度分析——基准地价修正法的灵活运用

（一）估价方法介绍

城镇基准地价是在某个城镇的一定区域范围内，划分土地级别或不同均值地域，按照商业、居住、工业等用途，分别评估确定的一定期限的建设用地使用权在某一时点的平均价格。每个城镇的基准地价都有其特定的内涵，包括对应的价值时点（基准日期）、土地用途、土地使用权性质、土地使用权期限，容积率和土地开发程度。

基准地价修正法基本公式为：

宗地价格 = 适用的基准地价 × 土地市场状况调整系数 × 区位调整系数
　　　　× 用途调整系数 × 土地使用期限调整系数 × 容积率调整系数
　　　　× 土地开发程度调整系数 × 其他因素调整系数。

本例采用基准地价修正法的基本思路，以基准地价修正体系为基础，通过设置重点影响因子的前后修正系数求取影响幅度来计算估价对象补偿额。

（二）项目概况

上海某轨道交通规划新建站点的出入口、风井将占用某商业中心的待开发土地。因该地块出让时，未考虑到地铁规划的影响，在地块出让条件中没有对地块结合地铁站开发情况予以说明。故政府需要对该地块的开发商予以补偿。估价对象为待开发地块，形状大致呈矩形（图1），土地面积为143845平方米，规划地上建筑面积为496287平方米，地下车库建筑面积为5564平方米，容积率为3.45，地块规划用途为商办，商业与办公比例为2:8，绿化率

为35%。

根据委托方提供的施工图纸，上海某轨道交通地铁站规划建造的风井口、出入口位于整个地块的东面边缘公共绿化部分，靠近××路（图1）。预计占地面积约200平方米，相对于整个地块来说，占用的面积较小，经测算，对整个地块的容积率的无影响，且不涉及对规划建筑基底的占用，故对地块规划建筑面积也无影响。

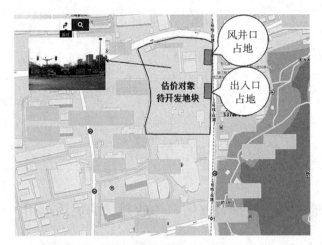

图1　项目基本情况示意图

（三）评估思路

该项目不同于传统评估业务的地方在于：地铁站、风井口在该地块内的施工、建成对整个地块地价的影响较为复杂，既有增值因素，也有减值因素，增值因素和减值因素环环相扣，影响幅度也较难把握，且这些因素有些是传统评估方法设定的，也有本项目所特有的。

传统的评估思路是求取地铁站建设因素前后两次土地总价的差价来测算补偿价格，可能会造成有些因素没有考虑或者没有重点考虑，导致开发商"倒贴"的结果，达不到补偿的预期。

本次评估采用基准地价修正系数法的基本思路，通过设置重点影响因子的前后修正系数求取影响幅度来计算补偿结果。

根据估价师综合分析，本次重点考虑的影响因子有以下几点：

1.地铁口的易达性使地块未来的交通条件得到明显提升，对商办用途地块来说，是一个利好因素；

2.地铁口带来的人群流动性将使估价对象周边环境受到一定影响；

3.地块宗地形状因风井、地铁口的设置将变得不规则（图1）；

4.地块未来的开发施工也会受到一定影响（施工周期、施工方案的调整使施工成本增加）。

根据这四大因子设置影响幅度修正系数表（表1），得出影响幅度-37.50%，参考周边同一供需圈类似商业、办公成交楼面地价，根据估价对象自身商办比例、容积率等参数，计算得到地面价，再结合影响幅度，得出土地补偿成本单价。

（四）总结

这种方式可以说是在基准地价系数修正法基础上做的一些灵活变动，简单明了、便于操作、可信度也高，这种补偿方式最终也得到了委托方和被补偿人的一致认可。

影响幅度修正系数表　　　　　　　　　　　　　表1

影响因子	原条件修正系数	现条件修正系数	修正理由
交通条件	距离地铁站1.5公里 −1.50%	距离地铁站0.1公里 3.00%	估价对象交通条件由优变成较劣
环境条件	较好 1%	较差 −1%	由较优变成较劣
施工成本	施工成本低 15%	施工成本较高 −7%	施工成本由低变成较高
宗地形状	规则，利用合理 12.00%	不规则，影响利用 −6%	宗地形状由规则变为不规则
小计	26.50%	−11.00%	
影响幅度	−37.50%		影响幅度=−11.00%−26.5%

二、商业房地产经营性损失评估——收益法的灵活运用

（一）估价方法介绍

收益法是预测估价对象的未来收益，利用报酬率或资本化率、收益乘数将未来收益转换为价值得到估价对象价值或价格的方法。

在传统的评估业务中，该方法通常与比较法结合运用于评估市场较为活跃的住宅、写字楼、商店、旅馆、餐馆等房地产市场价格。

本次以收益法原理为基础，通过租金减损额折现计算商业房地产经营性损失补偿费用。

（二）项目概况

上海市某轨道交通因施工需要，涉及临时借地，即在施工范围边界，借用道路后退红线内的场地作为施工辅助空间使用，如图2所示。施工范围扩大占用了沿街商铺场地，遮挡

图2　沿街商被遮挡情况示意图（红色框线内为部分地铁工地围墙）

了商铺门面，导致客流量明显减少，影响了商铺的正常经营，因此，政府需补偿商铺的经营损失。

估价对象为普陀区××路沿街商铺，周边同类型商铺租赁市场较为活跃，根据委托方介绍，某轨道交通施工时间为5年。

（三）评估思路

根据估价对象特点及可搜集的资料，考虑运用收益法模型，首先采用比较法评估不受影响的正常房地产客观租金，然后计算租金减损率，最后结合估价对象房地产租金影响期限，以一定的还原率，将至影响期限内的租金损失折现至价值时点，从而得到经营损失补偿额。

因估价对象周边同类租赁市场较为活跃，正常客观租金可通过调取周边同类型商业租金用比较法求取。

租金减损率可参考上述基准地价修正系数法的基本思路，以基准地价系数修正体系为基础，通过设置重点影响因子的前后修正系数求取影响幅度来计算减损幅度，如表2所示。

租金减损率计算表 表2

因素因子	原修正系数	现修正系数	修正理由
客流量	较高 1.8%	低 -3.6%	估价对象客流量由较高变为低
临街道路类型	主要商业繁华道路的核心区段 10%	交通性干道 -10%	临街道路由主要商业繁华道路的核心区段变为交通性干道
基础设施	保障率较高 1.2%	保障率一般 0	估价对象基础设施保障率由较高变为一般
临街状况	一面临街 0	袋地（严重影响利用） -10%	临街状况由一面临街变为严重影响利用
小计	13.0%	-23.6%	
减损率	36.6%		损害前后减损率=13.0%-(-23.6%)

经营损失补偿额，按照经营收益按一定比率递增，收益期限为有限年的模型测算：

经营损失补偿额 = 收益价格 × 经营损失率。

用公式表示为：

$$V = \frac{a}{r-s} \times \left[1 - \left(\frac{1+s}{1+r}\right)^n\right] \times \omega。$$

式中：

V—经济损失补偿额：元/平方米；

ω—经营损失率：%；

a—净收益：元/平方米；

r—报酬率：%；

s—租金增长率：%；

n—影响时间：年。

（四）总结分析

运用收益法模型，将施工影响周期内的租金减损额折现到价值时点，从而得到经营损失补偿额，可操作性强且计算结果较为贴切，这种补偿方式也得到了委托方和被补偿人的一致认可。

三、结论和建议

评估业务多元化是市场发展的趋势，也为缓和评估公司之间激烈的竞争打了一针镇静剂。房地产估价师要顺应市场发展的需要，不断提升自己的综合素质，打破传统评估方法运用的壁垒，针对新型评估项目，灵活运用传统的评估方法去操作，让自身更稳得立足于行业并为社会各行各业做贡献。

参考文献：

中国房地产估价师与房地产经纪人学会.房地产估价理论与方法[M].北京：中国建筑工业出版社，2015.

作者联系方式

姓　　名：管豆豆
单　　位：上海上睿房地产估价有限公司
地　　址：上海市黄浦区西藏中路 585 号新金桥广场 3B
邮　　箱：389582380@qq.com
注册号：3120170013

浅谈城市更新新格局下的房地产估价机构新征程

黄远忠　孙梦璐

摘　要： 在深圳城市发展的过程中，政府探索城市更新的方向从"单项目模式化"向着"高质量片区统筹模式"转换，操作城市更新的路径从"政府引导"到"政府统筹"转换。面对"实时更新"的发展环境和"专项定制"的委托需求，估价机构作为咨询顾问服务方的服务模式也面临着空前的挑战，对项目的研究需要从简单粗暴的单一思维转换至统筹大局的全面思维。以此更好地协助政府高质量地统筹片区、平衡各利益主体的利益分配，最终实现共同富裕。

关键词： 城市更新；政府统筹；高质量发展；房地产估价；共同富裕

一、中国特色社会主义进入新时代后的深圳城市定位

2017年10月18日，习近平总书记在中国共产党第十九次全国代表大会上多次提出中国特色社会主义进入新时代要积极将"在高质量发展中促进共同富裕"作为奋斗目标。2019年8月9日发布的《中共中央　国务院关于支持深圳建设中国特色社会主义先行示范区的意见》中提到，深圳经济特区的城市战略定位之一是可持续发展先锋，深圳要打造安全高效的生产空间、舒适宜居的生活空间、碧水蓝天的生态空间。2020年10月14日，习近平总书记在深圳经济特区建立40周年庆祝大会上再次提到，中国特色社会主义经济特区建设必须以实现经济社会和生态环境全面协调可持续发展为目标。

《中华人民共和国国民经济和社会发展第十四个五年规划和2035年远景目标纲要》明确提出，"实施城市更新行动，以推动城市空间结构优化和品质提升"，"加快推进城市更新，改造提升老旧小区、老旧厂区、老旧街区和城中村等存量片区功能"。

近年来，深圳各区政府积极响应党的号召，以实现"共同富裕"及"可持续发展"作为奋斗目标。结合特区自身状况及当前发展局面，因地制宜推进区域重大战略融合发展，并充分发挥粤港澳大湾区中心城市功能，着力增强"一核一带一区"主引擎作用，以先行示范区的担当作为更好地服务全国、全省。

二、城市更新对于深圳城市发展的意义

当前，深圳的城市发展逻辑已从"增量扩张"转换至"存量优化"，城市更新作为城市发展和空间治理的方式和手段，是深圳进入存量时代且面临土地资源紧缺背景下实现城市高质量、高标准发展需要持续深化的重点领域。特区的城市更新在经过多年实践与探索后的今天，需要面对和解决的已不再是"独善其身"的利益问题，而是"兼济天下"的可持续

发展。

从社会效益的角度来看,"城市更新"是一个"创造"的过程,通过更新腾挪公共空间、完善基础设施和公共配套建设,以达到推进供给侧改革、完善城市功能、提升城市发展质量的目的。从经济效益的角度来看,"城市更新"是一个资源优化及再分配的过程,通过将集体资产"以旧换新",实现村集体、合作方、政府等多方共赢。

三、深圳城市更新面临的问题

在土地资源紧约束与存量用地再开发周期过长的矛盾之下,2009 年,深圳市政府出台了《深圳市城市更新办法》,以此正式开启了深圳的城市更新时代,并明确了"政府引导、市场主导"的运行方式。为实施《深圳市城市更新办法》,规范深圳市城市更新活动,建立规范、有序的城市更新长效机制,2012 年,深圳市政府出台了《深圳市城市更新办法实施细则》。但随着"深圳城市更新"步入"深水区",发展中越来越多的问题也逐渐暴露。

(一)项目愈趋碎片化

随着深圳市城市更新的飞速发展,现成的成片可再利用土地愈趋稀少。与此同时,城市规划和管理成本亦大幅提升,城市更新项目更多呈现出空间上的散点分布特征及执行时序上的非连贯性。由此带来腾挪空间有限、大型公共设施和公共配套等无法成规模化、整体化落实等问题,且趋于碎片化的开发模式亦可能导致片区城市肌理分割、城市风貌缺乏统一的问题,进而影响片区核心价值以及长远效益。

(二)项目利润差异化明显

过去几年,在城市更新合作开发的项目实操过程中,以市、区城市更新等相关政策文件及项目的规划批复等各类文件为依据,通过对项目进行前期经济效益预判,基于地理位置较好、规划指标客观、物业回迁量相对较少等有利因素助推,一些项目的利润率会非常可观,各利益方通过项目合作建设可实现"盆满钵满"的收益。而一些项目却因其存在地理位置相对较差、公共配套压力太大等因素,利润率低于行业平均水平,甚至为负,由此各利益方无项目推动热情,导致项目推进缓慢或停滞。

(三)蓝绿空间腾退和历史文化遗产保护缺位

深圳的城市化进程离不开基础设施建设和产业的发展,基于此,对土地的需求也在不断扩大,在此过程中难免会占用基本生态空置线内的土地。而开发商在划定城市更新单元时更多考虑的是经济效益的追逐,这也就导致了类似于基本生态控制线内用地、河流蓝线用地的腾退,历史风貌区的保护整治这类公共利益的落实难以依靠市场力量推进。

四、深圳城市更新中存在问题的对策

在发展中出现的问题需要在发展中解决。2019 年,深圳市政府出台了《关于深入推进城市更新工作促进城市高质量发展的若干措施》,明确提出要对片区进行更新统筹的研究,完善制度的设计。针对当前更新工作的实际问题,持续强化政府统筹力度,提出优化调整策略,推动城市更新工作实现从"全面铺开"向"有促有控"、从"改差补缺"向"品质打造"、从"追求速度"向"保质提效"、从"拆建为主"向"多措并举"转变。

2020 年,深圳市政府通过了《深圳经济特区城市更新条例》,明确提出在全国率先探索城市更新市场化运作路径，在坚持政府统筹的前提下，主要实行市场化运作模式。一方面，政府通过定规划、定政策、定标准，抓统筹、抓服务、抓监管发挥引领作用，市场主体则具体负责搬迁谈判和项目建设实施，实现政府和市场双轮驱动，保持城市更新活力；另一方面，明确重点城市更新单元开发和成片连片改造，以及市场难以有效发挥作用情形下的城市更新由政府组织实施，突出政府的统筹谋划和系统布局，确保社会公共利益和城市发展长远利益的实现。

五、新格局下的城市更新为房地产估价机构带来的机遇

在以政府统筹的片区整体规划改造过程中，实施统筹强调要在取得相关权利主体共识的基础上，制定片区利益平衡方案，可以综合运用多种实施手段推进，保证公共利益用地的优先落实。

近几年，房地产估价机构以第三方咨询顾问的角色逐渐深入参与到城市发展建设的更新工作中，包括但不限于为政府、村集体、开发商等多类项目参与方提供服务。作为房地产行业的附属行业，房地产估价机构的角色无时无刻不受房地产业发展方向的指引。城市发展建设给更新时代翻出了新的篇章，同时也为房地产估价机构创造了新的机遇。

（一）协助政府完成"片区统筹"的职能要求

城市更新新时代的到来对政府职能有了新的要求，作为政府推进城市更新的服务方，任重而道远。"片区统筹"时代的到来给房地产估价机构带来了新的使命。以市场需求的服务成果为导向，服务需要从"城市更新单元"的项目式论证升级至"片区统筹"的全局式论证。例如通过经济测算寻找各参与方的利益平衡点，科学制定搬迁补偿协议；在保障公共利益的前提下，以合理分配规划指标等方式控制市场主体（即开发合作方）的利润率，以确保项目具备可实施性；通过多维度协调统一，把控整片区综合效益，从而维持公共利益与市场规律的长期平衡。

（二）深度参与城市化发展，为各参与方"解密"发展方向

房地产估价机构作为第三方咨询顾问，拥有多年在项目跟进过程中累积的经验，了解城市更新的"前世今生"。既知晓更新项目的重点及可能出现的难点，同时也明白项目各参与方的痛点。依托沉淀、探索未来，房地产估价机构职能万千。包括但不限于参与相关政策制定的工作，提出专业意见；为市级、区级各职能部门作政策宣讲、解读，协助促进各职能部门工作效率的提高；为村集体、合作方等利益各方普及城市更新发展方向、进行类似操盘案例分享等。

（三）成为政府统筹城市更新全流程咨询服务方

在城市更新新格局下的房地产估价机构必须适度转换自身角色，从"专注局部"的操作者角色转换到"纵观全局"的管理者角色。纵使这世上有一千种城市更新，但一千种城市更新也依旧是城市更新。依托曾经的项目服务经验，取其精华去其糟粕，将每一段"精华"进行整合，结合市场的新需求，全程参与项目实施，为政府提供引导、监督项目的全流程咨询服务，协助政府统筹管控片区建设，助力城市可持续发展。

六、新格局下的城市更新项目为房地产估价机构带来的挑战

是机遇同时也是挑战,日新月异的市场环境激励着每一位咨询顾问人,也挑战和要求着每一位咨询顾问人。为了更好地为委托方服务,作为专业的第三方服务机构需要具备更系统全面的专业知识、统筹全局的管理者思维、平衡各方利益的服务能力,以上种种要求均是房地产估价机构致力成为值得信任的第三方咨询机构应该努力的方向。

七、房地产估价机构面对城市更新新格局需具备的能力

(一)深度剖析政策指导思想的能力

城市更新项目的有效推进受政策驱使程度非常高,这就意味着深度解读政策成为咨询服务方的重要项目能力之一,同时是衡量咨询服务团队专业水平的主要标尺。通过对政策要义透彻、精准地解读,深刻领悟上层指导思想,"掌舵"项目前进方向,在项目推进的过程中找准政策本质和价值导向,紧跟政策指引,多维度助力项目实操工作顺利推进。

(二)项目统筹管理和控制的能力

在助力政府统筹管理、控制项目的咨询服务中,咨询服务方需要以更高的站位看待项目。一个城市更新项目涉及咨询、规划、财税、造价、环评等众多行业,需要各参与方的通力合作。统筹管理和控制的能力是决定项目能否有效推进的关键,这也对统筹管理和控制方提出了更高的要求。房地产估价师以咨询顾问的角色参与其中,基于本生对房地产相关行业知识的沉淀,应顺应项目的需求,形成服务闭环,积极提升自身项目统筹管理和控制的能力。

(三)多思路、多方案的经济测算能力

"算账"是所有项目推进的基础,在城市更新项目操作路径不断更新迭代的今天,房地产估价机构以第三方咨询顾问的身份参与项目,已从提供简单的估价服务上升至为政府统筹全局提供战略布局的高度。与此同时,技术服务亦不可能止步于单一思路的经济测算,这就意味着服务团队需要具备提供多角度、多思路、多方案的经济测算能力。以此能力为基础,打造多元的项目实施路径,保障项目顺利实施,并更好地平衡各方利益实现,优化片区统筹管理,积极推动项目,促进城市发展。

作者联系方式

姓　名:黄远忠　孙梦璐

单　位:深圳市世鹏资产评估房地产土地估价顾问有限公司

地　址:广东省深圳市福田区沙头街道天安社区泰然五路 8 号天安数码城天济大厦五层 F4.85A

邮　箱:38165342@qq.com;313281149@qq.com

注册号:黄远忠(441502198);孙梦璐(910200714)

借鉴工程全过程咨询模式探讨房地产估价行业的新发展

罗 琳 李 红

摘　要： 房地产估价行业是现代金融和房地产业的结合体，是构成我国现代房地产业的重要组成部分。房地产评估行业经过二十多年的发展，现在已形成了比较完整的传统业务模式，这一系列的估价活动为社会经济生活的良好发展起到了很好的促进作用。但随着社会的进一步发展，特别是互联网的崛起，犹如淘宝电商对商业的冲击一样，传统的估价业务正在受到无情的削弱，怎样赋予新形势下房地产估价一个新的生命，更好全面客观地重塑估价行业是当务之急，就如工程建设领域正在开展的"工程全过程咨询"能否将传统的估价模式向全新的模式转变，成为拯救估价行业的一剂良药。

关键词： 工程全过程咨询；房地产估价；对策

一、房地产估价与工程咨询的学科异同点

房地产估价是以科学的估价理论为基础，以房地产为对象，采用适当的估价方法来衡量房地产价值、满足经济活动确定房地产价值的需要。与房地产估价相比，工程咨询更加注重项目的管理与分析，两者都是以项目为对象，服务于项目的全生命周期，运用相关理论和方法分析项目的可行性，或管理项目的整个建设过程，为经济活动中的进度、成本、质量管理及投资决策等服务，虽然二者属于不同学科，但它们的理论工具却是相似的，基本经济学原理和方法都是一样的，比如资金时间价值理论、成本价值内涵等。随着组织机构向多元化和综合化发展，估价人员应该更加多元化发展，拥有更丰富的知识储备，并将来自不同学科的知识整合到自己的知识体系中。

二、以银行抵押估价目的和房屋征收目的两种估价目的为例，简述房地产估价行业的现状

银行抵押估价作为估价行业的传统业务，在十几年前是估价行业的支柱业务，房地产估价机构以入围的银行数量为目标，因每入围一家银行将会为估价机构带来丰厚的利润，而对房地产估价专业技术人员和估价技术没什么要求，甚至有的机构内从事估价工作的都未取得资格证书。抵押估价变成了一个入职门槛低、技术含量低的业务，另外银行抵押业务收费大多转变成银行付费，评估费无限压低，变得没什么利润，但是服务要求、技术要求却在不断地提升，形成了强烈的反差。这种抵押估价业务成为机构"食之无味而弃之可惜"的鸡肋。

房屋征收评估是房地产估价活动中最为复杂、难度最大的一类估价业务，其风险事件涵

盖整个征收评估过程，如何有效地辨识、转移、控制和防范风险，也成为估价机构和估价人员能否健康、持续、有效开展此类业务的必要前提，而征收评估过程中常会遇到现有政策或指导文件不能涵盖的情况，错误的解读往往给估价人员带来风险。例如，在国有土地住宅用房征收项目中，房屋类型、楼层、朝向、房屋新旧程度等因素为特别关注内容，而自建多层带小院的住宅用房这一个别因素往往在征收补偿中被忽略，征收管理部门甚至认为房屋是按建筑面积补偿，所占土地为国家所有，政府征收的仅为房屋，土地属于国家无偿收回。有的地方修正体系中根本没考虑自建多层带小院的住宅用房这一重要因素。这就造成征收补偿方案和评估中对小院的占地面积大小均未予以考虑，引发被征收人对征收价格有很大争议。在十几年前征收业务主要是由委托人进行选择并确定估价机构，估价机构还是按传统的估价方法进行评估，十几年过去，估价公司还是重复这个同样的工作，没有任何创新和改变。虽然，《国有土地上房屋征收与补偿条例》若干规定的实施，在确定评估公司有所改变，但评估的工作还是一成不变，评估工作的专业性没有得到体现。

三、以"工程全过程咨询"的眼光去分析银行抵押价估和征收评估这两个传统的估价业务

银行抵押估价业务为什么会在短短的十几年时间沦落到如此不堪的地步，我分析其中原因，主要是以下几点：一是估价技术专业性没有体现。十几年来我们估价师日复一日的工作就是为银行提供一个房地产价格，这样简单的工作就连房地产中介，甚至不熟悉房地产价格的银行客户经理在日复一日的接触后也能八九不离十地给出房地产价格，这样银行就会觉得估价机构没有什么专业性，银行完全可以自己协议作价，估价机构没有把自己对价格的把控，对贷款风险的分析等专业性的意见给银行，没有真正体现出靠技术吃饭的本质特征。对比"工程全过程咨询"，充分发挥决策、招标、勘察、设计、施工、监理、造价等各阶段相对应人员的优势，而我们在银行抵押估价中恰恰没有充分体现估价师的专业人才优势，对房地产价格的把控能力、对贷款风险的分析能力没有充分体现，没有让银行觉得物有所值。二是估价全过程的服务性没有体现。传统的银行抵押估价业务是给银行一个作为贷款金额的评估价就完事了。而"工程全过程咨询"的服务可以放大到贷款的全过程阶段，对贷前、贷中、贷后各阶段提供全面的服务，比如贷前可以做决策贷款的可行性评估、编制贷款的方案、以专业性阐述贷款的风险性；贷中不光要现场查勘估价对象，给出评估价格，还要对房地产抵押价值产生影响的因素，包括预期可能的导致抵押价值或抵押净值下跌的因素，未来可能产生的房地产信贷风险关注点等因素对银行作出风险提示。帮助银行对贷款公司的发展前景，对资金实力、固定资产、负债及相关数据进行分析决策；贷后要帮助银行对放款后企业的运营动态、企业所从事行业的发展前景，款项利用等进行动态监测，这些专业的工作不仅需要估价师在估价专业上的知识，也需要在财务、相关产业发展等方面的知识，做一个专业知识全面的估价师，用专业去征服银行，做一些像现在的大数据所不能做的工作。

抵押估价业务的严重缩水，使估价机构把目标放到征收业务上，为追求估价业务而只简单地为征收而评估价格也将会重蹈银行抵押业务的旧辙，也会进一步加速征收评估中估价机构被边缘化。那如何做到在征收评估中让估价机构能够处在核心地位，既要让征收部门信任，也要让被征收人满意呢？其一如何选择估价机构很重要，借鉴"工程全过程咨询"的模式，我们可以按照严格的招投标程序来择优选定估价机构，用实力说话，让行业的专家、被

征收人代表、征收工作人员等共同为被征收人把关选择估价机构；其二要拓展征收估价的服务范围，简单给个价格，势必会造成和抵押估价业务一样的严重后果，那么全过程征收评估势必要借鉴"全过程咨询"模式。现在，有的综合能力强的估价机构已经在做"征收评估＋全过程管理"方面的工作，对这方面的专业服务进行了探索，也取得了良好的效果。但是，这也会造成既是裁判员又是教练员的误解，需要估价机构严守职业道德的底线，真正做到公平、公正的第三方。

四、借鉴"工程全过程咨询"模式发展估价行业的对策

要借鉴"工程全过程咨询"模式来发展估价行业，来重塑估价行业，路还很长，也需要有人去进一步尝试和探索，结合"工程全过程咨询"的实践要做到以下几方面。

（一）加大政策的扶持力度

"全过程"这一概念早在1994年4月，原国家计划委员会颁布的《工程咨询业管理暂行办法》中就提出了。2017年2月21日，《国务院办公厅关于促进建筑业持续健康发展的意见》发布后，截至2019年3月份，国家相关部委发布的有关"全过程"文件有12个之多。国家的政策力度，促使了"项目管理"模式向"工程全过程咨询"模式的转变。我们估价行业也需要相关政策的引导，特别是需要相关估价主管部门，还有全国和各地区的房地产估价协会出台政策及文件，有效引导估价机构，去开创估价行业的明天。例如，目前有关征收的行政法规、规章的适用范围均为国有土地上的城市房屋征收补偿，而对集体土地上房屋的征收补偿规定较少，国有土地和集体土地在所有权主体、性质及管理方法等存在着诸多差异，参考国有土地补偿标准不现实。我们遇到的很多集体土地征收项目，特别是非住宅征收项目，当地没有拆迁补偿标准，而地方政府寄希望评估机构解决问题，认为评估公司可以确定并计算补偿金额，导致评估公司无法可依，评估报告中的补偿金额由估价人员参考征收及被征收人的意见自行拟定，从而引发风险。本人认为此类风险的防范措施为：一是建议地方相关部门通过会议纪要等形式来确定征地拆迁的指导意见及文件，会后评估人员留存底档作为评估依据；二是完善《估价委托书》和《评估条件说明》等评估委托要件，作为评估依据，降低评估机构风险；三是在政策法规依据不充分的情况下，建议估价机构出具《房地产咨询报告》。

（二）改变估价业务的承揽规则

大型综合性集团公司的"工程全过程咨询"业务基本上是通过严格的招标投标程序承接到的，而房地产估价业务的取得，规则是五花八门，有的被迫接受，有的主动争取，业务的取得难免会被一些利益捆绑，如银行抵押估价业务通过银行内部入围条件确定，征收评估业务有的则是被征收户选择。没有一个统一竞争机制，这样就为"不公平"地获取业务创造了条件。

（三）改变估价机构自身的管理模式

估价机构在银行抵押估价业务和征收评价估业务的竞争中现在为"拼价格"时代，谁低就给谁业务做，逐渐走向"死胡同"，小型估价机构生存艰难局面，因此需要对自身的传统业务模式进行改变，不能再是通过"价格战"来赢得业务，而是从提供更多优质服务方面，提高专业技能服务，拓展服务面等措施来争取业务才是明智之举。

（四）估价人员整体素质的提升

优质的服务需要有知识作为提升的必要条件，估价人员必须系统地学习房地产开发经

营、估价理论与方法、房地产相关法律法规等知识，并在长期的估价工作中获得房屋实地查勘、市场调查的能力，及在报告撰写中锻炼对估价对象评估测算、全面分析和逻辑推理的能力。在评估工作要开展专业服务，充分发挥自身的优势、结合项目的特点灵活运用。另外更高层次的要求需要房地产估价师善于抓住价格问题产生的原因，根据不同项目要求提供工作流程、营销、经营策略、规划、工程管理等方面的建议。所以在核心技能的基础上，还要拓展学习管理、营销、工程等各方面的基本知识，丰富技能，拓展解决问题的能力。建议全国和省市的估价协会加强对估价人员知识结构的全面辅导及考核，协助提升估价人员知识水平，淘汰不合格的估价机构和估价人员。

五、结语

本文以"工程全过程咨询"为标杆，通过对估价行业中银行抵押估价和征收评估这两个传统的优势估价业务现状的分析及相关业务模式的思考，进一步阐述借鉴"工程全过程咨询"模式下的估价行业向全新模式转变的对策。

参考文献：

[1] 张思宁，刘聪. 房屋征收补偿评估存在的问题及对策研究——以沈阳市为例 [J]. 大众投资指南，2019（18）：250-251，253.

[2] 王妍赟. 全过程工程咨询服务模式下招标采购人员的格局与能力 [J]. 商业观察，2022（10）：38-40.

[3] 刘俊峰. 房地产抵押贷款评估中的潜在风险及防范要点 [J]. 商业文化，2021（33）：95-97.

[4] 黄秋英. 房地产抵押贷款评估中的潜在风险及防范解析 [J]. 现代商贸工业，2021，42（13）：137-138.

[5] 住房和城乡建设部. 住建部：解读《关于促进建筑业持续健康发展的意见》[J]. 居业，2017（4）：18，27.

[6] 汪姜峰，胡朝伟. 房地产估价机构可持续发展策略研究 [C]// 估价需求演变与机构持续发展：2019中国房地产估价年会论文集，2019.

作者联系方式

姓　　名：罗　琳　李　红
单　　位：湖南新融达房地产土地资产评估有限公司
地　　址：湖南省长沙市天心区芙蓉中路三段380号汇金苑第9幢7层701房
邮　　箱：524397139@qq.com；413933866@qq.com
注册号：罗　琳（4320070050）；李　红（4320070072）

第七部分

其 他

租赁住房租金区位因素的咨询研究

——以上海市主城区为例

肖历一　胡新良　黄　海　秦　超

摘　要：本文以经典特征价格的研究理论以及房地产估价的理论方法为理论基础，对租赁住房的区位因素进行了深入思考，采用线性特征价格模型作为研究方法。通过对租赁住房区位因素的梳理与分析，整理得到较为完善的因素因子理论框架，以此指导样本数据的采集与筛选。通过多元线性回归模型的试算，得到一个稳定的量化模型，揭示了租赁住房区位因素中的核心变量及其影响程度。为租赁住房业务提供了有效的咨询服务和数据支持。

关键字：租赁住房；区位因素；特征价格

一、引言

在党的十九大报告、党的二十大报告以及一系列中央经济工作会议中，提出并多次重申：坚持房子是用来住的、不是用来炒的定位，加快建立多主体供给、多渠道保障、租购并举的住房制度。在此背景下，房地产相关企业纷纷参与到租赁住房市场中去，同时为房地产估价行业带来了诸多业务机会。

某知名房地产开发企业拟进入长租公寓业务领域，其项目团队深知"授人以鱼，不如授人以渔"的道理，委托我司对租金的影响因素进行研究。为其在项目选址、投资决策、产品定位、产品规划和租金定价等环节提供技术支持。

我司基于多年深耕房地产估价、数据研究专业背景，依据多年积累完整的物业基础数据、租金数据以及全面的基础区位数据，进行了理论分析和方法探究，对特定目标的区位因素和实物因素分别进行了梳理和筛选，研究其对租金影响的程度。得到了可量化、可指导实践的研究成果。

实际业务中，对不同档次租赁住房租金的区位和实物因素进行了研究，本文仅就区位因素对中低档租赁住房租金的影响进行交流，望各位同仁给予批评指正。

二、理论分析与研究方法

（一）理论分析

在以住宅特征价格模型为基础的研究中，住宅的特征主要分为：建筑特征、邻里特征和区位特征。建筑特征主要包括跟住宅本身相关的变量，如房间数、浴室数、建筑面积、房龄、车库的有无等；邻里特征包括社会经济变量，如邻里的社会阶层、居民的职业状况、人种的比率，以及衡量社区周边提供公共服务的便利程度，如社区本身的服务设施情况，周围学校、医院、购物中心的可达性等；区位特征则包括到城市商业中心（CBD）、工作场所的可达性、区域的城市规划政策、税收政策等。

在现有房地产估价理论体系中，将影响房地产市场价值或价格的因素分为实物因素、区位因素和权益因素，体系中所包含的因素与特征价格模型的变量并无太大区别。同时，在政府公布的公示地价修正体系中，区位因素主要包括繁华程度、交通条件、基础设施、配套设施、环境因素及规划因素等。

上述两个领域的理论与实践都涉及了房地产的区位因素，为本次区位因素的研究提供了坚实的理论基础。

上述区位因素的指标是基于宏观和中观角度来确定的，目的是展现房地产价格在全部权能下的区位价格，但租赁住房和自有住房之间在权能上存在差异，租赁承租人无法完全享有与产权人同等的待遇，也没有对房地产保值增值这一特性付出相应的成本的义务，从而导致在区位因素上的内涵也变得狭窄了，关注的重点偏向于在使用上的"便利"，其次是环境因素。

基于租赁行为的现实需求，对"区位因素"重新界定其内涵。依据实践经验和价值判断，可归纳为"区位"所带来的各种便利度的集合，包括生活便利、工作便利和学习便利等，以及"区位"本身的环境因素。基于内涵的界定，得到第一层次的四项指标，即生活便利、工作便利、学习便利和环境因素。在此基础上再进行指标的分解，得到了第二层次的分解因素，并对分解因素的定义与作用内涵进行了分析和探讨，如表1所示。

区位特征的指标与分解因素 表1

指标	分解因素	定义及作用内涵
生活便利	日常需求便利	日常生活便利指满足日常的购物、餐饮、就医、文体及休闲等需求的便利程度，以租赁住房与周边服务设施的距离为主要评价
	升级需求便利	升级需求指层级高于日常需求，一般社区配套无法满足的生活需求。升级需求便利以租赁住房与更高阶的公共设施的关系为主要评价
工作便利	职住距离	职住距离的本义是居住地与工作地的空间或时间距离。本文中定义为租赁住房周边一定范围内，可作为工作地的物业的规模和距离的综合指标。如租赁住房周边的工作场所越多、距离越近，则租赁住房的工作便利属性越强
	通勤便利	通勤便利指居住地与工作地之间往返过程的便利程度
学习便利	优质中小学	在优质的中小学周边会产生租赁住房的需求。因此，邻近优质中小学的租赁住房其就学便利的属性就强
	大学校园	大学的教师或学生会在学校周边租住住房，为方便教学和学习，离学校越近的住房则越便利
环境	愉悦设施	租赁住房所邻近的街区或社区中，是否存在正外部性或负外部性的公共设施。在同等便利度的情况下，这些设施也会对租赁行为产生影响

（二）研究方法

选用传统的特征价格模型进行研究，以基础的线性函数为测算工具，公式如下：

$$P = α_0 + \sum α_i Z_i + ε \tag{1}$$

式中：P 为住房租金单价 [单位：元 /（月·平方米）]，$α_0$ 为常数项，$α$ 为待定系数，Z 为特征变量，$ε$ 为随机变量，i 为特征数量。

模型回归应用的租金样本，除了含有区位差异，还包含了实物差异和权益差异。为了聚焦区位因素对租金的影响，需要将实物因素与权益因素均质化。租赁住房的权益差异，主要体现在租赁合同的商务条件，因此在样本采集时，需要设定一致的租金合同条款，如付款方式、免租期、租期等条件。租金样本实物因素的均质化，主要通过对样本的实物因素进行统一的设定，如面积、房龄、小区档次、装修标准、家具家电配置等，使样本的这些因素都在一个狭窄的区间波动。此外，本次研究摒除了微观区位因素，因此需要对微观区位因素也进行均质处理，即统一样本的楼层和朝向。

最终模型的因变量租金单价将由两部分价值组成，一部分是常数项所代表的统一条件下的实物因素所提供的价值量，另一部分是所有区位特征变量所提供的区位因素的价值量。通过这样的技术方法，达到研究区位因素如何影响租金的目的。

如果直接将案例的各种属性设置为特征变量，依然可以实现对区位因素的研究，但会导致特征因素的数量过于庞大，将多达数十个。这样会有几个弊端。一是数据量过于庞大，导致数据质量难以把握，以及数据之间容易存在相关关系，这些将导致模型的预测能力大幅下降，特征系数偏离实际。其二，过多的特征因素导致极大的数据成本，进而难以进行实际应用。

三、因子细分与数据准备

（一）因子细分

基于实践路径，在上述理论框架基础上，对分解因素再进行因子细分，以确定最终的自变量。

日常需求便利主要分析满足日常需求的关键性公共服务设施。其中超市、菜场以及便利店是最为基础的生活设施，如果有社区商业聚集，则社区商业中心也是日常需求便利的主要因子。日常需求便利还包含就医便利，因重大疾病尤其是外地来沪就医的情况，以及老年人的养老就医需求，三甲医院附近会有较多的住房租赁需求。此外，社区文体和休闲设施符合年轻人的需求，年轻人又是住房租赁的主要人群。因此，将三甲医院、社区文体和休闲设施也纳入细分因子。

升级需求便利的需求频次低，但消费层次高。涉及奢侈品专卖、高档餐饮、高档购物中心、音乐厅、博物馆、科技馆等设施。由于消费频率低，单一设施的影响程度有限。因此，取各类设施聚集程度高的市级和区级商业中心作为细分因子。

职住距离考察租赁住房周边一定范围内可提供工作岗位的场所的数量和距离情况。理论上，办公楼、厂房以及商业设施等是主要的工作场所。其中商业设施在生活便利因素中已经作为因子。因此，职住距离因素中仅选取办公物业和工业园作为细分因子。

通勤便利指往返居住地和工作地过程中的便利程度。一种是公共交通方式的通勤，此时考查的是轨道交通和公交线路，具体选取的因子为轨道交通站点和公交线路。另一种是自驾的通勤方式。对于自驾而言，是否可以最短时间进入主干道，是判断自驾方式下是否便利的关键。主干道通行效率高，较次干道和支路拥堵的概率低。因此，选取主干道作为细分因子。

学习便利指租赁住房靠近学校从而使上学路途上的时间减少而带来的便利。这里的学校一般指优质的中小学，如公办重点中小学和优质私立中小学。家长们会尽量让孩子就读较好的学校，而远离原来的住所，并在这些学校附近租住住房。在大学校园附近，也会产生租赁住房的需求，并且离校园越近，学校在读师生规模越大，则租赁住房越受青睐。因此，将优质中小学与大学校园作为细分因子。

相比自有住房，租赁住房行为以短期为主，对环境因素的敏感性相对较低，所以选择影响度更高的因子。在正向因子中，主要考虑公园绿地的影响；在负向因子中，主要考虑垃圾焚烧站和殡葬设施的影响。

通过文献研究和专家意见，以数据可得、关键因素完整、逻辑自洽为原则，最终梳理和归纳了租赁住房租金区位因素的影响体系，如图1所示。

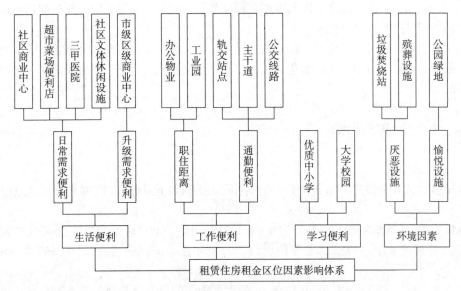

图1 租赁住房租金区位因素影响体系

（二）数据准备

1. 样本数据

上海市域范围内的城市布局结构主要分为主城区和五大新城。五大新城远离中心城，作为卫星城相对独立发展。在产业、人口、交通以及配套设施方面与主城区都有较大差异，导致住房租赁市场与主城区存在差异。为使模型有效和精准，研究范围聚焦在主城区。

对租金样本数据的采集和筛选，如前文中论述，需要对样本的实物因素做均质化控制，设定样本筛选的口径和内涵标准：主城区、1982年至1995年间的售后公房小区、两房户型、建筑面积范围50至55平方米、楼层在二楼（或可修正至二楼）、朝向南、无特殊视野、一般装修、基本家具家电配置。考虑区位分布尽可能广泛，一个小区仅提供一个样点。

在此前提下，再次筛选规模大、租赁活跃的小区，从中选取样点，以提升样本数据的可靠性。最终筛选了226个样点。

2. 因子量化

区位因子的量化方式有距离指标、综合距离指标、引力指标、密度指标以及有序分类变量指标，其中：

（1）综合距离指标的公式：

$$D = \sum 1/d^2 \tag{2}$$

式中：d 代表租赁住房与区位因子的空间距离或时间距离；D 代表距离指标。

（2）引力指标的公式：

$$F = \sum R/d^2 \tag{3}$$

式中：R 代表区位因子的规模指标，如建筑面积、占地面积、人口规模等；d 代表租赁住房与区位因子的空间距离或时间距离；F 代表区位因子对某一租赁住房样点的引力（价值影响）大小，即引力指标。

（3）密度指标的公式：

$$\rho = m/S \tag{4}$$

式中：m 代表数量、长度、面积等相应设施的总量指标，S 代表租赁住房周边一定范围内的区域面积，ρ 代表密度指标。

（4）当上述几种方式量化后的数值范围过大，且与影响程度不能线性匹配，此时可以将量化后的指标调整为有序分类的量化指标，使有序分类量化指标与区位因子的影响程度接近线性匹配。

四、试算结果与检验

（一）试算结果

经过多轮试算及改进，部分因子被模型剔除，得到如下最优模型 [单位：元 /（月·平方米）]：

单位租金 =108.274+1.660 办公物业 −5.303 工业园 −0.007 轨道交通站点 +0.197 购物便利 −0.001 市级商业中心 +0.504 就学便利 −0.005 三甲医院 +0.001 主干道 +0.669 大学校园。

式中：

1. 办公物业：是指采用以租赁住房 15 公里半径内的所有办公楼的建筑面积与租赁住房的直线距离统计的引力指标。

2. 工业园：是指采用以租赁住房 15 公里范围内的所有 104 地块中生产型园区的占地面积与租赁住宅的直线距离统计的引力指标。

3. 轨道交通站点：是指离租赁住房最近的一个轨道交通站点的步行距离。

4. 购物便利：是指在分别计算租赁住房周边的菜场、超市、便利店以及社区商业的最近直线距离（各类型商业设施只计算最近的一个）后，再计算的综合距离指标。

5. 市级商业中心：是指以"上海市商业布局空间规划（2021—2035）"中规划的 19 个近期市级商业中心计算与租赁住房的最近直线距离。

6. 就学便利：是指分别计算租赁住房周边的市重点高中、区重点高中、优质公办中小学、优质民办中小学的最近直线距离（各类型学校只计算最近的一个）后，再计算的综合距离指标。

7. 三甲医院：是指离租赁住房最近的一家三甲医院的直线距离。

8. 主干道：是指租赁住房周边 1 公里半径范围内的主干道长度的密度指标。

9. 大学校园：是指以租赁住房周边最近的大学校区的校园面积以及直线距离统计的引力

指标，再将引力指标转换为 1-7 的有序量化分类指标。

（二）结果检验

1. 拟合优度检验

调整 R 方为 0.849，模型拟合度良好，可解释程度较高，如表 2 所示。

模型汇总　　　　　　　　　　　　　　　　　　　　　表 2

模型	R	R 方	调整 R 方	标准估计的误差
1	0.925	0.855	0.849	5.816

2. F 检验

Sig. 接近 0，方程高度显著，如表 3 所示。

F 检验　　　　　　　　　　　　　　　　　　　　　　表 3

模型		平方和	df	均方	F	Sig.
1	回归	43108.947	9	4789.883	141.562	0.000
	残差	7308.575	216	33.836		
	总计	50417.522	225			

3. T 检验及多重共线性检验

各系数 Sig. 接近 0，回归系数高度显著；VIF 小于 10，自变量之间不存在严重的共线性，如表 4 所示。

系数　　　　　　　　　　　　　　　　　　　　　　　表 4

	非标准化系数		标准系数	t	Sig.	共线性统计量	
	B	标准误差	试用版			容差	VIF
（常量）	108.274	2.452		44.158	0.000		
就学便利	0.504	0.144	0.096	3.506	0.001	0.887	1.127
大学校园	0.669	0.189	0.095	3.541	0.000	0.930	1.076
市级商业中心	−0.001	0.000	−0.173	−4.649	0.000	0.487	2.055
购物便利	0.197	0.043	0.126	4.546	0.000	0.867	1.154
轨交站点	−0.007	0.002	−0.139	−4.457	0.000	0.687	1.456
工业园	−5.303	0.570	−0.324	−9.301	0.000	0.554	1.804
办公物业	1.660	0.124	0.399	13.342	0.000	0.751	1.332
主干道	0.001	0.000	0.142	4.639	0.000	0.721	1.388
三甲医院	−0.005	0.001	−0.126	−4.696	0.000	0.925	1.081

4. 方差齐次性检验

残差波动范围基本保持稳定，残差具有方差齐次性，残差基本独立，模型没有明显遗漏因素，如图 2 所示。

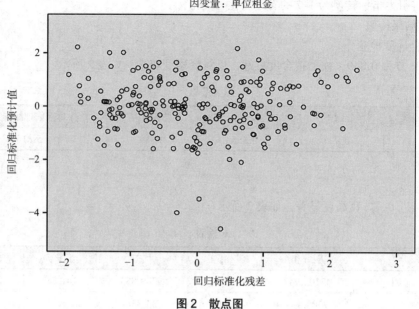

图2 散点图

5. 预测检验

统计226个样点预测租金的误差水平,误差范围(-12.5%,8.5%),误差均值-1.3%,误差绝对值均值4.1%。除少量异常值,整体预测水平较高。

6. 检验结论

模型通过统计学、计量经济学及预测检验,具有较高的可靠性和解释能力。

五、结论分析

(一)合理性分析

除工业园变量外,进入模型的变量参数变动方向与逻辑相符。

工业园变量的参数为负数,说明离工业园越近,工业园规模越大,租金越低。从职住距离的角度分析,逻辑不符。模型提示该变量不能表示职住距离的特征因素。重新解读该变量:生产型工业园皆位于城市边缘地区,周边生活配套水平不高,环境质量较差,该变量实质上是一个宏观区位的变量,区分了居住区与工业区的宏观区位因素。该变量的显著性高,对租金的影响大,弥补了原模型设计中的逻辑缺陷。

公交线路、区级商业中心、社区文体和休闲设施以及环境等各项因子,显著度不高,被模型剔除。相对于被模型保留的因素,被剔除因素的重要性偏低,符合主观逻辑预判。

模型保留的特征因素及参数情况,符合逻辑判断,满足经济学意义。

(二)特征租金分析

226个样本点平均租金单价为116元/(月·平方米),以典型的50平方米的两房样点为例,月租金为5800元/(月·套)。基于模型给出的特征系数,模拟特征因素的变动,观察相应的租金变动情况,如表5所示。

特征租金举例分析　　　　　　　　　　表5

变量	假设区位因素变动情况	月租金增加[元/(月·套)]
工业园	距离占地100万平方米工业园区,从1000米处搬到2000米处	754
办公物业	距离500米处,新建一栋10万平方米的办公大楼	33
轨道交通站点	距离最近的轨道交通站点,变近500米	175
就学便利	距离500米处,新增一所优质中小学	50
市级商业中心	距离最近的市级商圈,变近500米	25
三甲医院	距离最近的三甲医院,变近500米	125
购物便利	500米处新开一家超市(原附近无超市)	19
主干道	1公里半径内,主干道道路增加1000米	50
大学校园	距离占地10万平方米大学校区,从1000米处搬到500米处	35

(三)重要程度分析

根据区位变量进入模型的顺序以及偏相关系数的大小,将影响租赁住房租金的变量按重要程度分为三类。第一类是办公物业和工业园;第二类是轨道交通站点、市级商业中心、三甲医院、购物便利和主干道。第三类是就学便利和大学校园。

第一类反映的是宏观区位因素,用办公物业和工业园引力指标,替代传统的区县、环线的分析方法,方式更科学,结论与传统的逻辑是一致的。第二类和第三类反映的是中观区位因素。第二类以生活便利和工作便利因素为主,第三类以学习便利因素为主。学习便利的需求人群数量小于工作便利的需求人群数量,因此其重要性排在第三位,符合逻辑和经验的判断。

六、结语

利用特征价格模型对租赁住房租金的区位因素进行分析,特征因素的筛选是关键,以及需要大量的案例和基础数据,再次是模型的函数形式选择与量化方式的优化。三个环节缺一不可。

作为传统估价行业承接本次咨询研究服务,在充分应用估价理论方法及数据的基础上,扩展咨询研究领域定性、定量的研究方法,以及更广泛的数据应用,是估价服务向咨询服务延伸的有益实践。

参考文献:

[1] 温海珍,贾生华.住宅的特征与特征的价格——基于特征价格模型的分析[J].浙江大学学报:工学版,2004(10):1338-1342,1349.

[2] 梁彦庆,蔡兴冉,张立彬,等.区域城市地价影响差异及极值衰减度研究——以全国105个地价监测城市为例[J].干旱区资源与环境,2018(9),49-57.

[3] 张毅.商业银行支持新时期住房租赁市场发展研究[J].金融纵横,2017(11):14-20.

作者联系方式

姓　名：肖历一　胡新良　黄　海　秦　超
单　位：上海城市房地产估价有限公司
地　址：上海市北京西路 1 号 15 楼 A
邮　箱：xiaoliyi@hotmial.com
注册号：肖历一（3120120024）；胡新良（3620000121）

关于深圳市土地整备利益统筹项目经济平衡测算的探讨

刘 武 刘柏平 陈国庆

摘 要：土地整备利益统筹项目经济平衡测算起着引领项目平稳有序快速高效实施的重要作用，其贯穿项目实施的全程，具有专业性强、技术难度大、创新点多等特点，既关系到项目推进实施的有效进程，也关系到政府、原农村集体经济组织继受单位、市场主体之间的利益博弈及分配。本文简述了深圳市土地整备利益统筹的发展背景和实施模式，分析了土地整备利益统筹项目经济平衡测算的现状及其存在的问题，并提出了规范化建议，对促进利益统筹项目顺利推进、实现集体资产保值增值、完善利益分配机制、提升评估行业专业形象具有积极意义。

关键词：利益统筹；经济平衡测算；规范化

一、深圳市土地整备利益统筹发展背景

2011年，深圳发布《深圳市人民政府关于推进土地整备工作的若干意见》；2013年，发布《关于优化土地整备项目管理工作机制的暂行措施》；2015年，起草了《关于进一步扩大土地整备利益统筹政策实施范围的意见》并出台《土地整备利益统筹试点项目管理办法（试行）》；2018年，深圳修订出台《深圳市土地整备利益统筹项目管理办法》；2022年3月，发布《深圳市土地整备利益统筹办法（征求意见稿）》，经过十多年的政策试点实践和不断优化，深圳市土地整备利益统筹政策体系不断完善。土地整备利益统筹作为土地整备的一种特殊实施方式，与房屋征收、城市更新、棚户区改造一并构成了深圳土地二次开发的主要实施方式，是破解深圳市土地资源瓶颈、促进城市规划实施、推进特区一体化和推动城市高质量发展、加快盘活各类存量低效用地和提升土地节约集约利用水平、保障"20+8"战略与未来产业集群发展的空间需求的重要举措，在保障城市基础设施和公共服务设施及重大产业项目土地供应、加强规划实施、促进集体股份合作公司转型发展等方面发挥了积极重要的作用。

二、土地整备利益统筹实施模式

（一）实施原则

土地整备利益统筹项目坚持以权益为核心，按照规划统筹、公益优先、利益共享、公平公正的原则，主要以政府主导、社区主体、社会参与的模式实施推进，实现政府、不动产权益人、市场主体等多方共赢，推动各类存量低效用地盘活和集中连片土地整备。

（二）实施路径

土地整备利益统筹项目主要实施对象为未完善征转地补偿手续用地、已征未完善出让手续用地、国有已出让用地等存量低效用地，政府与原农村集体经济组织继受单位等不动产权益人或市场主体"算大账"，通过资金安排、土地确权、用地规划等手段，集约节约安排土地，保障城市建设与社区发展空间需求。原农村集体经济组织继受单位等不动产权益人或市场主体获得土地整备资金、留用土地，"算细账"，在承担土地整备利益统筹项目范围内的厘清现状土地经济利益关系，完成建（构）筑物及青苗、附着物的搬迁补偿、拆除、清理以及土地移交等义务之后，通过留用土地的开发建设实现回迁安置、投资回收、投资收益。

（三）参与主体

土地整备利益统筹项目涉及的主要参与主体包括政府、原农村集体经济组织继受单位、相关不动产权益人、市场主体。

三、土地整备利益统筹项目经济平衡测算的现状及其分析

土地整备利益统筹项目涉及土地范围广、建筑体量大、土地整备资金数量多，规划研究过程复杂，实施周期长，从项目立项到实现回迁安置短则三五年长则七八年，往往涉及诸多历史遗留问题的处理，经济关系复杂，涉及利益群体数量众多，各方主体利益博弈平衡难度大，有必要对项目进行全面、细致、深入研究，开展可行性论证和经济平衡测算，对规划容积验算、土地整备资金核算、细账补偿标准、清租清退标准、搬迁补偿协商周期、留用土地出让时间计划安排、留用土地开发建设及回迁安置等有关事项进行统筹研究，用以指导项目有序推进。

（一）土地整备利益统筹项目经济平衡测算的主要技术路线

深圳市土地整备利益统筹项目经济平衡测算自 2011 年坪山南布社区整村统筹项目试行以来，经过十多年的沉淀和发展，其作用和重要性越来越受到关注。主要技术路线为：先核算土地整备资金和规划容积，确定搬迁补偿安置标准并计算回迁安置面积、货币化补偿成本，然后验证项目的整体经济可行性；在项目整体经济可行的前提下，核算原农村集体经济组织继受单位等不动产权益人、市场主体之间的物业分配比例或增值收益分配比例，再分别验证集体资产保值增值情况、市场主体开发运营情况。

（二）存在的问题分析

土地整备利益统筹项目经济平衡测算的现行做法具有一定的现实操作性，也逐步解决了发展规范的过程中出现的大部分问题，但随着土地整备利益统筹项目政府主导的力度越来越大，项目运行、集体资产监管越来越规范，市场运作越来越成熟，笔者认为，现行做法仍存在以下主要问题。

1. 土地整备资金核算不规范

土地整备资金中的直接补偿费主要包括地上建（构）筑物的重置价，土地补偿费，青苗、附着物重置价或搬迁价格等。在实务中，往往存在未对地上建（构）筑物进行详细细致地现场查勘、未能核查清楚地上建筑物的行政处罚记录及执行情况、建筑面积及投影面积认定规则不统一、规划建设用地情况核查不清晰、已征转情况核查不清晰、征转地历史遗留问题未摸清底数、现状建（构）筑物及其他地上附着物数据不准确、擅自将项目实施范围线外的用地和国有储备用地或未出让用地纳入整备资金核算范围、项目实施范围调整等原因导致

土地整备资金核算不规范问题，与后期报批的土地整备资金数据差异幅度较大。

2. 未能有效为规划容积验算提供数据支撑

土地整备资金方案、留用土地规划方案的编制由评估公司、规划单位分别承担，经济平衡测算一般是在委托方提供留用土地规划方案的初步研究成果的基础上进行。在前期研究时，经济平衡测算、规划方案研究往往是一种相互核算、相互验证的关系，在实务中，这两项工作进度难以协调一致，忽略其间的相互关系，各自相对独立地推进，经济平衡测算未能有效地起到为规划容积的研究提供数据支撑的积极验证的作用，导致规划容积调整优化的方向缺乏数据支撑，研究周期拉长，项目进展缓慢。

3. 搬迁补偿安置标准生搬硬套，缺乏针对性

由于经济平衡测算的重要性被淡化，将经济平衡测算视同项目立项的一个数据工具看待，在经济测算时，通过市场调查得出搬迁补偿安置标准，照搬照用，而缺乏详细全面的项目信息核查，未全面细致地摸清项目范围内的人、房、地信息和历史遗留问题，缺乏搬迁补偿安置工作的重点难点分析、搬迁补偿安置标准的合理性和覆盖率分析，未对项目推进中可能面对的重大疑难个案提前开展研究及处理思路、处置费用进行合理预判，搬迁补偿安置标准表面上看是从市场调查得出具有现实性和合理性，却忽视了项目的特异性及搬迁补偿标准背后的测算分析，缺乏针对性，难以用于项目实际，导致按照生搬硬套过来的搬迁补偿安置标准计算的补偿费用、需安置面积与实际情况偏差较大。

4. 清租清退费用核算未能紧密贴合项目实际情况

清租清退费用核算粗犷化，按经验数据或按某一计算基数的一定比例进行匡算，未能紧密贴合项目实际情况，缺乏现状土地、建筑物建设来源信息、占有、使用情况及租赁、历史遗留问题等相关情况调查，未对项目范围内的"规上""国高""市高"等重点企业进行翔实核查及企业安置意向调查，未充分关注冷库、无尘车间、重大型设备等特殊情况的搬迁周期及特种印刷、高精软尖具备行业相对垄断情况的龙头企业等特种行业需无缝衔接搬迁的需求实际，往往导致清不动、请不走、补不完、搬不空的尴尬境况，清租清退费用数据失真。

5. 建设成本及建设周期等相关参数的确定未能与概念规划衔接

规划限高、总高、层高、楼层荷载、总平面布置、电梯荷载、平面布局、跨数跨距、绿地率、容积率、公共服务配套设施及其布置、行人及机动车出入口设置、地下空间体量及布置等概念规划信息都决定了建设成本、建设周期等相关参数的确定。概念规划工作一般滞后于经济平衡测算工作，但概念规划却制约着经济平衡测算的有关数据的准确性，使得经济平衡测算数据与实际情况偏离。

6. 人为设定集体资产等值换算、市场主体运营经济指标用于核算利益分配的依据

在算细账环节，利益分配主体主要是原农村集体经济组织继受单位、不动产权益人及市场主体，关键是需要厘清项目原农村集体经济组织与市场主体之间的经济利益分配，不动产权益人可以包含在原农村集体经济组织继受单位内核算并由其进行打包处置，也可以包含在市场主体内核算并由其负责包干处理。实务中，对于"回迁安置＋销售平账＋增值分配"的技术路线，实际是人为设定了集体资产按照回迁安置就实现了保值，市场主体按照设定的销售利润率或成本利润率或内部收益率进行反算其应分配的可销售建筑面积就经济可行，规划容积扣减集体资产回迁安置和市场主体销售平账后的盈余属于增值并可用于等比例分配，该技术路线的误区在于先行假定设定的数据是合理的且其他利益主体是接受的，缺乏经济上的

合理性；对于集体资产价值等于项目范围内集体控制的房地产现状价值加上可获得的土地整备资金再加上留用土地剩余可售面积指标的价值的技术路线，则混同了集体资产核算的内涵，房地产现状价值、土地整备资金、留用土地剩余可售面积指标的价值属于不同状态下的集体资产可实现价值，是互斥关系，而不是累加关系，回迁安置部分面积所对应的价值并不完全等于市场主体承担的回迁安置义务、货币化搬迁补偿安置支出、分摊的应补地价等相关费用之和。

7. 缺少实施过程中的动态调整和边界管控

土地整备利益统筹项目在实施过程中，实际情况可能会与最初经济测算时预判的情况存在不一致，疑难个案的处置思路可能发生改变，搬迁补偿谈判周期延长、土地移交入库及留用土地出让计划滞后等诸多影响因素导致经济平衡测算数据存在偏差，但在实务中，经济平衡测算被认为是一次性工作，往往未能实行动态调整和边界管控，可能导致项目经济测算结果失真甚至是相反的结果，使得项目进展缓慢甚至利益主体之间出现纠纷或者项目烂尾。

四、土地整备利益统筹项目经济平衡测算的规范化建议

（一）经济平衡测算适度提前开展，有效与规划研究衔接，全过程动态调整和边界管控

充分认识经济平衡测算在土地整备利益统筹项目实施过程中的重要引领作用，始于项目立项可行性研究，终于项目留用土地开发建设，贯穿项目实施的全过程，保持与各项规划研究数据的协调，相互验证，口径一致；在实施过程中，随项目进程结合项目实际情况，及时进行动态调整，给出搬迁补偿安置标准、货币化清租清退标准、搬迁补偿安置周期、利益分配比例等相关管控边界，确保搬迁补偿阶段、合作招商阶段工作有序、可控推进。

（二）全面翔实开展信息核查，夯实相关基础性数据

经济平衡测算工作开展初期，应立即开展全面翔实的信息核查工作，掌握项目范围内的人、房、地相关核查信息，对用地分类、用地性质、用地历史流转及遗留问题等进行系统梳理，核查地上物的建设来源、流转、现状占有、使用和租赁、建成时间、行政处罚及执行情况等，开展相关权益人核实和认定工作，完成全面细致地现场查勘，充分关注企业安置的相关诉求并提前谋划制定清租清退时间计划，分析项目可能存在的历史遗留问题及其形成原因，找出项目推进过程中可能存在的重点难点事项及相关当事人并作好处置预案、核算处置费用，做到底数清、情况明、数据准、思路通、措施实，为经济平衡测算提供翔实细致的数据来源支撑，为编制项目搬迁补偿安置标准、清租清退费用标准等"细账"提供针对性的基础信息，便于项目平稳、有序、快速、高效推进。

（三）制定具有针对性、合理性、可行性的搬迁补偿安置标准及清租清退费用标准

在全面翔实的信息核查基础上，结合土地整备利益统筹项目实际情况，合理借鉴其他类似项目的成功做法，经精细的项目背景调查及市场调研，通过经济平衡试算，制定具有针对性、合理性、可行性的搬迁补偿安置标准及清租清退费用标准，并进行合理性分析、覆盖率分析及弹性空间分析，充分论证标准对于项目搬迁补偿签约及腾空交房进度的积极意义，并核算回迁安置面积、货币化补偿支出。

（四）正确理解集体资产内涵，合理确定利益分配核算路径

结合项目推进实施模式，合理确定原农村集体经济组织继受单位在项目实施过程中的参与主体身份，是站在被搬迁人还是搬迁人的角度去进行认定，也可按既是被搬迁人也是搬迁

人进行认定,但不能混同,也即对应的身份和角度需要有相关的集体资产资源与之相对应。同时,还应进一步明确搬迁补偿义务的承担及其利益分配的边界。在利益分配核算技术路径的选择上,应关注集体资产参与土地二次开发所带来的增值收益分配的合理性,充分保障集体资产保值增值,注重经济平衡测算的理论依据,尽量减少人为设定因素的干扰。由原农村集体经济组织继受单位实施的土地整备利益统筹项目,留用土地合作开发原则上应视同为附带搬迁补偿义务的土地"净地"合作开发,按照作价入股方式核算利益分配比例并将其应承担的其他相关权益人的回迁安置义务予以扣除后,剩余的全部应为原农村集体经济组织权益,且该权益应不低于单纯的作为被搬迁人可享有的权益;由政府实施的土地整备利益统筹项目,原农村集体经济组织继受单位作为被搬迁人身份参与,享有回迁安置及留用土地开发增值收益分配的权益,增值收益分配比例的确定,应综合考虑原农村集体经济组织继受单位物业持有、市场主体销售或视同销售所带来的税费影响,并向原农村集体经济组织适当倾斜。

(五)充分全面进行经济平衡测算情况讲解

经济平衡测算阶段性工作及动态调整完成后,应及时主动向原农村集体经济组织继受单位充分全面地讲解经济平衡测算情况,厘清关键事项或经济指标的处置管控边界,便于社区股份合作公司有的放矢,实时动态掌握项目情况,主动调整项目推进实施策略,快速有效推进项目进程,在项目实施过程中实时掌控项目全局和项目进展。

五、结语

为全面深入学习贯彻党的二十大精神,紧抓中国特色社会主义先行示范区建设和粤港澳大湾区发展机遇,深圳必将持续强化政府统筹力度,全面盘活城市低效用地,以更新整备融合、政策创新为手段,深入探索利用存量建设用地进行开发建设的市场化机制。土地整备利益统筹项目也将向产业空间整备、综合功能整备、连片改造、更新整备融合改造等方向发展,利益统筹项目经济平衡测算的作用也会越发被重视,评估机构应把握住机遇,用专业获取业务,用专业赢得客户认可,从主要靠"关系""低价"获取业务转向主要凭"本领""优质"获取业务,不断提升估价评估行业的社会专业形象,促进评估机构及评估行业的健康可持续发展。

以上是笔者在实务工作中的一些思考,鉴于笔者对政策的理解及水平的限制,文中难免有错误或不当之处,敬请批评指正。

作者联系方式

姓　名：刘　武　刘柏平　陈国庆
单　位：深圳市敏智联和房地产自然资源资产评估咨询有限公司
地　址：广东省深圳市龙岗区龙城街道京基御景时代大厦北区 913-916
邮　箱：1833425262@qq.com
注册号：刘　武(2320020007);刘柏平(4420070079);陈国庆(4420110103)

浅谈限价商品房转共有产权住房相关政策要点及评估应用

周晋梅　程红娟　薛　颢

摘　要： 本文通过对限价商品房及共有产权住房相关政策异同点对比，并以西安市限价商品房转共有产权住房评估为例，分析限价商品房转为共有产权住房进行销售的可行性，以期能够为估价机构在后续两种类型住房衔接转换过程中的评估工作提供帮助。

关键词： 限价商品房；共有产权住房；房地产评估

一、前言

自1991年城镇住宅制度改革以来，我国为改善民生住房环境、满足不断发展的社会需求，一直在不断更新住房保障制度。2006年，《国务院办公厅转发建设部等部门关于调整住房供应结构稳定住房价格意见的通知》（国办发〔2006〕37号）提出"限价商品房"的概念，即在"限套型""限房价"基础上采取竞地价、竞房价方式取得土地使用权的普通商品住房。《2014年国务院政府工作报告》中首次提出"增加共有产权住房供应"，以切实解决"夹心层"家庭住房困难问题。2021年，《国务院办公厅关于加快发展保障性租赁住房的意见》（国办发〔2021〕22号）提出"需加快完善以公租房、保障性租赁住房和共有产权住房为主体的住房保障体系"。自此，我国住房保障制度正式步入以共有产权住房为主体的城镇住房保障时代。

二、限价商品房与共有产权住房政策比较

限价商品房能够转为共有产权住房进行销售，一定是同城市中两种类型住房存在异同点，通过"相同点过渡、差异点调整"的方式转换房屋性质进行销售。自"限价商品房"概念提出至今十余年，各城市均已形成较完善的限价商品房政策，而共有产权住房仍在初期发展阶段。

2014年，住房城乡建设部等6部门联合发布了《关于试点城市发展共有产权性质政策性商品住房的指导意见》（建保〔2014〕174号），明确北京市、上海市、深圳市、成都市、淮安市、黄石市等城市成为共有产权住房试点城市，随后北京市、上海市、广州市、南京市、烟台市、福州市、西安市7个城市相继发布包括共有产权住房性质、供应对象、土地类型及竞得方式、供应单套建筑面积、销售价格及浮动范围、共有期间租金及相关费用负担、产权最低年限、产权份额及退出方式等方面的相关政策。

本文以率先颁布限价商品房转共有产权住房销售相关政策的北京市以及地方限价商品房

与共有产权住房销售政策存在差异的南京市、西安市 3 个城市政策为样本，对该 3 个城市两种类型住房政策分别从房屋类型及供应对象、土地类型及竞得方式、供应单套建筑面积、产权份额、销售价格、产权最低年限等方面异同点进行对比分析。

（一）房屋类型及供应对象

限价商品房是指限制地价、销售价格及住房套型面积，面向城镇中、低收入家庭销售，并具备一定保障属性的特殊商品房。北京市、南京市、西安市分别将其定义为限价商品住房、保障性限价住房以及限价商品住房。

共有产权住房是指政府与保障群体共同持有房屋的产权，地方政府让渡土地出让的部分收益，并充分考虑供应对象的支付能力，通过采用低于同地段普通商品住房的价格配售，面向住房困难的城镇中等偏下收入家庭，以及符合规定条件的进城落户农民和其他群体供应的政策性商品住房。北京市、西安市将其定义为政策性商品住房，南京市将其定义为保障性住房。

现阶段各地实施的共有产权住房按照供应对象差异，分为面向城市中低收入住房困难家庭出售的共有产权住房以及面向无自有住房的各类人才出售的人才共有产权住房。北京市推出以解决城市中低收入住房困难家庭住房问题为主的共有产权住房，西安市、南京市分别推出上述两种类型共有产权住房。

3 个城市限价商品房及共有产权住房的房屋类型及供应对象如表 1 所示。通过对比，南京市、西安市两种类型住房中，共有产权住房针对的供应对象范围更广，对供应对象的限制条件相对更少。

3 个城市限价商品房及共有产权住房的房屋类型及供应对象　　　　表 1

城市	房屋类型	供应对象
北京市	限价商品房	本市中等收入住房困难的城镇居民家庭、征地拆迁过程中涉及的农民家庭及市政府规定的其他家庭
	共有产权住房	本市户籍中低收入住房困难家庭或者个人
南京市	限价商品房	① 城市中等偏下收入家庭； ② 符合承租政府投资建设的定向公共租赁住房条件的人才
	共有产权住房	本市户籍中低收入住房困难家庭或者个人
	人才共有产权住房	经南京市政策文件规定满足条件的 A、B、C、D 类人才
西安市	限价商品房	中等以下收入住房困难家庭
	共有产权住房	中等以下收入住房困难家庭
	人才共有产权住房	无自有住房、经西安政策文件规定满足条件的"特殊人才"、A、B、C、D、E 类人才

（二）土地类型及竞得方式

限价商品房及共有产权住房土地类型分为两类：划拨和出让。同一城市中，该两种类型住房土地类型保持一致。其中，北京市、西安市限价商品房及共有产权住房土地类型均为出让。南京市限价商品房及共有产权住房土地类型根据共有产权房屋建设方式分为两种情况，一种是单独选址、集中建设的限价商品房及共有产权住房项目，建设用地供应采取划拨方式取得;另一种是商品住房项目中配建的限价商品房及共有产权住房项目,建设用地采用出让方式取得。

对于出让用地竞得方式,北京市限价商品房采用"限制销售价格、住房套型面积和销售对象"方式出让,共有产权住房采用"限房价、竞地价"及"综合招标"等多种方式出让。西安市限价商品房采用"限房价、竞地价"方式出让,共有产权住房采用"限地价、限售价"方式出让。南京市暂无明确规定。

3个城市限价商品房及共有产权住房的土地类型及竞得方式如表2所示。通过对比,同一城市中该两种类型住房土地类型及竞得方式趋于相同。

3个城市限价商品房及共有产权住房的土地类型及竞得方式 表2

城市	房屋类型	土地类型及竞得方式
北京市	限价商品房	"限制销售价格、住房套型面积和销售对象"方式出让
	共有产权住房	"限房价、竞地价"及"综合招标"等多种方式出让
南京市	限价商品房	划拨、出让
	共有产权住房及人才共有产权住房	划拨、出让
西安市	限价商品房	"限房价、竞地价"方式出让
	共有产权住房及人才共有产权住房	"限地价、限售价"方式出让

(三)供应单套建筑面积

同一城市中限价商品房供应单套建筑面积限制多于共有产权住房单套建筑面积。北京市限价商品房供应单套建筑面积以90平方米以下为主,共有产权住房则以中小套型为主。南京市限价商品房供应单套建筑面积以65平方米、75平方米、85平方米左右的中小户型为主,共有产权住房则以原则上不超过90平方米的中小套型及向各类人才提供的不同面积套型为主。西安市限价商品房供应单套建筑面积以80~100平方米为主(最大套型建筑面积原则不超过120平方米),共有产权住房则以90平方米左右(最大套型建筑面积原则不超过144平方米)中小套型为主。

3个城市限价商品房及共有产权住房的供应单套建筑面积如表3所示。通过对比,南京市、西安市因共有产权住房针对供应对象范围更广,其设计的供应单套建筑面积范围更大、层次设计更分明。

3个城市限价商品房及共有产权住房的供应单套建筑面积 表3

城市	房屋类型	供应单套建筑面积
北京市	限价商品房	以90平方米以下为主
	共有产权住房	以中小套型为主
南京市	限价商品房	以65平方米、75平方米、85平方米左右的中小户型为主
	共有产权住房	以单套建筑面积原则不超过90平方米的中小套型为主,供应给低收入住房困难家庭的套型按人口分配,其中1人户45平方米左右,2人户55平方米左右,3人及以上户65平方米左右

续表

城市	房屋类型	供应单套建筑面积
南京市	人才共有产权住房	A类人才单套建筑面积不低于200平方米；B、C、D类人才单套建筑面积分别为150平方米左右、120平方米左右以及90平方米左右
西安市	限价商品房	以80~100平方米为主（最大套型建筑面积原则不超过120平方米），建筑面积100平方米以上套型控制在总套数的20%以内
西安市	共有产权住房及人才共有产权住房	以90平方米左右（最大套型建筑面积原则不超过144平方米）中小套型为主

（四）产权份额

限价商品房为个人100%产权住房，共有产权住房为政府与购房人按份共有产权住房，其产权比例确定分为明确产权份额比例标准和未明确产权份额比例标准两种模式。

1. 明确产权份额比例标准模式

共有产权住房政策运行初期，政府相关部门及单位设想共有产权住房销售价格（即"初始价格"）在土地出让环节确定，此环节仅确定共有产权住房销售价格，不确定购房人与政府产权份额比例，产权份额比例在共有产权住房可进行预售（即项目取得《商品房预售许可证》）环节另行确定。这种销售模式弊端是可能引起购房人对共有产权住房销售"透明度"不必要猜测，产生对产权份额的质疑，不利于共有产权住房政策的落地实施，故在共有产权住房现行实施过程中，通常在土地出让环节就将共有产权住房销售价格及该销售价格对应的购房人所占产权份额比例明确，即为明确产权份额比例标准模式。3个城市限价商品房及共有产权住房的产权份额对比如表4所示。

3个城市限价商品房及共有产权住房的产权份额　　　　表4

城市	房屋类型	产权份额
北京市	限价商品房	个人100%产权
北京市	共有产权住房	参照项目销售均价占同地段、同品质普通商品住房价格比例确定
南京市	限价商品房	个人100%产权
南京市	共有产权住房及人才共有产权住房	城市低收入住房困难家庭不得低于50%，城市中等偏下收入住房困难家庭不得低于70%，其他保障对象不得低于80%
西安市	限价商品房	个人100%产权
西安市	共有产权住房及人才共有产权住房	参照项目销售均价占同地段、同品质普通商品住房价格比例确定，个人产权份额占比在50%~80%之间，不低于50%

2. 未明确产权份额比例标准模式

未明确产权份额比例标准模式的共有产权住房即为由限价商品房转变而来的共有产权住房。在限价商品房可转变为共有产权住房进行销售环节，由相关单位申请评估该环节时点项目周边同品质商品房市场价格，以确定土地出让时限价商品房销售价格与该环节时点周边同品质商品房市场价格的价差，得到购房人所占产权份额比例。在该环节，评估机构虽然进行的是项目周边同品质商品房市场价格评估，但其实质内涵是对共有产权住房购房人与政府所持有的产权份额进行评估。2018年，北京市率先颁布了《北京市住房和城乡建设委员会关于加强限房价项目销售管理的通知》(京建法〔2018〕9号),首次提出限价商品房转共有产权住房销售模式,即限价商品房在土地出让时的销售限价占销售时周边同品质商品房市场评估价比值高于85%时仍按限价商品房进行销售,比值不高于85%时由市保障房中心收购转化为共有产权住房进行销售。

(五)销售价格

限价商品房与共有产权住房销售价格原则上均应低于同地段、同品质的商品住房价格水平一定比例,以项目开发建设"保本微利"为原则,并考虑家庭购房承受能力等因素综合确定。相比而言,限价商品房销售价格为其全产权条件下的价格,而共有产权住房销售价格呈现形式为个人产权份额条件下的价格,故从呈现形式对比,限价商品房销售价格应不低于共有产权住房销售价格。3个城市限价商品房及共有产权住房的销售价格如表5所示。

3个城市限价商品房及共有产权住房的销售价格　　　　　　　　　　表5

城市	房屋类型	销售价格
北京市	限价商品房	销售价格以项目综合开发成本和合理利润为基础,参照同地段、同品质普通商品住房价格,由市发展改革、国土资源、住房和城乡建设、财政、规划、监察等部门研究确定
	共有产权住房	低于同地段、同品质商品住房价格水平
南京市	限价商品房	以同地段商品房价格的90%确定供应基准价格,并根据市场情况适时调整
	共有产权住房及人才共有产权住房	略低于周边同品质、同类型普通商品住房实际成交价格
西安市	限价商品房	原则上应低于同地段、同品质商品住房市场评估价的20%
	共有产权住房及人才共有产权住房	由市住房保障部门组织国土、规划、发展改革、住房和城乡建设、物价等部门,综合考虑项目区位、规划条件、建设标准、适当利润以及受众群体经济承受能力、片区房地产市场调控需求等因素合理确定

(六)产权最低年限

根据2014年住房和城乡建设部等6部门联合发布的《关于试点城市发展共有产权性质政策性商品住房的指导意见》(建保〔2014〕174号),购买共有产权住房不满5年的,不得上市交易。北京市、南京市、西安市限价商品房及共有产权住房的购房人最低持有年限均为5年。

三、限价商品房转共有产权住房销售中的评估应用

基于前文限价商品房与共有产权住房政策异同点对比,以西安市某限价商品房剩余房源转为共有产权住房项目在销售环节进行的评估为例,介绍限价商品房转共有产权住房评估应用。

(一)项目背景

项目前身为位于西安市某经济相对发达区域建设的限价商品房项目,于2020年初取得《国有建设用地使用权出让合同》时已确定销售价格,2020年底取得《西安市商品房预售许可证》后推出三千余套限价商品房进行销售,截至2022年6月,仍剩余两百余套房源存在

滞销情况，故开发企业申请将滞销房源调整为共有产权住房、按照共有产权住房相关规定进行销售。该调整方案的目的在于扩大住房供应对象范围，寻找有购房能力，并且符合共有产权住房购房条件的家庭或个人，以期能够完成项目清盘。

(二) 项目实施

1. 明确评估类型。限价商品房转共有产权住房在销售环节进行的评估属于"在房屋预售环节（已取得《商品房预售许可证》）进行的共有产权住房份额比例评估"。需要注意的是，限价商品房转共有产权住房销售行为属于"转性不转价销售"，即现共有产权住房销售价格与原限价商品房销售价格保持一致，区别在于购房人产权份额由原个人100%产权转变为现个人拥有部分产权。

评估机构在该环节可选用市场路径（市场比较法）对现时同地段、同品质商品房市场价格进行评估，之后由政府相关部门及单位根据原限价商品房销售价格与评估机构出具的现时商品房市场价格的差价，确定购房人所占产权份额比例。共有产权份额比例计算公式为：共有产权份额比例 = 共有产权住房项目销售价格（即"原限价商品房销售价格"）/ 预售环节同地段、同品质商品房市场价格。

2. 市场路径评估注意事项。在选用市场路径进行评估时，首先应注意价值时点为现时销售某一时点，其次应注意可比实例与估价对象的相似性，包括：① 房屋类型（包括新建商品房及二手存量房），可比实例与估价对象应属于同一房屋类型；② 可比实例距估价对象距离，不宜超过3公里，尽量避免超过5公里；③ 项目交通状况应类似；④ 项目品质（包括项目容积率、绿地率、建筑密度、社区规模、建筑类型、交房标准等）应相似；⑤ 房屋状态（交房日期）应相同，均为期房或现房，如果估价对象为期房，则应注意尽量选择与其交房时间接近的可比实例。

四、结语

限价商品房转为共有产权住房销售存在两个"时间差"，一个是在土地出让环节已确定限价商品房销售价格但至房屋预售环节才进行销售时的"时间差"，另一个是自限价商品房首次预售至后期转为共有产权住房销售时的"时间差"。北京市现行政策提出的"房屋预售阶段，限价商品房在土地出让时的销售限价占销售时周边同品质商品房市场评估价比值不高于85%时，限价商品房将转化为共有产权住房进行销售"发生在第一个"时间差"阶段，西安市因限价商品房滞销将其转为共有产权住房进行销售发生在第二个"时间差"阶段。限价商品房能否成功转变为共有产权住房进行销售，一方面考虑区域房地产市场发展状况，另一方面考虑供应对象接受程度，即项目选址、销售价格等因素是否与供应对象收入水平相匹配。

(一) 当区域房地产市场发展较快、房价增幅较大并超过一定比例时，开发企业若仍按照限价商品房进行销售将导致"投机者"的产生，限价商品房的"低价买入"以及5年后上市交易时的"高价卖出"都无法发挥其本应存在的"保障属性"。而将限价商品房转为共有产权住房进行销售可以避免上述问题的产生，购房人以同样的价格但只能获得部分产权份额，在满足最低产权年限后，须按届时地方政策购买政府产权份额后方可再次交易，此种方式抑制了"投机者"数量，让更多刚需家庭"有房可住"。

(二) 当区域房地产市场发展平稳、房价无明显增幅、限价商品房滞销时，将其转变为共有产权住房进行销售是希望通过扩大供应对象范围，达到将房源销售完毕的目的。限价商品房主要面向城镇中、低收入家庭进行销售,当限价商品房选址较偏远,其公共配套设施、交通状况一般时,购买限价商品房可能导致符合条件的购房家庭增加购买私家车等额外生活成本费用;当限价商品房选址于区域经济发展水平较高地段,其销售价格会与区域内商品房价格变化趋势保持一致,导致符合条件的购房家庭因售价问题无力购买。

共有产权住房不仅可以面向中等偏下收入家庭销售,亦可面向各类人才进行销售,其供应对象范围更广,供应对象的家庭或个人收入水平与限价商品房匹配度更高,扩大供应对象范围,能够给滞销的限价商品房带来新的销售机会。

参考文献:

[1] 余滨. 限价商品房发展中的问题及建议 [J]. 中国房地产,2017(25):65-67.

[2] 吕萍,修大鹏,李爽. 保障性住房共有产权模式的理论与实践探索 [J]. 城市发展研究,2013（2）:20-24.

作者联系方式

姓　　名：周晋梅　程红娟　薛　颢

单　　位：西安天正房地产资产评估顾问有限公司

地　　址：陕西省西安市高新区沣惠南路16号泰华·金贸国际4号楼29层

邮　　箱：zhoujinmei_tzfdcpg@163.com

注册号：周晋梅（6120190066）；程红娟（6120030003）；薛　颢（6120000004）

收益法在房地产评估中的应用分析

张 啸

摘 要：近年来，随着社会经济的转型与升级，很多人口逐步走进城市，在这种发展形势下，增加了人们对房产的需求量，进而促进房地产行业的迅猛发展。然而，市场上的房地产不只是提供居住服务，很多人将房地产作为投资的产品，简单的成本法和市场法不能使市场要求得到满足，所以凸显出收益法具有的作用，这种方法的理论基础非常健全，得到很多投资人员的广泛青睐。当前，我国房地产评估行业发展较晚，应用收益法时还面临着很多问题，如熟练掌握收益法的评估人才匮乏、信息来源渠道少、折现率的确定缺少精准性等。鉴于此，本文研究过程中首先阐述了收益法的相关概述，叙述了收益法在房地产评估中的应用优势，分析了房地产评估中应用收益法的问题，最后探讨了收益法在房地产评估中的应用策略。

关键词：收益法；房地产评估；成本法；市场法

目前，房地产评估行业在发展过程中还面临着严峻的挑战，通过优化与健全房地产评估技术，行业自律得到人们的高度重视。在房地产评估实践过程中往往在选择数据方面存在主观性的问题，房地产评估的收益法是房地产评估的基本方法之一，出现上述问题在所难免，所以经过分析房地产评估中收益法应用的问题，发现具体应用策略，从而为房地产评估实践工作提供更加优质的服务，对具体工作的开展具备重大的借鉴意义。

一、收益法的相关概述

（一）收益法概述

收益法主要包含预测、折现、加和三个主要步骤，在具体工作开展过程中使用收益法时，评估人员首先对房地产的未来收益进行预测，然后估测一个恰当的折现率，最终把未来的收益进行折现加和，获得房地产价值，这种方法经常在商场、店铺、写字楼、底商等具备稳定收益的房地产评估中广泛使用。本文主要将收益法作为研究对象，以下内容深入研究了收益法自身的缺陷、难点。

预期收益额在明确时，自身存在先天性的不足，主要表现为：一是收益额预测的复杂性、预测自身存在的问题、预测方法的约束性。再健全的预测方法，其虽以预测未来，但这种预测势必会受到现有条件的约束，同时每种预测方法仅综合考量预测对象的某个方面具有的特点，不能统筹兼顾预测对象每个方面具有的特点，所以，预测方法的选用同样提升了预测纯收益明确的难度。二是收益法的预期原理关系着明确预期收益额自身，同样应通过相应的基础展开分析判断，包含动态了解评估房地产的历史、当前和预计今后一段时间中的经营情况，根据统计资料与经验累积等，通过现在推测未来。

这种分析判断，倘若不能保持充足的职业专业精神，不采用合理的态度，不能充分了解全面的资料信息，极易脱离实际，不能经受时间和实践的考验，提供具备失误甚至不真实的评估结果报告，从而为依靠评估报告的第三人、委托人等带来不必要的经济损失，进而产生评估责任，为评估带来更大的风险。就某个方面来看，收益法在预期收益额的明确过程中发挥着关键性的作用，换言之是包括潜在的缺陷与局限的累积过程是评估的最后结果，还未符合公正和有效性造成的评估风险的形成过程。

从表面来看，收益法的公式非常简单，但是想要使用收益法法精准评估房地产的价值，应精准估测今后每一年的还原利率与纯收益。但是，纯收益和还原利率伴随着市场情况进行相应起伏，想要精准还原今后每一年的纯收益显得非常困难。所以，在估价过程中，估价师通常会假设一个还原率、纯收益保持不变，显然从某种程度上与实际情况不相符。同时，预期纯收益的水平与改动趋势的假设通常符合实际情况。

所以，使用简化的公式计算难免会出现误差。同时房地产的收益年限通常非常长，可以达到几十年乃至更长，所以，要依据房地产纯收益的影响因素明确房地产投资在估价时点或者是未来数年内的纯收益与还原利率几乎不可能。

纯收益的明确因受到各方面因素产生的不利影响，导致每种房地产具有自身的收益水平，同时还原利率存在较大差异，使用市场法借鉴相似房地产获得的收益水平与还原利率肯定和客观值具有较大差异，在一定程度上提高了准确估价的难度。同时，未来纯收益主要是由客观纯收益所决定，是排除了超额利润、特殊因素亏损等状况后获得纯收益。因为不同阶段房地产纯收益会受到环境因素、心理因素、人口因素、社会因素、行政因素、自身条件、供求状况、国际因素等多种因素直接影响，每个因素在不同时间段对房地产纯收益的影响存在较大差异，所以，要想精准预测每个影响因素在不同时间段中对房地产纯收益造成的影响几乎不可能。所以，明确收益法中的还原利率同样是难点。收益法当中，因为纯收益的特征存在较大差异，收益法的实际公式同样与众不同，并且评估对象不一样，使用的还原利率的性质就会迥异不同。然而还原利率地选择差异，会使房地产评估结果存在较大差别。通常认为，还原利率实际上是一种投资的收益率，应该和获得估价对象房地产形成的纯收益具备同样风险的资本收益率相同，其主要包含投资收益率排序插入法、市场提取法、安全利率加风险调整值法，投资复合收益率法。

（二）房地产评估中收益法的应用特点

收益法会明确预期投入，使用预期原理确定房地产当前的价值，更主要的是重视全面预测今后的客观性收益。房地产当前的价值不是回顾原来的价值，而是研究房地产经营活动的主体人员需求状况，发现其今后的市场情况。经过研究分析历史资料，经常会把其今后的预测改变状况和变化形势进行明确，从而使整个预期推测过程的有效性和科学性得到保障。

收益法使用阶段的主要思想需要对房地产项目的特点进行综合考量，收益性房地产可以获得当前之后的收益，还可以拓展到后期使用过程中，这是一个连续性的过程。购买收益性的房产对用户而言属于一种投资，并不是购买房地产自身，而是购买其今后全部可能产生的一种收益状况。当前使用可承受的资金投入，得到今后的投资回报收益。收益法在使用阶段的基本原理是对于估价针对房地产项目今后得到的纯净收益等值或者是现值的确定，可以为投资人员提供更加优越的条件。

(三)确定资本化率

资本化率指的是在当前房地产评估阶段,经常见到的一些可能变化和地域、性质、时效等房地产项目的探究。在这个阶段中的研究结果表明:今后投资可能会出现风险性问题,评估指导过程中,应依据房地产所处环境明确资本化率。

一般状况下,在房地产评估中使用收益法时,理论研究阶段未确定时间约束的情况下,不能随便使用收益法。但是收益法使用阶段过于依赖预期理论,估价房地产的今后纯净收益通过折现以后,可以明确界定其当前的价格。相对而言,收益法可以依据项目的具体状况,有效分析市场元素,同时进行评估引导,以便于可以使当代人的经济行为得到满足。价格是价格调换的根据条件,但不是其今后收益的基本条件。

房地产评估中应用收益法可以确定收益价格,这是一种非常实际的需求价格。就购买人员而言,他们希望在购买阶段支付相应的经济条件,很明显会盼望今后房产增值可以产生更多的经济效益。投资人员在这个阶段不用对建设方的成本投入状况进行综合考量,确定其今后收益后,展现资产的价值影响作用,投资人员的交易行为会进一步推进。

二、收益法在房地产评估阶段的应用优势

(一)充分的理论根据

收益法是将期望理论作为支撑的一种逻辑上的严格评估方法。和其他方法进行对比可以看出,收益法的理论根据非常充分,很容易理解。期望的理论代表着财产的价值主要取决于今后财产中的预期收入。在具体工作过程中,假如应用收益法对房地产价值进行评估,房地产的今后收益不能随意整理,以便于得到评价结果,一定要折现,接着根据指定折现率进行整理。与此同时,收益时间的长短还关系着价值。通过和市场法、成本法进行比较可以得知,收益法为了计算房地产的当前价值,利用房地产今后利润的现值之和,其理论更加合理,具有较强的说服力。

(二)具有广泛地使用范围

近年来,伴随着社会经济的转型与升级,人们收入水平的不断提升,很多房地产既呈现出居住特点,同时还当作投资物品而存在,这种类型的房地产经常使用收益法进行评估。实际工作过程中,不论是土地还是房产,只要具有获利能力或者是潜藏着获利能力,都能够使用收益法评估其价值,由此可以看出,伴随着市场的不断进步和发展,收益法的适用范围与其他评估方法相比更加宽泛。

(三)容易得到广大投资者的认可

伴随着我国房地产行业规模的不断扩张,很多人对房地产的投资特性提高重视程度。许多买家决定购置房地产,从而得到更多价值,同时预测利用今后投资创造利润。在房地产评价中,收益法得到的评价结果实际上体现出房地产消费者的按需价格,这是依据和收益法基本理论相符的房地产今后盈利能力,消费者主动支付的价格,所以很容易让大部分投资者接纳。

三、收益法评估房地产存在的问题

(一)熟练掌握收益法的评估人才匮乏

房地产评估自身具有较强的复杂性,对评估人员的技术水平提出非常高的要求。用收益

法评估房地产的价值，能够检验评估人员的专业技能，与成本法、市场法这两种评估方法进行比较可以看出，收益法非常复杂。在收益法具体操作过程中，最主要的内容是预测房地产今后的收益与折现率，不仅需要深入分析被评估房地产自身的历史数据与今后趋势，还应深入研究整个房地产行业的发展形势。另外，使用收益法对房地产进行评估过程中会出现很多的折现加和过程，每个步骤的失误都会使最终结果出现差异。然而因为我国房地产评估行业发展较晚，很多评估人员的工作时间较短，自身的专业技能还不完善，使用收益法评估房地产价值的经验匮乏，致使评估结果不精准，进而对房地产评估中收益法的使用产生直接影响。

（二）信息来源渠道少

房地产评估中想要更好地使用收益法需要实时了解房地产行业各方面的信息，同时还需有关评估人深入分析房地产价值的前提条件。然而，因为我国房地产评估产业的研发时间比较短，市场制度还未健全，评估人员不能及时获取信息。首先，评估人员搜集的信息落后，没有可使用性；二是没有传播信息的途径。许多信息不会即时进行传播，有些信息是通过电视或者是手机上了解，所以评估者会出现质疑。信息的连续性导致有关评估人员为了搜集重要的信息而投入很多人力成本与材料资源，从某种程度上阻碍了房地产评估中收益法的具体应用。

（三）折现率的确定缺少精准性

房地产评估中应用收益法过程中，明确折现率是非常重要的一个环节，由于评估对象的价格对折现率的值非常敏感，折现率的细微改变会使评估结果出现明显改变。就购买收益型房地产的人来说，这属于一种房地产投资行为。针对任意一种投资行为，都可以按照收益等价和遵循风险的原则。具体而言，高风险对应高预期收益率，低风险与低预期收益率相吻合。因为交易时间与房地产的估价地点存在较大差异，所以所面临的投资风险同样不一样，同时随着市场情况的改变进行起伏，因此应明确不同的收益率。

（四）不能精准预测未来收益

房地产评估过程中，评估人员应利用收益法估测最基础的数据，即房地产今后的收益，这个做法在最终结果的评估中发挥着至关重要的作用。数据的微乎变化就会使评估结果存在差异。但是估测房地产今后价值的过程具有较强的复杂性，其和许多因素存在直接关系，同时还会受到主观因素与客观因素产生的影响。因此，精准预测未来收益具有较大的困难。

四、房地产评估中收益法的应用策略

（一）培育大量评估人才

房地产评估过程中，评估人员是非常活跃的因素，伴随房地产评估行业的不断进步与发展，评估工作呈现出较强的复杂性，这就需要评估人员自身具备较高的专业水平与道德修养。首先，评估人员需要加大学习的力度，用心探究收益法的计算过程，丰富经验，逐步提升自己的综合素养。其次，主动加入房地产评估方面或其他经济领域的考试，尽量让自己发展为高水平的综合型人才。评估部门应该全面实施上岗后的再培训制度，从而强化本机构评估人员的专业能力。

（二）拓展信息来源

政府经过采用宏观的方式管理房地产市场，挖掘健康的市场，降低评估人员对房地产的评估风险，让开发人员与消费者保持理性投资，最终推动房地产行业健康稳定的可持续发展。与此同时，政府还需要提供多样化途径获得信息，以便使信息的透明度与开放性得到有效保障。另外，政府还需要不断优化监督制度体系，通过这样可以保证各种法律规定得到全面实施，同时提升房地产市场的透明度。

（三）风险收益模型优化折现率

风险收益模型主要将强风险收益原则作为理论基础，实际上指的是风险与收益保持正比关系，高风险与高收益形成对比，低风险与低收益形成对比。有些购买人员购买收益型房地产主要是为了获得更多的经济效益，如果把收益型房地产当作一种投资，其不仅包含租金等可观收益，而且还面临着相应的投资风险。通常来说，待评估房地产企业财务报表中的财务指标可以从某个方面体现出企业面临的风险，然而企业的预期收益和企业面临的密切风险存在直接关系，因此把待评估房地产企业的财务指标和行业财务指标的平均值进行比较，二者之间的差异就能体现出二者所面临的不同风险。

（四）利用同类房地产市价明确收益额

房地产评估过程中使用收益法时，把市场法概念融入收益法明确利润额，对比被估房地产和类似房地产，把交易的具体价值与房地产相比，当作计算收益额的条件，能够帮助评估人员充分了解对实际收益产生影响的因素，然后展开相应调整，合理分析市场的发展形势，得到更多的经济收益。房地产估价实际工作开展过程中，评估人员经常依据市场搜集信息明确房地产的净收益，便于明确这种数据，进而保证收益水平的科学性与合理性，从而提升评估结果的精准性。

五、结语

总而言之，房地产评估中使用收益法不仅具有有利方面，而且还存在很多的问题，本文研究过程中针对这些问题指出相应的解决策略，期望能够促使收益法广泛应用于整个房地产行业中。尽管我国房地产评估行业还处于发展阶段，但是随着我国市场经济结构的转型与升级，评估人员的综合素养逐步提升，会为房地产评估行业的可持续发展提供内生动力。

参考文献：

[1] 朱晓刚. 房地产评估收益法评估改进研究 [J]. 建筑经济，2021（9）：62-66.

[2] 傅新青. 基于收益法的房产评估研究 [J]. 全国商情，2016（22）：68-69.

[3] 刘学红. 收益法在房地产估价中的应用与改进研究 [J]. 住宅与房地产，2020（3）：6.

[4] 汪浩泳. 收益法在房地产估价中的应用 [J]. 环球市场，2019（31）：121.

作者联系方式

姓　　名：张　啸

单　　位：湖南日升房地产土地资产评估有限责任公司

地　　址：湖南省长沙市岳麓区桐梓坡路长房时代天地803室

邮　　箱：1286149729@qq.com

注册号：4320210055

关于多主体集体资产评估思路的探讨

李 婷 李华勇

摘 要：近年来深圳土地资源日益稀缺，存量土地二次开发成为深圳主要供地来源，集体土地越来越广泛参与土地二次开发项目，随着集体土地开发的规模化，同一开发项目集体土地权利人呈现多主体特征，少则两个权利主体，多则十余个权利主体，因各主体集体资产构成差异大，同一开发项目如何在满足非集体权利人的拆赔诉求前提下，既能实现各主体集体资产保值增值、又能合理权衡各主体之间利益，对保障集体资产备案及交易工作的顺利推进至关重要。本文主要针对集体土地范围、多主体集体土地特征等基本概念进行阐述，结合实操中各主体差异化特征，提出合理化、差异化的评估思路建议。

关键词：集体土地；多主体；评估思路

一、前言

2011年，深圳市人民政府发布《关于印发深圳市原农村集体经济组织非农建设用地和征地返还用地土地使用权交易若干规定的通知》(深府〔2011〕198号)，文件明确提出村集体经济组织应委托合法资产评估机构进行评估，后续各区逐步出台并更新完善集体用地交易管理等相关政策。目前各区对集体资产范围的认定基本一致，包括集体土地（含巷道、村道等空地）、地上建筑物、构筑（附属）物、相关特殊权益（如非农指标、征返地指标、留用地指标、合作建房、外卖地等集体用地权益），其中集体土地是集体资产的核心载体，地上建筑物、构筑（附属）物及相关权益都依附其而存在，而集体土地价值又是集体资产价值的重要构成，因此本次研究笔者针对实操中较常见城市更新项目涉及的多主体集体土地的评估思路进行探讨。

二、集体土地范围

目前各区集体用地相关政策对集体土地范围的约定大同小异，主要包括股份公司依法享有土地使用权的非农建设用地、征地返还用地、土地整备利益统筹留用地、国有已出让用地，符合两规、三规的处置用地，以及未完善征（转）手续但集体享有权益的土地。

三、多主体集体土地特征

根据《房地产估价理论与方法》(2022版)，严谨意义上的房地产是指土地以及建筑物和其他相关定着物，是实物、权益和区位三位一体的财产或资产。本次研究将从实物状况、权益状况和区位状况三方面对集体土地特征进行分析。

（一）实物状况多样化

根据《房地产估价理论与方法》（2022版），房地产实物是房地产中有形（看得见、摸得着）的部分，如土地面积、形状、地形地势地质、开发程度等，其中开发程度是影响集体土地价值的关键因素。土地实物形态分为无建筑物的土地即空地、有建筑物的土地，更新项目中有已建成区集体土地，也有道路、绿化、活动场地等集体空地，而已开发集体土地的开发强度也存在较大差异，一是集体土地开发强度的差异，即有的主体地多房少，有的主体地少房多；二是集体土地上非集体物业数量的差异，非集体物业越多回迁物业体量越大。

（二）权益状况差异化

根据《房地产估价理论与方法》（2022版），房地产权益是房地产中无形（看不见、摸不着）的部分，是依着在房地产实物上的权利、利益和义务。集体土地权益差异化主要体现在三个层面：一是集体土地权利人的多主体特征，同一开发项目集体土地权利人涉及多家股份公司及其分公司、子公司等；二是集体土地权属类型多样化，包括五类合法用地、未完善征（转）手续用地；三是集体土地权益的特殊性，涉及非农指标、合作建房、集资建房、外卖地等。

（三）区位状况趋同化

根据《房地产估价理论与方法》（2022版），房地产区位是指该房地产与其他房地产或事物在空间方位和距离上的关系，包括地理位置、交通条件、外部配套和周围环境。对于一般城市更新项目，集体土地都位于同一街道相同区位，对于超大规模的更新项目，可能跨越两个相邻街道，除交通条件略有差异外，其他区位条件基本相当。

四、集体土地评估思路分析

集体土地在实物状况、权益状况两方面存在较大差异，因此需结合各主体集体土地的实际情况，梳理差异化的评估思路。

（一）各主体土地开发强度相当

当各主体集体土地开发强度相当时，可采取各主体单独评估思路，具体如下：

1. 明确各主体集体土地范围及权属构成，梳理各主体集体土地上集体、非集体建筑物、构筑（附属）物等情况。

2. 以城市更新项目规划指标为基础，按各主体集体土地面积分别占城市更新项目拆除用地面积的比例进行分摊，测算各主体集体土地规划指标。

3. 采用剩余法测算各主体集体土地在规划条件下的市场价值。即扣除各主体集体土地上非集体物业回迁面积后的可售收入，扣减后续应缴地价、搬迁补偿费、建安成本、前期费用、管理费用、不可预见费、销售费用及税费、投资利息、开发利润后剩余部分的价值，即各主体集体土地在规划条件下的市场价值。

（二）各主体土地开发强度差异大

1. 各主体单独评估存在问题及原因

由于各主体有的地多房少，有的地少房多，如单独评估各主体的集体土地价值，将出现各主体集体土地评估单价差异大，地多房少的主体折算拆赔比高、地少房多的主体折算拆赔比低，将导致集体资产备案及交易工作难以推进，引起差异的原因如下。

1）土地权属、非集体物业开发强度不同引起的土地评估单价差异

基于目前深圳房地产市场处于相对平稳状态，剩余法中应缴地价、非集体物业回迁量是影响土地价值的关键因素。土地权属直接影响应缴地价高低，应缴地价越低，集体土地价值越高；非集体物业面积影响回迁物业体量，单位土地上的回迁物业体量越多，集体土地价值越低。

2）集体物业开发强度不同引起的折算拆赔比差异

集体物业折算拆赔比即集体土地价值按评估单价折算的建筑面积与集体现状永久性建筑物建筑面积之比，单位土地上集体物业体量越大，折算的拆赔比越低。

实操中如各主体土地评估单价及折算拆赔比差异大，将不利于整体集体资产备案及交易工作的推进，因此实操中需考虑各主体的实际情况，采用适宜的评估思路权衡各主体之间利益。

2. 集体土地整体评估思路

综合上述分析，各主体集体土地评估时需要弱化上述土地权属、物业开发强度等差异，将各主体集体土地按整体评估考虑可解决上述问题，主要评估思路如下。

1）思路一：合理体现土地权属差异、弱化非集体物业开发强度差异

拆除重建类城市更新应缴地价次序依次为城中村用地—旧屋村用地—国有已批用地—历史处置用地，针对该应缴地价先后次序，需将城中村用地指标单独剥离评估，一是集体用地中仅城中村用地存在指标的概念，指标和地可分开评估；二是除旧屋村用地外，其他权属土地地上永久性建筑置换同类物业拆赔比基本集中在1:1左右，在同等拆赔比条件下，城中村用地相对于与其他类型权属用地，应缴地价优惠幅度最大，因此需将城中村用地指标剥离单独评估才能体现权属差异性。其次集体土地整体考虑后，将地上所有非集体物业统一按照市场拆赔比扣除，规避了各主体实际回迁体量的差异，最终得出集体土地整体评估均价，即扣除指标后各主体集体土地评估单价相同。

基于上述分析，集体土地整体评估思路一如下。

（1）明确各主体集体土地范围及权属构成，梳理集体土地上集体和非集体建筑物、构筑（附属）物等情况。

（2）将各主体集体土地的非农建设用地、征地返还用地中的指标剥离单独评估，将剥离指标后的集体土地，与更新项目范围内其他所有集体土地视为一个整体，按合计集体土地面积占城市更新项目拆除用地面积的比例进行分摊测算集体土地整体规划指标。

（3）采用剩余法测算集体土地整体在规划条件下的市场价值。同"各主体土地开发强度相当"第3点测算。

思路一分析：该思路仅能单独考虑城中村用地的权属差异，难以体现旧屋村用地的权属差异性，但该思路能在一定程度上平衡各主体之间的利益。

2）思路二：基于思路一基础上合理考虑集体物业开发强度差异

虽然思路一各主体土地评估单价相同，但因有的主体地多房少，有的主体地少房多，导致单位土地价值折算回迁拆赔比差异大，实操中地少房多的主体更倾向从物业置换的角度衡量回迁面积，该回迁面积高于按土地价值折算的回迁面积。

相对于思路一，思路二的差异主要在第（3）点，即剩余法需扣除非集体和集体物业回迁面积，再扣减后续相应开发成本后，剩余部分即土地在更新规划条件下的平均增值收益，

最终集体土地价值包括回迁物业的价值、集体土地增值收益两部分。

思路二分析：集体物业价值按市场拆赔考虑再加上剩余土地增值收益价值，各主体集体物业的市场拆赔标准一致，剩余土地增值收益评估单价相同，则分得的集体资产价值相对比较均衡，但该思路中市场拆赔比是影响集体资产价值的决定性因素。

综上分析，实操评估中需结合各主体集体土地的实物和权益状况等差异选择适宜的评估思路，如地多房少的主体数量较多，可采用思路一进行评估；反之，地少房多的主体数量较多，可采用思路二进行评估。

五、结论

目前深圳已进入全面土地二次开发时代，多主体集体资产评估将日趋普遍化，估价师需本着解决实际问题的分析态度，梳理多主体集体资产构成差异、了解各主体实际诉求，选取适宜的评估思路，方能实现各主体的多方共赢，保障集体资产备案及交易工作的顺利推进。本次研究仅基于笔者接触的实操案例进行思路探讨，难免管中窥豹，略见一斑，望能为各位读者实际工作提供借鉴。

参考文献：

中国房地产估价师与房地产经纪人学会.房地产估价理论与方法（2022）[M].北京：中国建筑工业出版社，中国城市出版社，2022.

作者联系方式

姓　名：李　婷　李华勇
单　位：深圳市国房土地房地产资产评估咨询有限公司
地　址：广东省深圳市福田区莲花路北公交大厦1栋12层
邮　箱：25644927@qq.com
注册号：李　婷（4420120218）；李华勇（4420030055）

房地产评估中比较法的完善研究

李新兰 丁淑英

摘　要：近年来，因房地产评估操作不规范而发生的类似案件不在少数，内容涉及虚假记载、违反估价规范、迎合低估或恶意虚高等违规情形，造成这类现象发生的最主要原因是我国房地产评估方法不够完善，如何完善房地产评估方法也成了讨论的热点话题。《房地产估价规范》GB/T 50291—2015 第 4.1.2.1 条中规定"估价对象的同类房地产有较多交易的，应选用比较法"。在市场发达和成熟地区必须优先选用比较法进行估价。因此，本文以房地产评估中比较法存在的缺陷出发，提出具体的改进方法，有利于提高房地产市场化的公平公正性。

关键词：房地产评估；比较法；缺陷；改进方法

一、研究背景

在中国裁判文书网上检索当事人"评估"，2014—2020 年共有 40 篇有关评估机构和评估人员承担刑事责任的文书，且评估单位和评估人员被追究刑事责任的案例呈现逐年增长的态势。而房地产评估一直以来都是监管的重点对象。如 2017 年广东清远市中级人民法院认定某评估事务所出具证明文件重大失实罪，主要事实包括被告单位的评估师对其待估房地产没有亲自实地查勘、没有认真核对评估材料，致使房产评估价格严重虚高，房屋所有权人依据该报告到中国银行办理抵押贷款时骗取银行贷款共计 635 万元，造成银行直接经济损失达 311 万元。

二、房地产评估中比较法存在的缺陷

（一）可比实例

房地产比较法需要选取三个及以上的可比实例，搜集其成交价及各项价格影响因素，但可比实例数据搜集存在以下两个困境。

1. 评估人员可以获取信息的渠道少

评估人员主要是通过线上的房产交易网站如 58 同城、安居客，以及线下的房产交易中介如链家等渠道获取数据。但无论是线上还是线下，从这些渠道可以获取的有效房产信息并不多。

如在安居客中搜索上海奉贤南桥的"三居室""100～120 平方米""住宅"，已开盘和售罄的楼盘有 7 家住宅满足条件。使用同样的检索方式，在二线城市无锡的惠山区惠山新城只有 2 家、在三线城市绍兴的镜湖新区只有 3 家。信息的不对称导致比较法评估出的结果会偏离市场。

2.实务中难以获取实际成交价格

房地产评估要求使用实际成交价格作为可比价格,然而在信息不易获取的前提下,很多评估人员拿不到实际成交价。为了减少工作量,许多评估人员会选用更易获取的挂牌价进行评估。但成交价与挂牌价之间的差异较大,一般情况下挂牌价为了满足买方心理会普遍虚高,成交价由于避税等原因,成交价格比实际成交价格低。根据南京目前小区在售房源数据,建筑面积 80m² 以上的房源价格约 5.9～6.9 万 /m²,建筑面积 60m² 左右的房源价格约 7.5～8.6 万 /m²。其中,最高挂牌单价为 86828 元 /m²,相对现在的最高成交价还高出了许多。挂牌价和成交价之间的差异会增加估值结果与实际价值之间的误差。

在多种因素影响下,会导致评估人员从一开始就逃避正常的比较法流程,而是先根据市场情况、以往报价经验以及委托人诉求等判断得出心理预估价格,再反推可出该价格的可比实例去"迎合"它。这样的比较法流程其实是违背了比较法的初衷,也大大降低了比较法的科学性和客观性。

(二)修正系数

比较法评估过程中对修正系数的调整是非常重要的内容,然而现存的修正系数调整在以下几方面存在着缺陷。

1.修正系数调整标准不统一

比较法评估的许多因素修正在不同的评估事务所、不同地域之间并不完全相同,这会导致评估报告之间没有完全的可比性。

针对楼层修正,《上海市国有土地上房屋征收评估技术规范》和《北京市国有土地上房屋征收评估技术指引》对楼层修正调整系数作出的规定如下,其中上海市楼层调整系数如表 1 和表 2 所示,北京市楼层调整系数如表 3 所示。

上海市居住房屋的楼层调整系数(无电梯) 表1

层次 \ 总层数	一	二	三	四	五	六	七
1	0	0	0	0	0	0	0
2		2%	2%	2%	2%	2%	2%
3			1%	4%	4%	4%	4%
4				−1%	4%	4%	4%
5					−2%	2%	2%
6						−3%	0
7							−4%

注:1.表列层次为一层的房屋是指没有天井和花园的房屋,顶层是指没有阁楼的房屋。天井、花园、阁楼另作修正。

2.表列层次为二、三层楼的房屋指坡屋顶。如为平屋顶的,其顶层层次修正系数应向下调整50%(即依次为:1%、0.5%)。

3.表列层次为四、五、六、七层楼的房屋一般指平屋顶。如经防水隔热处理(或平改坡等)的,其顶层层次修正系数应向上调整50%(即依次为:−0.5%、−1%、−1.5%、−2%)。

上海市居住房屋的楼层调整系数（有电梯） 表2

层次＼总层数	四	五	六	七	高层
1	0	0	0	0	−3%
2	2%	2%	2%	2%	−1%
3	4%	4%	4%	4%	−0.5%
4	4%	5%	5%	5%	0
5		5%	6%	6%	0
6			6%	7%	0.5%
7				7%	1%
8～（顶层−1）					每增加一层加0.5%
顶层					同（顶层−1）

注：8层以上的居住楼房，可根据实际情况参照上述标准进行合理调整。

北京市住宅楼房楼层修正系数表 表3

层次＼总层数	一	二	三	四	五	六	七	高层
半地下	−15%	−15%	−15%	−15%	−15%	−15%	−15%	−15%
1	0	0	0	−1%	−1%	−1%	−1%	−2%
2		2%	2%	0	0	0	0	−1%
3			1%	2%	2%	2%	2%	0
4				−2%	1%	1%	1.5%	0
5					−2%	0	0.5%	0.5%
6						−2%	−0.5%	0.5%
7							−2%	1%
8								2%
9～（顶层 1）								2%
顶层								−2%

注：1. 全地下房屋修正系数为−30%，9层以上的住宅楼房，可根据实际情况参照上述标准进行合理修正。
2. 非成套楼房不进行楼层修正。

针对房屋朝向修正，上海市朝向调整系数表如表4所示，北京市朝向调整系数表如表5所示。

上海市居住房屋朝向调整系数表 表4

主窗朝向	北	西	东	南
修正系数	−4%	−2%	−1.5%	0

北京市居住房屋朝向调整系数表　　　　　表5

朝向	北	西	东	南
修正系数	0	1.0%	2%	3%

注：1. 平房朝向指房屋坐落的自然朝向（或主窗的朝向）。
　　2. 非成套楼房朝向按平房朝向进行修正。
　　3. 特殊房屋无法判断朝向时，对此房屋朝向不做修正。

2. 部分修正系数没有标准

如房地产评估会涉及的容积率、户型、装修程度、土地面积形状、周围环境等因素，这些修正系数如何调整都依赖于评估人员，主观性很强，不仅影响评估准确性，也给评估师规避责任提供了理由。

3. 修正系数没有区分权重

目前大部分的房地产评估在修正系数时都是将每一个系数同等对待、分开调整的，这忽略了不同性质的房地产在因素修正时的侧重点并不相同。

如住宅更看重小区内的配套设施、物业管理、楼宇间距（密度）、小区绿化、住户的总体素质等因素；写字楼看重停车、出入口等因素；营业店面更看重开间、宽深比、拐角、临街状况等因素，混为一谈就会增大评估值与实际值之间的差距。

(三) 结果取值

通过选取可比实例、进行因素修正之后得出的评估结果，评估人员一般会采用算术平均或加权平均的方法得出评估值。但是，采用算术平均法得出的估值忽略了不同的可比实例与待估房产之间的相似度，而采用加权平均法又缺少统一的权重标准。

其次在实际操作中，评估人员多将比较法和收益法结合得出房地产评估值，但两种估价方法都是在市场价格的基础上测算，得出的结果通常差异也会较大。

三、房地产评估中比较法的完善方法

(一) 可比实例的完善

1. 丰富选择渠道

房地产评估可比实例可以通过以下4种渠道查询，拓展信息渠道来源。

1) 房产数据平台

免费的房产数据网站如网易房产，付费网站如中指数据、网易数帆、神策分析云等平台，可以提供详细至每天、每个楼盘、每种户型的交易量和交易价格。而付费数据库比起免费数据库有更多的信息，但是价格并不便宜，所以主要是大型地产代理公司和大型开发商会购买。评估公司可以联合起来购买此类房产数据信息库，拓宽信息来源和提高信息真实性。

2) 房管局网站

如各地的房屋管理局网、房产网，这类网站会免费提供部分房产数据，主要是楼盘出售信息、开盘时间、备案信息等，但数据不够全面，而且更新时间不及时。评估人员在需要官方数据支持时可以参考此类网站。

3) 大型房产代理公司

如万科企业股份有限公司、中国海外发展有限公司、合生创展集团有限公司等，这类公司会定期公开房产市场的周报、月报、季报、半年报等。这些报告运用了房产数据平台中的数据,并进行了二次整理加工,评估人员采用这类数据可以减轻整理负担,更容易把握市场整体的情况。

4)实地踩盘

评估人员可以实地考察待评估房产的楼盘,了解楼盘及周边楼盘各方面的信息。虽然方法比较原始,可好处是信息来源直接。但同时,房地产商是否愿意提供真实、详细的数据,就需要考量评估人员与房地产商之间是否达成了良好的合作关系。

不同渠道的适用性不同。第一种渠道对一二线城市以外的地方不适用,比如网易房产网站目前只开发了北上广深的数据;第二种渠道对县城、乡镇不适用;第三种渠道就要受限于当地是否有该大型代理公司的房产。而对于一线、新一线等房地产市场比较发达的地方,四种渠道都适用。

2. 引用贴近度概念选取可比实例

为了区分可比实例与待估房产的相似度,参照贴近度选取可比实例,引用孙美玲在《修正的市场比较法在房地产估价中的应用研究》。贴近度概念与应用如下。

如对房产A进行评估时,选择繁华程度(T1)、配套设施(T2)、交通条件(T3)、环境景观(T4)、楼层(T5)、设施设备(T6)、装修(T7)以及户型(T8)8个特征因素作为评价指标。隶属度的考量可以通过专家打分法确定。评分结果如表6所示。

评分结果   表6

序号	繁华程度(T1)	配套设施(T2)	交通条件(T3)	环境景观(T4)	楼层(T5)	设施设备(T6)	装修(T7)	户型(T8)
A	0.91	0.85	0.9	0.92	0.95	0.89	0.91	0.89
B	0.88	0.83	0.93	0.9	0.92	0.87	0.92	0.89
C	0.82	0.83	0.91	0.89	0.91	0.92	0.92	0.89
D	0.85	0.80	0.91	0.87	0.96	0.92	0.9	0.87
E	0.91	0.86	0.93	0.94	0.93	0.94	0.78	0.8
F	0.95	0.88	0.98	0.96	0.91	0.95	0.78	0.92

通过评分结果,可以计算出待估房产A与B、C、D、E、F各自的内积和外积:

A与B的内积=(0.91∧0.88)∨(0.85∧0.83)∨(0.9∧0.93)∨(0.92∧0.9)∨(0.95∧0.92)∨(0.89∧0.87)∨(0.91∧0.92)∨(0.89∧0.89)=0.92;

A与B的外积=(0.91∨0.88)∧(0.85∨0.83)∧(0.9∨0.93)∧(0.92∨0.9)∧(0.95∨0.92)∧(0.89∨0.87)∧(0.91∨0.92)∧(0.89∨0.89)=0.85。

A与B的贴近度=σ(A,B)=1/2×{(A与B的内积)+[1-(A与B的外积)]}=1/2×[0.92+(1-0.85)]=0.535;

同理:

σ(A,C)=0.53,σ(A,D)=0.55,σ(A,E)=0.535,σ(A,F)=0.52;

贴近度降序排列,可得:

σ(A,D)>σ(A,B)=σ(A,E)>σ(A,C)>σ(A,F);

D、B、E 三个房地产的对比贴近度数值较大，所以选择 B、D、E 作为本次的可比实例。

运用该种计算贴近度的方法，操作简单、易于理解，可以很好地量化筛选房地产可比实例的过程。

（二）修正系数的完善

1. 建立评估工作小组

为了降低评估人员个人导致的主观性误差和提高工作效率，可以组建评估工作小组。小组由至少三位评估人员组成，由小组人员共同讨论待估房产修正的幅度。根据实际情况，可根据房产类型如住宅、商业、工地等划分多个小组，每个小组制定出固定的一套修正理念，修正理念需参考各地规定和《房地产估价师实务手册》《房地产估价规范》GB/T 50291—2015 等，做到专组专干。

2. 将挂牌价进行修正

将挂牌价与成交价之间的差异进行修正，是挂牌案例能够被选用成为可比实例的前提。在对挂牌价进行修正的时候，可以从以下方面入手。

1）与挂牌者、中介洽谈

以买家或卖家的身份进行谈判，估计挂牌价的议价空间即最低价格限度，了解第三方如中介平台在交易过程中的抽成比例，在后续修正挂牌价时要考虑挂牌价虚高和中介抽成的部分。

2）实地走访

评估人员可以实地考察待估房产周围的房地产市场，了解周围房产最可能的成交价格，尤其要比对周围房产挂牌价与实际成交价之间的差异。由于同一片区域内房产市场一致，所以评估人员可以根据周围挂牌价和成交价之间的差异估算出修正系数。

3. 将特殊交易情况进行修正

以住宅为例，因住宅所具有的空间位置不可移动性和异质性，城市内部的住宅价格除了会受到房屋建筑特征、区位特征的影响，也会受到周边邻里特征等微观因素的影响，购买住宅的同时也意味着购买了一篮子住房特征。包括周边邻里特征因素在内的诸多未被传统比较法评估所考虑的因素，可以称之为特殊交易情况。

根据近年来市场特征，特殊交易情况主要有由子女教育引起的学区房现象和由房地产泡沫引起的"有价无市"现象等。一方面，胡婉旸等利用北京 2011 年的数据测算出重点小学学区房的溢价约为 8.1%，而目前受政策影响学区房在不同城市的影响程度也不尽相同。另一方面，2021 年国内开发商通过"双十一"打折促销，但依然缺少看房者，一套房源挂几个月也无人问津。进行因素修正时，应消除特殊交易情况造成的价格偏差，将非正常成交价格修正为正常价格。

（三）结果取值的完善

根据评估原则，确定房地产评估值应采用两种（含两种）以上的方法进行评估，如将比较法与收益法结合，从而降低方法单一造成的误差。如果两种方法评估结果差异比较大，可以引入权重。除了常用的算术平均法、加权平均法外，也可以采用线性回归法、取众数、取中位数、去掉极值后取平均值的做法来确定房地产的最终评估值。

（四）房地产评估中对比较法的创新

1. 将比较法与多元线性回归模型结合

为了避免单一方法造成的误差，要用多个方法进行综合考量。除了基本的算术平均法、加权算术平均法之外，当选取的案例样本够多时，可以考虑多元线性回归法进行评估。

莫文明在其《探析多元线性回归模型在房地产评估中的应用》中提出了该模型：

$y=\beta_0+\beta_1 x_1+\beta_2 x_2+\beta_3 x_3+\varepsilon$。

其中 y 为因变量即该类房地产的价值，x_1、x_2 和 x_3 为三个解释变量即影响该类房地产价值的主要因素，β_0、β_1、β_2、β_3 为模型偏回归系数即主要因素的系数，ε 为随机误差项。该模型提出的要求是：

（1）所选案例应为大样本，样本数量应足够多；

（2）所选案例应为同一小区、同一用途的交易案例；

（3）分析时需要剔除影响不大的因素；

（4）分析时需要采用 spss 数据统计方法。

多元线性回归模型考虑了不同因素对房地产价格的影响程度，也考虑了不同用途的房地产之间的差异性，减少了评估人员的主观操作，有利于进行批量评估和对房地产价格进行预测。

2. 将比较法与大数据结合

房地产评估的发展历程已然从传统的评估方法向函数模型化转变，而大数据的使用给房地产评估尤其是比较法的运用提供了更多的可能性。

以 Python 为例，其作为一种新兴、热门的语言，在房地产评估中也将发挥出独特作用。评估人员可以选取一家房产交易网站如链家网，通过源码查看特定信息标签，对目标网站的结构进行分析后，根据标签信息、目标网址获取目标数据。利用字段处理等方式可以解析该房产交易网站，通过输入代码可以获得楼盘名称、楼盘位置、楼盘价格、楼盘面积等，最后使用 Python 的第三方库 Matplotlib 绘制条形图，通过可视化的方式清晰直接地得到影响待估房产价格的因素及未来价格的变动趋势。

如刘影在《基于 Python 的房价数据爬取及可视化分析》中对合肥的楼盘数据进行了研究，获取楼盘名称、位置、价格和面积的代码，进行网络爬虫获取目标数据的过程，以及可视化的结果。

Python 对房地产评估的独特性作用在于方便评估人员从海量的数据中进行信息挖掘、爬取、清洗并进行可视化操作。大大减少了评估人员运用传统的比较法评估时在搜集、比对、剔除案例信息的过程中花费的时间成本，也提高了评估结果的精确性。

但目前，大数据处理在房地产估价中的使用仍然有许多可完善的空间。在这方面，美国最大的房地产网站 Zillow 集团曾在 2011 年推出了房产估价模型 Zestimate。在相当长的时间里 Zestimate 是市场上最好的房产价格评估模型，但受到新冠疫情的影响，该模型建立的数据背景不再适用于现在的市场环境，预测结果与实际成交价偏离程度越来越高，模型逐渐失效。这给我们带来的警示是，尽管大数据会给行业带来持续的变革，也是未来的发展趋势，但并不能完全替代传统的资产评估方法，在运用大数据进行房地产估价时也并不能忽视人工的作用。

四、结语

房地产评估是我国资产评估业务中非常重要的内容，而比较法也是房地产评估的主要方法，对其进行完善改进无论是对评估领域还是对整个市场而言都至关重要。对于目前尚存在的缺陷，需要社会各界的共同努力，才能让比较法发挥更大的作用，更好地应用到我国房地产市场中。

参考文献：

[1] 孙美玲．修正的市场比较法在房地产估价中的应用研究 [D]．北京：首都经济贸易大学，2016．

[2] 祖可建．挂牌交易案例作为比较法中可比实例的探讨 [J]．中国房地产估价与经纪，2008（2）：63-64．

[3] 郑思齐，孙伟增，吴璟，等．"以地生财，以财养地"——中国特色城市建设投融资模式研究 [J]．经济研究，2014，49（8）：14-27．

[4] 胡婉旸，郑思齐，王锐．学区房的溢价究竟有多大：利用"租买不同权"和配对回归的实证估计 [J]．经济学（季刊），2014，13（3）：1195-1214．

[5] 莫文明．探析多元线性回归模型在房地产评估中的应用 [J]．建材与装饰，2020（11）：153-154．

[6] 刘影．基于 Python 的房价数据爬取及可视化分析 [J]．信息与电脑（理论版），2021，33（18）：188-190．

作者联系方式

姓　　名：李新兰　丁淑英

单　　位：上海科东房地产土地估价有限公司

地　　址：上海市浦东新区浦东南路 379 号（金穗大厦）26 楼 A-D 室

邮　　箱：lixinlan@kedongcn.com

注册号：李新兰（3120140018）；丁淑英（3120110023）

浅谈各不良债权分析方法在金融不良债权处置过程中的适用条件

佘仕海

摘　要：面对新冠疫情持续冲击，房地产市场进入下行通道的深度调整期。随着金融风险的叠加，国内银行业不良资产压力持续增加。过高的不良资产率直接威胁到金融体系的稳定和健康发展。对不良资产进行恰当处置对维护国民经济健康发展至关重要，金融不良债权分析作为债权处置过程中的重要一环。基于债权本身的复杂性，选择恰当的评估方法对提高评估结果的准确性，更好地服务于不良债权处置实践提出了新要求。本文通过对金融不良债权分析相关概念背景进行阐述，对不良资产的定义、成因、影响等方面进行深入分析。并在现有理论的基础上对假设清算、现金流量、专家打分、案例比较、综合因素分析法等债权分析方法进行比较，探讨金融不良债权分析的底层逻辑。

关键词：不良债权分析方法；金融不良债权；处置

一、研究背景及意义

当前，我国面临持续的新冠疫情冲击。实体经济下行压力较大，部分企业陷入现金流危机。根据 NIFD（国家金融与发展实验室）2022 年第 2 季度季报，截至 2022 年 6 月末，商业银行整体不良贷款率（以下简称"不良率"）1.67%，其中股份制银行不良率 1.35%；城商行不良率 1.89%；农商行不良率 3.3%。6 月末，银行关注类贷款余额 4.03 万亿元，同比增加 7%，增幅为 2020 年 3 月份以来最高，处于近几年的较高水平。大量的不良债权往往是诱发金融危机的诱因。在经济下行压力增大及疫情常态化背景下，高效合理地对不良债权处置对银行及整个金融稳定十分重要，是防范和化解金额风险的重要举措。但不良债权处置具有一定复杂性，其最终成交价格往往受多种因素影响。不良债权分析及评估作为不良债权处置的重要的环节，在不良债权处置过程中发挥着重要作用。

我国关于不良债权分析的研究起步晚，但是发展较为迅速。经过多年发展，已逐步形成了假设清算、现金流偿债、交易案例比较、专家评分法和综合因素分析法等分析方法。金融不良债权分析业务可以为不良债权处置提供定价依据，为金融机构防范和化解金融风险提供专业支持，有助于金融机构加强对贷款风险的实时跟踪、监控和管理，为金融机构风险预警和资产管理提供决策参考，同时也是金融企业业绩指标的一个参考依据。

二、金融不良债权产生的原因、影响及处置方式

(一)金融不良债权产生原因

金融不良债权产生是多种因素共同作用下的结果，可以分为内部和外部原因。内部原因主要是在风控环节把控不严，在经济上升期激进的经营决策，银行内部迫于业绩压力通过降低客户条件审批门槛或降低利率的方式来吸引客户等。这些行为最终影响银行信贷质量，导致了不良债权率激增。外部原因有：经济层面受经济下行压力、行业周期及债务企业经营决策失误等因素影响，债务企业财务状况恶化，企业偿债能力下降和还款意愿降低。且经济下行通常伴随着抵质押物估值下降，信贷泡沫显现，不良债权率上升。其次在政府层面的因素为政府的过度干预。比如为支持中小企业的发展，部分信贷资金流向信贷风险更高的中小企业。部分关系民生的基础性但财务不佳的企业由于在建设经济、稳定就业等方面均发挥着重要的作用，政府出于多方面考虑加大对着类企业的政策扶持，导致大量信贷资金依然流向这部分现金流差的企业。再次法律制度方面由于我国金融市场发展较晚，相关法律机制不够健全，存在部分投机的市场主体。

(二)形成金融不良债权带来的影响

大量的金融不良债权会给金融行业带来巨大震荡，进而对政府宏观调控和社会金融秩序造成严重冲击。首先对金融企业来说会直接导致其业绩下滑，资产减值，所有者权益受损。更甚者会直接影响到金融机构的健康运转。其次不良率过高会对财政造成负面影响。一旦形成挤兑危机，最终会严重增加财政负担，更甚者会引起金融危机，从而对社会稳定造成冲击。金融机构经营失序必然会对国家的金融稳定性及安全性造成严重威胁。一个健康的市场经济依赖于一个健康稳定的金融市场，金融机构需要控制好适当的金融资产不良率。

(三)金融不良债权的处置方式

金融不良资产分为债权资产和用以实现债权清偿权利的资产。其中债权资产分为银行持有的不良贷款和资产管理公司或其他非银行金融机构持有的不良债权。其按资产是否变现分为终极处置和阶段性处置。其变现方式具体有本息清收、折扣、债务转让、拍卖等方式。金融机构可以根据其需求进行单户处置或打包处置。其目的是金融机构为提供处置效率以将不良债权率控制在合理区间。

(四)不良债权评估及存在的问题

由于不良资产的复杂性和特殊性，无法简单以资产账面价值作为交易依据。故需引入不良债权评估及分析。金融不良债权分析作为债权处置过程的重要一环，相较于其他类型资产评估更为复杂。

从业人员在现场实践过程中会遇到不同挑战。从债权本身来说，债权评估本质是对企业的偿债能力评估，而偿债能力取决于债务人及保证人等相关责任人等的资产和经营状况。还受到宏观经济状况、还款意愿等各种复杂因素的影响，无法明确量化；受资料收集的限制，部分债权资料无法获取，故依赖于专业人员的主观经验判断，一定程度上影响了评估结果的准确性与客观性。从评估行业来看，目前我国评估行业存在从业人员参差不齐，部分评估机构缺乏足够专业的从事不良债权分析业务的人才储备等现状；在不良债权分析理论方面，我国尚未形成针对不良债权处置完整的评估理论和操作体系，导致在实践过程中形成了自成流派的现象。

三、不良债权分析方法及选择

目前我国债权价值分析已初步形成了假设清算法、现金流偿债法、交易案例市场法、专家打分法、综合因素分析法或其他适宜的价值分析方法。其中假设清算法、现金流偿债法以债务人和债务责任人作为分析范围;而交易案例市场法、专家打分法、综合因素分析法主要从债权资产本身作为分析范围。

(一)假设清算法

假设清算法以债务人及相关责任人作为分析范围,从其总资产中剔除无效资产和无效负债,按企业清算的偿债顺序,根据其债权优先顺序及劣后顺序等分析债权资产在分析基准日从债务人及相关责任人身上所能获得的受偿程度的一种方法。根据债务企业的情况不同,一般分为强制清算价格、有序清算价格和续用清算价格。

其基本操作流程如图1所示。

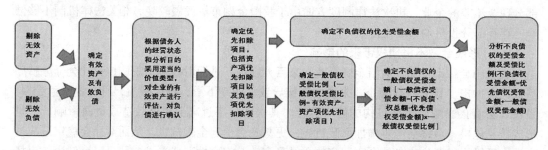

图1 假设清算法基本操作流程

这种方法主要是基于非持续经营、虽然持续经营但不具有稳定净现金流或者现金流很小的企业。其对债务企业的财务数据依赖性较高,要求债务企业财务管理制度完善、内部控制较为健全,财务资料真实、合法、完整。该方法对于有破产管理人介入的破产企业和拟破产企业比较适用。针对企业资产庞大或分布广泛的项目和不良债权与企业总资产的比率相对较小的项目,不宜采用该方法。其缺点是其适用条件有限。在债权分析实践过程中,大多数不良债权现状由于已形成不良,其对应债务企业及相关责任人对债权配合度较低,甚至无法获得完整财务资料。即使能提供部分完整财务资料,但是但大多数企业财务管理制度、内部控制不完善。甚至财务资料的真实、合法、完整性都无法获得保证。而且在进行假设清算过程中,有效资产及负债与无效资产及负债之间的划分存在一定主观性,具体清偿顺序也存在诸多不确定性。

(二)现金流偿债法

现金流偿债法主要是根据企业历年经营和财务状况,结合企业所处行业、市场状况及企业自身经营和产品等综合影响,对企业未来可债现金流和经营成本的分析预测的一种方法。

其基本操作流程如图2所示。

该方法主要适用于那些具有持续经营能力并能产生稳定可偿债现金流量的企业,特别是一些陷入暂时性财务困难和流动性危机的企业。比如当前一些AMC机构介入一些已陷入财务困难的房地产开发项目,AMC在项目介入前的可行性研究和进场后的项目管理等,均需要提供专业的现金流分析和未来偿债方案。但这种方法对企业财务资料要求较高,要求债务企

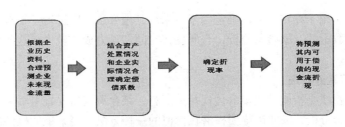

图 2　现金流偿债法基本操作流程

业经营、财务资料规范，分析人员能够依据前企业历年财务报表对企业未来经营情况进行合理分析预测。该方法对分析人员的综合业务能力要求也比较高，不仅要求熟悉掌握财务相关方面知识，还要熟悉非财务方面知识如债务企业所处行业、企业自身经营模式及产品市场等。

（三）交易案例市场法

交易案例市场法是一种定性分析的方法，其基于公开债权市场上的成交案例，确定影响债权资产价值的各种因素，如债权形态、债务企业性质、行业特点、处置规模等对交易案例的处置价格进行综合修正得出债权分析结果的一种方法。

其基本操作流程如图 3 所示。

图 3　交易案例市场法基本操作流程

该方法特别适用于债权对应财务资料严重缺失，但债权人又需要了解该债权价值的情况。其适用前提是可以对债权资产进行因素定性分析以及有足够债权资产交易案例。但是目前我国金融不良资产交易市场不够完备，且各债权之间差异性较大，在构建标准体系过程中存在较大障碍。故该方法的使用存在一定的局限性。

（四）专家打分法

专家打分法是通过匿名方式征询有关专家的意见，然后对专家意见进行统计、处理、分析和归纳，客观地综合专家意见，采用主观判断或采用技术方法进行定量分析，得出债权价值的一种方法。

其基本操作流程如图 4 所示。

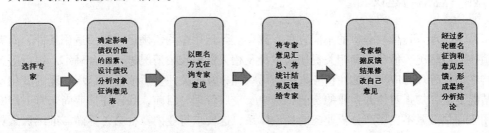

图 4　专家打分法基本操作流程

该方法主要适用于存在诸多不确定因素、采用其他方法难以进行定量分析的债权。但是该方法要求足够数量的专家参与分析，且所耗费时间和人力成本较大，这些是影响该方法使用的重要原因。

（五）综合因素分析法

综合因素分析法是指通过收集的债权相关资料，结合调查情况，对影响债权回收价值的主要因素进行综合分析，以此确定债权潜在价值的一种方法。当某项债权价值分析难以适用上述债权分析方法时，一般采用综合因素分析法。其基本公式为：

不良债权受偿金额＝优先债权受偿金额＋一般受偿金额＋保证受偿金额。

具体分析思路如图 5 所示。

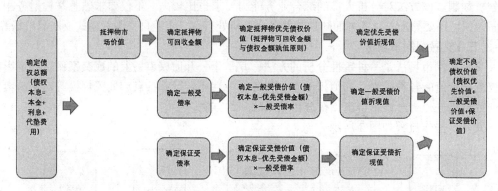

图 5 综合因素分析法分析思路

具体内容为：查阅借款合同等相关信贷资料，分析合同的有效性及法律诉讼时效；通过估算分析抵质押物的价值及借款人和相关责任人的偿债能力来估算贷款的清算价值；在估算分析抵押物的价值时，应当依据资产的权属、流动性、收益能力、实际状况等情况选择合适的评估方法来估算；在分析借款人和相关责任人的一般偿债能力时，要分析其现状、经营情况、收益情况来估算其偿债能力；综合通过抵质押物、借款人、保证人可受偿的金额，考虑债权自身方面、不良及市场方面、外部因素、资料完备因素和其他因素来确定债权的清算价值。

综合因素分析方法是以债权资产作为主体进行分析，对金融机构来说易于理解，且实用性较强。其侧重于对债权本身进行分析，同时考虑了非财务因素，该方法不仅适用于经营性现金流不稳定的企业，同样适用于具备盈利能力或经营存在暂时性困难的企业。其适用条件相对更宽松。但其亦存在对一般及保证受偿分析影响偿债能力的评价指标不够全面，指标价值影响系数缺乏依据，主观性较强等缺点。

四、总结与建议

作为金融不良债权分析的不同方法，其在实际运用中均需满足一定的适用条件，尚需结合债权基本情况、债务人和相关责任人本身及相关资料收集情况进行综合确定。银行等金融机构在债权管理时应重点关注债务人的信用状况，及时关注贷后债务人信用状况的变化及经营情况变动，加强对债务企业的贷前、贷中及贷后管理。目前，我国评估业尚未有一套完善的用于评估金融不良资产分析业务的理论体系，这要求行业内及社会各界尚需继续探索更为可选有效的债权分析方法。

参考文献：

[1] 刘杭. 新冠疫情对我国商业银行不良贷款的影响 [J]. 经济研究导刊，2021（2）：120-122.

[2] 谢易和. 我国商业银行不良贷款处置问题研究 [J]. 北方经济，2020（12）：78-80.

[3] 谭磊. 金融不良资产分析存在的问题及对策研究 [J]. 中国管理信息化，2020，23（18）：166-167.

[4] 韩惠. 金融不良资产收购处置中的现存问题与对策分析 [J]. 现代商业，2020（5）：115-116.

[5] 王美荣. 不良债权处置措施的探究 [J]. 时代金融，2020（2）：112-114.

作者联系方式

姓　名：佘仕海

单　位：深圳市世联土地房地产评估有限公司重庆分公司

地　址：重庆市江北区庆云路 6 号国金中心 T5 栋 502 室

邮　箱：shesh@ruiunion.com.cn

注册号：5020190071

房地产司法评估报告存在的问题及对策

袁瑞英　郝俊英

摘　要：近年来受经济宏观因素影响，涉及房地产类纠纷呈上升趋势，房地产司法评估业务量也随之增加。由于房地产司法评估的复杂性，导致评估中有些工作不到位，最终在评估报告中出现较多的问题：材料缺失导致委托事项不明确、查勘工作不到位造成评估对象信息的缺失和失真、不够严谨的工作习惯导致相关内容和参数更新缓慢、审核不到位导致瑕疵产品流出等。为此，估价机构需要在司法评估工作中做到尽全力获取相关材料、扎扎实实做好实地查勘工作、建立适合机构的收集和存储信息制度并严把报告的审核关，以保证司法评估报告质量的不断提高。

关键词：司法评估；评估报告；问题；对策

一、引言

近年来受经济宏观因素影响，涉及房地产类纠纷呈上升趋势。为了保护当事人的合法权益和司法公正，最高人民法院出台了一系列对外委托的鉴定、评估、拍卖等工作的相关规定和规范。2021年8月，中国房地产估价师与房地产经纪人学会出台了《涉执房地产处置司法评估指导意见（试行）》，为进一步规范房地产司法评估奠定了良好的基础。

由于房地产司法评估的复杂性，导致评估中有些工作不到位，最终在评估报告中出现较多的问题。本文通过对2020—2021年的18份司法评估报告进行分析，总结出主要的问题并分析造成问题的原因，提出针对性的改进建议，以期对提高司法评估工作和报告的质量提供一些可以借鉴的思路。本次所分析的评估报告涵盖了商业、住宅、工业用途的房地产，涉及合同纠纷、分家析产、借款纠纷等不同类型的案件，具有一定的代表性。

二、司法评估报告存在的主要问题

（一）评估范围不清晰

在分析的18份评估报告中发现，评估范围边界不清晰主要体现在住宅是否包括地下室和车位；工业厂房是否包括未进行权属登记的厂区围墙、大门、路面硬化、绿化、设施设备等；商业和办公是否有租约等；在建工程则存在具体界址点不详的问题，而且在建工程的建筑面积常存在未考虑公共分摊面积，只计算轴距间面积部分的情况。

（二）实地查勘记录内容不完整

实地查勘的笔录内容过于简单，没有统一的笔录记录单，不能详尽地记录估价对象的实际情况；相关人员未签字，没有估价师在场的影像记录；无法进入评估对象内部查勘的没有附加说明;层高、开间、进深、实际装修、使用、占用情况等均未客观真实记录。

(三)估价对象及背景状况描述缺项或不够准确

实物状况、权益状况、区位状况描述中基本都存在缺项问题:实物状况描述缺少使用及维护状况、完损状况等的描述;权益状况描述中缺少出租或占用情况、其他特殊情况的描述。市场背景描述中对相关政策介绍滞后,对当地房地产市场总体状况及当地同类房地产市场状况的描述不全面,本次分析的18份样本报告中,甚至出现了商业地产评估报告中套用住宅市场描述、工业用途的评估报告缺少当地同类房地产市场状况描述的情况。

(四)参数选择和价格测算不够精准

无论采用何种估价方法,都存在参数取值随意或依据不足的情况,除此之外,各种估价方法的使用过程还存在一些个性问题:比较法中可比实例没有外观位置图,交易中的付款方式、税费负担方式模糊,实例的信息真实性存疑;收益法中同一用途和规模的报酬率差距较大;成本法中缺项漏项问题比较严重,未取得权属登记的不动产,其销售费用和销售税费是否计入成本观点不统一;假设开发法中选择的估价前提不明朗,后续开发成本、续建完成比例等依据不充分等。

(五)评估报告的规范性有待提高

评估报告中存在专业术语不规范,前后表述不一致,各部分之间描述无关联或重复内容较多,文字表述不通顺、无逻辑等现象,有些甚至出现错字、错价等低级错误以及排版、装订不规范、附件模糊等问题。

三、司法评估报告问题的主要成因

相较于抵押、税收等其他传统的估价工作,司法评估涉及多方当事人和利害关系人的利益,沟通和资料搜集都比较困难,进而形成评估周期长、对估价师的专业技术和经验水平要求高等特点,估价师团队在投入大量的精力之后,却可能因当事人或利害关系人对报告技术、流程、结果、参数等提出异议导致工作进展受阻,降低了估价师开展此类业务的积极性,如果不得已接受了业务,就可能出现敷衍了事的工作状态,最终导致评估报告质量降低,无法得到委托方和报告评审组的认可。

(一)材料缺失导致委托事项不明确

司法评估中材料不齐全的问题比较突出,形成的原因也比较复杂:一是委托方无法按照《人民法院委托评估需要提供的材料清单》中的要求提供必需材料和一般材料;二是当事人及利害关系人不愿配合提供相关材料;三是相关事项发生时间较早导致无法获取档案或档案内容不全面;四是评估机构调查材料的资格受限;五是"乙方"的心里作祟,明知缺材料也不及时采用文字公函的形式向委托方提出补充材料的要求。相关材料缺失的情况下,如果估价机构不主动想办法,而是仅采用现有材料进行评估工作,必然造成委托事项和估价范围模糊等问题,进而在评估报告中做出不合理的假定,影响评估结果。

(二)查勘工作不到位造成评估对象信息的缺失和失真

查勘工作不到位主要有以下几种情况:首先是由于各种原因无法进入评估对象内部,查勘工作无法进行;其次是评估对象为闲置多年的工厂、未安装任何通行设施的设备或在建工程时,很多细节情况无法了解;第三是由于查勘人员不求甚解的工作方式降低了查勘质量。以上问题都有可能造成无法核实估价对象的区位、权益、实物等真实状况,导致估价报告的附图和实物状况不一致，或者在没有确定是否存在翻建、加盖的情况下，估价师只按照证载的面积进行作业。现场查勘是获取和验证评估对象真实状况信息的主要途径，查勘工作不到位可能导致估价对象信息的缺失和失真。

（三）不够严谨的工作习惯导致相关内容和参数更新缓慢

虽然大部分机构都有大量的纸质合同、协议、租金实例，但没有及时整理归档并形成案例数据库的制度，导致在需要案例时只能临时"抓取"，有些甚至直接采用网络挂牌数据，实例的真实性、可靠性存疑。有些估价人员在套用旧模板进行估价报告撰写时，不考虑已有内容的时效性，直接沿用已经过时甚至失效的法律法规或规范以及市场背景和调研等资料，相关参数更新缓慢，不能适应司法评估的要求，最终导致估价结果不符合实际情况。

（四）审核不到位导致瑕疵产品流出

房地产估价报告的审核是报告质量把控的最后一环，但有些机构并未足够重视该项工作。按照《房地产估价规范》GB/T 50291—2015 的要求，估价报告需要从内容和形式两个方面进行审核并需要形成审核记录，记载审核意见，有些机构的审核工作形式化、批量化倾向严重，没有内部三级审核记录，也没有形成统一的审核记录单，导致估价报告的规范性和估价结果的准确性都达不到要求。

四、提高司法评估报告质量的对策

（一）紧扣委托事项明确估价范围

《最高人民法院关于人民法院确定财产处置参考价若干问题的规定》（法释〔2018〕15号）中规定，评估对象委托书应当载明财产名称、物理特征、规格数量以及其他需要明确的内容等，在确定接受司法评估委托时，要第一时间明确委托事项与评估范围，及时核对以上内容的齐全程度，对材料进行仔细查阅并与委托书比对，查看委托书与材料中评估范围的关联匹配程度，材料缺失严重，不能作出合理假定等情况的函告人民法院。

（二）全方位获取评估材料助力司法评估

受理委托确定估价对象范围后，按照人民法院委托评估需要提供的材料清单中评估的必需材料和一般材料要求明细进行核对，发现缺少材料需人民法院补充情形的，估价机构应出具纸质盖章补充材料函，函送人民法院；介于评估机构的角色所限，尽量争取与人民法院一同前往不动产登记相关部门调查评估所需的材料；估价机构也可以发挥其主观能动性，设法通过各种渠道获取相关材料；确实不能搜集到全部评估所需的材料时，如果人民法院亦明确可以根据现有材料进行评估的，需在评估报告中增加说明和提示缺乏材料可能影响评估结果的条款，但是未经人民法院采信的材料，不得作为评估依据。

（三）扎扎实实做好实地查勘工作

估价机构应当要求现场查勘人员严格按照《房地产估价规范》GB/T 50291—2015 的要求进行实地查勘。进入现场后认真核查判辨，查验估价对象的区位状况、实物状况。尤其要弄清楚容易产生纠纷各种状况：住宅有无附带地下室和车位，工业厂房中是否有权属登记证中未登记的厂区围墙、大门、路面硬化、绿化、设施设备、商业、办公项目是否附带租约，在建工程的具体界址点四至范围是否清晰等。

估价对象现场复杂不易查勘的，可利用无人机航空摄影、正射影像（DOM）技术拍摄；估价对象现场无法查勘的，可利用 GPS 定位技术，测量得到估价对象准确空间位置信息及与周边建筑、道路等的四至关系；当事人不到场或者不予配合，无法进入评估对象内部查勘的，可查勘同单元上下楼的户型结构，同幢建筑的风格，走访附近居民商户来验证估价对象的内部布局、室内装饰装修。

实地查勘的同时要真实、客观、准确、完整、清晰地制作笔录，拍摄估价对象影像材料，留存运用测绘技术取得的相关数据材料，并取得现场相关人员的签字。评估项目结束时应将实地查勘笔录同评估报告一并提交人民法院。

实地查勘工作结束后，应当形成书面报告征询人民法院意见，对估价对象复杂不易查勘或无法进入估价对象内部查勘等的情况，应做出合理假定并在评估报告"估价假设和限制条件"的"依据不足假设"中予以说明。

（四）不断完善机构的信息收集和存储制度以便适时调整参数

真实可靠、种类型齐全的数据和信息是估价机构的基石。估价机构应当建立信息收集和存储制度，在搭建机构自有数据库的基础上，要求所有估价师将日常评估工作涉及的交易案例、实地查勘过程中获取的信息以及经过甄别的网络信息，按照一定的规则及时录入机构内部数据库备用，并对一些调整频率快的参数（建安造价、税费、利率等）做到及时更新。在逐步完善的数据库中，还应该有及时更新的法律法规和标准规范，以及当地的市场状况信息，进而保证可比实例的真实性和估价参数的准确性。

（五）建议审核记录单作为评估报告必要附件

报告出具前按照《房地产估价规范》GB/T 50291—2015 审核评估报告，制作审核记录表，记录各级审核过程中的沟通内容、修改理由、修改记录、不同意见的记录，审核记录表需各级审核人员签字。建议行业规范修改时将评估报告审核记录作为评估报告的必要附件一并装订在评估报告中，以保证审核工作的有效性，进而保障评估报告的质量水平。

五、结语

虽然司法评估属于传统的评估业务，但其肩负着协助人民法院审理判决案件、金融机构回款、分家析产的重要责任，只有在完善相关工作的基础上严格把控估价报告的质量，才能很好地实现其司法估价的目的，彰显估价机构和估价师的社会责任感和使命感。

作者联系方式

姓　　名：袁瑞英　郝俊英

单　　位：山西智渊房地产资产评估规划测绘咨询有限公司

地　　址：山西省太原市晋阳街 202 号英语周报大厦 305 号

邮　　箱：249410934@qq.com

注册号：袁瑞英（1420030042）；郝俊英（1420030040）

关于涉执房地产估价中承租人权益的处理

秦连善

摘　要： 房地产作为各类市场经济主体最重要的财产形式之一，在现代社会经济活动中显得日益重要，围绕房地产的各类司法纠纷也日益增多，在我们进行涉执房地产估价工作中，经常遇到房屋存在租赁限制的情况，这时候怎么处理承租人权益就成为估价合理与否的关键因素。本文将对涉执房地产估价中承租人权益的处理进行一些探讨。

关键词： 租赁；承租人权益；违约成本

一、涉执房地产估价应考虑承租人权益

《房地产估价规范》GB/T 50291—2015 第 4.3.8 节第 1 条：评估承租人权益价值的，净收益应为市场租金减去合同租金。

第 4.3.10 节第 3 条：评估承租人或出租人权益价值时，合同租金明显高于或明显低于市场租金的，应调查租赁合同的真实性，分析解除租赁合同的可能性及对收益价值的影响。

按照《房地产估价规范》GB/T 50291—2015，其中关于收益法介绍中有承租人权益的规范性意见，其他方法则没有类似的论述。由此引发一些争议，有些估价师认为，该规范中市场法和成本法的介绍没有关于承租人权益的规定，所以无需考虑承租人权益；有些估价师则认为，承租人权益作为一种客观存在，不能因为估价方法的不同而随意取舍，否则就存在估价结果口径不一致的问题，在对某一个房地产采用不同方法进行估价时，估价结果价值内涵口径不一致，显然存在重大瑕疵。

按照《房地产估价理论与方法》中所述，"承租人权益价值等于剩余租赁期间各期合同租金与市场租金差额的现值之和，如果合同租金低于市场租金，则承租人权益就有价值；反之，如果合同租金高于市场租金，则承租人权益就是负价值"。

收益法的一种变通形式是"成本节约资本化法"。承租人权益价值评估是这种方法的典型运用。承租人权益价值等于剩余租赁期间各期合同租金与市场租金差额的现值之和。如果合同租金低于市场租金，则承租人权益就有价值；反之，如果合同租金高于市场租金，则承租人权益就是负价值。

有租约限制下的价值＝无租约限制下的价值－承租人权益价值。

《涉执房地产处置司法评估指导意见（试行）》（中房学〔2021〕37 号）第十四条规定，涉执房地产处置司法评估应当关注评估对象是否存在租赁权、用益物权及占有使用情况。评估对象存在租赁权、用益物权及占用使用情况的，应当结合委托评估材料和实地查勘等情况，对人民法院查明的租赁权、用益物权及占有使用情况进行核查验证。人民法院书面说明依法将租赁权、用益物权及占有使用情况除去后拍卖或者变卖的，应当不考虑原有的租赁权、用

益物权及占有使用情况对评估结果的影响，并在评估报告"估价假设和限制条件"的"背离事实假设"中予以说明；人民法院未书面说明除去原有的租赁权、用益物权及占有使用情况后拍卖或者变卖的，评估结果应当考虑原有的租赁权、用益物权及占有使用情况的影响，并在评估报告中予以说明。

承租人权益价值，通俗理解，就是当租约租金低于市场租金时，承租人租便宜了，相对于市场租金来说，省下来的钱的折现值。有些涉执房地产可能会由于有意或无意的原因，租约租金明显低于市场客观租金，租赁期限还很长。

当然，不排除有部分房地产租约租金明显高于市场客观租金，如果不是人为因素的影响，在信息公开、充分竞争的市场经济中，这种情况应该极为罕见；有的人可能会说，在抵押估价时，权利人提供的租约租金经常明显高于市场客观租金，对于这种情况，估价人员应首先甄别租赁合同的真实性。随着近些年我国市场经济的快速发展，抵押贷款成为常见的经济活动，房地产抵押估价也随之成为极为常见的经济行为，各种经济主体出于提高融资额度的考虑，有动机、有意识地提供租金明显高于市场客观租金的租赁合同，企图引导估价师提高房地产估值，从而达到提高其融资额度的目的。

按照房地产估价相关规范，租约租金偏高或偏低，均应分析判断当事人违约的可能性，并作出相应的处理。正常而言，租金偏高或偏低，一般难以持久；作为一个理性的市场经济主体，出于利益最大化的考虑，也许会因为一时信息不对称而付出较高价格承租，但随着时间推移，对周边同类房地产租赁信息的逐渐了解，经比较分析，极大可能作出违约的决定，从而要求租金趋向于随行就市。

在房地产估价过程中，经常遇到的一种情况是，涉执房地产租约租金明显低于市场客观租金，作为委托方的法院一般还不好认定有效或无效。根据我国现行法律规定或司法惯例，一般认可买卖不破租赁，也就是说涉执房地产被拍卖成交后，租约继续有效。在这种情况下，作为一个潜在的买受人来说，他预计竞拍成功后，在原有租约期限内，能收到的租金明显低于市场客观租金，他在竞拍出价的时候，自然要考虑把承租人权益扣除，从而作出相对低的报价。基于这种考虑，我们涉执房地产估价作为拍卖前的一个法定程序，必然要考虑承租人权益。

在估价实务中，我们经常会遇到合约中所述的租赁条款（如：维修费用的承担、物业管理费的承担、租约租金的支付方式以及递增方式、承租方对房地产的装修及租赁合同到期后装修成果价值的归属等）与市场客观租金的内涵不同的情况，通常很难直接将租约租金与市场租金作直接的比较，简单粗暴地按照租金高低来判断承租人权益是否有价值，可能会使估价结果严重偏离客观价值。

因此，我们估价师应该认真仔细阅读租赁合同的相关条款，按照实质重于形式的原则，准确甄别租约租金，按照市场客观的数据测算出的"剩余租赁期间各期市场客观净收益现值"和合同实际约定的数据所测算出的"剩余租赁期间各期实际净收益的现值"，它们的差额便是真正的承租人权益价值，即：承租人权益价值 = 剩余租赁期间各期市场客观净收益现值 − 剩余租赁期间各期实际净收益的现值。

有些估价人员可能会提出其中涉及税金怎么缴纳的问题，现实情况是，税务机关一般只认客观租金，人为偏高或偏低租金，均不应作为计税依据。

二、关于房屋租赁的相关法律规定

1.《中华人民共和国城市房地产管理法》(根据2019年8月26日第十三届全国人民代表大会常务委员会第十二次会议修正)第五十四条:房屋租赁,出租人和承租人应当签订书面租赁合同,约定租赁期限、租赁用途、租赁价格、修缮责任等条款,以及双方的其他权利和义务,并向房产管理部门登记备案。

2.《中华人民共和国民法典》(2020年5月28日第十三届全国人民代表大会第三次会议通过,2021年1月1日起施行),关于不动产租赁的相关法律条款:

第七百零五条　租赁期限不得超过二十年。超过二十年的,超过部分无效。租赁期限届满,当事人可以续订租赁合同;但是,约定的租赁期限自续订之日起不得超过二十年。

第七百零六条　当事人未依照法律、行政法规规定办理租赁合同登记备案手续的,不影响合同的效力。

第七百零七条　租赁期限六个月以上的,应当采用书面形式。当事人未采用书面形式,无法确定租赁期限的,视为不定期租赁。

第七百二十五条　租赁物在承租人按照租赁合同占有期限内发生所有权变动的,不影响租赁合同的效力。

据此,在租赁合同有效期间,租赁物因买卖、继承等使租赁物的所有权发生变更的,租赁合同对新所有权人仍然有效,新所有权人不履行租赁义务时,承租人得以租赁权对抗新所有权人,这在学理上称之为"买卖不破租赁"。

3.《最高人民法院关于审理城镇房屋租赁合同纠纷案件司法解释的理解与适用》(2009年6月22日最高人民法院审判委员会第1469次会议通过,自2009年9月1日起施行)第四条:当事人以房屋租赁合同未按照法律、行政法规规定办理登记备案手续为由请求确认合同无效的,人民法院不予支持。当事人约定以办理登记备案手续为房屋租赁合同生效条件的,从其约定。但当事人一方已经履行主要义务,对方接受的除外。

三、调查租赁合同的真实性

根据《房地产估价规范》GB/T 50291—2015,估价人员在评估带有租约限制的房地产价值时,一个非常重要的程序就是调查租赁合同的真实性。

(一)较为常见的虚假租赁

据《江苏省高级人民法院执行异议及执行异议之诉案件审理指南(三)》,案外人以其在执行标的被设定抵押或被查封之前与被执行人订立租赁合同,且对执行标的实际占有使用为由,提出执行异议及执行异议之诉,具有下列情形之一的,应认定为虚假租赁:

1.承租人与被执行人恶意串通,将执行标的以明显不合理的低价出租的;

2.承租人或者被执行人伪造、变造租赁合同的;

3.承租人或者被执行人倒签租赁合同签署时间的;

4.承租人或被执行人伪造租金交付或收取证据的;

5.承租人与被执行人伪造其实际占有使用执行标的证据的;

6.承租人系被执行人的近亲属或关联企业,该租赁关系与案件其他证据或事实相互矛盾的。

(二)房屋租赁合同真实性调查要点

对于租赁关系的真实性,应当考虑租赁合同内容、租金支付情况、房屋占有状况、租赁期限、出租人与承租人之间的关系等因素予以综合判断。

具体可以从以下方面考虑:

1. 合同主体是否符合规定,即出租人与承租人是否具备有效民事行为的构成要件。如是否为无民事行为能力人或限制民事行为能力人,或出租人是否为房屋所有人或合法使用权人等。

2. 房屋是否为法律法规禁止出租。只要法律法规不禁止出租的房屋,都可以依法出租。根据规定,有下列情形之一的房屋不得出租:

(1)未依法取得房屋所有权证的;
(2)司法机关和依法裁定、决定查封或者以其他形式限制房地产权利的;
(3)共有房屋未取得共有人同意的;
(4)权属有争议的;
(5)属于违法建筑的;
(6)不符合安全标准的;
(7)已抵押,未经抵押权人同意的;
(8)不符合公安、环保、卫生等主管部门有关规定的;
(9)有关法律、法规规定禁止出租的其他情形。

3. 房屋租赁合同的内容是否合法。在实践中,有些房屋租赁合同约定房客逾期支付租金、水电费等的滞纳金按每日2%计算。从法律来说,这种约定因滞纳金过高有失公平,属于可撤销条款。还有一种常见的情形是,有人用租来的房屋进行违法犯罪活动,若属实,则在出租人明知或应当知道的情况下,这样的租赁合同均是无效的,不受国家法律保护,租金依法没收。以下几种情形为估价师调查租赁合同应关注的要点:

(1)租赁合同的订立时间;
(2)租金约定是否明显低于所在区域同类房屋的租金水平;
(3)租金支付是否违反常理;
(4)是否存在名为租赁实为借贷情形;
(5)租赁房屋是否实际转移占有使用;
(6)是否存在其他违反商业习惯或商业常理的情形。

(三)执行法院关于明确租赁合同真实性的难点

1. 审执分离的司法制度。执行机关对房屋承租人与房屋所有人之间租赁合同的审查及处理方面无法可依。执行机关依照生效裁判文书对执行标的进行查封、扣押、冻结、拍卖,依照民事诉讼法规定的执行程序来履行职责,法律并未赋予执行法院必要的权利及可供操作的程序来对租赁合同进行审查及处理。租赁合同的真实性与否目前由法院审判机关作出认定,执行机关仅能在对租赁合同、房屋实际占有人进行形式审查之后即在拍卖公告中作出有无租赁的公示。

2. 信息不对称的执行现状。被执行人与执行机关之间处于信息不对称的地位,对拍卖房屋的具体情况只有被执行人掌握得最为全面,被执行人可能存在隐瞒房屋瑕疵及房屋权利负担的情况。执行机关对拍卖房屋仅能作初步审查,房屋本身的内部瑕疵以及权利负担状况很难完全查清。

3. 恶意串通的识别困难。被执行人与他人恶意串通，签订虚假的租赁合同，倒签合同日期，约定较长的承租期限并提前收取租金，以试图阻碍房屋拍卖的正常进行。执行法院在形式审查之下难以明确被执行人与他人是否系真实的租赁关系，故有时在拍卖公告中难以说明。

（四）关于估价师最终判断房屋租赁合同真实性的建议

综合以上分析，对于我们估价机构而言，涉执房地产评估中的租赁合同真实性判断，最简单又可靠的方式就是提请承办法官组织当事人进行质证，由法院根据当事人提供的证据材料，经过充分质证和辩论，最后出具书面材料，确认租赁合同真实性。

但现实工作中，很多时候承办法官由于各种原因，不愿意进行明确，或简单口头答复考虑租赁合同或不考虑租赁合同，遇到这种情况，估价人员应分别向产权人、承租人甚至申请人进行调查询问，在经核实无异议，并取得各方书面认可的情况下，综合判断租赁合同真实性。

四、带租约限制的涉执房地产估价示例

（一）带租约限制的涉执房地产估价技术思路

首先，根据估价对象具体情况，假设不存在租约限制，选择采用合理的估价方法，经过规范的估价测算过程，求取其不存在租约限制条件下的客观合理价格。

其次，求取租约期内承租人权益价值。将有效租赁期限内的市场客观租金和租约租金逐年折现分别加和，再将市场客观租金折现值减去租约租金折现值，即可求得承租人权益价值。

再次，计算违约成本。租赁合同一般约定有违约责任，如果涉执房地产的竞买人违反合同提前收回房屋，可能面临的违约成本包括但不限于：违约金、承租人已支付给原权利人但无法收回的押金（或履约保证金）、已缴纳尚未使用的租赁费、装修残值等。

最后，将承租人权益价值与合同约定的违约成本进行比较，会出现以下三种情形：

1. 承租人权益价值小于合同约定的违约成本，履行租约可能性大于选择违约的可能性；宜将假设不存在租约限制条件下的客观合理价值减去承租人权益价值，求得带租约限制的涉执房地产估价结果。

2. 承租人权益价值小于合同约定的违约成本相当，履行租约可能性与选择违约的可能性相当；考虑到违约程序的复杂性，一般选择与前种情形同样的处理方式。

3. 承租人权益价值大于合同约定的违约成本，选择违约的可能性大于履行租约可能性；宜将假设不存在租约限制条件下的客观合理价值减去违约成本，求得带租约限制的涉执房地产估价结果。

（二）示例

示例1：湖北省某法院拟执行李某名下位于重庆市渝中区民权路27号的2套办公房地产市场价值司法评估项目（价值时点：2021年3月6日）。

租约概况：据《房屋租赁合同》记载，甲方将位于渝中区民权路27号22-*的房屋出租给乙方作为办公使用，建筑面积为319.11平方米，租赁期限共7年，即自2018年3月12日起至2025年3月11日，房屋出租时为毛坯房状态。租金及支付方式：租金按建筑面积计，租金为62元/（平方米·月），先付后租，按季度支付。押金：一个月租金，即19785元。

违约责任：如果甲方违反本合同约定，提前收回房屋，乙方有权终止合同，不承担违约责任，同时甲方应向乙方支付六个月房租作为违约金；如果乙方违约提前退租，应负该条款相应的赔偿责任。

1. 求取估价对象无租约限制的评估单价（过程略）

经采用比较法和收益法分别进行测算，取两种方法测算结果的加权平均数为无租约限制的估价结果，即：评估单价=17170元/平方米，评估总价=5479118.70元。

2. 求取承租人权益价值（过程略）

（1）求取租金折现值（含税）。租约租金折现值=902744.00元，客观租金折现值=1150971.00元。

（2）承租人权益价值的确定。承租人权益价值=客观租金现值－租约租金现值=1150971.00－902744.00=248227.00（元）。

3. 计算违约成本

（1）违约金。据租赁合同，违约金为6个月房租，建筑面积为319.11平方米，租金标准为62元/（平方米·月），则：违约金=6×319.11×62=118708.92（元）。

（2）押金。据租赁合同，押金为一个月租金，即19785元。买受人如选择违约，解除租赁合同，该押金理论上应由原房屋出租方退还，但实务中往往需经过漫长、复杂的诉讼程序而难以做到，故估价假设涉执房地产买受人承担违约退还押金的义务。

（3）已缴纳尚未使用的租赁费。据调查，承租人已按法官要求停止支付租金给原权利人，不存在已缴纳尚未使用的租赁费。

（4）装修损失（过程略）。据调查，本次涉执房地产室内装修为承租人所有，买受人如选择违约，解除租赁合同，需赔偿承租方装修损失。据现场查勘及承租人提供的装修资料，估算装修单价约为800元/平方米，则：装修价值=800×319.11=255288.00（元）。

（5）违约成本。违约成本=违约金+押金+已缴纳尚未使用的租赁费+装修残值=118708.92+19785.00+0+255288.00=393781.92（元）。

4. 比较承租人权益价值与违约成本分析

据前述，承租人权益价值为248227.00元，违约成本为393781.92元，即违约成本明显大于承租人权益价值，理性的涉执房地产竞买人大概率不会选择违约，评估假设原租赁合同在拍卖成交后继续有效。

5. 带租约限制的房地产估价结果的确定

评估结果=无租约限制条件下的评估总价－承租人权益价值=5479118.70－248227.00=5230891.70（元）。

示例2：重庆市某法院拟执行权属于杨某位于巴南区渝南大道309号负1-1的商业服务用房市场价值司法评估项目（价值时点：2022年2月24日）。

租约概况及分析：据《商铺租赁合同》记载，甲方将位于重庆市巴南区渝南大道309号负1-1的商铺出租给乙方经营餐、与娱乐使用，建筑面积为1738.45平方米，交房时为毛坯房状态，商铺租赁期限为20年，即从2019年4月20日起至2039年4月19日止，第一个合同年即从2019年4月20日起至2024年4月19日止减免5年租金，从2024年4月20日起至2027年4月19日止，月租赁费单价为20元/（平方米·月）（计租面积为建筑面积），租期第8年起逐年递增6%。

《商铺租赁合同》约定，履约保证金为人民币10万元整，因甲方原因提前终止合同的，甲方应向乙方无息退还合同履约保证金和已缴纳尚未使用的租赁费，同时甲方应支付乙方合同履约保证金同等金额的费用作为合同解除违约金。

据估价人员市场调查，租约租金为20元/（平方米·月），明显低于市场客观租金约为70元/（平方米·月），且原租约合同的出租方和承租方存在关联关系，初步判断买受人选择违约的概率大。

1. 求取估价对象无租约限制的评估单价（过程略）

经采用比较法和收益法分别进行测算，取两种方法测算结果的加权平均数为本次估价最终结果，即：无租约限制的评估单价=15290元/平方米，无租约限制的评估总价=建筑面积×评估单价=1738.45×15290=2658.09（万元）。

2. 求取承租人权益价值（过程略）

参照案例1测算过程，求得承租人权益价值为1464.22万元。

3. 计算违约成本

（1）违约金和履约保证金。根据《商铺租赁合同》违约条款，合同违约成本总额为20万元（含退还的履约保证金10万元和支付合同解除违约金10万元）。

（2）已缴纳尚未使用的租赁费。据《商铺租赁合同》，约定租金支付方式为每三个月缴纳一次，每次缴纳未来三个月的租金，先付后用；另据调查，截至价值时点，租赁房屋尚处于免租期，承租人尚未支付租金。

（3）装修损失（过程略）。据现场查勘情况及承租人提供的装修资料，估算装修单价约为900元/平方米，则：装修价值=900×1738.45=156.46（万元）。

（4）违约成本。违约成本=违约金+押金+已缴纳尚未使用的租赁费+装修残值=10+10+0+156.46=176.46（万元）。

4. 比较承租人权益价值与违约成本

据前述计算结果，承租人权益价值（1464.22万元）远大于违约成本（176.46万元），出于理性经济人考虑，本次估价假设委估房地产拍卖成交后，买受人选择解除租赁合同，支付违约成本，重新对外招租。

5. 解除租约限制的房地产估价结果的确定

评估价值=无租约限制的评估总价－违约成本=2658.09-176.46=2481.63（万元）。

作者联系方式

姓　　名：秦连善
单　　位：重庆华西资产评估房地产土地估价有限公司
地　　址：重庆市九龙坡区杨家坪前进路38号7-1号
邮　　箱：531944982@qq.com
注册号：5020070005

关于实施市场调节价格情形下房地产评估执业收费标准制定的思考

张玉兴　李　浩

摘　要：1995年7月发布的《国家计委、建设部关于房地产中介服务收费的通知》（价费字〔1995〕971号），沿用至今，早已不适应市场经济发展的需要。2014年，《国家发展改革委关于放开部分服务价格的通知》（发改价格〔2014〕2732号）决定放开房地产价格评估等部分由政府定价的专业服务价格，实行市场调节价格。至此，房地产评估收费更无标准可言，全国一片混乱。本文着重从房地产评估行业现状及评估收费存在问题进行剖析，就房地产评估行业收费标准制定及规范培育房地产评估收费市场秩序提出建议。

主题词：房地产评估服务收费；市场调节价；房地产评估收费标准

一、房地产评估执业收费的市场背景分析

房地产评估是随着我国经济体制改革而产生并逐步发展壮大的专业化中介服务行业，现已发展成为中国特色社会主义市场经济体系中重要的中介服务行业。我国房地产估价市场发展正处于不断整合和变革创新的过程中，现在整个产业处于技术更新与常规业态两种发展模式的相互角逐之中，许多问题亟待研究解决，其中执业收费问题随着市场的逐步完善而愈发凸显。

1995年7月，原国家计划委员会与原建设部联合制定的《国家计委、建设部关于房地产中介服务收费的通知》（价费字〔1995〕971号，以下简称"《收费通知》"），作为我国计划经济条件下的房地产评估收费标准一直延续至今，早已不能适应时代发展的需要。《收费通知》在当时很好地解决了市场经济时代政府控制服务收费价格的现实问题，明确了房地产评估收费的标准依据，有力地推进了房地产评估行业的健康发展，并对我国房地产评估行业在20世纪90年代前期的迅速发展发挥保障作用。但是，随着我国经济体制改革的不断深入、房地产估价的产业政策和市场环境发生了巨大的变化，房地产市场景气指数的上涨，权益主体不断扩展和增多，房地产评估业务的服务领域不断拓宽，《收费通知》已不适合时宜，收费方式、标准等方面早已不能满足市场经济条件下房地产评估行业发展的要求，评估收费困难和收费标准低迷成为限制房地产评估行业发展的拦路虎，解决房地产评估行业收费问题已迫在眉睫。

为深入贯彻落实十八届三中全会精神，充分发挥市场在资源配置中的决定性作用，完善房地产中介服务价格形成机制，有力地促进房地产估价行业的健康发展，国家发展改革委与住房和城乡建设部联合发布《国家发展改革委 住房城乡建设部关于放开房地产咨询收费和

下放房地产经纪收费管理的通知》(发改价格〔2014〕1289号),要求放开房地产咨询服务收费,全面实行市场调节价格。同时,《国家发展改革委关于放开部分服务价格的通知》(发改价格〔2014〕2732号)决定放开房地产价格评估等部分由政府定价或政府指导价管理的专业服务价格,实行市场调节价格;严格落实明码标价制度,要求企业主体在经营场所醒目位置公示价目表和投诉举报电话等信息;要求有关行业主管部门加强对本行业相关经营主体收费行为监管;加强对相关专业服务市场价格行为监管,依法查处串通涨价、价格欺诈等违规行为,维护正常的市场价格秩序,保障市场主体合法权益。

在这种要求放开房地产专业服务价格,实行市场调节价格的新政策形势下,房地产评估专业服务收费价格,又何去何从?

二、房地产评估行业及评估收费现状

房地产评估是市场经济体制中不可或缺的重要组成部分,房地产评估机构在为建设具有中国特色社会主义市场经济发展服务的同时,机构的运行体制也从起初的政府官办、事业单位性质,逐步转化为依法设立的独立经营、自负盈亏、自我积累、自我发展的法人实体企业。随着市场经济体制的不断深化改革,房地产评估行业的日益凸显重要。

房地产评估执业收费标准直接关系到估价行业的发展壮大,随着经济体制改革的不断深化发展,房地产评估服务的社会成本高企,而沿用的原计划经济时期制定的《收费通知》,在招标人或委托人恶性压价的情形下,房地产评估执业收费问题日益严重,扰乱了房地产评估市场秩序,阻碍了房地产评估行业的健康发展。

(一)房地产估价机构繁多,企业规模较小,市场竞争力不足,不注重品牌形象建设

《建设部关于纳入国务院决定的十五项行政许可的条件的规定》(中华人民共和国建设部令第135号),明确自2004年12月1日起房地产估价机构的成立由原来的行政主管单位核准制转变为行政许可制,只要符合十五项行政许可条件规定中房地产估价机构资质准入条件的,均可以申请成立专业房地产估价机构。2013年10月16日起施行的《住房和城乡建设部关于修改〈房地产估价机构管理办法〉的决定》(中华人民共和国住房和城乡建设部令第14号)明确由省、自治区人民政府住房城乡建设主管部门、直辖市人民政府房地产主管部门负责房地产估价机构资质许可。《中华人民共和国资产评估法》第十五条规定:合伙形式的评估机构,应当有两名以上评估师;公司形式的评估机构,应当有八名以上评估师。该规定降低了评估机构设立门槛的角度,有八名以上评估师就可以设立同时进行土地估价、矿业权评估、房地产估价、企业价值等资产评估的综合性评估机构。《住房城乡建设部关于贯彻落实资产评估法规范房地产估价行业管理有关问题的通知》(建房〔2016〕275号)要求各级住房城乡建设(房地产)主管部门对符合规定的房地产估价机构应当予以备案。政策的放宽,使兼营房地产估价的机构更加如雨后春笋般地涌现。

目前,国内估价机构数量繁多,企业规模较小,市场竞争力不足,不注重品牌形象建设。整体市场以二级、三级估价机构为主体,好多机构只有寥寥数人,不难想象其机构核心竞争力及品牌意识的缺乏程度。因此,在多年未改的过低的收费标准下,各中小估价机构通过相互压价、支付"回扣"等恶性竞争手段争取评估业务,严重抑制了房地产评估行业的健康发展。

（二）估价需求缺乏主动性，专业服务与估价收费不匹配

目前，在委托方眼里，估价就是在评估机构走个形式打印几页纸张，从心理上没有从专业角度去认可房地产估价专业服务。这与在估价活动过程中诸多房地产估价机构所提供的越来越复杂化和专业化的估价服务相去甚远，更与目前过低的估价收费难以匹配，导致评估行业出现以下几个问题。

1. 估价勘察方面：（1）过低收费标准导致某些项目收费不足以抵扣成本，致使评估报告的编制质量较差和装订的粗糙泛滥。（2）勘察现场流于形式，走马观花拍些照片，连勘察、调查及纪录也仅是应景。（3）为降低成本，勘察现场人员仅为房地产估价师助理。（4）勘察人员与报告撰写人不是同一人。

2. 资料收集及报告撰写方面：（1）为了省事，好多机构从网络上、报纸上查询搜索资料，人为编制交易案例。（2）报告撰写人很多为助理房地产估价师，致使估价报告质量不高。（3）估价报告内容单一，不能从报告内容和形式去追求品质。

3. 机构估价技术管理方面：恶性压价竞争及行业"回扣"现象致使在估价机构技术管理方面出现重业务轻技术、劣币驱逐良币的现象。

（三）商业贿赂之风没有得到有效遏制

估价行业的商业贿赂现象也同样存在，不在于涉及资金量大，而是"量小比例大"。尤其是目前估价业务竞争激烈，以提高回扣比例来争夺市场。

（四）估价机构间无序竞争

市场竞争提倡的是优胜劣汰，由于估价质量没有统一的标准来评判，并且估价服务质量需要时间来验证。因此在一段时间内估价机构之间的无序竞争特别明显，相互排挤、诋毁、报复的情形频繁。

1. 以回扣高低论"英雄"，牺牲了企业利益，也给估价行业造成不良影响。

2. 以评估价格高低论"英雄"，滋生了市场左右技术，好多机构为承揽业务，屈意满足委托方要求而出具明显高于或低于市场价格水平的估价报告。

3. 以收取费用高低论"英雄"，结果是不仅赚钱赚吆喝，赔了夫人又折兵，还成为行业的耻辱。

4. 以"圈地"多少论"英雄"，导致各估价机构不择手段大肆"圈地"（市场业务来源），不仅妨碍了市场公平竞争，反而给商业贿赂提供了可乘之机。

（五）银行招标投标机制的混乱与恶意限价

银行招标体制五花八门，不一而足，存在诸多乱象。

1. 银行竞相压低最高限价；形成恶性循环。
2. 标后再次要求降低报价或再议价，雪上加霜，防不胜防。
3. 入库不报价，再执行低价二次招标或给予低价评估费用标准。
4. 个贷复估、再估，要求在几百元的初评标准基础上，复估时又五折；三估再三折。
5. 公司类项目复估、再估，以不能收费用的承诺，要求免费出具预评估报告。
6. 以项目未能通过，即使出具了正式评估报告，也以没有项目依据为由拒绝支付费用。
7. 以评估费用包干为名义或平衡大小项目费用、多倾斜支持项目，要求出具免费项目；拒绝异地项目差旅费用，甚至很多时候所收取评估费用，还远远低于差旅费用；评估机构还不能恶意退单、逃单；否则影响评价和后续合作。

以上是目前估价行业普遍存在的众生乱象，如此低廉的服务费用，要求房地产估价机构

还要按质按量提供优质的服务，无疑是严重扰乱了房地产估价市场生态，影响了房地产估价报告的质量和可信度，加剧了金融环境秩序的紊乱和金融生态的失衡。

三、房地产评估行业收费标准的制定及对应收费秩序的培育

《中华人民共和国价格法》第二十五条明确规定"政府指导价、政府定价的具体适用范围、价格水平，应该根据经济运行情况，按照规定的定价权限和程序适时调整""消费者、经营者可以对政府指导价、政府定价提出调整建议"。所以，针对上述乱象，金融生态链条上的估价机构及估价行业组织、金融机构及银行业监管协会、政策金融及房地产相关职能部门及评估行业内的从业机构和人员，均应该积极主动地采取措施，实施有效的解决对策，以促使房地产估价行业健康有序地发展，保障金融行业的营商环境良性循环。

（一）关于收费方式的建议

1. 采取政府指导价与市场相结合的定价策略

党的十四大明确指出，"我们要建立的社会主义市场经济体制，就是要使市场在社会主义国家宏观调控下对资源配置起基础性作用"。房地产估价机构作为市场主体，房地产评估是市场行为，房地产评估收费必然走向市场化，所以房地产评估收费标准的制定应该遵循市场价值规律。但是，成长时期的房地产评估行业，市场机制还不完善，市场竞争不充分，如果简单选择市场定价，低价策略必然导致更为血腥的恶性竞争，进而扰乱整个房地产估价市场的正常秩序，所以评估收费还不能完全由市场来决定。而更应该考虑合理有序的市场竞争，加强和改善国家对房地产估价行业的市场调控，考虑以评估工时和工时费率加上合理利润空间作为计费基数，以当地房地产估价行业发展景气指标指数作为调整系数的政府指导价；同时明确评估机构可以结合项目的大小、操作实施的难易、技术量大小，在一定浮动范围内，适当调整评估收费系数，真正建立适度竞争、合理浮动、有序开放的市场竞争机制，保证房地产估价市场机制的自由与开放，维护行业的有序竞争与公平执业，从而推动整个行业的良性发展。

因此，在制定评估收费标准时，采取政府指导价与市场相结合的定价策略，并以行业协会作为关键节点，统一制定行业收费标准，并对收费情况进行自录监管，统筹政府部门、行业协会、评估机构一起致力于理顺评估收费秩序，改善评估收费市场环境，进而促进评估行业的整体发展。

2. 以评估价值为基础，结合工作量的叠加收费的思路

《中介服务收费管理办法》（计价格〔1999〕2255号）第十一条规定"制定中介服务收费标准应以中介机构服务人员的平均工时成本费用为基础，加法定税金和合理利润，并考虑市场供求情况制定"。所以在制定新办法时，应将工作量与现阶段的评估对象价值结合考虑。实行优质优价，应因评估机构的级别和评估报告质量的优劣而有所区别，以利于提高评估报告的整体质量。

3. 根据不同的房地产评估类型而制定不同的收费标准

从房地产评估业务性质来说，可以分为咨询评估类、抵押贷款评估类及鉴证类评估类等。《中介服务收费管理办法》（计价格〔1999〕2255号）第六条规定"对咨询、拍卖……等具备市场充分竞争条件的中介服务收费实行市场调节价""对评估、代理……等市场竞争不充分或服务双方达不到平等、公开服务条件的中介服务收费实行政府指导价"，房地产评估

收费也可以根据不同业务性质的具体情况参照不同的收费标准。

4. 仍用差额定率累进收费方法

针对批量普通评估项目，仍然可以参照现行的差额定率累进收费办法，按照评估金额大小分档计算收费标准，叠加。

（二）关于收费标准的具体建议

1. 收费标准应规定下限，而不规定上限

《收费通知》第七条规定"最高不得超过上述标准的30%"，在实际工作中，由于各评估项目专业性、工作量、风险性、时间要求等方面均不相同，部分特殊项目要求更高，在成本支出、潜在风险等方面可能超出上述上限幅度，不便于适应项目的差异性。而《收费通知》没有规定收费下限，不利于控制评估机构之间存在的恶意压价竞争，也使评估机构从事较小规模业务时的业务成本、业务质量得不到应有的保障。所以，应该放开最高限价的限制，规定最低成本价格，禁止恶性竞争，才能促使房地产评估收费符合经济价值规律，促进评估行业的健康、有序发展。

2. 收费标准严重迟滞了房地产估价行业的发展

针对相关行业和类似评估行业的收费标准，作为最复杂的评估类型，沿用原计划经济时代的《收费通知》，一则远远不合时宜，二则不利于专业市场的培育，三则严重扰乱房地产市场秩序，四则不利于房地产评估市场的公平竞争，五则拖累了房地产业的健康发展，严重滞后了国民经济的发展，必须作出调整。

3. 评估收费标准应适当幅度调整

由于市场运行环境、法治条件的变化，房地产评估师及执业人员执业素能质的整体提高，从业人员执业水平提高和支付的劳动成本增多，评估机构所承担的执业风险远高于计划经济时代，原来的收费标准无法正常荷载当前房地产评估工作的工作量、复杂程度和风险水平，所以更应调增房地产评估收费标准。同时原收费标准单一，未能匹配所有评估项目类型，也不能区别对应评估对象在工作量、风险性、专业性等方面的差异计费标准，更没有考虑评估对象所处地域差距带来的超额成本。所以，我们在制定新的评估收费标准时，不能一概而论，可以在原来的收费标准基础上，修改收费系数、提高收费标准，并根据项目类型、地域差异确定不同的浮动系数比例。

4. 评估收费标准制定方案

（1）分类制定评估收费标准。按照评估目的和评估报告适用范围，房地产评估可以分为：司法、征收、纠纷、交易、抵押、咨询、课税、置换等，可以根据要求的法律责任的不同、项目的评估难易程度制定不同的收费标准。（2）制定收费浮动范围，根据项目的类型和难易程度制定一定的调整比例，实行一标一议的定价模式。（3）制定房地产评估收费的最低收费比率80%，并严格执行，建立健全相关监督制约制度和措施，严格收费纪律，形成行业自律机制。（4）制定法律法规打击乱收费、乱评估的行为，严肃评估收费秩序。（5）制定收费标准比率建议表，考虑到房地产评估专业属于资产评估行业中的比较特殊，且技术难度较高的专门专业，其收费标准可以略高于资产评估收费标准；考虑到房地产评估专业是基于近似专业工程造价基础上的一片专业类别，可以借鉴工程造价成果的便利性，其收费标准可略低于工程造价收费标准。则理想房地产评估收费标准路线如表1所示。

理想房地产评估收费标准路线

表 1

序号	收费项目	收费基数	（‰）				
			≤100万元	≤1000万元	≤5000万元	≤1亿	>1亿元
1	房地产商务策划报告书	投资额	5.00	4.50	4.00	3.50	3.00
2	房地产项目可行性研究	投资额	工程咨询收费标准80%				
3	房地产项目评估报告	投资额	工程咨询收费标准80%				
4	房地产抵押评估报告	评估额	15.00	9.00	5.50	3.50	2.00
5	房地产交易评估报告	评估额	15.00	9.00	5.50	3.50	2.00
6	房地产司法、纠纷评估报告	评估额	在5、6项的基础上上浮30%				
7	房地产征收评估报告	评估额	在5、6项的基础上上浮20%				
8	房地产课税评估	评估额	在5、6项的基础上下浮20%				
9	房地产处置评估	评估额	在5、6项的基础上上浮20%				
10	常年房地产咨询顾问	每人每年	30000~50000元				
11	计时咨询（持有注册证书）						
	教授级高级工程师	元/日	5000~8000				
	高级工程师	元/日	3000~5000				
	工程师	元/日	1000~3000				

5. 严格执行目前收费标准的监管

当前，房地产收费也陷入恶性循环之中：委托人或招标人一般都是把最高限价确定在行业成本价格的边缘，评估机构为了生存，又不得不参与竞相压价，并不得不为了招揽业务对外支付回扣，都变成竞相压价的受害者。但在不断的恶性循环中，这种恶劣的状况，又使得恶性压价的事态进一步恶化。所以，目前评估行业发展举步维艰的原因不仅仅是收费标准偏低的问题，就连保持原来收费标准的顺利执行也是心有余而力不足。如果不能做到加强行业监管，做到整个行业集体维权，加大对变相低价格者进行自律惩戒，从根本上杜绝低价恶性压价、恶性竞争，而仅仅通过修改收费办法、提高收费标准，也是纸上谈兵、无济于事，也无法从根本上改善评估行业收费混乱、严重恶性竞争的现状。

（三）征收评估收费订立新的标准建议

目前征收评估，涉及千家万户，涉及房地产价值较大，直接影响到社会的安宁与稳定，是构建和谐社会的最大事件，建议目前应注意以下几个方面的建设。

1. 尽快出台征收评估的地方性操作规范或管理办法，以指导各地征收评估工作，杜绝群体性事件的发生。

2. 在各省范围内组建优秀评估机构参与征收评估工作，严格评估机构的进入，各地市州建立以一级房地产评估机构为主的征收评估机构备选库，严格处理在征收工作中存在问题的评估机构，实行一票否决制。

3. 严肃要求各级房地产管理部门履行为征收评估机构提供房地产交易案例的义务，为征收评估保驾护航。

4. 在省级房地产价格评估专家委员会的基础上建立征收评估专家鉴定领导工作小组,由对应政府职能部门人员、高等院校、评估机构按照一定比例组建。

(四)规范房地产评估收费和促进房地产评估行业健康发展建议

新标准的订立和执行,需要更好的市场营商环境和制度政策的保障和推进,现就加强和促进房地产评估行业健康发展提出如下建议。

1. 房地产估价的行政监管不够,没有有效管理途径和惩处手段,且惩处力度或监管手段不到位。建议采取以下措施提高监管能力:

(1)全面清查,房地产、土地评估机构改制不到位的地方;严格按照改制文件精神要求重组所有评估机构,完全纳入市场机制,并对改制不彻底的人员、机构严肃处理,杜绝因为拖后腿、影响改革大局的情况存在。

(2)全面查处地方保护主义,垄断或限制评估机构进入地方或部门进行正常执业,一经查实,严惩不贷。

(3)完全取消各个部门、各个单位、各个企业的评估机构备选库,只要符合条件的机构均可进入库内公平、公正执业,当然对有违规违纪行为的机构予以惩处,并要求退出该部门、该单位或该企业的评估资格。

(4)各级地方房地产、自然资源管理部门加强对房地产评估价格的监管和评估价值备案,对进行恶意高估、低估的等严重扰乱房地产价格管理的评估机构予以重处,以维护正常的房地产价格秩序和交易环境。

(5)加强房地产协会的作用,建立专家团队,对违规违纪的评估机构进行核查取证,加强对严重影响房地产价格或相关重大评估项目的监管和跟踪,加大协会监管力度,加强诚信建设和诚信评价,支持维护诚信评估机构。

(6)发挥省级房地产评估行业协会等组织作用,调研并制定全行业最低成本价格,作为调研成果向全行业公布并报送相关业务协作部门,强调不正当竞争的违法责任及后果,明确对行业违规的处置措施。

(7)在各省级行业协会内部开展行业自律公约,协助政府职能部门,加强行业监管,并明确违规后果。宣传成本价格调研成果,并要求按照反不正当竞争法等有关法律法规精神,维护企业权益,反对不正当竞争,并声明将会采取切实措施维护行业利益。

(8)制定专门政策,推荐一批优秀机构做大做强,成为全省典范,积极推荐参与重大项目的评估与项目调研,参与社会公益事业,并鼓励他们参政议政,到各级政府、人大、政协、社会团体去作咨询专家、政策顾问、规划咨委;加大他们在房地产市场发展、城市规划、区域发展的发言权和建议权。

2. 组建各省级房地产交易价格指数研究院。在全国房地产交易数据联网的基础上,由高等院校教授学者、政府官员、评估机构专家按一定比例组建各省房地产交易价格指数研究院,对接全国房地产价格指数研究院和地价指数研究院,同时定期动态监管全省或某一地的房地产价格变动指数及发展趋势,为地方房地产市场的发展提供可持续性的报告和意见,并建立动态的房地产交易数据库,为地方经济发展出谋献策。

3. 在实现城乡一体化的发展进程中,应研究制定并出台农村集体土地评估规范,集体土地抵押登记等流转方面切实可靠的方案政策,撬动农村经济这一杠杆,推动城镇化进程,真正实现城乡一体化。

4. 限制和打击房地产评估违法犯罪行为,严肃房地产交易(评估)市场,鼓励房地产评估机构做大做强,严禁扰乱房地产交易正常秩序的行为,保护房地产评估当事人的合法权益,为国民经济的发展保驾护航。

作者联系方式
姓　名:张玉兴　李　浩
单　位:四川中兴智业房地产土地资产评估有限公司
地　址:四川省成都市高新区天府大道中段 177 号 28 栋商铺 1 单元 3 层 1、4
邮　箱:854133338@qq.com
注册号:张玉兴(5119980037); 李　浩(5120050020)

土地增值税计税价格评估的法律规制研究

黄建文 施天珠

摘　要：随着房地产市场的发展，土地增值税收入呈快速增长趋势，在税务机关征收的税种同期增速中排名第一。在房地产土地增值税征收的过程中，存在诸多的虚报、谎报交易价格、销售收入和成本扣除项目，转让房地产申报价格明显偏低且无正当理由的行为。针对此类偷逃税款的行为，税务机关依法需要按照房地产评估价格计算征收。但在实务中，由于对房地产评估的法律规定不明、缺少程序性规定，出现了不少税企争议，既影响房地产企业的有序发展，也不利于国家税款的征收。本文就致力于解决土地增值税计税价格评估中存在的一些问题，从法律规制角度，提出可供借鉴的思路和建议，使与纳税人申报所对比的市场价格更加公允可靠。

关键词：土地增值税；价格评估；评估机构

《中华人民共和国土地增值税暂行条例》《中华人民共和国土地增值税暂行条例实施细则》对土地增值税计税价格的评估作出了规定，然而在很长一段时间内，在实际操作中，受到国家宏观经济的影响，预征或免征的政策盛行，计税价格的评估制度一直处于空转状态。相关的理论研究和实践研究基本处于停止状态。直至《国家税务总局关于房地产开发企业土地增值税清算管理有关问题的通知》（国税发〔2006〕187号）发布，这种情况才有所好转。发展至今，由于土地增值税计税价格评估的专业性极强，学界对于其研究较少，相关内容规定比较笼统，在实践中产生了一些问题，不利于税务建设。因此，从法律角度对土地增值税计税价格评估进行规制乃当务之急。

一、土地增值税计税价格评估制度的现实图景

（一）土地增值税计税价格评估现状

1. 法律法规中的土地增值税计税价格评估

第一，资产评估行业的法律法规。资产评估指的就是评估机构对评估专业人员根据委托对不动产、动产、无形资产、企业价值、资产损失或者其他经济权益进行评定、估算，并出具评估报告的专业服务行为。由此可见，对土地增值税计税依据的价格评估属于资产评估对象之一。《中华人民共和国资产评估法》对评估专业人员的资格限制和权利义务、评估机构的市场准入、评估程序、行业协会的职责、监督管理以及评估专业和评估机构的法律责任作出了框架性的规定。《资产评估行业财政监督管理办法》则对资产评估专业人员、资产评估机构、行业协会等作出了具体规定。例如，资产评估机构的备案管理以及各级财政部门对资产评估行业的监督检查。

第二，房地产行业评估的法律法规。在《中华人民共和国资产评估法》的基础上，结合《中华人民共和国城市房地产管理法》，一些地方制定了针对房地产评估的专门法律规定，例如《广东省房地产评估条例》《海南经济特区城市房地产价格评估管理规定》，对本地区的房地产评估相关问题作出了具体规定，也有一些创新性规定。海南省要求房地产行政部门根据当地的房地产市场，定期公布不同区域、不同性质、不同建筑结构的各类土地基准价、房屋重置价和房地产市场指导价格，每季度公布房地产交易信息。《房地产估价机构管理办法》《注册房地产估价师管理办法》对房地产评估领域的估价机构和估价师制定了更为详细的规则。与资产评估不同的是，房地产评估还设置了房地产评估专家委员会。

第三，根据不同的评估目出台了与之相对应的法律规定。针对土地征收中所需的土地房屋价格评估，规范国有土地上房屋征收评估活动，保证房屋征收评估结果客观公平，住房和城乡建设部出台了《国有土地上房屋征收评估办法》，具体规定了评估程序，包括评估机构的选择、价值时点的选择、评估方法和异议处理机制等。

第四，土地增值税相关的税收法律法规中对计税价格评估的规定。《中华人民共和国土地增值税暂行条例》《中华人民共和国土地增值税暂行条例实施细则》明确规定了三种法定应当评估的情形和应选用的评估方法，为土地增值税计税价格评估提供了法律依据。《国家税务总局关于房地产企业土地增值税清算管理有关问题的通知》（国税发〔2006〕187号）另外规定了土地增值税视同销售的情形下计税价格评估。视同销售金额由本企业在同一地区、同一年度销售的同类房地产的平均价格确定，若无法计算出平均价格，则由主管税务机关参照当地当年、同类房地产的市场价格或评估价值确定。由此可见，视同销售房地产收入情形下，土地增值税的征收亦需要评估机构根据市场比较法评估。根据《财政部 税务总局关于继续实施企业改制重组有关土地增值税政策的公告》（财政部 税务总局公告2021年第21号）的规定，如果同一控制下的企业合并等没有评估价格，可按照《国家税务总局关于房地产企业土地增值税清算管理有关问题的通知》（国税发〔2006〕187号）规定进行计税价格评估。

2. 其他规范性文件中的土地增值税计税价格评估

第一，住房和城乡建设部制定了规范房地产估价活动的国家标准《房地产估价规范》GB/T 50291—2015，统一了房地产估价程序和方法。对房地产评估的估价原则、评估机构的评估程序、估价方法、不同目的下的估价、评估结果和评估报告等都加以标准化。可惜的是，对以税收目的的房地产评估，只简单地描述了房地产的价值时点为其成交日期，并没有具体提及土地增值税计税价格的评估。《城镇土地估价规程》GB/T 18508—2014以国家标准的形式，规定了城镇土地分等定级和估价工作应遵循的基本准则、技术途径、方法、程序和成果形式，是科学评价和管理城镇土地，规范土地估价行为，确保土地分等定级估价成果客观、公正和合理的技术保障；只是，该标准有效期只有5年，现已失效。但是其中蕴含的估价规范原理还是可供参考。

第二，自然资源部办公厅发布《自然资源部办公厅关于土地估价专业评估师职业资格有关问题的通知》，对土地评估师的职业资格认定作出了自己的规定。

第三，中国房地产估价师与房地产经纪人学会为了规范涉执房地产处置司法评估行为，保障评估质量，结合涉执房地产处置司法评估实践发布《涉执房地产处置司法评估指导意见（试行）》，对涉执房地产评估的价值时点、评估对象等作出了规定。

（二）土地增值税计税价格评估的基本特点

1. 缺少税收目的的土地增值税评估规范

从对评估方面的法律法规的梳理，可以得出结论：目前，法律法规以及相关规范性文件制定已经涉及具体行业的评估。但是，土地增值税计税价格的评估尚未形成一个统一的规范，尤其是评估程序缺少法律规定。

2. 规范性文件政出多门

评估业管理体系交叉。房地产评估业分别由不同部门进行管理，不同管理部门对各自房地产评估市场进行管辖，并根据自己的业务特性制定专门的规章制度。这种多部门各自为政的管理模式致使房地产评估政出多门，难以形成规范、统一的评估标准。对于评估机构和评估人员的规制，亦是存在这个现象。

二、土地增值税计税价格评估的困境

（一）土地增值税计税价格评估的法律困境

1. 土地增值税计税价格法律规定缺失

有关土地增值税计税价格评估缺乏统一的客观的法律规定。目前有关开展对土地增值税的核定征税，进行房地产评估的程序规定并不明确，仅仅在《中华人民共和国土地增值税暂行条例》及《中华人民共和国土地增值税暂行条例实施细则》提及了几种法定应当评估的情形。《房地产估价规范》GB/T 50291—2015 中提及土地增值税中的房地产评估也是一带而过，只规定了房地产交易环节的税收估价，其价值时点为各自的成交日期。正是因为土地增值税计税价格的法律规定的缺失，税务机关在对房地产企业进行核定征税时，容易引起房地产企业的不满。评估价格没有合法性依据，使房地产企业与税务机关之间产生了许多税务纠纷。

2. 税价格评估的程序规范不明确

随着经济的发展，各个行业对评估的需求增多，不同的评估目的，有着不同的评估要求，例如征收目的下的评估就要求注册房地产估价师应当根据评估对象和当地房地产市场状况，对市场法、收益法、成本法、假设开发法等评估方法进行适用性分析后，选用其中一种或者多种方法对被征收房屋价值进行评估。被征收房屋的类似房地产有交易的，应当选用市场法评估；被征收房屋或者其类似房地产有经济收益的，应当选用收益法评估；被征收房屋是在建工程的，应当选用假设开发法评估。可以同时选用两种以上评估方法评估的，应当选用两种以上评估方法评估，并对各种评估方法的测算结果进行校核和比较分析后，合理确定评估结果。因此，一些部门已经根据本行业自身的评估需求制定了针对性的法律规定。在土地增值税计税价格法定评估的情形下，如何开启评估程序、选择评估机构以及对评估结果是否具有有效性等都没有一个明确的程序规定，缺乏程序合法性。各地的税务机关在执法时也缺少一个统一的执法标准，违背税收的公平性原则。

（二）土地增值税计税价格评估的实践困境

1. 可比实例选取困难、不科学

根据《中华人民共和国土地增值税暂行条例》及《中华人民共和国土地增值税暂行条例实施细则》的规定，对土地增值税计税价格的评估方法应当选取市场比较法。市场比较法相较于其他评估方法，其评估程序比较固定，在符合适用条件的情况下，操作简便、应用广泛且易于接受。但是，市场比较法并非完美无缺，仍存在一些局限和问题。一方面，市场比较法遵循替代原则，其适用的前提条件就是存在一个公开发达的交易市场。在此交易市场上，评估师可以从中选取可供比较的案例，以得到公平客观的成交价格。然而，我国房地产市场还不够成熟，市场信息不透明，市场信息失真，在使用市场比较法进行评估时，评估师常常难以获取真实的比较实例。另一方面，选择可比案例主观性大，不科学。运用市场比较法进行评估的关键就是可比案例的选取，可比案例的选取越精准，评估结果就越准确。但是实践中并未有一个明确的标准去统一可比案例的选取，主要依据的还是评估师的个人经验，主观性较大。评估机构和人员在经济利益的驱动下，或者是面对业务竞争的压力下，为满足估价委托人对评估结果的预期，对可比实例采取了倾向性选取，甚至故意编造符合评估结果的虚假的可比实例，从而在评估结果上产生很大的偏差。这就可能会发生评估结果与市场价格相差甚远的情况。这种人为的非客观性的偏差使土地增值税计税价格评估的评估结果就会大大高于转让房地产的真实价值，纳税人会因此承受巨大的风险。

采用市场比较法选择比对数据时也缺少科学性。我国土地增值税评估市场不够发达，可比案例的选取在面对某些交易市场不发达的地区或者是具有特殊性的待估房地产时，可能存在没有可比案例选取的情况。房地产评估机构在进行房地产评估时就会缺少数据来源，比对数据的获取也比较困难，比对资料的收取比较缓慢且不够严谨，导致评估结果的随意性很大，客观性也不高，甚至不同的评估机构可能会有不同的评估结果，影响税收公平。

2. 评估机构选择程序不科学

税务机关选择房地产评估机构进行土地增值税计税价格评估时，往往是在内部确定的评估机构中选取一家进行评估，其选择过程是不对外公开的，房地产企业对此不能发表自己的意见。这也意味着其透明性、可接受性也大幅降低。另外，评估机构也存在良莠不齐的情况。一方面，房地产评估行业从20世纪90年代发展至今，已过去近三十年，房地产评估机构的数量虽增长较快，但是规模大、上档次的评估机构较少，实力比较薄弱。另一方面，各主管部门对评估机构缺乏有效监管。许多评估机构通过资格挂靠方式招募兼职注册评估师，以提高评估机构资质等级。评估结果由于缺少专业估价师的估价实践经验，评估质量参差不齐。评估机构公信力不足。缺少监管制度，许多评估机构为了获取经济利益，满足委托方需求，主观选取可比案例，故意高估或者低估房地产价格。不仅削弱房地产评估机构的公信力，也影响房地产交易的公平公正。这种情况下，指定评估机构的行为既违背了市场竞争原则，也缺少可信度。

3. 评估结果缺少争议解决机制

对于评估结果，不同需求的人必然会产生不同的意见。一般情况下，房地产企业在纳税申报前，已经聘请了房地产中介机构对其转让的土地使用权、地上的建筑物及其附着物的市场价格进行评估。此时，税务机关选定的评估机构却给出一个截然不同的评估结果。由此产生的争议该如何解决？是按照税务争议处理机制，直接进行税务行政复议还是依据评估规定，进行评估结果的复核，也尚未有规定。实践中，对于评估结果的异议主要表现在纳税人对税务机关核定征收的税额不满，从而提起税务复议。这样的税务复议本质上就是对评估结果的不赞同，而税务机关实际上没有评估的专业能力。如果仅仅以税务机关简单的复议不但不能解决纳税人的不满，甚至可能激化矛盾。

三、土地增值税计税价格评估的理论分析

市场价值是国际评估界普遍接受的概念,《国际评估准则》中将市场价值定义为:"市场价值是自愿买方和自愿卖方,在年评估基准日进行的市场营销之后所达成的公平交易中,某项资产应当进行交易的价值估计数额,当事人双方应各自精明、谨慎行事,不受任何强迫压制。"市场价值是一种理想状态的价值,不考虑任何非理性因素。它反映了作为一个整体的市场对被评估资产价值的认同,而不是某一个市场参与者或某些市场参与者对资产价值的认同。将市场价值理论运用到土地增值税计税价格评估中,既可以从方法和步骤上提高计税价格评估的公允性,也可以为评估工作提供可供参考的思路。可以解决评估方法不够完善,评估结果不够公允的问题。使用市场价值理论进行评估而得出的评估报告也更加贴近经济交易实际,更贴近市场实际的房地产价格,更具有可靠性。

(一)为市场价格提供基准

虽然市场价值所要求的市场条件比较苛刻,在现实中几乎无法实现,但是由于其理性化的特点,可以为市场评估提供一个基准。市场价值建立以一种标准价值,不同人对于同一资产或是不同条件下同一资产具有不同价值。但是,对于整个市场而言,应当有一个共同的价值标准,即我们所谓的市场价值。市场价值反映了每一个市场参与者的意见,但不是简单地反映了每一个市场参与者的意见而是集中反映了包括每个市场参与者在内的市场主体的集中意见。因而,市场价值对于整个市场而言,其价值是客观的。房地产在市场交易时,存在各种非理性因素影响市场价值,评估机构凭借自身专业能力,在评估时可以在市场价值的基础上根据交易具体情况,对一些相关条件和因素进行相应的调整和修正。基于市场价值的特性,市场价值也是大多数评估客户所需要的。不动产纳税评估中,为了防止房地产转让双方因避税而在纳税申报时虚报交易价格,大多数国家都要求按照市场价值纳税。例如,美国税法中就要求按照不动产的市场价值课税。因此,厘清土地增值税中被转让的国有土地使用权、地上建筑物以及附着物的市场价值,才能得出一个更具有信服力的评估结果。

(二)以公平交易为前提评估市场价格

市场价值的首要特性就是追求公允性,其在定义中强调了市场价值确定的前提就是存在一个公平交易。基于市场价值基准下确定的市场价格亦应遵循这个特性。在进行市场价格评估时,首先应该明确转让房地产以及所提出的价格是基于一个公平公正的状态。其次,要求交易者应该是非关联方关系且熟悉市场状况的交易者,交易市场是主要市场或者最有利市场,这样形成的市场价格才是最公允的。在土地增值税计税价格评估时选用这样的市场价格才能最如实否认反映被评估房地产的情况,这样才能便于税务机关厘清纳税人应缴的税额,做出正确的税收决定。公平交易也是市场比较法运用的前提,因此,如果可比案例中的市场价格是在无序市场中形成,则不应选取参考。

(三)以市场价值评估基准日确定计税价格评估时点

以市场价值评估基准日确定价格评估时点。市场价值评估基准日确定的是当前的市场交易价值,过去的某一时点或者未来的某一时点所确定的市场交易价格不能作为被评估的市场价值确定。随着市场经济的发展,市场状况是不断变化的,市场价格在每个时点上都是不同的。计税价格的评估时点应该明确为市场价值评估基准日,换而言之,就是在交易成立的时刻。在土地增值税计税价格评估中,基于房地产项目时间的冗长性,如果将评估时点确定在

纳税人申报时，市场价值已经发生了天翻地覆的变化。因此，评估时点应当被确定为国有土地使用权、地上建筑物及其附着物转让合同的签订日期。

四、完善土地增值税计税价格评估的对策与路径

（一）完善土地增值税计税价格评估的立法

有学者认为以土地增值税为主的涉税评估评估风险较少，主要的业务类型是抵押估价、征收估价和司法评估，评估行业的风险也在这三个方面。这也是整个评估行业的观点，对土地增值税计税价格评估缺乏重视。实际上，土地增值税的计税价格评估业务数量虽然比不上其他类型评估，但是基于土地增值税税种的特殊性，评估涉及的税额巨大，稍有偏差，无论对纳税人还是国家财政都是一笔巨大的损失。纵观土地增值税的相关法律法规以及相关规范性文件或者房地产评估的国家标准、行业规范等，对土地增值税计税价格评估的规定，都比较笼统且零碎，没有一个明确的规定。无论是税务机关在执法时还是房地产评估机构在执业时，都缺乏明确的法律依据，缺少合法性前提。因此，建议向国有土地房屋的征收评估借鉴，制定并推行专门的条例和办法，例如《土地增值税计税价格评估办法》，设立统一的规范和规定，具体规定评估程序的启动、评估机构的选定、评估人员的回避、评估方法的选择、评估结果的争议解决等一系列问题。税务机关和房地产评估机构可基于办法行事，保障评估工作有法可依，有章可循。以求达到实体合法与程序合法双圆满的结果，实现公平与公正，减少税企争议，保护纳税人的合法权利，防止国家税款的流失。

（二）规范土地增值税计税价格评估的流程

1. 规定税务机关对计税价格评估启动的举证责任

计税价格评估程序的启动完全是由税务机关决定。以江苏省为例，根据《江苏省地方税务局关于土地增值税有关业务的公告》（苏地税规〔2012〕1号）规定，对纳税人申报的房地产转让价格低于同期同类房地产平均销售价格10%的，税务机关可委托房地产评估机构对其评估。税务机关作为行政机关，与纳税人之间地位并不对等，掌握的信息量也不同。为了保护纳税人的合法利益，防止行政权力的滥用，对于如何证明申报价格低于法定幅度10%，税务机关应该承担举证责任。税务机关应该对同期同类房地产平均销售价格的计算公开化，在计算时对所要求采集的同一企业销售日当月同类房地产销售价格数据、同一企业销售日前后三个月内的同类房地产销售价格数据以及相同或者类似地段其他企业销售日当月或者前后三个月内同类房地产销售价格的数据都予以公布，使评估程序的启动更加公正公平。

2. 规范评估机构的选定方式

为了使房地产评估机构的选定更加客观公正，保证评估机构的独立性与公正性，建议实行招标投标的选定方式。各评估机构依自身的资质、实力以及对评估客体的思路、方法、可比案例的选择等进行公开投标。税务机关根据标书，公开举办招标投标会，聘请评估行业专业的资深评估师进行评标与决标。一方面，公开招标能减少税务机关与房地产企业由此产生的税企争议，提高纳税人遵从度，减少行政资源的浪费；另一方面，公开招标也有利于增强评估机构的竞争意识和提高业务能力的意识。

（三）规范土地增值税计税价格的评估方法

市场比较法是法律明确规定的土地增值税计税价格评估时需要使用的评估方法，直接影响评估结果的准确与否，但其自身存在一些缺陷。完善和改进市场比较法有利于促进土地价

格评估程序的有序化和规范化，使评估结果更加真实严谨，增加可信度，从而减少纳税人与税务机关之间的争议，提高纳税人的税收遵从度。市场比较法的改进也能促进价格评估理论体系的发展，对评估行业也有着至关重要的意义。不仅避免机构之间的非正常竞争，也可以降低评估人员的主观因素对土地评估价格的影响，使土地评估行业健康有序发展。

1. 确定市场比较法的适用条件

基于市场比较法自身的缺陷，应该严格确定土地增值税计税价格评估方法——市场比较法的适用条件。第一，要有足够数量的可比实例。为了保证评估结果的准确性，最大限度地减少误差，可比实例的选取应该不少于3个，可比实例的成交日期应与评估时点相近，两者差异不得超过24个月，一般选择6个月内转让的房地产案例作为可比案例。第二，可比实例的选取应该具有可替代性。待估房地产与可比实例的条件要相似，即可比实例与待估房地产具有可替代性。如果可替代程度越高，评估结果也会越精确。第三，交易资料的可靠性。对于可比实例的数据信息一定要严谨选择，以保证其可靠性。尤其是其转让价格、影响因素的选取与修正等需要认真核对审查。第四，相关政策的一致性。法律政策对于房地产转让时的价格具有很大的影响，尤其是土地增值税税收政策比较复杂。所选取的可比实例在转让时，与之相关的地方政策应该与待估房地产在评估时的法律政策规定相似。只有在相同或相似的政策下进行比较修正，才有可比的意义，否则得出的结果就没有任何意义。

2. 构建一个完善的评估数据库

评估资料的选择是评估机构使用市场比较法进行评估的重要环节。评估资料和可比实例的选取直接影响评估结果的准确性、科学性。房地产估价在大环境下也呈现出信息化、国际化等时代特征，信息量爆炸式增长，数量巨大、来源分散、格式多样的数据对房地产评估行业提出了新的挑战，也带来了新的机遇。大型的企业和评估机构拥有独立开发的数据库。中小评估机构由于资本投入的缺少，鲜有拥有数据库，因而在接受评估业务时，才开始调查收集资料，这样往往导致评估的进度缓慢，甚至评估机构为了达到委托人要求的评估时间，而对评估资料不加分析地修正，影响评估结构的科学性。为了整合评估市场资源、促进评估行业发展、提高评估工作效率和评估机构的社会公信力，我们有必要建立一个准确、及时、高效的房地产估价信息库。土地评估行业协会可以整合资源，组织大中小所有评估机构将自己的评估案例和数据集中整合，将典型的案例数据汇总成数据库，形成共享平台并统一管理。这个信息库可以包含转让国有土地使用权、地上建筑物及其附着物的具体交易细节，例如其所处区域、交易价格等，以提高评估效率和准确性。房地产评估机构可以通过这个规范的房地产估价信息库，增加评估数据资料的专业对比性，从数据方面提高业务规范度。与此同时，为了便于评估机构对案例数据的检索，提高评估工作的效率，我们可以对评估资料数据库进行分类，按照不同的标准，例如交易日期、交易地区、交易类型等，将数据库中的案例分门别类。通过不同条件的筛选，评估师能够根据自身的评估需求，找到不同的可比案例和相关资料。

（四）完善土地增值税计税价格评估的税务争议处理机制

1. 建立评估复审制度

目前关于土地增值税计税价格的评估的异议处理机制只有纳税人向税务机关提出行政复议。《国有土地上房屋征收与补偿条例》和《国有土地上房屋征收评估办法》对房屋征收的评估结果规定了救济方式，笔者认为土地增值税计税价格评估可以向其借鉴一二。建立评估复审制度。对于有争议的案件实行初审与复审相结合的审核制度。首先，纳税人（房地产企业）对评估结果有异议的，可以在规定时间内向税务机关提交书面复核评估申请，由税务机关要求原评估机构复核。其次，对复核结果依然存在异议的纳税人在法定期限内向上一级税务机关申请行政复议，由上一级税务机关申请聘请不同的资深的专业评估师进行二次复核。最后，若双方还是存在争议，可向人民法院提起税务行政诉讼。

2.明确评估责任承担

若是评估机构存在恶意估价的可能性，或者对提供的错误或者误差较大的评估结果具有主观故意或者过错，评估机构应当对纳税人和作为委托人的税务机关因此产生的损失承担相应的民事赔偿责任。如果评估机构在从事评估活动时违反法律规定，主管部门应视情节严重给予警告、罚款、吊销执照等行政处罚，构成犯罪的，则追究刑事责任。如果评估机构的分支机构存在违法经营的情况，应该明确分支机构与其分支机构的责任分担问题，这也有利于评估机构的良性经营发展。

参考文献：

[1] 吴健.土地增值税实务与案例[M].上海：立信会计出版社，2022.

[2] 许安标.中华人民共和国资产评估法解读[M].北京：中国法制出版社，2016.

[3] 梁建忠.对城镇基准地价成果更新有关问题的思考[J].南方国土资源.2010（10）：38-39，42.

[4] 蔡攀.房地产评估方法比较研究[D].苏州：苏州大学，2015.

[5] 徐帆，张熙.试分析资产评估中的市场价值[J].品牌，2015（9）：205-206.

[6] 王诚军.论资产评估中的市场价值[J].中国资产评估，2002（1）：16-19.

[7] 韩冰，郭玉坤，符骥，等.我国资产评估行业风险防范认知、措施与风险评估调查[J].中国资产评估，2022（10）：40-48.

[8] 李杨岚.房地产评估数据平台构建研究[J].建筑经济，2022（S1）：781-784.

作者联系方式

姓　　名：黄建文　施天珠

单　　位：常州大学史良法学院

地　　址：江苏省常州市武进区常州大学西太湖校区

邮　　箱：2572169440@qq.com

剩余法中管理费用确定方法的探讨

唐百楷　李　冰　伊进龙　张晶晶

摘　要：评估待开发土地价格采用剩余法时，不动产开发项目中开发成本包括购地税费、房屋建造成本、管理费用、投资利息和销售税费。管理费用作为开发成本中的一项重要组成部分，目前《城镇土地估价规程》GB/T 18508—2014 与《国土资源部办公厅关于印发〈国有建设用地使用权出让地价评估技术规范〉的通知》（国土资厅发〔2018〕4号）中对管理费用的确定方法均未作明确规定，估价工作中出现了管理费用如何确定等问题，本文从作者实际工作出发，对管理费用的确定提出自己的见解，供大家参考。

关键词：管理费用；管理费率；房屋销售收入；建造成本

一、问题的提出

管理费用是指房地产开发企业为组织和管理房地产开发经营活动的必要支出，包括房地产开发企业的人员工资及福利费、办公费、差旅费等。目前《城镇土地估价规程》GB/T 18508—2014（以下简称"城镇土地估价规程"）与《国土资源部办公厅关于印发〈国有建设用地使用权出让地价评估技术规范〉的通知》（国土资厅发〔2018〕4号，以下简称"4号文"）中对管理费用的取费基数均未作明确规定。目前评估过程中通常采用以房屋销售收入或者房屋建造成本作为基数乘以相对应的管理费率来测算。管理费率作为剩余法中一项重要参数，仅靠经验值进行确定或者确定不准确会造成管理费用的取值偏离房地产开过程中产生的实际费用，会对评估地价的准确确定产生一定的影响。探讨研究管理费用的确定方法十分必要。

二、管理费用确定的方法

参照城镇土地估价规程 6.3.2.7 测算利润规定：开发项目的客观利润一般以土地或不动产总价值或全部预付资本的一定比例计算。开发项目的管理费用可以以房屋销售收入或者房屋建造成本的一定比例计算。管理费用的确定首先要确定管理费用的基数，然后乘以对应的管理费率。

即，管理费用 = 房屋销售收入 × 管理费率（以销售收入为基数）= 建造成本 × 管理费率（以建造成本为基数）。

4号文对利润率有以下规定："利润率宜采用同一市场上类似不动产开发项目的平均利润率。利润率的取值应有客观、明确的依据，能够反映当地不动产开发行业平均利润水平。"管理费率的确定参照4号文中利润率确定思路，采用同一市场上类似不动产开发项目的平均管理费率确定。管理费率的确定应优先选用同一市场上类似不动产开发项目中平均管理费率，但是同一市场中测算管理费率相关数据不公开，准确数据不易获得，无法准确测算管理费率。估价工作中还可以通过测算整个房地产开发行业平均管理费率，并在此基础上结合当地经济发展状况、房地产市场状况综合确定。以下分别以房屋销售收入、建造成本为基数求取对应的管理费率，最后对不同基数管理费率进行对比分析。

（一）以房屋销售收入为基数管理费率确定方法

以房屋销售收入为基数管理费率的确定整体思路为：先调查历年上市房地产开发公司的管理费用和房屋销售收入，然后求取历年上市房地产开发公司平均管理费率，并在此基础上采用长期趋势法测算目前的管理费率。

1. 历年上市房地产开发公司管理费率测算

由管理费用 = 房屋销售收入 × 管理费率（以销售收入为基数）可得：

$$管理费率（以销售收入为基数）= \frac{管理费用}{房屋销售收入}。$$

首先，经过筛查调查40家上市房地产开发企业公布的财务报表（利润表）中管理费用、营业收入相关数据（由于房地产开发公司主营业务收入是房屋销售收入，以万科地产为例，主营业务收入占营业收入的95%。故后续测算过程中以营业收入作为房屋销售收入）。然后以房屋销售收入（营业收入）为基数，测算其对应的管理费率。

通过各开发企业管理费率数据测算整个房地产开发行业平均管理费率。测算结果显示：2021年40家上市房地产开发企业管理费用占房屋销售收入比例区间为1.10%～5.40%，平均值为2.63%；2020年40家上市房地产开发企业管理费用占房屋销售收入比例区间为1.32%～5.09%，平均值为2.67%。测算相关过程如表1所示。

2020—2021年上市房地产开发公司管理费率测算表　　　表1

序号	上市公司	2021年			2020年		
		营业收入（亿元）	管理费用（亿元）	管理费用占销售收入比例	营业收入（亿元）	管理费用（亿元）	管理费用占销售收入比例
1	南国置业	32.73	0.96	2.93%	40.25	0.53	1.32%
2	滨江集团	379.76	5.59	1.47%	285.97	4.09	1.43%
3	招商蛇口	1606.43	21.45	1.34%	1296.21	19.79	1.53%
4	荣安地产	181.81	2.80	1.54%	111.78	1.91	1.71%
5	保利发展	2850.24	54.34	1.91%	2432.08	43.15	1.77%
6	金融街	241.55	4.30	1.78%	181.21	3.35	1.85%
7	天健集团	232.69	4.40	1.89%	171.25	3.48	2.03%
8	格力地产	71.33	1.72	2.41%	63.89	1.33	2.08%
9	卧龙地产	25.03	0.46	1.84%	22.81	0.48	2.10%
10	陆家嘴	138.72	3.90	2.81%	144.75	3.14	2.17%
11	首开股份	678.02	11.53	1.70%	442.26	10.27	2.32%
12	阳光城	425.26	20.54	4.83%	821.71	19.78	2.41%

续表

序号	上市公司	2021年			2020年		
		营业收入（亿元）	管理费用（亿元）	管理费用占销售收入比例	营业收入（亿元）	管理费用（亿元）	管理费用占销售收入比例
13	万科A	4527.98	102.42	2.26%	4191.12	102.88	2.45%
14	大名城	76.61	3.90	5.09%	148.37	3.65	2.46%
15	绿地控股	5447.56	144.39	2.65%	4560.62	116.74	2.56%
16	华联控股	18.82	0.75	3.99%	27.05	0.7	2.59%
17	广宇集团	73.96	1.57	2.12%	52.38	1.36	2.60%
18	苏州高新	118.95	3.43	2.88%	100.41	2.65	2.64%
19	新城控股	1682.32	41.70	2.48%	1454.75	40.91	2.81%
20	海泰发展	9.12	0.10	1.10%	4.58	0.13	2.84%
21	华发股份	512.41	15.27	2.98%	510.06	14.54	2.85%
22	华远地产	136.93	2.52	1.84%	77.31	2.22	2.87%
23	栖霞建设	31.96	1.32	4.13%	33.05	1.04	3.15%
24	津滨发展	22.54	0.73	3.24%	18.42	0.58	3.15%
25	中洲控股	86.76	3.51	4.05%	106.97	3.5	3.27%
26	金科股份	1123.10	31.60	2.81%	877.04	30.15	3.44%
27	华侨城A	1025.84	30.01	2.93%	818.68	28.24	3.45%
28	天地源	69.42	2.20	3.17%	53.04	1.86	3.51%
29	中交地产	145.42	4.99	3.43%	123	4.34	3.53%
30	中南建设	792.11	34.74	4.39%	786.01	28.21	3.59%
31	城建发展	241.84	4.94	2.04%	138.91	5.06	3.64%
32	荣盛发展	472.44	25.14	5.32%	715.11	26.2	3.66%
33	信达地产	221.05	8.25	3.73%	258.64	9.6	3.71%
34	光明地产	258.80	6.50	2.51%	149.85	6.3	4.20%
35	天保基建	25.40	0.31	1.22%	8.2	0.35	4.27%
36	深振业A	30.89	1.43	4.63%	29.35	1.28	4.36%
37	中国武夷	86.97	2.85	3.28%	58.2	2.58	4.43%
38	福星股份	125.44	3.09	2.46%	75.01	3.45	4.60%
39	天房发展	46.65	1.43	3.07%	27.53	1.29	4.69%
40	金地集团	989.32	53.41	5.40%	839.82	42.71	5.09%
	平均值	25264.18	664.49	2.63%	22257.65	593.82	2.67%

通过上述测算思路，分别测算出2013—2021年管理费率（以销售收入为基数），各年度管理费率如表2所示。

2013—2021 年管理费率表（以销售收入为基数） 表 2

年份	2013	2014	2015	2016	2017	2018	2019	2020	2021
管理费率（以销售收入为基数）	3.16%	2.66%	3.04%	2.73%	3.13%	3.21%	3.03%	2.67%	2.63%

2.长期趋势法推测目前管理费率（以销售收入为基数）

通过已经掌握的历史数据，对未来管理费率进行推测可采用数学曲线拟合法、平均增减量法及移动平均法等长期趋势法。本文采用数学曲线拟合法来推测 2022、2023 年度管理费率，具体过程如下。

（1）首先对数据进行简单处理

以年份 1 代表 2013 年，年份 2 代表 2014 年，依次类推年份 9 代表 2021 年，管理费率为去掉百分号的数值（表 3）。

2013—2021 年管理费率数据处理结果（以销售收入为基数） 表 3

年份	1	2	3	4	5	6	7	8	9
管理费率（以销售收入为基数）	3.16%	2.66%	3.04%	2.73%	3.13%	3.21%	3.03%	2.67%	2.63%

（2）对数据进行回归预测分析

对上述数据添加趋势线，并显示趋势线公式。趋势线如图 1 所示。

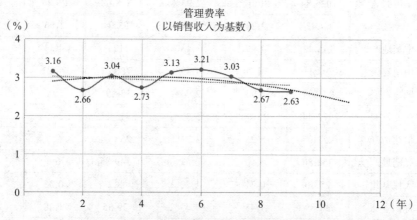

图 1 管理费率变化趋势图（以销售收入为基数）

经测算，2022 年管理费率为 2.53%；2023 年管理费率为 2.35%（待 2022 年数据公布后，可对 2023 年数据进行校正）。

（二）以建造成本为基数管理费用确定方法

以建造成本为基数管理费率的确定整体思路为：先调查历年上市房地产开发公司的管理费用和建造成本，然后求取历年上市房地产开发公司平均管理费率，并在此基础上采用长期趋势法测算目前的管理费率。

1. 历年管理费率测算（以建造成本为基数）

由管理费用 = 建造成本 × 管理费率（以建造成本为基数）可得：

管理费率（以建造成本为基数）= $\dfrac{\text{管理费用}}{\text{建造成本}}$。

由于上市公司公布的财务报表中无法提取具体房屋建造成本，无法直接以建造成本为基数测算管理费率。我们对测算公式进行转换。

管理费率（以建造成本为基数）= $\dfrac{\text{管理费用}}{\text{建造成本}}$ = $\dfrac{\text{管理费用} \div \text{销售收入}}{\text{建造成本} \div \text{销售收入}}$

$= \dfrac{\text{管理费用} \div \text{销售收入}}{(\text{平均建安造价} \times \text{建筑面积}) \div (\text{销售均价} \times \text{建筑面积})}$

$= \dfrac{\text{管理费用} \div \text{销售收入}}{\text{平均建安造价} \div \text{销售均价}}$

$= \dfrac{\text{管理费率（以销售收入为基数）}}{\text{平均建安造价} \div \text{销售均价}}$。

（1）管理费率（以销售收入为基数）来自上市公司公布的财务报表测算的平均值进行测算。

（2）平均建安造价数据以建设工程造价信息网各省会城市高层住宅建安工程造价指标平均值为例进行测算。

（3）销售均价以国家统计局公布的住宅商品房平均销售价格为例进行测算。

通过以上测算思路，分别测算出2013—2021年管理费率（以建造成本为基数），各年度管理费率如表4所示。

2013—2021年管理费率表（以建造成本为基数）　　　　　　　表4

年份	2013	2014	2015	2016	2017	2018	2019	2020	2021
管理费率 （以销售收入为基数）	3.16%	2.66%	3.04%	2.73%	3.13%	3.21%	3.03%	2.67%	2.63%
住宅商品房平均销售价格 （元/平方米）	5850	5933	6473	7203	7614	8553	9287	9980	9800
平均建安造价 （元/平方米）	1821	1836	1736	1813	1968	2094	2214	2297	2441
管理费率 （以建造成本为基数）	10.15%	8.60%	11.34%	10.85%	12.11%	13.11%	12.71%	11.60%	10.56%

2. 长期趋势法推测目前管理费率（以建造成本为基数）

（1）首先对数据进行简单处理

以年份1代表2013年，年份2代表2014年，依次类推年份9代表2021年，管理费率为去掉百分号的数值（表5）。

（2）对数据进行回归预测分析

对上述数据添加趋势线，并显示趋势线公式。趋势线如图2所示。

2013—2021 年管理费率数据处理结果（以建造成本为基数） 表 5

年份	1	2	3	4	5	6	7	8	9
管理费率（以建造成本为基数）	10.15%	8.60%	11.34%	10.85%	12.11%	13.11%	12.71%	11.60%	10.56%

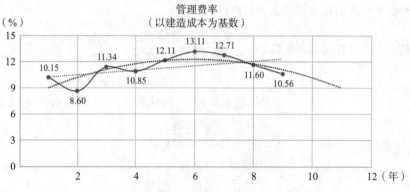

图 2　管理费率趋势变化图（以建造成本为基数）

经测算，2022 年管理费率为 10.13%；2023 年管理费率为 8.96%（待 2022 年数据公布后，可对 2023 年数据进行校正）。

（三）不同基数管理费率对比分析：

经测算：2013—2023 年以销售收入为基数管理费率平均值为 2.83%，标准差为 0.28。2013—2023 年以建造成本为基数管理费率平均值为 10.92%，标准差为 1.37（表 6）。从两种管理费率标准差来看，以销售收入为基数历年管理费率更接近其平均值，整体更稳定，波动更小。而且相关数据可以从上市公司年报中直接提取，数据来源可靠，表现形式更加直观，更具有可操作性。管理费率以房屋销售收入为基数更能直接反映出不同地区房地产价格及房地产开发企业的人员工资及福利费、办公费、差旅费等差异情况。

不同基数管理费率对比表 表 6

管理费率	平均值	标准差
以销售收入为基数	2.83%	0.28
以建造成本为基数	10.92%	1.37

三、结语

总的来看，估价过程中管理费用无论是以销售收入或者是以建造成本作为基数都是可行的，关键是要乘以其对应的费率，使其更符合客观的房地产开发过程中所产生的管理费用。不同地区的管理费率可结合各地区经济状况、房地产价格水平等情况在全国平均管理费率的基础之上浮动确定。

以上就是笔者在实际估价工作确定剩余法中管理费用时的一些相关思考及探索学习的体会，仅提出自己的一点看法供大家探讨，不可避免地存在不当之处，希望同行们不吝指正。

作者联系方式
姓　名：唐百楷　李　冰　伊进龙　张晶晶
单　位：河南省中土地产房地产评估有限公司
地　址：河南省郑州市东明路与红专路名门国际中心 2007
邮　编：450000
注册号：唐百楷（4120120059）；李　冰（4119980076）；伊进龙（4120180102）；
　　　　张晶晶（4120210033）

存量与增量并存市场下的房地产发展探析

郭 琼 陈张宇 马春辉

摘　要：随着严格控制城市新增建设用地总量、禁止大拆大建等政策的不断出台，城市开发建设由增量建设为主转向存量提质改造和增量结构调整并重，房地产行业步入"存量与增量并存的时代"，房地产开发需求进一步缩减，房地产企业转型探索新的发展路径。本文对房地产现状及未来发展方向进行分析，结合国家政策及城市建设领域的新发展要求，提出了存量与增量并存的市场下的房地产发展方向。

关键词：存量市场；增量市场；房地产；住房需求

一、当前我国房地产存量与增量并存市场现状

（一）当前房地产市场特征

1. 房地产融资受限，市场发展模式告别"野蛮时代"

近年来，我国相关监管部门在"房住不炒"的总体基调下不断加强房地产市场调控，"三道红线""四档管理"的房地产行业融资管理政策进一步规范了房地产投融资行为，房地产供应链"非标"融资不断被压缩，日益受限的房地产投融资环境使房地产市场告别了"野蛮时代"。

前期急速膨胀的房地产市场不断增强住房投资属性并大量吸纳居民投资和社会投资，深度捆绑国民经济的"房地产泡沫"成为我国经济社会发展的重大风险。为此，相关监管部门在"房住不炒"的总体基调下不断加强房地产行业融资管理，"三道红线""四档管理"以及压缩非标融资等政策有效规范了房企融资行为。受此影响，我国房企国内贷款、利用外资等外部融资规模和比例逐渐下降，有效遏制了长期以来形成的"高融资、高负债、高杠杆"发展模式，标志着我国房地产市场告别"野蛮时代"（图1）。

2. 房地产行业增量交易遇冷，逐步迈入"存量时代"

我国房地产新房交易供需两端遇冷。供给端上，在城市扩张接近尾声、"两集中"政策大举推行以及房企大规模融资受阻等多重因素作用下，房企拿地和开发面积持续下降。需求端上，当前新冠疫情冲击制约我国整体需求恢复，高房价不断侵蚀居民购房预期和购房能力，据人口普查年鉴显示，2000—2020年城市家庭户租房比例增长2.4%，而中国城市家庭户住房自有率下降了4.4%，全国商品房销售面积增速不断放缓。

伴随我国城市建设度过大拆大建的发展阶段，存量市场已成为房地产行业增长新动能。一方面，二手房等存量住房交易日益活跃，一二线城市走在市场前列。根据链家研究院数据显示，2021年我国二手房交易额超过6万亿元，占住房交易总额的比例达到41%。其中，北京、上海和深圳二手房成交金额占比分别为74%、72%和60%。另一方面，我国城市更

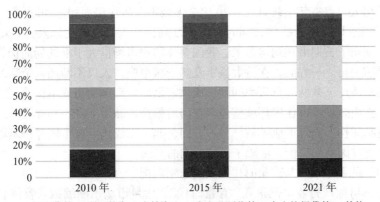

图1 2010—2021年我国房地产企业到位资金结构

(数据来源：国家统计局)

新迎来发展期，众多房企积极主动与地方政府、金融机构等多方开展深入合作，并通过设立城市更新基金、搭建城市更新协同平台等形式适度布局了一批高质量项目。

3. 房地产企业同质化竞争严重，业内"马太效应"凸显

一直以来，我国房地产企业的业务结构始终以开发销售为主，租金、物业等其他收入甚微，同质化竞争严重。根据2020年恒大、万科和保利三家大型房企的财务报表数据，开发销售业务在整体营收中的占比分别高达97.52%、95.55%和93.63%。

随着我国房地产行业"高投入高回报"时代不复存在，持续高压的房地产调控政策驱使行业发展模式从拿地扩张转向稳健运营，行业内"马太效应"不断凸显。根据中指院数据，2021年我国共158家房企跻身"百亿军团"，百亿企业的权益销售额共计10.0万亿元，市场份额约55.1%，百亿阵营内部分化加剧（图2）。

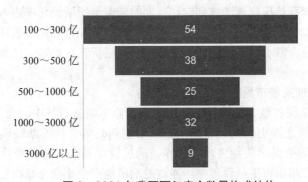

图2 2021年我国百亿房企数量构成结构

(数据来源：中指院)

（二）我国房地产行业面临的主要矛盾

1. 住房租售供给与居民合理住房需求错配

随着我国城市建设进入存量时代，住房租售供给需求匹配矛盾在不断变化，主要表现在两个方面。一是长期整体性供给过剩。我国早期大拆大建的城镇化发展模式带来了住房供给

过剩风险，根据人口普查年鉴统计，2020年全国城市人居住房面积达40平方米以上的占比达51%，住房需求增长不断放缓，同时房价持续高位、人口老龄化以及人口增长不断放缓等因素进一步削弱了长期潜在购房需求，我国整体购房市场供大于求的局面仍将持续。二是短期区域性供需失衡。一方面，在特大城市及热点城市中，人口不断涌入带来的高住房需求与前期炒房热潮遗留下来的高空置率问题形成供需困局。高额购房成本促使市内居民租房比重不断增加，然而热点城市住房环境整体存在房龄偏高、品质下降、物业管理水平偏低等问题，与居民高品质住房需求形成矛盾。另一方面，非一二线热点城市因经济基础薄弱且发展后劲不足难以支撑虚高的房价，形成了供给过剩的局面。

2.房企单一的业务模式与存量时代发展需求不匹配

目前，我国房地产行业早已进入"存量时代"，增量市场不断缩减，整体利润率不断降低。然而房地产对传统的利用高土地溢价率开展业务的粗放式扩张路径的依赖，造就了开发销售业务依然是目前房企业务收入的"顶梁柱"，已难以适应存量时代的新发展需求。进入存量高速发展、增量急剧压缩的时代，防止大拆大建已成为新时代各地政府城市建设的共识，据人口普查年鉴显示，我国城市住房建于2000年前的占比达31.94%。随着我国城镇化率不断提高及相关政策的支持，城市改善性住房需求在不断释放，而我国房地产行业目前已难以适应存量时代的新发展需求。

二、当前形势下房地产市场未来发展趋势

（一）房地产新增规模逐渐减少

人口迁移带动城市规模不断扩大，给房地产业带来了快速增长的发展，随着我国已经进入城镇化中后期，存量市场不断提速发展的环境下，过去高杠杆、高周转的模式逐渐不适应新发展阶段的要求。超大城市及热点城市随着新市民、新青年等新增人群的涌入及产业的带动，此类城市存在一定的新增住房机遇。但国家政策调控及城市更新、老旧小区改造、租赁需求增加，都预示新增商品房将逐渐达到饱和；同时随着全国城镇化率进入拐点，旧城改造的"大拆大建"的增量时代已过去，且生育率逐渐降低、人口老龄化问题日益凸显，人口红利在不断减少，新增住房需求在逐步降低，房地产行业融资正在收紧，房地产开发投资规模及增速将进一步降低。

（二）房地产行业迎来城市更新市场化投资机遇

随着城市更新在全国各地大力推行，各房地产企业不断参与其中，北京、上海、广州、深圳等地自城市更新概念提出以来，相继出台城市更新政策文件不断强调要"政企合作"。北京城市更新行动计划中提出要加强政企合作，通过设立基金、委托经营、参股投资等方式，引入社会资本；广州城市更新管理办法强调鼓励房地产企业参与城市更新改造和安置房建设；上海市采用"政企合作、市区联手、以区为主"的政策，成立城市更新引导基金。随着城市更新政策体系的不断完善以及更新改造需求逐渐加大，城市更新领域将成为为房地产企业投资新机遇。

（三）老旧小区改造市场发展潜力巨大

2022年，国务院、国家发展改革委相继出台《国务院办公厅关于进一步盘活存量资产扩大有效投资的意见》《国家发展改革委关于进一步完善政策环境加大力度支持民间投资发展的意见》等文件，旨在盘活存量资产、引入社会资本。目前全国老旧小区改造需求约17

万个左右，老旧小区改造作为盘活存量资产工作的重点，未来市场化需求将逐渐增加，且随着政策的推动，老旧小区改造中的社区综合服务设施、智慧化改造及物业管理等方面多渠道的资金支持力度在不断加大，相关利润空间有所改善，房地产行业或在老旧小区修缮、运营及增值服务等方面或遇新发展机遇。

（四）租赁市场需求快速增长，房地产产业格局迎来变革

随着我国城镇化建设逐年深入，我国房地产市场也迎来了存量时代，租赁住房市场容量逐渐增加，在近几年间，中国流动人口主要向一、二线城市聚集，人口流动性在不断增强，租赁住房需求在不断增加且要求渐高。据不完全统计，我国热点城市住房租赁机构化率仅15%，租赁房源质量差缺乏标准化管理。租赁市场也随着"租购并举"的政策蓬勃发展，在增量与存量并存的形势下，随着我国人均收入增加、住房需求质量增加、消费观念的变化，为租赁市场的增值性提供支撑。房地产行业产业格局也将发生变革，部分城市房地产业也将从生产属性转型为服务属性，产业链逐渐向上下游延伸。

三、当前市场下房地产发展的相关建议

结合政策发展趋势和行业变化要求，房地产发展可以从以下几个方面展开。

（一）打破传统地产模式，促进存量与增量市场高质量发展

为更好地满足新市场的居住需求，房地产行业要把握政策趋势和行业发展要求，可以通过盘活存量使资产与需求能够更加匹配，房地产建设进一步提升产品质量，从过去的追求"建设量"转变为"建设高品质"，注重存量资源与行业资源的集合利用，通过多渠道资源获取，如城市功能新区建设、绿色建造、不动产生态等，加快推动资产运营服务的产业链建设，不断提高存量房的利用率，拓宽租赁市场融资渠道，提升服务运营效率，降低房企负债水平，形成存量和增量市场下地产投资的健康发展。

（二）转变业务发展思维，挖掘城市结构性增量

要在存量市场找结构性增量。随着经济发展与新青年、新市民聚集带来的不同市场变动产生的增量市场，如特大城市及热点城市等，但此类城市核心的土地增量有限，因此房地产企业应该更多地在提高自身产品的质量、服务及运营能力方面用力，如打造迎合高品质需求的高科技住宅及绿色建筑等新型住宅。同时在组织体系、人才支撑和资产结构等方面逐步加强投资和轻资产运营能力，以高品质、精细化的模式从城市更新、社区治理、租赁服务、智慧小区、信息化建设等领域布局挖掘房地产的新增长极。

（三）进一步匹配城市发展需求，推动存量住房的盘活利用

为适应国家政策要求及城市建设发展需要，房地产开发企业探索新的发展模式需要结合城市建设、人口、住房需求演变规律和企业自身优势，参与城市存量资产盘活利用等相关项目，如开展租赁业务、社区养老、老旧小区改造、物业管理服务等业务，实现多元化转型。一是要从存量中找增量，目前全国2000年以前建成的老旧小区改造需求较大，可通过购买不能保障住用安全的危房，拆除后用于项目开发，新增开发量。二是盘活存量房。随着新青年、新市民对城市住房的刚性需求和改善性需求的进一步提高，房地产行业可以用好城市更新及保障性住房等发展政策，对存量住房进行新业态植入及服务功能的提升，通过"租售并举"的模式解决目前存量房的库存问题，共同促进房地产健康平稳发展。

四、结论

在增存并举的背景下,房地产传统开发业务的利润空间进一步降低,探索房地产行业新的业务点和经济增长点是个长期过程,在"房住不炒"的总基调不变的情况下,房地产行业需要更加深入地融入城市发展需求中,将以"量"为主的开发思维,转变为城市更新与美化提供"质"的服务,共同促进城市高质量发展。

参考文献:

[1] 吴璟,徐曼迪.中国城镇新增住房需求规模的测算与分析[J].统计研究,2021,38(9):75-78.

[2] 杨扬."存量时代"的中国房地产市场发展[J].中国市场,2022(15):85-87.

[3] 魏兴福,陈忠.疫情下中国房地产业高质量发展初探——基于日本房地产企业多元化经营启示[J].住宅产业,2021(8):88-91.

[4] 中指研究院.2022年上半年房企布局城市更新七大特征[J].中国房地产,2022(23):66-73.

[5] 闻广,成立.打破路径依赖探索新发展模式——从中央经济工作会议看2022年房地产市场发展态势[J].中国房地产,2022(1):18-20.

作者联系方式

姓　名:郭　琼　陈张宇　马春辉

单　位:永业行土地房地产资产评估有限公司

地　址:湖北省武汉市武昌区友谊大道303号武车路水岸国际K6-1栋20-23层

邮　箱:qiong_g_work@163.com

层次分析法在估价方法选择与权重确定中的应用

段庆国

摘　要：房地产评估结果是通过估价方法计算得出的，在确定综合测算结果时，还要根据不同估价方法的适用程度、数据可靠程度、测算结果差异度等具体情况，选择更加适用于估价对象、估价目的和价值类型，以及估价数据更准确可靠、估价参数更有把握的方法，分别赋予权重大小。运筹学中的层次分析法可以更好地分析不同因素在不同估价方法中的权重，并进行量化，用加权算术平均对综合测算结果进行考量，缩小其与真实价值的误差。

关键词：房地产估价方法确定；权重；层次分析法

一、引言

房地产评估中，按照房地产估价规范要求，估价对象适用两种或两种以上估价方法，宜同时选用所有适用方法。在实际评估过程中，各个估价机构都达到了这一要求，但在确定综合测算结果时，对两种或两种以上评估方法在选取时，基本上是采用简单算术平均法确定，有些机构采用加权平均法确定，多是凭空想象或按经验确定权重，这种方式带有主观性，容易使估价结果偏向评估人员的主观意愿，缺少理论根据。

房地产价格评估应坚持定性与定量相结合的评估方法，以定量为主，尽量多采用数学模型，用定量分析确定不同因素在评估方法中的影响权重。对于选用两种或两种以上估价方法，对各种估价方法的综合测算结果经校核和比较分析无误后，可根据不同估价目的、价值类型、适用程度、数据可靠程度、测算结果之间差异程度等具体情况，恰当选择权重。如何定量确定权重，笔者结合经验，用层次分析法对估价方法的适用性进行分析、比较，计算权重，最终用加权法确定综合测算结果。

二、层次分析法原理与步骤

（一）层次分析法原理

层次分析法（The Analytic Hierarchy Process，即 AHP），是由美国运筹学家、匹兹堡大学教授 T·L·Saaty 于 20 世纪 70 年代创立的一种系统分析与决策的综合评价方法，是在充分研究人类思维过程的基础上提出来的，它较合理地解决了定性问题定量化的处理过程。

AHP 的主要特点是通过建立递阶层次结构，把人类的判断转化到若干因素两两之间重要度的比较上，从而把难以量化的定性判断转化为可操作的重要度比较上面。

(二)层次分析法步骤

1. 确定影响目标的各种因素,建立系统的递阶层次结构

构建层次结构图如图 1 所示。

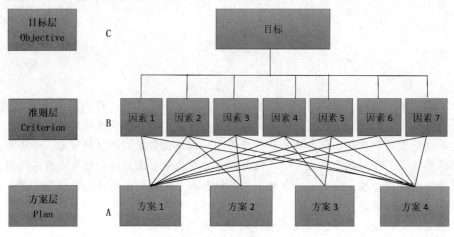

图 1 层次结构图

2. 构造判断矩阵

矩阵的判断可以通过专家讨论得出,也可以使用"德尔菲法"确定各项问题(表1)。

单排序矩阵图　　　　　　　　　　表1

B_1	A_1	A_2	……	A_n
A_1	a_{11}	a_{12}	……	a_{1n}
A_2	a_{21}	a_{22}	……	a_{2n}
……	……	……	……	……
A_n	a_{n1}	a_{n2}	……	a_{nn}

3. 确定权重指标

根据重要程度,两两比较上述指标的重要性(表2)。

重要度指标　　　　　　　　　　表2

标度	含义
1	表示两个因素相比,具有同等重要性
3	表示两个因素相比,一个因素比另一个因素稍微重要
5	表示两个因素相比,一个因素比另一个因素明显重要
7	表示两个因素相比,一个因素比另一个因素强烈重要
9	表示两个因素相比,一个因素比另一个因素极端重要
2、4、6、8	上述两相邻判断的中值
倒数	若元素 I 与元素 J 的重要性之比为 a_{ij};则元素 J 与元素 I 的重要性之比为 $1/a_{ij}$

表 1 为 $n \times n$ 方阵，记为 A，对应的元素为 a_{ij}。
（1）a_{ij} 表示的意义是：与指标 j 相比，i 的重要程度；
（2）当 $i=j$ 时，两个指标相同，同等重要记为 1；
（3）$a_{ij} > 0$ 且满足 $a_{ij} \times a_{ji} = 1$。

4. 求同一层次上的权系数

假设当前层次上的因素为 A_1，A_2，$\cdots A_n$，相对上一层的因素为 B（可以不止一个），则可针对因素 B，对所有因素 A_1，A_2，$\cdots A_{nn}$ 进行两两比较，得到数字 a_{ij}，记 $A=(a_{ij})n \times n$，则 A 为因素 A_1，A_2，$\cdots A_n$ 相当于上一层因素 B 的判断矩阵。记 A 的最大特征根为 $\lambda_{\max}$，属于 $\lambda_{\max}$ 的标准化特征向量为 $w=(w_1, w_2, \cdots w_n)$，则 w_1，w_2，$\cdots w_n$ 就给出了因素 A_1，A_2，$\cdots A_n$ 相当于因素 B 的重要性（或偏好）程度的一个排序。

对于判断矩阵的最大特征根和相应的特征向量，可以利用一般线性代数的方法进行计算，但从实用的角度看，一般采用近似方法计算，主要有方根法与和积法，本次按和积法计算：

（1）将元素 A 按列归一化，有

$$\bar{b}_{ij} = \frac{a_{ij}}{\sum_{i=1}^{n} a_{ij}} \quad i=(1, \cdots n), j=(1, \cdots n) \quad i \text{ 为行数，} j \text{ 为列数} \tag{1}$$

（2）将矩阵 B-A 按行相加，计算 W_i

$$W_i = \sum_{j=1}^{n} b_{ij} \quad (j=1, \cdots n) \tag{2}$$

（3）将 w_i 归一化，计算权重向量 W_i^o

$$W_i^o = \frac{w_i}{\sum_{i=1}^{n} w_i} \quad (i=1, \cdots n) \tag{3}$$

W_i^o 即特征向量 w 的第 i 个分量。

（4）计算 $\lambda_{\max}$

$$\lambda_{\max} = \frac{1}{n} \sum_{i=1}^{n} \frac{\sum_{i=1}^{n} a_{ij} w_i}{W_i} \quad (i=1, \cdots n) \tag{4}$$

5. 一致性检验

在得到判断矩阵 A 时，有时可能会出现逻辑判断上的不一致性，因而需要利用一致性指标来进行检验。作为度量判断矩阵一致性的指标，可以用

$$CI = \frac{\lambda_{\max} - n}{n-1} \tag{5}$$

来检验决策者思维判断的一致性，CI=0 时说明决策者的判断在逻辑上完全保持一致；CI 值越大，表明判断矩阵的逻辑一致性越差。一般只要 CI $\leq$ 0.1，即可认为判断矩阵在逻辑上的一致性是可以接受的，否则需要重新进行两两比较的判断。

当判断矩阵的维数 n 越大时，判断的一致性可能越差，此时可适当放宽对高维度判断矩阵一致性的要求，为此引入一个修正的判断指标 RI，并取定义的指标 CR 作为衡量判断矩阵一致性的指标：

$$CR = \frac{CI}{RI} \tag{6}$$

通常要求 CR ≤ 0.1，即可认为判断矩阵具有满意的一致性，否则需要对判断矩阵进行调整，RI 的取值经多次计算，如表 3 所示。

1-9 阶矩阵的一致性指标　　　　　　　　　　表 3

维数	1	2	3	4	5	6	7	8	9
RI	0.00	0.00	0.58	0.90	1.12	1.24	1.32	1.41	1.45

三、案例研究

影响估价方法选择的因素很多，对不同的估价方法有着不同的适用性和限制性，以"商业用途、现房、抵押贷款"为例，计算不同因素影响评估方法的权重，然后对总权重值进行累加，最终按选定的两种或两种以上估价方法的重要度对比，确定每一种方法的权重。

本次用判断矩阵确定"不同估价方法权重"，在因素层下每一子因素不具有互相影响性，实际是层次单排序，对每一因素确定权重向量后，进行累加后平均，得到每一种估价方法的分值，再进行不同估价方法重要度比较，最终确定每种方法的权重。

（一）构建影响评估方法权重层次结构图

评估方法权重结构图如图 2 所示。

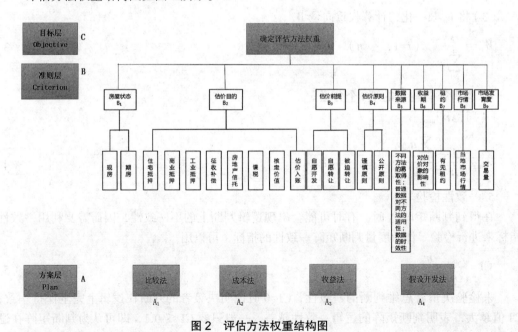

图 2　评估方法权重结构图

（二）构造判断矩阵

以因素 B_1 "房屋状态"为例判断，该因素 B_1 虽然有两种状态，但在评估时只有一种，即两种因素不是同时存在的，不具有相互影响性，每次选择时只能选其一，其他因素类同。根据估价目的"现房、商业用房、抵押贷款评估"，其状态为"现房"，用判断矩阵说明该种因素对不同评估方法的重要程度或适用度。矩阵的重要度指标标度可以通过聘请专家讨论或集体讨论得出，以 B-A 层为例（表4）：

判断矩阵 B-A   表4

房屋状态（现房）(B_1）	比较法（A_1）	收益法（A_2）	成本法（A_3）	假设开发法（A_4）
比较法（A_1）	1	3	5	5
收益法（A_2）	1/3	1	3	3
成本法（A_3）	1/5	1/3	1	1
假设开发法（A_4）	1/5	1/3	1	1

对"现房评估"来说：该"现房"的同类房地产有较多交易实例；也存在租金等收入；成本资料不易获取，或者需要时效修正；开发预期判断对其价值影响较大。因此，经评定，比较法 A_1 比收益法 A_2 稍微重要，比较法 A_1 比成本法 A_3 明显重要，比较法 A_1 比假设开发法 A_4 明显重要，成本法 A_3 与假设开发法 A_4 相比其他方法是一样的，收益法 A_2 比成本法 A_3、假设开发法 A_4 稍微重要，根据重要度指标，确定指标值。综上所述，对"现房"评估，比较法和收益法适用度较强。

其他因素评判与此相同，在此不一一列举。

（三）建立矩阵

$$\begin{bmatrix} 1 & , & 3 & , & 5 & , & 5 \\ 1/3 & , & 1 & , & 3 & , & 3 \\ 1/5 & , & 1/3 & , & 1 & , & 1 \\ 1/5 & , & 1/3 & , & 1 & , & 1 \end{bmatrix}。$$

（四）计算各层的相对权重

1. 将元素 A（图6）按列归一化

$$b_{ij} = \frac{a_{ij}}{\sum_{i=1}^{n} a_{ij}}，i=1, 2, 3, 4；j=1, 2, 3, 4，i 为行数，j 为列数。$$

计算 B-A 第一列归一化向量：

$$b_{11} = \frac{1}{1+1/3+1/5+1/5} = 0.5780，$$

$$b_{21} = \frac{1/3}{1+1/3+1/5+1/5} = 0.1908，$$

$$b_{31} = \frac{1/5}{1+1/3+1/5+1/5} = 0.1156，$$

$$b_{41} = \frac{1/5}{1+1/3+1/5+1/5} = 0.1156，$$

其他以此类算，b_{12}，b_{22}，b_{32}，b_{42}，……

2. 获得判断矩阵

$$B = \begin{bmatrix} 0.5780 & 0.6437 & 0.5 & 0.5 \\ 0.1908 & 0.2145 & 0.3 & 0.3 \\ 0.1156 & 0.0708 & 0.1 & 0.1 \\ 0.1156 & 0.0708 & 0.1 & 0.1 \end{bmatrix}。$$

3. 将 B-A 矩阵按列相加

$$W_i = \sum_{j=1}^{n} b_{ij},\ (j=1,2,3,4)。$$

计算可得：$W_1 = 0.5780 + 0.6437 + 0.5 + 0.5 = 2.2218$，

$\quad\quad\quad W_2 = 0.1908 + 0.2145 + 0.3 + 0.3 = 1.005$，

$\quad\quad\quad W_3 = 0.1156 + 0.071 + 0.1 + 0.1 = 0.3864$，

$\quad\quad\quad W_4 = 0.1156 + 0.071 + 0.1 + 0.1 = 0.3864$。

4. 计算权重向量

$$w_i^o = \frac{w_i}{\sum_{i=1}^{n} w_i},\ (i=1,2,3,4)。$$

可得 B-A 判断矩阵的特征向量：

$$w_1^o = \frac{2.2218}{2.2218+1.005+0.3864+0.3864} = \frac{2.2218}{4} = 0.55,$$

$$w_2^o = \frac{1.005}{4} = 0.25,$$

$$w_3^o = \frac{0.3864}{4} = 0.1,$$

$$w_4^o = \frac{0.3864}{4} = 0.1,$$

得：

$$w = \begin{bmatrix} 0.55 \\ 0.25 \\ 0.10 \\ 0.10 \end{bmatrix}$$

5. 对所获结果进行一致性检验，以 B-A 矩阵为例

（1）计算判断矩阵最大的特征根

$$\lambda_{max} = \frac{1}{n}\sum_{i=1}^{n}\frac{(W)_i}{W_i} = \frac{1}{n}\sum_{i=1}^{n}\frac{\sum_{i=1}^{n} a_{ij}W_i}{W_i}。$$

$$AH = 矩阵 \times 特征向量 = \begin{bmatrix} 1 & 3 & 5 & 5 \\ 1/3 & 1 & 3 & 3 \\ 1/5 & 1/3 & 1 & 1 \\ 1/5 & 1/3 & 1 & 1 \end{bmatrix} \times \begin{bmatrix} 0.55 \\ 0.25 \\ 0.1 \\ 0.1 \end{bmatrix} = \begin{bmatrix} 2.27 \\ 1.01 \\ 0.387 \\ 0.387 \end{bmatrix},$$

特征根：$\lambda_{max} = \dfrac{1}{4}\left(\dfrac{2.27}{0.55} + \dfrac{1.01}{0.25} + \dfrac{0.387}{0.10} + \dfrac{0.387}{0.10}\right) = 4.13$。

（2）计算一致性指标（CI）

$CI = \dfrac{\lambda_{max} - n}{n - 1}$，$n = 4$；

$CI = \dfrac{4.13 - 4}{4 - 1} = 0.044$。

（3）查找对应的平均随机一致性指标（RI）

如表3所示，$n = 4$，$RI = 0.9$。

（4）计算一致性比例（CR）

如果CR＜0.1，则可以认为判断矩阵的一致性可以接受，否则需要对判断矩阵进行修正。

$$CR = \dfrac{CI}{RI} \begin{cases} \leq 0.1, & 判断矩阵一致 \\ > 0.1, & 判断矩阵不一致 \end{cases} \quad (7)$$

$CR = \dfrac{0.044}{0.9} = 0.045 < 0.1$，可判断矩阵具有一致性。

最终确定该因素对四种评估方法的权重值为：比较法：0.55；

收益法：0.25；

成本法：0.10；

假设开发法：0.10（表5）。

6. 其他准则层因素（B_2，B_3，……B_n）以此类推计算

汇入权重分值表，利用电子表格软件Excel可以快速求解（图3）。

不同估价方法权重分值表　　　　表5

序号	影响因素B	影响因子	选项 是（√） 否（×）	估价方法（A）			
				比较法 A_1	收益法 A_2	成本法 A_3	假设开发法 A_4
1	估价对象状态 B_1	现房	√	0.55	0.25	0.10	0.10
		期房					
2	估价目的 B_2	住宅抵押					
		商业抵押	√	0.51	0.26	0.14	0.09
		工业抵押					
		征收补偿					

续表

序号	影响因素 B	影响因子	选项 是(√) 否(×)	估价方法（A）			
				比较法 A_1	收益法 A_2	成本法 A_3	假设开发法 A_4
2	估价目的 B_2	房地产信托					
		课税					
		核定价值					
		估价入账					
3	估价前提 B_3	自愿开发	√	0.24	0.2	0.14	0.42
		自愿转让					
		被迫转让					
4	估价原则 B_4	谨慎原则	√	0.26	0.18	0.42	0.14
		公开原则					
5	数据来源 B_5	不同方法的易取得性；普通数据对不同方法的适用性；数据的时效性	√	0.44	0.21	0.24	0.11
6	收益期对估价对象的影响性 B_6		√	0.30	0.43	0.10	0.17
7	有无租约 B_7		√	0.44	0.29	0.12	0.15
8	当地市场行情 B_8		√	0.45	0.28	0.1	0.17
9	市场发育度交易量 B_9		√	0.45	0.26	0.12	0.17
10	合计值		√	3.64	2.36	1.48	1.52
11	平均值		√	0.4	0.26	0.17	0.17

以上仅以估价目的"现房、商业用房、抵押贷款评估"为例说明，根据分析结果，应优先选择比较法和收益法，比较法与收益法重要度之比为：0.4/0.26=1.54，

比较法权重为 1.54/(1.54+1)=0.61(取 0.6)，

收益法权重为 1-0.61=0.39(取 0.4)，

最终评估结果 = 比较法 ×0.6+ 收益法 ×0.4。

四、实证结论

影响房地产估价的因素众多、复杂、多变，选用不同的估价方法，必须进行适用性分析，除了对影响估价方法的因素深入细致研究外，还要科学、准确、量化它们在不同估价方法中的影响程度，结合专家经验，综合运用模糊数学、统计学、运筹学等学科，用公式或模型来量化权重，作为综合测算结果的理论依据。层次分析法作为一种目标决策方法，其优点是定性与定量相结合，具有高度的逻辑性、系统性、简洁性和实用性，在房地产估价中应用

	A	B	C	D	E	F	G	H	I	J	K	L	M	N
1	商业现房抵押评估													
2	房屋状态（现房）	比较法	收益法	成本法	假设开发法	n								
3	比较法	1	3	5	5	4								
4	收益法	0.33	1	3	3									
5	成本法	0.2	0.33	1	1									
6	假设开发法	0.2	0.33	1	1									
7	目标					每行之和	权重	AH	max	CI	RI	CR		
8	比较法	0.5780	0.6438	0.5	0.5	2.2218	0.5555	2.2755	4.0373	0.0124	0.9	0.0138	<0.1	可行
9	收益法	0.1908	0.2146	0.3	0.3	1.0053	0.2513	1.0143						
10	成本法	0.1156	0.0708	0.1	0.1	0.3864	0.0966	0.3872						
11	假设开发法	0.1156	0.0708	0.1	0.1	0.3864	0.0966	0.3872						
12														
13	估价目的（抵押）	比较法	收益法	成本法	假设开发法	n								
14	比较法	1	2	5	5	4								
15	收益法	0.5	1	3	2									
16	成本法	0.2	0.33	1	3									
17	假设开发法	0.2	0.5	0.33	1									
18	目标					每行之和	权重	AH	max	CI	RI	CR		
19	比较法	0.5263	0.5222	0.5359	0.4545	2.0390	0.5097	2.1903	4.2341	0.0780	0.9	0.0867	<0.1	可行
20	收益法	0.2632	0.2611	0.3215	0.1818	1.0276	0.2569	1.1213						
21	成本法	0.1053	0.0862	0.1072	0.2727	0.5713	0.1428	0.6011						
22	假设开发法	0.1053	0.1305	0.0354	0.0909	0.3621	0.0905	0.3681						
23														
24	估价前提（自开发）	比较法	收益法	成本法	假设开发法	n								
25	比较法	1	2	2	0.33	4								
26	收益法	0.5	1	2	0.5									
27	成本法	0.5	0.5	1	0.5									
28	假设开发法	3	2	2	1									
29	目标					每行之和	权重	AH	max	CI	RI	CR		
30	比较法	0.2	0.3636	0.2857	0.1416	0.9910	0.2477	1.0515	4.2142	0.0714	0.9	0.0793	<0.1	可行
31	收益法	0.1	0.1818	0.2857	0.2146	0.7821	0.1955	0.8034						
32	成本法	0.1	0.0909	0.1429	0.2146	0.5484	0.1371	0.5685						
33	假设开发法	0.6	0.3636	0.2857	0.4292	1.6785	0.4196	1.8281						
34														
35	估价原则（谨慎）	比较法	收益法	成本法	假设开发法	n								
36	比较法	1	2	0.5	2	4								
37	收益法	0.5	1	0.33	2									
38	成本法	2	3	1	2									
39	假设开发法	0.5	0.5	0.5	1									
40	目标					每行之和	权重	AH	max	CI	RI	CR		
41	比较法	0.25	0.3077	0.2146	0.2857	1.0580	0.2645	1.1068	4.1425	0.0475	0.9	0.0528	<0.1	可行
42	收益法	0.125	0.1538	0.1416	0.2857	0.7062	0.1765	0.7268						
43	成本法	0.5	0.4615	0.4292	0.2857	1.6764	0.4191	1.7574						
44	假设开发法	0.125	0.0769	0.2146	0.1429	0.5594	0.1398	0.5699						
45														
46	数据来源	比较法	收益法	成本法	假设开发法	n								
47	比较法	1	2	3	3	4								
48	收益法	0.5	1	0.5	3									
49	成本法	0.33	2	1	2									
50	假设开发法	0.33	0.33	0.5	1									
51	目标					每行之和	权重	AH	max	CI	RI	CR		
52	比较法	0.4630	0.3752	0.6	0.3333	1.7715	0.4429	1.9011	4.2107	0.0702	0.9	0.0780	<0.1	可行
53	收益法	0.2315	0.1876	0.1	0.3333	0.8524	0.2131	0.8727						
54	成本法	0.1528	0.3752	0.2	0.2222	0.9502	0.2376	1.0228						
55	假设开发法	0.1528	0.0619	0.1	0.1111	0.4258	0.1065	0.4417						
56														
57	收益期	比较法	收益法	成本法	假设开发法	n								
58	比较法	1	0.5	3	3	4								
59	收益法	2	1	3	3									
60	成本法	0.33	0.33	1	0.33									
61	假设开发法	0.33	0.33	3	1									
62	目标					每行之和	权重	AH	max	CI	RI	CR		
63	比较法	0.2732	0.2315	0.3	0.4093	1.2140	0.3035	1.3188	4.2078	0.0693	0.9	0.0770	<0.1	可行
64	收益法	0.5464	0.4630	0.3	0.4093	1.7187	0.4297	1.8372						
65	成本法	0.0902	0.1528	0.1	0.0450	0.3880	0.0970	0.3950						
66	假设开发法	0.0902	0.1528	0.3	0.1364	0.6794	0.1698	0.7028						
67														
68	租约	比较法	收益法	成本法	假设开发法	n								
69	比较法	1	2	3	3	4								
70	收益法	0.5	1	2	3									
71	成本法	0.33	0.5	1	0.5									
72	假设开发法	0.33	0.33	2	1									
73	目标					每行之和	权重	AH	max	CI	RI	CR		
74	比较法	0.4630	0.5222	0.375	0.4	1.7602	0.4400	1.8343	4.1377	0.0459	0.9	0.0510	<0.1	可行
75	收益法	0.2315	0.2611	0.25	0.4	1.1426	0.2856	1.2099						
76	成本法	0.1528	0.1305	0.125	0.0667	0.4750	0.1187	0.4846						
77	假设开发法	0.1528	0.0862	0.25	0.1333	0.6223	0.1556	0.6325						
78														
79	市场行情	比较法	收益法	成本法	假设开发法	n								
80	比较法	1	2	4	3	4								
81	收益法	0.5	1	2	3									
82	成本法	0.25	0.5	1	0.33									
83	假设开发法	0.33	0.33	3	1									
84	目标					每行之和	权重	AH	max	CI	RI	CR		
85	比较法	0.4808	0.5222	0.4	0.4093	1.8122	0.4531	1.9151	4.2176	0.0725	0.9	0.0806	<0.1	可行
86	收益法	0.2404	0.2611	0.2	0.4093	1.1108	0.2777	1.2130						
87	成本法	0.1202	0.1305	0.1	0.0450	0.3958	0.0989	0.4073						
88	假设开发法	0.1587	0.0862	0.3	0.1364	0.5812	0.1703	0.7083						
89														
90	市场发育度	比较法	收益法	成本法	假设开发法	n								
91	比较法	1	2	3	3	4								
92	收益法	0.5	1	2	2									
93	成本法	0.33	0.5	1	0.5									
94	假设开发法	0.33	0.5	2	1									
95	目标					每行之和	权重	AH	max	CI	RI	CR		
96	比较法	0.4630	0.5	0.375	0.4615	1.7995	0.4499	1.8405	4.0661	0.0220	0.9	0.0245	<0.1	可行
97	收益法	0.2315	0.25	0.25	0.3077	1.0392	0.2598	1.0654						
98	成本法	0.1528	0.125	0.125	0.0769	0.4797	0.1199	0.4835						
99	假设开发法	0.1528	0.125	0.25	0.1538	0.6816	0.1704	0.6886						

图 3 Excel 截图

范围广，尤其是具备多因素分层次影响，能逐序确权（权重）的目标，例如：比较法中影响因素权重确定、成本法中成新率权重确定、城镇土地分等定级中因素因子权重确定等，同时结合电子化 Excel 表格，使估价更方便、快捷、准确。

参考文献：

[1] 柴强. 房地产估价 [M]. 北京：首都经济贸易大学出版社，2022.

[2] 中国土地估价师与土地登记代理人协会. 土地估价实务与案例 [M]. 北京：中国大地出版社，2022.

[3] 运筹学教材编写组. 运筹学 [M]. 北京：清华大学出版社，2022.

[4] 戴维·C.雷, 史蒂文·R.雷, 朱迪·J.麦克唐纳. 线性代数及其应用 [M]. 北京：机械工业出版社，2020.

[5] 杨建伟. 基于层次分析法的房地产估价理论方法 [D]. 北京：中国农业大学，2005.

[6] 张杰, 曲成平, 潘永强. 层次分析法在房地产估价中的应用——估价方法选择及采用不同方法时权重的确定 [J]. 青岛理工大学学报，2000（4）：39-43.

[7] 刘晓峰, 束楠楠. 基于层次分析法的比较法在房地产估价中的应用研究 [C]// 估价无处不在——让估价服务经济社会生活的方方面面——2017 中国房地产估价年会论文集，2017.

作者联系方式

姓　　名：段庆国

单　　位：辽宁坤宇冠华房地产土地评估有限公司

地　　址：辽宁省葫芦岛市连山区滨河路 18-9 号楼 A

邮　　箱：bossduan2005@163.com

注册号：2120050012

房屋征收中涉及的苗木价值估价

黄艺颖 方 坤

摘 要：随着城市化建设，各地政府因组织实施的基础设施建设、公共事业、城市更新等的需要，在房屋征收工作中涉及的苗木评估存在较多争议，有时会直接影响项目进度和权利人的利益。本文对涉及房屋征收中的苗木价值评估进行探讨和分析。

关键词：房屋征收；苗木价值评估

一、苗木评估的必然性

广东苗木市场的主要市场为珠江三角洲地区，目前形成了以广州花卉博览园、广州市花都南方花卉交易中心、陈村花卉世界、广州岭南花卉市场、中山市花木交易市场、小榄古镇为主的苗木仓储基地、深圳市南山国际花卉中心等几个的大型苗木市场。佛山市不乏大大小小的苗木种植基地。因此在房屋征收过程中，涉及的苗木评估存在必然性。

二、房屋征收中的苗木价值估价工作

为了保质、按时完成每个估价项目，估价机构和估价师应按照估价规范，制定好工作程序，因苗木估价工作除了一般的估价流程外，还涉及户外的实地查勘工作。故此，需明确从头到尾要做哪些工作，哪些工作先做，哪些工作后做，工作中应该注意的事项等。房屋征收中苗木价值评估的具体工作如下。

（一）获取估价业务

与常规项目不一样，在房屋征收估价业务中，我们需要明确苗木价值估价是否为可承接的业务范畴。如何明确是否为业务范畴呢？一般是看地方的法律法规的相关规定、项目的补偿方案等有效文件。另外估价机构和估价师应通过与房屋征收部门沟通，了解该估价业务是否超出本机构的业务范围，自己的专业能力是否能够胜任。

（二）确定估价范围

苗木评估首先要确定评估对象的范围，事先要详细了解评估对象基本情况，如苗圃概况、经营情况、期限、权属、地域四至等。同时需结合房屋征收范围，与征收部门、被征收人及相关人员明确项目的征收范围，从而确定估价范围。

（三）现场查勘

1.确认苗木树种

在对估价对象作了一个整体的了解后，必须事先了解评估对象树种的基本情况、珍稀程度、生长特点和计量标准。在进行实地查勘时，可让苗木种植人对苗木进行介绍，做好登记,首先要确定树种,辨别评估对象有哪些种类。对不认识的树种,先要了解树种生长状况和特征性状,并拍照,以便事后查阅资料和确定苗木种类。必要时须聘请林业专家参与野外勘查和评估工作。

2. 清点苗木数量

(1)能单个或小面积清点的情况

在进行实地查勘清点时,应有房屋征收部分相关人员、被征收人、苗木种植人在现场,能单个或能小面积具体计数的苗木,要单独清点,并进行复核,与相关人员进行现场确认。

(2)不能单个清点的情况

若面积较大时,根据种植面积,按树种密度和生长情况,可采用随机抽样法确定清点。将评估范围划定为多个小块,按苗木种类和苗木稀疏程度、生长情况和种植面积随机分布划分。清点时,对小块内每个种树数量进行清点,再按小块数量换算成估价范围的苗木数量。

3. 苗木规格

在进行实地查勘时,需要对各种苗木的胸径、树高、冠幅进行测量、记录,测量数据分别记录在勘察登记表上。记录时,应按照各小块图斑进行登记,根据各种苗木不同规格分别记录。

4. 拍摄苗木照片

估价人员在进行实地查勘时,应尽量多拍照,特别具有代表性的苗木,对不认识的苗木,可借助手机软件进行识别,多向种植人了解树名、树种、种植特性等。可拍摄树的全景、树干、枝条、树叶等细节。

5. 检查确认签字

估价人员应对查勘资料进行复核,确认估价对象数量、胸径、分类等数据无误后,让房屋征收部门相关人员、被征收人、种植人当面签字,并写清查勘、记录时间。查勘记录作为重要的留底资料,以备日后作为审计的依据。

三、确定苗木补偿标准

根据各地的房屋征收补偿方案,苗木补偿的标准有所不同。在估价过程中,估价人员应根据相关的法律法规、房屋征收补偿方案对苗木价值进行估价。

(一)苗木市场价格

对于房屋征收中直接征收苗圃基地的苗木,只计算苗木的圃存价格(苗木市场价格),估价时不计算拆迁中所发生的苗木挖掘费、包扎费、运输费、装车人力费等。因为在征地后,苗木产权已转移至征收拆迁方,其后所生的一切费用均由征收拆迁方自己承担。

(二)苗木迁移费用

苗木迁移费包含:移植挖掘费、包扎费、运输费、装车人力费、重新栽植费和苗木经营企业的管理养护费和利润等,具体的价格定义应符合相关的法律法规、房屋征收补偿方案,并对价格定义进行阐明。苗木产权不发生转移,依然为被征收人或种植人。

四、苗木补偿的估价方法

(一)苗木市场价格估价方法

在符合相关的法律法规、房屋征收补偿方案时,若价格定义为苗木的市场价格,估价人员应对各苗木进行市场调查，一般采用市场法，搜集同类型的交易案例，经修正后得到苗木市场价格。

（二）苗木迁移费用估价方法

若价格定义为苗木迁移费用，估价人员应对各苗木迁移的过程、价格构成进行调查了解，一般采用成本法。苗木迁移费包含：移植挖掘费、包扎费、运输费、装车人力费、重新栽植费、苗木迁移造成的损耗费、苗木经营企业的管理养护费和利润等。

五、特殊的苗木价格评估

古树名木等补偿，一般在相关部门取得合法移栽或处置手续后，由征收部门按相关部门批复的方案处置。涉及数量较大的须报市有关部门审批，其补偿按照相关的法律法规、房屋征收补偿方案进行补偿。

果树属经济林木，按果树生长挂果效应分档期进行经济价值评估，结合实际情况给予征收补偿。

六、总结

房屋征收中涉及的内容较多，作为估价机构及估价人员，应当充分了解地方法律、法规，在进行估价工作时，恪守本分，对估价对象多了解、分析，找到合适的估价方法进行估价。苗木名称千万种，价格千差万别，当我们充分做好各个流程的工作，调查了解后，房屋征收中涉及的苗木价值估价万变不离其宗。

作者联系方式

姓　　名：黄艺颖　方　坤
单　　位：深圳市国策房地产土地资产评估有限公司佛山分公司
地　　址：广东省佛山市禅城区汾江中路 18 号 ICC 2106 单元
邮　　箱：251523070@qq.com

论商业服务房地产产权持有人与经营者的相互成就

成宗勋

摘　要： 商业服务类房地产的价值计算很难离开其潜在收益能力，租金的确定自然成为收益法计算过程中极为重要的一环。如果要使得此类房地产的价值最大化，离不开产权持有人和经营者的共同努力，他们之间存在一定的矛盾，同时也是在相互成就。

关键词： 经营者；权利人；经营业态；商服环境

一、近年来商业服务类房地产现状

商业服务类房地产是人民大众的日常生活行为中必不可少的一类资产，衣食住行的交互均离不开此类房地产作为载体。作为人民生产生活中不可或缺的一部分。

商业服务类房地产在近些年的交易市场以及出租市场均比较火热，除一个城市或者地区商服中心的变更会造成部分商业服务类房地产的兴衰以外，其保值增值性也在近些年社会经济稳步运行的前提下体现得淋漓尽致。

近两年以来，商业服务类房地产的空置率较前些年有较大升高，但随着疫情形势的发展，我们的日常生产生活受疫情影响越来越小，此类房地产出租率也在渐渐回归往日水平。

二、产权持有人与经营者的矛盾

商业服务类房地产的本质，是人类生产成果进行交互的一个载体，收益性是其特性之一，也是估价活动中几乎难以避开的。收益法计算过程中，租金、租金上涨率、还原利率这几个因素对收益法评估价值影响的敏感系数都是比较高的。本文以租金展开，谈谈笔者从业以来在租金收集过程中遇到的现象以及思考。

收益法计算过程中，首先要做的便是确定估价对象租金，但对租金的影响因素却是多种多样的。作为商业类房地产的权利人，一部分是为了自营，一部分是为了出租，也有一部分是为了其增值保值，但在为了其收入最大化的前提下，通常不会将其空置，而是选择将其出租来获取收益，以便早日回收其投资。

在权利人从房地产开发单位购买房地产时，开发单位并不会考虑房地产日后的经营业态，而是仅根据其临街状况、临街道路类型、铺面开间进深比例等房地产自身因素来确定销售价格。但对于经营者来说，购置房地产的成本或者租赁房地产的成本都是其固定成本的一部分，其经营的目的就是盈利，而保本点的降低，才能使其更早地获得利润，所以寻找更低租金的商铺，往往是经营者进行经营的一个必要程序。但对于房地产的产权人来说，能通过出租房地产来获取更高的租金，那么其对于该房地产的投资就越能早日回收。那么在公开平等自愿的市场上，出租人与承租人对于租金的期望则会逐渐收敛于公开市场租金。

三、不同经营业态下商业房地产的各类差异

对于不同的经营者，或者不同的经营行业，其预期的租金成本也有较大区别。因大型商场、商圈类似位置各个功能分区对其租金影响较小，可及度与人流量对其影响较大且难以消除该因素影响，故此次笔者以住宅底商或沿街商铺为例。笔者曾因房屋征收评估在多个城市常驻，与各个区域的商业经营者难免经常交流，在此提个想法以抛砖引玉。

以服饰出售、餐饮、五金 3 类经营者为例，在控制变量法的前提下，对各类租赁情况进行归类分析，对于在同一供需圈内、临街道路均为生活型道路、人流量亦都相差无几的几条街道，此几条街道也互有交叉，其中以服饰出售类租金最高、餐饮业次之、五金类最低，甚至较为极端的情况，五金类商铺租金还不足服饰出售类的一半。在收益法计算过程中，若保持其他系数取值不变，不同经营业态下的房地产收益法评估价值也相差极大，尤其在运营费用对租金的敏感系数较收益法评估结果对租金的敏感系数低的实际情况下，租金在一定程度的下降，往往会导致收益法评估结果的加速下降。所以仅仅因为经营业态的不同，就影响了其租金收益，进而较大影响了收益法评估价值。

四、最高最佳利用分析

最高最佳利用应是房地产在法律上允许、技术上可能、财务上可行并使价值最大的合理、可能的利用，包括最佳的用途、规模、档次等，可能会涉及保持现状、转换用途、装修改造、重新利用等某一种或者某几种的组合，故因此认为其最高最佳利用应以其最佳的经营方式进行确定租金。

但估价是一门行业，无法脱离现实的行业，还以以上 3 种经营状态为例，若都以租金较高的服饰出售类进行计算，真的符合最高最佳利用原则吗？如果可以将租金较低的行业都以租金较高的经营业态的收益来计算，那么是否意味着所有的商业均用来经营服饰销售？当然奢侈品销售、化妆品出售等行业租金更高，本文为了简化论证原理，始终以上述 3 个行业为例，以后不再赘述。

所有产权持有人均自行经营或者要求承租人经营服饰出售是明显背离现实的，因为行业的多样性，人群需求的多样性，注定不会使得所有的商业类房地产均经营同一行业。或者在五金建材市场中，如果是有间超市经营日常生活用品尚情有可原，可若是出现了一间经营服饰的店铺，那便有些突兀了。现实中不可能存在的情况，也就明显不符合估价原则，同时也证明最高最佳利用的原则并不能要求估价师均按其租金最高的行业来进行计算。由此，收益法作业过程中，即便是考虑最高最佳利用，租金的确定仍然不能脱离其周围商服环境对估价对象的影响，能在一个特定或者现有的商服环境中，找到一种或者几种能获得更高收益的经营方式，已是难能可贵。

五、如今的"人流量"和过往的"人流量"

在以往的商业经营广而告之的过程中，大部分经营者依靠其店铺的招牌，也依靠老顾客

的口碑，其通过电视或者网络向外界打广告的较高成本也成为广告的拦路虎，所以房地产周围的人流量是影响商业服务房地产价值的一个重要因素。

如今随着网络的普及，某些搜索引擎或者小视频平台也能带来部分"虚拟人流量"。似乎在"虚拟"人流量的影响下，现实中的"人流量"对商业类房地产的影响较往年更小了一些。笔者也曾有过与某小视频平台后台进行接触，浅显地了解了其盈利模式及"小视频"推送模式。在经营者投入一定的"小视频"推送成本之后，也能为其带来更为可观的"虚拟人流量"，部分"虚拟人流量"也可以转化为实际的经营收入。

而换取人流量的另外一个途径，则是选择一个品牌进行加盟，以其加盟的品牌为其带来更多的人流量。这一部分的经营成本，可能体现在加盟费用的摊销上，也可能体现在零加盟费用模式的收入抽成上面，或者更多的模式，但最终的成本，都是出在经营者身上。

维持一定程度的人流量，本质上是维持经营成本与转化收入的平衡，这对经营者的能力是个较大的考验。对于产权持有人来说，更多希望承租人能长久稳定地经营，如此一来也能减少房地产的空置期，以期望获得更多的租金收入，从而实现其更快的投资回收。

六、产权持有人与经营者的相互成就

本文既然名为产权持有人与经营者的相互成就，且放房地产自身的因素在侧，仅讨论产权持有人和经营者的关系。综合来说，首先，房地产的市场租金，受周围商铺经营业态的影响，既然个人无力改变周围的商服环境，那么就更好地融入进去；其次，房地产的空置率，又受经营者的经营水平所影响，维持其经营成本和经营收入或者经营利润的动态平衡，是一个优秀的经营者不可避免的一门课；租金和空置率两个重要的因素极大影响了房地产的收入能力，而这又是与经营者密不可分的。而对于收益法评估测算过程中的运营成本（非经营者的经营成本），其又属于半变动成本的一种，自然归属于房地产的收益越多，其运营成本总是越高的，但也受到经营者日常的生产经营活动的一定影响，本文就不再赘述了。

一个踏实经营，对市场敏感、细心的经营者，总能在大部分的普通人中脱颖而出，人的心理也使得有上进心的经营者向其靠近，从而带动更多的经营者，在商服环境越来越优秀的前提下，何愁换不来房地产的保值增值呢？

作者联系方式

姓　名：成宗勋
单　位：河南天健房地产土地资产评估有限公司
地　址：河南省郑州市金水区姚砦路 133 号金成时代广场 9 号楼 1201
邮　箱：549440078@qq.com
注册号：4120200030

园区资产增值与园区运营的关联性分析

黄丽云　陈碧红

摘　要：本文主要分析园区资产增值与园区运营的关联性，园区资产增值需考虑园区运营模式、园区运营收益等因素，与此同时，园区资产增值不应局限于有形资产增值，还应看到无形资产增值及所带来的正面影响。

关键词：园区资产增值；园区运营；收益点

一、园区资产增值与园区运营

近年来，国内产业园区逐渐进入存量运营时代，产业地产逐渐成为社会关注的热点和投资新宠，华为、腾讯、京东、华润微电子、顺丰控股、小米等产业巨擘和星河、碧桂园、联东集团、启迪控股、天安中国等地产大佬纷纷抢滩产业地产，而园区运营在这波浪潮中显得尤为重要。

另外，随着经济大环境的变化、政策的倒逼，早期以赚取土地红利的商业模式难以为继，未来产业地产的商业模式必然从依靠土地增值转向资产增值。而资产增值则要求产业地产商结合自身优势资源，做好园区运营，形成具有竞争力的园区运营核心能力并实现复制和输出。但现实情况是，众多产业运营商对园区的运营浮于表面，提供基本的载体和基础物业服务，收益主要来源于租金和少量物业管理费，使资产价值得不到提升，资金回流缓慢。

另外，园区运营模式由于自身企业性质、组织架构的不同，导致园区运营的方式不同，收益点也不同。那么如何进行园区运营实现资产增值呢？本文结合我司近期承接的宝安区某产业园区项目，对产业园区运营模式与园区运营收益点进行研究与分析。

二、园区运营模式分析

（一）园区现状分析

项目地处湾区核心节点，前海扩区范围内，临近宝安区国际会展城、海洋新城、宝安国际机场，交通区位优越。具体情况如下。

1. 项目改造范围大

项目范围是 2.88 平方 km^2，建筑面积约 418 万 m^2，由 77 个村级园区组成。其中，约 56% 的用地容积率小于 2，约 80% 的建筑在 6 层以下，约 80% 的建筑为框架结构。

2. 权利主体较多，且"二房东"现象明显

一方面，项目权利主体涉及股份公司、企业、个人等权利主体，改造意愿、改造实力、利益诉求等均不同；另一方面，现状园区运营方式以出租为主，且较多物业承租给"二房

东"并签订较长租约。项目涉及权利主体较多,且"二房东"现象明显,较难统筹规划。

3. 改造方式多样

本项目结合实际情况,提出了融合拆除重建、产业提容、土地整备、简易综合整治等改造方式于一体,灵活运用政策工具箱进行改造。

4. 具有一定产业基础,但以小散企业为主

项目范围内企业数量超过1200家,其中百强企业5家、亿元企业44家及国家高新技术企业198家,规模以上(以下简称"规上")企业占比仅为约26%,小散企业占比约74%,产业集聚度不高。另外,片区内规上工业企业地均产出低于深圳市平均水平,仅为所在街道地均产出的70%,且规上工业企业地均税收不足深圳一半。

5. 利益主体多,利益难以平衡

项目涉及的利益主体包括政府、股份公司、国企、实施主体、优质企业等,各方诉求不同,利益难以平衡。政府诉求是在不投资或少投资的情况下实现优化产业结构、完善园区配套、引进优质企业,实现园区统一管理及可持续发展;权利主体诉求是收益稳定增加,园区环境提升;实施主体诉求是合理投资,有一定利润空间;园区内优质企业诉求是租金不涨,产业环境有所提升。

(二)项目运营模式匹配度分析

总的来说,项目涉及范围大,情况复杂,需寻找匹配度较高的园区运营模式来平衡各方利益,满足各方利益诉求,从而实现共赢。本文通过梳理分析市场上较普遍的4种园区运营模式,结合项目的具体情况,分析与项目匹配度较高的园区运营模式。

1. 模式一:政府主导,统管模式

政府主导、统管模式是政府主导,包括资金投入、园区开发建设运营,适用承载产业发展战略的工业园区或公益性产业项目,适合于一些规模小、管理简单的园区。如广州天河软件园,由政府组建的园区管委会负责园区资金筹措、开发建设、园区运营。

此模式的优势是政府资金实力雄厚;可出台专项扶持政策,政策扶持力度大;手握优质企业资源,企业资源倾斜;政府站台,社会信用度高;重视产业规划与产业集聚,园区可持续发展。但其劣势也比较明显,缺乏市场运作,商业模式未能打通;灵活性偏低;审批流程繁冗,行政缺乏效率;政府作为行政主体地位界定并没那么明确,专业人员组建费时费力;改造成本高。

此模式与项目适配性:本项目开发范围广,权属复杂,多种开发模式结合,不适合用单一模式进行园区开发运营。

2. 模式二:国企主导,统租统管模式

国企主导、统租统管模式特点是国企统筹,资金来源以国企为主,可融入政府、业主共同参与投资建设,国企负责园区开发运营,适用于大规模或连片工业用地。如桃花源智创小镇以宝安产服统租统管为主,部分物业由业主出资改造,新建物业由政府出资建设。

此模式的优势是资金实力雄厚;国企社会信用度高;有一定的产业资源;政策执行力强;较强的建设与运营管理能力。劣势是同步审批机制流程长;效率一般;园区运营灵活度一般;国企社会责任度较高,承担部分社会管理职能,会给企业带来一定的负担;改造成本较高。

本模式与项目适配性:本项目属于战略性产业规划,国企主导保障规划落地与可持续发展。

3. 模式三：社会企业主导，统租统管模式

社会企业主导，统租统管模式特点是社会企业解决大部分资金，进行园区开发、建设与运营。适用于有实力企业，可成大规模或连片工业园，多数以小规模园区为主。如华丰集团旗下园区，华丰集团对宝安区租赁系列园区进行统一改造运营，打造机器人、新材料、智能装备等产业集聚的园区。

此模式的优势是使园区的开发管理工作实现专业化；运营管理灵活、处理问题的效率高；强调服务内容多样性、全面性，服务质量较好；对市场敏锐度高，及时跟上市场需求；改造成本较低。劣势是融资成本较高；社会信用度一般；以经济效益为目标，可能会偏离园区设立初衷；产业规划落地性及企业质量无法保障。

本模式与项目适配性：本项目开发范围大且属于战略性产业规划，社会企业在资金、落地执行等方面存在不确定性。

4. 模式四：混合开发，组团式统租统管模式

混合开发，组团式统租统管模式特点是政府、国企或社会企业合作开发，资金、建设、运营等事宜由参与方共同商讨。适用于大规模或连片工业园，战略性园区，改造模式多样，权属复杂的园区。如福田区新一代信息技术产业园，由国资委（成立公司深圳市福田区新一代产业投资服务有限公司，控股51%）与社会企业（成立公司深圳智慧园区运营服务有限公司，控股49%）合作，双方共同投资，社会企业负责园区运营；华侨城文化创意产业园，国企统筹大部分片区开发运营，业主、其他企业负责自有部分改造。

此模式的优势是利用多方优势开发园区，保障资金充足、统筹管理、运营专业化；可针对性解决园区复杂的问题，保证园区开发建设的顺利推进；灵活度较强。劣势是多方利益主体博弈，缺少统筹单位平衡各方利益；各方诉求不同，声音较多，可能会造成决策效率较低。

本模式与项目适配性：本项目开发范围大，权属复杂，且属于战略性产业规划，混合开发保障项目园区顺利推进。

5. 小结

根据项目特征，参考主流模式经验，结合园区多维度评价指标，国企主导或混合开发式的统租统管运营模式更适合园区。其中，政府站台、国企主导、统租统管模式，制订园区企业准入和退出机制，灵活运用国企的相对优势进行园区开发建设；而混合开发、组团式统租统管模式，结合园区部分业主存在自行改造意愿，短期内可灵活采用组团式统租统管模式，允许部分单独产权用地小规模准许自行改造，长期采用市场规律纳入统管。

三、园区运营模式收益分析

园区运营从资产价值评估角度出发，其收益可以概括为两方面：有形资产收益和无形资产收益。有形资产收益包括租金（产业用房、宿舍、会议室、商业、停车位等租金）、物业管理费、增值服务收益（包括政策补贴申请、金融服务、财务服务、税务服务、法律服务等）、园区定投收益、股权投资收益、短仓收益、广告收益、光伏收益等，其是可量化的；而无形资产收益包括品牌知名度、产业结构、企业质量、园区活力等提升，其影响往往是潜移默化的，并持续性产生正面影响，有利于增加有形资产收益。

本文通过3个案例分析园区入驻企业类型、产业运营商企业性质、运营理念等维度，剖

析园区运营特点及其受益点。

（一）案例分析

1. 桃花源智创小镇

桃花源智创小镇位于宝安区水库路，占地面积约 80 万 m^2，建筑面积约 37 万 m^2，以孵化器、加速器、高科技产业园为主要形式的创新园区，是宝安区第一个国家级科技企业孵化基地。重点引进电子信息、生物科技、节能环保等 500 强企业、上市及拟上市企业、总部企业和高端科研机构，同时也引进初创型企业进行孵化与培育。产业运营商是宝安区区属国企深圳市宝安产业投资集团有限公司，其园区运营的收益点包括：

（1）研发办公的租金收益，均价 55 元/(m^2·月)；

（2）物业管理费收益 5 元/(m^2·月)；

（3）运营收益包括停车费收益、园区活动收益、行政服务收益、广告收益、押金收益等，占租金收益的比例约 4.2%。

其园区运营的产业空间单位建筑面积收益约 4.8 元/(m^2·月)，园区运营活力较好。除了提供一些常规性的运营服务外，会持续性举办项目研讨会、创意文化活动、沙龙演讲、政策解析等活动，并提供管理咨询、学术交流、市场销售、孵化器、加速器等公共平台，为园区企业提供更多的机会与对外窗口。

2. 天安云谷

天安云谷位于龙岗区坂田街道岗头社区，占地面积约 76 万 m^2，建筑面积约 289 万 m^2，容积率 3.8。以"云计算、大数据"为核心，聚焦云计算、移动互联网等新一代信息技术产业和智能设备、机器人研发等智慧产业，以及围绕其发展相关现代服务业和生产性服务业，引进企业以科技创新型、中大型企业为主。园区运营商为深圳天安骏业投资发展（集团）有限公司，其园区运营收益包括：

（1）租金收益：研发办公 110~130 元/(m^2·月)，高于周边研发办公产品 20~40 元/(m^2·月)；

（2）物业管理费：10 元/(m^2·月)，而周边研发办公物业管理费以 5~8 元/(m^2·月) 居多；

（3）运营收益：停车费收益、企业服务收益、园区活动收益、广告收益、押金收益、短租仓收益、APP 收益、定投收益等，运营收入占租金收入比例约 7%。

天安云谷园区的产业空间单位建筑面积营业收入约 11.4 元/(m^2·月)，园区运营活力高。园区以打造智能化系统平台为手段，以企业需求为核心，以自身品牌加持，结合经营诉求、管理效率诉求、低成本的融资诉求，为企业提供一站式服务，同时不断完善园区运营的产业生态，形成具有竞争力的、独特的产业运营模式。

3. 华丰国际机器人产业园

华丰国际机器人产业园位于宝安区航城大道与宝安大道交会处，在固成地铁站 200m 核心辐射范围内，占地面积约 3.5 万 m^2，总建筑面积约为 13 万 m^2。园区功能分为产业用房、宿舍公寓、商业配套。重点引入机器人、智能装备、电子信息等相关产业，集机器人研发、生产、展示、销售等环节于一体。并设置孵化服务中心，引进众多初创企业。园区运营商为华丰集团，其园区运营收益包括：

（1）租金收益：研发办公均价 70 元/(m^2·月)；

（2）物业管理费：4 元/(m^2·月)，与周边研发办公产品相比偏低；

（3）运营收益：停车费收益、人力资源服务收益、政务服务收益、孵化服务收益、广告收益、仓储服务收益、定投收益（占比较高）等，运营收入占租金收入比例约5.6%。

华丰国际机器人产业园园区运营以提供常规园区服务为主，企业以初创企业为主，提供的相关服务亦围绕初创企业的需求开展，物业管理费收费偏低，其运营特色在于对初创企业的投资，且收益相对较高，故其运营收益占租金收入相对高于桃花源智创小镇。

（二）项目收益点分析

无论是国企主导或混合开发式的统租统管运营模式，皆需平衡各方利益，解决政府诉求少投资、权利主体诉求租金稳定增长、企业诉求租金稳定、运营商诉求有合理利润等众多诉求，如何挖掘收益点，平衡前期的开发成本及后期的合理运营收益是重中之重。

前期开发成本的平衡问题可借鉴桃花源智创小镇改造由政府、业主、股份公司、产服集团共同出资的处理机制，项目前期开发成本可分摊到政府、业主、股份公司、产业运营商等参与主体中，解决资金不足的问题。

本项目综合运用增加园区运营收益点、争取产业专项扶持政策等方法，提高后期园区运营收益，平衡各方利益。一方面，在园区运营上，除了租金、停车费、活动、行政服务、广告等常规收益外，可挖掘仓储、定投、光伏等其他收益，并提升品牌知名度、产业结构、企业质量、园区活力等无形资产收益，使园区运营收益不断提高。另一方面，综合运用专项产业扶持政策工具箱，将园区所产生的税收反哺到本项目，反向平衡各方利益。

四、结语

园区资产增值与园区运营模式、园区运营收益点等息息相关，其增值不仅体现在有形资产增值，也体现在无形资产增值上。这也要求产业运营商及资产评估人员不能仅看到有形资产增值，也应关注到无形资产增值所带来的蝴蝶效应。本文用具体案例来分析我们对园区资产增值与园区运营的关联性，仅供大家参考并共同探讨。

作者联系方式

姓　　名：黄丽云　陈碧红

单　　位：深圳市世鹏资产评估房地产土地估价顾问有限公司

地　　址：广东省深圳市福田区车公庙天安数码城泰然五路天济大厦五层F4.8.5A

邮　　箱：334907588@qq.com；799673123@qq.com

注册号：黄丽云（4420070099）

大数据分析疫情对房地产市场价格的影响

李奕萱　李金龙　宋雨伦　闫　龙

摘　要：新冠疫情蔓延，实施疫情防控措施，社会公共秩序发生变化和人们生活秩序发生改变。因社会人群的流动，给房地产市场供需状况带来巨大的影响，从而也造成了房地产市场价值的波动。通过大数据技术对人群流动趋势的分析，反映疫情变化、人群流动、房屋销售、房屋价值等之间的内在关系。助力房地产估价师以及关注疫区房地产市场价格变动的人士们进行认知和判断。

关键词：大数据分析；疫情；房地产市场价格

壬寅年仲春，惊蛰时节，北国江城吉林市依然是千里冰封、万里雪飘，好一片北国风光。然而经历寒冷的冬季，吉林人并未等到那亭亭白桦、悠悠碧空北国之春的来临，迎来的却是一场突如其来的新冠疫情。

疫情来临，社会公共秩序和人们生活秩序被扰乱，人们工作方式和学习方式被改变。同时也改变着人们的精神需求和消费导向，改变着社会诸多的供需平衡。2022年上半年，吉林市GDP总量647.35亿元，同比增量 −50.7亿元，增速 −7.26%。

数据分析师和房地产估价师们开始了分析和思考：疫情蔓延、疫情防控、人群流动、房屋销售、价格变动等之间的数据关系。

本文以疫区吉林市为背景，通过大数据技术，分析疫情下人群流动的变化、对房地产市场产生的影响。以此助力房地产估价从业人员对疫区房地产市场运行的关注、认知和判断。

一、人群流动状况

人群流动的趋势带动着需求的变化，对于商业用房来说，就影响到经营收入和利润的变化，影响到房屋租金价格的变动。

（一）选定商圈

本文基于中国联通信令数据，对吉林市船营区河南街商圈、昌邑区东市场商圈、丰满区厦门街商圈、龙潭区汉阳街等商圈进行大数据分析。

本文所使用的数据采用了 Geohash 的技术对商圈进行选择，选后的区域用于后续的数据加工。Geohash 是一种地理位置编码，通过将地球看成一个二维的平面图，采用递归的方式将平面逐步切分成更小的模块后，编码生成一个二进制的字符串，再通过 Base32 将其转换为一个字符串。最终通过比较 Geohash 值的相似程度查询附近目标元素。如图1～图4所示，本文将统一使用7位 Geohash 来对信令数据进行加工处理。

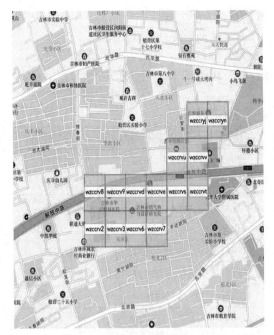

图1　船营区河南街商圈

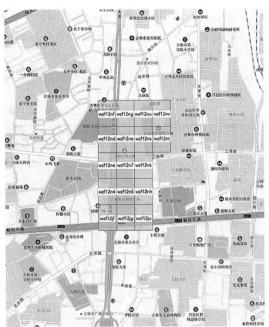

图2　昌邑区东市场商圈

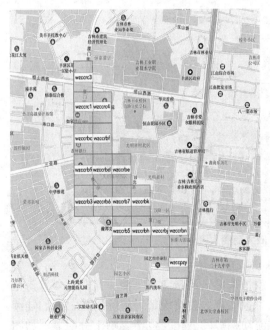

图3　丰满区厦门街商圈

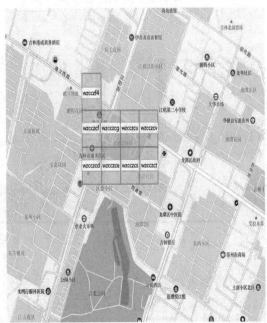

图4　龙潭区汉阳街商圈

(二)数据口径

数据加工口径如下：

1.2022年1~6月份疫情暴发及其前后的期间；

2.20~60岁社会主要消费群体的人群年龄区间；

3. 商圈内大于等于 20 分钟驻留时长大概率有消费行为的人群；
4. 商圈内非职非住人群，排除常住区域内工作和生活的非流动人群。

（三）人流量变动趋势

按照设定的 4 个条件，对各商圈的人群流量数据进行统计分析，如表 1、图 5 所示。

2022 年 1～6 月份四大商圈人流数量　　　　　　　　　　表 1

月份	河南街商圈	东市场商圈	厦门街商圈	汉阳街商圈	合　计
1 月	124585	69515	42992	21450	258542
2 月	121685	57069	38780	16415	233949
3 月	29177	18197	13543	8109	69026
4 月	5632	6170	5065	3255	20122
5 月	54773	40814	25975	13661	135223
6 月	67360	53249	35705	18724	175038
总计	403212	245014	162060	81614	891900

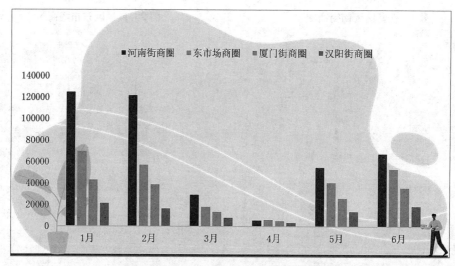

图 5　2022 年 1～6 月四大商圈人流量对比

从商圈人口流动总量变动趋势，反映出了疫情来临人流量急剧下降，尤其是 4 月份全域静态管理、居家隔离期间，商圈人流量达到了最低点。疫情缓解、解除封控，人们陆续开始返岗复工，商圈内人流量逐渐增加。人群流动趋势的变化受疫情影响十分明显，如图 6 所示。

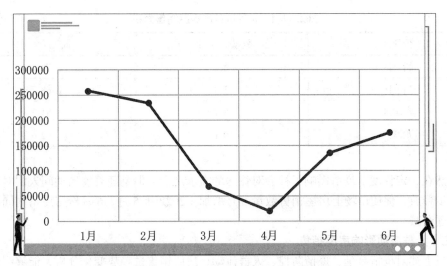

图6　2022年1～6月份四大商圈人流量变动趋势

二、市场运行状况

（一）新增房屋数量

2022年1～6月份，新增商品房面积18.8万 m^2，同比下降82.1%；数量1684套，同比下降83.7%。其中商品住房面积17.8万 m^2，同比下降81.7%；非住房上市面积1.0万 m^2，同比下降87.1%。

（二）销售房屋数量

2022年3月份，吉林市城区房屋销售面积同比下降88.6%、销售套数同比下降87.9%、销售金额同比下降87.8%；4月份更是历史性地出现了"零上市""零销售"的现象，房地产市场运行陷入停滞状态（表2）。

2022年1～6月份全市房屋销售状况　　　　表2

月份	销售面积（万 m^2）		销售套数		销售金额（亿元）	
	数量	同比（%）	数量	同比（%）	金额	同比（%）
三月	1.4	↓88.6	148	↓87.9	0.9	↓87.8
四月	0	—	0	—	0	—
五月	4.0	↓76.5	369	↓79.3	2.5	↓77.8
六月	11.3	↓44.9	1105	↓40.9	6.9	↓53.0

与同期相比，疫情对吉林市各行政区域房屋销售数量造成了普遍的、严重的影响，其中降幅最小的是丰满区51.3%，降幅最大的是龙潭区92.6%（表3）。

随着政府各项防控政策的逐步实施和社会各界大力援助，疫情得到有效的控制。各行各业开始复工复产，人们走出家门，生活逐渐恢复常态，公共秩序得到回复。房地产市场从一度停滞，开始逐步恢复运行。

2022 年 1～6 月份各区房屋销售面积　　　　　　　　　　　　　　　　表 3

行政区	数量（万 m^2）	同比（%）
船营区	4.4	↓ 78.7
昌邑区	3.4	↓ 68.7
丰满区	8.1	↓ 51.3
龙潭区	0.1	↓ 92.6

虽然在一定程度上疫情影响了社会对住房的需求观念，但是随着疫情期间人们对住房需求的逐步释放，促使市场上房屋销售数量逐月增加。2022 年 5 月、6 月份房屋销售同比下降的幅度逐渐减小。

（三）人群流动影响房屋销售

通过上述对疫情蔓延、疫情防控、人群流动、房屋销售量趋势变化分析，能够明显地看出：疫情蔓延、人群流动骤降，房屋滞销，房地产市场萧条；疫情缓解、人群流动增加，房屋销售上升，房地产市场开始复苏（表 4）。

疫情下人流量和房屋销售量对比　　　　　　　　　　　　　　　　　　表 4

月　份	新增确诊病例 + 无症状感染者	人流数量	房屋销售量（套）
一月	0	258542	768
二月	0	233949	853
三月	23869	69026	148
四月	3752	20122	0
五月	19	135223	369
六月	26	175038	1105

疫情来临，房屋销售量迅速进入谷底；疫情过后，房屋销售量缓慢回升，疫情状况反向影响市场房屋销售量。人群流动数量则正向影响房屋销售量，两者密切相关，人群流动和房屋销售量变动趋势大体趋于同步，表明人群流动直接影响着房地产市场需求的变化（图 7）。

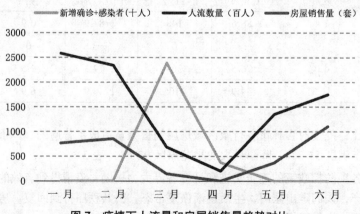

图 7　疫情下人流量和房屋销售量趋势对比

三、疫情下房屋价值波动

对商业用房进行估价,通常采用收益法。本文按照收益法的估价技术思路,对全剩余寿命模式公式中的净收益和报酬率两个主要变量,通过市场抽样调查、分析其在疫情期间的变化,进而测算其对房屋价格变动影响的幅度。

(一)疫情下有效毛租金减损

疫情下商家闭门歇业,无法经营,收入中断,但经营费用依然在不断地发生。

经过对图2、图3、图4、图5区域商圈的300家出租型商业用房进行调查,结果显示,有99%出租人给予承租人不同时长的减免租金。有超过一半的出租人免一个月租金,近三分之一的出租人免两个月租金,最长的免两个半月租金(表5)。

减免租金状况调查统计表 表5

时 长	商户数量	所占比例(%)	免租月数
不减免	3	1	0
半个月	18	6	9
一个月	162	54	162
一个半月	18	6	27
两个月	87	29	174
两个半月	12	4	30
合 计	300	100	402

(二)收益数额下降

在调查的300家商户当中,出租人共减免402月时长的租金,平均每家减免租金时长为402/300=1.34月。由此测算得出平均每家有效毛收入降低的幅度为1.34/12=11.17%。即受疫情影响,平均每家有效毛租金收入是正常情况下的88.83%。

调查结果显示,出租人的运营费用约为租金数额的20%～30%,这里取中位数25%进行测算。疫情期间,房地产税、房屋保险、物业服务费、管理费用、维修费、水电费等运营费用基本保持不变。则:

房屋净收益的下降幅度为:$\left[1-\dfrac{(100\%-11.17\%)-25\%}{100\%-25\%}\right]\times 100\%=14.9\%$。

例如:月租金2万元,年租金24万元的商业用房,年毛租金收入减少24万元×11.17%=2.68万元;净收益减少24万元×14.9%=3.58万元。

(三)报酬率变动

以安全利率加风险调整值作为报酬率,安全利率选用一年定期存款利率1.75%;为承担额外风险所要求的补偿风险调整值,经调查,因为疫情原因,出租人要求额外风险补偿由以往的5.5%增加到了6%。即疫情前报酬率为1.75%+5.5%=7.25%;疫情后报酬率为1.75%+6%=7.75%。

（四）价值变动幅度

利用计算公式测算价值变动幅度：$V = \sum_{i=1}^{n} \dfrac{A_i}{(1+r)^n}$

其中：A_i—净收益，r—报酬率，n—收益年限。

1. 疫情前房屋价值：$V_1 = \dfrac{A_i}{(1+7.25\%)^n}$；

2. 疫情后房屋价值：$V_2 = \dfrac{88.83\% A_i}{(1+7.75\%)^n}$；

3. 价值变动幅度 $= \left(1 - \dfrac{V_2}{V_1}\right) \times 100\%$。

当收益年限为 10 年时：疫情后房屋收益价值平均降幅为 16%；当收益年限为 20 年时：疫情后房屋收益价值平均降幅为 20%。

疫区疫情蔓延，政府实施疫情防控，社会公共秩序发生变化，社会生活秩序也发生改变。人群流动的趋势，引导着社会需求的导向，影响着房地产市场供需状况，也影响着房地产市场价值的波动。

疫情下，对不同时期、不同区域、不同类型房地产供需状况所产生的影响不同，房地产价格波动幅度也不尽一致，应结合市场客观环境状况的不同，进行具体分析。

作者联系方式

姓　　名：李奕萱　宋丽伦　闫　龙

单　　位：联通数字科技有限公司

地　　址：北京市东城区雍和宫壹中心 A3 座二层

姓　　名：李金龙

单　　位：吉林方正房地产资产评估有限公司

地　　址：吉林省吉林市船营区光华路 98 号

房地产投后监管实践中的重点与细节

高晓翀　张明飞

摘　要：当前，我国一些区域的房地产金融化问题较为严重，"烂尾楼""停贷潮"等现象频发，导致资本市场对房企信用风险的担忧情绪不断扩大，我国不良资产供给增多，房地产类不良资产市场容量上升。本文从合同审查策略、债务遗留问题两个层面梳理了房地产项目投后管理的重点与细节。

关键词：投后监管实践中的重点与细节；合同审查策略；债务遗留问题

一、引言

2021年3月，原中国银保监会主席郭树清指出："我国房地产领域的核心问题还是金融化、泡沫化倾向比较强。"随着房价调整、新冠疫情持续防控，"这种势头得到了扭转"。基于以上背景，如何促进房地产市场良性发展，让房地产回归居住属性，成为政府部门关注的焦点。近年来监管部门先后出台房企融资新规，设置"三道红线"控制房企有息债务的增长，部分房企过度扩张引发资金流动性危机，不断出现房企"暴雷"现象，导致资本市场对房企信用风险的担忧情绪不断扩大，我国不良资产供给增多，AMC市场容量上升。另外，宏观环境方面，海外新冠疫情未得到有效控制，我国疫情也存在此起彼伏的现象，国际地缘冲突也加剧了我国经济增速下行压力。在此背景下，AMC作为专门从事不良资产收购、管理和处置的专业机构，迎来不良资产的市场蓝海。

根据普华永道发布的《2022年中国不良资产管理行业改革与发展白皮书》表明：2021年，中国不良资产整体规模约为5.88万亿元，较2020年增加6700亿元，同比增长12.86%。从四大资产管理公司（AMC）成立之初承接政策性业务到商业化转型的"1.0阶段"，到综合化经营与地方资产管理公司崛起的"2.0阶段"，再到如今，中国不良资产管理行业迈入"3.0发展阶段"。

房地产不良资产市场，蕴藏着巨大的机遇，同时也蕴含巨大的风险。其中资金管理风险、合同履约风险、工程风险等，都不容忽视。需要具备有效的投后管理机制，才能帮助资管主体规避风险，获得利润。首佳顾问作为专业的房地产投后管理机构，在复杂多变的市场环境中，机遇与挑战并存。我们在对资管公司收购的大量房地产不良资产进行投后监管的实践中，有以下重点值得关注。

二、合同审查策略

在强监管模式的项目中，或因为开发项目情况复杂，或因为委托人持有项目股权，所以委托人会要求我们第三方监管机构对合同进行实质性审查，并向委托人出具专业的合同评审意见。以避免合同签订后为委托人的利益带来风险。

（一）预审核

在正式审核合同内容之前，我们首先要确认项目公司的审批流程是否齐备，其次要对合同的签订背景和招标投标进行预审核。

（二）合同签订背景调查

合同的签订是否匹配项目整体发展的需要。我们首先要确定，待签订的合同是否真的是项目所需要的。例如：如果监管项目的业态为小型别墅群，其项目规划和设计方案均不包含电梯，但是现在却要签订电梯安装合同，这种情况可能存在异常，驻场需要确认需求的真实性。

合同的签订是否匹配项目当前开发的需要。判断合同确实符合项目需求以后，还需要判断合同签订的节点与项目当下的开发阶段是否匹配。例如：项目还在打地基，电梯合同也尚未签订，项目公司就要匆忙签订电梯维保合同，这也属于异常情况，需要确认需求的真实性。

（三）招标流程审查

1. 对于需要按照国家招标投标法进行公开招标投标的项目，一定要确认项目公司是否合法合规地进行了招标投标程序。不受国家招标投标法强制管辖的项目，则需判断该合同的招标投标程序是否符合委托人或项目公司的制度要求。

2. 确认中标单位有无相应资质。如果签约主体为分公司，还需注意其是否有授权，能否独立地签署该合同。

3. 确认招标投标文件是否齐全。一般包括招标文件、投标文件、答疑文件、定标报告、中标通知书等。若是经过比价的合同，则需要有比价报告。

4. 在审查招标文件、招标答疑文件、定标报告时，需要留意招标文件中一些重要的条款是否与合同中保持一致，若有条款前后矛盾且不利于委托人，需要标记出来提醒委托人。例如招标文件中提到需要承包单位提供履约保证金，合同中却未提及。

5. 最后需比较中标通知书中中标价格是否与合同价格一致。中标价不得低于合同总价款。

（四）合同商务性条款审查

首先，我们要审查的是合同的商务条款。作为投后监管机构，我们重点需要关注合同价款和支付条件。

1. 合同价款

（1）判断合同价款是否超出目标成本或对赌成本（若有）

委托人对于项目总投成本的把控通常建立在对目标成本把控的基础之上。故而，判断合同价款是否超出该科目目标成本是格外重要的。如若发现超出目标成本的情况，应第一时间通知监管机构后台，进一步向项目公司了解详情后据实汇报给委托人。

（2）判断合同价款是否超过市场价格的平均水平

合同价款的合理性，可根据合同单方价格与市场单方价格的横向对比来进行判断。对于建筑类合同的市场价格不熟悉的同事，可以咨询工程成本审核组的同事，据实选择与事项类型匹配的审核流程对价格判断工作进行确认。

（3）判断发票信息的合理性

合同中需注明合同总价的税率、开具发票的时间节点、发票的类型等问题。尤其需要注意，在一般情况下，发票的开具时间应在付款日期之前。

2. 合同付款条件

付款条件的关注重点有两个，一个是付款的时间节点，一个是付款的金额与比例。例如，常见的建安类合同的支付节点有合同签订后（预付款）、施工单位按月上报施工进度后（月进度款）、工程完工验收后、项目竣工备案以后和质保期结束后（质保金）。而合同的支付比例则有较为统一的行业惯例，例如预付款不超过合同总价的 30%，进度款支付至合同总价的 75%～85%，质保金则保留 3%～5%。

（五）合同技术性条款审查

合同技术性条款审查的重点关注内容主要有进场时间、绝对工期、施工范围、交付质量、技术方案等。

施工单位进场时间一般为暂定时间，具体时间以监理下发的进场通知单为准。所以相比进场时间，更应关注绝对工期的合理性。

在审核合同时，还需要确认合同约定的施工范围（或需要递交甲方的成果性文件）与招标投标文件中的内容是否一致。如果合同中的施工范围有所减少，合同价格也应下调，否则是不合理的。

确认合同中是否明确工程交付时的质量标准。例如项目竣备时会参加某市工程质量荣誉奖的评比，那么就需在合同中明确"工程交付质量应达到某质量大赛的质量合格标准"。

合同中应明确当施工过程中，需要更改技术做法时的应对机制。如变更、洽商的发起、审批流程等。

（六）合同法律性条款审查

一般情况下，合同的法律性条款委托人会请专业法务进行审核。但我们仍可以从自己的专业角度提出一些建议。

（七）关于合同约定的甲乙双方的权利和义务

一方面应避免履行起来较为困难的权利或义务。例如项目现场工地狭窄、办公场所稀缺，那么合同中就不应约定"由甲方为乙方提供办公场所"，而应改为由乙方自行解决。另一方面，应纠正与招标文件、报价清单中相矛盾的权利义务。例如清单中分包单位已就垃圾清运进行报价，但合同中却约定"垃圾清运由总包承担"。这种前后矛盾的条款也应及时纠正。

（八）关于违约责任的约定

对于违约责任，需要注意的是乙方的责任不得优于甲方，一般原则是权责对等。例如合同中约定甲方违约需要支付 1‰/ 天的违约金，那么合同中也必须约定乙方的违约金支付条件及数额。跟外企签订的合同中，尤其常见外企权利义务明显优于甲方的条款，对于此类合同我们应及时提醒委托人并告知风险。

最后要注意的是合同中关于争议解决方法的规定。合同应规定当存在争议时，是通过法院诉讼解决还是通过仲裁解决，并明确具有管辖权的法院。这里额外需要提醒的是，部分外企的合同模板中常常会要求甲乙双方遵守国外的反贿赂和反腐败法律，包括但不限于美国的《反海外腐败法案（"FCPA"）》、英国的《反贿赂法案》等。这将给我们的委托人带来潜在的法律风险。尤其是我们的委托人多为大型国企，要避免这些合同条款成为被欧美国家"长臂管辖"的借口。

对于审查出来的不合理条款，我们应跟项目公司充分沟通，了解清楚来龙去脉后，将潜在风险和修改建议写在合同评审意见书中，以方便委托人对合同风险进行总体把控。

三、遗留债务问题

烂尾楼项目的二次开发过程当中，有一个问题是无法忽视的，那就是历史遗留债务的问题。面对此类问题，监管机构的工作要点汇总如下。

（一）需偿还的债务问题的工作要点

需要偿还的债务，即委托人有偿还义务的债务和无偿还义务但仍需偿还的债务。对于此类债务，尤其是法律上没有偿还义务，但在实务中仍需偿还的债务，首先作为第三方监管机构必要跟委托人充分沟通。告知委托人债务的来龙去脉，以及为何需要承担这些债务，如若不承担这些债务可能造成问题有哪些。在得到委托人的充分理解和书面认同之后，方可进入此类债务的正式解决流程，并在流程中充分发挥我们第三方监管机构的专业性。

1. 审核工程进度排查文件

对于必须偿还的工程类债务，代建公司（如有）会联合总包、监理及施工单位对已完工部分的工程、已进场的物料进行排查，并出具进度排查文件。对于这些排查文件，监管驻场在审核时需要注意以下几点。

（1）排查文件是否经过多方会签，签字、盖章齐全的文件才具有效力；

（2）核查会签单上所附物料清单、照片等，并去工地现场实地走访，根据形象进度核对其真实性；

（3）核对排查清单与合同清单是否一一对应，避免出现多项、多量的情况；若存在多项、多量的情况，则需要项目公司补充相应的变更、洽商单据，否则不予认可。

2. 参与项目公司与施工单位的谈判会议

当现场进度、工程资料排查获得初步成果时，代建公司会与施工单位进入谈判环节，就现状进行磋商，以达成双方都能接受的结果。这种会议监管机构若能参与并取得会议纪要是最好的，有利于监管机构掌握更多的细节，对后续结算文件的审核也有帮助。若无法参与谈判会议，可以在结算文件审核的过程中进行把控。

3. 审核结算价款的支撑材料

谈判协商形成初步的共识后，就需要对旧合同进行结算。审核代建公司提报的结算书时，首先需要对结算价款的支撑资料进行审核，例如：变更、洽商、签证、完工确认单、排查文件、保修协议等。当所有的文件都齐备，就可以初步判断结算价款的合理性了。

4. 研判结算价款的合理性

代建公司给出初步的结算金额后，监管机构可以通过三步走的形式判断其金额合理性：

第一步，应判断该价款的组价规则及支付节点是否符合合同商务条款的约定。结算金额是否超出合同金额过多，变更、签证是否符合合同约定，是否允许调差等，都应该一一核实。

第二步，判断结算价款是否超过市场价格的平均水平。结算价款的合理性，可根据其单方价格与市场单方价格的横向对比来进行判断。对于建筑类合同的市场价格不熟悉的同事，由工程造价部门提供技术支持。

第三步，判断结算价款对目标成本或对赌成本（若有）的影响。委托人对于项目总投成本的把控通常建立在对目标成本把控的基础之上。故而，判断该笔费用是否可以放入目标成本现有的某一科目中，是否超出该科目目标成本，是格外重要的。如若发现超出目标成本的情况，应第一时间通知监管机构后台，进一步向项目公司了解详情后据实汇报给委托人。

5. 审核债权转让协议

结算价款确定以后，即可签订债权转让协议。在审核该协议时，监管机构应关注合同条款的合理性，应坚决避免合同中存在对委托人有实质性风险的条款。首先确认商务条款中，合同价款是否跟先前确定的结算价款一致，付款方式是否清晰合理。其次确认技术条款中，是否对施工单位后续工作内容做出明确规定，并规定约束手段。最后，对于在竣备阶段需要施工单位配合验收备案的，也需要在合同中明确出来。

（二）无需偿还债务问题的工作要点

对于那些委托人没有偿还义务，且不偿还也不会影响后续施工及竣工备案的项目，虽然不用消耗资金，但还是有可能产生某种次生灾害。最常见的有法律诉讼、堵门讨薪等。面对这种情况，应尽快将情况据实告知委托人，并提供相应的建议对策供委托人考量。

如遇施工单位起诉委托人的，应协助委托人收集整理诉讼所需的资料等。对于施工单位遗留在工地现场归属权存疑的物料和已施工完成的部分临时工程等，可建议委托人寻找公证处公证，并出具公证书，以方便后期诉讼。

如遇施工单位组织民工堵门讨债的，应及时告知委托人，并建议委托人在门口安装摄像头，在堵门人员进行肢体纠缠时方便取证。如果堵门人员长期占据交通要道，影响工地现场交通运输的，可建议由总包用自己的施工车辆先行抢占交通要道，以方便己方人员及物资的正常进出。当堵门人员行为过激时，及时报警，交由警察处理。

通过以上流程，紧抓工作要点，相信可以协助资管公司基本解决历史遗留债务问题。解决历史遗留债务，不仅有助于项目开发，符合委托人整体利益，还能帮助施工单位解决工程款被拖欠的问题，从而实现双赢。

充分审查待签订合同，可以有效降低履约风险；完善地解决债务遗留问题，能够保障项目开发计划的顺利施行。不良资产项目的投后监管工作，需要主动及时去识别风险，深度介入监管项目中，多渠道获取信息进行整合分析汇报至委托人，根据委托人指令在项目现场落地执行，确保监管工作的顺利开展。只有充分发挥投后监管机构的专业素质和技能，才能有效预防项目风险，保障资管公司的利益。

作者联系方式

姓　名：高晥翀　张明飞
单　位：北京首佳房地产评估有限公司
地　址：北京市海淀区紫竹院路 116 号嘉豪国际中心 B 座 7 层
邮　箱：gaohuanchong@shoujia.cn
注册号：高晥翀（1120120067）

武汉市房地产泡沫测度与预警研究

李嘉成

摘　要：近年来，武汉房价的迅速上涨，显示出有生成房地产泡沫的可能。为有效地测算和控制房地产泡沫的进一步扩大，避免房地产市场危机的发生，本文基于武汉市 2009—2018 年的房地产业相关数据，采用熵权法和功效系数法构建了泡沫测度体系，采用主成分分析法和 μ-δ 法构建了预警体系，从两个侧面对武汉房地产市场状态进行精确判断。研究将有利于政府对房地产市场进行宏观掌控，为政府更好地管理房地产市场出一份力。

关键词：房地产泡沫测度；预警体系；功效系数法；熵权法；主成分分析

一、引言

伴着中国城市化进程的推进，中国城市的商品房平均价格从 1998 年的 1854 元/平方米上涨至 2018 年的 8361 元/平方米，在 20 年内增长率约为 351%。房价的上涨幅度已远远超过了居民工资的上涨幅度，在城市买房已成为居民一个遥不可及的梦想，引起了相关部门的高度重视。房地产业的发展固然能促进经济的繁荣，但一旦房地产偏离了正常发展轨道，恶性膨胀引发的巨大房地产泡沫危机如 20 世纪日本的经济崩溃、东南亚经济危机和 21 世纪初的美国次贷危机，将导致房地产业的全面崩盘，继而影响到整个经济发展。正是由于房地产泡沫发生的次数多危害大，各国专家对此的研究也日益深入。

伴随着国家政策向武汉的倾斜，武汉的房地产市场也开始迅猛发展。根据有关数据，2018 年武汉市 2780.36 亿元的房地产投资额与 16823.5 元/平方米的住宅均价，远远超过了 2000 年 101.3 亿元的投资额和住房均价 1738 元/平方米。武汉房地产的迅猛发展，不仅在宏观上对武汉经济的整体发展产生影响，而且在微观上房价会远超居民的心理预期。为此，对武汉市地区的房地产市场进行研究，测算其泡沫程度，并构建房地产预警系统，将有利于政府对房地产市场的宏观掌控，为政府更好地管理房地产市场出一份力。

现有城市的房地产泡沫测度研究，国外学者大多采用定性分析和定量分析两种角度，且在定量分析中，一般采用指标法和模型法进行研究。如伊藤隆敏认为日本房地产泡沫破灭的原因是日本政府的低利率政策和反对日元贬值政策，Lim 采用现值法对韩国 2007—2014 年的房地产市场数据进行研究，得出韩国的房地产泡沫度已高达 51%，并还在逐年上涨中。而在国内，尽管指标法、多元统计法和数理模型法均被采用测算泡沫程度，但从不同侧面出发，采用各类指标来测算我国城市的房地产泡沫是目前国内学者研究最多的方法，并且该种方法有深厚的理论作为支撑。现有城市的房地产预警系统研究，国外学者的成果相当丰富，国内学者学习借鉴，普遍接受并广泛运用综合预警法来进行预警研究。其主要步骤是根据一定标准选取预警指标,再通过分析各个指标的权重得出综合指数,判断预警区间来分析房地产业的情况。但该方法大多运用于全国房地产情况的分析,而某个区域或某个城市运用此方法的较少。因此,本文运用综合预警方法来构建武汉市的房地产预警体系,可以在一定程度上弥补国内的不足。

二、研究区域与数据

(一)研究区域

武汉,简称"汉",别称"江城",是湖北省省会,是中国中部地区最大都市及唯一的副省级城市。房地产作为武汉市发展的一个重要引擎,房价也是武汉市人民关注的重要方面。因此,武汉市房地产对本研究而言具有典型性,本文将以武汉市为研究区域探索房地产泡沫测度和预警两个方面的理论和方法,揭示城市房地产泡沫的一般规律,对于各大城市开展房地产泡沫测度和预警研究具有较强的指导意义和参考价值。

(二)研究数据

研究数据主要来源于 2010—2018 年武汉市统计年鉴、2018 年武汉市国民经济和社会发展公报、武汉市住房保障和房屋管理局官网。就房地产泡沫测度指标的选取而言,本文从房地产市场的供给层面和需求视角两个层面构建指标体系,并根据相关资料,确定各指标的满意值和警戒值(表1)。就房地产预警系统指标的选取而言,本着综合性强、数据易得、代表性好的原则,从三个层次选取预警指标构建预警体系(表2)。

测度指标满意值和警戒值　　　　　　　　　　　表1

名称	测度指标	满意值	警戒值
需求类指标	房价收入比 X1	4.5	7
	房价增长率/GDP 增长率 X2	1	2
供给类指标	住房空置率 X3	7.50%	20%
	商品房施工面积/商品房竣工面积 X4	3	3.5
	房地产投资/全社会固定资产投资 X5	10%	30%

房地产预警系统指标体系　　　　　　　　　　　表2

房地产与国民经济发展的协调性 K1	X1	房地产开发投资额/GDP
	X2	房地产开发投资额/固定资产投资额
	X3	施工面积增长率/GDP 增长率
	X4	房地产投资增速/GDP 增速
	X5	居民人均可支配收入增速/房地产投资增速
	X6	住宅投资额/房地产投资额
房地产与市场的协调性 K2	X7	房价收入比
	X8	土地购置面积增长率

续表

房地产与市场的协调性 K2	X9	商品房销售额/开发投资额
	X10	房价增长率/人均可支配收入增长率
房地产内部协调性 K3	X11	住宅施工面积/住宅竣工面积
	X12	本年竣工面积增长率
	X13	施工面积/新开工面积
	X14	销售面积增长率
	X15	住宅投资额增长率

三、研究方法

(一)熵权法

熵理论最早是德国的克劳修斯在物理研究中创立的,但渐渐地在各个领域都得到了广泛的应用。相比专家估计法和德尔菲法,熵权法确保了指标权重确定的客观性。

采用熵权法计算各指标权重的过程:

(1)运用公式对原始数据指标进行标准化处理:

$$H_{ij} = \frac{P_{ij} - \min(P_j)}{\max(P_j) - \min(P_j)} \tag{1}$$

(2)设有 m 个年份和 n 个指标,V_j 为第 j 个指标的熵值:

$$V_j = -\left(\sum_{i=1}^{m} r_{ij} \times \ln r_{ij}\right) / \ln m, \quad (i=1、2、\cdots m;j=1、2、\cdots n) \tag{2}$$

式中:V_j 为第 j 个指标的熵值:

$$r_{ij} = \frac{1 + H_{ij}}{\sum_{i=1}^{m}(1 + H_{ij})} \tag{3}$$

(3)计算各测度指标的熵权 W_j:

$$W_j = \frac{1 - V_j}{n - \sum_{i=1}^{n} V_j} \tag{4}$$

其中,$0 \leq W_j \leq 1$,且 $\sum_{j=1}^{n} W_j = 1$,最后得到权重 $W_j=$(X1,X2,X3,X4,X5)。

(二)功效系数法

功效系数法是基于多目标规划原理,通过计算各指标的单项功效得分和确定该指标的权重,计算出综合指标得分的一种方法。该方法能够从不同的侧面评价项目,也能避免因为指标标准不统一和性质差异导致的问题。计算步骤如下:

1. 确定各项指标及其数值。
2. 确定各指标的警戒值 X_i^a 和满意值 X_i^A。
3. 计算单项指标功效得分 D_i。

$$D i = \frac{X i - X_i^a}{X_i^A - X_i^a} \times 40 + 60 \tag{5}$$

式中：Di 为单向指标功效得分，Xi 为第 i 个观测指标值，X_i^a 为第 i 个标的警戒值，X_i^A 为第 i 个指标的满意值。

4. 计算综合测度系数，判断武汉市各年份的泡沫级别。

本文借鉴曹琳剑于2018年在《房地产泡沫的测度预警及防范》一文的研究结果，把泡沫程度划分为三个级别，如表3所示。

综合测度系数 Z 值级别　　　　　　　　　　　　　　表3

Z	＞60	0～60	＜0
泡沫级别	安全	轻微严重	严重

接着根据公式计算出武汉市各年度的综合测度系数 Z。

$$Z = \sum_{i=1}^{5} D i \times w i \tag{6}$$

式中：wi 为单项指标的权重。

（三）主成分分析

本文选取的预警指标过多，增加了研究的难度。因此采用主成分分析可以将相互重叠的变量去除，建立更少、互不相关且能包含原先所有信息的变量。且这种方法能够避免由专家打分来确定权重的主观性。

1. 指标数据的收集
2. 各大板块的指标权重的确定

对三大板块的各项指标进行主成分分析，观察分析出的总方差解释和成分矩阵表。在一般情况下，初始特征值累计概率超过80%就表明达到了分析的要求。再通过成分矩阵表，运用公式计算出各指标的权重。

再根据下列公式和成分矩阵表，可计算出各指标权重：

$$w i = \frac{\sum_{j=1}^{3} x i j^2}{\sum_{j=1}^{3} \sum_{i=1}^{7} x i j^2} \tag{7}$$

（注：j 代表主成分个数，$j=1$，2，3；i 代表指标个数，$i=1$，2，3，4，5，6）

按照相同的方法，将第二个板块 K2 的四项指标和第三个板块 K3 的五项指标分别导入 SPSS 软件，根据上述公式可分别计算出第二板块和第三板块各指标权重。

3. 数据标准化

运用公式对原始数据进行标准化处理：

$$A i = \frac{\alpha i - \bar{\alpha}}{s} \tag{8}$$

其中，Ai 为标准化之后的数据；αi 为原始数据；$\bar{\alpha}$ 为原始数据的平均值；s 为原始数据的标准差。

4. 确定综合预警指标 K

先计算每一年份的三大板块的数值，再根据各板块的权重，得出每一年度的综合预警指标 K 值。

$$K1 = \sum_{i=1}^{6} Ai \times wi \qquad (9)$$

$$K2 = \sum_{i=7}^{10} Ai \times wj \qquad (10)$$

$$K3 = \sum_{i=11}^{15} Ai \times wq \qquad (11)$$

其中，Ai 为标准化之后的预警指标，wi 为第一个板块各项指标的权重，wj 为第二个板块各项指标的权重，wq 为第三个板块各项指标的权重。

本文借鉴尹鑫 2016 年在《滨海新区房地产预警模型研究》一文中对房地产预警系统的三个板块的权重确定，鉴于滨海新区与武汉市房地产情况大致相同，规定 K1 的权重为 0.35，K2 的权重为 0.3，K3 的权重为 0.35。并给出计算综合预警指标 K 的计算公式：

$$K = K1 \times W1 + K2 \times W2 + K3 \times W3 \qquad (12)$$

式中：W1、W2、W3 分别为 K1、K2、K3 的权重。

（四）μ-δ 法

本研究根据误差理论，提出利用 μ-δ 法来划分区间。其原理是：根据各指标值不同，参考正态分布概率规律，划分相应合理的参考范围，即数据距离中间值越近说明其发生的概率越大，相反，距离中间值越远说明其发生的概率越小。按照"多数原则，半数原则"进行警情判断，以此确定每个警兆指标的预警界限。"多数原则"指认为 2/3 的年份是正常的，根据正态分布概率表，查得 2/3 年份无警区的对应概率为 0.97 作为正常区域临界点，相应地过冷、微冷、正常、微热和过热预警区间为（-∞，μ-1.94σ]、（μ-1.94σ，μ-0.97σ]、（μ-0.97σ，μ+0.97σ）、[μ+0.97σ，μ+1.94σ）、[μ+1.94σ，+∞）。"半数原则"指认为有警年份和无警年份各占一半，根据正态分布概率表，查得 50% 年份无警区的对应概率为 0.68 作为正常区域临界点，相应的过冷、微冷、正常、微热和过热预警区间为（-∞，μ-1.36σ]、（μ-1.36σ，μ-0.68σ]、（μ-0.68σ，μ+0.68σ）、[μ+0.68σ，μ+1.36σ）、[μ+1.36σ，+∞）。

四、结果及分析

（一）房地产泡沫测度的结果和分析

1. 武汉市房地产泡沫的综合测度指数总体呈下降趋势

从表 4 可以看出，在 2009—2018 年武汉房地产市场的泡沫综合指数中，虽然 2009 年的综合测度指数临近安全级别为 58.34918，但随着年份的推移，综合指数开始持续下降。

2. 在轻微严重级别内，2009—2010 年综合测度指数下降幅度最大

武汉市房地产在 2009—2010 年期间，从需求类指标来说，房价收入比快速增加，意味着房价的不合理的上涨；从供给类指标来说，住房空置率和商品房施工面积/商品房竣工面积有较大增长，说明由于资金的充裕，人们购买商品房的欲望更加强烈。因此，2009—2010 年综合测度指数下降幅度最大，表明武汉市房地产业的情况进一步严重恶化。

3. 2013 年武汉市房地产泡沫的综合测度指数突破严重级别

相比 2012 年 6863 万平方米的施工面积，2013 年增加到 8545.1 万平方米，增加了 24.5%，但商品房的竣工面积却减少了，由 2012 年的 1054.45 万平方米减少到 679.31 万平

各年份的综合测度指数 表4

年份	综合测度指数 Z	级别	年份	综合测度指数 Z	级别
2009	58.34918	轻微严重	2014	−138.3417	严重
2010	21.727976	轻微严重	2015	−148.86572	严重
2011	20.53978	轻微严重	2016	−167.05106	严重
2012	5.165456	轻微严重	2017	−194.25522	严重
2013	−121.785464	严重	2018	−178.00836	严重

方米，减少了35.6%。由此可知，武汉市房地产的供给和需求在这两年严重不平衡，大量资金的流入导致房地产热，武汉市内到处都在建房子，而完工的商品房却很少，很可能是因为开发商拿到地块之后不立即投入建设，而是选择捂盘使得地块进一步升值。另外值得注意的一点是，2012年的住房空置率为11.53，到2013年变为19.53，增加了69.4%，这说明武汉市居民从购房刚性需求和改善性需求逐步过渡到投机性需求。

（二）房地产预警系统的结果和分析

从表5可以看出，武汉市房地产预警指标明显处于两个不同的阶段。第一个阶段是2009—2013年。该阶段武汉市房地产的总体趋势是正常趋于偏冷状态，尤其是2010年，武汉市房地产业甚至处于过冷状态。从房地产与国民经济房发展的协调性的宏观层面来看，受国际金融危机的冲击，国家经济暂时还未完全恢复，需要新一轮的刺激来促进经济的发展，加之国家在2010—2013年实行限购政策，房地产业陷入低迷。从房地产与国民经济房发展的协调性的微观层面来看，与2009年相比，虽然施工面积和GDP均小幅度增长，但施工

各年份的预警指标 表5

年份	K1		K2		K3		K	
	指标指数	指标状态	指标指数	指标状态	指标指数	指标状态	指标指数	指标状态
2009	−0.17545	正常	−0.32317	正常	−0.03372	正常	−0.17016	正常
2010	−0.61896	偏冷	−0.20614	正常	−0.63499	偏冷	−0.50072	过冷
2011	−0.44587	偏冷	−0.17687	正常	−0.09357	正常	−0.24187	偏冷
2012	−0.1049	正常	−0.39096	正常	0.052245	正常	−0.13572	正常
2013	0.448665	偏热	−0.43813	正常	−0.28656	正常	−0.0747	正常
2014	0.866211	过热	−0.78841	偏冷	0.543782	偏热	0.256973	偏热
2015	0.565628	偏热	−0.68302	正常	0.411146	偏热	0.136964	正常
2016	−0.38124	偏冷	0.424632	正常	0.134976	正常	0.041197	正常
2017	−0.01375	正常	1.526364	过热	−0.0173	正常	0.447044	过热
2018	−0.14033	正常	1.055711	偏热	−0.0753	正常	0.240719	偏热
μ	0		0		0		0	
σ	0.478479		0.762726		0.331139		0.280171	

面积增长率/GDP 增长率 X3 仅为 2009 年的一半；房地产投资相比于 2009 年也有所增长，但房地产投资增速/GDP 增速 X4 也仅为 2009 年的一半。说明 2009—2010 年武汉市生产总值的增速较快，但很大原因并不是因为房地产投资或房地产施工提供的 GDP 的发展。从 2009—2013 年的 K1 的各项指标来看，正是因为国家施行的限购政策，导致 2010 年住宅投资额/房地产投资额 X6 也在这五年处于较低水平。从房地产自身发展的协调性 K3 来看，相比于 2009 年，2010 年武汉市房地产的竣工面积增长率 X12 竟然呈现负增长，很可能是因为房地产投资的相对不足；而且 2010 年武汉市房地产的销售面积增长率 X14 也为 2009—2013 年这五年来最低值，说明武汉市居民当年买房的积极性很低，这也可能是 2010 年武汉市房地产业处于过冷状态的一个写照。第二个阶段是 2014—2018 年。该阶段武汉市房地产的总体趋势是正常趋于偏热状态，尤其是 2017 年，武汉市房地产业甚至处于过热状态。其过热状态主要由房地产与市场的协调性 K2 得出，从 K2 的各项指标来看，除了土地购置面积增长率 X8 之外，K2 的各项指标均处于 2014—2018 年这五年的前列。从房价收入比 X7 来看，其远超合理范围的 3～5 倍。说明 2017 年的房价远超出了武汉市居民的购买能力；从商品房销售额/开发投资额 X9 来看，尽管武汉市房价已不在正常范围，但武汉市居民的购买热情依然不减，这就很可能进一步抬高房价；从房价增长率/武汉市居民人均可支配收入 X10 可进一步说明武汉市的商品房价格与居民实际购买能力的偏离程度。这很可能是羊群效应的原因，是人们的一种从众心理。即当公众倾向于买涨不买跌，价格稳步上涨时，每个人都争先恐后地抢购，就会出现羊群效应。

参考文献：

[1] 王子何. 关于武汉市房地产泡沫实证研究——基于武汉市 2011—2016 年房地产业相关数据 [J]. 财会学习，2018（2）：187-188.

[2] 郭册，王文玫. 我国房地产泡沫成因及治理对策 [J]. 经济师，2018（6）：40-41.

[3] 徐国栋. 房地产泡沫的相关研究综述 [J]. 河北工程大学学报（社会科学版），2016，33（3）：5-7，16.

[4] 伊藤隆敏，吴思. 中国房地产泡沫会破裂吗 [J]. 中国经济报告，2017（4）：74-76.

[5] KIM J R, LIM G. Fundamentals and rational bubbles in the Korean housing market: A modified present-value approach[J]. Economic Model-ling, 2016, 59（DECa）：174-181.

[6] 王浩. 中国房地产泡沫的测度方法研究综述 [J]. 统计与信息论坛，2017，32（8）：78-86.

[7] 王道冠. 房地产预警系统研究现状综述 [J]. 企业导报，2010（11）：103-104.

[8] 李佩珈，梁婧. 基于宏观审慎视角的房地产风险预警研究 [J]. 金融监管研究，2018（9）：32-49.

[9] 曹琳剑，王杰. 房地产泡沫的测度预警及防范 [J]. 中国房地产，2018（12）：71-79.

[10] 张鹤彤，郑晓云，苏义坤. 齐齐哈尔市房地产泡沫测度预警与防范 [J]. 山西建筑，2018，44（28）：193-195.

[11] 李根. 基于主成分分析的湖北省房地产供求均衡关系研究 [J]. 当代经济，2017（12）：52-53.

[12] 孙蕾. 山东省房地产金融市场风险状况监测预警的实证研究——基于主成分和灰色预测分析法 [J]. 区域金融研究，2016（12）：18-26.

作者联系方式
姓　名：李嘉成
单　位：永业行土地房地产资产评估有限公司
地　址：湖北省武汉市武昌区友谊大道 303 号武车路水岸国际 K6-1 栋 20-23 层
邮　箱：1096293@qq.com

集中式租赁住房地块出让后的效应研究
——基于上海相关分析模型的初探

苏 颖

摘　要：本文以上海集中式租赁住房地块出让为研究对象，建立双重差分模型探究租赁住房地块出让后对周边住宅小区租金水平的影响效应；进一步依据租赁住房地块所处环线、面积、租金的不同，探究其影响的差异性。

研究发现上海集中式租赁住房地块出让对周边住宅小区的租金水平产生显著的抑制效应，且随着空间距离的增加和时间长度的推移而减弱，同时对周边住宅小区的租金水平的抑制作用存在明显的空间差异性。中环内租赁住房地块对周边住宅小区租金水平的抑制效果显著，而中环外的地块对周边住宅小区租金的抑制效应不显著。对于不同面积的租赁房屋而言，小户型租赁房屋租金水平受到的抑制作用最为显著；对于不同租金水平的租赁房屋而言，对周边小区低租金水平的房屋租赁影响最大。这些结论对集中式租赁住房地块的优化供给提供了数据支撑。

关键词：租赁住房地块；出让；传导机制；时空效应

2016年6月，国务院办公厅下发《国务院办公厅关于加快培育和发展住房租赁市场的若干意见》，支持租赁住房建设，鼓励新建租赁住房。上海市积极响应，在坚持"房住不炒"的同时积极推进购租并举的住房体系建设。2017年7月，新建集中式租赁住房用地正式进入住房租赁市场。

集中式租赁住房是指具备一定规模、实行整体运营并集中管理、用于出租的居住性用房。"十三五"期间，上海出让集中式租赁住房项目用地150余幅，2019年和2020年是上海租赁用地出让的高峰期。截至2021年12月，上海共计出让租赁用地规划建筑面积超过1100万平方米，预计能够带来约23万套新增租赁房源供应。

近年来，政府大力发展和培育住房租赁市场，土地供应向租赁住房倾斜，在这个政策背景下，初探集中式租赁住房地块出让对住房租赁市场的影响作用对于评估政策效果、优化租赁住房供应结构具有重要的现实意义，对于完善租赁住房相关政策具有一定的研究价值。本文搜集了上海市近年来集中式租赁住房地块出让的相关数据，对集中式租赁住房地块出让效应进行了初探。

一、集中式租赁住房地块出让的租金效应分析

（一）成交楼面价对租金的传导机制

通过数据统计，2017年至2020年底上海出让的121块租赁住房地块平均楼面成交价不到6000元，仅是同期住宅用地成交楼面价的1/6左右。通过横向对比，租赁住房地块的楼面价远低于普通商品住宅用地楼面价。因此，房地产开发企业租赁住房开发建设低成本，转嫁给消费者的成本随之减少，租金也较低。

土地成交后，其对租金的传导机制大致路径如图1所示。

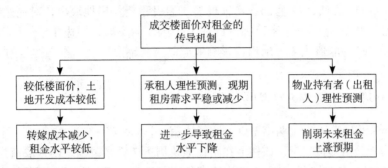

图1　成交楼面价对租金的传导机制

（二）土地出让面积对租金的传导机制

租赁住房土地出让面积与未来租赁住房市场的供给紧密相关，并对租金水平产生影响。其对租金的传导机制大致路径如图2所示。

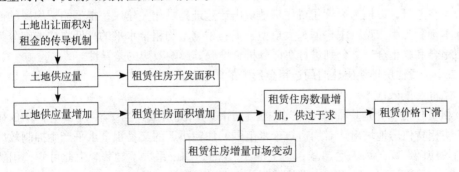

图2　土地出让面积对租金的传导机制

因此增加租赁住房土地供应可以有效抑制租金水平。不同于一般的商品住宅用地出让，租赁住房地块的出让要求受让人应在土地出让年限内持有租赁住房物业，租赁住房物业应全部用于社会化租赁，不得销售。明确了租赁用途，有效增加租赁住房新增供应。

二、集中式租赁住房地块出让的时空效应分析

根据距离衰减理论，土地市场中租赁住房地块出让对住房租赁市场中住宅小区的租金的影响效应也同样随着距离的增大而衰减。在一定距离范围内，集中式租赁住房地块出让对周

边住宅小区的租金的抑制效应随着住宅小区与出让地块距离的增加而减弱。

（一）分析模型的建立

本次搜集了上海市 2017—2021 年集中式租赁住房地块出让信息，包括土地面积、规划建筑面积、成交总价、成交楼面价等。选取 2018 年 5 月之后出让的 85 块集中式租赁住房地块进行分析，然后选择了地块周边 5 千米半径范围内的住宅小区，以每宗地块的交易日期作为政策时点，收集各目标小区在地块出让之前 3 个月至之后 6 个月内发生的租赁房屋交易租金数据作为样本，共获取约 27000 条交易数据，以租赁小区的平均租金作为衡量租赁价格的指标。

通过分析集中式租赁住房地块出让数据、住宅小区特征数据、租赁房屋特征数据，基于双重差分（DID）方法，构建 DID 实证模型。假设租赁住房地块出让对周边 T 千米范围内的住宅产生影响，周边 T 千米范围内的住宅小区作为实验，周边 T～5 千米范围内的楼盘作为对照组。T 的取值代表土地出让影响效应的空间辐射广度。本文构建的 DID 实证模型如下：

$$LnRP_{ijkt} = \beta_0 + \beta_1 T_i + \beta_2 A_t + \beta_3 DID_i + \Sigma_1 a_l x_l + \varepsilon_{ijkt}$$

其中，$LnRP_{ijkt}$ 表示 T 时期第 k 块土地周边第 i 个小区第 j 套租赁房屋的租金水平，并取对数。T_i 为实验组虚拟变量，该住宅在出让地块周边 T 千米范围之内则取值为 1，否则取值为 0。A_t 表示住房交易时间是在土地出让事件之前还是之后，在事件之后其取值为 1，否则为 0。X_l 为住宅小区特征变量和租赁房屋特征变量，为本文的控制变量。双重差分 DID_i 的回归系数 β_3 是本文所关心的影响效应的方向和强度。

本文在时间跨度和空间跨度影响效应分析基础之上，又根据租赁住房出让地块所处环线区域的不同，探究位于不同环线区域的租赁地块出让对周边住宅小区租金价格的时空影响力度是否存在差异，以期为后续租赁住房地块出让选址提供相关建议；根据租赁房屋的面积大小将样本细分为小户型、中户型和大户型三类；根据平均租金水平的高低将样本细分为低租金、中租金和高租金三类分别进行实证分析，检验其影响效应的差异性。

（二）租赁住房地块出让对周边租金影响的时空效应

1. 空间影响效应

以租赁住房出让地块周边 5 千米内住宅小区为研究对象，当 T 取 1、2 时，DID 显著为负。表明租赁住房地块出让对周边 2 千米范围的住宅小区的交易租金水平产生抑制效应，这种抑制效应随距离的增大而递减；当 T 取 3、4 时，DID 系数不显著。由此可知，租赁住房地块出让对周边住宅小区租金水平的抑制效应辐射范围为 2 千米。

住宅小区特征中，本文选取了建筑年代、绿地率、公交站点、医院、超市数量进行分析。经过分析发现：住宅小区建成年份距离现在越近，绿地率越高，居住环境愈适宜，相应租金水平也越高；住宅小区周边公交站点数量越多，公共交通越便利，小区租金水平越高；医疗资源会显著提高周边小区的租金水平，超市数量多寡并未对小区租金产生显著影响。

租赁房屋特征中，选择了环线、面积进行分析。房屋所处环线越远离市中心，平均租金水平越低，越近市中心区域平均租金水平越高，符合实际情况与预期。房屋面积越大，平均租金水平越低，即每平方米租金越低。基于房屋租赁群体大部分出于满足基础住房的需求，尽量选择小户型和低租金，因为大户型房屋租住需求不高，单位租金相对于小户型房屋单位租金较低。

2.时间影响效应

住宅小区的租赁交易发生在地块出让后的第 1 个月、第 2 个月、第 3 个月，回归结果显示出让一个月内的 DID 回归系数显示为负，说明租赁住房地块出让对周边 2 千米范围内住宅小区近一个月内的租赁交易价格存在显著抑制作用，导致租金水平下降约 12% 左右。第 2、3 个月内 DID 系数亦为负，但并不显著，且绝对值递减。说明地块出让信息对周边小区租金水平的影响效应持续时间较短，且影响力度递减。

（三）不同环线地块、租赁面积和价格的影响效应

在局部回归分析中，对不同环线区域内出让的租赁住房地块和不同面积段和价格段的租赁房屋分别进行研究，以细化对周边住宅小区租金水平的影响效应。

1.租赁住房地块的环线分析

本文将租赁住房地块所处环线分为中环内和中环外两个区域。出让租赁住房地块位于中环内区域的，对周边住宅小区租金水平产生明显的抑制作用，系数绝对值为 0.13；而中环外的地块对周边住宅小区租金的抑制效应不显著。由于中环外租赁房源相对较多，租赁地块出让导致的租赁住房房源增加对其他房源的竞争威胁较小。而中环内住房资源紧缺，同时租赁住房土地出让价格均为零溢价，且显著低于周边同等条件的商品房地块价格，因此显著拉低了地块周边住宅小区租赁的租金水平。

2.租赁房屋的面积分析

大部分情况下，租客选择租赁住房出于满足基础住房需求而非改善型需求，小面积小户型租赁房源需求更大。本文根据租赁房屋的面积大小，确定了以房屋面积小于 55 平方米的为小户型，房屋面积大于 55 平方米小于 95 平方米的为中户型，房屋面积大于 95 平方米的为大户型，进一步探讨集中式租赁地块对不同房型大小的房源租金水平的影响差异性。实证结果得知，租赁地块出让对小户型租赁住房租金水平的抑制作用最为显著，将租金水平拉低约 12.0%；对中户型的影响作用次之，将租金水平拉低约 6.8%；对大户型的租赁住房影响效果不显著。

3.租赁房屋的价格分析

按照租赁房屋平均租金的大小进行排序并取三分位数，分别对应低租金、中租金、高租金，然后分别进行回归，得知租赁住房地块对周边小区租金水平较低的租赁交易影响最大，拉低租金约 7.8%；对中租金水平的租赁交易影响次之，拉低租金水平约 4.3%；对高租金水平的租赁住房交易影响不显著。说明近年来上海市集中出让的租赁住房地块显著拉低了周边中低租金水平的小区的租赁交易价格，政策效果良好，符合预期。

三、结论

本文以上海市集中供应租赁住房用地出让为研究实例，以租赁住房地块周边住宅小区租赁交易价格为研究对象，建立双重差分模型，对租赁住房地块出让行为对周边小区租金价格的空间影响效应和持续时间影响效应进行初探。更进一步地，对样本数据根据不同维度进行细分，探究其影响效应的差异性。初步发现：

（一）上海集中式租赁住房地块出让对周边住宅小区的租金水平产生显著的抑制效应，且随着空间距离的增加而减弱。抑制效应的空间范围为 2 千米，影响时间长度为 1 个月，抑制效应的强度为平均拉低周边租金水平约 6.4% 左右。

（二）根据租赁住房地块所处环线区域不同划分为中环内和中环外。上海集中式租赁住房地块出让对周边住宅小区的租金水平的抑制作用存在明显的空间差异性。中环内租赁住房地块对周边住宅小区租金水平的抑制效果显著，而中环外的地块对周边住宅小区租金的抑制效应不显著。

（三）根据租赁房屋的面积大小分为小户型、中户型和大户型。租赁住房地块出让对周边住宅小区小户型租赁房屋租金水平的抑制作用最为显著，拉低租金水平约12.0%；对中户型的租赁房屋影响次之，拉低租金水平约6.8%；对大户型的租赁房屋影响效果不显著。说明上海市近三年大幅度增加租赁住房用地的政策实施，有效控制了小户型租赁房屋的租金水平上涨，一定程度上缓解了租户基础性租房压力。对租住大户型为主的改善型租房行为约束有限。

（四）根据租赁房屋的租金水平高低分为低租金、中租金和高租金。上海市集中出让的租赁住房地块显著拉低了周边中低租金水平的小区的租赁交易价格，政策效果良好，符合预期。其中，租赁住房地块对周边小区低租金的租赁交易影响最大，拉低租金约7.8%；对中租金的租赁交易影响次之，拉低租金水平约4.3%；对高租金的租赁住房交易影响不显著。

实证初探结果：对目前租赁政策效果的评估；对未来租赁住房地块出让选址布局；对新建租赁住房户型设计；对稳定住房市场租金水平；对集中式租赁地块出让具有一定的数据参考和决策依据；对租赁住房物业持有者，即出租人确定租赁住房市场租金有一定的参考意义。

参考文献：

[1] 黄燕芬．王淳熙．张超．陈翔云．建立我国住房租赁市场发展的长效机制——以"租购同权"促"租售并举"[J]．价格理论与实践，2017（10）：17-21．

[2] 赵华平．高江月．租购同权政策影响效应研究[J]．调研世界，2020（11）：47-52．

[3] 喻燕．长租公寓租赁价格特征因素及其重要性研究——以深圳市600家长租公寓为例．理论月刊，2020（10）：73-79．

[4] 黄静．"地王"频现、信号传递与房价上涨——基于双重差分的实证检验管理评论，2021.33（4）：71-81．

[5] 邵挺．中国住房租赁市场发展困境与政策突破[J]．国际城市规划，2020，35（6）：16-22．

作者联系方式

姓　名：苏　颖

单　位：上海科东房地产土地估价有限公司

地　址：上海市浦东新区浦东南路379号26楼A室

邮　箱：287249095@qq.com

注册号：31020120037

租赁住房需求变化分析及政策建议

王 泽 李 欣

摘 要：提倡人人有房住，而不是人人有住房的今天，全国住房和城乡建设工作会议提出以稳地价稳房价稳预期为目标，促进房地产市场平稳健康发展。坚持房子是用来住的、不是用来炒的定位，着力建立和完善房地产市场平稳健康发展的长效机制，坚决防范化解房地产市场风险，支持住房租赁市场发展，本文对租赁住房需求结构变化趋势进行分析研究并给出一些政策建议。

关键词：租赁需求；机构化租赁；流动人口；结构性调整

一、租赁住房市场存在的主要问题

（一）住房租赁政策及市场管理不够完善

1. 当前机构化租赁发展陷入瓶颈

增量建设模式难以大规模复制。目前仅北京、上海少数城市少数地块开始探索大型社区的租赁住房建设，地方政府缺乏供地积极性。房企建设持有运营的增量模式，面临拿地成本高、运营成本高、投资回报低等问题，开发企业缺乏拿地积极性，项目推进缓慢。

存量房机构化运营推进艰难。在投资收益、资金安全等方面普遍遇到较大的挑战，专业化机构运营商业模式未能跑通，反而在高速发展中暴露了一系列财务和运营风险。长租房商业模式难以具备大面积和可持续发展的潜力。长租房发展陷入瓶颈，背后是租金回报率过低的事实，也与我国住房租赁政策不完善有关。

2. 住房租赁土地供应制度不够完善

目前租赁土地出让较少，地方政府不愿意出让租赁用地，出让租赁用地的成本过高。

3. 住房租赁开发管理制度不够完善

从增量上看，原来商品房的标准无法适用租赁住房，与开发相配套的融资制度不够完善，开发企业融资困难。还有商办类物业改造出租时在采光、通风、消防、建筑面积、容积率等方面缺乏相应标准。

从存量上看，住房租赁运营主体资质、房屋标准、租赁运营制度不够完善，租赁住房运营企业缺乏可依的标准，房屋改造运营成本高。机构化住房租赁缺少必要的融资制度，融资困难。与个人出租对比，住房租赁企业税收负担比较重。

4. C2C 租赁市场管理不规范

不少私人房东和职业二房东不遵守合同约定，不履行修缮责任，随意损害承租人利益，不进行登记备案。

以上这些制度的缺失，消费者不愿意将租房作为长期居住方式，开发商、运营商不愿意持续投入，租赁市场始终难以破局。

（二）租客权益缺位较大

1. 租房人群在子女受教育权利的优先权上与购房人群存在较大的差异。

2. 租金不稳定，难以形成长期稳定预期。房东具有较强的市场定价权，甚至随意涨租金，不愿签订长期租约。大城市的新市民、年轻人等租赁住房需求的主力军普遍收入偏低，对于租金的敏感度较高，在房东涨租金下不得不频繁换租。

3. 租赁关系不稳定，租客合法权利得不到保护。在C2C的市场中，房东不向政府登记备案，不遵守租赁管理要求，利用自身强势地位，侵害租客利益，如随意涨租金、随意中断租约等，使租客被迫换租。此外，租赁住房大多是按照家庭居住需求设计的户型，在合租时，公共区域、噪声等经常引发租客之间矛盾冲突得不到妥善解决，导致租客频繁更换。

（三）租赁市场的有效需求未得到满足

如今，大规模的人口流动内在驱动力仍然强劲，但租赁住房市场发育尚不充分、租赁关系不稳定、管理不规范等现实仍有待改变。建设与需求相匹配的保障性租赁住房，让在他乡拼搏的人更好地住有所居，不断破除妨碍劳动力、人才流动的体制机制弊端，显得格外重要。

二、租赁住房需求变化分析

尽管人口总量增长放缓，但当前我国随着经济发展及产业结构、人口流动、家庭结构等变化对租赁住房需求形成新格局。

（一）经济发达地区的租赁住房需求较大

目前我国人口总量仍然保持小幅增长，即便出现人口总量下降情况，可能会导致总需求减少，但中心城市人口规模仍然会继续增长，住房需求继续提升。例如深圳、广州年人口增长40万～50万人，按照人均40平方米的需求估算，每年需要新增1600万～2000万平方米的住房。城市化的发展，让大城市以及经济发达城市对于租赁住房的需求较大。

（二）产业结构不同对于租赁住房需求也有不同

产业结构不同的城市，租赁住房需求也会有不同，以深圳、珠海、东莞、佛山四城市为例进行分析，如表1、表2所示。

四城市产业结构状况　　　　　　　　　　　　　　　表1

城市	产业结构							
	第二产业				第三产业			
	GDP（万元）	生产总值构成（％）	就业人数（万人）	占比	GDP（万元）	生产总值构成（％）	就业人数（万人）	占比
深圳	104540132	37.8	499.28	37.78%	171904390	62.1	791.71	62.13%
珠海	15108630	43.4	72.49	43.39%	19110585	54.9	99.01	54.88%
东莞	51930901	53.8	447.09	53.81%	44268349	45.9	262.02	45.87%
佛山	60952967	56.4	83.32	56.35%	45570544	42.1	67.97	42.13%

注：以上数据均来自各城市统计年鉴，均为2020年的数据。

四城市人口状况　　　　表2

	深圳	珠海	东莞	佛山
第七次全国人口普查（万人）	1756.01	243.96	1046.66	949.89
第六次全国人口普查（万人）	1042.4	156.02	822.02	719.43
"七普"相比于"六普"的增长率	68.46%	56.36%	27.33%	32.03%
2020年末人口数量（万人）	1763.38	244.96	1048.36	951.88

注：以上数据均来自统计年鉴以及全国人口普查公报。

通过上述统计可以看出，2020年深圳、珠海主要以第三产业主；东莞、佛山主要以第二产业为主。

人口主要向沿海发达城市流入，沿海发达城市的产业差异会造成人口增长速度不同，如第二产业为主的东莞和佛山的人口增长速度远低于第三产业为主的深圳和珠海的人口增长速度，因此以第三产业为主的城市对于租赁住房的需求显得更为迫切。

（三）流动人口带来的租赁住房需求结构改变

1. 城市化进程加快带来的租赁住房需求结构改变

随着城镇化高速发展，人户分离规模不断扩大。一方面进城务工人员在城市长期工作居住后，没有随迁户口；城市居民在改善住房条件改变居住地后，也没有随迁户口。另一方面旧城改造和新农村建设，导致人户分离的现象也非常普遍。《中华人民共和国2021年国民经济和社会发展统计公报》显示，2021年全国人户分离的人口达到5.04亿人，约占总人口的35%。我国人口持续向沿江、沿海地区和内地城区集聚，长三角、珠三角、成渝等主要城市群的人口增长迅速，集聚度加大，因此这些区域租赁住房需求量较大。

2. 家庭化流动方式变化带来的租赁住房需求结构改变

我国人口流动从短期的、临时性迁移变成长期性迁移，居留时长不断延长，长期居留意愿日益强烈。人口趋于家庭化流动，更多以已婚和家庭为单位，越来越大的比例是夫妻同时外出，且已婚流动家庭携子女外出，对居住品质和教育配套等有了更高的要求。

（四）住房租赁需求进入改善新阶段

在人口城镇化的前半期，租赁主要是解决进城务工人员在城市的容身之所，对居住品质的容忍度较高。但在新阶段，新市民的租赁住房需求正在发生质的提升。租赁住房需求从人群分类上，不同收入人群对租赁住房的产品呈现差异化需求，如表3所示。

租赁人口类型与需求特征　　　　表3

不同收入的人群划分	人口特征	租赁需求特征
有房改善型租房人口	有房家庭，子女上小学为主	具有更好地理位置、更好租住品质的整租
城市户籍夹心层	拥有本地户籍；毕业5～10年内大学生；收入水平相对较高，但在城市购房难	适合家庭居住的整租
流动夹心层租房人口	非户籍大学生	合租和中低端整租为主
城市无房低收入人口	低收入群体，有购房资格但无经济实力	保障性公租房
新市民	非户籍、低收入人群	保障性公租房、集体宿舍

随着新生代租赁群体观念革新、个人收入增加以及生命周期推进，租赁消费升级大势所趋。租客对居所的需求不限于居住需求，安全需求、隐私需求、社交需求等逐渐衍生，租客对品质居住的要求更高。居住安全性、舒适度、住所的设施及环境、公共空间设计等因素，都逐渐成了影响租客决策的重要因素。

（五）对专业化的租赁服务需求增加

租客对于邻里社交、管家服务、维修保洁等专业服务的日益凸显。维修保洁服务的及时性、邻里社交的群体同质性、居住空间的安全性、活动组织的拓展性以及管家服务是否周到，都是影响租客选择租赁房源的关键服务因素，也决定了租客入住后的租住体验和到期后的续租率。

（六）对均等化的公共资源需求强烈

租房者的基本权利应当得到保障，不能因为租房而成为城市的"二等公民"。为了子女教育而买房，是租客不再续租的首要原因，据调查，在租客选择租房而不是买房的决策影响条件中，租房能够解决子女教育问题的条件占比第一。因此，解决租客长期租赁的关键目标是，逐渐推动解决租客子女的教育等权益，逐步实现资源平等。

三、制定租赁住房的政策建议

（一）机构化租赁是破解我国住房租赁供给不足的必由之路

从过去几年的实践看，机构化租赁是破解我国住房租赁供给不足的必由之路。租赁运营机构促进旧房改造升级，推动租赁行业标准化，规范租赁市场，调动存量资源，改善租赁市场供需错配。专业化运营机构提供更加准确可靠的信息，满足租赁消费升级需求，实现品质租住空间和租后服务，使租期更加稳定，租客体验更好。

（二）多渠道供应住房租赁是解决租赁困难的重要方法

就目前市场而言，商品房过剩，租赁住房过少；租赁市场规模远远小于销售市场规模，租赁市场较销售市场要更加分散，不利于需求者租赁。从这些情况看，多渠道供应住房租赁是解决租赁困难的重要方法。应通过商办用房改造成租赁住房、水电设施与住房标准一致等举措来增加租赁房屋供应量，整顿租赁市场秩序，完善住房供应体系，加快廉租房、经济适用房等保障性住房的建设。稳定房价，让需求者有更多的选择，实现住有所居；增加出让租赁用地规模，适当给予租赁用地的地价扶持，对于从事租赁住房的房地产开发企业予以融资、税收减免等支持；完善住房租赁运营主体资质、房屋标准、租赁运营制度，制定租赁住房运营企业标准等方面的支持。

（三）建立机构化住房租赁必要的融资制度

2022年的政府工作报告指出，要继续保障好群众住房需求，稳定房价，让需求者有更多的选择，实现住有所居，租客安居新城市的梦想。从德国及新加坡等国的国际经验表明，租赁住房建设资金来源不能完全依赖财政支出，必须大力发展政策性住房金融，通过政府主导，实现国家信用与市场机制有效结合，撬动民间资金进入机构化住房保障领域，使财政资金与市场资金形成合力，才能为稳定租赁住房资金来源提供有效的金融保障。

（四）调整租赁住房供给结构及加强新市民住房保障

对于人口增长较快，人口密度大的城市，应当提高小户型、低租金房源数量。以珠海为例，一居室小户型在珠海存量房源中的比例只有25%左右，45%的房源为两居室，三居室以上供应比例达到30%左右，因此应当增加小户型租赁住房数量。对于刚步入社会的人群，多为个人居住，在户型的选择上主要以单间、一房一厅的小户型为主；对于已婚人群租房时对于房屋的选择更倾向于二居、三居房。对于从事工业的人群，主要以选择厂区附近的城中村或者厂区宿舍为主；而在市区的白领之类的人群，在租房的选择上，会更加注重上下班通勤时间、生活品质、舒适度、隐私性等多方面因素，在房屋的选择上会选择更符合自己要求的单间等小户型房屋。

另外居住配套服务不足，租赁服务市场发展不充分，难以满足对新市民对居住环境的社交性及安全性等要求，因此应加强租房人群在子女受教育权利、医疗配套等政策方面的保障。

（五）区域差异带来的租赁住房调整政策建议

对于人口流出的城市，应注重租赁住房的改善性调整，提高租赁住房社区品质，将人均居住面积适当增加，提高居住品质以及舒适性；

对于人口流入的第二产业为主的城市，应关注租赁住房的结构化调整。如厂房周边建设更多的小区，让工人们从传统的宿舍搬到更有归属感的住宅小区。

对于人口流入的第三产业为主的城市，应关注租赁住房的增量化调整。如低收入人群、城中村人群，在舒适度、便利度、安全性等方面都会有一定的需求，在供应住房时，增加面积小、租金低、设施配套好的租赁住房，增加人们的幸福指数。

（六）二孩放开后租赁住房政策变化

二孩放开以后，政府供给时应更加关注租赁住房的户型设置，应适当增大儿童房面积，以满足二孩家庭的需求。

四、结语

租赁需求的多样性、运营管理的复杂性、政策不完善等制约租赁市场的发展。政府或市场单一的力量都不足以打破僵局，需要以市场主导，更好发挥政府的政策引领作用。为此，政府要为市场赋能，推动住房租赁高质量发展。一方面，政府要制定租赁法律规则，强化监管机制和能力；另一方面，通过财税金融政策为租赁企业赋能，助推租赁机构化运营，合力构建一个具备高品质的租住空间、专业化租赁服务、合理的居住保障和均等化的租赁市场。

作者联系方式

姓　名：王　泽　李　欣
单　位：广东思远土地房地产评估咨询有限公司
地　址：广东省珠海市香洲区吉大九洲大道中1082号中电大厦301B
邮　箱：954671131@qq.com
注册号：王　泽（2220030052）；李　欣（4420130082）

如何赋能城中村改租赁住房？

——探索多主体参与模式下的整体运营管理方案

王晓春

摘　要： 当下，深圳市场城中村存量住房改造已经发展到一个新的阶段，参与模式由自发无序的市场主体扩展到"政府主导＋国企参与"，再到"国企主导＋股份公司参与＋市场主体运营"的多主体参与新模式。纯市场行为与政府补贴的方式皆不能持续。考虑到城中村存量住房的现状机理极为复杂，可谓牵一发动全身，其改造为租赁型住房需要特殊的模式支撑。新的阶段，如何更好地赋能城中村改造？本文将结合参与项目经验，从运营管理视角拨开一丝云雾，为更好地推动多主体参与模式下的城中村改租赁住房提供一些参考借鉴。

关键词： 城中村；租赁住房；多主体；运营管理

一、研究背景

1. 城中村改租赁住房的政策支持与变化

深圳外来人口众多，一直以来，租金低廉、交通便利的"城中村"出租屋占据了租赁市场的半壁江山，未来仍将继续成为租赁住房的主力。鉴于此，从国家到省市政策都特别重视城中村改造。《深圳市住房发展 2021 年度实施计划》提出，重点规范城中村住房规模化租赁改造，由深圳市住房和建设局制定完善"指导意见、实施指引、技术标准、分区计划"的实施体系。深圳各区要推动落实一批试点项目，发挥国有企业和村集体股份公司在城中村住房规模化租赁改造的积极作用。2022 年初，深圳市发布《深圳市住房发展"十四五"规划》，有两点内容在当下实践中意义重大。一是要加强国有企业引领示范作用，国有企业符合条件的土地和房屋资源应当优先用于保障性租赁住房。二是建立健全城中村住房规模化租赁改造实施机制，通过区政府、村集体股份公司、大型企业合作方式，筹集保障性租赁住房。尤其是第二点，对于当前的城中村改租赁住房的利益格局将产生重大影响。

2. 城中村大规模改造与推广急需新主体新模式

深圳城中村改租赁型住房的市场角逐中，值得一提的是万科主导的"万村计划"，从 2017 年启动时的雄心勃勃，高峰期公司规模从 40 多人扩至 400 多人，到 2019 年的猛刹车，违约赔偿上亿元，"万村计划"经历了完全市场化的无序扩张，引发了广泛的社会关注和舆论层面的压力，最后不得不中止。这其中既有企业自身过快扩张对工作推进、财务估算和市场及政策预估不足的决策失误，也有政府层面意识到放手市场主导的弊端，进而收紧监管的原因。从"万村计划"的悄然收场我们可以意识到城中村改造的复杂性和特殊性。万村计划是市场主体完全主导的改造,可以看出困难重重。再来看看"政府主导,国企参与实施"的水围村模式,政府、企业、村民共同合作,采用取长补短的合作改造模式。水围村综合整治区域规划面积约8000平方米,共35栋统建农民楼,其中的29栋改造为504间人才公寓。政府负责公共配套与市政设施、企业负责项目改造与运营、村集体股份公司发挥基层协调和配合。经访谈了解,水围公寓改造后提供的租赁面积约1.3万平方米,国企主导清统租并承担相应的成本,这种方式国企很难满足投资收益的要求,所以需要政府租金补贴方式来平衡。其中政府租金补贴占到其实际对外出租租金的一半。可见每年的租金补贴至少都是千万元以上。不得不说,改造后的效果确实立竿见影,成了网红打卡地,但这种模式的背后离不开政府资金的补贴,所以只能小规模推广试点,在当前财政吃紧的背景下诚然不能成为主流。

当前政策中政府明确提出将区政府、股份公司引入进来,看起来只是增加了两个主体,但背后的意义深远。区政府与股份公司的参与,一定程度上可以降低房源拓展带来的社会不利影响,获取房源的难度降低,最重要的是让规模化、成片集中的房源拓展成为一种可能,当然这种模式下,项目的盈利性仍较差,实操中的困难与挑战依旧很多。为进一步保障城中村发展规模化的租赁型住房,在当前多主体参与的条件下,我们需要更系统的整体运营管理模式为之赋能。

二、城中村存量改租赁住房运营管理的挑战

1.回收周期长,投入成本高,项目盈利性较差

城中村改造的物理空间换新,涉及外部环境整治、消防整改、内部格局重整及公共空间打造等多项投入,加上装修交付和部分高楼栋的电梯加装成本,单方造价为2500~3000元/平方米,如果在高成本投入前提下可以实现快速交付和收租,盈利情况也会有所好转。然而城中村的改造涉及的协调群体及部门众多,不仅是政府审批流程方面,还有现有租户的清租、安置、维稳、安全防护等工作,稍有处理不慎,交付工期便会一推再推。如果拟改造的城中村未纳入先前的综合整治范围,还需要提出消防整改及安全提升方案,处理政府投资与市场投资的边界问题,增加改造隐形成本,如期交付的挑战更大。

2.改造的点状开花和整体运营管理的矛盾

城中村改租赁住房的理想情况是可以集中成片筹集房源,但城中村特殊的建筑布局以及过于复杂的利益格局,导致多数项目只能点状零散或整栋获取房源,难以实现成片集中布局,这对后期运营提出了很高的挑战。一是如何处理点状房源与整体项目管理的关系,二是如何处理分散管理与集中统一管理的关系。这两个问题是任何一个城中村改造都不可忽视的问题。以市场主体为主导的项目运营范围主要在楼栋内,外部道路、路灯维修、外部保洁等一般都是城市公共范围内,可能出现不能及时管理维护的情况,这让租户的入住前体验大打折扣,甚至还会面临潜在的安全问题等。

3.利益主体的多元化及复杂关系增加了管理的难度

城中村中有复杂的关系网络,涉及原村民、外来人口、股份公司、早期的二房东及企业、零散的三房东、规模化租赁的市场主体、租户、商户及街道办等政府部门。统租过程需要协调与现有二房东、三房东的关系,在改造过程中还需要处理收纳房源的改造与周边未改造房源的关系,包括施工噪声处理,防护安排及对周边居住生活的影响等,从开发周期来看,未来拟改造房源,现状不改造房源,以及正常运营的房源等将长期共存,城市的空间边

界不能完全切分。后期运营中涉及不同利益主体的管理半径分割等问题，也会较难协调。在多主体多元的利益格局下，管理的难度可想而知。如果不能很好协调好这些关系，势必制造更多的矛盾，受伤害的是最弱势的租赁群体；如果实行统一管理，职责受限，谁来统一管理？谁能协调多主体的利益关系？这其中必然需要政府多个相关部门的参与与协调，需要一个新的统一的运营管理架构与处理方案。

4. 房源纳入住房保障系统下的租金管控影响主体的积极性

城中村改租赁住房是"综合整治+改造提升"，更多的是对现有住房的物理空间的升级提升，不是净地开发，未来提供的租赁住房属于小空间腾挪，与现有人才租赁房体系要求有差距，如果纳入现有的住房和建设部门的房源管理体系，则租金及人群都会受到限制，一定程度上影响实施主体的积极性，是否可以探讨小空间腾挪房源的特殊性，探索新的运营管理模式，既满足政府租赁住房的供给需求，又能兼顾多方诉求？

三、城中村改租赁租房整体运营管理的新思路

面对挑战，唯有思变和寻找新的模式，方能构建一个和谐的多主体参与的改造运营关系，方能实现政府对城中村发展规模化租赁型住房的初衷。具体来说，需要从以下几个方面重新审视。

1. 政府相关部门深度参与，且发挥重要作用，形成全新的管理架构

城中村的运营管理于普通项目而言，既要市场化地运营，更需要有效的政府管理职能。这个重要性不言自明，从水围村的小规模改造试点到南头古城改造的标杆效益初现，都印证了政府在城中村改造中的积极作用。此外，杭州梦想小镇，作为全国特色小镇的示范样板，2019年已取得卓越成效，其成功与"管委会—国企—市场化运营机构"的三层管理架构及政府的大力支持分不开。管委会融合多方力量，齐力加速推进梦想小镇建设、提升园区运营服务水平。这一点对于当下城中村改租赁住房也是非常重要的。建议规模化的城中村改租赁住房项目架设项目统筹的政府领导小组，能够统筹协调各方资源，加速政府资源的导入，协助解决城市综合服务等问题，为项目的建设运营领航。这一管理架构下参与的部门包括不限于住房和建设部门、房管部门、科创委、发展和改革部门、金融局、城管、公安、街道等。未来政府部门的参与应该形成一个机制，在项目开展前期就能起到总体统领的作用，更有利于项目整体实施运营的落地。

2. 多主体参与下实现轻重资产运营管理的分离，优势互补，合力共赢

多主体参与模式下，建议构建政府部门参与的上层管理架构，国企主导的项目公司重资产管理，市场主体主导的运营公司轻资产管理模式。其中，国企主导的项目公司作为重资产的投资方，是承担城中村综合改造的资金投入和未来租金收入分配的主体，运营公司则是具体的资产管理机构，是前期协助清统租工作的合作伙伴，是实现多种功能整体管理的载体，也是利用专业化、品牌化优势实现区域形象综合提升的重要实施主体。在项目公司和运营公司之间要设置财务防火墙，即项目公司拥有绝对的财务控制权。从而实现各参与主体的优势互补，合力共赢。

3. 轻资产的运营管理主体，由专业化、市场化品牌主体牵头，国企与股份公司合资合作，形成统一的运营主体，保障运营效果

参与城中村租赁住房改造的市场主体，如万科泊寓，作为专业化拓展、市场化运营的品

牌服务商，其优势依旧能经得起市场的检验。城中村的脏乱差，落后的配套，有待提升的环境，万千中低收入人群对于租有宜居生活的向往，拟改造与不参与改造的物业将长期共存的问题，平衡协调各方诉求、统一管理城中村市容市貌，这对运营方提出较高的要求与挑战。所以需要综合实力较强的品牌主体参与，唯有通过品牌化、集中统一管理，方能实现现有城中村运营面貌的全面提升和整体品质的跃进。

国企作为主导方，其参与到运营中是必然，股份公司的深度参与有利于带动股份公司发展，培育村集体运营管理人才与干部队伍，并发挥协调村民、专业运营公司、租户等多方关系的纽带作用，共同完善城中村治理，实现村集体经济的可持续发展，进而打造"国企+集体资产"共同发展的新模式、多元共治城中村的改造典范（图1）。

图1　多元主体参与模式下的统一运营管理主体示意

4. 大物管进村千呼万唤，实现点状更新的统一运营

现实的情况是，城中村所有权、使用权、运营权高度分离，治理难度大，属于城市的管理盲区；城中村业主缺乏物业及资产价值管理意识，且付费能力较低，致使市场主体参与积极性不高。

为解决零散房源与整体运营的矛盾，建议政府考虑大物管进村，现有的各自为政的管理模式对城中村整体形象提升是不利的，所以必须从整体运营的角度，设置城中村的大物管，对整体项目进行综合管理，这也是保障市场化和专业化管理的有力支撑。

深圳现有的物管进村已经逐步从单一试点走向多点开花。

2019年6月，龙华确定了深圳全市首批健全完善城中村物业管理的试点村，从物业管理层面寻求城中村管理的破局。其中，新围新村作为其中典型代表，坚持"谁受益谁付费"，建立健全物业管理缴费保障机制，其模式具有一定的借鉴意义。万科旗下万物云城在街道的推动下，与多个街道多个村股份公司达成合作，参与城中村治理，致力提升城中村物业管理的品质服务。且在不同街道因地制宜实施不同的参与模式（图2）。

大物管进村，与城中村改造规模化集中化租赁住房模式有机结合起来，这与之前的物管进村模式可能都有所不同，这一模式下，政府购买服务是其中一种盈利模式，更重要的是统一大物管的集中统一管理，可以实现整体项目的价值最大化，这也是运营主体可持续收入来源的主要保障。

5. 作为非标的人才住房，建议给予适度灵活的市场化定价与运营

现有的城中村，受格局所限，未来改造后一般以20～30平方米的小户型为主，很难融

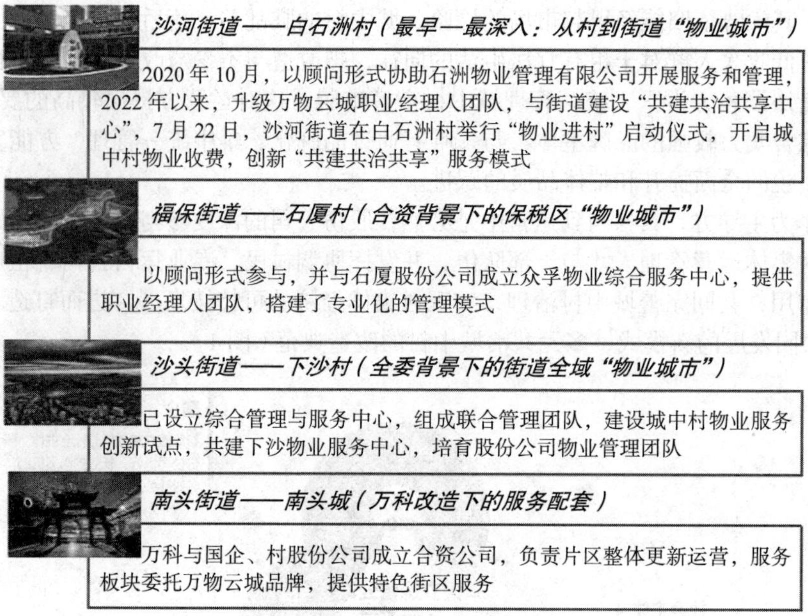

沙河街道——白石洲村（最早—最深入：从村到街道"物业城市"）

2020年10月，以顾问形式协助石洲物业管理有限公司开展服务和管理，2022年以来，升级万物云城职业经理人团队，与街道建设"共建共治共享中心"，7月22日，沙河街道在白石洲村举行"物业进村"启动仪式，开启城中村物业收费，创新"共建共治共享"服务模式

福保街道——石厦村（合资背景下的保税区"物业城市"）

以顾问形式参与，并与石厦股份公司成立众孚物业综合服务中心，提供职业经理人团队，搭建了专业化的管理模式

沙头街道——下沙村（全委背景下的街道全域"物业城市"）

已设立综合管理与服务中心，组成联合管理团队，建设城中村物业服务创新试点，共建下沙物业服务中心，培育股份公司物业管理团队

南头街道——南头城（万科改造下的服务配套）

万科与国企、村股份公司成立合资公司，负责片区整体更新运营，服务板块委托万物云城品牌，提供特色街区服务

图2 万科参与城中村物业管理的不同模式

入现有人才房的标准化房源体系，鉴于此，建议政府可以尽可能地减少行政干预，让改造主体实现一定程度的定价自由，介入市场化高租金与保障性租金之间，找到一个盈利平衡点，进而提升市场主体参与的积极性。

四、城中村改租赁住房的整体运营管理方案保障体系

1. 建议政府设立城中村改租赁住房的绿色审批通道，尽快落实税费优惠等相关政策

城中村改租赁住房能实现盈利的核心点是如期交付、跟时间赛跑，且这一工程与常规项目相比较为特殊与敏感，建议政府可以成立专班小组，开通绿色审批通道，压缩政府管控端的时间，助力整体租赁住房的清统租工作和交付工作。此外，在实操中，租赁住房的改造实施主体遇到的税费问题，也希望政府可以尽快研究给予支持。

2. 创新多元化的盈利模式

传统的运营管理收入主要来源于物业端的租金收入、停车收入等，在城中村改造项目中是否有新的盈利增长点的注入至关重要。我们发现有两点，一是城市综合管理服务，即建立城中村的大物业管理架构，通过政府购买服务的方式，实现区域政府管理职能的统一，从原来的多对多模式变为多对一模式，大大提高区域运营效率，也一定程度上减少了管理难度和成本。此外，在城市综合服务中，除了政府购买服务，还可以通过公共空间的打造和运营，通过与周边业态的完美融合，尽可能提高可收益空间和面积，进而丰富和补充项目公司的收入来源。

这是运营管理赋能的重中之重，是形成合力做大做强城中村改造蛋糕的核心。城中村有着来源广泛的消费客群，尤其是当前新市民，新青年的涌入，为城中村租赁住房带来更多的活力，他们需要更有活力的居住空间、商业空间和公共配套空间，他们愿意为体验感买单，

所以在城中村中尽可能多元化地拓展盈利来源，提升商业，配套的价值有着较强的消费基础。深圳的城中村，利用各自的历史底蕴与区位属性，有很多形成了自己独有的特点，除了居住和商业外，还有美食、社交、娱乐、休闲、文创、设计、文旅元素。

比如：水围村成为网红美食打卡地；南头古城成为文艺青年的新兴聚集地；大水田村成为以版画为主题的华南艺术重镇；甘坑老村是客家民俗、儿童研学、建筑主题文旅村落；还有大鹏新区的诸多村落，则蜕化为都市近郊滨海休闲度假区。如何真正挖掘消费需求，除了提供更好的服务外，引进更好的消费场景，还要用更先进的商业理念去招商、运营，并且做到因地制宜，方能实现更好的商业价值预期。

3. 探索有效的市场主体激励机制

一般来说，轻资产管理公司的最大激励机制在于通过其成功的运营，实现整体价值提升后，可以参与分享增值收益。这种也是市场的普遍做法，通过将蛋糕做大做强的方式，实施主体通过让渡一部分利润空间用于激励运营公司，实现综合运营管理效益的双赢。

4. 股份公司的实质参与

股份公司在城中村改租赁住房中的作用不言而喻，不亚于主导角色的市场主体，如何更好地调动其积极性，这里有一个很重要的问题，我们需要关注股份公司的市场化改革与人才培养问题，过往市场主体与城中村合作中，股份公司一般只占干股，不参与具体实质的运营管理工作，在新的环境背景下，国资委对集体资产的人才管理队伍，人才培养目标提出更高的要求，需要结合其需求，帮助和引导股份公司真正参与到市场化运营管理中。

五、小结

城中村改租赁住房项目，因其体量大，收益水平有限，且现状权属和利益主体复杂等特点，势必对未来的运营管理提出更高的要求。本文希望通过构建一个多主体参与、合理分工、合力共赢的整体运营管理模式去探索更持续的城中村存量改造路径，从而赋能更多的城中村改造项目。当前新的运营管理模式仍在典型项目实践中，仍需要不断检验与完善。城中村存量改造项目虽道阻且长，但在积极发挥多主体参与的背景下，立足共同的目标，充分挖掘更多的盈利空间，不断优化运营管理模式，笔者相信占据半壁江山的城中村租赁住房市场一定大有可为，且将绘就一座座特色鲜明的、租有宜居的幸福感满满的城中村新貌地标，成为深圳新的城市名片。

参考文献：

杨镇源，胡平，刘真鑫.村城共生：深圳城中村改造研究[J].住区，2020（3）：81-86.

作者联系方式

姓　　名：王晓春

单　　位：深圳市戴德梁行土地房地产评估有限公司

地　　址：广东省深圳市福田区中心思路嘉里建设广场2座5楼

邮　　箱：xiaochun.wang@cushwake.com

注册号：4420140107

租购并举时代住房租赁服务创新分析

臧兴华　蔡莹莹

摘　要：近年来，随着我国住房制度改革持续深化和户籍制度改革推进，户籍人口大量流入，在缓解居民住房需求问题的同时，也催生了大量新型租房群体。在"房住不炒"政策指导下，国家相继出台了一系列房地产发展政策和指导意见来加大房屋租赁服务投资和扶持力度，建立住房租赁相关的长效机制，其中"租购并举"逐渐成为市场核心议题之一。基于此，本文主要针对租购并举时代住房租赁服务进行分析，并提出了房屋租赁服务创新的方法策略，以供参考。

关键词：租购并举；住房租赁；服务创新

2015年，中央经济工作会议首次提出"租购并举"，2017年，党的十九大报告提出"加快建立多主体供给、多渠道保障、租购并举的住房制度"，2022年，党的二十大报告再次强调加快建立"租购并举"住房制度，表明中央在住房供应端制度政策上继续发力，并且有力地促进了住房租赁市场的发展和"购+租"模式的不断完善，逐渐形成了"市场+保障"的住房体系。在住房向"居住属性"回归的同时，对住房制度改革目标进行了界定，维护了我国房地产市场稳定，促进了我国房地产市场的健康发展。

一、租购并举时代住房租赁服务创新的意义

（一）提升住房租赁企业盈利能力和价值

住房租赁行业属于典型的重资产行业，由于经营成本较高盈利空间较小，并且缺乏融资渠道和较强的盈利能力，从而导致该行业发展难度大。而住房租赁服务的创新将会给行业带来新的生机与活力，从而增加相关企业盈利能力。目前我国正处于由房住不炒向租购并举过渡的关键时期，需要以专业化的经营方式、创新性的服务意识及完善的监管政策，来促进市场良性发展。从专业住房租赁服务公司的角度来看，提供优质的服务能够降低用户进入住房租赁市场风险，也会给住房租赁企业带来长期稳定的盈利。同时，专业服务商与政府合作、政府主导的租赁机构的管理与运营方式，能帮助市场中的租赁企业实现规范化管理。通过住房租赁服务创新，可以使租赁企业价值得到提升，促进住房租赁企业完善服务体系、提高服务能力、满足用户的生活需求、增加用户黏性，进而提高企业价值，并形成良好的服务口碑和品牌效应。

（二）促进住房租赁市场规范发展

当前住房租赁企业尚处于初级阶段，在此阶段中大多数企业仅专注于自身房屋租赁业务的发展，这导致市场中的房屋租赁服务需求未能得到满足。但随着相关政策逐渐完善及企业

自身业务范围的扩大，目前部分有实力的专业服务公司开始进入住房租赁市场并开始对相关业务进行创新。因此，整体市场中住房租赁服务需求将得到更好满足和规范发展。

（三）规范住房租赁市场行为

在住房租赁市场发展过程中，如何更好地促进住房出租市场主体之间的合作与规范市场行为成为重要问题之一。租赁市场的发展是一种新兴业态，其发展过程中不可能是一帆风顺的，所以政府在相关政策的制定过程中，也应该制定相应的规则。当前有不少住房租赁公司通过不正当手段，如：恶意克扣押金、低价出租房屋、随意克扣租金等方式侵犯房东和租户的合法权益。在这种情况下，往往需要加强对该类行为的监管，如对相关企业实行严格的资质审核，明确要求其必须具有相关的房地产专业知识和相关经验等。同时，还需要通过法律手段保障租客的合法权益与财产安全等，而住房租赁服务的创新，也促进了住房租赁市场行为的规范。

二、租购并举时代房屋租赁服务创新的方法

（一）在政策引导下，优化、创新住房租赁市场供给

自2012年以来，我国各地陆续出台了关于提高个人出租住房价格和保障低收入人群居住需求的政策，包括限购、限贷、限售等，并将其作为推进房地产市场健康稳定发展的重要举措。其中，国务院、住房和城乡建设部先后发布《国务院办公厅关于加快培育和发展住房租赁市场的若干意见》（以下简称《意见》）、《住房租赁条例（征求意见稿）》等文件，为我国房地产行业发展提出了明确要求。其中《意见》明确提出了"以长期租赁制为方向"的新理念，"完善保障性安居工程建设制度，加快完善长租公寓政策。鼓励房地产开发企业利用集体建设租赁房；支持住房公积金用于承租人自付租金"等举措。同时还指出，"要加强对租赁市场秩序开展专项整治行动，重点打击哄抬租金等扰乱行业秩序、侵害承租人合法权益等违法违规行为；强化房地产中介机构行业管理""加强住房租赁中介机构规范管理"等，针对政策出台后如何做好住房租赁供给端政策调整等问题提出了指导意见和具体举措。

从整体住房市场供给来看，我国住房制度经过二十多年体制改革，虽然逐步形成了以城市为主体、多种渠道的房源供应体系以及较为成熟的租赁体系，但与国外发达国家相比还是有一定差距。我国从"十二五"时期开始，对房地产市场实行严控，房地产投机和哄抬房价行为得到有效遏制，市场保持平稳发展态势。在政策引导下，近年来随着经济持续快速发展，居民人均可支配收入也随之提高，加快了对租房市场需求升级，促进住房租赁市场发展。但也要看到，我国住房长期以实物分配为主，短期内居民可支配收入增长有限，这会导致住房供给结构与个人收入实际情况存在较大差异，而随着租房市场规模扩大以及居民消费观念转变及居民对租房居住环境越来越重视，将进一步推动我国住房租赁市场发展。因此，在住房供给侧结构性改革下优化行业供给，能够进一步推动住房租赁市场健康有序发展。

（二）创新监管手段，提升行业服务质量

为应对我国住房租赁市场快速发展，有关部门应不断创新监管手段，切实提高住房租赁行业的服务质量，增强市场竞争力。

第一，政府应进一步规范住房租赁企业行为，建立完善"红黑榜"制度与退出机制，并对重点企业进行监管，对失信企业进行联合惩戒。

第二，建立完善"黑名单"制度，对各类违法违规企业建立"黑名单"并予以曝光。

第三，提高租赁行业从业人员素质和行业整体形象，建立健全社会诚信体系，完善住宅租赁相关法律法规体系，加大对承租人权益保障力度。

第四，建立科学完整行业标准体系，制定统一规则，严格执行相关法律法规及行业标准。

第五，加快制定《住宅租赁管理条例》等法规规章及配套标准体系，建立统一规范、标准统一、监管严格、责任清晰、执法有力、保障完善的房地产管理体系。

第六，健全信用体系建设，健全房地产中介机构和从业人员诚信记录数据库建设。

（三）注重服务创新升级，满足消费者需求

"租购并举"时代下居民消费与升级需求逐渐增长，对于住房租赁服务质量和水平提出更高要求，而要想实现"租购并举"，首要解决的问题就是满足消费者对住房租赁日益增长的需求。可根据可自配收入定位消费群体，对低收入人群，提供以公租房、保障性租赁住房、共有产权住房为主体的住房租赁服务；对高收入人群提供高品质的市场化住房租赁服务，注重服务创新升级，进一步拓展住房租赁行业盈利空间，保障租赁人群居住权益，兼顾满足刚性和改善型住房需求。此外，对于消费供给侧而言则需要重视住房租赁需求侧问题，加强对房地产开发企业、中介机构和消费者等方面政策监管力度，落实中央经济工作会议提出"支持住房租赁企业发展"战略目标。

（四）创新服务模式，适应市场变化

住房租赁管理服务，是我国住房租赁行业的核心与关键。在传统的租赁市场中，存在着各种以"房东身份""中介身份"为主体的单一经营模式和管理模式。当前，我国居住消费已进入"租购并举"居住消费新阶段。一方面，随着中国消费市场结构调整及居民收入水平提升，居民消费升级，消费结构和偏好发生重大改变；另一方面，伴随着住房消费观念转变以及相关政策逐步完善，住房租赁消费市场已经形成。而住房租赁与购买具有同等重要之处，即拥有完全产权和良好的居住条件、有良好的居住环境并且可以自由支配。为此要进一步创新服务方式，优化供给模式，以满足广大租房群体对住房租金成本、生活质量、物业服务等方面需要。

第一，要构建专业化、标准化、规范化、品牌化、信息化服务平台，建立信息共享体系和监管体系。

第二，要提高信息透明度和可信度。针对租赁市场中出现不良信息导致用户权益受损等问题，要通过建立健全信息公开体系、建立信用管理体系等措施对市场主体进行监管并建立违规惩戒机制。

第三，要通过建立信用体系、开展信用评价等措施构建对市场主体进行信用监管工作机制。

三、结束语

综上所述，为积极应对我国住房租赁市场变化，满足居民日益增长的消费需求，应着力打造和完善以品质为核心的住房租赁服务创新模式。通过对服务对象行为习惯和服务标准的优化调整，为有效提升服务质量、拓展服务领域、提高运营效率等方面创造条件，不断满足提升居民生活品质需求。并积极探索适合中国国情和租购并举时代特征的专业住房租赁行业模式，以满足当前住房租赁市场的多元需求，推进我国住房租赁事业发展。

参考文献：

[1] 黄朝波．租购并举时代住房租赁服务创新探究 [J]．中国市场，2022（21）：67-69．

[2] 王林，邓露．租购并举与住房租赁发展研究综述 [J]．中国房地产（学术版），2020（4）：32-37．

[3] 谢璟崴．"租购并举"背景下我国住房租赁市场问题研究 [J]．福建质量管理，2020（7）：105-106．

[4] 魏丽艳．新时代租购并举住房保障制度的实施路径 [J]．中国行政管理，2022（5）：152-154．

[5] 林蔚．税收与住房租赁：基于完善租购并举制度的思考 [J]．企业经济，2020，39（8）：145-153．

[6] 程正中，蔡潇涵．"租购并举"实现途径研究 [J]．上海房地，2020（4）：10-13．

作者联系方式

姓　　名：臧兴华　蔡莹莹

单　　位：河南世纪天元房地产资产评估有限公司

地　　址：河南自贸试验区郑州片区（郑东）和光街 10 号东方陆港 G 栋 4 层 7 号

邮　　箱：412652650@qq.com

注册号：臧兴华（4120130043）；蔡莹莹（4120080069）

住房租赁不同模式分类、利弊分析、发展趋势及前景分析

麦丽娴　杨运超　李晓东

摘　要：党的十九大报告中明确提出"坚持房子是用来住的、不是用来炒的"新定位，同时，政府工作报告中也多次提及加快建立多主体供给、多渠道保障、租购并举的住房制度，说明这一政策已经成为房地产市场平稳健康发展的长效机制。培育和发展住房租赁市场是有效解决居民居住问题的关键点。

关键词：住房租赁模式；利弊分析；趋势；前景

一、住房租赁不同模式分类及其利弊分析

在全国高房价的环境下，特别是北京、上海、广州、深圳、南京、杭州等一、二线城市，对租赁住房的需求会越来越大。当前，我国住房租赁模式从大方向一般可归类为市场主导型的住房租赁模式和政府主导型的住房租赁模式。

（一）市场主导型的住房租赁模式

1. 自持+运营

租赁企业收购或自建整栋或部分楼层物业，进行装修和改造成统一管理的宿舍或白领公寓进行对外出租；负责日常管理、招租。

2. 包租运营

租赁企业与房屋产权人以契约的方式获得房屋一定年限的使用权，租赁企业获得房屋使用权后进行装修改造或者保持现状再进行对外出租，负责日常管理、招租，并承担租赁期内房屋运营过程中空置部分的损失。

3. 自持+运营存在的利弊分析

（1）租赁企业相比资金比较雄厚且经验丰富，配备管理、营销、服务等专业化程度高的人才组成的经营团队，租赁企业能够通过对运营产品（租赁住房）的重资本化和服务精细化，有效形成一定的品牌效应，品牌效应能给运营产品（租赁住房）带来品牌溢价，获得超额收益。

（2）租赁企业作为出租物业的业主，拥有物业的产权，能有效减少出租者"跑路""暴雷"等现象，保障租客的利益，减少因租赁住房问题发生的群体性事件，促进社会和谐稳定。

（3）住宅开发投资大、占用资金多、影响因素多，投资人往往要求快速收回成本和利润，但租赁住房物业由于投资大、回收周期长、租赁企业进入此行业的意愿较少、社会存量不足等问题，不能满足高品质租户的需求。

4.包租运营的利弊分析

（1）房屋产权人既省时又省力，不用每天为了租房的事情忙碌，不用为了看房者跑来跑去，由房屋租赁企业负责运营管理，定期把租金打入到自己的账号中。

（2）租赁企业房源多，占地理优势、房源优势，方便各种需求的租客。

（3）对于租赁物业的后期增值，租赁企业把租赁物业运营得好，租赁物业会给业主产生稳定的收益，从而会给租赁物业带来增值，但增值红利由业主独享，跟租赁企业没有什么关系，租赁企业享受不到租赁物业重新估值后的增值红利，虽然物业的增值完全是租赁企业的功劳。租赁物业的价值、升值，会带动租金的调高，租赁企业不但没有享受租赁物业的增值收益，甚至还要遵守涨租条约，付出一年高过一年的租金成本。长远来看，其实对于租赁企业是不公平的。

（4）此类型业务的租约多为长租，业主和租赁企业不可避免是对立的利益关系，双方就租金多少、租期的长短、增长的比例进行博弈，你多我少，相互拉锯较劲，磨合期很长，沟通成本很高。

（5）租赁企业在经营过程中，采取不同的营销手段来吸引客户，某些租赁企业使用"长收短付"（一次性收取租客长时间段租金，租赁企业月付给业主租金），对租客采用长租优惠的营销策略，在租金有优惠的吸引下，很多租客一次付清季度、半年、一年等不同时间段的租金给租赁企业，一旦租赁企业"跑路""暴雷"，租客与业主将成为受害者，不利于社会的稳定和谐。

（6）租赁企业为了利益最大化，会对房屋的空间布局进行改造，一套住房被打隔断分割成多个房间，如把客厅改造为一间住房出租，对房屋损坏程度较大且不利于消防安全。

（二）政府主导型保障性住房租赁模式

《中华人民共和国国民经济和社会发展第十四个五年规划和2035年远景目标纲要》中提出"有效增加保障性住房供给，完善土地出让收入分配机制，探索支持利用集体建设用地按照规划建设租赁住房，完善长租房政策，扩大保障性租赁住房供给"。是最早提出保障性租赁住房这一概念的。保障性租赁住房是政府在政策上给予支持而建设的低租金房子，从而解决新市民、广大青年人住房需求的一种产品。党中央、国务院提出加快发展保障性租赁住房的重大决策，明确了保障性住房的发展方向。

在我国，历史上保障性住房涵盖多方面内容，比如公共租赁住房、廉租房、经济适用房、限价商品房等，而当前最典型的出租型保障性住房有廉租房和公租房两类。

1.廉租房

廉租房是指政府以租金补贴或实物配租的方式，向符合城镇居民最低生活保障标准且住房困难家庭提供政府建设的保障性住房。廉租房一般通过政府建设租金较低的房屋提供给符合条件的申请者，或者通过发放现金的方式来满足申请者的需求。早在1998年发布的《国务院关于进一步深化城镇住房制度改革加快住房建设的通知》中就有提出"最低收入家庭租赁由政府或单位提供的廉租住房；中低收入家庭购买经济适用住房；其他收入高的家庭购买、租赁市场价商品住房"；2003年12月，由原建设部等5部门联合发布的《城镇最低收入家庭廉租住房管理办法》也明确廉租房的保障对象和保障方式，进一步加大保障性租赁住房的发展力度。

2.公租房

公共租赁住房是指由国家提供政策支持、限定建设标准和租金水平，专门面向中低收入群体出租居住的保障性住房。公共租赁住房由政府主导，用低于市场价或者中低收入的承租者承受得起的价格，向城市广大新青年、大学毕业生、外来就业人员等这一类不够廉租房申请条件又买不起房的"夹心层"提供低租金住房。由于很多地方原来的保障政策覆盖范围比较小，一些中等偏下收入住房困难家庭由于城市房价水涨船高、合适条件的出租房源供应不足等原因而无力通过市场租赁或购买住房，居民住房问题未能得到很好解决。2010年6月，住房和城乡建设部等7部门联合发布《关于加快发展公共租赁住房的指导意见》，提出"公共租赁住房供应对象主要是城市中等偏下收入住房困难家庭。有条件的地区，可以将新就业职工和有稳定职业并在城市居住一定年限的外来务工人员纳入供应范围"，相关意见的提出，为进一步扩大保障性租赁住房制度的保障范围提供重要支撑。

3. 保障性住房租赁模式利弊分析

《中华人民共和国2021年国民经济和社会发展统计公报》中数据显示，2021年全年全国保障性租赁住房开工建设和筹集94万套。各地加快发展保障性租赁住房，缓解住房租赁市场结构性供给不足，较好缓解住房困难，推进以人为核心的新型城市化发展，有利于城市对人才和产业的引进。保障性租赁住房的大力推行，可以使一部分人的住房得到保障，从而抑制了商品房的刚性需求，缓解房价居高不下的状况，促进房价逐步回归理性发展的态势。

保障性租赁住房覆盖面较窄，保障对象界定不清晰。保障性租赁住房主要是针对中低收入这一特定人群的过渡性住房，在户型结构、租金金额和期限上都有着较为严格的要求，且主要保障对象以本市户籍居民为主，外来务工人员无权享受，保障性租赁住房未能覆盖所有符合标准人群。

由于准入时的资质审核和退出机制难以控制，政府部门很难完全了解申请对象的财产状况，难免会有些家庭钻了准入机制的空子，导致保障性租赁住房分配不合理。甚至有一些关系硬、收入高的人企图以低成本申请入住保障房，再以市场价租出去赚取中间差价。同时，保障性租赁住房退出机制也存在一定缺陷，有些家庭申请入住保障性租赁住房之后，经过几年经济状况得到改善，已经不符合申请的标准，本该主动向相关部门报告情况自觉退出被保障对象范围从而给其他更需要被保障的对象让出更多机会；然而理想和现实往往存在差距，就当前实际情况而言，很多人并未及时申请退出，抱着侥幸心理，继续享受着不再属于他们的福利，且由于相关部门没能很好履行职责，导致资格审核工作流于形式，使得这一政策缺乏公平性，不利于保障性住房制度的进一步完善和发展。

建设规划不合理，配套设施不到位。很多保障性住房选择在较为偏远的郊区建设，且在建设过程中，相应的生活配套设施以及交通等基础设施的建设都没有跟上，导致租客生活、出行很不方便，无形之中增加了保障居民的生活成本。且在规划建设过程中，建筑密度、小区绿化等没有很好规划，导致居住舒适度降低。

二、住宅租赁市场的发展趋势

（一）住宅租赁市场过去状况

房地产租赁市场与房地产销售市场（一手房、二手房）是房地产市场构成的两大重要组成部分。在中国，国人对于拥有一套房子的执念是很深的，所以在过去很长一段时间，住宅租赁市场发展得很缓慢，而住房销售市场（一手房、二手房）却是飞速发展。近年来，我国经济高速发展，房地产市场的供应与需求两旺盛，房地产价格居高不下。而房屋租赁市场几乎是被忽略的，长远来看，这是不利于对整个房地产市场的发展。

（二）住宅租赁市场现在发展状况

经济的发展、住宅物业需求的增加导致房价高，受高房价的影响，买房难成了国人的头等难事。房地产价格水平与当地居民的工资水平脱钩，"房奴""蜗居""蚁族"等住房现象应运而生。房价居高不下，还间接地影响着生育、老龄化、学区房等社会问题。

2015年以来，中央开始重视住房租赁的发展，陆续发布了多个住房租赁相关政策，推动并加快住房租赁市场的健康发展。

（三）住宅租赁市场的发展趋势——以珠海市住宅租赁市场为例

珠海市是国务院批复确定的中国经济特区，地理位置优越。珠海市一直非常重视生态、居住环境的建设。珠海市在改善居住环境上的成绩是有目共睹的，珠海市得到的城市荣誉很多，如表1所示。

珠海市获得的城市荣誉　　　　　　　　　　　　　　　　　　　　　　　　　表1

年份	城市荣誉
1997	珠海市被原国家环境保护总局授予首批"国家环境保护模范城市"称号
1998	珠海市获得"国际改善居住环境最佳范例奖"
2011	珠海市获得"2011年中国最具幸福感城市"殊荣
2016	中华人民共和国住房和城乡建设部授予珠海市"国家生态园林城市"称号
2017	原中华人民共和国环境保护部授予珠海市"国家生态文明建设示范市"称号

近10年，珠海市经济建设的快速发展，开放宽松的政策环境吸引着越来越多的外来人才流入，加上珠海市的一系列利好政策带动下，房地产发展是高速的发展，房价水平也提升至全国的前20。珠海市这10年的发展情况如表2所示。

珠海市近10年发展情况　　　　　　　　　　　　　　　　　　　　　　　　表2

指标	2010年	2021年	增长率	单位
GPN	1208.5958	3881.75	221.18%	亿元
人口	156.0229	243.9585	56.36%	万人
房价	10952	23626	115.72%	元/平方米

珠海在房地产销售市场突飞猛进的同时，房地产租赁市场还是一潭死水。珠海的租赁市场主要以居民个人所有房屋（多余房屋）为主，最开始是以当地居民的自有房屋为主要的供应房，后期由于珠海的快速发展导致大批的投资者在珠海投资买房，投资性的房屋随之也产生了大量的租赁住房。但是这些都体现的是个人行为，没有成形的住房租赁模式。

2019年，为贯彻落实《国务院办公厅关于加快培育和发展住房租赁市场的若干意见》和《广东省人民政府办公厅关于加快培育和发展住房租赁市场的实施意见》的有关要求，加快珠海市住房租赁市场的发展，规范住房租赁的综合管理，珠海市出台了《珠海市商品住房租赁管理办法》，其中一条提出"由珠海市住房租赁有限公司作为国有市场化住房租赁业务主体，以企业化运营方式开展开发、建设、管理、日常维修和租金收取等业务，并协助市区住房主管部门开展租售服务业务"。这就意味着珠海市的租赁住房的经营模式还是以政府主导型为主。

2022年7月,珠海市珠海市住房和城乡建设局印发《珠海市住房发展"十四五"规划和二〇三五年远景目标纲要》,提出珠海住房供应结构将持续优化。新建商品住房与机构租赁住房、公共租赁住房、保障性租赁住房、共有产权住房、人才住房等各类房源的比例为7:3。公共租赁住房、保障性租赁住房、共有产权住房、人才住房等占住房供应量的比重力争达到60%(表3)。

珠海市"十四五"住房发展主要指标　　　　表3

指标分类	指标内容	单位	供应目标	指标性质
住房供应结构目标	新建商品住房占住房供应总量的比例	%	70	预期性
	其他各类住房占住房供应总量的比例	%	30	预期性
各类住房供应目标	总量目标	万套	30	—
	其中:实物公租房	万套	1	约束性
	公租房租赁补贴	万套	0.2	约束性
	保障性租赁住房	万套	1.5	预期性
	共有产权住房	万套	1.3	预期性
	人才住房	万套	4	预期性
	机构租赁住房	万套	1	预期性
	新建商品住房	万套	21	预期性
住宅用地保障目标	商品住房用地供应规模	公顷	721	预期性
	保障性住房用地供应规模	公顷	211	预期性
住房品质目标	城镇居民人均住房面积	平方米	32	预期性
	新开工住宅中全装修住宅比例	%	80	预期性
	新开工住宅绿色建筑面积占比	%	100	约束性
	新建住宅项目绿色建筑认证标识占比	%	70	指导性
	城镇老旧小区改造规模	个	282	约束性
	住宅小区专业化物业管理覆盖率	%	90	预期性

到2035年,住房供应体系更加完善,居住属性更加凸显,各类人群在珠海市均可实现住有宜居。住房供应结构趋于稳定,公共租赁住房、保障性租赁住房、共有产权住房、人才住房等占住房供应量的比重力争达到60%。

三、住宅租赁市场的发展前景分析

根据非官方数据,我国的租赁市场约占整个房地产市场比例大约为6%,与一些发达国家相比较,占比是非常小的,美国住房租赁市场占比大约为50%,日本更是达到72%。由此可见,我国住房租赁市场的前景是很广阔的。

根据我国国情,对于一、二线城市来说,应该跟发达国家租赁住房的经营模式接轨,大力发展市场主导型的经营模式,加快机构租赁行业的发展。在美国,机构租赁行业有着较高的市场占有率,约为30%;日本为80%;我国机构租赁行业市场占有率只有2%。我国大部分城市的住房租赁市场处于初级阶段,未来有着巨大的成长空间。

对于三、四线城市来说,租赁住房的经营模式应该以政府主导型为主,如珠海市,大力发展公租房、廉租房等,建立稳定的住房供应结构。

参考文献:

严荣. 推进上海住宅租赁市场发展研究 [J]. 科学发展,2018(3):92-102.

作者联系方式

姓　　名:麦丽娴　杨运超　李晓东

单　　位:广东公评房地产与土地估价有限公司

地　　址:广东省珠海市吉大九洲大道中温莎国际大厦17楼

邮　　箱:18580290@qq.com;275464335@qq.com;1114227394@qq.com

注册号:麦丽娴(4420100119);杨运超(4120080022)

住房租金监测及租赁价格指数研究

——以上海市市场化租赁住房为例

杨 斌 孙 雯 仇轶祺

摘 要：当前在我国，租房已成为城市居民住房的第二大房源，在住房租赁市场发展过程中，由于住房租赁相关监管制度的不完善，出现了随意涨价等乱象。为了住房租赁市场健康稳定地发展，以及完善住房租赁市场的监管措施，住房租赁监管部门需要对租赁价格水平和变化进行及时了解和发布，住房租赁价格指数可以为住房租赁监管和租赁双方合理确定租金价格提供参考依据。本文通过对上海市市场化住房租金价格进行季度监测，测算编制市场化住房租赁价格指数，对未来市场化租赁住房发展态势进行判断，为市场化住房租金评估提供数据支持和市场分析。

关键词：住房租赁；市场化租赁住房；租金监测；租赁价格指数

一、住房租金监测及租赁价格指数研究的背景及意义

（一）住房租金监测及租赁价格指数研究的背景

随着经济与社会的不断发展，城镇化率稳步提高，人口的流入导致租房需求不断地增加。2015 年，中央经济工作会议正式提出了"建立购租并举的住房制度"。"十三五"规划明确"以建立购租并举的住房制度为主要方向，深化住房制度改革"。2017 年，党的十九大报告中强调"坚持房子是用来住的、不是用来炒的定位，加快建立多主体供给、多渠道保障、租购并举的住房制度，让全体人民住有所居"。2020 年，中央经济工作会议指出，"要高度重视保障性租赁住房建设，加快完善长租房政策，逐步使租购住房在享受公共服务上具有同等权利，规范发展长租房市场"。"十四五"规划再次明确"坚持房子是用来住的、不是用来炒的定位，加快建立多主体供给、多渠道保障、租购并举的住房制度，让全体人民住有所居、职住平衡"。党的二十大报告中，再次强调"坚持房子是用来住的、不是用来炒的定位，加快建立多主体供给、多渠道保障、租购并举的住房制度"。由此可见，发展和培育租赁住房已成为中央深化住房制度改革的重要任务。

在租购并举的新形势下，上海为加快发展本市保障性租赁住房，有效缓解新市民、青年人住房困难，于 2021 年 11 月出台了《关于加快发展本市保障性租赁住房的实施意见》，指出"市、区房屋管理部门要建立健全市场租赁住房租金监测机制，对保障性租赁住房租赁价格的初次定价和调价加强统筹指导，稳定保障性租赁住房租赁价格水平"，"面向社会供应的保障性租赁住房，租赁价格应当在同地段同品质市场租赁住房租金的九折以下"，明确了房屋管理部门需要对市场租赁住房租金做好监测，并对保障性租赁住房租赁价格进行价格指

导。北京为了规范住房租赁活动，稳定住房租赁关系，促进住房租赁市场健康发展，率先出台了《北京市住房租赁条例》，其中明确了"市住房和城乡建设部门应当加强住房租赁价格监测，建立健全相关预警机制。住房租金明显上涨或者有可能明显上涨时，市人民政府可以采取涨价申报、限定租金或者租金涨幅等价格干预措施，稳定租金水平，并依法报国务院备案"。由此可见，住房租赁的价格监测对于住房租赁市场的监管和住房租赁市场健康稳定地发展有着重要的作用。

（二）住房租金监测及租赁价格指数研究的意义

住房租金的监测和租赁价格指数的建立，可以为住房租赁监管部门实施市场监控、政策调控服务，也有助于租赁市场的参与者了解住房租赁市场，快速根据自己的需求进行选择。租赁价格指数可以反映不同区域、不同板块、不同房型的租金趋势，具有很强的时效性，既可以为租赁市场的参与者提供价格参考，也可以提供租赁时机提供参考。此外，租赁价格指数还可以预测未来的走向，可以有效地为投资、评估、咨询等机构进行投资决策、评估咨询提供数据参考。

二、市场化住房租金监测及租赁价格指数研究的路径

（一）市场化住房租金和租赁价格指数的定义

市场化住房租金以符合住房定义的小区楼盘（不包含别墅小区）为研究对象，每季度采集全样本小区楼盘各房型月均租金，计算形成上海市住房小区不同房型平均租金。后续每季度采集全市住房小区不同房型平均租金，并以前一季度为基期，反映租金价格变动情况，形成每季度的租赁价格指数。小区各房型租赁价格以及市场成交情况在不同的时期会发生变化，因此以计算期的前期为对比期，以计算期住房小区数量加权来计算价格指数，更能反映住房小区不同房型逐期变动的趋势和程度以及整体水平。

1. 市场化住房小区

根据上海市住房小区的特性，以2000年为分界点，建筑年代为2000年以前的住房小区主要是工人新村，建筑年代为2000年以后的住房小区主要是商品房小区，故把建筑年代为2000年以前的小区定义为公房小区，建筑年代为2000年以后定义为商品房小区，个别2000年以前建设的外销房小区也包含在商品房小区里。

2. 区域划分

市场化住房租金的监测和租赁价格指数的研究在空间上主要是从区域、环线、板块三个维度进行处理。

（1）区域

以上海市现辖的16个市辖区为标准，进行区域划分。

（2）环线

以上海4条环形路为依据，从内到外，依次为内环、中环、外环、郊环，将上海市划分为内环以内、内中环间、中外环间、外郊环间、郊环以外。

（3）板块

以上海市121板块为基础，同时参考链家、安居客等二手房平台的板块划分，最终划分出178个板块。

3. 房型

以卧室数量进行房型的确认，同时结合上海市住房小区的分类，最终确认房型有工房一居室、工房两居室、商品房一居室、商品房两居室、商品房三居室。

（二）数据来源与更新机制

住房小区租赁价格指数计算相关的数据包括住房小区基础信息、租金价格信息等，主要来自于：链家、安居客、上海市住房租赁公共服务平台、金山房产网、百盛评估系统。对于住房小区租赁数据具体选取方案，经多方对比后，链家官网与其他网站相比房源重复性较低，租赁住房建筑特征更为真实完善，因此主要选用房源真实性较高的链家官网获取数据，并通过实际调查可知其挂牌价格与实际成交价格偏差较少。其次，通过高德地图 API 的坐标拾取功能获得住房小区数据的区位特征。且为进一步保障数据的真实可靠，还通过获取安居客、上海市住房租赁公共服务平台、金山房产网等多方数据进行二次比较确认，定期实地调研也能够进一步提升对于市场行情的了解程度。为保证数据的可比性，会对获取到的租金进行内涵的统一。

每季度获取相关住房小区租赁情况约 4 万条，其中，数据字段包括：小区楼盘名称、区域、面积、房型、楼层、朝向、价格。经过去重和格式化处理，以及与百盛评估系统进行匹配后，可保留约八成租赁案例数据信息。

遵循房地产价格形成的替代原理，以市场成交价格为导向求取住房小区租赁价值价格是一种最直接、较直观、有市场说服力的方法，其计算结果易于被人们理解、认可或接受。综合考虑其实物、权益、区位等因素，以及市场流通量大，价格稳定，小区内部房型丰富等特点，选取百盛评估系统中 627 个小区作为"商品房小区"和"公房小区"的样本小区，均匀分布在 16 个区域中，并对这些住房小区各房型租赁价格指数进行持续监测，进而反映出上海住房小区租赁价格整体变化情况。

（三）市场化住房租赁价格指数计算规则

以 2022 年第 t 季度为计算期，则 2022 年第 $t-1$ 季度为基期，计算样本小区各房型 2022 年第二季度获取的案例数据租金均值（截尾 10%）为 $\bar{p}^t$，行政区 a 的商品房小区二居室租金均值为 $\bar{p}^t_{a\text{商品房二居室}}$，其中上标为 t 表示计算期，上标为 $t-1$ 表示基期。

全市和各区域的环比价格指数计算方式如下：对各样本小区各房型，分别计算租金价格。按照区域，注意租金价格同一区域内横向比较，以及时间维度线性比较，以获取的住宅小区挂牌数量为权重，对计算期有效样本点的租金价格进行聚合，计算得到各区域的环比指数；再以各区域的住宅小区的分布数量为权重，对区域的平均租金价格进行加权汇总，得到全市的环比指数。

1. 以区域 a 商品房二居室为例，其指数计算公式

$$R^t_{a\text{商品房二居室}} = \sum_{i=1}^{N_{ai}} p^t_{ai\text{商品房二居室}} \times \frac{q^t_{ai}}{\sum_{i=1}^{N_{ai}} q^t_{ai}};$$

$$I^t_{a\text{商品房二居室}} = \frac{R^t_{a\text{商品房二居室}}}{R^{t-1}_{a\text{商品房二居室}}} \times 100。$$

其中 $R^t_{a\text{商品房二居室}}$ 表示区域 a 内在 t 期商品房二居室租金价格，$p^t_{ai\text{商品房二居室}}$ 表示区域 a 内第 i 个商品房住宅小区二居室样本点在 t 期的租金价格，q^t_{ai} 表示区域 a 内第 i 个样本点在 t 期获取到的有效挂牌数量，N_{ai} 表示区域 a 内商品房住宅小区二居室样本点数量，$I^t_{a\text{商品房二居室}}$ 表示

区域 a 在 t 期的租赁环比价格指数。

环线和板块的相关计算公式可参考区域指数计算公式。

2. 以全市商品房二居室为例，其指数计算公式

$$R^t_{\text{商品房二居室}} = \sum_{a=1}^{N}\left(R^t_{a\text{商品房二居室}} \frac{q^t_a}{\sum_{a=1}^{N} q^t_a}\right);$$

$$I^t_{\text{商品房二居室}} = \frac{R^t_{\text{商品房二居室}}}{R^{t-1}_{\text{商品房二居室}}} \times 100。$$

其中 $R^t_{\text{商品房二居室}}$ 表示全市商品房住宅小区二居室在第 t 期的租金价格，q^t_a 表示区域 a 在第 t 期的有效样本点总数量，N 表示全市区域的数量，$I^t_{\text{商品房二居室}}$ 表示全市商品房住宅小区二居室在第 t 期的租赁环比价格指数。

3. 市场化住房租赁价格指数结算结果

根据前述样本选取及指数计算规则，得出 2021 年 Q2 到 2022 年 Q3 部分区域的市场化住房租赁环比价格指数如表 1 所示。

部分区域市场化住房租赁环比价格指数　　　　　表 1

区域	2021Q2	2021Q3	2021Q4	2022Q1	2022Q2	2022Q3
徐汇区	103.1	104.7	95.6	99.8	101.7	99.7
杨浦区	102.5	102.8	95.2	101.3	102.3	99.6
长宁区	103.6	103.8	96.8	101.3	100.5	102.4
宝山区	104.2	108.4	95.2	101.5	103.9	100.1
奉贤区	105.1	100.3	99.7	101.4	103.2	98.5
虹口区	103.4	102.7	97.5	99.3	98.9	101.2
黄浦区	102.8	102.7	98.5	100.2	104.1	101.9
嘉定区	103.5	103.8	99.8	103.1	102.9	103.1
静安区	104.2	101.8	98.6	101.7	103.9	99.3
闵行区	103.3	105.9	93.9	101.7	102.2	98.9
浦东新区	103.9	108.6	98.0	101.4	103.1	102.0
普陀区	103.4	105.3	102.0	100.6	100.8	99.5
青浦区	104.9	102.1	95.2	101.9	101.7	100.3
松江区	102.3	105.0	96.8	100.6	100.8	98.8

三、结果分析与未来展望

今年前三季度，上海市市场化住房租赁市场平缓，第三季度租房需求相较前两季度有所减少，市场目前处于稳中回落趋势，但回落趋势幅度有所收窄。重点规划建设区域和热点房型依旧值得持续关注。

未来将侧重分析重点建设板块的房屋租赁情况，例如五大新城以及其周边。根据上海市

人大常委会 2022 年度立法计划，上海市的住房租赁条例即将迎来立新废旧的新关口。未来也将进一步聚焦年轻人安居宜居需求，让年轻人住有所居。在逐步完善保障性租赁住房体系的政策背景下，租客的选择更加多样，例如长租公寓、公租房等。根据市场调研情况，在现有研究基础上，我们未来计划将这一研究技术路径衍生拓展到长租公寓等房屋类型，也计划引入品牌、长租公寓服务类型、周边交通等租金影响因素，以此进一步完善对上海市房屋租赁市场的持续监测。

参考文献：

[1] 龙驰，赖洪贵. 基于月度数据的中国住房价格与租金关系研究 [J]. 江淮论坛，2021（6）：48-54.

[2] 唐伟峰. 成都市住房租赁价格指数的测算与分析 [D]. 成都：西南财经大学，2020.

[3] 张安静. 基于特征价格模型的上海住房租赁价格指数构建与应用研究 [D]. 上海：上海师范大学，2019.

作者联系方式

姓　　名：杨　斌　孙　雯　仇轶祺

单　　位：上海百盛房地产估价有限责任公司

地　　址：上海市浦东新区民生路 600 号船研大厦 8 楼

邮　　箱：bin.yang@shbrea.com；wen.sun@shbrea.com；yiqi.qiu@shbrea.com

注册号：杨　斌（3119960042）；孙　雯（3120210020）

后　记

本论文集所收录的文章，来自2022年中国房地产估价年会公开征集的论文。在论文集编辑出版过程中，柴强会长提出了会议主题及征文方向，赵鑫明副会长兼秘书长进行了统筹领导和大力支持，王霞副秘书长对全书进行了审读、修改，研究中心程敏敏主任组织了文章征集及论文集评审等工作，陈胜棋承担了具体编校工作，宋梦美、王明珠、涂丽等同志在文章校对方面提供了许多帮助。

此外，河南省房地产估价师与经纪人协会会长丁金礼、四川大学土地利用与规划研究所所长韩冰、天津国土资源和房屋职业学院副教授赵曦、江西省房协房地产估价分会会长陶满德、江西师范大学城市建设学院教授胡细英、上海百盛房地产估价有限责任公司总经理杨斌等专家学者对部分文章进行了审阅；出版社编辑对文章予以分类编排，并对文章的题目、语句、格式、参考文献等做了适当修订。

本论文集凝聚了各位作者对于房地产估价行业发展的思考与探索，汇集了多方人士付出的劳动与汗水，在此一并表示感谢。

由于编辑时间仓促，本论文集难免出现错误和不足之处，恳请广大读者指正，以便日后加以改进。

中国房地产估价师与房地产经纪人学会
2023年8月